복 있는 사람

오직 하나님 말씀에 사로잡혀 밤낮 성경말씀 곱씹는 그대!
에덴에 다시 심긴 나무, 달마다 신선한 과실 맺고 잎사귀 하나 지는 일 없이,
늘 꽃 만발한 나무라네.(시편 1:2-3, 메시지)

나는 저자에게 직접 『메시지』의 저술 동기를 물은 적이 있습니다. 유진은 순전히 '목회적 동기'였다고 대답했습니다. 교인들이 성경 읽기를 너무 어려워하고, 말은 안 하지만 성경 읽기의 당위성을 알면서도 그렇게 못하고 있는 죄책감에서 교인들을 해방시키고 즐겁게 성경을 읽을 수 있도록 도울 길은 없을까를 고민했다고 합니다. 그 결과가 이 책 『메시지』입니다. 나는 지난 수년 동안 영어 성경을 이 『메시지』로 읽어 왔습니다. 얼마나 쉽고 흥미까지 있는지요! 그러면서도 이 책은 성경 원문의 표현을 벗어나지 않는 학문적 엄밀성까지 지키고 있습니다. 나는 성경에 흥미를 느끼며 성경을 독파할 다시없는 우리 시대의 대안으로, 단연 유진 피터슨의 『메시지』를 추천하고 싶습니다.

이동원 목사 지구촌교회

성경은 자구(字句)를 따져 가며 세심히 읽어야 하는 진리의 말씀입니다. 그뿐만 아니라, 성경은 하나님께서 우리를 인격적 존재로 대하시며 건네시는 생생한 일상의 말씀이기도 합니다. 그 살아 있는 말씀으로 하나님의 마음을 느끼며 신앙의 내용도 바로 이해하게 될 때, 우리는 더욱 성숙한 믿음으로 나아가게 될 것입니다. 그 길로 나아가는 데 이 책 『메시지』는 크나큰 유익을 줄 것이라 기대합니다.

박영선 목사 남포교회

유진 피터슨의 『메시지』 완간을 우리 모두가 오랫동안 기다려 왔습니다. 그의 탁월한 글솜씨와 함께 현대적 감각의 생생한 언어로 성경을 흥미롭게 풀어 우리 곁에 다가온 『메시지』는 성도들의 영적 삶에 큰 변화를 가져올 기회가 되리라 확신합니다. 어렵게 여기던 성경과의 거리감을 없애고 친밀하게 다가갈 수 있게 함으로 그야말로 '열린 성경'이 되어 더 많은 독자들을 만날 수 있게 되었습니다. 말씀이 거침없이 읽힐 때 어떤 일이 일어날지 참으로 기대와 함께 흥분이 됩니다.

이규현 목사 수영로교회

문자로 기록된 성경은 하나님의 말씀이다. 거기에는 하나님의 깊은 뜻이 담겨 있다. 성경에 담겨 있는 깊은 뜻은 어느 시대 어떤 번역자에 의해서도 완전하게 드러낼 수 없다. 시대의 상황에서 최선을 다한 번역일 뿐이다. 유진 피터슨의 『메시지』는 우리 시대에 살고 있는 사람들에게 하나님의 깊은 뜻을 가장 적절하게 잘 드러낸 최선의 번역이라는 찬사를 아끼지 않는다. 이름 그대로 독자들에게 살아 있는 메시지로 들려질 수 있는 번역이다. 어느 때보다 하나님의 말씀에 목말라하는 이때에, 이 『메시지』가 많은 독자들에게 영의 양식이 될 줄 확신하는 바이다.

임영수 목사 모새골 공동체

저는 『메시지』 성경을 읽으면서, 성경 읽기를 무척이나 어려워하는 우리 성도들이 떠올랐습니다. 묵상은커녕 성경을 하루 한 장 읽기에도 바쁜 오늘날, 『메시지』는 한국교회에 참 귀한 선물입니다. 저는 성도를 말씀으로 깨워 각자의 삶 속에서 예수님 닮은 모습으로 서도록 도와주는 일이 목회자의 본질적인 사명이라 확신하며 사역해 왔습니다. 그러한 목회자의 마음이 담긴 『메시지』는, 어렵게만 느껴지던 성경을 우리 일상의 언어로 풀어 주어 성도 스스로 삶 속에서 말씀으로 하나님과 관계 맺도록 도와줍니다. 진정한 그리스도인의 영성은 구체적이고 실천적인 '일상의 영성', '삶의 영성'입니다. 『메시지』를 통해 한국교회의 성도들이 말씀의 깊은 세계로 뛰어들어 그 말씀대로 살기 위해 씨름하는, 주님의 참된 제자로 세워지기를 소망합니다.

이찬수 목사 분당우리교회

성에 낀 창가, 흐린 불빛 아래 앉아 시린 손을 호호 불며 시를 쓰던 지바고를 생각한다. 그리고 말씀의 지층을 탐사하면서, 곱씹은 말씀 한 자 한 자를 명징한 언어로 옮기느라 골똘했을 한 사람을 생각한다. 『메시지』의 행간에는 각고의 세월 동안 그가 흘렸을 눈물과 탄식, 기쁨과 감동이 배어 있다. 그 행간까지도 읽으려 한 번역자들과 편집자들의 노고도 눈물겹다. 아브라함 요수아 헤셸은 현대인을 가리켜 '메시지를 잃어버린 메신저'라 했다. 그런 현대인들에게 이 한 권의 책은 우리가 잃어버린 혹은 잊고 있는 본래적 삶을 되찾도록 도와줄 것이다. 성경의 세계와 깊이 만날 수 있는 또 하나의 창을 얻은 기분이다.

김기석 목사 청파교회

우리 교회는 성경을 읽을 때 두 가지 번역본을 사용하려고 합니다. 하나는 개역개정 성경이고, 하나는 『메시지』라는 의역 성경입니다. 특히, 『메시지』란 성경을 적극적으로 활용해 주시기를 바랍니다. 이미 성경을 여러 번 읽으셨던 분들은 새로운 번역본으로 읽으면서 성경의 새로운 의미를 깨달을 수 있을 것입니다. 그리고 처음 성경을 읽는 분들은 현대어로 번역된 이 성경을 통해 성경의 의미를 쉽게 파악할 수 있을 것입니다. 말씀을 통해 우리의 심령에 주실 하나님의 은혜의 단비를 사모합니다.

정현구 목사 서울영동교회

유진 피터슨의 『메시지』는 묵상 성경이다. 유진 피터슨은 문학적 상상력과 신학적 치밀성이 통합된 아주 놀라운 성경 해석가요 설교자다. 그의 풍요로운 문학적 상상력이 신학적 경직을 훌쩍 건너뛰어, 그의 모든 글들을 풍요롭고 자유롭고 아름답게 해준다. 딱딱한 성경의 이야기(narrative)를 흥미롭고 풍요로운 시적 언어로 다시 풀어내어 신선한 통찰력이 넘치는 새로운 이야기로 전하는 '스토리텔링 바이블'이 바로 『메시지』이다.

이문식 목사 광교산울교회

저는 『메시지』의 출판을 정말 오랫동안 기다려 왔습니다. 1996년도 안식년에 저는 리젠트 칼리지에 머물면서 저자도 만나고 그의 저서들도 접하게 되었습니다. 그때 『메시지』를 소개받고 읽으며 얼마나 좋아했는지 모릅니다. 그리고 그때부터 저는 한국어판의 간행을 기다려 왔습니다. 벌써 15년이나 되었네요. 이 책의 출간을 진심으로 기뻐하며 추천합니다. 여러분 모두 성경처럼 옆에 두고 읽어 보십시오. 은혜가 되고 영감이 떠오를 것입니다.

정주채 목사 향상교회

성경은 하나님에 대하여 어디서도 얻을 수 없는 살아 있는 정보를 가득 담고 있는 세상에서 가장 소중한 책이지만, 성경 원어가 모국어가 아닌 모든 사람에게 늘 쉽지 않은 책이기도 하다. 유진 피터슨은 문화와 시간의 벽을 뛰어넘어 그 소중한 의미를 밝혀 주는 번역과 의역 작업을 통해 우리를 성경 말씀에 더 가까이 나아가게 만든다. 한국인에 의한 한국판 『메시지』가 나올 때까지, 이 책은 우리 모두에게 축복의 보고가 될 것이다.

김형국 목사 나들목교회

『메시지』는 변함없는 진리의 말씀을, 지금 이 시대의 평범하고 일상적인 단어들에 담아 생동감 있게 전해 줍니다. 성경의 원문에 충실한 바른 번역이 살아 있는 언어로 더욱 빛을 발하는 『메시지』는, 성경을 처음 읽는 사람이든 오랫동안 상고해 온 사람이든, 누구에게나 깊이 파고드는 생명력 있는 진리의 귀한 통로가 될 것입니다. 이 시대의 젊은이와 미래를 이끌어 갈 다음 세대에게 생명을 살리는 도구로 크게 쓰일 것입니다.

오정현 목사 사랑의교회

유진 피터슨의 『메시지』는 이미 영어권 독자에게는 '뉴욕타임스'처럼 매일 읽을 수 있는 책으로 자리 잡았다. 그러나 『메시지』는 단순히 사건에 대한 기사를 읽고 아는 것에 그치지 않고 '거룩한 독서', '영적 독서' 렉티오 디비나(lectio divina) 전통이 해온 것처럼 읽고, 묵상하고, 기도하고, 일상의 구체적 삶에서 말씀을 삶으로 살아 내도록 배려한다. 따라서 오늘도 여전히 살아 계셔서 말씀하시는 하나님이 성경을 통해서 말씀하시고 계신 것을 『메시지』를 통해서 체험하게 될 것이고 읽는 이들이 성경을 더욱더 사랑하게 될 것이라 믿고 진심으로 추천한다.

강영안 미국 칼빈신학대학원 철학신학 교수. 서강대학교 철학과 명예교수

나는 『메시지』 출간으로, 한반도에 사는 남과 북의 사람들이 성경이 읽고 이해할 수 있는 책이라는 것을 알게 되리라고 확신한다. 유진 피터슨은 보통 사람들의 일상 언어로 성경을 번역했지만 학문적인 엄밀성도 갖춰, 젊은 사람이나 나이 든 사람, 성경을 공부해 온 사람이나 성경을 한 번도 읽은 적 없는 사람 모두에게, 하나님의 말씀이 "살아 있는" 말씀이 되게 했다. 하나님께서 『메시지』를 사용하셔서, 이 땅 한반도가 그분의 살아 있는 말씀으로 가득 채워지기를 기도한다.

오대원 예수전도단 설립자

포스트모던 시대에 교회가 유념해야 하는 사실은 매체가 메시지가 된다는 점입니다. 교회가 간직해 온 가장 소중하고 핵심적인 매체는 하나님의 말씀인 성경인데, 그간 다양한 번역이 나오기는 했지만 아직도 개역이나 개역개정에 대해 많은 사람들이 어렵다는 반응을 보이고 있습니다. 이처럼 한국교회의 매체는 여전히 어렵고 접근하기 불편한 것이 사실입니다. 성경이라는 매체가 '교회는 어려운 곳'이라는 메시지를 전한다면 안타까운 일입니다. 유진 피터슨의 『메시지』는 이미 영어권에서는 폭발적인 반응을 일으킨 바 있습니다. 이 『메시지』가 우리나라의 독자들에게도 전해지게 되어 기쁘게 생각합니다. 바라기는 『메시지』가 우리와 함께하시는 임마누엘의 하나님을 대면하는 새로운 매체가 되어, 교회의 문호가 모든 사람에게 활짝 열려 있다는 메시지도 함께 전달되기를 기대합니다.

김중안 전 한국기독학생회 IVF 대표

"말씀이 육신이 되어……." 육신이 된 말씀은 역사의 분기점마다 새 세상을 창조하는 영감과 통찰, 그리고 힘의 원천이었다. 위대한 개혁의 시대에는 일상의 언어, 보통 사람의 말로 생생하게 살아 펄떡이는 말씀이 있었다. 위클리프의 성경이, 루터의 성경이, 암울했던 일제 강점기에는 개역성경이, 그리고 이제 우리에게는 『메시지』가 주어졌다. 주님께서는 우리 시대 또 어떤 역사를 시작하실 것인가?

이윤복 전 죠이선교회 대표

원어의 운율과 숙어적인 의미를 살리면서도 편안하게 빠져서 읽을 수 있는 『메시지』를 우리말로 읽을 수 있게 됨을 환영한다. 우리말로 옮기면서 운율과 어감이 다소 달라졌지만, 성경을 살아 있는 메시지로 듣고자 하는 이들의 보조성경으로 흔쾌히 권하련다.

권영석 전 학원복음화협의회 상임대표

기독교는 창조주 하나님께서 친히 속내를 드러내신 계시의 종교다. 성경은 영원한 하나님의 진리를 제한된 사람의 언어로 담아낸 책으로, 평범한 사람이 이해하도록 배려하신 하나님의 커뮤니케이션이다. 그러나 역사상 수많은 번역이 난삽하거나 고전적 표현을 고집함으로써 성경의 메시지로부터 일반인을 격리시키는 오류를 범하곤 했다. 개역성경도 긴 시간이 흐르면서 현대인이 쉽게 읽기 어려운 책이 되고 말았다. 유진 피터슨의 『메시지』가 우리말로 번역된 것을 보니 오랜 가뭄에 단비같이 반가운 소식이다. 이 탁월한 '성경 옆의 성경'을 통해, 하나님의 말씀이 독자의 삶에 친숙하고 풍성하게 되살아나는 축복이 있기를 바란다.

정민영 전 국제 위클리프 성경번역선교회 부대표

개역성경, 솔직히 좀 어려운 게 사실이지만 다들 쓰니까 어쩔 수 없이 들고 다녀야 했다. 다른 현대어 성경, 좀 밋밋하고 아쉬운 구석이 많아 영어 성경 보듯 가끔 참고만 했다. 유진 피터슨의 『메시지』 성경, 오랜만에 앉은자리에서 책 읽듯이 쭉 읽고 묵상하고 싶게 만드는 성경이다. 못 믿겠으면 지금 당장 로마서 12장 1-2절을 찾아 읽어 보라!

서재석 Young2080 대표

『메시지』 성경의 출간은 오랫동안 기다려 왔던 일입니다. 왜냐하면 성경을 오늘날의 언어로 이해할 수 있는 탁월한 성경이기 때문입니다. 『메시지』를 통해 많은 사람들이 성경의 진수를 오늘의 생각과 언어 그리고 정서로 이해할 수 있었으면 좋겠습니다. 성경을 손에 잡히는 언어로 이해하고 묵상하기에 가장 훌륭한 도구가 될 것입니다.

한철호 미션파트너스 상임대표

말씀에 목마른 사람들이 있습니다. 말씀 없이는 단 한 순간도 살아갈 수 없는 사람들입니다. 저는 컴패션 현지에서 가난 속에서 몸부림치며 하나님 말씀 붙들고 일어나는 수많은 어린이와 부모들을 만납니다. 그들과 만나면, 말씀의 능력 앞에 엎드릴 수밖에 없습니다. 그 말씀에 가장 좋은 친구가 되는 『메시지』를 통해 말씀의 살아 있음을 더욱 깊이 경험하게 되기를 바랍니다.

서정인 국제어린이양육기구 한국컴패션 대표

『메시지』는 평소에 늘 곁에 두고 읽고 싶은 성경입니다. 마침내 본문 전체가 번역되다니, 얼마나 기쁜지요! 유진 피터슨은 많은 책에서 일상의 영성을 강조하는데, 우리의 구체적인 삶 가운데 함께하시는 하나님을 깨닫고 만나는 데 『메시지』가 많은 도움을 주리라 믿습니다. 『메시지』를 읽고 잠잠히 묵상하는 가운데, 수천 년 전 살았던 성경 속 인물들이 지금 우리 곁에서 이야기하는 듯한 놀라운 경험을 하게 될 것입니다.

문애란 G&M 글로벌문화재단 대표

『메시지』는 이 시대의 언어로 성경 속 그 시절을 물 흐르듯 자연스럽게 만나게 합니다. 『메시지』를 통해 더 많은 이들이 우리를 향한 하나님의 계획하심과 일하심을 생생하게 느끼기를, 나아가 예수님을 알지 못하는 이들 역시 지금 이 순간에도 살아 역사하시는 하나님을 뜨겁게 맞이하기를 소망합니다.

김경란 전 KBS 아나운서

『메시지』 성경의 뛰어난 가독성은, 하나님의 말씀인 성경이 이렇게 빨리 읽히고 이렇게 쉽게 이해되어도 괜찮나, 하는 생각이 들어 문득 독서를 멈출 정도이다. 그렇지만 성경이 왜 잘 안 읽히고 이해되기 어려운 책이어야 한단 말인가. 일상의 언어와 시대의 문장에 담겨 우리를 찾아온 새로운 버전의 이 성경은 하나님의 말씀이 얼마나 친근하고 가까운지를 새삼 상기시킨다. 말씀이 그분의 임재의 현장임을 믿는다. 『메시지』 성경의 생생하고 과감한 현대적 표현을 통해 우리는 어제와 마찬가지로 오늘도 동일하게 활동하시는 성령의 역동적인 운행을 경험하며 놀란다.

이승우 소설가, 조선대학교 문예창작학과 교수

『메시지』가 다른 쉬운 번역 성경과 차별되는 독특함은, 번역과 의역을 넘나드는 그 문학성 때문이다. 『메시지』는 딱딱한 성경의 이야기성(narrative)을 멋지게 되살려 낸, 이 시대를 사는 그리스도인들에게 참 반가운 선물이다. 『메시지』는 피터슨의 학문적인 토대 위에서 30여 년간의 목회 사역과 그의 문학적 소양이 빚어낸 역작이다. 하지만 역설적으로 『메시지』는 유진 피터슨의 책이 아니다. 그는 창작자가 아니라 통역자이기 때문이다. 하나님이 말씀하시고, 피터슨 목사는 알아듣기 쉬운 언어로 그 말씀을 전하는 또 한 명의 도구일 뿐이다. 이 지혜로운 동네 목사님이 준비해 주신 말씀이 우리 안에서 살아 내지도록 하는 것만이 그 은혜에 보답하는 길이리라.

고(故) 안수현 『그 청년 바보의사』 저자

제가 이스라엘에서 10년간 사역하면서 누린 최고의 복은, 이스라엘의 역사·지리·문화에 대한 폭넓은 이해를 통해 성경을 역사 드라마처럼 익사이팅하게 읽을 수 있게 되었다는 점입니다. 유진 피터슨의 『메시지』 또한 성경 속 이야기를 눈앞에서 움직이듯이 생생히 전달해 주어 성경을 더욱 친근하고 입체적으로 이해하도록 돕습니다. 이 책을 통해, 풍성하고 벗어날 수 없는 성경의 매력에 푹 빠져 보시기 바랍니다.

류모세 『열린다 성경』 저자

『메시지』는 유진 피터슨의 35년간의 목회 경험과 신학 교수로서의 전문성이 집약된 '읽는 성경'이다. 학자적 엄밀성뿐 아니라 공역 성경이 줄 수 없는 친근함과 정겨움이 넘쳐나는 이 책은, 기독교인과 일반인 모두에게 성경을 더욱 가까이하는 계기를 제공한다.

「국민일보」

『메시지』는 마치 다리와도 같다. 성경과 사람들 사이에 다리를 놓아 우리로 하여금 바로 일상에서 말씀하시는 것 같은 생생한 어조로 진리를 듣게 해준다.

하덕규 CCM 아티스트

유진 피터슨은 일상과 사람과 영성을 따로 보지 않았습니다. 『메시지』에는 뭇 백성을 향한 애끓는 사랑과 그분을 향한 한결같은 장인 정신이 살아 있습니다. 예수가 사람이 되어 오신 사랑과 연민을 그는 『메시지』를 통해 실천했습니다.

홍순관 CCM 아티스트

『메시지』의 출간을 독자의 한 사람으로 기다리고 있었습니다. 따뜻하고 친절한 저자의 배려가 글 한 구절 한 구절에 담겨져 있는 듯합니다. 덕분에 쉽게 펼쳐 보지 못했던 성경의 구석구석을 『메시지』와 함께 여행할 수 있어 읽는 내내 가슴 설레고, 인생이라는 여행길에 걸음걸음 흥겨움을 줍니다. 고맙습니다. 좋은 책을 만나게 해주셔서…….

조수아 CCM 아티스트

하나님은 인간의 언어를 사용하여 우리의 수준으로 말씀하셨다. 신약성경이 코이네(평범한) 그리스어로 쓰여진 것도 바로 그 맥락일 것이다. 『메시지』는 누구나 이해할 수 있는 일상의 언어로 우리에게 말씀하신 그 놀라운 성육신의 은혜를 고스란히 담아내고 있다.

조준모 CCM 아티스트, 한동대학교 국제어문학부 교수

일상을 사는 일과 말씀을 읽고 그 말씀을 일상 속에 해석하고 또한 비추어 내는 일은 늘 어려운 숙제 같습니다. 여기 이 책이 그 여정 가운데 도움이 되지 않을까 싶습니다.

한웅재 CCM 아티스트

『메시지』 모세오경 감수자

『메시지』는 목회자의 마음으로 번역된 성경이다. 독자에게 하나님의 마음을 전달하려는 간절한 목자의 마음이 문체와 어조 속에 잘 반영되어 있다. 유진 피터슨은 자신이 목회하는 교회의 회중의 눈높이에 맞춰, 현대인의 접근을 어렵게 만드는 성경의 구절들을 일상의 언어로 탁월하게 번역해 냈다.

김회권 교수 숭실대학교 구약학

광야길을 가며 구약성경을 읽고 있던 에티오피아 재무장관에게 예루살렘 교회의 전도자 빌립이 다가와 물었습니다. "읽는 것이 이해가 되십니까?" 그러자 에티오피아 내시는 "도와주는 사람이 없는데 어찌 이해가 되겠습니까?"라고 대답했습니다. 이 에피소드는 유진 피터슨의 『메시지』의 역할이 무엇인지 잘 설명해 줍니다. 우리가 부르는 찬송가의 한 구절처럼, 『메시지』는 하나님의 말씀을 알아듣기 쉽고 이해하기 쉽게 들려주는 탁월한 통역자입니다. 또한 천상의 언어를 우리가 사는 이 땅의 언어로 번역한 성육신적 성경입니다. 어느 것도 이보다 더 좋을 수 없을 것입니다.

류호준 교수 백석대학교 구약학

『메시지』의 미덕은 두 가지다. 무엇보다 성경을 막힘없이 읽을 수 있게 해준다. 하나님의 거대한 이야기를 만들었던 소소한 일상 속에서 사람들이 웃고 떠들고 화내고 슬퍼하던 소리를 생생히 듣는다. 그들과 함께했던 하나님의 일하심을 또렷하게 본다. 이것이 『메시지』의 잘 알려진 첫 번째 미덕이다. 그런데 『메시지』의 두 번째 미덕은 첫 번째 미덕과는 반대의 성격을 띤다. 『메시지』는 종종 성경을 읽는 걸음을 멈추게 한다. 하나님의 말씀이 잘 들리지 않는 이유 중 하나는 우리가 그 말씀에 너무 "익숙해져" 있기 때문이다. 익숙한 말은 더 이상 들리지 않는다. 더 이상 설레지도 않는다. 그런데 『메시지』는 하나님의 말씀을 낯설게 한다. 이런 말씀이 성경에 있었던 말인가? 말씀을 낯설게 하기, 이것이 『메시지』의 두 번째 미덕이다. 이런 낯섦이 정말로 성경이 무엇을 말하고 있는지 다시금 꼼꼼히 살펴보는 계기가 된다면, 『메시지』는 '성경 옆의 성경'이라는 소임을 성공적으로 수행한 것이다. 『메시지』를 통해 하나님 말씀을 가슴 설레며 읽게 되는 것, 그 하늘의 복을 모든 독자들이 누릴 수 있기를 바란다.

전성민 교수 밴쿠버 기독교세계관대학원 원장

종교개혁의 중요한 공헌 가운데 하나는, 신부들의 전유물처럼 여겨진 라틴어로 된 성경을 각 나라말로 번역하여 평신도들이 직접 성경을 읽게 함으로써 성경 중심의 신앙을 세운 것이다. 한국에서는 예배용으로 사용되는 개역성경의 전통이 있고 최근에 다양한 성경이 보급되었지만, 여전히 신앙인들이 쉽게 성경을 읽기에는 장애물들이 있는 실정이다. 이러한 상황에서, 성경 옆의 성경 『메시지』는 성경이 신앙인들에게 더 가까이 다가가게 만드는 역할을 한다는 면에서 반갑지 않을 수 없다. 나 자신도 감수를 하면서 쉬운 일상의 말로 번역된 성경의 이야기가 통전적으로 다가오는 편안함을 느낄 수 있었다. 『메시지』가 한국어를 사용하는 신앙인들에게 성경의 오묘한 세계로 들어가는 친절한 친구가 되기를 소망한다.

배정훈 교수 장로회신학대학교 구약학

성경은 고전(古典) 가운데서도 최고의 고전이다. 고전이란 반드시 읽어야 할 책이라는 것은 누구나 알지만, 고전을 읽는다는 것은 말 그대로 고전(苦戰)이라, 쉽게 읽지 못하는 책이기도 하다. 성경이 영원히 읽어야 할 책이라는 점에는 그 누구도 이의를 제기하지 않을 것이다. 그러나 열정적인 독서에 비해서 그만큼 이해되지 않는 책이기도 하다. 이런 문제를 단번에 해결하는 책이 드디어 발간되었다. 문자적인 번역은 그 의미를 파악하기가 쉽지 않고, 풀어 쓴 의역은 본래의 의미를 벗어나기가 십상이다. 그런데 『메시지』는 이 둘의 한계를 신기하게 극복하고, 본문의 의미를 현대적인 언어로 되살린 탁월한 결과물이다. 마치 성경의 원저자이신 하나님께서 옆에서 우리가 쓰는 언어로 말씀하시는 것 같은 착각을 불러일으킬 정도다.

차준희 교수 한세대학교 구약학

유진 피터슨의 『메시지』를 우리말로 읽는다는 것은 커다란 감동입니다. 히브리어와 그리스어로 기록된 성경의 말씀이 무슨 뜻인지를 오늘날 우리들의 글말로 새롭게 듣게 하기 때문입니다. 성경의 세계와 오늘 우리 사이에는 커다란 시간적·공간적·문화적 거리가 있습니다. 유진 피터슨의 『메시지』는 이 거리를 단숨에 건너뛰게 해줍니다. 그때 선포되었던 말씀을 오늘 우리에게 선포되는 말씀으로 듣게 할 뿐만 아니라 그 뜻이 무엇인지를 정확하게 깨닫게 해줍니다. 어렵게만 느껴지던 성경의 구절이 '아! 그런 뜻이었구나' 하면서 우리에게 다가오는 경험을 하게 됩니다. 그런 점에서 유진 피터슨의 『메시지』는 '뜻으로 푼 성경'이라고 말할 수 있습니다. 그가 풀어 놓은 말씀의 향연에 참여할 때, 독자들은 하나님의 말씀을 "종일 작은 소리로 읊조리는"(시 119:97) 시인의 고백을 공유하게 됩니다.

왕대일 교수 감리교신학대학교 구약학

『메시지』는 내가 아는 성경의 최근 번역본 중에 가장 역동적인 성경이다. 『메시지』는 아이들도 이해할 수 있는 성경이다. 성경을 많이 읽어 온 사람은 이 『메시지』를 통해 예수님의 말씀을 전혀 새로운 눈으로 보게 될 것이다.

빌리 그레이엄

『메시지』는 하나님 말씀을 교인들에게 전하려고 했던 피터슨의 목회 경험에서 나온 책이다. 『메시지』를 통해 가장 큰 유익을 얻을 사람은, 성경을 읽어도 이해가 되지 않아 성경을 덮어 버린 사람이다. 또한 깊이 생각하며 진리를 추구하지만 아직 말씀을 받아들일 준비가 되어 있지 않은 사람이다. 놀랍게도 『메시지』는, 일상적인 언어로 저들에게 강렬하게 다가가서 살아 있는 말씀이 된다.

달라스 윌라드 『하나님의 모략』 저자

『메시지』는 성경 본래의 목소리를 생생한 언어로 전해 주는 성경이다. 강력하게 추천한다.

리처드 포스터 『영적 훈련과 성장』 저자

학자적 엄밀성과 생생한 표현이 잘 어우러진 유진 피터슨의 『메시지』는, 다양한 성경 번역본 가운데 단연 돋보이고 뛰어난 성경이다. 성경 원문의 논리적 흐름과 활력적인 정서, 함축된 의미들이 탁월하게 되살아난다.

제임스 I. 패커 『하나님을 아는 지식』 저자

『메시지』는 오늘날 살아 있는 일상의 언어로 말하는 성경이다. 유진 피터슨의 탁월한 언어 감각은 『메시지』만의 고유한 특징이다.

고든 피 리젠트 칼리지 신약학 교수

우리는 전 교인과 함께 『메시지』를 읽었고, 지금도 계속해서 읽고 있다.

릭 워렌 새들백교회 담임목사

나는 『메시지』에서 단어를 읽을 뿐 아니라, 단어 뒤에서 말하는 소리까지도 듣게 된다. 『메시지』는 우리 눈에 읽히고 귀로도 들려서, 성경 속으로 들어가는 문을 활짝 열어 준다.

마이클 카드 CCM 아티스트

피터슨 목사님, 안녕하세요? 저는 그룹 U2의 싱어인 보노입니다. 성경 본문을 이렇게 멋지게 번역하신 그 수고에 대해서 저와 저희 밴드가 감사의 마음을 전하고 싶습니다. 정말이지 너무 훌륭합니다. 그동안 많은 훌륭한 번역들이 있었지만 제 자신의 언어 그대로 이야기해 주는 이런 성경은 처음이었어요. 10년이라는 시간, 참 긴 시간이죠. 이젠 좀 쉬셔야죠? 안녕히.

보노 록그룹 U2 리드싱어

『메시지』는 한 번 손에 들면 놓을 수 없는 책이다. 다음에 어떤 내용이 있을지 궁금해서 계속해서 읽게 되고, 읽다 보면 끊임없이 놀라게 된다. 『메시지』의 신선한 관점과 형식은 예수님에 관한 사실들을 단번에 읽어 내는 경험을 가져다줄 것이다.

에이미 그랜트 CCM 아티스트

성경의 이야기를 새롭고 신선하게 보는 눈을 열어 준 이 책을 처음 만난 것이 아주 오래전 일인 것 같다. 이제 『메시지』를 읽고 싶어 하는 저 수많은 사람들의 명단에 내 이름이 올라 있다. 『메시지』는 내게 너무도 소중한 친구이다.

맥스 루케이도 『예수님처럼』 저자

유진 피터슨 덕분에 이 시대 모든 이들이 성경을 흥미롭고 강력하고 감미롭고 날카롭고 설득력 있고 통렬하고 인간적이고 현대적이고 따뜻하고 극적으로 읽을 수 있게 되었다.

월터 왱어린 『오직 나와 내 집은』 저자

나는 『메시지』의 한 구절을 읽고, 다시 읽고 생각한다. '아, 이것이 그런 뜻이었구나!' 피터슨은 우리에게 평생의 선물을 주었다.

레베카 피펏 『빛으로 소금으로』 저자

놀랍다! 나는 항상 『메시지』를 가지고 다닌다. 『메시지』는 어디를 가든 꺼내 보고 싶은 보화다.

조니 에릭슨 타다 『하나님의 눈물』 저자

『메시지』는 나를 사로잡아 놀랍도록 살아 있게 한다. 『메시지』는 경이와 흥분, 인간의 진정한 언어와 감정으로 가득 차 있다.

프레드릭 뷰크너 『하나님을 향한 여정』 저자

『메시지』를 주신 하나님께 감사드린다. 유진 피터슨은 『메시지』를 통해 교회가 성경을 새롭게 읽을 수 있게 해주었다.

『크리스채너티 투데이』

『메시지』 구약 원서 감수자

『메시지』 모세오경 한국어판 작업에 도움을 준 이들

번역

김순현 | 여수 갈릴리교회 담임목사, 번역가(『메시지』『안식』『디트리히 본회퍼』 등 다수)

윤종석 | 전문 번역가(『메시지』『예수님처럼』『하나님의 모략』『놀라운 하나님의 은혜』 등 다수)

이종태 | 한남대학교 교양대학 교수, 번역가(『메시지』『순전한 기독교』『다윗: 현실에 뿌리박은 영성』 등 다수)

책임 감수

김회권 | 숭실대학교 기독교학과 교수, 『청년설교 시리즈』『하나님 나라 신학 강해 시리즈』 저자

신학 감수

류호준 | 백석대학교 구약학 교수

배정훈 | 장로회신학대학교 구약학 교수

왕대일 | 감리교신학대학교 구약학 교수

전성민 | 밴쿠버 기독교세계관대학원 원장

차준희 | 한세대학교 구약학 교수

영문 감수

이종태 | 한남대학교 교양대학 교수, 번역가(『메시지』『순전한 기독교』『다윗: 현실에 뿌리박은 영성』 등 다수)

편집 및 독자 감수

『메시지』 한국어판이 약 10년에 걸쳐 완간되기까지, 복 있는 사람 출판사에서 오랫동안 수고해 온 멤버들과 개교회 목회자, 선교단체 간사, 신학생들 그리고 무명의 독자들의 날카롭고도 애정어린 편집 및 감수의 손길이 『메시지』 곳곳에 배어 있다.

메시지 | 모세오경 영한대역

2011년 11월 24일 초판 1쇄 발행
2022년 7월 18일 양장판 1쇄 인쇄
2022년 7월 30일 양장판 1쇄 발행

지은이 유진 피터슨
옮긴이 김순현 윤종석 이종태
책임 감수자 김회권
펴낸이 박종현

(주) 복 있는 사람
주소 서울특별시 마포구 연남동 246-21(성미산로23길 26-6)
전화 02-723-7183(편집), 7734(영업·마케팅) 팩스 02-723-7184
이메일 hismessage@naver.com
등록 1998년 1월 19일 제1-2280호

ISBN 979-11-91987-87-4 04230

메시지 | **모세오경** 영한대역

THE MESSAGE
The Old Testament Books of Moses

Eugene H. Peterson

The
MESSAGE

메시지 영한대역

모세오경

유진 피터슨

복 있는 사람

차례

한국의 독자에게 021

『메시지』를 읽는 독자에게 022

『메시지』 머리말 024

감수의 글 028

모세오경 머리말 035

041 **창세기**

179 **출애굽기**

287 **레위기**

365 **민수기**

479 **신명기**

성경 이야기의 다섯 막 585

성경 드라마 591

한국의 독자에게

한국의 많은 친구들이 하나님의 말씀, 이 귀한 성경 말씀을 오늘의 언어로 된 새로운 번역으로 읽게 된다니 기쁘기 그지없습니다.

하나님의 말씀—하나님은 말씀하시고, 언어를 사용하십니다—은 세상과 우리 안에서 벌어지는 모든 일, 글자 그대로 모든 일의 기초입니다. 성경의 첫 페이지에는 "하나님께서 말씀하셨다"가 아홉 번이나 나옵니다. 하나님이 말씀하시면, 일이 생겨납니다. 우리가 존재하게 됩니다. 성경은 하나님이 말씀하실 때 생겨나거나 존재하게 되는 일들의 이야기입니다. 그 이야기는 우리가 자녀와 부모 간에, 친구와 이웃들과 이야기할 때 사용하는 언어와 똑같은 언어로 말하고 기록되었습니다. 그러므로 하나님의 백성이, 하나님이 누구시며 그분이 무슨 일을 하시는지를 계시해 주는 말씀을 읽는 데 계속해서 열심을 내는 것은 놀랄 일이 아닙니다. 참으로 놀라운 사실은, 하나님의 백성인 우리가 모든 것을 포괄하는 그 거대한 창조와 구원의 이야기에 등장하고, 그 이야기에 참여하고 있으며, 그 이야기를 살아 낸다는 것입니다.

여러분이 이 책을 펴서 읽는 동안, 기독교 신앙과 모든 삶의 핵심에 자리한 그 거대한 대화 속으로 들어가기를, 하나님이 말씀하시고 여러분이 응답하는 대화 속으로 들어가기를 간절히 바랍니다.

유진 피터슨

『메시지』를 읽는 독자에게

『메시지』에 독특한 점이 있다면, 현직 목사가 그 본문을 다듬었기 때문일 것이다. 나는 성경의 메시지를 내가 섬기는 사람들의 삶 속에 들여놓는 것을 내게 주어진 일차적 책임으로 받아들이고 성인 인생의 대부분을 살아왔다. 강단과 교단, 가정 성경공부와 산상수련회에서 그 일을 했고, 병원과 양로원에서 대화하면서, 주방에서 커피를 마시고 바닷가를 거닐면서 그 일을 했다. 『메시지』는 40년간의 목회 사역이라는 토양에서 자라난 열매다.

인간의 삶을 만들고 변화시키는 하나님의 말씀은, 내가 『메시지』 작업을 하는 동안 정말로 사람들의 삶을 만들고 변화시켰다. 우리 교회와 공동체라는 토양에 심겨진 말씀의 씨앗은, 싹을 틔우고 자라서 열매를 맺었다. 현재의 『메시지』를 작업할 무렵에는, 내가 수확기의 과수원을 누비며 무성한 가지에서 잘 영근 사과며 복숭아며 자두를 따고 있다는 기분이 들곤 했다. 놀랍게도 성경에는, 내가 목회하는 성도며 죄인인 사람들이 살아 낼 수 없는 말씀, 이 나라와 문화 속에서 진리로 확증되지 않는 말씀이 단 한 페이지도 없었다.

내가 처음부터 목사였던 것은 아니다. 원래 나는 교사의 길에 들어서서, 몇 년간 신학교에서 성경 원어인 히브리어와 그리스어를 가르쳤다. 남은 평생을 교수와 학자로 가르치고 집필하고 연구하며 살겠거니 생각했었다. 그러다 갑자기 직업을 바꾸어 교회 목회를 맡게 되었다.

뛰어들고 보니, 교회는 전혀 다른 세계였다. 제일 먼저 눈에 띈 차이는, 아무도 성경에 별로 관심이 없어 보인다는 점이었다. 얼마 전까지만 해도, 사람들은 내게 돈을 내면서까지 성경을 가르쳐 달라고 했는데 말이다. 내가 새로 섬기게 된 사람들 중 다수는, 사실 성경에 대해 아무것도 몰랐다. 성경을 읽은 적도 없었고, 배우려는 마음조차 없었다. 성경을 몇 년씩 읽어 온 사람들도 많았지만, 그들에게 성경은 너무 익숙해서 무미건조하고 진부한 말로 전락해 있었다. 그들은 지루함을 느낀 나머지 성경을 제쳐 둔 상태였다. 그 양쪽 사이에 있는 사람은 많지 않았다. 내가 가장 중요하게 여긴 일은, 성경 말씀을 그 사람들의 머리와 가슴 속에 들여놓아서, 성경의 메시지가 그들의 삶이 되게 하는 것이었다. 그러나 거기에 관심을 갖는 사람은 거의 없었다. 신문과 잡지, 영화와 소설이 그들 입맛에 더 맞았다.

결국 나는, 바로 그 사람들에게 성경의 메시지를 듣게―정말로 듣게―해주는 일을 내 평생의 본분으로 삼게 되었다. 그것이야말로 확실히 나를 위해 예비된 일이었다.

나는 성경의 세계와 오늘의 세계라는 두 언어 세계에 살고 있었다. 나는 언제나 그 두 세계가 같은 세계인 줄 알았다. 그러나 사람들은 그렇게 보지 않았다. 나는 어쩔 수 없이 "번역가"(당시에는 그런 표현을 쓰지 않았지만)가 되었다. 날마다 그 두 세계의 접경에 서서, 하나님이 우리를 창조하시고 구원하시고 치유하시고 복 주시고 심판하시고 다스리실 때 쓰시는 성경의 언어를, 우리가 잡담하고 이야기하고 길을 알려 주고 사업하고 노래 부르고 자녀에게 말할 때 쓰는 오늘의 언어로 옮긴 것이다.

그렇게 하는 동안, 성경의 원어—강력하고 생생한 히브리어와 그리스어—는 끊임없이 내 설교의 물밑에서 작용했다. 성경의 원어는 단어와 문장을 힘 있고 예리하게 해주고, 내가 섬기는 사람들의 상상력을 넓혀 주었다. 그래서 오늘의 언어 속에서 성경의 언어를 듣고, 성경의 언어 속에서 오늘의 언어를 들을 수 있게 해주었다.

나는 30년간 한 교회에서 그 일을 했다. 그러던 어느 날(1990년 4월 30일이었다), 한 편집자가 내게 편지를 보내 왔다. 그동안 내가 목사로서 해온 일의 연장선에서 새로운 성경 번역본을 집필해 달라는 청탁의 편지였다. 나는 수락했다. 그 후 10년은 수확기였다. 그 열매가 바로 『메시지』다.

『메시지』는 읽는 성경이다. 기존의 탁월한 주석성경을 대체하기 위한 것이 아니다. 내 취지는 간단하다. (일찍이 우리 교회와 공동체에서도 그랬듯이) 성경이 충분히 읽을 수 있는 책이라는 사실을 모르는 사람들에게 성경을 읽게 해주고, 성경에 관심을 잃은 지 오래된 사람들에게 성경을 다시 읽게 해주는 것이다. 그렇다고 굳이 내용을 쉽게 하지는 않았다. 성경에는 이해하기 어려운 부분도 많이 있다. 그래서 『메시지』를 읽다 보면, 더 깊은 연구에 도움이 될 주석성경을 구하는 일이 조만간 중요하게 여겨질 것이다. 그때까지는, 일상을 살기 위해 읽으라. 읽으면서 이렇게 기도하라. "하나님, 말씀하신 대로 내게 이루어지기를 원합니다."

유진 피터슨

『메시지』 머리말

읽는 것이 먼저다. 일단 성경을 읽는 것이 중요하다. 읽다 보면, 어느새 우리는 새로운 말의 세계에 들어가 대화를 나누게 된다. 하나님께서 시작과 끝을 쥐고 계신 그 대화에 우리도 참여하고 있음을 곧 알게 된다. 이것은 우리가 예상치 못한 일이다. 하지만 어느 시대를 막론하고 성경을 읽는 사람들은, 성경이 우리에 관해서 기록된 책일 뿐 아니라 우리를 향해 기록된 책이라는 사실을 알고 있었다. 성경 속에서 우리는 대화의 참여자가 된다. 그 대화를 통해, 하나님은 말씀으로 우리를 만드시고 복 주시고 가르치시고 인도하시고 용서하시고 구원하신다.

우리는 이런 일에 익숙하지 못하다. 반면에, 설명이나 지시나 감동이나 즐거움을 주는 책을 읽는 데는 익숙하다. 하지만 성경은 다르다. 성경은 계시의 세계다. 하나님은 바로 우리 같은 사람들—하나님 형상대로 지음받은 남녀들—에게, 그분이 일하시는 방식과 우리가 살고 있는 세계의 실상을 계시해 주신다. 동시에 하나님은 우리를 이끌어 그분의 일하시는 삶에 동참하도록 초청하고 명령하신다. 우리 시대의 가장 중요한 일은 하나님께서 (하늘에서와 같이) 이 땅에 사랑과 정의의 위대한 통치를 세우시는 것이다. 우리가 그 일의 주체임을, 우리는 서서히 (혹은 갑자기) 깨닫는다. '계시'란 우리 스스로는 알아내지 못할 일, 짐작지도 못할 내용을 읽고 있다는 뜻이다. 성경의 독특성은 바로 계시에 있다.

『메시지』 성경도, 일단 읽고 귀 기울여 듣는 것이 중요하다. 공부할 시간은 나중에 얼마든지 있을 것이다. 우선은 그냥 읽는 것이 중요하다. 서두르지 말고 생각하면서 읽어야 한다. 성경의 이야기와 노래, 기도와 대화, 설교와 환상이 우리를 보다 큰 세계로 초청하는 방식을 느낄 수 있어야 한다. 하나님께서는 그 큰 세계에 계시면서 우리 눈에 보이는 모든 것에 개입하신다. 이 땅에 산다는 것—그냥 왔다 가는 것이 아니라 정말로 산다는 것—의 의미를 일깨워 주신다. 읽다 보면, 우리는 "알아듣기" 시작한다. 읽으면 읽을수록, 더욱 그렇다. 우리는 하나님과 대화를 나누고 있다. 우리에게 가장 중요한 사안들에 관해서 어느새 듣고 대답하고 있다. 우리는 누구인가, 어디서 와서 어디로 가는가, 무엇이 우리를 움직이는가, 우리가 사는 세계와 공동체의 원리는 무엇인가, 무엇보다도 우리 가운데 계시면서 우리 힘으로 할 수 없는 일들을 대신 해주시는 하나님의 신기한 사랑에 관해 대화하게 된다.

성경을 읽으면서 우리는, 이 세상에 더 큰 의미가 있음을 알게 된다. 인간이라는 존재에도, 보이는 세계에도, 보이지 않는 세계에도 더 큰 의미가 있다. 모든 것에 더 큰 의미가 있다!

그리고 그 의미는 하나님과 관계가 있다.

많은 사람들에게 성경은 새로운 책, 전혀 다른 종류의 책이다. 성경은 우리가 읽는 책이지만, 우리를 읽는 책이기도 하다. 우리는 뭔가 얻어 낼 수 있는 책을 찾아 읽는 데 익숙하다. 이를테면, 유용한 정보나 기운을 북돋아 주는 감동적인 이야기, 온갖 일의 방법론, 비오는 날 시간을 때울 오락물, 더 행복한 삶으로 이끌어 줄 지혜 같은 것을 찾는다. 성경 읽기에도 그런 유익이 있을 수 있고, 실제로 있기도 하다. 하지만 하나님께서 우리에게 성경을 주신 본래 목적은, 단순히 우리를 초청하시기 위해서다. 하나님의 세계와 하나님의 말씀을 내 집처럼 느끼도록, 하나님이 말씀하시는 방식과 우리가 삶으로 그분께 응답하는 방식에 익숙해지도록 하려는 것이다.

성경을 읽다 보면, 몇 가지 놀라운 일이 있다. 가장 놀랄 만한 일은, 성경은 일단 펼쳐서 읽어 보면 참으로 다가가기 쉬운 책이라는 점이다. 성경은 사실 누구나 읽고 이해할 수 있는 책이다. 두어 세대마다 새로운 번역본이 나오는 이유는, 성경의 언어를 우리가 현재 쓰는 일상어, 성경이 맨 처음 기록된 바로 그 언어로 유지하기 위해서다. 똑똑하지 않은 사람, 교육을 많이 받지 못한 사람도 성경을 이해할 수 있다. 성경은 우리가 시장과 놀이터와 저녁식탁에서 흔히 듣는 단어와 문장들로 기록되었기 때문이다. 성경이 워낙 유명하고 높여지다 보니, 반드시 전문가들이 설명하고 해석해 주어야 한다고 생각하는 사람들이 많다. 물론 설명이 필요한 부분도 있다. 하지만 성경에 기록된 말을 처음 들은 사람들은 평범한 노동자 계층이었다. 성경을 영어로 옮긴 초기의 최고 번역가 중 한 사람인 윌리엄 틴데일이 한 말이 있다. 그는 "쟁기로 밭을 가는 소년"이 읽을 수 있도록 성경을 번역하고 있다고 말했다.

교육을 많이 받은 아프리카인 어거스틴은 나중에 역사상 가장 영향력 있는 성경 교사가 되었지만, 성경을 처음 읽었을 때는 큰 반감을 가졌다. 문학적으로 세련되고 깔끔한 책을 극찬했던 그가 보기에, 성경은 평범하고 시시한 사람들의 투박하고 촌스러운 이야기로 가득했던 것이다. 그가 읽은 라틴어역 성경에는 속어와 은어가 수두룩했다. 많은 등장인물이 "속되고" 예수는 평범해 보여서, 그는 성경을 한 번 보고는 경멸하며 내던졌다. 그러나 하나님은 세련된 지성인의 몸을 입고 오지 않으셨고, 그분의 고상한 세계를 터득하도록 우리에게 수준 높은 지식인 문화를 가르치지도 않으셨다. 어거스틴은 세월이 흐른 뒤에야 그것을 깨달았다. 하나님이 우리를 구원하기 위해 유대인 종의 모습으로 인간의 삶에 들어오셨다는 것을 알게 되면서부터, 그는 감사하고 믿는 마음으로 성경을 읽기 시작했다.

성경을 읽어도 세상이 "더 나아지지" 않는다며 놀라는 사람들도 있다. 성경의 세계는 결코 여행사의 안내 책자에 나오는 그런 이상적인 세계가 아니다. 하나님께서 이 세계 속에서 일하시고 사랑하시고 구원하시지만, 그렇다고 해서 고난과 불의와 악이 말끔히 사라지지는 않는다. 그렇게 간단한 문제가 아니다. 하나님은 죄로 물든 우리의 본성과 역사 속에서 끈기 있고 깊이 있게 일하시지만, 종종 은밀하게 일하신다. 이 세계는 깔끔하고 단정한 곳이 못되며, 우리가 모든 일을 통제할 수 있다는 보장도 없다. 이런 현실에 익숙해져야 한다. 어디에나 신비가 있다. 성경이 우리에게 제시하는 세계는, 우리의 직업을 계획하여 미래를 보장받을 수 있는 세계, 인과법칙에 따라 움직이는 예측 가능한 세계가 아니다. 모든 일이 우리의 미숙한 바람대로 이루어지는 꿈의 세계도 아니다. 고통과 가난과 학대가 있다. 그 앞에서 우리는 분개하여 "어떻게 이러실 수 있습니까!" 하고 부르짖는다. 대다수 사람들의 경우, 우리의 꿈의 세계가 성경이 제시하는 실제 세계로 바뀌기까지, 길고 긴 세월이 걸린다. 그 실제 세계는 은혜와 자비, 희생과 사랑, 자유와 기쁨의 세계다. 하나님께 구원받은 세계다.

놀라운 사실이 하나 더 있다. 성경은 우리의 기분을 맞추려고 하지 않는다는 것이다. 성경은 더 쉬운 삶을 약속하는 어떤 것도 우리에게 팔려고 하지 않는다. 성경은 우리가 흔히 생각하는 형통이나 쾌락이나 짜릿한 모험의 비결을 내놓지 않는다. 성경을 읽으면서 뚜렷이 부각되는 실체는, 하나님께서 구원을 위해 사랑으로 행하시는 일이다. 우리와, 우리가 하는 모든 일이 그 하나님의 일에 포함되어 있다. 이것은 죄와 문화 속에서 위축되고 너저분해진 우리가 상상하던 것과는 사뭇 다르다. 성경을 읽는 것은, 여러 우상을 소개하는 우편주문용 카탈로그에서 우상 하나를 골라서 우리의 환상을 채우는 것이 아니다. 성경은 하나님께서 말씀으로 만물과 우리를 창조하시는 것에서 시작한다. 그리고 하나님께서 우리 각 사람과의 복잡한 관계 속으로 들어오셔서, 우리를 도우시고 복 주시고 가르치시고 훈련하시고 책망하시고 징계하시고 사랑하시고 구원하시는 이야기를 들려준다. 이것은 현실 도피가 아니라, 오히려 더 큰 현실 속으로 뛰어드는 것이다. 희생이 따르지만, 시종 훨씬 더 나은 삶으로 말이다.

하나님은 이 가운데 어느 것도 우리에게 강요하지 않으신다. 하나님의 말씀은 인격적인 부름이기 때문에, 초청하고 명령하고 도전하고 책망하고 심판하고 위로하고 지도하지만, 절대로 강요하지는 않는다. 결코 억지로 시키지 않는다. 대화에 참여해서 응답할 자유와 여지가 우리에게 주어져 있다. 무엇보다도 성경은 하나님의 일과 언어에 동참하도록 우리를 초청하는 책이다.

읽으면서 우리는, 말씀을 읽는 일과 말씀대로 사는 삶이 연관되어 있음을 알게 된다. 성경의 모든 말씀은 삶으로 살아 낼 수 있다. 많은 사람들이 발견하듯이, 성경을 읽으면서 가장 중요한 질문은 '이것이 무슨 의미인가'가 아니라 '어떻게 이대로 살 수 있는가'이다. 그래서 우리는 성경을 비인격적으로 읽지 않고 인격적으로 읽는다. 우리의 참 자아로 살기 위해서 읽는다. 그저 생활수준을 높이는 데 유용한 정보를 얻기 위해 읽는 것이 아니다. 성경 읽기는 하나님의 음성을 듣고 순종하기 위한 방편이지, 종교 자료를 수집해서 우리 스스로 신이 되기 위한 수단이 아니다.

지금부터 당신은 성경의 이야기를 듣게 될 것이다. 그 이야기들은 당신을 자신에게 몰입된 상태에서 이끌어 내어, 세상의 구원을 이루고 계신 하나님의 드넓은 자유 속으로 데려갈 것이다. 거기서 만나게 될 단어와 문장들이, 당신을 비수처럼 찔러 아름다움과 희망에 눈뜨게 할 것이다. 그것이 당신을 참된 삶과 연결해 줄 것이다.

그 메시지에 꼭 응답하기 바란다.

감수의 글

구약성경이 그리스도인의 정경으로 영접된 이래 2천 년 교회사 내내 구약성경은 여러 가지 이유로 경원시되어 왔다. 구약성경은 히말라야 산맥같이 험준하고 사하라 사막처럼 지루한 여로 같다. 구약성경은 일단 너무 길고 복잡하며, 우원(迂遠)한 옛날 이야기들로 가득 차 있다. 의미 없어 보이는 장황한 지명 및 인명 목록들과 너무 자세한 제사 규정, 성막과 성전 건축 규정들은 독자들의 인내를 과도하게 요구한다. 구약성경으로 가는 길을 막는 장애물은 여기서 그치지 않는다. 현대인의 평등 정서에 반하는 선민사상과 인종학살과 같은 수준의 야만적 전쟁과 폭력 이야기, 간음과 근친상간 등 반인륜적인 범죄 이야기 등 구약성경에는 오늘날의 인권의식과 윤리의식에 손상을 가하는 이야기들이 적지 않다. 과연 이런 역사와 이야기 속에서 어떻게 거룩하신 하나님의 현존을 발견할 수 있을까? 남녀차별, 노예제, 일부다처제를 버젓이 긍정하는 것처럼 보이는 구약성경 구절들 외에도 자기의를 앞세워 복수혈전을 요청하고 원수파멸을 노골적으로 간구하는 시편 기도문들은 또 어찌할 것인가? 이런 이유 때문에 많은 그리스도인들이 이런 구약성경과 신약성경 사이의 연속성을 찾는 데 어려움을 겪는다. 그들에게 구약성경은 인류에게 영생을 주시기 위해 독생자를 주시기까지 자신을 희생하신 하나님의 끝없는 죄인 사랑, 의인과 악인 모두에게 비를 주시는 그 하나님의 보편적인 사랑을 보여주지 않는 것처럼 보인다.

『메시지』의 저자인 유진 피터슨은 이렇게 아득히 멀어져 버린 구약성경과 현대 독자 사이의 간격을 메우기 위해 생동감 넘치는 현대어로 된 성경을 내놓았다. 그것은 일차적으로 목회자의 마음으로 번역된 성경이다. 독자에게 하나님의 마음을 전달하려는 간절한 목자의 마음이 문체와 어조 속에 잘 반영되어 있다. 유진 피터슨은 자신이 목회하는 교회 회중의 눈높이에 맞춰 현대인의 접근을 어렵게 만드는 구약성경의 구절들을 일상 언어로 번역한다. 험한 준령과 울퉁불퉁한 사막 여로를 곧게 펴서 독자들이 구약성경에서 전개되는 하나님의 구원 드라마를 속도감 있게 읽고 음미하도록 평탄 작업을 시도한다. 성경을 현대인의 감수성과 의식에 맞춰 재단하는 과정에서 신학적으로 아주 중요한 술어나 개념들 일부가 지나치게 쉽고 단순한 어휘로 번역되는 경우도 있다. 예를 들어, 창세기 15:6의 '의'(義)를 '바른 관계'로 번역함으로써 농축된 의미를 가진 신학 술어를 밋밋한 일상 언어로 풀어버린 경우도 있지만(『메시지』 신약의 경우, '복음'이나 하나님의 '말씀'을 '메시지'라는 중립적인 용어로 번역한 사례), 『메시지』 신약과는 달리 모세오경의 경우는 대부분 원의를 손상시키지 않고 번역했다.

구절 하나하나에 과중한 의미를 부여하려는 전문학자의 주석 작업에는 다소 불충분하게 보일지 몰라도, 『메시지』 구약 모세오경은 저자가 밝힌 의도대로 하나님의 구원 드라마를 유기적 맥락과 서사적 전진감 안에서 파악하도록 도와준다.

　모세오경은 이스라엘 민족의 형성사다. 구약의 뿌리이며 그리스도인의 성경에서 첫째 자리를 차지하는 중요한 책이다. 하나님의 창조, 인류의 원시역사, 아브라함과 이삭과 야곱의 가나안 정착 이야기, 출애굽 구원 이야기, 시내 산 율법 계시와 성막 건축 이야기, 38년의 광야 생활에서 겪은 징계와 연단, 하나님의 신적 인도와 지탱 이야기, 그리고 가나안 땅 입구까지 이르는 긴 여정을 담고 있다. 창세기부터 신명기까지 구약의 첫 다섯 책은 모세의 사명이 성취되는 과정을 자세하게 기록하였기 때문에 모세오경으로 불린다. 또한 그것은 이스라엘 민족의 생명과 번영의 길을 제시한 사활적인 중요성을 가진 지침을 담고 있기 때문에 토라(Torah)라고도 불린다. 출애굽기부터 신명기까지가 모세 이야기라는 것은 쉽게 납득이 되지만 창세기가 모세 이야기라는 말은 선뜻 이해가 안될 수도 있다. 하지만 자세히 읽어 보면, 창세기도 모세의 관점에서 쓰여진 모세의 책임을 알 수 있다. 이런 추정을 뒷받침하는 결정적인 근거가 창세기 15:13-16과 출애굽기 3:6-8이다. 하나님은 창세기 15:13-16에서 이미 아브라함의 후손들이 이집트 땅에서 고된 종살이를 한 뒤에 다시 가나안 땅으로 되돌아올 것을 예언하신다. "이것을 알아 두어라. 네 후손이 다른 나라에서 나그네로 살다가, 사백 년 동안 종살이를 하고 매질을 당하게 될 것이다. 그 후에 내가 그들의 주인으로 군림하는 자들을 벌할 것이다. 그러면 네 후손은 재물을 가득 가지고 거기서 나올 것이다. 그러나 너는 장수를 누리다가 평안히 죽게 될 것이다. 네 후손은 사 대째가 되어서야 이 땅으로 돌아오게 될 것이다. 아직까지는 아모리 사람의 죄가 한창 자라고 있기 때문이다." 환상 중에 아브라함은 모세의 지도력 아래 자신의 후손이 출애굽할 것을 내다보고 있다. 모세는 아브라함의 꿈 속에 등장하는 출애굽 세대의 지도자인 것이다.

　출애굽기 3:6-8에서 하나님은 자신을 모세에게 아브라함의 하나님, 이삭의 하나님, 야곱의 하나님이라고 소개한다. "나는 네 조상의 하나님, 곧 아브라함의 하나님, 이삭의 하나님, 야곱의 하나님이다.……나는 내 백성이 이집트에서 고통받는 모습을 오랫동안 지켜보았다. 압제자들의 손에서 벗어나기를 바라는 그들의 부르짖음도 들었다. 나는 그들의 고통을 속속들이 알고 있다. 이제 내가 내려가서 그들을 도와 이집트의 손아귀에서 그들을 풀어 주고,

그들을 그 땅에서 이끌어 내어 젖과 꿀이 흐르는 광활한 땅, 곧 가나안 사람과 헷 사람과 아모리 사람과 브리스 사람과 히위 사람과 여부스 사람의 땅으로 데리고 가겠다."" "나는 네 조상의 하나님, 곧 아브라함의 하나님, 이삭의 하나님, 야곱의 하나님이다"라는 하나님의 자기 소개는 창세기를 압축하는 문장이다. 하나님께서는 그분 자신을 이 세 족장에게 공통으로 베푸신 약속에 매여 있는 하나님이라고 소개하는 셈이다. 그 공통된 약속은 가나안 땅을 아브라함의 후손에게 기업으로 줄 것이며, 그들의 후손은 창대하고 번성하여 천하에 이름을 떨치게 되며 궁극적으로 만민에게 복의 근원이 될 것이라는 약속이다. 하나님은 아브라함 때부터 모세 때까지 이 삼중적 약속을 실현시킬 의무에 매여 있다는 사실을 모세에게 털어놓고 모세의 동역과 협조를 요청하신 것이다. 모세오경은 아브라함과 이삭, 그리고 야곱에게 베푸신 하나님의 약속이 모세와 이스라엘 백성을 통해 성취되어 가는 과정을 추적한다. 따라서 모세오경은 목적지를 향해 전진하는 여행 이야기이면서, 땅을 차지하기 위해 벌이는 전쟁 이야기이며, 하나님의 약속 성취 사명을 감당하기 위해 이스라엘이 거쳐야 할 영적 단련과 성숙 이야기이다.

유진 피터슨의 『메시지』 모세오경은, 바로 이 하나님 백성이 가나안 땅을 향한 전진해 가는 이야기를 입체적으로 되살림으로써 독자들의 가나안 땅 행진에 동참하도록 유도한다. 『메시지』 모세오경은 독자들을 이야기 속 등장인물의 자리로 끌어들이는 초청 문체로 다듬어져 있다. 우리는 『메시지』 모세오경을 읽을 때 누릴 수 있는 유익을 몇 가지로 정리해 볼 수 있다. 첫째, 한 절 단위의 절 구분이 없기에 이야기의 맥락에 주목하면서 읽을 수 있다. 그러나 절 표시에 익숙한 한국 독자들을 위해 단락별로 절 표시가 제시되어 있어서 설교 강단용 성경으로 사용될 여지를 남겨 두었다. 둘째, 시문이나 운문의 경우 인용 단락을 들여쓰기함으로써 가독성을 높인다. 창세기 49장이나 신명기 32-33장 등 시적 운율을 아름답게 되살린 번역도 눈에 띈다. 마찬가지로, 통계나 도량형, 민수기의 인구조사 목록 등도 알아보기 쉽게 편집되어 잘 읽힌다. 셋째, 아름답고 격조 높은 현대 한국어로 번역되어 성경 원의에 손쉽게 접근할 수 있다. 넷째, 본문 안에 등장하는 인물 간의 대화를 쉽게 식별하도록 편집함으로써 대화의 역동성과 긴장을 음미할 수 있도록 배려한다. 예를 들어, 민수기 16장이나 27, 36장은 등장인물들 간에 오고 간 말들을 대화 분위기를 살려 번역함으로써 독자의 본문 몰입을 도와준다. 다섯째, 신명기의 경어체 설교가 호소력을 배가시킨다. 모세오경은 역사이면서 동시에 예언자적 미래 전망이자, 이것에 입각한 권고요 설교다.

　이런 유익에도 불구하고, 『메시지』 모세오경은 몇 가지 아쉬움을 남긴다. 무엇보다도 야웨 하나님의 이름을 삭제한 점이다. 창세기 2장부터 나오는 '야웨'[혹은 '여호와', 대한성서공회에서 발행한 『새번역』에서는 창 22:14, 출 3:15, 6:3, 17:15, 삿 6:24, 겔 48:35 외에는 모두 '주'(LORD)로 번역되어 있다―편집자]라는 하나님 이름이 『메시지』 모세오경에는 나오지 않는다. 출애굽기 3:14과 6:3은 '야웨'라는 하나님 이름의 신학적 의미가 계시되는 중요한 구문이다. "하나님이 모세에게 이르시되 나는 스스로 있는 자이니라. 또 이르시되 너는 이스라엘 자손에게 이같이 이르기를 스스로 있는 자가 나를 너희에게 보내셨다 하라", "내가 아브라함과 이삭과 야곱에게 전능의 하나님으로 나타났으나 나의 이름을 여호와로는 그들에게 알리지 아니하였고"(개역개정). '야웨'라는 이름은 '스스로 있는 자'라는 히브리어 문장에서 파생된 거룩한 이름이다. 모세가 받은 구원 계시의 독특성을 강조하는 하나님의 이름이다. 이런 구원사적으로 중대한 이름을 누락시키고 대신 '하나님'이라는 이름을 사용한다. 또한 『메시지』 모세오경은 출애굽기 6–12장 등 여러 군데서 하나님의 '말씀'을 '메시지'라고 번역함으로써, 사역(私譯) 성경의 임의성을 드러낸다. 하나님의 말씀을 현대인의 일상 언어로 번역하여 현대인의 마음에 하나님 말씀을 공명시키려는 저자의 의도가, 이 점에서 과유불급의 효과를 낸 것처럼 보인다. 독자들은 『메시지』 모세오경의 특장(特長)들과 더불어 그 한계 또한 인식함으로써 보다 더 온전한 성경 이해로 나아갈 수 있을 것이다.

　번역은 하나님의 말씀을 현대인의 가슴에 와 닿게 증거하는 예언자적 중개 사역이다. 번역자는 하나님의 말씀을 살아 있는 말씀, 가슴에 와 닿는 말씀으로 전달할 의무가 있는 예언자다. 하나님의 말씀은 변함이 없지만 사람과 시대는 바뀌기에 하나님의 말씀도 항상 번역되어야 하는 것은 맞다. 그러나 하나님의 말씀이 너무 낯설어져 버린 시대를 사는 현대인들의 일상 언어의 한계 또한 인정해야 하나님의 심원한 말씀과 계시에 대한 목마름을 유지할 수 있을 것이다. 이런 점에서 흠정역(KJV)이나 새국제역(NIV), 새개역표준역(NRSV), 한글개정개역도 장점과 한계를 각각 안고 있다. 하지만 하나님의 심원한 계시와 말씀에 대한 목마름을 다 충족시키지 못한다고 해서 번역 성경의 가치가 없어지는 것은 아니다.

　나름의 한계를 갖고 있음에도 불구하고, 확실히 『메시지』 모세오경은 오늘날의 독자로 하여금 하나님의 율법에 순종하며 땅에 정착하는 삶을 추구하도록 돕는 예언자적 중개 사역을 잘 감당하고 있다. 모세오경 전체는, 방랑하는 이스라엘 백성에게 가나안 땅에서 하나님께 순종하여 복을 누리며 살라고 초청하고 명령하는 모세의 설교다. 특히 신명기에서 모세는 가나안 땅이 하나님이 주시는 복의 원천임과 동시에 하나님에 대한 일편단심의 충성심을 드세게 시험하는 유혹의 땅이라는 사실을 부단히 상기시킨다. 따라서 모세오경을 읽는 행위는 하나님과의 언약에 매여 이집트와 가나안과는 전혀 다른 거룩한 나라를 건설해 가며 그것에 참여하는 일이다. 젖과 꿀이 흐르는 땅에 들어가기 위해 하나님의 백성은, 하나님의 다스림에 복종하며 살아가는 것을 방해하는 가나안 원주민 일곱 족속의 본거지를 정복해야 한다. 그들이 믿는 신들은 악과 불의를 영구적으로 정당화하고 신적으로 재가하며 불의한 사회구조를 합법화하는 악한 종교이기 때문이다. 가나안 종교는 단지 이방종교이기 때문에 배척되고 훼파되어야 하는 것이 아니라 악하고 불의한 종교요 우상숭배이기 때문에 정복되어야 한다. 고아와 과부의 생존권을 돌보는 대신 지주와 고관대작들의 탐욕을 신성시하며 신을 풍요와 번영의 원천이라고 믿기에 악한 종교다. 모세오경은 악한 가나안 일곱 족속의 종교와 사회를 거룩하게 해체시키고 전복하여 정의의 젖과 공평의 꿀이 흐르는 공동체를 창조해 가려는 하나님의 분투를 증언한다. 『메시지』 모세오경은 이 하나님의 간절한 마음을 계시하는 책이며, 예언자적인 목회자의 마음이 담겨 있는 또 하나의 귀한 번역 성경이다.

김회권 숭실대학교 기독교학과 교수

『모세오경』 | 머리말

일반적으로 모세오경으로 알려진 성경의 처음 다섯 책은 수 세기에 걸쳐 엄청난 권위와 위엄을 인정받아 왔다. 그 책들은 오랜 세월 동안 실로 방대한 분량의 읽기와 쓰기, 연구와 기도, 가르침과 설교의 재료가 되었으며, 지금도 그러하다.

이 다섯 책의 주된 관심사는 하나님이다. 이 다섯 책이 권위와 위엄을 자랑하는 것은 그 때문이다. 그러나 이 다섯 책은 하나님께만 관심을 기울이는 것이 아니라 우리에게도 관심을 기울인다. 이 다섯 책이 인간의 광범하고 강렬한 관심을 끄는 것은 그 때문이다. 우리는 '하늘과 땅'에서 무슨 일이 일어나고 있는지 알고 싶어 한다. 또 그 일들과 조화를 이루려면 어떻게 해야 하는지 알고 싶어 한다. 우리는 그것을 놓치고 싶지 않다.

모세오경은 대개 이야기와 이정표들로 구성되어 있다. 이야기들은 우리에게 매우 다양한 환경 속에서 인간들과 함께 일하시고 그들에게 말을 건네시는 하나님을 소개한다. 관념과 논쟁이 아니라, 우리 각 사람과 직접적으로 연관된 사건과 행동들 속에서 하나님을 소개하는 것이다. 이정표들은 즉각적이고 실제적인 지침들을 제공하여, 우리의 인간성에 어울리면서 하나님께 영광이 되는 행동으로 우리를 이끈다.

이 다섯 책에서 전개되는 이야기와 이정표들은 너무나 단순해서, 어른은 물론이고 아이들까지 쉽게 이해할 수 있다. 그러나 그 단순성은 (상당수 단순한 것들에서 보듯이) 심오하기도 해서, 하나님께서 우리와 함께 걸으시는

An enormous authority and dignity have, through the centuries, developed around the first five books of the Bible, commonly known as The Books of Moses. Over the course of many centuries, they account for a truly astonishing amount of reading and writing, study and prayer, teaching and preaching.

God is the primary concern of these books. That accounts for the authority and the dignity. But it is not only God; we get included. That accounts for the widespread and intense human interest. We want to know what's going on. We want to know how we fit into things. We don't want to miss out.

The Books of Moses are made up mostly of stories and signposts. The stories show us God working with and speaking to men and women in a rich variety of circumstances. God is presented to us not in ideas and arguments but in events and actions that involve each of us personally. The signposts provide immediate and practical directions to guide us into behavior that is appropriate to our humanity and honoring to God.

The simplicity of the storytelling and signposting in these books makes what is written here as accessible to children as to adults. But the simplicity (as in so many simple things) is also profound, inviting us into a lifetime of growing participation in God's saving ways with us.

구원의 길에 우리를 평생토록 참여시킨다.

우리는 인간 성장의 이미지를 활용하여, 이 이야기와 이정표들이 수많은 남녀와 아이들을 강하게 끌어당겨 '하나님의' 백성으로 살아가게 하는 이유를 설명할 수 있다. 이 다섯 책은, 하나님께서 자신의 영광을 위해 먼저 우주를 창조하시고 그런 다음 인간을 창조하셔서 밟게 하시는 다섯 가지 성장 단계를 암시한다고 할 수 있다.

창세기는 태아기라고 할 수 있다. 하나님께서는 장차 인간의 죄와 반역 한가운데서 창조와 구원과 심판이라는 자신의 일을 수행하시고자 기본 요소들을 확정하신 뒤에 (1-11장) 한 민족을 잉태하신다. 그것은 그 민족에게 자신을 구원의 하나님으로 드러내시고, 그들을 통해 이 땅의 모든 사람에게도 자신을 드러내시려는 것이다. 하나님께서는 작은 한 사람, 곧 아브라함에서부터 시작하신다. 하나님께서 그에게 이렇게 말씀하신다. "나는 강한 하나님이다. 너는 내 앞에서 흠 없이 살고, 온전하게 살아라! 내가 나와 너 사이에 언약을 맺고, 네게 큰 민족을 줄 것이다"(창 17:1-2). 미발달 상태인 하나님의 백성이 자궁 속에서 자란다. 태아가 형태를 갖추어 가면서 세부 기관과 훨씬 세부적인 기관들이 점점 분명하게 드러난다. 사라, 이삭, 리브가, 야곱과 에서, 라헬, 요셉과 그의 형제들이 그렇다. 임신이 진행되면서 자궁 안에는 분명 생명이 자라고 있지만, 아직은 분명하지 않고 눈에 보이지 않는 것이 많다. 배경은 어렴풋하고, 주변 민족들과 관습들은 안개에 휩싸여 있다. 하지만 하나님께서 잉태하신 생명은 발길질을 하면서 튼튼하게 자라난다.

출애굽기는 분만기와 유아기라고 할 수 있다. 하나님의 백성을 잉태하는 기간이 오래 지속되다가 드디어 진통이 시작된다. 이집트에서의 종살이는 조만간 이루어질 자궁 수축을 암시한다. 출산을 관장하기 위해 모

An image of human growth suggests a reason for the powerful pull of these stories and signposts on so many millions of men, women, and children to live as *God's* people. The sketch shows the five books as five stages of growth in which God creates first a cosmos and then a people for his glory.

Genesis is Conception. After establi-shing the basic elements by which God will do his work of creation and salvation and judgment in the midst of human sin and rebellion (chapters 1-11), God conceives a People to whom he will reveal himself as a God of salvation and through them, over time, to everyone on earth. God begins small, with one man: Abraham. He said to Abraham, "I am The Strong God, live entirely before me, live to the hilt! I'll make a covenant between us and I'll give you a huge family"(Genesis 17:1-2). The embryonic People of God grow in the womb. Gradually details and then more details become evident as the embryo takes shape: Sarah, Isaac, Rebekah, Jacob and Esau, Rachel, Joseph and his brothers. The pregnancy develops. Life is obviously developing in that womb but there is also much that is not clear and visible. The background history is vague, the surrounding nations and customs veiled in a kind of mist. But the presence of life, God-conceived life, is kicking and robust.

Exodus is Birth and Infancy. The gestation of the People of God lasts a long time, but finally the birth pangs start. Egyptian slavery gives the first intimations of the contractions to come. When Moses arrives on the scene to preside over the birth itself, ten fierce plagues on Egypt accompany the contractions that

세가 무대에 등장하면서 이집트에 열 가지 극심한 재앙이 임하고, 동시에 자궁 수축이 시작되면서 산고가 끝난다. 홍해에서 바닷물이 갈라지고, 하나님의 백성이 자궁에서 빠져나와 마른 땅에 이르고, 하나님의 자유로운 백성으로서 그들의 삶이 시작된다. 모세는 기기도 하고 아장아장 걷기도 하는 그들을 이끌고 시내 산에 도착한다. 이제 그들에게 젖이 공급된다. 하나님께서 산에서 그들에게 자신을 드러내시자, 그들이 자신들의 어버이를 알아보기 시작한다. 그들은 자유와 구원의 언어를 배운다. 옹알이 내지 초보적인 어휘로 이곳에서 한 마디 저곳에서 한 마디를 익히면서 열 마디(계명)를 익힌다. "이렇게 해라, 저렇게 하지 마라"와 같은 이정표들이 솟아오르기 시작한다. 그들의 유아기 생활을 가장 크게 지배하는 것은 하나님, 곧 살아 계신 하나님이다. 그들이 하나님의 깊고 넓은 세계를 탐험하면서 예배가 그들의 주된 활동, 그들의 가장 중요한 활동이 된다. 그들은 자신들을 예배에 길들이고, 예배용 구조물을 세우고, 예배 순서를 익히는 일에 엄청난 주의를 기울인다. 그들은 하나님께 복종하고 하나님을 경배하는 일에 온통 주의를 기울인다. 그 결과, "구름이 회막을 덮고, 하나님의 영광이 성막에 가득했다. 구름이 회막 위에 있고 하나님의 영광이 성막에 가득했으므로, 모세는 회막 안으로 들어갈 수 없었다"(출 40:34-35).

레위기는 학령기라고 할 수 있다. 유아기에서 유년기로 접어들면, 공식적인 학령기가 시작된다. 알아야 할 것이 많아진다. 일을 제대로 처리하도록 돕는 몇 가지 조직과 장치, 이를테면 읽기, 쓰기, 산수가 필요한 것이다. 그러나 하나님의 백성이 밟아야 할 기초 교과과정은 하나님과 관련이 있다. 하나님과의 관계가 그들의 기초 교과과정인 것이다. 레위기는 하나님의 백성이 필독해야 할

bring the travail to completion: at the Red Sea the waters break, the People of God tumble out of the womb onto dry ground, and their life as a free People of God begins. Moses leads them crawling and toddling to Sinai. They are fed. God reveals himself to them at the mountain. They begin to get a sense of their Parent. They learn the language of freedom and salvation—a word here, a word there, the Ten Words (commandments) as a beginning, their basic vocabulary. The signposts begin to go up: do this; don't do that. But the largest part of their infant life is God, the living God. As they explore the deep and wide world of God, worship becomes their dominant and most important activity. An enormous amount of attention is given to training them in worship, building the structures for worship, mastering the procedures. They are learning how to give their full attention in obedience and adoration to God. As a result, "The Cloud [of God's presence] covered the Tent of Meeting, and the Glory of GOD filled The Dwelling. Moses couldn't enter the Tent of Meeting because the Cloud was upon it, and the Glory of GOD filled The Dwelling"(Exodus 40:34-35).

Leviticus is Schooling. As infancy develops into childhood, formal schooling takes place. There's a lot to know; they need some structure and arrangement to keep things straight: reading, writing, arithmetic. But for the People of God the basic curriculum has to do with God and their relationship with God. Leviticus is the *McGuffey's Reader* of the People of God. It is an almost totally audiovisual book, giving a picture and ritual

038

교과서다. 레위기는 시청각 교재나 다름없다. 그것은 하나님과의 관계에 실패하거나(죄), 용서와 무죄 상태를 회복했을 때(구원), 하나님의 백성이 깨어서 준수하는 제사 의식과 절기를 그림으로 그려 보여준다. 일상생활은 끝없이 이어지는 구체적 세부 조항으로 이루어진다. 그 세부 조항 가운데 상당수는 우리가 하나님 앞에서 어떻게 행동하고, 서로에게 어떻게 처신해야 하는지와 관련이 있다. 그렇기 때문에 레위기가 하나님께서 중요하게 여기시는 끝없는 세부 조항으로 이루어져 있는 것은 당연한 일이다. "너희는 나의 모든 규례와 나의 모든 법도를 지켜라. 그대로 지켜 행하여라. 나는 **하나님이다**"(레 19:37).

민수기는 청소년기라고 할 수 있다. 청소년기는 우리가 누구인지를 꼬치꼬치 따지는 시기다. 대개의 경우 이 시기가 되면, 스스로를 돌볼 수 있을 만큼 신체적으로 충분히 자란 상태에 도달한다. 분명 어느 정도 한계가 있기는 하지만, 정신적으로도 스스로 사고할 수 있을 만큼 충분히 발달한 상태가 된다. 우리는 자신이 단순히 부모의 연장선도 아니고 우리 시대 문화를 반영하는 거울상도 아니라는 것을 깨닫는다. 그러면 우리는 누구인가? 특히 하나님의 백성으로서 우리는 누구인가? 민수기에 등장하는 하나님의 백성은, 처음으로 독립적으로 행동하고 사고하기 시작하면서 불가피하게 실수를 연발한다. 그들의 두드러진 실수 가운데 하나가 반역이다. 그들은 자신들의 하나밖에 없는 정체성을 실험한답시고 부모 세대 및 그 문화와 관계 맺기를 거부한다. 그것은 '자기 자신을 잃지 않으려고' 동원하는 가장 쉽고도 가장 저속한 방법이다. 그러나 사실 그런 '자신'에게는 딱히 이렇다 단언할 만한 것이 많지 않다. 성숙은 우리가 태아기와 분만기, 유아기와 학령기를 거치면서 습득한 것을 잘라

in the sacrifices and feasts for the pivotal ways in which God's people keep alert and observant to the ways their relationship with God goes awry (sin) and the ways they are restored to forgiveness and innocence (salvation). Everyday life consists of endless and concrete detail, much of it having to do with our behavior before God and with one another, and so, of course, Leviticus necessarily consists also of endless detail which God took very seriously, saying, "Keep all my decrees and all my laws. Yes, *do* them. I am GOD"(Leviticus 19:37).

Numbers is Adolescence. The years of adolescence are critical to understanding who we are. We are advanced enough physically to be able, for the most part, to take care of ourselves. We are developed enough mentally, with some obvious limitations, to think for ourselves. We discover that we are not simply extensions of our parents; and we are not just mirror images of our culture. But who are we? Especially, who are we as a People of God? The People of God in Numbers are new at these emerging independent operations of behaving and thinking and so inevitably make a lot of mistakes. Rebellion is one of the more conspicuous mistakes. They test out their unique identity by rejecting the continuities with parents and culture. It's the easiest and cheapest way to "be myself" as we like to say. But it turns out that there isn't much to the "self" that is thus asserted. Maturity requires the integration, not the amputation, of what we have received through our conception and birth, our infancy and schooling. The People of God have an extraordinarily long adolescence in the wilderness—nearly forty years of it.

냄으로써 이루어지는 것이 아니라 통합함으로써 이루어진다. 하나님의 백성은 거의 사십 년 가까운 대단히 긴 청소년기를 광야에서 보낸다.

신명기는 성인기라고 할 수 있다. 성숙한 삶은 종합 작용으로 이루어진다. 성장은 기나긴 과정이다. 그리고 하나님 안에서 성장하는 데는 참으로 오랜 시간이 걸린다. 태아기를 꽉 채우고 홍해 바닷가에서 태어난 하나님의 백성은, 광야에서 사십 년 세월을 보내면서 모세의 인도와 지휘와 양육과 보호를 받으며 하나님의 계시 장소인 시내 산으로 나아가, 가르침과 지도와 훈련과 은혜를 받는다. 이제 그들은 새 땅, 곧 약속의 땅에서 자유로우면서도 순종하는 사람들로 살아갈 채비를 갖춘 상태다. 그들은 성인기에 돌입할 채비, 겉은 물론이고 속까지 성인이 될 채비를, 자유로운 백성, 거룩한 백성으로 살아갈 채비를 갖추었다. 그들을 자유로운 백성으로 만들어 주신 분도 하나님이시고, 그들을 거룩한 백성으로 변화시켜 주신 분도 하나님이시다. 그들은 (우리와 마찬가지로) 갈 길이 멀지만, 성숙의 온갖 조건을 이미 갖춘 상태다. 신명기는 하나님의 백성이 되는 전 과정을 요약하여 설교와 노래와 축복으로 표현해 낸다. 신명기의 가장 강력한 핵심어는 '사랑'이다. 모세는 이스라엘 백성에게 이렇게 말한다. "여러분은 하나님을, 여러분의 하나님을 전심으로 사랑하십시오. 여러분의 전부를 다해, 여러분이 가진 전부를 다 드려, 그분을 사랑하십시오"(신 6:5). 사랑은 인간의 가장 특징적이고 가장 종합적인 행위다. 우리는 사랑할 때 가장 우리다워진다. 우리는 사랑할 때 가장 하나님의 백성다워진다. 그러나 사랑은 사전에서 정의하는 추상적인 단어가 아니다. 성숙한 사랑을 하려면, 이 구원과 자유의 세계에서 살고, 이 구원과 자유의 세계를 이해하고, 이 구원과 자유의 세계로 들

Deuteronomy is Adulthood. The mature life is a complex operation. Growing up is a long process. And growing up in God takes the longest time. During their forty years spent in the wilderness, the People of God developed from that full-term embryo brought to birth on the far shore of the Red Sea, are carried and led, nourished and protected under Moses to the place of God's Revelation at Sinai, taught and trained, disciplined and blessed. Now they are ready to live as free and obedient men and women in the new land, the Promised Land. They are ready for adulthood, ready to be as grown up inwardly as they are outwardly. They are ready to live as a free people, formed by God, as a holy people, transformed by God. They still have a long way to go (as do we all), but all the conditions for maturity are there. The book of Deuteronomy gathers up that entire process of becoming a People of God and turns it into a sermon and a song and a blessing. The strongest and key word in Deuteronomy is *love*. Moses told the people, "Love GOD, your God, with your whole heart: love him with all that's in you, love him with all you've got!"(Deuteronomy 6:5). Love is the most characteristic and comprehensive act of the human being. We are most ourselves when we love; we are most the People of God when we love. But love is not an abstract word defined out of a dictionary. In order to love maturely we have to live and absorb and enter into this world of salvation and freedom, find ourselves in the stories, become familiar with and follow the signposts, learn the life of worship, and realize our unique identity as the People of God who love.

어가야 한다. 그리고 이야기들 속에서 우리 자신을 발견하고, 이정표들을 가까이하며 따르고, 예배생활을 익히고, 우리의 독특한 정체성, 곧 우리가 하나님의 백성으로서 사랑하는 것임을 깨달아야 한다.

❧

성경에서 모세오경은 이어지는 육십일 권 책의 기초라고 할 수 있다. 그러나 그것은 완전한 건물이 아니라 그 건물을 미리 내다본 것이다. 말하자면 장차 이루어질 일을 위해 도덕적으로 정교한 토대를 제공한 것이다. 이어지는 각 권의 책은 하나님의 백성이 되는 것과 관련된 메시아적 구원의 몇몇 양상을 포착하고 발전시킨다. 하지만 그 일은 언제나 이 기초(모세오경) 위에서 행해진다. 이야기와 이정표들로 이루어진 이 기초는 견고하고 지속적인 것임이 입증되었다.

❧

하나님의 이름을 우리말로 옮길 때, 이스라엘 자손과 그 이웃 민족들이 구약성경의 히브리어 원문에서 사용했던 신(神)의 총칭을 '하나님'(God) 혹은 '신'(god)으로 번역했다. 하지만 불타는 떨기나무에서 모세에게 나타나신 하나님의 유일무이한 인격적 이름(출 3:13-14)은 '하나님'(GOD)으로 번역했다. 초기 유대인 공동체는 그 유일무이한 이름 대신 '주'(LORD)라는 단어를 사용했다. 그것은 경외심(우리의 입술은 그 이름을 담을 자격이 없다)과 조심하는 마음(하나님의 이름을 '함부로' 불러 무심코 불경죄를 저지르는 일이 없게 하려는 마음)에서 우러난 행동이었다. 그리고 대부분의 성경번역자들이 지금도 그러한 관례를 따르고 있다.

❧

The Books of Moses are foundational to the sixty-one books that follow in our Bibles. A foundation, though, is not a complete building but the anticipation of one. An elaborate moral infrastructure is provided here for what is yet to come. Each book that follows, in one way or another, picks up and develops some aspect of the messianic salvation involved in becoming the People of God, but it is always on this foundation. This foundation of stories and signposts has proved over and over to be solid and enduring.

❧

A note on translating the name of God. In the original Hebrew text of the Old Testament, the generic name for divinity used by both Israel and its neighbors is translated God (or god). But the unique and distinctively personal name for God that was revealed to Moses at the burning bush (Exodus 3:13-14) I have translated as "GOD." The Jewish community early on substituted "Lord" for the unique name out of reverence (our lips are not worthy to speak The Name) and caution (lest we inadvertently blaspheme by saying God's name "in vain"). Most Christian translators continue in that practice.

가장 먼저 하나님이 계신다. 하나님은 삶을 주관하신다. 하나님은 삶의 기초이시다. 하나님이 그 어떤 것보다 우선이라는 의식이 없다면, 우리는 어느 것 하나 똑바로 이해할 수 없다. 삶을 바로 이해할 수 없을 뿐 아니라, 삶을 제대로 살아갈 수도 없다. 하나님은 가장자리에만 계신 분이 아니고, 선택사항 중 하나이신 분도 아니며, 주말에만 뵙는 분도 아니다. 하나님은 중심과 주변 어디에나 계신 분이며, 처음이요 마지막이신 분이다. 오직 하나님, 하나님, 하나님이다!

창세기는 우리가 이 하나님과 바른 관계에서 시작할 수 있게 해준다. "모든 것의 시작은 이러하다. 하나님께서……"(창 1:1). 창세기를 읽다 보면, 하나님께서 만드시고 채우시는 현실을 의식하게 된다. 창세기는 우리 삶을 정확하게 이해하고 말할 수 있도록 돕는 언어를 제공한다. 우리가 어디서 와서 어디로 가는지, 우리가 무슨 생각을 하며 무슨 일을 하는지, 우리와 함께 사는 사람들이 누구이며 어떻게 하면 그들과 사이좋게 지낼 수 있는지, 우리가 처한 곤경과 끊임없이 찾아오는 축복 등에 대해 빠짐없이 정확하게 말해 준다.

창세기는 이 언어를 활용하여 견고하고 참된 기초를 세운다. 우리가 생각하고 행동하고 느끼는 모든 것이 우리가 일생 동안 지어 가는 건물에 꼭 필요한 자재가 된다. 우리가 하는 모든 일에는 엄청난 의미가 깃들어 있고, 우리의 말과 행동과 기도는 그 하나하나가 하나님 나라라는 거대한 건물을 짓는 일

First, God. God is the subject of life. God is foundational for living. If we don't have a sense of the primacy of God, we will never get it right, get life right, get *our* lives right. Not God at the margins; not God as an option; not God on the weekends. God at center and circumference; God first and last; God, God, God.

Genesis gets us off on the right foot. "First this: God"(Genesis 1:1). Genesis pulls us into a sense of reality that is God-shaped and God-filled. It gives us a vocabulary for speaking accurately and comprehensively about our lives, where we come from and where we are going, what we think and what we do, the people we live with and how to get along with them, the troubles we find ourselves in and the blessings that keep arriving.

Genesis uses words to make a foundation that is solid and true. Everything we think and do and feel is material in a building operation in which we are engaged all our life long. There is immense significance in everything that we do. Our speech and our actions and our prayers are all, every detail of them, involved in this vast building operation comprehensively known as the Kingdom of God. But we don't build the foundation. The foundation is given. The foundation is firmly in place.

Jesus concluded his most famous teaching

과 연관되어 있다. 그러나 우리가 기초를 세우지는 않는다. 기초는 이미 주어져 있으며, 그 기초는 확고한 기반 위에 서 있다.

예수께서는 자신의 가장 유명한 가르침을 끝맺으시면서, 인생을 살아가는 두 가지 방법을 말씀해 주셨다. 우리는 모래 위에 집을 지을 수도 있고 바위 위에 지을 수도 있다. 만일 우리가 모래 위에 집을 짓는다면, 그 집이 아무리 훌륭하다 해도 맥없이 무너지고 말 것이다. 우리는 이미 확고하게 놓인 터, 곧 바위 위에 집을 짓는다. 창세기는 이 바위에 대한 증언이다. 하나님께서 창조하시고 우리 삶에 개입하시며, 은혜로운 심판을 내리시고 믿음으로 살도록 우리를 부르시며, 우리와 언약을 맺으신다는 증언이다.

하나님께서 말씀하셨다. "우리가 우리의
형상을 따라 사람을 만들자.
그들로 우리의 본성을 드러내게 하여
그들이 바다의 물고기와
공중의 새와 집짐승과
온 땅과
땅 위에 사는 온갖 동물을 돌보게 하자."
하나님께서 사람을 창조하시되
하나님을 닮게 창조하시고
하나님의 본성을 드러내게 하셨다.
하나님께서 사람을 남자와 여자로 창조
하셨다.
하나님께서 그들에게 복을 주시며 말씀하
셨다.
"자녀를 낳고, 번성하여라! 온 땅에 가득
하여라! 땅을 돌보아라!
바다의 물고기와 공중의 새와
땅 위에 사는 온갖 생물을 돌보아라!"(창
1:26-28)

그러나 창세기는 이 모든 것을 추상적인 '진리'나 핏기 없는 '원리'로 제시하지 않는다. 창

by telling us that there are two ways to go about our live—we can build on sand or we can build on rock. No matter how wonderfully we build, if we build on sand it will all fall to pieces like a house of cards. We build on what is already there, on the rock. Genesis is a verbal witness to that rock: God's creative acts, God's intervening and gracious judgments, God's call to a life of faith, God's making covenant with us.

God spoke: "Let us make human beings in our image, make them
    reflecting our nature
So they can be responsible for the fish in the sea.
    the birds in the air, the cattle.
And, yes, Earth itself,
    and every animal that moves on the face of Earth."
God created human being;
    he created them godlike,
Reflecting God's nature.
    He created them male and female.
God blessed them:
    "Prosper! Reproduce! Fill Earth! Take charge!
Be responsible for fish in the sea and birds in the air,
    for every living thing that moves on the face of Earth"(Genesis 1:26-28).

But Genesis presents none of this to us and abstract, bloodless "truth" or "principle." We are given a succession of stories with named people, people who loved and quarreled, believed and doubted, had children and married, experienced sin and grace. If we

세기는 구체적인 이름을 가진 사람들의 이야기를 연속해서 보여준다. 그들은 사랑하고 다투고, 믿고 의심한다. 결혼해서 자녀를 낳고, 죄를 짓고 은혜를 경험한다. 주의를 기울여 살펴보면, 이 이야기, 곧 아담과 하와, 가인과 아벨, 노아와 그의 아들들, 아브라함과 사라, 이삭과 리브가, 야곱과 라헬, 요셉과 그의 형제들 이야기가 또 다른 형태로 우리 삶에서 계속되고 있음을 알 수 있다. 이 이야기들은 우리가 '하늘과 땅'에서 일어나는 어떤 일에도 외부인이나 구경꾼일 수 없음을 분명히 보여준다. 하나님은 저 멀리 우주에서 비인격적으로 일하시는 분이 아니다. 그분은 우리를 찾아오신 바로 그 삶의 자리에서 우리와 함께 일하시는 분이다. 우리가 선한 일을 하든 나쁜 일을 하든, 우리는 하나님께서 행하시는 모든 일에 계속해서 참여할 수밖에 없다. 누구도 예외일 수 없고 빠져나갈 수도 없다. 그러므로 우리는 그 이야기 속에서 시작하고 그 이야기 속에서 우리의 자리를 찾아야 할 것이다. 맨 처음부터 말이다.

pay attention, we find that we ourselves are living variations on these very stories: Adam and Eve, Cain and Abel, Noah and his sons, Abraham and Sarah, Isaac and Rebekah, Jacob and Rachel, Joseph and his brothers. The stories show clearly that we are never outsiders or spectators to anything in "heaven and earth." God doesn't work impersonally from space; he works with us where we are, as he finds us. No matter what we do, whether good or bad, we continue to be part of everything that God is doing. Nobody can drop out—there's no place to drop out to. So we may as well get started and take our place in the story—at the beginning.

창세기

GENESIS

하늘과 땅의 창조

1 ¹⁻² 모든 것의 시작은 이러하다. 하나님께서 하늘과 땅을 창조하셨다. 보이는 모든 것과 보이지 않는 모든 것을 창조하셨다. 땅은 아무것도 없는 늪, 끝없이 깊은 공허, 칠흑 같은 어둠이었다. 하나님의 영은 물의 심연 위에 새처럼 내려앉으셨다.

³⁻⁵ 하나님께서 말씀하셨다. "빛!" 하시니
빛이 생겨났다.
하나님께서 보시니 그 빛이 좋았다.
하나님께서 빛과 어둠을 나누셔서,
빛을 낮이라 부르시고
어둠을 밤이라 부르셨다.
저녁이 되고 아침이 되니
첫째 날이었다.

⁶⁻⁸ 하나님께서 말씀하셨다.
"물 한가운데 창공이 생겨
물과 물 사이를 갈라놓아라!"
하나님께서 창공을 만드셔서
창공 아래 물과
창공 위의 물로 갈라놓으시니,
그대로 되었다.
하나님께서 창공을 하늘이라 부르셨다.
저녁이 되고 아침이 되니
둘째 날이었다.

1 ¹⁻² First this: God created the Heavens and Earth—all you see, all you don't see. Earth was a soup of nothingness, a bottomless emptiness, an inky blackness. God's Spirit brooded like a bird above the watery abyss.

³⁻⁵ God spoke: "Light!"
    And light appeared.
God saw that light was good
    and separated light from dark.
God named the light Day,
    he named the dark Night.
It was evening, it was morning—
Day One.

⁶⁻⁸ God spoke: "Sky! In the middle of the waters;
    separate water from water!"
God made sky.
He separated the water under sky
    from the water above sky.
And there it was:
    he named sky the Heavens;
It was evening, it was morning—
Day Two.

9-10 하나님께서 말씀하셨다. "갈라져라!
하늘 아래 있는 물은 한곳으로 모이고
뭍은 드러나라!" 하시니
그대로 되었다.
하나님께서 뭍을 땅이라 부르시고
모인 물을 바다라 부르셨다.
하나님께서 보시니 좋았다.

11-13 하나님께서 말씀하셨다. "땅은 푸른
움을 돋게 하여라!
씨 맺는 온갖 종류의 식물과
열매 맺는 온갖 종류의 나무를 자라게 하
여라" 하시니
그대로 되었다.
땅은 씨 맺는 푸른 식물을
그 종류대로 나게 하고
열매 맺는 나무를 그 종류대로 자라게 했다.
하나님께서 보시니 좋았다.
저녁이 되고 아침이 되니
셋째 날이었다.

14-15 하나님께서 말씀하셨다. "빛들아!
나오너라!
하늘 창공에서 빛을 비추어라!
낮과 밤을 나누고
계절과 날과 해를 구분하여라.
하늘 창공에서 땅을 비추는 빛들이 되어
라" 하시니
그대로 되었다.

16-19 하나님께서 두 큰 빛을 만드셔서,
그중 큰 빛에게는 낮을 맡기시고
작은 빛에게는 밤을 맡기셨다.
그리고 별들도 만드셨다.
하나님께서 그 빛들을 하늘 창공에 두셔서,
땅을 비추게 하시고
낮과 밤을 다스리며
빛과 어둠을 나누게 하셨다.

9-10 God spoke: "Separate!
  Water-beneath-Heaven, gather into one
  place;
Land, appear!"
  And there it was.
God named the land Earth.
  He named the pooled water Ocean.
God saw that it was good.

11-13 God spoke: "Earth, green up! Grow
all varieties
  of seed-bearing plants,
Every sort of fruit-bearing tree."
  And there it was.
Earth produced green seed-bearing
plants,
  all varieties,
And fruit-bearing trees of all sorts.
  God saw that it was good.
It was evening, it was morning Day Three.

14-15 God spoke: "Lights! Come out!
  Shine in Heaven's sky!
Separate Day from Night.
  Mark seasons and days and years,
Lights in Heaven's sky to give light to
Earth."
  And there it was.

16-19 God made two big lights, the larger
  to take charge of Day,
The smaller to be in charge of Night;
  and he made the stars.
God placed them in the heavenly sky
  to light up Earth
And oversee Day and Night,
  to separate light and dark.
God saw that it was good.

하나님께서 보시니 좋았다.
저녁이 되고 아침이 되니
넷째 날이었다.

20-23 하나님께서 말씀하셨다.
"바다는 물고기와 온갖 생물로 가득하여라!
새들은 땅 위 창공을 날아다녀라!"
하나님께서 거대한 고래들과
물에 가득한 모든 생물과
온갖 종류의 새를 창조하셨다.
하나님께서 보시니 좋았다.
하나님께서 그것들에게 복을 주시며 말씀
하셨다.
"잘 자라서, 번성하여라! 바다에 가득하여라!
새들은 땅 위에 번성하여라!"
저녁이 되고 아침이 되니
다섯째 날이었다.

24-25 하나님께서 말씀하셨다. "땅은 생물
을 내어라!
집짐승과 기어 다니는 것과 들짐승을 각
기 종류대로 내어라"하시니
그대로 되었다.
온갖 종류의 들짐승과
온갖 종류의 집짐승과 온갖 종류의 기어
다니는 것과 벌레가 생겨났다.
하나님께서 보시니 좋았다.

26-28 하나님께서 말씀하셨다. "우리가 우
리의 형상을 따라 사람을 만들자.
그들로 우리의 본성을 드러내게 하여
그와
공중의 새와 집짐승과
온 땅과
땅 위에 사는 온갖 동물을 돌보게 하자."
하나님께서 사람을 창조하시되
하나님을 닮게 창조하시고
하나님의 본성을 드러내게 하셨다.

It was evening, it was morning—
Day Four.

20-23 God spoke: "Swarm, Ocean, with
fish and all sea life!
  Birds, fly through the sky over Earth!"
God created the huge whales,
  all the swarm of life in the waters,
And every kind and species of flying
birds.
  God saw that it was good.
God blessed them: "Prosper! Reproduce!
Fill Ocean!
  Birds, reproduce on Earth!"
It was evening, it was morning—
Day Five.

24-25 God spoke: "Earth, generate life!
Every sort and kind:
  cattle and reptiles and wild animals—all
  kinds."
And there it was:
  wild animals of every kind,
Cattle of all kinds, every sort of reptile
and bug.
  God saw that it was good.

26-28 God spoke: "Let us make human
beings in our image, make them
  reflecting our nature
So they can be responsible for the fish in
the sea,
  the birds in the air, the cattle,
And, yes, Earth itself,
  and every animal that moves on the face
  of Earth."
God created human beings;
  he created them godlike,

하나님께서 사람을 남자와 여자로 창
조하셨다.
하나님께서 그들에게 복을 주시며 말
씀하셨다.
"자녀를 낳고, 번성하여라! 온 땅에 가
득하여라! 땅을 돌보아라!
바다의 물고기와 공중의 새와
땅 위에 사는 온갖 생물을 돌보아라!"

29-30 하나님께서 말씀하셨다.
"내가 땅 위에 있는 씨 맺는 온갖 식
물과
열매 맺는 온갖 나무를
너희에게 양식으로 준다.
모든 짐승과 새와
숨 쉬고 움직이는 모든 것에게도
땅에서 자라는 것을 양식으로 준다"
하시니
그대로 되었다.

31 하나님께서 손수 만드신 모든 것을 보
시니
참으로 좋고 좋았다!
저녁이 되고 아침이 되니
여섯째 날이었다.

2 1 하늘과 땅의 모든 것이
빠짐없이 완성되었다.

2-4 일곱째 날에
하나님께서 하시던 일을 마치셨다.
일곱째 날에
하나님께서 모든 일을 마치고 쉬셨다.
하나님께서 일곱째 날에 복을 주시고
그날을 거룩한 날로 삼으셨다.
그날에 하나님께서 창조하시던 모든
일을

Reflecting God's nature.
  He created them male and female.
God blessed them:
  "Prosper! Reproduce! Fill Earth! Take
  charge!
Be responsible for fish in the sea and birds in
the air,
  for every living thing that moves on the face
  of Earth."

29-30 Then God said, "I've given you
  every sort of seed-bearing plant on Earth
And every kind of fruit-bearing tree,
  given them to you for food.
To all animals and all birds,
  everything that moves and breathes,
I give whatever grows out of the ground for
food."
  And there it was.

31 God looked over everything he had made;
  it was so good, so very good!
It was evening, it was morning—
Day Six.

2 1 Heaven and Earth were finished,
  down to the last detail.

2-4 By the seventh day
  God had finished his work.
On the seventh day
  he rested from all his work.
God blessed the seventh day.
  He made it a Holy Day
Because on that day he rested from his work,
  all the creating God had done.
This is the story of how it all started,

마치고 쉬셨기 때문이다.

하늘과 땅이 창조될 때
그 모든 것의 시작은 이러했다.

아담과 하와

5-7 **하나님께서** 땅과 하늘을 지으시던 때
에, 땅에는 아직 풀과 나무가 돋아나지 않
았다. **하나님께서** 땅에 비를 내리지 않으셨
고, 땅을 일굴 사람도 없었기 때문이다. (땅
속에서 솟아 나온 물이 온 땅을 적시고 있었다.)
하나님께서 땅의 흙으로 사람을 빚으시고,
그 코에 생명의 숨을 불어넣으셨다. 그러자
그 사람이 살아나, 생명체가 되었다!

8-9 **하나님께서** 동쪽에 있는 에덴에 동산
을 일구시고, 만드신 사람을 그곳에 두셨
다. **하나님께서는** 보기에도 아름답고 먹기
에도 좋은 온갖 나무를 그 땅에 자라게 하
셨다. 동산 한가운데는 생명나무가 있었고,
선과 악을 알게 하는 나무도 있었다.

10-14 강 하나가 에덴에서 흘러나와 동산을
적시고, 그곳에서 네 줄기로 갈라져 네 강
을 이루었다. 첫째 강의 이름은 비손인데,
금이 나는 하윌라 온 땅을 두루 돌아 흘렀
다. 그 땅에서 나는 금은 질이 좋았다. 그 땅
은 향기 나는 송진과 마노 보석이 나는 곳
으로도 유명했다. 둘째 강의 이름은 기혼인
데, 구스 온 땅을 두루 돌아 흘렀다. 셋째 강
의 이름은 힛데겔인데, 앗시리아 동쪽으로
흘렀다. 넷째 강의 이름은 유프라테스였다.

15 **하나님께서** 사람을 데려다가 에덴 동산
에 두시고, 땅을 일구며 돌보게 하셨다.

16-17 **하나님께서** 사람에게 명령하셨다.
"동산에 있는 모든 나무의 열매는 무엇이든
먹어도 좋다. 그러나 선과 악을 알게 하는
나무의 열매는 먹어서는 안된다. 그 나무의
열매를 먹는 순간, 너는 죽을 것이다."

18-20 **하나님께서** 말씀하셨다. "사람이 혼

of Heaven and Earth when they were
created.

Adam and Eve

5-7 At the time GOD made Earth and Heaven,
before any grasses or shrubs had sprouted
from the ground—GOD hadn't yet sent rain on
Earth, nor was there anyone around to work
the ground (the whole Earth was watered by
underground springs)—GOD formed Man
out of dirt from the ground and blew into
his nostrils the breath of life. The Man came
alive—a living soul!

8-9 Then GOD planted a garden in Eden, in
the east. He put the Man he had just made in
it. GOD made all kinds of trees grow from the
ground, trees beautiful to look at and good to
eat. The Tree-of-Life was in the middle of the
garden, also the Tree-of-Knowledge-of-Good-
and-Evil.

10-14 A river flows out of Eden to water the
garden and from there divides into four
rivers. The first is named Pishon; it flows
through Havilah where there is gold. The
gold of this land is good. The land is also
known for a sweet-scented resin and the onyx
stone. The second river is named Gihon; it
flows through the land of Cush. The third
river is named Hiddekel and flows east of
Assyria. The fourth river is the Euphrates.

15 GOD took the Man and set him down in the
Garden of Eden to work the ground and keep
it in order.

16-17 GOD commanded the Man, "You can eat
from any tree in the garden, except from the
Tree-of-Knowledge-of-Good-and-Evil. Don't
eat from it. The moment you eat from that
tree, you're dead."

자 있는 것이 좋지 않으니, 내가 그를 도 울 짝을 만들어 주어야겠다." 하나님께 서 땅의 흙으로 들의 모든 짐승과 공중 의 모든 새를 만드셨다. 하나님께서 그 것들을 사람에게로 데려가셔서, 그가 그것들을 무엇이라 부르는지 보셨다. 그 사람이 생물 하나하나를 일컫는 말 이 곧 그 이름이 되었다. 그 사람이 집 짐승과 공중의 새와 들짐승에게 이름을 붙여 주었으나, 정작 자신에게 꼭 맞는 짝은 찾지 못했다.

21-22 하나님께서 남자를 깊이 잠들게 하 셨다. 그가 잠들자, 하나님께서 그의 갈 빗대 하나를 떼어 내고 그 자리를 살로 메우셨다. 하나님께서 남자에게서 떼어 낸 갈빗대로 여자를 만드시고, 그녀를 남자에게 데려오셨다.

23-25 남자가 말했다.
"드디어 나타났구나! 내 뼈 중의 뼈,
  내 살 중의 살!
  남자에게서 나왔으니
  여자라고 부르리라."
그러므로 남자는 부모를 떠나, 아내 를 품에 안고 한 몸이 된다.
남자와 그의 아내는 둘 다 벌거벗었 으나 부끄러워하지 않았다.

사람의 불순종

3 ¹ 뱀은 하나님께서 지으신 들짐 승 가운데 가장 간교했다. 뱀이 여자에게 말했다. "하나님이 너희에게 동산 안에 있는 모든 나무의 열매를 먹 지 말라고 하셨다는데, 그게 정말이냐?" 2-3 여자가 뱀에게 말했다. "그렇지 않 아. 동산 안에 있는 나무들의 열매는 먹 어도 돼. 하지만 하나님께서는 동산 한 가운데 있는 나무의 열매만큼은 '너희는

18-20 GOD said, "It's not good for the Man to be alone; I'll make him a helper, a companion." So GOD formed from the dirt of the ground all the animals of the field and all the birds of the air. He brought them to the Man to see what he would name them. Whatever the Man called each living creature, that was its name. The Man named the cattle, named the birds of the air, named the wild animals; but he didn't find a suitable companion.

21-22 GOD put the Man into a deep sleep. As he slept he removed one of his ribs and replaced it with flesh. GOD then used the rib that he had taken from the Man to make Woman and presented her to the Man.

23-25 The Man said,
"Finally! Bone of my bone,
  flesh of my flesh!
Name her Woman
  for she was made from Man."
Therefore a man leaves his father and mother and embraces his wife. They become one flesh.
The two of them, the Man and his Wife, were naked, but they felt no shame.

3 ¹ The serpent was clever, more clever than any wild animal GOD had made. He spoke to the Woman: "Do I understand that God told you not to eat from any tree in the garden?" 2-3 The Woman said to the serpent, "Not at all. We can eat from the trees in the garden. It's only about the tree in the middle of the garden that God said, 'Don't eat from it; don't even touch it or you'll die.'"

4-5 The serpent told the Woman, "You won't die.

먹지도 말고 만지지도 마라. 그러면 너희가 죽을 것이다'라고 말씀하셨어."

⁴⁻⁵ 뱀이 여자에게 말했다. "너희는 결코 죽지 않아. 하나님은 너희가 그 나무의 열매를 먹는 순간 하나님처럼 되어서, 선에서 악까지 모든 실상을 보게 되리라는 것을 알고 계신거야."

⁶ 여자가 그 나무를 보니 먹음직스럽게 보였고, 그 열매를 먹으면 모든 것을 알게 될 것 같았다! 여자가 그 열매를 따서 먹고 자기 남편에게도 주니, 그도 먹었다.

⁷ 그러자 그 두 사람은 곧바로 "실상을 보게 되었다." 자신들이 벌거벗은 것을 알게 된 것이다! 그들은 무화과나무 잎을 엮어서 임시로 몸을 가렸다.

⁸ 저녁 산들바람 속에 **하나님**께서 동산을 거니시는 소리가 들리자, 남자와 그의 아내는 **하나님**을 피해 동산 나무 사이에 숨었다.

⁹ **하나님**께서 남자를 부르며 물으셨다. "네가 어디 있느냐?"

¹⁰ 남자가 대답했다. "제가 동산에서 하나님의 소리를 듣고, 벌거벗은 것이 두려워 숨었습니다."

¹¹ **하나님**께서 물으셨다. "네가 벌거벗었다고 누가 일러 주었느냐? 내가 네게 먹지 말라고 한 나무의 열매를 네가 먹었느냐?"

¹² 남자가 대답했다. "하나님께서 제게 짝으로 주신 여자가 그 나무의 열매를 주기에, 제가 먹었습니다."

하나님께서 여자에게 물으셨다. "네가 어찌하여 이런 일을 저질렀느냐?"

¹³ 여자가 대답했다. "뱀이 꾀어서, 제가 먹었습니다."

¹⁴⁻¹⁵ **하나님**께서 뱀에게 말씀하셨다. "네가 이런 일을 저질렀으니,

God knows that the moment you eat from that tree, you'll see what's really going on. You'll be just like God, knowing everything, ranging all the way from good to evil."

⁶ When the Woman saw that the tree looked like good eating and realized what she would get out of it—she'd know everything!—she took and ate the fruit and then gave some to her husband, and he ate.

⁷ Immediately the two of them did "see what's really going on"—saw themselves naked! They sewed fig leaves together as makeshift clothes for themselves.

⁸ When they heard the sound of GOD strolling in the garden in the evening breeze, the Man and his Wife hid in the trees of the garden, hid from God.

⁹ GOD called to the Man: "Where are you?"

¹⁰ He said, "I heard you in the garden and I was afraid because I was naked. And I hid."

¹¹ GOD said, "Who told you you were naked? Did you eat from that tree I told you not to eat from?"

¹² The Man said, "The Woman you gave me as a companion, she gave me fruit from the tree, and, yes, I ate it."

GOD said to the Woman, "What is this that you've done?"

¹³ "The serpent seduced me," she said, "and I ate."

¹⁴⁻¹⁵ GOD told the serpent:

"Because you've done this, you're cursed,
   cursed beyond all cattle and wild animals,
Cursed to slink on your belly
   and eat dirt all your life.
I'm declaring war between you and the
   Woman,

너는 모든 집짐승과 들짐승보다 더 저주를
받아
평생토록 배로 기어 다니면서
흙을 먹어야 할 것이다.
내가 너와 여자 사이에
네 후손과 여자의 후손 사이에 전쟁을 일
으킬 것이다.
여자의 후손은 네 머리를 상하게 하고
너는 그의 발뒤꿈치를 상하게 할 것이다."

16 여자에게는 이렇게 말씀하셨다.
"내가 네게 해산의 고통을 크게 더하겠다.
너는 고통 속에서 아이를 낳을 것이다.
너는 네 남편을 기쁘게 해주려고 하겠지만
그는 너를 지배하려 들 것이다."

17-19 남자에게는 이렇게 말씀하셨다.
"네가 네 아내의 말을 듣고
내가 네게 먹지 말라고 한
나무의 열매를 먹었으니,
땅이 너로 인하여 저주를 받을 것이다.
아이 낳는 것이 네 아내에게 고통스러운
일이듯이
네가 땅에서 양식을 얻는 것도
고통스러운 일이 될 것이다.
너는 평생토록 수고하며 일해야 할 것이다.
땅은 가시와 엉겅퀴를 내고
너는 죽어서 흙으로 돌아가는 그날까지
새벽부터 저녁까지 땀 흘리며
들에서 씨를 뿌리고 밭을 갈고 수확해야만
양식을 얻을 수 있을 것이다.
너는 흙에서 시작되었으니, 흙으로 끝날
것이다."

20 아담이라 알려진 그 남자는, 자기 아내에
게 하와라는 이름을 지어 주었다. 그녀가 살
아 있는 모든 것의 어머니였기 때문이다.
21 하나님께서 아담과 그의 아내에게 가죽옷

between your offspring and hers.
He'll wound your head,
you'll wound his heel."

16 He told the Woman:
"I'll multiply your pains in childbirth;
you'll give birth to your babies in pain.
You'll want to please your husband,
but he'll lord it over you."

17-19 He told the Man:
"Because you listened to your wife
and ate from the tree
That I commanded you not to eat from,
'Don't eat from this tree,'
The very ground is cursed because of
you;
getting food from the ground
Will be as painful as having babies is for
your wife;
you'll be working in pain all your life
long.
The ground will sprout thorns and
weeds,
you'll get your food the hard way,
Planting and tilling and harvesting,
sweating in the fields from dawn to
dusk,
Until you return to that ground yourself,
dead and buried;
you started out as dirt, you'll end up
dirt."

20 The Man, known as Adam, named his wife
Eve because she was the mother of all the
living.
21 GOD made leather clothing for Adam
and his wife and dressed them.

을 만들어 입히셨다.

22 **하나님**께서 말씀하셨다. "이 사람이 우리 가운데 하나처럼 선에서 악까지 모든 것을 알게 되었다. 이제 그가 손을 뻗어 생명나무 열매도 따서 먹고 영원히 살면 어찌하겠는가? 그런 일이 결코 일어나서는 안된다!"

23-24 그래서 **하나님**은 그들을 에덴 동산에서 내쫓으시고, 그들이 흙으로 지어졌으므로 흙을 일구게 하셨다. **하나님**께서 그들을 쫓아내신 다음, 동산 동쪽에 그룹 천사들과 회전하는 불칼을 두셔서, 생명나무에 이르는 길을 지키게 하셨다.

가인과 아벨

4 1 아담이 자기 아내 하와와 잠자리를 같이하니, 하와가 임신하여 가인을 낳았다. 하와가 말했다. "내가 **하나님**의 도우심으로 사내아이를 얻었다!"

2 하와가 또 아벨이라는 아이를 낳았다. 아벨은 양을 치는 목자가 되고, 가인은 농부가 되었다.

3-5 시간이 흘렀다. 가인은 자기 밭에서 거둔 곡식을 **하나님**께 제물로 가져왔고, 아벨도 자신이 기르는 양 떼의 첫 새끼 가운데서 가장 좋은 부위를 골라 제물로 가져왔다. **하나님**께서 아벨과 그의 제물은 반기셨으나, 가인과 그의 제물은 반기지 않으셨다. 가인은 화를 내며 언짢아했다.

6-7 **하나님**께서 가인에게 말씀하셨다. "어찌하여 화를 내느냐? 언짢아하는 까닭이 무엇이냐? 네가 잘하면, 내가 받아들이지 않겠느냐? 네가 잘못하여서 죄가 숨어 너를 덮치려고 하니, 너는 죄를 다스려야 한다."

8 가인이 아우 아벨과 말다툼을 했다. 그

22 GOD said, "The Man has become like one of us, capable of knowing everything, ranging from good to evil. What if he now should reach out and take fruit from the Tree-of-Life and eat, and live forever? Never—this cannot happen!"

23-24 So GOD expelled them from the Garden of Eden and sent them to work the ground, the same dirt out of which they'd been made. He threw them out of the garden and stationed angel-cherubim and a revolving sword of fire east of it, guarding the path to the Tree-of-Life.

4 1 Adam slept with Eve his wife. She conceived and had Cain. She said, "I've gotten a man, with God's help!"

2 Then she had another baby, Abel. Abel was a herdsman and Cain a farmer.

3-5 Time passed. Cain brought an offering to GOD from the produce of his farm. Abel also brought an offering, but from the firstborn animals of his herd, choice cuts of meat. GOD liked Abel and his offering, but Cain and his offering didn't get his approval. Cain lost his temper and went into a sulk.

6-7 GOD spoke to Cain: "Why this tantrum? Why the sulking? If you do well, won't you be accepted? And if you don't do well, sin is lying in wait for you, ready to pounce; it's out to get you, you've got to master it."

8 Cain had words with his brother. They were out in the field; Cain came at Abel his brother and killed him.

9 GOD said to Cain, "Where is Abel your brother?"

He said, "How should I know? Am I his

들이 들에 나갔을 때, 가인이 아우 아벨을 덮쳐서 죽였다.

9 **하나님**께서 가인에게 물으셨다. "네 아우 아벨이 어디 있느냐?"

가인이 대답했다. "제가 어떻게 알겠습니까? 제가 그를 돌보는 사람입니까?"

10-12 **하나님**께서 말씀하셨다. "네가 무슨 일을 저질렀느냐? 네 아우의 피가 땅에서 내게 울부짖고 있구나. 이제부터 너는 이 땅에서 저주를 받게 될 것이다. 땅이 두 팔을 벌려 살해된 네 아우의 피를 받았으니, 너는 이 땅에서 쫓겨날 것이다. 네가 땅을 일구어도, 땅은 네게 더 이상 좋은 것을 내주지 않을 것이다. 너는 정처 없이 세상을 떠도는 자가 될 것이다."

13-14 가인이 **하나님**께 아뢰었다. "그 형벌은 제게 너무 가혹합니다. 저는 그것을 감당할 수 없습니다! 하나님께서 저를 이 땅에서 쫓아내셨으니, 제가 다시는 하나님을 뵐 수 없게 되었습니다. 제가 정처 없이 세상을 떠돌면, 만나는 사람마다 저를 죽이려고 할 것입니다."

15 **하나님**께서 그에게 말씀하셨다. "그렇지 않다. 누구든지 가인을 죽이는 자는 일곱 배의 벌을 받을 것이다." **하나님**께서 가인을 지키기 위해 그에게 표를 해주셔서, 어느 누가 그를 만나더라도 그를 죽이지 못하게 하셨다.

16 가인은 **하나님** 앞을 떠나, 에덴 동쪽에 있는 '아무도 살지 않는 땅'에서 살았다.

17-18 가인이 자기 아내와 잠자리를 같이하니, 그의 아내가 임신하여 에녹을 낳았다. 그때에 가인이 도시를 세우고, 자기 아들의 이름을 따서 그 도시의 이름을 에녹이라고 했다.

에녹은 이랏을 낳고
이랏은 므후야엘을 낳고
므후야엘은 므드사엘을 낳고
므드사엘은 라멕을 낳았다.

19-22 라멕은 아다와 씰라를 아내로 맞이했다.

babysitter?"

10-12 GOD said, "What have you done! The voice of your brother's blood is calling to me from the ground. From now on you'll get nothing but curses from this ground; you'll be driven from this ground that has opened its arms to receive the blood of your murdered brother. You'll farm this ground, but it will no longer give you its best. You'll be a homeless wanderer on Earth."

13-14 Cain said to GOD, "My punishment is too much. I can't take it! You've thrown me off the land and I can never again face you. I'm a homeless wanderer on Earth and whoever finds me will kill me."

15 GOD told him, "No. Anyone who kills Cain will pay for it seven times over." GOD put a mark on Cain to protect him so that no one who met him would kill him.

16 Cain left the presence of GOD and lived in No-Man's-Land, east of Eden.

17-18 Cain slept with his wife. She conceived and had Enoch. He then built a city and named it after his son, Enoch.

Enoch had Irad,
Irad had Mehujael,
Mehujael had Methushael,
Methushael had Lamech.

19-22 Lamech married two wives, Adah and Zillah. Adah gave birth to Jabal, the ancestor of all who live in tents

아다는 야발을 낳았는데, 그는 장막에 살면서 가축을 치는 모든 사람의 조상이 되었다. 그의 아우 이름은 유발인데, 그는 수금과 피리를 연주하는 모든 사람의 조상이 되었다. 씰라는 두발가인을 낳았는데, 그는 대장간에서 구리와 쇠로 여러 기구를 만드는 사람이었다. 그의 누이는 나아마였다.

²³⁻²⁴ 라멕이 자기 아내들에게 말했다.
"아다와 씰라는 내 말을 들으시오.
라멕의 아내들이여, 내 말에 귀를 기울이시오.
내게 상처를 입힌 남자를 내가 죽였소.
나를 공격한 젊은 남자를 내가 죽였소.
가인을 해친 자가 일곱 배의 벌을 받는다면,
라멕을 해친 자는 일흔일곱 배의 벌을 받을 것이오!"

²⁵⁻²⁶ 아담이 다시 자기 아내와 잠자리를 같이 했다. 그녀가 아들을 낳고 그 이름을 셋이라고 했다. 그녀가 이렇게 말했다. "가인에게 죽은 아벨을 대신해서 하나님께서 내게 또 다른 아이를 주셨다." 셋도 아들을 낳고 그 이름을 에노스라고 했다.
그때부터 사람들이 **하나님**의 이름으로 기도하고 예배하기 시작했다.

인류의 족보

5 ¹⁻² 인류의 족보는 이러하다. 하나님께서 인류를 창조하실 때, 하나님의 형상대로, 하나님의 본성을 닮은 존재로 만드셨다. 하나님께서 남자와 여자를 창조하시고, 그들 곧 온 인류에게 복을 주셨다.
³⁻⁵ 아담은 백서른 살에 자신을 꼭 닮은 아들, 그 성품과 모습이 자신을 빼닮은 아들을 낳고 그 이름을 셋이라고 했다. 셋을 낳은 뒤에 그는 800년을 더 살면서 자녀를 낳았다. 아담은 모두 930년을 살고 죽었다.
⁶⁻⁸ 셋은 백다섯 살에 에노스를 낳았다. 에노

and herd cattle. His brother's name was Jubal, the ancestor of all who play the lyre and flute. Zillah gave birth to Tubal-Cain, who worked at the forge making bronze and iron tools. Tubal-Cain's sister was Naamah.

²³⁻²⁴ Lamech said to his wives,
Adah and Zillah, listen to me;
    you wives of Lamech, hear me out:
I killed a man for wounding me,
    a young man who attacked me.
If Cain is avenged seven times,
    for Lamech it's seventy-seven!

²⁵⁻²⁶ Adam slept with his wife again. She had a son whom she named Seth. She said, "God has given me another child in place of Abel whom Cain killed." And then Seth had a son whom he named Enosh.
That's when men and women began praying and worshiping in the name of GOD.

The Family Tree of the Human Race

5 ¹⁻² This is the family tree of the human race: When God created the human race, he made it godlike, with a nature akin to God. He created both male and female and blessed them, the whole human race.
³⁻⁵ When Adam was 130 years old, he had a son who was just like him, his very spirit and image, and named him Seth. After the birth of Seth, Adam lived another 800 years, having more sons and daughters. Adam lived a total of 930

스를 낳은 뒤에 그는 807년을 더 살면서 자녀를 낳았다. 셋은 모두 912년을 살고 죽었다.

⁹⁻¹¹ 에노스는 아흔 살에 게난을 낳았다. 게난을 낳은 뒤에 그는 815년을 더 살면서 자녀를 낳았다. 에노스는 모두 905년을 살고 죽었다.

¹²⁻¹⁴ 게난은 일흔 살에 마할랄렐을 낳았다. 마할랄렐을 낳은 뒤에 그는 840년을 더 살면서 자녀를 낳았다. 게난은 모두 910년을 살고 죽었다.

¹⁵⁻¹⁷ 마할랄렐은 예순다섯 살에 야렛을 낳았다. 야렛을 낳은 뒤에 그는 830년을 더 살면서 자녀를 낳았다. 마할랄렐은 모두 895년을 살고 죽었다.

¹⁸⁻²⁰ 야렛은 백예순두 살에 에녹을 낳았다. 에녹을 낳은 뒤에 그는 800년을 더 살면서 자녀를 낳았다. 야렛은 모두 962년을 살고 죽었다.

²¹⁻²³ 에녹은 예순다섯 살에 므두셀라를 낳았다. 에녹은 늘 하나님과 동행했다. 므두셀라를 낳은 뒤에 그는 300년을 더 살면서 자녀를 낳았다. 에녹은 모두 365년을 살았다.

²⁴ 에녹은 늘 하나님과 동행하다가, 어느 날 홀연히 사라졌다. 하나님께서 그를 데려가신 것이다.

²⁵⁻²⁷ 므두셀라는 백여든일곱 살에 라멕을 낳았다. 라멕을 낳은 뒤에 그는 782년을 더 살았다. 므두셀라는 모두 969년을 살고 죽었다.

²⁸⁻³¹ 라멕은 백여든두 살에 아들을 낳았다. 그는 아들의 이름을 노아라 하고, 이렇게 말했다. "이 아이는 하나님께서 저주하신 땅을 일구는 고된 일에서 우리를 쉬게 해줄 것이다." 노아를 낳은 뒤에 그는 595년을 더 살면서 자녀를 낳았다. 라멕은 모두 777년을 살고 죽

years. And he died.

⁶⁻⁸ When Seth was 105 years old, he had Enosh. After Seth had Enosh, he lived another 807 years, having more sons and daughters. Seth lived a total of 912 years. And he died.

⁹⁻¹¹ When Enosh was ninety years old, he had Kenan. After he had Kenan, he lived another 815 years, having more sons and daughters. Enosh lived a total of 905 years. And he died.

¹²⁻¹⁴ When Kenan was seventy years old, he had Mahalalel. After he had Mahalalel, he lived another 840 years, having more sons and daughters. Kenan lived a total of 910 years. And he died.

¹⁵⁻¹⁷ When Mahalalel was sixty-five years old, he had Jared. After he had Jared, he lived another 830 years, having more sons and daughters. Mahalalel lived a total of 895 years. And he died.

¹⁸⁻²⁰ When Jared was 162 years old, he had Enoch. After he had Enoch, he lived another 800 years, having more sons and daughters. Jared lived a total of 962 years. And he died.

²¹⁻²³ When Enoch was sixty-five years old, he had Methuselah. Enoch walked steadily with God. After he had Methuselah, he lived another 300 years, having more sons and daughters. Enoch lived a total of 365 years.

²⁴ Enoch walked steadily with God. And then one day he was simply gone: God took him.

²⁵⁻²⁷ When Methuselah was 187 years old, he had Lamech. After he had Lamech, he lived another 782 years. Methuselah lived a total of 969 years. And he died.

²⁸⁻³¹ When Lamech was 182 years old, he had a son. He named him Noah, saying, "This one will give us a break from the hard work of farming the ground that GOD cursed." After Lamech had Noah, he lived another 595 years, having more

었다.

32 노아는 오백 살에 셈과 함과 야벳을 낳았다.

땅의 거인들

6 1-2 사람들의 수가 늘어나기 시작하고 그들에게서 점점 더 많은 딸들이 태어나자, 하나님의 아들들이 사람의 딸들의 아름다움을 주목했다. 그들이 사람의 딸들을 눈여겨보고는, 저마다 자기 마음에 드는 대로 자기 아내로 삼았다.

3 그러자 **하나님**께서 말씀하셨다. "내가 사람들에게 영원히 생명을 불어넣지는 않을 것이다. 결국 그들은 죽게 될 것이다. 이제부터 그들은 120년밖에 살지 못할 것이다."

4 그 무렵 (그리고 그 후에도) 땅에는 거인들이 있었다. 그들은 하나님의 아들들과 사람의 딸들 사이에서 태어난 자들이었다. 그들은 고대의 용사들로서, 이름난 사람들이었다.

하나님과 동행한 노아

5-7 **하나님**께서 사람의 악이 통제 불능 상태가 되었음을 보셨다. 사람들은 눈을 떠서 잠들 때까지 온통 악한 것만 생각하고 악한 것만 꾀했다. **하나님**께서 사람 지으신 것을 후회하시고 마음 아파하셨다. **하나님**께서 말씀하셨다. "내가 타락한 내 피조물을 없애 버리겠다. 사람과 짐승, 뱀, 곤충, 새들을 가리지 않고 다 쓸어버리겠다. 그것들을 만든 것이 후회스럽구나."

8 그러나 노아만은 달랐다. 노아는 **하나님**의 눈에 쏙 들었다.

9-10 노아의 이야기는 이러하다. 노아는

sons and daughters. Lamech lived a total of 777 years. And he died.

32 When Noah was 500 years old, he had Shem, Ham, and Japheth.

Giants in the Land

6 1-2 When the human race began to increase, with more and more daughters being born, the sons of God noticed that the daughters of men were beautiful. They looked them over and picked out wives for themselves. 3 Then GOD said, "I'm not going to breathe life into men and women endlessly. Eventually they're going to die; from now on they can expect a life span of 120 years."

4 This was back in the days (and also later) when there were giants in the land. The giants came from the union of the sons of God and the daughters of men. These were the mighty men of ancient lore, the famous ones.

Noah and His Sons

5-7 GOD saw that human evil was out of control. People thought evil, imagined evil—evil, evil, evil from morning to night. GOD was sorry that he had made the human race in the first place; it broke his heart. GOD said, "I'll get rid of my ruined creation, make a clean sweep: people, animals, snakes and bugs, birds—the works. I'm sorry I made them."

8 But Noah was different. GOD liked what he saw in Noah.

9-10 This is the story of Noah: Noah was a good man, a man of integrity in his community. Noah walked with God. Noah had three sons: Shem, Ham, and Japheth.

11-12 As far as God was concerned, the Earth

자기 공동체에서 선하고 흠 없는 사람이었다. 노아는 하나님과 동행했다. 노아는 세 아들 곧 셈과 함과 야벳을 두었다.

11-12 하나님께서 보시기에 세상은 이미 시궁창이 되어 있었고, 악이 곳곳에 퍼져 있었다. 하나님께서 보시기에 세상이 얼마나 타락했던지, 모든 사람이 썩어 있었고, 생명 자체가 속속들이 썩어 있었다.

13 하나님께서 노아에게 말씀하셨다. "다 끝났다. 사람도 끝이다. 악이 도처에 퍼져 있으니, 내가 깨끗이 쓸어버리겠다.

14-16 너는 티크나무로 배를 한 척 만들어라. 배 안에 방을 여러 개 만들고, 역청으로 배 안팎을 칠하여라. 배의 길이는 140미터, 너비는 23미터, 높이는 14미터가 되게 하여라. 배에 지붕을 달고, 맨 위에서 45센티미터 아래에 창을 하나 내고, 배 옆쪽에 출입문을 내어라. 그리고 아래층과 가운데층과 위층, 이렇게 삼층으로 만들어라.

17 내가 땅 위에 홍수를 일으켜, 하늘 아래 살아 있는 모든 것을 없애 버리겠다. 모든 것을 멸하겠다.

18-21 그러나 내가 너와는 언약을 맺을 것이다. 너는 네 아들들과 아내와 며느리들과 함께 배에 들어가거라. 살아 있는 모든 것 가운데서 암수 한 쌍씩을 데리고 배에 들어가서, 너와 함께 살아남게 하여라. 새도 그 종류대로, 포유동물도 그 종류대로, 땅에 기어 다니는 것도 그 종류대로 한 쌍씩 데리고 들어가서, 너와 함께 살아남게 하여라. 네게 필요한 모든 양식을 가져다가 쌓아 두어라. 이것은 너와 짐승들의 양식이 될 것이다."

22 노아는 하나님께서 명령하신 대로 다 행했다.

홍수가 땅을 덮다

7 ¹ 그 후에 하나님께서 노아에게 말씀하셨다. "너는 가족들을 다 데리고 배

had become a sewer; there was violence everywhere. God took one look and saw how bad it was, everyone corrupt and corrupting—life itself corrupt to the core. ¹³ God said to Noah, "It's all over. It's the end of the human race. The violence is everywhere; I'm making a clean sweep.

¹⁴⁻¹⁶ "Build yourself a ship from teakwood. Make rooms in it. Coat it with pitch inside and out. Make it 450 feet long, seventy-five feet wide, and forty-five feet high. Build a roof for it and put in a window eighteen inches from the top; put in a door on the side of the ship; and make three decks, lower, middle, and upper.

¹⁷ "I'm going to bring a flood on the Earth that will destroy everything alive under Heaven. Total destruction.

¹⁸⁻²¹ "But I'm going to establish a covenant with you: You'll board the ship, and your sons, your wife and your sons' wives will come on board with you. You are also to take two of each living creature, a male and a female, on board the ship, to preserve their lives with you: two of every species of bird, mammal, and reptile—two of everything so as to preserve their lives along with yours. Also get all the food you'll need and store it up for you and them."

²² Noah did everything God commanded him to do.

7 ¹ Next GOD said to Noah, "Now board the ship, you and all your family—out of everyone in this genera-

에 들어가거라. 이 세대의 모든 사람 가운데 의로운 사람이라고는 오직 너밖에 없다.

2-4 모든 정결한 짐승은 암수 일곱 쌍씩, 모든 부정한 짐승은 암수 한 쌍씩, 모든 날짐승은 암수 일곱 쌍씩 배에 태워서, 땅 위에 살아남게 하여라. 이제 칠 일이 지나면, 내가 사십 일 동안 밤낮을 가리지 않고 온 땅에 비를 퍼부을 것이다. 내가 만든 모든 것을 다 쓸어버릴 것이다."

5 노아는 **하나님**께서 명령하신 대로 다 행했다.

6-10 홍수가 땅을 덮은 것은 노아가 육백살 되던 해였다. 노아와 그의 아내와 아들들과 며느리들은 홍수를 피해 배에 들어갔다. 정결한 짐승과 부정한 짐승, 날짐승과 땅 위를 기어 다니는 모든 짐승도, 하나님께서 노아에게 명령하신 대로, 암수 짝을 지어 노아에게로 와서 배에 들어갔다. 칠 일이 지나자 홍수가 났다.

11-12 노아가 육백 살 되던 해 둘째 달, 그달 십칠 일에, 땅속 깊은 샘들이 모두 터지고, 하늘의 창들이 모두 열렸다. 사십 일 동안 밤낮으로 비가 땅 위에 쏟아졌다.

13-16 바로 그날, 노아는 자기의 세 아들 셈, 함, 야벳과, 자기 아내와 며느리들을 데리고 배에 들어갔다. 그들과 함께, 온갖 종류의 들짐승과 집짐승, 땅 위를 기어 다니는 온갖 짐승과 날아다니는 온갖 짐승도 짝을 지어 노아에게로 와서 배에 들어갔다. 하나님께서 노아에게 명령하신 대로, 살아 숨 쉬는 모든 것이 암수 짝을 지어 배에 들어갔다. 그런 다음 노아가 들어가자, **하나님**께서 배의 문을 닫으셨다.

17-23 홍수가 사십 일 동안 계속되어 물이 차오르자, 배가 땅에서 높이 떠올랐다.

tion, you're the righteous one.

2-4 "Take on board with you seven pairs of every clean animal, a male and a female; one pair of every unclean animal, a male and a female; and seven pairs of every kind of bird, a male and a female, to insure their survival on Earth. In just seven days I will dump rain on Earth for forty days and forty nights. I'll make a clean sweep of everything that I've made."

5 Noah did everything GOD commanded him.

6-10 Noah was 600 years old when the floodwaters covered the Earth. Noah and his wife and sons and their wives boarded the ship to escape the flood. Clean and unclean animals, birds, and all the crawling creatures came in pairs to Noah and to the ship, male and female, just as God had commanded Noah. In seven days the floodwaters came.

11-12 It was the six-hundredth year of Noah's life, in the second month, on the seventeenth day of the month that it happened: all the underground springs erupted and all the windows of Heaven were thrown open. Rain poured for forty days and forty nights.

13-16 That's the day Noah and his sons Shem, Ham, and Japheth, accompanied by his wife and his sons' wives, boarded the ship. And with them every kind of wild and domestic animal, right down to all the kinds of creatures that crawl and all kinds of birds and anything that flies. They came to Noah and to the ship in pairs—everything and anything that had the breath of life in it, male and female of every creature came just as God had commanded Noah. Then GOD shut the door behind him.

17-23 The flood continued forty days and the waters rose and lifted the ship high over the Earth. The waters kept rising, the flood

물이 계속해서 불어나 수위가 높아지자, 배가 수면에 떠다녔다. 홍수가 더욱 심해져, 가장 높은 산들까지 잠겼다. 수위가 그 산들의 봉우리보다 6미터 정도 더 높아졌다. 모든 것이 죽었다. 살아 움직이는 모든 것이 죽었다. 날짐승, 집짐승, 들짐승 할 것 없이 땅에 가득한 모든 생물이 죽었다. 사람도 다 죽었다. 마른 땅 위에 살면서 숨을 쉬는 모든 것이 죽었다. 하나님께서는 사람과 짐승, 기어 다니는 것과 날아다니는 새까지, 모든 피조물을 남김없이 쓸어버리셨다. 오직 노아와 그와 함께 배에 있던 가족과 짐승들만 살아남았다.

²⁴ 홍수는 백오십 일 동안 계속되었다.

노아가 하나님께 제단을 쌓다

8 ¹⁻³ 그때에 하나님께서 노아와, 그와 함께 배에 있는 모든 들짐승과 집짐승들을 돌아보셨다. 하나님께서 바람을 일으키시니, 물이 줄어들기 시작했다. 땅속 깊은 샘들이 막히고, 하늘의 창들이 닫히고, 비가 그쳤다. 물이 조금씩 줄어들어서, 백오십 일이 지나자 고비를 넘겼다.

⁴⁻⁶ 일곱째 달 십칠 일에, 배가 아라랏 산에 닿았다. 물은 열째 달이 될 때까지 계속 줄어서, 열째 달 첫째 날에 산봉우리들이 드러났다. 사십 일이 지난 뒤에 노아는 자신이 배에 단 창문을 열었다.

⁷⁻⁹ 노아가 까마귀 한 마리를 내보냈다. 까마귀는 물이 마르기를 기다리며 이리저리 날아다니기만 했다. 그는 또 홍수의 상태를 알아보려고 비둘기 한 마리를 내보냈다. 그러나 물이 아직 땅을 뒤덮고 있어서, 비둘기는 내려앉을 곳을 찾지 못했다. 노아가 손을 뻗어 비둘기를 잡아서, 배 안으로 들여놓았다.

deepened on the Earth, the ship floated on the surface. The flood got worse until all the highest mountains were covered—the high-water mark reached twenty feet above the crest of the mountains. Everything died. Anything that moved—dead. Birds, farm animals, wild animals, the entire teeming exuberance of life—dead. And all people—dead. Every living, breathing creature that lived on dry land died; he wiped out the whole works—people and animals, crawling creatures and flying birds, every last one of them, gone. Only Noah and his company on the ship lived.

²⁴ The floodwaters took over for 150 days.

8 ¹⁻³ Then God turned his attention to Noah and all the wild animals and farm animals with him on the ship. God caused the wind to blow and the floodwaters began to go down. The underground springs were shut off, the windows of Heaven closed and the rain quit. Inch by inch the water lowered. After 150 days the worst was over.

⁴⁻⁶ On the seventeenth day of the seventh month, the ship landed on the Ararat mountain range. The water kept going down until the tenth month. On the first day of the tenth month the tops of the mountains came into view. After forty days Noah opened the window that he had built into the ship.

⁷⁻⁹ He sent out a raven; it flew back and forth waiting for the floodwaters to dry up. Then he sent a dove to check on the flood conditions, but it couldn't even find a place to perch—water still covered the Earth. Noah reached out and caught it, brought it back into the ship.

¹⁰⁻¹¹ He waited seven more days and sent out

10-11 노아는 칠 일을 더 기다려 다시 비둘기를 내보냈다. 비둘기는 저녁때가 되어 돌아왔는데, 부리에 올리브 새순을 물고 있었다. 노아는 땅에서 물이 거의 다 빠진 것을 알았다.

12 노아가 다시 칠 일을 기다려 세 번째로 비둘기를 내보냈다. 이번에는 비둘기가 돌아오지 않았다.

13-14 노아가 육백한 살이 되던 해 첫째 달 첫째 날에, 물이 말랐다. 노아가 배의 뚜껑을 열고 보니, 땅이 말라 있었다. 둘째 달 이십칠 일에, 땅이 완전히 말랐다.

15-17 하나님께서 노아에게 말씀하셨다. "너는 네 아내와 아들들과 며느리들과 함께 배에서 나오너라. 모든 짐승, 곧 모든 새와 포유동물과 기어 다니는 것까지, 이 배에 가득한 저 생명들을 모두 데리고 나오너라. 그것들이 땅에서 새끼를 낳고 번성하게 하여라."

18-19 노아가 자기 아들들과 아내와 며느리들을 데리고 배에서 나오자, 모든 짐승과 기어 다니는 짐승과 새, 곧 땅 위의 모든 동물이 종류대로 배에서 나왔다.

20-21 노아는 하나님께 제단을 쌓았다. 그는 모든 짐승과 새들 가운데서 정결한 것을 골라 제단 위에 번제물로 드렸다. 하나님께서 그 향기를 맡으시고 마음속으로 생각하셨다. "내가 다시는 사람 때문에 땅을 저주하지 않을 것이다. 사람은 어려서부터 악으로 기울어지게 마련이니, 다시는 내가 이번처럼 살아 있는 모든 것을 죽이지 않을 것이다.

22 땅이 존재하는 한,
  씨를 뿌리고 거두는 일, 추위와 더위,
  여름과 겨울, 낮과 밤이
  멈추지 않을 것이다."

the dove again. It came back in the evening with a freshly picked olive leaf in its beak. Noah knew that the flood was about finished.

12 He waited another seven days and sent the dove out a third time. This time it didn't come back.

13-14 In the six-hundred-first year of Noah's life, on the first day of the first month, the flood had dried up. Noah opened the hatch of the ship and saw dry ground. By the twenty-seventh day of the second month, the Earth was completely dry.

15-17 God spoke to Noah: "Leave the ship, you and your wife and your sons and your sons' wives. And take all the animals with you, the whole menagerie of birds and mammals and crawling creatures, all that brimming prodigality of life, so they can reproduce and flourish on the Earth."

18-19 Noah disembarked with his sons and wife and his sons' wives. Then all the animals, crawling creatures, birds—every creature on the face of the Earth—left the ship family by family.

20-21 Noah built an altar to God. He selected clean animals and birds from every species and offered them as burnt offerings on the altar. GOD smelled the sweet fragrance and thought to himself, "I'll never again curse the ground because of people. I know they have this bent toward evil from an early age, but I'll never again kill off everything living as I've just done.

22 For as long as Earth lasts,
  planting and harvest, cold and heat,
  Summer and winter, day and night
  will never stop."

내가 너희와 언약을 맺겠다

9 ¹⁻⁴ 하나님께서 노아와 그의 아들들에게 복을 주시며 말씀하셨다. "자녀를 낳고, 번성하여라! 땅에 가득하여라! 새와 짐승과 물고기를 포함한 살아 있는 모든 것이 너희 앞에서 꼼짝 못하고, 너희를 두려워할 것이다. 너희가 이것들을 책임지고 돌보아라. 살아 있는 모든 것이 너희의 양식이 될 것이다. 전에 내가 식물을 양식으로 주었듯이, 이제 이 모든 것을 너희에게 양식으로 준다. 그러나 고기는 생명인 피가 들어 있는 채로 먹어서는 안된다.

⁵ 생명인 피를 흘리게 하는 자에게는 내가 반드시 갚아 줄 것이다. 짐승이든 사람이든 피를 흘리게 하는 자에게는 내가 반드시 갚아 줄 것이다.

⁶⁻⁷ 다른 사람의 피를 흘리게 하는 자는
그 자신도 피 흘림을 당할 것이다.
하나님께서 자신의 형상대로 사람을 지으셔서
하나님의 본성을 드러내게 하셨기 때문이다.
너희는 좋은 결실을 맺고, 번성하여라.
이 땅에 생명이 가득하게 하고, 풍성하게
누리며 살아라!"

⁸⁻¹¹ 하나님께서 노아와 그의 아들들에게 말씀하셨다. "내가 너희와, 너희 뒤에 올 너희 자손과 언약을 맺겠다. 또한 너희와 함께 살아 있는 모든 것, 곧 너희가 배에서 데리고 나온 새와 집짐승과 들짐승과도 언약을 맺을 것이다. 내가 너희와 언약을 맺어, 다시는 살아 있는 모든 것을 홍수로 멸망시키지 않을 것이다. 다시는 홍수가 땅을 멸망시키지 못하게 하겠다."

¹²⁻¹⁶ 하나님께서 말씀하셨다. "이것은 내가 너희와 그리고 너희와 함께 살아 있는 모든 것과, 너희 뒤를 이어 살게 될 모든 후손과

9 ¹⁻⁴ God blessed Noah and his sons: He said, "Prosper! Reproduce! Fill the Earth! Every living creature—birds, animals, fish—will fall under your spell and be afraid of you. You're responsible for them. All living creatures are yours for food; just as I gave you the plants, now I give you everything else. Except for meat with its lifeblood still in it—don't eat that.

⁵ "But your own lifeblood I will avenge; I will avenge it against both animals and other humans.

⁶⁻⁷ Whoever sheds human blood,
    by humans let his blood be shed,
Because God made humans in his image
    reflecting God's very nature.
You're here to bear fruit, reproduce,
    lavish life on the Earth, live bountifully!"

⁸⁻¹¹ Then God spoke to Noah and his sons: "I'm setting up my covenant with you including your children who will come after you, along with everything alive around you—birds, farm animals, wild animals—that came out of the ship with you. I'm setting up my covenant with you that never again will everything living be destroyed by floodwaters; no, never again will a flood destroy the Earth."

¹²⁻¹⁶ God continued, "This is the sign of the covenant I am making between me and you and everything living around you and everyone living after you. I'm putting my rainbow in the clouds, a sign of the covenant between me and the Earth. From now on, when I form a cloud over the Earth and the rainbow appears in the cloud, I'll

맺는 언약의 표다. 내가 구름 사이에 무지개를 걸어 두겠다. 그것이 나와 땅 사이에 맺은 언약의 표가 될 것이다. 이제부터 땅 위에 구름이 일어나 그 사이로 무지개가 나타나면, 내가 너희와 살아 있는 모든 것과 맺은 나의 언약을 기억하고, 내가 다시는 홍수로 모든 생명을 멸망시키지 않을 것이다. 구름 사이로 무지개가 나타날 때마다 내가 그것을 보고, 나 하나님이 살아 있는 모든 것, 곧 땅 위의 살아 있는 모든 것과 맺은 영원한 언약을 기억할 것이다."

¹⁷ 하나님께서 말씀하셨다. "이것이 내가, 나와 땅 위의 살아 있는 모든 것 사이에 맺은 언약의 표다."

¹⁸⁻¹⁹ 배에서 나온 노아의 아들들은 셈과 함과 야벳이었다. 함은 가나안의 조상이 되었다. 노아의 세 아들로 말미암아 온 땅은 사람들로 북적이게 되었다.

²⁰⁻²³ 노아는 농부로서, 최초로 포도밭을 가꾼 사람이었다. 그가 포도주를 마시고 취하여, 자기 장막에서 벌거벗은 채 정신없이 곯아떨어져 있었다. 가나안의 조상 함이 아버지의 벌거벗은 모습을 보고, 장막 밖에 있던 두 형제에게 알렸다. 셈과 야벳은 겉옷을 가져다가 어깨에 걸치고 뒷걸음질해 들어가서, 아버지의 벌거벗은 몸을 덮어 드렸다. 그들은 아버지의 벌거벗은 몸을 보지 않으려고 얼굴을 돌렸다.

²⁴⁻²⁷ 노아가 술에서 깨어나, 작은아들이 행한 일을 알고 이렇게 말했다.

> 가나안은 저주를 받으라!
> 종들의 종, 자기 형제들의 종이 되리라!
> 셈의 하나님, **하나님**은 찬양을 받으소서!
> 그러나 가나안은 그의 종이 되리라.
> 하나님께서 야벳을 번성하게 하시고

remember my covenant between me and you and everything living, that never again will floodwaters destroy all life. When the rainbow appears in the cloud, I'll see it and remember the eternal covenant between God and everything living, every last living creature on Earth."

¹⁷ And God said, "This is the sign of the covenant that I've set up between me and everything living on the Earth."

¹⁸⁻¹⁹ The sons of Noah who came out of the ship were Shem, Ham, and Japheth. Ham was the father of Canaan. These are the three sons of Noah; from these three the whole Earth was populated.

²⁰⁻²³ Noah, a farmer, was the first to plant a vineyard. He drank from its wine, got drunk and passed out, naked in his tent. Ham, the father of Canaan, saw that his father was naked and told his two brothers who were outside the tent. Shem and Japheth took a cloak, held it between them from their shoulders, walked backward and covered their father's nakedness, keeping their faces turned away so they did not see their father's exposed body.

²⁴⁻²⁷ When Noah woke up with his hangover, he learned what his youngest son had done. He said,

> Cursed be Canaan! A slave of slaves,
>   a slave to his brothers!
> Blessed be GOD, the God of Shem,
>   but Canaan shall be his slave.
> God prosper Japheth,
>   living spaciously in the tents of Shem.

셈의 장막에서 넉넉하게 살게 하시리라.
그러나 가나안은 그의 종이 되리라.

28-29 노아는 홍수가 있은 뒤에 350년을 더
살았다. 그는 모두 950년을 살고 죽었다.

노아 자손의 족보

10 ¹ 노아의 세 아들, 셈과 함과 야
벳의 족보는 이러하다. 홍수가
있은 뒤에 그들이 아들들을 낳았다.

² 야벳의 아들은 고멜, 마곡, 마대, 야완, 두
발, 메섹, 디라스다.

³ 고멜의 아들은 아스그나스, 리밧, 도갈마다.

4-5 야완의 아들은 엘리사, 달시스, 깃딤,
로다님이다. 이들로부터 바닷가에 사는 여
러 민족이 나왔다. 이들 민족은 저마다 자
기 지역에서 자기 언어를 가지고 종족을 이
루며 살았다.

⁶ 함의 아들은 구스, 이집트, 붓, 가나안이다.

⁷ 구스의 아들은 쓰바, 하윌라, 삽다, 라아
마, 삽드가다.
라아마의 아들은 스바, 드단이다.

8-12 구스는 또 니므롯을 낳았는데, 니므롯
은 세상에 처음 등장한 위대한 용사였다.
그는 **하나님** 앞에서 탁월한 사냥꾼이었다.
그래서 "**하나님** 앞에서 탁월한 사냥꾼 니
므롯처럼"이라는 말이 생겨났다. 그의 나
라는 시날 땅 바벨과 에렉과 악갓과 갈레에
서 시작되었다. 그는 그 땅을 떠나 앗수르
로 가서, 니느웨와 르호보딜과 갈라를 세우
고, 니느웨와 큰 성 갈라 사이에 레센을 세
웠다.

13-14 이집트는 루드인, 아남인, 르합인, 납
두인, 바드루스인, (블레셋의 조상인) 가슬루
인, 갑돌인의 조상이 되었다.

15-19 가나안은 맏아들 시돈과 헷을 낳았
고, 그에게서 여부스 사람, 아모리 사람, 기
르가스 사람, 히위 사람, 알가 사람, 신 사

But Canaan shall be his slave.

28-29 Noah lived another 350 years following
the flood. He lived a total of 950 years. And he
died.

The Family Tree of Noah's Sons

10 ¹ This is the family tree of the sons
of Noah: Shem, Ham, and Japheth.
After the flood, they themselves had sons.

² The sons of Japheth: Gomer, Magog,
Madai, Javan, Tubal, Meshech, Tiras.

³ The sons of Gomer: Ashkenaz, Riphath,
Togarmah.

4-5 The sons of Javan: Elishah, Tarshish,
Kittim, Rodanim. The seafaring peoples
developed from these, each in its own place
by family, each with its own language.

⁶ The sons of Ham: Cush, Egypt, Put,
Canaan.

⁷ The sons of Cush: Seba, Havilah, Sabtah,
Raamah, Sabteca.
The sons of Raamah: Sheba, Dedan.

8-12 Cush also had Nimrod. He was the
first great warrior on Earth. He was a great
hunter before GOD. There was a saying, "Like
Nimrod, a great hunter before GOD." His
kingdom got its start with Babel; then Erech,
Akkad, and Calneh in the country of Shinar.
From there he went up to Asshur and built
Nineveh, Rehoboth Ir, Calah, and Resen
between Nineveh and the great city Calah.

13-14 Egypt was ancestor to the Ludim, the
Anamim, the Lehabim, the Naphtuhim, the
Pathrusim, the Casluhim (the origin of the
Philistines), and the Kaphtorim.

15-19 Canaan had Sidon his firstborn, Heth, the
Jebusites, the Amorites, the Girgashites, the

람, 아르왓 사람, 스말 사람, 하맛 사람이 나왔다. 나중에 가나안 사람은 시돈에서 그랄 쪽으로, 남쪽으로는 멀리 가사까지, 그 후에 동쪽으로는 소돔과 고모라와 아드마와 스보임을 넘어 라사까지 퍼져 나갔다.

20 이들은 종족과 언어와 지방과 민족을 따라 살펴본 함의 후손이다.

21 야벳의 형 셈도 아들들을 낳았다. 셈은 에벨 모든 자손의 조상이 되었다.

22 셈의 아들은 엘람, 앗수르, 아르박삿, 룻, 아람이다.

23 아람의 아들은 우스, 훌, 게델, 메섹이다.

24-25 아르박삿은 셀라를 낳고, 셀라는 에벨을 낳았다. 에벨은 두 아들 벨렉과 욕단을 낳았다. (벨렉이라는 이름은 그의 시대에 인류가 나뉘어졌다고 해서 붙여진 이름이다.)

26-30 욕단은 알모닷, 셀렙, 하살마웻, 예라, 하도람, 우살, 디글라, 오발, 아비마엘, 스바, 오빌, 하윌라, 요밥을 낳았다. 이들은 모두 욕단의 아들들이다. 이들의 거주지는 메사에서 동쪽 산지인 스발까지였다.

31 이들은 종족과 언어와 지방과 민족을 따라 살펴본 셈의 후손이다.

32 이것은 여러 민족으로 갈라져 나간 노아 자손의 족보다. 홍수가 있은 뒤에 이들로부터 여러 민족이 갈라져 세상으로 뻗어 나갔다.

하나님께서 사람들의 언어를 혼란스럽게 하시다

11

1-2 한때 온 세상이 같은 언어를 사용했다. 그들은 동쪽에서 이주해 오다가 시날 땅 한 평지에 이르러 그곳에 정착했다.

3 그들이 서로 말했다. "자, 벽돌을 만들

Hivites, the Arkites, the Sinites, the Arvadites, the Zemarites, and the Hamathites. Later the Canaanites spread out, going from Sidon toward Gerar, as far south as Gaza, and then east all the way over to Sodom, Gomorrah, Admah, Zeboiim, and on to Lasha.

20 These are the descendants of Ham by family, language, country, and nation.

21 Shem, the older brother of Japheth, also had sons. Shem was ancestor to all the children of Eber.

22 The sons of Shem: Elam, Asshur, Arphaxad, Lud, and Aram.

23 The sons of Aram: Uz, Hul, Gether, Meshech.

24-25 Arphaxad had Shelah and Shelah had Eber. Eber had two sons, Peleg (so named because in his days the human race divided) and Joktan.

26-30 Joktan had Almodad, Sheleph, Hazarmaveth, Jerah, Hadoram, Uzal, Diklah, Obal, Abimael, Sheba, Ophir, Havilah, and Jobab—all sons of Joktan. Their land goes from Mesha toward Sephar as far as the mountain ranges in the east.

31 These are the descendants of Shem by family, language, country, and nation.

32 This is the family tree of the sons of Noah as they developed into nations. From them nations developed all across the Earth after the flood.

God Turned Their Language into 'Babble'

11

1-2 At one time, the whole Earth spoke the same language. It so happened that as they moved out of the east,

어 단단하게 구워 내자." 그들은 돌 대신 벽돌을 사용하고, 진흙 대신 역청을 사용했다.

4 그들이 말했다. "우리가 직접 도시를 세우고, 하늘까지 닿는 탑을 쌓자. 우리의 이름을 드높여서, 우리가 온 땅에 흩어지는 일이 없게 하자."

5 하나님께서 내려오셔서, 사람들이 세운 도시와 탑을 살펴보셨다.

6-9 하나님께서 단번에 알아보시고 말씀하셨다. "백성도 하나요 언어도 하나이니, 이것은 시작에 불과하다. 저들이 다음에 무슨 일을 할지 안 봐도 눈에 선하다. 저들은 무슨 일이든 거침없이 할 것이다! 자, 우리가 내려가서 저들의 말을 어지럽혀, 저들이 서로 알아듣지 못하게 하자." 하나님께서 그들을 그곳에서 세상 곳곳으로 흩어 버리셨다. 그래서 그들은 도시 세우는 일을 그만두어야 했다. 하나님께서 그들의 언어를 혼란스럽게 하셨으므로, 그곳의 이름을 바벨이라고 했다. 하나님께서 그들을 그곳에서 세상 곳곳으로 흩어 버리셨다.

셈의 족보

10-11 셈의 이야기는 이러하다. 셈은 홍수가 있은 지 두 해가 지나서 백 살에 아르박삿을 낳았다. 아르박삿을 낳은 뒤에 그는 500년을 더 살면서 자녀를 낳았다.

12-13 아르박삿은 서른다섯 살에 셀라를 낳았다. 셀라를 낳은 뒤에 그는 403년을 더 살면서 자녀를 낳았다.

14-15 셀라는 서른 살에 에벨을 낳았다. 에벨을 낳은 뒤에 그는 403년을 더 살면서 자녀를 낳았다.

16-17 에벨은 서른네 살에 벨렉을 낳

they came upon a plain in the land of Shinar and settled down.

3 They said to one another, "Come, let's make bricks and fire them well." They used brick for stone and tar for mortar.

4 Then they said, "Come, let's build ourselves a city and a tower that reaches Heaven. Let's make ourselves famous so we won't be scattered here and there across the Earth."

5 GOD came down to look over the city and the tower those people had built.

6-9 GOD took one look and said, "One people, one language; why, this is only a first step. No telling what they'll come up with next—they'll stop at nothing! Come, we'll go down and garble their speech so they won't understand each other." Then GOD scattered them from there all over the world. And they had to quit building the city. That's how it came to be called Babel, because there GOD turned their language into "babble." From there GOD scattered them all over the world.

✽

10-11 This is the story of Shem. When Shem was 100 years old, he had Arphaxad. It was two years after the flood. After he had Arphaxad, he lived 500 more years and had other sons and daughters.

12-13 When Arphaxad was thirty-five years old, he had Shelah. After Arphaxad had Shelah, he lived 403 more years and had other sons and daughters.

14-15 When Shelah was thirty years old, he had Eber. After Shelah had Eber, he lived 403 more years and had other sons and daughters.

16-17 When Eber was thirty-four years old, he had Peleg. After Eber had Peleg, he lived 430 more years and had other sons and daughters.

18-19 When Peleg was thirty years old, he had Reu. After he had Reu, he lived 209 more years and had

았다. 벨렉을 낳은 뒤에 그는 430년을 더 살면서 자녀를 낳았다.

18-19 벨렉은 서른 살에 르우를 낳았다. 르우를 낳은 뒤에 그는 209년을 더 살면서 자녀를 낳았다.

20-21 르우는 서른두 살에 스룩을 낳았다. 스룩을 낳은 뒤에 그는 207년을 더 살면서 자녀를 낳았다.

22-23 스룩은 서른 살에 나홀을 낳았다. 나홀을 낳은 뒤에 그는 200년을 더 살면서 자녀를 낳았다.

24-25 나홀은 스물아홉 살에 데라를 낳았다. 데라를 낳은 뒤에 그는 119년을 더 살면서 자녀를 낳았다.

26 데라는 일흔 살에 아브람과 나홀과 하란을 낳았다.

데라의 족보

27-28 데라의 이야기는 이러하다. 데라는 아브람과 나홀과 하란을 낳았다.

하란은 롯을 낳았다. 하란은 자기 가족의 고향인 갈대아 우르에서 아버지 데라보다 먼저 죽었다.

29 아브람과 나홀이 각자 아내를 맞아들였다. 아브람의 아내 이름은 사래였고, 나홀의 아내 이름은 밀가였다. 밀가는 나홀의 형제인 하란의 딸이었다. 하란에게는 두 딸이 있었는데, 밀가와 이스가였다.

30 사래는 임신을 못해서 자식이 없었다.

31 데라는 아들 아브람과 (하란의 아들인) 손자 롯과 (아브람의 아내인) 며느리 사래를 데리고 갈대아 우르를 떠나 가나안 땅을 향해 갔다. 그러나 도중에 하란에 이르러, 그곳에 자리를 잡고 살았다.

32 데라는 205년을 살고 하란에서 죽었다.

other sons and daughters.

20-21 When Reu was thirty-two years old, he had Serug. After Reu had Serug, he lived 207 more years and had other sons and daughters.

22-23 When Serug was thirty years old, he had Nahor. After Serug had Nahor, he lived 200 more years and had other sons and daughters.

24-25 When Nahor was twenty-nine years old, he had Terah. After Nahor had Terah, he lived 119 more years and had other sons and daughters.

26 When Terah was seventy years old, he had Abram, Nahor, and Haran.

The Family Tree of Terah

27-28 This is the story of Terah. Terah had Abram, Nahor, and Haran.

Haran had Lot. Haran died before his father, Terah, in the country of his family, Ur of the Chaldees.

29 Abram and Nahor each got married. Abram's wife was Sarai; Nahor's wife was Milcah, the daughter of his brother Haran. Haran had two daughters, Milcah and Iscah.

30 Sarai was barren; she had no children.

31 Terah took his son Abram, his grandson Lot (Haran's son), and Sarai his daughter-in-law (his son Abram's wife) and set out with them from Ur of the Chaldees for the land of Canaan. But when they got as far as Haran, they settled down there.

32 Terah lived 205 years. He died in Haran.

하나님께서 아브람을 부르시다

12 ¹ **하나님**께서 아브람에게 말씀하셨다. "네 고향과 네 가족과 네 아버지 집을 떠나, 내가 네게 보여줄 땅으로 가거라.

²⁻³ 내가 너를 큰 민족이 되게 하고
네게 복을 주겠다.
내가 네 이름을 떨치게 할 것이니
너는 복의 근원이 될 것이다.
너를 축복하는 사람에게는 내가 복을 내리고
너를 저주하는 사람에게는 내가 저주를 내리겠다.
세상 모든 민족이
너로 인하여 복을 받을 것이다."

⁴⁻⁶ 아브람은 **하나님**께서 말씀하신 대로 길을 떠났다. 롯도 아브람을 따라 떠났다. 아브람이 하란을 떠날 때, 그의 나이는 일흔다섯 살이었다. 아브람은 아내 사래와 조카 롯과 모든 재산과 하란에서 얻은 사람들을 데리고 가나안 땅을 향해 길을 떠나, 마침내 그 땅에 무사히 도착했다.
아브람은 그 땅을 지나서 세겜 땅 모레의 상수리나무가 있는 곳에 이르렀다. 당시 그 땅에는 가나안 사람이 살고 있었다.
⁷ **하나님**께서 아브람에게 나타나셔서 말씀하셨다. "내가 이 땅을 네 자손에게 주겠다." 아브람은 **하나님**께서 자신에게 나타나신 그곳에 제단을 쌓았다.
⁸ 아브람이 그곳을 떠나 베델 동쪽에 있는 산지로 가서, 서쪽으로는 베델이 보이고 동쪽으로는 아이가 보이는 곳에 장막을 쳤다. 그는 그곳에 제단을 쌓고 **하나님**께 기도를 드렸다.
⁹ 아브람이 또 길을 떠나서, 줄곧 남쪽으로 길을 잡아 네겝 지역에 이르렀다.

Abram and Sarai

12 ¹ GOD told Abram: "Leave your country, your family, and your father's home for a land that I will show you.

²⁻³ I'll make you a great nation
and bless you.
I'll make you famous;
you'll be a blessing.
I'll bless those who bless you;
those who curse you I'll curse.
All the families of the Earth
will be blessed through you."

⁴⁻⁶ So Abram left just as GOD said, and Lot left with him. Abram was seventy-five years old when he left Haran. Abram took his wife Sarai and his nephew Lot with him, along with all the possessions and people they had gotten in Haran, and set out for the land of Canaan and arrived safe and sound.
Abram passed through the country as far as Shechem and the Oak of Moreh. At that time the Canaanites occupied the land.
⁷ GOD appeared to Abram and said, "I will give this land to your children." Abram built an altar at the place God had appeared to him.
⁸ He moved on from there to the hill country east of Bethel and pitched his tent between Bethel to the west and Ai to the east. He built an altar there and prayed to GOD.
⁹ Abram kept moving, steadily making his way south, to the Negev.

10-13 그때 그 땅에 기근이 들었다. 기근이 극심했기 때문에, 아브람은 이집트로 내려가 살았다. 이집트 근처에 이르러, 그는 자기 아내 사래에게 말했다. "여보, 알다시피 당신은 아름다운 여인이잖소. 이집트 사람들이 당신을 보면, '아, 저 여인은 그의 아내구나!' 하면서, 나는 죽이고 당신은 살려 둘 것이오. 부탁이니, 당신이 내 누이라고 말해 주시오. 당신 덕에 내가 그들의 환대를 받고 목숨도 부지할 수 있을 거요."

14-15 아브람이 이집트에 이르렀을 때, 이집트 사람들은 그의 아내가 눈부시게 아름다운 여인임을 한눈에 알아보았다. 바로의 대신들이 바로 앞에서 그 여인의 아름다움을 칭찬했다. 그리하여 사래는 바로의 거처로 불려 들어갔다.

16-17 아브람은 아내 덕에 대접을 잘 받았다. 그는 양과 소, 암나귀와 수나귀, 남종과 여종, 그리고 낙타까지 얻었다. 그러나 **하나님**께서는 아브람의 아내 사래의 일로 바로를 심하게 치셨다. 궁에 있던 모든 사람이 중병에 걸린 것이다.

18-19 바로가 아브람을 불러 말했다. "네가 어찌하여 내게 이런 일을 행하였느냐? 그녀가 네 아내라고 왜 말하지 않았느냐? 어찌하여 너는 그녀가 네 누이라고 말하여, 내가 그녀를 아내로 삼게 할 뻔했느냐? 여기, 네 아내를 돌려줄 테니, 데리고 나가거라!"

20 바로는 신하들을 시켜 아브람을 그 나라에서 내보냈다. 그들은 아브람이 자기 아내와 자신의 모든 소유를 가지고 나가게 했다.'

아브람과 롯이 갈라지다

13 1-2 아브람은 아내와 자신의 모든 소유를 가지고 이집트를 떠나 네겝 지역으로 돌아갔다. 롯도 그와 함께 갔다. 이제 아브람은 가축과 은과 금이 많은 큰 부자가 되었다.

10-13 Then a famine came to the land. Abram went down to Egypt to live; it was a hard famine. As he drew near to Egypt, he said to his wife, Sarai, "Look. We both know that you're a beautiful woman. When the Egyptians see you they're going to say, 'Aha! That's his wife!' and kill me. But they'll let you live. Do me a favor: tell them you're my sister. Because of you, they'll welcome me and let me live."

14-15 When Abram arrived in Egypt, the Egyptians took one look and saw that his wife was stunningly beautiful. Pharaoh's princes raved over her to Pharaoh. She was taken to live with Pharaoh.

16-17 Because of her, Abram got along very well: he accumulated sheep and cattle, male and female donkeys, men and women servants, and camels. But GOD hit Pharaoh hard because of Abram's wife Sarai; everybody in the palace got seriously sick.

18-19 Pharaoh called for Abram, "What's this that you've done to me? Why didn't you tell me that she's your wife? Why did you say, 'She's my sister' so that I'd take her as my wife? Here's your wife back—take her and get out!"

20 Pharaoh ordered his men to get Abram out of the country. They sent him and his wife and everything he owned on their way.

13 1-2 So Abram left Egypt and went back to the Negev, he and his wife and everything he owned, and Lot still with him. By now Abram was very rich, loaded with cattle and silver and gold.

3-4 He moved on from the Negev, camping

3-4 아브람은 네겝 지역을 떠나 장막생활을 하면서 벧엘로 갔다. 그곳은 전에 그가, 벧엘과 아이 사이에 장막을 치고 처음으로 제단을 쌓은 곳이었다. 아브람은 거기서 **하나님**께 기도를 드렸다.

5-7 아브람과 함께 다니던 롯도 양과 소와 장막이 많은 부자였다. 그 땅은 그들이 함께 살기에는 비좁았다. 그들의 재산이 너무 많았으므로, 그들은 그곳에서 함께 살 수 없었다. 아브람과 롯의 목자들 사이에 다툼이 일어나기도 했다. 그때 그 땅에는 가나안 사람과 브리스 사람도 살고 있었다.

8-9 아브람이 롯에게 말했다. "너와 나 사이에, 네 목자들과 내 목자들 사이에 다툼이 있어서는 안된다. 어쨌든 우리는 한 가족이 아니냐? 주위를 둘러보아라. 저기 넓은 땅이 보이지 않느냐? 그러니 따로 떨어져 살자꾸나. 네가 왼쪽으로 가면 나는 오른쪽으로 가고, 네가 오른쪽으로 가면 나는 왼쪽으로 가겠다."

10-11 롯이 바라보니, 요단 온 들판이 소알에 이르기까지 물이 넉넉하여, **하나님**의 동산 같고 이집트 땅과 같았다. (그때는 **하나님**께서 소돔과 고모라를 멸망시키시기 전이었다.) 롯은 요단 온 들판을 택하고 동쪽으로 출발했다.

11-12 그렇게 해서 삼촌과 조카는 갈라지게 되었다. 아브람은 가나안에 자리를 잡았고, 롯은 평지의 여러 도시에서 살다가 소돔 근처에 장막을 쳤다.

13 소돔 사람들은 악해서, **하나님**을 거슬러 극악한 죄를 짓는 자들이었다.

14-17 롯이 아브람을 떠나간 뒤에, **하나님**께서 아브람에게 말씀하셨다. "네 눈을 들어 주위를 보아라. 북쪽과 남쪽, 동쪽과 서쪽을 둘러보아라. 네 눈에 보이는 모든 것, 네 앞에 펼쳐진 온 땅을, 내가 너와 네 자손에게 영원히 주겠다. 내가 네 후손을 땅의 먼지처럼 많아지게 하겠다. 땅의 먼지를 셀 수 없듯

along the way, to Bethel, the place he had first set up his tent between Bethel and Ai and built his first altar. Abram prayed there to GOD.

5-7 Lot, who was traveling with Abram, was also rich in sheep and cattle and tents. But the land couldn't support both of them; they had too many possessions. They couldn't both live there—quarrels broke out between Abram's shepherds and Lot's shepherds. The Canaanites and Perizzites were also living on the land at the time.

8-9 Abram said to Lot, "Let's not have fighting between us, between your shepherds and my shepherds. After all, we're family. Look around. Isn't there plenty of land out there? Let's separate. If you go left, I'll go right; if you go right, I'll go left."

10-11 Lot looked. He saw the whole plain of the Jordan spread out, well watered (this was before GOD destroyed Sodom and Gomorrah), like GOD's garden, like Egypt, and stretching all the way to Zoar. Lot took the whole plain of the Jordan. Lot set out to the east.

11-12 That's how they came to part company, uncle and nephew. Abram settled in Canaan; Lot settled in the cities of the plain and pitched his tent near Sodom.

13 The people of Sodom were evil—flagrant sinners against GOD.

14-17 After Lot separated from him, GOD said to Abram, "Open your eyes, look around. Look north, south, east, and west. Everything you see, the whole land spread out before you, I will give to you and your children forever. I'll make your descen-

이 네 후손도 셀 수 없게 될 것이다. 일어나 걸어 보아라. 땅을 세로로 질러가 보기도 하고, 가로로 질러가 보기도 하여라. 내가 그 모든 것을 네게 주겠다."

18 아브람은 장막을 옮겨, 헤브론에 있는 마므레의 상수리나무 숲 근처에 자리를 잡고 살았다. 그는 그곳에서 하나님께 제단을 쌓았다.

멜기세덱의 축복을 받다

14 1-2 그때에 이런 일이 있었다. 시날 왕 아므라벨, 엘라살 왕 아리옥, 엘람 왕 그돌라오멜, 고임 왕 디달이 전쟁을 일으켜서 소돔 왕 베라, 고모라 왕 비르사, 아드마 왕 시납, 스보임 왕 세메벨, 벨라 왕 소알과 싸웠다.

3-4 공격을 받은 다섯 왕은 싯딤 골짜기, 곧 소금 바다에 집결했다. 그들은 십이 년 동안 그돌라오멜의 지배를 받다가, 십삼 년째 되는 해에 반란을 일으켰던 것이다.

5-7 십사 년째 되는 해에 그돌라오멜이 자신과 동맹을 맺은 왕들과 함께 진격해 가서, 아스드롯가르나임에서 르바 사람을 치고, 함에서는 수스 사람을 치고, 사웨 기랴다임에서는 엠 사람을 치고, 세일 산지에서는 호리 사람을 쳐서, 사막 가장자리에 있는 엘 바란까지 이르렀다. 돌아오는 길에 그들은 엔미스밧, 곧 가데스에서 아멜렉 사람의 전 지역과 하사손다말에 사는 아모리 사람의 전 지역을 쳤다.

8-9 그러자 소돔 왕이 고모라 왕, 아드마 왕, 스보임 왕, 벨라 왕 곧 소알 왕과 함께 진군하여, 싯딤 골짜기에서 적들과 맞서 전열을 가다듬었다. 엘람 왕 그돌라오멜, 고임 왕 디달, 시날 왕 아므라벨, 엘라살 왕 아리옥, 이 네 왕이 다섯 왕과 맞서 싸웠다.

10-12 싯딤 골짜기는 역청 수렁이 가득했다. 소돔 왕과 고모라 왕이 달아나다가 역청 수

dants like dust—counting your descendants will be as impossible as counting the dust of the Earth. So—on your feet, get moving! Walk through the country, its length and breadth; I'm giving it all to you."

18 Abram moved his tent. He went and settled by the Oaks of Mamre in Hebron. There he built an altar to GOD.

14 1-2 Then this: Amraphel king of Shinar, Arioch king of Ellasar, Kedorlaomer king of Elam, and Tidal king of Goiim went off to war to fight Bera king of Sodom, Birsha king of Gomorrah, Shinab king of Admah, Shemeber king of Zeboiim, and the king of Bela, that is, Zoar.

3-4 This second group of kings, the attacked, came together at the Valley of Siddim, that is, the Salt Sea. They had been under the thumb of Kedorlaomer for twelve years. In the thirteenth year, they revolted.

5-7 In the fourteenth year, Kedorlaomer and the kings allied with him set out and defeated the Rephaim in Ashteroth Karnaim, the Zuzim in Ham, the Emim in Shaveh Kiriathaim, and the Horites in their hill country of Seir as far as El Paran on the far edge of the desert. On their way back they stopped at En Mishpat, that is, Kadesh, and conquered the whole region of the Amalekites as well as that of the Amorites who lived in Hazazon Tamar.

8-9 That's when the king of Sodom marched out with the king of Gomorrah, the king of Admah, the king of Zeboiim, and the king of Bela, that is, Zoar. They drew up in battle formation against their enemies in the

렁에 빠지고, 나머지는 산지로 달아났다. 그러자 네 왕은 소돔과 고모라의 모든 재물과 양식과 병기를 약탈하여 떠나갔다. 그들은 당시 소돔에 살고 있던 아브람의 조카 롯을 사로잡고, 그의 모든 소유도 빼앗아 갔다.

¹³⁻¹⁶ 도망쳐 나온 사람 하나가 히브리 사람 아브람에게 와서 그 일을 알렸다. 그때 아브람은 아모리 사람 마므레의 상수리나무 숲 근처에 살고 있었다. 마므레는 에스골과 형제간이었고, 아넬과도 형제간이었다. 이들은 모두 아브람과 동맹을 맺은 사이였다. 아브람이 자기 조카가 포로로 끌려갔다는 소식을 듣고 부하들을 모으니 318명이었다. 그들은 모두 아브람의 집에서 태어난 사람들이었다. 아브람은 그들을 데리고 롯을 잡아간 자들을 추격해 단까지 갔다. 아브람과 그의 부하들은 여러 패로 나뉘어 밤에 공격했다. 그들은 다마스쿠스 북쪽 호바까지 적들을 뒤쫓아 갔다. 그들은 약탈당한 모든 것을 되찾았고, 아브람의 조카 롯과 그의 재물뿐 아니라 부녀자들과 다른 사람들까지 되찾았다.

¹⁷⁻²⁰ 아브람이 그돌라오멜과 그와 동맹을 맺은 왕들을 쳐부수고 돌아오자, 소돔 왕이 사웨 골짜기, 곧 왕의 골짜기로 나와서 그를 맞이했다. 살렘 왕 멜기세덱이 빵과 포도주를 가지고 나아왔다. 그는 지극히 높으신 하나님의 제사장이었다. 그가 아브람을 축복하며 말했다.

지극히 높으신 하나님, 하늘과 땅의 창조주께
아브람은 복을 받으리라.
그대의 원수들을 그대의 손에 넘겨주신,
지극히 높으신 하나님께서는 찬양을 받으소서.

Valley of Siddim—against Kedorlaomer king of Elam, Tidal king of Goiim, Amraphel king of Shinar, and Arioch king of Ellasar, four kings against five.

¹⁰⁻¹² The Valley of Siddim was full of tar pits. When the kings of Sodom and Gomorrah fled, they fell into the tar pits, but the rest escaped into the mountains. The four kings captured all the possessions of Sodom and Gomorrah, all their food and equipment, and went on their way. They captured Lot, Abram's nephew who was living in Sodom at the time, taking everything he owned with them.

¹³⁻¹⁶ A fugitive came and reported to Abram the Hebrew. Abram was living at the Oaks of Mamre the Amorite, brother of Eshcol and Aner. They were allies of Abram. When Abram heard that his nephew had been taken prisoner, he lined up his servants, all of them born in his household—there were 318 of them—and chased after the captors all the way to Dan. Abram and his men split into small groups and attacked by night. They chased them as far as Hobah, just north of Damascus. They recovered all the plunder along with nephew Lot and his possessions, including the women and the people.

¹⁷⁻²⁰ After Abram returned from defeating Kedorlaomer and his allied kings, the king of Sodom came out to greet him in the Valley of Shaveh, the King's Valley. Melchizedek, king of Salem, brought out bread and wine—he was priest of The High God—and blessed him:

Blessed be Abram by The High God,
　　Creator of Heaven and Earth.
And blessed be The High God,
　　who handed your enemies over to you.

아브람은 되찾은 재물의 십분의 일을 멜기세덱에게 주었다.

21 소돔 왕이 아브람에게 말했다. "사람들은 내게 돌려주고, 재물은 그대가 다 가지시오."

22-24 그러나 아브람은 소돔 왕에게 이렇게 말했다. "**하나님** 지극히 높으신 하나님, 하늘과 땅의 창조주께 맹세하건대, 나는 왕의 것을 하나도 가지지 않겠습니다. 왕의 것은 실오라기 하나, 신발 끈 하나도 가지지 않겠습니다. 그것은 왕이 '내가 아브람을 부자로 만들어 주었다'고 말하지 못하게 하려는 것입니다. 나에게는 아무것도 주지 마십시오. 다만 젊은이들이 먹은 것과, 나와 함께 갔던 사람들, 곧 아넬과 에스골과 마므레의 몫은 챙겨 주십시오. 그들은 자신들의 몫을 받아 마땅합니다."

하나님께서 아브람과 언약을 맺으시다

15 1 이 모든 일이 있은 뒤에, **하나님**의 말씀이 환상 가운데 아브람에게 임했다. "아브람아, 두려워하지 마라. 나는 네 방패다. 네가 받을 상이 매우 크다!"

2-3 아브람이 말했다. "주 **하나님**, 제게는 자식이 없어 다마스쿠스 사람 엘리에셀이 모든 것을 물려받을 텐데, 주께서 주시는 선물이 무슨 소용이 있겠습니까?" 아브람이 계속해서 말했다. "보십시오, 주께서 제게 자식을 주지 않으셨으니, 이제 제 집의 종이 모든 것을 상속받을 것입니다."

4 그러자 **하나님**의 **메시지**가 임했다. "걱정하지 마라. 그는 네 상속자가 아니다. 네 몸에서 태어날 아들이 네 상속자가 될 것이다."

5 **하나님**께서 아브람을 밖으로 데리고 나가셔서 말씀하셨다. "저 하늘을 바라보아라. 저 별들을 세어 보아라. 셀 수 있겠느냐? 네 자손을 세어 보아라! 아브람아, 너는 장차 큰 민족을 이룰 것이다!"

Abram gave him a tenth of all the recovered plunder.

21 The king of Sodom said to Abram, "Give me back the people but keep all the plunder for yourself."

22-24 But Abram told the king of Sodom, "I swear to GOD, The High God, Creator of Heaven and Earth, this solemn oath, that I'll take nothing from you, not so much as a thread or a shoestring. I'm not going to have you go around saying, 'I made Abram rich.' Nothing for me other than what the young men ate and the share of the men who went with me, Aner, Eshcol, and Mamre; they're to get their share of the plunder."

15 1 After all these things, this word of GOD came to Abram in a vision: "Don't be afraid, Abram. I'm your shield. Your reward will be grand!"

2-3 Abram said, "GOD, Master, what use are your gifts as long as I'm childless and Eliezer of Damascus is going to inherit everything?" Abram continued, "See, you've given me no children, and now a mere house servant is going to get it all."

4 Then GOD's Message came: "Don't worry, he won't be your heir; a son from your body will be your heir."

5 Then he took him outside and said, "Look at the sky. Count the stars. Can you do it? Count your descendants! You're going to have a big family, Abram!"

6 And he believed! Believed GOD! God declared him "Set-Right-with-God."

7 GOD continued, "I'm the same GOD who

6 아브람이 믿었다! **하나님**을 믿었다! 하나님께서는 그가 "하나님과 바른 관계를 맺었다"고 선언해 주셨다.

7 **하나님**께서 계속 말씀하셨다. "나는 너를 갈대아 우르에서 데리고 나와, 이 땅을 네게 주어 소유하게 한 **하나님**이다."

8 아브람이 말했다. "주 **하나님**, 이 땅이 제 것이 되리라는 것을 제가 어떻게 알 수 있겠습니까?"

9 **하나님**께서 말씀하셨다. "삼 년 된 암송아지 한 마리와 삼 년 된 암염소 한 마리, 삼 년 된 숫양 한 마리, 산비둘기 한 마리, 그리고 집비둘기 한 마리를 내게 가져오너라."

10-12 아브람이 그 모든 짐승을 **하나님**께 가져와서 반으로 가르고, 갈린 반쪽을 서로 마주 보게 차려 놓았다. 그러나 비둘기들은 가르지 않았다. 독수리들이 짐승의 시체 위로 날아들었으나, 아브람이 쫓아 버렸다. 해가 지자 아브람이 깊은 잠에 빠졌는데, 공포와 어둠이 그를 짓눌렀다.

13-16 **하나님**께서 아브람에게 말씀하셨다. "이것을 알아 두어라. 네 후손이 다른 나라에서 나그네로 살다가, 사백 년 동안 종살이를 하고 매질을 당하게 될 것이다. 그 후에 내가 그들의 주인으로 군림하는 자들을 벌할 것이다. 그러면 네 후손은 재물을 가득 가지고 거기서 나올 것이다. 그러나 너는 장수를 누리다가 평안히 죽게 될 것이다. 네 후손은 사 대째가 되어서야 이 땅으로 돌아오게 될 것이다. 아직까지는 아모리 사람의 죄가 한창 자라고 있기 때문이다."

17-21 해가 져서 어두워지자, 연기 나는 화덕과 타오르는 횃불이 갈라 놓은 짐승들 사이로 지나갔다. 그때 **하나님**께서 아브람과 언약을 맺으시며 말씀하셨다. "내가 이집트의 나일 강에서부터 앗시리아의 유프라테스 강에 이르는 이 땅을 네 자손에게 주겠다. 이 땅은 겐 사람과 그니스 사람과 갓몬 사람과 헷 사람과 브리스 사람과 르바 사람과 아모리 사람과 가나안 사람과 기르가스 사람과 여부스 사람의 땅이다."

brought you from Ur of the Chaldees and gave you this land to own."

8 Abram said, "Master GOD, how am I to know this, that it will all be mine?"

9 GOD said, "Bring me a heifer, a goat, and a ram, each three years old, and a dove and a young pigeon."

10-12 He brought all these animals to him, split them down the middle, and laid the halves opposite each other. But he didn't split the birds. Vultures swooped down on the carcasses, but Abram scared them off. As the sun went down a deep sleep overcame Abram and then a sense of dread, dark and heavy.

13-16 GOD said to Abram, "Know this: your descendants will live as outsiders in a land not theirs; they'll be enslaved and beaten down for 400 years. Then I'll punish their slave masters; your offspring will march out of there loaded with plunder. But not you; you'll have a long and full life and die a good and peaceful death. Not until the fourth generation will your descendants return here; sin is still a thriving business among the Amorites."

17-21 When the sun was down and it was dark, a smoking firepot and a flaming torch moved between the split carcasses. That's when GOD made a covenant with Abram: "I'm giving this land to your children, from the Nile River in Egypt to the River Euphrates in Assyria—the country of the Kenites, Kenizzites, Kadmonites, Hittites, Perizzites, Rephaim, Amorites, Canaanites, Girgashites, and Jebusites."

하갈과 이스마엘

16 ¹⁻² 아브람의 아내 사래는 아직 아
이를 낳지 못했다.

그녀에게는 하갈이라는 이집트 여종이 있었
다. 사래가 아브람에게 말했다. "**하나님**께서
내가 아이 갖는 것을 좋다고 여기지 않으시
니, 당신은 내 여종과 잠자리를 같이하세요.
내가 여종의 몸을 빌려서 대를 이을 수 있을
지도 모르잖아요." 아브람은 사래의 말을 따
르기로 했다.

³⁻⁴ 그리하여 아브람의 아내 사래는 자신의
이집트 여종 하갈을 데려다가 자기 남편 아
브람에게 아내로 주었다. 이것은 아브람이
가나안 땅에 산 지 십 년이 지난 뒤의 일이었
다. 그가 하갈과 잠자리를 같이하자, 하갈이
임신을 했다. 하갈은 자신이 임신한 것을 알
고 자신의 여주인을 업신여겼다.

⁵ 사래가 아브람에게 말했다. "내가 이런 능
욕을 당하는 것은 다 당신 책임이에요. 내가
내 여종을 당신과 잠자리를 같이하도록 했
건만, 그 종이 자기가 임신한 것을 알고서 나
를 업신여기지 뭐예요. **하나님**께서 우리 중
에 누가 옳은지 결정해 주시면 좋겠어요."

⁶ 아브람이 말했다. "당신이 결정하구려. 당
신 종은 당신 소관이잖소."

사래가 하갈을 학대하자, 하갈이 달아났다.

⁷⁻⁸ **하나님**의 천사가 광야의 샘 곁에서 하갈
을 발견했다. 그 샘은 수르로 가는 길가에 있
었다. 천사가 말했다. "사래의 여종 하갈아,
여기서 무엇을 하고 있느냐?"

하갈이 대답했다. "내 여주인 사래에게서 도
망치는 중입니다."

⁹⁻¹² **하나님**의 천사가 말했다. "네 여주인에
게로 돌아가거라. 그녀의 학대를 참아 내어
라." 천사가 계속해서 말했다. "내가 네게 큰
민족, 셀 수 없을 만큼 많은 자손을 주겠다.

16 ¹⁻² Sarai, Abram's wife, hadn't
yet produced a child.

She had an Egyptian maid named Hagar.
Sarai said to Abram, "GOD has not seen
fit to let me have a child. Sleep with my
maid. Maybe I can get a family from her."
Abram agreed to do what Sarai said.

³⁻⁴ So Sarai, Abram's wife, took her
Egyptian maid Hagar and gave her to her
husband Abram as a wife. Abram had
been living ten years in Canaan when this
took place. He slept with Hagar and she
got pregnant. When Hagar learned she
was pregnant, she looked down on her
mistress.

⁵ Sarai told Abram, "It's all your fault that
I'm suffering this abuse. I put my maid in
bed with you and the minute she knows
she's pregnant, she treats me like I'm
nothing. May GOD decide which of us is
right."

⁶ "You decide," said Abram. "Your maid is
your business."

Sarai was abusive to Hagar and Hagar ran
away.

⁷⁻⁸ An angel of GOD found her beside a
spring in the desert; it was the spring on
the road to Shur. He said, "Hagar, maid of
Sarai, what are you doing here?"

She said, "I'm running away from Sarai
my mistress."

⁹⁻¹² The angel of GOD said, "Go back to
your mistress. Put up with her abuse." He
continued, "I'm going to give you a big
family, children past counting.

네가 임신했으니, 아들을 낳을 것이다. 너는 그 이름을 이스마엘이라 하여라.
하나님께서 네 소리를 듣고 응답하셨다.
그는 날뛰는 야생마처럼 될 것이다.
남과 맞서 싸우고, 남도 그와 맞서 싸울 것이다.
그는 늘 문제를 일으키며
자기 가족과도 사이가 좋지 못할 것이다."

13 하갈이 자신에게 말씀하신 **하나님**께 기도하며 '나를 보시는 하나님!'이라고 불렀다.
"그래! 그분께서 나를 보셨고, 나도 그분을 뵈었다!"
14 그래서 광야의 그 샘도 '나를 보시는, 살아 계신 하나님의 샘'이라고 부르게 되었다. 그 샘은 지금도 가데스와 베렛 사이에 그대로 있다.
15-16 하갈이 아브람에게서 아들을 낳았다. 아브람이 그 아이의 이름을 이스마엘이라고 했다. 하갈이 아브람의 아들 이스마엘을 낳았을 때에 아브람은 여든여섯 살이었다.

할례, 언약의 표

17 1-2 아브람이 아흔아홉 살이 되었을 때, **하나님**께서 그에게 나타나셔서 말씀하셨다. "나는 강한 하나님이다. 너는 내 앞에서 흠 없이 살고, 온전하게 살아라! 내가 나와 너 사이에 언약을 맺고, 네게 큰 민족을 줄 것이다."
3-8 아브람이 압도되어, 얼굴을 땅에 대고 엎드렸다.
하나님께서 그에게 말씀하셨다. "이것은 내가 너와 맺은 언약이다. 너는 수많은 민족들의 아버지가 될 것이다. 이제 네 이름은 더 이상 아브람이 아니라 아브라함이다. 내가 너를 수많은 민족들의 아버지로 만들 것이기 때문이다. 내가 너를 아버지들의 아버지로 만들겠다. 네게서 여러 민족이 나오고, 네

From this pregnancy, you'll get a son:
Name him Ishmael;
  for GOD heard you, GOD answered you.
He'll be a bucking bronco of a man,
  a real fighter, fighting and being fought,
Always stirring up trouble,
  always at odds with his family."

13 She answered GOD by name, praying to the God who spoke to her, "You're the God who sees me!
"Yes! He saw me; and then I saw him!"
14 That's how that desert spring got named "God-Alive-Sees-Me Spring." That spring is still there, between Kadesh and Bered.
15-16 Hagar gave Abram a son. Abram named him Ishmael. Abram was eighty-six years old when Hagar gave him his son, Ishmael.

❧

17 1-2 When Abram was ninety-nine years old, GOD showed up and said to him, "I am The Strong God, live entirely before me, live to the hilt! I'll make a covenant between us and I'll give you a huge family."
3-8 Overwhelmed, Abram fell flat on his face.
Then God said to him, "This is my covenant with you: You'll be the father of many nations. Your name will no longer be Abram, but Abraham, meaning that 'I'm making you the father of many nations.' I'll make you a father of fathers—I'll make nations from you,

게서 여러 왕이 나오게 하겠다. 내가 너와는 물론이고 네 후손과도 영원토록 지속될 언약을 맺어, 네 하나님이 되고 네 후손의 하나님이 되겠다. 네가 장막을 치고 있는 이 땅, 곧 가나안 땅 전체를 너와 네 후손에게 주어 영원토록 소유하게 하고, 나는 그들의 하나님이 될 것이다."

9-14 하나님께서 아브라함에게 계속 말씀하셨다. "너는 내 언약을 지켜야 한다. 너와 네 후손이 대대로 지켜야 한다. 이것은 네가 지켜야 할 언약, 네 후손이 지켜야 할 언약이다. 너희 모든 남자에게 할례를 행하여라. 포피를 잘라 내어라. 이것이 나와 너 사이에 맺는 언약의 표가 될 것이다. 대대로 모든 남자아이는 태어난 지 팔 일째 되는 날에 할례를 받아야 한다. 너희 집에서 태어난 종들과, 이방인에게서 사 온 종들도 너희 혈족은 아니지만 할례를 받아야 한다. 너희는 너희 자손뿐 아니라 밖에서 들어온 사람에게도 할례를 행해야 한다. 그러면 내 언약이 너희 몸에 새겨져서, 영원한 언약의 표가 될 것이다. 할례를 받지 않은 남자, 곧 포피를 잘라 내지 않은 남자는 자기 백성 가운데서 잘려 나갈 것이다. 그가 내 언약을 깨뜨렸기 때문이다."

15-16 하나님께서 또 아브라함에게 말씀하셨다. "네 아내 사래를 더 이상 사래라고 하지 말고, 사라라고 하여라. 내가 그녀에게 복을 주어, 그녀가 네 아들을 낳게 하겠다! 내가 반드시 그녀에게 복을 주어, 그녀에게서 여러 민족이 나오게 하고, 여러 민족의 왕들도 나오게 할 것이다."

17 아브라함이 얼굴을 땅에 대고 엎드린 채 웃으며 속으로 말했다. "백 살이나 된 남자가 아들을 볼 수 있다고? 아흔 살이나 된 사라가 아이를 낳을 수 있다고?"

kings will issue from you. I'm establishing my covenant between me and you, a covenant that includes your descendants, a covenant that goes on and on and on, a covenant that commits me to be your God and the God of your descendants. And I'm giving you and your descendants this land where you're now just camping, this whole country of Canaan, to own forever. And I'll be their God."

9-14 God continued to Abraham, "And you: You will honor my covenant, you and your descendants, generation after generation. This is the covenant that you are to honor, the covenant that pulls in all your descendants: Circumcise every male. Circumcise by cutting off the foreskin of the penis; it will be the sign of the covenant between us. Every male baby will be circumcised when he is eight days old, generation after generation—this includes house-born slaves and slaves bought from outsiders who are not blood kin. Make sure you circumcise both your own children and anyone brought in from the outside. That way my covenant will be cut into your body, a permanent mark of my permanent covenant. An uncircumcised male, one who has not had the foreskin of his penis cut off, will be cut off from his people—he has broken my covenant."

15-16 God continued speaking to Abraham, "And Sarai your wife: Don't call her Sarai any longer; call her Sarah. I'll bless her—yes! I'll give you a son by her! Oh, how I'll bless her! Nations will come from her; kings of nations will come from her."

17 Abraham fell flat on his face. And then he laughed, thinking, "Can a hundred-year-old man father a son? And can Sarah, at ninety

18 아브라함이 정신을 차리고 하나님께 아뢰었다. "이스마엘이나 하나님 앞에서 잘 살았으면 좋겠습니다."

19 하나님께서 말씀하셨다. "내 말은 그런 뜻이 아니다. 네 아내, 사라가 아들을 낳을 것이다. 너는 그 아이의 이름을 이삭(웃음)이라고 하여라. 내가 그와는 물론이고, 그의 후손과도 영원한 언약을 맺을 것이다.

20-21 이스마엘 말이냐? 네가 그를 위해 기도하는 것을 내가 들었다. 내가 그에게도 복을 주어, 많은 자식을 낳아 큰 민족을 이루게 하겠다. 그는 열두 지도자의 아버지가 될 것이다. 내가 그를 큰 민족이 되게 하겠다. 그러나 나는 내년 이맘때 사라가 낳을 네 아들 이삭과 언약을 맺을 것이다."

22 하나님께서 아브라함과 말씀을 마치고 떠나가셨다.

23 그날 아브라함은 자기 아들 이스마엘과, 집에서 태어난 종과 돈을 주고 사 온 모든 종, 곧 자기 집안의 모든 남자를 데려다가, 하나님께서 말씀하신 대로 그들의 포피를 잘라 내어 할례를 행했다.

24-27 아브라함이 할례를 받을 때 그의 나이는 아흔아홉 살이었고, 그의 아들 이스마엘이 할례를 받을 때 그의 나이는 열세 살이었다. 아브라함과 이스마엘이 같은 날에 할례를 받았고, 그의 집안에 있는 모든 종도 그날에 할례를 받았다. 집에서 태어난 종과 돈을 주고 이방인에게서 사 온 종이 모두 아브라함과 함께 할례를 받았다.

하나님께서 아브라함에게 아들을 약속하시다

18 1-2 하나님께서 마므레의 상수리나무 숲 근처에서 아브라함에게 나타나셨다. 그때 아브라함은 장막 입구에 앉아 있었다. 몹시 뜨거운 한낮이었다. 아브라함이 고개를 들어 보니, 세 사람

years, have a baby?"

18 Recovering, Abraham said to God, "Oh, keep Ishmael alive and well before you!"

19 But God said, "That's not what I mean. Your wife, Sarah, will have a baby, a son. Name him Isaac (Laughter). I'll establish my covenant with him and his descendants, a covenant that lasts forever.

20-21 "And Ishmael? Yes, I heard your prayer for him. I'll also bless him; I'll make sure he has plenty of children—a huge family. He'll father twelve princes; I'll make him a great nation. But I'll establish my covenant with Isaac whom Sarah will give you about this time next year."

22 God finished speaking with Abraham and left.

23 Then Abraham took his son Ishmael and all his servants, whether houseborn or purchased—every male in his household—and circumcised them, cutting off their foreskins that very day, just as God had told him.

24-27 Abraham was ninety-nine years old when he was circumcised. His son Ishmael was thirteen years old when he was circumcised. Abraham and Ishmael were circumcised the same day together with all the servants of his household, those born there and those purchased from outsiders—all were circumcised with him.

18 1-2 GOD appeared to Abraham at the Oaks of Mamre while he was sitting at the entrance of his tent. It was the hottest part of the day. He looked up and saw three men standing. He ran from

이 서 있었다. 그가 장막에서 뛰어나가 그들을 맞이하며 절했다.

3-5 아브라함이 말했다. "주님, 괜찮으시다면 잠시 이 종의 집에 머무시기 바랍니다. 물을 가져올 테니 발을 씻으시고, 이 나무 아래에서 좀 쉬십시오. 제 곁을 지나가게 되셨으니, 제가 음식을 가져오겠습니다. 원기를 회복하여 길을 떠나십시오."

그들이 말했다. "좋습니다. 그대가 말한 대로 하십시오."

6 아브라함이 급히 장막으로 달려가서 사라에게 말했다. "서두르시오. 가장 고운 밀가루 세 컵을 가져다가 반죽하여 빵을 구우시오."

7-8 아브라함이 또 가축우리로 달려가서 살진 송아지 한 마리를 골라 종에게 건네니, 종이 곧 그것을 잡아 요리했다. 아브라함은 치즈와 우유와 구운 송아지 고기를 가져다가 그 사람들 앞에 차려 놓았다. 그들이 식사하는 동안, 아브라함은 나무 아래에 서 있었다.

9 그 사람들이 아브라함에게 말했다. "그대의 아내 사라는 어디 있습니까?"

아브라함이 대답했다. "장막 안에 있습니다."

10 그들 가운데 한 사람이 말했다. "내년 이맘때 내가 다시 찾아오겠습니다. 그때에는 그대의 아내 사라에게 아들이 있을 것입니다." 사라는 그 사람의 바로 뒤, 장막 입구에서 그 말을 듣고 있었다.

11-12 아브라함과 사라는 이미 나이 많은 노인이었고, 사라는 아이를 가질 수 있는 나이가 훨씬 지난 상태였다. 사라가 속으로 웃으면서 말했다. "나처럼 늙은 여자가 임신을 한다고? 남편도 이렇게 늙었는데?"

13-14 **하나님**께서 아브라함에게 말씀하셨다. "사라가 '나처럼 늙은 여자가 아이를 갖는다고?' 하면서 웃는데, 어찌 된 것이냐? **하나님**이 하지 못할 일이 있느냐? 내가 내년 이맘때 돌아올 텐데, 그때에는 사라에게 아이가

his tent to greet them and bowed before them.

3-5 He said, "Master, if it please you, stop for a while with your servant. I'll get some water so you can wash your feet. Rest under this tree. I'll get some food to refresh you on your way, since your travels have brought you across my path." They said, "Certainly. Go ahead."

6 Abraham hurried into the tent to Sarah. He said, "Hurry. Get three cups of our best flour; knead it and make bread."

7-8 Then Abraham ran to the cattle pen and picked out a nice plump calf and gave it to the servant who lost no time getting it ready. Then he got curds and milk, brought them with the calf that had been roasted, set the meal before the men, and stood there under the tree while they ate.

9 The men said to him, "Where is Sarah your wife?"

He said, "In the tent."

10 One of them said, "I'm coming back about this time next year. When I arrive, your wife Sarah will have a son." Sarah was listening at the tent opening, just behind the man.

11-12 Abraham and Sarah were old by this time, very old. Sarah was far past the age for having babies. Sarah laughed within herself, "An old woman like me? Get pregnant? With this old man of a husband?"

13-14 GOD said to Abraham, "Why did Sarah laugh saying, 'Me? Have a baby? An old woman like me?' Is anything too hard for GOD? I'll be back about this time next year and Sarah will have a baby."

있을 것이다.”

15 사라가 두려운 나머지 거짓말을 했다. “저는 웃지 않았습니다.”

그러자 **하나님**께서 말씀하셨다. “아니다. 네가 웃었다.”

아브라함이 소돔을 위해 간구하다

16 그 사람들이 떠나려고 자리에서 일어나, 소돔을 향해 출발했다. 아브라함은 그들을 배웅하려고 함께 걸어갔다.

17-19 그때 **하나님**께서 말씀하셨다. “내가 앞으로 하려고 하는 일을 아브라함에게 숨기겠느냐? 아브라함은 장차 크고 강한 민족이 되어, 세상 모든 민족이 그를 통해 복을 받게 될 것이다. 그렇다. 내가 그를 택한 것은, 그가 자기 자녀와 후손을 가르쳐 **하나님**의 생활방식을 따라, 친절하고 너그럽고 바르게 살게 하려는 것이다. 그리하여 **하나님**이 아브라함에게 약속하신 것을 이루려는 것이다.”

20-21 **하나님**께서 계속해서 말씀하셨다. “소돔과 고모라의 희생자들이 울부짖는 소리가 내 귀를 먹먹하게 하는구나. 그 도시의 죄악이 너무 크다. 내가 직접 내려가서, 저들이 하는 짓이 정말 내 귀에 들려오는 울부짖음처럼 악한지 알아봐야겠다.”

22 그 사람들이 소돔을 향해 출발했으나, 아브라함은 **하나님**의 길에 서서 그 길을 가로막았다.

23-25 아브라함이 **하나님**을 대면하여 아뢰었다. “진심이십니까? 죄 없는 사람들을 악한 사람들과 함께 쓸어버릴 작정이십니까? 그 도시에 의인 오십 명이 있다면 어떻게 하시겠습니까? 죄 없는 사람들을 악한 사람들과 함께 쓸어버리시겠습니까? 의인 오십 명을 봐서라도 그 도시를 용서하지 않으시렵니까? 저는 주께서 의인과 악인을 구별하지 않고 죽이실 것이라고는 생각하지 않습니다. 세상을 심판하시는 분께서 공정하게 심판하셔야

15 Sarah lied. She said, "I didn't laugh," because she was afraid.

But he said, "Yes you did; you laughed."

16 When the men got up to leave, they set off for Sodom. Abraham walked with them to say good-bye.

17-19 Then GOD said, "Shall I keep back from Abraham what I'm about to do? Abraham is going to become a large and strong nation; all the nations of the world are going to find themselves blessed through him. Yes, I've settled on him as the one to train his children and future family to observe GOD's way of life, live kindly and generously and fairly, so that GOD can complete in Abraham what he promised him."

20-21 GOD continued, "The cries of the victims in Sodom and Gomorrah are deafening; the sin of those cities is immense. I'm going down to see for myself, see if what they're doing is as bad as it sounds. Then I'll know."

22 The men set out for Sodom, but Abraham stood in GOD's path, blocking his way.

23-25 Abraham confronted him, "Are you serious? Are you planning on getting rid of the good people right along with the bad? What if there are fifty decent people left in the city; will you lump the good with the bad and get rid of the lot? Wouldn't you spare the city for the sake of those fifty innocents? I can't believe you'd do that, kill off the good and the bad alike as if there were no difference between them.

하지 않겠습니까?"

26 **하나님**께서 말씀하셨다. "소돔에 의인 오십 명이 있으면, 내가 그들을 봐서 그 도시를 용서하겠다."

27-28 아브라함이 다시 아뢰었다. "한 줌 흙에 지나지 않는 제가 감히 주께 말씀드립니다. 오십 명에서 다섯 명이 모자라면 어떻게 하시겠습니까? 다섯 명이 모자란다는 이유로 그 도시를 멸하시겠습니까?"

하나님께서 말씀하셨다. "사십오 명이 있으면, 내가 그 도시를 멸하지 않겠다."

29 아브라함이 다시 아뢰었다. "사십 명밖에 찾지 못하시면 어떻게 하시겠습니까?"

"사십 명이 있으면, 그 도시를 멸하지 않겠다."

30 아브라함이 아뢰었다. "주님, 노하지 마십시오. 삼십 명밖에 찾지 못하시면 어떻게 하시겠습니까?"

"삼십 명만 찾을 수 있어도, 내가 그 도시를 멸하지 않겠다."

31 아브라함이 더 강하게 아뢰었다. "주님, 부디 참아 주십시오. 이십 명이면 어떻게 하시겠습니까?"

"이십 명만 있어도, 내가 그 도시를 멸하지 않겠다."

32 아브라함이 멈추지 않고 아뢰었다. "주님, 이번이 마지막이니, 노하지 마십시오. 열 명밖에 찾지 못하시면 어떻게 하시겠습니까?"

"그 열 명을 봐서라도, 내가 그 도시를 멸하지 않겠다."

33 **하나님**께서 아브라함과 말씀을 마치고 떠나가셨다. 아브라함은 집으로 돌아갔다.

소돔과 고모라의 심판

19 1-2 저녁때에 두 천사가 소돔에 도착했다. 롯은 그 도시 입구에 앉아 있었다. 그가 그들을 보고 일어나 맞이하면서, 그들에게 엎드려 절하며 말했다. "두 분께서는 부디 저희 집에 오셔서, 씻고 하룻밤 묵

Doesn't the Judge of all the Earth judge with justice?"

26 GOD said, "If I find fifty decent people in the city of Sodom, I'll spare the place just for them."

27-28 Abraham came back, "Do I, a mere mortal made from a handful of dirt, dare open my mouth again to my Master? What if the fifty fall short by five—would you destroy the city because of those missing five?"

He said, "I won't destroy it if there are forty-five."

29 Abraham spoke up again, "What if you only find forty?"

"Neither will I destroy it if for forty."

30 He said, "Master, don't be irritated with me, but what if only thirty are found?"

"No, I won't do it if I find thirty."

31 He pushed on, "I know I'm trying your patience, Master, but how about for twenty?"

"I won't destroy it for twenty."

32 He wouldn't quit, "Don't get angry, Master—this is the last time. What if you only come up with ten?"

"For the sake of only ten, I won't destroy the city."

33 When GOD finished talking with Abraham, he left. And Abraham went home.

19 1-2 The two angels arrived at Sodom in the evening. Lot was sitting at the city gate. He saw them and got up to welcome them, bowing before them and said, "Please, my friends, come

으십시오. 그러면 내일 아침 일찍 일어나 기운을 차리고 길을 떠나실 수 있을 겁니다." 그들이 말했다. "아닙니다. 우리는 거리에서 자겠습니다."

3 그러나 롯은 거절하지 말라고 간청했다. 그들은 거절하지 못하고 롯을 따라 집으로 들어갔다. 롯이 그들을 위해 따뜻한 음식을 차리자 그들이 먹었다.

4-5 그들이 잠자리에 들기 전에, 소돔의 남자들이 젊은이 노인 할 것 없이 사방에서 몰려와 롯의 집을 에워쌌다. 그러고는 롯에게 고함을 지르며 말했다. "오늘 밤 당신 집에서 머물려고 온 사람들이 어디 있소? 그들을 데리고 나오시오. 우리가 그들과 재미 좀 봐야겠소!"

6-8 롯이 밖으로 나가 뒤로 문을 닫아걸고 말했다. "여보시오, 제발 수치스러운 짓을 하지 마시오! 자, 내게 남자를 알지 못하는 두 딸이 있소. 내가 그들을 내줄 테니 그 아이들과 즐기고, 이 사람들은 건드리지 마시오. 이들은 내 손님이오."

9 그들이 말했다. "저리 비켜! 어디서 굴러들어 와서 우리를 가르치려 드는 거냐! 저들보다 너를 먼저 손봐야겠구나." 그러고는 롯에게 달려들어 그를 밀치고 문을 부수려고 했다.

10-11 그러자 두 사람이 손을 내밀어 롯을 집 안으로 끌어들이고 문을 닫아걸었다. 그들은 문을 부수려고 하는 자들을 우두머리 졸개 할 것 없이 모두 눈이 멀게 하여, 어둠 속을 헤매게 만들었다.

12-13 그 두 사람이 롯에게 말했다. "이곳에 그대의 가족들이 더 있습니까? 아들이나 딸이나, 이 도시에 사는 가족들 말입니다. 지금 당장 그들을 데리고 이 도시에서 나가시오! 우리가 곧 이 도시를 멸하려고 하오. 이곳의 희생자들이 울부짖는 소리가 **하나님**의 귀를 먹먹하게 합니다. **하나님**께서 이곳을 쓸어버리도록 우리를 보내셨소."

to my house and stay the night. Wash up. You can rise early and be on your way refreshed."

They said, "No, we'll sleep in the street."

3 But he insisted, wouldn't take no for an answer; and they relented and went home with him. Lot fixed a hot meal for them and they ate.

4-5 Before they went to bed men from all over the city of Sodom, young and old, descended on the house from all sides and boxed them in. They yelled to Lot, "Where are the men who are staying with you for the night? Bring them out so we can have our sport with them!"

6-8 Lot went out, barring the door behind him, and said, "Brothers, please, don't be vile! Look, I have two daughters, virgins; let me bring them out; you can take your pleasure with them, but don't touch these men—they're my guests."

9 They said, "Get lost! You drop in from nowhere and now you're going to tell us how to run our lives. We'll treat you worse than them!" And they charged past Lot to break down the door.

10-11 But the two men reached out and pulled Lot inside the house, locking the door. Then they struck blind the men who were trying to break down the door, both leaders and followers, leaving them groping in the dark.

12-13 The two men said to Lot, "Do you have any other family here? Sons, daughters—anybody in the city? Get them out of here, and now! We're going to destroy this place. The outcries of victims here to GOD are deafening; we've been sent to blast this

¹⁴ 롯이 밖으로 나가서 자기 딸들의 약혼자들에게 알렸다. "이곳을 떠나게. 하나님께서 이 도시를 멸하려고 하시네!" 그러나 그들은 롯의 말을 농담으로 여겼다.

¹⁵ 새벽이 되자, 천사들이 롯을 떠밀며 말했다. "서두르시오. 너무 늦기 전에 그대의 아내와 두 딸을 데리고 이곳을 떠나시오. 그러지 않으면, 이 도시가 벌을 받을 때에 멸망하고 말 것이오."

¹⁶⁻¹⁷ 롯이 꾸물거리자, 그 사람들이 롯의 팔과 그의 아내와 딸들의 팔을 잡고 도시 밖 안전한 곳으로 데리고 나갔다. 하나님께서 그들에게 자비를 베푸셨다! 롯의 가족을 밖으로 데리고 나온 뒤에, 그 사람들이 롯에게 말했다. "지금 당장 달아나 목숨을 구하시오! 뒤돌아보지 마시오! 평지 어디에서도 멈추면 안됩니다. 산으로 달아나시오. 그러지 않으면, 죽고 말 것입니다."

¹⁸⁻²⁰ 그러자 롯이 반대했다. "안됩니다, 그렇게 하지 마십시오! 두 분께서는 저를 좋게 보시고 크나큰 호의를 베푸셔서 제 생명을 구해 주셨습니다. 하지만 저는 산으로 달아날 수 없습니다. 산에 있더라도 끔찍한 재앙이 미쳐서 죽을지도 모릅니다. 저쪽을 보십시오. 저 성읍은 우리가 닿기에 가깝고, 아무런 일도 닥치지 않을 만큼 작은 곳입니다. 저 작은 성읍으로 달아나 목숨을 건지게 해주십시오."

²¹⁻²² "좋소. 그대가 그렇게 하겠다면, 원하는 대로 하시오. 그대가 택한 성읍은 멸하지 않겠소. 하지만 서둘러 그곳으로 달아나시오! 그대가 그곳에 닿기 전에는 내가 아무 일도 할 수 없소." 그리하여 그 성읍은 '작은 성읍'이라는 뜻의 소알이라 불리게 되었다.

²³ 롯이 소알에 이르렀을 때 해가 하늘 높이 떠 있었다.

²⁴⁻²⁵ 그때 하나님께서 유황과 불을 소돔

place into oblivion."

¹⁴ Lot went out and warned the fiancés of his daughters, "Evacuate this place; GOD is about to destroy this city!" But his daughters' would-be husbands treated it as a joke.

¹⁵ At break of day, the angels pushed Lot to get going, "Hurry. Get your wife and two daughters out of here before it's too late and you're caught in the punishment of the city."

¹⁶⁻¹⁷ Lot was dragging his feet. The men grabbed Lot's arm, and the arms of his wife and daughters—GOD was so merciful to them!—and dragged them to safety outside the city. When they had them outside, Lot was told, "Now run for your life! Don't look back! Don't stop anywhere on the plain—run for the hills or you'll be swept away."

¹⁸⁻²⁰ But Lot protested, "No, masters, you can't mean it! I know that you've taken a liking to me and have done me an immense favor in saving my life, but I can't run for the mountains—who knows what terrible thing might happen to me in the mountains and leave me for dead. Look over there—that town is close enough to get to. It's a small town, hardly anything to it. Let me escape there and save my life—it's a mere wide place in the road."

²¹⁻²² "All right, Lot. If you insist. I'll let you have your way. And I won't stamp out the town you've spotted. But hurry up. Run for it! I can't do anything until you get there." That's why the town was called Zoar, that is, Smalltown.

²³ The sun was high in the sky when Lot arrived at Zoar.

²⁴⁻²⁵ Then GOD rained brimstone and fire down on Sodom and Gomorrah—a river

과 고모라에 비처럼 퍼부으셨다. 유황과 불이 하나님이 계신 하늘로부터 용암처럼 흘러내려서, 두 도시와 평지 전체, 두 도시에 살고 있던 모든 사람과, 땅에서 자라던 모든 것을 멸했다.

26 그러나 롯의 아내는 뒤를 돌아보다가 그만 소금기둥이 되고 말았다.

27-28 아브라함은 이튿날 아침 일찍 일어나, 얼마 전에 하나님과 함께 서 있던 곳으로 갔다. 그가 소돔과 고모라를 바라보고 온 평지를 내려다보니, 보이는 것이라고는 온통 땅에서 뿜어져 나오는 연기뿐이었다. 마치 용광로에서 뿜어져 나오는 연기 같았다.

29 하나님께서 평지의 도시들을 멸하실 때에 아브라함을 잊지 않으셨다. 그래서 그 도시들을 땅에서 쓸어버리시기 전에 롯을 먼저 나오게 하신 것이다.

30 롯은 소알을 떠나 산으로 가서 두 딸과 함께 살았다. 소알에 머무는 것이 두려웠기 때문이다. 그는 두 딸과 함께 동굴에서 살았다.

31-32 하루는 큰딸이 작은딸에게 말했다. "아버지는 늙어 가고, 이 땅에는 우리에게 아이를 얻게 해줄 남자가 없구나. 아버지에게 술을 대접해 취하게 한 뒤에, 아버지와 잠자리를 같이하자. 그러면 우리가 아버지를 통해 자식을 얻게 될 거야. 우리가 집안을 살릴 수 있는 방법은 이것밖에 없어."

33-35 그날 밤 그들은 자기 아버지에게 술을 대접해 취하게 했다. 큰딸이 들어가 아버지와 잠자리를 같이했다. 그러나 그는 취한 나머지 딸이 무슨 일을 하는지 전혀 알지 못했다. 이튿날 아침, 큰딸이 작은딸에게 말했다. "지난밤에는 내가 아버지와 잠자리를 같이했으니, 오늘 밤은 네 차례야. 우리가 다시 아버지를 취하게 한 뒤에, 네가 아버지와 잠자리를 같이하여라. 그러

of lava from GOD out of the sky!—and destroyed these cities and the entire plain and everyone who lived in the cities and everything that grew from the ground.

26 But Lot's wife looked back and turned into a pillar of salt.

27-28 Abraham got up early the next morning and went to the place he had so recently stood with GOD. He looked out over Sodom and Gomorrah, surveying the whole plain. All he could see was smoke belching from the Earth, like smoke from a furnace.

29 And that's the story: When God destroyed the Cities of the Plain, he was mindful of Abraham and first got Lot out of there before he blasted those cities off the face of the Earth.

30 Lot left Zoar and went into the mountains to live with his two daughters; he was afraid to stay in Zoar. He lived in a cave with his daughters.

31-32 One day the older daughter said to the younger, "Our father is getting old and there's not a man left in the country by whom we can get pregnant. Let's get our father drunk with wine and lie with him. We'll get children through our father—it's our only chance to keep our family alive."

33-35 They got their father drunk with wine that very night. The older daughter went and lay with him. He was oblivious, knowing nothing of what she did. The next morning the older said to the younger, "Last night I slept with my father. Tonight, it's your turn. We'll get him drunk again and then you sleep with him. We'll both get a child through our father and keep our family

면 우리 둘 다 아버지를 통해 아이를 갖게 되어, 우리 집안을 살리게 될 거야." 그날 밤 그들은 아버지에게 또다시 술을 대접해 취하게 한 다음, 작은딸이 들어가 아버지와 잠자리를 같이했다. 이번에도 그는 취한 나머지 딸이 무슨 일을 하는지 전혀 알지 못했다.

36-38 두 딸 모두 자기 아버지 롯의 아이를 갖게 되었다. 큰딸은 아들을 낳고 그 이름을 모압이라고 했다. 모압은 오늘날 모압 사람의 조상이 되었다. 작은딸도 아들을 낳고 그 이름을 벤암미라고 했다. 벤암미는 오늘날 암몬 사람의 조상이 되었다.

아브라함과 아비멜렉

20 1-2 아브라함은 그곳에서 남쪽 네겝 지역으로 이주하여 가데스와 수르 사이에 정착했다. 아브라함이 그랄에서 장막생활을 하던 때에 자기 아내 사라를 가리켜 "이 여인은 나의 누이요"라고 했다.

2-3 그랄 왕 아비멜렉이 사람을 보내어 사라를 데려갔다. 그러나 하나님께서 그날 밤 아비멜렉의 꿈에 나타나셔서 말씀하셨다. "너는 이제 죽은 목숨이다. 네가 데려온 여인은 남편이 있는 여인이다."

4-5 아비멜렉은 아직 그녀와 잠자리를 같이하지 않았고, 그녀에게 손도 대지 않았다. 그가 말했다. "주님, 죄 없는 사람을 죽이시렵니까? 아브라함이 제게 '이 여인은 나의 누이요'라고 했고, 그녀도 아브라함을 가리켜 '그는 나의 오라버니입니다'라고 하지 않았습니까? 제가 이 일에서 무슨 잘못을 저질렀는지 모르겠습니다."

6-7 하나님께서 꿈에 그에게 말씀하셨다. "네가 다른 뜻이 없었다는 것을 잘 안다. 그래서 네가 내게 죄를 짓지 않도록 내가 막은 것이다. 너를 막아 그녀와 잠자리를 같이하지 못하게 한 것이다. 그러니 이제 그 여인을 남편에게 돌려보내라. 그는 예

alive." So that night they got their father drunk again and the younger went in and slept with him. Again he was oblivious, knowing nothing of what she did.

36-38 Both daughters became pregnant by their father, Lot. The older daughter had a son and named him Moab, the ancestor of the present-day Moabites. The younger daughter had a son and named him Ben-Ammi, the ancestor of the present-day Ammonites.

20 1-2 Abraham traveled from there south to the Negev and settled down between Kadesh and Shur. While he was camping in Gerar, Abraham said of his wife Sarah, "She's my sister."

2-3 So Abimelech, king of Gerar, sent for Sarah and took her. But God came to Abimelech in a dream that night and told him, "You're as good as dead—that woman you took, she's a married woman."

4-5 Now Abimelech had not yet slept with her, hadn't so much as touched her. He said, "Master, would you kill an innocent man? Didn't he tell me, 'She's my sister'? And didn't she herself say, 'He's my brother'? I had no idea I was doing anything wrong when I did this."

6-7 God said to him in the dream, "Yes, I know your intentions were pure, that's why I kept you from sinning against me; I was the one who kept you from going to bed with her. So now give the man's wife back to him. He's a prophet and will pray for you—pray for your life. If you don't give her back, know that it's certain death both

언자니, 그가 너와 네 목숨을 위해 기도해 줄 것이다. 그 여인을 돌려보내지 않으면, 너와 네 집안의 모든 사람이 반드시 죽을 것이다."

⁸⁻⁹ 아비멜렉은 이튿날 아침 일찍 일어나 집안의 모든 종을 한자리에 불러 모으고 자초지종을 말했다. 그 자리에 모인 모든 사람이 큰 충격을 받았다. 아비멜렉이 아브라함을 불러들여 말했다. "우리에게 무슨 일을 한 것이오? 내가 그대에게 무슨 잘못을 했기에, 나와 내 나라에 이토록 엄청난 죄를 끌어들인 것이오? 그대가 내게 한 일은 결코 해서는 안될 일이었소."

¹⁰ 아비멜렉이 계속해서 아브라함에게 말했다. "도대체 무슨 생각으로 이 같은 일을 벌인 것이오?"

¹¹⁻¹³ 아브라함이 말했다. "이곳에는 하나님을 두려워하는 마음이 없어서, 사람들이 나를 죽이고 내 아내를 빼앗을 것이라고 생각했기 때문입니다. 사실을 말씀드리면, 아내는 내 이복 누이입니다. 그녀와 나는 아버지는 같고 어머니가 다를 뿐입니다. 하나님께서 나로 하여금 내 아버지의 집을 떠나 나그네로 떠돌게 하셨을 때, 내가 아내에게 말하기를 '부탁이 있소. 우리가 어디로 가든지, 사람들에게 내가 당신의 오라버니라고 말해 주시오' 하고 말했습니다."

¹⁴⁻¹⁵ 아비멜렉은 사라를 아브라함에게 돌려보냈다. 그녀를 보내면서 양 떼와 소 떼와 남녀 종들도 함께 보냈다. 그가 말했다. "내 땅이 그대 앞에 있으니, 어디든지 원하는 곳에 가서 사시오."

¹⁶ 사라에게는 이렇게 말했다. "나는 그대의 오라버니에게 은화 천 개를 주었소. 그것으로 사람들 앞에서 그대의 깨끗함이 입증될 것이오. 이제 그대는 명예가 회복되었소."

¹⁷⁻¹⁸ 아브라함이 하나님께 기도하자, 하나님께서 아비멜렉과 그의 아내와 여종들의 병을 고쳐 주셨다. 그러자 그들이 다시 아이를 가질 수 있게 되었다. 하나님께서 아브라함의 아내 사

for you and everyone in your family."

⁸⁻⁹ Abimelech was up first thing in the morning. He called all his house servants together and told them the whole story. They were shocked. Then Abimelech called in Abraham and said, "What have you done to us? What have I ever done to you that you would bring on me and my kingdom this huge offense? What you've done to me ought never to have been done."

¹⁰ Abimelech went on to Abraham, "Whatever were you thinking of when you did this thing?"

¹¹⁻¹³ Abraham said, "I just assumed that there was no fear of God in this place and that they'd kill me to get my wife. Besides, the truth is that she is my half sister; she's my father's daughter but not my mother's. When God sent me out as a wanderer from my father's home, I told her, 'Do me a favor; wherever we go, tell people that I'm your brother.'"

¹⁴⁻¹⁵ Then Abimelech gave Sarah back to Abraham, and along with her sent sheep and cattle and servants, both male and female. He said, "My land is open to you; live wherever you wish."

¹⁶ And to Sarah he said, "I've given your brother a thousand pieces of silver—that clears you of even a shadow of suspicion before the eyes of the world. You're vindicated."

¹⁷⁻¹⁸ Then Abraham prayed to God and God healed Abimelech, his wife and his maidservants, and they started having babies again. For GOD had shut down every womb in Abimelech's household

라의 일로 아비멜렉 집안의 모든 태를 닫아 버리셨던 것이다.

이삭이 태어나다

21 ¹⁻⁴ **하나님께서는** 약속하신 바로 그날에 사라를 찾아오셨다. 그리고 약속하신 대로 사라에게 행하셨다. 하나님께서 정하신 바로 그때에, 사라가 임신하여 노년의 아브라함에게 아들을 안겨 주었다. 아브라함은 아들의 이름을 이삭이라고 했다. 아이가 태어난 지 팔 일이 되자, 아브라함은 하나님께서 명령하신 대로 아이에게 할례를 행했다.

⁵⁻⁶ 아브라함의 아들 이삭이 태어났을 때, 아브라함의 나이는 백 살이었다.

사라가 말했다.

하나님께서 내게 웃음을 복으로 주셨구나. 이 소식을 듣는 모든 이가 나와 함께 웃을 것이다!

⁷ 그녀가 또 말했다.

사라가 아이에게 젖을 물릴 날이 올 것이라고 누가 아브라함에게 말할 수 있었겠는가! 그러나 내가 이렇게! 늙은 아브라함에게 아들을 안겨 주지 않았는가!

⁸ 아이가 자라서 젖을 떼게 되었다. 이삭이 젖을 떼던 날, 아브라함은 성대한 잔치를 베풀었다.

⁹⁻¹⁰ 어느 날 사라가 보니, 이집트 여인 하갈이 아브라함에게서 낳은 아들이 자기 아들 이삭을 놀리고 있었다. 그녀가 아브라함에게 말했다. "저 여종과 아들을 쫓아내세요. 저 여종의 아들이 내 아들 이삭과 함께 유산을 나눠 갖게 할 수는 없습니다!"

on account of Sarah, Abraham's wife.

❧

21 ¹⁻⁴ GOD visited Sarah exactly as he said he would; GOD did to Sarah what he promised: Sarah became pregnant and gave Abraham a son in his old age, and at the very time God had set. Abraham named him Isaac. When his son was eight days old, Abraham circumcised him just as God had commanded.

⁵⁻⁶ Abraham was a hundred years old when his son Isaac was born.

Sarah said,

God has blessed me with laughter
and all who get the news will laugh with me!

⁷ She also said,

Whoever would have suggested to Abraham
that Sarah would one day nurse a baby!
Yet here I am! I've given the old man a son!

⁸ The baby grew and was weaned. Abraham threw a big party on the day Isaac was weaned.

⁹⁻¹⁰ One day Sarah saw the son that Hagar the Egyptian had borne to Abraham, poking fun at her son Isaac. She told Abraham, "Get rid of this slave woman and her son. No child of this slave is going to share inheritance with my son Isaac!"

¹¹⁻¹³ The matter gave great pain to Abraham—after all, Ishmael was his son.

11-13 아브라함은 그 일로 큰 고통을 겪었다. 결국 이스마엘도 자기 아들이었기 때문이다. 그러나 하나님께서 아브라함에게 말씀하셨다. "그 아이와 네 여종의 문제로 걱정하지 마라. 사라가 네게 말한 대로 하여라. 네 후손은 이삭을 통해 이어질 것이다. 네 여종의 아들에 관해서는 안심하여라. 그도 네 아들이니, 내가 그도 큰 민족이 되게 하겠다."

14-16 아브라함은 이튿날 아침 일찍 일어나, 얼마의 음식과 물 한 통을 하갈의 등에 지워 주고, 아이와 함께 떠나보냈다. 그녀는 정처 없이 길을 헤매다가 브엘세바 광야에 이르렀다. 물이 다 떨어지자, 그녀는 아이를 덤불 아래 놓아두고 50미터쯤 걸어갔다. 그녀는 "내 아들이 죽어 가는 모습을 지켜볼 수 없구나" 하고는, 그 자리에 주저앉아 흐느껴 울기 시작했다.

17-18 하나님께서 아이가 우는 소리를 들으셨다. 하나님의 천사가 하늘에서 하갈을 부르며 말했다. "하갈아, 어찌 된 일이냐? 두려워하지 마라. 하나님께서 아이의 소리를 들으셨고, 아이가 곤경에 처한 것도 알고 계신다. 일어나거라. 가서 아이를 일으켜 세우고, 굳게 붙잡아 주어라. 내가 그를 큰 민족이 되게 하겠다."

19 그때 하나님께서 하갈의 눈을 열어 주셨다. 그녀가 둘러보니, 샘이 보였다. 그녀는 샘으로 가서 물통에 물을 가득 채운 다음, 아이에게 시원한 물을 충분히 먹였다.

20-21 아이가 자라는 동안 하나님께서 아이 곁에 계셨다. 그 아이는 광야에 살면서 노련한 활잡이가 되었다. 그는 바란 광야에서 살았다. 그의 어머니는 그에게 이집트 여인을 아내로 얻어 주었다.

브엘세바에서 아비멜렉과 맺은 계약

22-23 그 무렵, 아비멜렉과 그의 군지휘관 비골이 아브라함에게 말했다. "그대가 무슨 일

But God spoke to Abraham, "Don't feel badly about the boy and your maid. Do whatever Sarah tells you. Your descendants will come through Isaac. Regarding your maid's son, be assured that I'll also develop a great nation from him—he's your son, too."

14-16 Abraham got up early the next morning, got some food together and a canteen of water for Hagar, put them on her back and sent her away with the child. She wandered off into the desert of Beersheba. When the water was gone, she left the child under a shrub and went off, fifty yards or so. She said, "I can't watch my son die." As she sat, she broke into sobs.

17-18 Meanwhile, God heard the boy crying. The angel of God called from Heaven to Hagar, "What's wrong, Hagar? Don't be afraid. God has heard the boy and knows the fix he's in. Up now; go get the boy. Hold him tight. I'm going to make of him a great nation."

19 Just then God opened her eyes. She looked. She saw a well of water. She went to it and filled her canteen and gave the boy a long, cool drink.

20-21 God was on the boy's side as he grew up. He lived out in the desert and became a skilled archer. He lived in the Paran wilderness. And his mother got him a wife from Egypt.

22-23 At about that same time, Abimelech and the captain of his troops, Phicol, spoke to Abraham: "No matter what you do, God is on your side. So swear to me that you won't do anything underhanded to me or

을 하든지, 하나님께서는 그대 편이오. 그러
니 그대는 나와 내 가족에게 어떠한 부당한
행동도 하지 않겠다고 맹세해 주시오. 이곳
에서 사는 동안, 내가 그대를 대한 것처럼 그
대도 나와 내 땅을 그렇게 대하겠다고 맹세
해 주시오."

24 아브라함이 말했다. "맹세합니다."

25-26 그러고 나서, 아브라함은 아비멜렉의
종들이 우물을 빼앗은 일을 그에게 따졌다.
아비멜렉이 대답했다. "누가 그런 짓을 했는
지 나는 모르오. 그대도 그 일에 대해 내게
말해 준 적이 없지 않소. 오늘 처음 듣는 이
야기오."

27-28 그리하여 두 사람은 계약을 맺었다. 아
브라함이 양과 소를 가져다가 아비멜렉에게
주었다. 아브라함은 양 떼에서 양 일곱 마리
를 따로 떼어 놓았다.

29 아비멜렉이 물었다. "그대가 따로 떼어
놓은 이 양 일곱 마리는 무슨 뜻이오?"

30 아브라함이 대답했다. "이 양 일곱 마리
를 받으시고, 내가 판 이 우물이 내 우물이라
는 증거로 삼아 주십시오."

31-32 두 사람이 거기서 맹세하고 계약을 맺
었으므로, 그곳을 브엘세바(맹세의 우물)라
부르게 되었다. 그들이 브엘세바에서 계약
을 맺은 다음, 아비멜렉과 그의 군지휘관 비
골은 그곳을 떠나 블레셋 사람의 땅으로 돌
아갔다.

33-34 아브라함은 브엘세바에 에셀 나무를
심고, 거기서 **하나님**을 예배하고 영원하신
하나님께 기도를 드렸다. 아브라함은 블레
셋 사람의 땅에서 오랫동안 살았다.

하나님께서 아브라함을 시험하시다

22 ¹ 이 모든 일이 있은 뒤에, 하나님
께서 아브라함을 시험하셨다. 하
나님께서 말씀하셨다. "아브라함아!"
아브라함이 대답했다. "예, 말씀하십시오."

any of my family. For as long as you live
here, swear that you'll treat me and my
land as well as I've treated you."

24 Abraham said, "I swear it."

25-26 At the same time, Abraham confront-
ed Abimelech over the matter of a well of
water that Abimelech's servants had taken.
Abimelech said, "I have no idea who did
this; you never told me about it; this is the
first I've heard of it."

27-28 So the two of them made a covenant.
Abraham took sheep and cattle and gave
them to Abimelech. Abraham set aside
seven sheep from his flock.

29 Abimelech said, "What does this mean?
These seven sheep you've set aside."

30 Abraham said, "It means that when
you accept these seven sheep, you take it
as proof that I dug this well, that it's my
well."

31-32 That's how the place got named
Beersheba (the Oath-Well), because the
two of them swore a covenant oath there.
After they had made the covenant at
Beersheba, Abimelech and his command-
er, Phicol, left and went back to Philistine
territory.

33-34 Abraham planted a tamarisk tree
in Beersheba and worshiped GOD there,
praying to the Eternal God. Abraham lived
in Philistine country for a long time.

22 ¹ After all this, God tested
Abraham. God said, "Abraham!"
"Yes?" answered Abraham. "I'm listening."
² He said, "Take your dear son Isaac whom
you love and go to the land of Moriah.

2 하나님께서 말씀하셨다. "네가 아끼는 아들, 네 사랑하는 아들 이삭을 데리고 모리아 땅으로 가거라. 거기서 내가 네게 지시할 산에서 그를 번제물로 바쳐라."

3-5 아브라함은 아침 일찍 일어나서 나귀에 안장을 얹었다. 그는 젊은 두 종과 아들 이삭을 데리고 갔다. 그는 번제에 쓸 장작을 쪼갠 뒤에, 하나님께서 지시해 주신 곳으로 출발했다. 사흘째 되는 날에 그가 눈을 들어 바라보니 멀리 그곳이 보였다. 아브라함은 젊은 두 종에게 말했다. "이곳에서 나귀와 함께 머물러 있어라. 아이와 나는 저곳으로 가서 예배하겠다. 그러고 나서 우리가 너희에게 돌아오겠다."

6 아브라함은 번제에 쓸 장작을 가져다가 자기 아들 이삭에게 지우고, 자신은 부싯돌과 칼을 챙겨 들었다. 두 사람은 함께 길을 떠났다.

7 이삭이 자기 아버지 아브라함에게 말했다. "아버지?"

"그래, 내 아들아."

"부싯돌과 장작은 있는데, 번제에 쓸 양은 어디에 있습니까?"

8 아브라함이 대답했다. "아들아, 번제에 쓸 양은 하나님께서 마련하실 것이다." 두 사람은 계속해서 걸었다.

9-10 그들이 하나님께서 아브라함에게 지시하신 곳에 이르렀다. 아브라함은 제단을 쌓고, 그 위에 장작을 벌여 놓았다. 그런 다음 이삭을 묶어 장작 위에 올려놓았다. 아브라함이 손을 뻗어 칼을 쥐고 자기 아들을 죽이려고 했다.

11 바로 그때에 하나님의 천사가 하늘에서 그를 불렀다. "아브라함아! 아브라함아!"

"예, 말씀하십시오."

12 "그 아이에게 손대지 마라! 그 아이를 건드리지 마라! 네가 나를 위해 네 아들, 네 사랑하는 아들을 제단에 바치기를 주저하지

Sacrifice him there as a burnt offering on one of the mountains that I'll point out to you."

3-5 Abraham got up early in the morning and saddled his donkey. He took two of his young servants and his son Isaac. He had split wood for the burnt offering. He set out for the place God had directed him. On the third day he looked up and saw the place in the distance. Abraham told his two young servants, "Stay here with the donkey. The boy and I are going over there to worship; then we'll come back to you."

6 Abraham took the wood for the burnt offering and gave it to Isaac his son to carry. He carried the flint and the knife. The two of them went off together.

7 Isaac said to Abraham his father, "Father?"

"Yes, my son."

"We have flint and wood, but where's the sheep for the burnt offering?"

8 Abraham said, "Son, God will see to it that there's a sheep for the burnt offering." And they kept on walking together.

9-10 They arrived at the place to which God had directed him. Abraham built an altar. He laid out the wood. Then he tied up Isaac and laid him on the wood. Abraham reached out and took the knife to kill his son.

11 Just then an angel of GOD called to him out of Heaven, "Abraham! Abraham!"

"Yes, I'm listening."

12 "Don't lay a hand on that boy! Don't touch him! Now I know how fearlessly you fear God; you didn't hesitate to place your

않았으니, 네가 하나님을 얼마나 경외하는
지 이제 내가 알겠다."

13 아브라함이 고개를 들어 살펴보니, 덤불
에 뿔이 걸린 숫양 한 마리가 보였다. 아브라
함은 그 양을 잡아다가 자기 아들 대신 번제
물로 바쳤다.

14 아브라함이 그곳의 이름을 '여호와 이
레'(하나님께서 마련하신다)라고 했다. '하나님
의 산에서 하나님께서 마련하신다'라는 말
은 거기서 생겨난 것이다.

15-18 하나님의 천사가 하늘에서 두 번째로
아브라함을 불러 말했다. "내가 맹세한다.
하나님의 확실한 말씀이다! 네가 네 아들, 네
사랑스럽고 사랑스러운 아들을 아끼지 않고
내게 바쳤으니, 내가 네게 복을 주겠다. 내가
반드시 네게 복을 주겠다! 내가 네 자손을 하
늘의 별처럼, 바닷가의 모래처럼 번성하게
하겠다! 네 후손이 원수를 물리칠 것이다. 네
가 내 말에 순종했으니, 땅 위의 모든 민족이
네 후손으로 인하여 복을 받게 될 것이다."

19 그 후에 아브라함은 젊은 종들에게로 돌
아왔다. 그들은 짐을 챙겨 브엘세바로 돌아
갔다. 아브라함은 브엘세바에 정착했다.

20-23 이 모든 일이 있은 뒤에, 아브라함에게
소식이 들려왔다. "그대의 동생 나홀이 아버
지가 되었소! 밀가가 그의 자녀를 낳았는데,
맏아들은 우스, 그 아래로 부스, 그므엘(그는
아람의 아버지다), 게셋, 하소, 빌다스, 이들랍,
브두엘(그는 리브가의 아버지다)이 태어났소."
밀가는 아브라함의 동생 나홀에게서 이 여
덟 아들을 낳았다.

24 나홀의 첩 르우마도 나홀의 네 자녀, 곧
데바, 가함, 다하스, 마아가를 낳았다.

son, your dear son, on the altar for me."

13 Abraham looked up. He saw a ram
caught by its horns in the thicket.
Abraham took the ram and sacrificed it as
a burnt offering instead of his son.

14 Abraham named that place GOD-Yireh
(GOD-Sees-to-It). That's where we get the
saying, "On the mountain of GOD, he sees to
it."

15-18 The angel of GOD spoke from Heaven
a second time to Abraham: "I swear—
GOD's sure word!—because you have gone
through with this, and have not refused to
give me your son, your dear, dear son, I'll
bless you—oh, how I'll bless you! And I'll
make sure that your children flourish—like
stars in the sky! like sand on the beaches!
And your descendants will defeat their
enemies. All nations on Earth will find
themselves blessed through your descen-
dants because you obeyed me."

19 Then Abraham went back to his young
servants. They got things together and
returned to Beersheba. Abraham settled
down in Beersheba.

20-23 After all this, Abraham got the news:
"Your brother Nahor is a father! Milcah
has given him children: Uz, his firstborn,
his brother Buz, Kemuel (he was the father
of Aram), Kesed, Hazo, Pildash, Jidlaph,
and Bethuel." (Bethuel was the father of
Rebekah.) Milcah gave these eight sons to
Nahor, Abraham's brother.

24 His concubine, Reumah, gave him four
more children: Tebah, Gaham, Tahash,
and Maacah.

막벨라 동굴에 사라를 묻다

✵

23 ¹⁻² 사라는 127년을 살았다. 사라
는 오늘날 헤브론이라 하는, 가
나안 땅 기럇아르바에서 죽었다. 아브라함
은 그녀를 위해 슬퍼하며 울었다.

³⁻⁴ 아브라함은 죽은 아내 사라를 위해 애
곡하기를 그치고 일어나서 헷 사람들에게
말했다. "비록 내가 여러분 가운데 사는 이
방인에 지나지 않지만, 묘지로 쓸 땅을 내
게 팔아서 내 아내를 안장할 수 있게 해주
시기 바랍니다."

⁵⁻⁶ 헷 사람들이 대답했다. "어째서 그런 말
을 하십니까? 우리와 함께 사는 당신은 이방
인에 불과한 분이 아닙니다. 당신은 하나님
이 세우신 지도자입니다! 우리의 묘지 가운
데서 가장 좋은 곳에 당신의 아내를 안장하
십시오. 우리 가운데 누구도 묘지를 구하는
당신의 부탁을 거절하지 않을 것입니다."

⁷⁻⁹ 그러자 아브라함이 일어나서 그 땅 사
람들, 곧 헷 사람들에게 정중히 절하며 말
했다. "여러분이 나를 도와 내 아내를 안장할
적당한 매장지를 제공하겠다는 말이 진심이
라면, 나를 위해 소할의 아들 에브론에게 말
해 주시기 바랍니다. 그가 소유하고 있는 막
벨라 동굴을 내게 팔도록 주선해 주십시오.
그 동굴은 그의 밭머리에 있습니다. 값은 충
분히 쳐 드릴 테니, 여러분이 증인이 되어 그
가 내게 그 밭을 팔도록 해주십시오."

¹⁰⁻¹¹ 에브론은 헷 사람 공동체의 일원이었
다. 헷 사람 에브론이 마을 의회의 일원인
헷 사람들이 모두 들을 수 있도록 아브라함
에게 큰소리로 대답했다. "어르신, 그렇게
해서는 안됩니다. 그 밭은 당신 것입니다.
당신께 드리는 선물입니다. 그 밭과 동굴을
당신께 드리겠습니다. 내 동족이 보는 앞에
서 내가 그것을 당신께 드리겠습니다. 돌아
가신 부인을 안장하십시오."

¹²⁻¹³ 아브라함이 그곳에 모인 의회 앞에 정

23 ¹⁻² Sarah lived 127 years. Sarah
died in Kiriath Arba, present-day
Hebron, in the land of Canaan. Abraham
mourned for Sarah and wept.

³⁻⁴ Then Abraham got up from mourning
his dead wife and spoke to the Hittites: "I
know I'm only an outsider here among you,
but sell me a burial plot so that I can bury
my dead decently."

⁵⁻⁶ The Hittites responded, "Why, you're no
mere outsider here with us, you're a prince
of God! Bury your dead wife in the best of
our burial sites. None of us will refuse you a
place for burial."

⁷⁻⁹ Then Abraham got up, bowed respectful-
ly to the people of the land, the Hittites, and
said, "If you're serious about helping me
give my wife a proper burial, intercede for
me with Ephron son of Zohar. Ask him to
sell me the cave of Machpelah that he owns,
the one at the end of his land. Ask him to
sell it to me at its full price for a burial plot,
with you as witnesses."

¹⁰⁻¹¹ Ephron was part of the local Hittite
community. Then Ephron the Hittite
spoke up, answering Abraham with all the
Hittites who were part of the town council
listening: "Oh no, my master! I couldn't
do that. The field is yours—a gift. I'll give
it and the cave to you. With my people
as witnesses, I give it to you. Bury your
deceased wife."

¹²⁻¹³ Abraham bowed respectfully before the
assembled council and answered Ephron:
"Please allow me—I want to pay the price
of the land; take my money so that I can go
ahead and bury my wife."

중히 절하고 에브론에게 대답했다. "부디 내 말을 들어주셔서, 내가 그 땅의 값을 치를 수 있게 해주십시오. 내 돈을 받고, 내가 가서 아내를 안장할 수 있게 해주십시오."

14-15 그러자 에브론이 아브라함에게 대답했다. "정 그러시다면, 어르신과 저 사이에 은 사백 세겔이면 어떻겠습니까? 어서 가서 부인을 안장하십시오."

16 아브라함은 에브론의 제안을 받아들이고, 에브론이 헷 사람의 마을 의회 앞에서 제안한 금액—당시 통용되던 환율로 은 사백 세겔—을 지불했다.

17-20 그리하여 마므레 근처에 있는 에브론의 밭, 곧 밭과 동굴과 밭의 경계 안에 있는 모든 나무가 아브라함의 소유가 되었다. 헷 사람의 마을 의회가 그 거래의 증인이 되었다. 그런 다음 아브라함은 가나안 땅 마므레, 곧 오늘날의 헤브론 근처 막벨라 밭에 있는 동굴에 자기 아내 사라를 묻었다. 그 밭과 거기에 딸린 동굴이 헷 사람에게서 아브라함 소유의 묘지가 되었다.

이삭과 리브가

24 ¹ 아브라함은 이제 노인이 되었다. 하나님께서 아브라함이 하는 일마다 복을 주셨다.

2-4 아브라함이 그의 모든 소유를 맡아 관리하는 집안의 늙은 종에게 말했다. "네 손을 내 허벅지 밑에 넣고 하늘의 하나님, 땅의 하나님이신 하나님께 맹세하여라. 너는 이곳 가나안의 젊은 여자들 가운데서 내 아들의 아내 될 사람을 찾지 않고, 내가 태어난 고향으로 가서 내 아들 이삭의 아내를 찾겠다고 맹세하여라."

5 종이 대답했다. "하지만 그 여인이 집을 떠나 저와 함께 오지 않겠다고 하면 어찌합니까? 그러면 제가 아드님을 주인님의 고향 땅으로 데려가야 하는지요?"

6-8 아브라함이 말했다. "아니다. 절대 그래서

14-15 Then Ephron answered Abraham, "If you insist, master. What's four hundred silver shekels between us? Now go ahead and bury your wife."

16 Abraham accepted Ephron's offer and paid out the sum that Ephron had named before the town council of Hittites—four hundred silver shekels at the current exchange rate.

17-20 That's how Ephron's field next to Mamre—the field, its cave, and all the trees within its borders—became Abraham's property. The town council of Hittites witnessed the transaction. Abraham then proceeded to bury his wife Sarah in the cave in the field of Machpelah that is next to Mamre, present-day Hebron, in the land of Canaan. The field and its cave went from the Hittites into Abraham's possession as a burial plot.

Isaac and Rebekah

24 ¹ Abraham was now an old man. GOD had blessed Abraham in every way.

2-4 Abraham spoke to the senior servant in his household, the one in charge of everything he had, "Put your hand under my thigh and swear by GOD—God of Heaven, God of Earth—that you will not get a wife for my son from among the young women of the Canaanites here, but will go to the land of my birth and get a wife for my son Isaac."

5 The servant answered, "But what if the woman refuses to leave home and come with me? Do I then take your son back to your home country?"

는 안된다. 내 아들을 그곳으로 데려가서는
절대로 안된다. **하나님** 하늘의 하나님께서
는 나를 내 아버지 집과 내 고향 땅에서 이
끌어 내시고 '내가 이 땅을 네 후손에게 주
겠다'고 내게 엄숙히 약속하셨다. 그러니
그 하나님께서 천사를 너보다 앞서 보내셔
서 내 아들의 아내 될 사람을 찾게 하실 것
이다. 그 여인이 오지 않겠다고 하면, 너는
내게 한 맹세에서 풀려나게 될 것이다. 그
러나 어떠한 경우에도 내 아들을 그곳으로
데려가서는 안된다."

⁹ 그 종은 자기 주인 아브라함의 허벅지 밑
에 손을 넣고 엄숙히 맹세했다.

¹⁰⁻¹⁴ 종은 주인의 낙타 떼에서 열 마리를
가져다가 주인이 준 선물을 싣고, 아람나하
라임에 이르러 나홀의 성을 찾아갔다. 그는
성 밖에 있는 한 우물가에서 낙타들을 쉬게
했다. 때는 여인들이 물을 길으러 나오는
저녁 무렵이었다. 그는 이렇게 기도했다.
"**하나님**, 제 주인 아브라함의 하나님, 오늘
일이 순조롭게 이루어지게 해주십시오. 제
주인 아브라함을 선대해 주십시오! 제가 이
곳 우물가에 서 있다가 마을의 젊은 여인들
이 물을 길으러 나오면, 한 여인에게 '그대
의 물동이를 기울여 물을 마시게 해주시오'
하고 말하겠습니다. 그때 그 여인이 '드십
시오. 제가 당신의 낙타들에게도 물을 먹이
겠습니다' 하고 대답하면, 그 여인이 바로
하나님께서 당신의 종 이삭을 위해 택하신
여인인 줄 알겠습니다. 이것으로 하나님께
서 제 주인을 위해 뒤에서 은혜롭게 일하고
계신 줄 알겠습니다."

¹⁵⁻¹⁷ 그가 말을 마치자마자, 리브가가 어깨
에 물동이를 메고 나왔다. 그녀는 아브라함
의 동생 나홀의 아내인 밀가가 낳은 브두엘
의 딸이었다. 그 여인은 눈부시게 아름다웠
고, 아직 남자를 알지 못하는 처녀였다. 그
녀가 우물로 내려가서 물동이에 물을 채워

⁶⁻⁸ Abraham said, "Oh no. Never. By no
means are you to take my son back there.
GOD, the God of Heaven, took me from the
home of my father and from the country
of my birth and spoke to me in solemn
promise, 'I'm giving *this* land to your
descendants.' This God will send his angel
ahead of you to get a wife for my son. And
if the woman won't come, you are free from
this oath you've sworn to me. But under no
circumstances are you to take my son back
there."

⁹ So the servant put his hand under the
thigh of his master Abraham and gave his
solemn oath.

¹⁰⁻¹⁴ The servant took ten of his master's
camels and, loaded with gifts from his
master, traveled to Aram Naharaim and the
city of Nahor. Outside the city, he made the
camels kneel at a well. It was evening, the
time when the women came to draw water.
He prayed, "O GOD, God of my master
Abraham, make things go smoothly this
day; treat my master Abraham well! As I
stand here by the spring while the young
women of the town come out to get water,
let the girl to whom I say, 'Lower your jug
and give me a drink,' and who answers,
'Drink, and let me also water your camels'—
let her be the woman you have picked out
for your servant Isaac. Then I'll know that
you're working graciously behind the scenes
for my master."

¹⁵⁻¹⁷ It so happened that the words were
barely out of his mouth when Rebekah,
the daughter of Bethuel whose mother
was Milcah the wife of Nahor, Abraham's
brother, came out with a water jug on

가지고 올라왔다. 그 종이 그녀에게 달려가서 말했다. "그대의 물동이에 든 물을 한 모금 마실 수 있겠소?"

18-21 그녀가 말했다. "그럼요, 드십시오!" 그녀는 물동이를 받쳐 들고 그가 물을 마실 수 있게 해주었다. 그가 물을 실컷 마시고 나자, 그녀가 말했다. "제가 낙타들도 실컷 마실 수 있도록 물을 길어다 주겠습니다." 그녀는 곧 물동이의 물을 여물통에 붓고, 다시 우물로 내려가 물동이를 채웠다. 그녀는 낙타들에게 물을 다 먹일 때까지 계속해서 물을 길어 왔다.

이것이 **하나님**의 응답인지, 과연 **하나님**께서 이 여행 목적을 이루어 주신 것인지, 그 사람은 말없이 그 모습을 지켜보고 있었다. 22-23 낙타들이 물을 다 마시자, 그 사람은 무게가 5그램이 조금 넘는 금코걸이 한 개와 무게가 110그램 정도 되는 팔찌 두 개를 꺼내어 그녀에게 선물로 주었다. 그리고 그녀에게 물었다. "그대의 가족에 대해 내게 말해 주겠소? 그대는 누구의 딸인가요? 그대의 아버지 집에 우리가 묵어갈 방이 있는지요?"

24-25 그녀가 대답했다. "저는 밀가와 나홀의 아들인 브두엘의 딸입니다. 우리 집에는 묵을 방이 많고, 꼴과 여물도 넉넉합니다."

26-27 그 사람은 이 말을 듣고서, 고개를 숙여 **하나님**께 경배하고 기도했다. "**하나님**, 제 주인 아브라함의 하나님, 찬양을 받으소서. 하나님께서 제 주인에게 얼마나 관대하고 신실하신지, 아무것도 거절하지 않으셨습니다. 저를 제 주인의 동생이 사는 집 앞까지 이끌어 주셨습니다!"

28 그녀는 그곳을 떠나 달려가서, 무슨 일이 있었는지 어머니 집 모든 식구에게 알렸다.

29-31 리브가에게는 라반이라는 오라버니가 있었는데, 그가 우물가에 있는 그 사람에게로 뛰어나갔다. 그는 자기 여동생이 하고 있는 코걸이와 팔찌를 보았고,

her shoulder. The girl was stunningly beautiful, a pure virgin. She went down to the spring, filled her jug, and came back up. The servant ran to meet her and said, "Please, can I have a sip of water from your jug?"

18-21 She said, "Certainly, drink!" And she held the jug so that he could drink. When he had satisfied his thirst she said, "I'll get water for your camels, too, until they've drunk their fill." She promptly emptied her jug into the trough and ran back to the well to fill it, and she kept at it until she had watered all the camels.

The man watched, silent. Was this GOD's answer? Had GOD made his trip a success or not?

22-23 When the camels had finished drinking, the man brought out gifts, a gold nose ring weighing a little over a quarter of an ounce and two arm bracelets weighing about four ounces, and gave them to her. He asked her, "Tell me about your family? Whose daughter are you? Is there room in your father's house for us to stay the night?"

24-25 She said, "I'm the daughter of Bethuel the son of Milcah and Nahor. And there's plenty of room in our house for you to stay—and lots of straw and feed besides."

26-27 At this the man bowed in worship before GOD and prayed, "Blessed be GOD, God of my master Abraham: How generous and true you've been to my master; you've held nothing back. You led me right to the door of my master's brother!"

28 And the girl was off and running, telling everyone in her mother's house what had

또 그녀가 "그 사람이 이러이러한 것을 내게 말했습니다" 하고 말하는 이야기도 들었던 것이다. 그가 가 보니, 과연 그 사람이 여전히 우물가에 낙타들과 함께 서 있었다. 라반이 그를 맞이했다. "하나님의 복을 받으신 분이여, 어서 들어오십시오! 어찌하여 이곳에 서 계십니까? 제가 당신을 위해 집을 치워 놓았습니다. 당신의 낙타들을 둘 곳도 있습니다."
³²⁻³³ 그리하여 그 사람은 집으로 들어갔다. 라반은 낙타들에게서 짐을 내리고 낙타들에게 꼴과 여물을 주었다. 그리고 그 사람과 그의 일행이 발을 씻을 수 있도록 물을 가져다주었다. 그런 다음 라반은 먹을 것을 대접했다. 하지만 그 사람은 이렇게 말했다. "제 이야기를 말씀드리기 전에는 먹지 않겠습니다."

라반이 말했다. "어서 말씀하십시오."
³⁴⁻⁴¹ 그 종이 말했다. "저는 아브라함의 종입니다. 하나님께서 제 주인에게 복을 주셔서, 유력한 사람이 되게 하셨습니다. 하나님께서 그분에게 양과 소, 은과 금, 남종과 여종, 낙타와 나귀를 주셨습니다. 결국에는 제 주인의 부인인 사라가 늘그막에 그분의 아들을 낳았고, 그분은 모든 재산을 그 아들에게 넘겨주셨습니다. 제 주인께서는 제게 맹세하라 하시면서, '내가 살고 있는 이 땅 가나안 사람의 딸들 가운데서 내 아들의 아내가 될 사람을 찾지 말고, 내 아버지 집, 내 친족에게로 가서, 그곳에서 내 아들의 아내가 될 사람을 찾아 오너라' 하고 말씀하셨습니다. 저는 제 주인에게 '하지만 그 여인이 저와 함께 오지 않겠다고 하면 어찌합니까?' 하고 말씀드렸습니다. 그분께서는 '내가 마음을 다해 섬기는 하나님께서 천사를 너와 함께 보내셔서 일이 잘 되게 해주실 것이다. 네가 내 친족, 내 아버지 집에서 내 아들

happened.
²⁹⁻³¹ Rebekah had a brother named Laban. Laban ran outside to the man at the spring. He had seen the nose ring and the bracelets on his sister and had heard her say, "The man said this and this and this to me." So he went to the man and there he was, still standing with his camels at the spring. Laban welcomed him: "Come on in, blessed of GOD! Why are you standing out here? I've got the house ready for you; and there's also a place for your camels."
³²⁻³³ So the man went into the house. The camels were unloaded and given straw and feed. Water was brought to bathe the feet of the man and the men with him. Then Laban brought out food. But the man said, "I won't eat until I tell my story."

Laban said, "Go ahead; tell us."
³⁴⁻⁴¹ The servant said, "I'm the servant of Abraham. GOD has blessed my master—he's a great man; GOD has given him sheep and cattle, silver and gold, servants and maidservants, camels and donkeys. And then to top it off, Sarah, my master's wife, gave him a son in her old age and he has passed everything on to his son. My master made me promise, 'Don't get a wife for my son from the daughters of the Canaanites in whose land I live. No, go to my father's home, back to my family, and get a wife for my son there.' I said to my master, 'But what if the woman won't come with me?' He said, 'GOD before whom I've walked faithfully will send his angel with you and he'll make things work out so that you'll bring back a wife for my son from my family, from the house of my father. Then you'll be free from the oath. If you go to my family and

의 아내가 될 사람을 데려오게 하실 것이다. 그런 뒤에야 너는 맹세에서 풀려나게 될 것이다. 네가 내 친족에게 갔는데, 그들이 그녀를 네게 내주지 않더라도, 너는 맹세에서 풀려나게 될 것이다' 하고 말씀하셨습니다.

⁴²⁻⁴⁴ 제가 오늘 우물가에 이르렀을 때, 저는 이렇게 기도했습니다. '하나님, 제 주인 아브라함의 하나님, 제가 맡은 이 일이 잘 이루어지게 해주십시오. 저는 이 우물가에 서 있겠습니다. 한 젊은 여인이 물을 길으러 이곳에 오면, 제가 그녀에게 "그대 물동이의 물을 한 모금 마시게 해주시오" 하고 말하겠습니다. 그때 그녀가, "제가 당신에게 물을 드릴 뿐 아니라 당신의 낙타들에게도 물을 먹이겠습니다" 하고 말하면, 바로 그 여인이 하나님께서 제 주인의 아들을 위해 택하신 여인인 줄 알겠습니다.'

⁴⁵⁻⁴⁸ 제가 이 기도를 마치자마자, 리브가가 물동이를 어깨에 메고 도착했습니다. 그녀는 우물로 내려가 물을 길었고, 저는 '물 좀 주시겠소?' 하고 물었습니다. 그녀는 주저하지 않고 물동이를 내밀며, '드십시오. 당신께서 다 드시면, 제가 당신의 낙타들에게도 물을 먹이겠습니다' 하고 말했습니다. 제가 물을 마시자, 그녀는 낙타들에게도 물을 주었습니다. 저는 그녀에게 '그대는 누구의 딸인가요?' 하고 물었습니다. 그녀는 자신이 나홀과 밀가의 아들인 브두엘의 딸입니다' 하더군요. 저는 그녀에게 코걸이 한 개와 팔찌 두 개를 주고, 고개를 숙여 하나님께 경배했습니다. 저는 저를 제 주인의 친족이 사는 집 앞으로 곧장 이끄셔서 주인 아들의 아내가 될 여인을 얻게 하신 하나님, 제 주인 아브라함의 하나님을 찬양했습니다.

⁴⁹ 이제 여러분은 어떻게 하실지 제게 말씀해 주십시오. 여러분께서 관대하게 승낙하시려거든, 그렇게 하겠다고 제게 알려 주십시오. 그렇지 않거든, 제가 다음 일을 생각할

they won't give her to you, you will also be free from the oath.'

⁴²⁻⁴⁴ "Well, when I came this very day to the spring, I prayed, 'GOD, God of my master Abraham, make things turn out well in this task I've been given. I'm standing at this well. When a young woman comes here to draw water and I say to her, Please, give me a sip of water from your jug, and she says, Not only will I give you a drink, I'll also water your camels—let that woman be the wife GOD has picked out for my master's son.'

⁴⁵⁻⁴⁸ "I had barely finished offering this prayer, when Rebekah arrived, her jug on her shoulder. She went to the spring and drew water and I said, 'Please, can I have a drink?' She didn't hesitate. She held out her jug and said, 'Drink; and when you're finished I'll also water your camels.' I drank, and she watered the camels. I asked her, 'Whose daughter are you?' She said, 'The daughter of Bethuel whose parents were Nahor and Milcah.' I gave her a ring for her nose, bracelets for her arms, and bowed in worship to GOD. I praised GOD, the God of my master Abraham who had led me straight to the door of my master's family to get a wife for his son.

⁴⁹ "Now, tell me what you are going to do. If you plan to respond with a generous yes, tell me. But if not, tell me plainly so I can figure out what to do next."

⁵⁰⁻⁵¹ Laban and Bethuel answered, "This is totally from GOD. We have no say in the matter, either yes or no. Rebekah is yours: Take her and go; let her be the wife of your master's son, as GOD has made plain."

수 있도록 분명하게 말씀해 주십시오.”

50-51 라반과 브두엘이 대답했다. “이 일은 전적으로 하나님께로부터 비롯된 일입니다. 이 문제에 대해 우리는 어느 쪽이든 할 말이 없습니다. 리브가를 당신께 맡기니, 데려가십시오. 하나님께서 분명히 밝히신 대로, 당신 주인 아들의 아내로 삼으십시오.”

52-54 아브라함의 종은 그들의 결정을 듣고서, 고개를 숙여 하나님께 경배했다. 그런 다음 은금 패물과 옷가지를 꺼내어 리브가에게 주었다. 그는 그녀의 오라버니와 어머니에게도 값비싼 선물을 주었다. 그와 그의 일행은 저녁을 먹고 밤을 지냈다. 그들은 아침 일찍 일어났다. 그 종이 말했다. “저를 제 주인에게로 돌아가게 해주십시오.”

55 리브가의 오라버니와 어머니가 말했다. “저 아이를 한 열흘쯤 더 머물다 가게 해주십시오.”

56 종이 대답했다. “제가 지체하지 않게 해주십시오! 하나님께서 모든 일을 잘 되게 해주셨으니, 저를 제 주인에게로 보내 주십시오.”

57 그들이 말했다. “우리가 그 아이를 불러서 물어보겠습니다.”

그들은 리브가를 불러서 물었다. “이분과 같이 가겠느냐?”

58 그녀가 대답했다. “가겠습니다.”

59-60 그리하여 그들은 리브가와 그녀의 유모를, 아브라함의 종과 그 일행과 함께 가도록 배웅했다. 그들은 이런 말로 리브가를 축복했다.

> 너는 우리의 누이, 풍성한 삶을 살아라!
> 네 자녀들도, 승리하며 살 것이다!

61 리브가와 젊은 여종들이 낙타에 올라타고 그 사람을 따라나섰다. 그 종은 리브가를 데리고 주인의 집을 향해 출발했다.

62-65 이삭은 네겝 지역에서 살고 있었다. 그는 브엘라해로이를 방문했다가 막 돌아왔다. 저녁

52-54 When Abraham's servant heard their decision, he bowed in worship before GOD. Then he brought out gifts of silver and gold and clothing and gave them to Rebekah. He also gave expensive gifts to her brother and mother. He and his men had supper and spent the night. But first thing in the morning they were up. He said, "Send me back to my master."

55 Her brother and mother said, "Let the girl stay a while, say another ten days, and then go."

56 He said, "Oh, don't make me wait! GOD has worked everything out so well—send me off to my master."

57 They said, "We'll call the girl; we'll ask her."

They called Rebekah and asked her, "Do you want to go with this man?"

58 She said, "I'm ready to go."

59-60 So they sent them off, their sister Rebekah with her nurse, and Abraham's servant with his men. And they blessed Rebekah saying,

> You're our sister—live bountifully!
> And your children, triumphantly!

61 Rebekah and her young maids mounted the camels and followed the man. The servant took Rebekah and set off for home.

62-65 Isaac was living in the Negev. He had just come back from a visit to Beer Lahai Roi. In the evening he went out into the field; while meditating he looked up and saw camels coming. When Rebekah looked up and saw

무렵 그가 들에 나가 묵상하던 중에, 눈을 들어 보니 낙타 떼가 오는 것이 보였다. 리브가도 눈을 들어 이삭을 보고는, 낙타에서 내려 그 종에게 물었다. "들판에서 우리를 향해 오는 저 남자는 누구입니까?"

"제 주인이십니다."

그녀는 너울을 꺼내어 얼굴을 가렸다.

⁶⁶⁻⁶⁷ 그 종이 이삭에게 여행의 자초지종을 말하자, 이삭은 리브가를 자기 어머니 사라의 장막으로 데리고 들어갔다. 그는 리브가와 결혼하고, 그녀는 그의 아내가 되었다. 이삭은 리브가를 사랑했다. 이삭은 어머니를 여읜 뒤에 위로를 받았다.

아브라함이 죽다

25 ¹⁻² 아브라함이 재혼을 했다. 새 아내의 이름은 그두라였다. 그녀는 시므란, 욕산, 므단, 미디안, 이스박, 수아를 낳았다.

³ 욕산은 스바와 드단을 낳았다.

드단의 후손은 앗수르 사람, 르두시 사람, 르움미 사람이었다.

⁴ 미디안은 에바, 에벨, 하녹, 아비다, 엘다아를 낳았다. 이들은 모두 그두라의 후손이다.

⁵⁻⁶ 아브라함은 자신의 모든 소유를 이삭에게 주었다. 그는 아직 살아 있을 때에 첩들에게서 얻은 자식들에게도 재산을 나누어 주었다. 그 후에 그들을 동쪽 땅으로 보내어, 자기 아들 이삭과 서로 멀리 떨어져 살게 했다.

⁷⁻¹¹ 아브라함은 175년을 살고 숨을 거두었다. 그는 장수를 누리다가 수명을 다 채우고 평안하게 죽어, 자기 조상과 함께 묻혔다. 그의 아들 이삭과 이스마엘이 그를 막벨라 동굴에 묻었다. 그 동굴은 마므레 근처, 헷 사람 소할의 아들 에브론의 밭에 있었다. 이 밭은 아브라함이 헷 사람에게서 사들인 밭이었다. 아브라함은 아내 사라 곁에 묻혔다. 아브라함

Isaac, she got down from her camel and asked the servant, "Who is that man out in the field coming toward us?"

"That is my master."

She took her veil and covered herself.

⁶⁶⁻⁶⁷ After the servant told Isaac the whole story of the trip, Isaac took Rebekah into the tent of his mother Sarah. He married Rebekah and she became his wife and he loved her. So Isaac found comfort after his mother's death.

❧

25 ¹⁻² Abraham married a second time; his new wife was named Keturah. She gave birth to Zimran, Jokshan, Medan, Midian, Ishbak, and Shuah.

³ Jokshan had Sheba and Dedan.

Dedan's descendants were the Asshurim, the Letushim, and the Leummim.

⁴ Midian had Ephah, Epher, Hanoch, Abida, and Eldaah—all from the line of Keturah.

⁵⁻⁶ But Abraham gave everything he possessed to Isaac. While he was still living, he gave gifts to the sons he had by his concubines, but then sent them away to the country of the east, putting a good distance between them and his son Isaac.

⁷⁻¹¹ Abraham lived 175 years. Then he took his final breath. He died happy at a ripe old age, full of years, and was buried with his family. His sons Isaac and Ishmael buried him in the cave of Machpelah in the field of Ephron son of Zohar the Hittite, next to Mamre. It was the field

이 죽은 뒤에, 하나님께서 그의 아들 이삭에게 복을 주셨다. 이삭은 브엘라해로이에서 살았다.

이스마엘의 족보

12 아브라함의 아들 이스마엘, 곧 사라의 여종인 이집트 사람 하갈이 아브라함에게서 낳은 이스마엘의 족보는 이러하다.

13-16 이스마엘의 아들들의 이름을 태어난 순서대로 적으면 다음과 같다. 이스마엘의 맏아들 느바욧, 그 아래로 게달, 앗브엘, 밉삼, 미스마, 두마, 맛사, 하닷, 데마, 여둘, 나비스, 게드마. 이들은 모두 이스마엘의 아들들이다. 그들의 이름이 곧 그들이 정착하여 장막을 친 곳의 이름이 되었다. 그들은 열두 부족의 지도자들이었다.

17-18 이스마엘은 137년을 살았다. 그가 숨을 거두자, 자기 조상과 함께 묻혔다. 그의 자손은 이집트 동쪽 인근의 하윌라에서 앗수르 방면에 있는 수르에 이르기까지 흩어져 정착했다. 이스마엘의 자손은 자기 친족과 어울려 살지 않았다.

야곱과 에서

19-20 아브라함의 아들 이삭의 족보는 이러하다. 아브라함은 이삭을 낳았다. 이삭은 마흔 살에 밧단아람의 아람 사람 브두엘의 딸 리브가와 결혼했다. 그녀는 아람 사람 라반의 누이였다.

21-23 이삭은 자기 아내가 임신하지 못하므로, **하나님**께 간절히 기도했다. **하나님**께서 그의 기도를 들어주셔서, 리브가가 임신하게 되었다. 그런데 태 속에서 아이들이 어찌나 뒤척이고 발길질을 해대던지, 그녀는 이렇게 말했다. "계속 이런 식이라면, 어찌 살까?" 그녀는 **하나님**께 나아가 어찌 된 일인지 알고자 했다. **하나님**께서 그녀에게 말씀하셨다.

that Abraham had bought from the Hittites. Abraham was buried next to his wife Sarah. After Abraham's death, God blessed his son Isaac. Isaac lived at Beer Lahai Roi.

The Family Tree of Ishmael

12 This is the family tree of Ishmael son of Abraham, the son that Hagar the Egyptian, Sarah's maid, bore to Abraham.

13-16 These are the names of Ishmael's sons in the order of their births: Nebaioth, Ishmael's firstborn, Kedar, Adbeel, Mibsam, Mishma, Dumah, Massa, Hadad, Tema, Jetur, Naphish, and Kedemah—all the sons of Ishmael. Their settlements and encampments were named after them. Twelve princes with their twelve tribes.

17-18 Ishmael lived 137 years. When he breathed his last and died he was buried with his family. His children settled down all the way from Havilah near Egypt eastward to Shur in the direction of Assyria. The Ishmaelites didn't get along with any of their kin.

Jacob and Esau

19-20 This is the family tree of Isaac son of Abraham: Abraham had Isaac. Isaac was forty years old when he married Rebekah daughter of Bethuel the Aramean of Paddan Aram. She was the sister of Laban the Aramean.

21-23 Isaac prayed hard to GOD for his wife because she was barren. GOD answered his prayer and Rebekah became pregnant. But the children tumbled and kicked inside her so much that she said, "If this is the way it's going to be, why go on living?" She went to GOD to find out what was going on. GOD told her,

네 태 속에 두 민족이 있다.

두 민족이 네 몸속에 있는 동안 서로 다툴
것이다.

한 민족이 다른 민족을 압도할 것이며

형이 동생을 섬길 것이다.

24-26 해산할 날이 다 되었을 때, 그녀의 태 속에는 쌍둥이가 들어 있었다. 첫째가 나왔는데, 피부가 붉었다. 그 모습이 마치 털 많은 담요에 아늑하게 싸여 있는 것 같았다. 그래서 그의 이름을 에서(털복숭이)라고 했다. 이어서 동생이 나왔는데, 손으로 에서의 발뒤꿈치를 꼭 붙잡고 있었다. 그래서 그의 이름을 야곱(발뒤꿈치)이라고 했다. 그들이 태어났을 때, 이삭의 나이는 예순 살이었다.

27-28 아이들은 무럭무럭 자라났다. 에서는 밖에서 지내기 좋아하는 노련한 사냥꾼이 되었고, 야곱은 장막 안에서 생활하기 좋아하는 차분한 사람이 되었다. 이삭은 에서가 사냥해 온 것을 좋아했으므로 에서를 사랑했다. 그러나 리브가는 야곱을 사랑했다.

29-30 어느 날 야곱이 죽을 쑤고 있는데, 에서가 허기진 채 들에서 돌아왔다. 에서가 야곱에게 말했다. "그 붉은 죽을 내게 좀 다오. 배가 고파 죽겠다!" 그가 에돔(붉은 사람)이라고 불리게 된 것은 이 때문이었다.

31 야곱이 말했다. "형, 나와 거래합시다. 내가 끓인 죽과 형이 가지고 있는 장자의 권리를 맞바꿉시다."

32 에서가 대답했다. "배고파 죽을 지경인데, 장자의 권리가 무슨 소용이 있어?"

33-34 야곱이 말했다. "먼저 나한테 맹세부터 하시오." 그러자 에서가 맹세를 했다. 그는 맹세를 하고 장자의 권리를 팔아넘겼다. 야곱은 에서에게 빵과 팥죽을 건넸다. 에서는 먹고 마신 다음, 일어나서 그곳을 떠나갔다. 그렇게 에서는 장자의 권리를 내던져 버렸다.

Two nations are in your womb,
   two peoples butting heads while still in
   your body.
One people will overpower the other,
   and the older will serve the younger.

24-26 When her time to give birth came, sure enough, there were twins in her womb. The first came out reddish, as if snugly wrapped in a hairy blanket; they named him Esau (Hairy). His brother followed, his fist clutched tight to Esau's heel; they named him Jacob (Heel). Isaac was sixty years old when they were born.

27-28 The boys grew up. Esau became an expert hunter, an outdoorsman. Jacob was a quiet man preferring life indoors among the tents. Isaac loved Esau because he loved his game, but Rebekah loved Jacob.

29-30 One day Jacob was cooking a stew. Esau came in from the field, starved. Esau said to Jacob, "Give me some of that red stew—I'm starved!" That's how he came to be called Edom (Red).

31 Jacob said, "Make me a trade: my stew for your rights as the firstborn."

32 Esau said, "I'm starving! What good is a birthright if I'm dead?"

33-34 Jacob said, "First, swear to me." And he did it. On oath Esau traded away his rights as the firstborn. Jacob gave him bread and the stew of lentils. He ate and drank, got up and left. That's how Esau shrugged off his rights as the firstborn.

이삭과 아비멜렉

26 ¹ 그 땅에 흉년이 들었다. 아브라함의 때에 있었던 것만큼이나 극심한 흉년이었다. 그래서 이삭은 그랄에 있는 블레셋 왕 아비멜렉에게로 갔다.

²⁻⁵ 하나님께서 이삭에게 나타나셔서 말씀하셨다. "이집트로 내려가지 말고, 내가 네게 일러 주는 곳에 머물러라. 여기 이 땅에 머물러라. 그러면 내가 너와 함께하고 네게 복을 주겠다. 내가 너와 네 자손에게 이 모든 땅을 주어, 내가 네 아버지 아브라함에게 맹세한 약속을 다 이루겠다. 내가 네 후손을 하늘의 별처럼 많게 하고, 그들에게 이 모든 땅을 주겠다. 세상 모든 민족이 네 후손으로 인하여 복을 받게 될 것이다. 그것은, 아브라함이 나의 부름에 순종하고, 나의 명령, 곧 나의 계명과 나의 규례와 나의 가르침을 따랐기 때문이다."

⁶ 그래서 이삭은 그랄에 머물렀다.

⁷ 그곳 사람들이 그의 아내에 대해 물었다. 이삭이 "그녀는 내 누이입니다" 하고 대답했다. 그는 "내 아내입니다" 하고 말하기가 두려웠다. "리브가가 몹시 아름답기 때문에 이 사람들이 나를 죽이고 그녀를 빼앗아 갈지도 모른다"고 생각했던 것이다.

⁸⁻⁹ 그들이 그곳에 머문 지 꽤 오랜 시간이 지난 어느 날, 블레셋 왕 아비멜렉이 창밖을 내다보다가, 이삭이 자기 아내 리브가를 껴안는 모습을 보았다. 아비멜렉이 사람을 보내어 이삭을 불러들였다. 그가 말했다. "그러니까 그녀는 그대의 아내였군. 그런데 어찌하여 그대는 누이라고 말했소?"

이삭이 대답했다. "그녀를 탐내는 사람에게 제가 죽을지도 모른다고 생각했기 때문입니다."

¹⁰ 아비멜렉이 말했다. "그러나 그대가 우리에게 무슨 일을 저지를 뻔했는지 생각해 보시오! 시간이 조금 더 있었으면, 남자들 가운데 누군가가 그대의 아내와 잠자리를

26 ¹ There was a famine in the land, as bad as the famine during the time of Abraham. And Isaac went down to Abimelech, king of the Philistines, in Gerar.

²⁻⁵ GOD appeared to him and said, "Don't go down to Egypt; stay where I tell you. Stay here in this land and I'll be with you and bless you. I'm giving you and your children all these lands, fulfilling the oath that I swore to your father Abraham. I'll make your descendants as many as the stars in the sky and give them all these lands. All the nations of the Earth will get a blessing for themselves through your descendants. And why? Because Abraham obeyed my summons and kept my charge—my commands, my guidelines, my teachings."

⁶ So Isaac stayed put in Gerar.

⁷ The men of the place questioned him about his wife. He said, "She's my sister." He was afraid to say "She's my wife." He was thinking, "These men might kill me to get Rebekah, she's so beautiful."

⁸⁻⁹ One day, after they had been there quite a long time, Abimelech, king of the Philistines, looked out his window and saw Isaac fondling his wife Rebekah. Abimelech sent for Isaac and said, "So, she's your wife. Why did you tell us 'She's my sister'?"

Isaac said, "Because I thought I might get killed by someone who wanted her."

¹⁰ Abimelech said, "But think of what you might have done to us! Given a little more time, one of the men might have slept with your wife; you would have been responsible

같이했을지도 모르잖소. 그대 때문에 우리가 죄를 지을 뻔했소."

¹¹ 아비멜렉은 백성에게 명령을 내렸다. "누구든지 이 남자나 그의 아내를 건드리는 자는 반드시 죽을 것이다."

¹²⁻¹⁵ 이삭이 그 땅에 곡물을 심어 엄청난 수확을 거두었다. 하나님께서 그에게 복을 주셨다. 이삭은 점점 더 부유해져, 아주 큰 부자가 되었다. 그의 양 떼와 소 떼와 종들이 많이 불어나자, 블레셋 사람들이 그를 시기하기 시작했다. 그들은 앙심을 품고, 이삭의 아버지 아브라함의 종들이 아브라함의 때에 판 모든 우물을 흙과 쓰레기로 막아 버렸다.

¹⁶ 마침내, 아비멜렉이 이삭에게 말했다. "떠나시오. 그대는 너무 커져서 우리가 감당하지 못하겠소."

¹⁷⁻¹⁸ 그래서 이삭은 그곳을 떠났다. 그는 그랄 골짜기에 장막을 치고 정착했다. 이삭은 자기 아버지 아브라함의 때에 팠으나 아브라함이 죽자 블레셋 사람들이 막아 버린 우물들을 다시 팠다. 그는 자기 아버지가 그 우물들에 붙였던 원래 이름대로 이름을 붙여 불렀다.

¹⁹⁻²⁴ 어느 날, 이삭의 종들이 골짜기를 파다가 물이 솟아나는 샘을 발견했다. 그랄 지역의 목자들이 "이 물은 우리 것이오"라고 주장하며 이삭의 목자들과 다투었다. 이삭은 우물을 두고 다투었다고 해서 그 우물의 이름을 에섹(다툼)이라고 했다. 이삭의 목자들이 다른 우물을 팠는데, 그것을 두고도 다툼이 일어났다. 그래서 이삭은 그 우물의 이름을 싯나(불화)라고 했다. 이삭이 그곳을 떠나 또 다른 우물을 팠다. 그러나 이번에는 그 우물을 두고 다툼이 일지 않았다. 그래서 이삭은 그 우물의 이름을 르호봇(활짝 트인 곳)이라 하고 이렇게 말했다. "이제 하나님께서 우리에게 넉넉한 땅을 주셨으니, 이 땅에서 우리가 퍼져 나갈 것이다." 그는 거기서 브엘

for bringing guilt down on us."

¹¹ Then Abimelech gave orders to his people: "Anyone who so much as lays a hand on this man or his wife dies."

¹²⁻¹⁵ Isaac planted crops in that land and took in a huge harvest. GOD blessed him. The man got richer and richer by the day until he was very wealthy. He accumulated flocks and herds and many, many servants, so much so that the Philistines began to envy him. They got back at him by throwing dirt and debris into all the wells that his father's servants had dug back in the days of his father Abraham, clogging up all the wells.

¹⁶ Finally, Abimelech told Isaac: "Leave. You've become far too big for us."

¹⁷⁻¹⁸ So Isaac left. He camped in the valley of Gerar and settled down there. Isaac dug again the wells which were dug in the days of his father Abraham but had been clogged up by the Philistines after Abraham's death. And he renamed them, using the original names his father had given them.

¹⁹⁻²⁴ One day, as Isaac's servants were digging in the valley, they came on a well of spring water. The shepherds of Gerar quarreled with Isaac's shepherds, claiming, "This water is ours." So Isaac named the well Esek (Quarrel) because they quarreled over it. They dug another well and there was a difference over that one also, so he named it Sitnah (Accusation). He went on from there and dug yet another well. But there was no fighting over this one so he named it Rehoboth (Wide-Open Spaces), saying, "Now GOD has given us plenty of

세바로 올라갔다. 바로 그날 밤에 **하나님**께서 그에게 나타나셔서 말씀하셨다.

> 나는 네 아버지 아브라함의 하나님이다.
> 내가 너와 함께 있으니, 조금도 두려
> 워하지 마라.
> 내가 나의 종 아브라함으로 인하여
> 네게 복을 주고 네 자손이 번성하게 할
> 것이다.

25 이삭이 그곳에 제단을 쌓고 **하나님**의 이름을 부르며 기도를 드렸다. 그는 장막을 쳤고, 그의 종들은 또 다른 우물을 파기 시작했다.

26-27 그때 아비멜렉이 자신의 보좌관 아훗삿과 군지휘관 비골을 데리고 그랄에서부터 이삭에게 왔다. 이삭이 그들에게 물었다. "무슨 일로 나에게 왔습니까? 그대들은 나를 미워하여, 그대들의 땅에서 나를 쫓아내지 않았습니까?"

28-29 그들이 대답했다. "우리는 **하나님**께서 그대 편에 계시다는 것을 분명히 알았소. 우리는 그대와 우리 사이에 서로 우호적인 관계를 유지하는 계약을 맺고 싶소. 우리는 전에 그대를 괴롭히지 않았고 친절히 대했으며, 그대가 우리에게서 평안히 떠나가게 해주었소. 그러니 그대도 우리에게 그렇게 해주시오. **하나님**의 복이 그대와 함께하기를 빕니다!"

30-31 이삭은 잔치를 베풀어 그들과 함께 먹고 마셨다. 이튿날 아침 그들은 서로 맹세를 주고받았다. 그런 다음 이삭이 작별을 고하자, 그들은 친구가 되어 헤어졌다.

32-33 그날 늦게 이삭의 종들이 그에게 와서 자신들이 파고 있던 우물에 관한 소식을 전했다. "저희가 물을 발견했습니다!" 이삭이 그 우물의 이름을 세바(맹세)라고

space to spread out in the land." From there he went up to Beersheba. That very night GOD appeared to him and said,

> I am the God of Abraham your father;
>   don't fear a thing because I'm with you.
> I'll bless you and make your children flourish
>   because of Abraham my servant.

25 Isaac built an altar there and prayed, calling on GOD by name. He pitched his tent and his servants started digging another well.

26-27 Then Abimelech came to him from Gerar with Ahuzzath his advisor and Phicol the head of his troops. Isaac asked them, "Why did you come to me? You hate me; you threw me out of your country."

28-29 They said, "We've realized that GOD is on your side. We'd like to make a deal between us—a covenant that we maintain friendly relations. We haven't bothered you in the past; we treated you kindly and let you leave us in peace. So—GOD's blessing be with you!"

30-31 Isaac laid out a feast and they ate and drank together. Early in the morning they exchanged oaths. Then Isaac said good-bye and they parted as friends.

32-33 Later that same day, Isaac's servants came to him with news about the well they had been digging, "We've struck water!" Isaac named the well Sheba (Oath), and that's the name of the city, Beersheba (Oath-Well), to this day.

했다. 그것이 오늘날까지 그 도시의 이름, 곧 브엘세바(맹세의 우물)가 되었다.

34-35 에서는 마흔 살이 되던 때에 헷 사람 브에리의 딸 유딧과 헷 사람 엘론의 딸 바스맛을 아내로 맞아들였다. 그들은 이삭과 리브가의 근심거리가 되었다.

이삭이 야곱을 축복하다

27 ¹ 이삭이 늙어서 거의 앞을 볼 수 없게 되자, 맏아들 에서를 불러 말했다. "내 아들아."

"예, 아버지."

2-4 이삭이 말했다. "나는 이제 늙어서 언제 죽을지 모르겠구나. 내 부탁을 들어다오. 화살집과 활을 챙겨 들로 나가서 사냥을 좀 해오너라. 그런 다음 내가 좋아하는 별미를 준비해서 내게 가져오너라. 내가 그것을 먹고 죽기 전에 너를 마음껏 축복해 주겠다."

5-7 이삭이 자기 아들 에서에게 하는 말을 리브가가 엿듣고 있었다. 에서가 자기 아버지를 위해 사냥감을 잡으러 들로 나가자마자, 리브가가 자기 아들 야곱에게 말했다. "방금 네 아버지가 네 형 에서와 나누는 이야기를 내가 엿들었다. 네 아버지가 이렇게 말씀하시더구나. '사냥감을 잡아 별미를 준비해 오너라. 내가 그것을 먹고 죽기 전에 **하나님**의 복으로 너를 축복해 주겠다.'

8-10 그러니 아들아, 내 말을 잘 듣고 내가 일러 주는 대로 하거라. 염소 떼가 있는 곳으로 가서, 새끼 염소 두 마리를 내게 끌고 오너라. 네가 가장 좋은 것을 골라 오면, 내가 그것들로 네 아버지가 좋아하는 별미를 준비하겠다. 너는 그것을 아버지께 가져다 드려라. 그러면 아버지가 그 음식을 드시고 죽기 전에 너를 축복해 주실 것이다."

34-35 When Esau was forty years old he married Judith, daughter of Beeri the Hittite, and Basemath, daughter of Elon the Hittite. They turned out to be thorns in the sides of Isaac and Rebekah.

27 ¹ When Isaac had become an old man and was nearly blind, he called his eldest son, Esau, and said, "My son."

"Yes, Father?"

2-4 "I'm an old man," he said; "I might die any day now. Do me a favor: Get your quiver of arrows and your bow and go out in the country and hunt me some game. Then fix me a hearty meal, the kind that you know I like, and bring it to me to eat so that I can give you my personal blessing before I die."

5-7 Rebekah was eavesdropping as Isaac spoke to his son Esau. As soon as Esau had gone off to the country to hunt game for his father, Rebekah spoke to her son Jacob. "I just overheard your father talking with your brother, Esau. He said, 'Bring me some game and fix me a hearty meal so that I can eat and bless you with GOD's blessing before I die.'

8-10 "Now, my son, listen to me. Do what I tell you. Go to the flock and get me two young goats. Pick the best; I'll prepare them into a hearty meal, the kind that your father loves. Then you'll take it to your father, he'll eat and bless you before he dies."

11-12 야곱이 말했다. "하지만 어머니, 에서 형은 털이 많은 사람이고 나는 피부가 매끈합니다. 아버지께서 나를 만지시면 어떻게 되겠습니까? 아버지께서는 내가 아버지를 속이고 있다고 여기실 것입니다. 축복은커녕 오히려 저주를 받게 될 것입니다."

13 그의 어머니가 말했다. "그렇게 되면 그 저주는 내가 받을 테니, 너는 내가 시키는 대로만 하여라. 가서 염소를 끌고 오너라."

14 그가 가서 염소를 끌고 와 어머니에게 건네자, 그녀는 그의 아버지가 몹시 좋아하는 별미를 요리했다.

15-17 리브가는 맏아들 에서의 예복을 가져다가 작은아들 야곱에게 입혔다. 그리고 염소 가죽으로 그의 두 손과 매끈한 목덜미를 덮었다. 그런 다음 자신이 준비한 별미와 직접 구운 신선한 빵을 야곱의 손에 건넸다.

18 야곱이 아버지에게 가서 말했다. "아버지!" 그러자 이삭이 말했다. "그래, 아들아, 너는 누구냐?"

19 야곱이 아버지에게 대답했다. "아버지의 맏아들 에서입니다. 제가 아버지께서 말씀하신 대로 했습니다. 이제 일어나셔서 제가 사냥한 고기를 드시고, 마음껏 저를 축복해 주십시오."

20 이삭이 물었다. "벌써 다녀왔느냐? 어떻게 이렇게 빨리 잡았느냐?"

"아버지의 하나님께서 제 길을 열어 주셨습니다."

21 이삭이 말했다. "가까이 오너라, 아들아. 내가 너를 만져 봐야겠다. 네가 정말 내 아들 에서란 말이냐?"

22-23 야곱이 아버지 이삭에게 가까이 다가가자, 이삭이 그를 만져 보고 말했다. "목소리는 야곱의 목소리인데, 손은 에서의 손이구나." 야곱의 손이 그의 형 에서의 손처럼 털이 많았기 때문에, 이삭은 그가 야곱

11-12 "But Mother," Jacob said, "my brother Esau is a hairy man and I have smooth skin. What happens if my father touches me? He'll think I'm playing games with him. I'll bring down a curse on myself instead of a blessing."

13 "If it comes to that," said his mother, "I'll take the curse on myself. Now, just do what I say. Go and get the goats."

14 So he went and got them and brought them to his mother and she cooked a hearty meal, the kind his father loved so much.

15-17 Rebekah took the dress-up clothes of her older son Esau and put them on her younger son Jacob. She took the goatskins and covered his hands and the smooth nape of his neck. Then she placed the hearty meal she had fixed and fresh bread she'd baked into the hands of her son Jacob.

18 He went to his father and said, "My father!"

"Yes?" he said. "Which son are you?"

19 Jacob answered his father, "I'm your firstborn son Esau. I did what you told me. Come now; sit up and eat of my game so you can give me your personal blessing."

20 Isaac said, "So soon? How did you get it so quickly?"

"Because your GOD cleared the way for me."

21 Isaac said, "Come close, son; let me touch you—are you really my son Esau?"

22-23 So Jacob moved close to his father Isaac. Isaac felt him and said, "The voice is Jacob's voice but the hands are the hands of Esau." He didn't recognize him because his hands were hairy, like his brother

인 것을 알아보지 못했다.

23-24 이삭이 야곱을 축복하려다가 다시 물었다. "네가 정말로 내 아들 에서냐?"

"예, 그렇습니다."

25 이삭이 말했다. "음식을 가져오너라. 내가 내 아들이 사냥해 온 것을 먹고 마음껏 축복해야겠다." 야곱이 아버지에게 음식을 가져다드리자 이삭이 먹었다. 포도주도 가져다드리자 이삭이 마셨다.

26 이삭이 말했다. "아들아, 가까이 와서 내게 입을 맞춰 다오."

27-29 야곱이 가까이 다가가서 이삭에게 입을 맞추자 이삭이 그의 옷 냄새를 맡았다. 마침내, 이삭이 그를 축복했다.

> 아, 내 아들의 냄새가
> **하나님**께서 복을 내리신
> 넓은 들의 향기와 같구나.
> 하나님께서 네게
> 하늘의 이슬을 내리시고
> 땅에서 난 풍성한 곡식과 포도주를 주실 것이다.
> 민족들이 너를 섬기고
> 나라들이 네게 경의를 표할 것이다.
> 너는 네 형제들을 다스리고
> 네 어머니의 아들들이 네게 경의를 표할 것이다.
> 너를 저주하는 사람은 저주를 받고
> 너를 축복하는 사람은 복을 받을 것이다.

30-31 야곱이 이삭의 축복을 받고 나가자마자, 에서가 사냥을 마치고 돌아왔다. 그도 별미를 준비하여 아버지에게 가서 말했다. "일어나셔서 이 아들이 사냥해 온 고기를 드시고, 저를 마음껏 축복해 주십시오."

32 그의 아버지 이삭이 말했다. "그런데 너는 누구냐?"

"아버지의 아들, 아버지의 맏아들, 에서입니다."

Esau's.

23-24 But as he was about to bless him he pressed him, "You're sure? *You* are my son Esau?"

"Yes. I am."

25 Isaac said, "Bring the food so I can eat of my son's game and give you my personal blessing." Jacob brought it to him and he ate. He also brought him wine and he drank.

26 Then Isaac said, "Come close, son, and kiss me."

27-29 He came close and kissed him and Isaac smelled the smell of his clothes. Finally, he blessed him,

> Ahhh. The smell of my son
>   is like the smell of the open country
>   blessed by GOD.
> May God give you
>   of Heaven's dew
>   and Earth's bounty of grain and wine.
> May peoples serve you
>   and nations honor you.
> You will master your brothers,
>   and your mother's sons will honor you.
> Those who curse you will be cursed,
>   those who bless you will be blessed.

30-31 And then right after Isaac had blessed Jacob and Jacob had left, Esau showed up from the hunt. He also had prepared a hearty meal. He came to his father and said, "Let my father get up and eat of his son's game, that he may give me his personal blessing."

32 His father Isaac said, "And who are

33 이삭이 떨면서 크게 동요하기 시작했다. 그가 말했다. "그렇다면 먼저 사냥감을 잡아서 내게 가져온 그는 누구란 말이냐? 나는 네가 들어오기 바로 전에 식사를 마치고, 그를 축복해 주었다. 그가 영원히 복을 받을 것이다!"

34 아버지의 말을 들은 에서가 비통하게 흐느껴 울며 큰소리로 말했다. "아버지! 제게도 축복해 주실 수 없습니까?"

35 이삭이 말했다. "네 동생이 이곳에 와서 속임수를 써 네 복을 가로채 갔구나."

36 에서가 말했다. "그 녀석의 이름이 야곱, 발뒤꿈치라고 불리는 것은 다 이유가 있었군요. 지금까지 그 녀석은 저를 두 번이나 속였습니다. 처음에는 제 장자의 권리를 빼앗아 가더니, 이제는 제가 받을 복까지 빼앗아 갔습니다."

에서가 간절히 청했다. "저를 위한 축복은 남겨 두지 않으셨습니까?"

37 이삭이 에서에게 대답했다. "나는 그를 네 주인이 되게 하고, 그의 모든 형제를 그의 종이 되게 했으며, 그에게 곡식과 포도주를 남김없이 주었다. 내가 그 모든 것을 다 주었는데, 내 아들아, 너를 위해 무엇이 남아 있겠느냐?"

38 "아버지, 제게 축복해 주실 것이 하나도 없다는 말씀입니까? 아버지, 제게도 축복해 주십시오! 제게도 축복해 주세요!" 에서가 슬픔에 잠겨서 흐느꼈다.

39-40 이삭이 그에게 말했다.

너는 땅의 혜택을 받지 못하고,
하늘의 이슬에서 멀리 떨어져 살 것이다.
너는 칼로 생계를 유지하며 살고
네 동생을 섬길 것이다.
그러나 네가 더 이상 감당할 수 없을 때
너는 속박에서 벗어나 자유롭게 뛰어다닐 것이다.

you?"

"I am your son, your firstborn, Esau."

33 Isaac started to tremble, shaking violently. He said, "Then who hunted game and brought it to me? I finished the meal just now, before you walked in. And I blessed him—he's blessed for good!"

34 Esau, hearing his father's words, sobbed violently and most bitterly, and cried to his father, "My father! Can't you also bless me?"

35 "Your brother," he said, "came here falsely and took your blessing."

36 Esau said, "Not for nothing was he named Jacob, the Heel. Twice now he's tricked me: first he took my birthright and now he's taken my blessing."

He begged, "Haven't you kept back any blessing for me?"

37 Isaac answered Esau, "I've made him your master, and all his brothers his servants, and lavished grain and wine on him. I've given it all away. What's left for you, my son?"

38 "But don't you have just one blessing for me, Father? Oh, bless me my father! Bless me!" Esau sobbed inconsolably.

39-40 Isaac said to him,

You'll live far from Earth's bounty,
    remote from Heaven's dew.
You'll live by your sword, hand-to-mouth,
    and you'll serve your brother.
But when you can't take it any more
    you'll break loose and run free.

41 에서는 아버지가 야곱을 축복한 일 때문에 야곱에 대한 분노로 들끓었다. 그는 "내 아버지의 죽음을 애곡할 때가 가까워지고 있다. 그때가 되면 내가 내 동생 야곱을 죽여 버리겠다"고 마음을 먹었다.

42-45 맏아들 에서가 하는 말을 들은 리브가는, 작은아들 야곱을 불러 말했다. "네 형 에서가 네게 복수할 계획을 세우고 있다. 너를 죽이겠다는구나. 아들아, 내 말을 잘 들어라. 여기를 떠나거라. 하란에 있는 내 오라버니 라반에게 가서 네 목숨을 부지하여라. 네 형의 분노가 가라앉고 진정되어서 네가 그에게 한 일을 잊어버릴 때까지, 한동안 외삼촌 집에서 지내거라. 때가 되면, 내가 사람을 보내 너를 데려오게 하겠다. 내가 어찌 같은 날에 너희 둘을 다 잃겠느냐?"

46 리브가가 이삭에게 말했다. "나는 이 헷 여자들이 지긋지긋해요. 야곱마저 헷 여자와 결혼하겠다고 하면, 내가 어찌 살겠어요?"

28

1-2 이삭은 야곱을 불러 축복한 다음, 이렇게 당부했다. "가나안 여인을 아내로 맞이해서는 안된다. 당장 이곳을 떠나 밧단아람으로 가서, 네 외할아버지 브두엘의 집을 찾아가거라. 네 외삼촌 라반의 딸들 가운데서 아내를 얻도록 하여라. 3-4 그러면 강하신 하나님께서 네게 복을 주시고 수많은 자손을 주셔서, 여러 민족을 이루게 하실 것이다. 아브라함의 복을 너와 네 자손에게도 주셔서, 네가 살고 있는 이 땅, 하나님께서 아브라함에게 주신 이 땅을 네가 차지하게 하실 것이다."

5 이삭은 야곱을 떠나보냈다. 야곱은 밧단아람으로 가서, 아람 사람 브두엘의 아들인 라반을 찾아갔다. 라반은 야곱과 에서의 어머니인 리브가의 오라버니였다.

41 Esau seethed in anger against Jacob because of the blessing his father had given him; he brooded, "The time for mourning my father's death is close. And then I'll kill my brother Jacob."

42-45 When these words of her older son Esau were reported to Rebekah, she called her younger son Jacob and said, "Your brother Esau is plotting vengeance against you. He's going to kill you. Son, listen to me. Get out of here. Run for your life to Haran, to my brother Laban. Live with him for a while until your brother cools down, until his anger subsides and he forgets what you did to him. I'll then send for you and bring you back. Why should I lose both of you the same day?"

46 Rebekah spoke to Isaac, "I'm sick to death of these Hittite women. If Jacob also marries a native Hittite woman, why live?"

28

1-2 So Isaac called in Jacob and blessed him. Then he ordered him, "Don't take a Caananite wife. Leave at once. Go to Paddan Aram to the family of your mother's father, Bethuel. Get a wife for yourself from the daughters of your uncle Laban.

3-4 "And may The Strong God bless you and give you many, many children, a congregation of peoples; and pass on the blessing of Abraham to you and your descendants so that you will get this land in which you live, this land God gave Abraham."

5 So Isaac sent Jacob off. He went to Paddan Aram, to Laban son of Bethuel the Aramean, the brother of Rebekah who was the mother

6-9 에서는 이삭이 야곱을 축복하고 밧단 아람으로 보내서 거기서 아내를 얻으라고 한 것과, 그를 축복하면서 가나안 여인과 결혼하지 말라고 당부한 것, 그리고 야곱이 부모의 말에 순종하여 밧단아람으로 떠난 것을 알게 되었다. 아버지 이삭이 가나안 여인을 얼마나 싫어하는지 알게 된 에서는, 이스마엘에게 가서 아브라함의 아들 이스마엘의 딸이요 느바욧의 누이인 마할랏과 결혼했다. 마할랏 외에도 그는 이미 여러 아내를 두고 있었다.

베델에서 드린 야곱의 서원

10-12 야곱은 브엘세바를 떠나 하란을 향해 갔다. 한 곳에 이르러 해가 지자, 그는 그곳에서 하룻밤을 묵기로 했다. 그는 거기에 있는 돌 하나를 가져다가 머리에 베고 누워 잠이 들었다. 그리고 꿈을 꾸었다. 꿈에 보니, 땅에 계단이 세워져 있고 그 끝이 하늘에까지 닿아서, 하나님의 천사들이 그 계단을 오르내리고 있었다.

13-15 그때 **하나님**께서 야곱 바로 앞에서 말씀하셨다. "나는 **하나님**, 네 조상 아브라함의 하나님, 이삭의 하나님이다. 네가 지금 자고 있는 이 땅을 내가 너와 네 후손에게 주겠다. 네 후손이 땅의 먼지처럼 많아질 것이며, 서쪽에서부터 동쪽에 이르기까지 그리고 북쪽에서부터 남쪽에 이르기까지 퍼져 나갈 것이다. 땅의 모든 민족이 너와 네 후손으로 인하여 복을 받게 될 것이다. 참으로 내가 너와 함께 있어, 네가 어디로 가든지 너를 지키며, 너를 다시 이 땅으로 데려오겠다. 내가 네게 약속한 것을 다 이루기까지, 내가 너를 떠나지 않겠다."

16-17 야곱이 잠에서 깨어나 말했다. "하나님께서 이곳에 계시는데, 내가 정말 그것을 몰랐구나!" 그는 무척 두려웠다. 그

of Jacob and Esau.

6-9 Esau learned that Isaac had blessed Jacob and sent him to Paddan Aram to get a wife there, and while blessing him commanded, "Don't marry a Canaanite woman," and that Jacob had obeyed his parents and gone to Paddan Aram. When Esau realized how deeply his father Isaac disliked the Canaanite women, he went to Ishmael and married Mahalath the sister of Nebaioth and daughter of Ishmael, Abraham's son. This was in addition to the wives he already had.

10-12 Jacob left Beersheba and went to Haran. He came to a certain place and camped for the night since the sun had set. He took one of the stones there, set it under his head and lay down to sleep. And he dreamed: A stairway was set on the ground and it reached all the way to the sky; angels of God were going up and going down on it.

13-15 Then GOD was right before him, saying, "I am GOD, the God of Abraham your father and the God of Isaac. I'm giving the ground on which you are sleeping to you and to your descendants. Your descendants will be as the dust of the Earth; they'll stretch from west to east and from north to south. All the families of the Earth will bless themselves in you and your descendants. Yes. I'll stay with you, I'll protect you wherever you go, and I'll bring you back to this very ground. I'll stick with you until I've done everything I promised you."

16-17 Jacob woke up from his sleep. He said, "GOD is in this place—truly. And I didn't even know it!" He was terrified. He whispered

는 경외감에 사로잡혀 작은 소리로 말했다. "믿기지 않아. 이 얼마나 놀랍고 거룩한 곳인가! 이곳이 바로 하나님의 집이며, 여기가 바로 하늘의 문이다."

18-19 야곱은 아침 일찍 일어나서, 베개로 삼았던 돌을 가져다가 기념기둥으로 세우고 그 위에 기름을 부었다. 그러고 나서 그곳의 이름을 베델(하나님의 집)이라고 했다. 그 전까지 그 성읍의 이름은 루스였다.

20-22 야곱은 이렇게 서원했다. "이제 시작하는 이 여정에서, 만일 하나님이 저와 함께 계셔서, 저를 지키고 보호하시며, 먹을 것과 입을 것을 마련해 주시고, 저로 무사히 제 아버지 집에 돌아가게 해주시면, **하나님**께서는 제 하나님이 되실 것입니다. 제가 기념으로 세운 이 돌기둥은, 이곳을 하나님이 사시는 곳이라 말해 주는 표석이 될 것입니다. 그리고 하나님께서 제게 무엇을 주시든지, 그 십분의 일을 하나님께 되돌려 드리겠습니다."

야곱이 라반의 집에 머물다

29 1-3 야곱이 다시 길을 떠나 동방 사람들의 땅에 이르렀다. 그가 보니 넓은 들에 우물이 있고, 세 무리의 양 떼가 우물 주위에서 자고 있었다. 이 우물은 양 떼에게 물을 먹이는 공동 우물이었다. 우물 입구는 큰 돌로 덮여 있었다. 양 떼가 다 모이면 목자들이 우물에서 돌을 굴려 양 떼에게 물을 먹였고, 물을 먹인 뒤에는 다시 돌을 제자리로 굴려서 우물을 덮어 두곤 했다.

4 야곱이 말했다. "여보시오, 당신들은 어디서 왔습니까?"

그들이 말했다. "하란에서 왔습니다."

5 야곱이 물었다. "나홀의 손자 라반이라는 분을 아십니까?"

"예, 압니다."

6 야곱이 계속해서 물었다. "그분은 잘 지내고 계시는지요?"

in awe, "Incredible. Wonderful. Holy. This is God's House. This is the Gate of Heaven."

18-19 Jacob was up first thing in the morning. He took the stone he had used for his pillow and stood it up as a memorial pillar and poured oil over it. He christened the place Bethel (God's House). The name of the town had been Luz until then.

20-22 Jacob vowed a vow: "If God stands by me and protects me on this journey on which I'm setting out, keeps me in food and clothing, and brings me back in one piece to my father's house, *this* GOD will be my God. This stone that I have set up as a memorial pillar will mark this as a place where God lives. And everything you give me, I'll return a tenth to you."

29 1-3 Jacob set out again on his way to the people of the east. He noticed a well out in an open field with three flocks of sheep bedded down around it. This was the common well from which the flocks were watered. The stone over the mouth of the well was huge. When all the flocks were gathered, the shepherds would roll the stone from the well and water the sheep; then they would return the stone, covering the well.

4 Jacob said, "Hello friends. Where are you from?"

They said, "We're from Haran."

5 Jacob asked, "Do you know Laban son of Nahor?"

"We do."

그들이 대답했다. "아주 잘 지내고 있습니다. 저기 그의 딸 라헬이 양 떼를 몰고 오는군요."

7 야곱이 말했다. "아직 해가 한창인데, 지금은 양을 모을 때가 아니지 않습니까? 양 떼에게 물을 먹이고 나서 돌아가 풀을 더 먹이는 것이 어떨까요?"

8 그들이 대답했다. "우리는 그렇게 할 수가 없습니다. 목자들이 이곳에 다 도착한 뒤에야 물을 먹일 수 있습니다. 우물에서 돌을 굴려 내리려면 모두가 힘을 합쳐야 하거든요. 그러고 나서야 양 떼에게 물을 먹일 수 있습니다."

9-13 야곱이 그들과 대화하고 있을 때, 라헬이 아버지의 양 떼를 몰고 왔다. 그녀는 양을 치고 있었다. 야곱은 자기 외삼촌 라반의 딸 라헬을 알아보았다. 야곱은 그녀가 외삼촌 라반의 양 떼를 이끌고 도착한 것을 보자마자, 다가가서 혼자 힘으로 우물 입구에서 돌을 굴려 내고 외삼촌 라반의 양 떼에게 물을 먹였다. 그러고 나서 야곱은 라헬에게 입 맞추고 울음을 터뜨렸다. 그는 자신이 그녀 아버지의 친척이며 리브가의 아들임을 라헬에게 밝혔다. 그녀는 집으로 달려가서 자신이 들은 것을 아버지에게 알렸다. 라반은 자기 누이의 아들 야곱이 왔다는 소식을 듣고, 달려 나가서 그를 껴안고 입 맞추고는 집으로 데려왔다. 야곱은 라반에게 그동안 있었던 일을 모두 이야기했다.

14-15 라반이 말했다. "너는 내 가족이자, 내 혈육이다!"

야곱이 라반의 집에 머문 지 한 달이 되었을 때, 라반이 말했다. "네가 내 조카이기는 하다만, 거저 일해서야 되겠느냐? 어느 정도의 보수를 받고 싶은지 말해 보아라. 얼마면 적당하겠느냐?"

16-18 라반에게는 두 딸이 있었다. 큰딸은 레아였고, 작은딸은 라헬이었다. 레아는 눈

6 "Are things well with him?" Jacob continued.

"Very well," they said. "And here is his daughter Rachel coming with the flock."

7 Jacob said, "There's a lot of daylight still left; it isn't time to round up the sheep yet, is it? So why not water the flocks and go back to grazing?"

8 "We can't," they said. "Not until all the shepherds get here. It takes all of us to roll the stone from the well. Not until then can we water the flocks."

9-13 While Jacob was in conversation with them, Rachel came up with her father's sheep. She was the shepherd. The moment Jacob spotted Rachel, daughter of Laban his mother's brother, saw her arriving with his uncle Laban's sheep, he went and single-handedly rolled the stone from the mouth of the well and watered the sheep of his uncle Laban. Then he kissed Rachel and broke into tears. He told Rachel that he was related to her father, that he was Rebekah's son. She ran and told her father. When Laban heard the news—Jacob, his sister's son!—he ran out to meet him, embraced and kissed him and brought him home. Jacob told Laban the story of everything that had happened.

14-15 Laban said, "You're family! My flesh and blood!"

When Jacob had been with him for a month, Laban said, "Just because you're my nephew, you shouldn't work for me for nothing. Tell me what you want to be paid. What's a fair wage?"

16-18 Now Laban had two daughters; Leah was the older and Rachel the younger. Leah

매가 예뻤지만, 라헬은 눈부시게 아름다
웠다. 야곱이 사랑한 사람은 라헬이었다.
그래서 야곱은 이렇게 대답했다. "외삼촌
의 작은딸 라헬을 위해 제가 칠 년 동안
외삼촌의 일을 돕겠습니다."

¹⁹ 라반이 말했다. "그 아이를 낯선 사람
과 결혼시키느니 네게 주는 것이 훨씬 낫
겠다. 좋다. 여기 내 집에 머물러라."

²⁰ 그리하여 야곱은 라헬을 위해 칠 년 동
안 일했다. 그러나 그가 그녀를 몹시 사랑
했으므로, 칠 년이 수일처럼 여겨졌다.

²¹⁻²⁴ 마침내 야곱이 라반에게 말했다.
"제가 일하기로 약속한 기한을 다 채웠으
니, 이제 제 아내를 주십시오. 저는 당장
이라도 결혼할 준비가 되어 있습니다." 라
반은 주위 사람들을 모두 초청하여 성대
한 잔치를 베풀었다. 하지만 저녁이 되자,
그는 자기 딸 레아를 데려다가 신방에 들
여보냈고, 야곱은 그녀와 잠자리를 같이
했다.(라반은 여종 실바를 딸 레아에게 몸종
으로 주었다.)

²⁵ 아침이 되어 보니, 신방에 레아가 있었네!
야곱이 라반에게 따져 물었다. "제게 무슨
일을 하신 겁니까? 제가 라헬을 얻겠다고
이 모든 기간을 일한 것이 아닙니까? 외삼
촌은 어째서 저를 속이셨습니까?"

²⁶⁻²⁷ 라반이 말했다. "우리 지역에서는
그런 식으로 하지 않는다네. 작은딸을 큰
딸보다 먼저 결혼시키는 법이 없지. 신혼
첫 주를 즐기게. 그러면 다른 딸도 자네에
게 주겠네. 그러나 그 값으로 칠 년을 더
일해야 할 것이네."

²⁸⁻³⁰ 야곱은 그렇게 하기로 했다. 신혼 첫
주를 지내자, 라반은 자기 딸 라헬을 야곱
에게 주어 그의 아내가 되게 했다. (라반은
여종 빌하를 딸 라헬에게 몸종으로 주었다.)
야곱은 라헬과 잠자리를 같이했다. 야곱
은 레아보다 라헬을 더 사랑했다. 그가 다

had nice eyes, but Rachel was stunningly
beautiful. And it was Rachel that Jacob loved.
So Jacob answered, "I will work for you seven
years for your younger daughter Rachel."

¹⁹ "It is far better," said Laban, "that I give
her to you than marry her to some outsider.
Yes. Stay here with me."

²⁰ So Jacob worked seven years for Rachel.
But it only seemed like a few days, he loved
her so much.

²¹⁻²⁴ Then Jacob said to Laban, "Give me
my wife; I've completed what we agreed I'd
do. I'm ready to consummate my marriage."
Laban invited everyone around and threw
a big feast. At evening, though, he got his
daughter Leah and brought her to the
marriage bed, and Jacob slept with her.
(Laban gave his maid Zilpah to his daughter
Leah as her maid.)

²⁵ Morning came: There was Leah in the
marriage bed!

Jacob confronted Laban, "What have you
done to me? Didn't I work all this time for the
hand of Rachel? Why did you cheat me?"

²⁶⁻²⁷ "We don't do it that way in our country,"
said Laban. "We don't marry off the younger
daughter before the older. Enjoy your week of
honeymoon, and then we'll give you the other
one also. But it will cost you another seven
years of work."

²⁸⁻³⁰ Jacob agreed. When he'd completed
the honeymoon week, Laban gave him his
daughter Rachel to be his wife. (Laban gave
his maid Bilhah to his daughter Rachel as
her maid.) Jacob then slept with her. And he
loved Rachel more than Leah. He worked for
Laban another seven years.

시 칠 년 동안 라반을 위해 일했다.

31-32 **하나님**께서 레아가 사랑받지 못하는 것을 아시고 그녀의 태를 열어 주셨다. 그러나 라헬은 아이를 갖지 못했다. 레아가 임신하여 아들을 낳았다. 그녀는 아이의 이름을 르우벤(보라, 사내아이다!)이라 하고, "이것은 **하나님**께서 나의 불행을 보셨다는 증거다. 이제 내 남편이 나를 사랑해 줄 것이라는 증거나 다름 없어"하고 말했다.

33-35 레아가 또 임신하여 아들을 낳았다. 그녀는 "**하나님**께서 내가 사랑받지 못한다는 것을 들으시고 내게 이 아들도 주셨다" 말하고, 아이의 이름을 시므온(**하나님**께서 들으셨다)이라고 했다. 그녀가 다시 임신하여 아들을 낳았다. 그녀는 "내가 아들 셋을 낳았으니, 이제는 남편의 마음이 나와 통할 거야" 하면서, 아이의 이름을 레위(통하다)라고 했다. 그녀가 마지막으로 임신하여 네 번째 아들을 낳았다. 그녀는 "이제는 내가 **하나님**을 찬양하리라" 말하고, 아이의 이름을 유다(**하나님**을 찬양하다)라고 했다. 그러고는 그녀의 출산이 그쳤다.

❧

30 ¹ 라헬은 자신이 야곱의 아이를 낳지 못함을 깨닫고 언니를 시샘했다. 그녀가 야곱에게 말했다. "나도 아이를 갖게 해주세요. 그러지 않으면 죽어 버리겠어요!"
² 야곱이 라헬에게 화를 내며 말했다. "내가 하나님이라도 된다는 말이오? 내가 당신이 아이를 갖지 못하게 하기라도 했다는 말이오?"
3-5 라헬이 말했다. "내 몸종 빌하가 있으니, 그녀와 잠자리를 같이하세요. 그녀가 나를 대신해 아이를 낳으면, 내가 그녀를 통해 아이를 얻어 집안을 이어 나갈 수 있을 거예요." 그녀는 자신의 몸종 빌하를 야곱에게 아내로 주었고, 야곱은 빌하와 잠자리를 같이했다. 빌하가 임신하여 야곱의 아들을 낳았다.

31-32 When GOD realized that Leah was unloved, he opened her womb. But Rachel was barren. Leah became pregnant and had a son. She named him Reuben (Look-It's-a-Boy!). "This is a sign," she said, "that GOD has seen my misery; and a sign that now my husband will love me."
33-35 She became pregnant again and had another son. "GOD heard," she said, "that I was unloved and so he gave me this son also." She named this one Simeon (GOD-Heard). She became pregnant yet again—another son. She said, "Now maybe my husband will connect with me—I've given him three sons!" That's why she named him Levi (Connect). She became pregnant a final time and had a fourth son. She said, "This time I'll praise GOD." So she named him Judah (Praise-GOD). Then she stopped having children.

❧

30 ¹ When Rachel realized that she wasn't having any children for Jacob, she became jealous of her sister. She told Jacob, "Give me sons or I'll die!"
² Jacob got angry with Rachel and said, "Am I God? Am I the one who refused you babies?"
3-5 Rachel said, "Here's my maid Bilhah. Sleep with her. Let her substitute for me so I can have a child through her and build a family." So she gave him her maid Bilhah for a wife and Jacob slept with her. Bilhah became pregnant and gave Jacob a son.

6-8 라헬이 말했다. "하나님께서 내 편에서 나를 변호해 주셨다. 하나님께서 내 말을 들으시고 내게 아들을 주셨어." 그녀는 아이의 이름을 단(변호)이라고 했다. 라헬의 몸종 빌하가 또 임신하여 야곱에게서 두 번째 아들을 낳자, 라헬이 말했다. "내가 온 힘을 다해 언니와 싸워서 이겼다." 그러고는 아이의 이름을 납달리(싸움)라고 했다.

9-13 레아는 자신이 더 이상 아이를 낳을 수 없다는 것을 알고, 자신의 몸종 실바를 야곱에게 아내로 주었다. 실바가 야곱의 아들을 낳자, 레아가 "참 다행이구나!" 하고 말하면서 아이의 이름을 갓(행운)이라고 했다. 레아의 몸종 실바가 야곱에게서 두 번째 아들을 낳자, 레아가 "참 행복한 날이다! 여자들이 나의 행복을 보고 축하해 줄 거야" 하고 말했다. 그러고는 아이의 이름을 아셀(행복하다)이라고 했다.

14 밀 수확이 있던 어느 날, 르우벤이 들에서 합환채를 발견하고는, 그것을 집으로 가져와 자기 어머니 레아에게 주었다. 라헬이 레아에게 물었다. "언니의 아들이 가져온 합환채를 좀 얻을 수 있을까요?"

15 레아가 대답했다. "내게서 남편을 빼앗아 간 것으로는 부족하더냐? 그래서 이제는 내 아들이 가져온 합환채까지 원하는 거냐?" 라헬이 말했다. "좋아요. 언니의 아들이 가져온 사랑의 열매를 얻는 대신에 오늘 밤 그이가 언니와 잠자리를 같이하게 해주지요."

16-21 그날 저녁에 야곱이 들에서 돌아오자, 레아가 그를 맞이하며 말했다. "오늘 밤에는 나와 잠자리를 같이해요. 내 아들이 구해 온 합환채를 주고 당신과 하룻밤을 보내기로 했어요." 그래서 야곱은 그날 밤 레아와 잠자리를 같이했다. 하나님께서 레아의 말에 귀 기울여 주셔서, 레아가 임신하여 야곱에게서 다섯 번째 아들을 낳았다. 그녀가 말했다. "내 몸종을 남편에게 주었더니 하나님께

6-8 Rachel said, "God took my side and vindicated me. He listened to me and gave me a son." She named him Dan (Vindication). Rachel's maid Bilhah became pregnant again and gave Jacob a second son. Rachel said, "I've been in an all-out fight with my sister—and I've won." So she named him Naphtali (Fight).

9-13 When Leah saw that she wasn't having any more children, she gave her maid Zilpah to Jacob for a wife. Zilpah had a son for Jacob. Leah said, "How fortunate!" and she named him Gad (Lucky). When Leah's maid Zilpah had a second son for Jacob, Leah said, "A happy day! The women will congratulate me in my happiness." So she named him Asher (Happy).

14 One day during the wheat harvest Reuben found some mandrakes in the field and brought them home to his mother Leah. Rachel asked Leah, "Could I please have some of your son's mandrakes?"

15 Leah said, "Wasn't it enough that you got my husband away from me? And now you also want my son's mandrakes?" Rachel said, "All right. I'll let him sleep with you tonight in exchange for your son's love-apples."

16-21 When Jacob came home that evening from the fields, Leah was there to meet him: "Sleep with me tonight; I've bartered my son's mandrakes for a night with you." So he slept with her that night. God listened to Leah; she became pregnant and gave Jacob a fifth son. She said, "God rewarded me for giving

서 내게 갚아 주셨다." 그녀는 아이의 이름을 잇사갈(교환했다)이라고 했다. 레아가 또 임신하여 야곱에게서 여섯 번째 아들을 낳고는 "하나님께서 내게 큰 선물을 주셨다. 내가 아들 여섯을 낳았으니, 이제는 남편이 나를 존중해 줄 거야" 하고 말했다. 그녀는 아이의 이름을 스불론이라고 했다. 그녀는 마지막으로 딸을 낳고 아이의 이름을 디나라고 했다.

22-24 그때에 하나님께서 라헬을 기억하셨다. 하나님께서 그녀의 말에 귀 기울이시고, 그녀의 태를 열어 주셨다. 그녀가 임신하여 아들을 낳고는, "하나님께서 나의 수치를 없애 주셨다" 하고 말했다. 그녀는 "**하나님께서 내게 아들을 하나 더 주시면 좋으련만**" 하고 기도하며, 아이의 이름을 요셉(더하다)이라고 했다.

야곱의 품삯

25-26 라헬이 요셉을 낳은 뒤에, 야곱이 라반에게 말했다. "제가 고향으로 돌아가게 해주십시오. 장인어른을 섬기고 얻은 제 아내들과 자식들을 제게 주십시오. 제가 장인어른을 위해 얼마나 열심히 일했는지 장인어른도 잘 아십니다."

27-28 라반이 말했다. "맞는 말이네. 내가 점을 쳐 보니, **하나님께서 자네 때문에 내게 복을 주셨다**는 것을 알겠더군." 그러고는 이렇게 말을 이었다. "내가 얼마를 주면 좋을지 정해 보게. 내가 자네에게 주겠네."

29-30 야곱이 대답했다. "제가 한 일이 장인어른께 얼마나 가치가 있었는지, 제가 장인어른의 가축을 돌보는 동안 가축이 얼마나 불어났는지, 장인어른도 잘 아십니다. 제가 여기 왔을 때만 해도 장인어른의 재산이 보잘것없었으나 이제는 크게 불어났습니다. 제가 한 모든 일이 장인어른께는 복이 되었습니다. 이제는 제가 제 가족을 위해 무언가를 해야 하지 않겠습니까?"

my maid to my husband." She named him Issachar (Bartered). Leah became pregnant yet again and gave Jacob a sixth son, saying, "God has given me a great gift. This time my husband will honor me with gifts—I've given him six sons!" She named him Zebulun (Honor). Last of all she had a daughter and named her Dinah.

22-24 And then God remembered Rachel. God listened to her and opened her womb. She became pregnant and had a son. She said, "God has taken away my humiliation." She named him Joseph (Add), praying, "May GOD add yet another son to me."

25-26 After Rachel had had Joseph, Jacob spoke to Laban, "Let me go back home. Give me my wives and children for whom I've served you. You know how hard I've worked for you."

27-28 Laban said, "If you please, I have learned through divine inquiry that GOD has blessed me because of you." He went on, "So name your wages. I'll pay you."

29-30 Jacob replied, "You know well what my work has meant to you and how your livestock has flourished under my care. The little you had when I arrived has increased greatly; everything I did resulted in blessings for you. Isn't it about time that I do something for my own family?"

31-33 "So, what should I pay you?"

Jacob said, "You don't have to pay me a thing. But how about this? I will go back to pasture and care for your flocks. Go through your entire flock today and take

31-33 "그래, 내가 자네에게 무엇을 해주면 되겠나?"

야곱이 말했다. "아무것도 해주지 않으셔도 됩니다. 다만 이렇게 하면 어떻겠습니까? 제가 목장으로 돌아가서 장인어른의 가축 떼를 돌보겠습니다. 오늘 모든 가축 떼를 샅샅이 살펴서, 얼룩지거나 점이 있는 양과, 검은 새끼양과, 점이 있거나 얼룩진 염소들을 골라 내십시오. 그것들이 제 품삯이 될 것입니다. 그리하면 장인어른께서 제 품삯을 조사하실 때 저의 정직함을 확인하실 수 있을 것입니다. 장인어른께서 얼룩지지 않고 점이 없는 염소나 검지 않은 양을 발견하시면, 제가 그것을 훔친 것으로 아셔도 좋습니다."

34 라반이 말했다. "좋네. 그렇게 하지."

35-36 그러나 라반은 그날로 얼룩지고 점이 있는 숫염소와 얼룩지고 점이 있는 암염소와 검은 양과 흰색 기미가 도는 가축까지 모두 가려내어, 자기 아들들 손에 맡겨 돌보게 했다. 그런 다음 자신과 야곱 사이에 사흘 거리를 두었다. 그동안 야곱은 라반의 남은 가축 떼를 돌보았다.

37-42 야곱은 미루나무, 감복숭아나무, 버즘나무의 싱싱한 가지들을 꺾어다가 껍질을 벗겨 흰 줄무늬가 드러나게 했다. 그는 껍질을 벗긴 가지들을 가축 떼가 물을 먹으러 오는 여물통 앞에 세워 두었다. 짝짓기 때가 된 가축들이 물을 마시러 와서 줄무늬가 있는 나뭇가지들 앞에서 짝짓기를 했다. 그렇게 짝짓기를 한 것들은 줄무늬가 있거나 점이 있거나 얼룩진 새끼들을 낳았다. 야곱은 암양들을 라반의 양 떼 가운데서 검은 빛이 도는 양들 앞에 두었다. 그는 이런 식으로 양 떼를 구분해 자신의 것으로 가려내어 라반의 양 떼와 섞이지 않게 했다. 튼튼한 가축들이 짝짓기를 할 때면, 그 가축들이 볼 수 있도록 여물통 앞에 가지들을 세워 놓아, 그 앞에서 짝짓기를 하게 했다. 그러나 약한 가축들 앞에는 그 가지

out every speckled or spotted sheep, every dark-colored lamb, every spotted or speckled goat. They will be my wages. That way you can check on my honesty when you assess my wages. If you find any goat that's not speckled or spotted or a sheep that's not black, you will know that I stole it."

34 "Fair enough," said Laban. "It's a deal."

35-36 But that very day Laban removed all the mottled and spotted billy goats and all the speckled and spotted nanny goats, every animal that had even a touch of white on it plus all the black sheep and placed them under the care of his sons. Then he put a three-day journey between himself and Jacob. Meanwhile Jacob went on tending what was left of Laban's flock.

37-42 But Jacob got fresh branches from poplar, almond, and plane trees and peeled the bark, leaving white stripes on them. He stuck the peeled branches in front of the watering troughs where the flocks came to drink. When the flocks were in heat, they came to drink and mated in front of the streaked branches. Then they gave birth to young that were streaked or spotted or speckled. Jacob placed the ewes before the dark-colored animals of Laban. That way he got distinctive flocks for himself which he didn't mix with Laban's flocks. And when the sturdier animals were mating, Jacob placed branches at the troughs in view of the animals so that they mated in front of the branches. But he wouldn't set up the branches before the feebler animals. That way the feeble animals went to Laban and

들을 세워 두지 않았다. 그리하여 약한 것들은 라반의 것이 되고, 튼튼한 것들은 야곱의 것이 되었다.

⁴³ 야곱은 점점 더 부자가 되었다. 낙타와 나귀는 말할 것도 없고, 상당히 많은 양 떼와 종들을 손에 넣게 되었다.

야곱이 라반을 떠나 고향으로 돌아가다

31 ¹⁻² 야곱은 라반의 아들들이 뒤에서 쑥덕거리는 소리를 들었다. "야곱이 우리 아버지 재산을 이용해서 자기 잇속만 차리는데, 우리 아버지는 손만 보고 있다." 동시에 야곱은 라반의 태도가 달라졌다는 것도 알게 되었다. 자신을 대하는 태도가 전과 같지 않았던 것이다.

³ 그때에 **하나님**께서 야곱에게 말씀하셨다. "네가 태어난 고향으로 돌아가거라. 내가 너와 함께 가겠다."

⁴⁻⁹ 야곱은 라헬과 레아에게 기별하여 그의 가축 떼가 있는 들에서 만나자고 했다. 야곱이 말했다. "내가 보니, 그대들의 아버지가 나를 대하는 태도가 달라졌소. 나를 예전처럼 대해 주시지 않소. 그러나 내 아버지의 하나님께서는 변함이 없으셔서, 지금도 나와 함께하고 계시오. 내가 그대들의 아버지를 위해 얼마나 열심히 일했는지는 그대들이 잘 알 것이오. 그런데도 그대들의 아버지는 몇 번이나 되풀이하여 나를 속이고, 내 품삯도 번번이 바꿔 셈했소. 그러나 하나님께서는 그대들의 아버지가 내게 해를 입히지 못하게 하셨소. 그대들의 아버지가 '얼룩진 것이 자네의 품삯이 될 것이네' 하고 말하면 온 가축이 얼룩진 양과 새끼를 낳았고, 그대들의 아버지가 '이제부터는 줄무늬 있는 것이 자네의 품삯이 될 것이네' 하고 말하면 온 가축이 줄무늬 있는 새끼를 낳았소. 하나님께서는 몇 번이고 그대들 아버지의 가축을 이용해서 내게 갚아 주셨소.

the sturdy ones to Jacob.

⁴³ The man got richer and richer, acquiring huge flocks, lots and lots of servants, not to mention camels and donkeys.

31 ¹⁻² Jacob learned that Laban's sons were talking behind his back: "Jacob has used our father's wealth to make himself rich at our father's expense." At the same time, Jacob noticed that Laban had changed toward him. He wasn't treating him the same.

³ That's when GOD said to Jacob, "Go back home where you were born. I'll go with you."

⁴⁻⁹ So Jacob sent word for Rachel and Leah to meet him out in the field where his flocks were. He said, "I notice that your father has changed toward me; he doesn't treat me the same as before. But the God of my father hasn't changed; he's still with me. You know how hard I've worked for your father. Still, your father has cheated me over and over, changing my wages time and again. But God never let him really hurt me. If he said, 'Your wages will consist of speckled animals' the whole flock would start having speckled lambs and kids. And if he said, 'From now on your wages will be streaked animals' the whole flock would have streaked ones. Over and over God used your father's livestock to reward me.

10-11 일찍이 가축들이 짝짓기를 하던 때에, 나는 꿈에 줄무늬가 있고 얼룩지고 점이 있는 숫염소들이 암염소들에 올라타는 것을 보았소. 그 꿈에서 하나님의 천사가 '야곱아!' 하고 나를 불렀소.

나는 '예' 하고 대답했소.

12-13 그 천사가 이렇게 말했소. '잘 보아라. 가축들 가운데 짝짓기를 하고 있는 염소들은 다 줄무늬가 있고 얼룩지고 점이 있는 것뿐임을 알아 두어라. 라반이 이제까지 네게 어떻게 했는지 내가 다 안다. 나는 베델의 하나님이다. 네가 거기서 한 기둥을 거룩하게 구별해 세우고 내게 서원했다. 이제 너는 이곳을 떠나 네가 태어난 고향으로 돌아가거라.'"

14-16 라헬과 레아가 말했다. "우리 아버지가 언제 우리를 제대로 대해 준 적이 있나요? 아버지는 우리를 이방인보다도 못하게 대했잖아요. 아버지가 바란 것은 온통 돈밖에 없었습니다. 그것도 우리를 팔아서 번 것인데도 아버지가 다 써 버리고 말았습니다. 하나님께서 우리 아버지에게서 거두어 우리에게 돌려주신 재산은 당연히 우리와 우리 자녀들 몫입니다. 그러니 망설이지 마세요. 하나님께서 당신에게 일러 주신 대로 하세요."

17-18 야곱은 그렇게 했다. 그는 자녀와 아내들을 낙타에 태우고, 모든 가축과 밧단아람에서 얻은 것을 전부 가지고서, 가나안 땅에 있는 자기 아버지 이삭의 집으로 떠났다.

19-21 마침 라반은 양털을 깎으러 가고 없었다. 라헬이 그 틈을 타서 아버지 집의 수호신상을 훔쳐 냈다. 야곱이 자신의 계획을 비밀로 했기 때문에, 아람 사람 라반은 사태가 어떻게 돌아가는지 전혀 몰랐다. 야곱은 자신의 전 재산을 가지고 떠났다. 이내 유프라테스 강을 건너 길르앗 산지를 향해 나아갔다.

22-24 라반은 사흘이 지나서야 "야곱이 도망쳤다"는 소식을 들었다. 라반은 친척들을 불러 모아 야곱을 추격했다. 그들은 칠 일이 지나서

10-11 "Once, while the flocks were mating, I had a dream and saw the billy goats, all of them streaked, speckled, and mottled, mounting their mates. In the dream an angel of God called out to me, 'Jacob!'

"I said, 'Yes?'

12-13 "He said, 'Watch closely. Notice that all the goats in the flock that are mating are streaked, speckled, and mottled. I know what Laban's been doing to you. I'm the God of Bethel where you consecrated a pillar and made a vow to me. Now be on your way, get out of this place, go home to your birthplace.'"

14-16 Rachel and Leah said, "Has he treated us any better? Aren't we treated worse than outsiders? All he wanted was the money he got from selling us, and he's spent all that. Any wealth that God has seen fit to return to us from our father is justly ours and our children's. Go ahead. Do what God told you."

17-18 Jacob did it. He put his children and his wives on camels and gathered all his livestock and everything he had gotten, everything acquired in Paddan Aram, to go back home to his father Isaac in the land of Canaan.

19-21 Laban was off shearing sheep. Rachel stole her father's household gods. And Jacob had concealed his plans so well that Laban the Aramean had no idea what was going on—he was totally in the dark. Jacob got away with everything he had and was soon across the Euphrates headed for the hill country of Gilead.

22-24 Three days later, Laban got the news: "Jacob's run off." Laban rounded up his

야 길르앗 산지에서 그를 따라잡았다. 그날 밤 꿈에 하나님께서 아람 사람 라반에게 나타나셔서 말씀하셨다. "좋은 일이든 나쁜 일이든, 야곱에게 함부로 하지 마라."

25 라반이 이르러 보니, 야곱이 길르앗 산지에 장막을 쳐 놓았다. 라반도 그곳에 장막을 쳤다.

26-30 라반이 말했다. "자네가 나 몰래 내빼고 내 딸들을 포로처럼 끌고 가다니, 무슨 생각으로 이렇게 했는가? 어째서 도둑처럼 밤중에 도망쳤는가? 왜 내게 알리지 않았나? 내가 알았더라면, 음악과 소고와 피리를 동원해서 성대한 환송식을 열어 자네를 떠나보냈을 것이네! 하지만 자네는 내가 내 딸들과 손자손녀들에게 입 맞출 기회조차 주지 않았네. 그렇게 한 것은 어리석은 짓이네. 나는 마음만 먹으면 당장 자네를 해칠 수 있지만, 자네 아버지의 하나님께서 간밤에 내게 나타나셔서 말씀하셨네. 좋은 일이든 나쁜 일이든, 야곱에게 함부로 하지 말라고 말일세. 고향이 그리워서 떠난 것은 이해가 되네. 하지만 내 집의 수호신상은 왜 훔쳐 갔는가?"

31-32 야곱이 라반에게 대답했다. "저는 장인어른이 제게서 장인어른의 딸들을 강제로 빼앗아 갈까 봐 두려웠습니다. 그러나 장인어른의 수호신상에 관해서는, 여기 있는 누구에게서 그것이 나오든, 그 사람은 살아남지 못할 것입니다. 우리 모두 지켜볼 테니, 뒤져 보십시오. 장인어른께 속한 것이 조금이라도 나오거든, 그것을 가져가십시오." 야곱은 라헬이 수호신상을 훔쳤다는 사실을 모르고 있었다.

33-35 라반은 야곱의 장막과 레아의 장막과 두 여종의 장막을 샅샅이 뒤졌지만, 아무것도 찾아내지 못했다. 그는 레아의 장막에서 나와 라헬의 장막으로 갔다. 그러나 라헬은 그 수호신상을 가져다 낙타 안장 속에 넣고는 그 위에 앉아 있었다. 라반이 장막을 뒤지

relatives and chased after him. Seven days later they caught up with him in the hill country of Gilead. That night God came to Laban the Aramean in a dream and said, "Be careful what you do to Jacob, whether good or bad."

25 When Laban reached him, Jacob's tents were pitched in the Gilead mountains; Laban pitched his tents there, too.

26-30 "What do you mean," said Laban, "by keeping me in the dark and sneaking off, hauling my daughters off like prisoners of war? Why did you run off like a thief in the night? Why didn't you tell me? Why, I would have sent you off with a great celebration—music, timbrels, flutes! But you wouldn't permit me so much as a kiss for my daughters and grandchildren. It was a stupid thing for you to do. If I had a mind to, I could destroy you right now, but the God of your father spoke to me last night, 'Be careful what you do to Jacob, whether good or bad.' I understand. You left because you were homesick. But why did you steal my household gods?"

31-32 Jacob answered Laban, "I was afraid. I thought you would take your daughters away from me by brute force. But as far as your gods are concerned, if you find that anybody here has them, that person dies. With all of us watching, look around. If you find anything here that belongs to you, take it." Jacob didn't know that Rachel had stolen the gods.

33-35 Laban went through Jacob's tent, Leah's tent, and the tents of the two maids

고 샅샅이 수색했으나 아무것도 찾아내지 못
했다. 라헬이 자기 아버지에게 말했다. "아버
지, 제가 월경중이라 아버지 앞에서 일어설
수 없으니, 저를 무례하다 여기지 말아 주십
시오." 라반은 그곳을 샅샅이 뒤져 보았으나,
수호신상을 찾아내지 못했다.

³⁶⁻³⁷ 이제는 야곱이 화를 내며 라반에게 따
졌다. "제가 무슨 죄를 짓고 무슨 잘못을 저
질렀기에, 저를 이렇게 괴롭히십니까? 장
인어른께서 이곳을 샅샅이 뒤졌으나, 장인
어른의 소유라고 할 만한 것을 단 하나라도
찾아낸 것이 있습니까? 있다면, 보여주십
시오. 증거를 제시해 주십시오. 장인어른과
저 사이에 누가 옳고 그른지, 우리 가족과
장인어른의 가족이 배심원이 되어 가려 줄
것입니다.

³⁸⁻⁴² 제가 장인어른을 위해 이십 년 동안 일
하면서, 암양과 암염소가 유산한 적이 한 번
도 없었습니다. 저는 장인어른의 가축 가운
데서 숫양 한 마리 잡아먹은 적이 없습니다.
들짐승에게 찢긴 가축은 장인어른께 가져가
지 않고 제 주머니를 털어 변상했습니다. 사
실, 장인어른은 제 잘못인지 아닌지 가리지
도 않고 제게 물어내게 하셨습니다. 저는 찌
는 듯한 더위나 살을 에는 듯한 추위에도 밖
에서 일했고, 잠을 못 자고 밤을 새운 적도
여러 번 있었습니다. 지난 이십 년 동안 저
는, 장인어른의 두 딸을 얻기 위해 십사 년을
종처럼 일했고, 장인어른의 가축을 얻기 위
해 육 년을 더 일했습니다. 그런데도 장인어
른은 제 품삯을 열 번이나 바꿔 셈했습니다.
제 아버지의 하나님, 아브라함의 하나님, 이
삭의 두려우신 하나님께서 저와 함께 계시
지 않았다면, 장인어른은 저를 빈손으로 떠
나보냈을 것입니다. 그러나 하나님께서는
제가 곤경에 처한 것과 제가 얼마나 열심히
일했는지를 아시고, 지난밤에 판결을 내려
주신 것입니다."

but didn't find them. He went from Leah's
tent to Rachel's. But Rachel had taken the
household gods, put them inside a camel
cushion, and was sitting on them. When
Laban had gone through the tent, search-
ing high and low without finding a thing,
Rachel said to her father, "Don't think
I'm being disrespectful, my master, that
I can't stand before you, but I'm having
my period." So even though he turned the
place upside down in his search, he didn't
find the household gods.

³⁶⁻³⁷ Now it was Jacob's turn to get angry.
He lit into Laban: "So what's my crime,
what wrong have I done you that you
badger me like this? You've ransacked
the place. Have you turned up a single
thing that's yours? Let's see it—display the
evidence. Our two families can be the jury
and decide between us.

³⁸⁻⁴² "In the twenty years I've worked for
you, ewes and she-goats never miscarried.
I never feasted on the rams from your
flock. I never brought you a torn carcass
killed by wild animals but that I paid for it
out of my own pocket—actually, you made
me pay whether it was my fault or not. I
was out in all kinds of weather, from torrid
heat to freezing cold, putting in many a
sleepless night. For twenty years I've done
this: I slaved away fourteen years for your
two daughters and another six years for
your flock and you changed my wages ten
times. If the God of my father, the God of
Abraham and the Fear of Isaac, had not
stuck with me, you would have sent me
off penniless. But God saw the fix I was in
and how hard I had worked and last night

43-44 라반이 자신을 변호했다. "딸들도 내 딸들이고, 아이들도 내 아이들이고, 가축도 내 가축일세. 자네 눈에 보이는 모든 것이 내 것일세. 그러나 내가 내 딸들이나 그 애들이 낳은 자식들을 어찌하겠는가? 그러니 자네와 나 사이에 계약을 맺어 해결하세. 하나님께서 우리 사이에 증인이 되어 주실 것이네."

45 야곱이 돌 하나를 가져다가 기둥처럼 똑바로 세웠다.

46-47 야곱이 가족을 불러 모아 "돌들을 가져오시오!" 하고 말했다. 그들은 돌들을 주워 모아 쌓아 올리고, 그 돌무더기 곁에서 음식을 먹었다. 라반은 그 돌무더기를 아람 말로 여갈사하두다(증거의 기념비)라고 했고, 야곱은 히브리 말로 갈르엣(증거의 기념비)이라고 했다.

48-50 라반이 말했다. "이제부터 이 돌무더기 기념비가 자네와 나 사이에 증거가 될 것이네." (이 돌무더기를 갈르엣, 곧 증거의 기념비라 부르는 것은 이 때문이다.) 이 돌무더기를 미스바(망루)라고도 하는데, 이는 라반이 이렇게 말했기 때문이다. "우리가 서로 보지 못할 때에도 하나님께서 자네와 나 사이에서 지켜보신다네. 자네가 내 딸들을 박대하거나 다른 아내들을 맞아들이면, 주위에 자네를 보는 사람이 아무도 없다 하더라도, 하나님께서 자네를 보시고 우리 사이에 증인이 되어 주실 것이네."

51-53 라반이 계속해서 야곱에게 말했다. "이 돌무더기 기념비와 내가 세운 이 돌기둥이 증거일세. 내가 이 선을 넘어가 자네를 해치지 않고, 자네도 이 선을 넘어와 나를 해치지 않겠다는 증거 말일세. 아브라함의 하나님, 나홀의 하나님(그들 조상의 하나님)께서 우리 사이의 일들을 올바르게 해주실 것이네."

53-55 야곱도 두려우신 분, 곧 자기 아버지 이삭의 하나님께 맹세하며 약속했다. 야곱

rendered his verdict."

43-44 Laban defended himself: "The daughters are my daughters, the children are my children, the flock is my flock—everything you see is mine. But what can I do about my daughters or for the children they've had? So let's settle things between us, make a covenant—God will be the witness between us."

45 Jacob took a stone and set it upright as a pillar.

46-47 Jacob called his family around, "Get stones!" They gathered stones and heaped them up and then ate there beside the pile of stones. Laban named it in Aramaic, Yegar-sahadutha (Witness Monument); Jacob echoed the naming in Hebrew, Galeed (Witness Monument).

48-50 Laban said, "This monument of stones will be a witness, beginning now, between you and me." (That's why it is called Galeed—Witness Monument.) It is also called Mizpah (Watchtower) because Laban said, "GOD keep watch between you and me when we are out of each other's sight. If you mistreat my daughters or take other wives when there's no one around to see you, God will see you and stand witness between us."

51-53 Laban continued to Jacob, "This monument of stones and this stone pillar that I have set up is a witness, a witness that I won't cross this line to hurt you and you won't cross this line to hurt me. The God of Abraham and the God of Nahor (the God of their ancestor) will keep things straight between us."

53-55 Jacob promised, swearing by the Fear, the God of his father Isaac. Then

은 산에서 제사를 드리고 예배한 뒤에, 친족들을 모두 식사에 청했다. 그들은 음식을 먹고 그날 밤을 그 산에서 묵었다. 라반은 이튿날 아침 일찍 일어나, 손자손녀와 딸들에게 입 맞추고 그들을 축복한 다음 집을 향해 출발했다.

네 이름은 더 이상 야곱이 아니다

32 ¹⁻² 야곱도 자기 길을 갔다. 하나님의 천사들이 그를 만났다. 야곱이 그들을 보고 "하나님의 진이다!" 하고 말했다. 그러고는 그곳의 이름을 마하나임(진영)이라고 했다.

³⁻⁵ 그런 다음 야곱은 에돔의 세일 땅에 사는 자기 형 에서에게 심부름꾼들을 먼저 보냈다. 그는 그들에게 지시했다. "나의 주인 에서께 이렇게 전하여라. '당신의 종 야곱이 말씀드립니다. 저는 라반의 집에 머물며 지금까지 떠나지 못하고 있었습니다. 그동안 저는 소와 나귀와 양 떼를 얻게 되었고, 남녀 종들도 거느리게 되었습니다. 주인님, 주인님의 허락을 바라며 제가 이 모든 소식을 전합니다.'"

⁶ 심부름꾼들이 야곱에게 돌아와 말했다. "주인님의 형님이신 에서께 주인님의 소식을 전했습니다. 그분은 주인님을 맞이하러, 부하 사백 명을 거느리고 오시는 중입니다."

⁷⁻⁸ 야곱은 몹시 두렵고 겁이 났다. 당황한 그는, 일행과 양과 소와 낙타 떼를 두 진으로 나누고 나서 생각했다. "에서 형님이 한쪽 진을 치면, 다른 쪽 진은 달아날 기회가 있을 거야."

⁹⁻¹² 야곱이 기도했다. "나의 조상 아브라함의 하나님, 나의 아버지 이삭의 하나님, 제게 '네 부모의 고향으로 돌아가거라. 그러면 내가 너를 선대하겠다'고 말씀하신 하나님, 저는 하나님께서 보여주신 그 모든 사랑과 성실을 받을 만한 사람이 못됩니다.

Jacob offered a sacrifice on the mountain and worshiped, calling in all his family members to the meal. They ate and slept that night on the mountain. Laban got up early the next morning, kissed his grandchildren and his daughters, blessed them, and then set off for home.

32 ¹⁻² And Jacob went his way. Angels of God met him. When Jacob saw them he said, "Oh! God's Camp!" And he named the place Mahanaim (Campground).

³⁻⁵ Then Jacob sent messengers on ahead to his brother Esau in the land of Seir in Edom. He instructed them: "Tell my master Esau this, 'A message from your servant Jacob: I've been staying with Laban and couldn't get away until now. I've acquired cattle and donkeys and sheep; also men and women servants. I'm telling you all this, my master, hoping for your approval.'"

⁶ The messengers came back to Jacob and said, "We talked to your brother Esau and he's on his way to meet you. But he has four hundred men with him."

⁷⁻⁸ Jacob was scared. Very scared. Panicked, he divided his people, sheep, cattle, and camels into two camps. He thought, "If Esau comes on the first camp and attacks it, the other camp has a chance to get away."

⁹⁻¹² And then Jacob prayed, "God of my father Abraham, God of my father Isaac, GOD who told me, 'Go back to your parents' homeland and I'll treat you well.' I don't deserve all the love and loyalty you've shown me. When I left here and crossed the Jordan I only had the clothes on my back, and now look at me—two camps! Save me, please,

제가 이곳을 떠나 요단 강을 건너던 때, 제가 가진 것은 옷가지가 전부였습니다. 하지만 보십시오. 이제 저는 두 진이나 이루었습니다! 몹시도 화가 난 제 형님으로부터 저를 구해 주십시오! 그가 와서 저와 제 아내들과 자식들 할 것 없이 저희 모두를 칠까 두렵습니다. 하나님께서는 '내가 너를 선대하겠다. 네 자손을 바다의 모래처럼 셀 수 없을 만큼 많아지게 하겠다'고 친히 말씀하셨습니다."

13-16 야곱은 그날 밤 그곳에서 묵었다. 그는 자기 소유물 가운데서 형 에서에게 줄 선물을 골라 준비했다. 암염소 이백 마리와 숫염소 스무 마리, 암양 이백 마리, 숫양 스무 마리, 새끼 딸린 낙타 서른 마리, 암소 마흔 마리, 황소 열 마리, 암나귀 스무 마리, 수나귀 열 마리였다. 그는 종들에게 한 떼씩 맡기며 말했다. "나보다 앞서 가거라. 가축 떼 사이에 거리를 충분히 두어라."

17-18 그런 다음 첫 번째 종에게 이렇게 지시했다. "나의 형님 에서가 가까이 다가와서 '네 주인이 누구냐? 어디로 가는 중이냐? 이것들은 누구의 것이냐?' 하고 묻거든, '주인님의 종 야곱의 것입니다. 이것들은 에서 주인님께 드리는 선물입니다. 그도 뒤에 오고 있습니다' 하고 대답하여라."

19-20 그는 떼를 이끌고 출발하는 두 번째 종과 세 번째 종에게도 차례로 같은 지시를 내렸다. "너는 이렇게 말하여라. '주인님의 종 야곱이 저희 뒤에 오고 있습니다.'" 야곱은 생각했다. "연이어 선물을 받으면 형님의 마음이 풀어지겠지. 그런 다음에 내 얼굴을 보면, 형님이 나를 기쁘게 맞아 줄지도 몰라."

21 야곱은 선물을 앞세워 보내고, 그날 밤을 진에서 머물렀다.

22-23 그러나 야곱은 밤중에 일어나, 두 아내와 두 여종과 열한 명의 자녀들을 데리고 얍복 강을 건넜다. 그는 그들을 강 너머로 안전하게 건너보내고, 자신의 모든 소유물도 건

from the violence of my brother, my angry brother! I'm afraid he'll come and attack us all, me, the mothers and the children. You yourself said, 'I will treat you well; I'll make your descendants like the sands of the sea, far too many to count.'"

13-16 He slept the night there. Then he prepared a present for his brother Esau from his possessions: two hundred female goats, twenty male goats, two hundred ewes and twenty rams, thirty camels with their nursing young, forty cows and ten bulls, twenty female donkeys and ten male donkeys. He put a servant in charge of each herd and said, "Go ahead of me and keep a healthy space between each herd."

17-18 Then he instructed the first one out: "When my brother Esau comes close and asks, 'Who is your master? Where are you going? Who owns these?'—answer him like this, 'Your servant Jacob. They are a gift to my master Esau. He's on his way.'"

19-20 He gave the same instructions to the second servant and to the third—to each in turn as they set out with their herds: "Say 'Your servant Jacob is on his way behind us.'" He thought, "I will soften him up with the succession of gifts. Then when he sees me face-to-face, maybe he'll be glad to welcome me."

21 So his gifts went before him while he settled down for the night in the camp.

22-23 But during the night he got up and took his two wives, his two maidservants, and his eleven children and crossed the ford of the Jabbok. He got them safely across the brook along with all his possessions.

너보냈다.

24-25 야곱이 홀로 뒤에 남았는데, 어떤 사람이 그를 붙잡고 동이 틀 때까지 씨름했다. 그 사람은 야곱을 이길 수 없음을 알고는, 일부러 야곱의 엉덩이뼈를 쳐서 탈골시켰다.

26 그 사람이 말했다. "동이 트려고 하니 나를 놓아 다오."

야곱이 말했다. "저를 축복해 주시지 않으면 놓아주지 않겠습니다."

27 그 사람이 물었다. "네 이름이 무엇이냐?"

야곱이 대답했다. "야곱입니다."

28 그 사람이 말했다. "아니다. 이제 네 이름은 더 이상 야곱이 아니다. 네가 하나님과 씨름하여 이겼으니, 이제부터 네 이름은 이스라엘(하나님과 씨름한 자)이다."

29 야곱이 물었다. "당신의 이름이 무엇입니까?"

그 사람이 말했다. "어째서 내 이름을 알려고 하느냐?" 그러고는 곧 그 자리에서 야곱을 축복해 주었다.

30 야곱은 "내가 하나님을 마주 대하여 뵈었는데도, 이렇게 살아서 이야기를 전하는구나!" 하고 말하며, 그곳의 이름을 브니엘(하나님의 얼굴)이라고 했다.

31-32 야곱이 브니엘을 떠날 때 해가 떠올랐다. 그는 엉덩이뼈 때문에 절뚝거렸다. (그래서 이스라엘 사람들은 오늘날까지도 엉덩이뼈의 힘줄을 먹지 않는다. 야곱의 엉덩이뼈가 탈골되었기 때문이다.)

야곱과 에서의 화해

33 1-4 야곱이 눈을 들어 보니, 에서가 부하 사백 명을 거느리고 오고 있었다. 야곱은 레아와 라헬과 두 여종에게 자녀들을 나누어 맡기고, 맨 앞에는 두 여종을, 그 뒤에는 레아와 그녀의 아이들을, 그리고 맨 뒤에는 라헬과 요셉을 세웠다. 야곱 자신은 선두에 서서, 자기 형에게 다가가면서 일

24-25 But Jacob stayed behind by himself, and a man wrestled with him until daybreak. When the man saw that he couldn't get the best of Jacob as they wrestled, he deliberately threw Jacob's hip out of joint.

26 The man said, "Let me go; it's daybreak."

Jacob said, "I'm not letting you go 'til you bless me."

27 The man said, "What's your name?"

He answered, "Jacob."

28 The man said, "But no longer. Your name is no longer Jacob. From now on it's Israel (God-Wrestler); you've wrestled with God and you've come through."

29 Jacob asked, "And what's your name?" The man said, "Why do you want to know my name?" And then, right then and there, he blessed him.

30 Jacob named the place Peniel (God's Face) because, he said, "I saw God face-to-face and lived to tell the story!"

31-32 The sun came up as he left Peniel, limping because of his hip. (This is why Israelites to this day don't eat the hip muscle; because Jacob's hip was thrown out of joint.)

33 1-4 Jacob looked up and saw Esau coming with his four hundred men. He divided the children between Leah and Rachel and the two maidservants. He put the maidservants out in front, Leah and her children next, and Rachel and Joseph last. He led the way and, as he approached his brother, bowed

곱 번 절하고 경의를 표했다. 그러자 에서가 달려와 그를 와락 껴안았다. 그는 야곱을 힘껏 안고 입을 맞추었다. 그 둘은 함께 울었다.

5 잠시 후에 에서가 둘러보다가, 여인과 아이들을 보고 물었다. "너와 함께 있는 이 사람들은 누구냐?"

야곱이 대답했다. "하나님께서 제게 은혜로 주신 자녀들입니다."

6-7 그러자 두 여종이 자기 아이들과 함께 나아와 절하고, 이어서 레아와 그녀의 아이들이 나아와 절하고, 마지막으로 라헬과 요셉이 에서에게 나아와 절했다.

8 에서가 물었다. "내가 앞서 만난 가축 떼는 다 무엇이냐?"

"주인님께서 저를 너그러이 맞아 주셨으면 하는 마음에서 보내드린 것입니다."

9 에서가 말했다. "내 아우야, 나는 온갖 것을 풍성히 가지고 있으니 네 것은 네가 가지거라."

10-11 야곱이 말했다. "아닙니다. 받아 주십시오. 저를 맞아 줄 마음이 있으시면, 그 선물을 받아 주십시오. 주인님의 얼굴을 뵈니, 저를 보고 미소 지으시는 하나님의 얼굴을 뵙는 것 같습니다. 제가 주인님께 드린 선물을 받아 주십시오. 하나님께서 저를 선대해 주셔서, 저는 넉넉히 가지고 있습니다." 야곱이 간곡히 권하므로 에서가 선물을 받아들였다.

12 에서가 말했다. "내가 앞장설 테니, 어서 출발하자."

13-14 그러자 야곱이 말했다. "주인님도 보시다시피, 아이들이 많이 지쳐 있습니다. 가축들도 새끼에게 젖을 먹여야 하니, 천천히 진행하는 것이 좋겠습니다. 하루라도 심하게 몰다가는 다 죽고 말 것입니다. 그러니 주인님께서는 이 종보다 앞서 가십시오. 저는 제 가축 떼와 아이들 걸음에 맞춰

seven times, honoring his brother. But Esau ran up and embraced him, held him tight and kissed him. And they both wept.

5 Then Esau looked around and saw the women and children: "And who are these with you?"

Jacob said, "The children that God saw fit to bless me with."

6-7 Then the maidservants came up with their children and bowed; then Leah and her children, also bowing; and finally, Joseph and Rachel came up and bowed to Esau.

8 Esau then asked, "And what was the meaning of all those herds that I met?"

"I was hoping that they would pave the way for my master to welcome me."

9 Esau said, "Oh, brother. I have plenty of everything—keep what is yours for yourself."

10-11 Jacob said, "Please. If you can find it in your heart to welcome me, accept these gifts. When I saw your face, it was as the face of God smiling on me. Accept the gifts I have brought for you. God has been good to me and I have more than enough." Jacob urged the gifts on him and Esau accepted.

12 Then Esau said, "Let's start out on our way; I'll take the lead."

13-14 But Jacob said, "My master can see that the children are frail. And the flocks and herds are nursing, making for slow going. If I push them too hard, even for a day, I'd lose them all. So, master, you go on ahead of your servant, while I take it easy at the pace of my flocks and children. I'll catch up with you in Seir."

15 Esau said, "Let me at least lend you some

서 천천히 가겠습니다. 세일에서 주인님을 만나겠습니다."

15 에서가 말했다. "그렇다면 내 부하 몇을 네게 남겨 두도록 하겠다."

야곱이 말했다. "그러실 필요가 없습니다. 저를 이렇게 환대해 주신 것으로 충분합니다."

16 에서는 그날로 길을 떠나 세일로 돌아갔다.

17 야곱은 숙곳으로 갔다. 그는 자기가 살 집과 가축을 위한 초막을 지었다. 그리하여 그곳을 숙곳(초막)이라고 부르게 되었다.

18-20 이렇게 야곱은 밧단아람을 떠나 가나안 땅 세겜 성읍에 무사히 이르렀다. 그는 그 성읍 근방에 장막을 쳤다. 그리고 장막을 친 그 땅을 세겜의 아버지 하몰의 아들들에게서 샀다. 그는 그 땅값으로 은화 백 개를 지불했다. 그런 다음 그곳에 제단을 쌓고, 그 이름을 엘 엘로헤이스라엘(이스라엘의 하나님은 강하시다)이라고 했다.

디나가 부끄러운 일을 당하다

34 1-4 어느 날, 레아가 낳은 야곱의 딸 디나가 그 땅 여자들을 만나러 갔다. 그 땅의 족장이며 히위 사람 하몰의 아들인 세겜이 그녀를 보고 강간하여 욕보였다. 그가 야곱의 딸 디나에게 마음을 빼앗기고 사랑에 빠져서, 결혼해 달라고 졸라 댔다. 세겜이 자기 아버지 하몰에게 말했다. "이 소녀를 제 아내로 얻어 주십시오."

5-7 야곱은 세겜이 자기 딸 디나를 욕보였다는 말을 들었으나, 아들들이 가축 떼와 함께 들에 나가 있었으므로 그들이 집으로 돌아올 때까지 아무 말도 하지 않았다. 세겜의 아버지 하몰이 결혼을 성사시키려고 야곱을 찾아왔다. 그 사이에 야곱의 아들들이 들에서 돌아와 무슨 일이 있었는지 들었다. 그들은 몹시 흥분해서, 분노를 억누르지 못했다. 세겜이 야곱의 딸을 욕보인 것은 이스라엘 안에서는 도저히 묵과할 수 없고 참을 수 없는 일이

of my men."

"There's no need," said Jacob. "Your generous welcome is all I need or want."

16 So Esau set out that day and made his way back to Seir.

17 And Jacob left for Succoth. He built a shelter for himself and sheds for his livestock. That's how the place came to be called Succoth (Sheds).

18-20 And that's how it happened that Jacob arrived all in one piece in Shechem in the land of Canaan—all the way from Paddan Aram. He camped near the city. He bought the land where he pitched his tent from the sons of Hamor, the father of Shechem. He paid a hundred silver coins for it. Then he built an altar there and named it El-Elohe-Israel (Mighty Is the God of Israel).

34 1-4 One day Dinah, the daughter Leah had given Jacob, went to visit some of the women in that country. Shechem, the son of Hamor the Hivite who was chieftain there, saw her and raped her. Then he felt a strong attraction to Dinah, Jacob's daughter, fell in love with her, and wooed her. Shechem went to his father Hamor, "Get me this girl for my wife."

5-7 Jacob heard that Shechem had raped his daughter Dinah, but his sons were out in the fields with the livestock so he didn't say anything until they got home. Hamor, Shechem's father, went to Jacob to work out marriage arrangements. Meanwhile Jacob's sons on their way back from the fields heard

었다.

8-10 하몰이 야곱과 그의 아들들에게 말했다. "내 아들 세겜이 당신 딸에게 빠져 있습니다. 그러니 따님을 내 아들의 아내로 주십시오. 우리 서로 사돈 관계를 맺읍시다. 여러분의 딸을 우리에게 주면, 우리도 우리의 딸을 여러분에게 주겠습니다. 우리 서로 어울려 한 가족처럼 지냅시다. 우리 가운데 자리 잡고 편히 지내십시오. 우리와 함께 살면서 번성하기를 바랍니다."

11-12 세겜이 디나의 아버지와 오라버니들에게 자기 생각을 말했다. "허락해 주십시오. 신부를 데려오는 값은 얼마든지 치르겠습니다. 당신들이 그 값을 정하십시오. 이 소녀를 내 아내로 주기만 하면, 바라는 값이 아무리 많다 해도 꼭 치르겠습니다."

13-17 야곱의 아들들은 자신들의 누이를 욕보인 세겜과 그의 아버지에게 속임수를 써서 대답했다. 그들은 이렇게 말했다. "말도 안됩니다. 할례 받지 않은 남자에게 우리 누이를 줄 수 없습니다. 그렇게 하는 것은 우리에게 수치스러운 일입니다. 당신네 남자들이 모두 우리처럼 할례를 받는 조건이라면 한번 진지하게 이야기해 볼 수 있습니다. 그렇게 해준다면, 우리가 기꺼이 당신네 딸들과 결혼하고 우리의 딸들을 당신들에게 시집보내며, 당신들 가운데서 편히 지내면서 당신들과 더불어 큰 민족을 이루어 행복하게 지내겠습니다. 그러나 당신들이 이 조건을 받아들이지 않으면, 우리는 우리 누이를 데리고 떠나겠습니다."

18 하몰과 그의 아들 세겜이 생각하기에 그 조건은 꽤 타당해 보였다.

19 야곱의 딸에게 빠져 있던, 젊은 세겜은 그들이 요구한 대로 했다. 그는 자기 아버지의 집안에서 가장 인정받는 아들이었다.

what had happened. They were outraged, explosive with anger. Shechem's rape of Jacob's daughter was intolerable in Israel and not to be put up with.

8-10 Hamor spoke with Jacob and his sons, "My son Shechem is head over heels in love with your daughter–give her to him as his wife. Intermarry with us. Give your daughters to us and we'll give our daughters to you. Live together with us as one family. Settle down among us and make yourselves at home. Prosper among us."

11-12 Shechem then spoke for himself, addressing Dinah's father and brothers: "Please, say yes. I'll pay anything. Set the bridal price as high as you will–the sky's the limit! Only give me this girl for my wife."

13-17 Jacob's sons answered Shechem and his father with cunning. Their sister, after all, had been raped. They said, "This is impossible. We could never give our sister to a man who was uncircumcised. Why, we'd be disgraced. The only condition on which we can talk business is if all your men become circumcised like us. Then we will freely exchange daughters in marriage and make ourselves at home among you and become one big, happy family. But if this is not an acceptable condition, we will take our sister and leave."

18 That seemed fair enough to Hamor and his son Shechem.

19 The young man was so smitten with Jacob's daughter that he proceeded to do what had been asked. He was also the most admired son in his father's family.

20-23 하몰과 그의 아들 세겜은 광장으로 가서 성읍 의회 앞에 말했다. "이 사람들은 우리를 좋아합니다. 그들은 우리의 친구입니다. 그러니 그들이 이 땅에 자리 잡고 편히 지내게 해줍시다. 우리 땅은 그들이 자리 잡고 살아도 될 만큼 넓습니다. 생각해 보십시오. 우리는 그들의 딸들과 결혼하고, 그들은 우리의 딸들과 결혼할 수 있게 될 것입니다. 하지만 이 사람들은 우리 성읍의 모든 남자가 자기들처럼 할례를 받아야만 우리의 청을 받아들이고, 우리와 함께 살면서 더불어 한 민족이 되겠다고 하는군요. 이것은 우리에게 크게 이득이 되는 거래입니다. 이 사람들은 엄청난 가축 떼를 소유하고 있는 대단한 부자들이니, 그 모든 것이 결국 우리 손에 들어오게 될 것입니다. 그러니 그들이 요구하는 대로 해주고, 그들이 우리 가운데 자리 잡고 살면서 우리와 어울리게 합시다."

24 성읍 주민 모두가 하몰과 그의 아들 세겜의 제안을 받아들여, 모든 남자가 할례를 받았다.

25-29 할례를 받고 사흘이 지난 뒤, 모든 남자가 아파하고 있을 때에 야곱의 두 아들 곧 디나의 오라버니인 시므온과 레위가 각자 칼을 들고, 자기들이 주인이기라도 한 것처럼 당당하게 성읍으로 들어가서 그곳 남자들을 모조리 살해했다. 그들은 또 하몰과 그의 아들 세겜을 죽이고, 세겜의 집에서 디나를 구출하여 그곳을 떠났다. 야곱의 다른 아들들은 살해 현장에 달려 들어가서, 디나를 욕보인 것에 대한 보복으로 성읍 전체를 약탈했다. 그들은 양 떼, 소 떼, 나귀 떼뿐 아니라 성읍 안과 들에 있는 소유물까지 모조리 빼앗았다. 그런 다음 부녀자들과 아이들을 포로로 잡고, 그들의 집을 샅샅이 뒤져 값나가는 것은 무엇이든 약탈했다.

20-23 So Hamor and his son Shechem went to the public square and spoke to the town council: "These men like us; they are our friends. Let them settle down here and make themselves at home; there's plenty of room in the country for them. And, just think, we can even exchange our daughters in marriage. But these men will only accept our invitation to live with us and become one big family on one condition, that all our males become circumcised just as they themselves are. This is a very good deal for us—these people are very wealthy with great herds of livestock and we're going to get our hands on it. So let's do what they ask and have them settle down with us."

24 Everyone who was anyone in the city agreed with Hamor and his son, Shechem; every male was circumcised.

25-29 Three days after the circumcision, while all the men were still very sore, two of Jacob's sons, Simeon and Levi, Dinah's brothers, each with his sword in hand, walked into the city as if they owned the place and murdered every man there. They also killed Hamor and his son Shechem, rescued Dinah from Shechem's house, and left. When the rest of Jacob's sons came on the scene of slaughter, they looted the entire city in retaliation for Dinah's rape. Flocks, herds, donkeys, belongings—everything, whether in the city or the fields—they took. And then they took all the wives and children captive and ransacked their homes for anything valuable.

30 야곱이 시므온과 레위에게 말했다. "너
희가 이 땅의 가나안 사람과 브리스 사람
사이에서 내 이름을 몹시도 추하게 만들었
구나. 저들이 힘을 합쳐 우리를 치면, 수가
적은 우리는 살아남을 수가 없다. 저들이
나와 우리 가족을 다 죽이고 말 것이다."
31 그들이 말했다. "누구든지 우리 누이를
창녀처럼 대하는 자를, 우리는 가만 둘 수
없습니다."

베델로 돌아가거라

35 1 8 하나님께서 야곱에게 말씀하
셨다. "베델로 돌아가거라. 그곳에
머물면서, 네가 네 형 에서를 피해 달아나던
때에 네게 나타난 하나님께 제단을 쌓아라."
2-3 야곱은 자기 가족과 자기와 함께한 모
든 사람에게 말했다. "여러분이 지니고 있
는 이방 신들을 모두 내던져 버리고, 몸을
깨끗이 씻고, 깨끗한 옷으로 갈아입으시오.
이제 우리는 베델로 갈 것이오. 그곳에서
내가 곤경에 처했을 때 내게 응답하시고,
내가 어디로 가든지 늘 나와 함께하신 하나
님께, 제단을 쌓을 것이오."
4-5 그들은 자신들이 의지해 온 이방 신들
과 행운의 부적 귀걸이들을 모두 야곱에게
넘겨주었다. 야곱은 그것들을 세겜 근처 상
수리나무 밑에 묻었다. 그러고 나서 그들은
길을 떠났다. 큰 두려움이 주변 성읍들에
임했다. 겁에 질린 그들은 아무도 야곱의
아들들을 추격하지 못했다.
6-7 야곱과 그의 일행은 가나안 땅 루스, 곧
베델에 이르렀다. 야곱은 그곳에 제단을 쌓
고, 그곳의 이름을 엘베델(베델의 하나님)이
라고 했다. 야곱이 자기 형을 피해 달아나
던 때에 하나님께서 그곳에서 그에게 나타
나셨기 때문이다.
8 그때 리브가의 유모 드보라가 죽어, 베델
바로 아래에 있는 상수리나무 밑에 묻혔다.

30 Jacob said to Simeon and Levi, "You've
made my name stink to high heaven among
the people here, these Canaanites and
Perizzites. If they decided to gang up on us
and attack, as few as we are we wouldn't
stand a chance; they'd wipe me and my
people right off the map."
31 They said, "Nobody is going to treat our
sister like a whore and get by with it."

35 1 God spoke to Jacob: "Go back
to Bethel. Stay there and build an
altar to the God who revealed himself to you
when you were running for your life from
your brother Esau."
2-3 Jacob told his family and all those who
lived with him, "Throw out all the alien gods
which you have, take a good bath and put
on clean clothes, we're going to Bethel. I'm
going to build an altar there to the God who
answered me when I was in trouble and has
stuck with me everywhere I've gone since."
4-5 They turned over to Jacob all the alien
gods they'd been holding on to, along with
their lucky-charm earrings. Jacob buried
them under the oak tree in Shechem. Then
they set out. A paralyzing fear descended
on all the surrounding villages so that they
were unable to pursue the sons of Jacob.
6-7 Jacob and his company arrived at Luz,
that is, Bethel, in the land of Canaan. He
built an altar there and named it El-Bethel
(God-of-Bethel) because that's where
God revealed himself to him when he was
running from his brother.
8 And that's when Rebekah's nurse,
Deborah, died. She was buried just below

사람들이 그 나무를 알론바굿(눈물의 상수리 나무)이라고 했다.

9-10 야곱이 밧단아람에서 돌아온 뒤에, 하나님께서 그에게 다시 나타나 복을 주시며 말씀하셨다. "네 이름이 야곱(발뒤꿈치)이지만, 그것은 더 이상 네 이름이 아니다. 이제부터 네 이름은 이스라엘(하나님과 씨름한 자)이다."

11-12 하나님께서 말씀하셨다.

나는 강한 하나님이다.
자녀를 낳고, 번성하여라!
한 민족, 곧 민족들의 무리가
네게서 나오고
왕들이 네 허리에서 나올 것이다.
이제 내가
아브라함과 이삭에게 준 땅을 네게 주고
네 후손에게도 줄 것이다.

13 그런 뒤에 하나님께서 야곱과 말씀을 나누시던 곳을 떠나 올라가셨다.

14-15 야곱은 하나님께서 자기와 말씀하시던 곳에 돌기둥을 세우고, 그 위에 부어 드리는 제물을 붓고, 또 그 위에 기름을 부었다. 야곱은 하나님께서 자기와 말씀을 나누신 장소, 곧 베델(하나님의 집)을 하나님께 바쳤다.

16-17 그들은 베델을 떠났다. 에브랏까지는 아직 한참을 가야 하는데, 라헬이 진통을 시작했다. 진통이 몹시 심할 즈음에, 산파가 그녀에게 말했다. "두려워하지 마세요. 또 사내아이를 낳았습니다."

18 죽어 가던 라헬은 마지막 숨을 거두면서 아이의 이름을 베노니(내 고통의 아들)라고 했다. 그러나 아이의 아버지는 아이의 이름을 베냐민(복된 아들)이라고 했다.

Bethel under the oak tree. It was named Allon-Bacuth (Weeping-Oak).

9-10 God revealed himself once again to Jacob, after he had come back from Paddan Aram and blessed him: "Your name is Jacob (Heel); but that's your name no longer. From now on your name is Israel (God-Wrestler)."

11-12 God continued,

I am The Strong God.
  Have children! Flourish!
A nation—a whole company of nations!—
  will come from you.
Kings will come from your loins;
  the land I gave Abraham and Isaac
I now give to you,
  and pass it on to your descendants.

13 And then God was gone, ascended from the place where he had spoken with him.

14-15 Jacob set up a stone pillar on the spot where God had spoken with him. He poured a drink offering on it and anointed it with oil. Jacob dedicated the place where God had spoken with him, Bethel (God's-House).

16-17 They left Bethel. They were still quite a ways from Ephrath when Rachel went into labor—hard, hard labor. When her labor pains were at their worst, the midwife said to her, "Don't be afraid—you have another boy."

18 With her last breath, for she was now dying, she named him Ben-oni (Son-of-My-Pain), but his father named him Ben-jamin (Son-of-Good-Fortune).

19-20 라헬이 죽어서 에브랏, 곧 베들레헴으로 가는 길가에 묻혔다. 야곱은 그곳에 묘비를 세워 그녀의 무덤을 표시했다. 그 묘비는 오늘날까지 '라헬의 묘비'로 그곳에 있다.

✣

21-22 이스라엘이 계속 진행하다가 믹달에델에 장막을 쳤다. 이스라엘이 그 지역에서 지내는 동안, 르우벤이 자기 아버지의 첩 빌하와 잠자리를 같이했다. 그가 한 일을 이스라엘이 전해 들었다.

✣

22-26 야곱에게는 열두 아들이 있었다.
레아가 낳은 아들은,
야곱의 맏아들인 르우벤
시므온
레위
유다
잇사갈
스불론이다.
라헬이 낳은 아들은,
요셉
베냐민이다.
라헬의 몸종 빌하가 낳은 아들은,
단
납달리다.
레아의 몸종 실바가 낳은 아들은,
갓
아셀이다.
이들은 밧단아람에서 태어난, 야곱의 아들들이다.

✣

27-29 마침내 야곱이 기럇아르바의 마므레에 있는 자기 아버지 이삭의 집으로 돌아왔다. 오늘날 헤브론이라 불리는 그곳은 아브라함과 이삭이 살던 곳이다. 이삭은 이제

19-20 Rachel died and was buried on the road to Ephrath, that is, Bethlehem. Jacob set up a pillar to mark her grave. It is still there today, "Rachel's Grave Stone."

✣

21-22 Israel kept on his way and set up camp at Migdal Eder. While Israel was living in that region, Reuben went and slept with his father's concubine, Bilhah. And Israel heard of what he did.

✣

22-26 There were twelve sons of Jacob.
The sons by Leah:
    Reuben, Jacob's firstborn
    Simeon
    Levi
    Judah
    Issachar
    Zebulun.
The sons by Rachel:
    Joseph
    Benjamin.
The sons by Bilhah, Rachel's maid:
    Dan
    Naphtali.
The sons by Zilpah, Leah's maid:
    Gad
    Asher.
These were Jacob's sons, born to him in Paddan Aram.

✣

27-29 Finally, Jacob made it back home to his father Isaac at Mamre in Kiriath Arba, present-day Hebron, where Abraham and Isaac had lived. Isaac was now 180 years

백여든 살이었다. 이삭은 늙고 나이가 들어서 마지막 숨을 거두었다. 아들 에서와 야곱이 그를 조상 곁에 묻었다.

old. Isaac breathed his last and died—an old man full of years. He was buried with his family by his sons Esau and Jacob.

에서의 족보

36 ¹ 에돔이라고도 하는 에서의 족보는 이러하다.

²⁻³ 에서는 가나안 여인들과 결혼했다. 헷 사람 엘론의 딸 아다, 히위 사람 아나의 딸이며 시브온의 손녀딸인 오홀리바마, 이스마엘의 딸이며 느바욧의 누이인 바스맛을 아내로 맞았다.

⁴ 아다는 에서에게서 엘리바스를 낳았고,
바스맛은 르우엘을 낳았고,
⁵ 오홀리바마는 여우스와 얄람과 고라를 낳았다.
이들은 모두 에서가 가나안 땅에서 얻은 아들들이다.

⁶⁻⁸ 에서는 아내들과 아들딸들과 자기 집안의 모든 사람과 모든 가축—가나안에서 얻은 모든 짐승과 재산—을 거두어, 자기 아우 야곱에게서 상당히 떨어진 곳으로 옮겨 갔다. 한곳에서 같이 살기에는 형제의 재산이 너무 많고 땅도 부족해서, 그들의 가축 떼를 모두 먹여 살릴 수 없었기 때문이다. 에서는 세일 산지에 자리를 잡았다. (에서와 에돔은 같은 사람이다.)

⁹⁻¹⁰ 세일 산지에 사는 에돔 사람의 조상 에서의 족보는 이러하다. 에서의 아들들의 이름은,
에서의 아내 아다가 낳은 아들 엘리바스
에서의 아내 바스맛이 낳은 아들 르우엘이다.

¹¹⁻¹² 엘리바스의 아들들은 데만, 오말, 스보, 가담, 그나스다. (엘리바스에게는 딤나라는 첩이 있었는데, 그녀는 엘리바스의 아

36 ¹ This is the family tree of Esau, who is also called Edom.

²⁻³ Esau married women of Canaan: Adah, daughter of Elon the Hittite; Oholibamah, daughter of Anah and the granddaughter of Zibeon the Hivite; and Basemath, daughter of Ishmael and sister of Nebaioth.

⁴ Adah gave Esau Eliphaz;
Basemath had Reuel;
⁵ Oholibamah had Jeush, Jalam, and Korah.
These are the sons of Esau who were born to him in the land of Canaan.

⁶⁻⁸ Esau gathered up his wives, sons and daughters, and everybody in his household, along with all his livestock—all the animals and possessions he had gotten in Canaan—and moved a considerable distance away from his brother Jacob. The brothers had too many possessions to live together in the same place; the land couldn't support their combined herds of livestock. So Esau ended up settling in the hill country of Seir (Esau and Edom are the same).

⁹⁻¹⁰ So this is the family tree of Esau, ancestor of the people of Edom, in the hill country of Seir. The names of Esau's sons:
Eliphaz, son of Esau's wife Adah;
Reuel, son of Esau's wife Basemath.

¹¹⁻¹² The sons of Eliphaz: Teman, Omar, Zepho, Gatam, and Kenaz. (Eliphaz also had

들 아말렉을 낳았다.) 이들은 모두 에서의 아내 아다의 손자들이다.

13 르우엘의 아들들은 나핫, 세라, 삼마, 미사다. 이들은 에서의 아내 바스맛의 손자들이다.

14 에서의 아내이며 시브온의 아들 아나의 딸인 오홀리바마의 아들들은 이러하다. 그녀는 에서에게서 여우스, 얄람, 고라를 낳았다.

15-16 에서의 족보에서 나온 족장들은 이러하다. 에서의 맏아들 엘리바스의 자손으로 족장이 된 이들은 데만, 오말, 스보, 그나스, 고라, 가담, 아말렉이다. 이들은 에돔 땅에 거주하는 엘리바스 자손의 족장들이며, 모두 아다의 자손이다.

17 에서의 아들 르우엘의 자손으로 족장이 된 이들은 나핫, 세라, 삼마, 미사다. 이들은 에돔 땅에 거주하는 르우엘 자손의 족장들이며, 에서의 아내 바스맛의 자손이다.

18 에서의 아내 오홀리바마의 자손으로 족장이 된 이들은 여우스, 얄람, 고라다. 이들은 모두 에서의 아내이자 아나의 딸인 오홀리바마에게서 태어난 족장들이다.

19 이들은 모두 에서 곧 에돔의 자손으로, 족장이 된 사람들이다.

20-21 그 땅의 원주민인 호리 사람 세일의 족보는 이러하다. 로단, 소발, 시브온, 아나, 디손, 에셀, 디산. 이들은 에돔 땅에 거주하는 세일의 자손으로, 호리 사람의 족장들이다.

22 로단의 아들들은 호리, 호맘이고, 로단의 누이는 딤나다.

23 소발의 아들들은 알완, 마나핫, 에발, 스보, 오남이다.

a concubine Timna, who had Amalek.) These are the grandsons of Esau's wife Adah.

13 And these are the sons of Reuel: Nahath, Zerah, Shammah, and Mizzah—grandsons of Esau's wife Basemath.

14 These are the sons of Esau's wife Oholibamah, daughter of Anah the son of Zibeon. She gave Esau his sons Jeush, Jalam, and Korah.

15-16 These are the chieftains in Esau's family tree. From the sons of Eliphaz, Esau's firstborn, came the chieftains Teman, Omar, Zepho, Kenaz, Korah, Gatam, and Amalek—the chieftains of Eliphaz in the land of Edom; all of them sons of Adah.

17 From the sons of Esau's son Reuel came the chieftains Nahath, Zerah, Shammah, and Mizzah. These are the chieftains of Reuel in the land of Edom; all these were sons of Esau's wife Basemath.

18 These are the sons of Esau's wife Oholibamah: the chieftains Jeush, Jalam, and Korah—chieftains born of Esau's wife Oholibamah, daughter of Anah.

19 These are the sons of Esau, that is, Edom, and these are their chieftains.

20-21 This is the family tree of Seir the Horite, who were native to that land: Lotan, Shobal, Zibeon, Anah, Dishon, Ezer, and Dishan. These are the chieftains of the Horites, the sons of Seir in the land of Edom.

22 The sons of Lotan were Hori and Homam; Lotan's sister was Timna.

23 The sons of Shobal were Alvan, Manahath, Ebal, Shepho, and Onam.

24 시브온의 아들들은 아야, 아나다. 아나는 자기 아버지 시브온의 나귀를 치다가 광야에서 온천을 발견한 사람이다.

25 아나의 아들은 디손이고 딸은 오홀리바마다.

26 디손의 아들들은 헴단, 에스반, 이드란, 그란이다.

27 에셀의 아들들은 빌한, 사아완, 아간이다.

28 디산의 아들들은 우스, 아란이다.

29-30 호리 사람의 족장들은 로단, 소발, 시브온, 아나, 디손, 에셀, 디산이다. 이들은 종족별로 살펴본, 세일 땅에 거주하는 호리 사람의 족장들이다.

31-39 이스라엘에 아직 왕이 없을 때에, 에돔 땅을 다스린 왕들은 이러하다. 브올의 아들 벨라가 에돔의 왕이었고, 그의 도성의 이름은 딘하바였다. 벨라가 죽자, 보스라 출신 세라의 아들 요밥이 그 뒤를 이어 왕이 되었다. 요밥이 죽자, 데만 사람의 땅에서 온 후산이 그 뒤를 이어 왕이 되었다. 후산이 죽자, 브닷의 아들 하닷이 그 뒤를 이어 왕이 되었다. 하닷은 미디안 사람을 모압 땅에서 물리친 왕이었다. 그의 도성의 이름은 아윗이었다. 하닷이 죽자, 마스레가 출신 삼라가 그 뒤를 이어 왕이 되었다. 삼라가 죽자, 강가의 르호봇 출신 사울이 왕이 되었다. 사울이 죽자, 악볼의 아들 바알하난이 그 뒤를 이어 왕이 되었다. 악볼의 아들 바알하난이 죽자, 하닷이 왕이 되었다. 그의 도성의 이름은 바우였다. 그의 아내 이름은 므헤다벨이었는데, 그녀는 마드렛의 딸이자 메사합의 손녀였다.

24 The sons of Zibeon were Aiah and Anah—this is the same Anah who found the hot springs in the wilderness while herding his father Zibeon's donkeys.

25 The children of Anah were Dishon and his daughter Oholibamah.

26 The sons of Dishon were Hemdan, Eshban, Ithran, and Keran.

27 The sons of Ezer: Bilhan, Zaavan, and Akan.

28 The sons of Dishan: Uz and Aran.

29-30 And these were the Horite chieftains: Lotan, Shobal, Zibeon, Anah, Dishon, Ezer, and Dishan—the Horite chieftains clan by clan in the land of Seir.

31-39 And these are the kings who ruled in Edom before there was a king in Israel: Bela son of Beor was the king of Edom; the name of his city was Dinhabah. When Bela died, Jobab son of Zerah from Bozrah became the next king. When Jobab died, he was followed by Hushan from the land of the Temanites. When Hushan died, he was followed by Hadad son of Bedad; he was the king who defeated the Midianites in Moab; the name of his city was Avith. When Hadad died, Samlah of Masrekah became the next king. When Samlah died, Shaul from Rehoboth-on-the-River became king. When Shaul died, he was followed by Baal-Hanan son of Acbor. When Baal-Hanan son of Acbor died, Hadad became king; the name of his city was Pau; his wife's name was Mehetabel daughter of Matred, daughter of Me-Zahab.

40-43 에서의 가계에서 나온 족장들을 종족과 거주지별로 살펴보면 이러하다. 딤나, 알와, 여뎃, 오홀리바마, 엘라, 비논, 그나스, 데만, 밉살, 막디엘, 이람. 이들은 모두 에돔의 족장들로, 각자 자기 지역을 차지하고 살았다.

이상은 에돔 사람의 조상인 에서의 족보를 나열한 것이다.

37
¹ 그 즈음에 야곱은 자기 아버지가 살던 가나안 땅에 정착했다.

요셉과 그의 형제들

² 야곱의 이야기는 이러하다. 그의 이야기는 요셉과 함께 계속된다. 당시 열일곱 살이던 요셉은 양 떼를 치는 형들을 돕고 있었다. 사실 그 형들은 모두 요셉의 이복형들로, 아버지의 아내인 빌하와 실바의 아들들이었다. 요셉은 형들에 대해 좋지 않은 이야기를 아버지에게 전했다.

3-4 이스라엘은 늘그막에 얻은 아들 요셉을 다른 아들들보다 더 사랑했다. 그래서 그는 요셉에게 정교하게 수놓은 겉옷을 지어 입혔다. 그의 형들은 아버지가 자기들보다 요셉을 더 사랑하는 것을 알고는 그를 미워했다. 그들은 요셉에게 말조차 건네지 않았다.

5-7 요셉이 꿈을 꾸었다. 그가 꿈 이야기를 형들에게 전하자, 형들이 그를 더 미워했다. 요셉이 말했다. "내가 꾼 꿈 이야기를 잘 들어 보세요. 우리가 모두 밖으로 나가 밭에서 밀짚 단을 모아들이는데, 갑자기 내 단이 일어나 우뚝 서고 형님들의 단들은 내 단 주위로 빙 둘러서서 내 단에 절을 하더군요."

8 형들이 말했다. "그래서 어쨌다는 거냐! 네가 우리를 다스리기라도 하겠다는 거

37
¹ Meanwhile Jacob had settled down where his father had lived, the land of Canaan.

Joseph and His Brothers

² This is the story of Jacob. The story continues with Joseph, seventeen years old at the time, helping out his brothers in herding the flocks. These were his half brothers actually, the sons of his father's wives Bilhah and Zilpah. And Joseph brought his father bad reports on them.

3-4 Israel loved Joseph more than any of his other sons because he was the child of his old age. And he made him an elaborately embroidered coat. When his brothers realized that their father loved him more than them, they grew to hate him—they wouldn't even speak to him.

5-7 Joseph had a dream. When he told it to his brothers, they hated him even more. He said, "Listen to this dream I had. We were all out in the field gathering bundles of wheat. All of a sudden my bundle stood straight up and your bundles circled around it and bowed down to mine."

8 His brothers said, "So! You're going to rule us? You're going to boss us around?" And

40-43 And these are the chieftains from the line of Esau, clan by clan, region by region: Timna, Alvah, Jetheth, Oholibamah, Elah, Pinon, Kenaz, Teman, Mibzar, Magdiel, and Iram—the chieftains of Edom as they occupied their various regions.

This accounts for the family tree of Esau, ancestor of all Edomites.

냐? 네가 우리의 우두머리가 되겠다는 거냐?" 요셉의 꿈 이야기와 그의 말투 때문에 형들은 그를 전보다 더욱 미워했다.

⁹ 요셉이 또 다른 꿈을 꾸고 이번에도 형들에게 말했다. "내가 또 다른 꿈을 꾸었습니다. 해와 달과 열한 별이 내게 절을 하더군요!"

¹⁰⁻¹¹ 그가 그 꿈 이야기를 아버지와 형들에게 전하자, 그의 아버지가 그를 꾸짖으며 말했다. "그 꿈 이야기가 다 무엇이냐? 나와 네 어머니와 네 형들이 다 네게 절하게 된다는 것이냐?" 이제 형들은 드러내 놓고 그를 시기했지만, 그의 아버지는 그 모든 일을 마음에 새겨 두었다.

¹²⁻¹³ 그의 형들이 세겜으로 가서 아버지의 양 떼에게 풀을 먹이고 있었다. 이스라엘이 요셉에게 말했다. "네 형들이 지금 양 떼와 함께 세겜에 있다. 네가 네 형들에게 좀 다녀와야겠다."

요셉이 말했다. "그렇게 하겠습니다."

¹⁴ 이스라엘이 그에게 말했다. "가서, 네 형들과 양 떼가 어떻게 하고 있는지 살펴보고, 돌아와서 내게 알려 다오." 그는 요셉을 헤브론 골짜기에서 세겜으로 떠나보냈다.

¹⁵ 요셉이 들판에서 헤매고 있는데, 어떤 사람이 다가와 물었다. "무엇을 찾고 있느냐?"

¹⁶ "제 형들을 찾고 있습니다. 그들이 어디서 양 떼에게 풀을 먹이고 있는지 아시는지요?"

¹⁷ 그 사람이 말했다. "그들은 여기를 떠났다. 내가 들으니, 그들이 '도단으로 가자'고 하더구나." 그래서 요셉은 길을 떠나 형들의 뒤를 따라가다가 도단에서 그들을 찾아냈다.

¹⁸⁻²⁰ 형들은 멀리서 요셉을 알아보았다. 그들은 그가 자신들에게 이르기 전에 그

they hated him more than ever because of his dreams and the way he talked.

⁹ He had another dream and told this one also to his brothers: "I dreamed another dream—the sun and moon and eleven stars bowed down to me!"

¹⁰⁻¹¹ When he told it to his father and brothers, his father reprimanded him: "What's with all this dreaming? Am I and your mother and your brothers all supposed to bow down to you?" Now his brothers were really jealous; but his father brooded over the whole business.

¹²⁻¹³ His brothers had gone off to Shechem where they were pasturing their father's flocks. Israel said to Joseph, "Your brothers are with flocks in Shechem. Come, I want to send you to them."

Joseph said, "I'm ready."

¹⁴ He said, "Go and see how your brothers and the flocks are doing and bring me back a report." He sent him off from the valley of Hebron to Shechem.

¹⁵ A man met him as he was wandering through the fields and asked him, "What are you looking for?"

¹⁶ "I'm trying to find my brothers. Do you have any idea where they are grazing their flocks?"

¹⁷ The man said, "They've left here, but I overheard them say, 'Let's go to Dothan.'" So Joseph took off, tracked his brothers down, and found them in Dothan.

¹⁸⁻²⁰ They spotted him off in the distance. By the time he got to them they had cooked up a plot to kill him. The brothers were saying, "Here comes that dreamer. Let's kill him and throw him into one of these old cisterns; we

를 죽이기로 모의했다. 그들이 말했다. "꿈꾸
는 자가 이리로 오는구나. 저 녀석을 죽여서
이 오래된 구덩이들 가운데 한 곳에 던져 넣
고, 사나운 짐승이 잡아먹었다고 말하자. 녀
석의 꿈이 어떻게 되는지 지켜보자구."

21-22 르우벤은 아우들이 하는 이야기를 듣고
요셉을 구할 생각으로 끼어들었다. "그를 죽
이려 하다니 안될 일이야. 살인은 절대 안돼.
그 애를 이곳 광야에 있는 구덩이에 던져 버
리기만 하고, 다치게는 하지 마라." 르우벤은
나중에 다시 와서 그를 끌어내어 아버지에게
데려갈 생각이었다.

23-24 요셉이 형들에게 이르자, 그들은 그가
입고 있던 화려한 겉옷을 벗기고, 그를 붙잡
아 구덩이에 던져 넣었다. 그 구덩이는 바싹
말라서, 물 한 방울도 없었다.

25-27 그런 다음 그들은 앉아서 저녁을 먹었
다. 그들이 눈을 들어 보니, 길르앗에서 오는
이스마엘 상인 한 떼가 보였다. 그들은 이집
트에 가서 팔 향료와 향품과 향수를 여러 마
리 낙타에 싣고 오는 길이었다. 유다가 말했
다. "형제들아, 우리가 아우를 죽이고 그 흔
적을 감춘다고 해서 얻는 게 무엇이냐? 그 아
이를 죽이지 말고, 이스마엘 사람들에게 팔
아넘기자. 따지고 보면, 그 아이도 우리의 형
제, 우리의 혈육이다." 형제들이 그의 말에
동의했다.

28 그때에 미디안 상인들이 지나가고 있었
다. 형들이 요셉을 구덩이에서 끌어내어 이
스마엘 사람들에게 은화 스무 개를 받고 팔
아넘겼다. 이스마엘 사람들은 요셉을 데리고
이집트로 내려갔다.

29-30 나중에 르우벤이 돌아와 구덩이로 가서
보니, 요셉이 거기에 없었다! 그는 비통한 마
음에 자기 옷을 찢었다. 그가 어찌할 바를 몰
라 하며 형제들에게 가서 말했다. "아이가 사
라지고 없다! 이제 어찌해야 하나!"

31-32 그들이 요셉의 겉옷을 가져다가, 염소 한

can say that a vicious animal ate him up.
We'll see what his dreams amount to."

21-22 Reuben heard the brothers talking
and intervened to save him, "We're not
going to kill him. No murder. Go ahead
and throw him in this cistern out here
in the wild, but don't hurt him." Reuben
planned to go back later and get him out
and take him back to his father.

23-24 When Joseph reached his brothers,
they ripped off the fancy coat he was
wearing, grabbed him, and threw him into
a cistern. The cistern was dry; there wasn't
any water in it.

25-27 Then they sat down to eat their
supper. Looking up, they saw a caravan of
Ishmaelites on their way from Gilead, their
camels loaded with spices, ointments,
and perfumes to sell in Egypt. Judah said,
"Brothers, what are we going to get out
of killing our brother and concealing the
evidence? Let's sell him to the Ishmaelites,
but let's not kill him—he is, after all, our
brother, our own flesh and blood." His
brothers agreed.

28 By that time the Midianite traders were
passing by. His brothers pulled Joseph out
of the cistern and sold him for twenty pieces
of silver to the Ishmaelites who took Joseph
with them down to Egypt.

29-30 Later Reuben came back and went
to the cistern—no Joseph! He ripped his
clothes in despair. Beside himself, he went
to his brothers. "The boy's gone! What am
I going to do!"

31-32 They took Joseph's coat, butchered
a goat, and dipped the coat in the blood.
They took the fancy coat back to their

마리를 죽인 다음 그 피에 옷을 담갔다. 그들은 그 겉옷을 아버지에게 가지고 가서 말했다. "저희가 이것을 발견했습니다. 살펴보십시오. 아버지 아들의 겉옷이 맞나요?"

33 야곱은 곧바로 그 겉옷을 알아보았다. "내 아들의 옷이다. 사나운 짐승이 그 아이를 잡아먹었구나. 요셉이 갈기갈기 찢겨 죽었구나!"

34-35 야곱은 슬픔에 잠겨 자기 옷을 찢고서, 거칠고 굵은 베옷을 입고, 아들의 죽음을 오래도록 슬퍼했다. 자녀들이 위로하려고 했으나, 그는 그들의 위로를 마다했다. "나는 내 아들의 죽음을 슬퍼하면서 무덤으로 가련다." 아버지는 요셉을 생각하며 하염없이 눈물을 흘렸다.

36 미디안 상인들이 이집트에서 요셉을 보디발에게 팔아넘겼다. 보디발은 바로의 신하로, 바로의 왕실 일을 맡아보는 사람이었다.

유다와 다말

38 1-5 그 무렵, 유다는 형제들로부터 떨어져 나와 히라라고 하는 아둘람 사람과 함께 지내고 있었다. 그곳에 있는 동안 유다는 가나안 사람 수아의 딸을 만났다. 유다가 그녀와 결혼하여 잠자리를 같이하니, 그녀가 임신하여 아들을 낳고 아이의 이름을 엘이라고 했다. 그녀가 다시 임신하여 아들을 낳고 아이의 이름을 오난이라고 했다. 그녀가 또다시 아들을 낳고 아이의 이름을 셀라라고 했다. 셀라를 낳았을 때 그들 부부는 거십에 살고 있었다.

6-7 유다가 맏아들 엘에게 아내를 얻어 주었다. 그녀의 이름은 다말이었다. 그러나 유다의 맏아들 엘이 **하나님**께 심히 악한 죄를 지어, **하나님**께서 그의 목숨을 거두어 가셨다.

8-10 유다가 오난에게 말했다. "가서 남편을 잃은 네 형수와 잠자리를 같이하도록 하여라. 네 형의 혈통이 끊어지지 않게 하는 것이 동생인 네가 해야 할 도리다." 하지만 오난은 아이를

father and said, "We found this. Look it over—do you think this is your son's coat?"

33 He recognized it at once. "My son's coat—a wild animal has eaten him. Joseph torn limb from limb!"

34-35 Jacob tore his clothes in grief, dressed in rough burlap, and mourned his son a long, long time. His sons and daughters tried to comfort him but he refused their comfort. "I'll go to the grave mourning my son." Oh, how his father wept for him.

36 In Egypt the Midianites sold Joseph to Potiphar, one of Pharaoh's officials, manager of his household affairs.

38 1-5 About that time, Judah separated from his brothers and hooked up with a man in Adullam named Hirah. While there, Judah met the daughter of a Canaanite named Shua. He married her, they went to bed, she became pregnant and had a son named Er. She got pregnant again and had a son named Onan. She had still another son; she named this one Shelah. They were living at Kezib when she had him.

6-7 Judah got a wife for Er, his firstborn. Her name was Tamar. But Judah's firstborn, Er, grievously offended GOD and GOD took his life.

8-10 So Judah told Onan, "Go and sleep with your brother's widow; it's the duty of a brother-in-law to keep your brother's line alive." But Onan knew that the child wouldn't be his, so whenever he

낳아도 자기 아이가 되지 못할 것을 알고, 형수와 잠자리를 같이할 때마다 형의 아이를 낳지 않으려고 정액을 바닥에 쏟았다. 그가 한 짓은 **하나님**을 크게 거스르는 일이었다. **하나님**께서 그의 목숨도 거두어 가셨다.

¹¹ 그러자 유다는 며느리 다말을 찾아가서 말했다. "내 아들 셀라가 다 자랄 때까지 네 아버지 집에서 과부로 지내고 있거라." 그는 셀라마저 형들처럼 죽게 될까 걱정했던 것이다. 그리하여 다말은 자기 아버지 집으로 가서 살았다.

¹² 시간이 흘러 유다의 아내, 곧 수아의 딸이 죽었다. 애도 기간이 끝나자, 유다는 아둘람 사람인 친구 히라와 함께 양 떼의 털을 깎으러 딤나로 갔다.

¹³⁻¹⁴ 다말은 "네 시아버지가 양 떼의 털을 깎으러 딤나로 갔다"는 소식을 전해 들었다. 그녀는 과부의 옷을 벗고, 너울로 얼굴을 가려 남이 알아보지 못하게 한 다음, 딤나로 가는 길에 있는 에나임 입구에 앉아 있었다. 그녀는 셀라가 다 자랐는데도 유다가 자기를 그와 결혼시키려 하지 않는다는 것을 알고 있었다.

¹⁵ 유다는 너울로 얼굴을 가리고 있는 그녀를 보고는 창녀라고 생각했다. 그는 길가에 있는 그녀에게 다가가 말했다. "오늘 밤 함께 보내자." 유다는 그녀가 자기 며느리인 줄을 전혀 알지 못했다.

¹⁶ 그녀가 말했다. "그 값으로 내게 무엇을 주겠습니까?"

¹⁷ 유다가 말했다. "내 가축 떼에서 새끼 염소 한 마리를 보내겠다."
그녀가 말했다. "그것을 보낼 때까지 내게 담보물을 맡기면 그렇게 하겠습니다."

¹⁸ "담보물로 원하는 게 뭐냐?"
그녀가 대답했다. "어르신이 갖고 있는 줄 달린 도장과 지팡이를 주십시오."
유다는 그것들을 다말에게 건네고 잠자리

slept with his brother's widow he spilled his semen on the ground so he wouldn't produce a child for his brother. GOD was much offended by what he did and also took his life.

¹¹ So Judah stepped in and told his daughter-in-law Tamar, "Live as a widow at home with your father until my son Shelah grows up." He was worried that Shelah would also end up dead, just like his brothers. So Tamar went to live with her father.

¹² Time passed. Judah's wife, Shua's daughter, died. When the time of mourning was over, Judah with his friend Hirah of Adullam went to Timnah for the sheep shearing.

¹³⁻¹⁴ Tamar was told, "Your father-in-law has gone to Timnah to shear his sheep." She took off her widow's clothes, put on a veil to disguise herself, and sat at the entrance to Enaim which is on the road to Timnah. She realized by now that even though Shelah was grown up, she wasn't going to be married to him.

¹⁵ Judah saw her and assumed she was a prostitute since she had veiled her face. He left the road and went over to her. He said, "Let me sleep with you." He had no idea that she was his daughter-in-law.

¹⁶ She said, "What will you pay me?"

¹⁷ "I'll send you," he said, "a kid goat from the flock."
She said, "Not unless you give me a pledge until you send it."

¹⁸ "So what would you want in the way of a pledge?"
She said, "Your personal seal-and-cord and the staff you carry."

를 같이했다. 그녀가 임신하게 되었다.

¹⁹ 그녀는 그곳을 떠나 집으로 돌아가서, 너울을 벗고 과부의 옷을 다시 입었다.

²⁰⁻²¹ 유다는 친구인 아둘람 사람 편에 새끼 염소를 보내며 그 여자에게서 담보물을 찾아오게 했다. 그러나 그 친구는 그녀를 찾지 못했다. 그래서 그곳 사람들에게 물었다. "이곳 에나임 근처 길가에 앉아 있던 창녀는 어디로 갔습니까?"

그들이 말했다. "여기에는 창녀가 없답니다."

²² 그가 유다에게로 돌아와서 말했다. "그 여자를 찾을 수 없었네. 그곳 사람들이, 거기에는 창녀가 없다고 하더군."

²³ 유다가 말했다. "담보물을 가질 테면 가지라지. 우리가 계속 찾아다니면, 다들 우리를 보고 손가락질할 것이네. 나는 이 거래에서 내 도리를 다했네. 내가 새끼 염소를 보냈지만 자네가 그녀를 찾지 못한 것뿐이네."

²⁴ 세 달쯤 지난 뒤에, 유다의 귀에 한 소식이 들려왔다. "자네 며느리가 창녀 짓을 하고 있네. 게다가 이제는 임신까지 했다는군."

유다가 고함을 질렀다. "그 애를 이곳으로 끌어내어 불태워 버려라!"

²⁵ 사람들이 다말을 끌어내려고 하자, 그녀가 시아버지에게 전갈을 보냈다. "저는 이 물건의 주인 때문에 임신하게 되었습니다. 이 물건을 확인해 보십시오. 이 줄 달린 도장과 지팡이가 누구의 것입니까?"

²⁶ 유다는 그것이 자기 것임을 알아보고 말했다. "그 애가 옳고, 내가 잘못했다. 내가 그 애를 내 아들 셀라와 결혼시키려 하지 않기 때문이다." 유다는 다시는 그녀와 잠자리를 같이하지 않았다.

²⁷⁻³⁰ 다말이 출산할 때가 되었는데, 그녀의 태 속에 쌍둥이가 있었다. 아이를 낳을 때, 한 아이의 손이 나왔다. 산파가 그 손에

He handed them over to her and slept with her. And she got pregnant.

¹⁹ She then left and went home. She removed her veil and put her widow's clothes back on.

²⁰⁻²¹ Judah sent the kid goat by his friend from Adullam to recover the pledge from the woman. But he couldn't find her. He asked the men of that place, "Where's the prostitute that used to sit by the road here near Enaim?"

They said, "There's never been a prostitute here."

²² He went back to Judah and said, "I couldn't find her. The men there said there never has been a prostitute there."

²³ Judah said, "Let her have it then. If we keep looking, everyone will be poking fun at us. I kept my part of the bargain—I sent the kid goat but you couldn't find her."

²⁴ Three months or so later, Judah was told, "Your daughter-in-law has been playing the whore—and now she's a pregnant whore."

Judah yelled, "Get her out here. Burn her up!"

²⁵ As they brought her out, she sent a message to her father-in-law, "I'm pregnant by the man who owns these things. Identify them, please. Who's the owner of the seal-and-cord and the staff?"

²⁶ Judah saw they were his. He said, "She's in the right; I'm in the wrong—I wouldn't let her marry my son Shelah." He never slept with her again.

²⁷⁻³⁰ When her time came to give birth, it turned out that there were twins in her womb. As she was giving birth, one put his hand out; the midwife tied a red

붉은 실을 묶고 말했다. "이 아이가 먼저 나온 아이다." 그러나 바로 그때, 그 아이의 손이 도로 들어가더니 그의 동생이 나왔다. 산파가 말했다. "동생이 밀치고 나왔구나!" 그래서 아이의 이름을 베레스(돌파)라고 했다. 곧이어 그 아이의 형이 손에 붉은 실을 감고 나오니, 아이의 이름을 세라(빛나다)라고 했다.

이집트로 팔려 간 요셉

39 ¹ 이스마엘 사람들이 요셉을 이집트로 끌고 가자, 바로의 신하로 왕실 일을 도맡아 관리하고 있던 이집트 사람 보디발이 그들에게서 요셉을 샀다.

²⁻⁶ **하나님**께서 요셉과 함께하셨으므로, 그가 하는 일이 다 잘 되었다. 그는 자기 주인인 이집트 사람의 집에서 지내게 되었다. 그의 주인은 **하나님**께서 요셉과 함께하시면서, 요셉이 하는 일마다 잘 되게 해주시는 것을 알았다. 그는 요셉이 몹시 마음에 들어 그에게 자신의 시중을 들게 했다. 그는 자신의 개인적인 일들을 요셉에게 맡기고, 모든 재산을 관리하게 했다. 그때부터 **하나님**께서 요셉으로 인해 그 이집트 사람의 집에 복을 주셨다. 그의 집에 있는 것이든 밭에 있는 것이든, 그가 소유한 모든 것에 **하나님**의 복이 두루 미쳤다. 보디발은 하루 세 끼 밥 먹는 일만 신경 쓰면 되었다.

⁶⁻⁷ 요셉은 용모가 준수하고 잘생긴 남자였다. 시간이 흐르면서 주인의 아내가 요셉에게 반해, 어느 날 이렇게 말했다. "나와 함께 침실로 가자."

⁸⁻⁹ 요셉은 그렇게 하지 않았다. 그는 주인의 아내에게 말했다. "보십시오. 주인께서는 모든 소유를 제게 맡기시고 집안일에 대해서는 일절 신경 쓰지 않으십니

thread on his hand, saying, "This one came first." But then he pulled it back and his brother came out. She said, "Oh! A breakout!" So she named him Perez (Breakout). Then his brother came out with the red thread on his hand. They named him Zerah (Bright).

39 ¹ After Joseph had been taken to Egypt by the Ishmaelites, Potiphar an Egyptian, one of Pharaoh's officials and the manager of his household, bought him from them.

²⁻⁶ As it turned out, GOD was with Joseph and things went very well with him. He ended up living in the home of his Egyptian master. His master recognized that GOD was with him, saw that GOD was working for good in everything he did. He became very fond of Joseph and made him his personal aide. He put him in charge of all his personal affairs, turning everything over to him. From that moment on, GOD blessed the home of the Egyptian—all because of Joseph. The blessing of GOD spread over everything he owned, at home and in the fields, and all Potiphar had to concern himself with was eating three meals a day.

⁶⁻⁷ Joseph was a strikingly handsome man. As time went on, his master's wife became infatuated with Joseph and one day said, "Sleep with me."

⁸⁻⁹ He wouldn't do it. He said to his master's wife, "Look, with me here, my master doesn't give a second thought to anything that goes on here—he's put me in charge of everything he owns. He treats me as an equal. The only

다. 그분은 저를 동등한 사람으로 대해 주
셨습니다. 다만 그분께서 제게 맡기지 않
으신 것이 있는데, 바로 당신입니다. 당신
은 주인님의 아내이기 때문입니다! 그런데
제가 어떻게 그분의 신뢰를 저버리고 하나
님께 죄를 짓겠습니까?"

¹⁰ 그녀가 하루도 빠지지 않고 날마다 졸
라 댔지만, 요셉은 뜻을 굽히지 않았다. 그
녀와 같이 자기를 거절한 것이다.

¹¹⁻¹⁵ 그러던 어느 날, 요셉이 일을 보러 집
으로 들어갔는데, 그날따라 집 안에 종들
이 아무도 없었다. 그녀가 그의 겉옷을 붙
잡고 말했다. "나와 함께 침실로 가자!" 요
셉은 그녀의 손에 겉옷을 버려두고 집 밖
으로 뛰쳐나갔다. 그녀는 그가 겉옷을 자
기 손에 버려두고 뛰쳐나간 것을 알고는,
종들을 불러 말했다. "이것 좀 봐라, 저 히
브리 놈이 본색을 드러내서, 너희 모르게
나를 유혹하려 하는구나. 저 놈이 나를 욕
보이려 해서 내가 크게 소리를 질렀더니,
내 고함과 비명 소리를 듣고는 이렇게 겉
옷을 내 손에 버려두고 밖으로 도망쳤다."

¹⁶⁻¹⁸ 그녀는 자기 주인이 집에 돌아올 때
까지 요셉의 겉옷을 가지고 있다가, 그에
게 같은 이야기를 들려주었다. "당신이 데
려온 히브리 놈이 내 뒤를 쫓아와서, 나를
희롱하려고 하지 뭐예요. 내가 소리치고
비명을 질렀더니, 이렇게 자기 겉옷을 내
손에 버려두고 밖으로 도망쳤답니다."

¹⁹⁻²³ 요셉의 주인은 "이게 다 당신의 종이
벌인 일이예요"라고 하는 아내의 이야기에
격분했다. 그는 요셉을 붙잡아 왕의 죄수
들을 가두는 감옥에 처넣었다. 그러나 하
나님께서는 그곳 감옥에서도 여전히 요셉
과 함께하셨고, 요셉에게 인자를 베푸셔서
간수장과 가까운 사이가 되게 하셨다. 간
수장은 요셉에게 모든 죄수를 맡겼고, 요
셉은 모든 일을 잘 처리했다. 간수장은 요

thing he hasn't turned over to me is you. You're his wife, after all! How could I violate his trust and sin against God?"

¹⁰ She pestered him day after day after day, but he stood his ground. He refused to go to bed with her.

¹¹⁻¹⁵ On one of these days he came to the house to do his work and none of the household servants happened to be there. She grabbed him by his cloak, saying, "Sleep with me!" He left his coat in her hand and ran out of the house. When she realized that he had left his coat in her hand and run outside, she called to her house servants: "Look—this Hebrew shows up and before you know it he's trying to seduce us. He tried to make love to me but I yelled as loud as I could. With all my yelling and screaming, he left his coat beside me here and ran outside."

¹⁶⁻¹⁸ She kept his coat right there until his master came home. She told him the same story. She said, "The Hebrew slave, the one you brought to us, came after me and tried to use me for his plaything. When I yelled and screamed, he left his coat with me and ran outside."

¹⁹⁻²³ When his master heard his wife's story, telling him, "These are the things your slave did to me," he was furious. Joseph's master took him and threw him into the jail where the king's prisoners were locked up. But there in jail GOD was still with Joseph: He reached out in kindness to him; he put him on good terms with the head jailer. The head jailer put Joseph in charge of all the prisoners—he ended up managing the whole operation. The head jailer gave Joseph free rein, never even

섭에게 자유를 주고, 전혀 간섭하지 않았다. **하나님**께서 요셉과 함께하시면서, 그가 하는 일마다 최선의 결과를 낳게 해주셨기 때문이다.

관리들의 꿈을 해석하다

40 ¹⁻⁴ 시간이 흘러, 이집트 왕의 술잔을 맡은 관리와 빵을 맡은 관리가 자신들의 주인인 이집트 왕의 뜻을 거스르는 일이 있었다. 바로는 두 관리, 곧 술잔을 맡은 관리와 빵을 맡은 관리에게 크게 노하여, 그들을 감옥에 가두고 경호대장의 감시를 받게 했다. 그들이 갇힌 곳은 요셉이 갇힌 곳과 같은 감옥이었다. 경호대장은 요셉에게 그들의 시중을 들도록 지시했다. ⁴⁻⁷ 감옥에 갇힌 지 얼마 뒤에, 술잔을 맡은 관리와 빵을 맡은 관리가 같은 날 밤에 꿈을 꾸었는데, 각자의 꿈이 저마다 의미를 가지고 있었다. 요셉이 아침에 그들에게 가 보니, 둘 다 기운이 없어 보였다. 그래서 그는 자신과 함께 갇혀 있는 바로의 두 관리에게 물었다. "무슨 일입니까? 어째서 얼굴에 수심이 가득합니까?"

⁸ 그들이 말했다. "우리가 각자 꿈을 꾸었는데, 그 꿈을 해석해 줄 사람이 없어서 그러네."

요셉이 말했다. "꿈의 해석은 하나님께로부터 오는 것이 아닙니까? 어떤 꿈을 꾸었는지 이야기해 보십시오."

⁹⁻¹¹ 술잔을 맡은 관리가 먼저 요셉에게 자기 꿈을 이야기했다. "꿈에 보니 내 앞에 포도나무가 있는데, 가지가 세 개 달려 있더군. 싹이 나고 꽃이 피더니 포도송이들이 익는 거야. 나는 바로의 술잔을 가지고 있었는데, 그 포도송이들을 따서 바로의 술잔에 짜 넣고는 그 잔을 바로게

checked on him, because GOD was with him; whatever he did GOD made sure it worked out for the best.

40 ¹⁻⁴ As time went on, it happened that the cupbearer and the baker of the king of Egypt crossed their master, the king of Egypt. Pharaoh was furious with his two officials, the head cupbearer and the head baker, and put them in custody under the captain of the guard; it was the same jail where Joseph was held. The captain of the guard assigned Joseph to see to their needs. ⁴⁻⁷ After they had been in custody for a while, the king's cupbearer and baker, while being held in the jail, both had a dream on the same night, each dream having its own meaning. When Joseph arrived in the morning, he noticed that they were feeling low. So he asked them, the two officials of Pharaoh who had been thrown into jail with him, "What's wrong? Why the long faces?"

⁸ They said, "We dreamed dreams and there's no one to interpret them."

Joseph said, "Don't interpretations come from God? Tell me the dreams."

⁹⁻¹¹ First the head cupbearer told his dream to Joseph: "In my dream there was a vine in front of me with three branches on it: It budded, blossomed, and the clusters ripened into grapes. I was holding Pharaoh's cup; I took the grapes, squeezed them into Pharaoh's cup, and gave the cup to Pharaoh."

¹²⁻¹⁵ Joseph said, "Here's the meaning. The three branches are three days. Within

올려 드렸네."

12-15 요셉이 말했다. "그 뜻은 이렇습니다. 가지 셋은 사흘을 뜻합니다. 사흘 안에 바로께서 당신을 이곳에서 꺼내어 복직시키실 것입니다. 당신은 술잔을 맡은 관리였을 때와 똑같이 바로께 술잔을 올려 드리게 될 것입니다. 당신의 일이 잘 되면 저를 기억해 주십시오. 바로께 제 사정을 아뢰어 주셔서 저를 이곳에서 꺼내 주십시오. 저는 히브리 사람의 땅에서 납치되어 왔습니다. 그리고 저는 여기서도 이 감옥에 갇힐 만한 일을 한 적이 없습니다."

16-17 요셉의 꿈 해석이 좋은 것을 보고, 빵을 맡은 관리도 그에게 말했다. "내 꿈은 이러하네. 버들가지를 엮어 만든 바구니 세 개가 내 머리 위에 있었네. 맨 위 바구니에는 갓 구운 온갖 빵들이 있었는데, 새들이 내 머리 위의 바구니에서 그것을 쪼아 먹고 있었네."

18-19 요셉이 말했다. "그 꿈의 해석은 이렇습니다. 바구니 셋은 사흘을 뜻합니다. 사흘 안에 바로께서 당신의 머리를 베고 당신의 몸을 기둥에 매달 텐데, 그러면 새들이 와서 당신의 뼈가 드러날 때까지 모조리 쪼아 먹을 것입니다."

20-22 사흘째 되는 날, 그날은 바로의 생일이었다. 바로는 모든 신하를 위해 잔치를 베풀고, 술잔을 맡은 관리와 빵을 맡은 관리를 모든 신하가 볼 수 있도록 영광의 자리에 나란히 세웠다. 그런 다음 술잔을 맡은 관리를 본래의 직위에 복직시켰다. 그 관리는 전과 똑같이 바로에게 술잔을 따라 올렸다. 하지만 빵을 맡은 관리는 요셉이 해석한 대로 기둥에 매달게 했다.

23 그러나 술잔을 맡은 관리는 요셉에게 신경 쓰지 않았다. 요셉의 처지를 까맣게 잊고 만 것이다.

three days, Pharaoh will get you out of here and put you back to your old work—you'll be giving Pharaoh his cup just as you used to do when you were his cupbearer. Only remember me when things are going well with you again—tell Pharaoh about me and get me out of this place. I was kidnapped from the land of the Hebrews. And since I've been here, I've done nothing to deserve being put in this hole."

16-17 When the head baker saw how well Joseph's interpretation turned out, he spoke up: "My dream went like this: I saw three wicker baskets on my head; the top basket had assorted pastries from the bakery and birds were picking at them from the basket on my head."

18-19 Joseph said, "This is the interpretation: The three baskets are three days; within three days Pharaoh will take off your head, impale you on a post, and the birds will pick your bones clean."

20-22 And sure enough, on the third day it was Pharaoh's birthday and he threw a feast for all his servants. He set the head cupbearer and the head baker in places of honor in the presence of all the guests. Then he restored the head cupbearer to his cupbearing post; he handed Pharaoh his cup just as before. And then he impaled the head baker on a post, following Joseph's interpretations exactly.

23 But the head cupbearer never gave Joseph another thought; he forgot all about him.

바로의 꿈을 해석하다

41 1-4 그로부터 두 해가 지난 뒤에 바로가 꿈을 꾸었다. 꿈에 그는 나일 강가에 서 있었다. 튼튼해 보이는 암소 일곱 마리가 나일 강에서 올라와 습지에서 풀을 뜯고 있었다. 뒤이어 가죽만 남은 암소 일곱 마리가 강에서 올라와, 강가에 있는 암소들 곁에 섰다. 그러더니 바싹 마른 암소들이 튼튼한 암소 일곱 마리를 잡아먹는 것이었다. 그때 바로가 잠에서 깨어났다.

5-7 바로가 다시 잠이 들어 두 번째 꿈을 꾸었다. 줄기 하나에서 튼실하고 잘 여문 이삭 일곱이 자라났다. 곧이어 이삭 일곱이 더 자라났는데, 이번에는 야위고 동풍에 바싹 마른 것들이었다. 그 야윈 이삭들이 튼실하고 잘 여문 이삭들을 삼켜 버렸다. 바로가 잠에서 깨어 보니 또 다른 꿈이었다.

8 아침이 되자, 바로는 마음이 뒤숭숭했다. 그는 사람을 보내어 이집트의 마술사와 현자들을 모두 불러들였다. 바로가 그들에게 자신이 꾼 꿈을 이야기했으나, 그들은 그 꿈을 바로에게 해석해 주지 못했다.

9-13 그때 술잔을 맡은 관리가 용기를 내어 바로에게 말했다. "제가 오래전에 경험한 일을 미리 말씀드렸어야 했는데, 이제야 생각났습니다. 전에 왕께서 종들에게 노하셔서 저와 빵을 맡은 관리를 경호대장의 집에 가두신 적이 있습니다. 그때 저희 두 사람이 같은 날 밤에 꿈을 꾸었는데, 각자 꾼 꿈이 저마다 의미가 있었습니다. 마침 그곳에 경호대장의 소유였던 젊은 히브리 종 하나가 저희와 함께 있었습니다. 저희가 꾼 꿈을 그에게 이야기했더니, 그가 저희 꿈을 각기 다르게 해석해 주었습니다. 그리고 모든 일이 그가 해석한 대로 되어서, 저는 복직되고 빵을 맡은 관리는 기둥에 매달렸습니다."

14 바로가 즉시 사람을 보내어 요셉을 불러오게 했다. 사람들이 서둘러 그를 감옥에서

41 1-4 Two years passed and Pharaoh had a dream: He was standing by the Nile River. Seven cows came up out of the Nile, all shimmering with health, and grazed on the marsh grass. Then seven other cows, all skin and bones, came up out of the river after them and stood by them on the bank of the Nile. The skinny cows ate the seven healthy cows. Then Pharaoh woke up.

5-7 He went back to sleep and dreamed a second time: Seven ears of grain, full-bodied and lush, grew out of a single stalk. Then seven more ears grew up, but these were thin and dried out by the east wind. The thin ears swallowed up the full, healthy ears. Then Pharaoh woke up—another dream.

8 When morning came, he was upset. He sent for all the magicians and sages of Egypt. Pharaoh told them his dreams, but they couldn't interpret them to him.

9-13 The head cupbearer then spoke up and said to Pharaoh, "I just now remembered something—I'm sorry, I should have told you this long ago. Once when Pharaoh got angry with his servants, he locked me and the head baker in the house of the captain of the guard. We both had dreams on the same night, each dream with its own meaning. It so happened that there was a young Hebrew slave there with us; he belonged to the captain of the guard. We told him our dreams and he interpreted them for us, each dream separately. Things turned out just as he interpreted. I was returned to my position and the head baker was impaled."

끌어냈다. 요셉은 머리털을 깎고 깨끗한 옷을 입고서 바로 앞으로 나아갔다.

15 바로가 요셉에게 말했다. "내가 꿈을 꾸었는데, 아무도 그것을 해석해 주는 사람이 없다. 그런데 너는 꿈 이야기를 듣기만 하면 해석해 낸다고 하더구나."

16 요셉이 대답했다. "제가 아니라, 하나님께서 하시는 것입니다. 하나님께서 왕의 마음을 편하게 해주실 것입니다."

17-21 그러자 바로가 요셉에게 말했다. "꿈에 내가 나일 강가에 서 있었다. 튼튼해 보이는 암소 일곱 마리가 강에서 올라와 습지에서 풀을 뜯고 있었다. 뒤이어 가죽만 남은 암소 일곱 마리가 올라왔는데, 그처럼 흉한 소는 일찍이 이집트에서 본 적이 없었다. 그런데 가죽만 남아 보기 흉한 암소 일곱 마리가, 먼저 올라온 튼튼한 암소 일곱 마리를 잡아먹었다. 그러나 그렇게 잡아먹고도 전과 같이 뼈와 가죽만 남아 보기 흉한 모습이었다. 다른 소를 잡아먹었다고는 짐작할 수 없을 정도였다. 그러고는 잠에서 깨어났다.

22-24 두 번째 꿈에 보니, 줄기 하나에서 튼실하고 잘 여문 이삭 일곱이 자라나고, 뒤이어 쭈글쭈글하고 야위고 동풍에 바싹 마른 이삭 일곱이 자라났다. 그러더니 그 야윈 이삭들이 알찬 이삭들을 삼켜 버렸다. 내가 이 모든 꿈을 마술사들에게 이야기했지만, 그들은 그 뜻을 해석하지 못했다."

25-27 요셉이 바로에게 말했다. "왕의 두 꿈은 모두 같은 것을 의미합니다. 하나님께서 친히 하시려는 일을 왕께 알려 주신 것입니다. 튼튼한 암소 일곱 마리는 일곱 해를 뜻하고, 튼실한 이삭 일곱도 일곱 해를 뜻합니다. 그 둘은 같은 꿈입니다. 뒤이어 올라온 병들고 흉한 암소 일곱 마리도 일곱 해를 뜻하고, 야위고 동풍에 바싹 마른 이삭 일곱도 마찬가지입니다. 그것들은 모두 칠

14 Pharaoh at once sent for Joseph. They brought him on the run from the jail cell. He cut his hair, put on clean clothes, and came to Pharaoh.

15 "I dreamed a dream," Pharaoh told Joseph. "Nobody can interpret it. But I've heard that just by hearing a dream you can interpret it."

16 Joseph answered, "Not I, but God. God will set Pharaoh's mind at ease."

17-21 Then Pharaoh said to Joseph, "In my dream I was standing on the bank of the Nile. Seven cows, shimmering with health, came up out of the river and grazed on the marsh grass. On their heels seven more cows, all skin and bones, came up. I've never seen uglier cows anywhere in Egypt. Then the seven skinny, ugly cows ate up the first seven healthy cows. But you couldn't tell by looking—after eating them up they were just as skinny and ugly as before. Then I woke up.

22-24 "In my second dream I saw seven ears of grain, full-bodied and lush, growing out of a single stalk, and right behind them, seven other ears, shriveled, thin, and dried out by the east wind. And the thin ears swallowed up the full ears. I've told all this to the magicians but they can't figure it out."

25-27 Joseph said to Pharaoh, "Pharaoh's two dreams both mean the same thing. God is telling Pharaoh what he is going to do. The seven healthy cows are seven years and the seven healthy ears of grain are seven years—they're the same dream. The seven sick and ugly cows that followed them up are seven years and the seven scrawny ears

년 흉년을 의미합니다.

28-32 그 의미는 앞서 말씀드린 것과 같이, 하나님께서 친히 하시려는 일을 왕께 알려 주신 것입니다. 앞으로 일곱 해 동안은 이집트 전역에 큰 풍년이 들 것입니다. 그러나 그 뒤에 이어지는 일곱 해 동안은 흉년이 닥쳐 이집트 전역에 들었던 풍년의 흔적을 말끔히 지워 버릴 것입니다. 그 흉년으로 인해 나라가 텅 비고, 전에 들었던 큰 풍년의 흔적조차 사라지고 말 것입니다. 기근이 온 나라를 휩쓸 것입니다. 왕께서 같은 꿈을 두 번이나 꾸신 것은 하나님께서 이 일을 행하시기로, 그것도 속히 행하시기로 결정하셨다는 뜻입니다.

33-36 그러니 왕께서는 지혜롭고 경험 많은 사람을 찾으셔서, 그에게 나라를 맡겨 관리하게 하시는 것이 좋겠습니다. 그런 다음 감독관들을 임명하셔서, 풍년이 드는 일곱 해 동안 이집트 전역을 감독하게 하십시오. 그들에게 앞으로 풍년이 드는 동안 생산되는 온갖 식량을 거둬들여 왕의 권한으로 곡식을 비축하게 하고, 각 성읍에 보관하여 장차 식량으로 삼게 하십시오. 이 곡식을 저장해 두셔야, 앞으로 이집트에 닥칠 칠 년 흉년 동안 활용하실 수 있을 것입니다. 그렇게 해야 이 나라가 흉년으로 망하지 않을 것입니다."

37 바로와 그의 신하들이 이 제안을 좋게 여겼다.

38 바로가 신하들에게 말했다. "이 사람이야말로 우리에게 필요한 사람이 아니겠소? 이 사람처럼 그 안에 하나님의 영이 있는 사람을 어디서 찾을 수 있겠소?"

39-40 바로가 요셉에게 말했다. "그대야말로 우리가 찾는 사람이오. 하나님께서 그대에게 앞으로 일어날 일의 내막을 알려 주셨으니, 그대처럼 자격을 갖춘 사람, 그대처럼 경험 많고 지혜로운 사람도 없을 것이오. 이제

of grain dried out by the east wind are the same—seven years of famine.

28-32 "The meaning is what I said earlier: God is letting Pharaoh in on what he is going to do. Seven years of plenty are on their way throughout Egypt. But on their heels will come seven years of famine, leaving no trace of the Egyptian plenty. As the country is emptied by famine, there won't be even a scrap left of the previous plenty—the famine will be total. The fact that Pharaoh dreamed the same dream twice emphasizes God's determination to do this and do it soon.

33-36 "So, Pharaoh needs to look for a wise and experienced man and put him in charge of the country. Then Pharaoh needs to appoint managers throughout the country of Egypt to organize it during the years of plenty. Their job will be to collect all the food produced in the good years ahead and stockpile the grain under Pharaoh's authority, storing it in the towns for food. This grain will be held back to be used later during the seven years of famine that are coming on Egypt. This way the country won't be devastated by the famine."

37 This seemed like a good idea to Pharaoh and his officials.

38 Then Pharaoh said to his officials, "Isn't this the man we need? Are we going to find anyone else who has God's spirit in him like this?"

39-40 So Pharaoh said to Joseph, "You're the man for us. God has given you the inside story—no one is as qualified as you in experience and wisdom. From now on, you're in charge of my affairs; all my people will report to you. Only as king will I be over

부터 그대가 내 일을 맡아 보시오. 나의 모든 백성이 그대에게 보고할 것이오. 내가 그대보다 높은 게 있다면 왕이라는 사실뿐이오."

⁴¹⁻⁴³ 바로가 요셉을 임명하면서 말했다. "이집트 온 땅을 그대 손에 맡기겠소." 그런 다음 바로는 자신의 손가락에서 인장 반지를 빼내어 요셉의 손가락에 끼워 주었다. 바로는 요셉에게 가장 좋은 세마포옷을 입히고, 목에 금목걸이를 걸어 주었다. 그리고 왕의 전차에 버금가는 전차를 내주어 요셉이 마음대로 쓰게 했다. 요셉이 전차에 올라타자, 사람들이 "만세!"하고 외쳤다.

요셉이 이집트 온 땅을 맡아 다스렸다.

⁴⁴ 바로가 요셉에게 말했다. "내가 왕이지만, 그대의 허락 없이는 이집트에서 어느 누구도 손가락 하나 움직이지 못할 것이오."

⁴⁵ 바로는 요셉에게 사브낫바네아(하나님께서 말씀하시며 그분은 살아 계시다)라는 이름을 지어 주고, 온(헬리오폴리스)의 제사장 보디베라의 딸 아스낫을 그에게 아내로 주었다.

요셉은 자신의 임무에 따라 이집트 온 땅을 둘러보았다.

⁴⁶ 요셉이 이집트 왕 바로를 위해 일하기 시작할 때에 그의 나이 서른 살이었다. 요셉은 바로 앞에서 물러나오자마자, 이집트에서 일을 시작했다.

❦

⁴⁷⁻⁴⁹ 풍년이 든 일곱 해 동안 그 땅은 풍성한 곡식을 냈다. 요셉은 이집트에 찾아온 일곱 해 풍년 동안 생산된 식량을 거두어들여 여러 도시에 비축했다. 각 도시마다 주변 밭에서 거두어들인 잉여 농산물을 저장하게 했다. 요셉이 얼마나 많은 곡식을 거두어들였는지, 바다의 모래처럼 많았다! 나중에는 그 수를 헤아리는 것조차 포기해야 할 정도였다.

⁵⁰⁻⁵² 요셉은 일곱 해 흉년이 닥치기 전에

you."

⁴¹⁻⁴³ So Pharaoh commissioned Joseph: "I'm putting you in charge of the entire country of Egypt." Then Pharaoh removed his signet ring from his finger and slipped it on Joseph's hand. He outfitted him in robes of the best linen and put a gold chain around his neck. He put the second-in-command chariot at his disposal, and as he rode people shouted "Bravo!"

Joseph was in charge of the entire country of Egypt.

⁴⁴ Pharaoh told Joseph, "I am Pharaoh, but no one in Egypt will make a single move without your stamp of approval."

⁴⁵ Then Pharaoh gave Joseph an Egyptian name, Zaphenath-Paneah (God Speaks and He Lives). He also gave him an Egyptian wife, Asenath, the daughter of Potiphera, the priest of On (Heliopolis).

And Joseph took up his duties over the land of Egypt.

⁴⁶ Joseph was thirty years old when he went to work for Pharaoh the king of Egypt. As soon as Joseph left Pharaoh's presence, he began his work in Egypt.

❦

⁴⁷⁻⁴⁹ During the next seven years of plenty the land produced bumper crops. Joseph gathered up the food of the seven good years in Egypt and stored the food in cities. In each city he stockpiled surplus from the surrounding fields. Joseph collected so much grain—it was like the sand of the ocean!—that he finally quit keeping track.

⁵⁰⁻⁵² Joseph had two sons born to him

온의 제사장 보디베라의 딸 아스낫에게서 두 아들을 보았다. 요셉은 "하나님께서 나의 모든 고난과 내 아버지의 집을 잊게 해주셨다"고 말하며, 맏아들의 이름을 므낫세(잊다)라고 했다. 또 "하나님께서 내 슬픔의 땅에서 나를 번성하게 해주셨다"고 말하면서, 둘째 아들의 이름을 에브라임(갑절의 번성)이라고 했다.

53-54 일곱 해 풍년이 끝나고, 요셉이 말한 대로 일곱 해 흉년이 찾아왔다. 모든 나라가 기근을 겪었으나, 식량이 있는 나라는 이집트뿐이었다.

55 기근이 이집트 전역으로 확산되자, 괴로움에 빠진 백성이 바로에게 먹을 것을 달라고 부르짖었다. 바로는 이집트 사람들에게 이렇게 말했다. "요셉에게 가서, 그가 일러 주는 대로 하여라."

56-57 기근이 더욱 심해져 이집트 온 땅을 덮자, 요셉은 곡식 창고를 열어 비축해 두었던 식량을 이집트 사람들에게 팔았다. 기근이 극심했다. 이윽고 온 세상이 요셉에게서 식량을 사려고 모여들었다. 기근이 온 세상을 덮쳤던 것이다.

요셉의 형들이 식량을 구하러 이집트로 가다

42 1-2 야곱이 이집트에 식량이 있다는 소문을 듣고, 아들들에게 말했다. "어째서 잠자코 앉아서 서로 얼굴만 쳐다보고 있느냐? 이집트에 식량이 있다고 하니, 그리로 내려가서 식량을 좀 사 오너라. 그래야 우리가 굶어 죽지 않고 살지 않겠느냐."

3-5 요셉의 형 열 명이 식량을 구하러 이집트로 내려갔다. 야곱은 요셉의 아우 베냐민을 그들과 함께 보내지 않았다. 그에게 무슨 일이 일어날까 봐 두려웠기 때문이다. 가나안 땅에도 기근이 심하게 들었으므로, 이스라엘의 아들들은 식량을 사러

before the years of famine came. Asenath, daughter of Potiphera the priest of On, was their mother. Joseph named the firstborn Manasseh (Forget), saying, "God made me forget all my hardships and my parental home." He named his second son Ephraim (Double Prosperity), saying, "God has prospered me in the land of my sorrow."

53-54 Then Egypt's seven good years came to an end and the seven years of famine arrived, just as Joseph had said. All countries experienced famine; Egypt was the only country that had bread.

55 When the famine spread throughout Egypt, the people called out in distress to Pharaoh, calling for bread. He told the Egyptians, "Go to Joseph. Do what he tells you."

56-57 As the famine got worse all over the country, Joseph opened the store-houses and sold emergency supplies to the Egyptians. The famine was very bad. Soon the whole world was coming to buy supplies from Joseph. The famine was bad all over.

❦

42 1-2 When Jacob learned that there was food in Egypt, he said to his sons, "Why do you sit around here and look at one another? I've heard that there is food in Egypt. Go down there and buy some so that we can survive and not starve to death."

3-5 Ten of Joseph's brothers went down to Egypt to get food. Jacob didn't send Joseph's brother Benjamin with them; he was afraid that something bad might happen to him. So Israel's sons joined everyone else that was going to Egypt to buy food, for Canaan, too, was hit hard by the famine.

가는 다른 사람들과 함께 이집트로 갔다.

6-7 그때 요셉은 이집트 온 땅을 다스리고 있었다. 그는 온 백성에게 식량을 나눠주는 일을 책임지고 있었다. 요셉의 형들이 도착하여 그에게 절하며 경의를 표했다. 요셉은 곧바로 그들을 알아보았으나, 마치 모르는 사람을 대하듯 엄하게 말했다.

요셉이 물었다. "너희는 어디에서 왔느냐?"

그들이 대답했다. "가나안에서 왔습니다. 저희는 식량을 사려고 왔습니다."

8 요셉은 그들을 알아보았으나, 그들은 그를 알아보지 못했다.

9 요셉은 그들에 관해 꾸었던 꿈을 떠올리며 말했다. "너희는 정탐꾼들이다. 너희는 우리의 약점을 살피러 온 것이다."

10-11 그들이 말했다. "아닙니다, 주인님. 저희는 식량을 사러 왔을 뿐입니다. 저희는 모두 한 남자의 아들들입니다. 저희는 정직한 사람들입니다. 정탐이라니, 당치도 않습니다."

12 요셉이 말했다. "아니다. 너희는 정탐꾼들이다. 너희는 우리의 약점을 찾으러 온 게 틀림없다."

13 그들이 말했다. "저희 형제는 모두 열둘이며, 가나안 땅에 사는 한 아버지의 아들들입니다. 막내는 아버지와 함께 있고, 하나는 없어졌습니다."

14-16 그러나 요셉이 말했다. "내가 말한 대로, 너희는 정탐꾼들이다. 내가 너희를 시험해 보겠다. 바로의 살아 계심을 두고 맹세하건대, 너희 아우를 이곳으로 데려오기 전에는 너희가 이곳을 떠나지 못할 것이다. 너희 가운데 한 사람이 가서 너희 아우를 데려오고, 나머지는 이곳 감옥에 남아 있거라. 너희 말이 사실인지 아닌지 확인해야겠다. 바로의 살아 계심을 두고 말하건대, 너희는 정탐꾼들인 게 틀림없다."

17 그리고 나서 요셉은 그들을 감옥에 집어넣고 사흘을 지내게 했다.

6-7 Joseph was running the country; he was the one who gave out rations to all the people. When Joseph's brothers arrived, they treated him with honor, bowing to him. Joseph recognized them immediately, but treated them as strangers and spoke roughly to them.

He said, "Where do you come from?"

"From Canaan," they said. "We've come to buy food."

8 Joseph knew who they were, but they didn't know who he was.

9 Joseph, remembering the dreams he had dreamed of them, said, "You're spies. You've come to look for our weak spots."

10-11 "No, master," they said. "We've only come to buy food. We're all the sons of the same man; we're honest men; we'd never think of spying."

12 He said, "No. You're spies. You've come to look for our weak spots."

13 They said, "There were twelve of us brothers—sons of the same father in the country of Canaan. The youngest is with our father, and one is no more."

14-16 But Joseph said, "It's just as I said, you're spies. This is how I'll test you. As Pharaoh lives, you're not going to leave this place until your younger brother comes here. Send one of you to get your brother while the rest of you stay here in jail. We'll see if you're telling the truth or not. As Pharaoh lives, I say you're spies."

17 Then he threw them into jail for three days.

18-20 사흘째 되는 날, 요셉이 그들에게 말했다. "너희가 살고 싶다면 이렇게 하여라. 나는 하나님을 경외하는 사람이다. 너희 말대로 너희가 정직하다면, 너희 형제 가운데 한 사람만 이곳 감옥에 남고, 나머지는 식량을 가지고 굶주리는 너희 가족들에게 돌아가거라. 그러나 너희는 너희 막내아우를 내게 데려와서, 너희 말이 진실임을 증명해야 한다. 그래야 너희 가운데 한 사람도 죽지 않을 것이다." 그들은 그렇게 하기로 했다.

21 그들이 서로 말하기 시작했다. "지금 우리는 우리 아우에게 한 짓의 죄값을 치르고 있는 거야. 우리 아우가 살려 달라고 할 때, 그 애가 얼마나 두려워했는지 우리가 똑똑히 보았잖아. 그런데도 우리는 그 애의 말을 들은 체도 하지 않았어. 그래서 이렇게 곤경에 처하게 된 거야."

22 르우벤이 한마디 했다. "내가 너희에게 '그 애를 다치게 하지 말라'고 하지 않았더냐? 그런데도 너희는 내 말을 듣지 않았어. 지금 우리는 그 애를 죽인 죄값을 치르고 있는 거야."

23-24 요셉이 통역을 쓰고 있었으므로, 그들은 요셉이 모든 말을 알아듣는 줄 알지 못했다. 요셉은 그들이 보지 못하는 곳으로 물러나와 울었다. 그는 마음이 진정되자, 그들이 지켜보는 앞에서 시므온을 붙잡아 묶고 죄수로 삼았다.

25 그런 다음 요셉은 지시를 내려, 그들의 자루에 곡식을 채우고 가져온 돈을 각자의 자루에 도로 넣게 했고, 또 그들이 돌아가는 길에 먹을 양식을 주게 했다. 요셉이 지시한 대로 되었다.

26 그들은 식량을 나귀에 싣고 출발했다.

27-28 잠잘 곳에 이르러, 그들 가운데 하나가 나귀에게 먹이를 주려고 자루를 열어 보니, 자루 안에 돈이 있었다. 그가 형제들을 불러 말했다. "내 돈이 되돌아왔어. 여기 내 자루

18-20 On the third day, Joseph spoke to them. "Do this and you'll live. I'm a God-fearing man. If you're as honest as you say you are, one of your brothers will stay here in jail while the rest of you take the food back to your hungry families. But you have to bring your youngest brother back to me, confirming the truth of your speech—and not one of you will die." They agreed.

21 Then they started talking among themselves. "Now we're paying for what we did to our brother—we saw how terrified he was when he was begging us for mercy. We wouldn't listen to him and now we're the ones in trouble."

22 Reuben broke in. "Didn't I tell you, 'Don't hurt the boy'? But no, you wouldn't listen. And now we're paying for his murder."

23-24 Joseph had been using an interpreter, so they didn't know that Joseph was understanding every word. Joseph turned away from them and cried. When he was able to speak again, he took Simeon and had him tied up, making a prisoner of him while they all watched.

25 Then Joseph ordered that their sacks be filled with grain, that their money be put back in each sack, and that they be given rations for the road. That was all done for them.

26 They loaded their food supplies on their donkeys and set off.

27-28 When they stopped for the night, one of them opened his sack to get food for his donkey; there at the mouth of his bag was his money. He called out to his brothers,

속에 돈이 들어 있다!" 다들 그것을 보고는 놀라서 두려워했다. "하나님께서 우리를 어떻게 하시려는 거지?"

29-32 그들은 가나안 땅에 있는 아버지 야곱에게 돌아가서, 그동안 있었던 일을 낱낱이 말했다. "그 나라를 다스리는 사람이 우리에게 엄히 말하면서, 우리를 정탐꾼들이라고 몰아세웠습니다. 우리는 이렇게 말했습니다. '저희는 정직한 사람들이지 결코 정탐꾼들이 아닙니다. 저희는 열두 형제이고, 모두가 한 아버지의 아들들입니다. 하나는 사라졌고, 막내는 아버지와 함께 가나안 땅에 있습니다.'

33-34 그랬더니 그 나라의 주인이 이렇게 말했습니다. '너희 형제들 가운데 한 사람은 내 곁에 남겨 두고, 너희는 굶주린 가족을 위해 식량을 가지고 가거라. 너희 막내아우를 내게 데려와서, 너희가 정탐꾼들이 아니라 정직한 사람들이라는 것을 증명해 보여라. 그러면 나는 너희 형제를 풀어 주고, 너희는 이 나라에 마음대로 오가게 될 것이다.'"

35 그들이 식량 자루를 비우는데, 자루에서 각 사람의 돈 주머니가 나왔다. 그들과 그들의 아버지는 그 돈을 보고서 근심에 사로잡혔다.

36 그들의 아버지가 말했다. "너희는 내가 얻은 모든 것을 빼앗아 가는구나! 요셉도 없어지고, 시므온도 없어졌는데, 이제는 베냐민마저 빼앗아 가려고 하는구나. 너희 말대로 하면, 내게 무엇이 남겠느냐."

37 르우벤이 목소리를 높여 말했다. "제 두 아들의 목숨을 아버지의 손에 맡기겠습니다. 제가 베냐민을 데려오지 않으면, 아버지께서 그 아이들을 죽이셔도 좋습니다. 베냐민을 제게 맡겨 주십시오. 제가 반드시 그 아이를 데려오겠습니다."

38 그러나 야곱은 거절했다. "내 아들을 너희와 함께 내려보낼 수는 없다. 그 아이의 형은 죽었고, 내게 남은 것은 이제 그 아이뿐이

"My money has been returned; it's right here in my bag!" They were puzzled—and frightened. "What's God doing to us?"

29-32 When they got back to their father Jacob, back in the land of Canaan, they told him everything that had happened, saying, "The man who runs the country spoke to us roughly and accused us of being spies. We told him, 'We are honest men and in no way spies. There were twelve of us brothers, sons of one father; one is gone and the youngest is with our father in Canaan.'

33-34 "But the master of the country said, 'Leave one of your brothers with me, take food for your starving families, and go. Bring your youngest brother back to me, proving that you're honest men and not spies. And then I'll give your brother back to you and you'll be free to come and go in this country.'"

35 As they were emptying their food sacks, each man came on his purse of money. On seeing their money, they and their father were upset.

36 Their father said to them, "You're taking everything I've got! Joseph's gone, Simeon's gone, and now you want to take Benjamin. If you have your way, I'll be left with nothing."

37 Reuben spoke up: "I'll put my two sons in your hands as hostages. If I don't bring Benjamin back, you can kill them. Trust me with Benjamin; I'll bring him back."

38 But Jacob refused. "My son will not go down with you. His brother is dead and he is all I have left. If something bad happens

다. 길에서 그 아이에게 무슨 일이라도 생기면, 너희는 백발이 성성한 채 슬퍼하는 나를 땅에 묻어야 할 것이다."

베냐민을 데리고 다시 이집트로 가다

43 ¹⁻² 기근이 더욱 심해졌다. 이집트에서 가져온 식량이 다 떨어지자, 그들의 아버지가 말했다. "다시 가서 식량을 조금 더 구해 오너라."

³⁻⁵ 유다가 말했다. "그 사람이 우리에게 엄히 경고하면서 말하기를, '너희 아우를 데려오지 않으면, 너희는 내 얼굴을 볼 수 없을 것이다'라고 했습니다. 아버지께서 아우를 우리와 함께 가도록 내주시면, 우리가 내려가서 아버지께 식량을 구해 오겠습니다. 하지만 아버지께서 그렇게 하지 않겠다고 하시면, 우리는 가지 않겠습니다. 간다고 한들 무슨 소용이 있겠습니까? 그 사람이 우리에게 '너희 아우를 데려오지 않으면, 너희는 내 얼굴을 볼 수 없을 것이다' 하고 말했으니 말입니다."

⁶ 이스라엘이 말했다. "너희는 어찌하여 내 인생을 이토록 고달프게 하느냐? 도대체 어쩌자고 또 다른 아우가 있다는 말을 했느냐?"

⁷ 그들이 말했다. "그 사람이 우리를 심하게 다그치며 '너희 아버지는 살아 계시느냐? 너희에게 또 다른 아우가 있느냐?' 하고 우리 가족에 대해 꼬치꼬치 캐묻기에, 그렇다고 대답한 것입니다. 그 사람이 '너희 아우를 이리로 데려오너라' 하고 말할 줄 우리가 어찌 알았겠습니까?"

⁸⁻¹⁰ 유다가 아버지 이스라엘에게 재촉했다. "제가 책임질 테니 그 아이를 보내 주십시오. 우리가 곧 떠나야겠습니다. 우리가 가지 않으면, 우리 가족 모두가 굶어 죽게 됩니다. 우리도 아버지도 우리 자녀도 다 죽게 될 것입니다! 그 아이의 안전을 제가 모두 책임지겠습니다. 그 아이의 생명과

to him on the road, you'll put my gray, sorrowing head in the grave."

43 ¹⁻² The famine got worse. When they had eaten all the food they had brought back from Egypt, their father said, "Go back and get some more food."

³⁻⁵ But Judah said, "The man warned us most emphatically, 'You won't so much as see my face if you don't have your brother with you.' If you're ready to release our brother to go with us, we'll go down and get you food. But if you're not ready, we aren't going. What would be the use? The man told us, 'You won't so much as see my face if you don't have your brother with you.'"

⁶ Israel said, "Why are you making my life so difficult! Why did you ever tell the man you had another brother?"

⁷ They said, "The man pressed us hard, asking pointed questions about our family: 'Is your father alive? Do you have another brother?' So we answered his questions. How did we know that he'd say, 'Bring your brother here'?"

⁸⁻¹⁰ Judah pushed his father Israel. "Let the boy go; I'll take charge of him. Let us go and be on our way—if we don't get going, we're all going to starve to death—we and you and our children, too! I'll take full responsibility for his safety; it's my life on the line for his. If I don't bring him back safe and sound, I'm the guilty one; I'll take all the blame. If we had gone ahead in the first place instead of procrastinating like this, we could have been there and back twice over."

제 생명을 맞바꾸겠습니다. 제가 그 아이를
무사히 데려오지 않으면, 제가 죄인이 되어
모든 죄를 달게 받겠습니다. 우리가 이렇게
꾸물거리지 않고 갔더라면, 벌써 두 번은
다녀왔을 것입니다."

11-14 아버지 이스라엘이 마지못해 응했다.
"정 그렇게 해야만 한다면, 이렇게 하여라.
이 땅에서 나는 가장 좋은 토산물을 너희
자루에 넣어 가서 그 사람에게 선물로 드리
거라. 향유와 꿀, 향료와 향수, 유향나무 열
매와 감복숭아도 얼마 가져가거라. 돈도 넉
넉히 챙겨서, 너희 자루에 담겨 있던 액수
의 두 배를 가져가거라. 분명히 착오가 있
었을 것이다. 너희 아우를 데리고 출발하여
라. 그 사람에게 다시 가거라. 너희들이 그
사람 앞에 설 때 강하신 하나님이 은혜를
베푸셔서, 그 사람이 너희의 다른 형제와
베냐민을 함께 돌려보내 주면 더없이 좋겠
구나. 내게는 이제 남은 게 하나도 없다. 다
잃어버렸다."

15-16 그들은 선물을 마련하고 돈을 두 배로
챙겨서 베냐민을 데리고 갔다. 그들은 지체
하지 않고 이집트로 가서 요셉을 만났다.
그들이 베냐민을 데려온 것을 보고, 요셉이
자기 집 관리인에게 말했다. "이 사람들을
집으로 데려가서 편히 쉬게 해주어라. 짐승
을 잡고 식사를 준비하여라. 내가 그들과
점심을 함께할 것이다."

17-18 관리인은 요셉이 말한 대로 그들을 집
안으로 데리고 들어갔다. 그들은 안내를 받
아 요셉의 집으로 들어가면서, 불안에 휩싸
여 생각했다. "그 돈 때문이야. 그 사람은 우
리가 처음 이곳으로 내려왔을 때 그 돈을 가
지고 도망쳤다고 생각하는 거다. 이제 그가
원하는 곳에서 우리를 붙잡았으니, 우리를 종
으로 삼고 우리의 나귀를 몰수하려는 거야."

19-22 그래서 그들은 요셉의 집 관리인에게
다가가 그 집 문 앞에서 말했다. "주인님,

11-14 Their father Israel gave in. "If it has to
be, it has to be. But do this: stuff your packs
with the finest products from the land you
can find and take them to the man as gifts—
some balm and honey, some spices and
perfumes, some pistachios and almonds.
And take plenty of money—pay back double
what was returned to your sacks; that might
have been a mistake. Take your brother and
get going. Go back to the man. And may The
Strong God give you grace in that man's eyes
so that he'll send back your other brother
along with Benjamin. For me, nothing's left;
I've lost everything."

15-16 The men took the gifts, double the
money, and Benjamin. They lost no time
in getting to Egypt and meeting Joseph.
When Joseph saw that they had Benjamin
with them, he told his house steward, "Take
these men into the house and make them
at home. Butcher an animal and prepare a
meal; these men are going to eat with me at
noon."

17-18 The steward did what Joseph had
said and took them inside. But they
became anxious when they were brought
into Joseph's home, thinking, "It's the
money; he thinks we ran off with the
money on our first trip down here. And
now he's got us where he wants us—he's
going to turn us into slaves and confiscate
our donkeys."

19-22 So they went up to Joseph's house
steward and talked to him in the doorway.
They said, "Listen, master. We came down
here one other time to buy food. On our
way home, the first night out we opened our
bags and found our money at the mouth of

들어 보십시오. 저희는 지난번에 식량을 사러 여기에 내려왔던 사람들입니다. 집으로 돌아가던 날 밤에 자루를 열어 보니, 자루에 저희 돈이 들어 있었습니다. 저희가 지불한 액수 그대로였습니다. 저희가 그 돈을 고스란히 가져왔고, 추가로 식량을 살 돈도 많이 가져왔습니다. 누가 저희 자루 속에 돈을 넣어 두었는지 저희는 모르겠습니다."

23 관리인이 말했다. "모든 것이 잘 되었으니, 걱정하지 마십시오. 여러분의 하나님, 여러분 아버지의 하나님께서 여러분에게 덤으로 주신 것이 분명합니다. 나는 이미 여러분의 돈을 다 받았습니다." 그러고는 시므온을 데려와 그들에게 넘겨주었다.

24-25 관리인은 그들을 요셉의 집으로 데리고 들어가서, 발 씻을 물을 주고 그들의 나귀에게 먹이를 주며 그들을 편히 쉬게 해주었다. 형제들은 요셉과 함께 식사할 것이라는 말을 듣고, 정오에 그가 나타나기를 기다리며 가져온 선물을 펼쳐 놓았다.

26 요셉이 집에 오자, 그들은 가져온 선물을 그 앞에 내놓고 정중히 머리 숙여 절했다.

27 요셉이 그들을 맞이하며 말했다. "전에 너희가 말한 연로하신 너희 아버지는 안녕하시냐? 아직도 살아 계시느냐?"

28 그들이 말했다. "예, 주인님의 종인 저희 아버지는 지금도 살아 계시고, 아주 잘 지내십니다." 그러고는 다시 정중히 머리 숙여 절했다.

29 그때 요셉이 자기 어머니의 아들, 곧 자기 친동생 베냐민을 알아보고 그들에게 물었다. "전에 너희가 내게 말한 막내아우가 이 아이냐?" 그러고는 "내 아들아, 하나님께서 네게 은혜 베푸시기를 빈다" 하고 말했다.

30-31 요셉은 자기 아우를 보고 감정이 북받쳐 울음이 터져 나오려고 하자, 급히 다른 방으로 들어가서 한참을 울었다. 그러고 나서 얼굴을 씻고 마음을 진정시킨 다음, 상을 차리라고 말했다.

the bag—the exact amount we'd paid. We've brought it all back and have plenty more to buy more food with. We have no idea who put the money in our bags."

23 The steward said, "Everything's in order. Don't worry. Your God and the God of your father must have given you a bonus. I was paid in full." And with that, he presented Simeon to them.

24-25 He then took them inside Joseph's house and made them comfortable—gave them water to wash their feet and saw to the feeding of their donkeys. The brothers spread out their gifts as they waited for Joseph to show up at noon—they had been told that they were to have dinner with him.

26 When Joseph got home, they presented him with the gifts they had brought and bowed respectfully before him.

27 Joseph welcomed them and said, "And your old father whom you mentioned to me, how is he? Is he still alive?"

28 They said, "Yes—your servant our father is quite well, very much alive." And they again bowed respectfully before him.

29 Then Joseph picked out his brother Benjamin, his own mother's son. He asked, "And is this your youngest brother that you told me about?" Then he said, "God be gracious to you, my son."

30-31 Deeply moved on seeing his brother and about to burst into tears, Joseph hurried out into another room and had a good cry. Then he washed his face, got a grip on himself, and said, "Let's eat."

32-34 요셉은 따로 상을 받았고, 형제들은 형제들끼리, 이집트 사람들은 이집트 사람들끼리 식사하도록 상을 차리게 했다. (이집트 사람들은 히브리 사람들과 한 식탁에서 먹지 않았다. 히브리 사람들과 식사하는 것을 역겹게 여겼기 때문이다.) 형제들이 안내를 받아 앉고 보니, 요셉을 마주 보고 맏이에서부터 막내에 이르기까지 나이 순으로 앉게 되었다. 형제들은 이제 무슨 일이 벌어질까 의아해 하며 놀란 눈으로 서로 쳐다보았다. 요셉은 각 사람이 먹을 음식을 자기 식탁에서 형제들의 접시로 나르게 했다. 베냐민의 접시에 담긴 음식은 다른 형들의 접시에 담긴 음식보다 훨씬 많았다. 형제들은 요셉과 함께 마음껏 먹고 마셨다.

베냐민의 자루에서 은잔이 나오다

44 ¹⁻² 요셉이 자기 집 관리인에게 지시했다. "저 사람들의 자루에 그들이 가져갈 수 있을 만큼 넉넉하게 식량을 채우고, 각 사람이 가져온 돈을 자루 맨 위에 도로 넣어라. 그리고 막내의 자루 맨 위에는 식량 값으로 가져온 돈과 함께 내 은잔을 넣어 두어라." 그는 요셉이 지시한 대로 했다.
³⁻⁵ 동이 트자, 그들은 배웅을 받으며 나귀들을 이끌고 길을 나섰다. 그들이 아직 그 도시에서 얼마 벗어나지 못했을 때, 요셉이 자기 집 관리인에게 말했다. "그들을 뒤쫓아라. 그들을 따라잡거든, '너희는 어찌하여 선을 악으로 갚느냐? 이것은 내 주인께서 마실 때 쓰시는 잔이다. 점을 칠 때 쓰시는 잔이기도 하다. 이렇게 괘씸한 짓을 저지르다니!' 하고 말하여라."
⁶ 관리인은 그들을 따라잡고서 이 모든 말을 그대로 했다.
⁷⁻⁹ 그들이 말했다. "저희는 무슨 말씀을 하시는지 모르겠습니다. 저희 형제들은 그런 짓을 할 사람들이 아닙니다! 지난번 자루 속

³²⁻³⁴ Joseph was served at his private table, the brothers off by themselves and the Egyptians off by themselves (Egyptians won't eat at the same table with Hebrews; it's repulsive to them). The brothers were seated facing Joseph, arranged in order of their age, from the oldest to the youngest. They looked at one another wide-eyed, wondering what would happen next. When the brothers' plates were served from Joseph's table, Benjamin's plate came piled high, far more so than his brothers. And so the brothers feasted with Joseph, drinking freely.

44 ¹⁻² Joseph ordered his house steward: "Fill the men's bags with food—all they can carry—and replace each one's money at the top of the bag. Then put my chalice, my silver chalice, in the top of the bag of the youngest, along with the money for his food." He did as Joseph ordered.
³⁻⁵ At break of day the men were sent off with their donkeys. They were barely out of the city when Joseph said to his house steward, "Run after them. When you catch up with them, say, 'Why did you pay me back evil for good? This is the chalice my master drinks from; he also uses it for divination. This is outrageous!'"
⁶ He caught up with them and repeated all this word for word.
⁷⁻⁹ They said, "What is my master talking about? We would never do anything like that! Why, the money we found in our bags earlier, we brought back all the way

에서 발견한 돈도 가나안 땅에서 고스란히 가져왔습니다. 그런데 저희가 마음이 변해 당신 주인님의 집에서 은잔을 훔쳤다고 생각하시는 것입니까? 저희 가운데 누구에게서든 그 잔이 발견되면, 그 사람은 죽어 마땅합니다. 그리고 나머지 형제들도 당신 주인님의 종이 되겠습니다."

10 관리인이 말했다. "좋다. 그러나 그렇게까지 할 필요는 없다. 잔이 발견되는 자는 내 주인님의 종이 될 것이다. 그러나 나머지 사람들은 죄가 없으니 가도 좋다."

11-12 그들은 다급한 마음에 누가 먼저랄 것도 없이 각자 자기 자루를 바닥에 내려놓고 자루를 풀어 조사를 받았다. 관리인은 맏이에서부터 막내에 이르기까지 그들의 자루를 하나씩 뒤졌다. 그런데 베냐민의 자루에서 잔이 나왔다.

13 그들은 낙심하여 자기 옷을 찢고서, 나귀에 짐을 실은 뒤에 그 도시로 되돌아갔다.

14 유다와 그의 형제들이 돌아가 보니, 요셉이 아직 집에 있었다. 그들은 요셉이 보는 앞에서 바닥에 털썩 주저앉았다.

15 요셉이 그들을 나무라며 말했다. "너희가 어찌하여 이런 짓을 했느냐? 나 같은 사람이 이런 것을 알아낼 줄 몰랐단 말이냐?"

16 유다가 형제들을 대신해서 말했다. "주인님, 저희가 무슨 할 말이 있고 무슨 변명을 할 수 있겠습니까? 저희에게 죄가 없다는 것을 무엇으로 입증할 수 있겠습니까? 하나님께서 저희 뒤에 계시면서 저희 잘못을 들추어 보이셨습니다. 저희가 주인님 앞에 죄를 지었으니, 이제 주인님의 종이 되겠습니다. 저희 모두가 이 일에 연루되었습니다. 잔을 가져간 아이나 저희나 다 죄인입니다."

17 요셉이 말했다. "나는 그렇게 할 마음이 없다. 잔을 가져간 자만 나의 종이 될 것이다. 나머지는 죄가 없으니 너희 아버지에게로 돌아가거라."

from Canaan—do you think we'd turn right around and steal it back from your master? If that chalice is found on any of us, he'll die; and the rest of us will be your master's slaves."

10 The steward said, "Very well then, but we won't go that far. Whoever is found with the chalice will be my slave; the rest of you can go free."

11-12 They outdid each other in putting their bags on the ground and opening them up for inspection. The steward searched their bags, going from oldest to youngest. The chalice showed up in Benjamin's bag.

13 They ripped their clothes in despair, loaded up their donkeys, and went back to the city.

14 Joseph was still at home when Judah and his brothers got back. They threw themselves down on the ground in front of him.

15 Joseph accused them: "How can you have done this? You have to know that a man in my position would have discovered this."

16 Judah as spokesman for the brothers said, "What can we say, master? What is there to say? How can we prove our innocence? God is behind this, exposing how bad we are. We stand guilty before you and ready to be your slaves—we're all in this together, the rest of us as guilty as the one with the chalice."

17 "I'd never do that to you," said Joseph. "Only the one involved with the chalice will be my slave. The rest of you are free to go back to your father."

18-20 유다가 앞으로 나아가 말했다. "주인님, 부탁드립니다. 주인님께 한 가지만 말씀드리게 해주십시오. 주인님께서는 바로와 같은 분이시니, 노여워하지 마시고, 제가 주제넘다고 여기지 말아 주십시오. 주인님께서는 저희에게 '아버지와 동생이 있느냐?'고 물으셨습니다. 그래서 저희는 '저희에게 연로한 아버지와, 그가 노년에 얻은 아우가 있습니다. 그 아이의 형은 죽고, 그 아이의 어머니가 낳은 아들 가운데 남은 아이는 그 아이뿐입니다. 그래서 아버지께서는 누구보다 그 아이를 사랑하십니다' 하고 솔직히 말씀드렸습니다.

21-22 그러자 주인님께서는 저희에게 '그 아이를 이리로 데려오너라. 내가 그 아이를 보아야겠다'고 말씀하셨습니다. 저희는 그럴 수 없다는 뜻으로 '그 아이는 아버지를 떠날 수 없습니다. 그 아이가 떠나면, 아버지는 돌아가시고 말 것입니다' 하고 말씀드렸습니다.

23 그러자 주인님께서는 '너희 막내아우를 데려오지 않으면, 너희는 나를 보지 못할 것이다' 하고 말씀하셨습니다.

24-26 저희는 저희 아버지께 돌아가, 주인님께서 저희에게 하신 모든 말씀을 전했습니다. 저희 아버지께서 '다시 가서 식량을 조금 더 구해 오너라'고 했을 때도, 저희는 '그럴 수 없습니다. 막내아우가 우리와 함께 가지 않으면, 우리는 다시 갈 수 없습니다. 막내아우가 함께 가지 않으면, 우리는 그분을 뵐 수가 없습니다' 하고 단호하게 말씀드렸습니다.

27-29 그러자 주인님의 종인 제 아버지는 저희에게 '너희도 잘 알다시피, 내 아내가 두 아들을 낳았는데, 한 아이는 잃어버렸다. 그 아이는 짐승에게 찢겨 죽은 게 틀림없다. 그 후로 나는 그 아이를 한 번도 본 적이 없다. 그런데 이제 너희가 이 아이를 데리고 갔다가 이 아이에게 무슨 일이라도 생기면, 너희는 백발이 성성한 채 슬퍼하는 나를 끝내 땅에 묻어야 할 것이다' 하고 말씀하셨습니다.

18-20 Judah came forward. He said, "Please, master; can I say just one thing to you? Don't get angry. Don't think I'm presumptuous—you're the same as Pharaoh as far as I'm concerned. You, master, asked us, 'Do you have a father and a brother?' And we answered honestly, 'We have a father who is old and a younger brother who was born to him in his old age. His brother is dead and he is the only son left from that mother. And his father loves him more than anything.'

21-22 "Then you told us, 'Bring him down here so I can see him.' We told you, master, that it was impossible: 'The boy can't leave his father; if he leaves, his father will die.'

23 "And then you said, 'If your youngest brother doesn't come with you, you won't be allowed to see me.'

24-26 "When we returned to our father, we told him everything you said to us. So when our father said, 'Go back and buy some more food,' we told him flatly, 'We can't. The only way we can go back is if our youngest brother is with us. We aren't allowed to even see the man if our youngest brother doesn't come with us.'

27-29 "Your servant, my father, told us, 'You know very well that my wife gave me two sons. One turned up missing. I concluded that he'd been ripped to pieces. I've never seen him since. If you now go and take this one and something bad happens to him, you'll put my old gray, grieving head in the grave for sure.'

30-32 주인님의 종인 제 아버지에게 이 아이의 목숨은 당신 목숨이나 다름없어서, 제가 이 아이 없이 아버지 앞에 나타나면 아버지는 아이가 없어진 것을 아시고 그 자리에서 돌아가시고 말 것입니다. 아버지가 슬픔에 잠겨 돌아가시면, 여기 주인님 앞에 주인님의 종으로 서 있는 저희가 그분을 돌아가시게 한 셈이 됩니다. 그뿐 아닙니다. 저는 그 아이를 주인님께 보여드릴 수 있게 해달라고 하면서, 제 아버지께 '제가 그 아이를 데려오지 않으면, 아버지 앞에서 평생 죄인으로 살겠습니다' 하고 다짐했습니다.

33-34 그러니 이 아이 대신에 제가 주인님의 종으로 이곳에 머물게 해주십시오. 이 아이는 형제들과 함께 돌아가게 해주십시오. 이 아이가 함께 가지 못하는데, 제가 어떻게 아버지께 돌아갈 수 있겠습니까? 제발, 제가 돌아가서 아버지가 슬픔에 잠겨 돌아가시는 모습을 보지 않게 해주십시오!"

요셉이 형제들에게 자신을 밝히다

45 1-2 요셉은 더 이상 자신을 억제할 수 없어, 자신의 수행원들에게 "물러가라! 다들 물러가라!" 하고 소리쳤다. 요셉은 자기 곁에 아무도 없게 되자, 형제들에게 자신이 누구인지를 밝혔다. 그러나 그의 흐느끼는 소리가 너무도 격해서, 이집트 사람들에게까지 들렸다. 그 소식은 곧 바로의 궁에도 전해졌다.

3 요셉이 자기 형제들에게 말했다. "내가 요셉입니다. 정말 내 아버지께서 아직도 살아 계십니까?" 그의 형제들은 말문이 막혀 한 마디도 할 수 없었다. 그들은 자신들이 보고 들은 것을 믿을 수가 없었다.

4-8 요셉이 형제들에게 말했다. "내게 가까이 오십시오." 그들이 가까이 다가갔다. "내가 바로 형님들의 아우 요셉입니다. 형님들이 이집트에 팔아넘긴 그 요셉입니다. 저를 팔아넘겼

30-32 "And now, can't you see that if I show up before your servant, my father, without the boy, this son with whom his life is so bound up, the moment he realizes the boy is gone, he'll die on the spot. He'll die of grief and we, your servants who are standing here before you, will have killed him. And that's not all. I got my father to release the boy to show him to you by promising, 'If I don't bring him back, I'll stand condemned before you, Father, all my life.'

33-34 "So let me stay here as your slave, not this boy. Let the boy go back with his brothers. How can I go back to my father if the boy is not with me? Oh, don't make me go back and watch my father die in grief!"

45 1-2 Joseph couldn't hold himself in any longer, keeping up a front before all his attendants. He cried out, "Leave! Clear out—everyone leave!" So there was no one with Joseph when he identified himself to his brothers. But his sobbing was so violent that the Egyptians couldn't help but hear him. The news was soon reported to Pharaoh's palace.

3 Joseph spoke to his brothers: "I am Joseph. Is my father really still alive?" But his brothers couldn't say a word. They were speechless—they couldn't believe what they were hearing and seeing.

4-8 "Come closer to me," Joseph said to his brothers. They came closer. "I am Joseph your brother whom you

다고 괴로워하지도 말고, 자책하지도 마십시오. 그 일 뒤에는 하나님이 계셨습니다. 하나님께서 나를 형님들보다 앞서 이곳으로 보내셔서, 여러 목숨을 구하게 하셨습니다. 이 땅에 흉년이 든 지 두 해가 되었지만, 앞으로도 다섯 해 동안은 흉년이 계속 들어 밭을 갈지도 못하고 추수도 하지 못하게 될 것입니다. 하나님께서 나를 앞서 보내셔서, 이 땅에 살아남은 민족이 있게 하시고, 놀라운 구원의 행위로 형님들의 목숨을 구하도록 준비하셨습니다. 보다시피, 나를 이곳으로 보낸 것은 형님들이 아니라 하나님이십니다. 하나님께서 나를 바로의 아버지와 같은 자리에 앉히시고, 내게 그의 일을 맡기셔서, 나를 이집트의 통치자로 세워 주셨습니다.

9-11 서둘러 아버지께 돌아가십시오. 가서 아버지께 이렇게 전하십시오. '아버지의 아들 요셉이 말씀드립니다. 저는 이집트 온 땅의 주인입니다. 되도록 빨리 이곳으로 오셔서 저와 함께 지내십시오. 아버지께서 저와 가까이 계실 수 있도록 제가 고센 땅에 지내실 곳을 마련해 놓겠습니다. 아버지와 아버지의 아들들과 손자들, 그리고 아버지의 양 떼와 소 떼와 아버지의 모든 재산을 가지고 오십시오. 제가 그곳에서 아버지를 극진히 모시겠습니다. 앞으로도 흉년이 다섯 해나 더 들 텐데, 아버지께 필요한 모든 것을 제가 살펴 드리겠습니다. 아버지와 아버지께 딸린 모든 식구를 제가 보살피고, 부족한 것이 하나도 없게 해 드리겠습니다' 하고 말씀해 주십시오.

12-13 나를 보십시오. 내가 내 입으로 형님들에게 이 모든 말을 하는 것을, 형님들은 물론이고 내 아우 베냐민도 직접 보고 있습니다. 내가 이집트에서 차지하고 있는 높은 지위에 대해 아버지께 말씀드리고, 형님들이 이곳에서 본 것을 하나도 빠짐없이 말씀드려 주십시오. 하지만 오래 지체하지 말고, 서둘러 아버지를 모시고 이곳으로 내려오십시오."

sold into Egypt. But don't feel badly, don't blame yourselves for selling me. God was behind it. God sent me here ahead of you to save lives. There has been a famine in the land now for two years; the famine will continue for five more years—neither plowing nor harvesting. God sent me on ahead to pave the way and make sure there was a remnant in the land, to save your lives in an amazing act of deliverance. So you see, it wasn't you who sent me here but God. He set me in place as a father to Pharaoh, put me in charge of his personal affairs, and made me ruler of all Egypt.

9-11 "Hurry back to my father. Tell him, 'Your son Joseph says: I'm master of all of Egypt. Come as fast as you can and join me here. I'll give you a place to live in Goshen where you'll be close to me—you, your children, your grandchildren, your flocks, your herds, and anything else you can think of. I'll take care of you there completely. There are still five more years of famine ahead; I'll make sure all your needs are taken care of, you and everyone connected with you—you won't want for a thing.'

12-13 "Look at me. You can see for yourselves, and my brother Benjamin can see for himself, that it's me, my own mouth, telling you all this. Tell my father all about the high position I hold in Egypt, tell him everything you've seen here, but don't take all day—hurry up and get my father down here."

14-15 그러고 나서 요셉은 자기 아우 베냐민의 목을 껴안고 울었다. 베냐민도 요셉의 목을 껴안고 울었다. 요셉은 형들과도 한 사람씩 입을 맞추며 부둥켜 안고 울었다. 그제야 형들도 요셉과 이야기를 나눌 수 있게 되었다.

16 "요셉의 형제들이 왔다"는 소식이 바로의 궁에 전해졌다. 그 소식을 듣고 바로와 그의 모든 신하가 기뻐했다.

17-18 바로가 요셉에게 말했다. "그대의 형제들에게 이렇게 전하시오. '너희 짐을 짐승들의 등에 싣고 가나안으로 가서, 너희 아버지와 너희 가족들을 데리고 이곳으로 돌아오너라. 내가 너희를 이집트에서 가장 좋은 땅에 자리 잡고 살게 해주겠다. 너희는 그 땅에서 나는 기름진 것을 먹고 살게 될 것이다.'

19-20 그들에게 이 말도 전하시오. '나는 너희가 이렇게 하기를 바란다. 너희 아이들과 아내들을 태워 올 수 있도록 이집트에서 마차 몇 대를 가져가거라. 마차에 너희 아버지를 모시고 돌아오너라. 이집트 온 땅에 있는 가장 좋은 것이 너희 차지가 될 것이니, 아무 걱정 말고 살림살이는 두고 오너라.'"

21-23 이스라엘의 아들들은 바로가 하라는 대로 했다. 요셉은 그들에게 바로가 약속한 대로 마차를 내주었고, 돌아가는 길에 먹을 양식도 주었다. 그는 형들에게 새로 만든 옷을 마련해 주고, 베냐민에게는 은화 삼백 개와 옷 여러 벌을 주었다. 아버지에게는 이집트의 특산물을 실은 나귀 열 마리와 오는 길에 먹을 양식으로 곡식과 빵을 실은 또 다른 나귀 열 마리를 선물로 보냈다.

24 요셉은 형제들을 떠나보냈다. 그들이 떠나갈 때, 그는 "오가는 길에 마음을 편히 하시고, 서로 사이좋게 지내십시오" 하고 당부했다.

25-28 그들은 이집트를 떠나 가나안 땅에

14-15 Then Joseph threw himself on his brother Benjamin's neck and wept, and Benjamin wept on his neck. He then kissed all his brothers and wept over them. Only then were his brothers able to talk with him.

16 The story was reported in Pharaoh's palace: "Joseph's brothers have come." It was good news to Pharaoh and all who worked with him.

17-18 Pharaoh said to Joseph, "Tell your brothers, 'This is the plan: Load up your pack animals; go to Canaan, get your father and your families and bring them back here. I'll settle you on the best land in Egypt—you'll live off the fat of the land.'

19-20 "Also tell them this: 'Here's what I want you to do: Take wagons from Egypt to carry your little ones and your wives and load up your father and come back. Don't worry about having to leave things behind; the best in all of Egypt will be yours.'"

21-23 And they did just that, the sons of Israel. Joseph gave them the wagons that Pharaoh had promised and food for the trip. He outfitted all the brothers in brand-new clothes, but he gave Benjamin three hundred pieces of silver and several suits of clothes. He sent his father these gifts: ten donkeys loaded with Egypt's best products and another ten donkeys loaded with grain and bread, provisions for his father's journey back.

24 Then he sent his brothers off. As they left he told them, "Take it easy on the journey; try to get along with each other."

25-28 They left Egypt and went back to their father Jacob in Canaan. When they told him, "Joseph is still alive—and he's the ruler over

있는 아버지 야곱에게로 돌아갔다. 그들이 말했다. "요셉이 지금까지 살아 있습니다. 그는 이집트 온 땅을 다스리는 사람입니다!" 야곱은 말문이 막혔다. 그는 자신의 귀를 의심했다. 그러나 요셉이 한 말을 아들들에게서 다 전해 듣고 또 요셉이 자기를 태워 오라고 보낸 마차를 보자, 그제야 혈색이 돌아왔다. 그들의 아버지 야곱이 기운을 차린 것이다. 이스라엘이 말했다. "내 아들 요셉이 지금까지 살아 있다는 말은 충분히 들었다. 그러니 내가 가서, 죽기 전에 그 아이를 봐야겠다."

야곱의 가족이 이집트로 가다

46 ¹ 마침내 이스라엘은 자기의 모든 소유를 가지고 여행길에 올랐다. 그는 브엘세바에 이르러 자기 아버지 이삭의 하나님께 희생 제사를 드리며 예배했다.
² 그날 밤, 하나님께서 이스라엘에게 환상 가운데 말씀하셨다. "야곱아! 야곱아!"
그가 대답했다. "예, 말씀하십시오."
³⁻⁴ 하나님께서 말씀하셨다. "나는 네 아버지의 하나님이다. 이집트로 내려가는 것을 두려워하지 마라. 내가 그곳에서 너를 큰 민족이 되게 하겠다. 내가 너와 함께 이집트로 내려갔다가, 너를 다시 이곳으로 데려오겠다. 네가 죽을 때, 요셉이 네 곁에 있을 것이다. 요셉이 그의 손으로 네 눈을 감겨 줄 것이다."
⁵⁻⁷ 야곱이 브엘세바를 떠났다. 이스라엘의 아들들은 바로가 이스라엘을 모셔 오라고 보내 준 마차에 자신들의 아버지와 아이들과 아내들을 태웠다. 그들은 가나안 땅에서 모은 가축과 재산을 가지고 이집트에 도착했다. 야곱은 자기 집안의 모든 사람, 곧 아들과 손자들, 딸과 손녀들까지 한 사람도 빠뜨리지 않고 다 데리고 갔다.

the whole land of Egypt!" he went numb; he couldn't believe his ears. But the more they talked, telling him everything that Joseph had told them and when he saw the wagons that Joseph had sent to carry him back, the blood started to flow again—their father Jacob's spirit revived. Israel said, "I've heard enough—my son Joseph is still alive. I've got to go and see him before I die."

46 ¹ So Israel set out on the journey with everything he owned. He arrived at Beersheba and worshiped, offering sacrifices to the God of his father Isaac.
² God spoke to Israel in a vision that night: "Jacob! Jacob!"
"Yes?" he said. "I'm listening."
³⁻⁴ God said, "I am the God of your father. Don't be afraid of going down to Egypt. I'm going to make you a great nation there. I'll go with you down to Egypt; I'll also bring you back here. And when you die, Joseph will be with you; with his own hand he'll close your eyes."
⁵⁻⁷ Then Jacob left Beersheba. Israel's sons loaded their father and their little ones and their wives on the wagons Pharaoh had sent to carry him. They arrived in Egypt with the livestock and the wealth they had accumulated in Canaan. Jacob brought everyone in his family with him—sons and grandsons, daughters and granddaughters. Everyone.

8 이집트로 내려간 이스라엘 자손, 곧 야곱과 그 자손의 이름은 이러하다.
야곱의 맏아들 르우벤.
9 르우벤의 아들 하녹, 발루, 헤스론, 갈미.
10 시므온의 아들 여무엘, 야민, 오핫, 야긴, 스할, 가나안 여인이 낳은 아들 사울.
11 레위의 아들 게르손, 고핫, 므라리.
12 유다의 아들 엘, 오난, 셀라, 베레스, 세라. (엘과 오난은 가나안 땅에 있을 때 이미 죽었다.) 베레스의 아들은 헤스론과 하물이다.
13 잇사갈의 아들 돌라, 부와, 욥, 시므론.
14 스불론의 아들 세렛, 엘론, 얄르엘.
15 이들은 레아가 밧단아람에서 낳은 야곱의 자손이다. 디나도 그의 딸이다. 아들딸을 모두 합하니 서른세 명이다.
16 갓의 아들 시본, 학기, 수니, 에스본, 에리, 아로디, 아렐리.
17 아셀의 아들 임나, 이스와, 이스위, 브리아, 그들의 누이 세라. 브리아의 아들 헤벨과 말기엘.
18 이들은 라반이 자기 딸 레아에게 준 여종 실바가 낳은 야곱의 자손으로, 모두 열여섯 명이다.
19-21 야곱의 아내 라헬의 아들은 요셉과 베냐민이다. 요셉은 온의 제사장 보디베라의 딸 아스낫과 결혼하여 얻은 두 아들, 므낫세와 에브라임의 아버지다. 그들은 요셉이 이집트에서 얻은 아들들이다. 베냐민의 아들들은 벨라, 베겔, 아스벨, 게라, 나아만, 에히, 로스, 뭅빔, 훕빔, 아릇이다.
22 이들은 야곱과 라헬 사이에서 태어난 자손으로, 모두 열네 명이다.
23 단의 아들 후심.
24 납달리의 아들 야스엘, 구니, 예셀, 실렘.
25 이들은 라반이 자기 딸 라헬에게 준 여

8 These are the names of the Israelites, Jacob and his descendants, who went to Egypt: Reuben, Jacob's firstborn.
9 Reuben's sons: Hanoch, Pallu, Hezron, and Carmi.
10 Simeon's sons: Jemuel, Jamin, Ohad, Jakin, Zohar, and Shaul the son of a Canaanite woman.
11 Levi's sons: Gershon, Kohath, and Merari.
12 Judah's sons: Er, Onan, Shelah, Perez, and Zerah (Er and Onan had already died in the land of Canaan). The sons of Perez were Hezron and Hamul.
13 Issachar's sons: Tola, Puah, Jashub, and Shimron.
14 Zebulun's sons: Sered, Elon, and Jahleel.
15 These are the sons that Leah bore to Jacob in Paddan Aram. There was also his daughter Dinah. Altogether, sons and daughters, they numbered thirty-three.
16 Gad's sons: Zephon, Haggi, Shuni, Ezbon, Eri, Arodi, and Areli.
17 Asher's sons: Imnah, Ishvah, Ishvi, and Beriah. Also their sister Serah, and Beriah's sons, Heber and Malkiel.
18 These are the children that Zilpah, the maid that Laban gave to his daughter Leah, bore to Jacob—sixteen of them.
19-21 The sons of Jacob's wife Rachel were Joseph and Benjamin. Joseph was the father of two sons, Manasseh and Ephraim, from his marriage to Asenath daughter of Potiphera, priest of On. They were born to him in Egypt. Benjamin's sons were Bela, Beker, Ashbel, Gera, Naaman, Ehi, Rosh, Muppim, Huppim, and Ard.
22 These are the children born to Jacob through Rachel—fourteen.

종 빌하가 낳은 야곱의 자손으로, 모두 일곱 명이다.

²⁶⁻²⁷ 야곱과 함께 이집트로 내려간 사람들 가운데 야곱의 며느리들을 뺀 그의 직계 자손은 모두 예순여섯 명이다. 이집트에서 요셉에게 태어난 두 아들까지 합하면, 이집트에 들어간 야곱의 집안 식구는 모두 일흔 명이다.

²⁸⁻²⁹ 야곱은 유다를 앞서 보내어, 고센 땅으로 가는 길을 요셉에게서 알아 오게 했다. 그들이 고센에 도착할 무렵, 요셉은 전차를 준비시켜 아버지 이스라엘을 만나러 고센으로 갔다. 요셉은 아버지를 보자마자, 그의 목을 끌어안고 한참을 울었다.

³⁰ 이스라엘이 요셉에게 말했다. "내가 이렇게 네 얼굴을 들여다보고 네가 정말로 살아 있는 것을 확인하다니, 이제 죽어도 여한이 없다."

³¹⁻³⁴ 요셉이 자기 형제들과 아버지의 가족들에게 말했다. "내가 바로께 가서 가나안 땅에 살던 제 형제들과 아버지의 가족들이 제게 왔습니다. 그들은 목자들입니다. 줄곧 가축을 치면서 살아온 사람들입니다. 그들이 양 떼와 소 떼를 몰고 자기들의 모든 재산을 가지고 왔습니다' 하고 말씀드리겠습니다. 바로께서 형님들을 불러들여 무슨 일을 하는지 물으실 것이니, 형님들은 '왕의 종들인 저희는 지금까지 줄곧 가축을 치며 살아온 기억밖에 없습니다. 저희는 물론이고 저희 조상도 그러했습니다' 하고 대답하십시오. 그러면 바로께서 형님들을 고센 지방에서 따로 지내게 하실 것입니다. 이집트 사람들은 목자라면 누구나 천하게 보기 때문입니다."

²³ Dan's son: Hushim.

²⁴ Naphtali's sons: Jahziel, Guni, Jezer, and Shillem.

²⁵ These are the children born to Jacob through Bilhah, the maid Laban had given to his daughter Rachel—seven.

²⁶⁻²⁷ Summing up, all those who went down to Egypt with Jacob—his own children, not counting his sons' wives—numbered sixty-six. Counting in the two sons born to Joseph in Egypt, the members of Jacob's family who ended up in Egypt numbered seventy.

²⁸⁻²⁹ Jacob sent Judah on ahead to get directions to Goshen from Joseph. When they got to Goshen, Joseph gave orders for his chariot and went to Goshen to meet his father Israel. The moment Joseph saw him, he threw himself on his neck and wept. He wept a long time.

³⁰ Israel said to Joseph, "I'm ready to die. I've looked into your face—you are indeed alive."

³¹⁻³⁴ Joseph then spoke to his brothers and his father's family. "I'll go and tell Pharaoh, 'My brothers and my father's family, all of whom lived in Canaan, have come to me. The men are shepherds; they've always made their living by raising livestock. And they've brought their flocks and herds with them, along with everything else they own.' When Pharaoh calls you in and asks what kind of work you do, tell him, 'Your servants have always kept livestock for as long as we can remember—we and our parents also.' That way he'll let you stay apart in the area of Goshen—for Egyptians look down on anyone who is a shepherd."

47 ¹ 요셉이 바로에게 가서 말했다. "제 아버지와 형제들이 양 떼와 소 떼와 모든 재산을 가지고 가나안 땅에서 왔습니다. 그들이 지금 고센 땅에 와 있습니다." ²⁻³ 요셉은 자기 형제들 가운데 다섯 사람을 데려가서 바로에게 소개했다. 바로가 그들에게 물었다. "너희는 무슨 일을 하느냐?"

³⁻⁴ "왕의 종들인 저희는 조상 때부터 목자였습니다. 저희는 새로 정착할 곳을 찾아 이 나라에 왔습니다. 가나안 땅에는 저희 양 떼를 먹일 풀밭이 없습니다. 가나안 땅에 기근이 몹시 심하게 들었기 때문입니다. 부디 왕의 종들이 고센 땅에 자리를 잡고 살게 해주십시오."

⁵⁻⁶ 바로가 요셉을 보며 말했다. "그대의 아버지와 형제들이 도착해, 이렇게 온 가족이 다 만나게 되었소! 이집트는 그들을 환영하오. 가장 좋은 땅을 골라서 그대의 아버지와 형제들이 자리 잡고 살게 하시오. 좋소. 고센 땅을 그들에게 주시오. 그들 가운데 특별히 목축을 잘하는 이들이 있거든, 그들에게 내 가축을 맡겨 돌보게 하시오."

⁷⁻⁸ 이어서 요셉이 자기 아버지 야곱을 모시고 들어와 바로에게 소개했다. 야곱이 바로를 축복하자, 바로가 야곱에게 물었다. "연세가 어떻게 되시오?"

⁹⁻¹⁰ 야곱이 바로에게 대답했다. "제가 나그네처럼 세상을 살아온 세월이 백삼십 년입니다. 제 조상이 받아 누린 세월에는 못 미치지만, 험한 인생을 살았습니다." 야곱은 바로를 축복하고 물러나왔다.

¹¹⁻¹² 요셉은 바로가 지시한 대로 자기 아버지와 형제들을 이집트에 정착시키고, 가장 좋은 땅—라암셋(고센)—을 그들에게 주어 그 땅의 당당한 주인이 되게 했다. 요셉은 자기 아버지와 형제들과 아버지의 온 가족을 가장 나이 어린 아이에 이르기까지 잘

47 ¹ Joseph went to Pharaoh and told him, "My father and brothers with their flocks and herds and everything they own have come from Canaan. Right now they are in Goshen."

²⁻³ He had taken five of his brothers with him and introduced them to Pharaoh. Pharaoh asked them, "What kind of work do you do?"

³⁻⁴ "Your servants are shepherds, the same as our fathers were. We have come to this country to find a new place to live. There is no pasture for our flocks in Canaan. The famine has been very bad there. Please, would you let your servants settle in the region of Goshen?"

⁵⁻⁶ Pharaoh looked at Joseph. "So, your father and brothers have arrived—a reunion! Egypt welcomes them. Settle your father and brothers on the choicest land—yes, give them Goshen. And if you know any among them that are especially good at their work, put them in charge of my own livestock."

⁷⁻⁸ Next Joseph brought his father Jacob in and introduced him to Pharaoh. Jacob blessed Pharaoh. Pharaoh asked Jacob, "How old are you?"

⁹⁻¹⁰ Jacob answered Pharaoh, "The years of my sojourning are 130—a short and hard life and not nearly as long as my ancestors were given." Then Jacob blessed Pharaoh and left.

¹¹⁻¹² Joseph settled his father and brothers in Egypt, made them proud owners of choice land—it was the region of Rameses (that is, Goshen)—just as Pharaoh had ordered. Joseph took good care of them—his father and brothers and all his father's family, right

보살폈다. 그는 그들에게 모든 것을 넉넉하게 공급해 주었다.

❧

13-15 마침내 온 땅에 식량이 바닥났다. 기근이 더욱 심해지더니, 이집트 땅과 가나안 땅이 기근으로 황폐해졌다. 요셉은 식량 배급의 대가로, 이집트 땅과 가나안 땅에 있는 돈을 남김 없이 거두어들여 바로의 궁에 두었다. 이집트 땅과 가나안 땅에서 거두어들일 수 있는 돈이 바닥나자, 이집트 사람들이 요셉에게로 몰려와서 말했다. "저희에게 식량을 주십시오. 저희가 주인님 앞에서 죽는 모습을 두고 보실 참입니까? 돈이 바닥났습니다."

16-17 요셉이 말했다. "여러분의 가축을 끌고 오시오. 돈이 떨어졌다니, 여러분의 가축을 받고 식량을 내주겠소." 그래서 이집트 사람들은 요셉에게 가축을 끌고 왔고, 요셉은 말과 양, 소, 나귀를 받고 그들에게 식량을 내주었다. 요셉은 그해 내내 가축을 받고 그들에게 식량을 내주었다.

18-19 그해가 가고 이듬해가 되자, 이집트 사람들이 다시 몰려와서 말했다. "주인님께서 잘 아시다시피, 저희는 빈털터리입니다. 돈은 이미 다 떨어졌고, 가축마저 주인님께 다 팔아 버렸습니다. 저희 몸과 땅을 빼면 저희에게는 식량과 맞바꿀 물건이 아무것도 남아 있지 않습니다. 저희가 이렇게 버티다가 주인님 앞에서 굶어 죽는다면, 저희 몸과 땅이 무슨 소용이겠습니까? 저희의 몸과 땅을 받으시고 식량을 주십시오. 저희가 바로의 종이 되고 저희 땅도 바로께 넘겨드리겠습니다. 저희가 바라는 것은 그저 살아남는 데 필요한 씨앗뿐입니다. 저희가 생계를 유지하며 땅을 살릴 수 있을 만큼만 씨앗을 주십시오."

down to the smallest baby. He made sure they had plenty of everything.

❧

13-15 The time eventually came when there was no food anywhere. The famine was very bad. Egypt and Canaan alike were devastated by the famine. Joseph collected all the money that was to be found in Egypt and Canaan to pay for the distribution of food. He banked the money in Pharaoh's palace. When the money from Egypt and Canaan had run out, the Egyptians came to Joseph. "Food! Give us food! Are you going to watch us die right in front of you? The money is all gone."

16-17 Joseph said, "Bring your livestock. I'll trade you food for livestock since your money's run out." So they brought Joseph their livestock. He traded them food for their horses, sheep, cattle, and donkeys. He got them through that year in exchange for all their livestock.

18-19 When that year was over, the next year rolled around and they were back, saying, "Master, it's no secret to you that we're broke: our money's gone and we've traded you all our livestock. We've nothing left to barter with but our bodies and our farms. What use are our bodies and our land if we stand here and starve to death right in front of you? Trade us food for our bodies and our land. We'll be slaves to Pharaoh and give up our land—all we ask is seed for survival, just enough to live on and keep the farms alive."

20-21 요셉은 이집트에 있는 모든 땅을 사들여 바로의 것이 되게 했다. 기근이 너무 심해서 이집트 사람들은 너나없이 자기 땅을 팔 수밖에 없었다. 그렇게 해서 결국 모든 땅이 바로의 소유가 되었고, 백성은 바로의 종이 되었다. 요셉이 이집트 땅 이 끝에서 저 끝까지 온 백성을 종이 되게 한 것이다.

22 그러나 요셉은 제사장들의 땅은 사들이지 않았다. 제사장들은 바로에게서 정기적으로 급료를 받고 있었고, 그 급료만으로도 살아갈 수 있어서 땅을 팔 필요가 없었다.

23-24 요셉이 백성에게 공표했다. "나는 다음과 같이 일을 처리하겠소. 나는 여러분과 여러분의 땅을 사서 바로의 것이 되게 했소. 이제 나는 여러분에게 씨앗을 주어, 여러분이 땅에 심을 수 있게 하겠소. 곡식을 수확할 때, 오분의 일은 바로께 내고 오분의 사는 여러분이 가지시오. 여러분과 여러분의 가족을 위한 씨앗으로 말이오. 그러면 여러분은 여러분의 자녀들을 먹여 살릴 수 있을 것이오!"

25 백성이 말했다. "주인님께서 저희 목숨을 구해 주셨습니다! 주인님의 호의에 감사드립니다. 저희가 기꺼이 바로의 종이 되겠습니다."

26 요셉은 '오분의 일은 바로께 바친다'는 내용의 이집트 토지법을 공표했다. 그 법은 지금까지도 유효하다. 그러나 제사장들의 땅은 바로의 것이 되지 않았다.

야곱의 마지막 부탁

27-28 이스라엘은 이집트의 고센 땅에 자리를 잡고 살았다. 그들은 재산을 소유하고 번성하여 아주 큰 백성이 되었다. 야곱은 이집트에서 십칠 년을 살았다. 그는 모두 백사십칠 년을 살았다.

29-30 죽을 날이 다가오자, 이스라엘은 자기 아들 요셉을 불러 이렇게 말했다. "내 부탁

20-21 So Joseph bought up all the farms in Egypt for Pharaoh. Every Egyptian sold his land—the famine was that bad. That's how Pharaoh ended up owning all the land and the people ended up slaves; Joseph reduced the people to slavery from one end of Egypt to the other.

22 Joseph made an exception for the priests. He didn't buy their land because they received a fixed salary from Pharaoh and were able to live off of that salary. So they didn't need to sell their land.

23-24 Joseph then announced to the people: "Here's how things stand: I've bought you and your land for Pharaoh. In exchange I'm giving you seed so you can plant the ground. When the crops are harvested, you must give a fifth to Pharaoh and keep four-fifths for yourselves, for seed for yourselves and your families— you're going to be able to feed your children!"

25 They said, "You've saved our lives! Master, we're grateful and glad to be slaves to Pharaoh."

26 Joseph decreed a land law in Egypt that is still in effect, *A Fifth Goes to Pharaoh*. Only the priests' lands were not owned by Pharaoh.

27-28 And so Israel settled down in Egypt in the region of Goshen. They acquired property and flourished. They became a large company of people. Jacob lived in Egypt for seventeen years. In all, he lived 147 years.

29-30 When the time came for Israel to die,

을 들어다오. 내게 끝까지 성실하게 신의를 지키겠다는 표시로 네 손을 내 허벅지 밑에 넣어라. 나를 이집트에 묻지 마라. 내가 조상과 함께 잠들거든, 나를 이집트에서 옮겨 내어 내 조상 곁에 묻어 다오."

요셉이 말했다. "그렇게 하겠습니다. 아버지께서 당부하신 대로 하겠습니다."

31 이스라엘이 "내게 약속해 다오" 하고 말하자, 요셉이 약속했다.

이스라엘은 침상에서 머리 숙여 절하며 하나님께 순종과 감사를 드렸다.

에브라임과 므낫세를 축복하다

48 1-2 이런 대화가 있고 나서 얼마 후에, 요셉은 "주인님의 아버지께서 편찮으십니다"라는 소식을 들었다. 그는 자신의 두 아들 므낫세와 에브라임을 데리고 야곱에게로 갔다. 야곱은 "당신의 아들 요셉이 왔습니다"라는 말을 듣고, 기운을 내어 침상에서 일어나 앉았다.

3-7 야곱이 요셉에게 말했다. "강하신 하나님께서 가나안 땅 루스에서 내게 나타나 복을 주시며 말씀하시기를, '내가 너로 번성하여 그 수가 많아지게 하고, 네게서 여러 민족이 나오게 하며, 이 땅을 네 뒤에 오는 자손에게 영원한 유산으로 넘겨주겠다'고 하셨다. 내가 너와 만나기 전에 이곳 이집트에서 태어난 네 두 아들을, 내가 양자로 삼아야겠다. 그 아이들은 르우벤과 시므온처럼 내 아들의 지위를 얻게 될 것이다. 이 두 아이 뒤에 태어나는 아이들은 네 자식이 될 것이다. 이 두 아이는 자기 형들의 뒤를 이어 유산을 상속받게 될 것이다. 내가 그렇게 하려는 것은, 내가 밧단을 떠나 가나안 땅으로 돌아가던 길에, 슬프게도, 네 어머니 라헬이 지금은 베들레헴이라 하는 에브랏에 거의 다 와서 죽고 말았기 때문이다."

8 그리고 나서 야곱이 요셉의 아들들을 보

he called his son Joseph and said, "Do me this favor. Put your hand under my thigh, a sign that you're loyal and true to me to the end. Don't bury me in Egypt. When I lie down with my fathers, carry me out of Egypt and bury me alongside them."

"I will," he said. "I'll do what you've asked."

31 Israel said, "Promise me." Joseph promised.

Israel bowed his head in submission and gratitude from his bed.

48 1-2 Some time after this conversation, Joseph was told, "Your father is ill." He took his two sons, Manasseh and Ephraim, and went to Jacob. When Jacob was told, "Your son Joseph has come," he roused himself and sat up in bed.

3-7 Jacob said to Joseph, "The Strong God appeared to me at Luz in the land of Canaan and blessed me. He said, 'I'm going to make you prosperous and numerous, turn you into a congregation of tribes; and I'll turn this land over to your children coming after you as a permanent inheritance.' I'm adopting your two sons who were born to you here in Egypt before I joined you; they have equal status with Reuben and Simeon. But any children born after them are yours; they will come after their brothers in matters of inheritance. I want it this way because, as I was returning from Paddan, your mother Rachel, to my deep sorrow, died as we were on our way through Canaan when we were only a short distance from Ephrath, now called Bethlehem."

고 물었다. "이 아이들은 누구냐?"

9-11 요셉이 아버지에게 말했다. "이 아이들은 하나님께서 이곳에서 제게 주신 제 아들들입니다."

그러자 야곱이 말했다. "내가 축복할 수 있도록 그 아이들을 내게 데려오너라." 이스라엘은 나이가 많아 시력이 떨어져서 거의 앞을 볼 수 없었다. 그래서 요셉이 그들을 가까이 데려갔다. 연로한 이스라엘이 그들에게 입을 맞추고 껴안았다. 그런 다음 요셉에게 말했다. "내가 네 얼굴을 다시 보리라고는 생각지도 못했는데, 하나님께서는 네 아이들까지 보게 해주셨구나!"

12-16 요셉은 그들을 이스라엘의 무릎에서 물러나게 하고, 얼굴을 땅에 대고 엎드려 절했다. 그런 다음 두 아이를 데려다가, 오른손으로는 에브라임을 이끌어 이스라엘의 왼편에 서게 하고, 왼손으로는 므낫세를 이끌어 이스라엘의 오른편에 서게 했다. 그러나 이스라엘은 두 팔을 엇갈리게 내밀어 오른손을 작은아들 에브라임의 머리에 얹고, 왼손은 맏아들 므낫세의 머리에 얹었다. 그런 다음 그들을 축복했다.

저의 조상 아브라함과 이삭을
당신 앞에서 걷게 하신 하나님,
제가 태어난 날부터 지금까지 줄곧
저의 목자가 되어 주신 하나님,
온갖 해악에서 저를 구해 주신 하나님의 천사께서
이 아이들에게 복을 내려 주소서.
저의 이름이 이 아이들의 삶 속에서 메아리치게 하시고
저의 조상 아브라함과 이삭의 이름도 이 아이들의 삶 속에서 살아 있게 하소서.
이 아이들이 자라서
그들의 자손이 이 땅을 덮게 하소서.

8 Just then Jacob noticed Joseph's sons and said, "Who are these?"

9-11 Joseph told his father, "They are my sons whom God gave to me in this place." "Bring them to me," he said, "so I can bless them." Israel's eyesight was poor from old age; he was nearly blind. So Joseph brought them up close. Old Israel kissed and embraced them and then said to Joseph, "I never expected to see your face again, and now God has let me see your children as well!"

12-16 Joseph took them from Israel's knees and bowed respectfully, his face to the ground. Then Joseph took the two boys, Ephraim with his right hand setting him to Israel's left, and Manasseh with his left hand setting him to Israel's right, and stood them before him. But Israel crossed his arms and put his right hand on the head of Ephraim who was the younger and his left hand on the head of Manasseh, the first-born. Then he blessed them:

The God before whom walked
my fathers Abraham and Isaac,
The God who has been my shepherd
all my life long to this very day,
The Angel who delivered me from every evil,
Bless the boys.
May my name be echoed in their lives,
and the names of Abraham and Isaac,
my fathers,
And may they grow
covering the Earth with their children.

17-18 요셉은 아버지가 오른손을 에브라임의 머리에 얹은 것을 보고 아버지가 실수한 것이려니 생각했다. 그래서 아버지의 오른손을 잡고 에브라임의 머리에서 므낫세의 머리로 옮기며 말했다. "아버지, 손을 잘못 얹으셨습니다. 다른 아이가 맏아들이니, 그 아이의 머리에 오른손을 얹으십시오."

19-20 그러나 그의 아버지는 그렇게 하기를 마다하며 말했다. "내 아들아, 나도 안다. 내가 무엇을 하는지 나도 안다. 므낫세도 민족을 이루어 크게 될 것이다. 그러나 그의 아우가 더 크게 되고, 그의 후손은 민족들을 부유하게 할 것이다." 그러고는 두 아이에게 축복했다.

이스라엘 백성이 너희의 이름으로 이렇게 축복하리라.
하나님께서 너를 에브라임과 므낫세처럼 되게 해주시기를.

이렇게 함으로써 그는 분명하게 에브라임을 므낫세 앞에 내세웠다.

21-22 이스라엘이 요셉에게 말했다. "이제 나는 곧 죽을 것이다. 하나님께서 너와 함께 계셔서, 네가 네 조상의 땅으로 무사히 돌아갈 수 있게 해주시기를 빈다. 너는 형제들 가운데 첫째나 다름없으니, 내가 칼과 활로 아모리 사람의 손에서 빼앗은 산등성이 땅을 네게 선물로 준다."

야곱이 열두 아들을 축복하다

49 ¹ 야곱이 아들들을 불러 말했다. "내게로 모여라. 장차 너희에게 일어날 일을 일러 주겠다."

² 야곱의 아들들아, 다 함께 와서 들어라.
너희 아버지 이스라엘의 말을 들어라.

17-18 When Joseph saw that his father had placed his right hand on Ephraim's head, he thought he had made a mistake, so he took hold of his father's hand to move it from Ephraim's head to Manasseh's, saying, "That's the wrong head, Father; the other one is the firstborn; place your right hand on his head."

19-20 But his father wouldn't do it. He said, "I know, my son; but I know what I'm doing. He also will develop into a people, and he also will be great. But his younger brother will be even greater and his descendants will enrich nations." Then he blessed them both:

Israel will use your names to give blessings:
May God make you like Ephraim and Manasseh.

In that he made it explicit: he put Ephraim ahead of Manasseh.

21-22 Israel then said to Joseph, "I'm about to die. God be with you and give you safe passage back to the land of your fathers. As for me, I'm presenting you, as the first among your brothers, the ridge of land I took from Amorites with my sword and bow."

49 ¹ Jacob called his sons and said, "Gather around. I want to tell you what you can expect in the days to come."

² Come together, listen sons of Jacob, listen to Israel your father.

3-4 르우벤, 너는 내 맏아들,
나의 힘, 내 사내다움의 첫 번째 증거.
너는 영예도 절정이고 힘도 절정이다만
엎질러진 물과 같아서
더 이상 정상에 있지 못할 것이다.
네가 아버지의 침상에 올라가,
아버지의 잠자리를 더럽혔기 때문이다.

5-6 시므온과 레위는 한통속.
걸핏하면 합세하여 싸움을 건다.
나는 그들이 꾸미는 복수극에 끼지 않고
그들이 모의하는 격한 싸움에 끼어들지
않을 것이다.
그들은 홧김에 사람들을 죽이고
내키는 대로 소들을 베어 버린다.
7 고삐 풀린 그들의 노여움,
무분별한 그들의 분노에 화가 임할 것이다.
나는 그들을 쓰레기와 함께 내던지고
갈기갈기 찢겨진 색종이 조각처럼 이스
라엘 전역에 흩뿌릴 것이다.

8-12 너 유다야, 네 형제들이 너를 찬양
할 것이다.
네 손가락이 네 원수들의 목을 누르고
네 형제들이 네게 경의를 표할 것이다.
유다, 너는 젊은 사자다.
내 아들아, 너는 짐승을 잡아먹고 힘차
게 보금자리로 돌아올 것이다.
백수의 왕 사자처럼 웅크린 그를 보라.
누가 감히 끼어들어 그를 방해하랴?
왕권이 유다에게서 떠나지 않을 것이다.
최후의 통치자가 오고
민족들이 그에게 복종할 때까지,
유다는 지휘봉을 놓지 않을 것이다.
그는 자기 나귀를 포도나무에 단단히
매고
순종 나귀 새끼를 튼튼한 가지에 맬 것
이다.

3-4 Reuben, you're my firstborn,
  my strength, first proof of my manhood,
  at the top in honor and at the top in power,
But like a bucket of water spilled,
  you'll be at the top no more,
Because you climbed into your father's
marriage bed,
  mounting that couch, and you defiled it.

5-6 Simeon and Levi are two of a kind,
  ready to fight at the drop of a hat.
I don't want anything to do with their
vendettas,
  want no part in their bitter feuds;
They kill men in fits of temper,
  slash oxen on a whim.
7 A curse on their uncontrolled anger,
  on their indiscriminate wrath.
I'll throw them out with the trash;
  I'll shred and scatter them like confetti
  throughout Israel.

8-12 You, Judah, your brothers will praise
you:
  Your fingers on your enemies' throat,
  while your brothers honor you.
You're a lion's cub, Judah,
  home fresh from the kill, my son.
Look at him, crouched like a lion, king of
beasts;
  who dares mess with him?
The scepter shall not leave Judah;
  he'll keep a firm grip on the command staff
Until the ultimate ruler comes
  and the nations obey him.
He'll tie up his donkey to the grapevine,
  his purebred prize to a sturdy branch.
He will wash his shirt in wine

그는 자기 옷을 포도주에 빨고
자기 겉옷을 붉은 포도즙에 빨 것이다.
그의 두 눈은 포도주보다 검고
그의 이는 우유보다 흴 것이다.

13 스불론은 바닷가에 자리 잡고 살며
배들의 안전한 항구가 되고,
영토는 시돈과 맞닿은 곳까지 이를 것이다.

14-15 잇사갈은 가축우리 사이에 웅크린
튼튼한 나귀다.
그는 그곳이 얼마나 아름다운 곳인지
그 땅이 얼마나 좋은 곳인지를 알고서,
자신의 자유를 포기하고
종처럼 일하게 되었다.

16-17 단은 자기 백성을 위해 정의의 문
제를 다룰 것이다.
그는 이스라엘 지파들 사이에서 자기 몫
을 톡톡히 할 것이다.
단은 풀밭 속의 작은 뱀,
길가에 숨은 치명적인 뱀이다.
말의 발뒤꿈치를 물어
그 위에 탄 거대한 사람을 떨어뜨린다.

18 하나님,
제가 주의 구원을 바라고 기다립니다.

19 갓은 악당들의 공격을 받겠지만,
그들을 직접 쓰러뜨릴 것이다.

20 아셀은 양식이 풍부한 사람으로 알
려져,
왕들에게 달콤하고 감미로운 것들을 올
릴 것이다.

21-26 납달리는 자유롭게 뛰노는 사슴이니
사랑스러운 새끼 사슴들을 낳는다.

and his cloak in the blood of grapes,
His eyes will be darker than wine,
  his teeth whiter than milk.

13 Zebulun settles down on the seashore;
  he's a safe harbor for ships,
    right alongside Sidon.

14-15 Issachar is one tough donkey
  crouching between the corrals;
When he saw how good the place was,
  how pleasant the country,
He gave up his freedom
  and went to work as a slave.

16-17 Dan will handle matters of justice for
his people;
  he will hold his own just fine among the
    tribes of Israel.
Dan is only a small snake in the grass,
  a lethal serpent in ambush by the road
When he strikes a horse in the heel,
  and brings its huge rider crashing down.

18 I wait in hope
  for your salvation, GOD.

19 Gad will be attacked by bandits,
  but he will trip them up.

20 Asher will become famous for rich
foods,
  candies and sweets fit for kings.

21-26 Naphtali is a deer running free
  that gives birth to lovely fawns.

요셉은 야생 나귀,
샘 곁의 야생 나귀,
언덕 위의 씩씩한 나귀다.
사수들이 악의를 품고
화살촉에 증오를 묻혀 쏘았지만,
요셉은 빗발치는 화살 속에서도 흔들림 없이
활을 굳게 쥐고 팔을 유연하게 놀렸으니,
이는 야곱의 전사이시며 이스라엘의 목
자요 바위이신 분께서
뒤에서 보호해 주셨기 때문이다.
네 아버지의 하나님, 그분께서 너를 도
와주시기를!
강하신 하나님, 그분께서 네게 복을 주시고
하늘에서 내리는 복과
땅에서 솟구치는 복,
젖을 먹이는 복과 잉태하는 복을 주시기를!
네 아버지의 복이
예로부터 이어져 온 산들의 복보다 크고
영원한 언덕들의 복보다 풍성하기를.
그 복이 요셉의 머리에,
형제들 가운데서 거룩하게 구별된 사람
의 이마에 머물기를.

27 베냐민은 굶주린 늑대다.
아침에는 자신이 잡은 짐승을 게걸스럽
게 먹고
저녁에는 남은 것을 나눈다.

28 이들은 모두 이스라엘의 열두 지파다.
이것은 그들의 아버지가 아들들에게 축복
하며 한 말, 특별히 아들 한 사람 한 사람에
게 해준 고별 축복기도다.

❧

29-32 야곱이 아들들에게 지시했다. "이제
나는 조상 곁으로 간다. 나를 헷 사람 에브
론의 밭에 있는 동굴에 내 조상과 함께 묻
어 다오. 그 동굴은 가나안 땅 마므레 앞 막

Joseph is a wild donkey,
  a wild donkey by a spring,
  spirited donkeys on a hill.
The archers with malice attacked,
  shooting their hate-tipped arrows;
But he held steady under fire,
  his bow firm, his arms limber,
With the backing of the Champion of
Jacob,
  the Shepherd, the Rock of Israel.
The God of your father—may he help you!
  And may The Strong God—may he give
  you his blessings,
Blessings tumbling out of the skies,
  blessings bursting up from the Earth—
  blessings of breasts and womb.
May the blessings of your father
  exceed the blessings of the ancient
  mountains,
  surpass the delights of the eternal hills;
May they rest on the head of Joseph,
  on the brow of the one consecrated
  among his brothers.

27 Benjamin is a ravenous wolf;
  all morning he gorges on his kill,
  at evening divides up what's left over.

28 All these are the tribes of Israel, the twelve
tribes. And this is what their father said to
them as he blessed them, blessing each one
with his own special farewell blessing.

❧

29-32 Then he instructed them: "I am about
to be gathered to my people. Bury me with
my fathers in the cave which is in the field
of Ephron the Hittite, the cave in the field

벨라 밭에 있다. 그 밭은 아브라함이 묘지로 쓰려고 헷 사람 에브론에게서 사 두신 것이다. 아브라함과 그분의 아내 사라가 그곳에 묻혀 있고, 이삭과 그분의 아내 리브가도 그곳에 묻혀 있다. 나도 레아를 그곳에 묻었다. 그 밭과 동굴은 헷 사람에게서 산 것이다."

33 야곱은 아들들에게 지시하고 나서, 발을 침상 위로 올려 마지막 숨을 거두고, 조상 곁으로 돌아갔다.

50

¹ 요셉이 아버지를 끌어안고 슬피 울며, 그에게 입을 맞추었다.

야곱의 죽음

2-3 요셉이 장의사들을 시켜 자기 아버지의 시신에 향 재료를 넣게 했다. 장의사들이 이스라엘의 시신에 향 재료를 넣는 데 꼬박 사십 일이 걸렸다. 이집트 사람들은 칠십 일 동안 그의 죽음을 애도했다.

4-5 애도 기간이 끝나자, 요셉이 바로의 궁에 청원을 올렸다. "여러분이 진심으로 저를 생각하는 마음이 있거든, 바로께 제 말씀을 전해 주십시오. 제 아버지께서 제게 맹세하게 하시면서, '나는 곧 죽는다. 내가 죽으면, 내가 가나안 땅에 마련해 놓은 묘지에 나를 묻어 다오' 하고 말씀하셨습니다. 부디 제가 올라가서 아버지의 장례를 치르게 해주십시오. 장례를 마치고, 제가 돌아오겠습니다."

6 바로가 말했다. "그렇게 하시오. 그대의 아버지가 그대에게 맹세하게 한 대로, 가서 고인의 장례를 치르시오."

7-9 요셉은 아버지의 장례를 치르러 갔다. 바로의 궁에서 일하는 모든 고위 관

of Machpelah facing Mamre in the land of Canaan, the field Abraham bought from Ephron the Hittite for a burial plot. Abraham and his wife Sarah were buried there; Isaac and his wife Rebekah were buried there; I also buried Leah there. The field and the cave were bought from the Hittites."

33 Jacob finished instructing his sons, pulled his feet into bed, breathed his last, and was gathered to his people.

50

¹ Joseph threw himself on his father, wept over him, and kissed him.

2-3 Joseph then instructed the physicians in his employ to embalm his father. The physicians embalmed Israel. The embalming took forty days, the period required for embalming. There was public mourning by the Egyptians for seventy days.

4-5 When the period of mourning was completed, Joseph petitioned Pharaoh's court: "If you have reason to think kindly of me, present Pharaoh with my request: My father made me swear, saying, 'I am ready to die. Bury me in the grave plot that I prepared for myself in the land of Canaan.' Please give me leave to go up and bury my father. Then I'll come back."

6 Pharaoh said, "Certainly. Go and bury your father as he made you promise under oath."

7-9 So Joseph left to bury his father. And all the high-ranking officials from Pharaoh's court went with him, all the dignitaries of Egypt, joining Joseph's family—his brothers

료들과 이집트의 모든 고위 인사들, 그리고 요셉의 가족들, 곧 그의 형제들과 아버지 집안 사람들이 요셉과 함께 올라갔다. 아이들과 양 떼와 소 떼는 고센에 남겨 두었다. 전차와 기병들이 그들과 함께 갔다. 그것은 거대한 장례 행렬이었다.

10 그들은 요단 강 건너편 아닷 타작 마당에 이르러, 크게 애통하며 애도의 기간을 보냈다. 요셉은 자기 아버지를 위해 칠 일 동안 장례 예식을 치렀다.

11 가나안 사람들은 아닷 타작 마당에서 슬피 우는 모습을 보고 이렇게 말했다. "이집트 사람들이 진심으로 애도하는구나." 그리하여 요단 강가에 있는 그곳이 아벨미스라임(이집트 사람들의 애도)이라고 불리게 되었다.

12-13 야곱의 아들들은 아버지가 지시한 대로 행했다. 아버지의 시신을 가나안 땅으로 모셔다가, 마므레 앞 막벨라 밭에 있는 동굴에 묻었다. 그 밭은 아브라함이 헷 사람 에브론에게서 묘지로 사들인 것이었다.

❦

14-15 요셉은 아버지의 장례를 치르고 나서 이집트로 돌아왔다. 아버지의 장례를 치르러 요셉과 함께 갔던 형제들도 그와 함께 돌아왔다. 장례를 치르고 나서 요셉의 형들이 서로 말했다. "요셉이 우리에게 원한을 품고 우리가 그에게 저지른 모든 악을 되갚으려고 하면 어떻게 하지?"

16-17 그래서 그들은 요셉에게 이런 전갈을 보냈다. "아버지께서 돌아가시기 전에 분부하시기를, '요셉에게 전하여라. 네 형들이 네게 아주 못된 짓을 했으나, 너는 네 형들의 죄, 그들의 모든 잘못을 용서해 주어라' 하고 말씀하셨습니다. 그러니, 아우님 아버지께서 섬기시던 그 하

and his father's family. Their children and flocks and herds were left in Goshen. Chariots and horsemen accompanied them. It was a huge funeral procession.

10 Arriving at the Atad Threshing Floor just across the Jordan River, they stopped for a period of mourning, letting their grief out in loud and lengthy lament. For seven days, Joseph engaged in these funeral rites for his father.

11 When the Canaanites who lived in that area saw the grief being poured out at the Atad Threshing Floor, they said, "Look how deeply the Egyptians are mourning." That is how the site at the Jordan got the name Abel Mizraim (Egyptian Lament).

12-13 Jacob's sons continued to carry out his instructions to the letter. They took him on into Canaan and buried him in the cave in the field of Machpelah facing Mamre, the field that Abraham had bought as a burial plot from Ephron the Hittite.

❦

14-15 After burying his father, Joseph went back to Egypt. All his brothers who had come with him to bury his father returned with him. After the funeral, Joseph's brothers talked among themselves: "What if Joseph is carrying a grudge and decides to pay us back for all the wrong we did him?"

16-17 So they sent Joseph a message, "Before his death, your father gave this command: Tell Joseph, 'Forgive your brothers' sin— all that wrongdoing. They did treat you very badly.' Will you do it? Will you forgive the sins of the servants of your father's God?"

When Joseph received their message, he

나님의 종들인 우리가 지은 죄를 용서해 주시
겠습니까?"

요셉은 이 전갈을 받고 울었다.

¹⁸ 요셉의 형들이 직접 와서, 요셉 앞에 엎드려
말했다. "우리가 아우님의 종이 되겠습니다."

¹⁹⁻²¹ 요셉이 대답했다. "두려워하지 마십시
오. 내가 하나님을 대신하겠습니까? 보다시
피, 형님들이 나를 해치려고 악한 일을 꾸몄
으나, 하나님께서는 그 계략을 선으로 바꾸셔
서 나를 이롭게 하셨고, 지금 형님들 주위에
서 이루어진 모든 일에서 보는 것처럼, 수많
은 사람들도 살리신 것입니다. 두려워할 이유
가 없으니, 마음 편히 지내십시오. 제가 형님
들과 형님들의 자녀들을 보살피겠습니다." 그
는 진심어린 말로 그들을 안심시켰다.

²²⁻²³ 요셉은 아버지의 집안 식구들과 함께
이집트에서 살았다. 그는 110년을 살면서 에
브라임에게서 증손자를 보았다. 므낫세의 아
들 마길의 아들들까지도 요셉의 자식으로 인
정받았다.

²⁴ 마침내 요셉이 형제들에게 말했다. "나는
곧 죽습니다. 하나님께서 반드시 여러분에게
찾아오시고, 여러분을 이 땅에서 이끌어 내셔
서, 아브라함과 이삭과 야곱에게 엄숙히 약속
하신 땅으로 되돌아가게 하실 것입니다."

²⁵ 요셉은 이스라엘의 아들들에게 맹세하게
하면서 말했다. "하나님께서 찾아오셔서 여
러분이 이곳을 떠나게 될 때에, 내 유골을 가
지고 가십시오."

²⁶ 요셉은 백열 살에 죽었다. 그들이 그의 시
신을 향 재료로 채우고, 이집트에서 입관했다.

wept.

¹⁸ Then the brothers went in person to him, threw themselves on the ground before him and said, "We'll be your slaves."

¹⁹⁻²¹ Joseph replied, "Don't be afraid. Do I act for God? Don't you see, you planned evil against me but God used those same plans for my good, as you see all around you right now—life for many people. Easy now, you have nothing to fear; I'll take care of you and your children." He reassured them, speaking with them heart-to-heart.

²²⁻²³ Joseph continued to live in Egypt with his father's family. Joseph lived 110 years. He lived to see Ephraim's sons into the third generation. The sons of Makir, Manasseh's son, were also recognized as Joseph's.

²⁴ At the end, Joseph said to his brothers, "I am ready to die. God will most certainly pay you a visit and take you out of this land and back to the land he so solemnly promised to Abraham, Isaac, and Jacob."

²⁵ Then Joseph made the sons of Israel promise under oath, "When God makes his visitation, make sure you take my bones with you as you leave here."

²⁶ Joseph died at the age of 110 years. They embalmed him and placed him in a coffin in Egypt.

출애굽기 | 머리말

인류는 곤경에 처해 있다. 우리는 오랫동안 곤경 속에서 살아 왔다. 수많은 사람들이 이 곤경에서 우리를 건져 내기 위해, 엉망인 이 세상을 말끔히 치우기 위해 엄청난 노력을 기울여 왔다. 이 진창에서 우리를 끌어내려고 온 힘을 기울이는 사람들, 곧 부모와 교사, 의사와 상담가, 통치자와 정치인, 작가와 목회자들의 역량과 인내와 지성과 헌신은 여간 인상적인 게 아니다.

이러한 활동의 중심에 하나님이 계신다. 하나님께서 우리를 곤경에서 건져 내기 위해 행하시는 일, 그것을 포괄하는 용어가 다름 아닌 '구원'이다. 우리 스스로 할 수 없는 일을 하나님께서 우리를 위해 하시는 것, 그것이 구원이다. 하나님의 백성이 사용하는 어휘 중에서 가장 중요한 단어가 바로 구원이다. 출애굽기는 하나님께서 행하시는 구원을 담고 있는 감동적이고 극적인 실화이다. 하나님께서는 모세를 통해 그분의 백성에게 말씀하신다.

"나는 하나님이다. 내가 이집트의 혹독한 강제노동에서 너희를 이끌어 내겠다. 내가 너희를 종살이에서 구해 내겠다. 내가 직접 나서서, 강력한 심판을 행하여 너희를 속량하겠다. 내가 너희를 내 백성으로 삼고 너희 하나님이 될 것이다. 너희는 내가 이집트의 혹독한 강제노동에서 너희를 이끌어 낸, 하나님 너희 하나님인 것을 알게 될 것이다. 나는 아브라함과 이삭과 야곱에게 주기로 약속한 땅으로 너희를 데

The human race is in trouble. We've been in trouble for a long time. Enormous energies have been and continue to be expended by many, many men and women to get us out of the trouble we are in—to clean up the world's mess. The skill, the perseverance, the intelligence, the devotion of the people who put their shoulders to the wheel to pull us out of the muck—parents and teachers, healers and counselors, rulers and politicians, writers and pastors—are impressive.

At the center and core of this work is God. The most comprehensive term for what God is doing to get us out of the mess we are in is *salvation*. Salvation is God doing for us what we can't do for ourselves. Salvation is the biggest word in the vocabulary of the people of God. The Exodus is a powerful and dramatic and true story of God working salvation.

"I am GOD. I will bring you out from under the cruel hard labor of Egypt. I will rescue you from slavery. I will redeem you, intervening with great acts of judgment. I'll take you as my own people and I'll be God to you. You'll know that I am GOD, your God who brings you out from under the cruel hard labor of Egypt. I'll bring you into the land that I promised to give Abraham, Issac, and Jacob and give it to you as your

리고 가서, 그 땅을 너희에게 주어 너희 나라가 되게 하겠다. **나는 하나님이다**"(출 6:6-8).

이 이야기는 노래와 시, 연극과 소설, 정치와 사회정의, 회개와 회심, 예배와 거룩한 생활로 재생산되면서 수 세기에 걸쳐 엄청난 결과들을 낳았다. 이 이야기는 지금도 사람들, 특히 곤경에 처한 사람들의 상상력을 끊임없이 사로잡는다.

의미심장하게도, 하나님은 추상적인 진리나 엄밀한 정의(定義)나 주의를 끄는 구호가 아닌 '이야기'로 구원을 제시하신다. 출애굽기는 줄거리와 등장인물이 있는 이야기, 다시 말해 의도와 인격적 관계가 있는 이야기 속으로 우리를 끌어들인다. 이야기는 먼저 우리의 상상력을 통해 참여를 유도한다. 그런 다음에는 우리에게 의지가 있을 경우 믿음을 통해 우리의 삶 전체를 걸고 하나님께 응답하도록 참여를 유도한다. 이 출애굽 이야기는, 지금도 하나님께서 곤경에 처한 사람들을 역사의 혼란으로부터 건져 내어 구원의 나라로 이끌기 위해 사용하시는 주요 수단이다.

출애굽기의 반 정도(1-19, 32-34장)는 가혹한 학대를 받던 미천한 한 민족이 종살이에서 건짐 받아 자유로운 삶으로 옮겨 가는 흥미진진한 이야기다. 나머지 반(20-31, 35-40장)은 구원받은 삶, 곧 자유로운 삶을 지루하다 싶을 정도로 세심하게 가르치고 훈련시키는 과정이라고 할 수 있다. 구원 이야기는 이 둘 중 어느 한쪽이라도 없으면 온전하게 될 수 없다.

own country. *I AM GOD*"(Exodus 6:6-8).

The story has generated an extraordinary progeny through the centuries as it has reproduced itself in song and poem, drama and novel, politics and social justice, repentance and conversion, worship and holy living. It continues to capture the imagination of men and women, especially men and women in trouble.

It is significant that God does not present us with salvation in the form of an abstract truth, or a precise definition or a catchy slogan, but as *story*. Exodus draws us into a story with plot and characters, which is to say, with design and personal relationships. Story is an invitation to participate, first through our imagination and then, if we will, by faith—with our total lives in response to God. This Exodus story continues to be a major means that God uses to draw men and women in trouble out of the mess of history into the kingdom of salvation.

About half the book (chapters 1-19 and 32-34) is a gripping narrative of an obscure and severely brutalized people who are saved from slavery into a life of freedom. The other half (chapters 20-31 and 32-34) is a meticulous, some think tedious, basic instruction and training in living the saved, free life. The story of salvation is not complete without both halves.

출애굽기 EXODUS

1 ¹⁻⁵ 야곱과 함께 각자 자기 가족을 데리고 이집트로 간 이스라엘의 아들들 이름은 이러하다.

르우벤, 시므온, 레위, 유다,

잇사갈, 스불론, 베냐민,

단, 납달리, 갓, 아셀.

야곱의 혈통에서 태어난 사람은 모두 칠십 명이었다. 요셉은 이미 이집트에 있었다.

⁶⁻⁷ 그 후에 요셉이 죽고, 그의 모든 형제와 그 시대 사람들이 다 죽었다. 그러나 이스라엘 자손은 계속해서 자녀를 낳았다. 그들은 아이를 많이 낳고 번성하여 그 수가 폭발적으로 늘었고, 마침내 그 땅에 가득 차게 되었다.

이집트 왕이 이스라엘 자손을 억압하다

⁸⁻¹⁰ 요셉을 알지 못하는 새 왕이 이집트를 다스리게 되었다. 그 왕이 놀라서 자기 백성에게 말했다. "이스라엘 자손의 수가 우리가 감당할 수 없을 만큼 많아졌다. 무슨 조치를 취해야겠다. 전쟁이라도 일어나서 그들이 우리의 적군과 합세하거나 우리를 떠나 버리는 일이 없도록, 그들을 견제할 방안을 강구하자."

¹¹⁻¹⁴ 그들은 이스라엘 자손을 노역자 부대로 편성하고 공사감독을 두어 강제노동을 하게 했다. 이스라엘 자손은 바로를 위

1 ¹⁻⁵ These are the names of the Israelites who went to Egypt with Jacob, each bringing his family members:

Reuben, Simeon, Levi, and Judah,

Issachar, Zebulun, and Benjamin,

Dan and Naphtali, Gad and Asher.

Seventy persons in all generated by Jacob's seed. Joseph was already in Egypt.

⁶⁻⁷ Then Joseph died, and all his brothers— that whole generation. But the children of Israel kept on reproducing. They were very prolific—a population explosion in their own right—and the land was filled with them.

A New King... Who Didn't Know Joseph

⁸⁻¹⁰ A new king came to power in Egypt who didn't know Joseph. He spoke to his people in alarm, "There are way too many of these Israelites for us to handle. We've got to do something: Let's devise a plan to contain them, lest if there's a war they should join our enemies, or just walk off and leave us."

¹¹⁻¹⁴ So they organized them into work-gangs and put them to hard labor under gang-foremen. They built the

해 곡식을 저장해 둘 성읍 비돔과 라암셋을 세웠다. 그러나 이집트 사람들이 그들을 가혹하게 부릴수록, 이스라엘 자손은 더욱더 불어났다. 어디를 가나 이스라엘 자손이 있었다! 이집트 사람들은 이스라엘 자손을 감당할 수 없게 되자 그들을 전보다 더 혹독하게 다루었고, 강제노동을 시켜 그들을 짓눌렀다. 이집트 사람들은 벽돌과 회반죽 만드는 일과 힘든 밭일 등 온갖 고된 노동으로 이스라엘 자손을 괴롭게 했다. 그들은 산더미처럼 많은 일과 과중한 노역을 부과하여 이스라엘 자손을 억압했다.

15-16 이집트 왕이 십브라와 부아라 하는 히브리 산파 두 명과 이야기를 나누었다. "너희는 히브리 여자들이 아이를 낳을 때 잘 살펴서, 사내아이거든 죽이고 여자아이거든 살려 두어라."

17-18 그러나 산파들은 하나님을 깊이 경외했으므로, 이집트 왕이 명령한 대로 하지 않고 사내아이들을 살려 두었다. 이집트 왕이 산파들을 불러들여 말했다. "너희가 어찌하여 내 명령을 따르지 않았느냐? 너희가 사내아이들을 살려 주었더구나!"

19 산파들이 바로에게 대답했다. "히브리 여인들은 이집트 여인들과 달리 힘이 좋아서, 산파가 도착하기도 전에 아이를 낳아 버립니다."

20-21 하나님께서 그 산파들을 기뻐하셨다. 이스라엘 백성은 그 수가 계속 증가하여, 아주 강한 백성이 되었다. 산파들이 하나님을 경외했으므로, 하나님께서 그들의 가정을 번성하게 하셨다.

22 그러자 바로가 온 백성에게 명령을 내렸다. "태어난 사내아이는 모두 나일 강에 던져 죽여라. 그러나 여자아이는 살려 두어라."

storage cities Pithom and Rameses for Pharaoh. But the harder the Egyptians worked them the more children the Israelites had—children everywhere! The Egyptians got so they couldn't stand the Israelites and treated them worse than ever, crushing them with slave labor. They made them miserable with hard labor—making bricks and mortar and back-breaking work in the fields. They piled on the work, crushing them under the cruel workload.

15-16 The king of Egypt had a talk with the two Hebrew midwives; one was named Shiphrah and the other Puah. He said, "When you deliver the Hebrew women, look at the sex of the baby. If it's a boy, kill him; if it's a girl, let her live."

17-18 But the midwives had far too much respect for God and didn't do what the king of Egypt ordered; they let the boy babies live. The king of Egypt called in the midwives. "Why didn't you obey my orders? You've let those babies live!"

19 The midwives answered Pharaoh, "The Hebrew women aren't like the Egyptian women; they're vigorous. Before the midwife can get there, they've already had the baby."

20-21 God was pleased with the midwives. The people continued to increase in number—a very strong people. And because the midwives honored God, God gave them families of their own.

22 So Pharaoh issued a general order to all his people: "Every boy that is born, drown him in the Nile. But let the girls live."

모세가 태어나다

2 ¹⁻³ 레위 가문의 한 남자가 레위 가문의 여자와 결혼했다. 그 여자가 임신하여 아들을 낳았다. 그녀는 그 아이에게 특별한 것이 있음을 보고, 세 달 동안 아이를 숨겨서 길렀다. 더 이상 숨길 수 없게 되자, 그녀는 갈대로 만든 작은 바구니 배를 구해다가 역청과 송진을 발라 물이 새지 않게 하고, 그 속에 아이를 뉘었다. 그런 다음 바구니 배를 나일 강가의 갈대 사이에 띄워 놓았다.

⁴⁻⁶ 아이의 누이가 조금 떨어져 잘 보이는 곳에 서서, 아이에게 무슨 일이 일어나는지 지켜보고 있었다. 마침 바로의 딸이 목욕하러 나일 강으로 내려왔다. 시녀들은 강가를 거닐고 있었다. 바로의 딸이 갈대 사이에 떠 있는 바구니 배를 보고, 시녀를 보내 가져오게 했다. 그녀가 바구니를 열어 보니, 아이가 있었다. 아이가 울고 있었다! 그녀가 아이를 보고 불쌍한 마음이 들어 말했다. "이 아이는 틀림없이 히브리 사람의 아이로구나."

⁷ 그때 아이의 누이가 그녀 앞으로 나아가서 말했다. "제가 가서, 히브리 여인 중에 공주님을 대신해서 아이에게 젖을 먹일 유모를 데려올까요?"

⁸ 바로의 딸이 말했다. "그래, 어서 다녀오너라." 그 소녀가 가서 아이의 어머니를 불러왔다.

⁹ 바로의 딸이 그녀에게 말했다. "이 아이를 데려가서 나를 대신해 젖을 먹여 주게. 내가 자네에게 품삯을 주겠네." 그 여인이 아이를 데려가서 젖을 먹였다.

¹⁰ 아이가 젖을 뗀 뒤에 여인이 아이를 바로의 딸에게 데려오니, 바로의 딸이 그 아이를 아들로 삼았다. 그녀는 "내가 그를 물에서 건져 냈다"고 말하면서, 아이의 이름을 모세(건져 냈다)라고 했다.

Moses

2 ¹⁻³ A man from the family of Levi married a Levite woman. The woman became pregnant and had a son. She saw there was something special about him and hid him. She hid him for three months. When she couldn't hide him any longer she got a little basket-boat made of papyrus, waterproofed it with tar and pitch, and placed the child in it. Then she set it afloat in the reeds at the edge of the Nile.

⁴⁻⁶ The baby's older sister found herself a vantage point a little way off and watched to see what would happen to him. Pharaoh's daughter came down to the Nile to bathe; her maidens strolled on the bank. She saw the basket-boat floating in the reeds and sent her maid to get it. She opened it and saw the child—a baby crying! Her heart went out to him. She said, "This must be one of the Hebrew babies."

⁷ Then his sister was before her: "Do you want me to go and get a nursing mother from the Hebrews so she can nurse the baby for you?"

⁸ Pharaoh's daughter said, "Yes. Go." The girl went and called the child's mother.

⁹ Pharaoh's daughter told her, "Take this baby and nurse him for me. I'll pay you." The woman took the child and nursed him.

¹⁰ After the child was weaned, she presented him to Pharaoh's daughter who adopted him as her son. She named him Moses (Pulled-Out), saying, "I pulled him out of the water."

미디안으로 도망친 모세

11-12 세월이 흘러, 모세가 어른이 되었다. 어느 날 그가 자기 동족에게 가서 보니, 그들이 모두 고되게 일하고 있었다. 마침 그때 한 이집트 사람이 그의 동족 히브리 사람을 때리는 모습이 보였다! 모세는 사방을 살펴 아무도 없는 것을 확인하고는, 이집트 사람을 죽여 모래 속에 묻었다.

13 이튿날 그가 다시 그곳에 가 보니, 히브리 사람 둘이서 싸우고 있었다. 먼저 싸움을 건 사람에게 모세가 말했다. "그대는 왜 동족을 때리는 것이오?"

14 그 사람이 되받아쳤다. "당신이 뭔데 우리에게 이래라저래라 하는 거요? 이집트 사람을 죽이더니 나도 죽일 셈이오?"

그러자 모세가 두려워하며 말했다. "탄로 났구나. 사람들이 이 일을 알고 있다."

✤

15 바로가 이 소식을 전해 듣고 모세를 죽이려 했으나, 모세는 미디안 땅으로 도망쳤다. 그는 한 우물가에 앉아 있었다.

16-17 미디안 제사장에게 일곱 딸이 있었다. 그 딸들이 우물가로 와서 물을 길어 여물통에 채우고 아버지의 양 떼에게 물을 먹였다. 그때 어떤 목자들이 와서 그들을 쫓아내자, 모세가 그 딸들을 구해 주고 그들이 양 떼에게 물을 먹이는 것을 도와주었다.

18 딸들이 집으로 돌아가 자기 아버지 르우엘에게 이르니, 아버지가 말했다. "일찍 끝났구나. 어떻게 이렇게 빨리 돌아왔느냐?"

19 그들이 말했다. "어떤 이집트 사람이 목자들한테서 우리를 구해 주고, 우리를 위해 물을 길어 양 떼에게 먹여 주기까지 했습니다."

20 아버지가 말했다. "그 사람이 어디 있느냐? 어째서 그 사람을 남겨 두고 왔느냐? 그를 불러다가 함께 식사하도록 하자."

21-22 모세가 그의 제안에 따라 그곳에 정착

11-12 Time passed. Moses grew up. One day he went and saw his brothers, saw all that hard labor. Then he saw an Egyptian hit a Hebrew—one of his relatives! He looked this way and then that; when he realized there was no one in sight, he killed the Egyptian and buried him in the sand.

13 The next day he went out there again. Two Hebrew men were fighting. He spoke to the man who started it: "Why are you hitting your neighbor?"

14 The man shot back: "Who do you think you are, telling us what to do? Are you going to kill me the way you killed that Egyptian?"

Then Moses panicked: "Word's gotten out—people know about this."

✤

15 Pharaoh heard about it and tried to kill Moses, but Moses got away to the land of Midian. He sat down by a well.

16-17 The priest of Midian had seven daughters. They came and drew water, filling the troughs and watering their father's sheep. When some shepherds came and chased the girls off, Moses came to their rescue and helped them water their sheep.

18 When they got home to their father, Reuel, he said, "That didn't take long. Why are you back so soon?"

19 "An Egyptian," they said, "rescued us from a bunch of shepherds. Why, he even drew water for us and watered the sheep."

20 He said, "So where is he? Why did you leave him behind? Invite him so he can have something to eat with us."

하기로 하자, 르우엘이 자기 딸 십보라(새)를 모세에게 아내로 주었다. 십보라가 아들을 낳자, 모세는 "내가 낯선 땅에서 나그네가 되었다"고 말하면서, 아이의 이름을 게르솜(나그네)이라고 했다.

❧

23 세월이 많이 흘러 이집트 왕이 죽었다. 이스라엘 자손이 종살이 때문에 신음하며 부르짖었다. 고된 노역에서 벗어나게 해달라는 그들의 부르짖음이 하나님께 이르렀다.

24 하나님께서 그들의 신음소리를 들으시고,
아브라함과 이삭과 야곱과 맺으신 언약을 기억하셨다.
25 하나님께서 이스라엘에게 일어난 일을 보시고,
그들의 처지를 헤아리셨다.

하나님께서 모세를 부르시다

3 1-2 모세는 그의 장인인 미디안 제사장 이드로의 양 떼를 치고 있었다. 그는 양 떼를 이끌고 광야 서쪽 끝으로 가서 하나님의 산, 호렙에 이르렀다. 하나님의 천사가 떨기나무 가운데서 타오르는 불꽃으로 그에게 나타났다. 모세가 보니, 떨기나무가 활활 타오르는데도 그 나무가 타 버리지 않았다.

3 모세가 말했다. "이곳에서 무슨 일이 일어나고 있는 건가? 믿을 수가 없군! 놀라운 일이다! 어째서 떨기나무가 타 버리지 않는 걸까?"

4 모세가 멈춰 서서 살피려는 것을 보시고, 하나님께서 떨기나무 가운데서 그를 부르셨다. "모세야, 모세야!"

모세가 대답했다. "예, 제가 여기 있습니다!"

5 하나님께서 말씀하셨다. "더 이상 가까이 다가오지 마라. 네 발에서 신을 벗어라. 네

21-22 Moses agreed to settle down there with the man, who then gave his daughter Zipporah (Bird) to him for his wife. She had a son, and Moses named him Gershom (Sojourner), saying, "I'm a sojourner in a foreign country."

❧

23 Many years later the king of Egypt died. The Israelites groaned under their slavery and cried out. Their cries for relief from their hard labor ascended to God:

24 God listened to their groanings.
God remembered his covenant with Abraham, with Isaac, and with Jacob.
25 God saw what was going on with Israel. God understood.

❧

3 1-2 Moses was shepherding the flock of Jethro, his father-in-law, the priest of Midian. He led the flock to the west end of the wilderness and came to the mountain of God, Horeb. The angel of GOD appeared to him in flames of fire blazing out of the middle of a bush. He looked. The bush was blazing away but it didn't burn up.

3 Moses said, "What's going on here? I can't believe this! Amazing! Why doesn't the bush burn up?"

4 GOD saw that he had stopped to look. God called to him from out of the bush, "Moses! Moses!"

He said, "Yes? I'm right here!"

5 God said, "Don't come any closer. Remove your sandals from your feet. You're standing on holy ground."

가 서 있는 곳은 거룩한 땅이다."

6 하나님께서 또 말씀하셨다. "나는 네 조상의 하나님, 곧 아브라함의 하나님, 이삭의 하나님, 야곱의 하나님이다."

모세는 하나님 뵙기를 두려워하여, 얼굴을 가렸다.

7-8 하나님께서 말씀하셨다. "나는 내 백성이 이집트에서 고통받는 모습을 오랫동안 지켜보았다. 압제자들의 손에서 벗어나기를 바라는 그들의 부르짖음도 들었다. 나는 그들의 고통을 속속들이 알고 있다. 이제 내가 내려가서 그들을 도와 이집트의 손아귀에서 그들을 풀어 주고, 그들을 그 땅에서 이끌어 내어 젖과 꿀이 흐르는 광활한 땅, 곧 가나안 사람과 헷 사람과 아모리 사람과 브리스 사람과 히위 사람과 여부스 사람의 땅으로 데리고 가겠다.

9-10 도움을 구하는 이스라엘 자손의 부르짖음이 내게 들렸고, 그들이 이집트 사람들에게 얼마나 혹사당하고 있는지도 내가 보았다. 이제 너는 돌아가거라. 내가 너를 바로에게 보낼 테니, 너는 내 백성 이스라엘을 이집트에서 이끌고 나오너라."

11 모세가 하나님께 대답했다. "하지만 어째서 저입니까? 어떻게 제가 바로에게 가서 이스라엘 자손을 이집트에서 이끌어 낼 수 있다고 생각하십니까?"

12 하나님께서 말씀하셨다. "내가 너와 함께 하겠다. 너는 내 백성을 이집트에서 이끌어 낸 뒤에 이 산, 바로 이곳에서 하나님을 예배하게 될 것이다. 이것이 내가 너를 보냈다는 증거가 될 것이다."

13 그러자 모세가 하나님께 아뢰었다. "제가 이스라엘 백성에게 가서 '너희 조상의 하나님께서 나를 너희에게 보내셨다'고 하면, 그들이 제게 '그분의 이름이 무엇이냐?'고 물을 것입니다. 그러면 제가 무엇이라고 대답해야 하겠습니까?"

6 Then he said, "I am the God of your father: The God of Abraham, the God of Isaac, the God of Jacob."

Moses hid his face, afraid to look at God.

7-8 GOD said, "I've taken a good, long look at the affliction of my people in Egypt. I've heard their cries for deliverance from their slave masters; I know all about their pain. And now I have come down to help them, pry them loose from the grip of Egypt, get them out of that country and bring them to a good land with wide-open spaces, a land lush with milk and honey, the land of the Canaanite, the Hittite, the Amorite, the Perizzite, the Hivite, and the Jebusite.

9-10 "The Israelite cry for help has come to me, and I've seen for myself how cruelly they're being treated by the Egyptians. It's time for you to go back: I'm sending you to Pharaoh to bring my people, the People of Israel, out of Egypt."

11 Moses answered God, "But why me? What makes you think that I could ever go to Pharaoh and lead the children of Israel out of Egypt?"

12 "I'll be with you," God said. "And this will be the proof that I am the one who sent you: When you have brought my people out of Egypt, you will worship God right here at this very mountain."

13 Then Moses said to God, "Suppose I go to the People of Israel and I tell them, 'The God of your fathers sent me to you'; and they ask me, 'What is his name?' What do I tell them?"

14 하나님께서 모세에게 말씀하셨다. **"나는 스스로 있는 자다.** 너는 '스스로 있는 자가 나를 너희에게 보내셨다'고 이스라엘 백성에게 말하여라."

15 하나님께서 모세에게 계속해서 말씀하셨다. "네가 이스라엘 자손에게 할 말은 이것이다. '**하나님** 너희 조상의 하나님, 곧 아브라함의 하나님, 이삭의 하나님, 야곱의 하나님께서 나를 너희에게 보내셨다.' 이것이 언제나 나의 이름이었고, 앞으로도 나는 이 이름으로 늘 기억될 것이다.

16-17 이제 가거라. 이스라엘의 지도자들을 모으고, 그들에게 '**하나님** 너희 조상의 하나님, 곧 아브라함과 이삭과 야곱의 하나님께서 내게 나타나셔서 말씀하셨다'고 전하여라. 그리고 이렇게 말하여라. '너희가 이집트에서 어떤 일을 겪고 있는지 내가 똑똑히 보았다. 내가 너희를 이집트에서 겪는 괴로움으로부터 이끌어 내어, 가나안 사람과 헷 사람과 아모리 사람과 브리스 사람과 히위 사람과 여부스 사람이 사는 땅, 젖과 꿀이 흐르는 땅으로 데리고 가겠다.'

18 그러면 그들이 네 말을 들을 것이다. 또 너는 이스라엘의 지도자들과 함께 이집트 왕에게 가서 이렇게 말하여라. '**하나님** 히브리 사람의 하나님께서 우리를 만나 주셨습니다. 우리가 광야로 사흘길을 가서 하나님 우리 하나님을 예배하게 해주십시오.'

19-22 내가 이집트 왕을 강제로 치지 않는 한, 그가 너희를 내보내지 않을 것이다. 그러므로 내가 직접 나서서 이집트를 칠 것이다. 내가 이적으로 그들을 휘청거리게 하고 그들의 아픈 곳을 칠 것이다! 그런 뒤에야, 그들이 너희를 기꺼이 떠나보낼 것이다! 나는 이 백성이 이집트 사람들의 따뜻한 배웅을 받게 하겠다. 너희가 빈손으로 떠나지 않을 것이다! 여인들은 저마다 자기 이웃과 자기 집에 사는 사람들에게 은붙이와 금붙이, 보

14 God said to Moses, "I-AM-WHO-I-AM. Tell the People of Israel, 'I-AM sent me to you.'"

15 God continued with Moses: "This is what you're to say to the Israelites: 'GOD, the God of your fathers, the God of Abraham, the God of Isaac, and the God of Jacob sent me to you.' This has always been my name, and this is how I always will be known.

16-17 "Now be on your way. Gather the leaders of Israel. Tell them, 'GOD, the God of your fathers, the God of Abraham, Isaac, and Jacob, appeared to me, saying, "I've looked into what's being done to you in Egypt, and I've determined to get you out of the affliction of Egypt and take you to the land of the Canaanite, the Hittite, the Amorite, the Perizzite, the Hivite, and the Jebusite, a land brimming over with milk and honey."'

18 "Believe me, they will listen to you. Then you and the leaders of Israel will go to the king of Egypt and say to him: 'GOD, the God of the Hebrews, has met with us. Let us take a three-day journey into the wilderness where we will worship GOD— *our* God.'

19-22 "I know that the king of Egypt won't let you go unless forced to, so I'll intervene and hit Egypt where it hurts— oh, my miracles will send them reeling!— after which they'll be glad to send you off. I'll see to it that this people get a hearty send-off by the Egyptians—when you leave, you won't leave empty-handed! Each woman will ask her neighbor and any guests in her house for objects of silver

석과 옷가지를 달라고 하여, 그것으로 너희 자녀를 치장할 것이다. 너희는 이집트 사람들을 빈털터리로 만들 것이다!"

4 ¹ 모세가 이의를 제기했다. "그들은 저를 믿지 않고, 제가 하는 말을 한마디도 듣지 않을 것입니다. 그들은 '**하나님**께서 그에게 나타나셨다고? 천만에!' 하고 말할 것입니다."

² **하나님**께서 말씀하셨다. "네 손에 있는 것이 무엇이냐?"

"지팡이입니다."

³ "그것을 땅에 던져라." 모세가 지팡이를 던지니, 그것이 뱀이 되었다. 모세가 재빨리 뒤로 물러섰다!

⁴⁻⁵ **하나님**께서 모세에게 말씀하셨다. "손을 뻗어 그 꼬리를 잡아라." 그가 손을 뻗어 꼬리를 잡으니, 그것이 원래대로 지팡이가 되었다. "이는 **하나님** 그들 조상의 하나님, 곧 아브라함의 하나님, 이삭의 하나님, 야곱의 하나님이 네게 나타났다는 것을 그들이 믿게 하려는 것이다."

⁶ **하나님**께서 또 말씀하셨다. "네 손을 옷 속에 넣어 보아라." 모세가 손을 옷 속에 넣었다가 꺼내 보니, 손이 나병에 걸려 눈처럼 하얗게 되어 있었다.

⁷ **하나님**께서 말씀하셨다. "네 손을 다시 옷 속에 넣어 보아라." 모세가 다시 손을 넣었다가 꺼내 보니, 손이 전처럼 말끔해져 있었다.

⁸⁻⁹ "그들이 너를 믿지 않고 첫 번째 표적을 보고 믿지 않더라도, 두 번째 표적을 보고는 믿을 것이다. 그러나 그들이 이 두 표적을 보고도 너를 믿지 않고 네 메시지도 듣지 않거든, 나일 강에서 물을 조금 떠다가 마른 땅에 부어라. 네가 부은 나일 강의 물이 마른 땅에 닿자마자 피로 변할 것이다."

¹⁰ 모세가 **하나님**께 또 이의를 제기했다.

and gold, for jewelry and extra clothes; you'll put them on your sons and daughters. Oh, you'll clean the Egyptians out!"

4 ¹ Moses objected, "They won't trust me. They won't listen to a word I say. They're going to say, 'GOD? Appear to him? Hardly!'"

² So GOD said, "What's that in your hand?"

"A staff."

³ "Throw it on the ground." He threw it. It became a snake; Moses jumped back—fast!

⁴⁻⁵ GOD said to Moses, "Reach out and grab it by the tail." He reached out and grabbed it—and he was holding his staff again. "That's so they will trust that GOD appeared to you, the God of their fathers, the God of Abraham, the God of Isaac, and the God of Jacob."

⁶ GOD then said, "Put your hand inside your shirt." He slipped his hand under his shirt, then took it out. His hand had turned leprous, like snow.

⁷ He said, "Put your hand back under your shirt." He did it, then took it back out—as healthy as before.

⁸⁻⁹ "So if they don't trust you and aren't convinced by the first sign, the second sign should do it. But if it doesn't, if even after these two signs they don't trust you and listen to your message, take some water out of the Nile and pour it out on the dry land; the Nile water that you pour out will turn to blood when it hits the ground."

"주님, 저는 정말 말을 잘하지 못합니다. 저는 본래 말재주가 없는 사람입니다. 전에도 그랬지만, 주님께서 제게 말씀하신 뒤에도 마찬가지입니다. 저는 말을 심하게 더듬습니다."

11-12 하나님께서 말씀하셨다. "누가 사람의 입을 만들었느냐? 누가 말 못하는 자와 듣지 못하는 자를 만들고, 누가 앞을 보는 자와 앞 못 보는 자를 만들었느냐? 나 하나님이 아니냐? 그러니 가거라. 내가 너와, 네 입과 함께하겠다! 내가 너와 함께하여, 네가 무슨 말을 해야 할지 가르쳐 주겠다."

13 모세가 말했다. "주님, 제발 다른 사람을 보내십시오!"

14-17 하나님께서 모세에게 노하셨다. "레위 사람, 네 형 아론이 있지 않느냐? 그가 말 잘하는 것을 내가 안다. 그는 말을 아주 잘하는 사람이다. 그가 지금, 너를 만나러 오고 있다. 그가 너를 보면 기뻐할 것이다. 너는 그가 해야 할 말을 일러 주어라. 네가 말할 때에 내가 너와 함께하고, 그가 말할 때에 내가 그와 함께하겠다. 내가 차근차근 너희를 가르치겠다. 그가 너를 대신해서 백성에게 말할 것이다. 그가 네 입을 대신하겠으나, 그 입에서 나오는 말은 네가 결정해야 할 것이다. 이제 이 지팡이를 손에 들어라. 네가 그것으로 이적을 행할 것이다."

❧

18 모세가 장인 이드로에게 가서 말했다. "이집트에 있는 제 친족들에게 돌아가야겠습니다. 그들이 아직도 살아 있는지 알아보고 싶습니다."

이드로가 말했다. "가게나. 자네에게 평안이 있기를 비네."

19 하나님께서 미디안에서 모세에게 말씀하셨다. "어서 이집트로 돌아가거라. 너를 죽이려고 하던 자들이 모두 죽었다."

10 Moses raised another objection to GOD: "Master, please, I don't talk well. I've never been good with words, neither before nor after you spoke to me. I stutter and stammer."

11-12 GOD said, "And who do you think made the human mouth? And who makes some mute, some deaf, some sighted, some blind? Isn't it I, GOD? So, get going. I'll be right there with you—with your mouth! I'll be right there to teach you what to say."

13 He said, "Oh, Master, please! Send somebody else!"

14-17 GOD got angry with Moses: "Don't you have a brother, Aaron the Levite? He's good with words, I know he is. He speaks very well. In fact, at this very moment he's on his way to meet you. When he sees you he's going to be glad. You'll speak to him and tell him what to say. I'll be right there with you as you speak and with him as he speaks, teaching you step by step. He will speak to the people for you. He'll act as your mouth, but you'll decide what comes out of it. Now take this staff in your hand; you'll use it to do the signs."

❧

18 Moses went back to Jethro his father-in-law and said, "I need to return to my relatives who are in Egypt. I want to see if they're still alive."

Jethro said, "Go. And peace be with you."

19 GOD said to Moses in Midian: "Go. Return to Egypt. All the men who wanted to kill you are dead."

20 모세는 아내와 아들들을 나귀에 태우고 이집트로 돌아가는 여행길에 올랐다. 그는 하나님의 지팡이를 힘껏 쥐고 있었다.

21-23 **하나님**께서 모세에게 말씀하셨다. "이집트로 돌아가거든, 너는 내가 너를 통해 행할 모든 이적을 바로 앞에서 행하여라. 그러나 나는 그를 고집불통이 되게 하여 백성을 내보내지 않게 하겠다. 그러면 너는 바로에게 이렇게 말하여라. **하나님**의 **메시지**다. 이스라엘은 나의 아들, 나의 맏아들이다! 내가 네게 "내 아들을 놓아주어 나를 섬기게 하여라" 하고 말했다. 그러나 너는 내 아들을 놓아주려고 하지 않았다. 그래서 이제 내가 네 아들, 네 맏아들을 죽이겠다."

❧

24-26 그들이 이집트로 돌아가다가 밤에 야영을 하는데, **하나님**께서 모세를 만나셔서 그를 죽이려고 하셨다. 십보라가 부싯돌 칼을 가져다가 아들의 포피를 자르고 그것을 모세의 몸에 갖다 대며 말했다. "당신은 내게 피 남편입니다!" 그러자 **하나님**께서 그를 놓아주셨다. 십보라가 "피 남편"이라는 표현을 쓴 것은 할례 때문이었다.

❧

27-28 **하나님**께서 아론에게 말씀하셨다. "광야로 가서 모세를 만나거라." 아론은 길을 떠나 하나님의 산에서 모세를 만나 그에게 입을 맞추었다. 모세는 **하나님**께서 그를 보내면서 전하라고 하신 메시지와 그에게 명령하신 이적들을 아론에게 알려 주었다.

29-31 모세와 아론이 가서 이스라엘의 모든 지도자를 불러 모았다. 아론은 **하나님**께서 모세에게 일러 주신 모든 말씀을 그들에게 전하고 백성 앞에서 이적을 행하여 보였다. 그러자 백성이 믿었다. 그들은 **하나님**께서

20 So Moses took his wife and sons and put them on a donkey for the return trip to Egypt. He had a firm grip on the staff of God.

21-23 GOD said to Moses, "When you get back to Egypt, be prepared: All the wonders that I will do through you, you'll do before Pharaoh. But I will make him stubborn so that he will refuse to let the people go. Then you are to tell Pharaoh, 'GOD's Message: Israel is my son, my first-born! I told you, "Free my son so that he can serve me." But you refused to free him. So now I'm going to kill *your* son, *your* firstborn.'"

❧

24-26 On the journey back, as they camped for the night, GOD met Moses and would have killed him but Zipporah took a flint knife and cut off her son's foreskin, and touched Moses' member with it. She said, "Oh! You're a bridegroom of blood to me!" Then GOD let him go. She used the phrase "bridegroom of blood" because of the circumcision.

❧

27-28 GOD spoke to Aaron, "Go and meet Moses in the wilderness." He went and met him at the mountain of God and kissed him. Moses told Aaron the message that GOD had sent him to speak and the wonders he had commanded him to do.

29-31 So Moses and Aaron proceeded to round up all the leaders of Israel. Aaron told them everything that GOD had told Moses and demonstrated the wonders

이스라엘 자손이 겪고 있는 일을 살피고 계시며, 그들의 고통을 모두 알고 계시다는 말을 듣고, 엎드려 경배했다.

모세와 아론이 바로 앞에 서다

5 ¹ 그 후에 모세와 아론이 바로에게 가서 말했다. "하나님 이스라엘의 하나님께서 '내 백성을 놓아주어, 그들이 광야에서 나의 절기를 지키게 하여라' 하고 말씀하십니다."

² 바로가 말했다. "**하나님**이 누구인데, 내가 그의 말을 듣고 이스라엘을 보내야 한다는 것이냐? 나는 너희들이 말하는 '**하나님**'을 도무지 모르겠고, 이스라엘도 절대로 떠나보내지 않겠다."

³ 그들이 말했다. "히브리 사람의 하나님께서 우리를 만나 주셨습니다. 우리가 광야로 사흘길을 가서 우리 **하나님**을 예배하게 해주십시오. 그러지 않으면 그분께서 질병과 죽음으로 우리를 치실 것입니다."

⁴⁻⁵ 그러나 이집트 왕은 이렇게 말했다. "모세와 아론, 너희는 도대체 무엇 때문에 백성에게 휴일을 주어 쉬게 해야 한다는 것이냐? 돌아가서 일이나 하거라!" 바로가 계속해서 말했다. "내가 이 자들을 빈둥거리게 했더니, 이제 너희는 그들에게 쉴 시간까지 주자는 말이냐?"

⁶⁻⁹ 바로는 즉시 조치를 취했다. 그는 강제노동 감독관과 작업반장들에게 지시를 내렸다. "너희는 벽돌을 만드는 데 필요한 짚을 더 이상 저 백성에게 공급해 주지 마라. 저들 스스로 짚을 마련하게 하여라. 전과 똑같은 수의 벽돌을 생산하게 하고, 저들의 하루 작업량을 조금도 줄여 주어서는 안된다! 저들이 게을러져서, '우리 하나님을 예배할 수 있도록 시간을 주십시오' 하며 떠들고 다니는 것이다. 저들을 엄히 다스려라. 그래야 저들의 불평이 사라지고, 신을 예배하겠다는 망상도

before the people. And the people trusted and listened believingly that GOD was concerned with what was going on with the Israelites and knew all about their affliction. They bowed low and they worshiped.

Moses and Aaron and Pharaoh

5 ¹ After that Moses and Aaron approached Pharaoh. They said, "GOD, the God of Israel, says, 'Free my people so that they can hold a festival for me in the wilderness.'"

² Pharaoh said, "And who is GOD that I should listen to him and send Israel off? I know nothing of this so-called 'GOD' and I'm certainly not going to send Israel off."

³ They said, "The God of the Hebrews has met with us. Let us take a three-day journey into the wilderness so we can worship our GOD lest he strike us with either disease or death."

⁴⁻⁵ But the king of Egypt said, "Why on earth, Moses and Aaron, would you suggest the people be given a holiday? Back to work!" Pharaoh went on, "Look, I've got all these people bumming around, and now you want to reward them with time off?"

⁶⁻⁹ Pharaoh took immediate action. He sent down orders to the slave-drivers and their underlings: "Don't provide straw for the people for making bricks as you have been doing. Make them get their own straw. And make them produce the same number of bricks—no reduction in their daily quotas! They're getting lazy. They're going around

사라질 것이다."

10-12 강제노동 감독관과 작업반장들이 나가서 백성에게 새로운 지시를 내렸다. "바로께서 명령하신다. 더 이상 너희에게 짚을 공급해 주지 않겠다. 어디든 가서, 너희 스스로 짚을 마련하여라. 그러나 너희의 하루 작업량에서 벽돌 하나라도 줄어들어서는 안된다!" 백성은 이집트 전역으로 흩어져 짚을 긁어모았다.

13 강제노동 감독관들은 그들을 무자비하게 대했다. "너희의 하루 작업량을 다 채워라. 너희가 짚을 공급받던 때와 같은 수의 벽돌을 만들어야 한다."

14 강제노동 감독관들은 자신들이 세운 이스라엘 출신 작업반장들을 때리며 다그쳤다. "너희는 어째서 하루 작업량을 어제도 그제도, 그리고 오늘도 채우지 못했느냐?"

15-16 이스라엘 출신 작업반장들이 바로에게 가서 작업량을 줄여 달라고 호소했다. "왕께서는 어찌하여 왕의 종들을 이같이 대하십니까? 아무도 저희에게 짚을 주지 않으면서 저희더러 '벽돌을 만들라!'고 합니다. 보십시오. 저희의 잘못이 아닌데도, 저희가 이렇게 매를 맞았습니다."

17-18 그러자 바로가 말했다. "게으름뱅이들! 너희야말로 게으름뱅이들이다! 그러니 너희가 '우리가 가서 **하나님**을 예배하게 해주십시오' 하고 불평하는 것이다. 썩 물러가서 일이나 하여라! 아무도 너희에게 짚을 공급해 주지 않을 것이다. 그래도 하루가 끝날 때는 하루 작업량을 다 채워야 한다."

19 이스라엘 출신 작업반장들은 자신들이 곤경에 처했음을 알았다. 그들은 돌아가서 백성에게 "너희의 하루 작업량에서 벽돌 한 장도 줄여 줄 수 없다"고 말해야 했다.

20-21 그들은 바로 앞에서 나오다가, 자신들을 만나려고 기다리던 모세와 아론과 마주쳤다. 그들이 모세와 아론에게 말했다. "하

saying, 'Give us time off so we can worship our God.' Crack down on them. That'll cure them of their whining, their god-fantasies."

10-12 The slave-drivers and their underlings went out to the people with their new instructions. "Pharaoh's orders: No more straw provided. Get your own straw wherever you can find it. And not one brick less in your daily work quota!" The people scattered all over Egypt scrabbling for straw.

13 The slave-drivers were merciless, saying, "Complete your daily quota of bricks—the same number as when you were given straw."

14 The Israelite foremen whom the slave-drivers had appointed were beaten and badgered. "Why didn't you finish your quota of bricks yesterday or the day before—and now again today?"

15-16 The Israelite foremen came to Pharaoh and cried out for relief: "Why are you treating your servants like this? Nobody gives us any straw and they tell us, 'Make bricks!' Look at us—we're being beaten. And it's not our fault."

17-18 But Pharaoh said, "Lazy! That's what you are! Lazy! That's why you whine, 'Let us go so we can worship GOD.' Well then, go—go back to work. Nobody's going to give you straw, and at the end of the day you better bring in your full quota of bricks."

19 The Israelite foremen saw that they were in a bad way, having to go back and tell their workers, "Not one brick short in your daily quota."

20-21 As they left Pharaoh, they found

나님께서 당신들이 한 짓을 보시고 심판해 주셨으면 좋겠소. 당신들은 바로와 그의 신들 앞에서 우리를 역겹게 만들었소! 당신들이 바로의 손에 우리를 죽일 무기를 쥐어 준 것이오!"

22-23 모세가 돌아와서 **하나님**께 아뢰었다. "주님, 주께서는 어찌하여 이 백성을 이렇게도 모질게 대하십니까? 도대체 왜 저를 보내셨습니까? 제가 바로에게 가서 주의 이름으로 말한 순간부터 이 백성의 사정이 더 악화되었습니다. 저들을 구하신다고요? 주께서는 이렇게 하는 것이 저들을 구하는 것으로 보이십니까?"

내가 너희를 구해 내겠다

6 ¹ **하나님**께서 모세에게 말씀하셨다. "이제 너는 내가 바로에게 어떻게 하는지 보게 될 것이다. 그는 강한 손에 떠밀려 그들을 내보낼 것이다. 그는 강한 손에 떠밀려 그들을 자기 땅에서 내쫓을 것이다."

2-6 하나님께서 모세에게 말씀하시며 그를 안심시키셨다. "나는 **하나님**이다. 나는 아브라함과 이삭과 야곱에게 강한 하나님으로 나타났으나, 그들에게 **하나님**(스스로 있는 자)이라는 내 이름으로 나를 알리지 않았다. 또한 나는 나그네로 머물던 가나안 땅을 그들에게 주기로 그들과 언약을 맺었다. 이제 나는 이집트 사람들이 종으로 부리는 이스라엘 자손의 신음소리를 듣고 나의 언약을 기억했다. 그러니 너는 이스라엘 자손에게 이렇게 전하여라.

6-8 '나는 **하나님**이다. 내가 이집트의 혹독한 강제노동에서 너희를 이끌어 내겠다. 내가 너희를 종살이에서 구해 내겠다. 내가 직접 나서서, 강력한 심판을 행하여 너희를 속량하겠다. 내가 너희를 내 백성으로 삼고 너희 하나님이 될 것이다. 너희는

Moses and Aaron waiting to meet them. The foremen said to them, "May GOD see what you've done and judge you—you've made us stink before Pharaoh and his servants! You've put a weapon in his hand that's going to kill us!"

22-23 Moses went back to GOD and said, "My Master, why are you treating this people so badly? And why did you ever send me? From the moment I came to Pharaoh to speak in your name, things have only gotten worse for this people. And rescue? Does this look like rescue to you?"

6 ¹ GOD said to Moses, "Now you'll see what I'll do to Pharaoh: With a strong hand he'll send them out free; with a strong hand he'll drive them out of his land."

2-6 God continued speaking to Moses, reassuring him, "I am GOD. I appeared to Abraham, Isaac, and Jacob as The Strong God, but by my name GOD (I-Am-Present) I was not known to them. I also established my covenant with them to give them the land of Canaan, the country in which they lived as sojourners. But now I've heard the groanings of the Israelites whom the Egyptians continue to enslave and I've remembered my covenant. Therefore tell the Israelites:

6-8 "I am GOD. I will bring you out from under the cruel hard labor of Egypt. I will rescue you from slavery. I will redeem you, intervening with great acts of judgment. I'll take you as my own people and I'll be God to you. You'll know that I am GOD, *your* God who brings you out from under the cruel

내가 이집트의 혹독한 강제노동에서 너희를 이끌어 낸, **하나님** 너희 하나님인 것을 알게 될 것이다. 나는 아브라함과 이삭과 야곱에게 주기로 약속한 땅으로 너희를 데리고 가서, 그 땅을 너희에게 주어 너희 나라가 되게 하겠다. **나는 하나님이다.**"

9 모세가 이 메시지를 이스라엘 자손에게 전했으나, 그들은 모진 종살이에 지치고 낙심하여 그의 말을 들으려고 하지 않았다.

10-11 그러자 **하나님**께서 모세에게 말씀하셨다. "이집트 왕 바로에게 가서 이스라엘 자손을 그의 땅에서 내보내라고 말하여라."

12 모세가 **하나님**께 대답했다. "보십시오. 이스라엘 자손도 제 말을 들으려고 하지 않는데, 바로가 어찌 제 말을 듣겠습니까? 게다가 저는 말을 더듬습니다."

13 그러나 **하나님**께서는 모세와 아론에게 이스라엘 자손과 이집트 왕 바로에 대해 다시 설명해 주시면서, 이스라엘 자손을 이집트 땅에서 인도하여 내라고 거듭 명령하셨다.

모세와 아론의 족보

14 이스라엘 지파들의 우두머리들은 이러하다.

맏아들 르우벤의 아들들은 하녹, 발루, 헤스론, 갈미다. 이들은 르우벤 가문이다.

15 시므온의 아들들은 여무엘, 야민, 오핫, 야긴, 소할, 그리고 가나안 여인이 낳은 아들 사울이다. 이들은 시므온 가문이다.

16 레위의 아들들의 이름을 태어난 순서대로 적으면 게르손, 고핫, 므라리다. 레위는 137년을 살았다.

17 게르손의 아들들은 가문별로 립니, 시므이다.

18 고핫의 아들들은 아므람, 이스할, 헤브론, 웃시엘이다. 고핫은 133년을 살았다.

19 므라리의 아들들은 마흘리, 무시다. 이들은 태어난 순서로 본 레위의 자손이다.

hard labor of Egypt. I'll bring you into the land that I promised to give Abraham, Isaac, and Jacob and give it to you as your own country. *I AM GOD.*"

9 But when Moses delivered this message to the Israelites, they didn't even hear him—they were that beaten down in spirit by the harsh slave conditions.

10-11 Then GOD said to Moses, "Go and speak to Pharaoh king of Egypt so that he will release the Israelites from his land."

12 Moses answered GOD, "Look—the Israelites won't even listen to me. How do you expect Pharaoh to? And besides, I stutter."

13 But GOD again laid out the facts to Moses and Aaron regarding the Israelites and Pharaoh king of Egypt, and he again commanded them to lead the Israelites out of the land of Egypt.

The Family Tree of Moses and Aaron

14 These are the heads of the tribes:

The sons of Reuben, Israel's firstborn: Hanoch, Pallu, Hezron, and Carmi—these are the families of Reuben.

15 The sons of Simeon: Jemuel, Jamin, Ohad, Jakin, Zohar, and Saul, the son of a Canaanite woman—these are the families of Simeon.

16 These are the names of the sons of Levi in the order of their birth: Gershon, Kohath, and Merari. Levi lived 137 years.

17 The sons of Gershon by family: Libni and Shimei.

18 The sons of Kohath: Amram, Izhar, Hebron, and Uzziel. Kohath lived to be 133.

19 The sons of Merari: Mahli and Mushi.

20 아므람은 자신의 고모 요게벳과 결혼했는데, 그녀가 아론과 모세를 낳았다. 아므람은 137년을 살았다.

21 이스할의 아들들은 고라, 네벡, 시그리다.

22 웃시엘의 아들들은 미사엘, 엘사반, 시드리다.

23 아론은 암미나답의 딸이며 나손의 누이인 엘리세바와 결혼했는데, 그녀가 나답, 아비후, 엘르아살, 이다말을 낳았다.

24 고라의 아들들은 앗실, 엘가나, 아비아삽이다. 이들은 고라 가문이다.

25 아론의 아들 엘르아살은 부디엘의 딸 가운데 하나와 결혼했는데, 그녀가 비느하스를 낳았다.

이들은 가족별로 본 레위 가문의 우두머리들이다.

26-27 하나님께로부터 "이스라엘 자손을 가문별로 이집트 땅에서 이끌어 내라"는 명령을 받은 이들도 아론과 모세이고, 이집트 왕 바로에게 가서 이스라엘 자손을 이집트 땅에서 내보내라고 말한 이들도 모세와 아론이다.

내가 너를 바로에게 신과 같이 되게 하겠다

28 하나님께서 이집트에서 모세에게 말씀하실 때의 상황은 이러하다.

29 하나님께서 모세에게 말씀하셨다. "나는 하나님이다. 내가 네게 하는 말을 너는 이집트 왕 바로에게 하나도 빠짐없이 전하여라."

30 그러자 모세가 대답했다. "보십시오, 저는 말을 더듬습니다. 바로가 어찌 제 말을 듣겠습니까?"

These are the sons of Levi in the order of their birth.

20 Amram married his aunt Jochebed and she had Aaron and Moses. Amram lived to be 137.

21 The sons of Izhar: Korah, Nepheg, and Zicri.

22 The sons of Uzziel: Mishael, Elzaphan, and Sithri.

23 Aaron married Elisheba, the daughter of Amminadab and sister of Nahshon, and she had Nadab and Abihu, Eleazar and Ithamar.

24 The sons of Korah: Assir, Elkanah, and Abiasaph. These are the families of the Korahites.

25 Aaron's son Eleazar married one of the daughters of Putiel and she had Phinehas.

These are the heads of the Levite families, family by family.

26-27 This is the Aaron and Moses whom GOD ordered: "Bring the Israelites out of the land of Egypt clan by clan." These are the men, Moses and Aaron, who told Pharaoh king of Egypt to release the Israelites from Egypt.

"I'll Make You as a GOD to Pharaoh"

28 And that's how things stood when GOD next spoke to Moses in Egypt.

29 God addressed Moses, saying, "I am GOD. Tell Pharaoh king of Egypt everything I say to you."

30 And Moses answered, "Look at me. I stutter. Why would Pharaoh listen to me?"

7 **1-5 하나님께서 모세에게 말씀하셨다.** "보아라, 내가 너를 바로에게 신과 같이 되게 하고, 네 형 아론은 너의 예언자가 되게 하겠다. 너는 내가 네게 명령한 모든 것을 말하고, 네 형 아론은 그것을 바로에게 전해야 한다. 그러면 그가 이스라엘 자손을 자기 땅에서 내보낼 것이다. 동시에 나는 바로가 고집을 부리게 해서, 많은 표적과 이적을 이집트에 가득 채우겠다. 바로는 네 말을 들으려고 하지 않겠지만, 나는 내 뜻대로 이집트를 치고 강력한 심판을 행하여, 나의 군사요 나의 백성인 이스라엘 자손을 이집트에서 이끌어 내겠다. 내가 직접 나서서 이스라엘 자손을 그 땅에서 이끌어 낼 때에 내가 하나님인 것을 이집트 사람들이 알게 될 것이다."

6-7 모세와 아론은 **하나님께서** 명령하신 대로 행했다. 그들이 바로에게 말할 때에 모세는 여든 살이고 아론은 여든세 살이었다.

❧

8-9 하나님께서 모세와 아론에게 말씀하셨다. "바로가 너희에게 '이적을 행하여, 너희 자신을 입증해 보아라' 하고 말하거든, 너는 아론에게 '형님의 지팡이를 들어 바로 앞에 던지십시오. 그러면 그것이 뱀으로 변할 것입니다' 하고 말하여라."

10 모세와 아론이 바로에게 가서 **하나님께서** 명령하신 대로 행했다. 아론이 자기 지팡이를 바로와 그의 신하들 앞에 던지니, 그것이 뱀으로 변했다.

11-12 바로가 현자와 마술사들을 불러들였다. 이집트의 마술사들도 자기들의 마술로 똑같이 했다. 그들이 각자 자기 지팡이를 던지니, 그것들이 모두 뱀으로 변했다. 그러나 그때에 아론의 지팡이가 그들의 지팡이들을 삼켜 버렸다.

7 **1-5** GOD told Moses, "Look at me. I'll make you as a god to Pharaoh and your brother Aaron will be your prophet. You are to speak everything I command you, and your brother Aaron will tell it to Pharaoh. Then he will release the Israelites from his land. At the same time I am going to put Pharaoh's back up and follow it up by filling Egypt with signs and wonders. Pharaoh is not going to listen to you, but I will have my way against Egypt and bring out my soldiers, my people the Israelites, from Egypt by mighty acts of judgment. The Egyptians will realize that I am GOD when I step in and take the Israelites out of their country."

6-7 Moses and Aaron did exactly what GOD commanded. Moses was eighty and Aaron eighty-three when they spoke to Pharaoh.

❧

8-9 Then GOD spoke to Moses and Aaron. He said, "When Pharaoh speaks to you and says, 'Prove yourselves. Perform a miracle,' then tell Aaron, 'Take your staff and throw it down in front of Pharaoh: It will turn into a snake.'"

10 Moses and Aaron went to Pharaoh and did what GOD commanded. Aaron threw his staff down in front of Pharaoh and his servants, and it turned into a snake.

11-12 Pharaoh called in his wise men and sorcerers. The magicians of Egypt did the same thing by their incantations: each man threw down his staff and they all turned into snakes. But then Aaron's staff swallowed their staffs.

13 그러나 바로는 고집을 부렸다. **하나님**께서 말씀하신 대로, 바로는 그들의 말을 들으려 하지 않았다.

첫 번째 재앙, 피

14-18 **하나님**께서 모세에게 말씀하셨다. "바로는 고집이 세서, 백성을 내보내려 하지 않는다. 너는 아침이 되거든 곧바로 바로에게 가서, 그가 강가로 내려올 때에 그를 만나거라. 너는 나일 강가에서, 전에 뱀으로 변했던 지팡이를 들고 그에게 이렇게 말하여라. **하나님** 히브리 사람의 하나님께서 나를 왕에게 보내셔서 이 메시지를 전하게 하셨습니다. "내 백성을 내보내어 광야에서 나를 예배하게 하여라." 그런데도 왕은 아직까지 그 말씀을 듣지 않았습니다. 이제 이것으로 왕은 그분이 **하나님**이신 것을 알게 될 것입니다. 이제 내가 쥐고 있는 이 지팡이로 나일 강의 물을 치겠습니다. 그러면 강물이 피로 변하여, 나일 강에 있는 물고기가 죽고 강물에서 악취가 나서, 이집트 사람들이 그 강의 물을 마시지 못하게 될 것입니다."

19 **하나님**께서 모세에게 말씀하셨다. "너는 아론에게 말하여, 지팡이를 잡고서, 이집트의 물, 곧 이집트의 강과 운하와 늪과 모든 고인 물 위로 그것을 흔들라고 하여라. 이집트 온 땅에 피가 가득할 것이다. 냄비와 접시에 담긴 물까지 피로 변할 것이다."

20-21 모세와 아론은 **하나님**께서 명령하신 대로 행했다. 아론이 지팡이를 들어 바로와 그의 신하들이 보는 앞에서 나일 강의 물을 치니, 강의 물이 다 피로 변했다. 강에 있는 물고기가 죽고 강물에서 악취가 나서, 이집트 사람들이 그 강의 물을 마실 수 없게 되었다. 이집트 온 땅에 피가 가득했다.

13 Yet Pharaoh was as stubborn as ever—he wouldn't listen to them, just as GOD had said.

Strike One: Blood

14-18 GOD said to Moses: "Pharaoh is a stubborn man. He refuses to release the people. First thing in the morning, go and meet Pharaoh as he goes down to the river. At the shore of the Nile take the staff that turned into a snake and say to him, 'GOD, the God of the Hebrews, sent me to you with this message, "Release my people so that they can worship me in the wilderness." So far you haven't listened. This is how you'll know that I am GOD. I am going to take this staff that I'm holding and strike this Nile River water: The water will turn to blood; the fish in the Nile will die; the Nile will stink; and the Egyptians won't be able to drink the Nile water.'"

19 GOD said to Moses, "Tell Aaron, 'Take your staff and wave it over the waters of Egypt—over its rivers, its canals, its ponds, all its bodies of water—so that they turn to blood.' There'll be blood everywhere in Egypt—even in the pots and pans."

20-21 Moses and Aaron did exactly as GOD commanded them. Aaron raised his staff and hit the water in the Nile with Pharaoh and his servants watching. All the water in the Nile turned into blood. The fish in the Nile died; the Nile stank; and the Egyptians couldn't drink the Nile water. The blood was everywhere in Egypt.

22-25 그러나 이집트의 마술사들도 자기들의 마술로 똑같이 했다. 바로는 여전히 고집을 부렸다. **하나님**께서 말씀하신 대로, 바로는 그들의 말을 들으려 하지 않았다. 그는 그 일에 전혀 마음을 두지 않고, 발길을 돌려 궁으로 돌아갔다. 그러나 이집트 사람들 모두가 나일 강의 물을 마실 수 없게 되었으므로, 마실 물을 찾아 강에서 멀리 떨어진 땅을 파야만 했다.

하나님께서 나일 강을 치시고 나서 칠 일이 지났다.

두 번째 재앙, 개구리 떼

8 1-4 **하나님**께서 모세에게 말씀하셨다. "너는 바로에게 가서 이렇게 말하여라. '**하나님**의 **메시지다**. 내 백성을 내보내어 나를 예배하게 하여라. 경고하건대, 네가 그들을 내보내지 않으면, 내가 개구리 떼로 온 땅을 치겠다. 나일 강이 개구리들로 가득 찰 것이다. 개구리들이 네 궁과 네 침실과 네 침대로 들어가고, 네 신하들의 집과 백성 가운데로 다니며, 네 솥과 냄비와 접시 속으로 뛰어들 것이다. 개구리들이 너를 덮치고, 모든 사람을 덮칠 것이다. 장소와 물건을 가리지 않고, 개구리 천지가 될 것이다!'"

5 **하나님**께서 모세에게 말씀하셨다. "너는 아론에게 말하여, 지팡이를 강과 운하와 늪 위로 흔들어 개구리 떼를 이집트 땅 위로 올라오게 하라고 하여라."

6 아론이 이집트의 물 위로 지팡이를 뻗자, 개구리 떼가 올라와 온 땅을 뒤덮었다.

7 그러나 마술사들도 자기들의 마술로 똑같이 하여, 개구리들이 이집트 땅 위로 올라오게 했다.

8 바로가 모세와 아론을 불러들여 말했다. "**하나님**께 기도하여 이 개구리들을 우리에게서 없애 다오. 내가 백성을 내보내어 하

22-25 But the magicians of Egypt did the same thing with their incantations. Still Pharaoh remained stubborn. He wouldn't listen to them as GOD had said. He turned on his heel and went home, never giving it a second thought. But all the Egyptians had to dig inland from the river for water because they couldn't drink the Nile water.

Seven days went by after GOD had struck the Nile.

Strike Two: Frogs

8 1-4 GOD said to Moses, "Go to Pharaoh and tell him, 'GOD's Message: Release my people so they can worship me. If you refuse to release them, I'm warning you, I'll hit the whole country with frogs. The Nile will swarm with frogs—they'll come up into your houses, into your bedrooms and into your beds, into your servants' quarters, among the people, into your ovens and pots and pans. They'll be all over you, all over everyone—frogs everywhere, on and in everything!'"

5 GOD said to Moses, "Tell Aaron, 'Wave your staff over the rivers and canals and ponds. Bring up frogs on the land of Egypt.'"

6 Aaron stretched his staff over the waters of Egypt and a mob of frogs came up and covered the country.

7 But again the magicians did the same thing using their incantations—they also produced frogs in Egypt.

8 Pharaoh called in Moses and Aaron and said, "Pray to GOD to rid us of these frogs.

나님께 제사를 드리고 예배하게 하겠다."

⁹ 모세가 바로에게 말했다. "그렇게 하겠습니다. 시간을 정해 주십시오. 왕의 신하들과 왕의 백성과 왕의 궁에서 이 개구리들을 언제 없애면 좋겠습니까? 나일 강에 있는 개구리들만 남고 다 사라질 것입니다."

10-11 "내일이다."

모세가 말했다. "내일 그렇게 하겠습니다. 왕께서는 우리 **하나님** 같은 분이 없음을 알게 될 것입니다. 개구리 떼가 왕과 왕의 궁과 왕의 신하들과 왕의 백성에게서 사라질 것입니다. 오직 나일 강의 개구리들만 남을 것입니다."

12-14 모세와 아론이 바로 앞에서 물러나왔다. 모세가 **하나님**께서 바로에게 보내신 개구리들을 두고 기도하자, **하나님**께서 모세의 기도에 응답하셨다. 집과 뜰과 들 할 것 없이, 모든 곳에서 개구리들이 죽었다. 사람들이 개구리들을 모아서 쌓아 놓으니, 죽은 개구리 냄새가 온 땅에 진동했다.

15 그러나 바로는 숨을 돌리게 되자, 다시 고집을 부리고 모세와 아론의 말을 들으려 하지 않았다. **하나님**께서 말씀하신 그대로였다.

세 번째 재앙, 이

16 **하나님**께서 모세에게 말씀하셨다. "너는 아론에게 말하여, 지팡이를 들어 먼지를 치라고 하여라. 그러면 이집트 온 땅에서 먼지가 이로 변할 것이다."

17 모세가 그대로 행했다. 아론이 지팡이를 쥐고 땅의 먼지를 치자, 먼지가 이로 변하여 모든 사람과 짐승에게 들러붙었다. 온 땅의 먼지가 이로 변하여, 이집트 도처에 이가 퍼졌다.

18 마술사들도 자기들의 마술로 이를 만들어 내려고 했지만, 이번에는 그렇게 할 수가 없었다. 어디를 가나 이 천지였고, 모든

I'll release the people so that they can make their sacrifices and worship GOD."

⁹ Moses said to Pharaoh, "Certainly. Set the time. When do you want the frogs out of here, away from your servants and people and out of your houses? You'll be rid of frogs except for those in the Nile."

10-11 "Make it tomorrow."

Moses said, "Tomorrow it is—so you'll realize that there is no God like our GOD. The frogs will be gone. You and your houses and your servants and your people, free of frogs. The only frogs left will be the ones in the Nile."

12-14 Moses and Aaron left Pharaoh, and Moses prayed to GOD about the frogs he had brought on Pharaoh. GOD responded to Moses' prayer: The frogs died off—houses, courtyards, fields, all free of frogs. They piled the frogs in heaps. The country reeked of dead frogs.

15 But when Pharaoh saw that he had some breathing room, he got stubborn again and wouldn't listen to Moses and Aaron. Just as GOD had said.

Strike Three: Gnats

16 GOD said to Moses, "Tell Aaron, 'Take your staff and strike the dust. The dust will turn into gnats all over Egypt.'"

17 He did it. Aaron grabbed his staff and struck the dust of the Earth; it turned into gnats, gnats all over people and animals. All the dust of the Earth turned into gnats, gnats everywhere in Egypt.

18 The magicians tried to produce gnats with their incantations but this time they couldn't do it. There were gnats everywhere,

사람과 짐승에게 온통 이가 들러붙었다.

¹⁹ 마술사들이 바로에게 말했다. "이것은 하나님이 하시는 일입니다." 그러나 바로는 완강해서 그들의 말을 들으려 하지 않았다. 하나님께서 말씀하신 그대로였다.

네 번째 재앙, 파리 떼

²⁰⁻²³ 하나님께서 모세에게 말씀하셨다. "너는 아침 일찍 일어나서 바로 앞에 서거라. 바로가 물가로 내려올 때에, 그에게 이렇게 말하여라. 하나님의 메시지다. 내 백성을 내보내어 나를 예배하게 하여라. 네가 내 백성을 내보내지 않으면, 내가 너와 네 신하들과 네 백성과 네 궁에 파리 떼를 풀어 놓겠다. 이집트 사람들의 집과 그들이 딛고 선 땅에도 파리 떼가 득실거릴 것이다. 그러나 그 일이 일어날 때, 내 백성이 사는 고센 땅은 구별하여 거룩한 곳으로 삼겠다. 고센 땅에는 파리 떼가 없을 것이다. 그 일로 인하여 너는 내가 이 땅에서 하나님인 것을 알게 될 것이다. 내가 네 백성과 내 백성을 분명하게 구별하겠다. 이 표적이 내일 일어날 것이다."

²⁴ 하나님께서 말씀하신 대로 행하셨다. 바로의 궁과 신하들의 집에 파리 떼가 득실거렸다. 이집트 온 땅이 파리 떼로 폐허가 되었다.

²⁵ 바로가 모세와 아론을 불러들여 말했다. "어서 가거라. 너희 하나님께 제사를 드려라. 그러나 이 땅에서 드려야 한다."

²⁶⁻²⁷ 모세가 말했다. "그렇게 하는 것은 현명한 일이 아닙니다. 이집트 사람들은 우리가 우리 하나님께 제사를 드리는 것을 몹시 불쾌하게 여길 것입니다. 우리가 이집트 사람들 앞에서 그들이 불쾌하게 여기는 제사를 드리면, 그들이 우리를 죽이려 들 것입니다. 우리 하나님께서 우리에게 지시하신 대로, 우리가 광야로 사흘길을 가서 제사를 드리게 해주십시오."

²⁸ 바로가 말했다. "좋다. 내가 너희를 내보

all over people and animals.

¹⁹ The magicians said to Pharaoh, "This is God's doing." But Pharaoh was stubborn and wouldn't listen. Just as GOD had said.

Strike Four: Flies

²⁰⁻²³ GOD said to Moses, "Get up early in the morning and confront Pharaoh as he goes down to the water. Tell him, 'GOD's Message: Release my people so they can worship me. If you don't release my people, I'll release swarms of flies on you, your servants, your people, and your homes. The houses of the Egyptians and even the ground under their feet will be thick with flies. But when it happens, I'll set Goshen where my people live aside as a sanctuary—no flies in Goshen. That will show you that I am GOD in this land. I'll make a sharp distinction between your people and mine. This sign will occur tomorrow.'"

²⁴ And GOD did just that. Thick swarms of flies in Pharaoh's palace and the houses of his servants. All over Egypt, the country ruined by flies.

²⁵ Pharaoh called in Moses and Aaron and said, "Go ahead. Sacrifice to your God—but do it here in this country."

²⁶⁻²⁷ Moses said, "That would not be wise. What we sacrifice to our GOD would give great offense to Egyptians. If we openly sacrifice what is so deeply offensive to Egyptians, they'll kill us. Let us go three days' journey into the wilderness and sacrifice to our GOD, just as he instructed us."

²⁸ Pharaoh said, "All right. I'll release you to go and sacrifice to your GOD in the

낼 테니, 가서 광야에서 너희 **하나님**께 제사
를 드려라. 다만 너무 멀리 가지는 마라. 이제
나를 위해 기도해 다오."

29 모세가 말했다. "내가 이곳에서 나가는 대
로 **하나님**께 기도하여, 내일 파리 떼가 왕과
왕의 신하들과 왕의 백성에게서 떠나가게 하
겠습니다. 그러나 우리를 속이지 마십시오.
왕의 마음이 바뀌어서, 우리를 내보내어 **하나
님**께 제사를 드리지 못하게 하는 일이 없기를
바랍니다."

30-32 모세가 바로 앞에서 물러나와 **하나님**께
기도하니, **하나님**께서 모세의 기도를 들어주
셨다. 하나님께서 바로와 그의 신하들과 그의
백성에게서 파리 떼를 없애 주셨다. 파리가 한
마리도 남지 않았다. 그러나 바로는 또다시 고
집을 부리고 백성을 내보내려 하지 않았다.

다섯 번째 재앙, 가축의 죽음

9 1-4 **하나님**께서 모세에게 말씀하셨
다. "바로에게 가서 이렇게 말하여라.
'**하나님** 히브리 사람의 하나님이 말씀하신다.
내 백성을 내보내어 나를 예배하게 하여라.
경고하건대, 네가 그들을 내보내지 않고 계속
붙잡아 두면, **하나님**이 들에 있는 네 가축을
칠 것이다. 너의 말과 나귀와 낙타와 소와 양
을 쳐서 극심한 병이 들게 할 것이다. **하나님**
이 이스라엘의 가축과 이집트의 가축을 분명
하게 구별할 것이다. 이스라엘 자손에게 속한
짐승은 단 한 마리도 죽지 않을 것이다.'"

5 **하나님**께서 때를 정하시고 말씀하셨다. "**하
나님**이 내일 이 일을 행할 것이다."

6-7 이튿날 **하나님**께서 그대로 행하셨다. 이
집트의 가축은 모두 죽었으나, 이스라엘 자손
의 가축은 한 마리도 죽지 않았다. 바로가 사
람을 보내어 일어난 일을 알아보니, 과연 이
스라엘 자손의 가축은 단 한 마리도 죽지 않
았다. 그러나 바로는 여전히 고집을 부리고
백성을 내보내려 하지 않았다.

wilderness. Only don't go too far. Now pray for me."

29 Moses said, "As soon as I leave here, I will pray to GOD that tomorrow the flies will leave Pharaoh, his servants, and his people. But don't play games with us and change your mind about releasing us to sacrifice to GOD."

30-32 Moses left Pharaoh and prayed to GOD. GOD did what Moses asked. He got rid of the flies from Pharaoh and his servants and his people. There wasn't a fly left. But Pharaoh became stubborn once again and wouldn't release the people.

Strike Five: Animals

9 1-4 GOD said to Moses, "Go to Pharaoh and tell him, 'GOD, the God of the Hebrews, says: Release my people so they can worship me. If you refuse to release them and continue to hold on to them, I'm giving you fair warning: GOD will come down hard on your livestock out in the fields—horses, donkeys, camels, cattle, sheep—striking them with a severe disease. GOD will draw a sharp line between the livestock of Israel and the livestock of Egypt. Not one animal that belongs to the Israelites will die.'"

5 Then GOD set the time: "Tomorrow GOD will do this thing."

6-7 And the next day GOD did it. All the livestock of Egypt died, but not one animal of the Israelites died. Pharaoh sent men to find out what had happened and there it was: none of the livestock of the Israelites had died—not one death. But Pharaoh stayed stubborn. He wouldn't release the people.

여섯 번째 재앙, 악성 종기

8-11 하나님께서 모세와 아론에게 말씀하셨다. "너희는 아궁이에서 재를 긁어모아 두 손에 가득 쥐어라. 그리고 모세가 그것을 바로가 보는 앞에서 공중에 뿌려라. 그것이 이집트 온 땅을 덮는 미세한 먼지가 되어, 이집트 온 땅에 있는 사람과 짐승에게 악성 종기를 일으킬 것이다." 그들은 아궁이에서 재를 긁어모아 손에 쥐고, 바로 앞에 서서 공중에 뿌렸다. 그랬더니 그것이 사람과 짐승에게 악성 종기를 일으켰다. 이번에는 마술사들도 종기 때문에 모세와 맞서지 못했다. 이집트에 있는 다른 모든 사람과 마찬가지로, 그들도 온몸에 종기가 났기 때문이다.

12 하나님께서 바로의 고집을 드세게 하셨다. 하나님께서 모세에게 말씀하신 대로, 바로는 그들의 말을 들으려 하지 않았다.

일곱 번째 재앙, 우박

13-19 하나님께서 모세에게 말씀하셨다. "너는 아침 일찍 일어나서 바로 앞에 서거라. 그에게 이렇게 말하여라. '하나님 히브리 사람의 하나님이 말씀하신다. 내 백성을 내보내어 나를 예배하게 하여라. 이번에는 내가 너와 네 신하들과 네 백성을 나의 강력한 능력으로 쳐서, 온 세상 어디에도 나와 같은 신이 없음을 너로 알게 하겠다. 내가 치명적인 질병으로 너와 네 백성을 쳤더라면, 지금쯤 네게 남은 것이 없고, 네게 그 흔적조차 없으리라는 것을 이제 너도 깨달을 것이다. 내가 너를 쓰러뜨리지 않은 것은, 네가 내 능력을 인정하게 하여 내 이름이 온 세상에 전파되게 하려는 것이다. 너는 아직도 내 백성을 희생시켜 네 자신을 높이면서, 내 백성을 놓아주지 않고 있다. 그러므로

Strike Six: Boils

8-11 GOD said to Moses and Aaron, "Take fistfuls of soot from a furnace and have Moses throw it into the air right before Pharaoh's eyes; it will become a film of fine dust all over Egypt and cause sores, an eruption of boils on people and animals throughout Egypt." So they took soot from a furnace, stood in front of Pharaoh, and threw it up into the air. It caused boils to erupt on people and animals. The magicians weren't able to compete with Moses this time because of the boils—they were covered with boils just like everyone else in Egypt.

12 GOD hardened Pharaoh in his stubbornness. He wouldn't listen, just as GOD had said to Moses.

Strike Seven: Hail

13-19 GOD said to Moses, "Get up early in the morning and confront Pharaoh. Tell him, 'GOD, the God of the Hebrews, says: Release my people so they can worship me. This time I am going to strike you and your servants and your people with the full force of my power so you'll get it into your head that there's no one like me anywhere in all the Earth. You know that by now I could have struck you and your people with deadly disease and there would be nothing left of you, not a trace. But for one reason only I've kept you on your feet: To make you recognize my power so that my reputation spreads in all the Earth. You are still building yourself up at my people's expense. You are not letting them go. So here's what's going to happen: At this time tomorrow I'm sending a terrific hailstorm—there's never

앞으로 일어날 일은 이러하다. 내일 이맘때 내가 무시무시한 우박을 퍼부을 것이다. 이집트가 세워진 이래로 지금까지 그와 같은 우박이 없었을 것이다. 그러니 너는 네 가축을 안전한 곳으로 대피시켜라. 우박이 떨어지면, 사람이나 짐승 할 것 없이 들에 있는 모든 것이 죽을 것이다.”

20-21 바로의 신하들 가운데 **하나님**의 말씀을 받아들인 자들은 모두 자기 일꾼과 짐승들을 서둘러 안전한 곳으로 대피시켰다. 그러나 **하나님**의 말씀을 진지하게 받아들이지 않은 자들은 자기 일꾼과 짐승들을 들에 내버려 두었다.

22 **하나님**께서 모세에게 말씀하셨다. “네 두 손을 하늘로 뻗어, 이집트 온 땅, 곧 이집트의 들에 있는 사람과 짐승들과 농작물 위에 우박이 떨어지게 하여라.”

23-26 모세가 하늘을 향해 지팡이를 들자, **하나님**께서 천둥소리와 함께 우박과 번개를 내리셨다. **하나님**께서 이집트 땅에 우박을 퍼부으신 것이다. 번개와 폭풍을 동반한 사나운 우박이었다. 이집트 역사상 그와 같은 우박이 내린 적은 한 번도 없었다. 우박은 이집트 온 땅을 사납게 내리쳤다. 사람이나 짐승이나 농작물 할 것 없이, 들에 있는 모든 것을 세차게 내리쳤다. 들에 있는 나무까지 부러뜨렸다. 그러나 이스라엘 자손이 사는 고센 땅만은 예외여서, 그 땅에는 우박이 내리지 않았다.

27-28 바로가 모세와 아론을 불러들여 말했다. “이번에는 내가 확실히 죄를 지었다. **하나님**이 옳고 나와 내 백성은 그르다. **하나님**께 기도해 다오. 우리가 **하나님**이 내리시는 천둥과 우박을 맞을 만큼 맞았다. 내가 너희를 내보낼 테니, 가능한 한 빨리 여기서 나갔으면 좋겠다.”

29-30 모세가 말했다. “내가 이 성을 벗어나는 대로, **하나님**께 내 손을 들겠습니다. 천

been a storm like this in Egypt from the day of its founding until now. So get your livestock under roof—everything exposed in the open fields, people and animals, will die when the hail comes down.'"

20-21 All of Pharaoh's servants who had respect for GOD's word got their workers and animals under cover as fast as they could, but those who didn't take GOD's word seriously left their workers and animals out in the field.

22 GOD said to Moses: "Stretch your hands to the skies. Signal the hail to fall all over Egypt on people and animals and crops exposed in the fields of Egypt."

23-26 Moses lifted his staff to the skies and GOD sent peals of thunder and hail shot through with lightning strikes. GOD rained hail down on the land of Egypt. The hail came, hail and lightning—a fierce hailstorm. There had been nothing like it in Egypt in its entire history. The hail hit hard all over Egypt. Everything exposed out in the fields, people and animals and crops, was smashed. Even the trees in the fields were shattered. Except for Goshen where the Israelites lived; there was no hail in Goshen.

27-28 Pharaoh summoned Moses and Aaron. He said, "I've sinned for sure this time—GOD is in the right and I and my people are in the wrong. Pray to GOD. We've had enough of GOD's thunder and hail. I'll let you go. The sooner you're out of here the better."

29-30 Moses said, "As soon as I'm out of the city, I'll stretch out my arms to GOD. The thunder will stop and the hail end so you'll

둥이 멎고, 우박도 그칠 것입니다. 그러면 왕은 땅이 하나님의 것임을 알게 될 것입니다. 그래도 왕과 왕의 신하들이 **하나님**을 경외하지 않을 것을 나는 알고 있습니다."

31-32 (마침 아마와 보리가 무르익고 있어서, 그것들이 못쓰게 되고 말았다. 그러나 밀과 귀리는 아직 여물지 않아서 피해를 입지 않았다.)

33 모세가 바로 앞에서 물러나와 성 밖으로 나갔다. 그가 **하나님**께 손을 들자, 천둥과 우박이 그치고 비바람이 잠잠해졌다.

34-35 그러나 바로는 비와 우박과 천둥이 멎은 것을 보고, 곧 다시 죄를 지었다. 그와 그의 신하들이 전처럼 고집을 꺾지 않았다. 바로의 마음은 바위처럼 단단해졌다. **하나님**께서 모세를 통해 말씀하신 대로, 바로는 이스라엘 자손을 내보내려 하지 않았다.

여덟 번째 재앙, 메뚜기 떼

10

1-2 **하나님**께서 모세에게 말씀하셨다. "바로에게 가거라. 내가 바로와 그의 신하들의 마음을 완강하게 했다. 이는 내가 바로에게 이 표적들을 보게 하려는 것이고, 내가 이집트 사람들을 어떻게 괴롭게 했는지 네가 네 자녀와 후손에게 전하게 하려는 것이다. 내가 이집트 사람들에게 행한 표적 이야기를 네가 네 자녀와 후손에게 들려주어, 내가 **하나님**인 것을 너희 모두가 알게 하려는 것이다."

3-6 모세와 아론이 바로에게 가서 말했다. "**하나님** 히브리 사람의 하나님께서 이렇게 말씀하십니다. '네가 언제까지 굴복하지 않겠느냐? 내 백성을 내보내어 나를 예배하게 하여라. 두고 보아라. 네가 내 백성을 내보내지 않으면, 내가 내일 네 땅으로 메뚜기 떼를 들여보내겠다. 메뚜기 떼가 온 땅을 뒤덮어, 아무도 땅을 보지 못하게 될 것이다. 메뚜기들이 우박의 피해를 입지 않고

know that the land is GOD's land. Still, I know that you and your servants have no respect for GOD."

31-32 (The flax and the barley were ruined, for they were just ripening, but the wheat and spelt weren't hurt—they ripen later.)

33 Moses left Pharaoh and the city and stretched out his arms to GOD. The thunder and hail stopped; the storm cleared.

34-35 But when Pharaoh saw that the rain and hail and thunder had stopped, he kept right on sinning, stubborn as ever, both he and his servants. Pharaoh's heart turned rock-hard. He refused to release the Israelites, as GOD had ordered through Moses.

Strike Eight: Locusts

10

1-2 GOD said to Moses: "Go to Pharaoh. I've made him stubborn, him and his servants, so that I can force him to look at these signs and so you'll be able to tell your children and grandchildren how I toyed with the Egyptians, like a cat with a mouse; you'll tell them the stories of the signs that I brought down on them, so that you'll all know that I am GOD."

3-6 Moses and Aaron went to Pharaoh and said to him, "GOD, the God of the Hebrews, says, 'How long are you going to refuse to knuckle under? Release my people so that they can worship me. If you refuse to release my people, watch out; tomorrow I'm bringing locusts into your country. They'll cover every square inch of ground; no one will be able to see the ground. They'll devour everything left over

남은 것을 모조리 먹어 치우고, 들에서 자라는 어린 나무까지 먹어 치울 것이다. 나무란 나무는 모조리 끝장낼 것이다. 또한 메뚜기들이 네 궁으로 들이닥쳐서, 네 신하들의 집과 이집트에 있는 모든 집에 가득 찰 것이다. 네 조상이 이 땅을 처음 밟은 이래로, 오늘까지 그와 같은 것을 본 사람이 아무도 없을 것이다.'"

모세가 발길을 돌려 바로 앞에서 물러나왔다.

7 바로의 신하들이 바로에게 말했다. "왕께서는 저 사람이 언제까지 우리를 괴롭히도록 내버려 두시겠습니까? 저 사람들을 내보내어 자기의 **하나님**을 예배하게 하십시오. 이집트가 다 죽어 가는 것이 보이지 않습니까?"

8 모세와 아론이 다시 바로에게 불려 갔다. 바로가 그들에게 말했다. "그렇다면 어서 가거라. 가서 너희 **하나님**을 예배하여라. 너희와 함께 갈 사람들이 도대체 누구냐?"

9 모세가 말했다. "우리가 **하나님**께 예배를 드려야 하므로, 젊은이와 노인들, 아들과 딸들, 양 떼와 소 떼를 데리고 가겠습니다."

10-11 바로가 말했다. "**하나님**의 복을 빌어 주며 너희를 보낼지언정, 너희 자녀들을 너희와 함께 보내지는 않을 것이다. 너희가 못된 짓을 꾀하고 있는 것이 빤히 들여다보인다. 어림없는 수작 마라. 너희 장정들만 가거라. 어서 가서 **하나님**을 예배하여라. 그것이 너희가 그토록 바라던 것이 아니냐." 그들은 바로 앞에서 쫓겨났다.

12 **하나님**께서 모세에게 말씀하셨다. "네 손을 이집트 땅 위로 뻗어, 메뚜기 떼가 이집트 땅을 덮게 하여라. 메뚜기들이 우박의 피해를 입지 않고 땅에 남은 채소를 남김없이 먹어 치울 것이다."

13 모세가 지팡이를 이집트 땅 위로 뻗자, **하나님**께서 동풍이 불게 하셨다. 동풍이 그날 내내 낮과 밤으로 불었다. 아침에 보니, 동풍이 메뚜기 떼를 몰고 왔다.

from the hailstorm, even the saplings out in the fields–they'll clear-cut the trees. And they'll invade your houses, filling the houses of your servants, filling every house in Egypt. Nobody will have ever seen anything like this, from the time your ancestors first set foot on this soil until today.'"

Then he turned on his heel and left Pharaoh.

7 Pharaoh's servants said to him, "How long are you going to let this man harass us? Let these people go and worship their GOD. Can't you see that Egypt is on its last legs?"

8 So Moses and Aaron were brought back to Pharaoh. He said to them, "Go ahead then. Go worship your GOD. But just who exactly is going with you?"

9 Moses said, "We're taking young and old, sons and daughters, flocks and herds–this is our worship-celebration of GOD."

10-11 He said, "I'd sooner send you off with GOD's blessings than let you go with your children. Look, you're up to no good– it's written all over your faces. Nothing doing. Just the men are going–go ahead and worship GOD. That's what you want so badly." And they were thrown out of Pharaoh's presence.

12 GOD said to Moses: "Stretch your hand over Egypt and signal the locusts to cover the land of Egypt, devouring every blade of grass in the country, everything that the hail didn't get."

13 Moses stretched out his staff over the land of Egypt. GOD let loose an east wind. It blew that day and night. By morning the east wind had brought in the locusts.

14-15 메뚜기 떼가 이집트 땅을 덮고 이집트 온 땅에 내려앉았다. 메뚜기 떼가 땅을 가득 메웠다. 그렇게 많은 메뚜기 떼의 습격은 전에도 없었고 앞으로도 없을 것이었다. 메뚜기 떼가 온 땅을 뒤덮어서 땅이 새까맣게 되었다. 메뚜기들은 모든 채소와 열매뿐 아니라, 우박의 피해를 입지 않은 모든 것을 닥치는 대로 먹어 치웠다. 이집트 온 땅에 벌거벗은 나무와 텅 빈 들 외에는 아무것도 남지 않았다. 푸른 것이라고는 흔적조차 없었다.

16-17 바로가 즉시 모세와 아론을 불러들여 말했다. "내가 너희 하나님과 너희에게 죄를 지었다. 한 번 더 나의 죄를 눈감아 다오. 너희 하나님께 기도하여 이 재앙에서 나를 건져 달라고 해다오. 이곳에서 죽음이 떠나가게 해다오!"

18-19 모세가 바로 앞에서 물러나와 하나님께 기도하자, 하나님께서 바람의 방향을 바꾸셨다. 강한 서풍이 메뚜기 떼를 몰고 가서 홍해에 처넣어 버렸다. 이집트 온 땅에 메뚜기가 한 마리도 남지 않았다.

20 그러나 하나님께서 바로의 마음을 전처럼 완강하게 하셨다. 바로는 여전히 이스라엘 자손을 내보내려 하지 않았다.

아홉 번째 재앙, 어둠

21 하나님께서 모세에게 말씀하셨다. "네 손을 하늘로 뻗어, 이집트 땅에 어둠이 내리게 하여라. 손으로 더듬어야 다닐 수 있을 만큼 짙은 어둠이 내릴 것이다."

22-23 모세가 하늘로 손을 뻗자, 짙은 어둠이 사흘 동안 이집트 땅에 내렸다. 사람들은 서로 볼 수 없었고, 사흘 동안 꼼짝도 할 수 없었다. 그러나 이스라엘 자손만은 예외여서, 그들이 사는 곳에는 빛이 있었다.

24 바로가 모세를 불러들여 말했다. "가서 하나님을 예배하여라. 너희 양 떼와 소 떼는 남겨 두고, 너희 자녀들은 데리고 가거라."

14-15 The locusts covered the country of Egypt, settling over every square inch of Egypt; the place was thick with locusts. There never was an invasion of locusts like it in the past, and never will be again. The ground was completely covered, black with locusts. They ate everything, every blade of grass, every piece of fruit, anything that the hail didn't get. Nothing left but bare trees and bare fields—not a sign of green in the whole land of Egypt.

16-17 Pharaoh had Moses and Aaron back in no time. He said, "I've sinned against your GOD and against you. Overlook my sin one more time. Pray to your GOD to get me out of this—get death out of here!"

18-19 Moses left Pharaoh and prayed to GOD. GOD reversed the wind—a powerful west wind took the locusts and dumped them into the Red Sea. There wasn't a single locust left in the whole country of Egypt.

20 But GOD made Pharaoh stubborn as ever. He still didn't release the Israelites.

Strike Nine: Darkness

21 GOD said to Moses: "Stretch your hand to the skies. Let darkness descend on the land of Egypt—a darkness so dark you can touch it."

22-23 Moses stretched out his hand to the skies. Thick darkness descended on the land of Egypt for three days. Nobody could see anybody. For three days no one could so much as move. Except for the Israelites: they had light where they were living.

24 Pharaoh called in Moses: "Go and

25-26 모세가 말했다. "왕께서는 우리가 하나님께 드릴 짐승과 제물들을 가져가게 해주셔야 합니다. 그래야 우리가 우리 하나님을 예배하면서 그것들을 제물로 드릴 수 있습니다. 우리의 가축들도 우리와 함께 가야 하며, 한 마리도 남겨 두어서는 안됩니다. 그것들은 우리가 하나님께 드릴 예배에 필요한 제물입니다. 그리고 그곳에 이를 때까지는, 어떤 것을 제물로 드려야 할지 우리가 알지 못합니다."

27 그러나 하나님께서 바로의 마음을 계속해서 완강하게 하셨다. 바로는 그들을 내보내려 하지 않았다.

28 바로가 모세에게 말했다. "내 앞에서 썩 꺼져라! 다시는 너를 보고 싶지 않다. 조심해라. 내 앞에 다시 나타났다가는 죽을 것이다."

29 모세가 말했다. "마음대로 하십시오. 나도 다시는 왕 앞에 나타나지 않겠습니다."

열 번째 재앙, 처음 태어난 것의 죽음

11 ¹ 하나님께서 모세에게 말씀하셨다. "내가 마지막으로 바로와 이집트를 치겠다. 그렇게 한 다음에야 그가 너희를 놓아줄 것이다. 그가 너희를 내보내는 날, 그날은 너희가 이집트를 보는 마지막 날이 될 것이다. 그가 너희를 어떻게든 빨리 떨쳐 버리려 할 것이다.

2-3 네가 할 일은 이러하다. 너는 백성에게 말하여, 남자는 이웃 남자에게, 여자는 이웃 여자에게 은붙이와 금붙이를 요구하게 하여라." 하나님께서는 이집트 사람들이 이스라엘 백성을 선대하게 해주셨다. 또한 모세는, 바로의 신하들과 백성에게 크게 높임을 받는 인물이 되었다.

4-7 모세가 바로 앞에 섰다. "하나님의 메시지입니다. '내가 한밤중에 이집트 가운데로 지나가겠다. 왕좌에 앉은 바로의 맏아들

worship GOD. Leave your flocks and herds behind. But go ahead and take your children."

25-26 But Moses said, "You have to let us take our sacrificial animals and offerings with us so we can sacrifice them in worship to our GOD. Our livestock has to go with us with not a hoof left behind; they are part of the worship of our GOD. And we don't know just what will be needed until we get there."

27 But GOD kept Pharaoh stubborn as ever. He wouldn't agree to release them.

28 Pharaoh said to Moses: "Get out of my sight! And watch your step. I don't want to ever see you again. If I lay eyes on you again, you're dead."

29 Moses said, "Have it your way. You won't see my face again."

Strike Ten: Death

11 ¹ GOD said to Moses: "I'm going to hit Pharaoh and Egypt one final time, and then he'll let you go. When he releases you, that will be the end of Egypt for you; he won't be able to get rid of you fast enough.

2-3 "So here's what you do. Tell the people to ask, each man from his neighbor and each woman from her neighbor, for things made of silver and gold." GOD saw to it that the Egyptians liked the people. Also, Moses was greatly admired by the Egyptians, a respected public figure among both Pharaoh's servants and the people at large.

4-7 Then Moses confronted Pharaoh: "GOD's Message: 'At midnight I will go through Egypt and every firstborn child in Egypt will die, from the firstborn of Pharaoh, who

에서부터 맷돌을 가는 여종의 맏아들에 이르기까지, 이집트에 있는 모든 맏아들이 죽을 것이다. 짐승의 처음 태어난 새끼도 죽을 것이다. 이집트 전역에서 통곡소리가 터져 나올 것이다. 그러한 통곡은 전에도 없었고 앞으로도 없을 것이다. 그러나 이스라엘 자손에게는—사람에게나 짐승에게나—개도 감히 함부로 짖지 못할 것이다. 이는 **하나님**께서 이집트 사람과 이스라엘 자손을 분명하게 구별하고 계심을 너로 알게 하려는 것이다.'

⁸ 그러면 왕의 모든 신하가 무릎을 꿇고 나에게 떠나 달라고 사정할 것입니다. '떠나시오! 당신과 당신을 따르는 백성은 모두 떠나 주시오!' 할 것입니다. 그때에는 나도 반드시 떠나겠습니다."

모세는 몹시 화를 내며 바로 앞에서 물러나왔다.

⁹ **하나님**께서 모세에게 말씀하셨다. "바로는 네가 하는 말을 한 마디도 들으려 하지 않을 것이다. 이는 나 하나님의 살아 있음과 나의 표적을 이집트 땅에 더 많이 나타내려는 것이다."

¹⁰ 모세와 아론은 바로 앞에서 이 모든 표적을 행했다. 그러나 **하나님**께서는 바로의 마음을 전보다 더 완강하게 하셨다. 그는 또다시 이스라엘 자손을 자기 땅에서 내보내려 하지 않았다.

유월절, 무교절

12 ¹⁻¹⁰ **하나님**께서 이집트 땅에서 모세와 아론에게 말씀하셨다. "이 달은 너희에게 한 해의 첫째 달이 될 것이다. 이스라엘 온 공동체에 전하여라. 이 달 십 일에 모든 남자가 자기 가족을 위해 어린양 한 마리를, 집집마다 어린양 한 마리를 잡으라고 하여라. 가족의 수가 너무 적어서 어린양 한 마리를 다 먹을 수 없거든, 사람 수에 따

sits on his throne, to the firstborn of the slave girl working at her hand mill. Also the firstborn of animals. Widespread wailing will erupt all over the country, lament such as has never been and never will be again. But against the Israelites— man, woman, or animal—there won't be so much as a dog's bark, so that you'll know that GOD makes a clear distinction between Egypt and Israel.'

⁸ "Then all these servants of yours will go to their knees, begging me to leave, 'Leave! You and all the people who follow you!' And I will most certainly leave."

Moses, seething with anger, left Pharaoh.

⁹ GOD said to Moses, "Pharaoh's not going to listen to a thing you say so that the signs of my presence and work are going to multiply in the land of Egypt."

¹⁰ Moses and Aaron had performed all these signs in Pharaoh's presence, but GOD turned Pharaoh more stubborn than ever—yet again he refused to release the Israelites from his land.

12 ¹⁻¹⁰ GOD said to Moses and Aaron while still in Egypt, "This month is to be the first month of the year for you. Address the whole community of Israel; tell them that on the tenth of this month each man is to take a lamb for his family, one lamb to a house. If the family is too small for a lamb, then share it with a close neighbor, depending on the number of persons involved. Be mindful of how much each person will

라 가까운 이웃과 함께 나누어 먹어라. 각 사람이 먹을 양을 잘 계산하여라. 너희의 어린양은 일 년 된 건강한 수컷으로 하되, 양이나 염소 가운데서 골라라. 그 양을 이 달 십사 일까지 우리에 넣어 두었다가 해가 질 무렵에 잡아라. 이스라엘 온 공동체가 그렇게 하여라. 그런 다음 그 양의 피 얼마를 받아다가, 고기를 먹을 집의 두 문기둥과 그 기둥 사이에 놓인 상인방에 발라라. 그날 밤에 너희는 고기를 불에 구워 먹되, 누룩을 넣지 않은 빵과 쓴 나물을 곁들여 먹어야 한다. 날것으로 먹거나 물에 삶아 먹지 마라. 머리와 다리와 내장 할 것 없이, 고기 전체를 구워 먹어라. 그것을 아침까지 남겨 두지 말고, 남은 것이 있거든 불에 태워 버려라.

11 그것을 먹는 방법은 이러하다. 옷을 차려 입고, 신을 신고, 손에 지팡이를 들고, 서둘러 먹어라. 이것이 **하나님**의 유월절이다.

12-13 그날 밤에 내가 이집트 땅을 지나가면서 사람이든 짐승이든 가리지 않고 이집트 땅에 있는 처음 태어난 것을 모두 치고, 이집트의 모든 신들을 심판하겠다. 나는 **하나님**이다. 피는 너희가 살고 있는 집을 가리키는 표적이 될 것이다. 내가 그 피를 보고서 너희를 넘어가겠다. 내가 이집트 땅을 칠 때에 어떤 재앙도 너희를 건드리지 못할 것이다.

14-16 이날은 너희에게 기념일이 될 것이니, 너희는 이날을 **하나님**의 절기, 곧 대대로 영원히 지켜야 할 절기로 기념하여라. 너희는 칠 일 동안 누룩을 넣지 않은 빵(무교병)을 먹어라. 첫째 날에 너희는 집에서 누룩을 모두 없애 버려라. 첫째 날부터 일곱째 날까지 누룩을 넣은 빵을 먹는 사람은, 누구든지 이스라엘 가운데서 끊어질 것이다. 첫째 날과 일곱째 날은 거룩하게 구별된 날이니, 그 두 날에는 일하지 마라. 각

eat. Your lamb must be a healthy male, one year old; you can select it from either the sheep or the goats. Keep it penned until the fourteenth day of this month and then slaughter it—the entire community of Israel will do this—at dusk. Then take some of the blood and smear it on the two doorposts and the lintel of the houses in which you will eat it. You are to eat the meat, roasted in the fire, that night, along with bread, made without yeast, and bitter herbs. Don't eat any of it raw or boiled in water; make sure it's roasted—the whole animal, head, legs, and innards. Don't leave any of it until morning; if there are leftovers, burn them in the fire.

11 "And here is how you are to eat it: Be fully dressed with your sandals on and your stick in your hand. Eat in a hurry; it's the Passover to GOD.

12-13 "I will go through the land of Egypt on this night and strike down every firstborn in the land of Egypt, whether human or animal, and bring judgment on all the gods of Egypt. I am GOD. The blood will serve as a sign on the houses where you live. When I see the blood I will pass over you—no disaster will touch you when I strike the land of Egypt.

14-16 "This will be a memorial day for you; you will celebrate it as a festival to GOD down through the generations, a fixed festival celebration to be observed always. You will eat unraised bread (matzoth) for seven days: On the first day get rid of all yeast from your houses—anyone who eats anything with yeast from the first day to the seventh day will be cut off from Israel. The

사람이 먹을 것을 장만하는 일만은 할 수 있다.

17-20 무교절을 지켜라! 이는 내가 너희를 이집트 땅에서 일제히 이끌어 낸 것을 기념하는 날이다. 너희는 이날을, 대대로 영원히 지켜야 할 절기로 기념하여라. 너희는 첫째 달 십사 일 저녁부터 이십일 일 저녁까지 누룩을 넣지 않은 **빵**을 먹어야 한다. 칠 일 동안은 너희 집 안에 누룩의 흔적조차 있어서는 안된다. 너희를 방문한 사람이든 그 땅에서 태어난 사람이든, 누구든지 누룩을 넣은 음식을 먹는 사람은 이스라엘 공동체 가운데서 끊어질 것이다. 누룩을 넣은 음식은 아무것도 먹지 말고, 오직 무교병만 먹어야 한다."

21-23 모세는 이스라엘의 장로들을 모두 불러 모아 이렇게 말했다. "각자 자기 가족을 위해 어린양 한 마리를 골라서 유월절 어린양으로 잡으십시오. 우슬초 한 다발을 가져다가 피를 받은 그릇에 담근 다음, 그 피를 두 문기둥과 상인방에 바르십시오. 아침까지 아무도 집 밖으로 나가서는 안됩니다. 하나님께서 이집트를 치러 지나가실 것입니다. 하나님께서 두 문기둥과 상인방에 바른 피를 보시고, 그 문 앞을 넘어가실 것입니다. 파괴하는 자가 여러분의 집으로 들어가 여러분을 쳐서 멸하는 일이 없게 하실 것입니다.

24-27 이 말씀을 지키십시오. 이것은 여러분과 여러분의 자녀를 위한 규례이니, 영원히 지키십시오. 하나님께서 여러분에게 주시겠다고 약속하신 땅에 들어가거든, 여러분은 이것을 지켜 행하십시오. 여러분의 자녀가 '왜 이렇게 하는 것입니까?' 하고 묻거든, '이것은 하나님께 드리는 유월절 제사다. 하나님께서 이집트를 죽음으로 치시고 우리를 구하실 때, 이집트에 있던 이스라엘 자손의 집은 그냥 넘어가셨다' 하고 그들에

first and the seventh days are set aside as holy; do no work on those days. Only what you have to do for meals; each person can do that.

17-20 "Keep the Festival of Unraised Bread! This marks the exact day I brought you out in force from the land of Egypt. Honor the day down through your generations, a fixed festival to be observed always. In the first month, beginning on the fourteenth day at evening until the twenty-first day at evening, you are to eat unraised bread. For those seven days not a trace of yeast is to be found in your houses. Anyone, whether a visitor or a native of the land, who eats anything raised shall be cut off from the community of Israel. Don't eat anything raised. Only matzoth."

21-23 Moses assembled all the elders of Israel. He said, "Select a lamb for your families and slaughter the Passover lamb. Take a bunch of hyssop and dip it in the bowl of blood and smear it on the lintel and on the two doorposts. No one is to leave the house until morning. GOD will pass through to strike Egypt down. When he sees the blood on the lintel and the two doorposts, GOD will pass over the doorway; he won't let the destroyer enter your house to strike you down with ruin.

24-27 "Keep this word. It's the law for you and your children, forever. When you enter the land which GOD will give you as he promised, keep doing this. And when your children say to you, 'Why are we doing this?' tell them: 'It's the Passover-sacrifice to GOD who passed over the homes of the Israelites in Egypt when he hit Egypt with death but

게 말해 주십시오."
백성이 엎드려 경배했다.
28 이스라엘 자손이 가서, **하나님**께서 모세
와 아론에게 명령하신 대로, 모든 것을 행
했다.

이스라엘이 이집트를 떠나다

29 한밤중에 **하나님**께서, 왕좌에 앉은 바
로의 맏아들에서부터 감옥에 갇힌 죄수
의 맏아들에 이르기까지, 이집트 땅의 모
든 맏아들을 치셨다. 짐승의 처음 태어난
새끼도 치셨다.
30 그날 밤에 바로는 물론이고 그의 신하
들과 모든 이집트 사람들이 깨어 일어났
다. 거친 통곡의 소리가 이집트를 덮었다!
초상을 당하지 않은 집이 한 집도 없었다.
31-32 바로가 그 밤에 모세와 아론을 불러
들여 말했다. "너희와 너희 이스라엘 자
손은 이 땅에서 썩 나가 너희 뜻대로 하
여라! 너희가 바라던 대로, 가서 **하나님**을
예배하여라. 너희가 요구하던 대로, 너희
양 떼와 소 떼도 데리고 가거라. 그리고
나를 위해 복을 빌어 다오."
33 이집트 사람들은 이스라엘 자손을 속
히 내쫓고 싶었다. 그들은 "우리가 다 죽
게 되었다"고 하면서, 이스라엘 자손에게
서둘러 떠나라고 재촉했다.
34-36 이스라엘 백성은 부풀지 않은 빵 반
죽 덩어리를 그릇에 담아 외투에 싸서 어
깨에 둘러맸다. 이스라엘 자손은 모세가
일러 준 대로 행하여, 이집트 사람들에게
은붙이와 금붙이와 옷가지를 요구했다.
하나님께서 이집트 사람들이 이스라엘
자손을 선대하게 해주셔서, 이스라엘 자
손이 요구하는 대로 기꺼이 내주게 하셨
다! 이스라엘 자손은 이집트 사람들을 빈
털터리로 만들었다.
37-39 이스라엘 자손은 라암셋을 떠나 숙

rescued us.' "
The people bowed and worshiped.
28 The Israelites then went and did what GOD
had commanded Moses and Aaron. They did
it all.

---

29 At midnight GOD struck every firstborn
in the land of Egypt, from the firstborn of
Pharaoh, who sits on his throne, right down
to the firstborn of the prisoner locked up in
jail. Also the firstborn of the animals.
30 Pharaoh got up that night, he and all his
servants and everyone else in Egypt—what
wild wailing and lament in Egypt! There
wasn't a house in which someone wasn't
dead.
31-32 Pharaoh called in Moses and Aaron that
very night and said, "Get out of here and be
done with you—you and your Israelites! Go
worship GOD on your own terms. And yes,
take your sheep and cattle as you've insisted,
but go. And bless me."
33 The Egyptians couldn't wait to get rid of
them; they pushed them to hurry up, saying,
"We're all as good as dead."
34-36 The people grabbed their bread dough
before it had risen, bundled their bread bowls
in their cloaks and threw them over their
shoulders. The Israelites had already done
what Moses had told them; they had asked
the Egyptians for silver and gold things and
clothing. GOD saw to it that the Egyptians
liked the people and so readily gave them
what they asked for. Oh yes! They picked
those Egyptians clean.
37-39 The Israelites moved on from Rameses
to Succoth, about 600,000 on foot, besides

곳을 향해 나아갔다. 60만여 명의 장정이 자기 가족들과 함께 걸어서 갔다. 양 떼와 소 떼 등 수많은 가축 떼는 말할 것도 없고, 어중이 떠중이들도 그 뒤를 따랐다. 그들은 이집트에서 가지고 나온 반죽으로 누룩을 넣지 않은 빵을 구웠다. 이는 그들이 이집트에서 급히 나오느라, 여정에 필요한 양식을 미처 마련하지 못했기 때문이다.

유월절 규례

40-42 이스라엘 자손은 이집트에서 430년을 살았다. 430년이 끝나는 바로 그날, **하나님**의 모든 군대가 이집트를 떠났다. 그날 **하나님**께서 이스라엘 자손을 이집트에서 이끌어 내시면서, 밤을 새워 지켜 주셨다. **하나님**께서 이 밤을 지켜 주셨으므로, 이스라엘의 모든 사람이 대대로 이 밤을 새우며 **하나님**을 경배하게 되었다.

❦

43-47 **하나님**께서 모세와 아론에게 말씀하셨다. "유월절 규례는 이러하다.
외국인은 유월절 음식을 먹지 못한다.
돈으로 사들인 종으로, 할례 받은 사람은 먹을 수 있다.
잠시 머무는 방문객이나 고용된 일꾼은 먹을 수 없다.
한 집에서 먹되, 집 밖으로 고기를 가지고 나가서는 안된다.
뼈는 하나라도 꺾어서는 안된다.
이스라엘 온 공동체가 유월절 식사에 빠짐없이 참여해야 한다."

48 "너희와 함께 사는 외국인이 **하나님** 앞에서 유월절을 지키고자 한다면, 그의 집안 모든 남자가 할례를 받아야 한다. 그런 다음에 그는 유월절 식사에 참여할 수 있다. 그는 본국인과 같은 대우를 받을 것이다. 그러나 할

their dependents. There was also a crowd of riffraff tagging along, not to mention the large flocks and herds of livestock. They baked unraised cakes with the bread dough they had brought out of Egypt; it hadn't raised—they'd been rushed out of Egypt and hadn't time to fix food for the journey.

The Passover

40-42 The Israelites had lived in Egypt 430 years. At the end of the 430 years, to the very day, GOD's entire army left Egypt. GOD kept watch all night, watching over the Israelites as he brought them out of Egypt. Because GOD kept watch, all Israel for all generations will honor GOD by keeping watch this night—a watchnight.

❦

43-47 GOD said to Moses and Aaron, "These are the rules for the Passover:
No foreigners are to eat it.
Any slave, if he's paid for and circumcised, can eat it.
No casual visitor or hired hand can eat it.
Eat it in one house—don't take the meat outside the house.
Don't break any of the bones.
The whole community of Israel is to be included in the meal.

48 "If an immigrant is staying with you and wants to keep the Passover to GOD, every male in his family must be circumcised, then he can participate in the Meal—he will then be treated as a

례를 받지 않은 사람은 유월절 음식을 먹어
서는 안된다."

49 "이 법은 본국인이나 너희와 함께 사는 외
국인에게나 똑같이 적용된다."

50-51 이스라엘 모든 자손이 **하나님**께서 모세
와 아론에게 명령하신 대로 행했다. 바로 그
날에 하나님께서 이스라엘 자손을 지파별로
이집트 땅에서 이끌어 내셨다.

❦

13 1-2 **하나님**께서 모세에게 말씀하셨
다. "처음 태어난 것은 모두 거룩
하게 구별하여 내게 바쳐라. 이스라엘 자손
가운데서 맨 처음 태를 열고 나온 것은, 사람
이든 짐승이든 모두 내 것이다."

3 모세가 백성에게 말했다. "이날을 항상 기
억하십시오. 이날은 여러분이 이집트, 곧 여
러분이 종살이하던 집에서 나온 날입니다.
하나님께서 강한 손으로 여러분을 이집트에
서 이끌어 내셨으니, 누룩을 넣은 **빵**은 먹지
마십시오.

4-5 여러분은 봄이 시작되는 아빕월에 이집
트를 떠났습니다. **하나님**께서 여러분을 이끄
셔서, 가나안 사람과 헷 사람과 아모리 사람
과 히위 사람과 여부스 사람의 땅, 곧 여러분
에게 주시겠다고 여러분의 조상에게 약속하
신 젖과 꿀이 흐르는 땅으로 여러분을 데려
가시거든, 여러분은 이 달에 다음과 같이 예
식을 지켜야 합니다.

6 여러분은 칠 일 동안 누룩을 넣지 않은 **빵**
을 먹어야 하며, 일곱째 날에는 **하나님**께 절
기를 지켜야 합니다.

7 칠 일 동안은 누룩을 넣지 않은 **빵**을 먹어
야 합니다. 누룩을 넣은 흔적이 있어서는 안
되며, 어디에도 누룩이 있어서는 안됩니다.

8 그날에 여러분은, 여러분의 자녀에게 '이

native son. But no uncircumcised person
can eat it.

49 "The same law applies both to the
native and the immigrant who is staying
with you."

50-51 All the Israelites did exactly as GOD
commanded Moses and Aaron. That very
day GOD brought the Israelites out of the
land of Egypt, tribe by tribe.

❦

13 1-2 GOD spoke to Moses, saying,
"Consecrate every firstborn to
me—the first one to come from the womb
among the Israelites, whether person or
animal, is mine."

3 Moses said to the people, "Always
remember this day. This is the day when
you came out of Egypt from a house of
slavery. GOD brought you out of here with
a powerful hand. Don't eat any raised
bread.

4-5 "You are leaving in the spring month of
Abib. When GOD brings you into the land
of the Canaanite, the Hittite, the Amorite,
the Hivite, and the Jebusite, which he
promised to your fathers to give you, a
land lavish with milk and honey, you are
to observe this service during this month:

6 "You are to eat unraised bread for seven
days; on the seventh day there is a festival
celebration to GOD.

7 "Only unraised bread is to be eaten for
seven days. There is not to be a trace of
anything fermented—no yeast anywhere.

8 "Tell your child on that day: 'This is

예식을 지키는 것은 내가 이집트에서 나올 때 하나님께서 나를 위해 행하신 일 때문이다' 하고 알려 주십시오.

9-10 이날을 지키는 것은 여러분의 손에 감은 표나 여러분의 두 눈 사이에 붙인 기념표나 여러분의 입에 담긴 **하나님**의 가르침과 같은 것입니다. **하나님**께서 강한 손으로 여러분을 이집트에서 이끌어 내셨기 때문입니다. 여러분은 해마다 정해진 때에, 이 규례대로 행하십시오.

11-13 **하나님**께서 여러분과 여러분의 조상에게 약속하신 대로, 여러분을 가나안 사람의 땅으로 이끄셔서 그 땅을 여러분에게 주시거든, 여러분은 맨 처음 태어난 모든 것을 **하나님**께 구별하여 드려야 합니다. 여러분의 가축이 맨 처음 낳은 새끼도 모두 **하나님**의 것입니다. 여러분이 나귀의 첫 새끼를 다른 것으로 대신하고 싶으면 어린양으로 대신할 수 있습니다. 대신하지 않으려거든, 그 목을 꺾어야 합니다.

13-16 여러분의 자녀 가운데 맏아들은 모두 대속하십시오. 때가 되어 여러분의 아들이 '왜 이렇게 하는 것입니까?' 하고 묻거든, 이렇게 말해 주십시오. **하나님**께서 강한 손으로 이집트, 곧 종살이하던 집에서 우리를 이끌어 내셨다. 바로가 우리를 놓아주지 않으려고 완강하게 버티자, **하나님**께서 이집트에서 처음 태어난 것, 곧 사람뿐 아니라 짐승의 처음 태어난 것까지 다 죽이셨다. 그래서 내가 처음 태어난 모든 수컷을 **하나님**께 제물로 드리고 모든 맏아들을 대속하는 것이다.' 이날을 지키는 것은 여러분의 손에 감은 표나 여러분의 이마 중앙에 붙인 표와 같은 역할을 합니다. **하나님**께서 강한 손으로 우리를 이집트에서 이끌어 내셨기 때문입니다."

17 바로가 백성을 내보낸 뒤의 상황은 이러하다. 블레셋 사람의 땅을 통과해 가는 길이 가장 가까운 길인데도, 하나님께서는 백성을 그 길로 인도하지 않으셨다. "백성이 전쟁을 만

because of what GOD did for me when I came out of Egypt.'

9-10 "The day of observance will be like a sign on your hand, a memorial between your eyes, and the teaching of GOD in your mouth. It was with a powerful hand that GOD brought you out of Egypt. Follow these instructions at the set time, year after year after year.

11-13 "When GOD brings you into the land of the Canaanites, as he promised you and your fathers, and turns it over to you, you are to set aside the first birth out of every womb to GOD. Every first birth from your livestock belongs to GOD. You can redeem every first birth of a donkey if you want to by substituting a lamb; if you decide not to redeem it, you must break its neck.

13-16 "Redeem every firstborn child among your sons. When the time comes and your son asks you, 'What does this mean?' you tell him, 'GOD brought us out of Egypt, out of a house of slavery, with a powerful hand. When Pharaoh stubbornly refused to let us go, GOD killed every firstborn in Egypt, the firstborn of both humans and animals. That's why I make a sacrifice for every first male birth from the womb to GOD and redeem every firstborn son.' The observance functions like a sign on your hands or a symbol on the middle of your forehead: GOD brought us out of Egypt with a powerful hand."

17 It so happened that after Pharaoh released the people, God didn't lead them by the road through the land of the

나면 마음이 바뀌어 이집트로 되돌아갈 것이다"하고 생각하셨기 때문이다.

¹⁸ 그래서 하나님께서는, 백성을 홍해로 가는 광야길로 돌아가도록 인도하셨다. 이스라엘 자손은 군대식으로 대열을 갖춰 이집트를 떠났다.

¹⁹ 모세는 요셉의 유골을 가지고 떠났다. 요셉이 전에 말하기를 "하나님께서 틀림없이 여러분을 책임지실 것입니다. 그때 여기서 내 유골을 가지고 가겠다고 다짐하십시오"하고 이스라엘 자손에게 엄숙히 맹세시켰기 때문이다.

²⁰⁻²² 그들은 숙곳을 떠나서 광야 끝에 있는 에담에 진을 쳤다. 하나님께서 그들보다 앞서 가시며 낮에는 구름기둥으로 길을 인도하시고, 밤에는 불기둥으로 그들을 비추어 주셨다. 그들은 낮에도 밤에도 이동할 수 있었다. 낮에는 구름기둥이, 밤에는 불기둥이 그 백성을 떠나지 않았다.

하나님께서 행하시는 구원

14 ¹⁻² **하나님**께서 모세에게 말씀하셨다. "너는 이스라엘 자손에게 말하여, 오던 길로 되돌아가서 믹돌과 바다 사이에 있는 비하히롯, 곧 바알스본 맞은편 바닷가에 진을 치라고 하여라.

³⁻⁴ 바로는 '이스라엘 자손이 길을 잃고서 헤매고 있다. 저들이 광야에 꼼짝없이 갇혔다'고 생각할 것이다. 그때 내가 바로의 마음을 다시 고집스럽게 하여, 그가 너희를 뒤쫓아 오게 할 것이다. 내가 바로와 그의 군대를 사용하여 나의 영광을 드러내겠다. 그러면 이집트 사람들이 내가 하나님인 것을 깨닫게 될 것이다."

이스라엘 자손이 그대로 행했다.

⁵⁻⁷ 이집트 왕이 이스라엘 백성이 떠났다는 소식을 전해 들었다. 바로와 그의 신하들이 마음이 변하여 말했다. "우리에게 종살

Philistines, which was the shortest route, for God thought, "If the people encounter war, they'll change their minds and go back to Egypt."

¹⁸ So God led the people on the wilderness road, looping around to the Red Sea. The Israelites left Egypt in military formation.

¹⁹ Moses took the bones of Joseph with him, for Joseph had made the Israelites solemnly swear to do it, saying, "God will surely hold you accountable, so make sure you bring my bones from here with you."

²⁰⁻²² They moved on from Succoth and then camped at Etham at the edge of the wilderness. GOD went ahead of them in a Pillar of Cloud during the day to guide them on the way, and at night in a Pillar of Fire to give them light; thus they could travel both day and night. The Pillar of Cloud by day and the Pillar of Fire by night never left the people.

The Story and Song of Salvation

14 ¹⁻² GOD spoke to Moses: "Tell the Israelites to turn around and make camp at Pi Hahiroth, between Migdol and the sea. Camp on the shore of the sea opposite Baal Zephon.

³⁻⁴ "Pharaoh will think, 'The Israelites are lost; they're confused. The wilderness has closed in on them.' Then I'll make Pharaoh's heart stubborn again and he'll chase after them. And I'll use Pharaoh and his army to put my Glory on display. Then the Egyptians will realize that I am GOD."

And that's what happened.

⁵⁻⁷ When the king of Egypt was told that the people were gone, he and his servants changed their minds. They said, "What have

이하던 이스라엘을 놓아주다니, 우리가 대체 무슨 짓을 한 건가?" 바로는 전차를 준비시키고 군대를 소집했다. 그는 최정예 전차 육백 대와 그 밖의 이집트 전차들과 전차를 모는 기병들을 거느리고 나섰다.

8-9 하나님께서 이집트 왕 바로의 마음을 완강하게 하셨다. 바로는 이스라엘 자손이 뒤도 돌아보지 않고 떠나가자, 그들의 뒤를 쫓기로 결심했다. 이집트 사람들이 추격하여 바닷가에 진을 치고 있던 이스라엘 자손을 바짝 따라붙었다. 바로의 말이 끄는 전차들과 전차를 모는 기병들과 바로의 모든 군사가 바알스본 맞은편 비하히롯에 집결했다.

10-12 바로가 접근해 오자, 이스라엘 자손이 고개를 들어 그들을 보았다. 이집트 사람들이었다! 금방이라도 그들을 덮칠 태세였다! 그들은 몹시 두려웠다. 그들은 무서워서 하나님께 부르짖었다. 그들이 모세에게 말했다. "이집트에 넓은 매장지가 없어서 이곳 광야에서 죽게 하려고 우리를 데려왔단 말입니까? 왜 우리를 이집트에서 이끌고 나와서 이 같은 일을 당하게 하는 겁니까? 전에 이집트에 있을 때 우리가 이런 일이 일어날 거라고 하지 않았습니까? 광야에서 죽는 것보다 차라리 이집트에서 종으로 사는 것이 더 나으니, 우리를 이집트에 그대로 내버려 두라'고 우리가 말하지 않았습니까?"

13 모세가 백성에게 말했다. "두려워하지 마십시오. 굳게 서서, 하나님께서 오늘 여러분을 위해 행하시는 구원을 지켜보십시오. 오늘 저 이집트 사람들을 똑똑히 보아 두십시오. 다시는 여러분이 저들을 볼 일이 없을 것입니다.

14 하나님께서 여러분을 위해 싸우실 것입니다.
여러분은 잠자코 가만히 있기만 하면 됩니다!"

we done, letting Israel, our slave labor, go free?" So he had his chariots harnessed up and got his army together. He took six hundred of his best chariots, with the rest of the Egyptian chariots and their drivers coming along.

8-9 GOD made Pharaoh king of Egypt stubborn, determined to chase the Israelites as they walked out on him without even looking back. The Egyptians gave chase and caught up with them where they had made camp by the sea—all Pharaoh's horse-drawn chariots and their riders, all his foot soldiers there at Pi Hahiroth opposite Baal Zephon.

10-12 As Pharaoh approached, the Israelites looked up and saw them—Egyptians! Coming at them!
They were totally afraid. They cried out in terror to GOD. They told Moses, "Weren't the cemeteries large enough in Egypt so that you had to take us out here in the wilderness to die? What have you done to us, taking us out of Egypt? Back in Egypt didn't we tell you this would happen? Didn't we tell you, 'Leave us alone here in Egypt—we're better off as slaves in Egypt than as corpses in the wilderness.'"

13 Moses spoke to the people: "Don't be afraid. Stand firm and watch GOD do his work of salvation for you today. Take a good look at the Egyptians today for you're never going to see them again.

14 GOD will fight the battle for you.
And you? You keep your mouths shut!"

❧

15-16 하나님께서 모세에게 말씀하셨다. "너는 왜 내게 부르짖느냐? 이스라엘 자손에게 말하여라. 계속해서 전진하라고 명령하여라. 지팡이를 높이 들고 바다 위로 네 손을 뻗어, 바다를 갈라지게 하여라! 이스라엘 자손이 바다 한가운데로 마른 땅을 밟고 지나가게 될 것이다.

17-18 내가 이집트 사람들이 너희를 집요하게 추격하도록 하겠다. 내가 바로와 그의 모든 군대와 그의 전차와 기병들을 사용하여 나의 영광을 드러내고, 내가 하나님인 것을 이집트 사람들이 깨닫게 하겠다."

19-20 이스라엘 진을 이끌고 가던 하나님의 천사가 그들 뒤로 자리를 옮겼다. 앞에 있던 구름기둥도 뒤로 자리를 옮겼다. 이제 구름이 이집트 진과 이스라엘 진 사이를 막아섰다. 구름이 한쪽 진은 어둠으로 덮어 버리고 다른 쪽 진은 빛으로 환하게 밝혀 주었다. 두 진이 밤새도록 서로 가까이 가지 못했다.

21 모세가 바다 위로 손을 뻗자, 하나님께서 밤새도록 강한 동풍으로 바닷물을 물러가게 하셨다. 하나님께서 바다를 마른 땅으로 만드셨다. 바닷물이 갈라졌다.

22-25 물이 갈라져 좌우에 벽이 되자, 이스라엘 자손이 바다 한가운데로 마른 땅을 밟고 지나갔다. 이집트 사람들이 그들을 맹렬히 추격하여 쫓아왔다. 바로의 모든 말과 전차와 기병들이 바다 한가운데로 달려 들어왔다. 새벽녘이 되자, 하나님께서 불기둥과 구름기둥에서 이집트 군대를 내려다보시고, 그들을 공포 속으로 몰아넣으셨다. 하나님께서 그들의 전차 바퀴를 움직이지 못하게 하시니, 전차 바퀴가 진창에 박혀 옴짝달싹하지 못했다.

이집트 사람들이 말했다. "이스라엘에게서 도망쳐라! 하나님이 그들 편이 되어 이

15-16 GOD said to Moses: "Why cry out to me? Speak to the Israelites. Order them to get moving. Hold your staff high and stretch your hand out over the sea: Split the sea! The Israelites will walk through the sea on dry ground.

17-18 "Meanwhile I'll make sure the Egyptians keep up their stubborn chase— I'll use Pharaoh and his entire army, his chariots and horsemen, to put my Glory on display so that the Egyptians will realize that I am GOD."

19-20 The angel of God that had been leading the camp of Israel now shifted and got behind them. And the Pillar of Cloud that had been in front also shifted to the rear. The Cloud was now between the camp of Egypt and the camp of Israel. The Cloud enshrouded one camp in darkness and flooded the other with light. The two camps didn't come near each other all night.

21 Then Moses stretched out his hand over the sea and GOD, with a terrific east wind all night long, made the sea go back. He made the sea dry ground. The seawaters split.

22-25 The Israelites walked through the sea on dry ground with the waters a wall to the right and to the left. The Egyptians came after them in full pursuit, every horse and chariot and driver of Pharaoh racing into the middle of the sea. It was now the morning watch. GOD looked down from the Pillar of Fire and Cloud on the Egyptian army and threw them into a panic. He clogged the wheels of their chariots; they were stuck in the mud.

The Egyptians said, "Run from Israel! GOD

집트와 싸우고 있다!"

26 하나님께서 모세에게 말씀하셨다. "네 손을 바다 위로 뻗어라. 그러면 바닷물이, 이집트 사람들과 그들의 전차와 기병들 위로 다시 덮칠 것이다."

27-28 모세가 바다 위로 손을 뻗었다. 날이 밝으면서 바닷물이 원래 있던 자리로 되돌아왔다. 이집트 사람들이 달아나려고 했으나, 하나님께서 이집트 사람들을 바다 한가운데에 처넣어 버리셨다. 바닷물이 다시 돌아와서, 전차와 기병들을 덮어 버렸다. 이스라엘을 추격하여 바다로 들어온 바로의 군대 가운데 살아남은 사람이 하나도 없었다.

29-31 그러나 이스라엘 자손은 바다 한가운데로 마른 땅을 밟고 지나갔다. 바닷물이 그들의 좌우에서 벽이 되어 주었다. 그날 하나님께서 이스라엘 자손을 이집트 사람들의 압제에서 구원해 주셨다. 이스라엘 자손은 이집트 사람들이 죽어서 바닷가로 밀려오는 것을 보고, 하나님께서 이집트 사람들에 맞서 행하신 큰 권능을 깨닫게 되었다. 백성이 하나님 앞에서 그분을 경외하며, 하나님과 그분의 종 모세를 믿었다.

구원의 노래

15 1-8 그때에 모세와 이스라엘 자손이 목소리를 합하여 하나님께 이 노래를 불러 드렸다.

내 마음 다해 하나님께 노래하리라, 이 놀라운 승리를!
그분께서 말과 기병을 바다에 던지셨네.
하나님은 나의 힘, 하나님은 나의 노래
오, 하나님은 나의 구원!
그분은 내가 모시는 하나님
나 세상에 알리리라!
그분은 내 아버지의 하나님
나 그 소식 널리 전하리라!

is fighting on their side and against Egypt!"

26 GOD said to Moses, "Stretch out your hand over the sea and the waters will come back over the Egyptians, over their chariots, over their horsemen."

27-28 Moses stretched his hand out over the sea: As the day broke and the Egyptians were running, the sea returned to its place as before. GOD dumped the Egyptians in the middle of the sea. The waters returned, drowning the chariots and riders of Pharaoh's army that had chased after Israel into the sea. Not one of them survived.

29-31 But the Israelites walked right through the middle of the sea on dry ground, the waters forming a wall to the right and to the left. GOD delivered Israel that day from the oppression of the Egyptians. And Israel looked at the Egyptian dead, washed up on the shore of the sea, and realized the tremendous power that GOD brought against the Egyptians. The people were in reverent awe before GOD and trusted in GOD and his servant Moses.

❀

15 1-8 Then Moses and the Israelites sang this song to GOD, giving voice together,

I'm singing my heart out to GOD—what a victory!
He pitched horse and rider into the sea.
GOD is my strength, GOD is my song,
and, yes! GOD is my salvation.
This is the kind of God I have
and I'm telling the world!

하나님은 용사,
순전하심이 한결같으신 **하나님**.
바로의 전차와 군대를
바다에 내던지시고
그의 정예 장교들을
홍해에 수장시키셨네.
사나운 바닷물이 그들 위에 덮치니
그들 깊고 푸른 바다에 바위처럼 가라
앉았네.
하나님, 주의 강한 오른손은 권능으로
빛나고
주의 강한 오른손은 원수를 산산이
부수십니다.
주의 강력한 위엄으로
교만한 원수들을 박살내시고
주의 진노를 풀어 놓으셔서,
그들을 바삭 태워 버리셨습니다.
주께서 콧김을 한 번 부시니
물이 쌓여 일어서고
일렁이는 물결이 둑처럼 일어서며
사나운 바다가 엉기어 늪이 되었습니다.

9 원수가 말합니다.
"내가 쫓아가서 붙잡고
노획물을 나누어서
물리도록 먹으리라.
내가 칼을 뽑아 들고
주먹으로 그들을 비틀거리게 하리라."

10-11 주께서 힘껏 바람을 일으키시니
바다가 그들을 덮쳤습니다.
그들은 거대한 물속에
납덩이처럼 가라앉아 버렸습니다.
오 **하나님**, 신들 가운데
누가 주와 견주겠습니까?
권능과 거룩하신 위엄,
찬양받으실 **하나님**
이적을 행하시는 **하나님**

This is the God of my father—
  I'm spreading the news far and wide!
GOD is a fighter,
  pure GOD, through and through.
Pharaoh's chariots and army
  he dumped in the sea,
The elite of his officers
  he drowned in the Red Sea.
Wild ocean waters poured over them;
  they sank like a rock in the deep blue sea.
Your strong right hand, GOD, shimmers
with power;
  your strong right hand shatters the enemy.
In your mighty majesty
  you smash your upstart enemies,
You let loose your hot anger
  and burn them to a crisp.
At a blast from your nostrils
  the waters piled up;
Tumbling streams dammed up,
  wild oceans curdled into a swamp.

9 The enemy spoke,
  "I'll pursue, I'll hunt them down,
I'll divide up the plunder,
  I'll glut myself on them;
I'll pull out my sword,
  my fist will send them reeling."

10-11 You blew with all your might
  and the sea covered them.
They sank like a lead weight
  in the majestic waters.
Who compares with you
  among gods, O GOD?
Who compares with you in power,
  in holy majesty,
In awesome praises,

누가 주와 견줄 수 있겠습니까?

12-13 주께서 오른손을 내미시니
땅이 그들을 삼켰습니다.
그러나 주께서는 친히 구원하신 백성을
자비로운 사랑으로 이끄시고
주의 보호 아래 두시며
주의 거룩한 초장으로 인도하셨습니다.

14-18 사람들이 듣고서 겁을 먹었고
블레셋 사람들이 몸부림치며 두려워 떨
었습니다.
에돔의 지도자들도
모압의 우두머리들마저도, 벌벌 떨었습
니다.
가나안의 모든 사람도
당황하여 정신을 잃었습니다.
불안과 공포가
그들을 비틀거리게 했습니다.
주께서 오른손을 휘두르시자
그들이 그 앞에서 돌처럼 굳어졌습니다,
오 하나님, 주의 백성이 다 건너가서 뭍에
오를 때까지
주께서 지으신 백성이 다 건너가서 뭍에
오를 때까지, 그리하셨습니다.
주께서 그들을 데려다가
주님 기업의 산에 심으셨습니다.
그곳은 주께서 거하시는 곳
그곳은 주께서 지으신 곳
주님, 그곳은
주께서 손수 세우신 주님의 성소입니다.
하나님께서
영원무궁토록 다스리소서!

19 정말로 그랬다. 바로의 말과 전차와 기병
들이 바다에 들어서자, 하나님께서 바닷물
을 되돌려서 그들을 덮어 버리셨다. 그러나
이스라엘 자손은 바다 한가운데로 마른 땅

wonder-working God?

12-13 You stretched out your right hand
and the Earth swallowed them up.
But the people you redeemed,
you led in merciful love;
You guided them under your protection
to your holy pasture.

14-18 When people heard, they were
scared;
Philistines writhed and trembled;
Yes, even the head men in Edom were
shaken,
and the big bosses in Moab.
Everybody in Canaan
panicked and fell faint.
Dread and terror
sent them reeling.
Before your brandished right arm
they were struck dumb like a stone,
Until your people crossed over and
entered, O GOD,
until the people you made crossed over
and entered.
You brought them and planted them
on the mountain of your heritage,
The place where you live,
the place you made,
Your sanctuary, Master,
that you established with your own
hands.
Let GOD rule
forever, for eternity!

19 Yes, Pharaoh's horses and chariots and
riders went into the sea and GOD turned
the waters back on them; but the Israelites

을 밟고 지나갔다.

❦

20-21 아론의 누이이며 예언자인 미리암이 탬버린을 들자, 모든 여인이 그녀를 따라 탬버린을 들고 춤을 추었다. 미리암이 노래를 부르며 그들을 이끌었다.

하나님께 노래하리라,
이 놀라운 승리를!
그분께서 말과 기병을
바다에 던지셨네!

마라에서 백성이 불평하다

22-24 모세가 이스라엘을 인도하여 홍해에서 수르 광야로 들어갔다. 그들이 사흘 동안 광야를 다녔지만 물을 찾지 못했다. 그들이 마라에 이르렀는데, 마라의 물은 써서 마실 수가 없었다. 그래서 그들은 그곳을 마라(쓰다)라고 했다. 백성이 모세에게 불평하며 "우리더러 무엇을 마시라는 말입니까?"

25 모세가 기도하며 하나님께 부르짖었다. 하나님께서 그에게 나뭇가지 하나를 가리키셨다. 모세가 그 가지를 가져다가 물에 던져 넣자, 물이 단물로 변했다.

26 하나님께서 법도와 율례를 세우시고, 그들을 시험하기 시작하신 곳이 바로 그곳이다.

하나님께서 말씀하셨다. "너희가 하나님 앞에서 제대로 살고 순종하여 내 말을 잘 들으며, 내 계명을 따르고 내 모든 법을 지키면, 내가 이집트 사람들에게 내린 그 모든 질병으로 너희를 치지 않을 것이다. 나는 너희를 치료하는 하나님이다."

27 그들이 엘림에 이르렀다. 그곳에는 샘이 열두 개, 종려나무가 일흔 그루 있었다. 그들은 그곳 물가에 진을 쳤다.

walked on dry land right through the middle of the sea.

❦

20-21 Miriam the prophetess, Aaron's sister, took a tambourine, and all the women followed her with tambourines, dancing. Miriam led them in singing,

Sing to GOD—
what a victory!
He pitched horse and rider
into the sea!

Traveling Through the Wilderness

22-24 Moses led Israel from the Red Sea on to the Wilderness of Shur. They traveled for three days through the wilderness without finding any water. They got to Marah, but they couldn't drink the water at Marah; it was bitter. That's why they called the place Marah (Bitter). And the people complained to Moses, "So what are we supposed to drink?"

25 So Moses cried out in prayer to GOD. GOD pointed him to a stick of wood. Moses threw it into the water and the water turned sweet.

26 That's the place where GOD set up rules and procedures; that's where he started testing them.

GOD said, "If you listen, listen obediently to how GOD tells you to live in his presence, obeying his commandments and keeping all his laws, then I won't strike you with all the diseases that I inflicted on the Egyptians; I am GOD your healer."

27 They came to Elim where there were twelve springs of water and seventy palm trees. They set up camp there by the water.

하나님께서 만나와 메추라기를 보내 주시다

16 1-3 이집트를 떠난 뒤 둘째 달 십오 일에, 이스라엘 온 무리가 엘림을 떠나 엘림과 시내 사이에 있는 신 광야로 이동했다. 이스라엘 온 무리가 그 광야에서 모세와 아론에게 불평했다. 이스라엘 자손이 말했다. "**하나님**께서는 왜 우리를 이집트에서 편안히 죽게 내버려 두지 않으셨는지 모르겠습니다. 거기에는 우리가 먹을 수 있는 양고기 요리와 빵이 잔뜩 있는데 말입니다. 당신들이 우리 이스라엘 온 무리를 이 광야로 끌고 와서 굶겨 죽이고 있는 것 아닙니까!"

4-5 **하나님**께서 모세에게 말씀하셨다. "내가 하늘에서 너희에게 양식을 비처럼 내려 주겠다. 백성이 날마다 나가서 그날 먹을 양만큼 거두어들이게 하여라. 그들이 나의 가르침대로 사는지 살지 않는지, 내가 그들을 시험해 보겠다. 여섯째 날에는, 거두어들인 것으로 음식을 준비하다 보면, 날마다 거두던 양의 두 배가 될 것이다."

6-7 모세와 아론이 이스라엘 백성에게 말했다. "오늘 저녁에 여러분은 이집트에서 여러분을 이끌어 내신 분이 **하나님**이신 것을 알게 될 것입니다. 그리고 아침에는 여러분이 **하나님**의 영광을 보게 될 것입니다. 여러분이 불평하는 소리를 하나님께서 들으셨습니다. 여러분도 알다시피, 여러분이 불평한 것은 우리에게 한 것이 아니라, **하나님**께 한 것입니다."

8 모세가 말했다. "**하나님**께서 저녁에는 여러분에게 고기를 주셔서 먹이시고, 아침에는 여러분에게 빵을 주셔서 배불리 먹이실 것입니다. 여러분이 불평하는 소리를 **하나님**께서 들으신 것입니다. 도대체 우리가 누구이기에 이렇게 불평하는 것입니까? 여러분이 불평한 것은 우리에게 한 것이 아니라 **하나님**께 한 것입니다!"

16 1-3 On the fifteenth day of the second month after they had left Egypt, the whole company of Israel moved on from Elim to the Wilderness of Sin which is between Elim and Sinai. The whole company of Israel complained against Moses and Aaron there in the wilderness. The Israelites said, "Why didn't GOD let us die in comfort in Egypt where we had lamb stew and all the bread we could eat? You've brought us out into this wilderness to starve us to death, the whole company of Israel!"

4-5 GOD said to Moses, "I'm going to rain bread down from the skies for you. The people will go out and gather each day's ration. I'm going to test them to see if they'll live according to my Teaching or not. On the sixth day, when they prepare what they have gathered, it will turn out to be twice as much as their daily ration."

6-7 Moses and Aaron told the People of Israel, "This evening you will know that it is GOD who brought you out of Egypt; and in the morning you will see the Glory of GOD. Yes, he's listened to your complaints against him. You haven't been complaining against us, you know, but against GOD."

8 Moses said, "Since it will be GOD who gives you meat for your meal in the evening and your fill of bread in the morning, it's GOD who will have listened to your complaints against him. Who are we in all this? You haven't been complaining to us—you've been complaining to GOD!"

⁹ 모세가 아론에게 지시했다. "이스라엘 온 무리에게 '**하나님**께 가까이 나아오십시오. 그분께서 여러분이 불평하는 소리를 들으셨습니다' 하고 전해 주십시오."

¹⁰ 아론이 이스라엘 온 무리에게 지시를 내릴 때, 그들이 광야를 바라보았다. 그곳에서 하나님의 영광이 구름 속에 분명하게 드러났다.

¹¹⁻¹² **하나님**께서 모세에게 말씀하셨다. "이스라엘 자손이 불평하는 소리를 내가 들었다. 이제 그들에게 이렇게 알려라. '해가 질 때는 너희가 고기를 먹을 것이고, 동이 틀 무렵에는 양식을 배불리 먹을 것이다. 너희는 내가 **하나님** 너희 하나님인 것을 깨닫게 될 것이다.'"

¹³⁻¹⁵ 그날 저녁에 메추라기가 날아와 진을 덮었고, 아침에는 온 진에 이슬이 맺혔다. 이슬이 걷히자, 광야의 지면에 마치 땅 위에 맺힌 서리처럼 가는 것이 널려 있었다. 이스라엘 자손이 그것을 보고 서로 '만-후'(이게 뭐지?) 하고 물었다. 그들은 그것이 무엇인지 몰랐다.

¹⁵⁻¹⁶ 모세가 그들에게 말했다. "이것은 하나님께서 여러분에게 먹으라고 주신 양식입니다. 하나님께서 이렇게 지시하셨습니다. '각자 자기가 먹을 만큼 한 사람에 2리터씩 거두어들여라. 각자 자기 장막에 있는 모든 사람이 먹을 만큼 거두어들여라.'"

¹⁷⁻¹⁸ 이스라엘 백성이 광야로 나가 거두어들이기 시작했다. 더러는 조금 많게, 더러는 조금 적게 거두어들였다. 그러나 거두어들인 것의 양을 달아 보니, 조금 많이 거둔 사람도 남지 않고, 조금 적게 거둔 사람도 모자라지 않았다. 각 사람이 필요한 만큼만 거두어들인 것이다.

¹⁹ 모세가 그들에게 말했다. "거둔 것을 아침까지 남겨 두지 마십시오."

²⁰ 그러나 그들은 모세의 말을 듣지 않았다. 몇몇 사람이, 거둔 것 가운데 일부를 아

⁹ Moses instructed Aaron: "Tell the whole company of Israel: 'Come near to GOD. He's heard your complaints.'"

¹⁰ When Aaron gave out the instructions to the whole company of Israel, they turned to face the wilderness. And there it was: the Glory of GOD visible in the Cloud.

¹¹⁻¹² GOD spoke to Moses, "I've listened to the complaints of the Israelites. Now tell them: 'At dusk you will eat meat and at dawn you'll eat your fill of bread; and you'll realize that I am GOD, *your* God.'"

¹³⁻¹⁵ That evening quail flew in and covered the camp and in the morning there was a layer of dew all over the camp. When the layer of dew had lifted, there on the wilderness ground was a fine flaky something, fine as frost on the ground. The Israelites took one look and said to one another, *man-hu* (What is it?). They had no idea what it was.

¹⁵⁻¹⁶ So Moses told them, "It's the bread GOD has given you to eat. And these are GOD's instructions: 'Gather enough for each person, about two quarts per person; gather enough for everyone in your tent.'"

¹⁷⁻¹⁸ The People of Israel went to work and started gathering, some more, some less, but when they measured out what they had gathered, those who gathered more had no extra and those who gathered less weren't short—each person had gathered as much as was needed.

¹⁹ Moses said to them, "Don't leave any of it until morning."

²⁰ But they didn't listen to Moses. A few of the men kept back some of it until morning. It got wormy and smelled bad. And Moses

침까지 따로 남겨 두었다. 그러자 거기서 벌
레가 생기고 악취가 났다. 모세가 그들에게
크게 화를 냈다.

21-22 아침마다 사람들이 저마다 필요한 만큼
그것을 거두어들였다. 해가 뜨거워지면, 그것
은 녹아서 사라져 버렸다. 여섯째 날에는 한 사
람에 4리터씩, 두 배로 양식을 거두어들였다.
무리의 지도자들이 모세에게 와서 이 일을
보고했다.

23-24 모세가 말했다. "**하나님**께서 말씀하셨
습니다. '내일은 안식의 날, 곧 **하나님**의 거룩
한 안식일이다. 무엇이든 구울 것이 있거든
오늘 굽고, 삶을 것이 있거든 오늘 삶아라. 남
은 것은 아침까지 따로 챙겨 두어라." 그들은
모세가 지시한 대로 남은 것을 아침까지 따로
챙겨 두었다. 거기서는 악취가 나지 않았고
벌레도 생기지 않았다.

25-26 모세가 말했다. "오늘은 그것을 먹으십
시오. 오늘이 바로 그날, 곧 **하나님**께 드리는
안식일입니다. 오늘은 지면에서 그것을 얻지
못할 것입니다. 육 일 동안은 날마다 그것을
거두어들이십시오. 그러나 일곱째 날은 안식
일이니, 그것을 거두어들이지 못할 것입니다."

27 일곱째 날에 백성 가운데 몇몇 사람이
그것을 거두어들이려고 나갔으나, 아무것
도 얻지 못했다.

28-29 **하나님**께서 모세에게 말씀하셨다. "너
희가 언제까지 내 명령을 어기고, 내 지시를
따르지 않으려느냐? **하나님**이 너희에게 안식
일을 주었다는 것을 모르겠느냐? 그래서 내
가 여섯째 날에 너희에게 이틀치 양식을 주는
것이다. 그러니 일곱째 날에 너희는 각자 자
기 집에 머물고 집 밖으로 나가지 마라."

30 백성이 일곱째 날에는 일을 하지 않고 쉬
었다.

31 이스라엘 자손이 그것의 이름을 만나(이게
뭐지?)라고 했다. 그것은 고수 씨같이 희고,
꿀을 섞은 과자 같은 맛이 났다.

lost his temper with them.

21-22 They gathered it every morning,
each person according to need. Then the
sun heated up and it melted. On the sixth
day they gathered twice as much bread,
about four quarts per person.

Then the leaders of the company came to
Moses and reported.

23-24 Moses said, "This is what GOD was
talking about: Tomorrow is a day of rest,
a holy Sabbath to GOD. Whatever you
plan to bake, bake today; and whatever
you plan to boil, boil today. Then set
aside the leftovers until morning." They
set aside what was left until morning, as
Moses had commanded. It didn't smell
bad and there were no worms in it.

25-26 Moses said, "Now eat it; this is the
day, a Sabbath for GOD. You won't find
any of it on the ground today. Gather it
every day for six days, but the seventh
day is Sabbath; there won't be any of it
on the ground."

27 On the seventh day, some of the
people went out to gather anyway but
they didn't find anything.

28-29 GOD said to Moses, "How long are
you going to disobey my commands and
not follow my instructions? Don't you
see that GOD has given you the Sabbath?
So on the sixth day he gives you bread
for *two* days. So, each of you, stay home.
Don't leave home on the seventh day."

30 So the people quit working on the
seventh day.

31 The Israelites named it manna (What is
it?). It looked like coriander seed, whitish.
And it tasted like a cracker with honey.

32 모세가 말했다. "이것은 하나님의 명령입니다. '너희는 이것을 일 오멜, 곧 2리터들이 단지에 담아 다음 세대를 위해 보관해 두어라. 그렇게 해서, 내가 너희를 이집트에서 이끌어 낸 뒤에 광야에서 너희를 먹여 살린 양식을 그들이 볼 수 있게 하여라.'"

33 모세가 아론에게 말했다. "단지 하나를 가져다가 그 속에 만나 2리터를 채우십시오. 그것을 하나님 앞에 두고, 다음 세대를 위해 잘 보관하십시오."

34 아론은 하나님께서 모세에게 지시하신 대로, 그것을 챙겨 증거판 앞에 두고 보관했다.

35 이스라엘 자손은 장차 정착하여 살게 될 땅에 이를 때까지 사십 년 동안 만나를 먹었다. 그들은 가나안으로 들어가는 경계에 이를 때까지 만나를 먹었다.

36 고대 도량형에 따르면, 일 오멜은 십분의 일 에바다.

백성이 하나님을 시험하다

17 1-2 이스라엘 온 무리가 하나님의 인도하심에 따라 신 광야에서 서서히 앞으로 나아갔다. 그들이 르비딤에 진을 쳤으나, 거기에는 백성이 마실 물이 없었다. 백성이 모세를 비난하며 말했다. "우리에게 마실 물을 주십시오." 그러자 모세가 말했다. "어찌하여 나를 괴롭힙니까? 여러분은 어찌하여 하나님을 시험합니까?"

3 그러나 백성은 목이 말랐으므로, 모세에게 불평했다. "어쩌자고 우리를 이집트에서 데리고 나왔습니까? 어쩌자고 우리와 우리 자녀와 짐승들을 이곳으로 끌고 와서 목말라 죽게 하는 겁니까?"

4 모세가 기도로 하나님께 부르짖었다. "이 사람들을 제가 어떻게 해야 하겠습니까? 이제 조금 있으면 이들이 저를 죽이려 들 것입니다!"

32 Moses said, "This is GOD's command: 'Keep a two-quart jar of it, an omer, for future generations so they can see the bread that I fed you in the wilderness after I brought you out of Egypt.'"

33 Moses told Aaron, "Take a jar and fill it with two quarts of manna. Place it before GOD, keeping it safe for future generations."

34 Aaron did what GOD commanded Moses. He set it aside before The Testimony to preserve it.

35 The Israelites ate the manna for forty years until they arrived at the land where they would settle down. They ate manna until they reached the border into Canaan.

36 According to ancient measurements, an omer is one-tenth of an ephah.

17 1-2 Directed by GOD, the whole company of Israel moved on by stages from the Wilderness of Sin. They set camp at Rephidim. And there wasn't a drop of water for the people to drink. The people took Moses to task: "Give us water to drink." But Moses said, "Why pester me? Why are you testing GOD?"

3 But the people were thirsty for water there. They complained to Moses, "Why did you take us from Egypt and drag us out here with our children and animals to die of thirst?"

4 Moses cried out in prayer to GOD, "What can I do with these people? Any minute now they'll kill me!"

5-6 **하나님**께서 모세에게 말씀하셨다. "너는 이스라엘의 장로들 가운데 몇 사람을 데리고 백성보다 앞서 가거라. 나일 강을 칠 때 썼던 지팡이를 가지고 가거라. 내가 저기 호렙 산 바위 위에서 네 앞에 있겠다. 너는 그 바위를 쳐라. 그러면 거기서 물이 솟구쳐 나와, 백성이 마실 수 있게 될 것이다."

6-7 모세는 이스라엘의 장로들이 지켜보는 앞에서 하나님의 말씀대로 행했다. 모세가 그곳의 이름을 맛사(시험한 곳)라고도 하고 므리바(다툼)라고도 했다. 이는 이스라엘 자손이 다투었기 때문이며, "**하나님**께서 이곳에 우리와 함께 계신가, 계시지 않는가?" 하고 **하나님**을 시험했기 때문이다.

❧

8-9 아말렉이 와서, 르비딤에서 이스라엘을 공격했다. 모세가 여호수아에게 명령했다. "우리를 위해 장정들을 뽑아서 아말렉과 싸우러 나가거라. 내가 내일 하나님의 지팡이를 잡고 산꼭대기에 서 있겠다."

10-13 여호수아는 모세가 지시한 대로 아말렉과 싸우러 나갔다. 모세와 아론과 훌은 산꼭대기로 올라갔다. 모세가 두 손을 들면 이스라엘이 이기고, 모세가 두 손을 내리면 아말렉이 이겼다. 모세의 두 팔이 아프기 시작했다. 그래서 그들은 돌을 가져다가 모세의 아래에 두었다. 모세가 그 돌 위에 앉자, 아론과 훌이 각자 양옆에서 그의 두 팔을 받쳐 주었다. 그리하여 그의 두 손이 해가 질 때까지 내려오지 않았다. 여호수아는 전투에서 아말렉과 그 군대를 무찔렀다.

14 **하나님**께서 모세에게 말씀하셨다. "너는 이 일을 기념으로 삼고 기록하여, 그 기록한 것을 여호수아에게 맡겨라. 내가 아말렉에 대한 기억을 이 세상에서 완전히

5-6 GOD said to Moses, "Go on out ahead of the people, taking with you some of the elders of Israel. Take the staff you used to strike the Nile. And go. I'm going to be present before you there on the rock at Horeb. You are to strike the rock. Water will gush out of it and the people will drink."

6-7 Moses did what he said, with the elders of Israel right there watching. He named the place Massah (Testing-Place) and Meribah (Quarreling) because of the quarreling of the Israelites and because of their testing of GOD when they said, "Is GOD here with us, or not?"

❧

8-9 Amalek came and fought Israel at Rephidim. Moses ordered Joshua: "Select some men for us and go out and fight Amalek. Tomorrow I will take my stand on top of the hill holding God's staff."

10-13 Joshua did what Moses ordered in order to fight Amalek. And Moses, Aaron, and Hur went to the top of the hill. It turned out that whenever Moses raised his hands, Israel was winning, but whenever he lowered his hands, Amalek was winning. But Moses' hands got tired. So they got a stone and set it under him. He sat on it and Aaron and Hur held up his hands, one on each side. So his hands remained steady until the sun went down. Joshua defeated Amalek and its army in battle.

14 GOD said to Moses, "Write this up as a reminder to Joshua, to keep it before him, because I will most certainly wipe the very memory of Amalek off the face of the

지워 버릴 것이다."

15-16 모세가 제단을 쌓고, 그 이름을 '하나님은 나의 깃발'이라고 했다. 그가 말했다.

> 하나님의 통치 앞에 무릎을 꿇어라!
> 하나님께서 영원토록
> 아말렉과 싸우실 것이다!

이드로가 모세를 찾아오다

18 1-4 미디안의 제사장이며 모세의 장인인 이드로가, 하나님께서 모세와 그분의 백성 이스라엘에게 행하신 모든 일, 곧 하나님께서 이스라엘을 이집트에서 건져 내셨다는 소식을 들었다. 모세의 장인 이드로는, 모세가 친정으로 돌려보냈던 십보라와 그녀의 두 아들을 데리고 있었다. 한 아이의 이름은 게르솜(나그네)인데, 이는 모세가 "내가 낯선 땅에서 나그네가 되었다"고 한 데서 붙여진 이름이다. 다른 아이의 이름은 엘리에셀(하나님의 도우심)인데, 이는 모세가 "내 아버지의 하나님께서 나의 도움이 되셔서, 바로의 살해 위협으로부터 나를 건져 주셨다"고 한 데서 붙여진 이름이다.

5-6 모세의 장인 이드로가 모세의 두 아들과 아내를 데리고 광야에 있는 모세에게 왔다. 모세는 하나님의 산에 진을 치고 있었다. 이드로는 앞서 모세에게 다음과 같은 전갈을 보냈다. "자네의 장인인 내가 자네의 아내와 두 아들을 데리고 가고 있네."

7-8 모세가 장인을 맞으러 나가서, 엎드려 절하고 그에게 입을 맞추었다. 그들은 서로 안부를 묻고 나서 함께 장막으로 들어갔다. 모세는 하나님께서 이스라엘을 도우셔서 바로와 이집트 사람들에게 행하신 모든 일과, 오는 길에 겪은 온갖 고생과, 하나님께서 그들을 어떻게 구원하셨는지를, 장인에게 모두 들려주었다.

Earth."

15-16 Moses built an altar and named it "GOD My Banner." He said,

> Salute GOD's rule!
> GOD at war with Amalek
> Always and forever!

18 1-4 Jethro, priest of Midian and father-in-law to Moses, heard the report of all that GOD had done for Moses and Israel his people, the news that GOD had delivered Israel from Egypt. Jethro, Moses' father-in-law, had taken in Zipporah, Moses' wife who had been sent back home, and her two sons. The name of the one was Gershom (Sojourner) for he had said, "I'm a sojourner in a foreign land"; the name of the other was Eliezer (God's-Help) because "The God of my father is my help and saved me from death by Pharaoh."

5-6 Jethro, Moses' father-in-law, brought Moses his sons and his wife there in the wilderness where he was camped at the mountain of God. He had sent a message ahead to Moses: "I, your father-in-law, am coming to you with your wife and two sons."

7-8 Moses went out to welcome his father-in-law. He bowed to him and kissed him. Each asked the other how things had been with him. Then they went into the tent. Moses told his father-in-law the story of all that GOD had done to Pharaoh and Egypt in helping Israel, all the trouble they had experienced on the journey, and how GOD had delivered them.

9-11 이드로는 하나님께서 이스라엘을 이집
트 사람들의 압제에서 건져 내시면서 이스
라엘에게 행하신 온갖 선한 일을 듣고 기뻐
하며 이렇게 말했다. "이스라엘을 이집트와
바로의 권력에서 구원하시고, 자기 백성을
이집트의 압제에서 건져 내신 하나님은 찬
양을 받으소서. 하나님께서 다른 모든 신들
보다 크시다는 것을 이제 내가 알았네. 그분
께서 이스라엘에게 오만하게 굴던 모든 자
들에게 이 같은 일을 행하셨으니 말일세."
12 모세의 장인 이드로가 번제물과 희생 제
물을 하나님께 바쳤다. 아론과 이스라엘의
장로들이 와서 모세의 장인과 함께 하나님
앞에서 음식을 먹었다.

13-14 이튿날 모세가 백성을 재판하려고 자
리에 앉았다. 백성은 아침부터 저녁까지 하
루 종일 모세 앞에 줄지어 서 있었다. 모세
의 장인은 그가 백성을 위해 하는 모든 일
을 보고 말했다. "이게 무슨 일인가? 어찌
하여 모든 사람을 아침부터 저녁까지 자네
앞에 세워 두고 자네 혼자서 이 모든 일을
처리하는가?"

15-16 모세가 장인에게 대답했다. "백성이
하나님에 관한 문제들을 가지고 저에게 오
기 때문입니다. 그들은 무슨 일이 생길 때
마다 저에게 옵니다. 저는 이웃 간의 문제
를 재판하고, 하나님의 법도와 규례를 그들
에게 가르쳐 줍니다."

17-23 모세의 장인이 말했다. "그런 식으로
일하지 말게. 그러다가는 자네도 탈진하고
백성도 자네와 함께 탈진하고 말 걸세. 이
일은 너무 과중해서 자네 혼자서는 할 수
없네. 내 말을 들어 보게. 자네가 이 일을
어떻게 처리해야 하는지 내가 알려 주겠네.
하나님께서 이 일에 자네와 함께하실 걸세.
자네는 백성을 위해 하나님 앞에 나아가되,
중요한 문제를 하나님께 내어드리게. 자네
가 할 일은 그들에게 법도와 규례를 가르쳐

9-11 Jethro was delighted in all the good
that GOD had done for Israel in delivering
them from Egyptian oppression. Jethro
said, "Blessed be GOD who has delivered
you from the power of Egypt and Pharaoh,
who has delivered his people from the
oppression of Egypt. Now I know that
GOD is greater than all gods because he's
done this to all those who treated Israel
arrogantly."

12 Jethro, Moses' father-in-law, brought
a Whole-Burnt-Offering and sacrifices to
God. And Aaron, along with all the elders of
Israel, came and ate the meal with Moses'
father-in-law in the presence of God.

13-14 The next day Moses took his place to
judge the people. People were standing
before him all day long, from morning to
night. When Moses' father-in-law saw all
that he was doing for the people, he said,
"What's going on here? Why are you doing
all this, and all by yourself, letting every-
body line up before you from morning to
night?"

15-16 Moses said to his father-in-law,
"Because the people come to me with
questions about God. When something
comes up, they come to me. I judge between
a man and his neighbor and teach them
God's laws and instructions."

17-23 Moses' father-in-law said, "This is no
way to go about it. You'll burn out, and the
people right along with you. This is way
too much for you—you can't do this alone.
Now listen to me. Let me tell you how to
do this so that God will be in this with you.
Be there for the people before God, but
let the matters of concern be presented to

서, 그들이 어떻게 살고 무엇을 해야 하는지 보여주는 것이네. 그런 다음에 유능한 사람들, 곧 하나님을 경외하고 참되며 청렴한 사람들을 눈여겨보았다가 그들을 천 명, 백 명, 오십 명, 열 명으로 조직된 사람들의 지도자로 세우게. 백성 사이의 문제를 재판하는 일상적인 일은 그들이 책임지도록 맡기게. 판결하기 어려운 사안은 자네에게 가져오게 하되, 일상적인 소송은 그들이 재판하도록 하게. 그들이 자네의 짐을 나누어 지면 자네의 일이 훨씬 가벼워질 걸세. 자네가 이렇게 일을 처리하면 자네는 하나님께서 명령하시는 것은 무엇이든 수행할 능력을 갖추게 될 테고, 백성도 각자 자기 자리에서 번성할 것이네."

24-27 모세가 장인의 조언을 듣고, 그가 말한 대로 모든 일을 처리했다. 모세는 온 이스라엘에서 능력 있는 사람들을 뽑아, 그들을 천 명, 백 명, 오십 명, 열 명으로 조직된 사람들의 지도자로 세웠다. 그들은 백성 사이의 문제를 재판하는 일상적인 일을 맡았다. 그들은 자신들이 판결하기 어려운 사안은 모세에게 가져왔고, 일상적인 문제는 자신들이 재판했다. 얼마 후에 모세는 장인을 떠나보냈다. 모세의 장인은 자기 고향으로 돌아갔다.

시내 산

19 1-2 이집트를 떠난 지 세 달이 지난 뒤에 이스라엘 자손은 시내 광야로 들어갔다. 그들은 르비딤을 떠나 시내 광야에 이르렀다. 이스라엘은 그곳 산 앞에 진을 쳤다.

3-6 모세가 하나님을 뵈러 올라가자, 하나님께서 산에서 그를 불러 말씀하셨다. "너는 야곱의 집에 말하고, 이스라엘 백성에

God. Your job is to teach them the rules and instructions, to show them how to live, what to do. And then you need to keep a sharp eye out for competent men—men who fear God, men of integrity, men who are incorruptible—and appoint them as leaders over groups organized by the thousand, by the hundred, by fifty, and by ten. They'll be responsible for the everyday work of judging among the people. They'll bring the hard cases to you, but in the routine cases they'll be the judges. They will share your load and that will make it easier for you. If you handle the work this way, you'll have the strength to carry out whatever God commands you, and the people in their settings will flourish also."

24-27 Moses listened to the counsel of his father-in-law and did everything he said. Moses picked competent men from all Israel and set them as leaders over the people who were organized by the thousand, by the hundred, by fifty, and by ten. They took over the everyday work of judging among the people. They brought the hard cases to Moses, but in the routine cases they were the judges. Then Moses said good-bye to his father-in-law who went home to his own country.

Mount Sinai

19 1-2 Three months after leaving Egypt the Israelites entered the Wilderness of Sinai. They followed the route from Rephidim, arrived at the Wilderness of Sinai, and set up camp. Israel camped there facing the mountain.

3-6 As Moses went up to meet God, GOD called down to him from the mountain: "Speak to the House of Jacob, tell the People of Israel:

게 전하여라. 너희는 내가 이집트 사람들에게 한 일을 보았고, 내가 어떻게 너희를 독수리 날개에 태워 내게 데려왔는지도 보았다. 너희가 내 말을 순종하는 마음으로 듣고 내 언약을 지키면, 너희는 모든 민족 가운데서 나의 특별한 보배가 될 것이다. 온 세상이 나의 것이지만, 너희는 내가 특별히 선택한 민족이다. 너희는 제사장 나라, 거룩한 민족이다.' 너는 이 말을 이스라엘 백성에게 꼭 전하여라."

7 모세가 돌아와서 이스라엘의 장로들을 불러 모으고, 하나님께서 그에게 명령하신 모든 말씀을 그들 앞에 전했다.

8 백성이 한목소리로 이렇게 응답했다. "하나님께서 말씀하시는 모든 것을 우리가 다 행하겠습니다." 모세는 백성이 한 말을 하나님께 전했다.

❧

9 하나님께서 모세에게 말씀하셨다. "준비하여라. 내가 짙은 구름 속에서 네게 나타나겠다. 그러면 내가 너와 이야기하는 것을 백성이 듣고 너를 온전히 신뢰하게 될 것이다." 모세가 백성이 한 말을 다시 한번 하나님께 전했다.

10-13 하나님께서 모세에게 말씀하셨다. "너는 백성에게 가서, 거룩한 하나님을 뵐 수 있도록 앞으로 이틀 동안 그들을 준비시켜라. 그들에게 옷을 깨끗이 빨게 하여, 셋째 날에는 준비를 다 마치게 하여라. 이는 셋째 날에 하나님이 시내 산에 내려가서, 온 백성 앞에 나의 존재를 알릴 것이기 때문이다. 너는 백성을 위해 산 모든 주위에 경계선을 정하고, 이렇게 일러 주어라. '경고한다! 산에 오르지 마라. 산에 한 발짝도 들여놓지 마라. 누구든지 산에 접근하는 자는 반드시 죽음을 면치 못할 것이다. 이 명령을 어긴 그 자에게 아무도 손대지 말고, 돌로 쳐서 죽여야 한다. 아

'You have seen what I did to Egypt and how I carried you on eagles' wings and brought you to me. If you will listen obediently to what I say and keep my covenant, out of all peoples you'll be my special treasure. The whole Earth is mine to choose from, but you're special: a kingdom of priests, a holy nation.'

"This is what I want you to tell the People of Israel."

7 Moses came back and called the elders of Israel together and set before them all these words which GOD had commanded him.

8 The people were unanimous in their response: "Everything GOD says, we will do." Moses took the people's answer back to GOD.

❧

9 GOD said to Moses, "Get ready. I'm about to come to you in a thick cloud so that the people can listen in and trust you completely when I speak with you." Again Moses reported the people's answer to GOD.

10-13 GOD said to Moses, "Go to the people. For the next two days get these people ready to meet the Holy GOD. Have them scrub their clothes so that on the third day they'll be fully prepared, because on the third day GOD will come down on Mount Sinai and make his presence known to all the people. Post boundaries for the people all around, telling them, 'Warning! Don't climb the mountain. Don't even touch its edge. Whoever touches the mountain dies— a certain death. And no one is to touch that

니면 화살을 쏘아 죽여야 한다. 짐승이든 사람이든, 반드시 죽여야 한다.'

뿔나팔소리가 길게 울리면, 그것은 백성이 산에 올라와도 좋다는 신호다."

14-15 모세가 산에서 내려와 백성에게 거룩한 만남을 준비하게 하니, 그들이 저마다 자기 옷을 깨끗이 빨았다. 모세가 백성에게 말했다. "셋째 날을 준비하고, 여자와 잠자리를 같이하지 마십시오."

16 셋째 날 새벽녘에, 천둥소리가 크게 울리고 번개가 치고 짙은 구름이 산을 뒤덮었다. 귀청을 찢는 듯한 나팔소리가 울려 퍼졌다. 진 안에 있던 모든 백성이 두려워 떨었다.

17 모세는 백성이 하나님을 만날 수 있도록, 그들을 이끌고 진 밖으로 나왔다. 그들은 긴장하며 산기슭에 섰다.

18-20 하나님께서 불 가운데 그곳으로 내려오시니, 시내 산에 연기가 자욱했다. 마치 용광로에서 나오는 것처럼 연기가 뿜어져 나왔다. 산 전체가 크게 흔들리며 진동했다. 나팔소리가 점점 크게 울려 퍼졌다. 모세가 아뢰자, 하나님께서 천둥소리로 응답하셨다. 하나님께서 시내 산 꼭대기로 내려오셨다. 하나님께서 모세를 산 꼭대기로 부르시니, 모세가 올라갔다.

21-22 하나님께서 모세에게 말씀하셨다. "너는 내려가서, 백성에게 경고하여라. 하나님을 보겠다고 경계선을 넘어 들어오다가 많은 사람들이 죽는 일이 없게 하여라. 제사장들에게도 경고하여, 거룩한 만남을 준비하게 하여라. 그렇게 하지 않으면 하나님이 그들을 칠 것이다."

23 모세가 하나님께 아뢰었다. "백성은 시내 산에 올라올 수 없습니다. 하나님께서 '산 주위에 경계선을 정해서, 거룩한 산 앞에서 경외심을 가져라' 하고 우리에게 이미 경고하셨기 때문입니다."

person, he's to be stoned. That's right—stoned. Or shot with arrows, shot to death. Animal or man, whichever—put to death.'

"A long blast from the horn will signal that it's safe to climb the mountain."

14-15 Moses went down the mountain to the people and prepared them for the holy meeting. They gave their clothes a good scrubbing. Then he addressed the people: "Be ready in three days. Don't sleep with a woman."

16 On the third day at daybreak, there were loud claps of thunder, flashes of lightning, a thick cloud covering the mountain, and an ear-piercing trumpet blast. Everyone in the camp shuddered in fear.

17 Moses led the people out of the camp to meet God. They stood at attention at the base of the mountain.

18-20 Mount Sinai was all smoke because GOD had come down on it as fire. Smoke poured from it like smoke from a furnace. The whole mountain shuddered in huge spasms. The trumpet blasts grew louder and louder. Moses spoke and GOD answered in thunder. GOD descended to the peak of Mount Sinai. GOD called Moses up to the peak and Moses climbed up.

21-22 GOD said to Moses, "Go down. Warn the people not to break through the barricades to get a look at GOD lest many of them die. And the priests also, warn them to prepare themselves for the holy meeting, lest GOD break out against them."

23 Moses said to God, "But the people can't climb Mount Sinai. You've already warned us well telling us: 'Post boundaries around the mountain. Respect the holy mountain.'"

24 **하나님**께서 모세에게 말씀하셨다. "내려가서 아론을 데리고 다시 올라오너라. 그러나 제사장들과 백성이 경계선을 넘어 **하나님**에게 올라오는 일이 없게 하여라. 경계선을 넘으면, **하나님**이 그들을 칠 것이다."

25 모세가 백성에게 내려가서, 그들에게 전했다.

십계명

20

1-2 **하나님**께서 이 모든 말씀을 하셨다.

"나는 너희를 이집트 땅, 종살이에서 이끌어 낸 **하나님** 너희 하나님이다.

3 나 외에, 다른 신을 섬기지 마라.

4-6 날아다니는 것이나 걸어 다니는 것이나 헤엄쳐 다니는 것이나, 크기와 모양과 형상이 어떠하든지, 신상들을 새겨 만들지 마라. 그것들에게 절하거나 그것들을 섬기지 마라. 나는 **하나님** 너희 하나님이며, 몹시도 질투하는 하나님이다. 나를 미워하는 사람에게는, 내가 그들의 죄를 자녀들에게 넘겨줄 뿐 아니라, 삼사 대 자손에 이르기까지 그 죄를 벌할 것이다. 그러나 나를 사랑하고 내 계명을 지키는 사람에게는, 내가 천 대에 이르기까지 한결같은 성실로 대한다.

7 **하나님** 너희 하나님의 이름을, 저주하거나 실없이 농담을 하는 데 사용하지 마라. 나 **하나님**은, 그 이름을 경건하지 못한 일에 사용하는 것을 참지 않을 것이다.

8-11 안식일을 기억하여 거룩하게 지켜라. 육 일 동안 일하면서 네 할 일을 다 하여라. 그러나 일곱째 날은 **하나님** 너희 하나님의 안식일이다. 그날에는 아무 일도 하지 마라. 너희와 너희 아들딸, 너희 남종과 여종, 너희 집짐승, 심지어 너희 마을을 방문한 손님도 일을 해서는 안된다. **하나님**이 육 일 동안 하늘과 땅과 바다와 그 안에 있는

24 GOD told him, "Go down and then bring Aaron back up with you. But make sure that the priests and the people don't break through and come up to GOD, lest he break out against them."

25 So Moses went down to the people. He said to them:

20

1-2 GOD spoke all these words:
I am GOD, your God,
who brought you out of the land of Egypt,
out of a life of slavery.

3 No other gods, only me.

4-6 No carved gods of any size, shape, or form of anything whatever, whether of things that fly or walk or swim. Don't bow down to them and don't serve them because *I* am GOD, your God, and I'm a most jealous God, punishing the children for any sins their parents pass on to them to the third, and yes, even to the fourth generation of those who hate me. But I'm unswervingly loyal to the thousands who love me and keep my commandments.

7 No using the name of GOD, your God, in curses or silly banter; GOD won't put up with the irreverent use of his name.

8-11 Observe the Sabbath day, to keep it holy. Work six days and do everything you need to do. But the seventh day is a Sabbath to GOD, your God. Don't do any work—not you, nor your son, nor your daughter, nor your servant, nor your maid, nor your animals, not even the foreign guest visiting in your town. For in six days GOD made Heaven, Earth, and sea, and everything in them; he rested on the seventh day. Therefore GOD

모든 것을 만들고, 일곱째 날에 쉬었기 때문이다. 그러므로 **하나님**이 안식일을 복되게 하고, 그날을 구별하여 거룩한 날로 삼은 것이다.

12 너희 부모를 공경하여라. 그러면 **하나님** 너희 하나님이 너희에게 주는 땅에서 오래도록 살 것이다.

13 살인하지 마라.

14 간음하지 마라.

15 도둑질하지 마라.

16 너희 이웃에 대해 거짓말하지 마라.

17 너희 이웃의 집이나 그 아내, 남종이나 여종, 소나 나귀를 탐내지 마라. 너희 이웃의 소유는 무엇이든 너희 마음에 두지 마라."

❧

18-19 온 백성이 천둥소리와 번개와 나팔소리와 연기 자욱한 산을 보고 두려워하며 뒤로 멀찍이 물러섰다. 그들이 모세에게 말했다. "당신이 우리에게 말씀하십시오. 우리가 듣겠습니다. 하나님께서 우리에게 말씀하시지 않게 해주십시오. 하나님께서 직접 말씀하시면, 우리는 죽습니다."

20 모세가 백성에게 말했다. "두려워하지 마십시오. 하나님께서 오신 것은, 여러분을 시험하고 여러분 안에 깊은 경외심을 심어주어, 여러분이 죄짓지 않게 하시려는 것입니다."

21 모세가 하나님이 계신 짙은 구름 쪽으로 가까이 나아가는 동안, 백성은 멀리 떨어져 서 있었다.

22-26 **하나님**께서 모세에게 말씀하셨다. "너는 이 **메시지**를 이스라엘 백성에게 전하여라. '내가 하늘에서부터 너희와 이야기하는 것을 너희는 직접 경험했다. 너희는 은이나 금으로 신상들을 만들어서 내 옆에 두지 마라. 너희는 나를 위해 흙으로 제단을 만들고,

blessed the Sabbath day; he set it apart as a holy day.

12 Honor your father and mother so that you'll live a long time in the land that GOD, your God, is giving you.

13 No murder.

14 No adultery.

15 No stealing.

16 No lies about your neighbor.

17 No lusting after your neighbor's house— or wife or servant or maid or ox or donkey. Don't set your heart on anything that is your neighbor's.

❧

18-19 All the people, experiencing the thunder and lightning, the trumpet blast and the smoking mountain, were afraid— they pulled back and stood at a distance. They said to Moses, "You speak to us and we'll listen, but don't have God speak to us or we'll die."

20 Moses spoke to the people: "Don't be afraid. God has come to test you and instill a deep and reverent awe within you so that you won't sin."

21 The people kept their distance while Moses approached the thick cloud where God was.

22-26 GOD said to Moses, "Give this Message to the People of Israel: 'You've experienced firsthand how I spoke with you from Heaven. Don't make gods of silver and gods of gold and then set them alongside me. Make me an earthen Altar. Sacrifice your Whole-Burnt-Offerings, your Peace-Offerings, your sheep, and

그 위에 너희의 양과 소를 번제물과 화목 제물로 바쳐라. 내가 내 이름을 존귀하게 여겨 예배하도록 한 곳이면 어디든지 함께 있어 너희에게 복을 주겠다. 너희가 나를 위해 돌로 제단을 만들려거든, 다듬은 돌은 쓰지 마라. 돌에 정을 대는 것은 제단을 더럽히는 짓이다. 계단을 이용해 내 제단에 오르지 마라. 그러면 너희 벌거벗은 몸이 드러나기 때문이다.'"

여러 가지 규례와 법도

21

¹ "네가 백성 앞에서 제시할 규례와 법도는 이러하다.

²⁻⁶ 너희가 히브리 종을 산 경우, 그는 여섯 해 동안을 종으로 섬기고, 일곱째 해에는 몸값을 치르지 않고도 자유의 몸이 된다. 그가 혼자 몸으로 들어왔으면 혼자 몸으로 나가고, 결혼한 몸으로 들어왔으면 아내를 데리고 나갈 수 있다. 주인이 그에게 아내를 얻어 주어서 그 아내가 아들딸을 낳았으면, 그의 아내와 아이들은 주인의 집에 머무르고 그 혼자서만 떠날 수 있다. 그러나 그 종이 '저는 주인님과 제 아내와 아이들을 사랑합니다. 저는 자유를 원하지 않습니다' 하고 말하면, 주인은 그를 하나님 앞으로 데리고 가서 그의 귀를 문이나 문기둥에 대고 송곳으로 뚫는다. 이것은 그가 평생 동안 종이 되었다는 표시다.

⁷⁻¹¹ 어떤 사람이 자기 딸을 종으로 판 경우, 그녀는 여섯 해가 지나도 남자처럼 자유의 몸이 될 수 없다. 주인이 그녀를 마음에 들어 하지 않으면, 그녀의 가족은 그녀를 다시 사와야 한다. 그녀의 주인은 약속을 어겼으므로, 그녀를 외국인에게 팔 권리가 없다. 그녀를 자기 아들에게 양도하기로 했으면, 주인은 그녀를 딸처럼 대해 주어야 한다. 주인이 다른 여인을 아내로 맞아들이더라도, 음식과 의복과 부부관계에 대한 그녀의 권리는 온

your cattle on it. Every place where I cause my name to be honored in your worship, I'll be there myself and bless you. If you use stones to make my Altar, don't use dressed stones. If you use a chisel on the stones you'll profane the Altar. Don't use steps to climb to my Altar because that will expose your nakedness.'"

21

¹ "These are the laws that you are to place before them:

²⁻⁶ "When you buy a Hebrew slave, he will serve six years. The seventh year he goes free, for nothing. If he came in single he leaves single. If he came in married he leaves with his wife. If the master gives him a wife and she gave him sons and daughters, the wife and children stay with the master and he leaves by himself. But suppose the slave should say, 'I love my master and my wife and children—I don't want my freedom,' then his master is to bring him before God and to a door or doorpost and pierce his ear with an awl, a sign that he is a slave for life.

⁷⁻¹¹ "When a man sells his daughter to be a handmaid, she doesn't go free after six years like the men. If she doesn't please her master, her family must buy her back; her master doesn't have the right to sell her to foreigners since he broke his word to her. If he turns her over to his son, he has to treat her like a daughter. If he marries another woman, she retains all her full rights to meals, clothing, and marital relations. If he won't do any of

전히 유지해 주어야 한다. 주인이 이 세 가지 의무 가운데 어느 하나라도 이행하지 않으면, 그녀는 몸값을 치르지 않고도 자유의 몸이 된다.

12-14 사람을 때려서 죽게 한 자는 사형에 처해야 한다. 그러나 고의로 죽인 것이 아니라 불가항력적으로 발생한 우발적 사고라면, 그 살인한 자가 도망하여 은신할 곳을 내가 따로 정해 주겠다. 그러나 계획적이고 교활한 흉계에 의한 살인이라면, 설령 그가 내 제단에 있더라도 끌어내어 사형에 처해야 한다.

15 부모를 때린 자는 사형에 처해야 한다.

16 사람을 유괴한 자는, 그 사람을 팔았든 데리고 있든 상관없이 사형에 처해야 한다.

17 부모를 저주한 자는 사형에 처해야 한다.

18-19 사람들이 서로 싸우다가 한 사람이 다른 사람을 돌이나 주먹으로 때려서 상처를 입혔는데, 맞은 사람이 죽지 않고 자리에 누웠다가 나중에 나아서 목발을 짚고 다닐 수 있게 되었으면, 때린 사람은 형벌을 받지 않는다. 하지만 그동안 입은 손해를 보상하고 다친 사람이 완전히 회복될 때까지 책임을 져야 한다.

20-21 어떤 주인이 남종이나 여종을 몽둥이로 때려 그 종이 그 자리에서 죽으면, 그 종의 억울함을 갚아 주어야 한다. 그러나 그 종이 하루나 이틀을 더 살면, 그의 억울함을 갚아 주지 않아도 된다. 종은 주인의 재산이기 때문이다.

22-25 사람들이 서로 싸우다가 임신한 여자를 쳐서 유산하게 했으나 상처를 입히지 않았으면, 가해자는 무엇이든 그 여자의 남편이 요구하는 것으로 변상해야 한다. 그러나 그 이상의 해를 입힌 경우에는, 목숨에는 목숨으로, 눈에는 눈으로, 이에는 이로, 손에는 손으로, 발에는 발로, 화상에는 화상으로, 상처에는 상처로, 타박상에는 타박상

these three things for her, she goes free, for nothing.

12-14 "If someone hits another and death results, the penalty is death. But if there was no intent to kill—if it was an accident, an 'act of God'—I'll set aside a place to which the killer can flee for refuge. But if the murder was premeditated, cunningly plotted, then drag the killer away, even if it's from my Altar, to be put to death.

15 "If someone hits father or mother, the penalty is death.

16 "If someone kidnaps a person, the penalty is death, regardless of whether the person has been sold or is still held in possession.

17 "If someone curses father or mother, the penalty is death.

18-19 "If a quarrel breaks out and one hits the other with a rock or a fist and the injured one doesn't die but is confined to bed and then later gets better and can get about on a crutch, the one who hit him is in the clear, except to pay for the loss of time and make sure of complete recovery.

20-21 "If a slave owner hits a slave, male or female, with a stick and the slave dies on the spot, the slave must be avenged. But if the slave survives a day or two, he's not to be avenged—the slave is the owner's property.

22-25 "When there's a fight and in the fight a pregnant woman is hit so that she miscarries but is not otherwise hurt, the one responsible has to pay whatever the husband demands in compensation. But if there is further damage, then you must give life for life—eye for eye, tooth for

으로 갚아야 한다.

26-27 어떤 주인이 남종이나 여종의 눈을 때려서 멀게 했으면, 주인은 그 눈으로 인해 그 종을 자유의 몸으로 내보내야 한다. 주인이 남종이나 여종의 이를 쳐서 부러뜨렸으면, 주인은 그 이로 인해 그 종을 풀어 주고 자유의 몸으로 내보내야 한다.

28-32 소가 남자나 여자를 들이받아 죽게 했으면, 그 소는 돌로 쳐서 죽여야 한다. 그 고기는 먹어서는 안되며, 이 경우에 소의 주인은 벌을 받지 않는다. 그러나 그 소가 들이받은 적이 있고 주인이 그것을 알고도 미리 조치를 취하지 않아 소가 남자나 여자를 죽인 경우에는, 그 소는 돌로 쳐서 죽이고 그 주인도 사형에 처해야 한다. 만일 사형을 받는 대신에 배상금을 주기로 합의했으면, 그는 자기 목숨을 되찾기 위해 배상금을 충분히 치러야 한다. 소가 남의 아들이나 딸을 들이받은 경우에도, 동일한 판결이 적용된다. 소가 남의 남종이나 여종을 들이받은 경우에는, 종의 주인에게 은 삼십 세겔을 지불하고 그 소는 돌로 쳐서 죽여야 한다.

33-34 어떤 사람이 구덩이의 덮개를 열어 놓거나 구덩이를 파고 덮개를 덮지 않아서 소나 나귀가 거기에 빠졌으면, 구덩이 주인은 짐승의 주인에게 짐승의 값을 치러 배상해야 한다. 그러나 죽은 짐승은 구덩이 주인의 차지가 된다.

35-36 어떤 사람의 소가 이웃의 소를 다치게 하여 죽게 했으면, 살아 있는 소를 팔아서 그 돈을 나누어 갖고 죽은 소도 나누어 가져야 한다. 그러나 그 소가 들이받은 적이 있고 주인이 그것을 알고도 미리 조치를 취하지 않은 경우에는, 소의 주인은 살아 있는 소로 배상하고 죽은 소를 차지한다."

tooth, hand for hand, foot for foot, burn for burn, wound for wound, bruise for bruise.

26-27 "If a slave owner hits the eye of a slave or handmaid and ruins it, the owner must let the slave go free because of the eye. If the owner knocks out the tooth of the male or female slave, the slave must be released and go free because of the tooth.

28-32 "If an ox gores a man or a woman to death, the ox must be stoned. The meat cannot be eaten but the owner of the ox is in the clear. But if the ox has a history of goring and the owner knew it and did nothing to guard against it, then if the ox kills a man or a woman, the ox is to be stoned and the owner given the death penalty. If a ransom is agreed upon instead of death, he must pay it in full as a redemption for his life. If a son or daughter is gored, the same judgment holds. If it is a slave or a handmaid the ox gores, thirty shekels of silver is to be paid to the owner and the ox stoned.

33-34 "If someone uncovers a cistern or digs a pit and leaves it open and an ox or donkey falls into it, the owner of the pit must pay whatever the animal is worth to its owner but can keep the dead animal.

35-36 "If someone's ox injures a neighbor's ox and the ox dies, they must sell the live ox and split the price; they must also split the dead animal. But if the ox had a history of goring and the owner knew it and did nothing to guard against it, the owner must pay an ox for an ox but can keep the dead animal."

22

1-3 "어떤 사람이 소나 양을 훔쳐서 그것을 잡거나 팔았으면, 그는 훔친 소 대신에 소 다섯 마리를, 훔친 양 대신에 양 네 마리를 배상해야 한다. 도둑이 어느 집에 침입하다가 붙잡혀서 맞아 죽었으면, 살인죄가 성립되지 않는다. 그러나 그것이 날이 밝은 후에 일어난 일이면, 살인죄가 성립된다.

3-4 도둑은 자신이 훔친 것에 대해 충분히 배상해야 한다. 갚을 능력이 없는 사람은 자기 몸을 팔아 종이 되어서라도 훔친 것을 갚아야 한다. 그가 현장에서 잡혔을 경우, 훔친 소나 나귀나 양이 아직 살아 있으면, 그는 두 배로 갚아야 한다.

5 어떤 사람이 자기 밭이나 포도밭에서 가축을 풀어 놓아 먹이다가, 그 가축이 다른 사람의 밭에 들어가서 뜯어 먹었으면, 가축의 주인은 자기 밭이나 포도밭에서 난 가장 좋은 것으로 배상해야 한다.

6 불이 나서 덤불로 번져 낟가리나 아직 거두지 않은 곡식이나 밭 전체를 태워 버렸으면, 불을 놓은 사람이 그 피해를 배상해야 한다.

7-8 어떤 사람이 이웃에게 돈이나 물건을 보관해 달라고 맡겼는데 그 맡은 사람의 집에 도둑이 든 경우, 도둑이 잡히면 그 도둑은 두 배로 배상해야 한다. 도둑이 잡히지 않으면, 그 집의 주인을 하나님 앞으로 데려가서, 그가 이웃의 물건에 손을 댔는지 안 댔는지 여부를 판결받아야 한다.

9 소나 나귀나 양이나 의복이나 그 밖의 어떤 유실물이든지, 도난당했다가 찾은 물건을 두고 서로 자기 것이라고 주장하는 경우에는, 두 당사자가 재판관 앞으로 가야 한다. 재판관에게 유죄 판결을 받은 사람은 상대방에게 두 배로 배상해야 한다.

22

1-3 "If someone steals an ox or a lamb and slaughters or sells it, the thief must pay five cattle in place of the ox and four sheep in place of the lamb. If the thief is caught while breaking in and is hit hard and dies, there is no bloodguilt. But if it happens after daybreak, there is bloodguilt.

3-4 "A thief must make full restitution for what is stolen. The thief who is unable to pay is to be sold for his thieving. If caught red-handed with the stolen goods, and the ox or donkey or lamb is still alive, the thief pays double.

5 "If someone grazes livestock in a field or vineyard but lets them loose so they graze in someone else's field, restitution must be made from the best of the owner's field or vineyard.

6 "If fire breaks out and spreads to the brush so that the sheaves of grain or the standing grain or even the whole field is burned up, whoever started the fire must pay for the damages.

7-8 "If someone gives a neighbor money or things for safekeeping and they are stolen from the neighbor's house, the thief, if caught, must pay back double. If the thief is not caught, the owner must be brought before God to determine whether the owner was the one who took the neighbor's goods.

9 "In all cases of stolen goods, whether oxen, donkeys, sheep, clothing, anything in fact missing of which someone says, 'That's mine,' both parties must come before the judges. The one the judges pronounce guilty must pay double to the other.

10-13 어떤 사람이 나귀나 소나 양이나 그 밖의 짐승을 보호해 달라고 다른 사람에게 맡겼는데, 그 짐승이 죽거나 다치거나 없어졌지만 이를 목격한 사람이 없는 경우, 그 맡았던 사람은 **하나님** 앞에서 맹세하여 자신이 상대방의 재산에 손을 대지 않았음을 밝혀야 한다. 짐승의 주인은 그 맹세를 받아들이고 배상을 요구해서는 안된다. 그러나 그것이 도둑맞은 것으로 밝혀지면, 그 주인은 배상받을 수 있다. 그것이 들짐승에게 찢겨 죽었으면, 찢겨 죽은 짐승을 증거물로 제시하고 배상금은 지불하지 않아도 된다.

14-15 어떤 사람이 이웃에게서 짐승을 빌렸는데, 주인이 없는 사이에 그 짐승이 상처를 입거나 죽은 경우, 그는 그것에 대해 배상해야 한다. 그러나 주인이 그 자리에 함께 있었으면, 배상하지 않아도 된다. 그 짐승이 세를 내고 빌려 온 것이면, 그 세를 내는 것으로 배상해야 한다.”

⚜

16-17 “어떤 사람이 약혼하지 않은 처녀를 꾀어 잠자리를 같이했으면, 그는 결혼 비용을 주고 그녀와 결혼해야 한다. 그녀의 아버지가 그녀를 절대 주지 않겠다고 하더라도, 그 사람은 처녀의 결혼 비용을 물어야 한다.

18 마술을 부리는 여자는 살려 두지 마라.

19 짐승과 교접하는 자는 사형에 처해야 한다.

20 **하나님** 한분 외에 다른 신에게 제사를 드리는 자는 사형에 처해야 한다.

21 나그네를 학대하거나 착취하지 마라. 너희도 한때 이집트에서 나그네였음을 기억하여라.

22-24 과부나 고아를 학대하지 마라. 너희가 그들을 학대해서 그들이 내게 부르짖으면, 내가 그 부르짖음을 반드시 귀 기울여 들을 것이다. 내가 몹시 진노를 드러내어, 칼을 들고 맹렬히 너희 가운데로 갈 것이다. 그러면

10-13 “If someone gives a donkey or ox or lamb or any kind of animal to another for safekeeping and it dies or is injured or lost and there is no witness, an oath before GOD must be made between them to decide whether one has laid hands on the property of the other. The owner must accept this and no damages are assessed. But if it turns out it was stolen, the owner must be compensated. If it has been torn by wild beasts, the torn animal must be brought in as evidence; no damages have to be paid.

14-15 “If someone borrows an animal from a neighbor and it gets injured or dies while the owner is not present, he must pay for it. But if the owner was with it, he doesn't have to pay. If the animal was hired, the payment covers the loss.

⚜

16-17 “If a man seduces a virgin who is not engaged to be married and sleeps with her, he must pay the marriage price and marry her. If her father absolutely refuses to give her away, the man must still pay the marriage price for virgins.

18 “Don't let a sorceress live.

19 “Anyone who has sex with an animal gets the death penalty.

20 “Anyone who sacrifices to a god other than GOD alone must be put to death.

21 “Don't abuse or take advantage of strangers; you, remember, were once strangers in Egypt.

22-24 “Don't mistreat widows or orphans. If you do and they cry out to me, you can be sure I'll take them most seriously; I'll

너희 아내는 과부가 되고 너희 자녀는 고아가 될 것이다.

25 너희 가운데서 아무것도 가진 것 없는 내 백성에게 돈을 꾸어 주었으면, 심하게 독촉하지 말고 이자도 받지 마라.

26-27 너희가 이웃의 겉옷을 담보물로 잡았으면, 해가 지기 전에 돌려주어라. 그에게 덮을 것이라고는 그것뿐인데, 그가 무엇을 덮고 자겠느냐? 네 이웃이 추워서 부르짖으면, 내가 직접 나설 것이다. 나는 자비로운 하나님이다.

28 하나님에게 욕이 되는 말을 하지 말고, 너희의 지도자들을 저주하지 마라.

29-30 너희의 포도주 통이 가득 차거든 내게 바치는 것을 아까워하지 마라.

너희의 맏아들은 내게 바쳐라. 너희의 소와 양도 처음 태어난 것은 내게 바쳐라. 칠 일 동안은 어미와 함께 있게 하고, 그 후에 내게 바쳐라.

31 너희는 나를 위해 거룩하여라.

들에서 찢겨 죽은 짐승을 발견하거든, 그 고기를 먹지 마라. 그것은 개에게나 던져 주어라."

❧

23 1-3 "악의에 찬 소문을 옮기지 마라.

악인과 어울려 불의한 증언을 하지 마라. 다수의 사람이 악을 행하더라도 그들을 따라가지 말고, 다수의 마음에 들려고 거짓으로 증언하지 마라. 또 어떤 사람이 가난하다고 해서, 소송에서 그를 편들지도 마라.

4-5 너희 원수의 소나 나귀가 돌아다니는 것을 보거든, 그 주인에게 데려다 주어라. 너희를 미워하는 자의 나귀가 짐에 눌려 힘없이 쓰러져 있는 것을 보거든, 그냥 지나치지 말고 가서 일으켜 주어라.

show my anger and come raging among you with the sword, and your wives will end up widows and your children orphans.

25 "If you lend money to my people, to any of the down-and-out among you, don't come down hard on them and gouge them with interest.

26-27 "If you take your neighbor's coat as security, give it back before nightfall; it may be your neighbor's only covering—what else does the person have to sleep in? And if I hear the neighbor crying out from the cold, I'll step in—I'm compassionate.

28 "Don't curse God; and don't damn your leaders.

29-30 "Don't be stingy as your wine vats fill up.

"Dedicate your firstborn sons to me. The same with your cattle and sheep—they are to stay for seven days with their mother, then give them to me.

31 "Be holy for my sake.

"Don't eat mutilated flesh you find in the fields; throw it to the dogs."

❧

23 1-3 "Don't pass on malicious gossip.

"Don't link up with a wicked person and give corrupt testimony. Don't go along with the crowd in doing evil and don't fudge your testimony in a case just to please the crowd. And just because someone is poor, don't show favoritism in a dispute.

4-5 "If you find your enemy's ox or donkey loose, take it back to him. If you see the donkey of someone who hates you lying helpless under its load, don't walk off and leave it. Help it up.

6 가난한 사람들과 관련된 소송이 일어나거든, 그들에게 돌아가야 할 마땅한 권리를 조작하지 마라.

7 거짓 고발을 멀리하여라. 죄 없는 사람과 선한 사람을 죽이는 일에 끼어들지 마라. 나는 악인의 죄를 눈감아 주지 않는다.

8 뇌물을 받지 마라. 뇌물은 선한 사람의 눈을 멀게 하고 선한 사람의 말을 왜곡시킨다.

9 나그네를 착취하지 마라. 너희가 나그네의 처지를 잘 알지 않느냐. 너희도 한때 이집트 땅에서 나그네였다.

10-11 너희는 여섯 해 동안 땅에 씨를 뿌리고 그 농작물을 거두어들여라. 그러나 일곱째 해에는 그 땅을 묵히고 놀려서, 가난한 사람들이 그 땅에서 나는 것을 먹게 하여라. 그들이 남긴 것은 들짐승이 먹게 하여라. 너희의 포도밭과 올리브밭도 그렇게 해야 한다.

12 너희는 육 일 동안 일하고 일곱째 날에는 쉬어야 한다. 그래야 너희의 소와 나귀도 쉬고, 너희의 종과 이주 노동자들도 쉴 시간을 얻게 될 것이다.

13 내가 너희에게 하는 모든 말을 잘 들어라. 다른 신들은 거들떠보지도 말고, 그 이름을 입에 담지도 마라."

지켜야 할 세 가지 절기

14 "너희는 일 년에 세 차례, 나를 위해 절기를 지켜야 한다.

15 내가 너희에게 명령한 대로, 너희는 아빕월 정한 때에 칠 일 동안 누룩을 넣지 않은 빵을 먹으며 봄의 절기인 무교절을 지켜라. 그달에 너희가 이집트에서 나왔기 때문이다. 아무도 내 앞에 빈손으로 나와서는 안된다.

16 밭에서 수고하여 얻은 첫 열매를 거두어들일 때에 여름 절기인 맥추절을 지켜라. 일 년 농사를 거두어들이는 한 해의 끝에

6 "When there is a dispute concerning your poor, don't tamper with the justice due them.

7 "Stay clear of false accusations. Don't contribute to the death of innocent and good people. I don't let the wicked off the hook.

8 "Don't take bribes. Bribes blind perfectly good eyes and twist the speech of good people.

9 "Don't take advantage of a stranger. You know what it's like to be a stranger; you were strangers in Egypt.

10-11 "Sow your land for six years and gather in its crops, but in the seventh year leave it alone and give it a rest so that your poor may eat from it. What they leave, let the wildlife have. Do the same with your vineyards and olive groves.

12 "Work for six days and rest the seventh so your ox and donkey may rest and your servant and migrant workers may have time to get their needed rest.

13 "Listen carefully to everything I tell you. Don't pay attention to other gods—don't so much as mention their names.

14 "Three times a year you are to hold a festival for me.

15 "Hold the spring Festival of Unraised Bread when you eat unraised bread for seven days at the time set for the month of Abib, as I commanded you. That was the month you came out of Egypt. No one should show up before me empty-handed.

16 "Hold the summer Festival of Harvest when you bring in the firstfruits of all your

가을 절기인 수장절을 지켜라.

17 너희의 모든 남자는 일 년에 세 차례, 주 **하나님** 앞에 나와야 한다."

18 "내게 바치는 희생 제물의 피를 누룩을 넣은 것과 함께 바치지 마라.

절기 때 내게 바친 제물의 지방을 아침까지 남겨 두지 마라.

19 한 해의 첫 열매 가운데 가장 좋은 것을 너희 **하나님**의 집으로 가져오너라.

새끼 염소를 그 어미의 젖에 삶지 마라."

❦

20-24 "이제 마음을 가다듬고 준비하여라. 내가 너희 앞에 천사를 보내어 너희 가는 길에서 너희를 지키고, 내가 예비해 둔 곳으로 너희를 인도하도록 하겠다. 너희는 그에게 세심한 주의를 기울여, 그의 말에 순종하고 그를 거역하지 마라. 그가 나의 권한으로 행동하는 까닭에, 너희의 반역을 참지 않을 것이다. 그러나 너희가 그의 말에 순종하고 내가 너희에게 이르는 모든 것을 행하면, 내가 너희 원수들에게 원수가 되고 너희 적들과 맞서 싸우겠다. 내가 보낸 천사가 너희보다 앞서 가서 너희를 아모리 사람과 헷 사람과 브리스 사람과 가나안 사람과 히위 사람과 여부스 사람의 땅으로 인도할 때에, 내가 그 민족들을 깨끗이 없애 버리겠다. 그러니 그들의 신들을 숭배하지도 말고 섬기지도 마라. 내가 그들을 지면에서 쓸어버리고, 그들이 신성하게 여기는 남근 모양의 기둥들을 산산이 부수어 버릴 것이니, 너희는 그들이 하는 짓을 조금도 따라 하지 마라."

25-26 "너희는 너희 **하나님**을 섬겨라. 그러면 내가 너희의 음식과 물에 복을 줄

work in the fields.

"Hold the autumn Festival of Ingathering at the end of the season when you bring in the year's crops.

17 "Three times a year all your males are to appear before the Master, GOD.

18 "Don't offer the blood of a sacrifice to me with anything that has yeast in it.

"Don't leave the fat from my festival offering out overnight.

19 "Bring the choice first produce of the year to the house of your GOD.

"Don't boil a kid in its mother's milk.

❦

20-24 "Now get yourselves ready. I'm sending my Angel ahead of you to guard you in your travels, to lead you to the place that I've prepared. Pay close attention to him. Obey him. Don't go against him. He won't put up with your rebellions because he's acting on my authority. But if you obey him and do everything I tell you, I'll be an enemy to your enemies, I'll fight those who fight you. When my Angel goes ahead of you and leads you to the land of the Amorites, the Hittites, the Perizzites, the Canaanites, the Hivites, and the Jebusites, I'll clear the country of them. So don't worship or serve their gods; don't do anything they do because I'm going to wipe them right off the face of the Earth and smash their sacred phallic pillars to bits.

25-26 "But you—you serve your GOD and he'll bless your food and your water. I'll get rid of the sickness among you; there won't be

것이다. 내가 너희 중에서 병을 제거할 것이
니, 너희 땅에서는 유산하는 일도 없고 임신
하지 못하는 여인도 없을 것이다. 내가 반드
시 너희가 풍족하고 흠잡을 데 없는 삶을 살
게 하겠다.

27 내가 공포를 너희 앞에 보내어, 너희가 맞
서야 할 민족들을 혼란에 빠뜨리겠다. 너희는
너희 원수들의 뒤통수만 보게 될 것이다.

28-31 또한 내가 절망을 너희 앞에 보내어,
히위 사람과 가나안 사람과 헷 사람을 너희
앞에서 몰아내겠다. 내가 그들을 단번에 없
애 버리지는 않을 것이다. 이는 그 땅이 잡초
로 무성해지고 들짐승들이 그 땅을 차지하
는 일을 막으려는 것이다. 내가 그들을 그 땅
에서 서서히 몰아내겠다. 그동안에 너희는
너희의 곡물을 잘 자라게 할 기회를 얻고 그
땅을 너희 소유로 삼게 될 것이다. 나는 너희
의 경계를 홍해에서 지중해까지 그리고 광
야에서 유프라테스 강까지 뻗어 가게 하고,
그 땅에 살고 있는 모든 사람을 너희 손에 넘
겨주겠다. 그러니 어서 가서 그들을 쫓아내
어라.

32-33 그들이나 그들의 신들과 타협하지 마
라. 그들이 그 땅에서 너희와 함께 머물지 못
하게 해야 한다. 그러지 않으면, 그들이 너희
를 꾀어 죄짓게 하고 그들의 신들을 섬기게
할 것이다. 조심하여라. 그것은 대단히 위험
한 일이다."

시내 산에서 언약을 맺다

24 1-2 하나님께서 모세에게 말씀하
셨다. "너는 아론과 나답과 아비후
와 이스라엘의 장로 칠십 명과 함께 산에 올
라 하나님에게 오너라. 그들은 멀찍이 서서 경
배하고, 모세 너는 하나님에게 가까이 오너라.
나머지 사람들은 가까이 와서는 안된다. 백성
은 결코 산에 올라와서는 안된다."

3 모세가 백성에게 가서 하나님께서 말씀

any miscarriages nor barren women in
your land. I'll make sure you live full and
complete lives.

27 "I'll send my Terror on ahead of you
and throw those peoples you're approach-
ing into a panic. All you'll see of your
enemies is the backs of their necks.

28-31 "And I'll send Despair on ahead
of you. It will push the Hivites, the
Canaanites, and the Hittites out of your
way. I won't get rid of them all at once
lest the land grow up in weeds and the
wild animals take over. Little by little I'll
get them out of there while you have a
chance to get your crops going and make
the land your own. I will make your
borders stretch from the Red Sea to the
Mediterranean Sea and from the Wilder-
ness to the Euphrates River. I'm turning
everyone living in that land over to you;
go ahead and drive them out.

32-33 "Don't make any deals with them
or their gods. They are not to stay in the
same country with you lest they get you
to sin by worshiping their gods. Beware.
That's a huge danger."

24 1-2 He said to Moses, "Climb
the mountain to GOD, you and
Aaron, Nadab, Abihu, and seventy of the
elders of Israel. They will worship from a
distance; only Moses will approach GOD.
The rest are not to come close. And the
people are not to climb the mountain at
all."

3 So Moses went to the people and told
them everything GOD had said—all the

하신 모든 것, 곧 모든 법도와 규례를 말
해 주었다. 그들이 한목소리로 대답했다.
"**하나님**께서 말씀하신 모든 것을 우리가
행하겠습니다."

4-6 모세는 **하나님**께서 말씀하신 모든 것
을 기록했다. 그는 이튿날 아침 일찍 일어
나, 이스라엘 열두 지파를 상징하는 열두
개의 돌기둥을 사용하여 산기슭에 제단을
쌓았다. 그런 다음 이스라엘의 젊은이들
에게 지시하여, 소를 잡아 번제물과 화목
제물을 드리게 했다. 모세는 그 피의 절반
을 가져다가 그릇에 담고, 나머지 절반은
제단에 뿌렸다.

7 모세가 언약의 책을 들고 낭독하니, 백성
이 귀 기울여 들었다. 그들은 "**하나님**께서
말씀하신 모든 것을 우리가 행하겠습니다.
우리가 순종하겠습니다" 하고 말했다.

8 모세가 남은 피를 가져다가 백성에게 뿌
리며 말했다. "이것은 내가 전한 이 모든
말씀에 따라 **하나님**께서 여러분과 맺으신
언약의 피입니다."

❧

9-11 그 후에 모세와 아론과 나답과 아비
후와 이스라엘의 장로 칠십 명이 산으로
올라가서 이스라엘의 하나님을 뵈었다.
하나님께서는 청보석을 깔아 놓은 것 같
은, 하늘빛처럼 맑고 깨끗한 곳에 서 계셨
다. 하나님께서 이스라엘 자손의 기둥 같
은 이 지도자들을 치지 않으셨다. 그들은
하나님을 뵙고서, 먹고 마셨다.

12-13 **하나님**께서 모세에게 말씀하셨다.
"산의 더 높은 곳으로 올라와서, 거기서 나
를 기다려라. 내가 그들을 가르치려고 교
훈과 계명을 기록한 두 돌판을 네게 주겠
다." 모세가 자신의 부관 여호수아와 함께
일어나 하나님의 산으로 올라갔다.

rules and regulations. They all answered in unison: "Everything GOD said, we'll do."

4-6 Then Moses wrote it all down, everything GOD had said. He got up early the next morning and built an Altar at the foot of the mountain using twelve pillar-stones for the twelve tribes of Israel. Then he directed young Israelite men to offer Whole-Burnt-Offerings and sacrifice Peace-Offerings of bulls. Moses took half the blood and put it in bowls; the other half he threw against the Altar.

7 Then he took the Book of the Covenant and read it as the people listened. They said, "Everything GOD said, we'll do. Yes, we'll obey."

8 Moses took the rest of the blood and threw it out over the people, saying, "This is the blood of the covenant which GOD has made with you out of all these words I have spoken."

❧

9-11 Then they climbed the mountain—Moses and Aaron, Nadab and Abihu, and seventy of the elders of Israel—and saw the God of Israel. He was standing on a pavement of something like sapphires—pure, clear sky-blue. He didn't hurt these pillar-leaders of the Israelites: They saw God; and they ate and drank.

12-13 GOD said to Moses, "Climb higher up the mountain and wait there for me; I'll give you tablets of stone, the teachings and commandments that I've written to instruct them." So Moses got up, accompanied by Joshua his aide. And Moses climbed up the

14 모세가 이스라엘의 장로들에게 말했다. "우리가 돌아올 때까지 여기서 우리를 기다리십시오. 아론과 훌이 여러분과 함께 있으니, 무슨 문제가 생기면 그들에게 가십시오."

15-17 모세가 산에 오르자, 구름이 산을 덮었다. 하나님의 영광이 시내 산 위에 머무르고, 육 일 동안 구름이 산을 뒤덮었다. 일곱째 날에 하나님께서 구름 속에서 모세를 부르셨다. 산 밑에 있던 이스라엘 자손의 눈에는 하나님의 영광이 산꼭대기에서 맹렬히 타는 불처럼 보였다.

18 모세는 구름 속으로 들어가 산으로 올라갔다. 모세는 밤낮으로 사십 일을 그 산에 있었다.

성소를 지을 예물

25 1-9 하나님께서 모세에게 말씀하셨다. "너는 이스라엘 자손에게 말하여, 나를 위해 예물을 마련하게 하여라. 자원하는 마음으로 바치는 모든 사람의 예물을 받아라. 그들에게서 받을 예물은 이러하다. 금과 은과 청동, 청색 실과 자주색 실과 주홍색 실, 가는 모시실, 염소털, 가공한 숫양 가죽, 돌고래 가죽, 아카시아나무, 등잔에 쓸 기름, 거룩하게 구별하는 기름에 넣는 향료와 분향할 향에 넣는 향료, 에봇과 가슴받이에 박을 마노와 그 밖의 보석들이다. 내가 그들 가운데 머물 수 있도록 그들에게 나를 위한 성소를 지으라고 하여라. 너는 내가 네게 준 설계대로, 곧 성막의 도안과 거기서 쓸 모든 기구의 도안대로 지어야 한다."

언약궤

10-15 "먼저 그들을 시켜 아카시아나무로 궤를 만들어라. 길이 1.12미터, 너비와 높이는 67.5센티미터가 되게 하고, 궤의 안

mountain of God.

14 He told the elders of Israel, "Wait for us here until we return to you. You have Aaron and Hur with you; if there are any problems, go to them."

15-17 Then Moses climbed the mountain. The Cloud covered the mountain. The Glory of GOD settled over Mount Sinai. The Cloud covered it for six days. On the seventh day he called out of the Cloud to Moses. In the view of the Israelites below, the Glory of God looked like a raging fire at the top of the mountain.

18 Moses entered the middle of the Cloud and climbed the mountain. Moses was on the mountain forty days and forty nights.

Instructions on the Mountain: The Offerings

25 1-9 GOD spoke to Moses: "Tell the Israelites that they are to set aside offerings for me. Receive the offerings from everyone who is willing to give. These are the offerings I want you to receive from them: gold, silver, bronze; blue, purple, and scarlet material; fine linen; goats' hair; tanned rams' skins; dolphin skins; acacia wood; lamp oil; spices for anointing oils and for fragrant incense; onyx stones and other stones for setting in the Ephod and the Breastpiece. Let them construct a Sanctuary for me so that I can live among them. You are to construct it following the plans I've given you, the design for The Dwelling and the design for all its furnishings.

The Chest

10-15 "First let them make a Chest using acacia wood: make it three and three-quarters feet long and two and one-quarter feet

과 밖에 순금을 입히고 그 둘레에는 금테를 둘러라. 금고리 네 개를 주조하여 궤의 네 다리에 달되, 한쪽에 고리 두 개, 다른 한쪽에 고리 두 개를 달아라. 아카시아나무로 채를 만들어 금을 입히고, 그 채를 궤 양쪽에 달린 고리에 끼워서 궤를 들 수 있게 하여라. 채는 고리에 끼워 두고 빼내지 마라.

16 내가 네게 줄 증거판을 그 궤 속에 넣어 두어라.

17 그 궤의 덮개, 곧 속죄판을 순금으로 만들되, 길이 1.12미터, 너비 67.5센티미터가 되게 하여라.

18-22 두들겨 편 금으로 날개 달린 천사 둘을 조각하여, 속죄판의 양쪽 끝에 자리 잡게 하여라. 천사 하나는 이쪽 끝에, 다른 하나는 저쪽 끝에 자리 잡게 하되, 천사들과 속죄판이 하나로 이어지게 하여라. 천사들은 날개를 활짝 펴서 속죄판 위에 머물게 하고, 서로 마주 보며 속죄판을 내려다보게 하여라. 속죄판을 덮개로 삼아 궤 위에 얹고, 궤 안에는 내가 네게 줄 증거판을 넣어 두어라. 내가 정한 때에 거기서 너를 만날 것이다. 속죄판 위, 곧 증거궤 위에 있는 두 천사 사이에서 내가 너와 이야기하고, 내가 이스라엘 자손에게 내릴 명령들을 네게 말해 주겠다."

임재의 빵을 차려 놓는 상

23-28 "다음으로 아카시아나무로 상을 만들어라. 길이 90센티미터, 너비 45센티미터, 높이 67.5센티미터가 되게 하고, 그 위에 순금을 입히고, 그 둘레에는 금테를 둘러라. 상 둘레에 손바닥 너비만한 턱을 만들고, 그 턱의 둘레에도 금테를 둘러라. 금고리 네 개를 만들어, 상의 네 다리에 달되, 상의 윗면

wide and deep. Cover it with a veneer of pure gold inside and out and make a molding of gold all around it. Cast four gold rings and attach them to its four feet, two rings on one side and two rings on the other. Make poles from acacia wood and cover them with a veneer of gold and insert them into the rings on the sides of the Chest for carrying the Chest. The poles are to stay in the rings; they must not be removed.

16 "Place The Testimony that I give you in the Chest.

17 "Now make a lid of pure gold for the Chest, an Atonement-Cover, three and three-quarters feet long and two and one-quarter feet wide.

18-22 "Sculpt two winged angels out of hammered gold for either end of the Atonement-Cover, one angel at one end, one angel at the other. Make them of one piece with the Atonement-Cover. Make the angels with their wings spread, hovering over the Atonement-Cover, facing one another but looking down on it. Set the Atonement-Cover as a lid over the Chest and place in the Chest The Testimony that I will give you. I will meet you there at set times and speak with you from above the Atonement-Cover and from between angel-figures that are on it, speaking the commands that I have for the Israelites.

The Table

23-28 "Next make a Table from acacia wood. Make it three feet long, one and one-half feet wide and two and one-quarter feet high. Cover it with a veneer of pure gold. Make a molding all around it of gold. Make the border a handbreadth wide all around it and a rim of gold for the border. Make four rings of gold and attach the rings to the four legs parallel to the

과 평행이 되게 하여라. 그 고리들은 상을 나를 때 쓰는 채를 끼우는 데 사용될 것이다. 채는 아카시아나무로 만들고 거기에 금을 입혀서, 상을 나를 때 사용하여라.

²⁹ 접시와 대접과 단지, 그리고 부어 드리는 제물을 담는 주전자를 만들어라. 이것들은 순금으로 만들어라.

³⁰ 갓 구운 임재의 빵을 그 상 위에, 곧 내 앞에 항상 놓아두어라."

등잔대

³¹⁻³⁶ "두들겨 편 순금으로 등잔대를 만들어라. 등잔대의 줄기와 가지와 잔과 꽃받침과 꽃잎이 모두 하나로 이어지게 하여라. 등잔대의 줄기 양쪽에 가지 여섯 개를 내되, 한쪽에 세 개, 다른 한쪽에 세 개를 내어라. 가지에는 꽃받침과 꽃잎이 달린 감복숭아꽃 모양의 잔 세 개를 얹어라. 줄기에서 나온 가지 여섯 개를 모두 그렇게 만들어라. 등잔대의 줄기에는 꽃받침과 꽃잎이 달린 감복숭아꽃 모양의 잔 네 개를 만들어 달되, 줄기에서 양쪽으로 갈라져 나온 가지 한 쌍마다 그 아래에 꽃받침을 하나씩 달아라. 두들겨 편 순금으로 등잔대를 만들되, 전체가 하나로 이어지게 만들어라.

³⁷⁻³⁸ 등잔 일곱 개를 만들어 상 앞쪽을 비추게 하여라. 심지 자르는 가위와 재를 담는 접시도 순금으로 만들어라.

³⁹⁻⁴⁰ 순금 약 34킬로그램을 사용하여 등잔대와 그 부속 기구들을 만들어라. 내가 산에서 네게 준 도안을 잘 살펴서, 모든 것을 그대로 만들어라."

성막

26 ¹⁻⁶ "성막을 만들되, 가늘게 꼰 모시실과 청색 실과 자주색 실과 주홍색 실로 짜서 그룹 천사 문양을 수

tabletop. They will serve as holders for the poles used to carry the Table. Make the poles of acacia wood and cover them with a veneer of gold. They will be used to carry the Table.

²⁹ "Make plates, bowls, jars, and jugs for pouring out offerings. Make them of pure gold.

³⁰ "Always keep fresh Bread of the Presence on the Table before me.

The Lampstand

³¹⁻³⁶ "Make a Lampstand of pure hammered gold. Make its stem and branches, cups, calyxes, and petals all of one piece. Give it six branches, three from one side and three from the other; put three cups shaped like almond blossoms, each with calyx and petals, on one branch, three on the next, and so on—the same for all six branches. On the main stem of the Lampstand, make four cups shaped like almonds, with calyx and petals, a calyx extending from under each pair of the six branches, the entire Lampstand fashioned from one piece of hammered pure gold.

³⁷⁻³⁸ "Make seven of these lamps for the Table. Arrange the lamps so they throw their light out in front. Make the candle snuffers and trays out of pure gold.

³⁹⁻⁴⁰ "Use a seventy-five-pound brick of pure gold to make the Lampstand and its accessories. Study the design you were given on the mountain and make everything accordingly."

The Dwelling

26 ¹⁻⁶ "Make The Dwelling itself from ten panels of tapestry woven from fine twisted linen, blue and purple and scarlet material, with an angel-cherubim

놓은 열 폭의 천으로 만들어라. 이 일은 숙
련된 장인이 맡아야 한다. 열 폭의 천은 각
각 길이 12.6미터, 너비 1.8미터로 하되, 다
섯 폭을 옆으로 나란히 이어 한 벌이 되게 하
고, 나머지 다섯 폭도 옆으로 나란히 이어 한
벌이 되게 하여라. 나란히 이은 한 벌의 한쪽
가장자리를 따라 청색 실로 고리를 만들고,
나란히 이은 다른 벌의 한쪽 가장자리에도
그렇게 하여, 두 벌의 마지막 폭에 각각 오십
개의 고리를 만들어라. 금으로 갈고리 오십
개를 만들고, 그것으로 두 벌의 천을 서로 연
결하여 하나의 온전한 성막이 되게 하여라.

7-11 그런 다음 염소 털로 짜서 만든 열한 폭
의 천으로 성막을 덮을 천막을 만들어라. 천
한 폭의 길이는 13.5미터, 너비는 1.8미터로
하되, 천 다섯 폭을 나란히 이어 연결하고,
나머지 여섯 폭도 그렇게 연결하여라. 여섯
번째 폭은 반으로 접어 성막 앞쪽으로 걸치
게 하여라. 나란히 이은 천의 한쪽 가장자리
를 따라 고리 오십 개를 만들고, 맞물릴 쪽의
가장자리에도 고리 오십 개를 만들어라. 청
동으로 갈고리 오십 개를 만들고, 그것을 양
쪽 고리에 걸어 하나의 천막이 되게 하여라.

12-14 여분으로 남은 천막의 반 폭은 성막의
뒤로 늘어뜨려라. 천막에서 양쪽으로 45센
티미터씩 남는 부분은 성막 양옆으로 늘어뜨
려 성막을 덮게 하여라. 마지막으로, 붉게 물
들인 가공한 숫양 가죽으로 천막 덮개를 만
들고, 돌고래 가죽으로 그 위에 덮을 덮개를
만들어라.

15-25 아카시아나무 널판으로 성막의 뼈대를
세워라. 각 널판은 길이 4.5미터, 너비 67.5
센티미터로 하고, 널판마다 촉꽂이 두 개를
만들어 널판을 고정시킬 수 있게 하여라. 모
든 널판을 똑같이 만들어라. 남쪽에 세울 널
판 스무 개와 은밑받침 마흔 개를 만들어, 널
판마다 두 개씩 달려 있는 촉꽂이를 꽂을 수
있게 하여라. 성막의 북쪽도 같은 구조로 만

design. A skilled craftsman should do it.
The panels of tapestry are each to be forty-
six feet long and six feet wide. Join five of
the panels together, and then the other
five together. Make loops of blue along the
edge of the outside panel of the first set
and the same on the outside panel of the
second set. Make fifty loops on each panel.
Then make fifty gold clasps and join the
tapestries together so that The Dwelling is
one whole.

7-11 "Next make tapestries of goat hair
for a tent that will cover The Dwelling.
Make eleven panels of these tapestries.
The length of each panel will be forty-five
feet long and six feet wide. Join five of the
panels together, and then the other six.
Fold the sixth panel double at the front of
the tent. Now make fifty loops along the
edge of the end panel and fifty loops along
the edge of the joining panel. Make fifty
clasps of bronze and connect the clasps
with the loops, bringing the tent together.

12-14 "Hang half of the overlap of the
tapestry panels over the rear of The Dwell-
ing. The eighteen inches of overlap on
either side will cover the sides of the tent.
Finally, make a covering for the tapestries
of tanned rams' skins dyed red and over
that a covering of dolphin skins.

15-25 "Frame The Dwelling with planks of
acacia wood, each section of frame fifteen
feet long and two and one-quarter feet
wide, with two pegs for securing them.
Make all the frames identical: twenty
frames for the south side with forty silver
sockets to receive the two pegs from each
of the twenty frames; the same construc-

들어라. 서쪽을 바라보는 성막의 뒤쪽에 세울 널판을 여섯 개 만들고, 성막 뒤쪽 두 모퉁이에 세울 널판을 추가로 두 개 더 만들어라. 두 모퉁이에 세울 널판은 두께가 위에서 아래까지 두 겹이 되게 하고, 하나의 고리에 끼워 맞추도록 하여라. 널판이 여덟 개이고, 각 널판에 밑받침이 두 개씩 있어, 은밑받침이 열여섯 개가 된다.

26-30 아카시아나무로 가로다지를 만들어라. 성막 한쪽 옆면 널판들에 다섯 개, 다른 쪽 옆면 널판들에도 다섯 개, 서쪽을 바라보는 성막 뒤쪽에도 다섯 개를 만들어라. 널판들의 가운데에 끼울 중간 가로다지는 이쪽 끝에서 저쪽 끝까지 이어지게 해야 한다. 널판에는 금을 입히고 가로다지를 꿸 금고리를 만들어라. 그리고 가로다지에도 금을 입혀라. 그런 다음 내가 산에서 네게 보여준 도안대로 성막을 세워라.

31-35 청색 실과 자주색 실과 주홍색 실과 가늘게 꼰 모시실로 휘장을 만들어라. 숙련된 장인을 시켜 휘장에 그룹 천사 문양을 짜 넣게 하여라. 그 휘장을 금갈고리에 걸어 아카시아나무로 만든 네 기둥에 드리워라. 네 기둥에는 금을 입히고, 은으로 만든 네 개의 밑받침 위에 그 기둥들을 세워라. 휘장을 갈고리에 걸어 드리우고 나서, 휘장 안쪽에 증거궤를 들여놓아라. 이 휘장이 성소와 지성소를 구분해 줄 것이다. 속죄판으로 지성소에 있는 증거궤를 덮어라. 상과 등잔대는 휘장 바깥쪽에 놓되, 등잔대는 성막 남쪽에 놓고 상은 맞은편 북쪽에 놓아라.

36-37 성막 문을 가리는 막을 만들어라. 청색 실과 자주색 실과 주홍색 실과 가늘게 꼰 모시실로 짜서 만들어라. 아카시아나무로 기둥 다섯 개를 만들고 금을 입혀서 그 막의 뼈대로 세우고, 막을 칠 수 있게 금갈고리도 만들어라. 그리고 기둥을 받치는

tion on the north side of The Dwelling; for the rear of The Dwelling, which faces west, make six frames with two additional frames for the rear corners. Both of the two corner frames need to be double in thickness from top to bottom and fit into a single ring—eight frames altogether with sixteen sockets of silver, two under each frame.

26-30 "Now make crossbars of acacia wood, five for the frames on one side of The Dwelling, five for the other side, and five for the back side facing west. The center crossbar runs from end to end halfway up the frames. Cover the frames with a veneer of gold and make gold rings to hold the crossbars. And cover the crossbars with a veneer of gold. Then put The Dwelling together, following the design you were shown on the mountain.

31-35 "Make a curtain of blue, purple, and scarlet material and fine twisted linen. Have a design of angel-cherubim woven into it by a skilled craftsman. Fasten it with gold hooks to four posts of acacia wood covered with a veneer of gold, set on four silver bases. After hanging the curtain from the clasps, bring the Chest of The Testimony in behind the curtain. The curtain will separate the Holy Place from the Holy-of-Holies. Now place the Atonement-Cover lid on the Chest of The Testimony in the Holy-of-Holies. Place the Table and the Lampstand outside the curtain, the Lampstand on the south side of The Dwelling and the Table opposite it on the north side.

36-37 "Make a screen for the door of the tent. Weave it from blue, purple, and scarlet material and fine twisted linen. Frame the weaving with five poles of acacia wood

데 쓸 밑받침 다섯 개는 청동으로 주조
하여라."

제단

27 ¹⁻⁸ "아카시아나무로 제단을
만들어라. 가로와 세로가 2.25
미터의 정사각형 모양이 되게 하고, 높
이는 1.35미터로 하여라. 네 귀퉁이에는
뿔을 하나씩 만들어 달되, 네 개의 뿔이
제단과 하나로 이어지게 하고 그 위에
청동을 입혀라. 재를 담는 통과 부삽, 대
야, 고기 집게, 화로를 만들어라. 이 모
든 기구는 청동으로 만들어라. 청동으로
그물 모양의 석쇠를 만들고 석쇠의 네
귀퉁이에 고리를 만들어 달아라. 그 석
쇠를 제단 가장자리 밑에 달아 제단 중
간에 자리하게 하여라. 제단을 드는 데
쓸 채는 아카시아나무로 만들고 거기에
청동을 입혀라. 제단 양쪽에 달린 고리
에 그 채를 꿰어 제단을 나를 수 있게 하
여라. 제단은 널판으로 만들되, 속이 비
게 만들어라."

성막 뜰

⁹⁻¹¹ "성막 뜰을 만들어라. 뜰의 남쪽 면
은 길이가 45미터여야 한다. 성막 뜰을
두를 휘장은 가늘게 꼰 모시실로 짜고,
휘장을 칠 기둥 스무 개와 청동으로 만
든 밑받침 스무 개, 은으로 만든 갈고리
와 줄도 만들어라. 뜰의 북쪽 면도 남쪽
면과 똑같이 만들어라.
¹²⁻¹⁹ 뜰의 서쪽 끝에는 길이 22.5미터
되는 휘장을 치고, 휘장을 칠 기둥 열 개
와 밑받침 열 개를 만들어라. 뜰의 앞쪽,
곧 뜰의 동쪽 끝의 길이도 22.5미터로
하고, 한쪽에 기둥 세 개와 밑받침 세 개
를 세우고, 길이 6.75미터 되는 휘장을
쳐라. 다른 한쪽도 똑같이 하여라. 뜰의

covered with a veneer of gold and make gold
hooks to hang the weaving. Cast five bronze
bases for the poles."

The Altar

27 ¹⁻⁸ "Make an Altar of acacia wood.
Make it seven and a half feet square
and four and a half feet high. Make horns at
each of the four corners. The horns are to be
of one piece with the Altar and covered with a
veneer of bronze. Make buckets for removing
the ashes, along with shovels, basins, forks, and
fire pans. Make all these utensils from bronze.
Make a grate of bronze mesh and attach bronze
rings at each of the four corners. Put the grate
under the ledge of the Altar at the halfway
point of the Altar. Make acacia wood poles
for the Altar and cover them with a veneer
of bronze. Insert the poles through the rings
on the two sides of the Altar for carrying. Use
boards to make the Altar, keeping the interior
hollow.

The Courtyard

⁹⁻¹¹ "Make a Courtyard for The Dwelling. The
south side is to be 150 feet long. The hangings
for the Courtyard are to be woven from fine
twisted linen, with their twenty posts, twenty
bronze bases, and fastening hooks and bands
of silver. The north side is to be exactly the
same.
¹²⁻¹⁹ "For the west end of the Courtyard you
will need seventy-five feet of hangings with
their ten posts and bases. Across the seven-
ty-five feet at the front, or east end, you will
need twenty-two and a half feet of hangings,
with their three posts and bases on one side
and the same for the other side. At the door of

정문에는 청색 실과 자주색 실과 주홍색 실과 가늘게 꼰 모시실로 짜서 장인이 수를 놓은 9미터 길이의 막을 쳐라. 밑받침 네 개에 기둥 네 개를 세우고 그 위에 막을 쳐라. 뜰 사방에 세울 기둥은 은줄로 묶고, 은갈고리를 달고, 청동밑받침으로 받쳐야 한다. 뜰의 길이는 45미터, 너비는 22.5미터여야 한다. 가늘게 꼰 모시실로 짜서 청동밑받침 위에 설치할 휘장의 높이는 2.25미터여야 한다. 성막의 말뚝과 뜰에 박을 말뚝을 비롯해 성막을 세우는 데 쓰는 모든 기구는 청동으로 만들어야 한다."

20-21 "이스라엘 자손에게 등불에 쓸 맑고 깨끗한 올리브기름을 가져오게 하여, 등불이 끊임없이 타오르게 하여라. 아론과 그의 아들들은 이 등불을 회막 안, 증거궤를 가리는 휘장 바깥쪽에 항상 켜 두어, 저녁부터 아침까지 하나님 앞에서 타오르게 해야 한다. 이것은 이스라엘 자손이 대대로 지켜야 할 영원한 규례다."

제사장의 예복

28 1-5 "너는 이스라엘 자손 가운데서 네 형 아론과 그의 아들들, 곧 나답과 아비후와 엘르아살과 이다말을 데려다가 나를 섬기는 제사장 일을 맡겨라. 네 형 아론을 위해 거룩한 예복을 지어 영광과 아름다움을 상징하게 하여라. 숙련된 장인들, 곧 내가 이 일에 재능을 부여한 사람들과 상의하고, 그들을 준비시켜 아론의 예복을 만들게 하여라. 이는 그를 거룩하게 구별하여 나를 섬기는 제사장으로 일하게 하려는 것이다. 그들이 지어야 할 옷은 가슴받이와 에봇과 겉옷과 속옷과 두건과 허리띠다. 네 형 아론과 그의 아들들에게 거룩한 예복을

the Courtyard make a screen thirty feet long woven from blue, purple, and scarlet stuff, with fine twisted linen, embroidered by a craftsman, and hung on its four posts and bases. All the posts around the Courtyard are to be banded with silver, with hooks of silver and bases of bronze. The Courtyard is to be 150 feet long and seventy-five feet wide. The hangings of fine twisted linen set on their bronze bases are to be seven and a half feet high. All the tools used for setting up The Holy Dwelling, including all the pegs in it and the Courtyard, are to be made of bronze.

20-21 "Now, order the Israelites to bring you pure, clear olive oil for light so that the lamps can be kept burning. In the Tent of Meeting, the area outside the curtain that veils The Testimony, Aaron and his sons will keep this light burning from evening until morning before GOD. This is to be a permanent practice down through the generations for Israelites."

The Vestments

28 1-5 "Get your brother Aaron and his sons from among the Israelites to serve me as priests: Aaron and his sons Nadab, Abihu, Eleazar, Ithamar. Make sacred vestments for your brother Aaron to symbolize glory and beauty. Consult with the skilled craftsmen, those whom I have gifted in this work, and arrange for them to make Aaron's vestments, to set him apart as holy, to act as priest for me. These are the articles of clothing they are to make: Breastpiece, Ephod, robe, woven tunic, turban, sash. They are making holy vestments for your brother Aaron and his sons as they work as priests for me. They will

만들어 주어, 그들이 나를 위해 제사장으로 일하게 하여라. 예복을 만드는 이들은 금실과 청색 실과 자주색 실과 주홍색 실과 가는 모시실로 만들어야 한다."

에봇

6-14 "숙련된 장인을 시켜, 금실과 청색 실과 자주색 실과 주홍색 실과 가늘게 꼰 모시실로 에봇을 만들게 하여라. 에봇은 양쪽 끝에 멜빵을 달아서 조일 수 있게 만들어라. 에봇 위에 매는 장식 허리띠는 에봇과 같은 재질로 만들되, 금실과 청색 실과 자주색 실과 주홍색 실과 가늘게 꼰 모시실로 만들고, 에봇에 이어 붙여 하나가 되게 해야 한다. 마노 보석 두 개를 가져다가 거기에 이스라엘의 아들들 이름을 태어난 순서에 따라 새겨 넣어라. 보석 하나에 여섯 명의 이름을 새기고, 다른 보석에 나머지 여섯 명의 이름을 새겨라. 보석 세공사가 인장을 새기듯이, 두 보석에 이스라엘의 아들들 이름을 새겨 넣어라. 그런 다음 그 두 보석을 세공한 금테에 물려라. 그 두 보석은 이스라엘 자손을 기념하는 보석이니 에봇의 양쪽 멜빵에 달아라. 아론이 이 이름들을 양 어깨에 짊어지고 하나님 앞에서 기념이 되게 할 것이다. 또 세공한 금테를 만들어라. 순금으로 사슬 두 개를 만들어 새끼줄처럼 꼰 다음, 그 꼰 사슬을 그 테에 달아라."

가슴받이

15-20 "이제 에봇을 만들 때와 마찬가지로, 숙련된 장인들을 동원하여 판결 가슴받이를 만들어라. 금실과 청색 실과 자주색 실과 주홍색 실과 가늘게 꼰 모시실을 사용하여 가로와 세로가 23센티미터인 정사각형 모양으로 두 겹이 되게 만들어라. 거기에 값진 보석을 네 줄로 박아 넣어라.

need gold; blue, purple, and scarlet material; and fine linen.

The Ephod

6-14 "Have the Ephod made from gold; blue, purple, and scarlet material; and fine twisted linen by a skilled craftsman. Give it two shoulder pieces at two of the corners so it can be fastened. The decorated band on it is to be just like it and of one piece with it: made of gold; blue, purple, and scarlet material; and of fine twisted linen. Next take two onyx stones and engrave the names of the sons of Israel on them in the order of their birth, six names on one stone and the remaining six on the other. Engrave the names of the sons of Israel on the two stones the way a jeweler engraves a seal. Then mount the stones in settings of filigreed gold. Fasten the two stones on the shoulder pieces of the Ephod—they are memorial stones for the Israelites. Aaron will wear these names on his shoulders as a memorial before GOD. Make the settings of gold filigree. Make two chains of pure gold and braid them like cords, then attach the corded chains to the settings.

The Breastpiece

15-20 "Now make a Breastpiece of Judgment, using skilled craftsmen, the same as with the Ephod. Use gold; blue, purple, and scarlet material; and fine twisted linen. Make it nine inches square and folded double. Mount four rows of precious gemstones on it.

첫째 줄에는 홍옥수와 황옥과 취옥을
둘째 줄에는 홍옥과 청보석과 수정을
셋째 줄에는 청옥과 마노와 자수정을
넷째 줄에는 녹주석과 얼룩 마노와
벽옥을 박아 넣어라.

20-21 이 보석들을 세공한 금테에 물려
라. 열두 보석은 이스라엘의 아들들의
수대로 열둘이다. 인장을 새기듯이 보
석마다 각 사람의 이름을 새겨 넣어 열
두 지파를 나타내게 하여라.

22-28 가슴받이를 매달 사슬은 순금으
로 새끼줄처럼 꼬아서 만들어라. 금고
리 두 개를 만들어 가슴받이 양쪽 끝에
달고, 금줄 두 개를 가슴받이 양쪽 끝에
달려 있는 고리에 매어라. 그런 다음 그
금줄의 다른 두 끝을 두 개의 테에 매고,
그것들을 에봇 멜빵 앞에 달아라. 또 금
고리 두 개를 만들어서 가슴받이 양 끝,
곧 에봇과 만나는 가슴받이 안쪽 가장
자리에 달아라. 그런 다음 금고리 두 개
를 더 만들어서 에봇의 앞쪽 두 멜빵 아
랫부분, 곧 장식 허리띠 위쪽 이음매 곁
에 달아라. 청색 줄로 가슴받이 고리와
에봇 고리를 이어 가슴받이를 고정시켜
서, 가슴받이가 에봇의 장식 허리띠 위
에 튼튼하게 붙어 늘어지지 않게 하여
라.

29-30 아론이 성소에 들어갈 때마다 판
결 가슴받이에 새긴 이스라엘의 아들들
이름을 가슴에 달고 **하나님** 앞으로 들
어가 기념이 되게 하여라. 판결 가슴받
이 안에 우림과 둠밈을 넣어라. 아론이
하나님 앞으로 들어갈 때, 그것들이 그
의 가슴에 있어야 한다. 이렇게 아론은
늘 판결 가슴받이를 지니고 **하나님** 앞
으로 들어가야 한다."

First row: carnelian, topaz, emerald.
Second row: ruby, sapphire, crystal.
Third row: jacinth, agate, amethyst.
Fourth row: beryl, onyx, jasper.

20-21 "Set them in gold filigree. The twelve
stones correspond to the names of the Israel-
ites, with twelve names engraved, one on
each, as on a seal for the twelve tribes.

22-28 "Then make braided chains of pure gold
for the Breastpiece, like cords. Make two rings
of gold for the Breastpiece and fasten them to
the two ends. Fasten the two golden cords to
the rings at the ends of the Breastpiece. Then
fasten the other ends of the two cords to the
two settings of filigree, attaching them to the
shoulder pieces of the Ephod in front. Then
make two rings of gold and fasten them to the
two ends of the Breastpiece on its inside edge
facing the Ephod. Then make two more rings
of gold and fasten them in the front of the
Ephod to the lower part of the two shoulder
pieces, near the seam above the decorated
band. Fasten the Breastpiece in place by
running a cord of blue through its rings to the
rings of the Ephod so that it rests secure on
the decorated band of the Ephod and won't
come loose.

29-30 "Aaron will regularly carry the names
of the sons of Israel on the Breastpiece of
Judgment over his heart as he enters the
Sanctuary into the presence of GOD for
remembrance. Place the Urim and Thummim
in the Breastpiece of Judgment. They will
be over Aaron's heart when he enters the
presence of GOD. In this way Aaron will
regularly carry the Breastpiece of Judgment
into the presence of GOD.

겉옷

31-35 "에봇에 받쳐 입을 겉옷을 청색으로 만들되, 머리를 넣을 수 있도록 가운데에 구멍을 내고, 그 구멍의 둘레를 감침질하여 찢어지지 않게 하여라. 겉옷 하단의 가장자리에는 청색 실과 자주색 실과 주홍색 실로 석류 모양의 술을 만들어 달고, 그 사이사이에 금방울을 달아라. 방울 하나 석류 하나, 또 방울 하나 석류 하나를 다는 식으로, 겉옷 하단의 가장자리를 돌아가며 방울과 석류를 번갈아 달면 된다. 아론이 제사장 직무를 수행할 때는 이 옷을 입어야 한다. 성소에 들어가서 **하나님** 앞으로 들어갔다가 나올 때 방울소리가 울리면, 그는 죽지 않을 것이다."

두건, 속옷, 속바지

36-38 "순금으로 패를 만들어라. 그 위에, 인장을 새기듯이 '하나님께 거룩'이라고 새겨라. 그 패를 청색 끈에 매어 두건 앞쪽에 달아라. 그 패는 아론의 이마에 달려 있어야 한다. 이스라엘 자손이 거룩하게 구별하여 드리는 거룩한 예물과 관련된 죄를 아론이 담당하게 하여라. 그 패가 늘 아론의 이마에 달려 있으면, 예물이 **하나님** 앞에서 기꺼이 받아들여질 것이다.

39-41 가는 모시실로 속옷을 지어라. 가는 모시실로 두건을 만들어라. 허리띠는 수놓는 사람이 만들어야 한다. 아론의 아들들이 입을 속옷과 허리띠와 관을 만들어 영광과 아름다움을 나타내게 하여라. 네 형 아론과 그의 아들들에게 그것들을 입혀라. 그들의 머리에 기름을 부어 제사장으로 세우고, 거룩하게 구별하여 나를 섬기는 제사장의 일을 하게 하여라.

42-43 허리에서 넓적다리까지 덮는 속바지를 모시실로 만들어라. 아론과 그의 아들들이 회막에 들어가거나 성소에서 섬기기 위

The Robe

31-35 "Make the robe for the Ephod entirely of blue, with an opening for the head at the center and a hem on the edge so that it won't tear. For the edge of the skirts make pomegranates of blue, purple, and scarlet material all around and alternate them with bells of gold—gold bell and pomegranate, gold bell and pomegranate—all around the hem of the robe. Aaron has to wear it when he does his priestly work. The bells will be heard when he enters the Holy Place and comes into the presence of GOD, and again when he comes out so that he won't die.

The Turban, Tunic, Underwear

36-38 "Make a plate of pure gold. Engrave on it as on a seal: 'Holy to GOD.' Tie it with a blue cord to the front of the turban. It is to rest there on Aaron's forehead. He'll take on any guilt involved in the sacred offerings that the Israelites consecrate, no matter what they bring. It will always be on Aaron's forehead so that the offerings will be acceptable before GOD.

39-41 "Weave the tunic of fine linen. Make the turban of fine linen. The sash will be the work of an embroiderer. Make tunics, sashes, and hats for Aaron's sons to express glory and beauty. Dress your brother Aaron and his sons in them. Anoint, ordain, and consecrate them to serve me as priests.

42-43 "Make linen underwear to cover their nakedness from waist to thigh. Aaron and his sons must wear it whenever they enter the Tent of Meeting or approach the Altar

해 제단으로 나아갈 때는 반드시 그 옷을 입어야 한다. 그래야 죄를 지어 죽는 일이 없게 된다. 이것은 아론과 그의 후손 제사장들이 지켜야 할 영원한 규례다."

제사장 위임식

29 ¹⁻⁴ "그들을 거룩하게 구별하여 제사장으로 세우는 의식은 이러하다. 수송아지 한 마리와 숫양 두 마리를 건강하고 흠 없는 것으로 골라라. 빵과 기름을 섞어 만든 과자와 기름을 바른 속 빈 과자를 고운 밀가루로 만들되, 누룩은 넣지 마라. 그것들을 한 바구니에 담아 수송아지와 숫양 두 마리와 함께 가져오너라. 아론과 그의 아들들을 회막 입구로 데려와서 물로 씻겨라.

⁵⁻⁹ 예복을 가져와서 아론에게 속옷과 에봇 아래 받쳐 입는 겉옷과 에봇과 가슴받이를 입히고, 수놓은 허리띠로 에봇을 매게 하여라. 그의 머리에 두건을 씌우고 두건 위에 거룩한 패를 붙여라. 그리고 거룩하게 구별하는 기름을 가져다가 그의 머리에 부어, 그를 거룩하게 구별하여라. 그런 다음 그의 아들들을 데려다가 속옷을 입히고, 아론과 그의 아들들에게 허리띠를 매어 주고, 그들에게 관을 씌워라. 그들의 제사장직을 법으로 확정하여 영원한 것이 되게 하여라.

⁹⁻¹⁴ 너는 아론과 그의 아들들에게 다음과 같은 방식으로 직무를 맡겨라. 수소를 회막으로 끌어다가, 아론과 그의 아들들이 그 수소의 머리에 손을 얹게 한 다음, 회막 입구 **하나님** 앞에서 그 수소를 잡아라. 그 수소의 피 얼마를 받아다가 손가락으로 제단 뿔에 바르고, 나머지 피는 제단 밑에 부어라. 그런 다음 내장을 덮은 모든 지방과, 간과 두 콩팥에 붙은 지방을 떼어내어 제단 위에서 불살라라. 그러나 그 수

to minister in the Holy Place so that they won't incur guilt and die. This is a permanent rule for Aaron and all his priest-descendants."

Consecration of Priests

29 ¹⁻⁴ "This is the ceremony for consecrating them as priests. Take a young bull and two rams, healthy and without defects. Using fine wheat flour but no yeast make bread and cakes mixed with oil and wafers spread with oil. Place them in a basket and carry them along with the bull and the two rams. Bring Aaron and his sons to the entrance of the Tent of Meeting and wash them with water.

⁵⁻⁹ "Then take the vestments and dress Aaron in the tunic, the robe of the Ephod, the Ephod, and the Breastpiece, belting the Ephod on him with the embroidered waistband. Set the turban on his head and place the sacred crown on the turban. Then take the anointing oil and pour it on his head, anointing him. Then bring his sons, put tunics on them and gird them with sashes, both Aaron and his sons, and set hats on them. Their priesthood is upheld by law and is permanent.

⁹⁻¹⁴ "This is how you will ordain Aaron and his sons: Bring the bull to the Tent of Meeting. Aaron and his sons will place their hands on the head of the bull. Then you will slaughter the bull in the presence of GOD at the entrance to the Tent of Meeting. Take some of the bull's blood and smear it on the horns of the Altar with your finger; pour the rest of the blood on the base of the Altar. Next take all the fat that covers the innards, fat from around the liver and the two kidneys, and burn it on the Altar. But the flesh of the bull, including its hide and

소의 고기와 가죽과 똥은 진 밖에서 태워 버려라. 이것이 바로 속죄 제사다.

15-18 또 숫양 한 마리를 끌어다가, 아론과 그의 아들들이 그 숫양의 머리에 손을 얹게 한 다음, 그 숫양을 잡고 피를 받아서 제단 사면에 뿌려라. 그 숫양의 각을 뜨고 내장과 다리는 씻어서 여러 부위의 고기와 머리와 함께 모아 두고, 그 숫양을 제단 위에서 송두리째 불살라라. 이것이 **하나님**에게 바치는 번제요, 향기로운 냄새며, **하나님**에게 불살라 바치는 제사다.

19-21 다시 숫양 한 마리를 끌어다가, 아론과 그의 아들들이 그 숫양의 머리에 손을 얹게 한 다음, 그 숫양을 잡고 피 얼마를 받아서 아론의 오른쪽 귓불과 그의 아들들의 오른쪽 귓불에 바르고, 그들의 오른손 엄지손가락과 오른발 엄지발가락에도 발라라. 남은 피는 제단 사면에 뿌려라. 또 제단 위에 있는 피를 가져다가 거룩하게 구별하는 기름과 섞어 아론과 그의 옷에 뿌리고, 그의 아들들과 그들의 옷에도 뿌려라. 그러면 아론과 그의 옷과 그의 아들들과 그들의 옷이 거룩하게 될 것이다.

22-23 그 숫양에게서 지방 곧 기름진 꼬리와, 내장을 덮은 지방과, 간을 덮은 껍질과, 두 콩팥과 거기에 붙은 지방을 떼어 내고, 오른쪽 넓적다리를 잘라 내어라. 이것은 제사장 위임식에 쓸 숫양이다. 그리고 **하나님** 앞에 놓인 빵 바구니에서 빵 한 덩이와 기름을 섞어 만든 과자 한 개와 속빈 과자 한 개를 가져오너라.

24-25 너는 이 모든 것을 아론과 그 아들들의 손에 얹어 주어, 그것을 **하나님** 앞에서 흔들게 하여, 흔들어 바치는 제물로 드리게 하여라. 그런 다음 그들의 손에서 그것을 받아다가 제단 위에 놓고 번제물과 함께 불살라라. 이것은 **하나님** 앞에 향기로운 냄새요, **하나님**에게 바치는 제물이다.

dung, you will burn up outside the camp. It is an Absolution-Offering.

15-18 "Then take one of the rams. Have Aaron and his sons place their hands on the head of the ram. Slaughter the ram and take its blood and throw it against the Altar, all around. Cut the ram into pieces; wash its innards and legs, then gather the pieces and its head and burn the whole ram on the Altar. It is a Whole-Burnt-Offering to GOD, a pleasant fragrance, an offering by fire to GOD.

19-21 "Then take the second ram. Have Aaron and his sons place their hands on the ram's head. Slaughter the ram. Take some of its blood and rub it on Aaron's right earlobe and on the right earlobes of his sons, on the thumbs of their right hands and on the big toes of their right feet. Sprinkle the rest of the blood against all sides of the Altar. Then take some of the blood that is on the Altar, mix it with some of the anointing oil, and splash it on Aaron and his clothes and on his sons and their clothes so that Aaron and his clothes and his sons and his sons' clothes will be made holy.

22-23 "Take the fat from the ram, the fat tail, the fat that covers the innards, the long lobe of the liver, the two kidneys and the fat on them, and the right thigh: this is the ordination ram. Also take one loaf of bread, an oil cake, and a wafer from the breadbasket that is in the presence of GOD.

24-25 "Place all of these in the open hands of Aaron and his sons who will wave them before GOD, a Wave-Offering. Then take them from their hands and burn them on the Altar with the Whole-Burnt-Offering—a pleasing fragrance before GOD, a gift to GOD.

26 아론의 위임식 제물인 숫양의 가슴을 가져다가 흔들어 바치는 제물로 하나님 앞에서 흔들어 바쳐라. 그것은 네 몫이 될 것이다.

27-28 아론과 그 아들들의 위임식 제물인 숫양의 고기 가운데서 흔들어 바친 가슴과 들어 올려 바친 넓적다리를 거룩하게 구별하여라. 아론과 그의 아들들은 이 제물을 이스라엘 자손에게서 영원토록 받게 될 것이다. 이스라엘 자손은 화목 제물 가운데서 이 제물을 정기적으로 바쳐야 한다.

29-30 아론의 거룩한 예복은 그의 후손에게 물려주어, 그들이 그 옷을 입고 기름부음을 받아 제사장직을 위임받게 하여라. 아론의 뒤를 이어 제사장이 될 아들은, 칠일 동안 그 옷을 입고 회막에 들어가 성소에서 섬겨야 한다.

31-34 위임식 제물로 바친 숫양을 가져다가 그 고기를 성소에서 삶아라. 아론과 그의 아들들은 회막 입구에서 그 삶은 고기와 바구니에 든 빵을 먹어야 한다. 이 제물로 인해 속죄받고 제사장으로 위임받아 거룩하게 구별되었으니, 그들만이 그 제물을 먹을 수 있다. 그 제물은 거룩한 것이므로 다른 사람은 먹을 수 없다. 위임식 제물로 바친 숫양이나 빵이 이튿날 아침까지 남아 있거든 태워 버려야 한다. 그것은 거룩한 것이니, 다른 사람은 먹지 마라.

35-37 내가 너에게 명령한 모든 것을 행하여 아론과 그 아들들을 위한 위임식을 칠일 동안 행하여라. 날마다 수소 한 마리를 속죄를 위한 속죄 제물로 바쳐라. 제단을 위한 속죄 제물은 제단 위에 바치고, 그것에 기름을 부어 거룩하게 구별하여라. 너는 칠일 동안 제단을 위해 속죄하여 제단을 거룩하게 구별하여라. 그러면 제단에 거룩함이 속속들이 스며들게 되어, 그 제

26 "Now take the breast from Aaron's ordination ram and wave it before GOD, a Wave-Offering. That will be your portion.

27-28 "Consecrate the Wave-Offering breast and the thigh that was held up. These are the parts of the ordination ram that are for Aaron and his sons. Aaron and his sons are always to get this offering from the Israelites; the Israelites are to make this offering regularly from their Peace-Offerings.

29-30 "Aaron's sacred garments are to be handed down to his descendants so they can be anointed and ordained in them. The son who succeeds him as priest is to wear them for seven days and enter the Tent of Meeting to minister in the Holy Place.

31-34 "Take the ordination ram and boil the meat in the Holy Place. At the entrance to the Tent of Meeting, Aaron and his sons will eat the boiled ram and the bread that is in the basket. Atoned by these offerings, ordained and consecrated by them, they are the only ones who are to eat them. No outsiders are to eat them; they're holy. Anything from the ordination ram or from the bread that is left over until morning you are to burn up. Don't eat it; it's holy.

35-37 "Do everything for the ordination of Aaron and his sons exactly as I've commanded you throughout the seven days. Offer a bull as an Absolution-Offering for atonement each day. Offer it on the Altar when you make atonement for it: Anoint and consecrate it. Make atonement for the Altar and consecrate it for seven days; the Altar will become soaked in holiness—anyone who so much as touches the Altar will become holy.

38-41 "This is what you are to offer on the Altar:

단을 만지는 사람도 거룩하게 될 것이다.

38-41 제단 위에 바쳐야 할 것은 이러하다. 일 년 된 어린양 두 마리를 날마다 바치되, 어린 양 한 마리는 아침에 바치고 다른 어린양 한 마리는 저녁에 바쳐라. 첫 번째 어린양 제물 을 바칠 때, 고운 밀가루 2리터에 깨끗한 올 리브기름 1리터를 섞어 바치고, 포도주 1리 터는 부어 드리는 제물로 바쳐라. 저녁에 두 번째 어린양 제물을 바칠 때도 아침 제사 때 와 같은 곡식 제물과 부어 드리는 제물을 바 쳐야 한다. 이것은 향기로운 냄새요, **하나님** 에게 바치는 제물이다.

42-46 이것은 너희가 대대로 회막 입구에서 매일 **하나님** 앞에 바쳐야 하는 번제다. 내가 거기서 너희를 만나고, 거기서 너희와 이야 기하겠다. 나의 영광으로 거룩하게 된 그곳 에서 내가 이스라엘 자손을 만날 것이다. 내 가 회막과 제단을 거룩하게 하겠다. 내가 아 론과 그의 아들들을 거룩하게 하여 나를 섬 기는 제사장으로 삼겠다. 내가 이스라엘 자 손 가운데로 들어가 그들과 함께 살 것이다. 내가 그들의 하나님이 될 것이다. 그들은, 내 가 그들과 함께 살려고 그들을 이집트 땅에 서 이끌어 낸 그들의 **하나님**인 것을 깨닫게 될 것이다. 나는 **하나님** 너희의 하나님이다."

분향단

30 1-5 "분향할 제단을 만들어라. 그 것을 아카시아나무로 만들되, 가 로와 세로가 45센티미터인 정사각형 모양이 되게 하고, 높이는 90센티미터로 하며, 제 단과 네 뿔이 하나로 이어지게 하여라. 분향 단의 윗면과 네 옆면과 뿔에 순금을 입히고, 그 둘레에 금테를 두르고, 금테 밑에 금고리 두 개를 만들어 달아라. 두 개의 고리를 분 향단 양쪽 옆에 달아서 채를 꿰어 들 수 있 게 하여라. 채는 아카시아나무로 만들어 금 을 입혀라.

two year-old lambs each and every day, one lamb in the morning and the second lamb at evening. With the sacrifice of the first lamb offer two quarts of fine flour with a quart of virgin olive oil, plus a quart of wine for a Drink-Offering. The sacrifice of the second lamb, the one at evening, is also to be accompanied by the same Grain-Offering and Drink-Offering of the morning sacrifice to give a pleasing fragrance, a gift to GOD.

42-46 "This is to be your regular, daily Whole-Burnt-Offering before GOD, generation after generation, sacrificed at the entrance of the Tent of Meeting. That's where I'll meet you; that's where I'll speak with you; that's where I'll meet the Israelites, at the place made holy by my Glory. I'll make the Tent of Meeting and the Altar holy. I'll make Aaron and his sons holy in order to serve me as priests. I'll move in and live with the Israelites. I'll be their God. They'll realize that I am their GOD who brought them out of the land of Egypt so that I could live with them. I am GOD, *your* God."

The Altar of Incense

30 1-5 "Make an Altar for burning incense. Construct it from acacia wood, one and one-half feet square and three feet high with its horns of one piece with it. Cover it with a veneer of pure gold, its top, sides, and horns, and make a gold molding around it with two rings of gold beneath the molding. Place the rings on the two opposing sides to serve as holders for poles by which it will be carried. Make

6-10 그 분향단을 증거궤를 가리는 휘장 앞, 곧 증거판 위에 있는 속죄판 앞에 놓아두어라. 그 속죄판에서 내가 너를 만나겠다. 아론은 그 분향단 위에다 향기로운 향을 피워야 하는데, 매일 아침 등잔을 손질할 때마다 피우고 저녁에 등불을 밝힐 준비를 할 때도 향을 피워야 한다. 그리하여 대대로 하나님 앞에서 향이 피어오르게 해야 한다. 이 분향단 위에 부정한 향이나 번제물이나 곡식 제물을 올려놓고 태워서는 안되며, 그 위에 부어 드리는 제물을 부어서도 안된다. 아론은 일 년에 한 차례 분향단의 뿔을 깨끗하게 하되, 매년 속죄 제물의 피로 이 단을 속죄해야 한다. 너는 대대로 이렇게 해야 한다. 이것은 하나님에게 지극히 거룩한 것이다."

속죄세

11-16 하나님께서 모세에게 말씀하셨다. "네가 이스라엘 자손의 수를 세어 조사할 때, 인구조사를 받는 모든 사람은 자기 목숨 값으로 속죄세를 하나님에게 바쳐야 한다. 그래야 인구조사를 할 때 나쁜 일이 일어나지 않을 것이다. 누구든지 인구조사를 받는 사람은 (성소 표준 세겔로 무게가 6그램 정도 되는) 반 세겔을 내야 한다. 이 반 세겔은 하나님에게 바치는 예물이다. 스무 살 이상으로 인구조사를 받는 모든 사람은 하나님에게 예물을 바쳐야 한다. 너희 목숨에 대한 속죄세를 하나님에게 바칠 때, 부유한 사람이라고 해서 반 세겔보다 더 많이 내서도 안되고 가난한 사람이라고 해서 더 적게 내서도 안된다. 너는 이스라엘 자손에게서 속죄세를 받아 장막을 유지하는 비용으로 충당하여라. 그것은 이스라엘 자손이 하나님에

the poles of acacia wood and cover them with a veneer of gold.

6-10 "Place the Altar in front of the curtain that hides the Chest of The Testimony, in front of the Atonement-Cover that is over The Testimony where I will meet you. Aaron will burn fragrant incense on it every morning when he polishes the lamps, and again in the evening as he prepares the lamps for lighting, so that there will always be incense burning before GOD, generation after generation. But don't burn on this Altar any unholy incense or Whole-Burnt-Offering or Grain-Offering. And don't pour out Drink-Offerings on it. Once a year Aaron is to purify the Altar horns. Using the blood of the Absolution-Offering of atonement, he is to make this atonement every year down through the generations. It is most holy to GOD."

The Atonement-Tax

11-16 GOD spoke to Moses: "When you take a head count of the Israelites to keep track of them, all must pay an atonement-tax to GOD for their life at the time of being registered so that nothing bad will happen because of the registration. Everyone who gets counted is to give a half-shekel (using the standard Sanctuary shekel of a fifth of an ounce to the shekel)—a half-shekel offering to GOD. Everyone counted, age twenty and up, is to make the offering to GOD. The rich are not to pay more nor the poor less than the half-shekel offering to GOD, the atonement-tax for your lives. Take the atonement-tax money from the Israelites and put it to the maintenance of the Tent of Meeting. It will be a memorial fund for the Israelites in honor of GOD, making atonement for your lives."

게 경의를 표하여 기념물로 드리는 기금, 너희 목숨을 속죄하는 기금이 될 것이다."

대야

17-21 **하나님**께서 모세에게 말씀하셨다. "너는 대야와 그 받침대를 청동으로 만들어라. 그것을 회막과 제단 사이에 놓고, 거기에 물을 담아라. 아론과 그의 아들들이 그 물로 손과 발을 씻을 것이다. 그들이 회막에 들어갈 때나 제단 가까이 가서 섬기거나 **하나님**에게 예물을 바칠 때, 물로 씻어야 죽지 않을 것이다. 그들이 손과 발을 씻어야 죽지 않을 것이다. 이것은 아론과 그의 아들들이 대대로 지켜야 할 영원한 규례다."

거룩하게 구별하는 기름

22-25 **하나님**께서 모세에게 말씀하셨다. "너는 가장 좋은 향료를 취하여라. 성소 표준 도량형으로 액체 몰약은 5.5킬로그램, 향기로운 육계는 그 절반 정도인 2.75킬로그램, 향기로운 향초 줄기는 2.75킬로그램, 계피는 5.5킬로그램을 마련하고, 올리브기름도 4리터 마련하여라. 이것들을 향을 제조하는 사람이 하는 것처럼 잘 혼합하여, 거룩하게 구별하는 기름을 만들어라.

26-29 그것을 회막과 증거궤와, 상과 거기에 딸린 모든 기구와, 등잔대와 거기에 딸린 기구와, 분향단과, 번제단과 거기에 딸린 모든 기구와, 대야와 그 받침대에 발라라. 그것들을 거룩하게 구별하여 그 안에 거룩함이 속속들이 스며들게 하여라. 그러면 그것을 만지는 사람도 누구나 거룩하게 될 것이다.

30-33 그런 다음 아론과 그의 아들들에게 기름을 부어라. 그들을 거룩하게 구별하여 나를 섬기는 제사장으로 세워라. 너는 이스라엘 자손에게 이렇게 일러 주어라. '이것

The Washbasin

17-21 GOD spoke to Moses: "Make a bronze Washbasin; make it with a bronze base. Place it between the Tent of Meeting and the Altar. Put water in it. Aaron and his sons will wash their hands and feet in it. When they enter the Tent of Meeting or approach the Altar to serve there or offer gift offerings to GOD, they are to wash so they will not die. They are to wash their hands and their feet so they will not die. This is the rule forever, for Aaron and his sons down through the generations."

Holy Anointing Oil

22-25 GOD spoke to Moses: "Take the best spices: twelve and a half pounds of liquid myrrh; half that much, six and a quarter pounds, of fragrant cinnamon; six and a quarter pounds of fragrant cane; twelve and a half pounds of cassia—using the standard Sanctuary weight for all of them—and a gallon of olive oil. Make these into a holy anointing oil, a perfumer's skillful blend.

26-29 "Use it to anoint the Tent of Meeting, the Chest of The Testimony, the Table and all its utensils, the Lampstand and its utensils, the Altar of Incense, the Altar of Whole-Burnt-Offerings and all its utensils, and the Washbasin and its base. Consecrate them so they'll be soaked in holiness, so that anyone who so much as touches them will become holy.

30-33 "Then anoint Aaron and his sons. Consecrate them as priests to me. Tell the Israelites, 'This will be my holy anointing oil throughout your generations.' Don't pour it on ordinary men. Don't copy this mixture to

은 너희 대대로 내게 거룩하게 구별하는 기름이 될 것이다.' 그 기름을 일반인에게 붓지 마라. 너희 몸에 쓰려고 이 혼합법을 모방하지도 마라. 그것은 거룩한 것이니, 거룩하게 다루어라. 그 혼합법을 모방하거나 그 기름을 일반인에게 붓는 사람은 누구든지 추방될 것이다."

거룩한 향

34-38 하나님께서 모세에게 말씀하셨다. "너는 향기로운 향료들, 곧 소합향과 나감향과 풍자향을 가져다가, 거기에 순수한 유향을 섞어라. 향 제조하는 법에 따라 그 향료들을 같은 비율로 섞어 향기로운 향을 만들고, 소금을 쳐서 깨끗하고 거룩하게 만들어라. 그 가운데 일부를 곱게 빻아서, 그 가루 가운데 일부를 내가 너와 만날 회막 안 증거궤 앞에 놓아라. 그곳은 너희에게 가장 거룩한 곳이 될 것이다. 너희가 이 향을 만들 때, 사사로이 쓰려고 그 혼합법을 모방해서는 안된다. 그 향은 하나님에게 거룩한 것이니, 거룩하게 다루어라. 사적인 용도로 그 혼합법을 모방하는 사람은 누구든지 추방될 것이다."

브살렐과 오홀리압

31 1-5 하나님께서 모세에게 말씀하셨다. "내가 한 일을 보아라. 내가 유다 지파 사람 훌의 손자이며 우리의 아들인 브살렐을 직접 뽑았다. 내가 그에게 하나님의 영을 가득 채워 주었고, 문양을 그리고 금과 은과 동으로 만들고 보석을 깎아 물리고 나무를 조각하는 등, 온갖 공예에 필요한 솜씨와 지식과 기술을 주었다. 그는 탁월한 장인이다.

6-11 또한 내가 단 지파 사람 아히사막의 아들 오홀리압을 그에게 붙여 주어 함께 일하게 했다. 내가 공예에 재능이 있는 모든 사람에게 기술을 주어, 내가 너에게 명령한 모

use for yourselves. It's holy; keep it holy. Whoever mixes up anything like it, or puts it on an ordinary person, will be expelled."

Holy Incense

34-38 GOD spoke to Moses: "Take fragrant spices—gum resin, onycha, galbanum—and add pure frankincense. Mix the spices in equal proportions to make an aromatic incense, the art of a perfumer, salted and pure—holy. Now crush some of it into powder and place some of it before The Testimony in the Tent of Meeting where I will meet with you; it will be for you the holiest of holy places. When you make this incense, you are not to copy the mixture for your own use. It's holy to GOD; keep it that way. Whoever copies it for personal use will be excommunicated."

Bezalel and Oholiab

31 1-5 GOD spoke to Moses: "See what I've done; I've personally chosen Bezalel son of Uri, son of Hur of the tribe of Judah. I've filled him with the Spirit of God, giving him skill and know-how and expertise in every kind of craft to create designs and work in gold, silver, and bronze; to cut and set gemstones; to carve wood—he's an all-around craftsman.

6-11 "Not only that, but I've given him Oholiab, son of Ahisamach of the tribe of Dan, to work with him. And to all who have an aptitude for crafts I've given the skills to make all the things I've commanded you: the Tent of Meeting, the Chest of The Testimony and its Atonement-Cover, all

든 것을 만들게 하겠다. 곧 회막과 증거궤
와 그 위에 덮을 속죄판과, 회막의 모든
기구와, 상과 거기에 딸린 모든 기구와,
순금 등잔대와 거기에 딸린 모든 기구와,
분향단과, 번제단과 거기에 딸린 모든 기
구와, 대야와 그 받침대와, 예복과 제사장
아론과 그의 아들들이 제사장 직무를 행
할 때 입을 거룩한 예복과, 거룩하게 구별
하는 기름과, 성소에서 쓸 향기로운 향을
만들게 하겠다. 그들이 이 모든 것을 내가
네게 명령한 대로 만들 것이다."

나의 안식일을 지켜라

12-17 하나님께서 모세에게 말씀하셨다.
"너는 이스라엘 자손에게 이렇게 전하여
라. '너희는 그 무엇보다 나의 안식일을
지켜라. 안식일은 내가 너희를 거룩하게
하는 하나님인 것을 생생히 알리려고 나
와 너희 사이에 대대로 세운 표징이다.
안식일은 너희에게 거룩한 날이니, 너희
는 안식일을 지켜라. 누구든지 안식일을
더럽히는 자는 반드시 죽임을 당할 것이
다. 누구든지 안식일에 일하는 자는 백성
가운데서 추방될 것이다. 육 일 동안은
일할 것이나, 일곱째 날은 안식일이다.
순전한 안식의 날, 하나님에게 거룩한 날
이다. 누구든지 안식일에 일하는 자는 반
드시 죽임을 당할 것이다. 이스라엘 자손
은 안식일을 변함없는 언약으로 삼아 대
대로 지켜야 한다. 이것은 나와 이스라엘
자손 사이에 세워진 영원한 표징이다. 하
나님이 육 일 동안 하늘과 땅을 만들고,
일곱째 날에는 쉬면서 숨을 돌렸기 때문
이다.'"

18 하나님께서 시내 산에서 모세와 이야
기를 마치고, 손가락으로 돌판에 쓰신
두 증거판을 모세에게 주셨다.

the implements for the Tent, the Table and its
implements, the pure Lampstand and all its
implements, the Altar of Incense, the Altar of
Whole-Burnt-Offering and all its implements,
the Washbasin and its base, the official
vestments, the holy vestments for Aaron the
priest and his sons in their priestly duties, the
anointing oil, and the aromatic incense for the
Holy Place—they'll make everything just the
way I've commanded you."

Sabbath

12-17 GOD spoke to Moses: "Tell the Israel-
ites, 'Above all, keep my Sabbaths, the
sign between me and you, generation after
generation, to keep the knowledge alive that
I am the GOD who makes you holy. Keep the
Sabbath; it's holy to you. Whoever profanes it
will most certainly be put to death. Whoever
works on it will be excommunicated from
the people. There are six days for work but
the seventh day is Sabbath, pure rest, holy to
GOD. Anyone who works on the Sabbath will
most certainly be put to death. The Israelites
will keep the Sabbath, observe Sabbath-keep-
ing down through the generations, as a
standing covenant. It's a fixed sign between
me and the Israelites. Yes, because in six days
GOD made the Heavens and the Earth and on
the seventh day he stopped and took a long,
deep breath.'"

18 When he finished speaking with him on
Mount Sinai, he gave Moses two tablets of
Testimony, slabs of stone, written with the
finger of God.

우리를 위해 신을 만들어 주십시오

32

¹ 백성은 모세가 영원히 산에서 내려오지 않을 것이라 생각하고서 아론에게 몰려가 말했다. "어떻게 좀 해보십시오. 우리를 이끌어 줄 신을 만들어 주십시오. 우리를 이집트에서 데리고 나온 저 모세라는 사람이, 도대체 어찌 되었는지 모르겠습니다."

2-4 아론이 그들에게 말했다. "여러분의 아내와 아들딸들의 귀에서 금고리를 빼서 내게 가져오시오." 모든 백성이 귀에서 금고리를 빼서 아론에게 가져왔다. 아론이 그들의 손에서 받은 금을 가지고 그것을 주조하여 송아지 형상을 만들었다.

백성의 반응이 뜨거웠다. "오 이스라엘아, 이 신이 너희를 이집트에서 이끌어 낸 너희의 신이다!"

5 아론은 사태를 파악하고서, 송아지 형상 앞에 제단을 쌓았다.

그런 다음 이렇게 선언했다. "내일은 **하나님**께 드리는 절기입니다!"

6 이튿날 이른 아침, 백성이 일어나서 번제와 화목제를 드렸다. 백성이 앉아서 먹고 마시다가 파티를 벌이기 시작했다. 그것은 급기야 난잡한 파티로 변질되고 말았다!

7-8 **하나님**께서 모세에게 말씀하셨다. "가거라! 내려가거라! 네가 이집트 땅에서 이끌어 낸 네 백성이 타락하고 말았다. 그들이 순식간에 내가 명령한 길에서 벗어나 송아지 형상을 만들어 숭배했다. 그들이 송아지 형상에게 제물을 바치고, '오 이스라엘아, 이 신이 너희를 이집트에서 이끌어 낸 너희의 신이다!' 하고 말했다."

9-10 **하나님**께서 모세에게 말씀하셨다. "내가 이 백성을 보니, 참으로 고집이 세고 목이 뻣뻣한 백성이구나! 이제 너는 나를 막지 마라. 내가 저들에게 마음껏 진노

"Make Gods for Us"

32

¹ When the people realized that Moses was taking forever in coming down off the mountain, they rallied around Aaron and said, "Do something. Make gods for us who will lead us. That Moses, the man who got us out of Egypt—who knows what's happened to him?"

2-4 So Aaron told them, "Take off the gold rings from the ears of your wives and sons and daughters and bring them to me." They all did it; they removed the gold rings from their ears and brought them to Aaron. He took the gold from their hands and cast it in the form of a calf, shaping it with an engraving tool.

The people responded with enthusiasm: "These are your gods, O Israel, who brought you up from Egypt!"

5 Aaron, taking in the situation, built an altar before the calf.

Aaron then announced, "Tomorrow is a feast day to GOD!"

6 Early the next morning, the people got up and offered Whole-Burnt-Offerings and brought Peace-Offerings. The people sat down to eat and drink and then began to party. It turned into a wild party!

7-8 GOD spoke to Moses, "Go! Get down there! Your people whom you brought up from the land of Egypt have fallen to pieces. In no time at all they've turned away from the way I commanded them: They made a molten calf and worshiped it. They've sacrificed to it and said, 'These are the gods, O Israel, that brought you up from the land of Egypt!'"

9-10 GOD said to Moses, "I look at this people—oh! what a stubborn, hard-headed people! Let

를 터뜨리겠다. 내 진노가 활활 타올라서 저들을 태워 없애 버릴 것이다. 그러나 너는 내가 큰 민족으로 만들겠다."

11-13 모세가 하나님을 진정시키며 아뢰었다. "하나님, 어찌하여 하나님께서 당신의 백성에게 진노를 터뜨리려 하십니까? 하나님께서는 크신 권능과 능력으로 저들을 이집트에서 이끌어 내셨습니다. 그런데 어찌하여 이집트 사람들이 '그 신이 그들에게 악의를 품었군! 그들을 데리고 나간 것이, 결국 그들을 산에서 죽여 지면에서 싹 쓸어 버리기 위해서였다'고 말하게 하려 하십니까? 진노를 거두십시오. 한 번 더 생각하셔서, 당신의 백성에게 불행을 안겨 주는 일을 거두어 주십시오! 당신의 종 아브라함과 이삭과 이스라엘을 기억해 주십시오. 하나님께서 '내가 네 후손을 하늘의 별처럼 많게 하고 그들에게 이 땅을 영원토록 주겠다'고 약속하지 않으셨습니까?"

14 그러자 하나님께서 뜻을 돌이키셨다. 자기 백성에게 내리시려던 재앙을 내리지 않기로 결정하셨다.

15-16 모세가 돌아서서 두 증거판을 손에 들고 산에서 내려왔다. 그 두 돌판의 양면에는 글자가 쓰여 있었다. 그 두 돌판은 하나님께서 만드시고 손수 새겨서 쓰신 것이었다.

17 여호수아가 백성이 시끄럽게 떠드는 소리를 듣고 모세에게 말했다. "진에서 싸우는 소리가 들립니다!"

18 그러나 모세는 이렇게 말했다.

이것은 승전가도 아니고
패전가도 아니다.
내가 듣기에는 백성이 파티를 벌이는 소리다.

me alone now, give my anger free reign to burst into flames and incinerate them. But I'll make a great nation out of you."

11-13 Moses tried to calm his GOD down. He said, "Why, GOD, would you lose your temper with your people? Why, you brought them out of Egypt in a tremendous demonstration of power and strength. Why let the Egyptians say, 'He had it in for them—he brought them out so he could kill them in the mountains, wipe them right off the face of the Earth.' Stop your anger. Think twice about bringing evil against your people! Think of Abraham, Isaac, and Israel, your servants to whom you gave your word, telling them 'I will give you many children, as many as the stars in the sky, and I'll give this land to your children as their land forever.'"

14 And GOD did think twice. He decided not to do the evil he had threatened against his people.

15-16 Moses turned around and came down from the mountain, carrying the two tablets of The Testimony. The tablets were written on both sides, front and back. God made the tablets and God wrote the tablets—engraved them.

17 When Joshua heard the sound of the people shouting noisily, he said to Moses, "That's the sound of war in the camp!"

18 But Moses said,

Those aren't songs of victory,
And those aren't songs of defeat,
I hear songs of people throwing a party.

19-20 정말 그랬다. 모세는 진 가까이 와서 송아지 형상과 백성이 춤추는 모습을 보고 분노가 치밀어 올랐다. 그는 두 돌판을 산 아래로 내던져 산산조각 냈다. 그는 그들이 만든 송아지 형상을 가져다가 불에 녹이고, 가루가 되도록 빻아서 물에 뿌리고는, 이스라엘 자손에게 마시게 했다.

21 모세가 아론에게 말했다. "이 백성이 도대체 형님에게 어떻게 했기에, 형님은 저들을 이토록 엄청난 죄에 빠지게 한 것입니까?"

22-23 아론이 말했다. "주인님, 화내지 마십시오. 당신도 이 백성이 얼마나 악한 것에 마음을 두는지 잘 알지 않습니까. 저들이 나에게 '우리를 이끌어 줄 신을 만들어 주십시오. 우리를 이집트에서 데리고 나온 저 모세라는 사람이, 도대체 어찌 되었는지 모르겠습니다' 하더군요.

24 그래서 내가 '금을 가지고 있는 사람이 있습니까?' 하고 물었습니다. 그랬더니 저들이 자기들의 장신구를 가져와서 내게 주었습니다. 내가 그것을 불에 던졌더니 이 송아지가 나왔습니다."

25-26 모세는 백성이 제멋대로 날뛰는 것을 보았다. 아론이 그들을 제멋대로 굴게 내버려 두어서, 적들 앞에서 조롱거리가 되게 한 것이다. 모세가 진 입구에 자리를 잡고 말했다. "누구든지 **하나님** 편에 설 사람은 나와 함께하시오!" 레위 자손이 모두 모세 앞으로 나아왔다.

27 모세가 그들에게 말했다. "**하나님** 이스라엘의 하나님께서 내리신 명령이오. '너희는 허리에 칼을 차고 진의 한쪽 끝에서 다른 쪽 끝까지 다니면서, 형제와 친구와 이웃들을 죽여라.'"

28 레위 자손이 모세의 명령대로 행했다. 그날 백성 가운데서 삼천 명이 죽임을 당했다.

19-20 And that's what it was. When Moses came near to the camp and saw the calf and the people dancing, his anger flared. He threw down the tablets and smashed them to pieces at the foot of the mountain. He took the calf that they had made, melted it down with fire, pulverized it to powder, then scattered it on the water and made the Israelites drink it.

21 Moses said to Aaron, "What on Earth did these people ever do to you that you involved them in this huge sin?"

22-23 Aaron said, "Master, don't be angry. You know this people and how set on evil they are. They said to me, 'Make us gods who will lead us. This Moses, the man who brought us out of Egypt, we don't know what's happened to him.'

24 "So I said, 'Who has gold?' And they took off their jewelry and gave it to me. I threw it in the fire and out came this calf."

25-26 Moses saw that the people were simply running wild—Aaron had let them run wild, disgracing themselves before their enemies. He took up a position at the entrance to the camp and said, "Whoever is on GOD's side, join me!" All the Levites stepped up.

27 He then told them, "GOD's orders, the God of Israel: 'Strap on your swords and go to work. Crisscross the camp from one end to the other: Kill brother, friend, neighbor.'"

28 The Levites carried out Moses' orders. Three thousand of the people were killed that day.

²⁹ 모세가 말했다. "오늘 여러분은 받은 명령대로 다 행했습니다. 큰 희생을 치르면서 여러분의 아들과 형제들까지 죽였습니다! 하나님께서 여러분에게 복을 주셨습니다."

³⁰ 이튿날 모세가 백성에게 말했다. "여러분은 엄청난 죄를 지었습니다! 행여 하나님께서 여러분의 죄를 깨끗게 해주실지도 모르니, 이제 내가 **하나님**께 올라가려고 합니다."

³¹⁻³² 모세가 **하나님**께 돌아가서 아뢰었다. "참으로 끔찍한 일이 아닐 수 없습니다. 이 백성이 죄를 지었습니다. 그것도 엄청난 죄를 지었습니다! 저들이 자신들을 위해 금으로 신상을 만들었습니다. 하지만 이제 저들의 죄를 용서해 주십시오.……용서하지 않으시려거든, 차라리 주께서 기록하신 책에서 제 이름을 지워 주십시오."

³³⁻³⁴ **하나님**께서 모세에게 말씀하셨다. "나에게 죄를 지은 사람들만 내가 내 책에서 지워 버릴 것이다. 이제 너는 가서, 내가 너에게 말해 준 곳으로 백성을 인도하여라. 보아라, 내 천사가 너보다 앞서 갈 것이다. 그러나 셈을 치르는 날, 내가 반드시 그들의 죄값을 물을 것이다."

³⁵ 백성과 아론이 만든 송아지 형상 때문에 **하나님**께서 백성에게 전염병을 내리셨다.

❧

33

¹⁻³ **하나님**께서 모세에게 말씀하셨다. "이제 가거라. 네가 이집트 땅에서 이끌어 낸 백성과 함께 이곳을 떠나거라. 내가 아브라함과 이삭과 야곱에게 '네 후손에게 주겠다'고 약속한 땅을 향해 가거라. 내가 천사를 너희보다 앞서 보내어, 가나안 사람과 아모리 사람과 헷 사람과 브리스 사람과 히위 사람과 여부스 사람을 몰아내겠다. 그 땅은 젖과 꿀이 흐르는 땅이다. 그러나 나는 너희와 함께하지 않겠다. 너희는 고집이 세고 목이 뻣뻣한 백성이다! 내가 너희와 함

²⁹ Moses said, "You confirmed your ordination today—and at great cost, even killing your sons and brothers! And God has blessed you."

³⁰ The next day Moses addressed the people: "You have sinned an enormous sin! But I am going to go up to GOD; maybe I'll be able to clear you of your sin."

³¹⁻³² Moses went back to GOD and said, "This is terrible. This people has sinned—it's an enormous sin! They made gods of gold for themselves. And now, if you will only forgive their sin...But if not, erase me out of the book you've written."

³³⁻³⁴ GOD said to Moses, "I'll only erase from my book those who sin against me. For right now, you go and lead the people to where I told you. Look, my Angel is going ahead of you. On the day, though, when I settle accounts, their sins will certainly be part of the settlement."

³⁵ GOD sent a plague on the people because of the calf they and Aaron had made.

❧

33

¹⁻³ GOD said to Moses: "Now go. Get on your way from here, you and the people you brought up from the land of Egypt. Head for the land which I promised to Abraham, Isaac, and Jacob, saying 'I will give it to your descendants.' I will send an angel ahead of you and I'll drive out the Canaanites, Amorites, Hittites, Perizzites, Hivites, and Jebusites. It's a land flowing with milk and honey. But I won't be with you in person—you're such a stubborn, hard-headed people!—

께 가다가는 너희를 없애 버릴지도 모른다."
⁴ 백성이 이 엄한 결정을 듣고는 슬픔에 빠
져 침통한 표정을 지었다. 장신구를 몸에 걸
치는 사람이 아무도 없었다.
⁵⁻⁶ **하나님**께서 모세에게 말씀하셨다. "이
스라엘 자손에게 전하여라. 너희는 목이 뻣
뻣한 백성이다. 나는 너희와 한순간도 같이
있을 수 없다. 내가 너희를 없애 버릴지도
모른다. 그러니 내가 너희를 어떻게 할지 결
정할 때까지는 너희 몸에서 모든 장신구를
떼어 버려라." 그리하여 이스라엘 자손은
호렙 산에서부터 장신구를 떼어 버렸다.

❧

⁷⁻¹⁰ 모세는 장막을 거두어 진 밖으로 나가
서, 진에서 멀리 떨어진 곳에 장막을 치곤
했다. 그는 그 장막을 회막이라고 불렀다.
하나님을 찾는 사람은 누구나 진 밖에 있는
회막으로 나아갔다. 그 일은 이렇게 진행되
었다. 모세가 회막으로 나아갈 때면 온 백성
이 주의하여 서 있었다. 그들은 모세가 회막
에 들어갈 때까지 저마다 자기 장막 입구에
서서 그를 지켜보았다. 모세가 회막에 들어
갈 때면, 구름기둥이 회막 입구로 내려와 하
나님께서 모세와 이야기를 나누셨다. 구름
기둥이 내려와 회막 입구에 머무는 것을 볼
때면, 온 백성이 모두 일어섰다. 저마다 자
기 장막 입구에 주의하여 서 있다가 엎드려
경배했다.
¹¹ **하나님**께서는 마치 이웃이 서로 이야기
를 나누듯이 모세와 얼굴을 마주하고 말씀
을 나누셨다. 모세가 진으로 돌아가도, 그의
젊은 부관 여호수아는 회막을 떠나지 않고
그대로 머물렀다.

❧

¹²⁻¹³ 모세가 **하나님**께 아뢰었다. "보십시
오, 하나님께서는 제게 '이 백성을 이끌고

lest I destroy you on the journey."

⁴ When the people heard this harsh verdict,
they were plunged into gloom and wore
long faces. No one put on jewelry.
⁵⁻⁶ GOD said to Moses, "Tell the Israel-
ites, 'You're one hard-headed people. I
couldn't stand being with you for even
a moment—I'd destroy you. So take off
all your jewelry until I figure out what to
do with you.'" So the Israelites stripped
themselves of their jewelry from Mount
Horeb on.

❧

⁷⁻¹⁰ Moses used to take the Tent and set it up
outside the camp, some distance away. He
called it the Tent of Meeting. Anyone who
sought GOD would go to the Tent of Meeting
outside the camp. It went like this: When
Moses would go to the Tent, all the people
would stand at attention; each man would
take his position at the entrance to his tent
with his eyes on Moses until he entered the
Tent; whenever Moses entered the Tent, the
Pillar of Cloud descended to the entrance to
the Tent and GOD spoke with Moses. All the
people would see the Pillar of Cloud at the
entrance to the Tent, stand at attention, and
then bow down in worship, each man at the
entrance to his tent.
¹¹ And GOD spoke with Moses face-to-face,
as neighbors speak to one another. When
he would return to the camp, his attendant,
the young man Joshua, stayed—he didn't
leave the Tent.

❧

¹²⁻¹³ Moses said to GOD, "Look, you tell me,

가라'고 하셨지만, 누구를 저와 함께 보내실지는 알려 주지 않으셨습니다. 주께서는 제게 '나는 너를 잘 안다. 너는 내게 특별한 존재다' 하고 말씀해 주셨습니다. 제가 주께 특별한 존재라면, 주의 계획을 알려 주십시오. 그러면 제가 계속해서 주께 특별한 존재가 될 것입니다. 이 백성은 주의 백성이며, 주의 책임이라는 것을 기억해 주십시오."

14 하나님께서 말씀하셨다. "내가 친히 너와 함께 가겠다. 내가 이 여정을 끝까지 지켜보겠다."

15-16 모세가 아뢰었다. "주께서 여기서 앞장서 가지 않으시려거든, 지금 당장 이 여정을 취소해 주십시오. 그러지 않으시면, 주께서 저와 함께하시고, 저뿐 아니라 우리 백성과 함께하신다는 것을 어떻게 알겠습니까? 저희와 함께 가시겠습니까, 가지 않으시겠습니까? 주께서 함께 가지 않으시면, 이 세상 다른 모든 민족 가운데서, 저와 주의 백성이 주께 특별한 존재라는 것을 저희가 어떻게 알겠습니까?"

17 하나님께서 모세에게 말씀하셨다. "알겠다. 네가 말한 대로 하겠다. 내가 너를 잘 알고, 너는 내게 특별한 존재이기 때문이다. 내가 너를 잘 안다."

18 모세가 아뢰었다. "부디, 주의 영광을 제게 보여주십시오."

19 하나님께서 말씀하셨다. "내가 나의 선한 것을 네 앞으로 지나가게 하고, 네 앞에서 하나님의 이름을 선포하겠다. 나는 내가 선대하고자 하는 자를 선대하고, 내가 긍휼을 베풀고자 하는 자에게 긍휼을 베풀 것이다."

20 하나님께서 또 말씀하셨다. "그러나 네가 내 얼굴은 보지 못할 것이다. 나를 본 사람은 아무도 살 수 없기 때문이다."

21-23 하나님께서 말씀하셨다. "보아라, 여기 내 옆에 자리가 있다. 이 바위에 서 있어라. 나의 영광이 지나갈 때 내가 너를 바위틈에 두고, 내가 다 지나갈 때까지 너를 내 손으로 덮어 주겠다. 그런 다음 내가 손을 치우면, 너는 내 등을 보게

'Lead this people,' but you don't let me know whom you're going to send with me. You tell me, 'I know you well and you are special to me.' If I am so special to you, let me in on your plans. That way, I will continue being special to you. Don't forget, this is *your* people, your responsibility."

14 GOD said, "My presence will go with you. I'll see the journey to the end."

15-16 Moses said, "If your presence doesn't take the lead here, call this trip off right now. How else will it be known that you're with me in this, with me and your people? Are you traveling with us or not? How else will we know that we're special, I and your people, among all other people on this planet Earth?"

17 GOD said to Moses: "All right. Just as you say; this also I will do, for I know you well and you are special to me. I know you by name."

18 Moses said, "Please. Let me see your Glory."

19 GOD said, "I will make my Goodness pass right in front of you; I'll call out the name, GOD, right before you. I'll treat well whomever I want to treat well and I'll be kind to whomever I want to be kind."

20 GOD continued, "But you may not see my face. No one can see me and live."

21-23 GOD said, "Look, here is a place right beside me. Put yourself on this rock. When my Glory passes by, I'll put you in the cleft of the rock and

될 것이다. 그러나 내 얼굴은 보지 못할 것이다."

다시 새겨 주신 언약의 말씀

34 ¹⁻³ **하나님**께서 모세에게 말씀하셨다. "너는 돌판 두 개를 깎아서 처음 것과 같이 만들어라. 네가 깨뜨린 원래 판에 있던 말씀을 내가 새 돌판에 다시 새겨 넣을 것이다. 아침에 시내 산으로 올라와 산꼭대기에서 나를 만날 준비를 하여라. 아무도 너와 함께 올라와서는 안된다. 이 산 어디에도 사람이나 짐승이 있어서는 안된다. 양이나 소가 산 앞에서 풀을 뜯고 있어서도 안된다."

⁴⁻⁷ 모세가 돌판 두 개를 깎아서 처음 것과 같이 만들었다. 그는 아침 일찍 일어나, **하나님**께서 명령하신 대로 돌판 두 개를 가지고 시내 산으로 올라갔다. **하나님**께서 구름 가운데 내려오셔서 모세 옆에 자리를 정하시고, **하나님**의 이름을 선포하셨다. **하나님**께서 모세 앞으로 지나가며 선포하셨다. "**하나님**, 나 **하나님**은 자비롭고 은혜로우며 한없이 오래 참는 하나님이다. 사랑이 충만하고, 속속들이 진실한 하나님이다. 천 대에 이르기까지 한결같은 사랑을 베풀고, 죄악과 반역과 죄를 용서하는 하나님이다. 그러나 나는 죄를 그냥 넘기지는 않는다. 아버지가 죄를 지으면 본인뿐 아니라 아들과 손자, 그리고 삼사 대 자손에 이르기까지 그 죄값을 치르게 할 것이다."

⁸⁻⁹ 모세가 곧바로 땅에 엎드려 경배하며 말했다. "주님, 주께서 제 안에서 조금이라도 선한 것을 보시거든, 비록 이 백성이 목이 뻣뻣한 백성이지만 저희와 함께 가 주십시오. 저희의 죄악과 죄를 용서해 주시고, 저희를 주의 것으로, 주의 소유로 삼아 주십시오."

cover you with my hand until I've passed by. Then I'll take my hand away and you'll see my back. But you won't see my face."

34 ¹⁻³ GOD spoke to Moses: "Cut out two tablets of stone just like the originals and engrave on them the words that were on the original tablets you smashed. Be ready in the morning to climb Mount Sinai and get set to meet me on top of the mountain. Not a soul is to go with you; the whole mountain must be clear of people, even animals—not even sheep or oxen can be grazing in front of the mountain."

⁴⁻⁷ So Moses cut two tablets of stone just like the originals. He got up early in the morning and climbed Mount Sinai as GOD had commanded him, carrying the two tablets of stone. GOD descended in the cloud and took up his position there beside him and called out the name, GOD. GOD passed in front of him and called out, "GOD, GOD, a God of mercy and grace, endlessly patient—so much love, so deeply true—loyal in love for a thousand generations, forgiving iniquity, rebellion, and sin. Still, he doesn't ignore sin. He holds sons and grandsons responsible for a father's sins to the third and even fourth generation."

⁸⁻⁹ At once, Moses fell to the ground and worshiped, saying, "Please, O Master, if you see anything good in me, please Master, travel with us, hard-headed as these people are. Forgive our iniquity and sin. Own us, possess us."

10-12 **하나님**께서 말씀하셨다. "이제 내가 너희와 언약을 맺겠다. 세상 어디서도, 어느 민족에게도 일어난 적이 없는 이적을 내가 너희 모든 백성이 보는 앞에서 행하겠다. 그러면 너희와 함께 사는 온 백성이 **하나님**의 일, 곧 내가 너희를 위해 행하는 일이 얼마나 크고 놀라운지 보게 될 것이다. 너희는 내가 오늘 너희에게 명령하는 모든 것에 주의를 기울여라. 내가 아모리 사람과 가나안 사람과 헷 사람과 브리스 사람과 히위 사람과 여부스 사람을 몰아내어, 너희 앞길을 깨끗이 치울 것이다. 방심하지 마라. 경계를 늦추지 마라. 너희가 들어가는 땅의 사람들과 계약을 맺어, 그들이 너희를 넘어뜨리지 못하게 하여라.

13-16 너희는 그들의 제단을 허물고, 그들의 남근 모양의 기둥들을 깨부수고, 그들이 다산을 빌며 세운 기둥들을 찍어 버려라. 다른 신들을 예배하지 마라. **하나님**은 '질투'라는 이름을 가진 질투하는 하나님이다. 주의하여라. 너희는 그 땅에 살고 있는 사람들과 계약을 맺지 말고, 그들의 음란한 종교생활에 어울리지 말며, 그들의 제단에서 그들과 함께 식사를 하지 마라. 너희의 아들들을 그들의 여자들과 결혼시키지 마라. 안락의 신과 여신을 가까이하는 여자들은 너희의 아들들에게도 똑같은 짓을 하게 만들 것이다.

17 너희는 자신을 위해 신상들을 부어 만들지 마라.

18 너희는 무교절을 지켜라. 아빕월에는 칠 일 동안 누룩을 넣지 않은 빵만 먹어라. 이는 너희가 아빕월에 이집트에서 나왔기 때문이다.

19 맨 처음 태어난 것은 모두 내 것이다. 너희의 가축 가운데 처음 태어난 수컷은, 소든 양이든 모두 내 것이다.

20 맨 처음 태어난 나귀는 어린양으로 대신하여라. 대신하지 않으려거든, 그 목을 꺾어야 한다.

10-12 And GOD said, "As of right now, I'm making a covenant with you: In full sight of your people I will work wonders that have never been created in all the Earth, in any nation. Then all the people with whom you're living will see how tremendous GOD's work is, the work I'll do for you. Take careful note of all I command you today. I'm clearing your way by driving out Amorites, Canaanites, Hittites, Perizzites, Hivites, and Jebusites. Stay vigilant. Don't let down your guard lest you make covenant with the people who live in the land that you are entering and they trip you up.

13-16 "Tear down their altars, smash their phallic pillars, chop down their fertility poles. Don't worship any other god. GOD—his name is The-Jealous-One—is a jealous God. Be careful that you don't make a covenant with the people who live in the land and take up with their sex-and-religion life, join them in meals at their altars, marry your sons to their women, women who take up with any convenient god or goddess and will get your sons to do the same thing.

17 "Don't make molten gods for yourselves.

18 "Keep the Feast of Unraised Bread. Eat only unraised bread for seven days in the month of Abib—it was in the month of Abib that you came out of Egypt.

19 "Every firstborn from the womb is mine, all the males of your herds, your firstborn oxen and sheep.

20 "Redeem your firstborn donkey with a lamb. If you don't redeem it you must

너희의 맏아들은 모두 대속하여라.

아무도 빈손으로 내 앞에 나와서는 안된다.

21 육 일 동안 일하고 일곱째 날에는 쉬어라. 밭갈이하는 철이나 추수하는 철이라도 일곱째 날에는 일을 멈추어야 한다.

22 밀을 처음 거두어들일 때에 칠칠절을 지키고, 한 해가 끝날 때에는 수장절을 지켜라.

23-24 너희의 모든 남자는 일 년에 세 차례, 주 이스라엘의 하나님 앞에 나와야 한다. 너희가 매년 세 차례 너희 하나님 앞에 나올 때에, 너희 땅에 대해 걱정하지 않아도 된다. 내가 너희 앞에서 모든 민족을 몰아내고, 너희에게 땅을 넉넉히 줄 것이다. 너희에게서 그 땅을 빼앗으려고 기회를 엿보며 어슬렁거리는 자가 없을 것이다.

25 너희는 내 희생 제물의 피를 발효된 것과 섞지 마라.

유월절에 쓰고 남은 것을 이튿날 아침까지 남겨 두지 마라.

26 너희가 생산한 첫 열매 가운데 가장 좋은 것을 너희 하나님의 집으로 가져오너라. 새끼염소를 그 어미의 젖에 삶지 마라."

27 하나님께서 모세에게 말씀하셨다. "이제 너는 이 말을 기록하여라. 내가 이 말을 근거로 너와 이스라엘과 언약을 맺었기 때문이다."

28 모세는 그곳에서 하나님과 함께 밤낮으로 사십 일을 지냈다. 그는 음식도 먹지 않고 물도 마시지 않은 채 언약의 말씀, 곧 열 가지 말씀을 두 돌판에 기록했다.

29-30 모세가 두 증거판을 들고 시내 산에서 내려올 때, 하나님과 함께 이야기를 나눈 그의 얼굴이 빛나고 있었다. 그러나 그 자신은 알지 못했다. 아론과 이스라엘 모든 자손이 모세를 보았으나, 그의 빛나는 얼굴을 보고 두려워서 그에게 가까이 가기를 주저했다.

break its neck.

"Redeem each of your firstborn sons.

"No one is to show up in my presence empty-handed.

21 "Work six days and rest the seventh. Stop working even during plowing and harvesting.

22 "Keep the Feast of Weeks with the first cutting of the wheat harvest, and the Feast of Ingathering at the turn of the year.

23-24 "All your men are to appear before the Master, the GOD of Israel, three times a year. You won't have to worry about your land when you appear before your GOD three times each year, for I will drive out the nations before you and give you plenty of land. Nobody's going to be hanging around plotting ways to get it from you.

25 "Don't mix the blood of my sacrifices with anything fermented.

"Don't leave leftovers from the Passover Feast until morning.

26 "Bring the finest of the firstfruits of your produce to the house of your GOD.

"Don't boil a kid in its mother's milk."

27 GOD said to Moses: "Now write down these words, for by these words I've made a covenant with you and Israel."

28 Moses was there with GOD forty days and forty nights. He didn't eat any food; he didn't drink any water. And he wrote on the tablets the words of the covenant, the Ten Words.

29-30 When Moses came down from Mount Sinai carrying the two Tablets of The Testimony, he didn't know that the skin of his face glowed because he had been speaking with GOD. Aaron and all the Israelites saw

31-32 모세가 큰소리로 그들을 불렀다. 아론과 공동체 지도자들이 모세에게 다시 나아오자, 모세가 그들과 이야기를 나누었다. 그 후에야 이스라엘 모든 자손이 그에게 나아왔고, 모세는 **하나님**께서 시내 산에서 말씀해 주신 모든 명령을 그들에게 전했다.

33-35 모세는 그들과 이야기하기를 마치고, 수건으로 자기 얼굴을 가렸다. 그러나 **하나님** 앞에 나아가서 **하나님**과 함께 이야기할 때는 수건을 벗었고, 나올 때까지 수건을 쓰지 않았다. 모세가 나와서 자신이 받은 명령을 이스라엘 자손에게 전할 때면, 이스라엘 자손은 그의 얼굴이 빛나는 것을 보았다. 모세는 **하나님**과 이야기를 나누러 다시 들어갈 때까지 자기 얼굴을 수건으로 가렸다.

35 ¹ 모세가 이스라엘 온 회중에게 말했다. "이것은 **하나님**께서 여러분에게 행하라고 명령하신 사항들입니다.

2-3 육 일 동안은 일을 해야 합니다. 그러나 일곱째 날은 거룩한 안식일, **하나님**께 드리는 거룩한 안식일입니다. 이날에 일하는 사람은 누구나 죽임을 당할 것입니다. 안식일에 여러분은 집에서 불을 피워서는 안됩니다."

하나님께 드릴 예물

4 모세가 이스라엘 온 회중에게 말했다. "이것은 **하나님**께서 명령하신 것입니다.

5-9 여러분 가운데서 **하나님**을 위한 예물을 모으겠습니다. 사람이 **하나님**께 예물로 드리고 싶어 하는 것이면 무엇이든 **하나님**을 위해 받겠습니다. 금과 은과 청동, 청색 실과 자주색 실과 주홍색 실, 가는

Moses, saw his radiant face, and held back, afraid to get close to him.

31-32 Moses called out to them. Aaron and the leaders in the community came back and Moses talked with them. Later all the Israelites came up to him and he passed on the commands, everything that GOD had told him on Mount Sinai.

33-35 When Moses finished speaking with them, he put a veil over his face, but when he went into the presence of GOD to speak with him, he removed the veil until he came out. When he came out and told the Israelites what he had been commanded, they would see Moses' face, its skin glowing, and then he would again put the veil on his face until he went back in to speak with GOD.

Building the Place of Worship

35 ¹ Moses spoke to the entire congregation of Israel, saying, "These are the things that GOD has commanded you to do:

2-3 "Work six days, but the seventh day will be a holy rest day, GOD's holy rest day. Anyone who works on this day must be put to death. Don't light any fires in your homes on the Sabbath day."

The Offerings

4 Moses spoke to the entire congregation of Israel, saying, "This is what GOD has commanded:

5-9 "Gather from among you an offering for GOD. Receive on GOD's behalf what everyone is willing to give as an offering: gold, silver, bronze; blue, purple, and scarlet material; fine linen; goats' hair; tanned rams'

모시실, 염소 털, 가공한 숫양 가죽, 돌고
래 가죽, 아카시아나무, 등잔에 쓸 기름,
거룩하게 구별하는 기름에 넣는 향료와
분향할 향에 넣는 향료, 에봇과 가슴받이
에 박을 마노 보석과 그 밖의 보석들을 받
겠습니다.

10-19 여러분 가운데 기술이 있는 사람은
모두 나오십시오. 와서, **하나님**께서 명령
하신 모든 것, 곧 성막과 그 위에 덮을 천
막과 덮개, 갈고리, 널판, 가로다지, 기
둥, 밑받침, 증거궤와 그 채, 속죄판과 그
것을 가릴 휘장, 상과 그 채와 부속 기구
와 임재의 빵, 불을 밝힐 등잔대와 부속 기
구와 등잔과 등잔에 쓸 기름, 분향단과 그
채, 거룩하게 구별하는 기름, 분향할 향,
성막 입구의 정문에 늘어뜨릴 막, 번제단
과 거기에 달 청동석쇠와 채와 부속 기구
들, 대야와 그 받침대, 성막 뜰에 두를 휘
장과 그 기둥과 밑받침, 뜰 정문에 칠 막,
성막의 말뚝, 뜰의 말뚝과 그 줄, 성소에
서 섬길 때 입는 예복, 제사장 아론이 입
을 거룩한 예복과 그 아들들이 제사장
으로 섬길 때 입을 예복을 만드십시오."

20-26 이스라엘 공동체의 모든 사람이 모
세 앞에서 물러나왔다. 마음에 감동을 받
은 모든 사람, 그 영으로 자원하여 드리고
자 하는 모든 사람이, 회막을 짓고 예배하
고 거룩한 예복을 짓는 데 쓸 예물을 **하나
님**께 가져왔다. 남자 여자 할 것 없이 그
들 가운데 자원하여 드리기 원하는 사람
들은 모두 와서 장식핀과 귀걸이, 반지,
목걸이 등 금으로 만든 것들을 드렸다. 저
마다 자신의 금붙이를 **하나님**께 드렸다.
그리고 청색 실과 자주색 실과 주홍색 실,
가는 모시실, 염소 털, 가공한 가죽, 돌고
래 가죽을 가진 사람들은 그것들을 가져
왔다. 은이나 청동으로 **하나님**께 드리고
싶어 하는 이들은 그것을 예물로 가져왔

skins; dolphin skins; acacia wood; lamp oil;
spices for anointing oils and for fragrant
incense; onyx stones and other stones for
setting in the Ephod and the Breastpiece.
10-19 "Come—all of you who have skills—
come and make everything that GOD has
commanded: The Dwelling with its tent and
cover, its hooks, frames, crossbars, posts, and
bases; the Chest with its poles, the Atone-
ment-Cover and veiling curtain; the Table
with its poles and implements and the Bread
of the Presence; the Lampstand for giving
light with its furnishings and lamps and the
oil for lighting; the Altar of Incense with its
poles, the anointing oil, the fragrant incense;
the screen for the door at the entrance to The
Dwelling; the Altar of Whole-Burnt-Offering
with its bronze grate and poles and all its
implements; the Washbasin with its base; the
tapestry hangings for the Courtyard with the
posts and bases, the screen for the Courtyard
gate; the pegs for The Dwelling, the pegs for
the Courtyard with their cords; the official
vestments for ministering in the Holy Place,
the sacred vestments for Aaron the priest
and for his sons serving as priests."
20-26 So everyone in the community of
Israel left the presence of Moses. Then
they came back, every one whose heart was
roused, whose spirit was freely responsive,
bringing offerings to GOD for building the
Tent of Meeting, furnishing it for worship
and making the holy vestments. They came,
both men and women, all the willing spirits
among them, offering brooches, earrings,
rings, necklaces—anything made of gold—
offering up their gold jewelry to GOD. And
anyone who had blue, purple, and scarlet

다. 작업에 쓸 아카시아나무를 가진 이들은 그것을 가져왔다. 직조 기술이 있는 여자들은 청색 실과 자주색 실과 주홍색 실과 가는 모시실로 직접 짠 것을 가져왔다. 실을 잣는 재능이 있는 여자들은 염소 털로 실을 자았다.

27-29 지도자들은 에봇과 가슴받이에 박을 마노 보석과 그 밖의 값진 여러 보석들을 가져왔다. 그들은 등잔에 쓸 기름과 거룩하게 구별하는 기름과 향을 만드는 데 쓸 향료와 올리브기름도 가져왔다. 이스라엘의 모든 남자와 여자가 마음에 감동을 받아, **하나님**께서 모세를 통해 만들라고 명령하신 작업에 쓸 것들을 기꺼이 가져왔다. 그들은 자발적으로 물품을 가져다가 **하나님**께 드렸다.

브살렐과 오홀리압

30-35 모세가 이스라엘 자손에게 말했다. "보십시오, **하나님**께서 유다 지파 사람 훌의 손자이며 우리의 아들인 브살렐을 직접 뽑으셨습니다. **하나님**께서는 그에게 하나님의 영을 가득 채워 주셨고, 문양을 그리고 금과 은과 청동으로 만들고 보석을 깎아 물리고 나무를 조각하는 등, 온갖 공예에 필요한 솜씨와 지식과 기술을 그에게 주셨습니다. 또한 **하나님**께서는 그와 단 지파 사람 아히사막의 아들 오홀리압을 가르치는 자로 삼으셨습니다. **하나님**께서는 그들에게 조각하는 일과 문양을 그리는 일, 청색 실과 자주색 실과 주홍색 실과 가는 모시실로 천을 짜고 수를 놓는 일에 필요한 지식을 주셨습니다. 이제 그들은 무엇이든 만들 수 있고, 무엇이든 고안해 낼 수 있게 되었습니다."

fabrics; fine linen; goats' hair; tanned leather; and dolphin skins brought them. Everyone who wanted to offer up silver or bronze as a gift to GOD brought it. Everyone who had acacia wood that could be used in the work, brought it. All the women skilled at weaving brought their weavings of blue and purple and scarlet fabrics and their fine linens. And all the women who were gifted in spinning, spun the goats' hair.

27-29 The leaders brought onyx and other precious stones for setting in the Ephod and the Breastpiece. They also brought spices and olive oil for lamp oil, anointing oil, and incense. Every man and woman in Israel whose heart moved them freely to bring something for the work that GOD through Moses had commanded them to make, brought it, a voluntary offering for GOD.

Bezalel and Oholiab

30-35 Moses told the Israelites, "See, GOD has selected Bezalel son of Uri, son of Hur, of the tribe of Judah. He's filled him with the Spirit of God, with skill, ability, and know-how for making all sorts of things, to design and work in gold, silver, and bronze; to carve stones and set them; to carve wood, working in every kind of skilled craft. And he's also made him a teacher, he and Oholiab son of Ahisamach, of the tribe of Dan. He's gifted them with the know-how needed for carving, designing, weaving, and embroidering in blue, purple, and scarlet fabrics, and in fine linen. They can make anything and design anything."

36

¹ "브살렐과 오홀리압은, 하나님께서 그분의 명령대로 성소의 예배에 필요한 모든 것을 만들라고 기술과 지식을 주신 사람들과 함께 일을 시작해야 합니다."

²⁻³ 모세는 브살렐과 오홀리압뿐 아니라 하나님께서 손으로 능숙하게 일하는 재능을 주신 모든 사람을 불러들였다. 그 사람들은 일을 시작하고 그 일에 참여하기를 간절히 원했다. 그들은 이스라엘 자손이 성소를 만드는 일에 쓰라고 가져온 온갖 예물을 모세에게서 넘겨받았다. 백성이 아침마다 계속해서 자발적으로 예물을 가져왔다.

⁴⁻⁵ 성소 건립에 필요한 모든 것을 만들던 기술자들이 잇따라 모세에게 와서 말했다. "하나님께서 우리에게 명령하신 일을 하는 데 쓰고도 남을 만큼 넉넉한데도, 백성이 더 많은 예물을 가져오고 있습니다!"

⁶⁻⁷ 그래서 모세가 진중에 명령을 내렸다. "남자든 여자든, 성소 건립에 쓸 예물을 더 이상 가져오지 마십시오!"

그 명령을 듣고 백성이 더 이상 예물을 가져오지 않았다! 해야 할 일을 다 할 수 있을 만큼 물자가 넉넉했다. 남을 정도로 넉넉했다.

성막 천

⁸⁻¹³ 성막 제작 기술이 있는 모든 사람이 가늘게 꼰 모시실과 청색 실과 자주색 실과 주홍색 실로 열 폭의 천을 짜고, 그 위에 그룹 천사 문양을 수놓았다. 천 한 폭은 길이 12.6미터, 너비 1.8미터였다. 열 폭의 천은 다섯 폭을 옆으로 나란히 이어 한 벌을 만들고, 나머지 다섯 폭도 옆으로 나란히 이어 또 한 벌을 만들었다. 나란히 이은 한 벌의 한

36

¹ "Bezalel and Oholiab, along with everyone whom GOD has given the skill and know-how for making everything involved in the worship of the Sanctuary as commanded by GOD, are to start to work."

²⁻³ Moses summoned Bezalel and Oholiab along with all whom GOD had gifted with the ability to work skillfully with their hands. The men were eager to get started and engage in the work. They took from Moses all the offerings that the Israelites had brought for the work of constructing the Sanctuary. The people kept on bringing in their freewill offerings, morning after morning.

⁴⁻⁵ All the artisans who were at work making everything involved in constructing the Sanctuary came, one after another, to Moses, saying, "The people are bringing more than enough for doing this work that GOD has commanded us to do!"

⁶⁻⁷ So Moses sent out orders through the camp: "Men! Women! No more offerings for the building of the Sanctuary!"

The people were ordered to stop bringing offerings! There was plenty of material for all the work to be done. Enough and more than enough.

The Tapestries

⁸⁻¹³ Then all the skilled artisans on The Dwelling made ten tapestries of fine twisted linen and blue, purple, and scarlet fabric with an angel-cherubim design worked into the material. Each panel of tapestry was forty-six feet long and six feet wide. Five of the panels were joined together, and then the other five. Loops of blue were made along the edge of the outside panel of the first set, and the same

쪽 가장자리를 따라 청색 실로 고리를 만들고, 나란히 이은 다른 벌의 한쪽 가장자리에도 그렇게 했다. 그들은 두 벌의 마지막 폭에 각각 오십 개의 고리를 만들어 서로 맞닿게 했다. 그리고 금갈고리 오십 개를 만들어서, 그것으로 두 벌의 천을 서로 연결하여 하나의 온전한 성막이 되게 했다. 14-19 그런 다음 그들은 염소 털로 짜서 만든 열한 폭의 천으로 성막을 덮을 천막을 만들었다. 천 한 폭의 길이는 13.5미터, 너비는 1.8미터였다. 그들은 천 다섯 폭을 나란히 이어 연결하고, 나머지 여섯 폭도 그렇게 연결했다. 그런 다음 나란히 이은 천의 한쪽 가장자리를 따라 고리 오십 개를 만들고, 맞물릴 쪽의 가장자리에도 고리 오십 개를 만들었다. 청동으로 갈고리 오십 개를 만들어서, 그것을 고리에 걸어 하나의 천막이 되게 했다. 그들은 붉게 물들인 가공한 숫양 가죽으로 천막을 덮고, 그 위에 돌고래 가죽을 덮어 일을 마무리했다.

성막의 뼈대

20-30 그들은 아카시아나무 널판을 수직으로 세워 성막의 뼈대를 만들었다. 각 널판은 길이 4.5미터, 너비 67.5센티미터로 하고, 널판마다 촉꽂이 두 개를 만들어 널판을 고정시킬 수 있게 했다. 그들은 모든 널판을 똑같이 만들었다. 남쪽에 세울 널판 스무 개를 만들고, 은밑받침 마흔 개를 만들어, 널판마다 두 개씩 달려 있는 촉꽂이를 꽂을 수 있게 했다. 성막의 북쪽도 같은 구조로 만들었다. 서쪽을 바라보는 성막의 뒤쪽에 세울 널판을 여섯 개 만들고, 성막 뒤쪽 두 모퉁이에 세울 널판도 추가로 두 개 더 만들었다. 두 모퉁이에 세울 널판은 두께가 위에서 아래까지 두 겹이고, 하나의 고리에 끼워 맞췄다. 널판이 여덟 개이고, 각 널판에 밑받침이 두 개씩 있어, 은밑받침이 열여섯 개가 되었다.

on the outside panel of the second set. They made fifty loops on each panel, with the loops opposite each other. Then they made fifty gold clasps and joined the tapestries together so that The Dwelling was one whole. 14-19 Next they made tapestries of woven goat hair for a tent that would cover The Dwelling. They made eleven panels of these tapestries. The length of each panel was forty-five feet long and six feet wide. They joined five of the panels together, and then the other six, by making fifty loops along the edge of the end panel and fifty loops along the edge of the joining panel, then making fifty clasps of bronze, connecting the clasps to the loops, bringing the tent together. They finished it off by covering the tapestries with tanned rams' skins dyed red, and covered that with dolphin skins.

The Framing

20-30 They framed The Dwelling with vertical planks of acacia wood, each section of frame fifteen feet long and two and a quarter feet wide, with two pegs for securing them. They made all the frames identical: twenty frames for the south side, with forty silver sockets to receive the two tenons from each of the twenty frames; they repeated that construction on the north side of The Dwelling. For the rear of The Dwelling facing west, they made six frames, with two additional frames for the rear corners. Both of the two corner frames were double in thickness from top to bottom and fit into a single ring—eight frames altogether with sixteen sockets of silver, two under each frame.

31-34 그들은 아카시아나무로 가로다지를 만들었는데, 성막 한쪽 옆면 널판들에 다섯 개, 다른 쪽 옆면 널판들에도 다섯 개, 서쪽을 바라보는 성막 뒤쪽에도 다섯 개를 만들었다. 널판들의 가운데에 끼울 중간 가로다지는 이쪽 끝에서 저쪽 끝까지 이어지게 했다. 그들은 널판에 금을 입히고, 가로다지를 꿸 수 있도록 금고리를 만들었다. 그리고 가로다지에도 금을 입혔다.

35-36 그들은 청색 실과 자주색 실과 주홍색 실과 가늘게 꼰 모시실로 휘장을 만들었다. 그리고 휘장에 그룹 천사 문양을 짜 넣었다. 아카시아나무로 기둥 네 개를 만들어 금을 입히고, 그 기둥을 받칠 은밑받침 네 개를 주조했다.

37-38 그들은 성막 문을 가릴 막을 만들었는데, 청색 실과 자주색 실과 주홍색 실과 가늘게 꼰 모시실로 수를 놓아 만들었다. 아카시아나무로 기둥 다섯 개를 만들고 금을 입혀서 뼈대로 세우고, 막을 칠 수 있게 금갈고리를 만들고, 기둥을 받칠 청동밑받침도 다섯 개 만들었다.

언약궤

37 1-5 브살렐은 아카시아나무로 궤를 만들었다. 길이 1.12미터, 너비와 높이는 67.5센티미터가 되게 만들었다. 궤의 안과 밖에 순금을 입히고, 그 둘레에 금테를 둘렀다. 금고리 네 개를 주조하여 궤의 네 다리에 달되, 한쪽에 고리 두 개, 다른 한쪽에 고리 두 개를 달았다. 아카시아나무로 채를 만들어 금을 입혔고, 그 채를 궤 양쪽에 달린 고리에 끼워서 궤를 들 수 있게 했다.

6 그런 다음 그는 궤의 덮개, 곧 속죄판을 순금으로 만들었는데, 길이 1.12미터, 너비 67.5센티미터가 되게 했다.

31-34 They made crossbars of acacia wood, five for the frames on one side of The Dwelling, five for the other side, and five for the back side facing west. The center crossbar ran from end to end halfway up the frames. They covered the frames with a veneer of gold, made gold rings to hold the crossbars, and covered the crossbars with a veneer of gold.

35-36 They made the curtain of blue, purple, and scarlet material and fine twisted linen. They wove a design of angel-cherubim into it. They made four posts of acacia wood, covered them with a veneer of gold, and cast four silver bases for them.

37-38 They made a screen for the door of the tent, woven from blue, purple, and scarlet material and fine twisted linen with embroidery. They framed the weaving with five poles of acacia wood covered with a veneer of gold, and made gold hooks to hang the weaving and five bronze bases for the poles.

The Chest

37 1-5 Bezalel made the Chest using acacia wood: He made it three and three-quarters feet long and two and a quarter feet wide and deep. He covered it inside and out with a veneer of pure gold and made a molding of gold all around it. He cast four gold rings and attached them to its four feet, two rings on one side and two rings on the other. He made poles from acacia wood, covered them with a veneer of gold, and inserted the poles for carrying the Chest into the rings on the sides.

6 Next he made a lid of pure gold for the Chest, an Atonement-Cover, three and three-quarters feet long and two and a quarter feet wide.

7-9 그는 두들겨 편 금으로 날개 달린 그룹 천사 둘을 조각하여 속죄판 양쪽 끝에 자리 잡게 했는데, 천사 하나는 이쪽 끝에, 다른 하나는 저쪽 끝에 자리 잡게 했고, 천사들과 속죄판이 하나로 이어지게 했다. 천사들은 날개를 활짝 펴고 속죄판 위에 머무는 듯 보였고, 서로 마주 보며 속죄판을 내려다보는 것 같았다.

임재의 빵을 차려 놓는 상

10-15 그는 아카시아나무로 상을 만들었다. 길이 90센티미터, 너비 45센티미터, 높이 67.5센티미터가 되게 하고, 그 위에 순금을 입히고, 그 둘레에는 금테를 둘렀다. 상 둘레에는 손바닥 너비만한 턱을 만들고, 그 턱의 둘레에도 금테를 둘렀다. 상에 매달 금고리 네 개를 주조하여, 상의 네 다리에 상의 윗면과 평행이 되게 달았다. 그 고리들은 상을 나를 때 쓰는 채를 끼우는 데 사용될 것이었다. 채는 아카시아나무로 만들고, 거기에 금을 입혔다. 이 채는 상을 나를 때 사용될 것이었다.

16 그는 상에 쓸 기구들, 곧 접시와 대접과 단지, 그리고 부어 드리는 제물을 담는 주전자를 순금으로 만들었다.

등잔대

17-23 그는 두들겨 편 순금으로 등잔대를 만들고, 등잔대의 줄기와 가지와 잔과 꽃받침과 꽃잎이 모두 하나로 이어지게 만들었다. 등잔대의 줄기 양쪽에 가지 여섯 개를 냈는데, 한쪽에 세 개, 다른 한쪽에 세 개를 냈다. 가지에는 꽃받침과 꽃잎이 달린 감복숭아꽃 모양의 잔 세 개를 얹었고, 줄기에서 나온 가지 여섯 개를 모두 그렇게 만들었다. 등

The Table

10-15 He made the Table from acacia wood. He made it three feet long, one and a half feet wide and two and a quarter feet high. He covered it with a veneer of pure gold and made a molding of gold all around it. He made a border a handbreadth wide all around it and a rim of gold for the border. He cast four rings of gold for it and attached the rings to the four legs parallel to the tabletop. They will serve as holders for the poles used to carry the Table. He made the poles of acacia wood and covered them with a veneer of gold. They will be used to carry the Table. 16 Out of pure gold he made the utensils for the Table: its plates, bowls, jars, and jugs used for pouring.

The Lampstand

17-23 He made a Lampstand of pure hammered gold, making its stem and branches, cups, calyxes, and petals all of one piece. It had six branches, three from one side and three from the other; three cups shaped like almond blossoms with calyxes and petals on one branch, three on the next, and so on—the same for all six branches. On the main stem of the Lampstand, there were four cups shaped like almonds, with calyxes and petals, a calyx extending from under each pair of the six branches. The entire Lampstand with

잔대의 줄기에는 꽃받침과 꽃잎이 달린 감복숭아꽃 모양의 잔 네 개를 만들어 달았다. 줄기에서 양쪽으로 갈라져 나온 가지 한 쌍마다 그 아래에 꽃받침을 하나씩 달았다. 두들겨 편 순금으로 줄기와 꽃받침을 포함한 등잔대 전체를 만들었고, 전체가 하나로 이어지게 했다. 그는 등잔 일곱 개와 심지 자르는 가위를 모두 순금으로 만들었다.

24 그는 약 34킬로그램의 순금을 사용하여 등잔대와 그 부속 기구들을 만들었다.

분향단

25-28 그는 아카시아나무로 분향단을 만들었다. 가로와 세로가 45센티미터인 정사각형 모양이 되게 하고, 높이는 90센티미터가 되게 하고, 제단과 네 뿔이 하나로 이어지게 했다. 분향단의 윗면과 네 옆면과 뿔에 순금을 입히고, 그 둘레에 금테를 두르고, 금테 밑에 금고리 두 개를 만들어 달았다. 두 개의 고리를 분향단 양쪽 옆에 달아 그 고리에 채를 꿰어 분향단을 나를 수 있게 했다. 채는 아카시아나무로 만들어 금을 입혔다.

29 또한 그는 향 제조하는 법에 따라, 거룩하게 구별하는 기름과 순수하고 향기로운 향을 마련했다.

번제단

38 1-7 그는 아카시아나무로 번제단을 만들었다. 가로와 세로가 2.25미터로 정사각형 모양이 되게 만들고, 높이는 1.35미터가 되게 했다. 네 귀퉁이에는 뿔을 하나씩 만들어 달았다. 네 개의 뿔이 제단과 하나로 이어지게 했고 청동을 입혔다. 그는 제단에 쓰이는 모든 기구, 곧 재를 담는 통, 부삽, 대야, 고기 집게, 화로를 청동으로 만들었다. 그는 청동으로 그물 모양의 석쇠를 만들어 제단 가장자리 밑에 달아 제단 중간에 자리 잡게 했다. 그리고 채를 꿸 수 있

its calyxes and stems was fashioned from one piece of hammered pure gold. He made seven of these lamps with their candle snuffers, all out of pure gold.

24 He used a seventy-five-pound brick of pure gold to make the Lampstand and its accessories.

The Altar of Incense

25-28 He made an Altar for burning incense from acacia wood. He made it a foot and a half square and three feet high, with its horns of one piece with it. He covered it with a veneer of pure gold, its top, sides, and horns, and made a gold molding around it with two rings of gold beneath the molding. He placed the rings on the two opposing sides to serve as holders for poles by which it will be carried. He made the poles of acacia wood and covered them with a veneer of gold. 29 He also prepared with the art of a perfumer the holy anointing oil and the pure aromatic incense.

The Altar of Whole-Burnt-Offering

38 1-7 He made the Altar of Whole-Burnt-Offering from acacia wood. He made it seven and a half feet square and four and a half feet high. He made horns at each of the four corners. The horns were made of one piece with the Altar and covered with a veneer of bronze. He made from bronze all the utensils for the Altar: the buckets for removing the ashes, shovels, basins, forks, and fire pans. He made a grate of bronze mesh under the ledge halfway up the Altar. He cast four rings at each of the four corners of

도록 고리 네 개를 주조하여 석쇠의 네 귀퉁이에 하나씩 달았다. 채는 아카시아나무로 만들어 청동을 입혔다. 그러고는 제단 양쪽에 달린 고리에 그 채를 꿰어 제단을 나를 수 있게 했다. 제단은 널판으로 만들었는데, 속이 비게 했다.

대야

8 그는 회막 입구에서 섬기도록 임명받은 여인들의 거울을 녹여 청동대야와 그 받침대를 만들었다.

성막 뜰

9-11 그는 성막 뜰을 만들었다. 뜰의 남쪽 면에는 길이 45미터의 휘장이 성막 뜰을 두르고 있었는데, 이 휘장은 가늘게 꼰 모시실로 짠 것이었다. 또한 남쪽에는 휘장을 칠 기둥 스무 개와 청동으로 만든 밑받침 스무 개, 그리고 은으로 만든 갈고리와 줄이 있었다. 뜰의 북쪽 면도 남쪽 면과 똑같았다.

12-20 뜰의 서쪽 끝에는 길이 22.5미터 되는 휘장과 기둥 열 개와 밑받침 열 개, 은갈고리와 은줄이 있었다. 뜰의 앞쪽, 곧 뜰의 동쪽 끝의 길이도 22.5미터였는데, 한쪽에 기둥 세 개와 밑받침 세 개가 있고, 길이 6.75미터 되는 휘장이 쳐져 있었다. 다른 한쪽도 똑같이 되어 있었다. 뜰 사방에 두른 휘장은 모두 가늘게 꼰 모시실로 짠 것이었다. 기둥 밑받침은 청동으로 만들었고, 기둥에 거는 갈고리와 줄은 은으로 만들었다. 뜰의 기둥머리들은 은으로 덮개를 하고 은줄로 동여져 있었다. 뜰의 정문 입구에 친 막은 청색 실과 자주색 실과 주홍색 실과 가늘게 꼰 모시실로 수를 놓아 짠 것이었다. 길이 9미터, 높이 2.25미터로 뜰의 휘장과 잘 어울렸다. 기둥 네 개

the bronze grating to hold the poles. He made the poles of acacia wood and covered them with a veneer of bronze. He inserted the poles through the rings on the two sides of the Altar for carrying it. The Altar was made out of boards; it was hollow.

The Washbasin

8 He made the Bronze Washbasin and its bronze stand from the mirrors of the women's work group who were assigned to serve at the entrance to the Tent of Meeting.

The Courtyard

9-11 And he made the Courtyard. On the south side the hangings for the Courtyard, woven from fine twisted linen, were 150 feet long, with their twenty posts and twenty bronze bases, and fastening hooks and bands of silver. The north side was exactly the same.

12-20 The west end of the Courtyard had seventy-five feet of hangings with ten posts and bases, and fastening hooks and bands of silver. Across the seventy-five feet at the front, or east end, were twenty-two and a half feet of hangings, with their three posts and bases on one side and the same for the other side. All the hangings around the Courtyard were of fine twisted linen. The bases for the posts were bronze and the fastening hooks and bands on the posts were of silver. The posts of the Courtyard were both capped and banded with silver. The screen at the door of the Courtyard was embroidered in blue, purple, and scarlet fabric with fine twisted linen. It was thirty feet long and seven and a half feet high, matching the hangings of the Courtyard. There were four posts with bases of bronze and fastening hooks of silver; they were capped and

와 청동밑받침이 있었고, 갈고리는 은이었다. 기둥은 은으로 덮개를 하고 은줄로 동였다. 성막과 뜰에 박을 말뚝은 모두 청동으로 만들었다.

성막 공사의 명세서

21-23 다음은 증거판을 안치한 성막 공사의 명세서로, 제사장 아론의 아들 이다말이 모세의 지시를 받아 레위 사람들을 시켜 작성한 것이다. 유다 지파 사람 훌의 손자이며 우리의 아들인 브살렐이 하나님께서 모세에게 명령하신 모든 것을 만들었다. 브살렐과 함께 일한 단 지파 사람 아히사막의 아들 오홀리압은 솜씨 좋은 장인이자 도안가이며, 청색 실과 자주색 실과 주홍색 실과 가는 모시실로 수를 놓는 사람이었다.

24 금. 성소 건축 공사에 사용된 금, 자원하여 바친 금은 성소 도량형으로 모두 994킬로그램이었다.

25-28 은. 인구조사를 받은 공동체 사람들에게서 거둔 은은 성소 도량형으로 3,419킬로그램이었다. 인구조사를 받은 스무 살 이상의 사람이 모두 603,550명으로, 각 사람이 일 베가, 곧 반 세겔을 낸 셈이다. 그들은 은 3,400킬로그램을 들여 성소 밑받침과 휘장 밑받침을 주조했다. 밑받침은 백 개를 주조했는데, 밑받침 하나당 은 34킬로그램이 들었다. 또한 그들은 나머지 은 19킬로그램을 들여 기둥에 연결할 갈고리와 기둥머리에 씌울 덮개, 기둥에 동여맬 줄을 만들었다.

29-31 청동. 거두어들인 청동은 무게가 2,406킬로그램이었다. 그것으로 회막 문과 청동제단과 거기에 다는 석쇠와 제단의 모든 기구와 뜰 사방의 밑받침을 만들고, 성막과 뜰에 박을 모든 말뚝을 만들었다.

banded in silver. All the pegs for The Dwelling and the Courtyard were made of bronze.

21-23 This is an inventory of The Dwelling that housed The Testimony drawn up by order of Moses for the work of the Levites under Ithamar, son of Aaron the priest. Bezalel, the son of Uri, son of Hur, of the tribe of Judah, made everything that GOD had commanded Moses. Working with Bezalel was Oholiab, the son of Ahisamach, of the tribe of Dan, an artisan, designer, and embroiderer in blue, purple, and scarlet fabrics and fine linen.

24 Gold. The total amount of gold used in construction of the Sanctuary, all of it contributed freely, weighed out at 1,900 pounds according to the Sanctuary standard.

25-28 Silver. The silver from those in the community who were registered in the census came to 6,437 pounds according to the Sanctuary standard—that amounted to a *beka*, or half-shekel, for every registered person aged twenty and over, a total of 603,550 men. They used the three and one-quarter tons of silver to cast the bases for the Sanctuary and for the hangings, one hundred bases at sixty-four pounds each. They used the remaining thirty-seven pounds to make the connecting hooks on the posts, and the caps and bands for the posts.

29-31 Bronze. The bronze that was brought in weighed 4,522 pounds. It was used to make the door of the Tent of Meeting, the Bronze Altar with its bronze grating, all the utensils of the Altar, the bases around the Courtyard, the bases for the gate of the Courtyard, and all the pegs for The Dwelling and the Courtyard.

제사장이 입을 옷

39 ^{1} 예복. 그들은 청색 실과 자주색 실과 주홍색 실로 성소에서 섬길 때 입는 예복을 짜서 만들었다. 또한 그들은 하나님께서 모세에게 명령하신 대로 아론이 입을 거룩한 예복도 만들었다.

2-5 에봇. 그들은 금실과 청색 실과 자주색 실과 주홍색 실과 가늘게 곤 모시실로 에봇을 만들었다. 그들은 금판을 두들겨 얇게 편 다음 그것을 잘라 여러 가닥의 실로 만들고, 청색 실과 자주색 실과 주홍색 실과 가늘게 곤 모시실과 함께 섞어 짜서 문양을 만들었다. 멜빵은 에봇 양쪽 끝에 달아서 조일 수 있게 했다. 장식 허리띠는 하나님께서 모세에게 명령하신 대로 에봇과 같은 재질로 만들되, 금실과 청색 실과 자주색 실과 주홍색 실과 가늘게 곤 모시실로 만들고 에봇에 이어 붙여 하나가 되게 했다.

6-7 그들은 마노 보석 두 개를 세공한 금테에 물리고 이스라엘의 아들들 이름을 그 보석에 새긴 다음, 그 보석들을 에봇의 양쪽 멜빵에 달아 이스라엘 자손을 기념하는 보석으로 삼았다. 이는 하나님께서 모세에게 명령하신 대로 행한 것이다.

8-10 가슴받이. 그들은 에봇을 만들 때와 마찬가지로 금실과 청색 실과 자주색 실과 주홍색 실과 가늘게 곤 모시실로 가슴받이를 만들었다. 두 겹으로 만들어진 가슴받이는 가로와 세로가 23센티미터인 정사각형 모양이었다. 거기에 값진 보석을 네 줄로 박아 넣었다.

첫째 줄에는 홍옥수와 황옥과 취옥을

11 둘째 줄에는 홍옥과 청보석과 수정을

12 셋째 줄에는 청옥과 마노와 자수정을

13-14 넷째 줄에는 녹주석과 얼룩 마노와 벽옥을 박아 넣었다.

이 보석들을 세공한 금테에 물렸다. 열두 보석은 이스라엘의 아들들의 수대로 열둘

39 ^{1} Vestments. Using the blue, purple, and scarlet fabrics, they made the woven vestments for ministering in the Sanctuary. Also they made the sacred vestments for Aaron, as GOD had commanded Moses.

2-5 Ephod. They made the Ephod using gold and blue, purple, and scarlet fabrics and finely twisted linen. They hammered out gold leaf and sliced it into threads that were then worked into designs in the blue, purple, and scarlet fabric and fine linen. They made shoulder pieces fastened at the two ends. The decorated band was made of the same material—gold, blue, purple, and scarlet material, and of fine twisted linen—and of one piece with it, just as GOD had commanded Moses.

6-7 They mounted the onyx stones in a setting of filigreed gold and engraved the names of the sons of Israel on them, then fastened them on the shoulder pieces of the Ephod as memorial stones for the Israelites, just as GOD had commanded Moses.

8-10 Breastpiece. They made a Breastpiece designed like the Ephod from gold, blue, purple, and scarlet material, and fine twisted linen. Doubled, the Breastpiece was nine inches square. They mounted four rows of precious gemstones on it.

First row: carnelian, topaz, emerald.

11 Second row: ruby, sapphire, crystal.

12 Third row: jacinth, agate, amethyst.

13-14 Fourth row: beryl, onyx, jasper.

The stones were mounted in a gold filigree. The twelve stones corresponded to the names of the sons of Israel, twelve names engraved as on a seal, one for each of the

이었다. 인장을 새기듯이 열두 이름을 새겼
는데, 각 사람의 이름은 열두 지파를 나타
냈다.

15-21 그들은 순금을 새끼줄처럼 꼬아서 가
슴받이를 매달 사슬을 만들었다. 그들은 금
테 두 개와 금고리 두 개를 만들어서, 그 두
고리를 가슴받이의 양쪽 끝에 달고, 금줄
두 개의 끝을 가슴받이 끝에 달려 있는 두
개의 고리에 붙들어 맸다. 그런 다음 금줄
을 두 개의 테에 붙잡아 매고, 그것들을 에
봇 멜빵 앞에 달았다. 또 금고리 두 개를 만
들어서 가슴받이 양 끝, 곧 에봇과 만나는
가슴받이 안쪽 가장자리에 달았다. 그런 다
음 금고리 두 개를 더 만들어서 에봇의 앞
양쪽 두 멜빵 아랫부분, 곧 장식 허리띠 위
쪽 이음매 곁에 달았다. 청색 줄로 가슴받
이 고리와 에봇 고리를 이어 가슴받이를 고
정시켜서, 가슴받이가 에봇의 장식 허리띠
위에 튼튼하게 붙어 늘어지지 않게 했다. 하
나님께서 모세에게 명령하신 대로 행했다.

22-26 겉옷. 그들은 에봇에 받쳐 입을 겉옷
을 모두 청색으로 만들었다. 겉옷의 가운
데에 구멍을 내고, 그 구멍의 둘레를 옷깃
처럼 감침질하여 찢어지지 않게 했다. 겉옷
의 가장자리에는 청색 실과 자주색 실과 주
홍색 실과 가늘게 꼰 모시실로 석류 모양의
술을 만들어 달았다. 또한 그들은 순금으로
방울을 만들어서, 겉옷의 가장자리를 돌아
가며 방울과 석류를 번갈아 달았다. 성막에
서 섬길 때 입는 겉옷의 가장자리를 돌아가
며 방울 하나 석류 하나, 또 방울 하나 석류
하나를 달았다. 하나님께서 모세에게 명령
하신 대로 행했다.

27-29 그들은 또 아론과 그의 아들들을 위해
직조공이 만든 가는 모시실로 속옷을 만들
고, 가는 모시실로 두건을, 모시실로 관을,
가늘게 꼰 모시실로 속바지를 만들고, 가늘
게 꼰 모시실과 청색 실과 자주색 실과 주홍

twelve tribes.

15-21 They made braided chains of pure gold
for the Breastpiece, like cords. They made
two settings of gold filigree and two rings
of gold, put the two rings at the two ends of
the Breastpiece, and fastened the two ends
of the cords to the two rings at the end of the
Breastpiece. Then they fastened the cords to
the settings of filigree, attaching them to the
shoulder pieces of the Ephod in front. Then
they made two rings of gold and fastened
them to the two ends of the Breastpiece on
its inside edge facing the Ephod. They made
two more rings of gold and fastened them
in the front of the Ephod to the lower part
of the two shoulder pieces, near the seam
above the decorated band of the Ephod. The
Breastpiece was fastened by running a cord
of blue through its rings to the rings of the
Ephod so that it rested secure on the decorat-
ed band of the Ephod and wouldn't come
loose, just as GOD had commanded Moses.

22-26 Robe. They made the robe for the
Ephod entirely of blue. The opening of the
robe at the center was like a collar, the edge
hemmed so that it wouldn't tear. On the
hem of the robe they made pomegranates of
blue, purple, and scarlet material and fine
twisted linen. They also made bells of pure
gold and alternated the bells and pomegran-
ates—a bell and a pomegranate, a bell and
a pomegranate—all around the hem of the
robe that was worn for ministering, just as
GOD had commanded Moses.

27-29 They also made the tunics of fine linen,
the work of a weaver, for Aaron and his sons,
the turban of fine linen, the linen hats, the
linen underwear made of fine twisted linen,

색 실로 수를 놓아 허리띠를 만들었다. **하나님**께서 모세에게 명령하신 대로 행했다.

30-31 그들은 순금으로 패, 곧 거룩한 관을 만들고, 인장을 새기듯이 그 위에 '**하나님**께 거룩'이라고 새겼다. 그것을 청색 끈에 매어 두건에 달았다. **하나님**께서 모세에게 명령하신 대로 행했다.

성막을 완성하다

32 이렇게 해서 성막, 곧 회막이 완성되었다. 이스라엘 백성은 **하나님**께서 모세에게 명령하신 모든 것을, 하나도 빠뜨리지 않고 모두 행했다.

33-41 그들은 성막, 곧 회막과 거기에 딸린 모든 기구를 모세에게 가져왔다. 그 내역은 이러하다.

붙잡아 매는 갈고리
널판
가로다지
기둥
밑받침
가공한 숫양 가죽 덮개
돌고래 가죽 덮개
칸막이 휘장
증거궤와
거기에 딸린 채와
속죄판
상과
거기에 딸린 기구와
임재의 빵
순금 등잔대와
거기에 장착할 등잔들
그리고 거기에 딸린 모든 기구와
등잔에 쓸 기름
금제단
거룩하게 구별하는 기름

and sashes of fine twisted linen, blue, purple, and scarlet material and embroidered, just as GOD had commanded Moses.

30-31 They made the plate, the sacred crown, of pure gold and engraved on it as on a seal: "Holy to GOD." They attached a blue cord to it and fastened it to the turban, just as GOD had commanded Moses.

32 That completed the work of The Dwelling, the Tent of Meeting. The People of Israel did what GOD had commanded Moses. They did it all.

33-41 They presented The Dwelling to Moses, the Tent and all its furnishings:

fastening hooks
frames
crossbars
posts
bases
tenting of tanned ram skins
tenting of dolphin skins
veil of the screen
Chest of The Testimony
  with its poles
  and Atonement-Cover
Table
  with its utensils
  and the Bread of the Presence
Lampstand of pure gold
  and its lamps all fitted out
  and all its utensils
  and the oil for the light
Gold Altar
anointing oil

분향할 향

성막 문에 치는 막

청동제단과

거기에 딸린 청동석쇠와

제단의 채와 모든 부속 기구들

대야와

그 받침대

성막 뜰에 두르는 휘장과

휘장을 칠 기둥과 밑받침

성막 뜰 정문에 칠 막과

막을 칠 줄과 말뚝

성막, 곧 회막에서 섬길 때 쓰는 기구들

성소에서 섬길 때 입는 예복

제사장 아론과

그의 아들들이 제사장으로 섬길 때 입는 거룩한 예복.

42-43 이스라엘 자손은 모든 일을 **하나님**께서 명령하신 대로 다 마쳤다. 모세는 그들이 모든 일을 마친 것과 **하나님**께서 명령하신 대로 행한 것을 보고, 그들을 축복했다.

모세가 하나님께서 명령하신 대로 다 행하다

40

1-3 **하나님**께서 모세에게 말씀하셨다. "첫째 달 첫째 날에 성막, 곧 회막을 세워라. 그 안에 증거궤를 두고 휘장을 쳐서 그 궤를 가려라.

4 상을 가져다가 놓고, 등잔대와 등잔을 배치하여라.

5 금으로 만든 분향단을 증거궤 앞에 두고 성막 문에 휘장을 달아라.

6 번제단을 성막, 곧 회막 입구에 놓아라.

7 대야를 회막과 제단 사이에 놓고, 거기에 물을 채워라.

8 회막 사방에 뜰을 만들고 뜰 입구에는 휘장을 달아라.

fragrant incense

screen for the entrance to the Tent

Bronze Altar

  with its bronze grate

  its poles and all its utensils

Washbasin

  and its base

hangings for the Courtyard

  its posts and bases

screen for the gate of the Courtyard

  its cords and its pegs

utensils for ministry in The Dwelling, the Tent of Meeting

  woven vestments for ministering in the Sanctuary

sacred vestments for Aaron the priest, and his sons when serving as priests

42-43 The Israelites completed all the work, just as GOD had commanded. Moses saw that they had done all the work and done it exactly as GOD had commanded. Moses blessed them.

"Moses Finished the Work"

40

1-3 GOD spoke to Moses: "On the first day of the first month, set up The Dwelling, the Tent of Meeting. Place the Chest of The Testimony in it and screen the Chest with the curtain.

4 "Bring in the Table and set it, arranging its Lampstand and lamps.

5 "Place the Gold Altar of Incense before the Chest of The Testimony and hang the curtain at the door of The Dwelling.

6 "Place the Altar of Whole-Burnt-Offering at the door of The Dwelling, the Tent of Meeting.

7 "Place the Washbasin between the Tent of Meeting and the Altar and fill it with water.

9-11 그런 다음 거룩하게 구별하는 기름을 가져다가 성막과 그 안에 있는 모든 것에 바르고, 성막과 거기에 딸린 모든 기구를 거룩하게 구별하여라. 그러면 그것들이 거룩하게 될 것이다. 번제단과 거기에 딸린 모든 기구에 기름을 발라 제단을 거룩하게 구별하여라. 그러면 제단이 지극히 거룩하게 될 것이다. 대야와 그 받침대에 기름을 발라 거룩하게 구별하여라.

12-15 마지막으로, 아론과 그의 아들들을 회막 문으로 데려가 물로 씻겨라. 아론에게 거룩한 예복을 입히고 그에게 기름을 붓고, 그를 거룩하게 구별하여 나를 섬기는 제사장으로 세워라. 그의 아들들을 데려다가 속옷을 입히고, 네가 그들의 아버지에게 기름을 부었던 것처럼 그들에게도 기름을 부어 나를 섬기는 제사장으로 세워라. 그들은 기름부음을 받음으로써 대대로 영원한 제사장직을 맡게 될 것이다.”

16 모세는 하나님께서 명령하신 모든 것을 하나도 빠뜨리지 않고 다 행했다.

17-19 둘째 해 첫째 달 첫째 날에 성막이 세워졌다. 모세가 성막을 세웠는데, 밑받침을 놓고, 널판을 세우고, 가로다지를 얹고, 기둥을 세우고, 성막 위로 천막을 펴고, 천막 위에 덮개를 씌웠다. 하나님께서 모세에게 명령하신 대로 행했다.

20-21 모세는 증거판을 궤 안에 놓고, 궤를 나를 수 있도록 채를 끼우고, 궤 위에 덮개 곧 속죄판을 얹었다. 그러고는 궤를 성막 안에 들여놓고 휘장을 쳐서 증거궤를 가렸다. 하나님께서 모세에게 명령하신 대로 행했다.

22-23 모세는 회막 안, 성막의 북쪽 면, 휘장 바깥쪽에 상을 놓고 거기 하나님 앞에 빵을 차려 놓았다. 하나님께서 모세에게 명령하신 대로 행했다.

8 "Set up the Courtyard on all sides and hang the curtain at the entrance to the Courtyard.

9-11 "Then take the anointing oil and anoint The Dwelling and everything in it; consecrate it and all its furnishings so that it becomes holy. Anoint the Altar of Whole-Burnt-Offering and all its utensils, consecrating the Altar so that it is completely holy. Anoint the Washbasin and its base; consecrate it.

12-15 "Finally, bring Aaron and his sons to the entrance of the Tent of Meeting and wash them with water. Dress Aaron in the sacred vestments. Anoint him. Consecrate him to serve me as priest. Bring his sons and put tunics on them. Anoint them, just as you anointed their father, to serve me as priests. Their anointing will bring them into a perpetual priesthood, down through the generations."

16 Moses did everything God commanded. He did it all.

17-19 On the first day of the first month of the second year, The Dwelling was set up. Moses set it up: He laid its bases, erected the frames, placed the crossbars, set the posts, spread the tent over The Dwelling, and put the covering over the tent, just as GOD had commanded Moses.

20-21 He placed The Testimony in the Chest, inserted the poles for carrying the Chest, and placed the lid, the Atonement-Cover, on it. He brought the Chest into The Dwelling and set up the curtain, screening off the Chest of The Testimony, just as GOD had commanded Moses.

22-23 He placed the Table in the Tent of Meeting on the north side of The Dwelling, outside the curtain, and arranged the Bread there before GOD, just as GOD had commanded him.

24-25 모세는 회막 안, 상의 맞은편, 성막의 남쪽 면에 등잔대를 놓고 하나님 앞에 등잔들을 올려놓았다. 하나님께서 그에게 명령하신 대로 행했다.

26-27 모세는 금제단을 회막 안, 휘장 앞에 놓고 그 위에 향기로운 향을 피웠다. 하나님께서 그에게 명령하신 대로 행했다.

28 모세는 성막 문에 막을 달았다.

29 모세는 성막, 곧 회막 문에 번제단을 놓고 번제와 곡식 제사를 드렸다. 하나님께서 그에게 명령하신 대로 행했다.

30-32 모세는 회막과 제단 사이에 대야를 놓고 거기에 씻을 물을 채웠다. 모세와 아론과 그의 아들들이 거기서 손과 발을 씻었다. 그들은 회막에 들어갈 때와 제단에서 섬길 때 거기서 씻었다. 하나님께서 모세에게 명령하신 대로 행했다.

33 마지막으로, 모세는 성막과 제단 주위에 뜰을 조성하고, 뜰 입구에 막을 달았다.

모세는 일을 다 마쳤다.

34-35 구름이 회막을 덮고, 하나님의 영광이 성막에 가득했다. 구름이 회막 위에 있고 하나님의 영광이 성막에 가득했으므로, 모세는 회막 안으로 들어갈 수 없었다.

36-38 구름이 성막에서 걷힐 때면, 이스라엘 백성이 길을 나섰다. 그러나 구름이 걷히지 않으면, 그들은 구름이 걷히기까지 길을 나서지 않았다. 낮에는 하나님의 구름이 성막 위에 있고 밤에는 불이 그 구름 가운데 있어서, 온 이스라엘 자손이 모든 여정에서 그것을 볼 수 있었다.

24-25 He placed the Lampstand in the Tent of Meeting opposite the Table on the south side of The Dwelling and set up the lamps before GOD, just as GOD had commanded him.

26-27 Moses placed the Gold Altar in the Tent of Meeting in front of the curtain and burned fragrant incense on it, just as GOD had commanded him.

28 He placed the screen at the entrance to The Dwelling.

29 He set the Altar of Whole-Burnt-Offering at the door of The Dwelling, the Tent of Meeting, and offered up the Whole-Burnt-Offerings and the Grain-Offerings, just as GOD had commanded Moses.

30-32 He placed the Washbasin between the Tent of Meeting and the Altar, and filled it with water for washing. Moses and Aaron and his sons washed their hands and feet there. When they entered the Tent of Meeting and when they served at the Altar, they washed, just as GOD had commanded Moses.

33 Finally, he erected the Courtyard all around The Dwelling and the Altar, and put up the screen for the Courtyard entrance.

Moses finished the work.

34-35 The Cloud covered the Tent of Meeting, and the Glory of GOD filled The Dwelling. Moses couldn't enter the Tent of Meeting because the Cloud was upon it, and the Glory of GOD filled The Dwelling.

36-38 Whenever the Cloud lifted from The Dwelling, the People of Israel set out on their travels, but if the Cloud did not lift, they wouldn't set out until it did lift. The Cloud of GOD was over The Dwelling during the day and the fire was in it at night, visible to all the Israelites in all their travels.

인류가 결코 포기하지 않는 습관 가운데 하나는 하나님을 길들이겠다는 고집이다. 우리는 하나님을 길들이겠다고 결심한다. 우리의 계획을 위해 하나님을 이용할 방법을 생각해 낸다. 우리의 계획과 야망과 기호에 들어맞는 크기로 하나님을 축소시키려 한다.

그러나 성경은 우리가 그럴 수 없다고 훨씬 더 고집스럽게 말한다. 하나님이 우리의 계획에 딱 들어맞으실 리가 없다. 오히려 우리가 그분의 계획에 맞춰야 한다. 우리는 하나님을 이용할 수 없다. 하나님은 도구나 기구나 신용카드가 아니시다.

> "너희는 내가 명령한 것을 행하고, 내가 일러 준 대로 살아라. 나는 하나님이다.
> 나의 거룩한 이름을 더럽히지 마라. 나는 이스라엘 백성 가운데서 거룩하게 높임을 받기 원한다. 나는 너희를 거룩하게 하는 하나님이다. 나는 너희 하나님이 되려고 너희를 이집트에서 이끌어 낸 하나님이다. 나는 하나님이다"(레 22:31-33).

우리는 소원 성취라는 우리의 환상이나 세상의 명성을 얻으려는 이상적인 계획에 하나님을 끌어들이려고 시도한다. 우리의 그러한 시도로부터 하나님을 구별해 주는 단어가 다름 아닌 '거룩'이다. 거룩은 하나님께서 그분의 방식대로 살아 계시며, 우리의 경험과 상상을 뛰어넘는 방식으로 살아 계시다는 뜻이다. 거룩은 강렬한 순수성으로 타오르는 생명, 접촉하는 것은 무엇이든 변화시키는 생

One of the stubbornly enduring habits of the human race is to insist on domesticating God. We are determined to tame him. We figure out ways to harness God to our projects. We try to reduce God to a size that conveniently fits our plans and ambitions and tastes.

But our Scriptures are even more stubborn in telling us that we can't do it. God cannot be fit into our plans, we must fit into his. We can't use God—God is not a tool or appliance or credit card.

> "Do what I tell you; *live* what I tell you. I am GOD. Don't desecrate my holy name. I insist on being treated with holy reverence among the People of Israel. I am GOD who makes you holy and brought you out of Egypt to be your God. I am GOD"(Leviticus 22:31-33).

"Holy" is the word that sets God apart and above our attempts to enlist him in our wish-fulfillment fantasies or our utopian schemes for making our mark in the world. Holy means that God is alive on God's terms, alive in a way that exceeds our experience and imagination. Holy refers to life burning with an intense purity that transforms everything it touches into itself.

Because the core of all living is God, and God is a holy God, we require much teaching

명과 관계가 있다.

하나님은 모든 생명의 중심이시며 거룩한 하나님이시다. 그러므로 우리가 바라는 하나님이 아니라 있는 그대로의 하나님께 응답하며 살기 위해서는, 많은 가르침과 오랜 훈련이 필요하다. 레위기는 이집트에서 건짐받은 우리의 조상이 가나안 땅에 정착하기 위해 길을 떠나는 이야기에서 잠시 쉬어 가는 대목이라 할 수 있다. 일종의 연장된 중간 휴식, 곧 '거룩'이 무엇인지 조금도 알지 못하는 문화 속에서 '거룩하게' 살기 위해, 상세하고도 대단히 신중하게 준비하는 시간이다. 이 백성은 가나안에 들어가는 순간, 우상이라는 일촉즉발의 치명적인 지뢰밭을 지나가야 할 것이다. 그 우상들은 "우리가 원하는 것을, 우리가 원하는 대로, 우리가 원하는 때에, 우리에게 주십시오"라고 외치는, 신에 대한 우리의 환상에 부합하는 것들이다. 하지만 이런 환상을 품고 가다가는 불구가 되거나 목숨을 잃고 말 것이다. 모든 나라와 문화 속에서 구원받은 하나님의 백성을, 하나님께서 창조하신 목적대로, 곧 하나님이 거룩하신 것처럼 거룩하게 살도록 가르치는 '많은 교훈과 오랜 훈련'의 출발점이 바로 레위기다.

이런 관점에서 레위기를 읽을 때 우리의 마음을 울리는 첫 번째 사실은, 이 거룩하신 하나님께서 실제로 우리와 함께하신다는 것이며, 우리 삶의 세세한 부분이 모두 이 거룩하신 하나님의 현존에 영향을 받는다는 것이다. 우리 안에 있는 것도, 우리의 관계도, 우리의 환경도 예외가 아니다. 두 번째 사실은, 하나님께서 우리 안과 우리 주위에 있는 모든 것을 그분의 거룩한 임재 속으로 가져가셔서, 그 모든 것이 거룩하신 분의 강렬한 불꽃 속에서 변화되는 길(희생 제사, 절기, 안식일)을 우리에게 제공하신다는 것이다. 그분의 임재 속으로 들어가는 것은 근사한 일이

and long training for living in response to God as he is and not as we want him to be. The book of Leviticus is a narrative pause in the story of our ancestors as they are on their way, saved out of Egypt, to settle in the land of Canaan. It is a kind of extended time-out of instruction, a detailed and meticulous preparation for living "holy" in a culture that doesn't have the faintest idea what "holy" is. The moment these people enter Canaan they will be picking their way through a lethal minefield of gods and goddesses that are designed to appeal to our god-fantasies: "Give us what we want when we want it on our own terms." What these god-fantasies in fact do is cripple or kill us. Leviticus is a start at the "much teaching and long training" that continues to be adapted and reworked in every country and culture where God is forming a saved people to live as he created them to live—holy as God is holy.

The first thing that strikes us as we read Leviticus in this light is that this holy God is actually present with us and virtually every detail of our lives is affected by the presence of this holy God; nothing in us, our relationships, or environment is left out. The second thing is that God provides a way (the sacrifices and feasts and Sabbaths) to bring everything in and about us into his holy presence, transformed in the fiery blaze of the holy. It is an awesome thing to come into his presence and we, like ancient Israel, stand in his presence at every moment (Psalm 139). Our Lord is not dwelling in a tent or house in our neighborhood. But he makes his habitation in us and among us as believers and says, "I am holy; you be holy"(1 Peter

다. 우리도 고대 이스라엘 백성처럼 매 순간 그분의 임재 가운데 서 있다(시 139편). 우리 주님은 우리 근처의 장막이나 집에 거하시지 않는다. 그분은 신자인 우리 안에 그리고 우리들 가운데 거하시면서 이렇게 말씀하신다. "내가 거룩하니, 너희도 거룩하여라"(벧전 1:16; 레 11:44-45, 19:2, 20:7 인용).

우리가 이 사실을 깨닫기만 하면, 겉보기에 끝없이 이어지는 것 같은 레위기의 세부 지침과 가르침들은 우리에게 복음을 가리키는 이정표가 될 것이다. 말하자면 하나님께서는 우리 삶의 세세한 부분에 이르기까지 마음을 쓰시며, 우리 안과 우리 주위에 있는 모든 것을 기꺼이 변화시킬 의향이 있으시다는 것이다. 나중에 바울은 그 변화에 대해 다음과 같이 권고했다.

그러므로 나는, 이제 여러분이 이렇게 살기를 바랍니다. 하나님께서 여러분을 도우실 것입니다. 여러분의 매일의 삶, 일상의 삶—자고 먹고 일하고 노는 모든 삶—을 하나님께 헌물로 드리십시오. 하나님께서 여러분을 위해 하시는 일을 받아들이는 것이, 바로 여러분이 그분을 위해 할 수 있는 최선의 일입니다. 문화에 너무 잘 순응하여 아무 생각 없이 동화되어 버리는 일이 없도록 하십시오. 대신에, 여러분은 하나님께 시선을 고정하십시오. 그러면 속에서부터 변화가 일어날 것입니다. 그분께서 여러분에게 바라시는 것을 흔쾌히 인정하고, 조금도 머뭇거리지 말고 거기에 응하십시오. 여러분을 둘러싸고 있는 문화는 늘 여러분을 미숙한 수준으로 끌어 낮추려 하지만, 하나님께서는 언제나 여러분에게서 최선의 것을 이끌어 내시고 여러분 안에 멋진 성숙을 길러 주십니다(롬 12:1-2).

1:16, citing Leviticus 11:44-45; 19:2; 20:7).

Once we realize this, the seemingly endless details and instructions of Leviticus become signposts of good news to us: God cares that much about the details of our lives, willing everything in and about us into the transformation that St. Paul later commended:

So here's what I want you to do, God helping you: Take your everyday, ordinary life—your sleeping, eating, going-to-work, and walking-around life—and place it before God as an offering. Embracing what God does for you is the best thing you can do for him. Don't become so well-adjusted to your culture that you fit into it without even thinking. Instead, fix your attention on God. You'll be changed from the inside out. Readily recognize what he wants from you, and quickly respond to it. Unlike the culture around you, always dragging you down to its level of immaturity, God brings the best out of you, develops well-formed maturity in you(Romans 12:1-2).

레위기   LEVITICUS

번제

1 ¹⁻² **하나님께서 모세를 부르셔서, 회막에서 그에게 말씀하셨다. "너는 이스라엘 백성에게 전하여라. 그들에게 이렇게 일러 주어라. 누구든지 하나님에게 제물을 바칠 때는, 소 떼나 양 떼 가운데서 골라 제물을 바쳐야 한다.**

³⁻⁹ 소 떼 가운데서 골라 번제로 제물을 바치는 것이면, 하나님이 받을 만한 흠 없는 수컷을 회막 입구에서 바쳐야 한다. 너희 손을 번제물의 머리에 얹어라. 그러면 그것이 너희를 대신해 속죄하는 제물로 받아들여질 것이다. 하나님 앞에서 그 수소를 잡아라. 아론의 아들인 제사장들은 그 피를 가져다가, 회막 입구에 있는 제단 사면에 뿌려야 한다. 그런 다음, 그 번제물의 가죽을 벗기고 각을 떠라. 아론의 아들인 제사장들은 제단에 불을 마련하고 정성껏 장작을 벌여 놓은 다음, 각을 뜬 여러 부위의 고기와 머리와 지방을 제단 위, 불을 피우기 위해 마련해 놓은 장작 위에 차려 놓아야 한다. 그 내장과 다리를 깨끗이 씻어라. 그러면 제사장은 그것들을 모두 제단 위에서 불살라야 한다. 이것이 번제요, 불살라 바치는 제물이며, 하나님을 기쁘게 하는 향기다.

Whole-Burnt-Offering

1 ¹⁻² G OD called Moses and spoke to him from the Tent of Meeting: "Speak to the People of Israel. Tell them, When anyone presents an offering to G OD, present an animal from either the herd or the flock.

³⁻⁹ "If the offering is a Whole-Burnt-Offering from the herd, present a male without a defect at the entrance to the Tent of Meeting that it may be accepted by G OD. Lay your hand on the head of the Whole-Burnt-Offering so that it may be accepted on your behalf to make atonement for you. Slaughter the bull in G OD's presence. Aaron's sons, the priests, will make an offering of the blood by splashing it against all sides of the Altar that stands at the entrance to the Tent of Meeting. Next, skin the Whole-Burnt-Offering and cut it up. Aaron's sons, the priests, will prepare a fire on the Altar, carefully laying out the wood, and then arrange the body parts, including the head and the suet, on the wood prepared for the fire on the Altar. Scrub the entrails and legs clean. The priest will burn it all on the Altar: a Whole-Burnt-Offering, a Fire-Gift, a pleasing fragrance to G OD.

10-13 양 떼나 염소 떼 가운데서 골라 번제로 바치는 것이면, 흠 없는 수컷을 바쳐야 한다. 제단의 북쪽 하나님 앞에서 그 제물을 잡아라. 아론의 아들인 제사장들은 그 피를 제단 사면에 뿌려야 한다. 그 번제물의 각을 떠라. 제사장은 여러 부위의 고기와 머리와 지방을 제단 위, 불을 피우기 위해 마련해 놓은 장작 위에 차려 놓아야 한다. 그 내장과 다리를 깨끗이 씻어라. 그러면 제사장은 그것들을 모두 제단 위에서 불살라 바쳐야 한다. 이것이 번제요, 불살라 바치는 제물이며, 하나님을 기쁘게 하는 향기다.

14-17 새를 번제로 하나님에게 바치는 것이면, 산비둘기나 집비둘기를 바쳐야 한다. 제사장은 그 새를 제단으로 가져가서, 목을 비틀어 끊고 제단 위에서 불살라야 한다. 그러나 먼저 그 피를 제단 곁으로 흘려보내고, 모래주머니와 그 안에 든 것을 제거해서, 제단 동쪽에 있는 잿더미에 던져 버려야 한다. 그리고 두 날개를 잡고 그 몸을 찢되 두 쪽으로 나뉘지 않게 하여, 제단 위, 불을 피우기 위해 마련해 놓은 장작 위에서 불살라야 한다. 이것이 번제요, 불살라 바치는 제물이며, 하나님을 기쁘게 하는 향기다."

곡식 제물

2 1-3 "하나님에게 곡식 제물을 바칠 때는, 고운 곡식 가루를 사용해야 한다. 그 가루에 기름을 붓고 향을 얹어, 아론의 아들인 제사장들에게 가져가거라. 그러면 제사장들 가운데 한 사람이 고운 곡식 가루 한 움큼과 기름을 가져다가, 향 전체와 함께 제단 위에서 기념물로 불살라야 한다. 이것이 불살라 바치는 제물이며, 하나님을 기쁘게 하는 향기다. 곡식 제물 가운데 남은 것은 아론과 그의 아들들 몫이다. 이것은 하나님에게 불살라 바치는 제물 가

10-13 "If the Whole-Burnt-Offering comes from the flock, whether sheep or goat, present a male without defect. Slaughter it on the north side of the Altar in GOD's presence. The sons of Aaron, the priests, will throw the blood against all sides of the Altar. Cut it up and the priest will arrange the pieces, including the head and the suet, on the wood prepared for burning on the Altar. Scrub the entrails and legs clean. The priest will offer it all, burning it on the Altar: a Whole-Burnt-Offering, a Fire-Gift, a pleasing fragrance to GOD.

14-17 "If a bird is presented to GOD for the Whole-Burnt-Offering it can be either a dove or a pigeon. The priest will bring it to the Altar, wring off its head, and burn it on the Altar. But he will first drain the blood on the side of the Altar, remove the gizzard and its contents, and throw them on the east side of the Altar where the ashes are piled. Then rip it open by its wings but leave it in one piece and burn it on the Altar on the wood prepared for the fire: a Whole-Burnt-Offering, a Fire-Gift, a pleasing fragrance to GOD."

Grain-Offering

2 1-3 "When you present a Grain-Offering to GOD, use fine flour. Pour oil on it, put incense on it, and bring it to Aaron's sons, the priests. One of them will take a handful of the fine flour and oil, with all the incense, and burn it on the Altar for a memorial: a Fire-Gift, a pleasing fragrance to GOD. The rest of the Grain-Offering is for Aaron and his sons—a most holy part of the Fire-Gifts to GOD.

운데 지극히 거룩한 것이다.

4 화덕에서 구운 빵으로 곡식 제물을 바칠 때는, 고운 곡식 가루에 기름을 섞되 누룩을 넣지 않고 만든 빵이나, 고운 곡식 가루에 누룩을 넣지 않고 기름을 얇게 발라 만든 과자를 바쳐야 한다.

5-6 철판에 구운 것으로 곡식 제물을 바칠 때는, 고운 곡식 가루에 기름을 섞되 누룩을 넣지 않고 만든 것을 바쳐야 한다. 그것을 여러 조각으로 부수고 그 위에 기름을 부어라. 이것이 곡식 제물이다.

7 냄비에 넣어 튀긴 것으로 곡식 제물을 바칠 때는, 고운 곡식 가루에 기름을 섞어 만들어야 한다.

8-10 너희는 이와 같은 재료로 만든 곡식 제물을 가져다가 제사장에게 주어라. 제사장은 그 곡식 제물을 제단으로 가져가서, 그중에서 기념할 조각을 떼어 제단 위에서 불살라야 한다. 이것이 불살라 바치는 제물이며, 하나님을 기쁘게 하는 향기다. 곡식 제물 가운데 남은 것은 아론과 그의 아들들 몫이다. 이것은 하나님에게 바치는 제물 가운데 지극히 거룩한 것이다.

11-13 하나님에게 바치는 모든 곡식 제물에는 누룩을 넣어서는 안된다. 누룩이나 꿀을 하나님에게 불살라 바치는 제물로 바쳐서는 안된다. 그것들을 첫 수확물의 제물로 하나님에게 바치는 것은 괜찮지만, 하나님을 기쁘게 하는 향기로 바치려고 제단 위에 올려놓아서는 안된다. 너희가 바치는 모든 곡식 제물에는 소금을 쳐서 간을 맞추어야 한다. 너희가 바치는 곡식 제물에 너희 하나님과 언약을 맺을 때 넣는 소금을 빼놓아서는 안된다. 너희가 바치는 모든 제물에 소금을 넣어라.

14-16 첫 수확물을 곡식 제물로 하나님에게 바칠 때는, 햇곡식의 이삭을 볶아 찧은 것을 바쳐야 한다. 그 위에 기름을 붓고 향을 얹어라. 이것이 곡식 제물이다. 제사장은 그 곡식과 기름에서 일부를 덜어 내어 향 전체와 함께 기념물

4 "When you present a Grain-Offering of oven-baked loaves, use fine flour, mixed with oil but no yeast. Or present wafers made without yeast and spread with oil.

5-6 "If you bring a Grain-Offering cooked on a griddle, use fine flour mixed with oil but without yeast. Crumble it and pour oil on it—it's a Grain Offering.

7 "If you bring a Grain-Offering deep-fried in a pan, make it of fine flour with oil.

8-10 "Bring the Grain-Offering you make from these ingredients and present it to the priest. He will bring it to the Altar, break off a memorial piece from the Grain-Offering, and burn it on the Altar: a Fire-Gift, a pleasing fragrance to GOD. The rest of the Grain-Offering is for Aaron and his sons—a most holy part of the gifts to GOD.

11-13 "All the Grain-Offerings that you present to GOD must be made without yeast; you must never burn any yeast or honey as a Fire-Gift to GOD. You may offer them to GOD as an offering of firstfruits but not on the Altar as a pleasing fragrance. Season every presentation of your Grain-Offering with salt. Don't leave the salt of the covenant with your God out of your Grain-Offerings. Present all your offerings with salt.

14-16 "If you present a Grain-Offering of firstfruits to GOD, bring crushed heads of the new grain roasted. Put oil and incense on it—it's a Grain-Offering. The priest will burn some of the

로 불살라야 한다. 이것이 **하나님**에게 불살라 바치는 제물이다."

화목 제물

3 ¹⁻⁵ "소 떼 가운데서 골라 화목 제물로 바치는 것이면, 수컷이든 암컷이든 흠 없는 것을 바쳐야 한다. 제물의 머리에 손을 얹은 다음, 회막 입구에서 그 제물을 잡아라. 아론의 아들인 제사장들은 제단 사면에 그 피를 뿌려야 한다. 그 화목 제물 가운데서 내장을 덮거나 내장에 붙은 모든 지방과, 두 콩팥과 그 둘레 허리께 있는 지방과, 콩팥과 함께 떼어 낸 간을 덮은 껍질은 **하나님**에게 불살라 바치는 제물로 바쳐야 한다. 아론과 그의 아들들은 그것들을 제단 위, 불을 피우기 위해 마련해 놓은 장작 위에서 번제물과 함께 불살라야 한다. 이것이 불살라 바치는 제물이며, **하나님**을 기쁘게 하는 향기다.

⁶⁻¹¹ 양 떼 가운데서 골라 **하나님**에게 화목 제물로 바치는 것이면, 수컷이든 암컷이든 흠 없는 것을 끌고 와야 한다. 어린양을 바치는 것이면, 그 양을 **하나님**에게 바쳐라. 제물의 머리에 손을 얹은 다음, 회막에서 그 제물을 잡아라. 그러면 아론의 아들들이 그 피를 제단 사면에 뿌릴 것이다. 화목 제물에서 떼어 낸 지방과, 엉치뼈 부근에서 잘라 낸 기름진 꼬리 전부와, 내장을 덮거나 내장에 붙은 모든 지방과, 두 콩팥과 그 둘레 허리께 있는 지방과, 콩팥과 함께 떼어 낸 간을 덮은 껍질을 **하나님**에게 불살라 바치는 제물로 바쳐라. 제사장은 그것을 제단 위에서 불살라야 한다. 이것이 **하나님**에게 바치는 음식이며, 불살라 바치는 제물이다.

¹²⁻¹⁶ 염소를 바치는 것이면, 그 염소를 **하나님** 앞으로 끌고 와서 그 머리에 손을 얹은 다음, 회막 앞에서 잡아야 한다. 그러면 아론의 아들들이 그 피를 제단 사면에 뿌릴 것이다.

mixed grain and oil with all the incense as a memorial—a Fire-Gift to GOD."

The Peace-Offering

3 ¹⁻⁵ "If your offering is a Peace-Offering and you present an animal from the herd, either male or female, it must be an animal without any defect. Lay your hand on the head of your offering and slaughter it at the entrance of the Tent of Meeting. Aaron's sons, the priests, will throw the blood on all sides of the Altar. As a Fire-Gift to GOD from the Peace-Offering, present all the fat that covers or is connected to the entrails, the two kidneys and the fat around them at the loins, and the lobe of the liver that is removed along with the kidneys. Aaron and his sons will burn it on the Altar along with the Whole-Burnt-Offering that is on the wood prepared for the fire: a Fire-Gift, a pleasing fragrance to GOD.

⁶⁻¹¹ "If your Peace-Offering to GOD comes from the flock, bring a male or female without defect. If you offer a lamb, offer it to GOD. Lay your hand on the head of your offering and slaughter it at the Tent of Meeting. The sons of Aaron will throw its blood on all sides of the Altar. As a Fire-Gift to GOD from the Peace-Offering, present its fat, the entire fat tail cut off close to the backbone, all the fat on and connected to the entrails, the two kidneys and the fat around them on the loins, and the lobe of the liver which is removed along with the kidneys. The priest will burn it on the Altar: a meal, a Fire-Gift to GOD.

¹²⁻¹⁶ "If the offering is a goat, bring it into

내장을 덮거나 내장에 붙은 모든 지방과, 두 콩팥과 그 둘레 허리께 있는 지방과, 콩팥과 함께 떼어 낸 간을 덮은 껍질을 **하나님**에게 불살라 바치는 제물로 바쳐라. 그러면 제사장은 그것들을 제단 위에서 불살라야 한다. 이것이 **하나님**에게 바치는 음식이요, 불살라 바치는 제물이며, **하나님**을 기쁘게 하는 향기다.

16-17 모든 지방은 **하나님**의 것이다. 이것은 너희가 어느 곳에 살든지 대대로 지켜야 할 영원한 규례다. 너희는 지방을 먹지 말고, 피도 먹지 마라. 그 가운데 어느 것도 먹어서는 안된다."

속죄 제물

4 1-12 **하나님**께서 모세에게 말씀하셨다. "너는 이스라엘 자손에게 이렇게 일러 주어라. 어떤 사람이 뜻하지 않게 **하나님**의 명령 가운데 하나라도 어겨 범해서는 안될 죄를 지었으면, 특히, 기름부음을 받은 제사장이 죄를 지어 그 죄가 백성에게 돌아가게 되었으면, 그 제사장은 자신이 지은 죄로 인해 흠 없는 수소 한 마리를 **하나님**에게 속죄 제물로 가져와야 한다. 그는 그 수소를 회막 입구 **하나님** 앞으로 끌고 와서 그 머리에 손을 얹은 다음, **하나님** 앞에서 잡아야 한다. 그 수소의 피 얼마를 받아다가 회막 안으로 가지고 들어가서, 손가락에 그 피를 찍어 **하나님** 앞, 곧 성소 휘장 앞에 일곱 번 뿌려야 한다. 또한 그는 그 피 얼마를 가져다가 회막 안, 곧 **하나님** 앞에 있는 분향단의 뿔들에도 발라야 한다. 수소의 나머지 피는 회막 입구에 있는 번제단 밑에 쏟아야 한다. 그런 다음 속죄 제물로 바친 수소의 지방을 모두 떼어 내야 한다. 떼어 내야 할 지방은 내장을 덮거나 내장에 붙은 모든 지방과, 두

the presence of GOD, lay your hand on its head, and slaughter it in front of the Tent of Meeting. Aaron's sons will throw the blood on all sides of the Altar. As a Fire-Gift to GOD present the fat that covers and is connected to the entrails, the two kidneys and the fat which is around them on the loins, and the lobe of the liver which is removed along with the kidneys. The priest will burn them on the Altar: a meal, a Fire-Gift, a pleasing fragrance. 16-17 "All the fat belongs to GOD. This is the fixed rule down through the generations, wherever you happen to live: Don't eat the fat; don't eat the blood. None of it."

The Absolution-Offering

4 1-12 GOD spoke to Moses: "Tell the Israelites, When a person sins unintentionally by straying from any of GOD's commands, breaking what must not be broken, if it's the anointed priest who sins and so brings guilt on the people, he is to bring a bull without defect to GOD as an Absolution-Offering for the sin he has committed. Have him bring the bull to the entrance of the Tent of Meeting in the presence of GOD, lay his hand on the bull's head, and slaughter the bull before GOD. He is then to take some of the bull's blood, bring it into the Tent of Meeting, dip his finger in the blood, and sprinkle some of it seven times before GOD, before the curtain of the Sanctuary. He is to smear some of the blood on the horns of the Altar of Fragrant Incense before GOD which is in the Tent of Meeting. He is to pour the rest of the bull's blood out at the base of the Altar of Whole-Burnt-Offering at the entrance of the Tent of Meeting. He is to remove all the fat from the bull of the Absolution-Offering, the fat

콩팥과 그 둘레 허리께 있는 지방과, 콩팥과 함께 떼어 낸 간을 덮은 껍질이다. 이 절차는 화목 제물로 바친 수소의 지방을 떼어 낼 때와 같다. 마지막으로, 그는 이 모든 것을 번제단 위에서 불살라야 한다. 그 밖의 모든 것, 곧 수소의 가죽, 고기, 머리, 다리, 기관, 내장은 진 밖에 있는 깨끗한 곳, 곧 재를 버리는 곳으로 가져가서 장작불 위에 얹어 불살라야 한다.

13-21 회중 전체가 뜻하지 않게 하나님의 명령 가운데 하나라도 어겨 범해서는 안 될 죄를 지었으면, 그 사실을 깨달은 사람이 하나도 없더라도 그들은 유죄다. 자신들이 지은 죄를 깨달은 경우, 회중은 수소 한 마리를 속죄 제물로 끌고 와서 회막에 바쳐야 한다. 회중의 장로들은 하나님 앞에서 그 수소의 머리에 손을 얹은 다음, 그들 가운데 한 사람이 하나님 앞에서 그 수소를 잡아야 한다. 기름부음을 받은 제사장은 그 피 얼마를 가져다가 회막 안으로 가지고 들어가서, 손가락에 그 피를 찍어 하나님 앞, 곧 휘장 앞에 일곱 번 뿌려야 한다. 그는 또 그 피를 회막 안, 곧 하나님 앞에 있는 제단 뿔들에 바르고, 나머지 피는 회막 입구에 있는 번제단 밑에 쏟아야 한다. 그는 제물에서 지방을 떼어 내어 제단 위에서 불살라야 한다. 이 수소를 처리하는 절차는 속죄 제물로 바친 수소를 처리할 때와 같다. 제사장이 회중을 위해 속죄하면, 그들은 용서를 받는다. 그 후에 회중은 그 수소를 진 밖으로 끌어내어, 첫 번째 수소를 불사른 것과 같이 불살라야 한다. 이것이 회중을 위한 속죄 제물이다.

22-26 통치자가 뜻하지 않게 하나님의 명령 가운데 하나라도 어겨 범해서는 안될 죄를 지었으면, 그는 유죄다. 그가 자신이 지은 죄를 깨달은 경우, 흠 없는 숫염

which covers and is connected to the entrails, the two kidneys and the fat that is around them at the loins, and the lobe of the liver which he takes out along with the kidneys—the same procedure as when the fat is removed from the bull of the Peace-Offering. Finally, he is to burn all this on the Altar of Burnt Offering. Everything else—the bull's hide, meat, head, legs, organs, and guts—he is to take outside the camp to a clean place where the ashes are dumped and is to burn it on a wood fire.

13-21 "If the whole congregation sins unintentionally by straying from one of the commandments of GOD that must not be broken, they become guilty even though no one is aware of it. When they do become aware of the sin they've committed, the congregation must bring a bull as an Absolution-Offering and present it at the Tent of Meeting. The elders of the congregation will lay their hands on the bull's head in the presence of GOD and one of them will slaughter it before GOD. The anointed priest will then bring some of the blood into the Tent of Meeting, dip his finger in the blood, and sprinkle some of it seven times before GOD in front of the curtain. He will smear some of the blood on the horns of the Altar which is before GOD in the Tent of Meeting and pour the rest of it at the base of the Altar of Whole-Burnt-Offering at the entrance of the Tent of Meeting. He will remove all the fat and burn it on the Altar. He will follow the same procedure with this bull as with the bull for the Absolution-Offering. The priest makes atonement for them and they are forgiven. They then will take the bull outside the camp and burn it just as they burned the first bull. It's the Absolution-Offering for the congregation.

22-26 "When a ruler sins unintentionally by

소 한 마리를 제물로 끌고 와서, 그 머리에 손을 얹은 다음, 하나님 앞 번제물 잡는 곳에서 그것을 잡아야 한다. 이것이 속죄 제물이다. 제사장은 이 속죄 제물의 피 얼마를 가져다가 손가락에 찍어 번제단의 뿔들에 바르고, 나머지 피는 제단 밑에 쏟아야 한다. 숫염소의 모든 지방은 화목 제물의 지방을 불사를 때와 마찬가지로 제단 위에서 불살라야 한다.

제사장이 통치자의 죄 때문에 그를 위해 속죄하면, 그는 용서를 받는다.

27-31 회중 가운데 한 사람이 뜻하지 않게 하나님의 명령 가운데 하나라도 어겨 범해서는 안될 죄를 지었으면, 그는 유죄다. 그가 자신이 지은 죄를 깨달은 경우, 흠 없는 암염소 한 마리를 끌고 와서 자신이 지은 죄를 위해 바치고 그 제물의 머리에 손을 얹은 다음, 번제물 잡는 곳에서 그 제물을 잡아야 한다. 제사장은 그 속죄 제물의 피 얼마를 가져다가 손가락에 찍어 번제단의 뿔들에 바르고, 나머지 피는 제단 밑에 쏟아야 한다. 마지막으로, 그는 화목 제물을 처리할 때와 같이 그 제물에서 지방을 모두 떼어 내어, 제단 위에서 불살라 하나님을 기쁘게 하는 향기로 바쳐야 한다.

이와 같이 제사장이 그를 위해 속죄하면, 그는 용서를 받는다.

32-35 그가 속죄 제물로 어린양을 가져오는 것이면, 흠 없는 암컷을 바쳐야 한다. 그는 속죄 제물의 머리에 손을 얹은 다음, 번제물 잡는 곳에서 잡아야 한다. 제사장은 속죄 제물의 피 얼마를 가져다가 손가락에 찍어 번제단의 뿔들에 바르고, 나머지 피는 제단 밑에 쏟아야 한다. 그는 화목 제물로 바친 어린양을 처리할 때와 같이 속죄 제물의 지방을 모두 떼어 내야 한다. 마지막으로, 제사장은 그것을

straying from one of the commands of his GOD which must not be broken, he is guilty. When he becomes aware of the sin he has committed, he must bring a goat for his offering, a male without any defect, lay his hand on the head of the goat, and slaughter it in the place where they slaughter the Whole-Burnt-Offering in the presence of GOD—it's an Absolution-Offering. The priest will then take some of the blood of the Absolution-Offering with his finger, smear it on the horns of the Altar of Whole-Burnt-Offering, and pour the rest at the base of the Altar. He will burn all its fat on the Altar, the same as with the fat of the Peace-Offering.

"The priest makes atonement for him on account of his sin and he's forgiven.

27-31 "When an ordinary member of the congregation sins unintentionally, straying from one of the commandments of GOD which must not be broken, he is guilty. When he is made aware of his sin, he shall bring a goat, a female without any defect, and offer it for his sin, lay his hand on the head of the Absolution-Offering, and slaughter it at the place of the Whole-Burnt-Offering. The priest will take some of its blood with his finger, smear it on the horns of the Altar of Whole-Burnt-Offering, and pour the rest at the base of the Altar. Finally, he'll take out all the fat, the same as with the Peace-Offerings, and burn it on the Altar for a pleasing fragrance to GOD.

"In this way, the priest makes atonement for him and he's forgiven.

32-35 "If he brings a lamb for an Absolution-Offering, he shall present a female without any defect, lay his hand on the head of the Absolution-Offering, and slaughter it at the same place they slaughter the Whole-Burnt-Offer-

제단 위, 곧 **하나님**에게 바치는 제물 위에 올려놓고 불살라야 한다.

이와 같이 제사장이 그의 죄 때문에 그를 위해 속죄하면, 그는 용서를 받는다."

❧

5 ¹ "너희가 범죄 사건에 대해 보거나 들은 것을 증인석에 올라가 증언하지 않아 죄를 지으면, 너희는 그 죄에 대해 책임을 져야 한다.

² 너희가 부정한 것, 곧 부정한 들짐승의 주검이나 부정한 집짐승의 주검이나 부정한 길짐승의 주검을 만졌으면, 그것을 깨닫지 못했더라도 너희가 더러워졌으므로 죄가 된다.

³ 너희가 사람 몸에 있는 부정한 것, 곧 그것이 무엇이든 사람을 더럽힐 수 있는 부정한 것에 닿았으면, 그것을 깨닫지 못하다가 나중에 깨닫더라도 죄가 된다.

⁴ 너희가 선한 일이든 악한 일이든 무엇을 하겠다고 충동적으로 맹세하거나 경솔히 다짐했으면, 그것을 깨닫지 못하다가 나중에 깨닫더라도 어느 경우에나 죄가 된다.

5-6 너희에게 이러한 죄가 있거든 그 지은 죄를 즉시 고백하고, 너희가 지은 죄에 대한 벌로 가축 떼에서 암컷 어린양이나 암염소 한 마리를 속죄 제물로 가져와 **하나님**에게 바쳐야 한다.

이와 같이 제사장이 너희 죄를 위해 속죄해야 한다.

7-10 어린양을 드릴 형편이 못되거든, 너희가 지은 죄에 대한 벌로 산비둘기나 집비둘기 두 마리를 **하나님**에게 가져와서, 한 마리는 속죄 제물로 바치고 다른 한 마리는 번제물로 바쳐야 한다. 이것들을 제사장에게 가져오면, 제사장은 먼저 속죄 제물로 가져온 비둘기를 바쳐

ing. The priest will take some of the blood of the Absolution-Offering with his finger, smear it on the horns of the Altar of Burnt-Offering, and pour the rest at the base of the Altar. He shall remove all the fat, the same as for the lamb of the Peace-Offering. Finally, the priest will burn it on the Altar on top of the gifts to GOD.

"In this way, the priest makes atonement for him on account of his sin and he's forgiven."

❧

5 ¹ "If you sin by not stepping up and offering yourself as a witness to something you've heard or seen in cases of wrongdoing, you'll be held responsible.

² "Or if you touch anything ritually unclean, like the carcass of an unclean animal, wild or domestic, or a dead reptile, and you weren't aware of it at the time, but you're contaminated and you're guilty;

³ "Or if you touch human uncleanness, any sort of ritually contaminating uncleanness, and you're not aware of it at the time, but later you realize it and you're guilty;

⁴ "Or if you impulsively swear to do something, whether good or bad—some rash oath that just pops out—and you aren't aware of what you've done at the time, but later you come to realize it and you're guilty in any of these cases;

5-6 "When you are guilty, immediately confess the sin that you've committed and bring as your penalty to GOD for the sin you have committed a female lamb or goat from the flock for an Absolution-Offering.

"In this way, the priest will make atonement for your sin.

7-10 "If you can't afford a lamb, bring as your penalty to GOD for the sin you have commit-

야 한다. 그는 그 목을 비틀어 꺾되 끊지는 말아야 하며, 그 속죄 제물의 피 얼마를 제단에 뿌리고, 나머지 피는 제단 밑에 짜내야 한다. 이것이 속죄 제물이다. 그런 다음 그는 두 번째 비둘기를 가져다가 절차에 따라 번제물로 바쳐야 한다. 이와 같이 제사장이 너희 죄를 위해 속죄하면, 너희는 용서를 받는다.

11-12 산비둘기 두 마리나 집비둘기 두 마리를 바칠 형편이 못되거든, 고운 곡식 가루 2리터를 속죄 제물로 가져와야 한다. 이것은 속죄 제물이니, 거기에 기름을 섞거나 향을 얹어서는 안된다. 이것을 제사장에게 가져가면, 제사장은 그 가루를 기념물로 한 움큼 가져다가 하나님에게 바치는 제물과 함께 제단 위에서 불살라야 한다. 이것이 속죄 제물이다.

13 제사장이 너희를 위해 그리고 너희가 지은 죄 가운데 어떤 죄를 위해 속죄하면, 너희는 용서를 받는다. 나머지 제물은 곡식 제물과 마찬가지로 제사장의 몫이다."

보상 제물

14-16 하나님께서 모세에게 말씀하셨다. "어떤 사람이 신뢰를 저버리고 하나님의 거룩한 제물 가운데 어느 하나라도 소홀히 하여 자신도 모르게 죄를 지었으면, 그는 그 죄에 대한 벌로 가축 떼에서 흠 없는 숫양 한 마리를 가져와 하나님에게 바쳐야 한다. 그 숫양의 값은 세겔로 정해야 하는데, 보상 제물의 값을 규정한 성소 세겔 단위에 따라야 한다. 그가 거룩한 제물과 관련하여 자신이 지은 죄를 추가로 보상할 때는, 그 숫양 값에 오분의 일을 더해서 제사장에게 주어야 한다. 이와 같이 제사장이 보상 제물의 숫양으로 그를 위해 속죄하면, 그는 용서를 받

ted two doves or two pigeons, one for the Absolution-Offering and the other for the Whole-Burnt-Offering. Bring them to the priest who will first offer the one for the Absolution-Offering: He'll wring its neck but not sever it, splash some of the blood of the Absolution-Offering against the Altar, and squeeze the rest of it out at the base. It's an Absolution-Offering. He'll then take the second bird and offer it as a Whole-Burnt-Offering, following the procedures step-by-step. "In this way, the priest will make atonement for your sin and you're forgiven.

11-12 "If you cannot afford the two doves or pigeons, bring two quarts of fine flour for your Absolution-Offering. Don't put oil or incense on it—it's an Absolution-Offering. Bring it to the priest; he'll take a handful from it as a memorial and burn it on the Altar with the gifts for GOD. It's an Absolution-Offering.

13 "The priest will make atonement for you and any of these sins you've committed and you're forgiven. The rest of the offering belongs to the priest, the same as with the Grain-Offering."

Compensation-Offering

14-16 GOD spoke to Moses: "When a person betrays his trust and unknowingly sins by straying against any of the holy things of GOD, he is to bring as his penalty to GOD a ram without any defect from the flock, the value of the ram assessed in shekels, according to the Sanctuary shekel for a Compensation-Offering. He is to make additional compensation for the sin he has committed against any holy thing by adding twenty percent to the ram and giving it to the priest.

는다.

17-18 누구든지 하나님의 명령 가운데 하나라도 어겨 범해서는 안될 죄를 지었는데, 그것을 깨닫지 못하다가 나중에 깨달으면, 그는 그것에 대해 책임을 져야 한다. 그는 보상 제물의 값으로 정해진 흠 없는 숫양 한 마리를 제사장에게 가져와야 한다.

18-19 그가 모르고 저지른 잘못 때문에 제사장이 그를 위해 속죄하면, 그는 용서를 받는다. 이것이 보상 제물이다. 그가 하나님 앞에 분명히 죄가 있기 때문이다."

6 1-6 하나님께서 모세에게 말씀하셨다. "누구든지 하나님에 대한 신뢰를 저버림으로 죄를 지었으면, 곧 이웃이 자신에게 맡긴 물건과 관련해 이웃을 속이거나, 그 물건을 빼앗거나, 그 물건을 사취하거나, 이웃을 협박하거나, 잃어버린 물건을 줍고도 거짓말하거나, 사람이 짓기 쉬운 죄와 관련해 거짓 맹세하여, 결국 그가 죄를 짓고 유죄인 것이 드러나면, 그는 자신이 훔치거나 빼앗은 것을 되돌려 주어야 하고, 자신이 맡았던 물건을 반환해야 하며, 자신이 주운 물건이나 거짓으로 맹세한 물건을 되돌려 주어야 한다. 그는 전부 값을 뿐 아니라 물건 값에 오분의 일을 더해서 원래의 주인에게 갚되, 보상 제물을 바치는 날에 갚아야 한다. 그는 정해진 보상 제물의 값에 따라, 가축 가운데서 흠 없는 숫양 한 마리를 보상 제물로 하나님에게 바쳐야 한다.

7 이와 같이 제사장이 하나님 앞에서 그를 위해 속죄하면, 그는 사람이 하면 죄가 되는 일들 가운데 어느 하나라도 잘못하여 지은 죄를 용서받는다."

"Thus the priest will make atonement for him with the ram of the Compensation-Offering and he's forgiven.

17-18 "If anyone sins by breaking any of the commandments of GOD which must not be broken, but without being aware of it at the time, the moment he does realize his guilt he is held responsible. He is to bring to the priest a ram without any defect, assessed at the value of the Compensation-Offering.

18-19 "Thus the priest will make atonement for him for his error that he was unaware of and he's forgiven. It is a Compensation-Offering; he was surely guilty before God."

6 1-6 GOD spoke to Moses: "When anyone sins by betraying trust with GOD by deceiving his neighbor regarding something entrusted to him, or by robbing or cheating or threatening him; or if he has found something lost and lies about it and swears falsely regarding any of these sins that people commonly commit—when he sins and is found guilty, he must return what he stole or extorted, restore what was entrusted to him, return the lost thing he found, or anything else about which he swore falsely. He must make full compensation, add twenty percent to it, and hand it over to the owner on the same day he brings his Compensation-Offering. He must present to GOD as his Compensation-Offering a ram without any defect from the flock, assessed at the value of a Compensation-Offering.

7 "Thus the priest will make atonement for him before GOD and he's forgiven of any of the things that one does that bring guilt."

그 밖의 규례

8-13 하나님께서 모세에게 말씀하셨다. "아론과 그의 아들들에게 명령하여라. 그들에게 이렇게 지시하여라. 번제물에 관한 규례는 이러하다. 번제물은 아침이 될 때까지 밤새도록 제단의 화로 위에 그대로 두고, 제단 위의 불은 계속 타오르게 해야 한다. 제사장은 모시로 짠 옷을 입고 속에는 모시 속옷을 입어야 한다. 번제물을 태우고 남은 재는 제단 옆으로 옮겨 두었다가, 옷을 갈아입고 진 밖에 있는 깨끗한 곳으로 옮겨야 한다. 그동안에 제단 위의 불이 계속 타오르게 해야 하며, 절대 꺼뜨려서는 안된다. 아침마다 불에 장작을 보충하고, 그 위에 번제물을 차려 놓고, 화목 제물의 지방을 그 위에서 불살라야 한다. 제단 위의 불이 계속 타오르게 해야 하며, 절대 꺼뜨려서는 안된다."

❦

14-18 "곡식 제물에 관한 규례는 이러하다. 곡식 제물은 아론의 아들들이 제단 앞에서 하나님에게 바쳐야 한다. 제사장은 곡식 제물에서 고운 가루를 한 움큼 가져다가 곡식 제물에 섞은 기름과 거기에 얹은 향과 함께 기념물로 제단 위에서 불살라, 하나님을 기쁘게 하는 향기로 바쳐야 한다. 나머지 곡식 제물은 아론과 그의 아들들이 먹는다. 그들은 누룩을 넣지 않은 빵을 먹어야 하며, 거룩한 곳, 곧 회막 뜰에서 그것을 먹어야 한다. 누룩을 넣고 구워서는 안된다. 그것은 나에게 바친 제물 가운데서 내가 그들 몫으로 정해 준 것이다. 그것은 속죄 제물과 보상 제물처럼 지극히 거룩한 것이다. 아론의 후손 가운데서 남자는 누구나 그것을 먹을 수 있다. 이것은 하나님에게 바치는 제물과 관련하여 대대로 지켜야 할 영원한 규례다. 누구든지 이 제물을 만지는 사

Further Instructions

8-13 GOD spoke to Moses: "Command Aaron and his sons. Tell them, These are the instructions for the Whole-Burnt-Offering. Leave the Whole-Burnt-Offering on the Altar hearth through the night until morning, with the fire kept burning on the Altar. Then dress in your linen clothes with linen underwear next to your body. Remove the ashes remaining from the Whole-Burnt-Offering and place them beside the Altar. Then change clothes and carry the ashes outside the camp to a clean place. Meanwhile keep the fire on the Altar burning; it must not go out. Replenish the wood for the fire every morning, arrange the Whole-Burnt-Offering on it, and burn the fat of the Peace-Offering on top of it all. Keep the fire burning on the Altar continuously. It must not go out.

❦

14-18 "These are the instructions for the Grain-Offering. Aaron's sons are to present it to GOD in front of the Altar. The priest takes a handful of the fine flour of the Grain-Offering with its oil and all its incense and burns this as a memorial on the Altar, a pleasing fragrance to GOD. Aaron and his sons eat the rest of it. It is unraised bread and so eaten in a holy place—in the Courtyard of the Tent of Meeting. They must not bake it with yeast. I have designated it as their share of the gifts presented to me. It is very holy, like the Absolution-Offering and the Compensation-Offering. Any male descendant among Aaron's sons may eat it. This is a fixed rule regarding GOD's gifts, stretching down the generations. Anyone

람은 거룩해야 한다."

❧

19-23 **하나님**께서 모세에게 말씀하셨다. "아론과 그의 아들들이 기름부음을 받는 날에 그들 각자가 **하나님**에게 바쳐야 할 제물은 이러하다. 고운 곡식 가루 2리터를 매일 바치는 곡식 제물로 바치되, 반은 아침에 바치고 반은 저녁에 바쳐야 한다. 그 가루에 기름을 섞어 철판에 굽고, 잘 섞은 뒤에 여러 조각으로 부셔서 **하나님**을 기쁘게 하는 향기로 바쳐야 한다. 아론의 아들들 가운데 아론의 뒤를 이어 기름부음을 받은 제사장이 그것을 **하나님**에게 바쳐야 한다. 이것은 영원한 규례다. 제물은 모두 불살라야 한다. 제사장이 바치는 모든 곡식 제물은 온전히 불살라야 하며, 아무도 그것을 먹어서는 안된다."

❧

24-30 **하나님**께서 모세에게 말씀하셨다. "아론과 그의 아들들에게 이렇게 일러 주어라. 속죄 제물을 위한 규례는 이러하다. 속죄 제물은 지극히 거룩한 제물이니 **하나님** 앞 번제물 잡는 곳에서 잡아야 한다. 제사를 드리는 제사장이 그 제물을 먹되, 거룩한 곳, 곧 회막 뜰에서 먹어야 한다. 누구든지 그 고기를 만지는 사람은 거룩해야 한다. 고기에서 피가 튀어 옷에 묻으면, 거룩한 곳에서 그 옷을 빨아야 한다. 고기를 삶을 때 사용한 질그릇은 깨뜨려야 한다. 고기를 청동그릇에 삶았으면, 그 그릇은 문질러 닦고 물로 씻어야 한다. 제사장의 가족 가운데서 남자는 누구나 그 제물을 먹을 수 있다. 그것은 지극히 거룩한 것이다. 그러나 성소에서 속죄하기 위해 속죄 제물의 피를 회막 안으로 가져왔을 때는, 그 제물을 먹어서는 안된다. 그것은 불살라야 한다."

who touches these offerings must be holy."

❧

19-23 GOD spoke to Moses: "This is the offering which Aaron and his sons each are to present to GOD on the day he is anointed: two quarts of fine flour as a regular Grain-Offering, half in the morning and half in the evening. Prepare it with oil on a griddle. Bring it well-mixed and then present it crumbled in pieces as a pleasing fragrance to GOD. Aaron's son who is anointed to succeed him offers it to GOD—this is a fixed rule. The whole thing is burned. Every Grain-Offering of a priest is burned completely; it must not be eaten."

❧

24-30 GOD spoke to Moses: "Tell Aaron and his sons, These are the instructions for the Absolution-Offering. Slaughter the Absolution-Offering in the place where the Whole-Burnt-Offering is slaughtered before GOD—the offering is most holy. The priest in charge eats it in a holy place, the Courtyard of the Tent of Meeting. Anyone who touches any of the meat must be holy. A garment that gets blood spattered on it must be washed in a holy place. Break the clay pot in which the meat was cooked. If it was cooked in a bronze pot, scour it and rinse it with water. Any male among the priestly families may eat it; it is most holy. But any Absolution-Offering whose blood is brought into the Tent of Meeting to make atonement in the Sanctuary must not be eaten, it has to be burned."

❧

7

1-6 "보상 제물에 관한 규례는 이러하다. 보상 제물은 지극히 거룩한 것이니, 보상 제물은 번제물 잡는 곳에서 잡아야 한다. 제사장은 그 피를 제단 사면에 뿌려야 한다. 그 제물의 지방을 바치되, 기름진 꼬리와, 내장을 덮은 지방과, 두 콩팥과 그 둘레 허리께 있는 지방과, 콩팥과 함께 떼어 낸 간을 덮은 껍질을 모두 바쳐야 한다. 제사장은 이것들을 제단 위에서 **하나님**에게 바치는 제물로 불살라야 한다. 이것이 보상 제물이다. 제사장의 가족 가운데서 남자는 누구나 그 제물을 먹을 수 있으나, 반드시 거룩한 곳에서 먹어야 한다. 그 제물은 지극히 거룩한 것이다.

7-10 보상 제물은 속죄 제물과 같아서, 이 두 제물에는 같은 규례가 적용된다. 그 제물은 속죄한 제사장의 몫이다. 어떤 사람을 위해 번제를 바친 제사장은 그가 바친 번제물의 가죽을 갖는다. 화덕에서 구운 곡식 제물이나 냄비나 철판에서 만든 곡식 제물은 모두 그 제물을 바친 제사장의 몫이다. 그것은 그의 것이다. 기름을 섞은 것이든 마른 것이든, 모든 곡식 제물은 아론의 아들들이 다 똑같이 나누어 갖는다."

11-15 "**하나님**에게 바치는 화목 제물에 관한 규례는 이러하다. 감사의 뜻으로 화목 제물을 바칠 때는, 누룩 없이 기름을 섞어 만든 빵과, 누룩 없이 기름을 얇게 발라 만든 과자와, 고운 곡식 가루에 기름을 섞어 반죽해서 만든 과자를 감사 제물과 함께 바쳐야 한다. 감사의 뜻으로 바치는 화목 제물에는, 누룩을 넣은 빵도 함께 바쳐야 한다. 제물의 종류별로 각각 하나씩 높이 들어 바치는 제물로 **하나님**에게 바쳐야 한다. 그 제물은 화목 제물의 피를 뿌린 제사장의

7

1-6 "These are the instructions for the Compensation-Offering. It is most holy. Slaughter the Compensation-Offering in the same place that the Whole-Burnt-Offering is slaughtered. Splash its blood against all sides of the Altar. Offer up all the fat: the fat tail, the fat covering the entrails, the two kidneys and the fat encasing them at the loins, and the lobe of the liver that is removed with the kidneys. The priest burns them on the Altar as a gift to GOD. It is a Compensation-Offering. Any male from among the priests' families may eat it. But it must be eaten in a holy place; it is most holy.

7-10 "The Compensation-Offering is the same as the Absolution-Offering—the same rules apply to both. The offering belongs to the priest who makes atonement with it. The priest who presents a Whole-Burnt-Offering for someone gets the hide for himself. Every Grain-Offering baked in an oven or prepared in a pan or on a griddle belongs to the priest who presents it. It's his. Every Grain-Offering, whether dry or mixed with oil, belongs equally to all the sons of Aaron.

11-15 "These are the instructions for the Peace-Offering which is presented to GOD. If you bring it to offer thanksgiving, then along with the Thanksgiving-Offering present unraised loaves of bread mixed with oil, unraised wafers spread with oil, and cakes of fine flour, well-kneaded and mixed with oil. Along with the Peace-Offering of thanksgiving, present loaves of yeast bread as an offering. Bring one of each kind as an offering, a Contribu-

몫이 된다. 감사의 뜻으로 바친 화목 제물 가운데서 고기는 그것을 바친 그날에 먹어야 하며, 다음날 아침까지 조금이라도 남겨 두어서는 안된다.

16-21 서원 제물이거나 자원 제물이면, 제물을 바친 그날에 먹고, 남은 것은 다음날에 먹어도 된다. 그러나 제물 가운데 셋째 날까지 남은 고기는 반드시 불살라야 한다. 셋째 날에 화목 제물의 고기를 조금이라도 먹으면, 그 제물을 바친 사람은 받아들여지지 않을 것이다. 그 제물이 그에게 조금도 유익이 되지 못하는 것은, 그것이 부정한 고기가 되었기 때문이다. 누구든지 그 고기를 먹는 사람은 그 죄에 대해 책임을 져야 한다. 부정한 것에 닿은 고기는 먹지 말고 불살라야 한다. 그 밖의 다른 고기는 정결하게 된 사람이면 누구나 먹을 수 있다. 그러나 부정한 사람이 하나님에게 바쳐진 화목 제물의 고기를 먹으면, 그는 회중 가운데서 추방될 것이다. 사람에게 있는 부정한 것이든 짐승에게 있는 부정한 것이든 또는 역겨운 물건이든, 부정한 것을 만지고도 하나님에게 바쳐진 화목 제물을 먹으면, 그는 회중 가운데서 추방될 것이다."

22-27 하나님께서 모세에게 말씀하셨다. "이스라엘 백성에게 전하여라. 그들에게 이렇게 일러 주어라. 소나 양이나 염소의 지방은 어느 것이든 먹지 마라. 죽은 채 발견된 짐승의 지방이나 맹수에게 찢겨 죽은 짐승의 지방은 다른 용도로는 쓸 수 있으나, 먹어서는 안된다. 하나님에게 제물로 바친 짐승의 지방을 먹는 사람은 회중 가운데서 추방될 것이다. 또한 너희가 어느 곳에 살든지, 새의 피든 짐승의 피든, 피는 절대로 먹어서는 안된다. 피를 먹는

tion-Offering to GOD; it goes to the priest who throws the blood of the Peace-Offering. Eat the meat from the Peace-Offering of thanksgiving the same day it is offered. Don't leave any of it overnight.

16-21 "If the offering is a Votive-Offering or a Freewill-Offering, it may be eaten the same day it is sacrificed and whatever is left over on the next day may also be eaten. But any meat from the sacrifice that is left to the third day must be burned up. If any of the meat from the Peace-Offering is eaten on the third day, the person who has brought it will not be accepted. It won't benefit him a bit—it has become defiled meat. And whoever eats it must take responsibility for his iniquity. Don't eat meat that has touched anything ritually unclean; burn it up. Any other meat can be eaten by those who are ritually clean. But if you're not ritually clean and eat meat from the Peace-Offering for GOD, you will be excluded from the congregation. And if you touch anything ritually unclean, whether human or animal uncleanness or an obscene object, and go ahead and eat from a Peace-Offering for GOD, you'll be excluded from the congregation."

22-27 GOD spoke to Moses: "Speak to the People of Israel. Tell them, Don't eat any fat of cattle or sheep or goats. The fat of an animal found dead or torn by wild animals can be put to some other purpose, but you may not eat it. If you eat fat from an animal from which a gift has been presented to GOD, you'll be excluded from the congregation. And don't eat blood, whether of birds

사람은 회중 가운데서 추방될 것이다."

28-34 하나님께서 모세에게 말씀하셨다. "이스라엘 백성에게 전하여라. 그들에게 이렇게 일러 주어라. 화목 제물을 하나님에게 바칠 때는, 그 제물의 일부를 자기 손으로 가져와서 하나님을 위한 특별 제물로 바쳐야 한다. 제물에서 떼어 낸 지방과 가슴을 함께 가져와서, 가슴은 흔들어 바치는 제물로 하나님 앞에 흔들어 바치고, 지방은 제사장이 제단 위에서 불살라야 한다. 가슴은 아론과 그의 아들들의 몫이 된다. 너희가 바치는 화목 제물 가운데 오른쪽 넓적다리는 높이 들어 바치는 제물로 제사장에게 주어라. 오른쪽 넓적다리는 아론의 아들들 가운데 화목 제물의 피와 지방을 바치는 제사장에게 주어, 그의 몫이 되게 하여라. 이스라엘 자손의 화목 제물 가운데서 흔들어 바치는 제물의 가슴과 높이 들어 바치는 제물의 넓적다리는, 내가 제사장 아론과 그의 아들들에게 준다. 이것은 그들이 이스라엘 백성에게서 받을 영원한 보상이다."

35-36 이것은 아론과 그의 아들들이 제사장이 되어 하나님을 섬기도록 세워진 날부터, 하나님의 제물 가운데서 그들이 받게 될 몫이다. 하나님께서는 제사장들이 기름부음을 받은 날부터 이것을 그들에게 주도록 이스라엘 백성에게 명령하셨다. 이것은 대대로 지켜야 할 영원한 규례다.

37-38 이것은 번제물, 곡식 제물, 속죄 제물, 보상 제물, 위임식 제물, 화목 제물에 관한 규례다. 이는 시내 광야에서 이스라엘 백성에게 하나님께 제물을 드리라고 명령하신 날에, 하나님께서 시내 산에서 모세에게 주신 규례다.

or animals, no matter where you end up living. If you eat blood you'll be excluded from the congregation."

28-34 GOD spoke to Moses: "Speak to the People of Israel. Tell them, When you present a Peace-Offering to GOD, bring some of your Peace-Offering as a special sacrifice to GOD, a gift to GOD in your own hands. Bring the fat with the breast and then wave the breast before GOD as a Wave-Offering. The priest will burn the fat on the Altar; Aaron and his sons get the breast. Give the right thigh from your Peace-Offerings as a Contribution-Offering to the priest. Give a portion of the right thigh to the son of Aaron who offers the blood and fat of the Peace-Offering as his portion. From the Peace-Offerings of Israel, I'm giving the breast of the Wave-Offering and the thigh of the Contribution-Offering to Aaron the priest and his sons. This is their fixed compensation from the People of Israel."

35-36 From the day they are presented to serve as priests to GOD, Aaron and his sons can expect to receive these allotments from the gifts of GOD. This is what GOD commanded the People of Israel to give the priests from the day of their anointing. This is the fixed rule down through the generations.

37-38 These are the instructions for the Whole-Burnt-Offering, the Grain-Offering, the Absolution-Offering, the Compensation-Offering, the Ordination-Offering, and the Peace-Offering which GOD gave Moses at Mount Sinai on the day he commanded the

제사장 위임식

8 1-4 하나님께서 모세에게 말씀하셨다. "너는 아론과 그의 아들들을 함께 데려오고, 그들의 옷과 거룩하게 구별하는 기름과 속죄 제물로 바칠 수소 한 마리와 숫양 두 마리와 누룩을 넣지 않은 빵 한 바구니를 가져오너라. 그리고 모든 회중을 회막 입구에 불러 모아라." 모세가 하나님께 명령하신 대로 하니, 회중이 회막 입구에 모였다.

5 모세가 회중에게 말했다. "하나님께서 이렇게 하라고 명령하셨습니다."

6-9 모세는 아론과 그의 아들들을 데려다가 물로 그들을 씻겼다. 그는 아론에게 속옷을 입히고 허리띠를 매어 주었다. 그런 다음 겉옷을 입히고 에봇을 걸쳐 주고, 장식 허리띠로 에봇을 고정시켜 몸에 꼭 맞게 했다. 그는 또 아론에게 가슴받이를 달아 주고, 가슴받이 주머니 안에 우림과 둠밈을 넣어 주었다. 그러고는 아론의 머리에 두건을 씌우고, 두건 앞쪽에 금패, 곧 거룩한 관을 달아 주었다. 모세는 하나님께서 명령하신 대로 행했다.

10-12 그런 다음 모세는 거룩하게 구별하는 기름을 가져다가 성막과 그 안에 있는 모든 기구에 발라서, 그것들을 거룩하게 구별했다. 그는 또 그 기름을 제단 위에 일곱 번 뿌리고, 제단과 그 모든 기구, 대야와 그 받침대에 발라서 그것들을 거룩하게 구별했다. 그러고는 거룩하게 구별하는 기름을 아론의 머리에 붓고 그에게 발라서, 그를 거룩하게 구별했다.

13 모세는 아론의 아들들을 데려다가, 그들에게 속옷을 입히고 허리띠를 매어 준 다음 머리에 두건을 씌워 주었다. 모세는 하나님께서 명령하신 대로 행했다.

People of Israel to present their offerings to GOD in the wilderness of Sinai.

The Ordination of Priests

8 1-4 GOD spoke to Moses: He said, "Take Aaron and with him his sons, the garments, the anointing oil, the bull for the Absolution-Offering, the two rams, and the basket of unraised bread. Gather the entire congregation at the entrance of the Tent of Meeting." Moses did just as GOD commanded him and the congregation gathered at the entrance of the Tent of Meeting.

5 Moses addressed the congregation: "This is what GOD has commanded to be done."

6-9 Moses brought Aaron and his sons forward and washed them with water. He put the tunic on Aaron and tied it around him with a sash. Then he put the robe on him and placed the Ephod on him. He fastened the Ephod with a woven belt, making it snug. He put the Breast-piece on him and put the Urim and Thummim in the pouch of the Breastpiece. He placed the turban on his head with the gold plate fixed to the front of it, the holy crown, just as GOD had commanded Moses.

10-12 Then Moses took the anointing oil and anointed The Dwelling and everything that was in it, consecrating them. He sprinkled some of the oil on the Altar seven times, anointing the Altar and all its utensils, the Washbasin and its stand, consecrating them. He poured some of the anointing oil on Aaron's head, anointing him and thus consecrating him.

13 Moses brought Aaron's sons forward and put tunics on them, belted them with sashes, and put caps on them, just as GOD had commanded Moses.

14-17 모세가 속죄 제물로 바칠 수소 한 마리를 끌고 나오자, 아론과 그의 아들들이 수소의 머리에 손을 얹었다. 모세는 수소를 잡고 손가락으로 제단 뿔 하나하나에 피를 발라서 제단을 깨끗하게 하고, 나머지 피는 제단 밑에 쏟았다. 모세는 제단을 거룩하게 구별하여 거기서 속죄할 수 있게 했다. 그는 내장을 덮은 모든 지방과, 간을 덮은 껍질과, 두 콩팥과 거기에 붙은 지방을 가져다가 제단 위에서 모두 불살랐고, 그 수소의 가죽과 고기와 내장은 진 밖에서 불살랐다. 모세는 **하나님**께서 명령하신 대로 행했다.

18-21 모세가 번제물로 숫양 한 마리를 드리자, 아론과 그의 아들들이 그 숫양의 머리에 손을 얹었다. 모세는 숫양을 잡고 그 피를 제단 사면에 뿌렸다. 그는 숫양의 각을 뜨고 나서, 머리와 각을 뜬 여러 부위와 지방을 불살랐다. 그는 내장과 다리를 물로 씻은 다음, 그 숫양을 통째로 제단 위에서 불살랐다. 이것은 번제요, **하나님**을 기쁘시게 하는 향기며, **하나님**께 드리는 제물이다. 모세는 **하나님**께서 명령하신 대로 행했다.

22-29 모세가 두 번째 숫양, 곧 위임식 제물로 쓸 숫양을 드리자, 아론과 그의 아들들이 그 숫양의 머리에 손을 얹었다. 모세는 숫양을 잡고 그 피 얼마를 가져다가 아론의 오른쪽 귓불과 오른손 엄지손가락과 오른발 엄지발가락에 발랐다. 또 아론의 아들들을 데려다가, 그 피 얼마를 그들의 오른쪽 귓불과 오른손 엄지손가락과 오른발 엄지발가락에 발랐다. 나머지 피는 제단 사면에 뿌렸다. 모세는 숫양의 지방과, 기름진 꼬리와, 내장에 붙은 모든 지방과, 간을 덮은 껍질과, 두 콩팥과 거기에 붙은 지방과, 오른쪽 넓적다리를 떼어 냈다. 그는 하나님 앞에 두는 누룩을 넣지 않은 빵 바구

14-17 Moses brought out the bull for the Absolution-Offering. Aaron and his sons placed their hands on its head. Moses slaughtered the bull and purified the Altar by smearing the blood on each of the horns of the Altar with his finger. He poured out the rest of the blood at the base of the Altar. He consecrated it so atonement could be made on it. Moses took all the fat on the entrails and the lobe of liver and the two kidneys with their fat and burned it all on the Altar. The bull with its hide and meat and guts he burned outside the camp, just as GOD had commanded Moses.

18-21 Moses presented the ram for the Whole-Burnt-Offering. Aaron and his sons laid their hands on the head of the ram. Moses slaughtered it and splashed the blood against all sides of the Altar. He cut the ram up into pieces and then burned the head, the pieces, and the fat. He washed the entrails and the legs with water and then burned the whole ram on the Altar. It was a Whole-Burnt-Offering, a pleasing fragrance—a gift to GOD, just as GOD had commanded Moses.

22-29 Moses then presented the second ram, the ram for the Ordination-Offering. Aaron and his sons laid their hands on the ram's head. Moses slaughtered it and smeared some of its blood on the lobe of Aaron's right ear, on the thumb of his right hand, and on the big toe of his right foot. Then Aaron's sons were brought forward and Moses smeared some of the blood on the lobes of their right ears, on the thumbs of their right hands, and on the big toes of their right feet. Moses threw the remaining blood against each side of the Altar. He

니에서, 누룩을 넣지 않고 기름을 섞어 만든 빵 한 개와 속이 빈 과자 한 개를 집어서, 지방과 오른쪽 넓적다리 위에 올려놓았다. 그가 이 모든 것을 아론과 그의 아들들의 손에 두자, 아론과 그의 아들들이 그것을 흔들어 바치는 제물로 하나님 앞에 흔들어 드렸다. 그런 다음 모세가 그 모든 것을 그들의 손에서 다시 가져다가 제단 위에 있는 번제물 위에 놓고 불살랐다. 이것은 위임식 제물이요, 하나님을 기쁘시게 하는 향기며, 하나님께 드리는 제물이다. 모세는 그 가슴을 가져다가 흔들어 바치는 제물로 하나님 앞에 올려 드렸다. 위임식 제물 가운데서 가슴은 모세의 몫이었다. 모세는 하나님께서 명령하신 대로 행했다.

30 모세는 거룩하게 구별하는 기름과 제단에 있는 피 얼마를 가져다가 아론과 그의 옷과 아론의 아들들과 그들의 옷에 뿌려서, 아론과 그의 옷과 아론의 아들들과 그들의 옷을 거룩하게 구별했다.

31-35 모세가 아론과 그의 아들들에게 말했다. "회막 입구에서 그 고기를 삶아서, 위임식 바구니에 담긴 빵과 함께 먹으십시오. '아론과 그의 아들들이 그것을 먹어야 한다'고 하셨으니, 그것을 먹으십시오. 남은 고기와 빵은 모두 불살라 버리십시오. 위임식을 마치는 날까지 칠 일 동안 회막 문을 나가지 마십시오. 여러분의 위임식은 칠 일 동안 계속될 것입니다. 하나님께서 여러분을 위해 속죄하시려고, 여러분이 오늘 행한 것을 하라고 명령하셨습니다. 여러분은 칠 일 동안 밤낮으로 회막 입구에 머무십시오. 반드시 하나님께서 시키시는 대로 행하십시오. 그러면 죽지 않을 것입니다. 이것이 내가 받은 명령입니다."

took the fat, the fat tail, all the fat that was on the entrails, the lobe of the liver, the two kidneys with their fat, and the right thigh. From the basket of unraised bread that was in the presence of GOD he took one loaf of the unraised bread made with oil and one wafer. He placed these on the fat portions and the right thigh. He put all this in the hands of Aaron and his sons who waved them before GOD as a Wave-Offering. Then Moses took it all back from their hands and burned them on the Altar on top of the Whole-Burnt-Offering. These were the Ordination-Offerings, a pleasing fragrance to GOD, a gift to GOD. Then Moses took the breast and raised it up as a Wave-Offering before GOD; it was Moses' portion from the Ordination-Offering ram, just as GOD had commanded Moses.

30 Moses took some of the anointing oil and some of the blood from the Altar and sprinkled Aaron and his garments, and his sons and their garments, consecrating Aaron and his garments and his sons and their garments.

31-35 Moses spoke to Aaron and his sons: "Boil the meat at the entrance of the Tent of Meeting and eat it there with the bread from the basket of ordination, just as I commanded, saying, 'Aaron and his sons are to eat it.' Burn up the leftovers from the meat and bread. Don't leave through the entrance of the Tent of Meeting for the seven days that will complete your ordination. Your ordination will last seven days. GOD commanded what has been done this day in order to make atonement for you. Stay at the entrance of the Tent of Meeting day and night for seven days. Be sure to do what GOD requires, lest you die. This is what I have been commanded."

36 아론과 그의 아들들은 **하나님**께서 모세를 통해 명령하신 일을 모두 행했다.

아론이 제사장 직무를 수행하다

9 1-2 팔 일째 되는 날, 모세는 아론과 그의 아들들과 이스라엘의 지도자들을 불러 모았다. 모세가 아론에게 말했다. "속죄 제물로 드릴 송아지 한 마리와 번제물로 드릴 숫양 한 마리를 흠 없는 것으로 가져와서 **하나님**께 드리십시오.

3-4 그리고 이스라엘 백성에게 이렇게 전하십시오. 속죄 제물로 드릴 숫염소 한 마리와 번제물로 드릴 일 년 된 흠 없는 송아지 한 마리와 어린양 한 마리를 가져오고, 화목 제물로 드릴 수소 한 마리와 숫양 한 마리를 기름 섞은 곡식 제물과 함께 가져와서 **하나님** 앞에 드리십시오. **하나님**께서 오늘 여러분에게 나타나실 것입니다."

5-6 백성이 모세가 명령한 것들을 회막으로 가져왔다. 온 회중이 가까이 다가와서 **하나님** 앞에 섰다. 모세가 말했다. "이것은 **하나님**께서 여러분에게 명령하신 것입니다. **하나님**의 빛나는 영광이 여러분에게 나타날 것입니다."

7 모세가 아론에게 지시했다. "제단으로 가까이 가서, 형님의 속죄 제물과 번제물을 드리십시오. 형님 자신과 백성을 위해 속죄하십시오. **하나님**께서 명령하신 대로, 백성을 위한 제물을 드려 그들을 위해 속죄하십시오."

8-11 아론은 제단으로 가까이 가서 자신을 위한 속죄 제물로 송아지를 잡았다. 아론의 아들들이 그 피를 그에게 가져오자, 아론은 손가락에 그 피를 찍어 제단 뿔들에 발랐다. 나머지 피는 제단 밑에 쏟았다. 아론은 속죄 제물에서 떼어 낸 지방

36 Aaron and his sons did everything that GOD had commanded by Moses.

The Priests Go to Work

9 1-2 On the eighth day, Moses called in Aaron and his sons and the leaders of Israel. He spoke to Aaron: "Take a bull-calf for your Absolution-Offering and a ram for your Whole-Burnt-Offering, both without defect, and offer them to GOD.

3-4 "Then tell the People of Israel, Take a male goat for an Absolution-Offering and a calf and a lamb, both yearlings without defect, for a Whole-Burnt-Offering and a bull and a ram for a Peace-Offering, to be sacrificed before GOD with a Grain-Offering mixed with oil, because GOD will appear to you today."

5-6 They brought the things that Moses had ordered to the Tent of Meeting. The whole congregation came near and stood before GOD. Moses said, "This is what GOD commanded you to do so that the Shining Glory of GOD will appear to you."

7 Moses instructed Aaron, "Approach the Altar and sacrifice your Absolution-Offering and your Whole-Burnt-Offering. Make atonement for yourself and for the people. Sacrifice the offering that is for the people and make atonement for them, just as GOD commanded."

8-11 Aaron approached the Altar and slaughtered the calf as an Absolution-Offering for himself. Aaron's sons brought the blood to him. He dipped his finger in the blood and smeared some of it on the horns of the Altar. He poured out the rest of the blood at the base of the Altar. He burned the fat, the kidneys, and the lobe of the liver from the Absolution-Offering on the Altar, just as GOD

과, 콩팥과, 간을 덮은 껍질을 제단 위에서 불살랐다. 모세는 **하나님**께서 명령하신 대로 행했다. 고기와 가죽은 진밖에서 불살랐다.

12-14 그 다음에 아론은 번제물을 잡았다. 아론의 아들들이 그에게 그 피를 건네자, 아론은 그 피를 제단 사면에 뿌렸다. 아론의 아들들이 그에게 각을 뜬 여러 부위와 머리를 건네자, 아론은 그것들을 제단 위에서 불살랐다. 그는 내장과 다리를 씻어 제단 위에 있는 번제물 위에 놓고 불살랐다.

15-21 이어서 아론은 백성의 제물을 드렸다. 아론은 백성을 위한 속죄 제물로 숫염소를 가져다가 잡고, 먼저 드린 제물과 마찬가지로 그것을 속죄 제물로 드렸다. 같은 절차에 따라 번제물도 드렸다. 이어서 곡식 제물을 한 움큼 가져다가 아침 번제물과 함께 제단 위에서 불살랐다. 그리고 백성을 위한 화목 제물로 수소와 숫양을 잡았다. 아론의 아들들이 그에게 그 피를 건네자, 아론은 그 피를 제단 사면에 뿌렸다. 그들이 수소와 숫양에게서 떼어 낸 여러 부위의 지방, 곧 기름진 꼬리와, 콩팥을 덮은 지방과, 간을 덮은 껍질을 두 짐승의 가슴 위에 놓자, 아론은 그것을 제단 위에서 불살랐다. 아론은 두 짐승의 가슴과 오른쪽 넓적다리를 흔들어 바치는 제물로 **하나님** 앞에 흔들어 드렸다. 모세는 **하나님**께서 명령하신 대로 행했다.

22-24 아론이 백성을 향해 두 손을 들어 그들을 축복했다. 아론은 속죄 제물과 번제물과 화목 제물을 다 드리고 나서 제단에서 내려왔다. 모세와 아론은 회막 안으로 들어갔다. 그들이 회막에서 나와 백성을 축복하자, **하나님**의 영광이 온 백성에게 나타났다. **하나님**께로

had commanded Moses. He burned the meat and the skin outside the camp.

12-14 Then he slaughtered the Whole-Burnt-Offering. Aaron's sons handed him the blood and he threw it against each side of the Altar. They handed him the pieces and the head and he burned these on the Altar. He washed the entrails and the legs and burned them on top of the Whole-Burnt-Offering on the Altar.

15-21 Next Aaron presented the offerings of the people. He took the male goat, the Absolution-Offering for the people, slaughtered it, and offered it as an Absolution-Offering just as he did with the first offering. He presented the Whole-Burnt-Offering following the same procedures. He presented the Grain-Offering by taking a handful of it and burning it on the Altar along with the morning Whole-Burnt-Offering. He slaughtered the bull and the ram, the people's Peace-Offerings. Aaron's sons handed him the blood and he threw it against each side of the Altar. The fat pieces from the bull and the ram—the fat tail and the fat that covers the kidney and the lobe of the liver—they laid on the breasts and Aaron burned it on the Altar. Aaron waved the breasts and the right thigh before GOD as a Wave-Offering, just as GOD commanded.

22-24 Aaron lifted his hands over the people and blessed them. Having completed the rituals of the Absolution-Offering, the Whole-Burnt-Offering, and the Peace-Offering, he came down from the Altar. Moses and Aaron entered the Tent of Meeting. When they came out they blessed the people and the Glory of GOD appeared to all the people. Fire blazed out from GOD and consumed the Whole-Burnt-Offering

부터 불이 나와서, 제단 위에 있는 번제물과 지방을 불살라 버렸다. 온 백성이 그 일어난 일을 보고, 큰소리로 환호하며 땅에 엎드려 경배했다.

나답과 아비후의 죽음

10 ¹⁻² 바로 그날에 아론의 아들들인 나답과 아비후가 각기 자기 향로를 가져와서, 거기에 타오르는 숯불을 담고 향을 피워 '알 수 없는' 불을 하나님께 드렸다. 그러나 그 불은 하나님께서 명령하신 불이 아니었다. 하나님께로부터 불이 나와서 그들을 불살라 버리니, 그들이 하나님 앞에서 죽고 말았다.

³ 모세가 아론에게 말했다. "하나님께서 다음과 같이 말씀하신 것은 이 일을 두고 하신 것입니다.

> 나를 가까이하는 사람에게
> 내가 나의 거룩함을 보일 것이다.
> 온 백성 앞에서
> 내가 나의 영광을 나타낼 것이다."

아론은 아무 말도 하지 못했다.

⁴⁻⁵ 모세가 아론의 삼촌 웃시엘의 두 아들 미사엘과 엘사반을 불러서 그들에게 말했다. "가서, 너희의 죽은 조카들을 성소에서 진 밖으로 옮겨라." 그들은 모세가 지시한 대로 가서 조카들을 진 밖으로 옮겼다.

⁶⁻⁷ 모세가 아론과 그의 남은 아들 엘르아살과 이다말에게 말했다. "머리를 풀거나 옷을 찢어 애도해서는 안됩니다. 그렇게 하다가는 여러분마저 죽고, 하나님께서 온 회중에게 진노하실 것입니다. 하나님께서 불로 없애신 자들의 죽음은 여러분의 동족인 이스라엘 온 백성이 애도할 것입니다. 여러분은 회막 문을 떠나지 마십시오. 떠나면, 여러분은 죽습니다. 여러분은 하나님께서 기름부어 거룩하

and the fat pieces on the Altar. When all the people saw it happen they cheered loudly and then fell down, bowing in reverence.

Nadab and Abihu

10 ¹⁻² That same day Nadab and Abihu, Aaron's sons, took their censers, put hot coals and incense in them, and offered "strange" fire to GOD—something GOD had not commanded. Fire blazed out from GOD and consumed them—they died in GOD's presence.

³ Moses said to Aaron, "This is what GOD meant when he said,

> To the one who comes near me,
>   I will show myself holy;
> Before all the people,
>   I will show my glory."

Aaron was silent.

⁴⁻⁵ Moses called for Mishael and Elzaphan, sons of Uzziel, Aaron's uncle. He said, "Come. Carry your dead cousins outside the camp, away from the Sanctuary." They came and carried them off, outside the camp, just as Moses had directed.

⁶⁻⁷ Moses then said to Aaron and his remaining sons, Eleazar and Ithamar, "No mourning rituals for you—unkempt hair, torn clothes—or you'll also die and GOD will be angry with the whole congregation. Your relatives—all the People of Israel, in fact—will do the mourning over those GOD has destroyed by fire. And don't leave the entrance to the Tent of Meeting lest you die, because GOD's anointing oil is on

게 구별하신 사람들이기 때문입니다."
그들은 모세가 말한 대로 행했다.

❧

8-11 **하나님**께서 아론에게 지시하셨다.
"너나 네 아들들이 회막에 들어갈 때는,
포도주나 독한 술을 마시지 마라. 마시
면, 너희는 죽는다. 이것은 대대로 지켜야
할 영원한 규례다. 거룩한 것과 속된 것을
구별하고, 정결한 것과 부정한 것을 구별
하여라. **하나님**이 모세를 통해 말한 모든
규례를 이스라엘 백성에게 가르쳐라."

12-15 모세가 아론과 살아남은 그의 두 아
들 엘르아살과 이다말에게 말했다. "**하나
님**께 불살라 바치는 제물을 드리고 남은
곡식 제물은 여러분이 가져가십시오. 누
룩을 넣지 않고 만든 그 제물은 지극히 거
룩한 것이니, 여러분은 그것을 제단 옆에
서 먹으십시오. **하나님**께 불살라 바치는
제물 가운데서 그것은 형님과 형님 아들
들의 몫이니, 거룩한 곳에서 먹어야 합니
다. **하나님**께서 내게 그렇게 명령하셨습
니다. 또한 형님과 형님의 아들딸들은 흔
들어 바치는 제물의 가슴과 높이 들어 바
치는 제물의 넓적다리를 정결한 곳에서
먹어야 합니다. 그것들은 이스라엘 백성
이 바친 화목 제물 가운데서 형님과 형님
자녀들의 몫으로 주신 것입니다. 높이 들
어 바치는 제물의 넓적다리와, 흔들어 바
치는 제물의 가슴과, 불살라 바치는 제물
에서 떼어 낸 지방을 가져다가, 흔들어 바
치는 제물로 올려 드리십시오. 이것은 하
나님께서 명령하신 대로, 영원히 형님과
형님 자녀들의 몫이 될 것입니다."

16-18 모세는 속죄 제물로 드린 염소가 어
떻게 되었는지 알아보았다. 그런데 그것
은 이미 다 타 버린 상태였다. 모세가 아
론의 남은 아들 엘르아살과 이다말에게

you."
They did just as Moses said.

❧

8-11 GOD instructed Aaron: "When you enter
the Tent of Meeting, don't drink wine or
strong drink, neither you nor your sons, lest
you die. This is a fixed rule down through the
generations. Distinguish between the holy
and the common, between the ritually clean
and unclean. Teach the People of Israel all
the decrees that GOD has spoken to them
through Moses."

12-15 Moses spoke to Aaron and his surviving
sons, Eleazar and Ithamar, "Take the leftovers of
the Grain-Offering from the Fire-Gifts for GOD
and eat beside the Altar that which has been
prepared without yeast, for it is most holy. Eat
it in the Holy Place because it is your portion
and the portion of your sons from the Fire-Gifts
for GOD. This is what GOD commanded me.
Also, you and your sons and daughters are to
eat the breast of the Wave-Offering and the
thigh of the Contribution-Offering in a clean
place. They are provided as your portion and
the portion of your children from the Peace-Of-
ferings presented by the People of Israel. Bring
the thigh of the Contribution-Offering and
the breast of the Wave-Offering and the fat
pieces of the Fire-Gifts and lift them up as a
Wave-Offering. This will be the regular share
for you and your children as ordered by GOD."

16-18 When Moses looked into the matter
of the goat of the Absolution-Offering, he
found that it had been burned up. He became
angry with Eleazar and Ithamar, Aaron's
remaining sons, and asked, "Why didn't
you eat the Absolution-Offering in the Holy

화를 내며 물었다. "속죄 제물은 지극히 거룩한 것인데, 어찌하여 너희는 그것을 거룩한 곳에서 먹지 않았느냐? 그 제물을 너희에게 주신 것은, 공동체의 죄를 없애고 하나님 앞에서 그들을 위해 속죄하게 하려는 것이다. 그 피를 거룩한 곳으로 가지고 들어가지 않았으니, 너희는 내가 명령한 대로 성소에서 그 염소를 먹었어야 했다."

¹⁹ 아론이 모세에게 대답했다. "보십시오. 오늘 그들이 하나님 앞에 속죄 제물과 번제물을 드렸습니다. 그리고 내게 무슨 일이 있었는지 당신도 보지 않았습니까? 나는 두 아들을 잃었습니다. 오늘 내가 그 속죄 제물을 먹었다고 한들, 하나님께서 기뻐하셨겠습니까?"

²⁰ 이 말을 듣고 모세도 수긍했다.

먹을 수 있는 짐승과 먹을 수 없는 짐승

11 ¹⁻² 하나님께서 모세와 아론에게 말씀하셨다. "이스라엘 백성에게 전하여라. 그들에게 이렇게 일러 주어라. 땅 위에 있는 모든 짐승 가운데 네가 먹을 수 있는 짐승은 이러하다.

³⁻⁸ 굽이 둘로 갈라지고 새김질을 하는 짐승은 어느 것이든 먹어도 된다. 새김질은 하지만 굽이 갈라지지 않았거나, 굽은 갈라졌으나 새김질을 하지 않는 짐승은 먹어서는 안된다. 예를 들어, 낙타는 새김질은 하지만 굽이 갈라지지 않았으니 부정한 것이다. 오소리도 새김질은 하지만 굽이 갈라지지 않았으니 부정한 것이다. 토끼도 새김질은 하지만 굽이 갈라지지 않았으니 부정한 것이다. 돼지는 굽이 둘로 갈라졌지만 새김질을 하지 않으니 부정한 것이다. 너희는 이런 짐승의 고기를 먹어서는 안되며 그 주검을 만져서도 안된다. 그것들은 너희에게 부정한 것이다.

⁹⁻¹² 바다나 강에 사는 동물 가운데서 지느

Place since it is most holy? The offering was given to you for taking away the guilt of the community by making atonement for them before GOD. Since its blood was not taken into the Holy Place, you should have eaten the goat in the Sanctuary as I commanded."

¹⁹ Aaron replied to Moses, "Look. They sacrificed their Absolution-Offering and Whole-Burnt-Offering before GOD today, and you see what has happened to me—I've lost two sons. Do you think GOD would have been pleased if I had gone ahead and eaten the Absolution-Offering today?"

²⁰ When Moses heard this response, he accepted it.

Foods

11 ¹⁻² GOD spoke to Moses and Aaron: "Speak to the People of Israel. Tell them, Of all the animals on Earth, these are the animals that you may eat:

³⁻⁸ "You may eat any animal that has a split hoof, divided in two, and that chews the cud, but not an animal that only chews the cud or only has a split hoof. For instance, the camel chews the cud but doesn't have a split hoof, so it's unclean. The rock badger chews the cud but doesn't have a split hoof and so it's unclean. The rabbit chews the cud but doesn't have a split hoof so is unclean. The pig has a split hoof, divided in two, but doesn't chew the cud and so is unclean. You may not eat their meat nor touch their carcasses; they are unclean to you.

⁹⁻¹² "Among the creatures that live in the water of the seas and streams, you may eat any that have fins and scales. But

러미와 비늘이 있는 것은 무엇이든 먹어도 된다. 그러나 바다에 사는 것이든 강에 사는 것이든, 얕은 곳에 사는 작은 것이든 깊은 곳에 사는 큰 것이든, 지느러미와 비늘이 없는 것은 무엇이나 혐오스러운 것이다. 이런 것은 혐오스러운 것으로 여겨라. 그 고기를 먹지 말고 그 주검도 혐오스러운 것으로 여겨라. 물에 사는 것 가운데서 지느러미와 비늘이 없는 것은 무엇이든 너희에게 혐오스러운 것이다.

13-19 다음은 너희가 혐오해야 할 새들이니, 이것들은 먹지 마라. 독수리, 참수리, 물수리, 솔개, 각종 수리, 각종 까마귀, 타조, 쏙독새, 갈매기, 각종 매, 올빼미, 가마우지, 따오기, 뜸부기, 사다새, 대머리수리, 황새, 각종 왜가리, 오디새, 박쥐. 이 새들은 혐오스러운 것이다.

20-23 네 발로 기어 다니는 날벌레는 모두 너희에게 혐오스러운 것이다. 그러나 이것들 가운데서 몇 가지는 먹어도 된다. 이를테면, 다리가 달려서 땅에서 뛸 수 있는 것은 먹을 수 있다. 각종 메뚜기와 여치와 귀뚜라미와 방아깨비는 먹어도 된다. 그러나 그 밖에 다리가 네 개 달린 날벌레는 모두 혐오스러운 것이다.

24-25 그런 것들의 주검에 몸이 닿은 사람은 저녁때까지 부정하다. 그 주검들 가운데 하나라도 들어 옮기는 사람은 반드시 자기 옷을 빨아야 한다. 그는 저녁때까지 부정하다.

26 굽이 갈라졌어도 완전히 갈라지지 않았거나 새김질을 하지 않는 짐승은 모두 너희에게 부정한 것이다. 그것들 가운데 어느 하나의 주검에 몸이 닿은 사람은 부정하게 된다.

27-28 네 발로 걷는 짐승 가운데 발바닥으로 걷는 짐승은 모두 너희에게 부정한 것이다. 그 주검에 몸이 닿은 사람은 저녁때까지 부정하다. 그 주검을 들어 옮기는 사람은 반드시 자기 옷을 빨아야 한다. 그는 저녁때까지

anything that doesn't have fins and scales, whether in seas or streams, whether small creatures in the shallows or huge creatures in the deeps, you are to detest. Yes, detest them. Don't eat their meat; detest their carcasses. Anything living in the water that doesn't have fins and scales is detestable to you.

13-19 "These are the birds you are to detest. Don't eat them. They are detestable: eagle, vulture, osprey, kite, all falcons, all ravens, ostrich, nighthawk, sea gull, all hawks, owl, cormorant, ibis, water hen, pelican, Egyptian vulture, stork, all herons, hoopoe, bat.

20-23 "All flying insects that walk on all fours are detestable to you. But you can eat some of these, namely, those that have jointed legs for hopping on the ground: all locusts, katydids, crickets, and grasshoppers. But all the other flying insects that have four legs you are to detest.

24-25 "You will make yourselves ritually unclean until evening if you touch their carcasses. If you pick up one of their carcasses you must wash your clothes and you'll be unclean until evening.

26 "Every animal that has a split hoof that's not completely divided, or that doesn't chew the cud is unclean for you; if you touch the carcass of any of them you become unclean.

27-28 "Every four-footed animal that goes on its paws is unclean for you; if you touch its carcass you are unclean until evening. If you pick up its carcass you must wash your clothes and are unclean until evening. They are unclean for you.

부정하다. 그것들은 너희에게 부정한 것이다.

29-38 땅에 기어 다니는 동물 가운데서 너희에게 부정한 것은 이러하다. 족제비, 쥐, 각종 도마뱀, 도마뱀붙이, 왕도마뱀, 벽도마뱀, 사막도마뱀, 카멜레온. 기어 다니는 동물 가운데 이런 것들은 너희에게 부정한 것이다. 이것들이 죽었을 때 그 주검을 만지는 사람은 저녁때까지 부정하다. 이것들 가운데 하나가 죽어서 어떤 물건 위에 떨어진 경우, 나무든 천이든 가죽이든 삼베든, 그 물건이 무엇으로 만들어졌든, 또 그 물건의 용도가 무엇이든 관계없이 그 물건은 부정하게 되니, 그 물건을 물에 담가라. 그것은 저녁때까지 부정하고, 그 후에는 정결하다. 그 주검이 질그릇에 떨어지면, 그 안에 있는 것은 무엇이든 부정하게 된다. 너희는 그 그릇을 깨뜨려야 한다. 먹을 수 있는 음식이더라도 그 그릇에 담긴 물에 닿으면, 부정하게 된다. 그 그릇에 담긴 마실 것도 무엇이든 부정하게 된다. 이런 것들의 주검이 어떤 물건에 떨어지면, 그 물건은 무엇이든 부정하게 된다. 화덕이든 냄비든 모두 깨뜨려야 한다. 그것들은 부정한 것이니, 너희는 그것들을 부정한 것으로 여겨야 한다. 샘이나 물이 고인 웅덩이는 정결한 것으로 남지만, 이 주검들 가운데 어느 하나라도 너희 몸에 닿으면, 너희는 부정하게 된다. 파종할 씨 위에 주검이 떨어져도, 그 씨는 여전히 정결하다. 그러나 그 씨가 물에 젖어 있을 때 주검이 그 위에 떨어지면, 너희는 그 씨를 부정한 것으로 여겨야 한다.

39-40 먹어도 되는 짐승이 죽었을 경우, 그 주검에 몸이 닿은 사람은 누구나 저녁때까지 부정하다. 죽은 고기를 먹은 사람은 자기 옷을 빨아야 하며, 저녁때까지 부정하다. 그 주검을 들어 옮기는 사람도 자기 옷을 빨아야 하며, 저녁때까지 부정하다.

29-38 "Among the creatures that crawl on the ground, the following are unclean for you: weasel, rat, all lizards, gecko, monitor lizard, wall lizard, skink, chameleon. Among the crawling creatures, these are unclean for you. If you touch them when they are dead, you are ritually unclean until evening. When one of them dies and falls on something, that becomes unclean no matter what it's used for, whether it's made of wood, cloth, hide, or sackcloth. Put it in the water—it's unclean until evening, and then it's clean. If one of these dead creatures falls into a clay pot, everything in the pot is unclean and you must break the pot. Any food that could be eaten but has water on it from such a pot is unclean, and any liquid that could be drunk from it is unclean. Anything that one of these carcasses falls on is unclean—an oven or cooking pot must be broken up; they're unclean and must be treated as unclean. A spring, though, or a cistern for collecting water remains clean, but if you touch one of these carcasses you're ritually unclean. If a carcass falls on any seeds that are to be planted, they remain clean. But if water has been put on the seed and a carcass falls on it, you must treat it as unclean.

39-40 "If an animal that you are permitted to eat dies, anyone who touches the carcass is ritually unclean until evening. If you eat some of the carcass you must wash your clothes and you are unclean until evening. If you pick up the carcass you must wash your clothes and are unclean until evening.

41-43 땅에 기어 다니는 동물은 혐오스러운 것이니 먹어서는 안된다. 배로 기어 다니든 네 발로 기어 다니든 여러 발로 기어 다니든, 땅에 기어 다니는 동물은 먹지 마라. 그것들은 혐오스러운 것이다. 너희는 그것들로 너희 자신을 부정하게 하거나 더럽히는 일이 없게 하여라. 나는 너희 하나님이다.

44-45 내가 거룩하니, 너희도 자신을 거룩하게 하여라. 땅에 기어 다니는 어떤 것으로도 너희 자신을 부정하게 해서는 안된다. 나는 너희를 이집트 땅에서 이끌어 낸 하나님이다. 내가 거룩하니, 너희도 거룩하여라."

46-47 "이것은 짐승과 새와 물고기와 땅에 기어 다니는 동물에 관한 규례다. 너희는 부정한 것과 정결한 것, 먹을 수 있는 동물과 먹을 수 없는 동물을 구별해야 한다.

산모를 정결하게 하는 규례

12 1-5 하나님께서 모세에게 말씀하셨다. "이스라엘 백성에게 이렇게 일러 주어라. 임신하여 사내아이를 낳은 여자는 칠 일 동안 부정하다. 그녀는 월경할 때와 마찬가지로 부정하다. 너희는 팔 일째 되는 날에 그 아이에게 할례를 행하여라. 산모는 출혈 상태에서 정결하게 될 때까지 삼십삼 일 동안 집 안에 머물러 있어야 한다. 정결하게 되는 기간이 다 찰 때까지, 산모는 거룩하게 구별된 것을 만지거나 성소에 들어가서는 안된다. 여자아이를 낳은 여자는 십사 일 동안 부정하다. 그녀는 월경할 때와 마찬가지로 부정하다. 산모는 출혈 상태에서 정결하게 될 때까지 육십육 일 동안 집 안에 머물러 있어야 한다.

6-7 사내아이를 낳았든 여자아이를 낳았

41-43 "Creatures that crawl on the ground are detestable and not to be eaten. Don't eat creatures that crawl on the ground, whether on their belly or on all fours or on many feet—they are detestable. Don't make yourselves unclean or be defiled by them, because I am your GOD.

44-45 "Make yourselves holy for I am holy. Don't make yourselves ritually unclean by any creature that crawls on the ground. I am GOD who brought you up out of the land of Egypt. Be holy because I am holy.

46-47 "These are the instructions on animals, birds, fish, and creatures that crawl on the ground. You have to distinguish between the ritually unclean and the clean, between living creatures that can be eaten and those that cannot be eaten."

Childbirth

12 1-5 GOD spoke to Moses: "Tell the People of Israel, A woman who conceives and gives birth to a boy is ritually unclean for seven days, the same as during her menstruation. On the eighth day circumcise the boy. The mother must stay home another thirty-three days for purification from her bleeding. She may not touch anything consecrated or enter the Sanctuary until the days of her purification are complete. If she gives birth to a girl, she is unclean for fourteen days, the same as during her menstruation. She must stay home for sixty-six days for purification from her bleeding.

6-7 "When the days for her purification for either a boy or a girl are complete, she will bring a yearling lamb for a Whole-Burnt-Of-

든, 정결하게 되는 기간이 다 차면, 산모는 번제물로 바칠 일 년 된 어린양 한 마리와 속죄제물로 바칠 집비둘기나 산비둘기 한 마리를 회막 입구로 가져와서 제사장에게 건네야 한다. 제사장은 그것을 받아 **하나님**에게 바쳐서 그녀를 위해 속죄해야 한다. 그러면 그녀는 출혈 상태로부터 정결하게 된다.

이것은 사내아이나 여자아이를 낳은 산모에게 주는 규례다.

8 그녀가 어린양 한 마리를 마련할 형편이 못 되면, 산비둘기 두 마리나 집비둘기 두 마리를 가져다가 하나는 번제물로, 다른 하나는 속죄 제물로 바쳐도 된다. 제사장이 그녀를 위해 속죄하면, 그녀는 정결하게 된다.”

악성 피부병에 관한 규례

13 1-3 **하나님**께서 모세와 아론에게 말씀하셨다. “어떤 사람의 피부에 부스럼이나 물집이나 번들거리는 얼룩이 생겨서 그 몸에 악성 피부병 증상이 보이면, 그 사람을 제사장 아론이나 그의 아들들 가운데 한 제사장에게 데려가야 한다. 제사장은 그 피부의 상처를 살펴보아야 한다. 상처 부위의 털이 희어지고 그 부위가 피부보다 들어가 보이면, 그것은 전염성이 있는 악성 피부병이다. 제사장은 그 상처를 살펴본 뒤에 그 사람을 부정하다고 선언해야 한다.

4-8 피부에 생긴 번들거리는 얼룩이 희기는 한데 피부에만 있는 것처럼 보이고 그 부위의 털이 희어지지 않았으면, 제사장은 그 사람을 칠 일 동안 격리시켜야 한다. 칠 일째 되는 날에 상처를 다시 살펴보아 상처가 더 퍼지지 않았다고 판단되면, 제사장은 그를 다시 칠 일 동안 격리시켜야 한다. 칠 일째 되는 날에 다시 살펴보아 상처가 옅어지고 더 퍼지지 않았으면, 제사장은 그 사람을 정결하다고 선언해야 한다. 그것은 해롭지 않은 뾰루지다. 그 사람이 집에 가서 자기 옷을 빨아 입으면, 그

fering and a pigeon or dove for an Absolution-Offering to the priest at the entrance of the Tent of Meeting. He will offer it to GOD and make atonement for her. She is then clean from her flow of blood.

“These are the instructions for a woman who gives birth to either a boy or a girl.

8 “If she can't afford a lamb, she can bring two doves or two pigeons, one for the Whole-Burnt-Offering and one for the Absolution-Offering. The priest will make atonement for her and she will be clean.”

Infections

13 1-3 GOD spoke to Moses and Aaron: “When someone has a swelling or a blister or a shiny spot on the skin that might signal a serious skin disease on the body, bring him to Aaron the priest or to one of his priest sons. The priest will examine the sore on the skin. If the hair in the sore has turned white and the sore appears more than skin deep, it is a serious skin disease and infectious. After the priest has examined it, he will pronounce the person unclean.

4-8 “If the shiny spot on the skin is white but appears to be only on the surface and the hair has not turned white, the priest will quarantine the person for seven days. On the seventh day the priest will examine it again; if, in his judgment, the sore is the same and has not spread, the priest will keep him in quarantine for another seven days. On the seventh day the priest will examine him a second time; if the sore

는 정결하다. 그러나 제사장에게 몸을 보여서 정결하다고 선언을 받은 뒤에 상처가 더 퍼졌으면, 그는 다시 제사장에게 돌아가야 한다. 제사장은 그를 살펴보아 상처가 퍼졌으면, 그 사람을 부정하다고 선언해야 한다. 그것은 전염성이 있는 악성 피부병이다.

9-17 어떤 사람이 전염성이 있는 악성 피부병에 걸렸으면, 반드시 그를 제사장에게 데려가야 하고, 제사장은 그를 살펴보아야 한다. 피부에 흰 부스럼이 생겼는데 그 부위의 털이 희어지고 부스럼이 곪아 터졌으면, 그것은 만성 피부병이다. 제사장은 그를 부정하다고 선언해야 한다. 그러나 그가 이미 부정하다는 진단을 받았으므로, 그를 격리시키지 않아도 된다. 제사장이 보기에 악성 피부병이 그 사람의 머리끝에서 발끝까지 피부 전체를 덮었으면, 제사장은 철저히 살펴보아야 한다. 피부병이 그 사람의 몸 전체를 덮었으면, 제사장은 그 사람을 정결하다고 선언해야 한다. 상처 부위가 온통 희어졌으므로, 그 사람은 정결하다. 그러나 상처 부위가 곪아 터져 고름이 흘러나오면, 그 사람은 부정하다. 제사장은 곪아 터진 부위를 살펴보고 그 사람을 부정하다고 선언해야 한다. 곪아 터진 부위는 악성 피부병의 증거이므로 부정하다. 그러나 곪아 터진 부위가 아물어 희어졌으면, 그 사람은 제사장에게 돌아가야 하고, 제사장은 그를 다시 살펴보아야 한다. 상처 부위가 희어졌으면, 제사장은 그 사람을 정결하다고 선언해야 한다. 그는 정결하다.

18-23 어떤 사람이 피부에 종기가 생겼다가 나았는데 종기가 있던 자리에 흰 부스럼이나 번들거리는 희붉은 얼룩이 생겼으면, 그는 제사장에게 가서 자기 몸을 보여야 한다. 상처가 깊어지고 상처 부위의 털

has faded and hasn't spread, the priest will declare him clean—it is a harmless rash. The person can go home and wash his clothes; he is clean. But if the sore spreads after he has shown himself to the priest and been declared clean, he must come back again to the priest who will conduct another examination. If the sore has spread, the priest will pronounce him unclean—it is a serious skin disease and infectious.

9-17 "Whenever someone has a serious and infectious skin disease, you must bring him to the priest. The priest will examine him; if there is a white swelling in the skin, the hair is turning white, and there is an open sore in the swelling, it is a chronic skin disease. The priest will pronounce him unclean. But he doesn't need to quarantine him because he's already given his diagnosis of unclean. If a serious disease breaks out that covers all the skin from head to foot, wherever the priest looks, the priest will make a thorough examination; if the disease covers his entire body, he will pronounce the person with the sore clean—since it has turned all white, he is clean. But if they are open, running sores, he is unclean. The priest will examine the open sores and pronounce him unclean. The open sores are unclean; they are evidence of a serious skin disease. But if the open sores dry up and turn white, he is to come back to the priest who will reexamine him; if the sores have turned white, the priest will pronounce the person with the sores clean. He is clean.

18-23 "When a person has a boil and it heals and in place of the boil there is white swelling or a reddish-white shiny spot, the person must present himself to the priest for an examination. If it looks like it has penetrated

이 희어졌으면, 제사장은 그를 부정하다고 선언해야 한다. 그것은 종기에서 발생한 악성 피부병이다. 그러나 제사장이 살펴보아 상처 부위의 털이 희지 않고 상처도 깊지 않고 수그러들었으면, 제사장은 그를 칠 일 동안 격리시켜야 한다. 그러고도 상처가 피부에 넓게 퍼졌으면, 제사장은 그를 부정하다고 진단해야 한다. 그것은 전염성이 있는 병이다. 그러나 번들거리는 얼룩이 더 퍼지지 않고 그대로이면, 그것은 종기로 인해 생긴 흉터일 뿐이다. 제사장은 그를 정결하다고 선언해야 한다.

24-28 어떤 사람이 피부에 화상을 입었는데, 덴 자리에 희붉은 얼룩이나 번들거리는 흰 얼룩이 생겼으면, 제사장은 그것을 살펴보아야 한다. 얼룩 부위에 난 털이 희어지고 그 부위가 피부보다 들어가 보이면, 화상 부위에 악성 피부병이 생긴 것이다. 제사장은 그를 부정하다고 선언해야 한다. 그것은 전염성이 있는 악성 피부병이다. 그러나 제사장이 살펴보아 얼룩 부위의 털이 희지 않고 그 부위가 피부보다 들어가 보이지 않고 옅어졌으면, 제사장은 그를 칠 일 동안 격리시켜야 한다. 칠 일째 되는 날에 제사장은 그를 다시 살펴보아야 한다. 그때까지 얼룩이 피부에 퍼졌으면, 제사장은 그를 부정하다고 진단해야 한다. 그것은 전염성이 있는 악성 피부병이다. 그러나 그때까지 얼룩이 같은 부위에 머물러 더 퍼지지 않고 수그러들었으면, 그것은 화상으로 부풀어 오른 것일 뿐이다. 그것은 화상으로 생긴 흉터이니, 제사장은 그를 정결하다고 선언해야 한다.

29-37 남자든 여자든 머리나 턱에 피부병이 생기면, 제사장은 병의 상태를 진단해야 한다. 상처 부위가 피부보다 들어가 보이고 그 부위의 털이 누렇고 가늘면, 제사장은 그 사람을 부정하다고 선언해야 한다. 그것

the skin and the hair in it has turned white, the priest will pronounce him unclean. It is a serious skin disease that has broken out in the boil. But if the examination shows that there is no white hair in it and it is only skin deep and has faded, the priest will put him in quarantine for seven days. If it then spreads over the skin, the priest will diagnose him as unclean. It is infectious. But if the shiny spot has not changed and hasn't spread, it's only a scar from the boil. The priest will pronounce him clean.

24-28 "When a person has a burn on his skin and the raw flesh turns into a reddish-white or white shiny spot, the priest is to examine it. If the hair has turned white in the shiny spot and it looks like it's more than skin deep, a serious skin disease has erupted in the area of the burn. The priest will pronounce him unclean; it is a serious skin disease and infectious. But if on examination there is no white hair in the shiny spot and it doesn't look to be more than skin deep but has faded, the priest will put him in quarantine for seven days. On the seventh day the priest will reexamine him. If by then it has spread over the skin, the priest will diagnose him as unclean; it is a serious skin disease and infectious. If by that time the shiny spot has stayed the same and has not spread but has faded, it is only a swelling from the burn. The priest will pronounce him clean; it's only a scar from the burn.

29-37 "If a man or woman develops a sore on the head or chin, the priest will offer a diagnosis. If it looks as if it is under the skin and the hair in it is yellow and thin, he will pronounce the person ritually unclean. It is an itch, an infectious skin disease. But if

은 전염성이 있는 피부병인 백선이다. 그러나 제사장이 백선이 난 자리를 살펴보아 상처 부위가 피부보다 들어가 보이지 않고 그 부위의 털이 검지 않으면, 제사장은 그 사람을 칠 일 동안 격리시켜야 한다. 칠 일째 되는 날에 제사장은 상처 부위를 다시 살펴보아, 백선이 퍼지지 않았고 백선 부위의 털이 누렇지 않으며 그 부위가 피부보다 들어가 보이지 않으면, 그는 백선이 난 자리만 제외하고 털을 모두 밀어야 한다. 제사장은 그를 다시 칠 일 동안 격리시켜야 한다. 백선이 퍼지지 않았고 백선 부위가 피부보다 들어가 보이지 않으면, 제사장은 그를 정결하다고 선언해야 한다. 그 사람이 집에 가서 자기 옷을 빨아 입으면, 그는 정결하다. 그러나 그 사람이 정결하다고 선언받은 뒤에 다시 백선이 퍼지면, 제사장은 그 부위를 다시 살펴보아야 한다. 백선이 피부에 퍼졌으면, 누런 털을 찾아볼 필요도 없이 그 사람은 부정하다. 그러나 제사장이 보기에 백선이 더 진행되지 않았고 그 부위에 검은 털이 자라기 시작했으면, 백선이 나은 것이다. 그 사람은 정결하니, 제사장은 그를 정결하다고 선언해야 한다.

38-39 남자든 여자든 피부에 번들거리는 얼룩이나 번들거리는 흰 얼룩이 생기면, 제사장은 그것을 살펴보아야 한다. 얼룩이 희끗하면, 그것은 피부에 생긴 뾰루지일 뿐이니, 그 사람은 정결하다.

40-44 어떤 사람이 머리카락이 빠져 대머리가 되어도, 그는 정결하다. 앞머리카락이 빠지면, 그저 대머리일 뿐 그는 정결하다. 그러나 두피나 이마에 희붉은 상처가 생기면, 그것은 악성 피부병에 걸렸다는 뜻이다. 제사장은 그 상처를 살펴보아야 한다. 두피나 이마에 생긴 상처가 악성 피부병에 걸린 상처처럼 희붉게 보이면, 그는 악성 피부병에 걸린 것이므로 부정하다. 제사장은 그의 머리

when he examines the itch, he finds it is only skin deep and there is no black hair in it, he will put the person in quarantine for seven days. On the seventh day he will reexamine the sore; if the itch has not spread, there is no yellow hair in it, and it looks as if the itch is only skin deep, the person must shave, except for the itch; the priest will send him back to quarantine for another seven days. If the itch has not spread, and looks to be only skin deep, the priest will pronounce him clean. The person can go home and wash his clothes; he is clean. But if the itch spreads after being pronounced clean, the priest must reexamine it; if the itch has spread in the skin, he doesn't have to look any farther, for yellow hair, for instance; he is unclean. But if he sees that the itch is unchanged and black hair has begun to grow in it, the itch is healed. The person is clean and the priest will pronounce him clean.

38-39 "When a man or woman gets shiny or white shiny spots on the skin, the priest is to make an examination; if the shiny spots are dull white, it is only a rash that has broken out: The person is clean.

40-44 "When a man loses his hair and goes bald, he is clean. If he loses his hair from his forehead, he is bald and he is clean. But if he has a reddish-white sore on scalp or forehead, it means a serious skin disease is breaking out. The priest is to examine it; if the swollen sore on his scalp or forehead is reddish-white like the appearance of the sore of a serious skin disease, he has a serious skin disease and is unclean. The priest has to pronounce

에 생긴 상처로 인해 그를 부정하다고 선언
해야 한다.

45-46 악성 피부병에 걸린 사람은 누구든지
찢어진 옷을 입고, 머리를 풀되 빗질을 하
지 말아야 한다. 또한 그는 윗입술을 가리
고, "부정하다! 부정하다!" 하고 외쳐야 한
다. 그 상처가 없어지지 않는 한, 그는 계속
해서 부정할 것이다. 그 사람은 진 밖에서
따로 살아야 한다."

❦

47-58 "털옷이나 모시옷이나, 모시나 털로
짠 직물이나 편물이나, 가죽이나 가죽 제품
에 악성 곰팡이가 피어 반점이 생기면, 또
는 옷이나 가죽이나 직물이나 편물이나 가
죽으로 만든 어떤 것에 푸르스름하거나 불
그스름한 반점이 생기면, 그것은 악성 곰팡
이가 피었다는 표시다. 그것을 제사장에게
보여야 한다. 제사장은 그 반점을 살펴보고
곰팡이가 핀 물건을 칠 일 동안 압류해 두
어야 한다. 칠 일째 되는 날에 제사장은 그
반점을 다시 살펴보아야 한다. 직물이나 편
물이나 가죽 소재의 옷에 반점이 퍼졌으면,
그것은 쉽게 없어지지 않는 악성 곰팡이의
반점이니, 그 천이나 가죽은 부정하다. 제
사장은 그 옷을 불살라야 한다. 그것은 쉽
게 없어지지 않는 악성 곰팡이니, 불에 태
워 버려야 한다. 그러나 제사장이 살펴보아
반점이 옷에 퍼지지 않았으면, 제사장은 그
옷의 주인에게 반점이 있는 옷을 빨게 하
고, 그것을 다시 칠 일 동안 압류해 두어야
한다. 옷을 빤 뒤에, 제사장은 다시 살펴보
아야 한다. 반점이 퍼지지 않았더라도 반점
의 모양이 바뀌지 않았으면, 그 옷은 여전
히 부정하다. 곰팡이가 옷 안쪽에 피었든
바깥쪽에 피었든, 그 옷은 불에 태워 버려
야 한다. 그 옷을 빤 뒤에 반점이 수그러들
었으면, 제사장은 반점이 있는 부분을 잘라

him unclean because of the sore on his
head.

45-46 "Any person with a serious skin
disease must wear torn clothes, leave his
hair loose and unbrushed, cover his upper
lip, and cry out, 'Unclean! Unclean!' As long
as anyone has the sores, that one continues
to be ritually unclean. That person must live
alone; he or she must live outside the camp.

❦

47-58 "If clothing—woolen or linen clothing,
woven or knitted cloth of linen or wool, leather
or leatherwork—is infected with a patch of
serious fungus and if the spot in the clothing or
the leather or the woven or the knitted materi-
al or anything made of leather is greenish or
rusty, that is a sign of serious fungus. Show it to
the priest. The priest will examine the spot and
then confiscate the material for seven days.
On the seventh day he will reexamine the spot.
If it has spread in the garment—the woven or
knitted or leather material—it is the spot of a
persistent serious fungus and the material is
unclean. He must burn the garment. Because
of the persistent and contaminating fungus,
the material must be burned. But if when the
priest examines it the spot has not spread in
the garment, the priest will command the
owner to wash the material that has the spot,
and he will confiscate it for another seven
days. He'll then make another examination
after it has been washed; if the spot hasn't
changed in appearance, even though it hasn't
spread, it is still unclean. Burn it up, whether
the fungus has affected the back or the front.
If, when the priest makes his examination,
the spot has faded after it has been washed,

내야 한다. 하지만 그렇게 하고도 반점이 다시 나타나면 그것은 새로 생겨난 것이니, 반점이 생긴 것은 모두 불에 던져 버려라. 그러나 한 번 빨아서 옷에서 반점이 완전히 사라졌으면, 한 번 더 빨아야 한다. 그러면 정결하게 된다.

59 이것은 털옷이나 모시옷이나 직물이나 편물이나 온갖 가죽 제품에 악성 곰팡이 반점이 생겼을 때, 그것이 정결한지 부정한지를 결정하기 위한 규례다."

❦

14

1-9 **하나님**께서 모세에게 말씀하셨다. "악성 피부병에 걸린 사람을 정결하게 하는 날에 지켜야 할 규례는 이러하다. 먼저, 그 사람을 제사장에게 데려가면, 제사장은 그를 진 밖으로 데리고 나가서 살펴보아야 한다. 악성 피부병에 걸린 사람이 병에서 나았으면, 제사장은 정결하게 되려는 그 사람을 위해 살아 있는 정결한 새 두 마리와 백향목 가지와 주홍색 실과 우슬초를 가져오도록 사람들에게 지시해야 한다. 제사장은 병에서 나은 사람에게 지시하여 그 두 마리 새 가운데 한 마리를 맑은 물이 담긴 질그릇 위에서 잡게 해야 한다. 그런 다음 살아 있는 새와 백향목 가지와 주홍색 실과 우슬초를 가져다가, 맑은 물 위에서 죽은 새의 피를 찍어 악성 피부병이 나아 정결하게 된 사람에게 일곱 번 뿌리고, 그를 정결하다고 선언해야 한다. 마지막으로, 살아 있는 새는 넓은 들로 날려 보내야 한다. 정결하게 된 그 사람은 자기 옷을 빨고 자기 몸의 털을 모두 밀고 물로 씻으면 정결하게 된다. 그 후에 그는 진으로 들어가도 되지만, 자기 장막 밖에서 칠일 동안 생활해야 한다. 칠 일째 되는 날, 그는 자기 몸의 털을 밀되, 머리털과 수염

he is to tear the spot from the garment. But if it reappears, it is a fresh outbreak—throw whatever has the spot in the fire. If the garment is washed and the spot has gone away, then wash it a second time; it is clean. 59 "These are the instructions regarding a spot of serious fungus in clothing of wool or linen, woven or knitted material, or any article of leather, for pronouncing them clean or unclean."

❦

14

1-9 GOD spoke to Moses: "These are the instructions for the infected person at the time of his cleansing. First, bring him to the priest. The priest will take him outside the camp and make an examination; if the infected person has been healed of the serious skin disease, the priest will order two live, clean birds, some cedar wood, scarlet thread, and hyssop to be brought for the one to be cleansed. The priest will order him to kill one of the birds over fresh water in a clay pot. The priest will then take the live bird with the cedar wood, the scarlet thread, and the hyssop and dip them in the blood of the dead bird over fresh water and then sprinkle the person being cleansed from the serious skin disease seven times and pronounce him clean. Finally, he will release the live bird in the open field. The cleansed person, after washing his clothes, shaving off all his hair, and bathing with water, is clean. Afterwards he may again enter the camp, but he has to live outside his tent for seven days. On the seventh day, he must shave off all his hair—from his head, beard, eyebrows, all of it. He then must wash his clothes and bathe all over with water. He

과 눈썹까지 모두 밀어야 한다. 그런 다음
자기 옷을 빨고 물로 온몸을 씻어야 한다.
그러면 그 사람은 정결하게 된다.

10-18 다음날 곧 팔 일째 되는 날에, 그는
흠 없는 어린양 두 마리와 일 년 된 흠 없
는 암양 한 마리를, 기름 섞은 고운 곡식
가루 6리터와 함께 가져와야 한다. 그 사
람을 정결하다고 선언할 제사장은, 그와
그가 바친 제물을 회막 입구 하나님 앞에
두어야 한다. 제사장은 어린양 두 마리 가
운데 한 마리를 끌어다가 기름 0.3리터와
함께 보상 제물로 바치되, 하나님 앞에 흔
들어 바치는 제물로 올려 바쳐야 한다. 속
죄 제물과 번제물 잡는 곳, 곧 거룩한 곳
에서 그 어린양을 잡아야 한다. 보상 제물
은 속죄 제물과 마찬가지로 제사장의 몫
이다. 그것은 지극히 거룩한 것이다. 제사
장은 보상 제물의 피 얼마를 받아다가, 정
결하게 되려는 사람의 오른쪽 귓불과 오
른손 엄지손가락과 오른발 엄지발가락에
발라야 한다. 그런 다음 기름을 가져다가
자기 왼손 손바닥에 붓고, 오른손 손가락
으로 그 기름을 찍어 하나님 앞에 일곱 번
뿌려야 한다. 제사장은 그 남은 기름을 정
결하게 되려는 사람의 오른쪽 귓불과 오
른손 엄지손가락과 오른발 엄지발가락,
곧 보상 제물의 피를 바른 부위에 덧발라
야 한다. 나머지 기름은 정결하게 되려는
사람의 머리에 바르고, 하나님 앞에서 그
를 위해 속죄해야 한다.

19-20 마지막으로, 제사장은 부정한 상태
에서 벗어나 정결하게 되려는 사람을 위
해 속죄 제물을 바치고 그를 위해 속죄한
뒤에, 번제물을 잡아 제단 위에서 곡식 제
물과 함께 바쳐야 한다. 이와 같이 제사장
이 그 사람을 위해 속죄하면, 그 사람은
정결하게 된다."

will be clean.

10-18 "The next day, the eighth day, he will
bring two lambs without defect and a yearling
ewe without defect, along with roughly six
quarts of fine flour mixed with oil. The priest
who pronounces him clean will place him and
the materials for his offerings in the presence
of GOD at the entrance to the Tent of Meeting.
The priest will take one of the lambs and
present it and the pint of oil as a Compensa-
tion-Offering and lift them up as a Wave-Of-
fering before GOD. He will slaughter the lamb
in the place where the Absolution-Offering and
the Whole-Burnt-Offering are slaughtered, in
the Holy Place, because like the Absolution-Of-
fering, the Compensation-Offering belongs
to the priest; it is most holy. The priest will
now take some of the blood of the Compensa-
tion-Offering and put it on the right earlobe
of the man being cleansed, on the thumb of
his right hand, and on the big toe of his right
foot. Following that he will take some oil and
pour it into the palm of his left hand and then
with the finger of his right hand sprinkle oil
seven times before GOD. The priest will put
some of the remaining oil on the right earlobe
of the one being cleansed, on the thumb of
his right hand, and on the big toe of his right
foot, placing it on top of the blood of the
Compensation-Offering. He will put the rest of
the oil on the head of the man being cleansed
and make atonement for him before GOD.

19-20 "Finally the priest will sacrifice the
Absolution-Offering and make atonement for
the one to be cleansed from his uncleanness,
slaughter the Whole-Burnt-Offering and offer
it with the Grain-Offering on the Altar. He
has made atonement for him. He is clean.

21-22 "가난하여 이러한 제물을 바칠 형편이 못되는 사람은, 어린 숫양 한 마리를 보상 제물로 가져와서 자신을 위해 속죄할 흔들어 바치는 제물로 바치고, 기름 섞은 고운 곡식 가루 2리터와 기름 0.3리터를 곡식 제물로 바쳐야 한다. 형편이 닿는 대로 산비둘기 두 마리나 집비둘기 두 마리를 바치되, 한 마리는 속죄 제물로 다른 한 마리는 번제물로 바쳐야 한다.

23-29 팔 일째 되는 날에 그는 그것들을 제사장에게로, 곧 회막 입구 **하나님** 앞으로 가져와야 한다. 제사장은 보상 제물로 바친 어린양을 기름 0.3리터와 함께 가져다가, 흔들어 바치는 제물로 **하나님** 앞에 흔들어 바쳐야 한다. 그런 다음 보상 제물로 바친 어린양을 잡고 그 피 얼마를 가져다가, 정결하게 되려는 이의 오른쪽 귓불과 오른손 엄지손가락과 오른발 엄지발가락에 발라야 한다. 제사장은 자신의 왼손 손바닥에 기름을 붓고, 오른손 손가락으로 그 기름을 찍어 **하나님** 앞에 일곱 번 뿌려야 한다. 또한 자기 손바닥에 있는 기름을 찍어 보상 제물의 피를 바른 부위, 곧 정결하게 되려는 이의 오른쪽 귓불과 오른손 엄지손가락과 오른발 엄지발가락에 덧발라야 한다. 그리고 손바닥에 남아 있는 기름을 가져다가, 정결하게 되려는 사람의 머리에 바르고 **하나님** 앞에서 그를 위해 속죄해야 한다.

30-31 마지막으로, 그 사람은 힘이 닿는 대로 마련한 산비둘기나 집비둘기를, 하나는 속죄 제물로 다른 하나는 번제물로 바치되, 곡식 제물과 함께 바쳐야 한다. 이런 절차에 따라, 제사장은 **하나님** 앞에서 정결하게 되려는 사람을 위해 속죄해야 한다."

21-22 "If he is poor and cannot afford these offerings, he will bring one male lamb as a Compensation-Offering to be offered as a Wave-Offering to make atonement for him, and with it a couple of quarts of fine flour mixed with oil for a Grain-Offering, a pint of oil, and two doves or pigeons which he can afford, one for an Absolution-Offering and the other for a Whole-Burnt-Offering.

23-29 "On the eighth day he will bring them to the priest at the entrance to the Tent of Meeting before the presence of GOD. The priest will take the lamb for the Compensation-Offering together with the pint of oil and wave them before GOD as a Wave-Offering. He will slaughter the lamb for the Compensation-Offering, take some of its blood and put it on the lobe of the right ear of the one to be cleansed, on the thumb of his right hand, and on the big toe of his right foot. The priest will pour some of the oil into the palm of his left hand, and with his right finger sprinkle some of the oil from his palm seven times before GOD. He will put some of the oil that is in his palm on the same places he put the blood of the Compensation-Offering, on the lobe of the right ear of the one to be cleansed, on the thumb of his right hand, and on the big toe of his right foot. The priest will take what is left of the oil in his palm and put it on the head of the one to be cleansed, making atonement for him before GOD.

30-31 "At the last, he will sacrifice the doves or pigeons which are within his means, one as an Absolution-Offering and the other as a Whole-Burnt-Offering along with the Grain-Offering. Following this procedure the priest will make atonement for the one to be cleansed before GOD."

³² 이것은 악성 피부병에 걸렸으나 자신을 정결하게 하기 위해 바치는 제물을 마련할 형편이 못되는 사람이 따라야 할 규례다.

집에 악성 곰팡이가 핀 경우

³³⁻⁴² 하나님께서 모세와 아론에게 말씀하셨다. "내가 너희에게 주어 소유하게 할 가나안 땅에 너희가 들어가서, 너희 소유가 된 그 땅의 어느 한 집에 내가 내린 악성 곰팡이가 피거든, 그 집의 주인은 제사장에게 가서 '집에 곰팡이가 피었습니다' 하고 알려야 한다. 제사장은 그 곰팡이를 살펴보러 가기 전에 그 집을 비우도록 지시해야 한다. 이는 그 집에 있는 물건이 하나라도 부정하다고 선언되는 일이 없게 하려는 것이다. 제사장이 그 집에 가서 살펴보아, 그 집 벽에 핀 곰팡이가 푸르스름하거나 불그스름하게 돋아나 있고 벽면보다 더 깊이 스며들었으면, 제사장은 그 집 문밖으로 나와서 그 집을 칠 일 동안 폐쇄해야 한다. 칠 일째 되는 날에 다시 가서 살펴보아 곰팡이가 그 집 벽에 두루 퍼졌으면, 제사장은 곰팡이가 핀 돌들을 빼내어 성 밖의 쓰레기 더미에 버리도록 지시해야 한다. 반드시 그 집 내벽 전체를 긁어내고, 긁어낸 벽토는 성 밖의 쓰레기 더미에 버려야 한다. 그러고 나서 돌들이 빠진 자리에 새로운 돌들을 끼우고, 그 집 내벽에 벽토를 다시 발라야 한다.

⁴³⁻⁴⁷ 돌들을 빼내고 집 내벽을 긁어내어 벽토를 다시 바른 뒤에도 곰팡이가 피면, 제사장이 가서 살펴봐야 한다. 만일 곰팡이가 퍼졌으면, 그것은 악성 곰팡이다. 그 집은 부정하니, 그 집을 헐고 돌들과 목재와 벽토를 성 밖의 쓰레기 더미에 내다 버려야 한다. 그 집을 폐쇄한 기간에

³² These are the instructions to be followed for anyone who has a serious skin disease and cannot afford the regular offerings for his cleansing.

³³⁻⁴² GOD spoke to Moses and Aaron: "When you enter the land of Canaan, which I'm giving to you as a possession, and I put a serious fungus in a house in the land of your possession, the householder is to go and tell the priest, 'I have some kind of fungus in my house.' The priest is to order the house vacated until he can come to examine the fungus, so that nothing in the house is declared unclean. When the priest comes and examines the house, if the fungus on the walls of the house has greenish or rusty swelling that appears to go deeper than the surface of the wall, the priest is to walk out the door and shut the house up for seven days. On the seventh day he is to come back and conduct another examination; if the fungus has spread in the walls of the house, he is to order that the stones affected by the fungus be torn out and thrown in a garbage dump outside the city. He is to make sure the entire inside of the house is scraped and the plaster that is removed be taken away to the garbage dump outside the city. Then he is to replace the stones and replaster the house. ⁴³⁻⁴⁷ "If the fungus breaks out again in the house after the stones have been torn out and the house has been scraped and plastered, the priest is to come and conduct an examination; if the fungus has spread, it is a malignant fungus. The house is unclean. The house has to be demolished—its stones, wood, and plaster are to be removed to the

그 집에 들어가는 사람은 누구든지 저녁 때까지 부정하고, 그 집에서 잠을 자거나 음식을 먹은 사람은 누구든지 자기 옷을 빨아야 한다.

48-53 그러나 제사장이 가서 살펴보아, 내벽에 벽토를 다시 바른 뒤에 그 집에 곰팡이가 퍼지지 않았으면, 곰팡이가 제거된 것이다. 제사장은 그 집이 정결하다고 선언해야 한다. 그런 다음 새 두 마리와 백향목 가지와 주홍색 실과 우슬초를 가져다가 그 집을 정결하게 해야 한다. 제사장은 맑은 물이 담긴 질그릇 위에서 새 한 마리를 잡아야 한다. 그런 다음 백향목 가지와 우슬초와 주홍색 실과 살아 있는 새를 가져다가, 죽은 새의 피와 맑은 물에 담갔다가 그 집에 일곱 번 뿌려야 한다. 이렇게 새의 피와 맑은 물과 살아 있는 새와 백향목 가지와 우슬초와 주홍색 실로 그 집을 정결하게 해야 한다. 마지막으로, 살아 있는 새는 성 밖의 넓은 들에 놓아주어야 한다. 제사장이 그 집을 위해 속죄했으니, 그 집은 정결하다.

54-57 이것은 각종 악성 피부병과 백선, 옷과 집에 피는 노균과 곰팡이, 그리고 부스럼과 물집과 번들거리는 얼룩과 관련해서 따라야 할 절차로, 언제 부정하게 되고 언제 정결하게 되는지를 판정하기 위한 것이다. 이것은 전염성 있는 피부병과 노균과 곰팡이와 관련된 절차다."

남자나 여자가 부정하게 되었을 때의 규례

15 1-3 하나님께서 모세와 아론에게 말씀하셨다. "이스라엘 백성에게 전하여라. 그들에게 이렇게 일러주어라. 어떤 남자의 성기에서 고름이 흘러나오면, 그 고름은 부정한 것이다. 고름이 계속 흘러나오든 흘러나오지 않고 고여 있든, 그는 부정하다. 고름이 몸에서

계속 흘러나오거나 고름이 몸 안에 고여 있는 모든 날 동안, 그는 부정하다.

4-7 그가 누운 자리는 모두 부정하고, 그가 깔고 앉은 물건도 모두 부정하다. 고름을 흘리는 남자의 잠자리에 몸이 닿았거나, 그가 깔고 앉은 물건에 앉았거나, 그와 몸이 닿은 사람은 누구든지 자기 옷을 빨고 물로 몸을 씻어야 한다. 그는 저녁때까지 부정하다.

8-11 고름을 흘리는 남자가 정결한 사람에게 침을 뱉으면, 그 정결한 사람은 자기 옷을 빨고 물로 몸을 씻어야 한다. 그는 저녁때까지 부정하다. 고름을 흘리는 남자가 타고 다니는 안장도 모두 부정하다. 그가 깔고 앉은 물건에 몸이 닿은 사람은 누구나 저녁때까지 부정하다. 그러한 물건을 옮긴 사람도 자기 옷을 빨고 물로 몸을 씻어야 한다. 그는 저녁때까지 부정하다. 고름을 흘리는 남자가 물로 두 손을 씻지 않은 채 어떤 사람을 만졌으면, 그에게 닿은 사람도 자기 옷을 빨고 물로 몸을 씻어야 한다. 그는 저녁때까지 부정하다.

12 고름을 흘리는 남자가 만진 질그릇은 깨뜨려 버려야 한다. 나무그릇은 물로 씻어야 한다.

13-15 고름을 흘리던 남자가 나아서 깨끗하게 되면, 그는 정결해지기 위해 칠 일 동안 기다렸다가 옷을 빨고 흐르는 물에 몸을 씻어야 한다. 그런 다음에야 그는 정결하게 된다. 팔 일째 되는 날에 그는 산비둘기 두 마리나 집비둘기 두 마리를 가지고 회막 입구 **하나님** 앞으로 와서, 제사장에게 주어야 한다. 그러면 제사장은 한 마리는 속죄 제물로, 다른 한 마리는 번제물로 바쳐서, 고름을 흘리는 그 사람을 위해 **하나님** 앞에서 속죄해야 한다.

unclean. He is unclean all the days his body has a seepage or an obstruction.

4-7 "Every bed on which he lies is ritually unclean, everything on which he sits is unclean. If someone touches his bed or sits on anything he's sat on, or touches the man with the discharge, he has to wash his clothes and bathe in water; he remains unclean until evening.

8-11 "If the man with the discharge spits on someone who is clean, that person has to wash his clothes and bathe in water; he remains unclean until evening. Every saddle on which the man with the discharge rides is unclean. Whoever touches anything that has been under him becomes unclean until evening. Anyone who carries such an object must wash his clothes and bathe with water; he remains unclean until evening. If the one with the discharge touches someone without first rinsing his hands with water, the one touched must wash his clothes and bathe with water; he remains unclean until evening.

12 "If a pottery container is touched by someone with a discharge, you must break it; a wooden article is to be rinsed in water.

13-15 "When a person with a discharge is cleansed from it, he is to count off seven days for his cleansing, wash his clothes, and bathe in running water. Then he is clean. On the eighth day he is to take two doves or two pigeons and come before GOD at the entrance of the Tent of Meeting and give them to the priest. The priest then offers one as an Absolution-Offering and one as a Whole-Burnt-Offering and makes atonement for him in the presence of GOD because of his discharge.

16-18 어떤 남자가 정액을 흘리면, 그는 물로 온몸을 씻어야 한다. 그는 저녁때까지 부정하다. 옷이든 가죽으로 만든 물건이든, 정액이 묻은 것은 모두 물로 빨아야 한다. 그것은 저녁때까지 부정하다. 남자가 여자와 잠자리를 같이하여 정액을 흘리면, 둘 다 물로 씻어야 한다. 그들은 저녁때까지 부정하다.

19-23 어떤 여자가 몸에서 피를 흘리는데 그것이 월경이면, 그 여자는 칠 일 동안 부정하다. 그 여자의 몸에 닿은 사람은 모두 저녁때까지 부정하다. 그 여자가 월경중에 눕거나 앉은 자리는 모두 부정하다. 그 여자의 잠자리에 몸이 닿거나 그 여자가 깔고 앉은 물건에 몸이 닿은 사람은, 자기 옷을 빨고 물로 몸을 씻어야 한다. 그는 저녁때까지 부정하다.

24 어떤 남자가 그 여자와 잠자리를 같이하다가 그 여자가 흘린 피에 몸이 닿으면, 그는 칠 일 동안 부정하고 그가 누운 잠자리도 모두 부정하다.

25-27 어떤 여자가 월경 기간이 아닌데 여러 날 동안 출혈을 하거나 월경 기간이 지났는데도 계속 출혈을 하면, 그 여자는 월경할 때와 마찬가지로 부정하다. 출혈을 하는 동안 그 여자가 누운 잠자리와 그 여자가 앉은 자리는 모두 월경할 때와 마찬가지로 부정하다. 이러한 것들에 몸이 닿은 사람은 모두 부정하다. 그는 자기 옷을 빨고 물로 몸을 씻어야 한다. 그는 저녁때까지 부정하다.

28-30 출혈이 멎어 깨끗하게 되면, 그 여자는 칠 일을 기다려야 한다. 그런 다음에야 정결하게 된다. 팔 일째 되는 날에 그 여자는 산비둘기 두 마리나 집비둘기 두 마리를 가져와 회막 입구에서 제사장에게 주어야 한다. 그러면 제사장은 한 마리는 속죄 제물로, 다른 한 마리는 번

16-18 "When a man has an emission of semen, he must bathe his entire body in water; he remains unclean until evening. Every piece of clothing and everything made of leather which gets semen on it must be washed with water; it remains unclean until evening. When a man sleeps with a woman and has an emission of semen, both are to wash in water; they remain unclean until evening.

19-23 "When a woman has a discharge of blood, the impurity of her menstrual period lasts seven days. Anyone who touches her is unclean until evening. Everything on which she lies or sits during her period is unclean. Anyone who touches her bed or anything on which she sits must wash his clothes and bathe in water; he remains unclean until evening.

24 "If a man sleeps with her and her menstrual blood gets on him, he is unclean for seven days and every bed on which he lies becomes unclean.

25-27 "If a woman has a discharge of blood for many days, but not at the time of her monthly period, or has a discharge that continues beyond the time of her period, she is unclean the same as during the time of her period. Every bed on which she lies during the time of the discharge and everything on which she sits becomes unclean the same as in her monthly period. Anyone who touches these things becomes unclean and must wash his clothes and bathe in water; he remains unclean until evening.

28-30 "When she is cleansed from her discharge, she is to count off seven days; then she is clean. On the eighth day she is to take two doves or two pigeons and bring them to the priest at the entrance to the Tent of Meeting. The priest will

제물로 바친다. 제사장은 출혈로 인해 부정해진 그 여자를 위해 **하나님** 앞에서 속죄해야 한다.

31 너희는 부정하게 하는 것으로부터 이스라엘 백성을 떼어 놓아야 한다. 그러지 않으면, 그들 가운데 있는 나의 성막을 더럽혀 그들이 부정한 상태로 죽게 될 것이다.

32-33 이것은 고름이나 정액을 흘려 자신을 부정하게 한 남자와 월경중인 여자가 따라야 할 절차로, 몸에서 무언가 흘러나오는 남자나 여자뿐 아니라 부정한 여자와 잠자리를 같이한 남자도 이 절차를 따라야 한다."

속죄의 날

16 1-2 아론의 두 아들이 알 수 없는 불을 가지고 **하나님** 앞으로 나아갔다가 죽은 일이 있었다. 그 후에 **하나님**께서 모세에게 말씀하셨다. "네 형 아론에게 일러 주어라. 휘장 안쪽의 지성소, 곧 궤를 덮고 있는 속죄판 앞에 아무 때나 들어오다가는 죽을 것이다. 내가 구름 속에서 속죄판 위에 임하기 때문이다.

3-5 아론이 성소에 들어갈 때에 따라야 할 절차는 이러하다. 아론은 속죄 제물로 바칠 수송아지 한 마리와 번제물로 바칠 숫양 한 마리를 가져와야 한다. 거룩한 모시 속옷과 모시 속바지를 입고, 모시로 만든 띠를 두르고, 모시로 만든 두건을 써야 한다. 이것들은 거룩한 옷이니, 먼저 물로 몸을 씻고 나서 입어야 한다. 그런 다음 그는 이스라엘 공동체로부터 속죄 제물과 번제물로 바칠 숫염소 두 마리를 받아 가져와야 한다.

6-10 아론은 자신을 위한 속죄 제물로 수송아지를 바쳐서, 자기 자신과 자기 가

offer one for an Absolution-Offering and the other for a Whole-Burnt-Offering. The priest will make atonement for her in the presence of GOD because of the discharge that made her unclean. 31 "You are responsible for keeping the People of Israel separate from that which makes them ritually unclean, lest they die in their unclean condition by defiling my Dwelling which is among them.

32-33 "These are the procedures to follow for a man with a discharge or an emission of semen that makes him unclean, and for a woman in her menstrual period—any man or woman with a discharge and also for a man who sleeps with a woman who is unclean."

The Day of Atonement

16 1-2 After the death of Aaron's two sons—they died when they came before GOD with strange fire—GOD spoke to Moses: "Tell your brother Aaron not to enter into the Holy of Holies, barging inside the curtain that's before the Atonement-Cover on the Chest whenever he feels like it, lest he die, because I am present in the Cloud over the Atonement-Cover.

3-5 "This is the procedure for Aaron when he enters the Holy Place: He will bring a young bull for an Absolution-Offering and a ram for a Whole-Burnt-Offering; he will put on the holy linen tunic and the linen underwear, tie the linen sash around him, and put on the linen turban. These are the sacred vestments so he must bathe himself with water before he puts them on. Then from the Israelite community he will bring two male goats for an Absolution-Offering and a Whole-Burnt-Offering.

6-10 "Aaron will offer the bull for his own

족을 위해 속죄해야 한다. 또한 그는 숫염소 두 마리를 회막 입구 **하나님** 앞에 두고 제비를 뽑아서, 하나는 **하나님**을 위한 것으로, 다른 하나는 아사셀을 위한 것으로 정해야 한다. **하나님**의 몫으로 정해진 염소는 속죄 제물로 바치고, 아사셀의 몫으로 정해진 염소는 속죄를 위해 광야에 있는 아사셀에게 보내야 한다.

11-14 아론은 자신을 위한 제물로 수송아지를 바쳐서, 자기 자신과 자기 가족을 위해 속죄해야 한다. 그는 속죄 제물로 수송아지를 잡아야 한다. **하나님** 앞 제단에 타오르는 숯불을 향로에 가득 담고 곱게 간 향기로운 향을 두 손 가득 떠서 휘장 안으로 가지고 들어가, **하나님** 앞에서 그 향을 태워 향의 연기가 증거궤 위의 속죄판을 덮게 해야 한다. 그래야 그가 죽지 않을 것이다. 그런 다음 수송아지의 피 얼마를 가져다가 손가락에 찍어 속죄판 위에 뿌리고, 속죄판 앞에 일곱 번 뿌려야 한다.

15-17 이어서 아론은 백성을 위한 속죄 제물로 지목된 염소를 잡고, 그 피를 가지고—휘장 안으로 들어가서, 수송아지의 피를 뿌릴 때와 마찬가지로 염소의 피를 제단 위와 앞에 뿌려야 한다. 이와 같이 아론은 지성소를 위해 속죄해야 한다. 이는 이스라엘 자손의 부정과 그들의 반역과 그들의 다른 모든 죄 때문이다. 아론은 부정한 백성 가운데 있는 회막을 위해서도 그와 같이 해야 한다. 아론이 속죄하기 위해 지성소에 들어가서, 자신과 자기 가족과 이스라엘 온 공동체를 위해 속죄하기를 마치고 성소에서 나오기까지, 아무도 회막 안에 있어서는 안된다.

Absolution-Offering in order to make atonement for himself and his household. Then he will set the two goats before GOD at the entrance to the Tent of Meeting and cast lots over the two goats, one lot for GOD and the other lot for Azazel. He will offer the goat on which the lot to GOD falls as an Absolution-Offering. The goat on which the lot for Azazel falls will be sent out into the wilderness to Azazel to make atonement.

11-14 "Aaron will present his bull for an Absolution-Offering to make atonement for himself and his household. He will slaughter his bull for the Absolution-Offering. He will take a censer full of burning coals from the Altar before GOD and two handfuls of finely ground aromatic incense and bring them inside the curtain and put the incense on the fire before GOD; the smoke of the incense will cover the Atonement-Cover which is over The Testimony so that he doesn't die. He will take some of the bull's blood and sprinkle it with his finger on the front of the Atonement-Cover, then sprinkle the blood before the Atonement-Cover seven times.

15-17 "Next he will slaughter the goat designated as the Absolution-Offering for the people and bring the blood inside the curtain. He will repeat what he does with the bull's blood, sprinkling it on and before the Atonement-Cover. In this way he will make atonement for the Holy of Holies because of the uncleannesses of the Israelites, their acts of rebellion, and all their other sins. He will do the same thing for the Tent of Meeting which dwells among the people in the midst of their uncleanness. There is to be no one in the Tent of Meeting from the time Aaron goes in to make atonement in the Holy of Holies until he comes out, having made atonement for himself, his household, and the whole community of Israel.

18-19 그 후에 아론은 **하나님** 앞 제단으로 가서, 제단을 위해 속죄해야 한다. 그는 수송아지의 피와 염소의 피 얼마를 가져다가 제단의 네 뿔에 바르고, 그 피를 손가락에 찍어 제단 위에 일곱 번 뿌려서, 이스라엘 자손의 부정으로부터 제단을 정결하게 하고 거룩하게 구별해야 한다.

20-22 지성소와 회막과 제단을 위해 속죄하기를 마친 뒤에, 아론은 살아 있는 염소를 가져와서 그 머리에 두 손을 얹고, 이스라엘 백성의 모든 부정과 모든 반역과 모든 죄를 고백해야 한다. 그리고 그 모든 죄를 그 염소의 머리에 씌워서 대기하고 있던 사람에게 맡겨 광야로 내보내야 한다. 그 염소가 이스라엘 백성의 온갖 부정을 짊어지고 광야로 나가면, 그는 그 염소를 광야에 풀어 주어야 한다.

23-25 마지막으로, 아론은 회막 안으로 들어가, 지성소에 들어가기 위해 입었던 모시옷을 벗어서 거기 놓아두어야 한다. 그는 거룩한 곳에서 물로 몸을 씻고, 제사장 옷을 입고, 자신을 위한 번제물과 백성을 위한 번제물을 바쳐 자신과 백성을 위해 속죄한 다음, 속죄 제물의 지방을 제단 위에서 불살라야 한다.

26-28 염소를 끌고 나가서 광야의 아사셀에게 놓아 보낸 사람은, 자기 옷을 빨고 물로 몸을 씻어야 한다. 그런 다음에야 그는 진 안으로 들어올 수 있다. 속죄 제물로 바친 수송아지와 속죄 제물로 바친 염소의 피를 지성소 안으로 가지고 들어가 속죄한 다음에는, 그것들을 진 밖으로 가지고 나가서 그 가죽과 고기와 내장 전체를 불살라야 한다. 지명을 받아 그것들을 불사른 사람은, 자기 옷을 빨고 물로 몸을 씻어야 한다. 그런 다음에야 그는 진 안으로 들어올 수 있다."

18-19 "Then he will come out to the Altar that is before GOD and make atonement for it. He will take some of the bull's blood and some of the goat's blood and smear it all around the four horns of the Altar. With his finger he will sprinkle some of the blood on it seven times to purify and consecrate it from the uncleannesses of the Israelites.

20-22 "When Aaron finishes making atonement for the Holy of Holies, the Tent of Meeting, and the Altar, he will bring up the live goat, lay both hands on the live goat's head, and confess all the iniquities of the People of Israel, all their acts of rebellion, all their sins. He will put all the sins on the goat's head and send it off into the wilderness, led out by a man standing by and ready. The goat will carry all their iniquities to an empty wasteland; the man will let him loose out there in the wilderness.

23-25 "Finally, Aaron will come into the Tent of Meeting and take off the linen clothes in which he dressed to enter the Holy of Holies and leave them there. He will bathe in water in a Holy Place, put on his priestly vestments, offer the Whole-Burnt-Offering for himself and the Whole-Burnt-Offering for the people, making atonement for himself and the people, and burn the fat of the Absolution-Offering on the Altar.

26-28 "The man who takes the goat out to Azazel in the wilderness then will wash his clothes and bathe himself with water. After that he will be permitted to come back into the camp. The bull for the Absolution-Offering and the goat for the Absolution-Offering, whose blood has been taken into the Holy of Holies to make atonement, are to be taken

²⁹⁻³¹ "이것은 너희가 지켜야 할 기준이며, 영원히 지켜야 할 규례다. 일곱째 달 십 일에, 너희는 본국인이든 너희와 함께 사는 외국인이든, 엄격한 금식을 시작하고 아무 일도 해서는 안된다. 이 날은 너희를 위해 속죄하는 날, 너희가 정결하게 되는 날이기 때문이다. 너희의 모든 죄가 하나님 앞에서 말끔히 씻겨질 것이다. 이날은 모든 안식일 중의 안식일이다. 너희는 금식해야 한다. 이것은 너희가 영원히 지켜야 할 규례다.

³² 아버지의 뒤를 이어 기름부음을 받고 위임받은 제사장은 다음과 같은 절차에 따라 속죄해야 한다.

³³ 그는 거룩한 모시옷을 입어야 한다.

그는 속죄하여 지성소를 정결하게 해야 한다.

그는 속죄하여 회막과 제단을 정결하게 해야 한다.

그는 제사장들과 온 회중을 위해 속죄해야 한다.

³⁴ 이것은 너희가 영원히 지켜야 할 규례다. 너희는 이스라엘 백성의 모든 죄를 위해 일 년에 한 차례 속죄해야 한다."

아론은 하나님께서 모세에게 명령하신 대로 행했다.

제물과 피에 관한 규례

17 ¹⁻⁷ 하나님께서 모세에게 말씀하셨다. "아론과 그의 아들들과 온 이스라엘 자손에게 전하여라. 그들에게 이렇게 일러 주어라. 이것은 하나님이 명령한 것이다. 소나 어린 양이나 염소를 회막 입구로 끌고 와서 하나님의 성막 앞에서 하나님에게 바치지 않고 진 안이나 밖에서 잡는 사람은 누구든지 피 흘리는 죄를 범한 자로

outside the camp and burned—their hides, their meat, and their entrails. The man assigned to burn them up will then wash his clothes and bathe himself in water. Then he is free to come back into the camp.

²⁹⁻³¹ "This is standard practice for you, a perpetual ordinance. On the tenth day of the seventh month, both the citizen and the foreigner living with you are to enter into a solemn fast and refrain from all work, because on this day atonement will be made for you, to cleanse you. In the presence of GOD you will be made clean of all your sins. It is a Sabbath of all Sabbaths. You must fast. It is a perpetual ordinance.

³² "The priest who is anointed and ordained to succeed his father is to make the atonement: He puts on the sacred linen garments;

³³ He purges the Holy of Holies by making atonement;

He purges the Tent of Meeting and the Altar by making atonement;

He makes atonement for the priests and all the congregation.

³⁴ "This is a perpetual ordinance for you: Once a year atonement is to be made for all the sins of the People of Israel."

And Aaron did it, just as GOD commanded Moses.

Holy Living: Sacrifices and Blood

17 ¹⁻⁷ GOD spoke to Moses: "Speak to Aaron and his sons and all the Israelites. Tell them, This is what GOD commands: Any and every man who slaughters an ox or lamb or goat inside or outside the camp instead of bringing it to the entrance of the Tent of Meeting to offer it to GOD in front of The Dwell-

여길 것이다. 그는 피를 흘렸으므로 자기 백성 가운데서 끊어져야 한다. 이것은 이스라엘 자손이 습관을 따라 들에서 잡던 제물을 **하나님**에게로 가져오게 하려는 것이다. 그들은 그 제물을 **하나님**에게로 가져와야 한다. 그 제물을 회막 입구에 있는 제사장에게 가져와서, 화목 제물로 **하나님**에게 바쳐야 한다. 제사장은 그 피를 회막 입구에서 **하나님**의 제단에 뿌리고, 그 지방을 **하나님**을 기쁘게 하는 향기로 불살라야 한다. 그들은 전에 음란하게 섬기던 숫염소 귀신들에게 더 이상 제물을 바쳐서는 안된다. 이것은 그들이 대대로 지켜야 할 영원한 규례다.

8-9 너는 또 그들에게 이렇게 일러 주어라. 이스라엘 자손이든 그들과 함께 사는 외국인이든, 번제물이나 화목 제물을 바치되 그것을 회막 입구로 가져와서 **하나님**에게 바치지 않는 사람은 자기 백성 가운데서 끊어질 것이다.

10-12 이스라엘 자손이든 그들과 함께 사는 외국인이든, 피를 먹는 사람이 있으면 나는 그와 관계를 끊고 그를 백성 가운데서 끊어 버리겠다. 이는 생물의 생명이 그 피 속에 있기 때문이다. 피는 너희의 생명을 위해 속죄할 때 제단 위에 바치라고 내가 준 것이다. 피 곧 생명이 죄를 속한다. 그래서 내가 이스라엘 백성에게 피를 먹지 말라고 한 것이다. 너희와 함께 사는 외국인에게도 피를 먹지 말라는 명령이 적용된다.

13-14 이스라엘 자손이든 그들과 함께 사는 외국인이든, 먹을 수 있는 짐승이나 새를 사냥해 잡은 사람은, 누구든지 그 피를 땅에 쏟고 흙으로 덮어야 한다. 모든 생물의 생명은 피와 다름없고, 피는 곧 그 생물의 생명이기 때문이다. 그래서 내가 이스라엘 자손에게 '어떤 생물의 피

ing of GOD—that man is considered guilty of bloodshed; he has shed blood and must be cut off from his people. This is so the Israelites will bring to GOD the sacrifices that they're in the habit of sacrificing out in the open fields. They must bring them to GOD and the priest at the entrance to the Tent of Meeting and sacrifice them as Peace-Offerings to GOD. The priest will splash the blood on the Altar of GOD at the entrance to the Tent of Meeting and burn the fat as a pleasing fragrance to GOD. They must no longer offer their sacrifices to goat-demons—a kind of religious orgy. This is a perpetual decree down through the generations.

8-9 "Tell them, Any Israelite or foreigner living among them who offers a Whole-Burnt-Offering or Peace-Offering but doesn't bring it to the entrance of the Tent of Meeting to sacrifice it to GOD, that person must be cut off from his people.

10-12 "If any Israelite or foreigner living among them eats blood, I will disown that person and cut him off from his people, for the life of an animal is in the blood. I have provided the blood for you to make atonement for your lives on the Altar; it is the blood, the life, that makes atonement. That's why I tell the People of Israel, 'Don't eat blood.' The same goes for the foreigner who lives among you, 'Don't eat blood.'

13-14 "Any and every Israelite—this also goes for the foreigners—who hunts down an animal or bird that is edible, must bleed it and cover the blood with dirt, because the life of every animal is its blood—the blood is its life. That's why I tell the Israelites, 'Don't eat the blood of any animal because the life of every animal is

도 먹지 마라. 피는 곧 모든 생물의 생명이기 때문이다. 피를 먹는 자는 누구든지 끊어져야 한다'고 말한 것이다.

15-16 죽은 채 발견된 짐승이나 찢겨 죽은 짐승을 먹은 사람은, 본국인이든 외국인이든 자기 옷을 빨고 물로 몸을 씻어야 한다. 그는 저녁때까지 부정하다가 저녁이 지나면 정결하게 된다. 옷을 빨지 않거나 몸을 씻지 않으면, 그는 자신의 행위에 책임을 져야 한다."

성관계에 관한 규례

18 1-5 하나님께서 모세에게 말씀하셨다. "이스라엘 백성에게 전하여라. 그들에게 이렇게 일러 주어라. 나는 하나님 너희 하나님이다. 너희는 전에 너희가 살던 이집트 땅의 사람들처럼 살지 마라. 내가 너희를 이끌고 갈 가나안 땅의 사람들처럼 살아서도 안된다. 너희는 그들이 하는 대로 하지 마라. 너희는 나의 법도를 따라 살고, 나의 규례를 지키며 살아라. 나는 너희 하나님이다. 너희는 나의 규례와 법도를 지켜라. 이것을 지키는 사람은 그로 인해 살 것이다. 나는 하나님이다.

6 가까운 친족과 동침하지 마라. 나는 하나님이다.

7 네 어머니와 동침하여 네 아버지를 욕되게 하지 마라. 그녀는 네 어머니이니, 그녀와 동침해서는 안된다.

8 네 아버지의 아내와 동침하지 마라. 그것은 네 아버지를 욕되게 하는 짓이다.

9 네 아버지의 딸이든 네 어머니의 딸이든, 한 집에서 태어났든 다른 곳에서 데려왔든, 네 누이와 동침하지 마라.

10 네 아들의 딸이나 네 딸의 딸과 동침하지 마라. 그것은 네 몸을 욕되게 하는 짓이다.

11 네 아버지의 아내가 낳은 네 아버지의 딸과 동침하지 마라. 그녀는 네 누이다.

its blood. Anyone who eats the blood must be cut off.'

15-16 "Anyone, whether native or foreigner, who eats from an animal that is found dead or mauled must wash his clothes and bathe in water; he remains unclean until evening and is then clean. If he doesn't wash or bathe his body, he'll be held responsible for his actions."

Sex

18 1-5 GOD spoke to Moses: "Speak to the People of Israel. Tell them, I am GOD, your God. Don't live like the people of Egypt where you used to live, and don't live like the people of Canaan where I'm bringing you. Don't do what they do. Obey my laws and live by my decrees. I am your GOD. Keep my decrees and laws: The person who obeys them lives by them. I am GOD.

6 "Don't have sex with a close relative. I am GOD.

7 "Don't violate your father by having sex with your mother. She is your mother. Don't have sex with her.

8 "Don't have sex with your father's wife. That violates your father.

9 "Don't have sex with your sister, whether she's your father's daughter or your mother's, whether she was born in the same house or elsewhere.

10 "Don't have sex with your son's daughter or your daughter's daughter. That would violate your own body.

11 "Don't have sex with the daughter of your father's wife born to your father. She is your sister.

12 네 아버지의 누이와 동침하지 마라. 그녀는 네 고모이며 네 아버지의 가까운 친족이다.

13 네 어머니의 자매와 동침하지 마라. 그녀는 네 이모이며 네 어머니의 가까운 친족이다.

14 네 숙부의 아내와 동침하여 네 아버지의 형제, 곧 네 숙부를 욕되게 하지 마라. 그녀는 네 숙모다.

15 네 며느리와 동침하지 마라. 그녀는 네 아들의 아내이니 그녀와 동침하지 마라.

16 네 형제의 아내와 동침하지 마라. 그것은 네 형제를 욕되게 하는 짓이다.

17 한 여자와 그 여자의 딸과 아울러 동침하지 마라. 그녀의 손녀들과도 동침하지 마라. 그들은 그녀의 가까운 친족이다. 그것은 사악한 짓이다.

18 네 아내가 살아 있는 동안에 그녀의 자매를 첩으로 맞아 동침하는 일이 없게 하여라.

19 월경중이라 부정한 상태인 여자와 동침하지 마라.

20 네 이웃의 아내와 동침하지 마라. 그녀 때문에 네 자신을 욕되게 하지 마라.

21 네 자녀를 몰렉 신에게 희생 제물로 불살라 바치지 마라. 그것은 분명 네 하나님을 모독하는 것이다. 나는 하나님이다.

22 여자하고 하듯이 남자와 동침하지 마라. 그것은 역겨운 짓이다.

23 짐승과 교접하지 마라. 짐승으로 네 자신을 욕되게 하지 마라.

여자도 짐승과 교접해서는 안된다. 그것은 사악한 짓이다.

24-28 이 모든 일 가운데 어느 것으로도 너희 자신을 더럽히지 마라. 내가 너희 앞에 있는 땅에서 쫓아낼 민족들이 그와 같은 일을 하다가 더러워졌고, 그 땅도 더러워졌다. 나는 그 죄악으로 인해 그 땅을 벌

12 "Don't have sex with your father's sister; she is your aunt, closely related to your father.

13 "Don't have sex with your mother's sister; she is your aunt, closely related to your mother.

14 "Don't violate your father's brother, your uncle, by having sex with his wife. She is your aunt.

15 "Don't have sex with your daughter-in-law. She is your son's wife; don't have sex with her.

16 "Don't have sex with your brother's wife; that would violate your brother.

17 "Don't have sex with both a woman and her daughter. And don't have sex with her granddaughters either. They are her close relatives. That is wicked.

18 "Don't marry your wife's sister as a rival wife and have sex with her while your wife is living.

19 "Don't have sex with a woman during the time of her menstrual period when she is unclean.

20 "Don't have sex with your neighbor's wife and violate yourself by her.

21 "Don't give any of your children to be burned in sacrifice to the god Molech—an act of sheer blasphemy of your God. I am GOD.

22 "Don't have sex with a man as one does with a woman. That is abhorrent.

23 "Don't have sex with an animal and violate yourself by it.

"A woman must not have sex with an animal. That is perverse.

24-28 "Don't pollute yourself in any of these ways. This is how the nations became polluted, the ones that I am going to drive out of the land before you. Even the land

했고, 그 땅은 거기에 살던 사람들을 토해 냈다. 너희는 본국인이든 외국인이든, 나의 규례와 법도를 지켜야 한다. 너희는 이 역겨운 짓들 가운데 어느 하나라도 행해서는 안된다. 너희가 오기 전에 그 땅에 살던 사람들이 그 모든 짓을 행하여 그 땅을 더럽혔다. 너희마저 그 땅을 더럽히면, 그 땅이 너희 앞서 살았던 민족들을 토해 냈듯이 너희도 토해 낼 것이다.

29-30 이 역겨운 짓들 가운데 어느 하나라도 행하는 자는 자기 백성 가운데서 끊어질 것이다. 너희는 내 명령을 지켜라. 너희가 오기 전에 행해졌던 역겨운 짓들 가운데 어느 하나라도 행하지 마라. 그런 짓으로 너희 자신을 더럽히지 마라. 나는 **하나님** 너희 하나님이다."

내가 거룩하니, 너희도 거룩하여라

19 1-2 **하나님**께서 모세에게 말씀하셨다. "너는 이스라엘 회중에게 전하여라. 그들에게 이렇게 일러 주어라. **하나님** 너희 하나님인 내가 거룩하니, 너희도 거룩하여라.

3 너희는 저마다 자기 부모를 공경해야 한다. 안식일을 지켜라. 나는 **하나님** 너희 하나님이다.

4 신이라고 할 수 없는 우상들에 관심을 갖지 마라. 쇠를 녹여 우상들을 만들지 마라. 나는 **하나님** 너희 하나님이다.

5-8 **하나님**에게 화목 제물을 바칠 때는, 너희가 배운 대로 받아들여질 만하게 바쳐야 한다. 제물은 너희가 바친 그날과 그 다음 날까지 먹고, 셋째 날까지 남은 것은 무엇이든 불살라 버려야 한다. 셋째 날까지 남은 제물을 먹으면, 그 고기는 더럽혀졌으므로 받아들여지지 않을 것이다. 누구든지 그것을 먹는 자는 **하나님**에게 거룩한 것을 더럽힌 것이므로 책임을 져야 할 것이다. 그

itself became polluted and I punished it for its iniquities—the land vomited up its inhabitants. You must keep my decrees and laws—natives and foreigners both. You must not do any of these abhorrent things. The people who lived in this land before you arrived did all these things and polluted the land. And if you pollute it, the land will vomit you up just as it vomited up the nations that preceded you.

29-30 "Those who do any of these abhorrent things will be cut off from their people. Keep to what I tell you; don't engage in any of the abhorrent acts that were practiced before you came. Don't pollute yourselves with them. I am GOD, *your* God."

"I Am GOD, Your God"

19 1-2 GOD spoke to Moses: "Speak to the congregation of Israel. Tell them, Be holy because I, GOD, your God, am holy.

3 "Every one of you must respect his mother and father.

"Keep my Sabbaths. I am GOD, your God.

4 "Don't take up with no-god idols. Don't make gods of cast metal. I am GOD, your God.

5-8 "When you sacrifice a Peace-Offering to GOD, do it as you've been taught so it is acceptable. Eat it on the day you sacrifice it and the day following. Whatever is left until the third day is to be burned up. If it is eaten on the third day it is polluted meat and not acceptable. Whoever eats it will be held responsible because he has violated what is holy to GOD. That person will be cut off from his people.

9-10 "When you harvest your land, don't harvest right up to the edges of your field

사람은 자기 백성 가운데서 끊어질 것이다.

9-10 땅에서 곡식을 거두어들일 때는, 밭 가장자리까지 거두지 말고 떨어진 이삭을 다 줍지 마라. 너희 포도밭의 포도를 남김없이 거두지 말고, 밭으로 되돌아가 떨어진 포도 알갱이를 줍지도 마라. 가난한 사람과 외국인을 위해 그것들을 남겨 두어라. 나는 **하나님** 너희 하나님이다.

11 도둑질하지 마라.

거짓말하지 마라.

속이지 마라.

12 내 이름으로 거짓 맹세하여 너희 하나님의 이름을 욕되게 하지 마라. 나는 **하나님**이다.

13 네 친구를 이용해 먹거나 그의 것을 빼앗지 마라.

품꾼이 받을 삯을 주지 않은 채 다음날까지 가지고 있지 마라.

14 듣지 못하는 사람을 저주하지 말고, 눈먼 사람 앞에 장애물을 놓지 마라. 너희 하나님을 두려워하여라. 나는 **하나님**이다.

15 정의를 왜곡하지 마라. 가난한 사람이라고 해서 편들지 말고, 세력 있는 사람이라고 해서 봐주지 마라. 옳은 것에 기초해서 재판하여라.

16 험담과 소문을 퍼뜨리지 마라.

네 이웃의 목숨이 위태로운데 팔짱을 끼고 바라보기만 해서는 안된다. 나는 **하나님**이다.

17 마음속으로 네 이웃을 미워하지 마라. 그에게 잘못이 있으면, 그것을 밝히 드러내라. 그러지 않으면, 너도 그 잘못의 공범자가 된다.

18 네 동족에게 복수할 기회를 노리거나 원한을 품지 마라.

네 이웃을 네 자신처럼 사랑하여라. 나는 **하나님**이다.

19 너희는 내 규례를 지켜라.

종류가 다른 두 동물을 서로 교배시키지 마라.

너희 밭에 두 종류의 씨를 함께 뿌리지 마라.

두 종류의 재료로 짠 옷을 입지 마라.

or gather the gleanings from the harvest. Don't strip your vineyard bare or go back and pick up the fallen grapes. Leave them for the poor and the foreigner. I am GOD, your God.

11 "Don't steal.

"Don't lie.

"Don't deceive anyone.

12 "Don't swear falsely using my name, violating the name of your God. I am GOD.

13 "Don't exploit your friend or rob him.

"Don't hold back the wages of a hired hand overnight.

14 "Don't curse the deaf; don't put a stumbling block in front of the blind; fear your God. I am GOD.

15 "Don't pervert justice. Don't show favoritism to either the poor or the great. Judge on the basis of what is right.

16 "Don't spread gossip and rumors.

"Don't just stand by when your neighbor's life is in danger. I am GOD.

17 "Don't secretly hate your neighbor. If you have something against him, get it out into the open; otherwise you are an accomplice in his guilt.

18 "Don't seek revenge or carry a grudge against any of your people.

"Love your neighbor as yourself. I am GOD.

19 "Keep my decrees.

"Don't mate two different kinds of animals.

"Don't plant your fields with two kinds of seed.

"Don't wear clothes woven of two kinds of material.

20-22 한 남자가 여종하고 동침했는데, 그 여종에게 결혼하기로 한 남자가 있고 그가 아직 그녀의 몸값을 치르지 않았거나 그녀가 자유의 몸이 아니라면, 두 사람은 조사를 받아야 한다. 하지만 여자가 자유의 몸이 아니기 때문에 그 두 사람이 사형을 당하지는 않는다. 남자는 하나님에게 바칠 보상 제물을 회막 입구로 가져와야 한다. 이때 보상 제물은 숫양이어야 한다. 제사장은 남자가 저지른 죄 때문에 바친 보상 제물인 숫양을 가지고, 그를 위해 하나님 앞에서 속죄해야 한다. 그러면 남자는 자신이 저지른 죄를 용서받게 된다.

23-25 너희가 그 땅에 들어가 각종 과일나무를 심을 때, 처음 삼 년 동안은 그 나무의 열매를 먹지 마라. 그 열매는 먹을 수 없는 것으로 여겨라. 사 년째 되는 해에는 그 열매가 거룩하게 되어, 하나님에게 바치는 찬양의 제물이 된다. 오 년째 되는 해부터 너희는 그 열매를 먹을 수 있다. 이렇게 하면 너희는 더 풍성한 수확물을 얻게 될 것이다. 나는 하나님 너희 하나님이다.

26 너희는 고기를 피째 먹지 마라.

점을 치거나 마술을 쓰지 마라.

27 머리 양옆에 난 머리카락을 자르지 말고, 수염을 다듬지 마라.

28 죽은 사람을 위한다고 너희 몸에 상처를 내지 마라.

너희 몸에 문신을 새기지 마라. 나는 하나님이다.

29 너희 딸을 창녀가 되게 하여 그녀를 욕되게 하지 마라. 그러면 온 땅이 조만간 지저분한 섹스로 가득 차 매음굴이 될 것이다.

30 나의 안식일을 지키고, 나의 성소를 귀하게 여겨라. 나는 하나님이다.

31 주술에 빠지지 말고, 영매들을 가까이하지 마라. 그런 일로 너희 영혼을 더럽히지 마라. 나는 하나님 너희 하나님이다.

20-22 "If a man has sex with a slave girl who is engaged to another man but has not yet been ransomed or given her freedom, there must be an investigation. But they aren't to be put to death because she wasn't free. The man must bring a Compensation-Offering to GOD at the entrance to the Tent of Meeting, a ram of compensation. The priest will perform the ritual of atonement for him before GOD with the ram of compensation for the sin he has committed. Then he will stand forgiven of the sin he committed.

23-25 "When you enter the land and plant any kind of fruit tree, don't eat the fruit for three years; consider it inedible. By the fourth year its fruit is holy, an offering of praise to GOD. Beginning in the fifth year you can eat its fruit; you'll have richer harvests this way. I am GOD, your God.

26 "Don't eat meat with blood in it.

"Don't practice divination or sorcery.

27 "Don't cut the hair on the sides of your head or trim your beard.

28 "Don't gash your bodies on behalf of the dead.

"Don't tattoo yourselves. I am GOD.

29 "Don't violate your daughter by making her a whore—the whole country would soon become a brothel, filled with sordid sex.

30 "Keep my Sabbaths and revere my Sanctuary: I am GOD.

31 "Don't dabble in the occult or traffic with mediums; you'll pollute your souls. I am GOD, your God.

³² 노인을 공경하고, 나이 든 어른에게 존경을 표하여라. 너희 하나님을 경외하여라. 나는 **하나님**이다.

³³⁻³⁴ 외국인이 너희 땅에서 생활할 때에 그를 착취하지 마라. 외국인과 본국인을 동등하게 대하여라. 그를 네 가족처럼 사랑하여라. 너희도 전에는 이집트 땅에서 외국인이었다는 것을 기억하여라. 나는 **하나님** 너희 하나님이다.

³⁵⁻³⁶ 길이나 무게나 양을 잴 때 속이지 마라. 바른 저울과 바른 추와 바른 자를 사용하여라. 나는 **하나님** 너희 하나님이다. 내가 너희를 이집트에서 이끌어 냈다.

³⁷ 너희는 나의 모든 규례와 나의 모든 법도를 지켜라. 그대로 지켜 행하여라. 나는 **하나님**이다."

반드시 죽여야 하는 죄

20 ¹⁻⁵ **하나님**께서 모세에게 말씀하셨다. "너는 이스라엘 자손에게 이렇게 일러 주어라. 이스라엘 자손이든 이스라엘에 사는 외국인이든, 자기 자녀를 몰렉 신에게 바치는 사람은 모두 사형에 처해야 한다. 공동체가 그를 돌로 쳐서 죽여야 한다. 나도 그를 단호하게 내쫓아 자기 백성 가운데서 끊어 버리겠다. 자기 자녀를 몰렉 신에게 바친 사람은 나의 성소를 더럽히고 나의 거룩한 이름을 모독한 것이다. 그 사람이 자기 자녀를 몰렉 신에게 바치는데도 그 땅 사람들이 아무 일 없다는 듯이 못 본 척하며 그를 죽이지 않으면, 내가 그와 그의 가족을 가차 없이 내쫓을 것이다. 그는 물론이고 그와 함께 몰렉 신의 의식에 참여하여 음란한 행위를 한 자들을 모조리 자기 백성 가운데서 끊어 버리겠다.

⁶ 나는 주술에 빠지거나 영매들과 가까이하면서 그들의 의식에 참여해 음란한 짓을 일삼는 자들을 가차 없이 내쫓을 것이다. 그들

³² "Show respect to the aged; honor the presence of an elder; fear your God. I am GOD.

³³⁻³⁴ "When a foreigner lives with you in your land, don't take advantage of him. Treat the foreigner the same as a native. Love him like one of your own. Remember that you were once foreigners in Egypt. I am GOD, your God.

³⁵⁻³⁶ "Don't cheat when measuring length, weight, or quantity. Use honest scales and weights and measures. I am GOD, your God. I brought you out of Egypt.

³⁷ "Keep all my decrees and all my laws. Yes, *do* them. I am GOD."

20 ¹⁻⁵ GOD spoke to Moses: "Tell the Israelites, Each and every Israelite and foreigner in Israel who gives his child to the god Molech must be put to death. The community must kill him by stoning. I will resolutely reject that man and cut him off from his people. By giving his child to the god Molech he has polluted my Sanctuary and desecrated my holy name. If the people of the land look the other way as if nothing had happened when that man gives his child to the god Molech and fail to kill him, I will resolutely reject that man and his family, and him and all who join him in prostituting themselves in the rituals of the god Molech I will cut off from their people.

⁶ "I will resolutely reject persons who dabble in the occult or traffic with

을 자기 백성 가운데서 끊어 버리겠다.

7-8 너희 자신을 구별하여 거룩하게 살아라. 나는 **하나님** 너희 하나님이니, 너희는 거룩한 삶을 살아라. 너희는 내가 일러 주는 대로 행하고, 내가 일러 주는 대로 살아라. 나는 너희를 거룩하게 하는 **하나님**이다.

9 자기 부모를 저주하는 자는 모두 사형에 처해야 한다. 자기 부모를 저주했으니, 그는 자기 죄값으로 죽을 것이다.

10 어떤 남자가 다른 남자의 아내, 이를테면 이웃의 아내와 간음하면, 간음한 남자와 여자 둘 다 사형에 처해야 한다.

11 어떤 남자가 자기 아버지의 아내와 동침하면, 자기 아버지를 욕되게 한 것이다. 그 남자와 여자는 반드시 사형에 처해야 한다. 그들은 자기 죄값으로 죽을 것이다.

12 어떤 남자가 자기 며느리와 동침하면, 둘 다 사형에 처해야 한다. 그들이 저지른 짓은 사악하므로, 그들은 자기 죄값으로 죽을 것이다.

13 어떤 남자가 여자와 하듯이 남자하고 동침하면, 그 둘은 역겨운 짓을 한 것이므로 사형에 처해야 한다. 그들은 자기 죄값으로 죽을 것이다.

14 어떤 남자가 한 여자뿐 아니라 그 여자의 어머니와도 결혼하면, 그것은 사악한 짓이다. 그들 셋을 모두 화형에 처해서, 공동체로부터 사악한 짓을 제거해야 한다.

15 어떤 남자가 짐승과 교접하면, 그는 사형에 처해야 한다. 너희는 그 짐승도 죽여야 한다.

16 어떤 여자가 짐승과 교접하면, 너희는 그 여자와 짐승을 모두 죽여야 한다. 그들은 사형에 처해야 한다. 그들은 자기 죄값으로 죽을 것이다.

mediums, prostituting themselves in their practices. I will cut them off from their people.

7-8 "Set yourselves apart for a holy life. *Live* a holy life, because I am GOD, your God. Do what I tell you; *live* the way I tell you. I am the GOD who makes you holy.

9 "Any and every person who curses his father or mother must be put to death. By cursing his father or mother he is responsible for his own death.

10 "If a man commits adultery with another man's wife—the wife, say, of his neighbor—both the man and the woman, the adulterer and adulteress, must be put to death.

11 "If a man has sex with his father's wife, he has violated his father. Both the man and woman must be put to death; they are responsible for their own deaths.

12 "If a man has sex with his daughter-in-law, both of them must be put to death. What they have done is perverse. And they are responsible for their own deaths.

13 "If a man has sex with a man as one does with a woman, both of them have done what is abhorrent. They must be put to death; they are responsible for their own deaths.

14 "If a man marries both a woman and her mother, that's wicked. All three of them must be burned at the stake, purging the wickedness from the community.

15 "If a man has sex with an animal, he must be put to death and you must kill the animal.

16 "If a woman has sex with an animal, you must kill both the woman and the animal. They must be put to death. And they are responsible for their deaths.

17 어떤 남자가 자기 누이, 곧 자기 아버지의 딸이나 자기 어머니의 딸과 결혼하여 동침하면, 그것은 수치스러운 일이다. 그들은 공개적으로 자기 백성 가운데서 끊어져야 한다. 그가 자기 누이를 욕되게 했으니, 그 죄값을 치러야 한다.

18 어떤 남자가 월경중인 여자와 잠자리를 같이하여 성관계를 가지면, 그는 그 여자의 샘을 드러낸 것이고 그 여자는 자신의 샘을 드러낸 것이니, 둘 다 자기 백성 가운데서 끊어져야 한다.

19 네 이모나 네 고모와 동침하지 마라. 그것은 가까운 친족을 욕되게 하는 짓이다. 둘 다 그 죄값을 치러야 한다.

20 어떤 남자가 자기 숙모와 동침하면, 그것은 자기 숙부를 욕되게 한 것이다. 둘 다 그 죄값을 치르고 자식 없이 죽을 것이다.

21 어떤 남자가 자기 형제의 아내와 결혼하면, 그것은 더러운 짓이다. 그는 자기 형제를 모욕한 것이다. 그들은 자식을 보지 못할 것이다.

22-23 너희는 내가 일러 준 대로, 나의 모든 규례와 법도를 지켜 행하여라. 그렇게 살아야 내가 너희를 데리고 들어갈 그 땅이 너희를 토해 내지 않을 것이다. 내가 너희 앞에서 쫓아낼 민족들처럼 살아서는 안된다. 그들은 이 모든 짓을 행했고, 나는 그 일 하나하나를 끔찍이 싫어했다.

24-26 기억하여라. 내가 너희에게 말한 대로, 너희는 그들의 땅을 차지하게 될 것이다. 젖과 꿀이 흐르는 그 땅을 내가 너희에게 유산으로 주겠다. 나는 **하나님**, 곧 너희를 여러 민족들 가운데서 구별한 너희 하나님이다. 그러니 너희는 이렇게 살아라. 정결한 짐승과 부정한 짐승을 구별하고, 정결한 새와 부정한 새를 구별하여라. 짐승이든 새든 땅을 기어다니는 것이든, 내가 너희를 위해 부정하다고 정해 준 것들로 너희 자신을 더럽히지 마라.

17 "If a man marries his sister, the daughter of either his father or mother, and they have sex, that's a disgrace. They must be publicly cut off from their people. He has violated his sister and will be held responsible.

18 "If a man sleeps with a woman during her period and has sex with her, he has uncovered her 'fountain' and she has revealed her 'fountain'—both of them must be cut off from their people.

19 "Don't have sex with your aunt on either your mother's or father's side. That violates a close relative. Both of you are held responsible.

20 "If a man has sex with his aunt, he has dishonored his uncle. They will be held responsible and die childless.

21 "If a man marries his brother's wife, it's a defilement. He has shamed his brother. They will be childless.

22-23 "Do what I tell you, all my decrees and laws; live by them so that the land where I'm bringing you won't vomit you out. You simply must not live like the nations I'm driving out before you. They did all these things and I hated every minute of it.

24-26 "I've told you, remember, that you will possess their land that I'm giving to you as an inheritance, a land flowing with milk and honey. I am GOD, your God, who has distinguished you from the nations. So live like it: Distinguish between ritually clean and unclean animals and birds. Don't pollute yourselves with any animal or bird or crawling thing which I have marked out as unclean

나 **하나님**이 거룩하니, 너희도 내 앞에서 거룩하게 살아라. 내가 너희를 여러 민족들 가운데서 구별하여 내 것이 되게 했다. ²⁷ 너희 가운데 영매나 마법사로 사는 자는 사형에 처해야 한다. 너희는 그들을 돌로 쳐서 죽여야 한다. 그들은 자기 죄값으로 죽을 것이다."

제사장이 지켜야 할 규례

21 ¹⁻⁴ **하나님**께서 모세에게 말씀하셨다. "너는 아론의 아들들인 제사장들에게 전하여라. 그들에게 이렇게 일러 주어라. 제사장은 주검을 만져 자신을 더럽혀서는 안된다. 다만 가까운 가족인 어머니나 아버지나 아들이나 딸이나 형제나 결혼하지 않아 남편 없이 그를 의지하다가 죽은 누이의 주검은 예외다. 이들 가족 때문에 제사장이 부정하게 되는 것은 괜찮지만, 결혼해서 혈연으로만 연결되어 있는 누이의 주검과 접촉하여 자신을 더럽히고 욕되게 해서는 안된다.

⁵⁻⁶ 제사장은 자기 머리털을 밀거나 수염을 다듬거나 자기 몸에 상처를 내서는 안된다. 그는 자기 하나님에게 거룩해야 하고, 자기 하나님의 이름을 더럽혀서는 안된다. **하나님**에게 제물을 바치는 것, 곧 자기 하나님에게 음식을 바치는 것이 그의 일이니, 그는 거룩해야 한다.

⁷⁻⁸ 제사장은 하나님에게 거룩한 사람이니, 창녀나 제의에서 몸을 판 여자나 이혼한 여자와 결혼해서는 안된다. 그는 너희 하나님에게 음식을 바치는 사람이니 거룩해야 한다. 너희는 그를 거룩한 사람으로 대하여라. 너희를 거룩하게 하는 나 **하나님**이 거룩하기 때문이다.

⁹ 제사장의 딸이 매춘으로 자기 몸을 더럽혔을 경우, 그녀는 자기 아버지를 수치스럽게 한 것이다. 그녀는 화형에 처해야 한다.

for you. Live holy lives before me because I, GOD, am holy. I have distinguished you from the nations to be my very own. ²⁷ "A man or a woman who is a medium or sorcerer among you must be put to death. You must kill them by stoning. They're responsible for their own deaths."

Holy Priests

21 ¹⁻⁴ GOD spoke to Moses: "Speak to the priests, the sons of Aaron. Tell them, A priest must not ritually contaminate himself by touching the dead, except for close relatives: mother, father, son, daughter, brother, or an unmarried sister who is dependent on him since she has no husband; for these he may make himself ritually unclean, but he must not contaminate himself with the dead who are only related to him by marriage and thus profane himself.

⁵⁻⁶ "Priests must not shave their heads or trim their beards or gash their bodies. They must be holy to their God and must not profane the name of their God. Because their job is to present the gifts of GOD, the food of their God, they are to be holy.

⁷⁻⁸ "Because a priest is holy to his God he must not marry a woman who has been a harlot or a cult prostitute or a divorced woman. Make sure he is holy because he serves the food of your God. Treat him as holy because I, GOD, who make you holy, am holy. ⁹ "If a priest's daughter defiles herself in prostitution, she disgraces her father. She must be burned at the stake.

10-12 형제들 가운데서 대제사장이 된 사람은, 자기 머리에 거룩하게 구별하는 기름부음을 받고 위임을 받아 제사장 옷을 입었으니, 머리를 풀거나 엉킨 채로 두거나 낡거나 찢어진 옷을 입어서는 안된다. 그는 주검이 놓인 방에 들어가서도 안된다. 자기 아버지나 어머니 때문이라고 해도 자신을 더럽혀서는 안된다. 그는 거룩하게 구별하는 기름부음을 받고 드려졌으므로, 하나님의 성소를 버려두고 나가거나 성소를 더럽혀서는 안된다. 나는 하나님이다.

13-15 그는 젊은 처녀와 결혼해야 한다. 과부나 이혼한 여자나 제의에서 몸을 판 여자와 결혼해서는 안된다. 그는 자기 백성 가운데서 고른 처녀하고만 결혼해야 한다. 그는 자기 후손이 그 백성 가운데서 더러워지지 않게 해야 한다. 나는 그를 거룩하게 하는 하나님이기 때문이다."

16-23 하나님께서 모세에게 말씀하셨다. "너는 아론에게 이렇게 일러 주어라. 대대로 너의 후손 가운데서 흠이 있는 사람은 자기 하나님에게 음식을 바칠 수 없다. 흠이 있는 사람은 눈이 먼 사람, 다리를 저는 사람, 몸이 일그러졌거나 기형인 사람, 손이나 발이 불구인 사람, 등이 굽은 사람, 난쟁이, 눈에 부정한 것이 낀 사람, 고름을 흘리는 사람, 고환이 상한 사람을 가리킨다. 제사장 아론의 후손 가운데서 흠이 있는 사람은 하나님에게 제물을 바칠 수 없다. 그는 흠이 있으므로 자기 하나님에게 음식을 바쳐서는 안된다. 그는 자기 하나님의 음식, 곧 지극히 거룩한 제물과 거룩한 제물을 모두 먹을 수는 있지만, 자기에게 흠이 있으니 휘장 가까이 가거나 제단에 다가가서는 안된다. 그럴 경우 나의 성소를 더럽히고 말 것이다. 나는 그들을 거룩하게 하는 하나님이다."

10-12 "The high priest, the one among his brothers who has received the anointing oil poured on his head and been ordained to wear the priestly vestments, must not let his hair go wild and tangled nor wear ragged and torn clothes. He must not enter a room where there is a dead body. He must not ritually contaminate himself, even for his father or mother; and he must neither abandon nor desecrate the Sanctuary of his God because of the dedication of the anointing oil which is upon him. I am GOD.

13-15 "He is to marry a young virgin, not a widow, not a divorcee, not a cult prostitute— he is only to marry a virgin from his own people. He must not defile his descendants among his people because I am GOD who makes him holy."

16-23 GOD spoke to Moses: "Tell Aaron, None of your descendants, in any generation to come, who has a defect of any kind may present as an offering the food of his God. That means anyone who is blind or lame, disfigured or deformed, crippled in foot or hand, hunchbacked or dwarfed, who has anything wrong with his eyes, who has running sores or damaged testicles. No descendant of Aaron the priest who has any defect is to offer gifts to GOD; he has a defect and so must not offer the food of his God. He may eat the food of his God, both the most holy and the holy, but because of his defect he must not go near the curtain or approach the Altar. It would desecrate my Sanctuary. I am GOD who makes them holy."

²⁴ 모세는 이 말씀을 아론과 그의 아들들과 이스라엘 온 백성에게 전했다.

❧

22 ¹⁻² 하나님께서 모세에게 말씀하셨다. "너는 아론과 그의 아들들에게 말하여, 이스라엘 자손이 나에게 바치는 거룩한 제물을 경건하게 다루어서, 나의 거룩한 이름을 모독하는 일이 없게 하여라. 나는 **하나님**이다.

³ 너는 그들에게 이렇게 일러 주어라. 이제부터 너희 후손 가운데 누구든지, 이스라엘 자손이 **하나님**에게 구별해 바친 거룩한 제물에 부정한 상태로 다가가면, 그는 내 앞에서 끊어질 것이다. 나는 **하나님**이다.

⁴⁻⁸ 아론의 후손 가운데서 전염성이 있는 피부병에 걸렸거나 고름을 흘리는 사람은, 정결하게 될 때까지 거룩한 제물을 먹어서는 안된다. 또한 주검 때문에 더러워진 것을 만졌거나, 정액을 흘렸거나, 기어 다니는 것과 접촉해 더러워졌거나, 어떤 이유로든 부정하게 된 사람의 몸에 닿은 사람, 곧 그런 부정한 것과 접촉한 사람은 저녁때까지 부정하며, 물로 자기 몸을 깨끗이 씻지 않으면 거룩한 제물을 먹을 수 없다. 그는 해가 진 뒤에야 정결하게 되어 거룩한 제물을 먹을 수 있다. 그것이 그의 음식이기 때문이다. 그는 죽은 채 발견되었거나 맹수에게 찢겨 죽은 것을 먹어 자신을 더럽혀서는 안된다. 나는 **하나님**이다.

⁹ 제사장들은 나의 지시를 따라야 한다. 그러지 않고 제물을 함부로 다루면, 그들은 죄를 짓고 죽게 될 것이다. 나는 그들을 거룩하게 하는 **하나님**이다.

¹⁰⁻¹³ 일반인은 그 누구도 거룩하게 구별된 음식을 먹어서는 안된다. 제사장의 손님이나 제사장의 품꾼도 거룩한 음식을 먹어서는 안된다. 그러나 제사장이 돈을 주고 산 종

²⁴ Moses delivered this message to Aaron, his sons, and to all the People of Israel.

❧

22 ¹⁻² GOD spoke to Moses: "Tell Aaron and his sons to treat the holy offerings that the Israelites consecrate to me with reverence so they won't desecrate my holy name. I am GOD.

³ "Tell them, From now on, if any of your descendants approaches in a state of ritual uncleanness the holy offerings that the Israelites consecrate to GOD, he will be cut off from my presence. I am GOD.

⁴⁻⁸ "Each and every one of Aaron's descendants who has an infectious skin disease or a discharge may not eat any of the holy offerings until he is clean. Also, if he touches anything defiled by a corpse, or has an emission of semen, or is contaminated by touching a crawling creature, or touches a person who is contaminated for whatever reason—a person who touches any such thing will be ritually unclean until evening and may not eat any of the holy offerings unless he has washed well with water. After the sun goes down he is clean and may go ahead and eat the holy offerings; they are his food. But he must not contaminate himself by eating anything found dead or torn by wild animals. I am GOD.

⁹ "The priests must observe my instructions lest they become guilty and die by treating the offerings with irreverence. I am GOD who makes them holy.

¹⁰⁻¹³ "No layperson may eat anything set apart as holy. Nor may a priest's guest or his hired hand eat anything holy. But if a

은 그 음식을 먹을 수 있다. 제사장의 집에서 태어난 종도 제사장의 음식을 먹을 수 있다. 그러나 제사장의 딸이 일반인과 결혼한 경우, 거룩하게 바쳐진 음식을 더 이상 먹어서는 안된다. 그 딸이 과부가 되었거나 자식 없이 이혼하여 자기 아버지 집으로 돌아와 예전처럼 살 때는, 아버지의 음식을 먹을 수 있다. 그러나 일반인은 그 누구도 거룩한 음식을 먹어서는 안된다.

14 누가 모르고 거룩한 제물을 먹었으면, 그는 그 거룩한 제물 값에 오분의 일을 더해서 제사장에게 갚아야 한다.

15-16 제사장들은 이스라엘 자손이 **하나님**에게 바친 거룩한 제물을 함부로 다루어서는 안된다. 그들이 거룩한 제물을 먹다가 부정하게 되어 스스로 죄를 짓는 일이 없게 해야 한다. 나는 그 음식을 거룩하게 하는 **하나님**이다."

❧

17-25 **하나님**께서 모세에게 말씀하셨다. "아론과 그의 아들들과 이스라엘 온 백성에게 이렇게 일러 주어라. 너희 가운데 본국인이든 외국인이든, 서원한 것을 행하려고 **하나님**에게 번제물을 바치거나 자원 제물을 바칠 때, 그 제물이 받아들여지려면 반드시 소나 양이나 염소 가운데서 흠 없는 수컷을 골라서 바쳐야 한다. 어떤 것이든 흠 있는 것을 바쳐서는 안된다. 그런 제물은 받지 않을 것이다. 누구든지 서원한 것을 행하려고 소나 양 가운데서 **하나님**에게 화목 제물을 바치거나 자원 제물을 바칠 때, 그 제물이 받아들여지려면 반드시 흠없는 온전한 것을 바쳐야 한다. 눈먼 것이나 다리를 저는 것이나 어떤 부위가 잘린 것이나 고름을 흘리는 것이나 종기가 난 것이나 피부병이 있는 것을 **하나님**에게 바쳐서는 안된다. 그런 것들은 **하나님**에게 바치

priest buys a slave, the slave may eat of it; also the slaves born in his house may eat his food. If a priest's daughter marries a layperson, she may no longer eat from the holy contributions. But if the priest's daughter is widowed or divorced and without children and returns to her father's household as before, she may eat of her father's food. But no layperson may eat of it.

14 "If anyone eats from a holy offering accidentally, he must give back the holy offering to the priest and add twenty percent to it.

15-16 "The priests must not treat with irreverence the holy offerings of the Israelites that they contribute to GOD lest they desecrate themselves and make themselves guilty when they eat the holy offerings. I am GOD who makes them holy."

❧

17-25 GOD spoke to Moses: "Tell Aaron and his sons and all the People of Israel, Each and every one of you, whether native born or foreigner, who presents a Whole-Burnt-Offering to GOD to fulfill a vow or as a Freewill-Offering, must make sure that it is a male without defect from cattle, sheep, or goats for it to be acceptable. Don't try slipping in some creature that has a defect—it won't be accepted. Whenever anyone brings an offering from cattle or sheep as a Peace-Offering to GOD to fulfill a vow or as a Freewill-Offering, it has to be perfect, without defect, to be acceptable. Don't try giving GOD an animal that is blind, crippled, mutilated, an animal with running sores, a rash, or mange. Don't place any of these on the Altar as a gift to GOD. You may, though,

는 제물로 제단 위에 올려서는 안된다. 자원 제물로는 한쪽 다리가 길거나 짧은 소와 양을 드려도 괜찮다. 그러나 서원 제물로는 받아들여지지 않을 것이다. 짐승 가운데 고환이 상했거나 으스러졌거나 찢겼거나 잘려 나간 것은 하나님에게 바치지 마라. 너희 땅에서 그와 같은 일을 하지 마라. 외국인에게서도 그런 짐승을 받아 너희 하나님에게 음식으로 바치는 일이 없게 하여라. 그런 것들은 보기 흉하고 결함이 있으므로 받지 않을 것이다."

26-30 하나님께서 모세에게 말씀하셨다. "송아지나 어린양이나 염소가 태어나면 칠 일 동안은 그 어미와 함께 있게 해야 한다. 팔 일째 되는 날부터는, 그것을 하나님에게 제물로 바쳐도 받아들여질 것이다. 암소나 암양을 그 새끼와 같은 날에 잡지 마라. 하나님에게 감사 제물을 바칠 때는 받아들여지도록 바르게 바쳐야 한다. 제물은 바친 그날에 다 먹고, 다음날 아침까지 남겨 두지 마라. 나는 하나님이다.

31 너희는 내가 명령한 것을 행하고, 내가 일러 준 대로 살아라. 나는 하나님이다.

32-33 나의 거룩한 이름을 더럽히지 마라. 나는 이스라엘 백성 가운데서 거룩하게 높임을 받기 원한다. 나는 너희를 거룩하게 하는 하나님이다. 나는 너희 하나님이 되려고 너희를 이집트에서 이끌어 낸 하나님이다. 나는 하나님이다."

하나님의 절기

23

1-2 하나님께서 모세에게 말씀하셨다. "너는 이스라엘 백성에게 이렇게 일러 주어라. 너희가 거룩한 모임으로 선언해야 하는 하나님의 절기, 내가 정한 절기는 이러하다.

3 육 일 동안 일하여라. 일곱째 날은 안식일이다. 완전하고 온전한 안식의 날, 거룩한 모임

offer an ox or sheep that is deformed or stunted as a Freewill-Offering, but it is not acceptable in fulfilling a vow. Don't offer to GOD an animal with bruised, crushed, torn, or cut-off testicles. Don't do this in your own land but don't accept them from foreigners and present them as food for your GOD either. Because of deformities and defects they will not be acceptable."

26-30 GOD spoke to Moses: "When a calf or lamb or goat is born, it is to stay with its mother for seven days. After the eighth day, it is acceptable as an offering, a gift to GOD. Don't slaughter both a cow or ewe and its young on the same day. When you sacrifice a Thanksgiving-Offering to GOD, do it right so it will be acceptable. Eat it on the same day; don't leave any leftovers until morning. I am GOD.

31 "Do what I tell you; *live* what I tell you. I am GOD.

32-33 "Don't desecrate my holy name. I insist on being treated with holy reverence among the People of Israel. I am GOD who makes you holy and brought you out of Egypt to be your God. I am GOD."

The Feasts

23

1-2 GOD spoke to Moses: "Tell the People of Israel, These are my appointed feasts, the appointed feasts of GOD which you are to decree as sacred assemblies.

3 "Work six days. The seventh day is a Sabbath, a day of total and complete

의 날이다. 이날에는 아무 일도 하지 마라. 너희가 어디서 살든지, 이날은 **하나님**의 안식일이다.

4 **하나님**이 정한 절기, 곧 너희가 정해진 때에 선포해야 할 거룩한 모임은 이러하다.

5 첫째 달 십사 일 해가 질 무렵부터 **하나님**의 유월절이다.

6-8 같은 달 십오 일은 **하나님**의 무교절이다. 너희는 칠 일 동안 누룩을 넣지 않은 빵을 먹어야 한다. 첫째 날에 거룩한 모임을 열고, 평소에 하던 일은 아무것도 하지 마라. 너희는 칠 일 동안 **하나님**에게 불살라 바치는 제물을 바쳐야 한다. 칠 일째 되는 날에도 거룩한 모임을 열고, 평소에 하던 일은 아무것도 하지 마라."

9-14 **하나님**께서 모세에게 말씀하셨다. "이스라엘 백성에게 이렇게 일러 주어라. 내가 주는 땅에 들어가 곡식을 거두어들일 때, 너희가 수확한 첫 곡식단을 제사장에게 가져오너라. 그러면 제사장은 너희를 위해 그 곡식단이 받아들여지도록 그것을 **하나님** 앞에 흔들어 바칠 것이다. 제사장은 그것을 안식일 다음날 아침에 흔들어 바쳐야 한다. 곡식단을 흔들어 바치는 날, 너희는 일 년 된 흠 없는 어린 숫양을 **하나님**에게 번제물로 바쳐라. 그와 함께 기름 섞은 고운 곡식 가루 4리터를 곡식 제물로 바쳐라. 이것은 **하나님**에게 불살라 바치는 제물이며, **하나님**을 기쁘게 하는 향기다. 또한 포도주 1리터를 부어 드리는 제물로 바쳐야 한다. 너희가 이렇게 제물을 너희 하나님에게 바치는 날까지는, 빵이나 볶은 곡식이나 날곡식을 먹지 마라. 이것은 너희가 어디서 살든지, 대대로 지켜야 할 영원한 규례다."

15-21 "안식일 다음날 아침, 곧 너희가 곡식단을 흔들어 바친 날부터 일곱 번째 안식일 다음날 아침까지 일곱 주를 꽉 채워 오십 일

rest, a sacred assembly. Don't do any work. Wherever you live, it is a Sabbath to GOD.

4 "These are the appointed feasts of GOD, the sacred assemblies which you are to announce at the times set for them:

5 "GOD's Passover, beginning at sundown on the fourteenth day of the first month.

6-8 "GOD's Feast of Unraised Bread, on the fifteenth day of this same month. You are to eat unraised bread for seven days. Hold a sacred assembly on the first day; don't do any regular work. Offer Fire-Gifts to GOD for seven days. On the seventh day hold a sacred assembly; don't do any regular work."

9-14 GOD spoke to Moses: "Tell the People of Israel, When you arrive at the land that I am giving you and reap its harvest, bring to the priest a sheaf of the first grain that you harvest. He will wave the sheaf before GOD for acceptance on your behalf; on the morning after Sabbath, the priest will wave it. On the same day that you wave the sheaf, offer a year-old male lamb without defect for a Whole-Burnt-Offering to GOD and with it the Grain-Offering of four quarts of fine flour mixed with oil—a Fire-Gift to GOD, a pleasing fragrance—and also a Drink-Offering of a quart of wine. Don't eat any bread or roasted or fresh grain until you have presented this offering to your God. This is a perpetual decree for all your generations to come, wherever you live.

15-21 "Count seven full weeks from the morning after the Sabbath when you brought the sheaf as a Wave-Offering,

을 세어라. 그날에 너희는 새로운 곡식 제물을 하나님에게 바쳐라. 너희가 살고 있는 곳에서, 고운 곡식 가루 4리터에 누룩을 넣어 구운 빵 두 덩이를 가져오너라. 이것은 첫 수확물로 하나님에게 흔들어 바치는 제물이다. 이 빵과 함께, 일 년 된 흠 없는 어린 숫양 일곱 마리와 수송아지 한 마리와 숫양 두 마리를 바쳐야 한다. 이것들을 곡식 제물과 부어 드리는 제물과 함께 하나님에게 번제물로 바쳐야 한다. 이것은 불살라 바치는 제물이며, 하나님을 기쁘게 하는 향기다. 너희는 또 숫염소 한 마리를 속죄 제물로 바치고 일 년 된 어린양 두 마리를 화목 제물로 바쳐라. 제사장은 첫 수확물로 만든 빵과 함께 그 어린양 두 마리를 흔들어 바치는 제물로 하나님 앞에 흔들어 바쳐야 한다. 그것들은 하나님에게 바쳐진 거룩한 제물로, 제사장의 몫이다. 그날에 너희는 거룩한 모임을 선포해야 한다. 평소에 하던 일은 아무것도 하지 마라. 이것은 너희가 어디서 살든지, 대대로 지켜야 할 영원한 규례다.

22 너희가 땅에서 곡식을 거두어들일 때는 밭의 가장자리까지 거두지 말고, 떨어진 이삭을 다 줍지도 마라. 가난한 사람과 외국인을 위해 그것들을 남겨 두어라. 나는 하나님 너희 하나님이다."

23-25 하나님께서 모세에게 말씀하셨다. "너는 이스라엘 백성에게 이렇게 일러 주어라. 일곱째 달 첫째 날은 안식의 날, 거룩한 모임의 날로 구별하여라. 숫양의 뿔로 만든 나팔을 크게 울려 그날을 기념하여라. 평소에 하던 일은 아무것도 하지 말고, 하나님에게 불살라 바치는 제물을 바쳐라."

26-32 하나님께서 모세에게 말씀하셨다. "일곱째 달 십 일은 속죄일이다. 너희는 거룩한 모임을 열고, 금식하며, 하나님에게 불살라

fifty days until the morning of the seventh Sabbath. Then present a new Grain-Offering to GOD. Bring from wherever you are living two loaves of bread made from four quarts of fine flour and baked with yeast as a Wave-Offering of the first ripe grain to GOD. In addition to the bread, offer seven yearling male lambs without defect, plus one bull and two rams. They will be a Whole-Burnt-Offering to GOD together with their Grain-Offerings and Drink-Offerings—offered as Fire-Gifts, a pleasing fragrance to GOD. Offer one male goat for an Absolution-Offering and two yearling lambs for a Peace-Offering. The priest will wave the two lambs before GOD as a Wave-Offering, together with the bread of the first ripe grain. They are sacred offerings to GOD for the priest. Proclaim the day as a sacred assembly. Don't do any ordinary work. It is a perpetual decree wherever you live down through your generations.

22 "When you reap the harvest of your land, don't reap the corners of your field or gather the gleanings. Leave them for the poor and the foreigners. I am GOD, *your* God."

23-25 GOD said to Moses: "Tell the People of Israel, On the first day of the seventh month, set aside a day of rest, a sacred assembly—mark it with loud blasts on the ram's horn. Don't do any ordinary work. Offer a Fire-Gift to GOD."

26-32 GOD said to Moses: "The tenth day of the seventh month is the Day of Atonement. Hold a sacred assembly, fast, and

바치는 제물을 바쳐라. 그날은 너희 **하나
님** 앞에서 너희를 위해 속죄하는 속죄일
이니, 그날에는 일하지 마라. 그날에 금
식하지 않는 사람은 누구든지 자기 백성
가운데서 끊어져야 한다. 누구든지 그날
에 일하는 사람은 내가 그 백성 가운데서
멸할 것이다. 그날에는 아무 일도 해서는
안된다. 절대로 일하지 마라. 이것은 너
희가 어디서 살든지, 대대로 지켜야 할
영원한 규례다. 그날은 안식일, 곧 온전
하고 완전한 쉼의 날이며 금식의 날이다.
그달 구 일 저녁부터 다음날 저녁까지 너
희는 안식일을 지켜라."

33-36 **하나님**께서 모세에게 말씀하셨
다. "너는 이스라엘 백성에게 이렇게
일러 주어라. **하나님**의 초막절은 일곱
째 달 십오 일에 시작되어 칠 일 동안 이
어진다. 첫째 날은 거룩한 모임의 날이
니, 평소에 하던 일은 아무것도 하지 마
라. 칠 일 동안 **하나님**에게 불살라 바치
는 제물을 바쳐라. 팔 일째 되는 날에 다
시 거룩한 모임을 열고 **하나님**에게 제
물을 바쳐라. 이것은 엄숙한 집회다. 평
소에 하던 일은 아무것도 하지 마라.
37-38 이것들은 **하나님**이 정한 절기다. 그
날에 너희는 거룩한 모임을 선포하고 **하나
님**에게 불살라 바치는 제물을 바치되, 번
제물과 곡식 제물과 희생 제물과 부어 드
리는 제물을 각각 정해진 날에 바쳐야 한
다. 이 제물들은 **하나님**의 안식일에 바치
는 제물, 서원 제물, 자원 제물과는 별도
로 너희가 **하나님**에게 바치는 것들이다.
39-43 밭에서 곡식을 거두고 난 다음, 너
희는 일곱째 달 십오 일부터 칠 일 동안
하나님의 절기를 기념하여라. 첫째 날
은 온전히 쉬는 날이고, 팔 일째 되는 날
도 온전히 쉬는 날이다. 첫째 날에 가장

offer a Fire-Gift to GOD. Don't work on that
day because it is a day of atonement to make
atonement for you before your GOD. Anyone
who doesn't fast on that day must be cut off
from his people. I will destroy from among
his people anyone who works on that day.
Don't do any work that day—none. This is a
perpetual decree for all the generations to
come, wherever you happen to be living. It is a
Sabbath of complete and total rest, a fast day.
Observe your Sabbath from the evening of
the ninth day of the month until the following
evening."

33-36 GOD said to Moses: "Tell the People of
Israel, GOD's Feast of Booths begins on the
fifteenth day of the seventh month. It lasts
seven days. The first day is a sacred assembly;
don't do any ordinary work. Offer Fire-Gifts
to GOD for seven days. On the eighth day hold
a sacred assembly and offer a gift to GOD. It is
a solemn convocation. Don't do any ordinary
work.

37-38 "These are the appointed feasts of
GOD which you will decree as sacred assem-
blies for presenting Fire-Gifts to GOD: the
Whole-Burnt-Offerings, Grain-Offerings,
sacrifices, and Drink-Offerings assigned to
each day. These are in addition to offerings for
GOD's Sabbaths and also in addition to other
gifts connected with whatever you have vowed
and all the Freewill-Offerings you give to GOD.

39-43 "So, summing up: On the fifteenth day
of the seventh month, after you have brought
your crops in from your fields, celebrate the
Feast of GOD for seven days. The first day is a
complete rest and the eighth day is a complete
rest. On the first day, pick the best fruit from

좋은 나무에서 열린 가장 좋은 열매를 따고, 종려나무 잎과 잎이 무성한 나뭇가지와 시냇가의 버드나무를 꺾어 들고, 너희 하나님 앞에서 칠 일 동안 즐거워하여라. 칠일 내내 하나님 앞에서 그 절기를 경축하여라. 앞으로 매년 일곱째 달이 되면, 이 절기를 기념하여라. 너희는 칠 일 동안 초막에서 지내야 한다. 이스라엘의 모든 아들딸이 초막에 들어가야 한다. 이는 내가 이스라엘 백성을 이집트 땅에서 이끌어 낼 때 초막에서 살게 한 것을 너희 후손이 알게 하려는 것이다. 나는 하나님 너희 하나님이다.”

⁴⁴ 모세는 이스라엘이 즐겁게 지켜야 할 절기, 곧 하나님께서 정해 주신 일 년 동안의 절기를 그들에게 공표했다.

하나님 앞에 두는 등불과 빵

24 ¹⁻⁴ 하나님께서 모세에게 말씀하셨다. “이스라엘 백성에게 등불에 쓸 깨끗한 올리브기름을 가져오게 하여, 등불이 계속 타오르게 하여라. 아론은 이 등불을 회막 안 증거궤를 가리는 휘장 앞에 두어, 저녁부터 아침까지 하나님 앞에서 계속 타오르게 해야 한다. 이것은 너희가 대대로 지켜야 할 영원한 규례다. 아론은 이 등불을 하나님 앞 순금 등잔대 위에 두어, 계속 타오르게 해야 한다.”

⁵⁻⁹ “너는 고운 곡식 가루를 가져다가, 빵 한 개당 가루 4리터를 들여 빵 열두 개를 구워라. 그 빵들을 하나님 앞 순금 상 위에 한 줄에 여섯 개씩 두 줄로 차려 놓아라. 각 줄을 따라 순전한 향을 발라, 그 빵을 기념물로 삼아라. 이것은 하나님에게 바치는 제물이다. 안식일마다 그 빵을 하나님 앞에 차려 놓아야 한다. 이것은 이스라엘 자손이 지켜야 할 영원한 언약이다. 그 빵은 아론과 그

the best trees; take fronds of palm trees and branches of leafy trees and from willows by the brook and celebrate in the presence of your GOD for seven days—yes, for seven full days celebrate it as a festival to GOD. Every year from now on, celebrate it in the seventh month. Live in booths for seven days—every son and daughter of Israel is to move into booths so that your descendants will know that I made the People of Israel live in booths when I brought them out of the land of Egypt. I am GOD, *your* God.”

⁴⁴ Moses posted the calendar for the annual appointed feasts of GOD which Israel was to celebrate.

Light and Bread

24 ¹⁻⁴ GOD spoke to Moses: “Order the People of Israel to bring you virgin olive oil for light so that the lamps may be kept burning continually. Aaron is in charge of keeping these lamps burning in front of the curtain that screens The Testimony in the Tent of Meeting from evening to morning continually before GOD. This is a perpetual decree down through the generations. Aaron is responsible for keeping the lamps burning continually on the Lampstand of pure gold before GOD.

⁵⁻⁹ “Take fine flour and bake twelve loaves of bread, using about four quarts of flour to a loaf. Arrange them in two rows of six each on the Table of pure gold before GOD. Along each row spread pure incense, marking the bread as a memorial; it is a gift to GOD. Regularly, every Sabbath, this bread is to

의 아들들 몫이 되고, 그들은 그 빵을 거룩한 곳에서 먹어야 한다. 그 빵은 **하나님**에게 바친 제물에서 온 것으로, 그들의 몫 가운데서도 지극히 거룩한 것이다. 이것은 영원히 지켜야 할 규례다."

하나님을 모독한 자

10-12 어머니는 이스라엘 사람이고 아버지는 이집트 사람인 한 남자가 있었다. 하루는 그가 외출하여 이스라엘 사람들에게로 갔는데, 진 안에서 그와 어떤 이스라엘 사람 사이에 싸움이 일어났다. 그 이스라엘 여인의 아들이 **하나님**의 이름을 모독하고 저주했다. 그러자 사람들이 그를 끌고 모세에게로 왔다. 그의 어머니 이름은 슬로밋인데, 단 지파 디브리의 딸이었다. 사람들은 그를 가두어 두고 **하나님**의 뜻이 그들에게 드러나기를 기다렸다.

13-16 **하나님**께서 모세에게 말씀하셨다. "하나님을 모독한 그 자를 진 밖으로 끌어내라. 그가 한 말을 들은 사람은 모두 그의 머리에 손을 얹은 다음, 온 회중이 그를 돌로 쳐서 죽여라. 너는 이스라엘 자손에게 이렇게 일러 주어라. 누구든지 하나님을 저주한 자는 그 책임을 져야 한다. 누구든지 **하나님**의 이름을 모독한 자는 사형에 처해야 한다. 온 회중이 그를 돌로 쳐서 죽여야 한다. 외국인이든 본국인이든, 하나님의 이름을 모독한 자는 사형에 처해야 한다.

17-22 누구든지 사람을 때려 죽게 한 사람은 사형에 처해야 한다. 다른 사람의 짐승을 죽인 사람은 그것을 물어 주어야 한다. 생명은 생명으로 갚아야 한다. 누구든지 이웃에게 상처를 입힌 사람은 자신이 입힌 만큼 되받게 될 것이다. 골절에는 골절로, 눈에는 눈으로, 이에는 이로 되받게 될 것이다. 이웃에게 상처를 입힌 만큼 그 자신도 상처를 입게 될 것이다. 짐승을 때려 죽게 한 자는 그것을 물

be set before GOD, a perpetual covenantal response from Israel. The bread then goes to Aaron and his sons, who are to eat it in a Holy Place. It is their most holy share from the gifts to GOD. This is a perpetual decree."

10-12 One day the son of an Israelite mother and an Egyptian father went out among the Israelites. A fight broke out in the camp between him and an Israelite. The son of the Israelite woman blasphemed the Name of GOD and cursed. They brought him to Moses. His mother's name was Shelomith, daughter of Dibri of the tribe of Dan. They put him in custody waiting for GOD's will to be revealed to them.

13-16 Then GOD spoke to Moses: "Take the blasphemer outside the camp. Have all those who heard him place their hands on his head; then have the entire congregation stone him. Then tell the Israelites, Anyone who curses God will be held accountable; anyone who blasphemes the Name of GOD must be put to death. The entire congregation must stone him. It makes no difference whether he is a foreigner or a native, if he blasphemes the Name, he will be put to death.

17-22 "Anyone who hits and kills a fellow human must be put to death. Anyone who kills someone's animal must make it good— a life for a life. Anyone who injures his neighbor will get back the same as he gave: fracture for fracture, eye for eye, tooth for tooth. What he did to hurt that person will be done to him. Anyone who hits and kills an animal must make it good, but whoever

어 주어야 한다. 그러나 사람을 때려 죽게 한 사람은 사형에 처해야 한다. 여기에 예외는 없다. 외국인이나 본국인에게나 같은 법이 적용된다. 나는 **하나님** 너희 하나님이다."

23 모세가 이렇게 이스라엘 백성에게 말하자, 그들은 하나님을 모독한 자를 진 밖으로 끌어내어 돌로 쳐서 죽였다. 이스라엘 백성은 **하나님**께서 모세에게 명령하신 대로 행했다.

땅도 하나님 앞에서 안식하게 하여라

25 1-7 **하나님**께서 시내 산에서 모세에게 말씀하셨다. "너는 이스라엘 백성에게 전하여라. 그들에게 이렇게 일러주어라. 내가 너희에게 주는 땅에 들어가면, 그 땅도 **하나님** 앞에서 안식하게 하여라. 너희는 여섯 해 동안, 밭에 씨를 뿌리고 포도밭을 가꾸고 수확물을 거두어들여라. 그러나 일곱째 해에는, 그 땅이 **하나님** 앞에서 안식, 곧 온전하고 완전한 쉼을 얻게 해야 한다. 너희는 밭에 씨를 뿌려서도 안되고, 포도밭을 가꾸어서도 안된다. 자생하는 것을 거두어들이지도 말고, 돌보지 않은 포도나무의 열매를 수확하지도 마라. 그 땅은 한 해 동안 온전하고 완전한 쉼을 얻을 것이다. 안식년 동안 그 땅에서 자생하는 것은 너희가 먹어도 된다. 너희와, 너희 남종과 여종과 너희 품꾼과 너희 땅에서 사는 외국인은 물론이고, 너희의 가축과 그 땅의 들짐승도 그것을 먹을 수 있다. 그 땅에서 자생하는 것은 무엇이든 먹어도 된다."

희년

8-12 "안식년을 일곱 번, 곧 일곱 해를 일곱 번 세어라. 안식년이 일곱 번이면 마흔아홉 해가 된다. 일곱째 달 십 일, 곧 속죄일에 숫양의 뿔로 만든 나팔을 크게 울려라. 나팔소리가 온 땅에 울려 퍼지게 하여라. 너희는 오

hits and kills a fellow human will be put to death. And no double standards: the same rule goes for foreigners and natives. I am GOD, *your* God."

23 Moses then spoke to the People of Israel. They brought the blasphemer outside the camp and stoned him. The People of Israel followed the orders GOD had given Moses.

"The Land Will Observe a Sabbath to GOD"

25 1-7 GOD spoke to Moses at Mount Sinai: "Speak to the People of Israel. Tell them, When you enter the land which I am going to give you, the land will observe a Sabbath to GOD. Sow your fields, prune your vineyards, and take in your harvests for six years. But the seventh year the land will take a Sabbath of complete and total rest, a Sabbath to GOD; you will not sow your fields or prune your vineyards. Don't reap what grows of itself; don't harvest the grapes of your untended vines. The land gets a year of complete and total rest. But you can eat from what the land volunteers during the Sabbath year— you and your men and women servants, your hired hands, and the foreigners who live in the country, and, of course, also your livestock and the wild animals in the land can eat from it. Whatever the land volunteers of itself can be eaten.

"The Fiftieth Year Shall Be a Jubilee for You"

8-12 "Count off seven Sabbaths of years— seven times seven years: Seven Sabbaths of years adds up to forty-nine years. Then sound loud blasts on the ram's horn on the tenth day of the seventh month, the Day of

십 년이 되는 해를 거룩한 해로 정하고, 온 땅에 사는 모든 사람에게 자유를 선포하여라. 이 해는 너희를 위한 희년이니, 각 사람은 자기 집안의 소유지로 돌아가서 자기 가족을 만날 것이다. 오십 년째 해는 너희의 희년이다. 씨를 뿌리지도 말고, 밭에서 자생하는 것을 거두지도 말고, 돌보지 않은 포도나무의 열매를 수확하지도 마라. 그해는 희년이고 너희에게 거룩한 해이기 때문이다. 너희는 밭에서 자생하는 것은 무엇이든 먹어도 된다.

13 이 희년에는 모든 사람이 자기 집안의 소유지로 돌아가야 한다.

14-17 이웃에게 소유물을 팔거나 이웃에게서 소유물을 살 때는, 이웃을 속이지 마라. 살 때는 희년에서 몇 해가 지났는지를 계산해서 가격을 정하고, 팔 때는 다음 희년까지 몇 해가 남았는지를 계산해서 가격을 정해야 한다. 희년까지 햇수가 많이 남았으면 큰 돈이 되니 값을 올릴 수 있다. 하지만 햇수가 적게 남았으면 돈이 덜 되니 값을 내려라. 실제로 너희가 사고파는 것은 곡물을 수확할 수 있는 횟수인 것이다. 너희는 서로 속이지 말고, 너희 하나님을 두려워하여라. 나는 **하나님** 너희 하나님이다.

18-22 나의 규례를 지키고, 나의 법도를 따라 살아라. 그러면 너희가 그 땅에서 안전하게 살 것이다. 그 땅은 열매를 낼 것이고, 너희는 온갖 먹을거리를 얻고 아무 걱정 없이 안전하게 살게 될 것이다. 너희가 묻기를, '일곱째 해에 심지도 않고 거두지도 않으면 무엇을 먹고 살라는 말입니까?' 하겠지만, 내가 보증하겠다. 내가 여섯째 해에 너희에게 복을 주어, 세 해 동안 먹기에 충분한 소출이 그 땅에서 나게 할 것이다. 여덟째 해에 씨를 뿌리고 나서, 아홉째 해가 되어 햇곡식을 거둘 때까지 너희는 묵은 곡식을 먹게 될 것이다.

Atonement. Sound the ram's horn all over the land. Sanctify the fiftieth year; make it a holy year. Proclaim freedom all over the land to everyone who lives in it—a Jubilee for you: Each person will go back to his family's property and reunite with his extended family. The fiftieth year is your Jubilee year: Don't sow; don't reap what volunteers itself in the fields; don't harvest the untended vines because it's the Jubilee and a holy year for you. You're permitted to eat from whatever volunteers itself in the fields.

13 "In this year of Jubilee everyone returns home to his family property.

14-17 "If you sell or buy property from one of your countrymen, don't cheat him. Calculate the purchase price on the basis of the number of years since the Jubilee. He is obliged to set the sale price on the basis of the number of harvests remaining until the next Jubilee. The more years left, the more money; you can raise the price. But the fewer years left, the less money; decrease the price. What you are buying and selling in fact is the number of crops you're going to harvest. Don't cheat each other. Fear your God. I am GOD, your God.

18-22 "Keep my decrees and observe my laws and you will live secure in the land. The land will yield its fruit; you will have all you can eat and will live safe and secure. Do I hear you ask, 'What are we going to eat in the seventh year if we don't plant or harvest?' I assure you, I will send such a blessing in the sixth year that the land will yield enough for three years. While you plant in the eighth year, you will eat from the old crop and continue until the harvest of the ninth year comes in.

23-24 땅을 영구히 팔지는 못한다. 땅은 나의 것이다. 너희는 다만 외국인이요 나의 소작인일 뿐이다. 너희는 너희가 소유한 땅을 누군가가 되살 수 있는 권리를 보장해야 한다.

25-28 네 형제 가운데 하나가 가난하게 되어 자기 땅의 일부를 팔아야 할 경우, 그 친척 가운데 가장 가까운 사람이 나서서 자기 형제가 판 땅을 되사야 한다. 땅을 되사 줄 친척이 없는 사람이라도 나중에 성공해서 그 땅을 되살 만큼 충분한 돈을 벌었으면, 그 사람은 자신이 땅을 판 뒤로 사용된 땅의 가치를 계산해서 남은 값을 땅을 산 사람에게 지불하면 된다. 그렇게 해서 그는 자기 소유의 땅으로 돌아갈 수 있다. 그러나 되살 만큼 돈을 벌지 못했으면, 그가 판 땅은 희년이 될 때까지 그 땅을 산 사람의 소유로 남는다. 희년이 되면 땅은 원래의 주인에게 돌아갈 것이다. 그때 그는 자기 땅으로 돌아가 그 땅에서 살아갈 수 있다.

29-31 성곽 안에 있는 집을 판 경우, 판 지 한 해가 다 차기까지는 되살 권리가 있다. 한 해 동안은 언제든 되살 수 있다. 하지만 한 해가 다 지나도록 되사지 못하면, 그 집은 영원히 구입한 사람과 그 자손의 소유가 된다. 그 집은 희년이 되어도 원래의 주인에게 돌아가지 않는다. 그러나 성곽이 없는 마을에 있는 집은 밭과 마찬가지로 처리할 것이다. 그 집은 언제든 되살 수 있고, 희년에는 원래의 주인에게 돌아가야 한다.

32-34 레위인 성읍의 경우에는, 성읍 안에 있는 그들 소유의 집은 언제든 되살 수 있다. 레위인의 집은 그들 소유의 성읍에서 판 것이면 언제든 되살 수 있고, 희년이 되면 원래의 주인에게 돌아간다. 레위인의 성읍에 있는 집은 이스라엘 백성 가운데 있는 그들의 재산이기 때문이다. 레위인의 성읍에 속한 목초지는 그들의 영원한 소유지이

23-24 "The land cannot be sold permanently because the land is mine and you are foreigners—you're my tenants. You must provide for the right of redemption for any of the land that you own.

25-28 "If one of your brothers becomes poor and has to sell any of his land, his nearest relative is to come and buy back what his brother sold. If a man has no one to redeem it but he later prospers and earns enough for its redemption, he is to calculate the value since he sold it and refund the balance to the man to whom he sold it; he can then go back to his own land. If he doesn't get together enough money to repay him, what he sold remains in the possession of the buyer until the year of Jubilee. In the Jubilee it will be returned and he can go back and live on his land.

29-31 "If a man sells a house in a walled city, he retains the right to buy it back for a full year after the sale. At any time during that year he can redeem it. But if it is not redeemed before the full year has passed, it becomes the permanent possession of the buyer and his descendants. It is not returned in the Jubilee. However, houses in unwalled villages are treated the same as fields. They can be redeemed and have to be returned at the Jubilee.

32-34 "As to the Levitical cities, houses in the cities owned by the Levites are always subject to redemption. Levitical property is always redeemable if it is sold in a town that they hold and reverts to them in the Jubilee, because the houses in the towns of the Levites are their property among the People of Israel. The pastures belonging to

므로 팔 수 없다.

35-38 너희 형제 가운데 누가 가난하게 되어 자기 힘으로 살아가지 못하는 사람이 있으면, 외국인이나 손님을 돕듯이 그를 도와주어라. 그래서 그가 너희 동네에서 계속 살 수 있게 해주어라. 그에게 이자를 받아 돈을 벌려고 하지 마라. 너희 하나님을 경외하는 마음으로, 너희 형제가 너희와 한 동네에서 함께 살 수 있게 해주어라. 그의 곤경을 이용하여 과도한 이자를 얻으려고 돈을 빌려 주거나, 이득을 보려고 양식을 꾸어 주어서는 안된다. 나는 가나안 땅을 너희에게 주어 너희 하나님이 되려고 너희를 이집트에서 이끌어 낸 너희 **하나님**이다.

39-43 너희 형제 가운데 누가 가난하게 되어 자신의 몸을 너희에게 팔아야 할 경우, 그를 종 부리듯 하지 말고, 품꾼이나 너희 가운데 머무는 손님처럼 대하여라. 희년이 될 때까지 그가 너희를 위해 일할 것이다. 희년이 되면 그는 자녀들과 함께 마음 놓고 자기 친척과 조상의 땅으로 돌아갈 수 있다. 이스라엘 백성은 내가 이집트에서 이끌어 낸 나의 종이니, 절대 종으로 팔 수 없다. 너희는 그를 가혹하게 부리지 마라. 너희는 하나님을 두려워하여라.

44-46 너희가 소유할 수 있는 남종과 여종은 주변 나라에서 온 사람들이어야 한다. 주변 나라로부터 종을 사들이는 것은 괜찮다. 일시적으로 너희와 함께 사는 외국인 노동자의 자녀들은 사들여도 된다. 너희 땅에서 태어나 너희 가운데 사는 그들의 친척에게서 사들일 수도 있다. 너희는 그들을 너희 소유로 삼아 너희 자녀에게 재산으로 물려줄 수 있고, 그들이 사는 동안 종으로 부릴 수도 있다. 그러나 너희 형제 이스라엘 자손을 가혹하게 부려서는 안된다.

47-53 너희와 함께 사는 외국인이나 거류민 가운데 부유해진 사람이 있어서, 너희 형

their cities may not be sold; they are their permanent possession.

35-38 "If one of your brothers becomes indigent and cannot support himself, help him, the same as you would a foreigner or a guest so that he can continue to live in your neighborhood. Don't gouge him with interest charges; out of reverence for your God help your brother to continue to live with you in the neighborhood. Don't take advantage of his plight by running up big interest charges on his loans, and don't give him food for profit. I am your GOD who brought you out of Egypt to give you the land of Canaan and to be your God.

39-43 "If one of your brothers becomes indigent and has to sell himself to you, don't make him work as a slave. Treat him as a hired hand or a guest among you. He will work for you until the Jubilee, after which he and his children are set free to go back to his clan and his ancestral land. Because the People of Israel are my servants whom I brought out of Egypt, they must never be sold as slaves. Don't tyrannize them; fear your God.

44-46 "The male and female slaves which you have are to come from the surrounding nations; you are permitted to buy slaves from them. You may also buy the children of foreign workers who are living among you temporarily and from their clans which are living among you and have been born in your land. They become your property. You may will them to your children as property and make them slaves for life. But you must not tyrannize your brother Israelites.

47-53 "If a foreigner or temporary resident among you becomes rich and one of your

제 가운데 가난해진 한 사람이 너희와 함께 사는 외국인이나 그의 친척에게 자신의 몸을 판 경우, 그는 자기 몸을 판 뒤라도 되살 권리가 있다. 그의 친족 가운데 하나가 그를 되살 수 있다. 그의 삼촌이나 사촌이나 그의 친척 가운데서 가까운 사람이 그를 되살 수 있다. 또는 그가 돈을 모아서 스스로 값을 치를 수도 있다. 그럴 경우, 그와 그의 주인은 그가 몸을 판 해부터 희년이 되는 해까지의 햇수를 계산하고, 그 햇수 동안 치러야 할 품꾼의 삯에 따라 되사는 값을 정해야 한다. 희년까지 햇수가 많이 남았으면, 그는 자신을 판 가격의 상당액을 갚아야 한다. 그러나 희년까지 몇 해 남지 않았으면, 그 남은 햇수에 따라 되사는 값을 계산해야 한다. 주인은 그를 해마다 고용한 사람처럼 대해야 한다. 주인이라도 그를 가혹하게 부리는 일이 없어야 한다.

54-55 그가 이 방법들 가운데 어느 것으로도 풀려나지 못한다 해도, 희년이 되면 자유의 몸이 된다. 그는 물론이고 그의 자녀까지도 자유의 몸이 된다. 이는 이스라엘 백성이 나의 종, 곧 내가 이집트에서 이끌어 낸 나의 종이기 때문이다. 나는 **하나님** 너희 하나님이다."

❧

26 1 "너희 자신을 위해 우상들을 만들지 마라. 조각한 신상이나 돌기둥을 세우지 마라. 조각한 돌을 너희 땅에 놓고 그 앞에 절하며 섬기는 일이 없게 하여라. 나는 **하나님** 너희 하나님이다.
2 너희는 나의 안식일을 지키고, 나의 성소를 귀하게 여겨라. 나는 **하나님**이다."

너희가 내 규례를 따라 살면
3-5 "너희가 내 규례를 따라 살고 내 계명을 잘 지키면, 내가 철 따라 비를 내려 줄 것이

brothers becomes poor and sells himself to the foreigner who lives among you or to a member of the foreigner's clan, he still has the right of redemption after he has sold himself. One of his relatives may buy him back. An uncle or cousin or any close relative of his extended family may redeem him. Or, if he gets the money together, he can redeem himself. What happens then is that he and his owner count out the time from the year he sold himself to the year of Jubilee; the buy-back price is set according to the wages of a hired hand for that number of years. If many years remain before the Jubilee, he must pay back a larger share of his purchase price, but if only a few years remain until the Jubilee, he is to calculate his redemption price accordingly. He is to be treated as a man hired from year to year. You must make sure that his owner does not tyrannize him.

54-55 "If he is not redeemed in any of these ways, he goes free in the year of Jubilee, he and his children, because the People of Israel are my servants, my servants whom I brought out of Egypt. I am GOD, *your* God.

❧

26 1 "Don't make idols for yourselves; don't set up an image or a sacred pillar for yourselves, and don't place a carved stone in your land that you can bow down to in worship. I am GOD, *your* God.
2 "Keep my Sabbaths; treat my Sanctuary with reverence. I am GOD.

"If You Live by My Decrees..."
3-5 "If you live by my decrees and obediently keep my commandments, I will send the

다. 땅은 농작물을 내고 들의 나무는 열매를 맺을 것이다. 너희는 포도를 수확할 때까지 타작하고, 다음 파종할 때까지 포도를 거두게 될 것이다. 너희는 배불리 먹고도 남을 만큼 풍성히 거두고 너희 땅에서 아무 걱정 없이 안전하게 살 것이다.

6-10 내가 그 땅을 평화의 땅으로 만들 것이다. 너희는 밤에 아무 두려움 없이 잠들 수 있을 것이다. 내가 그 땅에서 사나운 짐승을 없애고 전쟁을 없애겠다. 너희는 원수를 쫓아내고 원수를 쓰러뜨릴 것이다. 너희 다섯 명이 그들 백 명을 추격하고, 너희 백 명이 그들 만 명을 추격하여 그들을 없애 버릴 것이다. 내가 너희에게 온갖 주의를 기울여, 반드시 너희가 번성하고 너희 수가 많아지게 하며, 내가 너희와 맺은 언약이 제대로 이행되게 하겠다. 너희가 지난해에 거둔 곡식을 다 먹지 못했는데도 햇곡식을 쌓을 자리를 마련하기 위해 창고를 비워야 할 것이다.

11-13 너희가 사는 곳에 나도 같이 살 것이다. 내가 너희를 피하지도 않고 멀리하지도 않겠다. 내가 너희와 함께 거리를 거닐겠다. 나는 너희 하나님이 되고, 너희는 내 백성이 될 것이다. 나는 너희를 이집트에서 구해 내어 더 이상 이집트 사람들의 종이 되지 않게 한 하나님, 곧 너희 하나님이다. 나는 너희에게서 종의 굴레를 벗겨 내어, 너희가 마음껏 자유롭게 다니게 했다."

너희가 내 말에 순종하지 않으면

14-17 "그러나 너희가 내 말에 순종하지 않고 내 계명을 지키지 않으면, 또 내 규례를 멸시하고 내 법도를 경멸하여 순종하지 않고 내 언약을 내팽개치면, 내가 직접 나서서 다음과 같은 재앙을 쏟아붓겠다. 내가 몸을 쇠약하게 하는 병과 열병을 보내고 눈을 어둡게 하여, 너희 생명을 조금씩 쇠약

rains in their seasons, the ground will yield its crops and the trees of the field their fruit. You will thresh until the grape harvest and the grape harvest will continue until planting time; you'll have more than enough to eat and will live safe and secure in your land.

6-10 "I'll make the country a place of peace—you'll be able to go to sleep at night without fear; I'll get rid of the wild beasts; I'll eliminate war. You'll chase out your enemies and defeat them: Five of you will chase a hundred, and a hundred of you will chase ten thousand and do away with them. I'll give you my full attention: I'll make sure you prosper, make sure you grow in numbers, and keep my covenant with you in good working order. You'll still be eating from last year's harvest when you have to clean out the barns to make room for the new crops.

11-13 "I'll set up my residence in your neighborhood; I won't avoid or shun you; I'll stroll through your streets. I'll be your God; you'll be my people. I am GOD, your personal God who rescued you from Egypt so that you would no longer be slaves to the Egyptians. I ripped off the harness of your slavery so that you can move about freely.

"But If You Refuse to Obey Me…"

14-17 "But if you refuse to obey me and won't observe my commandments, despising my decrees and holding my laws in contempt by your disobedience, making a shambles of my covenant, I'll step in and pour on the trouble: debilitating disease, high fevers, blindness, your life leaking out bit by bit. You'll plant

하게 하겠다. 너희가 씨를 뿌리지만, 너희 원
수들이 그 알곡을 먹어 버릴 것이다. 너희 원
수들이 너희를 넘어뜨리는 동안, 나는 그 곁
에서 등을 돌리고 서 있을 것이다. 너희를 미
워하는 자들이 너희를 다스릴 것이다. 너희를
뒤쫓는 자가 없는데도 너희는 겁을 집어먹고
도망치게 될 것이다.

18-20 이렇게 하는데도 너희가 내 말에 주의를
기울이지 않으면, 내가 너희 죄로 인해 너희
를 일곱 배로 벌하겠다. 내가 너희의 그 드센
교만을 꺾어 버리겠다. 너희 머리 위의 하늘
을 철판처럼, 너희 발 아래의 땅을 무쇠처럼
만들어 버리겠다. 너희가 아무리 애써도 아무
것도 얻지 못할 것이다. 땅에서 곡식을 얻지
못하고, 나무에서 열매를 얻지 못할 것이다.

21-22 너희가 나를 거역하고 내 말에 귀를 기
울이지 않으면, 너희가 지은 죄보다 일곱 배
나 더 벌을 내리겠다. 내가 너희에게 들짐승
들을 풀어 놓겠다. 들짐승들이 너희 자녀들을
물어 가고 너희 가축을 죽이고 너희의 수를
크게 줄여서, 너희가 사는 곳은 유령 도시처
럼 황폐해질 것이다.

23-26 이렇게 하는데도 너희가 바뀌지 않고 징
계를 받아들이지 않으며 계속해서 내게 맞서
면, 그때는 내가 너희와 맞설 것이다. 내가 너
희 죄로 인해 너희를 일곱 배로 벌하겠다. 내
가 너희에게 전쟁을 일으켜 너희가 언약을 파
기한 것을 되갚아 주겠다. 너희가 전쟁을 피
해 성 안으로 모여들면 내가 너희에게 치명적
인 전염병을 보내겠다. 너희가 너희 원수 앞
에서 맥없이 무너질 것이다. 내가 너희의 양
식을 끊어 버리면, 열 명의 여인이 한 화덕에
서 빵을 구워 너희에게 나누어 줄 것이다. 너
희는 먹어도 먹은 것 같지 않을 것이다. 아무
도 배부르지 못할 것이다.

27-35 이렇게까지 하는데도 너희가 바뀌지 않
고 여전히 내 말에 귀를 기울이지 않고 나와
맞서면, 내가 더는 두고 보지 않고 진노하여

seed but your enemies will eat the crops.
I'll turn my back on you and stand by while
your enemies defeat you. People who hate
you will govern you. You'll run scared
even when there's no one chasing you.

18-20 "And if none of this works in getting
your attention, I'll discipline you seven
times over for your sins. I'll break your
strong pride: I'll make the skies above
you like a sheet of tin and the ground
under you like cast iron. No matter how
hard you work, nothing will come of it:
No crops out of the ground, no fruit off
the trees.

21-22 "If you defy me and refuse to listen,
your punishment will be seven times
more than your sins: I'll set wild animals
on you; they'll rob you of your children,
kill your cattle, and decimate your
numbers until you'll think you are living
in a ghost town.

23-26 "And if even this doesn't work and
you refuse my discipline and continue
your defiance, then it will be my turn to
defy you. I, yes I, will punish you for your
sins seven times over: I'll let war loose
on you, avenging your breaking of the
covenant; when you huddle in your cities
for protection, I'll send a deadly epidemic
on you and you'll be helpless before
your enemies; when I cut off your bread
supply, ten women will bake bread in
one oven and ration it out. You'll eat, but
barely—no one will get enough.

27-35 "And if this—*even this!*—doesn't
work and you still won't listen, still defy
me, I'll have had enough and in hot anger
will defy you, punishing you for your sins

너희와 맞서고, 너희 죄로 인해 너희를 일곱 배로 벌할 것이다! 극심한 기근이 찾아와서, 너희는 급기야 너희 아들을 삶아 먹고 너희 딸을 구워 먹게 될 것이다. 내가 음란한 종교의 산당을 허물고, 거기에 딸린 기물들도 모두 박살내겠다. 너희의 주검과 우상들의 주검을 한자리에 차곡차곡 쌓아 올리겠다. 내가 너희를 몹시 싫어하여 너희 도시를 돌무더기로 만들어 버리겠다. 너희 성소를 쓸어버리고, 너희가 피워 올리는 '기쁘게 하는 향기'에도 코를 막아 버리겠다. 내가 너희 땅을 생명이 없는 황무지로 만들어 버리겠다. 그 땅을 접수하러 온 너희 원수들이 그 광경을 보고 충격을 받을 것이다. 내가 너희를 세계 곳곳으로 흩어 버리고, 내 칼끝을 너희 등에 겨눈 채로 계속 너희 뒤를 쫓을 것이다. 너희의 땅은 황폐하게 되고, 너희의 도시는 폐허가 될 것이다. 너희가 그 땅을 떠나 너희 원수들의 땅에 흩어져 사는 동안, 너희가 사라진 그 땅은 그제야 쉼을 얻고 안식을 누릴 것이다. 버려져 있는 동안에 그 땅은 쉼을 얻을 것이며, 너희가 그 땅에 사는 동안에 누리지 못했던 쉼, 곧 안식을 누리게 될 것이다.

36-39 너희 가운데 아직 살아남은 자들에게는 내가 두려움을 잔뜩 심어 주겠다. 그들은 나뭇잎 바스락거리는 소리에도 기겁하여 달아날 것이다. 뒤쫓는 자가 없는데도 목숨을 부지하려고 도망치듯이 이리 뛰고 저리 뛰고 갈팡질팡하다가, 극도로 당황해서 서로 걸려 넘어지고 말 것이다. 너희는 원수들과 맞설 수 없을 것이다. 너희는 민족들 가운데서 망하고 너희 원수들의 땅이 너희를 집어삼킬 것이다. 살아남은 자도 원수들의 땅에서 서서히 힘을 잃고, 쇠약해지고 말 것이다. 자신들의 죄로 인해 쇠약해지고, 조상이 지은 죄 때문에 더욱 쇠약해지고 말 것이다."

seven times over: famine will be so severe that you'll end up cooking and eating your sons in stews and your daughters in barbecues; I'll smash your sex-and-religion shrines and all the paraphernalia that goes with them, and then stack your corpses and the idol-corpses in the same piles—I'll abhor you; I'll turn your cities into rubble; I'll clean out your sanctuaries; I'll hold my nose at the "pleasing aroma" of your sacrifices. I'll turn your land into a lifeless moonscape—your enemies who come in to take over will be shocked at what they see. I'll scatter you all over the world and keep after you with the point of my sword in your backs. There'll be nothing left in your land, nothing going on in your cities. With you gone and dispersed in the countries of your enemies, the land, empty of you, will finally get a break and enjoy its Sabbath years. All the time it's left there empty, the land will get rest, the Sabbaths it never got when you lived there.

36-39 "As for those among you still alive, I'll give them over to fearful timidity—even the rustle of a leaf will throw them into a panic. They'll run here and there, back and forth, as if running for their lives even though no one is after them, tripping and falling over one another in total confusion. You won't stand a chance against an enemy. You'll perish among the nations; the land of your enemies will eat you up. Any who are left will slowly rot away in the enemy lands. Rot. And all because of their sins, their sins compounded by their ancestors' sins.

그러나 그들이 자신들의 죄를 고백하면

40-42 "그러나 그들이 자신들의 죄와 조상의 죄, 곧 그들의 배은망덕한 반역과 반항 때문에 내가 그들과 맞서 그들을 원수의 땅으로 쫓아냈다고 고백하면, 행여 그들이 자신들의 굳은 마음을 부드럽게 하여 그들의 죄를 바로잡기만 하면, 내가 야곱과 맺은 내 언약을 기억하고, 이삭과 맺은 내 언약, 아브라함과 맺은 내 언약을 기억할 것이다. 또한 그 땅도 기억하겠다.

43-45 그들이 버리고 떠난 그 땅은 그들이 없는 동안에 안식을 누릴 것이다. 하지만 내 법도를 거절하고 내 규례를 업신여긴 그들은 죄값을 치르게 될 것이다. 그러나 그들의 행실에도 불구하고, 그들이 원수들 가운데 있을 때에, 나는 그들을 내치거나 멸시하거나 완전히 없애지는 않을 것이다. 내가 그들과 맺은 내 언약도 깨뜨리지 않겠다. 나는 **하나님** 그들의 하나님이다. 내가 그들을 위해 그들의 조상과 맺은 언약을 기억할 것이다. 나는 그들의 하나님이 되기 위해, 모든 민족이 지켜보는 앞에서 그들을 이집트에서 이끌어 냈다. 나는 **하나님**이다."

46 이것은 **하나님**께서 시내 산에서 모세를 통해 자신과 이스라엘 백성 사이에 세우신 규례와 법도와 지침이다.

서원 제물의 값

27 1-8 **하나님**께서 모세에게 말씀하셨다. "너는 이스라엘 백성에게 전하여라. 그들에게 이렇게 일러 주어라. 누구든지 **하나님**을 섬기는 사람으로 서원하고 그 값을 드리기로 했으면, 스무 살에서 예순 살에 이르는 남자는 그 값을 성소 세겔을 기준으로 은 오십 세겔로 정하여라. 여자일 경우, 그 값은 삼십 세겔이다. 다섯

"On the Other Hand, If They Confess…"

40-42 "On the other hand, if they confess their sins and the sins of their ancestors, their treacherous betrayal, the defiance that set off my defiance that sent them off into enemy lands; if by some chance they soften their hard hearts and make amends for their sin, I'll remember my covenant with Jacob, I'll remember my covenant with Isaac, and, yes, I'll remember my covenant with Abraham. And I'll remember the land.

43-45 "The land will be empty of them and enjoy its Sabbaths while they're gone. They'll pay for their sins because they refused my laws and treated my decrees with contempt. But in spite of their behavior, while they are among their enemies I won't reject or abhor or destroy them completely. I won't break my covenant with them: I am GOD, their God. For their sake I will remember the covenant with their ancestors whom I, with all the nations watching, brought out of Egypt in order to be their God. I am GOD."

46 These are the decrees, laws, and instructions that GOD established between himself and the People of Israel through Moses at Mount Sinai.

Vows, Dedications, and Redemptions

27 1-8 GOD spoke to Moses: He said, "Speak to the People of Israel. Tell them, If anyone wants to vow the value of a person to the service of GOD, set the value of a man between the ages of twenty and sixty at fifty shekels of silver, according to the Sanctuary shekel. For a woman the valuation is thirty shekels. If the person is

살에서 스무 살 사이면, 남자는 그 값을 이십 세겔, 여자는 그 값을 십 세겔로 정하여라. 생후 한 달에서 다섯 살 사이면, 남자아이는 은 오 세겔, 여자아이는 은 삼 세겔로 값을 정하여라. 예순 살이 넘었으면, 남자는 십오 세겔, 여자는 십 세겔로 값을 정하여라. 너무 가난하여 정한 액수를 낼 수 없는 사람이면, 그를 제사장에게 데려가거라. 제사장은 서원한 그 사람이 낼 수 있는 형편에 따라 그의 값을 정해 주어야 한다.

9-13 그가 받아들여질 만한 짐승을 **하나님**에게 바치기로 서원했으면, 그 짐승은 **하나님**에게 바쳐진 것이므로 성소의 재산이 된다. 좋은 것을 나쁜 것으로, 나쁜 것을 좋은 것으로 바꾸거나 대체해서는 안 된다. 바치려던 짐승을 다른 짐승으로 바꾸면, 본래의 것과 바꾼 것이 모두 성소의 재산이 된다. 그가 서원한 것이 부정한 짐승, 곧 **하나님**에게 바치는 제물로 받아들여질 만한 것이 아니면, 그 짐승을 제사장에게 보여야 한다. 제사장은 비싸든 싸든 그 값을 매길 것이고, 제사장이 정한 값이 그 제물의 값이 될 것이다. 그가 마음을 바꿔 그 짐승을 되사려고 하면, 짐승 값에 오분의 일을 더해서 내야 한다.

14-15 어떤 사람이 자기 집을 거룩하게 구별하여 성소의 재산으로 **하나님**에게 바칠 경우, 제사장이 그 값을 심사하여 비싸든 싸든 그 값을 매기면 제사장이 정한 값이 그 집의 값이 된다. 그 사람이 집을 되사려고 하면, 그 값에 오분의 일을 더해서 내야 다시 자기 것이 된다.

16-21 어떤 사람이 자기 집안의 땅 일부를 거룩하게 구별하여 **하나님**에게 바칠 경우, 그 값은 그 땅에 뿌릴 씨앗의 분량에 따라 정해야 한다. 보리 220리터에 은 오십 세겔의 비율로 정하면 된다. 그가 희

년에 자기 밭을 거룩하게 구별해 바치면, 그 값은 앞서 정한 그대로 하면 된다. 그러나 희년이 지난 다음에 그 밭을 바치면, 제사장이 다음 희년까지 남은 햇수를 계산해서 그 햇수에 비례해 값을 낮추어 정하면 된다. 밭을 바친 사람이 그 밭을 되사려면, 정한 값에 오분의 일을 더해서 내야 한다. 그러면 그 밭은 다시 자기 것이 된다. 그러나 그가 그 밭을 되사지 않거나 다른 사람에게 팔았으면, 다시는 그 밭을 되살 수 없다. 희년이 되어 그 밭이 풀려나더라도, 그 밭은 **하나님**에게 거룩한 것이 되어 성소의 재산, 곧 **하나님**의 밭이 된다. 그 밭은 제사장의 소유가 될 것이다.

²²⁻²⁵ 어떤 사람이 자기 집안의 땅이 아니라 자기가 사들인 밭을 거룩하게 구별하여 **하나님**에게 바치려면, 제사장은 다음 희년까지 남은 햇수를 계산해서 그 햇수에 비례해 값을 매겨야 한다. 그 사람은 그 자리에서 그 값을 **하나님**에게 거룩한 것, 곧 성소에 속한 것으로 바쳐야 한다. 희년이 되면, 그 밭은 밭을 판 사람, 곧 그 밭의 원래 주인에게 돌아간다. 모든 값은 성소 세겔로 정할 것이며, 일 세겔은 이십 게라다.

²⁶⁻²⁷ 짐승의 첫 새끼는 거룩하게 구별하여 바칠 수 없다. 맨 처음 태어난 것은 이미 **하나님**에게 속한 것이기 때문이다. 소든 양이든, 그것은 이미 **하나님**의 것이다. 그러나 바치려는 것이 부정한 짐승이면, 정한 값에 오분의 일을 더해서 되살 수 있다. 되사지 않으려면, 그 짐승은 정한 값에 다른 사람에게 팔아야 한다.

²⁸ 어떤 사람이 자기 소유물 가운데 무엇을 **하나님**에게 온전히 바쳤으면, 사람이든 짐승이든 집안의 땅이든, 그것을 팔거나 되살 수 없다. 모든 헌물은 지극히 거

the rate of fifty shekels of silver to six bushels of barley seed. If he dedicates his field during the year of Jubilee, the set value stays. But if he dedicates it after the Jubilee, the priest will compute the value according to the years left until the next Jubilee, reducing the value proportionately. If the one dedicating it wants to buy it back, he must add twenty percent to its valuation, and then it's his again. But if he doesn't redeem it or sells the field to someone else, it can never be bought back. When the field is released in the Jubilee, it becomes holy to GOD, the possession of the Sanctuary, GOD's field. It goes into the hands of the priests.

²²⁻²⁵ "If a man dedicates to GOD a field he has bought, a field which is not part of the family land, the priest will compute its proportionate value in relation to the next year of Jubilee. The man must pay its value on the spot as something that is now holy to GOD, belonging to the Sanctuary. In the year of Jubilee it goes back to its original owner, the man from whom he bought it. The valuations will be reckoned by the Sanctuary shekel, at twenty gerahs to the shekel.

²⁶⁻²⁷ "No one is allowed to dedicate the first-born of an animal; the firstborn, as firstborn, already belongs to GOD. No matter if it's cattle or sheep, it already belongs to GOD. If it's one of the ritually unclean animals, he can buy it back at its assessed value by adding twenty percent to it. If he doesn't redeem it, it is to be sold at its assessed value.

²⁸ "But nothing that a man irrevocably devotes to GOD from what belongs to him, whether human or animal or family land, may be either sold or bought back. Everything

룩한 것이다. 그것은 **하나님**의 재산으로, 누구에게도 양도할 수 없다.

²⁹ 거룩한 진멸에 바쳐진 사람은 속하여 살려 줄 수 없다. 그는 반드시 죽여야 한다."

❧

³⁰⁻³³ "땅의 곡식이든 나무의 열매든, 땅에서 거둔 소출의 십분의 일은 **하나님**의 것이다. 그것은 **하나님**에게 거룩한 것이다. 어떤 사람이 자신이 바친 십분의 일을 되사고자 할 경우, 그는 그 되사는 값에 오분의 일을 더해서 내야 한다. 소 떼와 양 떼의 십분의 일, 곧 목자의 지팡이 밑으로 지나가는 짐승의 십분의 일은 **하나님**에게 거룩한 것이다. 좋은 것과 나쁜 것을 골라서도 안되고 바꿔서도 안된다. 바꿀 경우, 본래의 것과 바꾼 것이 모두 성소의 소유가 되며 되살 수 없게 된다."

³⁴ 이것은 **하나님**께서 시내 산에서 이스라엘 백성을 위해 모세에게 주신 계명이다.

devoted is holy to the highest degree; it's GOD's inalienable property.

²⁹ "No human who has been devoted to destruction can be redeemed. He must be put to death.

❧

³⁰⁻³³ "A tenth of the land's produce, whether grain from the ground or fruit from the trees, is GOD's. It is holy to GOD. If a man buys back any of the tenth he has given, he must add twenty percent to it. A tenth of the entire herd and flock, every tenth animal that passes under the shepherd's rod, is holy to GOD. He is not permitted to pick out the good from the bad or make a substitution. If he dishonestly makes a substitution, both animals, the original and the substitute, become the possession of the Sanctuary and cannot be redeemed."

³⁴ These are the commandments that GOD gave to Moses on Mount Sinai for the People of Israel.

민수기 |

참다운 인간 공동체를 이루는 것은 긴 시간이 소요되는 복잡다단하고 번거로운 일이다. 한 개인이 성숙한 인간으로 성장하는 데도 최대한 지혜와 인내와 용기를 발휘해야 한다. 그러나 다른 사람들과 더불어 성장하는 것은, 낯선 사람이나 비열한 원수들은 말할 것도 없고 부모와 형제자매와 이웃들과 더불어 성장하는 것조차도 대단히 복잡한 일이다.

민수기는 그처럼 녹록치 않은 성장 과정 속으로 우리를 밀어 넣는다. 성경의 이 부분에 수록된 사건들을 읽다 보면, 우리는 하나님의 백성에 속하는 것이 어떤 것인지 생생히 실감하게 된다. 하나님의 백성은 하나님을 경외하고, 일상생활에서 사랑과 정의를 실천하고, 자신과 타인 안에 있는 죄를 다룰 줄 알고, 하나님의 명령을 따르면서 복된 미래로 나아가는 인간 공동체를 가리킨다. 이 모든 일에는 환상이 끼어들 여지가 없다.

구름이 성막 위로 올라갈 때면 이스라엘 백성이 행진했고, 구름이 내려와 머물 때면 백성이 진을 쳤다. 이스라엘 백성은 하나님의 명령에 따라 행진하고, 하나님의 명령에 따라 진을 쳤다. 구름이 성막 위에 머무는 동안에는 진을 쳤다. 구름이 성막 위에 여러 날을 머물면, 그들은 하나님의 명령에 따라 행진하지 않았다. 구름이 성막 위에 머물러 있는 동안에는 하나님의 명령에 순종하여 진 안에 머물렀고, 하나님께서 명령을 내리시면 곧바로 행진했

Becoming a truly human community is a long, complex, messy business. Simply growing up as a man or woman demands all the wisdom and patience and courage that we can muster. But growing up with others, parents and siblings and neighbors, to say nothing of odd strangers and mean enemies, immensely complicates the growing up.

The book of Numbers plunges us into the mess of growing up. The pages in this section of the biblical story give us a realistic feel for what is involved in being included in the people of God, which is to say, a human community that honors God, lives out love and justice in daily affairs, learns how to deal with sin in oneself and others, and follows God's commands into a future of blessing. And all this without illusions.

When the Cloud lifted above the Tent, the People of Israel marched out; and when the Cloud descended the people camped. The People of Israel marched at GOD's command and they camped at his command. As long as the Cloud was over The Dwelling, they camped. Even when the Cloud hovered over The Dwelling for many days, they honored GOD's command and wouldn't march. They stayed in camp, obedient to GOD's command, as long as the Cloud was over The Dwelling, but the

다. 구름이 해가 질 무렵부터 새벽녘까지 머물다가 동이 틀 무렵에 올라가면, 그들은 행진했다. 밤이든 낮이든 상관없이, 구름이 올라가면 그들은 행진했다. 구름이 성막 위에 이틀을 머물든 한 달을 머물든 한 해를 머물든 상관이 없었다. 구름이 성막 위에 머무는 동안에는 그들도 그 자리에 머물렀다. 그러다가 구름이 올라가면, 그들도 일어나 행진했다. 그들은 하나님의 명령에 따라 진을 치고, 하나님의 명령에 따라 행진했다. 그들은 모세가 전한 하나님의 명령에 순종하며 살았다(민 9:17-23).

우리 가운데 상당수는 낭만적으로 묘사된 영성을 마음속에 그리며 좋아한다. 이를테면 "하나님께서 하늘에 계시니 모든 것이 세상과 제대로 어우러지네"(로버트 브라우닝의 '피파의 노래' 일부—옮긴이)와 같은 식의 생각 말이다. 일이 "제대로" 되지 않을 때, 우리는 다른 사람이나 자신을 탓하고, 할 수 있는 최선을 다해 상황을 헤쳐 나가고, 종종 성질을 부리고, 다른 시대—아마도 '성경 시대'!—에 태어났더라면 거룩하게 사는 것이 훨씬 쉬웠을 것이라고 생각한다. 하지만 그것은 헛된 생각일 뿐이다. 하나님께 지음받은 인간이 되어 순종하는 믿음과 희생적인 사랑의 삶으로 부름받는다는 것이 무슨 뜻인지를 보여주는 기본 교재인 성경 어디에도, 사는 것이 쉽다거나 '자연스러운 것'이라고 암시하는 대목은 없다. 따라서 우리는 많은 도움이 필요하다.

우리는 조직적인 도움이 필요하다. 공동체 안에서 함께 지낼 때는, 업무를 분담하고 지도자를 임명하고 물품 목록을 갖추어 두어야 한다. 수를 세고 목록을 작성하고 명부를 갖추는 것은 기도와 가르침과 정의만큼이나 하나님의 공동체로 살아가는 데 꼭 필요한 요소다. 정확한 계산법은 하나님의 백성이 갖추어야 할 덕목이다.

moment GOD issued orders they marched. If the Cloud stayed only from sunset to daybreak and then lifted at daybreak, they marched. Night or day, it made no difference—when the Cloud lifted, they marched. It made no difference whether the Cloud hovered over The Dwelling for two days or a month or a year, as long as the Cloud was there, they were there. And when the Cloud went up, they got up and marched. They camped at GOD's command and they marched at GOD's command. They lived obediently by GOD's orders as delivered by Moses(Numbers 9:17-23).

Many of us fondle a romanticized spirituality in our imaginations. The "God's in his heaven/all's right with the world" sort of thing. When things don't go "right" we blame others or ourselves, muddle through as best we can, often with considerable crankiness, and wish that we had been born at a different time—"Bible times" maybe!—when living a holy life was so much easier. That's odd because the Bible, our primary text for showing us what it means to be a human being created by God and called to a life of obedient faith and sacrificial love, nowhere suggests that life is simple or even "natural." We need a lot of help.

We need organizational help. When people live together in community, jobs have to be assigned, leaders appointed, inventories kept. Counting and list-making and rosters are as much a part of being a community of God as prayer and instruction and justice. Accurate arithmetic is an aspect of becoming a people of God.

우리는 관계의 측면에서도 도움이 필요하다. 우리는 하나님의 부르심과 인도하심과 명령을 받는 사람들이, 싸우고 말다툼하고 불평하고 반역하고 간음하고 도둑질하는 등 많은 죄를 범하는 남녀 무리와 함께 있음을 알게 된다. 함께 살아가는 데는 도움이 필요하다. 하나님의 백성이 되는 데는 사려 깊은 훈련이 필요하다.

수를 세는 일과 다툼이 민수기의 상당 부분을 차지한다. 그것들은 우리가 하나님의 백성이 되는 데 있어서 피할 수 없는 부분이다. 이처럼 결코 낭만적이지 않은 세부사항을 받아들이도록 우리의 상상력을 훈련시켜서, 하나님의 백성이 되어 가는 데 꼭 필요한 책이 바로 민수기다.

And we need relational help. The people who find themselves called and led and commanded by God find themselves in the company of men and women who sin a lot—quarrel, bicker, grumble, rebel, fornicate, steal—you name it, we do it. We need help in getting along with each other. Wise discipline is required in becoming a people of God.

It follows that counting and quarreling take up considerable space in the book of Numbers. Because they also continue to be unavoidable aspects of our becoming the people of God, this book is essential in training our imaginations to take in some of these less-than-romantic details by which we are formed into the people of God.

민수기

NUMBERS

시내 광야에서의 인구조사

1 1-5 이스라엘 자손이 이집트에서 나온 이듬해 둘째 달 첫째 날에 하나님께서 시내 광야 회막에서 모세에게 말씀하셨다. "너는 가문과 집안별로 이스라엘 백성 온 회중의 수를 세어, 모든 남자의 이름을 명부에 올려라. 너와 아론은 군에 입대해 싸울 수 있는 스무 살 이상 된 남자들을 모두 부대별로 등록시켜야 한다. 각 지파에서 한 사람씩, 곧 지파마다 우두머리를 한 사람씩 뽑아 너희를 돕게 하여라. 너희를 도와줄 사람들의 이름은 이러하다.

르우벤 지파에서는 스데울의 아들 엘리술
6 시므온 지파에서는 수리삿대의 아들 슬루미엘
7 유다 지파에서는 암미나답의 아들 나손
8 잇사갈 지파에서는 수알의 아들 느다넬
9 스불론 지파에서는 헬론의 아들 엘리압
10 요셉의 아들들 가운데
에브라임 지파에서는 암미훗의 아들 엘리사마
므낫세 지파에서는 브다술의 아들 가말리엘
11 베냐민 지파에서는 기드오니의 아들 아비단
12 단 지파에서는 암미삿대의 아들 아히

Census in the Wilderness of Sinai

1 1-5 GOD spoke to Moses in the Wilderness of Sinai at the Tent of Meeting on the first day of the second month in the second year after they had left Egypt. He said, "Number the congregation of the People of Israel by clans and families, writing down the names of every male. You and Aaron are to register, company by company, every man who is twenty years and older who is able to fight in the army. Pick one man from each tribe who is head of his family to help you. These are the names of the men who will help you:

from Reuben: Elizur son of Shedeur
6 from Simeon: Shelumiel son of Zurishaddai
7 from Judah: Nahshon son of Amminadab
8 from Issachar: Nethanel son of Zuar
9 from Zebulun: Eliab oson of Helon
10 from the sons of Joseph,
from Ephraim: Elishama son of Ammihud
from Manasseh: Gamaliel son of Pedahzur
11 from Benjamin: Abidan son of Gideoni
12 from Dan: Ahiezer son of Ammishaddai
13 from Asher: Pagiel son of Ocran

에셀

13 아셀 지파에서는 오그란의 아들 바
기엘

14 갓 지파에서는 드우엘의 아들 엘리
아삽

15 납달리 지파에서는 에난의 아들 아
히라.

16 이들은 회중 가운데서 선출된 사람들
로, 조상 때부터 내려온 지파들의 지도자
들이자 이스라엘 각 부대의 우두머리들
이다.

17-19 모세와 아론은 자신들을 돕도록 임
명된 이 사람들을 데리고, 둘째 달 첫째
날에 온 회중을 불러 모았다. 백성이 자
기 가문과 조상의 집안별로 명부에 등록
하고, 스무 살 이상 된 남자들의 이름을
명부에 기록했다. 하나님께서 모세에게
명령하신 대로 한 것이다. 모세는 시내
광야에서 그들의 수를 세었다.

20-21 이스라엘의 맏아들 르우벤의 자손
가운데 군에 입대해 싸울 수 있는 스무
살 이상 된 남자로 조상의 가문과 집안별
로 등록된 사람을 하나하나 세었다. 르우
벤 지파는 그 수가 46,500명이었다.

22-23 시므온의 자손 가운데 군에 입대해
싸울 수 있는 스무 살 이상 된 남자로 가
문과 집안별로 등록된 사람을 하나하나
세었다. 시므온 지파는 그 수가 59,300명
이었다.

24-25 갓의 자손 가운데 군에 입대해 싸울
수 있는 스무 살 이상 된 남자로 가문과
집안별로 등록된 사람을 하나하나 세었
다. 갓 지파는 그 수가 45,650명이었다.

26-27 유다의 자손 가운데 군에 입대해 싸
울 수 있는 스무 살 이상 된 남자로 가문
과 집안별로 등록된 사람을 하나하나 세

14 from Gad: Eliasaph son of Deuel
15 from Naphtali: Ahira son of Enan."

16 These were the men chosen from the congregation, leaders of their ancestral tribes, heads of Israel's military divisions.

17-19 Moses and Aaron took these men who had been named to help and gathered the whole congregation together on the first day of the second month. The people registered themselves in their tribes according to their ancestral families, putting down the names of those who were twenty years old and older, just as GOD commanded Moses. He numbered them in the Wilderness of Sinai.

20-21 The line of Reuben, Israel's firstborn: The men were counted off head by head, every male twenty years and older who was able to fight in the army, registered by tribes according to their ancestral families. The tribe of Reuben numbered 46,500.

22-23 The line of Simeon: The men were counted off head by head, every male twenty years and older who was able to fight in the army, registered by clans and families. The tribe of Simeon numbered 59,300.

24-25 The line of Gad: The men were counted off head by head, every male twenty years and older who was able to fight in the army, registered by clans and families. The tribe of Gad numbered 45,650.

26-27 The line of Judah: The men were counted off head by head, every male twenty years and older who was able to fight in the army, registered by clans and families. The tribe of Judah numbered 74,600.

28-29 The line of Issachar: The men were

었다. 유다 지파는 그 수가 74,600명이
었다.

28-29 잇사갈의 자손 가운데 군에 입대
해 싸울 수 있는 스무 살 이상 된 남자
로 가문과 집안별로 등록된 사람을 하
나하나 세었다. 잇사갈 지파는 그 수가
54,400명이었다.

30-31 스불론의 자손 가운데 군에 입대
해 싸울 수 있는 스무 살 이상 된 남자
로 가문과 집안별로 등록된 사람을 하
나하나 세었다. 스불론 지파는 그 수가
57,400명이었다.

32-33 요셉의 아들 에브라임의 자손 가
운데 군에 입대해 싸울 수 있는 스무 살
이상 된 남자로 가문과 집안별로 등록
된 사람을 하나하나 세었다. 에브라임
지파는 그 수가 40,500명이었다.

34-35 요셉의 아들 므낫세의 자손 가운
데 군에 입대해 싸울 수 있는 스무 살 이
상 된 남자로 가문과 집안별로 등록된
사람을 하나하나 세었다. 므낫세 지파
는 그 수가 32,200명이 었다.

36-37 베냐민의 자손 가운데 군에 입대
해 싸울 수 있는 스무 살 이상 된 남자
로 가문과 집안별로 등록된 사람을 하
나하나 세었다. 베냐민 지파는 그 수가
35,400명이었다.

38-39 단의 자손 가운데 군에 입대해 싸
울 수 있는 스무 살 이상 된 남자로 가
문과 집안별로 등록된 사람을 하나하나
세었다. 단 지파는 그 수가 62,700명이
었다.

40-41 아셀의 자손 가운데 군에 입대해
싸울 수 있는 스무 살 이상 된 남자로 가
문과 집안별로 등록된 사람을 하나하나
세었다. 아셀 지파는 그 수가 41,500명
이었다.

42-43 납달리의 자손 가운데 군에 입대

counted off head by head, every male twenty years and older who was able to fight in the army, registered by clans and families. The tribe of Issachar numbered 54,400.

30-31 The line of Zebulun: The men were counted off head by head, every male twenty years and older who was able to fight in the army, registered by clans and families. The tribe of Zebulun numbered 57,400.

32-33 The line of Joseph: From son Ephraim the men were counted off head by head, every male twenty years and older who was able to fight in the army, registered by clans and families. The tribe of Ephraim numbered 40,500.

34-35 And from son Manasseh the men were counted off head by head, every male twenty years and older who was able to fight in the army, registered by clans and families. The tribe of Manasseh numbered 32,200.

36-37 The line of Benjamin: The men were counted off head by head, every male twenty years and older who was able to fight in the army, registered by clans and families. The tribe of Benjamin numbered 35,400.

38-39 The line of Dan: The men were counted off head by head, every male twenty years and older who was able to fight in the army, registered by clans and families. The tribe of Dan numbered 62,700.

40-41 The line of Asher: The men were counted off head by head, every male twenty years and older who was able to fight in the army, registered by clans and families. The tribe of Asher numbered 41,500.

42-43 The line of Naphtali: The men were counted off head by head, every male twenty years and older who was able to fight in the

해 싸울 수 있는 스무 살 이상 된 남자로
가문과 집안별로 등록된 사람을 하나하
나 세었다. 납달리 지파는 그 수가 53,400
명이었다.

44-46 이것은 모세와 아론이 이스라엘 가
문을 대표하는 열두 지도자의 도움을 받
아 등록시킨 사람들의 수다. 군에 입대해
싸울 수 있는 스무 살 이상 된 사람으로
조상의 가문별로 계수된 이스라엘 백성
의 수는, 모두 603,550명이었다.

47-51 그러나 레위인은 다른 지파들과 함
께 자기 조상의 가문별로 계수되지 않았
다. 하나님께서 모세에게 말씀하셨다.
"레위 지파는 예외다. 그들은 등록시키지
마라. 레위 지파의 수는 세지 않아도 된
다. 이스라엘 백성을 대상으로 한 인구조
사에 그들을 포함시키지 마라. 대신 레위
인에게 증거판이 보관된 성막과 그 모든
기구와 거기에 딸린 모든 것을 맡게 하여
라. 그들은 성막과 그 모든 기구를 나르고
성막을 관리하며 성막 주위에 진을 치고
살아야 한다. 성막을 옮길 때가 되면 레위
인이 그것을 거두고, 성막을 세울 때가 되
면 레위인이 그것을 세워야 한다. 그들 외
에 성막에 가까이 다가오는 자는 죽임을
당할 것이다.

52-53 나머지 이스라엘 백성은 부대별로
자기 진영의 깃발 아래 장막을 쳐야 한다.
그러나 레위인은 증거판이 보관된 성막
주위에 진을 쳐서, 진노가 이스라엘 공동
체에 임하지 않게 해야 한다. 레위인의 임
무는 증거판이 보관된 성막을 안전하게
지키는 것이다."

54 이스라엘 백성은 하나님께서 모세에게
명령하신 모든 것을 행했다. 그들은 그 모
든 일을 빠짐없이 행했다.

army, registered by clans and families. The
tribe of Naphtali numbered 53,400.

44-46 These are the numbers of those registered
by Moses and Aaron, registered with the help
of the leaders of Israel, twelve men, each repre-
senting his ancestral family. The sum total of
the People of Israel twenty years old and over
who were able to fight in the army, counted by
ancestral family, was 603,550.

47-51 The Levites, however, were not counted
by their ancestral family along with the
others. GOD had told Moses, "The tribe of
Levi is an exception: Don't register them.
Don't count the tribe of Levi; don't include
them in the general census of the People of
Israel. Instead, appoint the Levites to be in
charge of The Dwelling of The Testimony—
over all its furnishings and everything
connected with it. Their job is to carry The
Dwelling and all its furnishings, maintain it,
and camp around it. When it's time to move
The Dwelling, the Levites will take it down,
and when it's time to set it up, the Levites will
do it. Anyone else who even goes near it will
be put to death.

52-53 "The rest of the People of Israel will set
up their tents in companies, every man in his
own camp under its own flag. But the Levites
will set up camp around The Dwelling of The
Testimony so that wrath will not fall on the
community of Israel. The Levites are respon-
sible for the security of The Dwelling of The
Testimony."

54 The People of Israel did everything that
GOD commanded Moses. They did it all.

행진 순서

2 ¹⁻² **하나님**께서 모세와 아론에게 말씀하셨다. "이스라엘 백성은 회막을 에워싸고 둘레에 진을 치되, 회막을 마주 보도록 쳐야 한다. 부대마다 자기 지파를 표시하는 깃발 아래 진을 쳐야 한다.

³⁻⁴ 동쪽 해 뜨는 쪽에는 유다 지파의 진영에 속한 부대들이 그 진영의 깃발 아래 진을 친다. 유다 지파의 지휘관은 암미나답의 아들 나손이며, 그가 이끌 병력의 수는 74,600명이다.

⁵⁻⁶ 잇사갈 지파는 유다 지파 옆에 진을 친다. 잇사갈 지파의 지휘관은 수알의 아들 느다넬이며, 그가 이끌 병력의 수는 54,400명이다.

⁷⁻⁸ 스불론 지파도 유다 지파 옆에 진을 친다. 스불론 지파의 지휘관은 헬론의 아들 엘리압이며, 그가 이끌 병력의 수는 57,400명이다.

⁹ 유다 진영에 배속된 각 부대의 군사 수는 모두 186,400명이다. 이들이 선두에 서서 행진할 것이다."

¹⁰⁻¹¹ "남쪽에는 르우벤 지파의 진영에 속한 부대들이 그 진영의 깃발 아래 진을 친다. 르우벤 지파의 지휘관은 스데울의 아들 엘리술이며, 그가 이끌 병력의 수는 46,500명이다.

¹²⁻¹³ 시므온 지파는 르우벤 지파 옆에 진을 친다. 시므온 지파의 지휘관은 수리삿대의 아들 슬루미엘이며, 그가 이끌 병력의 수는 59,300명이다.

¹⁴⁻¹⁵ 갓 지파도 르우벤 지파 옆에 진을 친다. 갓 지파의 지휘관은 드우엘의 아들 엘리아삽이며, 그가 이끌 병력의 수는 45,650명이다.

¹⁶ 르우벤 진영에 배속된 각 부대의 군사 수는 모두 151,450명이다. 이들이 두 번째로 행진한다."

Marching Orders

2 ¹⁻² GOD spoke to Moses and Aaron. He said, "The People of Israel are to set up camp circling the Tent of Meeting and facing it. Each company is to camp under its distinctive tribal flag."

³⁻⁴ To the east toward the sunrise are the companies of the camp of Judah under its flag, led by Nahshon son of Amminadab. His troops number 74,600.

⁵⁻⁶ The tribe of Issachar will camp next to them, led by Nethanel son of Zuar. His troops number 54,400.

⁷⁻⁸ And the tribe of Zebulun is next to them, led by Eliab son of Helon. His troops number 57,400.

⁹ The total number of men assigned to Judah, troop by troop, is 186,400. They will lead the march.

¹⁰⁻¹¹ To the south are the companies of the camp of Reuben under its flag, led by Elizur son of Shedeur. His troops number 46,500.

¹²⁻¹³ The tribe of Simeon will camp next to them, led by Shelumiel son of Zurishaddai. His troops number 59,300.

¹⁴⁻¹⁵ And the tribe of Gad is next to them, led by Eliasaph son of Deuel. His troops number 45,650.

¹⁶ The total number of men assigned to Reuben, troop by troop, is 151,450. They are second in the order of the march.

¹⁷ The Tent of Meeting with the camp of the Levites takes its place in the middle of the march. Each tribe will march in the same order in which they camped, each under its

17 "회막은 레위인의 진영과 함께 행진 대열의 중앙에 위치한다. 각 지파가 진을 친 순서대로 행진하되, 각자 자기 깃발을 따라 행진한다."

18-19 "서쪽에는 에브라임 지파의 진영에 속한 부대들이 그 진영의 깃발 아래 진을 친다. 에브라임 지파의 지휘관은 암미훗의 아들 엘리사마이며, 그가 이끌 병력의 수는 40,500명이다.

20-21 므낫세 지파는 에브라임 지파 옆에 진을 친다. 므낫세 지파의 지휘관은 브다술의 아들 가말리엘이며, 그가 이끌 병력의 수는 32,200명이다.

22-23 베냐민 지파도 에브라임 지파 옆에 진을 친다. 베냐민 지파의 지휘관은 기드오니의 아들 아비단이며, 그가 이끌 병력의 수는 35,400명이다.

24 에브라임 진영에 배속된 각 부대의 군사 수는 모두 108,100명이다. 이들이 세 번째로 행진한다."

25-26 "북쪽에는 단 지파의 진영에 속한 부대들이 그 진영의 깃발 아래 진을 친다. 단 지파의 지휘관은 암미삿대의 아들 아히에셀이며, 그가 이끌 병력의 수는 62,700명이다.

27-28 아셀 지파는 단 지파 옆에 진을 친다. 아셀 지파의 지휘관은 오그란의 아들 바기엘이며, 그가 이끌 병력의 수는 41,500명이다.

29-30 납달리 지파도 단 지파 옆에 진을 친다. 납달리 지파의 지휘관은 에난의 아들 아히라이며, 그가 이끌 병력의 수는 53,400명이다.

31 단 진영에 배속된 각 부대의 군사 수는 모두 157,600명이다. 이들은 자기 진영의 깃발 아래 행진 대열의 맨 마지막에 자리를 잡고 출발한다."

32-33 이들은 자기 조상의 가문에 따라 계수

own flag.

18-19 To the west are the companies of the camp of Ephraim under its flag, led by Elishama son of Ammihud. His troops number 40,500.

20-21 The tribe of Manasseh will set up camp next to them, led by Gamaliel son of Pedahzur. His troops number 32,200.

22-23 And next to him is the camp of Benjamin, led by Abidan son of Gideoni. His troops number 35,400.

24 The total number of men assigned to the camp of Ephraim, troop by troop, is 108,100. They are third in the order of the march.

25-26 To the north are the companies of the camp of Dan under its flag, led by Ahiezer son of Ammishaddai. His troops number 62,700.

27-28 The tribe of Asher will camp next to them, led by Pagiel son of Ocran. His troops number 41,500.

29-30 And next to them is the tribe of Naphtali, led by Ahira son of Enan. His troops number 53,400.

31 The total number of men assigned to the camp of Dan number 157,600. They will set out, under their flags, last in the line of the march.

32-33 These are the People of Israel, counted according to their ancestral families. The total number in the camps, counted troop by troop, comes to 603,550. Following GOD's command to Moses, the Levites were not counted in with the rest

된 이스라엘 백성이다. 모든 진영에서 부대별로 계수된 군사 수는 모두 603,550명에 달했다. 그러나 **하나님**께서 모세에게 내리신 명령에 따라, 레위인은 나머지 이스라엘 자손과 함께 계수되지 않았다.

³⁴ 이스라엘 백성은 **하나님**께서 모세에게 명령하신 대로 모두 행했다. 그들은 각각 자기 진영의 깃발 아래 진을 치고, 자기 조상의 가문과 함께 지파별로 행진했다.

레위인

3 ¹ **하나님**께서 시내 산에서 모세와 말씀하시던 때에 아론과 모세의 족보는 이러하다.

²⁻⁴ 아론의 아들들의 이름은 맏아들 나답, 그 아래로 아비후, 엘르아살, 이다말이다. 이들은 제사장으로 섬기도록 위임받고, 기름부음을 받은 제사장들이다. 그러나 나답과 아비후는 시내 광야에서 규정에 어긋난 제물을 **하나님**께 드리다가 **하나님** 앞에서 죽었다. 그들이 아들 없이 죽었으므로, 엘르아살과 이다말이 아버지 아론이 살아 있는 동안 제사장 직무를 수행했다.

⁵⁻¹⁰ **하나님**께서 모세에게 말씀하셨다. "너는 레위 지파를 앞으로 나오게 하여라. 그들을 아론에게 맡겨 그를 돕게 하여라. 그들은 성막 일을 수행하여 회막 앞에서 아론과 온 회중을 위해 일하게 될 것이다. 그들의 임무는 성막의 모든 기구를 책임지고, 이스라엘 백성이 의무를 다하기 위해 나아올 때 성막 일을 수행하는 것이다. 너는 레위인을 아론과 그의 아들들에게 맡겨라. 그들은 전적으로 아론을 위해 일하도록 임명된 사람들이다. 아론과 그의 아들들을 세워 제사장 직무를 수행하게 하여라. 누구든지 다른 사람이 그를 밀치고 들어오려고 하다가는 죽임을 당할 것이다."

¹¹⁻¹³ **하나님**께서 모세에게 말씀하셨다. "나

of Israel.

³⁴ The People of Israel did everything the way GOD commanded Moses: They camped under their respective flags; they marched by tribe with their ancestral families.

The Levites

3 ¹ This is the family tree of Aaron and Moses at the time GOD spoke with Moses on Mount Sinai.

²⁻⁴ The names of the sons of Aaron: Nadab the firstborn, Abihu, Eleazar, and Ithamar—anointed priests ordained to serve as priests. But Nadab and Abihu fell dead in the presence of GOD when they offered unauthorized sacrifice to him in the Wilderness of Sinai. They left no sons, and so only Eleazar and Ithamar served as priests during the lifetime of their father, Aaron.

⁵⁻¹⁰ GOD spoke to Moses. He said, "Bring forward the tribe of Levi and present them to Aaron so they can help him. They shall work for him and the whole congregation at the Tent of Meeting by doing the work of The Dwelling. Their job is to be responsible for all the furnishings of The Dwelling, ministering to the affairs of The Dwelling as the People of Israel come to perform their duties. Turn the Levites over to Aaron and his sons; they are the ones assigned to work full time for him. Appoint Aaron and his sons to minister as priests; anyone else who tries to elbow his way in will be put to death."

¹¹⁻¹³ GOD spoke to Moses: "I have taken the Levites from among the People of

는 이스라엘 백성 가운데서 레위인을 택하여, 모든 이스라엘 어머니의 맏아들을 대신하게 했다. 레위인은 나의 것이다. 처음 태어난 것은 모두 나의 것이다. 내가 이집트에서 처음 태어난 것을 모두 죽여 없애던 때에, 사람이든 짐승이든 이스라엘에서 처음 태어난 것은 모두 거룩하게 구별하여 나의 것으로 삼았다. 그들은 나의 것이다. 나는 **하나님**이다."

14-16 **하나님**께서 시내 광야에서 모세에게 말씀하셨다. "레위 자손의 수를 조상의 가문과 집안별로 세어라. 태어난 지 한 달 이상 된 남자의 수를 모두 세어라." 모세는 **하나님**께서 지시하신 대로 그들의 수를 세었다.

17 레위의 아들들의 이름은 게르손, 고핫, 므라리다.

18 게르손의 아들들의 이름은 가문별로 립니, 시므이다.

19 고핫의 아들들은 가문별로 아므람, 이스할, 헤브론, 웃시엘이다.

20 므라리의 아들들은 가문별로 마흘리, 무시다.

이는 가문별로 살펴본 레위의 자손이다.

21-26 게르손은 립니 가문과 시므이 가문의 조상이다. 이들은 게르손 가문으로 알려졌다. 그들 중 태어난 지 한 달 이상 된 남자의 수는 모두 7,500명이었다. 게르손 자손은 성막 뒤편 서쪽에 진을 쳤으며, 라엘의 아들 엘리아삽이 그들을 이끌었다. 게르손 자손이 회막에서 맡은 일은 성막과 장막과 그 덮개, 회막 입구를 가리는 막, 뜰의 휘장, 성막과 제단을 둘러싼 뜰의 입구를 가리는 막, 여러 가지 줄, 그 밖에 이와 관련된 모든 일을 관리하는 것이었다.

27-32 고핫은 아므람 가문과 이스할 가문과 헤브론 가문과 웃시엘 가문의 조상이다. 이들은 고핫 가문으로 알려졌다. 그들 중 태어난 지 한 달 이상 된 남자의 수는 모두

Israel as a stand-in for every Israelite mother's firstborn son. The Levites belong to me. All the firstborn are mine—when I killed all the firstborn in Egypt, I consecrated for my own use every firstborn in Israel, whether human or animal. They belong to me. I am GOD."

14-16 GOD spoke to Moses in the Wilderness of Sinai: "Count the Levites by their ancestral families and clans. Count every male a month old and older." Moses counted them just as he was instructed by the mouth of GOD.

17 These are the names of the sons of Levi: Gershon, Kohath, and Merari.

18 These are the names of the Gershonite clans: Libni and Shimei.

19 The sons of Kohath by clan: Amram, Izhar, Hebron, and Uzziel.

20 The sons of Merari by clan: Mahli and Mushi.

These are the clans of Levi, family by family.

21-26 Gershon was ancestor to the clans of the Libnites and Shimeites, known as the Gershonite clans. All the males who were one month and older numbered 7,500. The Gershonite clans camped on the west, behind The Dwelling, led by Eliasaph son of Lael. At the Tent of Meeting the Gershonites were in charge of maintaining The Dwelling and its tent, its coverings, the screen at the entrance to the Tent of Meeting, the hangings of the Courtyard, the screen at the entrance to the Courtyard that surrounded The Dwelling and Altar, and the cords—in short, everything having to do with these things.

27-32 Kohath was ancestor to the clans of the Amramites, Izharites, Hebronites, and Uzzielites. These were known as the

8,600명이었다. 고핫 자손은 성소를 맡았다. 고핫 자손은 성막 남쪽에 진을 쳤으며, 웃시엘의 아들 엘리사반이 그들을 이끌었다. 그들이 맡은 일은 증거궤와 상과 등잔대와 제단들, 예식에 쓰는 성소의 물품과 휘장, 그 밖에 이와 관련된 모든 일을 관리하는 것이었다. 제사장 아론의 아들 엘르아살이 레위인의 지도자들과 성소 맡은 이들을 감독했다.

33-37 므라리는 마흘리 가문과 무시 가문의 조상이다. 이들은 므라리 가문으로 알려졌다. 그들 중 태어난 지 한 달 이상 된 남자의 수는 모두 6,200명이었다. 그들은 성막 북쪽에 진을 쳤으며, 아비하일의 아들 수리엘이 그들을 이끌었다. 므라리 자손이 맡은 일은 성막의 널판과 가로다지, 기둥, 밑받침, 성막에 딸린 모든 기구와 이와 관련된 모든 물건을 책임지고, 뜰 둘레에 세우는 기둥과 밑받침, 장막 말뚝과 여러 가지 줄을 관리하는 것이었다.

38 모세와 아론과 그의 아들들은 성막 동쪽, 곧 회막 앞 해 뜨는 쪽에 진을 쳤다. 그들이 맡은 일은 이스라엘 백성을 위해 성소를 관리하고 예배 의식을 거행하는 것이었다. 이들 외에 이 직무를 수행하려고 한 사람은 누구든지 죽임을 당했다.

39 하나님의 명령에 따라 모세와 아론이 가문별로 계수한 레위인, 곧 태어난 지 한 달 이상 된 남자의 수는 모두 22,000명이었다.

40-41 하나님께서 모세에게 말씀하셨다. "이스라엘 백성 가운데서 태어난 지 한 달 이상 된 모든 맏아들의 수를 세어라. 그들의 이름을 명부에 올려라. 이스라엘 백성의 모든 맏아들 대신에 레위인을 나의 것으로 따로 떼어 놓아라. 기억하여라. 나는 하나님이다. 이스라엘 백성의 가축 대신

에 레위인의 가축을 나의 것으로 따로 떼어 놓아라. 나는 **하나님**이다."

42-43 모세는 **하나님**께서 명령하신 대로, 이스라엘 백성의 모든 맏아들의 수를 세었다. 태어난 지 한 달 이상 된 맏아들, 곧 명부에 이름을 올린 맏아들의 수는 모두 22,273명이었다.

44-48 **하나님**께서 다시 모세에게 말씀하셨다. "너는 이스라엘 백성의 모든 맏아들 대신에 레위인을 택하고, 이스라엘 백성의 가축 대신에 레위인의 가축을 택하여라. 레위인은 나의 것이다. 나는 **하나님**이다. 이스라엘 자손의 맏아들 가운데서 레위인의 수를 초과하는 273명을 대속하되, (이십 게라가 일 세겔인) 성소 세겔로 한 사람에 오 세겔씩 거두어 대속하여라. 이렇게 거둔 돈을 레위인의 수를 초과하는 이스라엘 자손을 대속하는 값으로 아론과 그의 아들들에게 주어라."

49-51 모세는 레위인이 대속한 사람들의 수를 초과한 이들에게서 대속의 값을 거두었다. 그는 이스라엘 자손의 맏아들 273명에게서 성소 세겔로 은 1,365세겔을 거두었다. **하나님**께서 말씀하신 대로 모세는 그 대속의 값을 아론과 그의 아들들에게 주었다. 그는 이렇게 **하나님**께서 명령하신 대로 행했다.

고핫 자손의 임무

4 1-3 **하나님**께서 모세와 아론에게 말씀하셨다. "레위 자손 가운데서 고핫 자손의 수를 가문과 집안별로 세어라. 서른 살에서 쉰 살까지 회막 일을 할 만한 남자의 수를 모두 세어라.

4 고핫 자손이 회막에서 맡을 일은, 지극히 거룩한 것들을 보살피는 것이다.

5-6 진이 출발하려고 할 때, 아론과 그의 아들들은 안으로 들어가서 칸막이 휘장

are one month and older. List their names. Then set apart for me the Levites—remember, I am GOD—in place of all the firstborn among the People of Israel, also the livestock of the Levites in place of their livestock. I am GOD."

42-43 So, just as GOD commanded him, Moses counted all the firstborn of the People of Israel. The total of firstborn males one month and older, listed by name, numbered 22,273.

44-48 Again GOD spoke to Moses. He said, "Take the Levites in place of all the firstborn of Israel and the livestock of the Levites in place of their livestock. The Levites are mine, I am GOD. Redeem the 273 firstborn Israelites who exceed the number of Levites by collecting five shekels for each one, using the Sanctuary shekel (the shekel weighing twenty gerahs). Give that money to Aaron and his sons for the redemption of the excess number of Israelites."

49-51 So Moses collected the redemption money from those who exceeded the number redeemed by the Levites. From the 273 firstborn Israelites he collected silver weighing 1,365 shekels according to the Sanctuary shekel. Moses turned over the redemption money to Aaron and his sons, as he was commanded by the word of GOD.

Duties of the Kohathites

4 1-3 GOD spoke to Moses and Aaron. He said, "Number the Kohathite line of Levites by clan and family. Count all the men from thirty to fifty years of age, all who enter the ministry to work in the Tent of Meeting.

4 "This is the assigned work of the Kohathites in the Tent of Meeting: care of the most holy things.

을 내리고 그것으로 증거궤를 덮어야 한다. 그 위에 돌고래 가죽을 덮고, 또 그 위에 튼튼한 청색 천을 덮은 다음 채를 꿰어야 한다.

7-8 임재의 빵을 차려 놓는 상 위에 청색 보자기를 펴고, 그 위에 접시와 향 담는 그릇과 대접과 부어 드리는 제물을 담는 주전자를 두고, 늘 차려 놓는 빵도 그 위에 놓아두어라. 이것들을 주홍색 보자기로 덮고, 그 위에 돌고래 가죽을 덮은 다음 채를 꿰어야 한다.

9-10 빛을 내는 등잔대와 등잔들, 심지 자르는 가위와 재를 담는 접시, 등잔대에 딸린 기름 단지들을 청색 보자기로 덮은 다음, 이 모든 것을 돌고래 가죽 덮개로 싸서 들것 위에 얹어야 한다.

11 금제단 위에 청색 보자기를 펴고 그 위에 돌고래 가죽을 덮어서 들것 위에 얹어야 한다.

12 성소에서 섬길 때 쓰는 온갖 기구를 가져다가 청색 보자기에 싸고 돌고래 가죽을 덮은 다음 들것 위에 얹어야 한다.

13-14 제단의 재를 치우고 그 위에 자주색 보자기를 펴, 거기에다 제단에서 예식을 거행할 때 쓰는 온갖 기구, 곧 화로와 고기 집게와 부삽과 쟁반 등 제단에서 쓰는 모든 기구를 얹고, 그 위에 돌고래 가죽을 덮은 다음 채를 꿰어야 한다.

15 아론과 그의 아들들이 모든 거룩한 비품과 기구를 싸는 일을 마치고 진영이 출발할 준비가 되면, 고핫 자손이 와서 그것들을 들고 날라야 한다. 이때 그 거룩한 물건들을 만져서는 안된다. 만졌다가는 죽을 것이다. 고핫 자손이 맡은 임무는 회막 안에 있는 모든 물건을 들고 나르는 것이다.

5-6 "When the camp is ready to set out, Aaron and his sons are to go in and take down the covering curtain and cover the Chest of The Testimony with it. Then they are to cover this with a dolphin skin, spread a solid blue cloth on top, and insert the poles.

7-8 "Then they are to spread a blue cloth on the Table of the Presence and set the Table with plates, incense dishes, bowls, and jugs for drink offerings. The bread that is always there stays on the Table. They are to cover these with a scarlet cloth, and on top of that spread the dolphin skin, and insert the poles.

9-10 "They are to use a blue cloth to cover the light-giving Lampstand and the lamps, snuffers, trays, and the oil jars that go with it. Then they are to wrap it all in a covering of dolphin skin and place it on a carrying frame.

11 "They are to spread a blue cloth over the Gold Altar and cover it with dolphin skins and place it on a carrying frame.

12 "They are to take all the articles used in ministering in the Sanctuary, wrap them in a blue cloth, cover them with dolphin skins, and place them on a carrying frame.

13-14 "They are to remove the ashes from the Altar and spread a purple cloth over it. They are to place on it all the articles used in ministering at the Altar—firepans, forks, shovels, bowls; everything used at the Altar—place them on the Altar, cover it with the dolphin skins, and insert the poles.

15 "When Aaron and his sons have finished covering the holy furnishings and all the holy articles, and the camp is ready to set out, the Kohathites are to come and do the carrying. But they must not touch the holy things or they will die. The Kohathites are in charge of carrying

16 제사장 아론의 아들 엘르아살은 등불에 쓰는 기름, 향기로운 향, 매일 바치는 곡식 제물, 거룩하게 구별하는 기름을 맡아야 한다. 또한 그는 성막 전체와 성막의 거룩한 비품과 기구를 포함한 성막 안의 모든 것을 맡아야 한다."

17-20 **하나님**께서 모세와 아론에게 말씀하셨다. "고핫 자손의 가문들이 레위인 가운데서 끊어지지 않게 하여라. 그들이 지극히 거룩한 것에 가까이 갈 때 죽지 않고 살도록 그들을 보호하여라. 그들을 보호하기 위해, 아론과 그의 아들들이 그들보다 먼저 성소 안으로 들어가서 각 사람이 해야 할 일과 날라야 할 것을 정해 주어야 한다. 고핫 자손은 성소에 들어가서 거룩한 것들을 보아서는 안된다. 잠깐이라도 보았다가는 죽을 것이다."

게르손 자손의 임무

21-23 **하나님**께서 모세에게 말씀하셨다. "게르손 자손의 수를 조상의 가문과 집안별로 세어라. 서른 살에서 쉰 살까지 회막 일을 할 만한 남자의 수를 모두 세어라.

24-28 게르손 자손의 가문과 집안은 무거운 짐을 나르는 일로 섬길 것이다. 그들은 성소와 회막의 휘장들, 장막 덮개와 그 위에 씌우는 돌고래 가죽 덮개, 회막 입구를 가리는 막, 거기에 딸린 여러 가지 줄, 그 밖에 성소에서 섬길 때 쓰는 모든 기구를 나르고, 이와 관련된 일을 해야 한다. 그들은, 아론과 그 아들들의 감독 아래 짐을 들어 올리고 나르고 옮기는 모든 일을 수행해야 한다. 너는 그들이 날라야 할 것을 분명하게 정해 주어라. 이것은 게르손 자손이 회막에서 할 일이다. 제사장 아론의 아들 이다말이 그들의 일을 감독할 것이다."

all the things that are in the Tent of Meeting. 16 "Eleazar son of Aaron the priest, is to be in charge of the oil for the light, the fragrant incense, the regular Grain-Offering, and the anointing oil. He is to be in charge of the entire Dwelling and everything in it, including its holy furnishings and articles."

17-20 GOD spoke to Moses and Aaron, "Don't let the tribal families of the Kohathites be destroyed from among the Levites. Protect them so they will live and not die when they come near the most holy things. To protect them, Aaron and his sons are to precede them into the Sanctuary and assign each man his task and what he is to carry. But the Kohathites themselves must not go in to look at the holy things, not even a glance at them, or they will die."

Duties of the Gershonites

21-23 GOD spoke to Moses: "Number the Gershonites by tribes according to their ancestral families. Count all the men from thirty to fifty years of age who enter the ministry of work in the Tent of Meeting.

24-28 "The Gershonites by family and clan will serve by carrying heavy loads: the curtains of the Sanctuary and the Tent of Meeting; the covering of the Tent and the outer covering of dolphin skins; the screens for the entrance to the Tent; the cords; and all the equipment used in its ministries. The Gershonites have the job of doing the work connected with these things. All their work of lifting and carrying and moving is to be done under the supervision of Aaron and his sons. Assign them specifically what they are to carry. This is the work of the Gershonite clans at the Tent of Meeting. Ithamar son of Aaron the priest is to supervise their work.

므라리 자손의 임무

²⁹⁻³⁰ "므라리 자손의 수를 조상의 집안별로 세어라. 서른 살에서 쉰 살까지 회막 일을 할 만한 남자의 수를 모두 세어라.

³¹⁻³³ 그들이 회막에서 맡을 일은 성막의 널판과 가로다지, 기둥과 밑받침, 뜰 둘레에 세우는 기둥과 밑받침, 장막 말뚝과 여러 가지 줄, 그리고 이것들을 사용하는 것과 관련된 모든 기구를 나르는 것이다. 너는 각 사람이 날라야 할 것을 정확하게 정해 주어라. 이것은 므라리 자손이 회막에서 제사장 아론의 아들 이다말의 감독 아래 해야 할 일이다."

³⁴⁻³⁷ 모세와 아론과 회중의 지도자들은 고핫 자손의 수를 가문과 집안별로 세었다. 서른 살에서 쉰 살까지 회막 일을 하러 온 남자의 수를 가문별로 세어 보니, 모두 2,750명이었다. 이는 회막에서 섬긴 고핫 자손의 전체 수다. 모세와 아론은 하나님께서 모세를 통해 명령하신 대로 그들의 수를 세었다.

³⁸⁻⁴¹ 게르손 자손의 수도 가문과 집안별로 세었다. 서른 살에서 쉰 살까지 회막 일을 하러 온 남자의 수를 가문과 집안별로 세어 보니, 모두 2,630명이었다. 이는 회막에서 섬긴 게르손 자손의 전체 수다. 모세와 아론은 하나님께서 명령하신 대로 그들의 수를 세었다.

⁴²⁻⁴⁵ 므라리 자손의 수도 가문과 집안별로 세었다. 서른 살에서 쉰 살까지 회막 일을 하러 온 남자의 수를 가문별로 세어 보니, 모두 3,200명이었다. 이는 므라리 자손 가운데서 계수된 사람의 전체 수다. 모세와 아론은 하나님께서 모세를 통해 명령하신 대로 그들의 수

Duties of the Merarites

²⁹⁻³⁰ "Number the Merarites by their ancestral families. Count all the men from thirty to fifty years of age who enter the ministry of work at the Tent of Meeting.

³¹⁻³³ "This is their assigned duty as they go to work at the Tent of Meeting: to carry the frames of The Dwelling, its crossbars, posts, and bases, as well as the posts of the surrounding Court-yard with their bases, tent pegs, cords, and all the equipment related to their use. Assign to each man exactly what he is to carry. This is the ministry of the Merarite clans as they work at the Tent of Meeting under the supervision of Ithamar son of Aaron the priest."

³⁴⁻³⁷ Moses, Aaron, and the leaders of the congregation counted the Kohathites by clan and family. All the men from thirty to fifty years of age who came to serve in the work in the Tent of Meeting, counted by clans, were 2,750. This was the total from the Kohathite clans who served in the Tent of Meeting. Moses and Aaron counted them just as GOD had commanded through Moses.

³⁸⁻⁴¹ The Gershonites were counted by clan and family. All the men from thirty to fifty years of age who came to serve in the work in the Tent of Meeting, counted by clan and family, were 2,630. This was the total from the Gershonite clans who served in the Tent of Meeting. Moses and Aaron counted them just as GOD had commanded.

⁴²⁻⁴⁵ The Merarites were counted by clan and family. All the men from thirty to fifty years of age who came to serve in the work in the Tent of Meeting, counted by clan, were 3,200. This

를 세웠다.

46-49 모세와 아론과 이스라엘의 지도자들은 모든 레위인의 수를 가문과 집안별로 세웠다. 서른 살에서 쉰 살까지 회막 운반 작업을 하러 온 남자의 수는 모두 8,580명이었다. 모세는 **하나님**께서 명령하신 대로 각 사람이 할 일을 정해 주고 날라야 할 것을 일러 주었다.

이것은 **하나님**께서 모세에게 명령하신 대로, 이스라엘 자손의 수를 계수한 이야기다.

5 1-3 **하나님**께서 모세에게 말씀하셨다. "너는 이스라엘 백성에게 명령하여, 악성 피부병에 걸린 사람, 고름을 흘리는 사람, 주검에 닿아 부정하게 된 사람을 진 안에 머물지 못하게 하여라. 남자와 여자 가리지 말고 똑같이 내보내라. 그들을 진 밖으로 내보내어, 내가 그들 가운데 머물고 있는 진을 더럽히지 못하게 하여라."

4 이스라엘 백성은 그대로 행하여 그들을 진 안에 머물지 못하게 했다. 그들은 **하나님**께서 모세를 통해 명령하신 대로 행했다.

⚜

5-10 **하나님**께서 모세에게 말씀하셨다. "너는 이스라엘 백성에게 이렇게 일러 주어라. 남자든 여자든 어떤 잘못을 저질렀으면, 그 사람은 **하나님**과의 신뢰 관계를 끊은 것이므로 유죄다. 그는 반드시 자기 잘못을 고백해야 한다. 또한 그는 피해자에게 전액을 보상하고 거기에 오분의 일을 더해서 갚아야 한다. 그러나 피해자에게 보상을 받을 가까운 친척이 없으면, 그 보상은 **하나님**의 것이므로 속죄에 쓰

was the total from the Merarite clans. Moses and Aaron counted them just as GOD had commanded through Moses.

46-49 So Moses and Aaron and the leaders of Israel counted all the Levites by clan and family. All the men from thirty to fifty years of age who came to do the work of serving and carrying the Tent of Meeting numbered 8,580. At GOD's command through Moses, each man was assigned his work and told what to carry.

And that's the story of their numbering, as GOD commanded Moses.

Some Camp Rules

5 1-3 GOD spoke to Moses: "Command the People of Israel to ban from the camp anyone who has an infectious skin disease, anyone who has a discharge, and anyone who is ritually unclean from contact with a dead body. Ban male and female alike; send them outside the camp so that they won't defile their camp, the place I live among them."

4 The People of Israel did this, banning them from the camp. They did exactly what GOD had commanded through Moses.

⚜

5-10 GOD spoke to Moses: "Tell the People of Israel, When a man or woman commits any sin, the person has broken trust with GOD, is guilty, and must confess the sin. Full compensation plus twenty percent must be made to whoever was wronged. If the wronged person has no close relative who can receive the compensation, the compensation belongs to GOD and must be given to the priest, along with the ram by which atonement is made. All the sacred offerings that the People of Israel

는 숫양과 함께 제사장에게 주어야 한다. 이스라엘 백성이 제사장에게 가져오는 거룩한 제물은 모두 제사장의 것이다. 각 사람이 가져온 거룩한 제물은 그 사람의 것이지만, 일단 제사장에게 준 것은 제사장의 것이 된다."

11-15 **하나님**께서 모세에게 말씀하셨다. "이스라엘 백성에게 이렇게 일러 주어라. 한 남자의 아내가 바람을 피우고, 남편을 배신한 채 다른 남자와 잠자리를 같이하여 자기 몸을 더럽혔는데도 남편이 그 사실을 전혀 알아채지 못했다고 하자. 목격자도 없고 현장에서 잡힌 것도 아닌데 남편이 질투심에 사로잡혀 자기 아내가 부정하다고 의심할 경우, 또는 아내가 결백한데도 남편이 근거 없는 질투심에 사로잡혀 의심할 경우, 남편은 자기 아내를 제사장에게 데려가야 한다. 그는 자기 아내를 위해 보릿가루 2리터를 제물로 가져가야 한다. 그 제물에는 기름을 부어서도 안되고 향을 섞어서도 안된다. 그것은 질투 때문에 바친 곡식 제물, 죄를 밝히기 위해 바친 제물이기 때문이다.

16-22 제사장은 그 여자를 데려다가 **하나님** 앞에 세워야 한다. 그리고 옹기항아리에 거룩한 물을 담다가 성막 바닥에서 흙먼지 얼마를 긁어 그 물에 타야 한다. 제사장은 그 여자를 **하나님** 앞에 세운 다음 그 여자에게 머리를 풀게 하고, 진상 규명의 제물, 곧 질투 때문에 바친 곡식 제물을 그 여자의 두 손에 얹어 놓아야 한다. 제사장은 저주를 전하는 쓴 물을 손에 들고 그 여자에게 맹세시키면서 이렇게 말해야 한다. '그대가 다른 남자와 잠자리를 같이한 적이 없고 그대가 남편과 결혼생활을 하는 동안에 바람을 피워 몸을 더럽힌 일이 없으면, 저주를 전하는 이 쓴 물이 그대를 해치지 않을 것이오. 그러나 그대가 남편과 결혼생활을 하는 동안에 바람을

bring to a priest belong to the priest. Each person's sacred offerings are his own, but what one gives to the priest stays with the priest."

11-15 GOD spoke to Moses: "Tell the People of Israel, Say a man's wife goes off and has an affair, is unfaithful to him by sleeping with another man, but her husband knows nothing about it even though she has defiled herself. And then, even though there was no witness and she wasn't caught in the act, feelings of jealousy come over the husband and he suspects that his wife is impure. Even if she is innocent and his jealousy and suspicions are groundless, he is to take his wife to the priest. He must also take an offering of two quarts of barley flour for her. He is to pour no oil on it or mix incense with it because it is a Grain-Offering for jealousy, a Grain-Offering for bringing the guilt out into the open.

16-22 "The priest then is to take her and have her stand in the presence of GOD. He is to take some holy water in a pottery jar and put some dust from the floor of The Dwelling in the water. After the priest has her stand in the presence of GOD he is to uncover her hair and place the exposure-offering in her hands, the Grain-Offering for jealousy, while he holds the bitter water that delivers a curse. Then the priest will put the woman under oath and say, 'If no man has slept with you and you have not had an adulterous affair and become impure while married to your husband, may this bitter water that deliv-

피우고 그대의 남편 외에 다른 남자와 잠자리를 같이하여 자기 몸을 더럽혔으면—이 대목에서 제사장은 그 여자를 다음과 같이 저주해야 한다—하나님께서 그대의 자궁을 오그라들게 하시고 그대의 배를 부풀어 오르게 하셔서, 그대의 백성이 그대를 저주하고 욕하게 하실 것이오. 저주를 전하는 이 물이 그대의 몸속에 들어가서, 그대의 배를 부풀어 오르게 하고 그대의 자궁을 오그라들게 할 것이오.'

그러면 그 여자는 '아멘. 아멘' 하고 말해야 한다.

23-28 제사장은 이 저주의 말을 두루마리에 적어서, 쓴 물에 그 글자를 씻은 다음, 저주를 전하는 쓴 물을 그 여자에게 주어야 한다. 이 물은 그 여자의 몸속에 들어가 심한 통증을 일으킬 것이다. 제사장은 그 여자의 손에서 질투 때문에 바친 곡식 제물을 한 움큼 받아, 하나님 앞에 흔들어 바치고 제단으로 가져가야 한다. 제사장은 또 곡식 제물을 한 움큼 쥐고, 그것을 진상 규명의 제물로 삼아 제단 위에서 불살라 바쳐야 한다. 그런 다음 여자에게 그 물을 마시게 해야 한다. 저주를 전하는 물을 마셨을 때, 그 여자가 자기 남편을 배반하고 몸을 더럽힌 일이 있으면, 그 물이 그 여자의 몸속에 들어가 심한 통증을 일으킬 것이다. 그 여자의 배가 부풀어 오르고 자궁이 오그라들 것이다. 그 여자는 자기 백성 가운데서 저주를 받을 것이다. 그러나 그 여자가 자기 몸을 더럽힌 일이 없고 결백하면, 자신의 오명을 씻고 아이도 가질 수 있게 될 것이다.

29-31 이것은 질투에 관한 법으로, 한 여자가 남편과 결혼생활을 하는 동안 바람을 피우고 자기 몸을 더럽혔거나, 남편이 아내를 의심하여 질투심에 사로잡혔을 경우에 적용되는 법이다. 제사장은 그 여자를 하나님 앞에 세우고 이 모든 절차를 그 여

ers a curse not harm you. But if you have had an affair while married to your husband and have defiled yourself by sleeping with a man other than your husband'—here the priest puts the woman under this curse—'may GOD cause your people to curse and revile you when he makes your womb shrivel and your belly swell. Let this water that delivers a curse enter your body so that your belly swells and your womb shrivels.'

"Then the woman shall say, 'Amen. Amen.'

23-28 "The priest is to write these curses on a scroll and then wash the words off into the bitter water. He then is to give the woman the bitter water that delivers a curse. This water will enter her body and cause acute pain. The priest then is to take from her hands a handful of the Grain-Offering for jealousy, wave it before GOD, and bring it to the Altar. The priest then is to take a handful of the Grain-Offering, using it as an exposure-offering, and burn it on the Altar; after this he is to make her drink the water. If she has defiled herself in being unfaithful to her husband, when she drinks the water that delivers a curse, it will enter her body and cause acute pain; her belly will swell and her womb shrivel. She will be cursed among her people. But if she has not defiled herself and is innocent of impurity, her name will be cleared and she will be able to have children.

29-31 "This is the law of jealousy in a case where a woman goes off and has an affair and defiles herself while married to her husband, or a husband is tormented with feelings of jealousy because he suspects his wife. The priest is to have her stand in the presence of GOD and go through this entire

자에게 적용해야 한다. 그러면 남편은 죄를 면하고, 그 여자는 자기 죗값을 치르게 될 것이다."

나실인 서원

6 ¹⁻⁴ **하나님**께서 모세에게 말씀하셨다. "너는 이스라엘 백성에게 전하여라. 그들에게 이렇게 일러 주어라. 남자든 여자든 너희가 자신을 거룩하게 구별하여 **하나님**에게 완전히 바치겠다는 특별 서원, 곧 나실인 서원을 하려고 할 경우, 너희는 포도주와 맥주를 마셔서는 안된다. 취하게 하는 음료는 무엇이든 마셔서는 안된다. 포도즙도 안되고, 포도나 건포도를 먹어서도 안된다. 나실인으로 헌신하는 기간 내내 포도나무에서 취한 것은 어떤 것도 먹어서는 안된다. 포도 씨나 포도 껍질을 먹어서도 안된다.

⁵ 헌신하는 기간 동안 너희는 머리털을 깎아서는 안된다. 긴 머리는 **하나님**에게 거룩하게 구별되었음을 알리는 지속적인 표가 될 것이다.

⁶⁻⁷ 또한 **하나님**에게 자신을 구별해 바치기로 한 기간 동안 주검에 가까이 가서도 안된다. 너희 아버지나 어머니, 너희 형제나 누이의 주검이더라도, 너희는 그것으로 자기 몸을 더럽혀서는 안된다. 하나님에게 자신을 구별해 바쳤음을 알리는 표가 너희 머리에 있기 때문이다.

⁸ 헌신하는 기간 동안 너희는 **하나님**에게 거룩해야 한다.

⁹⁻¹² 누가 갑자기 너희 곁에서 죽어 너희가 구별해 바친 머리털이 더럽혀졌을 경우, 너희는 자신을 정결하게 하는 날, 곧 칠 일째 되는 날에 머리털을 깎아야 한다. 팔 일째 되는 날에는 산비둘기 두 마리나 집비둘기 두 마리를 회막 입구로 가져와서 제사장에게 주어야 한다. 그러면 제사장은 한 마리는 속죄 제물로, 다른 한 마리는 번제물로 바쳐, 주검 때

procedure with her. The husband will be cleared of wrong, but the woman will pay for her wrong."

Nazirite Vows

6 ¹⁻⁴ GOD spoke to Moses: "Speak to the People of Israel; tell them, If any of you, man or woman, wants to make a special Nazirite vow, consecrating yourself totally to GOD, you must not drink any wine or beer, no intoxicating drink of any kind, not even the juice of grapes—in fact, you must not even eat grapes or raisins. For the duration of the consecration, nothing from the grapevine—not even the seeds, not even the skin—may be eaten.

⁵ "Also, for the duration of the consecration you must not have your hair cut. Your long hair will be a continuing sign of holy separation to GOD.

⁶⁻⁷ "Also, for the duration of the consecration to GOD, you must not go near a corpse. Even if it's the body of your father or mother, brother or sister, you must not ritually defile yourself because the sign of consecration to God is on your head.

⁸ "For the entire duration of your consecration you are holy to GOD.

⁹⁻¹² "If someone should die suddenly in your presence, so that your consecrated head is ritually defiled, you must shave your head on the day of your purifying, that is, the seventh day. Then on the eighth day bring two doves or two pigeons to the priest at the entrance to the Tent of Meeting. The priest will offer one for the Absolution-Offering and one for the

문에 더럽혀진 너희를 정결하게 할 것이다. 그날로 너희는 다시 자기 머리를 거룩하게 하고, 너희 자신을 나실인으로 다시 하나님에게 구별해 바치고, 일 년 된 어린양을 보상 제물로 가져와야 한다. 너희는 처음부터 다시 시작해야 한다. 너희의 헌신이 더럽혀졌으므로, 지나간 날은 날수로 세지 않는다.

13-17 너희가 하나님에게 자신을 구별해 바치기로 한 기간이 다 찼을 때를 위한 법은 이러하다. 먼저, 너희는 회막 입구로 가서 너희의 제물을 하나님에게 바쳐야 한다. 일 년 된 건강한 어린 숫양 한 마리는 번제물로 바치고, 일 년 된 건강한 암양 한 마리는 속죄 제물로, 건강한 숫양 한 마리는 화목 제물로 바쳐야 한다. 또 고운 곡식 가루로 만든 누룩을 넣지 않은 빵과 고운 곡식 가루에 기름을 섞어 만든 빵과 기름을 발라 만든 과자 한 바구니를 바치고, 곡식 제물과 부어 드리는 제물도 바쳐야 한다. 제사장은 하나님에게 나아와 너희의 속죄 제물과 번제물을 바쳐야 한다. 누룩을 넣지 않은 빵 한 바구니와 함께 숫양을 하나님에게 화목 제물로 바치고, 마지막으로 곡식 제물과 부어 드리는 제물을 바쳐야 한다.

18 너희가 구별해 바친 자신의 머리털을 회막 입구에서 깎고, 그 깎은 머리털은 화목 제물 밑에 타고 있는 불 속에 넣어라.

19-20 너희가 구별해 바친 머리털을 깎고 나면, 제사장은 삶은 숫양의 어깨와 누룩을 넣지 않은 빵 한 개와 과자 한 개를 바구니에서 가져와서, 너희의 두 손에 얹어 놓아야 한다. 제사장은 그것들을 흔들어 바치는 제물로 하나님 앞에 흔들어 바쳐야 한다. 그것들은 거룩한 것이므로, 흔들어 바친 가슴과 들어 올려 바친 넓적다리와 함께 제사장의 소유가 된다.

그제야 너희는 포도주를 마실 수 있다.

Whole-Burnt-Offering, purifying you from the ritual contamination of the corpse. You resanctify your hair on that day and reconsecrate your Nazirite consecration to GOD by bringing a yearling lamb for a Compensation-Offering. You start over; the previous days don't count because your consecration was ritually defiled.

13-17 "These are the instructions for the time set when your special consecration to GOD is up. First, you are to be brought to the entrance to the Tent of Meeting. Then you will present your offerings to GOD: a healthy yearling lamb for the Whole-Burnt-Offering, a healthy yearling ewe for an Absolution-Offering, a healthy ram for a Peace-Offering, a basket of unraised bread made of fine flour, loaves mixed with oil, and crackers spread with oil, along with your Grain-Offerings and Drink-Offerings. The priest will approach GOD and offer up your Absolution-Offering and Whole-Burnt-Offering. He will sacrifice the ram as a Peace-Offering to GOD with the basket of unraised bread, and, last of all, the Grain-Offering and Drink-Offering.

18 "At the entrance to the Tent of Meeting, shave off the hair you consecrated and put it in the fire that is burning under the Peace-Offering.

19-20 "After you have shaved the hair of your consecration, the priest will take a shoulder from the ram, boiled, and a piece of unraised bread and a cracker from the basket and place them in your hands. The priest will then wave them before GOD, a Wave-Offering. They are holy and belong to the priest, along with the breast that was waved and the thigh that was offered.

21 이것은 나실인이 지켜야 할 법으로, 그가 따로 바치는 제물 외에 자신을 구별해 바치기로 서원하고 하나님에게 제물을 바칠 때 지켜야 할 지침이다. 그는 나실인이 지켜야 할 법에 따라 서원한 것은 그대로 실행에 옮겨야 한다."

아론의 축복

22-23 하나님께서 모세에게 말씀하셨다. "너는 아론과 그의 아들들에게, '너희는 이스라엘 백성에게 이렇게 축복해야 한다'고 일러 주어라.

24 하나님께서 여러분에게 복을 내리시고 여러분을 지켜 주시기를,
25 하나님께서 여러분에게 미소 지으시고 은혜 베푸시기를,
26 하나님께서 여러분의 얼굴에서 눈을 떼지 않으시고 여러분을 형통케 해주시기를 빕니다.

27 이렇게 하여, 그들이 나의 이름을 이스라엘 백성 위에 두게 하여라. 그러면 내가 나의 이름을 확인하고 그들에게 복을 내릴 것이다."

지도자들이 드린 봉헌 제물

7 1 모세는 성막 세우는 일을 마친 뒤에 성막에 기름을 발라, 성막과 거기에 딸린 모든 기구를 거룩하게 구별했다. 제단과 거기에 딸린 기구에도 기름을 발라 거룩하게 구별했다.
2-3 인구조사를 수행한 이스라엘의 지도자들, 곧 각 지파의 우두머리들이 제물을 가져왔다. 덮개 있는 수레 여섯 대와 수소 열두 마리를 하나님 앞에 드렸는데, 수레는 지도자 두 사람에 한 대씩, 수소는 지도자 한 사람에 한 마리씩이었다.

"Now you are free to drink wine.

21 "These are the instructions for Nazirites as they bring offerings to GOD in their vow of consecration, beyond their other offerings. They must carry out the vow they have vowed following the instructions for the Nazirite."

The Aaronic Blessing

22-23 GOD spoke to Moses: "Tell Aaron and his sons, This is how you are to bless the People of Israel. Say to them,

24 GOD bless you and keep you,
25 GOD smile on you and gift you,
26 GOD look you full in the face
   and make you prosper.

27 In so doing, they will place my name on the People of Israel—
I will confirm it by blessing them."

Offerings for the Dedication

7 1 When Moses finished setting up The Dwelling, he anointed it and consecrated it along with all that went with it. At the same time he anointed and consecrated the Altar and its accessories.
2-3 The leaders of Israel, the heads of the ancestral tribes who had carried out the census, brought offerings. They presented before GOD six covered wagons and twelve oxen, a wagon from each pair of leaders and an ox from each leader.
4-5 GOD spoke to Moses: "Receive these so that they can be used to transport the Tent of Meeting. Give them to the Levites according to what they need for their work."

4-5 **하나님**께서 모세에게 말씀하셨다. "너는 이 제물들을 받아 회막을 운반하는 데 사용하여라. 그것들을 레위인에게 주어, 그들의 일에 필요한 대로 쓰게 하여라."

6-9 모세는 수레와 수소들을 받아 레위인에게 주었다. 수레 두 대와 수소 네 마리는 게르손 자손에게 주어 그들의 일에 쓰게 하고, 수레 네 대와 수소 여덟 마리는 므라리 자손에게 주어 그들의 일에 쓰게 했다. 그들은 모두 제사장 아론의 아들 이다말의 감독을 받았다. 모세는 고핫 자손에게는 아무것도 주지 않았다. 고핫 자손은 자신들이 맡은 거룩한 것들을 어깨에 메고 직접 날라야 했기 때문이다.

10-11 제단에 기름을 부어 거룩하게 구별하던 날, 지도자들이 제단 봉헌을 위한 제물을 가져와 제단 앞에 드렸다. **하나님**께서 모세에게 "날마다 지도자 한 사람씩 제단 봉헌을 위한 제물을 바쳐야 한다"고 말씀하셨기 때문이다.

12-13 첫째 날에는 유다 지파 암미나답의 아들 나손이 제물을 가져왔다. 그가 드린 제물은 이러하다.

(성소 표준 중량으로) 무게가 1,430그램인 은쟁반 하나와 무게가 770그램인 은대접 하나. 이 두 그릇에는 곡식 제물로 드릴 기름 섞은 고운 곡식 가루가 가득 담겨 있었다.

14 무게가 110그램인 금접시 하나. 이 그릇에는 향이 가득 담겨 있었다.

15 번제물로 드릴 수송아지 한 마리, 숫양 한 마리, 일 년 된 어린 숫양 한 마리.

16 속죄 제물로 드릴 숫염소 한 마리.

화목 제물로 드릴 수소 두 마리, 숫양 다섯 마리, 숫염소 다섯 마리, 일 년 된 어린 숫양 다섯 마리.

17 이것이 암미나답의 아들 나손이 드린 제물이다.

6-9 Moses took the wagons and oxen and gave them to the Levites. He gave two wagons and four oxen to the Gershonites for their work and four wagons and eight oxen to the Merarites for their work. They were all under the direction of Ithamar son of Aaron the priest. Moses didn't give any to the Kohathites because they had to carry the holy things for which they were responsible on their shoulders.

10-11 When the Altar was anointed, the leaders brought their offerings for its dedication and presented them before the Altar because GOD had instructed Moses, "Each day one leader is to present his offering for the dedication of the Altar."

12-13 On the first day, Nahshon son of Amminadab, of the tribe of Judah, brought his offering. His offering was:

a silver plate weighing three and a quarter pounds and a silver bowl weighing one and three-quarter pounds (according to the standard Sanctuary weights), each filled with fine flour mixed with oil as a Grain-Offering;

14 a gold vessel weighing four ounces, filled with incense;

15 a young bull, a ram, and a yearling lamb for a Whole-Burnt-Offering;

16 a he-goat for an Absolution-Offering;

two oxen, five rams, five he-goats, and five yearling lambs to be sacrificed as a Peace-Offering.

17 This was the offering of Nahshon son of Amminadab.

18-23 On the second day, Nethanel son of Zuar, the leader of Issachar, brought his offering. His offering was:

18-23 둘째 날에는 잇사갈의 지도자, 수알의 아들 느다넬이 제물을 가져왔다. 그가 드린 제물은 이러하다.

(성소 표준 중량으로) 무게가 1,430그램인 은쟁반 하나와 무게가 770그램인 은대접 하나. 이 두 그릇에는 곡식 제물로 드릴 기름 섞은 고운 곡식 가루가 가득 담겨 있었다. 무게가 110그램인 금접시 하나. 이 그릇에는 향이 가득 담겨 있었다.

번제물로 드릴 수송아지 한 마리, 숫양 한 마리, 일 년 된 어린 숫양 한 마리.

속죄 제물로 드릴 숫염소 한 마리.

화목 제물로 드릴 수소 두 마리, 숫양 다섯 마리, 숫염소 다섯 마리, 일 년 된 어린 숫양 다섯 마리.

이것이 수알의 아들 느다넬이 드린 제물이다.

24-29 셋째 날에는 스불론 자손의 지도자, 헬론의 아들 엘리압이 제물을 가져왔다. 그가 드린 제물은 이러하다.

(성소 표준 중량으로) 무게가 1,430그램인 은쟁반 하나와 무게가 770그램인 은대접 하나. 이 두 그릇에는 곡식 제물로 드릴 기름 섞은 고운 곡식 가루가 가득 담겨 있었다. 무게가 110그램인 금접시 하나. 이 그릇에는 향이 가득 담겨 있었다.

번제물로 드릴 수송아지 한 마리, 숫양 한 마리, 일 년 된 어린 숫양 한 마리.

속죄 제물로 드릴 숫염소 한 마리.

화목 제물로 드릴 수소 두 마리, 숫양 다섯 마리, 숫염소 다섯 마리, 일 년 된 어린 숫양 다섯 마리.

이것이 헬론의 아들 엘리압이 드린 제물이다.

30-35 넷째 날에는 르우벤 자손의 지도자, 스데울의 아들 엘리술이 제물을 가져왔다. 그가 드린 제물은 이러하다.

a silver plate weighing three and a quarter pounds and a silver bowl weighing one and three-quarter pounds (according to the standard Sanctuary weights), each filled with fine flour mixed with oil as a Grain-Offering;

a gold vessel weighing four ounces, filled with incense;

a young bull, a ram, and a yearling lamb for a Whole-Burnt-Offering;

a he-goat for an Absolution-Offering;

two oxen, five rams, five he-goats, and five yearling lambs to be sacrificed as a Peace-Offering.

This was the offering of Nethanel son of Zuar.

24-29 On the third day, Eliab son of Helon, the leader of the people of Zebulun, brought his offering. His offering was:

a silver plate weighing three and a quarter pounds and a silver bowl weighing one and three-quarter pounds (according to the standard Sanctuary weights), each filled with fine flour mixed with oil as a Grain-Offering;

a gold vessel weighing four ounces, filled with incense;

a young bull, a ram, and a yearling lamb for a Whole-Burnt-Offering;

a he-goat for an Absolution-Offering;

two oxen, five rams, five he-goats, and five yearling lambs to be sacrificed as a Peace-Offering.

This was the offering of Eliab son of Helon.

30-35 On the fourth day, Elizur son of Shedeur, the leader of the people of Reuben, brought his offering. His offering

(성소 표준 중량으로) 무게가 1,430그램인 은쟁반 하나와 무게가 770그램인 은대접 하나. 이 두 그릇에는 곡식 제물로 드릴 기름 섞은 고운 곡식 가루가 가득 담겨 있었다.

무게가 110그램인 금접시 하나. 이 그릇에는 향이 가득 담겨 있었다.

번제물로 드릴 수송아지 한 마리, 숫양 한 마리, 일 년 된 어린 숫양 한 마리.

속죄 제물로 드릴 숫염소 한 마리.

화목 제물로 드릴 수소 두 마리, 숫양 다섯 마리, 숫염소 다섯 마리, 일 년 된 어린 숫양 다섯 마리.

이것이 스데울의 아들 엘리술이 드린 제물이다.

36-41 다섯째 날에는 시므온 자손의 지도자, 수리삿대의 아들 슬루미엘이 제물을 가져왔다. 그가 드린 제물은 이러하다.

(성소 표준 중량으로) 무게가 1,430그램인 은쟁반 하나와 무게가 770그램인 은대접 하나. 이 두 그릇에는 곡식 제물로 드릴 기름 섞은 고운 곡식 가루가 가득 담겨 있었다.

무게가 110그램인 금접시 하나. 이 그릇에는 향이 가득 담겨 있었다.

번제물로 드릴 수송아지 한 마리, 숫양 한 마리, 일 년 된 어린 숫양 한 마리.

속죄 제물로 드릴 숫염소 한 마리.

화목 제물로 드릴 수소 두 마리, 숫양 다섯 마리, 숫염소 다섯 마리, 일 년 된 어린 숫양 다섯 마리.

이것이 수리삿대의 아들 슬루미엘이 드린 제물이다.

42-47 여섯째 날에는 갓 자손의 지도자, 드우엘의 아들 엘리아삽이 제물을 가져왔다. 그가 드린 제물은 이러하다.

was:

a silver plate weighing three and a quarter pounds and a silver bowl weighing one and three-quarter pounds (according to the standard Sanctuary weights), each filled with fine flour mixed with oil as a Grain-Offering;

a gold vessel weighing four ounces, filled with incense;

a young bull, a ram, and a yearling lamb for a Whole-Burnt-Offering;

a he-goat for an Absolution-Offering;

two oxen, five rams, five he-goats, and five yearling lambs to be sacrificed as a Peace-Offering.

This was the offering of Elizur son of Shedeur.

36-41 On the fifth day, Shelumiel son of Zuri-shaddai, the leader of the people of Simeon, brought his offering. His offering was:

a silver plate weighing three and a quarter pounds and a silver bowl weighing one and three-quarter pounds (according to the standard Sanctuary weights), each filled with fine flour mixed with oil as a Grain-Offering;

a gold vessel weighing four ounces, filled with incense;

a young bull, a ram, and a yearling lamb for a Whole-Burnt-Offering;

a he-goat for an Absolution-Offering;

two oxen, five rams, five he-goats, and five yearling lambs to be sacrificed as a Peace-Offering.

This was the offering of Shelumiel son of Zurishaddai.

42-47 On the sixth day, Eliasaph son of Deuel, the leader of the people of Gad, brought his offering. His offering was:

(성소 표준 중량으로) 무게가 1,430그램인 은쟁반 하나와 무게가 770그램인 은대접 하나. 이 두 그릇에는 곡식 제물로 드릴 기름 섞은 고운 곡식 가루가 가득 담겨 있었다.

무게가 110그램인 금접시 하나. 이 그릇에는 향이 가득 담겨 있었다.

번제물로 드릴 수송아지 한 마리, 숫양 한 마리, 일 년 된 어린 숫양 한 마리.

속죄 제물로 드릴 숫염소 한 마리.

화목 제물로 드릴 수소 두 마리, 숫양 다섯 마리, 숫염소 다섯 마리, 일 년 된 어린 숫양 다섯 마리.

이것이 드우엘의 아들 엘리아삽이 드린 제물이다.

48-53 일곱째 날에는 에브라임 자손의 지도자, 암미훗의 아들 엘리사마가 제물을 가져왔다. 그가 드린 제물은 이러하다.

(성소 표준 중량으로) 무게가 1,430그램인 은쟁반 하나와 무게가 770그램인 은대접 하나. 이 두 그릇에는 곡식 제물로 드릴 기름 섞은 고운 곡식 가루가 가득 담겨 있었다.

무게가 110그램인 금접시 하나. 이 그릇에는 향이 가득 담겨 있었다.

번제물로 드릴 수송아지 한 마리, 숫양 한 마리, 일 년 된 어린 숫양 한 마리.

속죄 제물로 드릴 숫염소 한 마리.

화목 제물로 드릴 수소 두 마리, 숫양 다섯 마리, 숫염소 다섯 마리, 일 년 된 어린 숫양 다섯 마리.

이것이 암미훗의 아들 엘리사마가 드린 제물이다.

54-59 여덟째 날에는 므낫세 자손의 지도자, 브다술의 아들 가말리엘이 제물을 가져왔다. 그가 드린 제물은 이러하다.

a silver plate weighing three and a quarter pounds and a silver bowl weighing one and three-quarter pounds (according to the standard Sanctuary weights), each filled with fine flour mixed with oil as a Grain-Offering;

a gold vessel weighing four ounces, filled with incense;

a young bull, a ram, and a yearling lamb for a Whole-Burnt-Offering;

a he-goat for an Absolution-Offering;

two oxen, five rams, five he-goats, and five yearling lambs to be sacrificed as a Peace-Offering.

This was the offering of Eliasaph son of Deuel.

48-53 On the seventh day, Elishama son of Ammihud, the leader of the people of Ephraim, brought his offering. His offering was: a silver plate weighing three and a quarter pounds and a silver bowl weighing one and three-quarter pounds (according to the standard Sanctuary weights), each filled with fine flour mixed with oil as a Grain-Offering;

a gold vessel weighing four ounces, filled with incense;

a young bull, a ram, and a yearling lamb for a Whole-Burnt-Offering;

a he-goat for an Absolution-Offering;

two oxen, five rams, five he-goats, and five yearling lambs to be sacrificed as a Peace-Offering.

This was the offering of Elishama son of Ammihud.

54-59 On the eighth day, Gamaliel son of Pedahzur, the leader of the people of Manasseh, brought his offering. His offering was: a silver plate weighing three and a quarter

(성소 표준 중량으로) 무게가 1,430그램인 은쟁반 하나와 무게가 770그램인 은대접 하나. 이 두 그릇에는 곡식 제물로 드릴 기름 섞은 고운 곡식 가루가 가득 담겨 있었다.

무게가 110그램인 금접시 하나. 이 그릇에는 향이 가득 담겨 있었다.

번제물로 드릴 수송아지 한 마리, 숫양 한 마리, 일 년 된 어린 숫양 한 마리.

속죄 제물로 드릴 숫염소 한 마리.

화목 제물로 드릴 수소 두 마리, 숫양 다섯 마리, 숫염소 다섯 마리, 일 년 된 어린 숫양 다섯 마리.

이것이 브다술의 아들 가말리엘이 드린 제물이다.

60-65 아홉째 날에는 베냐민 자손의 지도자, 기드오니의 아들 아비단이 제물을 가져왔다. 그가 드린 제물은 이러하다.

(성소 표준 중량으로) 무게가 1,430그램인 은쟁반 하나와 무게가 770그램인 은대접 하나. 이 두 그릇에는 곡식 제물로 드릴 기름 섞은 고운 곡식 가루가 가득 담겨 있었다.

무게가 110그램인 금접시 하나. 이 그릇에는 향이 가득 담겨 있었다.

번제물로 드릴 수송아지 한 마리, 숫양 한 마리, 일 년 된 어린 숫양 한 마리.

속죄 제물로 드릴 숫염소 한 마리.

화목 제물로 드릴 수소 두 마리, 숫양 다섯 마리, 숫염소 다섯 마리, 일 년 된 어린 숫양 다섯 마리.

이것이 기드오니의 아들 아비단이 드린 제물이다.

66-71 열째 날에는 단 자손의 지도자, 암미삿대의 아들 아히에셀이 제물을 가져왔다. 그가 드린 제물은 이러하다.

(성소 표준 중량으로) 무게가 1,430그램인

pounds and a silver bowl weighing one and three-quarter pounds (according to the standard Sanctuary weights), each filled with fine flour mixed with oil as a Grain-Offering;

a gold vessel weighing four ounces, filled with incense;

a young bull, a ram, and a yearling lamb for a Whole-Burnt-Offering;

a he-goat for an Absolution-Offering;

two oxen, five rams, five he-goats, and five yearling lambs to be sacrificed as a Peace-Offering.

This was the offering of Gamaliel son of Pedahzur.

66-65 On the ninth day, Abidan son of Gideoni, the leader of the people of Benjamin, brought his offering. His offering was:

a silver plate weighing three and a quarter pounds and a silver bowl weighing one and three-quarter pounds (according to the standard Sanctuary weights), each filled with fine flour mixed with oil as a Grain-Offering;

a gold vessel weighing four ounces, filled with incense;

a young bull, a ram, and a yearling lamb for a Whole-Burnt-Offering;

a he-goat for an Absolution-Offering;

two oxen, five rams, five he-goats, and five yearling lambs to be sacrificed as a Peace-Offering.

This was the offering of Abidan son of Gideoni.

66-71 On the tenth day, Ahiezer son of Ammishaddai, the leader of the people of Dan, brought his offering. His offering was:

a silver plate weighing three and a quarter pounds and a silver bowl weighing one

은쟁반 하나와 무게가 770그램인 은대접 하나. 이 두 그릇에는 곡식 제물로 드릴 기름 섞은 고운 곡식 가루가 가득 담겨 있었다.

무게가 110그램인 금접시 하나. 이 그릇에는 향이 가득 담겨 있었다.

번제물로 드릴 수송아지 한 마리, 숫양 한 마리, 일 년 된 어린 숫양 한 마리.

속죄 제물로 드릴 숫염소 한 마리.

화목 제물로 드릴 수소 두 마리, 숫양 다섯 마리, 숫염소 다섯 마리, 일 년 된 어린 숫양 다섯 마리.

이것이 암미삿대의 아들 아히에셀이 드린 제물이다.

72-77 열한째 날에는 아셀 자손의 지도자, 오그란의 아들 바기엘이 제물을 가져왔다. 그가 드린 제물은 이러하다.

(성소 표준 중량으로) 무게가 1,430그램인 은쟁반 하나와 무게가 770그램인 은대접 하나. 이 두 그릇에는 곡식 제물로 드릴 기름 섞은 고운 곡식 가루가 가득 담겨 있었다.

무게가 110그램인 금접시 하나. 이 그릇에는 향이 가득 담겨 있었다.

번제물로 드릴 수송아지 한 마리, 숫양 한 마리, 일 년 된 어린 숫양 한 마리.

속죄 제물로 드릴 숫염소 한 마리.

화목 제물로 드릴 수소 두 마리, 숫양 다섯 마리, 숫염소 다섯 마리, 일 년 된 어린 숫양 다섯 마리.

이것이 오그란의 아들 바기엘이 드린 제물이다.

78-83 열두째 날에는 납달리 자손의 지도자, 에난의 아들 아히라가 제물을 가져왔다. 그가 드린 제물은 이러하다.

(성소 표준 중량으로) 무게가 1,430그램인

and three-quarter pounds (according to the standard Sanctuary weights), each filled with fine flour mixed with oil as a Grain-Offering;

a gold vessel weighing four ounces, filled with incense;

a young bull, a ram, and a yearling lamb for a Whole-Burnt-Offering;

a he-goat for an Absolution-Offering;

two oxen, five rams, five he-goats, and five yearling lambs to be sacrificed as a Peace-Offering.

This was the offering of Ahiezer son of Ammishaddai.

72-77 On the eleventh day, Pagiel son of Ocran, the leader of the people of Asher, brought his offering. His offering was:

a silver plate weighing three and a quarter pounds and a silver bowl weighing one and three-quarter pounds (according to the standard Sanctuary weights), each filled with fine flour mixed with oil as a Grain-Offering;

a gold vessel weighing four ounces, filled with incense;

a young bull, a ram, and a yearling lamb for a Whole-Burnt-Offering;

a he-goat for an Absolution-Offering;

two oxen, five rams, five he-goats, and five yearling lambs to be sacrificed as a Peace-Offering.

This was the offering of Pagiel son of Ocran.

78-83 On the twelfth day, Ahira son of Enan, the leader of the people of Naphtali, brought his offering. His offering was:

a silver plate weighing three and a quarter pounds and a silver bowl weighing one and three-quarter pounds (according to the

은쟁반 하나와 무게가 770그램인 은대접 하나. 이 두 그릇에는 곡식 제물로 드릴 기름 섞은 고운 곡식 가루가 가득 담겨 있었다.

무게가 110그램인 금접시 하나. 이 그릇에는 향이 가득 담겨 있었다.

번제물로 드릴 수송아지 한 마리, 숫양 한 마리, 일 년 된 어린 숫양 한 마리.

속죄 제물로 드릴 숫염소 한 마리.

화목 제물로 드릴 수소 두 마리, 숫양 다섯 마리, 숫염소 다섯 마리, 일 년 된 어린 숫양 다섯 마리.

이것이 에난의 아들 아히라가 드린 제물이다.

84 제단에 기름을 부어 거룩하게 구별하던 때에 이스라엘의 지도자들이 드린 제물은 이러하다.

　은쟁반 열둘
　은대접 열둘
　금접시 열둘.

85-86 각 쟁반의 무게는 1,430그램이고, 각 대접의 무게는 770그램이다. 쟁반과 대접을 모두 합한 무게는 (성소 표준 중량으로) 약 26,400그램이다. 향이 가득 담긴 금접시 열둘은 하나의 무게가 (성소 표준 중량으로) 110그램이다. 금접시를 모두 합한 무게는 약 1,320그램이다.

87 곡식 제물과 함께 번제물로 드린 짐승의 수는 이러하다.

　수송아지 열두 마리
　숫양 열두 마리
　일 년 된 어린 숫양 열두 마리.

속죄 제물로 드린 짐승의 수는 이러하다.

standard Sanctuary weights), each filled with fine flour mixed with oil as a Grain-Offering; a gold vessel weighing four ounces, filled with incense;

a young bull, a ram, and a yearling lamb for a Whole-Burnt-Offering;

a he-goat for an Absolution-Offering;

two oxen, five rams, five he-goats, and five yearling lambs to be sacrificed as a Peace-Offering.

This was the offering of Ahira son of Enan.

84 These were the dedication offerings of the leaders of Israel for the anointing of the Altar:

　twelve silver plates,
　twelve silver bowls,
　twelve gold vessels.

85-86 Each plate weighed three and a quarter pounds and each bowl one and three-quarter pounds. All the plates and bowls together weighed about sixty pounds (using the official Sanctuary weight). The twelve gold vessels filled with incense weighed four ounces each (using the official Sanctuary weight). Altogether the gold vessels weighed about three pounds.

87 The sum total of animals used for the Whole-Burnt-Offering together with the Grain-Offering:

　twelve bulls,
　twelve rams,
　twelve yearling lambs.

For the Absolution-Offering:

숫염소 열두 마리.

88 화목 제물로 드린 짐승의 수는 이러하다.

수소 스물네 마리
숫양 육십 마리
숫염소 육십 마리
일 년 된 어린 숫양 육십 마리.

이것이 제단에 기름을 부어 구별한 뒤에 드린 제단 봉헌 제물이다.

89 모세가 하나님께 아뢰려고 회막에 들어갈 때면, 증거궤를 덮은 속죄판 위의 두 그룹 천사 사이에서 말씀하시는 그분의 음성을 들었다. 하나님께서 그와 말씀하신 것이다.

등잔

8 1-2 하나님께서 모세에게 말씀하셨다. "아론에게, 등잔 일곱 개를 두어 등잔대 앞을 비추게 하라고 일러 주어라."

3-4 아론이 그대로 행했다. 하나님께서 모세에게 지시하신 대로, 등잔들을 설치하여 등잔대 앞을 비추게 했다. 등잔대는 줄기에서 꽃잎까지 두들겨 편 금으로 만들었다. 하나님께서 모세에게 보여주신 도안과 정확히 일치하게 만들었다.

레위인을 정결하게 하다

5-7 하나님께서 모세에게 말씀하셨다. "이스라엘 백성 가운데서 레위인을 데려다가, 그들을 정결하게 하여 하나님의 일을 할 수 있게 하여라. 너는 이렇게 하여라. 속죄의 물을 그들에게 뿌리고, 그들이 온몸의 털을 밀게 하고 자기 옷을 빨게 하여라. 그러면 그들이 정결하게 될 것이다.

twelve he-goats.

88 The sum total of animals used for the sacrifice of the Peace-Offering:

twenty-four bulls,
sixty rams,
sixty he-goats,
sixty yearling lambs.

These were the offerings for the dedication of the Altar after it was anointed.

89 When Moses entered the Tent of Meeting to speak with GOD, he heard the Voice speaking to him from between the two angel-cherubim above the Atonement-Cover on the Chest of The Testimony. He spoke with him.

The Lights

8 1-2 GOD spoke to Moses: "Tell Aaron, Install the seven lamps so they will throw light in front of the Lampstand."

3-4 Aaron did just that. He installed the lamps so they threw light in front of the Lampstand, as GOD had instructed Moses. The Lampstand was made of hammered gold from its stem to its petals. It was made precisely to the design GOD had shown Moses.

Purifying the Levites

5-7 GOD spoke to Moses: "Take the Levites from the midst of the People of Israel and purify them for doing GOD's work. This is the way you will do it: Sprinkle water of absolution on them; have them shave their entire bodies; have them scrub their clothes. Then they will have purified themselves.

8-11 그들에게 수송아지 한 마리를 가져오게 하고, 기름 섞은 고운 곡식 가루를 곡식 제물로 가져오게 하여라. 또한 다른 수송아지 한 마리를 속죄 제물로 가져오게 하여라. 레위인을 회막 앞으로 나오게 하고, 이스라엘 온 공동체를 모아라. 레위인을 **하나님** 앞에 세우면, 이스라엘 백성이 그들에게 손을 얹을 것이다. 아론은 이스라엘 백성으로부터 레위인을 넘겨받아 흔들어 바치는 제물로 **하나님** 앞에 바쳐야 한다. 이는 **하나님**의 일을 하도록 그들을 준비시키는 것이다.

12-14 너는 레위인에게 수송아지들의 머리에 손을 얹게 한 다음, 한 마리는 속죄 제물로, 다른 한 마리는 번제물로 **하나님**에게 바쳐 레위인을 위해 속죄하여라. 레위인을 아론과 그의 아들들 앞에 세우고, 그들을 흔들어 바치는 제물로 **하나님**에게 바쳐라. 이는 레위인을 이스라엘 백성에게서 구별하는 절차다. 레위인은 오직 나를 위해서만 존재한다.

15-19 네가 이렇게 레위인을 정결하게 하여 흔들어 바치는 제물로 **하나님**에게 바친 뒤에야, 그들이 회막에 들어가서 일할 수 있다. 이스라엘 백성 가운데서 레위인을 뽑은 것은 오직 내가 쓰기 위해서다. 그들은 이스라엘 여인들에게서 태어난 모든 맏아들을 대신하는 것이다. 짐승이든 사람이든, 이스라엘에서 처음 태어난 것은 모두 내가 쓰려고 따로 구별해 둔 것이다. 내가 이집트의 모든 맏아들을 치던 날, 나는 그들을 거룩하게 쓰려고 구별해 두었다. 그러나 이제 나는 이스라엘 백성 가운데서 뽑은 레위인을 이스라엘의 모든 맏아들 대신 받아, 그들을 아론과 그의 아들들에게 주었다. 이는 그들이 이스라엘 백성을 위해 회막과 관련된 모든 일을 하고 이스라엘 백성을 위해 속죄하게 하여,

8-11 "Have them take a young bull with its accompanying Grain-Offering of fine flour mixed with oil, plus a second young bull for an Absolution-Offering. Bring the Levites to the front of the Tent of Meeting and gather the entire community of Israel. Present the Levites before GOD as the People of Israel lay their hands on them. Aaron will present the Levites before GOD as a Wave-Offering from the People of Israel so that they will be ready to do GOD's work.

12-14 "Have the Levites place their hands on the heads of the bulls, selecting one for the Absolution-Offering and another for the Whole-Burnt-Offering to GOD to make atonement for the Levites. Then have the Levites stand in front of Aaron and his sons and present them as a Wave-Offering to GOD. This is the procedure for setting apart the Levites from the rest of the People of Israel; the Levites are exclusively for my use.

15-19 "After you have purified the Levites and presented them as a Wave-Offering to GOD, they can go to work in the Tent of Meeting. The Levites have been selected out of the People of Israel for my exclusive use; they function in place of every firstborn male born to an Israelite woman. Every firstborn male in Israel, animal or human, is set apart for my use. When I struck down all the firstborn of Egypt, I consecrated them for my holy uses. But now I take the Levites as stand-ins in place of every firstborn son in Israel, selected out of the People of Israel, and I have given the Levites to Aaron and his sons to do all the work involved in the Tent of Meeting on behalf of all the People of Israel and to make atonement for them so that nothing bad will happen to

이스라엘 백성이 성소에 가까이 나아올 때 나쁜 일이 일어나지 않게 하려는 것이다."

20-22 모세와 아론과 이스라엘 백성 온 공동체는 **하나님**께서 모세에게 명령하신 대로, 이 절차들을 레위인과 함께 실행에 옮겼다. 레위인은 자기 몸을 정결하게 하고 자기 옷을 깨끗이 빨았다. 아론은 그들을 흔들어 바치는 제물로 **하나님** 앞에 드리고, 그들을 위해 속죄하여 그들을 정결하게 했다. 그런 뒤에 레위인은 회막으로 가서 일을 했다. 아론과 그의 아들들은 **하나님**의 지시에 따라 그들을 감독했다.

23-26 **하나님**께서 모세에게 말씀하셨다. "이것은 레위인에 관한 지침이다. 그들은 스물다섯 살이 되면 회막에 들어가 일을 시작해야 한다. 쉰 살이 되면 일에서 물러나야 한다. 그들은 형제들이 회막에서 하는 일을 도울 수는 있지만, 직접 그 일을 맡아 해서는 안된다. 이것이 레위인의 직무에 관한 기본 규례다."

두 번째 유월절

9 1-3 이집트를 떠난 이듬해 첫째 달에 **하나님**께서 시내 광야에서 모세에게 말씀하셨다. "이스라엘 백성이 정해진 때에 유월절을 기념하여 지키게 하여라. 예정대로 이 달 십사 일 저녁에 모든 규례와 절차에 따라 유월절을 기념하여 지켜라."

4-5 모세가 이스라엘 백성에게 유월절을 기념하여 지키라고 명령하자, 그들이 첫째 달 십사 일 저녁에 시내 광야에서 유월절을 지켰다. 이스라엘 백성은 **하나님**께서 모세에게 명령하신 대로 모두 행했다.

6-7 그러나 그들 가운데 몇 사람은 주검 때문에 부정하게 되어 정해진 날에 유월절을 지킬 수 없었다. 그들이 유월절에 모

them when they approach the Sanctuary."

20-22 Moses, Aaron, and the entire community of the People of Israel carried out these procedures with the Levites, just as GOD had commanded Moses. The Levites purified themselves and scrubbed their clothes. Then Aaron presented them as a Wave-Offering before GOD and made atonement for them to purify them. Only then did the Levites go to work at the Tent of Meeting. Aaron and his sons supervised them following the directions GOD had given.

23-26 GOD spoke to Moses: "These are your instructions regarding the Levites: At the age of twenty-five they will join the workforce in the Tent of Meeting; at the age of fifty they must retire from the work. They can assist their brothers in the tasks in the Tent of Meeting, but they are not permitted to do the actual work themselves. These are the ground rules for the work of the Levites."

Passover

9 1-3 GOD spoke to Moses in the Wilderness of Sinai in the first month of the second year after leaving Egypt: "Have the People of Israel celebrate Passover at the set time. Celebrate it on schedule, on the evening of the fourteenth day of this month, following all the rules and procedures."

4-5 Moses told the People of Israel to celebrate the Passover and they did—in the Wilderness of Sinai at evening of the fourteenth day of the first month. The People of Israel did it all just as GOD had commanded Moses.

6-7 But some of them couldn't celebrate the Passover on the assigned day because they were ritually unclean on account of a corpse.

세와 아론에게 나와서, 모세에게 말했다. "우리가 주검 때문에 부정하게 되기는 했지만, 어찌하여 우리가 유월절 정해진 때에 다른 이스라엘 자손과 함께 **하나님**께 제물을 드리지 못하게 막는 것입니까?"

8 모세가 대답했다. "시간을 좀 주십시오. **하나님**께서 여러분의 처지를 보시고 어떻게 말씀하시는지 알아보겠습니다."

9-12 **하나님**께서 모세에게 말씀하셨다. "너는 이스라엘 백성에게 이렇게 일러 주어라. 너희 가운데 어떤 사람이 주검 때문에 부정하게 되었거나 먼 여행길에 있다 하더라도, **하나님**의 유월절을 기념하여 지킬 수 있다. 그러나 그런 사람은 둘째 달 십사 일 저녁에 유월절을 지켜야 한다. 누룩을 넣지 않은 빵과 쓴 나물을 곁들여 유월절 양을 먹고, 다음날 아침까지 아무것도 남기지 마라. 어린양의 뼈를 꺾지도 마라. 모든 절차를 그대로 따라라.

13 그러나 정결한 사람이나 여행중이 아닌 사람이 유월절을 지키지 않으면, 그 사람은 자기 백성 가운데서 끊어져야 한다. 정해진 때에 **하나님**에게 제물을 바치지 않았기 때문이다. 그러한 사람은 자기 죄값을 치르게 될 것이다.

14 너희와 함께 사는 외국인이 **하나님**의 유월절을 지키려면, 모든 규례와 절차를 따라야 한다. 외국인이나 본국인에게나 똑같은 절차가 적용된다."

성막을 덮은 구름

15-16 성막을 세우던 날, 구름이 성막 곧 증거판이 보관된 성막을 덮었다. 해가 질 무렵부터 새벽녘까지 구름이 성막을 덮고 있었다. 그 구름은 불처럼 보였다. 구름은 그렇게 항상 성막을 덮고 있었고, 밤이 되면 불처럼 보였다.

17-23 구름이 성막 위로 올라갈 때면 이스

So they presented themselves before Moses and Aaron on Passover and told Moses, "We have become ritually unclean because of a corpse, but why should we be barred from bringing GOD's offering along with other Israelites on the day set for Passover?"

8 Moses said, "Give me some time; I'll find out what GOD says in your circumstances."

9-12 GOD spoke to Moses: "Tell the People of Israel, If one or another of you is ritually unclean because of a corpse, or you happen to be off on a long trip, you may still celebrate GOD's Passover. But celebrate it on the fourteenth day of the second month at evening. Eat the lamb together with unraised bread and bitter herbs. Don't leave any of it until morning. Don't break any of its bones. Follow all the procedures.

13 "But a man who is ritually clean and is not off on a trip and still fails to celebrate the Passover must be cut off from his people because he did not present GOD's offering at the set time. That man will pay for his sin.

14 "Any foreigner living among you who wants to celebrate GOD's Passover is welcome to do it, but he must follow all the rules and procedures. The same procedures go for both foreigner and native-born."

The Cloud

15-16 The day The Dwelling was set up, the Cloud covered The Dwelling of the Tent of Testimony. From sunset until daybreak it was over The Dwelling. It looked like fire. It was like that all the time, the Cloud over The Dwelling and at night looking like fire.

17-23 When the Cloud lifted above the Tent, the People of Israel marched out; and when

라엘 백성이 행진했고, 구름이 내려와 머물 때면 백성이 진을 쳤다. 이스라엘 백성은 **하나님**의 명령에 따라 행진하고, **하나님**의 명령에 따라 진을 쳤다. 구름이 성막 위에 머무는 동안에는 진을 쳤다. 구름이 성막 위에 여러 날을 머물면, 그들은 **하나님**의 명령에 따라 행진하지 않았다. 구름이 성막 위에 머물러 있는 동안에는 **하나님**의 명령에 순종하여 진 안에 머물렀고, **하나님**께서 명령을 내리시면 곧바로 행진했다. 구름이 해가 질 무렵부터 새벽녘까지 머물다가 동이 틀 무렵에 올라가면, 그들은 행진했다. 밤이든 낮이든 상관없이, 구름이 올라가면 그들은 행진했다. 구름이 성막 위에 이틀을 머물든 한 달을 머물든 한 해를 머물든 상관이 없었다. 구름이 성막 위에 머무는 동안에는 그들도 그 자리에 머물렀다. 그러다가 구름이 올라가면, 그들도 일어나 행진했다. 그들은 **하나님**의 명령에 따라 진을 치고, **하나님**의 명령에 따라 행진했다. 그들은 모세가 전한 **하나님**의 명령에 순종하며 살았다.

두 개의 나팔

10 ¹⁻³ **하나님**께서 모세에게 말씀하셨다. "너는 두들겨 편 은으로 나팔 두 개를 만들어라. 회중을 불러 모으거나 진에 행진 명령을 내릴 때, 이 두 나팔을 사용하여라. 나팔 둘을 같이 불면, 온 공동체가 회막 입구에 모여 너를 만날 것이다. ⁴⁻⁷ 나팔 하나를 짧게 불면, 그것은 지도자들, 곧 가문의 우두머리들에게 모임을 알리는 신호다. 나팔 하나를 길게 불면, 그것은 행진하라는 신호다. 첫 번째 나팔소리에는 동쪽에 진을 친 지파들이 출발하고, 두 번째 나팔소리에는 남쪽에 진을 친 지파들이 출발한다. 긴 나팔소리는 행진하라는 신호다. 모임을 알리는 나팔소리와 행진을 알리

the Cloud descended the people camped. The People of Israel marched at GOD's command and they camped at his command. As long as the Cloud was over The Dwelling, they camped. Even when the Cloud hovered over The Dwelling for many days, they honored GOD's command and wouldn't march. They stayed in camp, obedient to GOD's command, as long as the Cloud was over The Dwelling, but the moment GOD issued orders they marched. If the Cloud stayed only from sunset to daybreak and then lifted at daybreak, they marched. Night or day, it made no difference—when the Cloud lifted, they marched. It made no difference whether the Cloud hovered over The Dwelling for two days or a month or a year, as long as the Cloud was there, they were there. And when the Cloud went up, they got up and marched. They camped at GOD's command and they marched at GOD's command. They lived obediently by GOD's orders as delivered by Moses.

The Two Bugles

10 ¹⁻³ GOD spoke to Moses: "Make two bugles of hammered silver. Use them to call the congregation together and give marching orders to the camps. When you blow them, the whole community will meet you at the entrance of the Tent of Meeting.
⁴⁻⁷ "When a bugle gives a single, short blast, that's the signal for the leaders, the heads of the clans, to assemble. When it gives a long blast, that's the signal to march. At the first blast the tribes who were camped on the east set out. At the second blast the camps on the south set out. The long blasts are the

는 신호는 다르다.

8-10 나팔을 부는 일은 아론의 아들들인 제사장들이 맡는다. 이것은 그들이 대대로 맡아야 할 임무다. 침략자들에 맞서 싸우러 나갈 때는 나팔을 길게 불어라. 그러면 하나님이 너희를 알아보고 너희 원수들에게서 너희를 구해 줄 것이다. 경축일과 정한 절기와 음력 초하룻날에는 번제물과 화목 제물을 바치며 나팔을 불어라. 그 소리를 듣고서 너희는 하나님에게 주의를 기울이게 될 것이다. 나는 하나님 너희 하나님이다."

시내 광야를 떠나 행진하다

11-13 둘째 해 둘째 달 이십 일에 증거판이 보관된 성막 위로 구름이 올라갔다. 그러자 이스라엘 백성은 시내 광야에서 출발하여 구름이 바란 광야에 내려앉을 때까지 이동했다. 그들은 하나님께서 모세를 통해 주신 명령에 따라 행진을 시작했다.

14-17 유다 진영의 깃발이 앞장섰고, 암미나답의 아들 나손의 지휘 아래 부대별로 출발했다. 잇사갈 지파의 부대는 수알의 아들 느다넬이 이끌었고, 스불론 지파의 부대는 헬론의 아들 엘리압이 이끌었다. 성막을 거두자, 게르손 자손과 므라리 자손이 성막을 메고 출발했다.

18-21 르우벤 진영의 깃발이 그 뒤를 이었는데, 스데울의 아들 엘리술이 부대를 이끌었다. 시므온 지파의 부대는 수리삿대의 아들 슬루미엘이 이끌었고, 갓 지파의 부대는 드우엘의 아들 엘리아삽이 이끌었다. 이어서 고핫 자손이 거룩한 물건들을 메고 출발했다. 이들이 도착하기 전에 성막이 세워져 있어야 했다.

22-24 뒤이어 에브라임 지파의 깃발이 출

signals to march. The bugle call that gathers the assembly is different from the signal to march. 8-10 "The sons of Aaron, the priests, are in charge of blowing the bugles; it's their assigned duty down through the generations. When you go to war against an aggressor, blow a long blast on the bugle so that GOD will notice you and deliver you from your enemies. Also at times of celebration, at the appointed feasts and New Moon festivals, blow the bugles over your Whole-Burnt-Offerings and Peace-Offerings: they will keep your attention on God. I am GOD, *your* God."

The March from Sinai to Paran

11-13 In the second year, on the twentieth day of the second month, the Cloud went up from over The Dwelling of The Testimony. At that the People of Israel set out on their travels from the Wilderness of Sinai until the Cloud finally settled in the Wilderness of Paran. They began their march at the command of GOD through Moses.

14-17 The flag of the camp of Judah led the way, rank after rank under the command of Nahshon son of Amminadab. Nethanel son of Zuar commanded the forces of the tribe of Issachar, and Eliab son of Helon commanded the forces of the tribe of Zebulun. As soon as The Dwelling was taken down, the Gershonites and the Merarites set out, carrying The Dwelling.

18-21 The flag of the camp of Reuben was next with Elizur son of Shedeur in command. Shelumiel son of Zurishaddai commanded the forces of the tribe of Simeon; Eliasaph son of Deuel commanded the forces of the tribe of Gad. Then the Kohathites left, carrying the holy things. By the time they arrived The

발했는데, 암미홋의 아들 엘리사마가 부대를 이끌었다. 므낫세 지파의 부대는 브다술의 아들 가말리엘이 이끌었고, 베냐민 지파의 부대는 기드오니의 아들 아비단이 이끌었다.

25-27 마지막으로, 모든 진영의 후방 경계를 맡은 단 지파가 깃발을 앞세우고 행진했는데, 암미삿대의 아들 아히에셀이 이끌었다. 아셀 지파의 부대는 오그란의 아들 바기엘이 이끌었고, 납달리 지파의 부대는 에난의 아들 아히라가 이끌었다.

28 이것이 이스라엘 백성의 행진 대형이었다. 그들은 이렇게 길을 떠났다.

29 모세가 자신의 처남 호밥에게 말했다. 그는 미디안 사람이자 모세의 장인인 르우엘의 아들이었다. "이제 우리는 하나님께서 '내가 너희에게 주겠다'고 약속하신 곳으로 행진할 것이네. 우리가 자네를 선대할 테니, 우리와 함께 가세. 하나님께서 이스라엘에게 좋은 것을 약속해 주셨다네."

30 호밥이 말했다. "가지 않겠습니다. 나는 내 고향, 내 가족에게로 돌아갈 작정입니다."

31-32 그러자 모세가 대답했다. "우리를 떠나지 말게. 광야에서 진을 칠 최적의 장소를 두루 아는 사람은 자네밖에 없네. 우리에게는 자네의 안목이 필요하네. 우리와 함께 가면, 하나님께서 우리에게 베풀어 주신 온갖 좋은 것을 자네에게도 나누어 주겠네."

33-36 그들은 행진했다. 그들은 하나님의 산을 떠나서, 하나님의 언약궤를 앞세우고 사흘길을 행진해 진을 칠 곳을 찾았다. 낮에 그들이 진영을 떠나 행진

Dwelling would be set up.

22-24 The flag of the tribe of Ephraim moved out next, commanded by Elishama son of Ammihud. Gamaliel son of Pedahzur commanded the forces of the tribe of Manasseh; Abidan son of Gideoni commanded the forces of the tribe of Benjamin.

25-27 Finally, under the flag of the tribe of Dan, the rear guard of all the camps marched out with Ahiezer son of Ammishaddai in command. Pagiel son of Ocran commanded the forces of the tribe of Asher; Ahira son of Enan commanded the forces of the tribe of Naphtali.

28 These were the marching units of the People of Israel. They were on their way.

29 Moses said to his brother-in-law Hobab son of Reuel the Midianite, Moses' father-in-law, "We're marching to the place about which GOD promised, 'I'll give it to you.' Come with us; we'll treat you well. GOD has promised good things for Israel."

30 But Hobab said, "I'm not coming; I'm going back home to my own country, to my own family."

31-32 Moses countered, "Don't leave us. You know all the best places to camp in the wilderness. We need your eyes. If you come with us, we'll make sure that you share in all the good things GOD will do for us."

33-36 And so off they marched. From the Mountain of GOD they marched three days with the Chest of the Covenant of GOD in the lead to scout out a campsite. The Cloud of GOD was above them by day when they marched from the camp. With the Chest

할 때면, **하나님**의 구름이 그들 위에 머물렀
다. 언약궤를 앞세우고 갈 때면, 모세는 이렇
게 말했다.

> **하나님**, 일어나소서!
> 주의 원수들을 물리치소서!
> 주를 미워하는 자들을 산으로 쫓아내소서!

그리고 언약궤를 내려놓을 때면, 이렇게 말
했다.

> **하나님**, 저희와 함께 쉬소서.
> 이스라엘의 많고 많은
> 사람들과 함께 머무소서.

하나님의 불이 타오르다

11 ¹⁻³ 백성이 자신들의 고단한 삶을
두고 불평하기 시작했다. **하나님**
께서 그 불평을 들으시고 진노를 발하셨다.
하나님께로부터 불이 타올라 진 바깥 경계를
불태웠다. 백성이 모세에게 소리쳐 도움을
청했다. 모세가 **하나님**께 기도하자, 불이 꺼
졌다. **하나님**의 불이 그들을 향해 타올랐기
때문에, 그곳의 이름을 다베라(불사름)라고
했다.

지도자 칠십 명을 세우다

⁴⁻⁶ 백성 가운데 있던 어중이떠중이 무리가
탐욕을 품자, 이윽고 이스라엘 백성도 울며
불평을 터뜨렸다. "어째서 우리는 고기를 먹
을 수 없는 거지? 이집트에서는 오이와 수박,
부추와 양파와 마늘은 말할 것도 없고 생선까
지 공짜로 먹었는데 말이야! 여기에는 맛있는
것이 하나도 없다. 우리가 먹을 것이라고는
온통 만나, 만나, 만나뿐이다."
⁷⁻⁹ 만나는 씨앗 모양이었고 겉은 송진처럼
반들반들했다. 백성이 돌아다니며 그것을 모
아서 맷돌에 갈거나 절구에 넣어 곱게 빻았

leading the way, Moses would say,

> Get up, GOD!
> Put down your enemies!
> Chase those who hate you to the hills!

And when the Chest was set down, he
would say,

> Rest with us, GOD,
> Stay with the many,
> Many thousands of Israel.

Camp Taberah

11 ¹⁻³ The people fell to grumbling
over their hard life. GOD heard.
When he heard his anger flared; then fire
blazed up and burned the outer boundar-
ies of the camp. The people cried out for
help to Moses; Moses prayed to GOD and
the fire died down. They named the place
Taberah (Blaze) because fire from GOD
had blazed up against them.

Camp Kibroth Hattaavah

⁴⁻⁶ The riffraff among the people had a
craving and soon they had the People of
Israel whining, "Why can't we have meat?
We ate fish in Egypt—and got it free!—
to say nothing of the cucumbers and
melons, the leeks and onions and garlic.
But nothing tastes good out here; all we
get is manna, manna, manna."
⁷⁻⁹ Manna was a seedlike substance
with a shiny appearance like resin. The
people went around collecting it and
ground it between stones or pounded
it fine in a mortar. Then they boiled

다. 그런 다음 냄비에 넣어 익힌 후에 빚어서 과자를 만들었다. 그 맛은 올리브기름에 튀긴 과자 맛 같았다. 밤에 이슬이 진 위로 내리면, 만나도 함께 내렸다.

10 모세는 온 집안이 저마다 자기 장막 앞에서 울며 불평하는 소리를 들었다. **하나님께**서 크게 진노하셨다. 모세는 사태가 심각하다는 것을 깨달았다.

11-15 모세가 **하나님께** 아뢰었다. "어찌하여 저를 이렇게 대하십니까? 제가 이런 대접을 받을 만한 일을 **하나님께** 한 적이 있습니까? 제가 이들을 낳았습니까? 제가 이들의 어미라도 된다는 말입니까? 어찌하여 이 백성의 무거운 짐을 저에게 지우십니까? 왜 저에게 아이를 품은 어미처럼 이들을 안고 다니라고 하십니까? 어찌하여 이들의 조상에게 약속하신 땅에 이르기까지 이들을 안고 가라고 하십니까? 이 백성이 모두 '고기가 먹고 싶으니, 고기를 주십시오' 하며 불평하는데, 이들에게 줄 고기를 제가 어디서 얻을 수 있겠습니까? 이 일은 저 혼자 할 수 있는 일이 아닙니다. 이 백성을 모두 안고 가는 것은 너무나 버거운 일입니다. 저를 이리 대하시려거든, 차라리 죽여 주십시오. 저는 볼 만큼 보고, 겪을 만큼 겪었습니다. 저를 여기서 벗어나게 해주십시오."

16-17 **하나님께서** 모세에게 말씀하셨다. "이스라엘의 지도자들 가운데서 칠십 명을 불러 모아라. 그들은 네가 아는 이들로, 존경받고 신뢰할 만한 사람들이어야 한다. 그들을 회막으로 데려오너라. 내가 거기서 너를 만나겠다. 내가 내려가서 너와 이야기하겠다. 내가 네게 내려 준 영을 그들에게도 내려 주겠다. 그러면 그들이 이 백성의 짐을 일부 짊어질 수 있을 것이다. 너 혼자 그 짐을 다 짊어지려고 애쓰지 않아도 될 것이다.

18-20 너는 백성에게 이렇게 일러 주어라. 너희 자신을 거룩하게 구별하여라. 고기를 먹

it in a pot and shaped it into cakes. It tasted like a delicacy cooked in olive oil. When the dew fell on the camp at night, the manna was right there with it.
10 Moses heard the whining, all those families whining in front of their tents. GOD's anger blazed up. Moses saw that things were in a bad way.
11-15 Moses said to GOD, "Why are you treating me this way? What did I ever do to you to deserve this? Did I conceive them? Was I their mother? So why dump the responsibility of this people on me? Why tell me to carry them around like a nursing mother, carry them all the way to the land you promised to their ancestors? Where am I supposed to get meat for all these people who are whining to me, 'Give us meat; we want meat.' I can't do this by myself—it's too much, all these people. If this is how you intend to treat me, do me a favor and kill me. I've seen enough; I've had enough. Let me out of here."
16-17 GOD said to Moses, "Gather together seventy men from among the leaders of Israel, men whom you know to be respected and responsible. Take them to the Tent of Meeting. I'll meet you there. I'll come down and speak with you. I'll take some of the Spirit that is on you and place it on them; they'll then be able to take some of the load of this people—you won't have to carry the whole thing alone.
18-20 "Tell the people, Consecrate yourselves. Get ready for tomorrow when you're going to eat meat. You've been whining to GOD, 'We want meat; give us meat. We had a better life in Egypt.' GOD

게 될 내일을 위해 준비하여라. 너희는 하나님에게 '고기를 원합니다. 고기를 주십시오. 이집트에서도 이보다는 더 잘 살았습니다' 하고 불평했다. 하나님이 너희의 불평을 들었으니, 너희에게 고기를 주겠다. 너희는 고기를 먹게 될 것이다. 너희는 고기를 하루만 먹고 말 것이 아니다. 이틀이나, 닷새나, 열흘이나, 스무 날도 아니다. 한 달 내내 먹게 될 것이다. 콧구멍에서 고기 냄새가 날 때까지 먹게 될 것이다. 고기 이야기만 나와도 구역질을 할 만큼 고기에 질리고 말 것이다. 너희 가운데 있는 하나님을 너희가 거부하고, 그 얼굴을 향해 '아이고, 우리가 어쩌자고 이집트를 떠났던가?' 하면서 불평했기 때문이다."

21-22 모세가 아뢰었다. "제가 이 자리에 서 있지만, 지금 이 자리에는 걸어서 행진하는 장정 60만 명이 저를 둘러싸고 있습니다. 하나님께서는 '내가 그들에게 고기를 주겠다. 한 달 동안 매일 고기를 주겠다'고 하시는데, 그 고기가 어디서 나온단 말입니까? 양 떼와 소 떼를 다 잡는다고 한들 넉넉하겠습니까? 바다의 고기를 다 잡는다고 한들 충분하겠습니까?"

23 하나님께서 모세에게 대답하셨다. "그래서, 너는 내가 너희를 보살피지 못할 것이라고 생각하느냐? 이제 너는 내가 말한 것이 너희에게 일어나는지 안 일어나는지 곧 보게 될 것이다."

24-25 모세가 밖으로 나가서 하나님께서 하신 말씀을 백성에게 알렸다. 그는 지도자 칠십 명을 불러 모아 그들을 장막 주위에 세웠다. 하나님께서 구름 가운데 내려오셔서 모세에게 말씀하시고, 모세에게 내린 영을 칠십 명의 지도자들에게도 내려 주셨다. 그 영이 그들에게 내려와 머물자, 그들이 예언을 했다. 그러나 예언을 계속하지는 못했다. 그것은 단 한 번 일어난 일이었다.

has heard your whining and he's going to give you meat. You're going to eat meat. And it's not just for a day that you'll eat meat, and not two days, or five or ten or twenty, but for a whole month. You're going to eat meat until it's coming out your nostrils. You're going to be so sick of meat that you'll throw up at the mere mention of it. And here's why: Because you have rejected GOD who is right here among you, whining to his face, 'Oh, why did we ever have to leave Egypt?'"

21-22 Moses said, "I'm standing here surrounded by 600,000 men on foot and you say, 'I'll give them meat, meat every day for a month.' So where's it coming from? Even if all the flocks and herds were butchered, would that be enough? Even if all the fish in the sea were caught, would that be enough?"

23 GOD answered Moses, "So, do you think I can't take care of you? You'll see soon enough whether what I say happens for you or not."

24-25 So Moses went out and told the people what GOD had said. He called together seventy of the leaders and had them stand around the Tent. GOD came down in a cloud and spoke to Moses and took some of the Spirit that was on him and put it on the seventy leaders. When the Spirit rested on them they prophesied. But they didn't continue; it was a onetime event.

26 한편 두 사람, 곧 엘닷과 메닷이 진 안에 남아 있었다. 그들은 지도자 명단에 들어 있었지만, 장막으로 가지 않고 진에 있었다. 그런데도 영이 그들에게 내려와 머물렀고, 그들도 진에서 예언을 했다.

27 한 젊은이가 모세에게 달려와서 알렸다. "엘닷과 메닷이 진에서 예언하고 있습니다!"

28 그러자 젊은 시절부터 모세의 오른팔 역할을 해온 눈의 아들 여호수아가 말했다. "나의 주인 모세여! 그들을 말리셔야 합니다!"

29 그러나 모세는 이렇게 말했다. "네가 나를 위해 시기하는 것이냐? 나는 하나님의 백성이 다 예언자가 되었으면 좋겠다. 하나님께서 모든 백성에게 그분의 영을 내려 주셨으면 좋겠다."

30-34 모세와 이스라엘의 지도자들이 진으로 돌아왔다. 하나님께서 일으키신 바람이 바다에서 메추라기를 몰고 왔다. 메추라기가 진 안에 90센티미터가량 쌓였고, 진 밖으로는 사방 하룻길 되는 거리까지 쌓였다. 그날 낮과 밤과 그 다음날까지 백성이 나가서 종일토록 메추라기를 주워 모으니, 그 양이 상당했다. 그들 가운데 가장 적게 거둔 사람도 2,200리터를 모았다. 그들은 그것들을 진 사방에 널어 말렸다. 그러나 그들이 메추라기를 씹어 미처 한 입 삼키기도 전에, 하나님께서 백성에게 크게 진노하셨다. 하나님께서 그들을 끔찍한 전염병으로 치셨다. 결국 그들은 그곳을 기브롯핫다아와(탐욕의 무덤)라고 불렀다. 그들은 고기를 탐한 백성을 그곳에 묻었다.

35 그들은 기브롯핫다아와를 떠나 하세롯으로 행진해 갔다. 그들은 하세롯에 머물렀다.

26 Meanwhile two men, Eldad and Medad, had stayed in the camp. They were listed as leaders but they didn't leave camp to go to the Tent. Still, the Spirit also rested on them and they prophesied in the camp.

27 A young man ran and told Moses, "Eldad and Medad are prophesying in the camp!"

28 Joshua son of Nun, who had been Moses' right-hand man since his youth, said, "Moses, master! Stop them!"

29 But Moses said, "Are you jealous for me? Would that all GOD's people were prophets. Would that GOD would put his Spirit on all of them."

30-34 Then Moses and the leaders of Israel went back to the camp. A wind set in motion by GOD swept quails in from the sea. They piled up to a depth of about three feet in the camp and as far out as a day's walk in every direction. All that day and night and into the next day the people were out gathering the quail—huge amounts of quail; even the slowest person among them gathered at least sixty bushels. They spread them out all over the camp for drying. But while they were still chewing the quail and had hardly swallowed the first bites, GOD's anger blazed out against the people. He hit them with a terrible plague. They ended up calling the place Kibroth Hattaavah (Graves-of-the-Craving). There they buried the people who craved meat.

35 From Kibroth Hattaavah they marched on to Hazeroth. They remained at Hazeroth.

미리암과 아론이 모세에게 대항하다

12

¹⁻² (모세가 아내로 맞아들인) 구스 여인 때문에 미리암과 아론이 뒤에서 모세를 비방했다. 그들이 말했다. "**하나님**께서 모세를 통해서만 말씀하시느냐? 우리를 통해서도 말씀하시지 않느냐?"
하나님께서 그들이 하는 말을 들으셨다.

³⁻⁸ 모세는 아주 겸손한 사람이었다. 그는 이 땅에 사는 어떤 사람보다도 겸손했다. **하나님**께서 갑자기 모세와 아론과 미리암 사이에 개입하셨다. "너희 셋은 회막으로 나아오너라." 그들 셋이 나아오자, **하나님**께서 구름기둥 가운데 내려오셔서 장막 입구에 서 계셨다. 그분께서 아론과 미리암을 부르셨다. 그들이 나아가자, 하나님께서 말씀하셨다.

> 너희는 내가 하는 말을 잘 들어라.
> 너희 가운데 **하나님**의 예언자가 있으면,
> 나는 환상으로 나 자신을 그에게 알리고
> 꿈속에서 그에게 말할 것이다.
> 그러나 나의 종 모세에게는 그렇게 하지 않는다.
> 그는 나의 집 어디든 마음대로 드나들도록 허락받은 사람이다.
> 나는 그와 직접 친밀하게 말하고
> 수수께끼가 아닌 분명한 말로 이야기한다.
> 그는 **하나님**의 참 모습을 깊이 헤아리는 사람이다.
> 그런데 어찌하여 너희는 존경이나 경의를 표하지 않고
> 나의 종 모세를 비방하는 것이냐?

⁹ **하나님**께서 그들에게 진노하고 떠나가셨다.

¹⁰ 장막을 덮고 있던 구름이 걷히니, 미리암이 나병에 걸려 피부가 눈처럼 하얗게 되었다. 아론이 미리암을 살펴보니, 영락없는

12

¹⁻² Miriam and Aaron talked against Moses behind his back because of his Cushite wife (he had married a Cushite woman). They said, "Is it only through Moses that GOD speaks? Doesn't he also speak through us?"
GOD overheard their talk.

³⁻⁸ Now the man Moses was a quietly humble man, more so than anyone living on Earth. GOD broke in suddenly on Moses and Aaron and Miriam saying, "Come out, you three, to the Tent of Meeting." The three went out. GOD descended in a Pillar of Cloud and stood at the entrance to the Tent. He called Aaron and Miriam to him. When they stepped out, he said,

> Listen carefully to what I'm telling you.
>   If there is a prophet of GOD among you,
> I make myself known to him in visions,
>   I speak to him in dreams.
> But I don't do it that way with my servant Moses;
>   he has the run of my entire house;
> I speak to him intimately, in person,
>   in plain talk without riddles:
>   He ponders the very form of GOD.
> So why did you show no reverence or respect
>   in speaking against my servant, against Moses?

⁹ The anger of GOD blazed out against them. And then he left.

¹⁰ When the Cloud moved off from the Tent, oh! Miriam had turned leprous, her skin like snow. Aaron took one look at Miriam—a

나병환자였다!

11-12 아론이 모세에게 말했다. "나의 주인님, 우리가 어리석게 생각 없이 지은 죄 때문에, 우리를 가혹하게 벌하지 마십시오. 제발 미리암을, 몸이 반쯤 썩은 채 모태에서 죽어 나온 아이처럼 저렇게 두지 마십시오."

13 그러자 모세가 **하나님**께 기도했다.

　하나님, 미리암을 고쳐 주십시오.
　　부디 미리암을 고쳐 주십시오.

14-16 **하나님**께서 모세에게 응답하셨다. "미리암의 얼굴에 그녀의 아버지가 침을 뱉었어도, 그녀가 칠 일 동안은 부끄러워해야 하지 않겠느냐? 그녀를 칠 일 동안 진 밖에 격리시켜라. 그런 뒤에야 그녀가 진으로 돌아올 수 있다." 그리하여 미리암은 칠 일 동안 진 밖에 격리되었다. 백성은 그녀가 돌아올 때까지 행진하지 않았다. 백성은 그녀가 돌아온 뒤에야 하세롯에서 출발하여, 바란 광야에 이르러 진을 쳤다.

가나안 땅 정탐

13 1-2 **하나님**께서 모세에게 말씀하셨다. "사람들을 보내어, 내가 이스라엘 백성에게 주려고 하는 가나안 땅을 정탐하게 하여라. 각 지파에서 한 사람씩 보내되, 각 지파에서 믿을 수 있는 검증된 지도자를 보내야 한다."

3-15 모세는 **하나님**의 명령에 따라 바란 광야에서 그들을 보냈다. 그들은 모두 각 지파에서 한 사람씩 뽑힌 이스라엘의 지도자들이었다. 그들의 이름은 이러하다.

　르우벤 지파에서는 삭굴의 아들 삼무아
　시므온 지파에서는 호리의 아들 사밧

leper!

11-12 He said to Moses, "Please, my master, please don't come down so hard on us for this foolish and thoughtless sin. Please don't make her like a stillborn baby coming out of its mother's womb with half its body decomposed."

13 And Moses prayed to GOD:

　Please, God, heal her,
　　please heal her.

14-16 GOD answered Moses, "If her father had spat in her face, wouldn't she be ostracized for seven days? Quarantine her outside the camp for seven days. Then she can be readmitted to the camp." So Miriam was in quarantine outside the camp for seven days. The people didn't march on until she was readmitted. Only then did the people march from Hazeroth and set up camp in the Wilderness of Paran.

Scouting Out Canaan

13 1-2 GOD spoke to Moses: "Send men to scout out the country of Canaan that I am giving to the People of Israel. Send one man from each ancestral tribe, each one a tried-and-true leader in the tribe."

3-15 So Moses sent them off from the Wilderness of Paran at the command of GOD. All of them were leaders in Israel, one from each tribe. These were their names:

　from Reuben: Shammua son of Zaccur
　from Simeon: Shaphat son of Hori
　from Judah: Caleb son of Jephunneh
　from Issachar: Igal son of Joseph

유다 지파에서는 여분네의 아들 갈렙
잇사갈 지파에서는 요셉의 아들 이갈
에브라임 지파에서는 눈의 아들 호세아
베냐민 지파에서는 라부의 아들 발디
스불론 지파에서는 소디의 아들 갓디엘
(요셉 지파 가운데 하나인) 므낫세 지파에
서는 수시의 아들 갓디
단 지파에서는 그말리의 아들 암미엘
아셀 지파에서는 미가엘의 아들 스둘
납달리 지파에서는 웝시의 아들 나비
갓 지파에서는 마기의 아들 그우엘.

16 이는 모세가 그 땅을 정탐하라고 보낸
사람들의 명단이다. 모세는 눈의 아들 호세
아(구원)에게 여호수아(하나님께서 구원하신
다)라는 새 이름을 지어 주었다.

17-20 모세는 가나안을 정탐하라고 그들을
보내면서 이렇게 말했다. "네겝 지역에 올
라가 보고, 산지에도 가 보시오. 그 땅을 샅
샅이 살펴보고, 그 땅이 어떠한지 조사하
시오. 그 땅의 백성이 강한지 약한지, 그들
의 수가 적은지 많은지 조사하시오. 그 땅
이 살기 좋은 땅인지 척박한 땅인지 상세
히 알아 오시오. 그들이 살고 있는 성읍들
이 탁 트인 진인지 성곽으로 둘러쌓인 요
새인지, 토양이 비옥한지 메마른지, 삼림
이 우거져 있는지 상세히 알아 오시오. 그
리고 그 땅에서 자라는 열매를 가져오시
오. 지금은 포도가 처음 익는 철이오."
21-25 그들은 길을 떠났다. 그들은 신 광야
에서 르보하맛 방면에 있는 르홉에 이르기
까지 그 땅을 정탐했다. 그들은 네겝 사막
을 지나 헤브론 성읍까지 이르렀다. 거기에
는 거인족 아낙의 후손인 아히만 부족과 세
새 부족과 달매 부족이 살고 있었다. 헤브
론은 이집트의 소안보다 칠 년 먼저 세워
진 곳이다. 그들은 에스골 골짜기에 이르

from Ephraim: Hoshea son of Nun
from Benjamin: Palti son of Raphu
from Zebulun: Gaddiel son of Sodi
from Manasseh (a Joseph tribe): Gaddi
son of Susi
from Dan: Ammiel son of Gemalli
from Asher: Sethur son of Michael
from Naphtali: Nahbi son of Vophsi
from Gad: Geuel son of Maki.

16 These are the names of the men Moses
sent to scout out the land. Moses gave
Hoshea (Salvation) son of Nun a new
name—Joshua (GOD-Saves).

17-20 When Moses sent them off to scout out
Canaan, he said, "Go up through the Negev
and then into the hill country. Look the land
over, see what it is like. Assess the people:
Are they strong or weak? Are there few or
many? Observe the land: Is it pleasant or
harsh? Describe the towns where they live:
Are they open camps or fortified with walls?
And the soil: Is it fertile or barren? Are there
forests? And try to bring back a sample of
the produce that grows there—this is the
season for the first ripe grapes."
21-25 With that they were on their way. They
scouted out the land from the Wilderness of
Zin as far as Rehob toward Lebo Hamath.
Their route went through the Negev Desert
to the town of Hebron. Ahiman, Sheshai,
and Talmai, descendants of the giant Anak,
lived there. Hebron had been built seven
years before Zoan in Egypt. When they
arrived at the Eshcol Valley they cut off a
branch with a single cluster of grapes—it
took two men to carry it—slung on a pole.

러, 포도송이 하나가 달린 가지를 잘라 장대에 매달았다. 그것을 나르려면 두 사람이 필요했다. 또한 그들은 석류와 무화과도 땄다. 그들은 그곳 이름을 에스골 골짜기(포도송이 골짜기)라고 했다. 그곳에서 잘라 낸 포도송이가 엄청나게 컸기 때문이다. 그들은 그 땅을 사십 일 동안 정탐하고 돌아왔다.

26-27 그들은 가데스에 있는 바란 광야에서 모세와 아론과 이스라엘 백성 온 회중 앞에 모습을 드러냈다. 그들은 온 회중에게 보고하고 그 땅의 과일을 보여주었다. 그리고 자신들의 정탐 이야기를 들려주었다.

27-29 "우리를 보낸 그 땅으로 갔더니, 정말 그곳은 젖과 꿀이 흐르는 땅이었습니다! 이 과일 좀 보십시오! 그런데 문제는, 그곳에 사는 백성은 몹시 사납고, 그들의 성읍은 거대한 요새라는 점입니다. 더구나 우리는 거인 족인 아낙 자손도 보았습니다. 아말렉 사람이 네겝 지역에 퍼져 있고, 헷 사람과 여부스 사람과 아모리 사람이 산지를 차지하고 있습니다. 그리고 가나안 사람이 지중해 바닷가와 요단 강가에 자리 잡고 있습니다."

30 갈렙이 이야기를 중단시키고 모세 앞에서 백성을 조용히 시킨 뒤에 말했다. "당장 올라가서 그 땅을 점령합시다. 우리는 할 수 있습니다."

31-33 그러나 다른 사람들이 이렇게 말했다. "우리는 그 백성을 칠 수 없소. 그들은 우리보다 강하오." 그러면서 그들은 이스라엘 백성 사이에 무시무시한 소문을 퍼뜨렸다. "우리가 그 땅 이쪽 끝에서 저쪽 끝까지 정탐해 보았는데, 그 땅은 사람들을 통째로 삼키는 땅이다. 우리가 본 그곳 사람들은 모두가 어마어마하게 컸다. 우리는 네피림 자손인 거인족도 보았다. (거인족인 아낙 자손은 네피림 자손에서 나왔다.) 그들 곁에 서니, 마치 우리가 메뚜기 같았다. 그들도 우리가 메뚜기라도 된다는 듯이 얕잡아 보았다."

They also picked some pomegranates and figs. They named the place Eshcol Valley (Grape-Cluster-Valley) because of the huge cluster of grapes they had cut down there. After forty days of scouting out the land, they returned home.

26-27 They presented themselves before Moses and Aaron and the whole congregation of the People of Israel in the Wilderness of Paran at Kadesh. They reported to the whole congregation and showed them the fruit of the land. Then they told the story of their trip:

27-29 "We went to the land to which you sent us and, oh! It does flow with milk and honey! Just look at this fruit! The only thing is that the people who live there are fierce, their cities are huge and well fortified. Worse yet, we saw descendants of the giant Anak. Amalekites are spread out in the Negev; Hittites, Jebusites, and Amorites hold the hill country; and the Canaanites are established on the Mediterranean Sea and along the Jordan."

30 Caleb interrupted, called for silence before Moses and said, "Let's go up and take the land—now. We can do it."

31-33 But the others said, "We can't attack those people; they're way stronger than we are." They spread scary rumors among the People of Israel. They said, "We scouted out the land from one end to the other—it's a land that swallows people whole. Everybody we saw was huge. Why, we even saw the Nephilim giants (the Anak giants come from the Nephilim). Alongside them we felt like grasshoppers. And they looked down on us as if we were grasshoppers."

백성의 반역

14

1-3 온 공동체가 큰 소란을 일으키며 밤새도록 울부짖었다. 이스라엘 온 백성이 모세와 아론에게 불평을 쏟아냈다. 공동체 전체가 여기에 가세했다. "차라리 우리가 이집트에서 죽었으면 좋았을 것을! 아니면 이 광야에서라도 죽었으면 좋았을 것을! 어쩌자고 **하나님**은 우리를 이 땅으로 데려와서 우리를 죽게 하시는가? 우리 아내와 자식들이 노획물이 되겠구나. 차라리 이집트로 돌아가는 편이 낫겠다! 당장 그렇게 하자!"

4 곧이어 그들은 서로 말했다. "새로운 지도자를 뽑아 이집트로 돌아가자."

5 모세와 아론은 비상 회의로 모인 온 공동체 앞에서 얼굴을 땅에 대고 엎드렸다.

6-9 정탐을 다녀온 이들 가운데 눈의 아들 여호수아와 여분네의 아들 갈렙이 자기 옷을 찢으며, 그 자리에 모여든 이스라엘 백성에게 말했다. "우리가 두루 다니며 정탐한 그 땅은 매우 아름답고 정말 좋은 땅입니다. **하나님**께서 우리를 기뻐하시면, 저들이 말한 대로, 젖과 꿀이 흐르는 그 땅으로 우리를 인도하실 것입니다. 그 땅을 우리에게 주실 것입니다. 그러니 **하나님**을 배역하지 마십시오! 그 백성을 두려워하지 마십시오. 그렇습니다. 그들은 우리의 밥이 될 것입니다! 그들에게는 보호자가 없지만, 우리에게는 **하나님**이 계십니다. 그러니 그들을 두려워하지 마십시오!"

10-12 그러나 온 공동체가 들고일어나 그들을 돌로 치려고 했다.

그때 **하나님**의 빛나는 영광이 회막 가운데 나타났다. 모든 이스라엘 자손이 그것을 보았다. **하나님**께서 모세에게 말씀하셨다. "이 백성이 언제까지 나를 업신여기겠느냐? 언제까지 나를 신뢰하지 않을 작정이냐? 내가 저들 가운데 일으킨 모든 표적을

14
1-3 The whole community was in an uproar, wailing all night long. All the People of Israel grumbled against Moses and Aaron. The entire community was in on it: "Why didn't we die in Egypt? Or in this wilderness? Why has GOD brought us to this country to kill us? Our wives and children are about to become plunder. Why don't we just head back to Egypt? And right now!"

4 Soon they were all saying it to one another: "Let's pick a new leader; let's head back to Egypt."

5 Moses and Aaron fell on their faces in front of the entire community, gathered in emergency session.

6-9 Joshua son of Nun and Caleb son of Jephunneh, members of the scouting party, ripped their clothes and addressed the assembled People of Israel: "The land we walked through and scouted out is a very good land—very good indeed. If GOD is pleased with us, he will lead us into that land, a land that flows, as they say, with milk and honey. And he'll give it to us. Just don't rebel against GOD! And don't be afraid of those people. Why, we'll have them for lunch! They have no protection and GOD is on our side. Don't be afraid of them!"

10-12 But, up in arms now, the entire community was talking of hurling stones at them. Just then the bright Glory of GOD appeared at the Tent of Meeting. Every Israelite saw it. GOD said to Moses, "How long will these people treat me like dirt? How long refuse to trust me? And with all these signs I've done among them! I've had enough—I'm going to

보고도 저렇게 하는구나! 이것으로 충분하다. 이제 내가 저들을 전염병으로 쳐서 죽이겠다. 그러나 너는 저들보다 크고 강한 민족으로 만들겠다."

¹³⁻¹⁶ 그러나 모세는 **하나님**께 이렇게 아뢰었다. "이집트 사람들이 듣겠습니다! 하나님께서는 큰 능력을 보이시며 이 백성을 이집트에서 건져 내셨는데, 이제 그리하시겠다니요? 이집트 사람들이 모든 사람에게 알릴 것입니다. 그들은 당신께서 **하나님**이시고, 이 백성 편이시며, 이 백성 가운데 계시다는 말을 이미 들었습니다. 그들은 이 백성이 구름 속에서 **하나님**을 두 눈으로 뵙는다는 말도 들었습니다. 또한 그들은 구름이 이 백성 위에 머물면서, 낮에는 구름기둥으로 이 백성을 인도하고, 밤에는 불기둥으로 인도한다는 말도 들었습니다. **하나님**께서 이 백성 전체를 단번에 죽이시면, 이제까지 진행되어 온 일을 들은 민족들이 '**하나님**은 저 백성을 약속한 땅으로 데리고 갈 능력이 없어서, 저들을 광야에서 무참히 죽여 버렸다' 하고 말할 것입니다.

¹⁷ 전에 주께서 말씀하신 대로, 부디 주의 능력을 더 크게 펼치시기 바랍니다.

¹⁸ **하나님**은 노하기를 더디고 그 사랑이 심히 커서
죄악과 반역과 죄를 용서하되,
죄를 그냥 덮어 두지는 않는다.
부모가 지은 죄의 결과를
삼사 대 자손에 이르기까지
미치게 한다.

¹⁹ 이집트를 떠나던 날부터 이 백성을 줄곧 용서하신 것처럼, **하나님**의 신실하신 사랑을 아낌없이 베푸셔서, 이 백성의 잘못을 용서해 주십시오."

²⁰⁻²³ **하나님**께서 말씀하셨다. "네 말을 존

hit them with a plague and kill them. But I'll make you into a nation bigger and stronger than they ever were."

¹³⁻¹⁶ But Moses said to GOD, "The Egyptians are going to hear about this! You delivered this people from Egypt with a great show of strength, and now this? The Egyptians will tell everyone. They've already heard that you are GOD, that you are on the side of this people, that you are present among them, that they see you with their own eyes in your Cloud that hovers over them, in the Pillar of Cloud that leads them by day and the Pillar of Fire at night. If you kill this entire people in one stroke, all the nations that have heard what has been going on will say, 'Since GOD couldn't get these people into the land which he had promised to give them, he slaughtered them out in the wilderness.'

¹⁷ "Now, please, let the power of the Master expand, enlarge itself greatly, along the lines you have laid out earlier when you said,

¹⁸ GOD, slow to get angry and huge in loyal love,
   forgiving iniquity and rebellion and sin;
Still, never just whitewashing sin.
   But extending the fallout of parents' sins to children into the third,
   even the fourth generation.

¹⁹ "Please forgive the wrongdoing of this people out of the extravagance of your loyal love just as all along, from the time they left Egypt, you have been forgiving this people."

²⁰⁻²³ GOD said, "I forgive them, honoring your words. But as I live and as the Glory of GOD fills the whole Earth—not a single

중하여 내가 저들을 용서하겠다. 그러나 내가 살아 있는 한, 그리고 **하나님**의 영광이 온 땅을 가득 채우고 있는 한, 나의 영광과 내가 이집트와 광야에서 행한 이적을 보았으면서도 끊임없이 나를 시험하며 내 말을 듣지 않은 자들은, 단 한 사람도, 내가 그들의 조상에게 엄숙히 약속한 땅을 보지 못할 것이다. 계속해서 나를 멸시한 자들은 어느 누구도 그 땅을 보지 못할 것이다.

24 그러나 나의 종 갈렙은 다르다. 그는 마음이 저들과 달라서, 전심으로 나를 따른다. 나는 그가 정탐한 땅으로 그를 들어가게 하고, 그의 자손이 그 땅을 물려받게 할 것이다.

25 아말렉 사람과 가나안 사람이 골짜기에 자리 잡고 있으니, 당장 진로를 바꿔 홍해에 이르는 길을 따라서 광야로 돌아가거라."

26-30 **하나님**께서 모세와 아론에게 말씀하셨다. "이 악한 공동체가 언제까지 내게 불평을 늘어놓겠느냐? 이 불평 많은 이스라엘 자손의 투덜거리는 소리를 내가 들을 만큼 들었다. 너는 그들에게 전하여라. **하나님**의 말이다. 내가 살아 있음을 두고 맹세하건대, 이제 내가 이렇게 행하겠다. 너희는 주검이 되어 광야에 나뒹굴게 될 것이다. 인구조사 때 계수된 스무 살 이상의 사람들, 곧 불평하고 원망하던 이 세대가 모두 다 그렇게 될 것이다. 너희 가운데 아무도 내가 굳게 약속한 땅에 들어가지 못할 것이며, 그 땅에 너희 집도 짓지 못할 것이다. 그러나 여분네의 아들 갈렙과 눈의 아들 여호수아는 들어가게 될 것이다.

31-34 너희가 노획물로 사로잡혀 갈 것이라고 말한 너희의 자녀들만 내가 그 땅으로 데리고 들어가서, 너희가 거부한 그 땅을 차지하게 하겠다. 그러나 너희는 주검이 되어 광야에서 썩어질 것이다. 너희의 자녀들은 너희 세대가 다 주검이 되어 광야에 누울 때까

person of those who saw my Glory, saw the miracle signs I did in Egypt and the wilderness, and who have tested me over and over and over again, turning a deaf ear to me—not one of them will set eyes on the land I so solemnly promised to their ancestors. No one who has treated me with such repeated contempt will see it.

24 "But my servant Caleb—this is a different story. He has a different spirit; he follows me passionately. I'll bring him into the land that he scouted and his children will inherit it.

25 "Since the Amalekites and Canaanites are so well established in the valleys, for right now change course and head back into the wilderness following the route to the Red Sea."

26-30 GOD spoke to Moses and Aaron: "How long is this going to go on, all this grumbling against me by this evil-infested community? I've had my fill of complaints from these grumbling Israelites. Tell them, As I live—GOD's decree—here's what I'm going to do: Your corpses are going to litter the wilderness—every one of you twenty years and older who was counted in the census, this whole generation of grumblers and grousers. Not one of you will enter the land and make your home there, the firmly and solemnly promised land, except for Caleb son of Jephunneh and Joshua son of Nun.

31-34 "Your children, the very ones that you said would be taken for plunder, I'll bring in to enjoy the land you rejected while your corpses will be rotting in the wilderness. These children of yours will live as shepherds in the wilderness for

지, 사십 년 동안 광야에서 양을 치며 너희가 지은 음란과 불성실의 죄를 짊어지고 살 것이다. 너희가 사십 일 동안 그 땅을 정탐했으니, 하루를 일 년으로 쳐서 사십 년 동안 너희 죄값으로 형기를 채워야 한다. 이는 너희가 나를 노하게 하여 받는 기나긴 훈련이다.

35 나 하나님이 말했듯이, 나는 악이 가득한 이 공동체, 나를 거슬러 한통속이 되어 버린 이 공동체 전체에 반드시 이 일을 행할 것이다. 그들은 이 광야에서 최후를 맞을 것이다. 그들은 여기서 죽을 것이다."

36-38 모세가 정탐을 보냈던 사람들이 돌아와서 그 땅에 대해 그릇된 소문을 유포시키며 온 공동체를 부추겨 모세에게 불평하게 했다. 그 사람들이 모두 죽었다. 그들은 그 땅에 대해 그릇된 소문을 퍼뜨리다가 하나님 앞에서 전염병으로 죽었다. 그 땅을 정탐하러 갔던 사람들 가운데 눈의 아들 여호수아와 여분네의 아들 갈렙만이 살아남았다.

39-40 모세가 이 모든 말씀을 이스라엘 백성에게 전하니, 그들이 몹시 슬퍼했다. 그들은 이튿날 아침 일찍 산지로 올라가며 말했다. "다 왔다. 이제 우리가 올라가기만 하면 된다. 하나님께서 우리에게 약속하신 땅으로 올라가서 그 땅을 치자. 우리가 죄를 지었으나, 지금이라도 그 땅을 치자."

41-43 모세가 말했다. "여러분은 어쩌자고 또 하나님의 명령을 거스르는 것입니까? 이 일은 결코 성공하지 못할 것입니다. 그들을 치러 가지 마십시오. 하나님께서 이 일에 여러분과 함께하지 않으십니다. 여러분은 적에게 처참하게 패하고 말 것입니다. 아말렉 사람과 가나안 사람이 여러분을 기다리고 있다가 여러분을 죽일 것

forty years, living with the fallout of your whoring unfaithfulness until the last of your generation lies a corpse in the wilderness. You scouted out the land for forty days; your punishment will be a year for each day, a forty-year sentence to serve for your sins—a long schooling in my displeasure.

35 "I, GOD, have spoken. I will most certainly carry out these things against this entire evil-infested community which has banded together against me. In this wilderness they will come to their end. There they will die."

36-38 So it happened that the men Moses sent to scout out the land returned to circulate false rumors about the land causing the entire community to grumble against Moses—all these men died. Having spread false rumors of the land, they died in a plague, confronted by GOD. Only Joshua son of Nun and Caleb son of Jephunneh were left alive of the men who went to scout out the land.

39-40 When Moses told all of this to the People of Israel, they mourned long and hard. But early the next morning they started out for the high hill country, saying, "We're here; we're ready—let's go up and attack the land that GOD promised us. We sinned, but now we're ready."

41-43 But Moses said, "Why are you crossing GOD's command yet again? This won't work. Don't attack. GOD isn't with you in this—you'll be beaten badly by your enemies. The Amalekites and Canaanites are ready for you and they'll kill you. Because you have left off obediently following GOD, GOD is not going to be with you in this."

44-45 But they went anyway; recklessly and

입니다. 여러분이 **하나님**의 말씀을 순종하며 따르지 않았으니, **하나님**께서 이 일에 여러분과 함께하지 않으실 것입니다."

44-45 그러나 그들은 갔다. 무모하고 오만하게도 그들은 산지로 올라갔다. 그러나 언약궤와 모세는 진에서 꼼짝도 하지 않았다. 산지에 사는 아말렉 사람과 가나안 사람이 산에서 나와 그들을 쳐서 물리치고, 호르마까지 그들을 밀어냈다.

하나님께 드리는 제물

15 1-5 **하나님**께서 모세에게 말씀하셨다. "너는 이스라엘 백성에게 전하여라. 그들에게 이렇게 일러 주어라. 내가 너희에게 주려고 하는 땅에 너희가 들어가 불살라 바치는 제물을 **하나님**에게 바칠 때, 곧 절기를 맞아 서원 제물이나 자원 제물로 번제물이나 소 떼나 양 떼에서 고른 제물을 **하나님**을 기쁘게 하는 향기로 바칠 때, 제물을 가져오는 사람은 고운 곡식 가루 2리터에 기름 1리터를 섞은 것을 **하나님**에게 곡식 제물로 바쳐야 한다. 번제물이나 희생 제물로 바칠 어린양 한 마리에는 기름 1리터와 부어 드리는 제물로 바칠 포도주 1리터를 준비하여라.

6-7 숫양 한 마리를 바칠 때는 고운 곡식 가루 4리터에 기름 1.25리터를 섞어 곡식 제물로 준비하고, 포도주 1.25리터를 부어 드리는 제물로 준비하여라. 이것을 **하나님**을 기쁘게 하는 향기로 바쳐야 한다.

8-10 특별 서원을 갚거나 **하나님**에게 화목 제물을 바치려고 수송아지를 번제물이나 희생 제물로 준비할 때는, 수송아지와 함께 고운 곡식 가루 6리터와 기름 2리터를 곡식 제물로 바쳐라. 그리고 포도주 2리터도 부어 드리는 제물로 바쳐라. 이것은 불살라 바치는 제물이요, **하나님**을 기쁘게 하는 향기가 될 것이다.

arrogantly they climbed to the high hill country. But the Chest of the Covenant and Moses didn't budge from the camp. The Amalekites and the Canaanites who lived in the hill country came out of the hills and attacked and beat them, a rout all the way down to Hormah.

Matters of Worship

15 1-5 GOD spoke to Moses: "Speak to the People of Israel. Tell them, When you enter your homeland that I am giving to you and sacrifice a Fire-Gift to GOD, a Whole-Burnt-Offering or any sacrifice from the herd or flock for a Vow-Offering or Freewill-Offering at one of the appointed feasts, as a pleasing fragrance for GOD, the one bringing the offering shall present to GOD a Grain-Offering of two quarts of fine flour mixed with a quart of oil. With each lamb for the Whole-Burnt-Offering or other sacrifice, prepare a quart of oil and a quart of wine as a Drink-Offering.

6-7 "For a ram prepare a Grain-Offering of four quarts of fine flour mixed with one and a quarter quarts of oil and one and a quarter quarts of wine as a Drink-Offering. Present it as a pleasing fragrance to GOD.

8-10 "When you prepare a young bull as a Whole-Burnt-Offering or sacrifice for a special vow or a Peace-Offering to GOD, bring with the bull a Grain-Offering of six quarts of fine flour and two quarts of oil. Also bring two quarts of wine as a Drink-Offering. It will be a Fire-Gift, a pleasing fragrance to GOD.

11-12 "Each bull or ram, each lamb or young goat, is to be prepared in this same way.

11-12 수소 한 마리나 숫양 한 마리, 어린양 한 마리나 어린 염소 한 마리를 준비할 때도 이와 같이 해야 한다. 너희가 준비한 것이 아무리 많아도, 그 수효대로 한 마리씩 이 절차를 따르도록 하여라.

13-16 이스라엘 본국인이 **하나님**을 기쁘게 하는 향기로 불살라 바치는 제물을 바칠 때는, 이 절차를 따라야 한다. 다음 세대에 대대로 너희와 함께 사는 외국인이나 거류민이 **하나님**을 기쁘게 하는 향기로 불살라 바치는 제물을 바칠 때도 같은 절차를 따라야 한다. 공동체는 너희나 너희와 함께 사는 외국인에게나 같은 규례를 적용해야 한다. 이것은 다음 세대에 항상 지켜야 할 규례다. 너희나 외국인이나, **하나님** 앞에서는 동일하다. 너희나 너희와 함께 사는 외국인에게나 같은 법과 규례가 적용된다."

17-21 **하나님**께서 모세에게 말씀하셨다. "너는 이스라엘 백성에게 전하여라. 그들에게 이렇게 일러 주어라. 내가 너희를 데려가려고 하는 그 땅에 너희가 들어가서 그 땅에서 나는 양식을 먹게 될 때, 너희는 그 양식의 일부를 **하나님**에게 바칠 제물로 따로 떼어 놓아라. 처음 반죽한 것으로 둥근 빵을 만들어 제물로 바쳐라. 이는 타작마당에서 바치는 제물이다. 너희는 대대로 처음 반죽한 것으로 이 제물을 만들어 **하나님**에게 바쳐라."

22-26 "그러나 너희가 정도에서 벗어나 **하나님**이 모세에게 내린 명령, 곧 **하나님**이 모세를 통해 너희에게 명령한 것을 **하나님**이 처음 명령하던 때부터 지금까지 지키지 않았으면, 그리고 그것이 회중이 모르는 가운데 실수로 저지른 것이면, 온 회중은 수송아지 한 마리를 번제물, 곧 **하나님**을 기쁘게 하는 향기로 바치고, 곡식 제물과 부어 드리는 제물

Carry out this procedure for each one, no matter how many you have to prepare.

13-16 "Every native-born Israelite is to follow this procedure when he brings a Fire-Gift as a pleasing fragrance to GOD. In future generations, when a foreigner or visitor living at length among you presents a Fire-Gift as a pleasing fragrance to GOD, the same procedures must be followed. The community has the same rules for you and the foreigner living among you. This is the regular rule for future generations. You and the foreigner are the same before GOD. The same laws and regulations apply to both you and the foreigner who lives with you."

17-21 GOD spoke to Moses: "Speak to the People of Israel. Tell them, When you enter the land into which I'm bringing you, and you eat the food of that country, set some aside as an offering for GOD. From the first batch of bread dough make a round loaf for an offering—an offering from the threshing floor. Down through the future generations make this offering to GOD from each first batch of dough.

22-26 "But if you should get off the beaten track and not keep the commands which GOD spoke to Moses, any of the things that GOD commanded you under the authority of Moses from the time that GOD first commanded you right up to this present time, and if it happened more or less by mistake, with the

도 함께 규례대로 바쳐야 한다. 또 숫염소 한 마리를 속죄 제물로 바쳐야 한다. 제사장은 이스라엘 백성 온 공동체를 위해 속죄해야 한다. 그러면 그들이 용서를 받는다. 그것은 그들이 고의로 저지른 죄가 아니었고, 그들이 하나님에게 불살라 바치는 제물을 바쳤으며, 자신들의 실수를 보상하기 위해 속죄 제물을 바쳤기 때문이다. 모든 백성이 잘못을 저지른 것이므로, 이스라엘 온 공동체뿐만 아니라 그들과 함께 사는 외국인도 용서를 받을 것이다.

27-28 그러나 어떤 사람이 자신이 무엇을 하는지도 모르고 실수로 죄를 지었으면, 그는 일 년 된 암염소 한 마리를 속죄 제물로 가져와야 한다. 제사장은 실수로 죄를 지은 그 사람을 위해 속죄해야 한다. 하나님 앞에서 속죄하여, 그 죄가 그 사람에게 남아 있지 않게 해야 한다.

29 본국에서 난 이스라엘 자손이든 외국인이든, 실수로 죄를 지은 사람에게는 누구나 같은 규례가 적용된다.

30-31 그러나 본국인이든 외국인이든, 고의로 하나님을 모독하는 죄를 지은 사람은 자기 백성 가운데서 끊어져야 한다. 그가 하나님의 말씀을 업신여기고 하나님의 명령을 어겼기 때문이다. 그런 자는 반드시 공동체에서 내쫓아 홀로 죄값을 치르게 해야 한다."

❦

32-35 이스라엘 백성이 광야에서 여러 해를 지내던 때였다. 어떤 사람이 안식일에 나뭇가지를 줍다가 붙잡혔다. 그를 붙잡은 사람들이 모세와 아론과 온 회중 앞으로 그를 끌고 왔다. 그들은 그를 어떻게 해야 할지 결정이 내려질 때까지 가두어 두었다. 그때 하나님께서 모세에

congregation unaware of it, then the whole congregation is to sacrifice one young bull as a Whole-Burnt-Offering, a pleasing fragrance to GOD, accompanied by its Grain-Offering and Drink-Offering as stipulated in the rules, and a he-goat as an Absolution-Offering. The priest is to atone for the entire community of the People of Israel and they will stand forgiven. The sin was not deliberate, and they offered to GOD the Fire-Gift and Absolution-Offering for their inadvertence. The whole community of Israel including the foreigners living there will be absolved, because everyone was involved in the error.

27-28 "But if it's just one person who sins by mistake, not realizing what he's doing, he is to bring a yearling she-goat as an Absolution-Offering. The priest then is to atone for the person who accidentally sinned, to make atonement before GOD so that it won't be held against him.

29 "The same standard holds for everyone who sins by mistake; the native-born Israelites and the foreigners go by the same rules.

30-31 "But the person, native or foreigner, who sins defiantly, deliberately blaspheming GOD, must be cut off from his people: He has despised GOD's word, he has violated GOD's command; that person must be kicked out of the community, ostracized, left alone in his wrongdoing."

❦

32-35 Once, during those wilderness years of the People of Israel, a man was caught gathering wood on the Sabbath. The ones who caught him hauled him before Moses and Aaron and the entire congregation. They

게 말씀하셨다. "그에게 사형을 선고하여라. 온 공동체가 진 밖에서 그를 돌로 쳐서 죽여야 한다."

36 하나님께서 모세를 통해 명령하신 대로, 온 공동체가 그를 진 밖으로 끌어내어 돌로 쳐서 죽였다.

❧

37-41 하나님께서 모세에게 말씀하셨다. "이스라엘 백성에게 전하여라. 그들에게 이렇게 일러 주어라. 지금부터 너희는 대대로 옷자락에 술을 만들어 달고, 청색 끈을 그 술에 달아 표시해야 한다. 너희는 그 술을 볼 때마다 하나님의 계명을 기억하여 지켜야 한다. 너희가 느끼고 보는 것, 곧 너희를 꾀어 배역하게 하는 모든 것에 미혹되는 일이 없게 해야 한다. 그 술은 나의 모든 계명을 기억하여 지키고, 하나님을 위해 거룩하게 살라는 표가 될 것이다. 나는 너희 하나님이 되려고 너희를 이집트 땅에서 구해 낸 하나님이다. 나는 하나님 너희 하나님이다."

고라 무리의 반역

16 1-3 어느 날, 레위의 증손이자 고핫의 손자이며 이스할의 아들인 고라가 르우벤 자손 몇 명—엘리압의 아들인 다단과 아비람, 그리고 벨렛의 아들인 온—과 함께 거들먹거리며 모세에게 반기를 들었다. 고라는 이스라엘 회중 가운데서 지도자 250명을 자기편으로 끌어들였다. 이들은 총회에서 높은 지위를 차지한 사람들로, 이름 있는 자들이었다. 그들이 모세와 아론에게 몰려가서 대들며 말했다. "당신들은 월권을 했소. 온 공동체가 거룩하고 하나님께서 그들 가운데 계시는데, 당신들은 어째서 모든 권한을 쥔 것처럼 행동하는 거요?"

put him in custody until it became clear what to do with him. Then GOD spoke to Moses: "Give the man the death penalty. Yes, kill him, the whole community hurling stones at him outside the camp."

36 So the whole community took him outside the camp and threw stones at him, an execution commanded by GOD and given through Moses.

❧

37-41 GOD spoke to Moses: "Speak to the People of Israel. Tell them that from now on they are to make tassels on the corners of their garments and to mark each corner tassel with a blue thread. When you look at these tassels you'll remember and keep all the commandments of GOD, and not get distracted by everything you feel or see that seduces you into infidelities. The tassels will signal remembrance and observance of all my commandments, to live a holy life to GOD. I am your GOD who rescued you from the land of Egypt to be your personal God. Yes, I am GOD, *your* God."

The Rebels

16 1-3 Getting on his high horse one day, Korah son of Izhar, the son of Kohath, the son of Levi, along with a few Reubenites—Dathan and Abiram sons of Eliab, and On son of Peleth—rebelled against Moses. He had with him 250 leaders of the congregation of Israel, prominent men with positions in the Council. They came as a group and confronted Moses and Aaron, saying, "You've overstepped yourself. This entire community is holy and GOD is in their

⁴ 모세가 이 말을 듣고 얼굴을 땅에 대고 엎드렸다.

⁵ 그러고 나서 고라와 그의 무리에게 말했다. "아침이 되면, **하나님**께서 누가 그분 편에 서 있고, 누가 거룩한 사람인지 밝히 보이실 것이오. **하나님**께서 친히 택하신 사람을 곁에 세우실 것이오.

⁶⁻⁷ 고라, 내가 당신과 당신 무리에게 바라는 것은 이것이오. 내일 향로를 가져오시오. **하나님** 앞에서 향로에 불을 담고 그 위에 향을 얹으시오. 그러면 누가 거룩한지, 누가 **하나님**께서 택하신 사람인지 알게 될 것이오. 레위 자손 여러분, 당신들이야말로 월권을 하고 있소."

⁸⁻¹¹ 모세가 계속해서 고라에게 말했다. "레위 자손 여러분, 잘 들으시오. 이스라엘의 하나님께서 당신들을 이스라엘의 회중 가운데서 뽑으시고 당신들을 그분 곁에 오게 하셔서, **하나님**의 성막 일로 섬기게 하시고 회중 앞에 서서 그들을 돌보게 하셨는데, 그것으로 부족하다는 말이오? 그분께서는 당신과 당신의 레위인 형제들을 불러들여 최측근이 되게 하셨는데, 이제 당신들은 제사장직까지 거머쥐려 하고 있소. 당신들은 우리를 거역한 것이 아니라 **하나님**을 거역한 것이오. 어떻게 당신들이 아론을 비방하며 그에게 대든단 말이오?"

¹²⁻¹⁴ 모세가 엘리압의 두 아들 다단과 아비람에게 출두하라고 지시했다. 그러자 그들이 말했다. "우리는 가지 않겠소. 젖과 꿀이 흐르는 땅에서 우리를 끌어내어 이 광야에서 죽이는 것으로는 성이 차지 않는단 말이오? 이제 당신은 아예 우리를 마음대로 부리려 하는구려! 현실을 직시하시오. 당신이 한 일이 뭐가 있소? 우리를 젖과 꿀이 흐르는 땅으로 데려가기를 했소, 약속한 밭과 포도밭을 우리에게 유산으로 주기를 했소? 현실을 보지 못하게 하려면 우리의 두 눈을

midst. So why do you act like you're running the whole show?"

⁴ On hearing this, Moses threw himself facedown on the ground.

⁵ Then he addressed Korah and his gang: "In the morning GOD will make clear who is on his side, who is holy. GOD will take his stand with the one he chooses.

⁶⁻⁷ "Now, Korah, here's what I want you, you and your gang, to do: Tomorrow, take censers. In the presence of GOD, put fire in them and then incense. Then we'll see who is holy, see whom GOD chooses. Sons of Levi, you've overstepped *yourselves*!"

⁸⁻¹¹ Moses continued with Korah, "Listen well now, sons of Levi. Isn't it enough for you that the God of Israel has selected you out of the congregation of Israel to bring you near him to serve in the ministries of The Dwelling of GOD, and to stand before the congregation to minister to them? He has brought you and all your brother Levites into his inner circle, and now you're grasping for the priesthood, too. It's GOD you've ganged up against, not us. What do you have against Aaron that you're bad-mouthing him?"

¹²⁻¹⁴ Moses then ordered Dathan and Abiram, sons of Eliab, to appear, but they said, "We're not coming. Isn't it enough that you yanked us out of a land flowing with milk and honey to kill us in the wilderness? And now you keep trying to boss us around! Face it, you haven't produced: You haven't brought us into a land flowing with milk and honey, you haven't given us the promised inheritance of fields and vineyards. You'd have to poke our eyes out to keep us from seeing

뽑아내야 할 것이오. 관두시오. 우리는 가지 않겠소."

15 모세는 몹시 화가 나서 **하나님**께 아뢰었다. "저들의 곡식 제물을 받지 마십시오. 저는 저들에게서 나귀 한 마리 빼앗지 않았고, 저들의 머리카락 한 올 상하게 하지 않았습니다."

16-17 모세가 고라에게 말했다. "내일 당신네 사람들을 **하나님** 앞에 나아오게 하시오. 그들과 아론은 물론이고 당신도 나아오시오. 각자 자기 향로에 향을 가득 담아 가져와서 **하나님**께 드리시오. 모두 250개의 향로가 될 것이오. 당신과 아론도 똑같이 향로를 가져오시오."

18 그들은 그대로 했다. 저마다 불과 향이 가득 담긴 향로를 가져와서 회막 입구에 섰다. 모세와 아론도 그렇게 했다.

19 고라와 그의 무리가 회막 입구에서 모세와 아론에게 맞섰다. 그때 온 공동체가 **하나님**의 영광을 보았다.

20-21 **하나님**께서 모세와 아론에게 말씀하셨다. "너희는 이 회중으로부터 떨어져 있어라. 내가 저들을 완전히 없애 버리겠다."

22 그러자 모세와 아론이 얼굴을 땅에 대고 엎드리며 말했다. "하나님, 살아 있는 모든 것의 하나님, 죄는 한 사람이 지었는데, 온 공동체에 화를 쏟으실 작정이십니까?"

23-24 **하나님**께서 모세에게 말씀하셨다. "공동체에 전하여라. 고라와 다단과 아비람의 장막에서 물러서라고, 그들에게 일러 주어라."

25-26 모세가 일어나 다단과 아비람에게 갔다. 이스라엘의 지도자들도 그를 따라갔다. 모세가 공동체에 말했다. "이 악인들의 장막에서 물러서십시오. 그들에게 속한 것은 하나도 건드리지 마십시오. 건드렸다가는 그들이 지은 죄의 홍수에 쓸려 가고 말 것입니다."

what's going on. Forget it, we're not coming."

15 Moses' temper blazed white-hot. He said to GOD, "Don't accept their Grain-Offering. I haven't taken so much as a single donkey from them; I haven't hurt a single hair of their heads."

16-17 Moses said to Korah, "Bring your people before GOD tomorrow. Appear there with them and Aaron. Have each man bring his censer filled with incense and present it to GOD—all 250 censers. And you and Aaron do the same, bring your censers."

18 So they all did it. They brought their censers filled with fire and incense and stood at the entrance of the Tent of Meeting. Moses and Aaron did the same.

19 It was Korah and his gang against Moses and Aaron at the entrance of the Tent of Meeting. The entire community could see the Glory of GOD.

20-21 GOD said to Moses and Aaron, "Separate yourselves from this congregation so that I can finish them off and be done with them."

22 They threw themselves on their faces and said, "O God, God of everything living, when one man sins are you going to take it out on the whole community?"

23-24 GOD spoke to Moses: "Speak to the community. Tell them, Back off from the tents of Korah, Dathan, and Abiram."

25-26 Moses got up and went to Dathan and Abiram. The leaders of Israel followed him. He then spoke to the community: "Back off from the tents of these bad men; don't touch a thing that belongs to them lest you be carried off on the flood of their sins."

27 그들은 모두 고라와 다단과 아비람의 장막에서 멀찍이 물러섰다. 다단과 아비람은 아내와 자녀와 젖먹이들과 함께 밖으로 나와서 자기들 장막 입구에 서 있었다.

28-30 모세가 계속해서 공동체에 말했다. "이로써 여러분은 이 모든 일이 하나님께서 나를 보내서 하신 것이지, 내가 마음대로 조작한 것이 아니라는 것을 알게 될 것입니다. 이 자들이 우리처럼 수명이 다해 죽는다면, 하나님께서 나를 보내신 것이 아닙니다. 그러나 하나님께서 전에 없던 일을 행하셔서, 땅이 입을 벌려 이들을 모두 삼키고 산 채로 스올에 내던지게 하시면, 여러분은 이 자들이 하나님을 업신여겼다는 것을 알게 될 것입니다."

31-33 모세가 이 말을 마치자마자 땅이 쫙 갈라졌다. 땅이 입을 벌려 그들과 그들의 가족과, 고라와 관계된 모든 사람과, 그들의 모든 소유를 한입에 삼켜 버렸다. 그들은 산 채로 스올에 내던져져 최후를 맞이했다. 땅이 그들을 덮어 버렸다. 공동체가 그들의 소리를 들은 것은 그때가 마지막이었다.

34 주위에 있던 사람들이 그들의 비명소리에 놀라, "우리마저 산 채로 삼켜 버리겠다!" 하고 소리치며 모두 필사적으로 도망쳤다.

35 그때 하나님께서 번갯불을 보내셨다. 그 불이 분향하던 250명을 불살라 버렸다.

36-38 하나님께서 모세에게 말씀하셨다. "너는 제사장 아론의 아들 엘르아살에게 명령하여, 연기 나는 잿더미에서 향로들을 모으게 하고, 타다 남은 숯불은 멀리 흩어 버리게 하여라. 이 향로들은 거룩하게 되었기 때문이다. 죄를 지어

27 So they all backed away from the tents of Korah, Dathan, and Abiram. Dathan and Abiram by now had come out and were standing at the entrance to their tents with their wives, children, and babies.

28-30 Moses continued to address the community: "This is how you'll know that it was GOD who sent me to do all these things and that it wasn't anything I cooked up on my own. If these men die a natural death like all the rest of us, you'll know that it wasn't GOD who sent me. But if GOD does something unprecedented—if the ground opens up and swallows the lot of them and they are pitched alive into Sheol—then you'll know that these men have been insolent with GOD."

31-33 The words were hardly out of his mouth when the Earth split open. Earth opened its mouth and in one gulp swallowed them down, the men and their families, all the human beings connected with Korah, along with everything they owned. And that was the end of them, pitched alive into Sheol. The Earth closed up over them and that was the last the community heard of them.

34 At the sound of their cries everyone around ran for dear life, shouting, "We're about to be swallowed up alive!"

35 Then GOD sent lightning. The fire cremated the 250 men who were offering the incense.

36-38 GOD spoke to Moses: "Tell Eleazar son of Aaron the priest, Gather up the censers from the smoldering cinders and scatter the coals a distance away for these censers have become holy. Take the censers of the men who have sinned and are now dead and hammer them into thin sheets for covering the Altar. They have been offered to GOD and are holy to GOD.

죽은 자들의 향로를 가져다가 얇게 두들겨 펴서 제단에 씌워라. 그 향로들은 하나님에게 바쳐진 것으로, 하나님에게 거룩한 것이다. 이것을 이스라엘 자손에게 표징으로 삼아, 오늘 일어난 일의 증거가 되게 하여라."

39-40 엘르아살은 하나님께서 모세를 통해 지시하신 대로, 타 죽은 이들의 청동향로들을 거두어 두들겨 펴서 제단에 씌웠다. 이것은 아론의 후손만이 하나님 앞에 향을 사르도록 허락받았으며, 다른 사람이 그렇게 하면 결국 고라와 그의 무리처럼 된다는 것을 이스라엘 자손에게 알리는 표징이 되었다.

41 이튿날, 이스라엘 공동체에서 불평이 터져 나왔다. 모세와 아론에게 퍼붓는 불평이었다. "당신들이 하나님의 백성을 죽였습니다!"

42 온 공동체가 모여서 모세와 아론을 공격할 때에 모세와 아론이 회막을 보니, 모든 이가 볼 수 있도록 구름, 곧 하나님의 영광이 머물러 있었다.

43-45 모세와 아론이 회막 앞에 서자, 하나님께서 모세에게 말씀하셨다. "이 회중에게서 멀찍이 떨어져 있어라. 내가 저들을 당장 없애 버리겠다."

그들은 얼굴을 땅에 대고 엎드렸다.

46 모세가 아론에게 말했다. "형님의 향로를 가져다가 제단의 불을 담고 그 위에 향을 가득 얹으십시오. 어서 빨리 회중에게 가서 그들을 위해 속죄하십시오. 하나님께서 진노를 쏟아내고 계십니다. 전염병이 시작되었습니다!"

47-48 아론은 모세가 지시한 대로 향로를 가지고 회중 가운데로 뛰어갔다. 이미 전염병이 퍼지고 있었다. 그는 향로에 향을 얹어 백성을 위해 속죄했다. 그가 살아 있는 자들과 죽은 자들 사이에 서자, 전염병

Let them serve as a sign to Israel, evidence of what happened this day."

39-40 So Eleazar gathered all the bronze censers that belonged to those who had been burned up and had them hammered flat and used to overlay the Altar, just as GOD had instructed him by Moses. This was to serve as a sign to Israel that only descendants of Aaron were allowed to burn incense before GOD; anyone else trying it would end up like Korah and his gang.

41 Grumbling broke out the next day in the community of Israel, grumbling against Moses and Aaron: "You have killed GOD's people!"

42 But it so happened that when the community got together against Moses and Aaron, they looked over at the Tent of Meeting and there was the Cloud—the Glory of GOD for all to see.

43-45 Moses and Aaron stood at the front of the Tent of Meeting. GOD spoke to Moses: "Back away from this congregation so that I can do away with them this very minute." They threw themselves facedown on the ground.

46 Moses said to Aaron, "Take your censer and fill it with incense, along with fire from the Altar. Get to the congregation as fast as you can: make atonement for them. Anger is pouring out from GOD—the plague has started!"

47-48 Aaron grabbed the censer, as directed by Moses, and ran into the midst of the congregation. The plague had already begun. He put burning incense into the censer and atoned for the people. He stood there between the living and the dead and stopped the plague.

이 그쳤다.

⁴⁹⁻⁵⁰ 고라의 일로 죽은 사람 외에도, 전염병으로 죽은 사람이 14,700명이었다. 아론은 회막 입구로 돌아와서 모세와 합류했다. 전염병이 그친 것이다.

아론의 싹 난 지팡이

17 ¹⁻⁵ 하나님께서 모세에게 말씀하셨다. "이스라엘 백성에게 전하여, 그들에게서 지팡이를 거두어라. 각 지파의 지도자에게서 지팡이 하나씩, 모두 열두 개를 거두어라. 각 지도자의 이름을 지팡이에 써라. 먼저 아론부터 레위의 지팡이에 아론의 이름을 쓰고, 나머지 지팡이들에도 각 지파 지도자들의 이름을 써라. 그것들을 회막 안, 내가 너희와 약속을 맺는 증거판 앞에 놓아라. 그러면 내가 선택하는 사람의 지팡이에서 싹이 날 것이다. 이스라엘 백성이 너희에게 쉴 새 없이 쏟아내는 불평을 내가 그치게 하겠다."

⁶⁻⁷ 모세가 이스라엘 백성에게 전하자, 그들의 지도자들이 각 지파마다 하나씩 모두 열두 개의 지팡이를 건넸다. 아론의 지팡이도 그 가운데 있었다. 모세는 그 지팡이들을 증거의 장막 안 **하나님** 앞에 펼쳐 놓았다.

⁸⁻⁹ 이튿날 모세가 증거의 장막 안으로 들어가 보니, 아론의 지팡이, 곧 레위 지파의 지팡이에 정말로 싹이 돋아나 있었다. 싹이 돋아나서 꽃이 피고, 아몬드 열매까지 열려 있었다! 모세가 지팡이들을 모두 **하나님** 앞에서 가지고 나와 이스라엘 백성에게 보여주자, 그들이 찬찬히 훑어보았다. 지도자들이 저마다 자기 이름이 적힌 지팡이를 가져갔다.

¹⁰ **하나님**께서 모세에게 말씀하셨다. "아론의 지팡이를 증거판 앞에 도로 갖다 놓아라. 그것을 간직하여 반역자들에게 경종이 되게 하여라. 이것으로 백성이 나에 대한 불평을 그치고 자기 목숨을 건지게 될 것이다."

Aaron's Staff

17 ¹⁻⁵ GOD spoke to Moses: "Speak to the People of Israel. Get staffs from them—twelve staffs in all, one from the leader of each of their ancestral tribes. Write each man's name on his staff. Start with Aaron; write Aaron's name on the staff of Levi and then proceed with the rest, a staff for the leader of each ancestral tribe. Now lay them out in the Tent of Meeting in front of The Testimony where I keep appointments with you. What will happen next is this: The staff of the man I choose will sprout. I'm going to put a stop to this endless grumbling by the People of Israel against you."

⁶⁻⁷ Moses spoke to the People of Israel. Their leaders handed over twelve staffs, one for the leader of each tribe. And Aaron's staff was one of them. Moses laid out the staffs before GOD in the Tent of Testimony.

⁸⁻⁹ Moses walked into the Tent of Testimony the next day and saw that Aaron's staff, the staff of the tribe of Levi, had in fact sprouted—buds, blossoms, and even ripe almonds! Moses brought out all the staffs from GOD's presence and presented them to the People of Israel. They took a good look. Each leader took the staff with his name on it.

¹⁰ GOD said to Moses, "Return Aaron's staff to the front of The Testimony. Keep it there

11 모세는 하나님께서 명령하신 대로 행했다.

12-13 이스라엘 백성이 모세에게 말했다. "우리는 죽은 것이나 다름없습니다. 이것은 우리에게 내리는 사형선고입니다. 하나님의 성막에 가까이 가는 사람은 누구든지 죽을 텐데, 우리 모두 망한 것이 아닙니까?"

제사장과 레위인의 직무

18 1-4 하나님께서 아론에게 말씀하셨다. "성소와 관련된 죄를 다루는 일은 너와 네 아들들과 네 아버지의 집안이 책임져야 한다. 제사장의 직무와 관련된 죄도 너와 네 아들들이 책임져야 한다. 레위 지파에 속한 네 형제들을 명부에 올려라. 그들이 너와 함께 있게 하여, 너와 네 아들들이 증거의 장막에서 일할 때 너희를 돕게 하여라. 그들은 네게 보고하고 장막과 관련된 일을 해야 한다. 그러나 그들은 제단의 거룩한 기구에는 조금도 관여해서는 안된다. 이를 어기면 죽임을 당할 것이다. 그들뿐 아니라 너희도 죽을 것이다! 그들은 너희 곁에서 회막을 돌보는 일, 곧 회막과 관련된 일을 해야 한다. 그 밖에 다른 사람이 너희를 도울 수는 없다.

5-7 너희가 할 일은 성소와 제단을 보살펴서, 이스라엘 백성에게 진노가 더 이상 내리지 않게 하는 것이다. 너희 형제인 레위인은 내가 온 이스라엘 자손 가운데서 직접 뽑은 사람들이다. 내가 그들을 너희에게 선물로 주어 회막 일을 돕도록 하겠다. 그러나 제사장으로 섬기면서 제단 근처와 휘장 안에서 하는 일은 너와 네 아들들이 해야 한다. 제사장의 직무는 내가 너희에게만 주는 선물이다. 아무도 그 일을 대신할 수 없다. 다른 사람이 함부로 성소에 들어오다가는 죽임을 당할 것이다."

as a sign to rebels. This will put a stop to the grumbling against me and save their lives."

11 Moses did just as GOD commanded him.

12-13 The People of Israel said to Moses, "We're as good as dead. This is our death sentence. Anyone who even gets close to The Dwelling of GOD is as good as dead. Are we all doomed?"

Duties in the Tent of Testimony

18 1-4 GOD said to Aaron, "You and your sons, along with your father's family, are responsible for taking care of sins having to do with the Sanctuary; you and your sons are also responsible for sins involving the priesthood. So enlist your brothers of the tribe of Levi to join you and assist you and your sons in your duties in the Tent of Testimony. They will report to you as they go about their duties related to the Tent, but they must not have anything to do with the holy things of the Altar under penalty of death—both they and you will die! They are to work with you in taking care of the Tent of Meeting, whatever work is involved in the Tent. Outsiders are not allowed to help.

5-7 "Your job is to take care of the Sanctuary and the Altar so that there will be no more outbreaks of anger on the People of Israel. I personally have picked your brothers, the Levites, from Israel as a whole. I'm giving them to you as a gift, a gift of GOD, to help with the work of the Tent of Meeting. But only you and your sons may serve as priests, working around the Altar and inside the curtain. The work of the priesthood is my exclusive gift to you; it cannot be delegated—anyone else who invades the Sanctuary will

8-10 **하나님**께서 아론에게 말씀하셨다. "나의 헌물, 곧 내가 이스라엘 백성에게서 받는 모든 거룩한 제물을 네게 맡긴다. 그것들을 너와 네 자녀의 몫으로 주어 네가 개인적으로 쓸 수 있게 하겠다. 이것은 영원한 규례다. 제물 가운데서 남은 것, 곧 곡식 제물과 속죄 제물과 보상 제물 가운데서 불사르지 않고 남은 것은 무엇이든 너와 네 아들들의 몫이다. 그것은 지극히 거룩한 것이니, 경건한 마음으로 먹어라. 남자는 누구나 그것을 먹을 수 있다. 너는 그것을 거룩하게 다루어라.

11-13 이스라엘 백성이 흔들어 바치는 제물도 네 몫이다. 내가 그것을 너와 네 아들딸들에게 선물로 준다. 이것은 영원한 규례다. 네 집에 있는 정결한 사람은 누구나 그것을 먹을 수 있다. 가장 좋은 올리브기름과 가장 좋은 새 포도주와 곡식, 곧 그들이 수확의 첫 열매로 **하나님**에게 바친 것도 네게 준다. 그들이 **하나님**에게 바친 첫 수확물은 모두 네 것이다. 네 집에 있는 사람 가운데 정결한 사람은 누구나 그것을 먹을 수 있다.

14-16 완전한 헌신의 제물도 네 몫이다. 짐승이든 사람이든, 처음 태어난 것으로 **하나님**에게 바친 것은 모두 네 몫이다. 다만 처음 태어난 것 자체를 받는 것이 아니라 그것을 대속하는 값을 받는 것이다. 사람의 맏아들과 정결한 짐승의 첫 새끼는 그것을 바친 사람이 되사고, 너는 그가 되사면서 치른 값을 받는다. 태어난 지 한 달 된 것부터 되살 수 있는데, 대속하는 값은 성소 표준 세겔로 은 오 세겔이다. 일 세겔은 이십 게라다.

17-19 이와 달리, 수소의 첫 새끼나 양의 첫 새끼나 염소의 첫 새끼는 값을 받고 돌려주지 않는다. 그것들은 거룩한 것이다. 대신에, 너는 그것들의 피를 제단에 뿌리고,

be executed."

8-10 GOD spoke to Aaron, "I am personally putting you in charge of my contributions, all the holy gifts I get from the People of Israel. I am turning them over to you and your children for your personal use. This is the standing rule. You and your sons get what's left from the offerings, whatever hasn't been totally burned up on the Altar— the leftovers from Grain-Offerings, Absolution-Offerings, and Compensation-Offerings. Eat it reverently; it is most holy; every male may eat it. Treat it as holy.

11-13 "You also get the Wave-Offerings from the People of Israel. I present them to you and your sons and daughters as a gift. This is the standing rule. Anyone in your household who is ritually clean may eat it. I also give you all the best olive oil, the best new wine, and the grain that is offered to GOD as the firstfruits of their harvest—all the firstfruits they offer to GOD are yours. Anyone in your household who is ritually clean may eat it.

14-16 "You get every Totally-Devoted gift. Every firstborn that is offered to GOD, whether animal or person, is yours. Except you don't get the firstborn itself, but its redemption price; firstborn humans and ritually clean animals are bought back and you get the redemption price. When the firstborn is a month old it must be redeemed at the redemption price of five shekels of silver, using the standard of the Sanctuary shekel, which weighs twenty gerahs.

17-19 "On the other hand, you don't redeem a firstborn ox, sheep, or goat—they are

그것들의 지방을 불살라 바치는 제물, 곧 **하나님**을 기쁘게 하는 향기로 불살라 바쳐야 한다. 그러나 흔들어 바치는 제물의 가슴과 오른쪽 넓적다리가 네 몫인 것처럼, 그것들의 고기도 네 몫이다. 이스라엘 백성이 **하나님**을 위해 따로 마련한 모든 거룩한 제물을 내가 너와 네 자녀들에게 준다. 이것은 너와 네 자녀들이 지켜야 할 영원한 규례로, **하나님** 앞에서 맺은 영원불변의 소금 언약이다."

20 **하나님**께서 아론에게 말씀하셨다. "너는 땅에서는 받을 유산이 없다. 작은 땅이라도 네 몫은 없다. 네 몫의 땅은 나다. 이스라엘 백성 가운데서 네가 받을 유산은 바로 나밖에 없다.
21-24 나는 레위인에게 회막에서 일하는 대가로 이스라엘의 십일조 전부를 준다. 이제부터 이스라엘 백성은 회막을 드나들지 못한다. 회막을 드나드는 죄를 지을 경우 벌을 받게 될 것인데, 그 벌은 바로 죽음이다. 회막에서 일할 수 있는 사람은 오직 레위인뿐이다. 이것을 어길 경우, 모든 책임은 레위인이 진다. 이것은 언제나 지켜야 하는 규례다. 레위인은 이스라엘 백성 가운데서 유산을 받지 못한다. 대신에, 이스라엘 백성이 **하나님**에게 제물로 바치는 십일조를 내가 그들에게 준다. 그래서 내가 이런 규례를 주는 것이다. 레위인은 이스라엘 백성 가운데서 땅을 유산으로 상속받지 못한다."

25-29 **하나님**께서 모세에게 말씀하셨다. "레위인에게 전하여라. 그들에게 이렇게 일러 주어라. 내가 너희에게 유산으로 정해 준 십일조를 이스라엘 백성에게서 받으면, 너희는 거기서 십분의 일을 떼어 **하나님**에게 제물로 바쳐야 한다. 내가 너희의 제물

holy. Instead splash their blood on the Altar and burn their fat as a Fire-Gift, a pleasing fragrance to GOD. But you get the meat, just as you get the breast from the Wave-Offering and the right thigh. All the holy offerings that the People of Israel set aside for GOD, I'm turning over to you and your children. That's the standard rule and includes both you and your children—a Covenant-of-Salt, eternal and unchangeable before GOD."

20 GOD said to Aaron, "You won't get any inheritance in land, not so much as a small plot of ground: I am your plot of ground, I am your inheritance among the People of Israel.
21-24 "I'm giving the Levites all the tithes of Israel as their pay for the work they do in the Tent of Meeting. Starting now, the rest of the People of Israel cannot wander in and out of the Tent of Meeting; they'll be penalized for their sin and the penalty is death. It's the Levites and only the Levites who are to work in the Tent of Meeting and they are responsible for anything that goes wrong. This is the regular rule for all time. They get no inheritance among the People of Israel; instead I turn over to them the tithes that the People of Israel present as an offering to GOD. That's why I give the ruling: They are to receive no land-inheritance among the People of Israel."

25-29 GOD spoke to Moses: "Speak to the Levites. Tell them, When you get the tithe from the People of Israel, the inheritance that I have assigned to you, you must tithe that tithe and present it as an offering to

을, 다른 사람들이 타작마당에서 바치는 곡식 제물이나 술통에서 따라 바치는 포도주와 똑같은 것으로 여길 것이다. 너희가 이스라엘 백성에게서 받는 모든 십일조에서 일부를 하나님에게 제물로 바치는 절차는 이러하다. 이 십일조 가운데서 하나님의 몫을 떼어 제사장 아론에게 주어라. 너희가 받는 모든 것 가운데서 가장 좋고 지극히 거룩한 것을 하나님의 몫으로 떼어 놓아야 한다.

30-32 너는 레위인에게 이렇게 일러 주어라. 너희가 가장 좋은 것을 바치면, 남은 것은 내가 다른 사람들이 타작마당에서 바치는 곡식이나 술통에서 따라 바치는 포도주와 똑같은 것으로 여길 것이다. 너희와 너희 집안 사람들은 언제 어디서든 그것을 먹어도 된다. 그것은 회막에서 일하는 대가로 내가 너희에게 주는 몫이다. 너희는 가장 좋은 것을 바침으로써 죄를 면하게 될 것이다. 너희는 이스라엘 백성의 거룩한 제물을 더럽히지 않도록 하여라. 그래야 너희가 죽지 않을 것이다."

정결하게 하는 물

19 1-4 하나님께서 모세와 아론에게 말씀하셨다. "이것은 하나님이 명령하는 규례, 곧 계시로 정한 규례다. 너는 이스라엘 백성에게 말하여, 한 번도 멍에를 메어 본 적이 없는 정결하고 건강한 붉은 암소를 가져오게 하여라. 그 암소를 제사장 엘르아살에게 주고, 그것을 진 밖으로 끌고 가서, 그가 보는 앞에서 잡아라. 엘르아살은 손가락에 그 피 얼마를 찍어 회막 쪽으로 일곱 번 뿌려야 한다.

5-8 그 후에 엘르아살의 감독 아래 그 암소를 불사르되, 가죽과 고기와 피와 똥까지 모두 불살라야 한다. 제사장은 백향목 가지 하나와 우슬초 가지 몇 개와 주홍색 실 한 다발을 가져다가 불타는 암소 위에 던져야 한다. 그런 다음 제사장은 자기 옷을 빨고, 물로 몸을 깨

GOD. Your offerings will be treated the same as other people's gifts of grain from the threshing floor or wine from the wine vat. This is your procedure for making offerings to GOD from all the tithes you get from the People of Israel: give GOD's portion from these tithes to Aaron the priest. Make sure that GOD's portion is the best and holiest of everything you get.

30-32 "Tell the Levites, When you offer the best part, the rest will be treated the same as grain from the threshing floor or wine from the wine vat that others give. You and your households are free to eat the rest of it anytime and anyplace—it's your wages for your work at the Tent of Meeting. By offering the best part, you'll avoid guilt, you won't desecrate the holy offerings of the People of Israel, and you won't die."

The Red Cow

19 1-4 GOD spoke to Moses and Aaron: "This is the rule from the Revelation that GOD commands: Tell the People of Israel to get a red cow, a healthy specimen, ritually clean, that has never been in harness. Present it to Eleazar the priest, then take it outside the camp and butcher it while he looks on. Eleazar will take some of the blood on his finger and splash it seven times in the direction of the Tent of Meeting.

5-8 "Then under Eleazar's supervision burn the cow, the whole thing—hide, meat, blood, even its dung. The priest then will take a stick of cedar, some sprigs of hyssop, and a piece of scarlet material and

곳이 씻어야 한다. 그 후에야 그는 진으로 들어올 수 있다. 그는 저녁때까지 부정하다. 암소를 불사른 사람도 자기 옷을 빨고, 물로 몸을 깨끗이 씻어야 한다. 그도 저녁때까지 부정하다.

9 그 후에 정결한 사람이 암소의 재를 거두어, 진 밖의 정결한 곳에 두어야 한다. 속죄 제사를 드릴 때 정결하게 하는 물에 타서 쓸 수 있도록, 이스라엘 회중은 그것을 잘 보관해야 한다.

10 재를 거두었던 사람은 자기 옷을 깨끗이 빨아야 하며, 그는 저녁때까지 부정하다. 이것은 본국에서 태어난 이스라엘 자손과 그들과 함께 사는 외국인이 지켜야 할 영원한 규례다.

11-13 누구든지 주검을 만진 사람은 칠 일 동안 부정하다. 그는 삼 일째 되는 날에 정결하게 하는 물로 자기 몸을 정결하게 해야 하며, 칠 일째 되는 날에 정결하게 된다. 그러나 삼 일째 되는 날과 칠 일째 되는 날에 이 절차를 따르지 않으면, 그는 정결하게 되지 않는다. 누구든지 주검을 만진 뒤에 정결하게 하지 않으면, 그는 하나님의 성막을 더럽힌 자이므로 반드시 공동체 가운데서 추방해야 한다. 정결하게 하는 물을 자기 몸에 뿌리지 않는 한, 그는 부정한 상태로 남아 있기 때문이다.

14-15 장막에서 사람이 죽었을 때 적용되는 규례는 이러하다. 그 장막에 출입하는 사람이나 이미 장막 안에 있던 사람은 칠 일 동안 부정하다. 뚜껑을 덮지 않은 그릇도 모두 부정하다.

16-21 넓은 들에 나가 있다가, 맞아 죽은 사람의 주검이나 수명이 다해 죽은 사람의 주검이나 사람의 뼈나 무덤을 만진 사람은 칠 일 동안 부정하다. 이 부정한 사람을 위해서는 속죄 제물을 태

throw them on the burning cow. Afterwards the priest must wash his clothes and bathe well with water. He can then come into the camp but he remains ritually unclean until evening. The man who burns the cow must also wash his clothes and bathe with water. He also is unclean until evening.

9 "Then a man who is ritually clean will gather the ashes of the cow and place them in a ritually clean place outside the camp. The congregation of Israel will keep them to use in the Water-of-Cleansing, an Absolution-Offering.

10 "The man who gathered up the ashes must scrub his clothes; he is ritually unclean until evening. This is to be a standing rule for both native-born Israelites and foreigners living among them.

11-13 "Anyone who touches a dead body is ritually unclean for seven days. He must purify himself with the Water-of-Cleansing on the third day; on the seventh day he will be clean. But if he doesn't follow the procedures for the third and seventh days, he won't be clean. Anyone who touches the dead body of anyone and doesn't get cleansed desecrates GOD's Dwelling and is to be excommunicated. For as long as the Water-of-Cleansing has not been sprinkled on him, he remains ritually unclean.

14-15 "This is the rule for someone who dies in his tent: Anyone who enters the tent or is already in the tent is ritually unclean for seven days, and every open container without a lid is unclean.

16-21 "Anyone out in the open field who touches a corpse, whether dead from violent or natural causes, or a human bone or a grave is unclean for seven days. For this unclean person, take some ashes from the burned Absolution-Offer-

우고 남은 재를 가져다가 대접에 담고 거기에 맑은 물을 부어야 한다. 정결한 사람이 우슬초 가지를 그 물에 담갔다가 장막과 거기에 딸린 모든 기구와 장막 안에 있던 사람, 살해당했거나 수명이 다해 죽은 사람의 뼈를 만진 사람, 무덤을 만진 사람에게 뿌린다. 정결한 사람은 삼 일째 되는 날과 칠 일째 되는 날에 부정한 사람에게 물을 뿌려야 한다. 그러면 부정한 사람은 칠 일째 되는 날에 정결하게 된다. 정결하게 된 그 사람은 자기 옷을 깨끗이 빨고 몸을 씻어야 한다. 그는 저녁때까지 부정하다. 그러나 부정한 사람이 이 정결 과정을 거치지 않으면, 그는 공동체 가운데서 추방되어야 한다. 그가 하나님의 성소를 더럽혔기 때문이다. 그는 정결하게 하는 물을 뿌리지 않았으므로 부정하다. 이것은 위와 같은 경우에 적용해야 할 영원한 규례다.

정결하게 하는 물을 뿌린 사람은 자기 옷을 깨끗이 빨아야 한다. 정결하게 하는 물을 만진 사람도 저녁때까지 부정하다. 22 부정한 사람이 만진 것은 무엇이든 부정하며, 부정한 사람이 만진 것을 만진 사람도 저녁때까지 부정하다."

가데스에서 일어난 일

20 1 첫째 달에, 온 이스라엘 백성이 신 광야에 이르렀다. 백성은 가데스에 머물렀다.

그곳에서 미리암이 죽어 땅에 묻혔다.

2-5 거기에는 마실 물이 없었다. 그들이 무리를 지어 모세와 아론에게 대들었다. 그들은 모세에게 비난을 퍼부었다. "우리 형제들이 하나님 앞에서 죽을 때 우리도 죽었으면 차라리 좋았을 것을. 어찌자고 당신은 하나님의 회중을 여기 광야까지 끌고 와서, 사람이나 가축이나 모

ing and add some fresh water to it in a bowl. Find a ritually clean man to dip a sprig of hyssop into the water and sprinkle the tent and all its furnishings, the persons who were in the tent, the one who touched the bones of the person who was killed or died a natural death, and whoever may have touched a grave. Then he is to sprinkle the unclean person on the third and seventh days. On the seventh day he is considered cleansed. The cleansed person must then scrub his clothes and take a bath; by evening he is clean. But if an unclean person does not go through these cleansing procedures, he must be excommunicated from the community; he has desecrated the Sanctuary of GOD. The Water-of-Cleansing has not been sprinkled on him and he is ritually unclean. This is the standing rule for these cases.

"The man who sprinkles the Water-of-Cleansing has to scrub his clothes; anyone else who touched the Water-of-Cleansing is also ritually unclean until evening.

22 "Anything the ritually unclean man touches becomes unclean, and the person who touches what he touched is unclean until evening."

Camp Kadesh

20 1 In the first month, the entire company of the People of Israel arrived in the Wilderness of Zin. The people stayed in Kadesh.

Miriam died there, and she was buried.

2-5 There was no water there for the community, so they ganged up on Moses and Aaron. They attacked Moses: "We wish we'd died when the rest of our brothers died before

두 죽게 하는 겁니까? 왜 우리를 이집트에서 데리고 나와서 이 비참한 땅으로 끌고 온 겁니까? 여기에는 곡식도 없고, 무화과도 없고, 포도나무도 없고, 물도 없는데 말입니다!"

6 모세와 아론은 몰려든 회중을 뒤로하고 회막으로 가서, 얼굴을 땅에 대고 엎드렸다. 그들이 **하나님**의 영광을 뵈었다.

7-8 **하나님**께서 모세에게 말씀하셨다. "지팡이를 손에 잡아라. 네 형 아론과 함께 공동체를 소집하여라. 그들 바로 앞에 있는 저 바위에 말하여라. 그러면 그 바위에서 물이 날 것이다. 바위에서 물을 내어, 회중과 가축이 마시게 하여라."

9-10 모세는 **하나님**께서 명령하신 대로 지팡이를 잡고 **하나님** 앞에서 나왔다. 모세와 아론은 온 회중을 바위 앞에 불러 모았다. 모세가 말했다. "반역자들은 들으시오! 우리가 여러분을 위해 이 바위에서 물을 내야 하겠소?"

11 이 말과 함께 모세가 팔을 들어 지팡이로 바위를 세차게 두 번 쳤다. 그러자 물이 흘러나왔다. 회중과 가축이 그 물을 마셨다.

12 **하나님**께서 모세와 아론에게 말씀하셨다. "너희가 나를 신뢰하지 않고 이스라엘 백성 앞에서 나를 거룩한 경외심으로 대하지 않았으니, 너희 두 사람은 내가 이 무리에게 주려고 하는 땅으로 그들을 이끌고 들어가지 못할 것이다."

13 이곳 므리바(다툼) 샘에서 이스라엘 백성이 **하나님**과 다투었고, **하나님**께서 자신의 거룩함을 나타내 보이셨다.

❧

14-16 모세는 가데스에서 에돔 왕에게 사신을 보내 이런 메시지를 전했다. "왕의 형제 이스라엘이 전하는 메시지입니다. 왕께서는 우리가 겪은 온갖 고초를 잘 아실 것입니다.

GOD. Why did you haul this congregation of GOD out here into this wilderness to die, people and cattle alike? And why did you take us out of Egypt in the first place, dragging us into this miserable country? No grain, no figs, no grapevines, no pomegranates—and now not even any water!"

6 Moses and Aaron walked from the assembled congregation to the Tent of Meeting and threw themselves facedown on the ground. And they saw the Glory of GOD.

7-8 GOD spoke to Moses: "Take the staff. Assemble the community, you and your brother Aaron. Speak to that rock that's right in front of them and it will give water. You will bring water out of the rock for them; congregation and cattle will both drink."

9-10 Moses took the staff away from GOD's presence, as commanded. He and Aaron rounded up the whole congregation in front of the rock. Moses spoke: "Listen, rebels! Do we have to bring water out of this rock for you?"

11 With that Moses raised his arm and slammed his staff against the rock—once, twice. Water poured out. Congregation and cattle drank.

12 GOD said to Moses and Aaron, "Because you didn't trust me, didn't treat me with holy reverence in front of the People of Israel, you two aren't going to lead this company into the land that I am giving them."

13 These were the Waters of Meribah (Bickering) where the People of Israel bickered with GOD, and he revealed himself as holy.

❧

14-16 Moses sent emissaries from Kadesh

우리 조상은 이집트로 내려가 그곳에서 오랫동안 살았습니다. 그런데 이집트 사람들은 우리와 우리 조상을 잔인하게 학대했습니다. 우리가 하나님께 울부짖고 도움을 구하자, 하나님께서 우리의 울부짖음을 들으시고 천사를 보내셔서 우리를 이집트에서 이끌어 내셨습니다. 이제 우리는 왕의 영토 경계에 있는 성읍 가데스에 와 있습니다.

17 우리가 왕의 영토를 지나가도록 허락해 주시겠습니까? 우리가 왕의 밭이나 과수원에 들어가지 않고, 왕의 우물물도 마시지 않겠습니다. 큰길, 곧 왕의 길만 따라가겠습니다. 왕의 영토를 다 지나갈 때까지, 오른쪽으로나 왼쪽으로나 벗어나지 않겠습니다."

18 에돔 왕이 답했다. "절대 안된다! 내 땅에 발을 딛는 순간, 내가 너희를 죽일 것이다."

19 이스라엘 백성이 말했다. "들어 보십시오. 우리가 큰길로만 다니겠습니다. 우리나 우리 가축이 물을 마시면, 그 값을 치르겠습니다. 우리는 위험한 사람들이 아닙니다. 그저 발이 부르튼 여행자들일 뿐입니다."

20-21 왕은 같은 답변을 보내왔다. "안된다. 너희는 지나갈 수 없다." 에돔 왕은 무장한 많은 백성을 거느리고 나와서 길을 막았다. 에돔 왕은 그들이 자기 영토를 지나가지 못하게 했다. 그래서 이스라엘은 에돔을 돌아서 갈 수밖에 없었다.

아론의 죽음

22 이스라엘 백성 온 무리가 가데스를 출발하여, 호르 산으로 나아갔다.

23-26 하나님께서 에돔 경계에 있는 호르 산에서 모세와 아론에게 말씀하셨다. "아론이 자기 조상에게 돌아갈 때가 되었다.

to the king of Edom with this message: "A message from your brother Israel: You are familiar with all the trouble we've run into. Our ancestors went down to Egypt and lived there a long time. The Egyptians viciously abused both us and our ancestors. But when we cried out for help to GOD, he heard our cry. He sent an angel and got us out of Egypt. And now here we are at Kadesh, a town at the border of your land.

17 "Will you give us permission to cut across your land? We won't trespass through your fields or orchards and we won't drink out of your wells; we'll keep to the main road, the King's Road, straying neither right nor left until we've crossed your border."

18 The king of Edom answered, "Not on your life. If you so much as set a foot on my land, I'll kill you."

19 The People of Israel said, "Look, we'll stay on the main road. If we or our animals drink any water, we'll pay you for it. We're harmless—just a company of footsore travelers."

20-21 He answered again: "No. You may *not* come through." And Edom came out and blocked the way with a crowd of people brandishing weapons. Edom refused to let them cross through his land. So Israel had to detour around him.

Camp Hor

22 The People of Israel, the entire company, set out from Kadesh and traveled to Mount Hor.

23-26 GOD said to Moses and Aaron at Mount Hor at the border of Edom, "It's time for Aaron to be gathered into the company of his ancestors. He will not enter the land I am giving to the People of Israel because you both rebelled

그는 내가 이스라엘 백성에게 주려고 하는 땅에 들어가지 못할 것이다. 너희가 므리바 샘에서 내 명령을 거역했기 때문이다. 너는 아론과 그의 아들 엘르아살을 데리고 호르 산으로 올라가거라. 아론의 옷을 벗겨 그의 아들 엘르아살에게 입혀라. 아론이 거기서 자기 조상에게 돌아가 죽을 것이다."

27-29 모세가 **하나님**의 명령에 순종했다. 그들은 온 회중이 지켜보는 앞에서 호르 산으로 올라갔다. 모세는 아론의 옷을 벗겨 그의 아들 엘르아살에게 입혔다. 아론이 그 산의 꼭대기에서 죽자, 모세와 엘르아살은 산에서 내려왔다. 온 회중이 아론이 죽었다는 소식을 듣고, 삼십 일 동안 그의 죽음을 슬퍼했다.

거룩한 진멸

21 ¹ 네겝 지역에서 다스리던 가나안 사람 아랏 왕은, 이스라엘이 아다림 길로 진격해 오고 있다는 소식을 들었다. 그는 이스라엘을 공격하여 그들 가운데 일부를 포로로 잡아갔다.

² 이스라엘이 **하나님**께 서원했다. "이 백성을 저희 손에 넘겨주시면, 저희가 그들의 성읍들을 쳐부수고, 그 잔해를 하나님께 바쳐 거룩한 진멸이 되게 하겠습니다."

³ **하나님**께서 이스라엘의 기도를 들으시고 가나안 사람을 그들 손에 넘겨주셨다. 이스라엘은 그들과 그들의 성읍들을 쳐부수었다. 거룩한 진멸이었다. 이스라엘은 그곳 이름을 호르마(거룩한 진멸)라고 했다.

구리뱀으로 백성을 구하다

4-5 그들은 호르 산에서 출발하여 홍해 길을 따라 에돔 땅을 돌아서 나아갔다. 백성이 길을 가는 동안에 그들의 마음이 조급하고 날카로워졌다. 그들은 하나님과 모세에게 거침없이 대들었다. "어쩌자고 우리를 이집

against my orders at the Waters of Meribah. So take Aaron and his son Eleazar and lead them up Mount Hor. Remove Aaron's clothes from him and put them on his son Eleazar. Aaron will be gathered there; Aaron will die."

27-29 Moses obeyed GOD's command. They climbed Mount Hor as the whole congregation watched. Moses took off Aaron's clothes and put them on his son Eleazar. Aaron died on top of the mountain. Then Moses and Eleazar came down from the mountain. The whole congregation, getting the news that Aaron had died, went into thirty days of mourning for him.

Hormah

21 ¹ The Canaanite king of Arad, ruling in the Negev, heard that Israel was advancing up the road to Atharim. He attacked Israel and took prisoners of war.

² Israel vowed a vow to GOD: "If you will give this people into our power, we'll destroy their towns and present the ruins to you as a holy destruction."

³ GOD listened to Israel's prayer and gave them the Canaanites. They destroyed both them and their towns, a holy destruction. They named the place Hormah (Holy Destruction).

The Snake of Fiery Copper

4-5 They set out from Mount Hor along the Red Sea Road, a detour around the land of Edom. The people became irritable and cross as they traveled. They spoke out against God and Moses: "Why did you drag us out of Egypt to die in this godforsaken

트에서 끌어 내어, 하나님께 버림받은 이 땅에서 죽게 하는 겁니까? 먹을 만한 음식도 없고 물도 없습니다. 이 형편없는 음식을 더는 못 먹겠습니다."

6-7 하나님께서 독사들을 백성 가운데로 보내셨다. 독사들이 그들을 물어, 이스라엘의 많은 사람들이 죽었다. 백성이 모세에게 와서 말했다. "우리가 하나님과 당신을 거역하는 죄를 지었습니다. 이 뱀들을 우리에게서 거두어 달라고 하나님께 기도해 주십시오." 모세가 백성을 위해 기도했다.

8 하나님께서 모세에게 말씀하셨다. "뱀 한 마리를 만들어 깃대에 매달아라. 물린 자는 누구든지 그것을 보면 살게 될 것이다."

9 모세는 이글거리는 구리로 뱀을 만들어 깃대 위에 달아 놓았다. 뱀에게 물린 사람마다 그 구리뱀을 보고 살아났다.

호르 산에서 모압까지

10-15 이스라엘 백성이 길을 떠나 오봇에 진을 쳤다. 오봇을 떠나서는 모압 맞은편, 동쪽 광야의 이예아바림에 진을 쳤다. 그곳을 떠나서는 세렛 골짜기에 진을 쳤다. 그 다음에는 아모리 땅과 모압 땅의 경계에 있는 아르논 강을 따라 진을 쳤다. 하나님의 전쟁기는 이 지역을 두고 다음과 같이 기록하고 있다.

> 수바의 와헙과
> 아르논 골짜기들은
> 협곡 벼랑을 따라
> 아르 촌락으로 뻗어 있고,
> 모압의 경계 쪽으로
> 가파르게 기울어 있다.

16-18 그들이 거기서 브엘(우물)로 나아갔다. 그곳은 하나님께서 모세에게 "백성을 모아라. 내가 그들에게 물을 주겠다"고 말씀하신 곳이다. 거기서 이스라엘은 다음과 같은 노

country? No decent food; no water—we can't stomach this stuff any longer."

6-7 So GOD sent poisonous snakes among the people; they bit them and many in Israel died. The people came to Moses and said, "We sinned when we spoke out against GOD and you. Pray to GOD; ask him to take these snakes from us." Moses prayed for the people.

8 GOD said to Moses, "Make a snake and put it on a flagpole: Whoever is bitten and looks at it will live."

9 So Moses made a snake of fiery copper and put it on top of a flagpole. Anyone bitten by a snake who then looked at the copper snake lived.

Camping on the Way to Moab

10-15 The People of Israel set out and camped at Oboth. They left Oboth and camped at Iye Abarim in the wilderness that faces Moab on the east. They went from there and pitched camp in the Zered Valley. Their next camp was alongside the Arnon River, which marks the border between Amorite country and Moab. The Book of the Wars of GOD refers to this place:

> Waheb in Suphah,
>   the canyons of Arnon;
> Along the canyon ravines
>   that lead to the village Ar
> And lean hard against
>   the border of Moab.

16-18 They went on to Beer (The Well), where GOD said to Moses, "Gather the

래를 불렀다.

> 우물물아, 솟아나라!
> 우물의 노래를 불러라.
> 이 우물은
> 홀과 지팡이로
> 군주들이 파고
> 백성의 지도자들이 판 우물이다.

¹⁹⁻²⁰ 그들은 광야에서 맛다나를 떠나 나할리엘에 이르렀고, 나할리엘을 떠나 바못(고원)에 이르렀고, 바못을 떠나 모압 들판을 향해 트인 골짜기로 나아갔다. 그곳은 비스가(꼭대기) 산이 솟아올라 여시몬(황무지)이 내려다보이는 곳이었다.

시혼과 옥을 물리치다

²¹⁻²² 이스라엘이 아모리 왕 시혼에게 사신들을 보내어 이렇게 말했다. "우리가 왕의 영토를 지나가게 해주십시오. 우리가 왕의 밭에 들어가지 않고, 왕의 포도밭에서 우물물을 마시지도 않겠습니다. 우리는 왕의 영토를 다 지나갈 때까지 큰길, 곧 왕의 길만 따라가겠습니다."

²³⁻²⁷ 그러나 시혼은 이스라엘이 지나가는 것을 허락하지 않았다. 오히려 이스라엘과 싸우려고 군대를 소집하여 광야로 진격해 왔다. 그는 야하스에 이르러 이스라엘을 공격했다. 그러나 이스라엘이 맹렬히 싸워 그를 무찌르고, 아르논에서 얍복, 곧 암몬의 경계에 이르기까지 그의 영토를 점령했다. 그들은 거기서 멈추었는데, 암몬의 경계가 요새화되어 있었기 때문이다. 이스라엘은 헤스본과 그 주변 모든 마을을 포함한 아모리 사람의 모든 성읍을 점령했다. 헤스본은 아모리 왕 시혼이 다스리던 수도였다. 시혼은 모압의 이전 왕을 공격해서 북쪽으로 아르논 강에 이르기까지 그의 모든 영토를 빼앗은 왕

people; I'll give them water." That's where Israel sang this song:

> Erupt, Well!
> Sing the Song of the Well,
> the well sunk by princes,
> Dug out by the peoples' leaders
> digging with their scepters and staffs.

¹⁹⁻²⁰ From the wilderness their route went from Mattanah to Nahaliel to Bamoth (The Heights) to the valley that opens into the fields of Moab from where Pisgah (The Summit) rises and overlooks Jeshimon (Wasteland).

²¹⁻²² Israel sent emissaries to Sihon, king of the Amorites, saying, "Let us cross your land. We won't trespass into your fields or drink water in your vineyards. We'll keep to the main road, the King's Road, until we're through your land."

²³⁻²⁷ But Sihon wouldn't let Israel go through. Instead he got his army together and marched into the wilderness to fight Israel. At Jahaz he attacked Israel. But Israel fought hard, beat him soundly, and took possession of his land from the Arnon all the way to the Jabbok right up to the Ammonite border. They stopped there because the Ammonite border was fortified. Israel took and occupied all the Amorite cities, including Heshbon and all its surrounding villages. Heshbon was the capital city of Sihon king of the Amorites. He had attacked the former king of Moab and captured all his land as far north as the river Arnon. That is why the folk

이다. 그래서 시인들은 이렇게 노래했다.

> 헤스본으로 와서 도성을 재건하여라.
> 시혼의 성읍을 복구하여라.

²⁸⁻²⁹ 헤스본에서 불이 나오고
시혼의 도성에서 화염이 나와
모압의 아르를 불태우고
아르논 고원의 원주민들을 불살랐다.
화가 있을 것이다, 모압아!
그모스의 백성아, 너는 망했다!
네 아들들은 도망자가 되어 쫓기고, 네 딸
들은 포로가 되어
아모리 왕 시혼에게 넘겨졌다.

³⁰ 그러나 우리가 그들을 죽였다.
헤스본에서 디본까지 남김없이 해치웠다.
노바까지 파괴했고
메드바까지 이르는 땅을 초토화시켰다.

³¹⁻³² 이스라엘은 아모리 사람의 땅으로 이주
하여 거기서 지냈다. 모세는 사람들을 보내
어 야스엘을 정탐하게 했다. 이스라엘은 야
스엘의 마을들을 점령하고, 그곳에 사는 아
모리 사람을 쫓아냈다.

³³ 그들은 북쪽으로 방향을 바꾸어 바산 길
로 나아갔다. 바산 왕 옥이 모세와 맞서 싸우
려고 자기의 모든 군대를 거느리고 에드레이
로 진격해 왔다.

³⁴ 하나님께서 모세에게 말씀하셨다. "그를
두려워하지 마라. 내가 그와 그의 온 백성과
그의 땅을 네게 선물로 주겠다. 헤스본에서
다스리던 아모리 왕 시혼에게 한 것처럼, 그
를 처치하여라."

³⁵ 그들이 그와 그의 아들들과 그의 온 백성
을 치니, 살아남은 자가 하나도 없었다. 이스
라엘이 그 땅을 점령한 것이다.

singers sing,

> Come to Heshbon to rebuild the city,
>   restore Sihon's town.

²⁸⁻²⁹ Fire once poured out of Heshbon,
>   flames from the city of Sihon;
> Burning up Ar of Moab,
>   the natives of Arnon's heights.
> Doom, Moab!
>   The people of Chemosh, done for!
> Sons turned out as fugitives, daughters
> abandoned as captives
>   to the king of the Amorites, to Sihon.

³⁰ Oh, but we finished them off
>   Nothing left of Heshbon as far as
>   Dibon;
> Devastation as far off as Nophah,
>   scorched earth all the way to Medeba.

³¹⁻³² Israel moved in and lived in Amorite country. Moses sent men to scout out Jazer. They captured its villages and drove away the Amorites who lived there.

³³ Then they turned north on the road to Bashan. Og king of Bashan marched out with his entire army to meet Moses in battle at Edrei.

³⁴ GOD said to Moses, "Don't be afraid of him. I'm making a present of him to you, him and all his people and his land. Treat him the same as Sihon king of the Amorites who ruled in Heshbon."

³⁵ So they attacked him, his sons, and all the people—there was not a single survivor. Israel took the land.

22 ¹ 이스라엘 백성이 계속 행진하여 요단–여리고 앞 모압 평야에 진을 쳤다.

²⁻³ 십볼의 아들 발락은 이스라엘이 아모리 사람에게 한 일을 모두 들어 알고 있었다. 모압 백성은 이스라엘 때문에 잔뜩 겁을 먹었다. 이스라엘의 수가 너무 많았던 것이다! 그들은 공포에 떨었다.

⁴⁻⁵ 모압이 미디안의 지도자들에게 말했다. "보시오, 까마귀 떼가 시체의 살점을 말끔히 뜯어먹듯이, 이 무리가 우리를 남김없이 먹어 치우려 하고 있소."

그 당시, 모압의 왕은 십볼의 아들 발락이었다. 그는 브올의 아들 발람을 데려오라고 사신들을 보냈다. 발람은 자기 고향인 유프라테스 강가에 자리한 브돌에 살고 있었다.

⁵⁻⁶ 발락의 사신들이 전할 말은 이러했다. "보시오, 한 백성이 이집트에서 나와 온 땅을 덮었소! 그들이 나를 맹렬히 압박하고 있소. 그들이 너무 벅차서 나로서는 감당할 수 없으니, 부디 와서, 나를 위해 그들을 저주해 주시오. 그러면 내가 그들을 치겠소. 우리가 그들을 공격해서, 이 땅에서 쫓아낼 수 있을 것이오. 당신의 명성은 익히 들어 알고 있소. 당신이 축복하는 자는 복을 받고, 당신이 저주하는 자는 저주를 받는다는 말을 들었소."

⁷⁻⁸ 곧 모압의 지도자와 미디안의 지도자들이, 저주의 대가로 제공할 사례금을 단단히 챙겨서 길을 떠났다. 그들이 발람의 집에 이르러, 그에게 발락의 말을 전했다.

발람이 말했다. "오늘 밤은 여기서 지내십시오. 내일 아침에 **하나님**께서 내게 주시는 말씀을 여러분에게 알려 드리겠습니다." 모압의 귀족들은 그의 집에 머물렀다.

⁹ 하나님께서 발람에게 오셔서 물으셨다. "너와 함께 있는 이 사람들은 누구냐?"

22 ¹ The People of Israel marched on and camped on the Plains of Moab at Jordan-Jericho.

²⁻³ Balak son of Zippor learned of all that Israel had done to the Amorites. The people of Moab were in a total panic because of Israel. There were so many of them! They were terrorized.

⁴⁻⁵ Moab spoke to the leaders of Midian: "Look, this mob is going to clean us out—a bunch of crows picking a carcass clean."

Balak son of Zippor, who was king of Moab at that time, sent emissaries to get Balaam son of Beor, who lived at Pethor on the banks of the Euphrates River, his homeland.

⁵⁻⁶ Balak's emissaries said, "Look. A people has come up out of Egypt, and they're all over the place! And they're pressing hard on me. Come and curse them for me—they're too much for me. Maybe then I can beat them; we'll attack and drive them out of the country. You have a reputation: Those you bless stay blessed; those you curse stay cursed."

⁷⁻⁸ The leaders of Moab and Midian were soon on their way, with the fee for the cursing tucked safely in their wallets. When they got to Balaam, they gave him Balak's message.

"Stay here for the night," Balaam said. "In the morning I'll deliver the answer that GOD gives me."

The Moabite nobles stayed with him.

⁹ Then God came to Balaam. He asked, "So who are these men here with you?"

¹⁰⁻¹¹ Balaam answered, "Balak son of Zippor, king of Moab, sent them with a message: 'Look, the people that came up

10-11 발람이 대답했다. "십볼의 아들인 모압 왕 발락이 사람들을 보내면서 이런 메시지를 전했습니다. '보시오, 이집트에서 나온 백성이 온 땅을 덮었소! 부디 와서, 나를 위해 그들을 저주해 주시오. 그러면 내가 그들을 공격해서, 이 땅에서 쫓아낼 수 있을 것이오.'"

12 하나님께서 발람에게 말씀하셨다. "그들과 함께 가지 마라. 그 백성은 복을 받은 백성이니, 그들을 저주하지 마라."

13 이튿날 아침에 발람이 일어나 발락의 귀족들에게 말했다. "돌아가십시오. 하나님께서 내가 여러분과 함께 가는 것을 허락하지 않으십니다."

14 그리하여 모압의 귀족들은 길을 떠나 발락에게 돌아가서 말했다. "발람이 우리와 함께 오지 않으려고 합니다."

15-17 발락은 그들보다 지위가 높고 명망 있는 귀족들을 보냈다. 그들이 발람에게 가서 말했다. "십볼의 아들 발락이 이렇게 말씀합니다. '부디 거절하지 말고 내게 오시오. 당신을 극진히 예우하고 사례도 아낌없이 하겠소. 원하는 것이 무엇이든, 내가 다 들어주겠소. 얼마든지 사례를 테니, 그저 와서 저 백성을 저주해 주기만 하시오.'"

18-19 발람이 발락의 신하들에게 대답했다. "발락이 은과 금이 가득한 자기 집을 준다 해도, 나는 내 하나님의 명령을 어기고는 크든 작든 아무 일도 할 수 없습니다. 하지만 지난번에 오신 분들처럼 여러분도 오늘 밤 여기서 지내십시오. 이번에는 하나님께서 어떻게 말씀하시는지 알아보겠습니다."

20 그날 밤, 하나님께서 발람에게 오셔서 말씀하셨다. "이 사람들이 너를 보려고 이렇게 왔으니, 그들과 함께 가거라. 그러나 내가 네게 말하는 것 외에는 절대 아무 일도 해서는 안된다."

21-23 발람은 아침에 일어나 나귀에 안장을 얹고, 모압에서 온 귀족들과 함께 길을 떠났

out of Egypt are all over the place! Come and curse them for me. Maybe then I'll be able to attack and drive them out of the country.'"

12 God said to Balaam, "Don't go with them. And don't curse the others—they are a blessed people."

13 The next morning Balaam got up and told Balak's nobles, "Go back home; GOD refuses to give me permission to go with you."

14 So the Moabite nobles left, came back to Balak, and said, "Balaam wouldn't come with us."

15-17 Balak sent another group of nobles, higher ranking and more distinguished. They came to Balaam and said, "Balak son of Zippor says, 'Please, don't refuse to come to me. I will honor and reward you lavishly—anything you tell me to do, I'll do; I'll pay anything—only come and curse this people.'"

18-19 Balaam answered Balak's servants: "Even if Balak gave me his house stuffed with silver and gold, I wouldn't be able to defy the orders of my GOD to do anything, whether big or little. But come along and stay with me tonight as the others did; I'll see what GOD will say to me this time."

20 God came to Balaam that night and said, "Since these men have come all this way to see you, go ahead and go with them. But make sure you do absolutely nothing other than what I tell you."

21-23 Balaam got up in the morning, saddled his donkey, and went off with the noblemen from Moab. As he was going, though, God's anger flared. The angel of

다. 그러나 발람이 길을 나서자 하나님께서 진노하셨다. **하나님**의 천사가 그가 가는 것을 막으려고 길에 서 있었다. 발람은 나귀를 탔고, 하인 둘이 그와 함께 가고 있었다. 나귀는 천사가 길을 막고 서서 칼을 휘두르는 것을 보자, 급히 길에서 벗어나 도랑으로 뛰어들었다. 발람은 나귀를 때려 다시 길로 돌아가게 했다.

24-25 그러나 그들이 길 양옆으로 울타리가 세워진 포도밭 사이로 지나갈 때, 나귀는 길을 막고 선 **하나님**의 천사를 다시 보게 되었다. 나귀는 울타리 쪽으로 몸을 붙여, 발람의 발이 울타리에 짓눌리게 했다. 그러자 발람이 다시 나귀를 때렸다.

26-27 **하나님**의 천사가 또다시 길을 막아섰다. 이번에는 길목이 매우 비좁아서, 오른쪽으로도 왼쪽으로도 빠져나갈 틈이 없었다. 발람의 나귀는 천사를 보자 그만 주저앉고 말았다. 발람은 화가 치밀어, 지팡이로 나귀를 때렸다.

28 그때 **하나님**께서 나귀의 입을 열어 주셨다. 나귀가 발람에게 말했다. "도대체 제가 당신께 무엇을 잘못했기에 저를 이렇게 세 번씩이나 때리십니까?"

29 발람이 말했다. "네가 나를 가지고 놀지 않았느냐! 내게 칼이 있었으면, 벌써 너를 죽였을 것이다."

30 나귀가 발람에게 말했다. "이때까지 저는 여러 해 동안 당신의 충실한 나귀가 아니었습니까? 제가 전에 당신에게 이와 같은 짓을 한 적이 있습니까? 말씀해 보십시오."
그가 말했다. "없다."

31 그때 **하나님**께서 발람의 눈을 열어 상황을 보게 해주셨다. 그가 보니, **하나님**의 천사가 길을 막고 서서 칼을 휘두르고 있었다. 발람이 얼굴을 땅에 대고 엎드렸다.

32-33 **하나님**의 천사가 그에게 말했다. "너는 어째서 네 불쌍한 나귀를 이렇게 세 번씩

GOD stood in the road to block his way. Balaam was riding his donkey, accompanied by his two servants. When the donkey saw the angel blocking the road and brandishing a sword, she veered off the road into the ditch. Balaam beat the donkey and got her back on the road.

24-25 But as they were going through a vineyard, with a fence on either side, the donkey again saw GOD's angel blocking the way and veered into the fence, crushing Balaam's foot against the fence. Balaam hit her again.

26-27 GOD's angel blocked the way yet again—a very narrow passage this time; there was no getting through on the right or left. Seeing the angel, Balaam's donkey sat down under him. Balaam lost his temper; he beat the donkey with his stick.

28 Then GOD gave speech to the donkey. She said to Balaam: "What have I ever done to you that you have beat me these three times?"

29 Balaam said, "Because you've been playing games with me! If I had a sword I would have killed you by now."

30 The donkey said to Balaam, "Am I not your trusty donkey on whom you've ridden for years right up until now? Have I ever done anything like this to you before? Have I?"
He said, "No."

31 Then GOD helped Balaam see what was going on: He saw GOD's angel blocking the way, brandishing a sword. Balaam fell to the ground, his face in the dirt.

32-33 GOD's angel said to him: "Why have you beaten your poor donkey these three

이나 때렸느냐? 네가 성급히 길을 나서기에 내가 너를 막으려고 왔다. 나귀가 나를 보고, 내게서 세 번이나 비켜났다. 그러지 않았으면, 내가 벌써 너를 죽이고 나귀는 살려서 풀어 주었을 것이다."

34 발람이 **하나님**의 천사에게 말했다. "제가 잘못했습니다. 당신께서 저를 막으시려고 길에 서 계신 줄 몰랐습니다. 제가 하려는 일을 기뻐하지 않으시면 돌아가겠습니다."

35 **하나님**의 천사가 발람에게 말했다. "그들과 함께 가거라. 다만 내가 네게 일러 주는 것만 말하여라. 다른 말은 절대로 해서는 안된다."

그리하여 발람은 발락의 귀족들과 함께 갔다.

36 발락은 발람이 오고 있다는 소식을 듣고, 그를 마중하러 자기 영토의 경계 아르논 강가에 자리한 모압 사람의 성읍으로 나갔다.

37 발락이 발람에게 말했다. "내가 긴급한 전갈을 보내 도움을 요청하지 않았소? 내가 부를 때 왜 오지 않았소? 내가 넉넉하게 사례하지 못할 것이라고 생각한 것이오?"

38 발람이 발락에게 말했다. "내가 이렇게 오지 않았습니까. 그러나 나는 아무것도 알려 드릴 수 없습니다. 나는 하나님께서 내게 주시는 말씀만 전할 수 있습니다. 다른 말은 한 마디도 할 수 없습니다."

39-40 발람은 발락과 함께 기럇후숏(중심가)으로 갔다. 발락은 소와 양을 잡아 제물로 바치고, 그 제물을 발람과 그와 함께한 귀족들에게 선물했다.

41 이튿날 새벽에 발락이 발람을 데리고 이스라엘 백성 일부가 잘 보이는 바못바알(바알의 산당)로 올라갔다.

times? I have come here to block your way because you're getting way ahead of yourself. The donkey saw me and turned away from me these three times. If she hadn't, I would have killed you by this time, but not the donkey. I would have let her off."

34 Balaam said to GOD's angel, "I have sinned. I had no idea you were standing in the road blocking my way. If you don't like what I'm doing, I'll head back."

35 But GOD's angel said to Balaam, "Go ahead and go with them. But only say what I tell you to say—absolutely no other word."

And so Balaam continued to go with Balak's nobles.

36 When Balak heard that Balaam was coming, he went out to meet him in the Moabite town that was on the banks of the Arnon, right on the boundary of his land.

37 Balak said to Balaam, "Didn't I send an urgent message for help? Why didn't you come when I called? Do you think I can't pay you enough?"

38 Balaam said to Balak, "Well, I'm here now. But I can't tell you just anything. I can speak only words that God gives me—no others."

39-40 Balaam then accompanied Balak to Kiriath Huzoth (Street-Town). Balak slaughtered cattle and sheep for sacrifices and presented them to Balaam and the nobles who were with him.

41 At daybreak Balak took Balaam up to Bamoth Baal (The Heights of Baal) so that he could get a good view of some of the people.

발람의 예언

23

¹ 발람이 말했다. "여기에 제단 일곱을 쌓고, 수소 일곱 마리와 숫양 일곱 마리를 준비해 주십시오."

² 발락은 발람의 말대로 했다. 발람과 발락은 제단마다 수소와 숫양을 한 마리씩 바쳤다.

³ 발람이 발락에게 지시했다. "왕은 여기 왕의 번제물 곁에 서서 지키고 계십시오. 나 혼자 다녀오겠습니다. 어쩌면 **하나님**께서 오셔서 나를 만나 주실지도 모르겠습니다. 그분께서 내게 보여주거나 알려 주는 것은 무엇이든, 왕께 전해 드리겠습니다." 그러고 나서 그는 혼자 갔다.

⁴ 하나님께서 발람을 만나 주셨다. 발람이 아뢰었다. "제가 제단 일곱을 쌓고, 제단마다 수소와 숫양을 한 마리씩 바쳤습니다."

⁵ **하나님**께서 발람에게 메시지를 주셨다. "발락에게 돌아가 이 메시지를 전하여라."

⁶⁻¹⁰ 발람이 발락에게 돌아가 보니, 그는 모압의 모든 귀족과 함께 자기 번제물 곁에 서 있었다. 발람은 자신이 받은 예언의 메시지를 전했다.

> 발락이 아람에서,
>   모압 왕이 동쪽 산지에서 나를 이곳으로 데리고 왔다.
> "와서, 나를 위해 야곱을 저주해 주시오.
>   와서, 이스라엘에게 악담을 퍼부어 주시오."
> 하나님께서 저주하시지 않은 저들을 내가 어찌 저주하겠는가?
> **하나님**께서 악담을 퍼부으시지 않은 저들에게 내가 어찌 악담을 퍼붓겠는가?
> 내가 바위산 봉우리에서 그들을 바라보고 언덕 꼭대기에서 그들을 굽어본다.
> 보라, 홀로 떨어져 진을 친 백성을!
> 그들은 민족들 가운데서 자신을 이방인

23

¹ Balaam said, "Build me seven altars here, and then prepare seven bulls and seven rams."

² Balak did it. Then Balaam and Balak sacrificed a bull and a ram on each of the altars.

³ Balaam instructed Balak: "Stand watch here beside your Whole-Burnt-Offering while I go off by myself. Maybe GOD will come and meet with me. Whatever he shows or tells me, I'll report to you." Then he went off by himself.

⁴ God did meet with Balaam. Balaam said, "I've set up seven altars and offered a bull and a ram on each altar."

⁵ Then GOD gave Balaam a message: "Return to Balak and give him this message."

⁶⁻¹⁰ He went back and found him stationed beside his Whole-Burnt-Offering and with him all the nobles of Moab. Then Balaam spoke his message-oracle:

> Balak led me here from Aram,
>   the king of Moab all the way from the eastern mountains.
> "Go, curse Jacob for me;
>   go, damn Israel."
> How can I curse whom God has not cursed?
>   How can I damn whom GOD has not damned?
> From rock pinnacles I see them,
>   from hilltops I survey them:
> Look! a people camping off by themselves,
>   thinking themselves outsiders among

으로 여긴다.
야곱의 흙먼지를 누가 헤아리며,
티끌 구름 같은 이스라엘의 수를 누가
셀 수 있으랴?
나는 바르게 사는 이 백성처럼 죽기를 바
란다!
나의 최후가 그들과 같기를 원한다!

11 발락이 발람에게 말했다. "이게 무슨 짓이
오? 나의 원수들을 저주해 달라고 당신을 데
려왔더니, 당신은 그들에게 축복만 하고 있잖
소."
12 발람이 대답했다. "하나님께서 내게 주시
는 말씀만 주의해서 전해야 하지 않겠습니
까?"

13 발락이 발람에게 말했다. "나와 함께 다른
곳으로 갑시다. 거기서도 그들의 진 끝자락만
볼 수 있고, 전체는 볼 수 없을 것이오. 거기서
나를 위해 그들을 저주해 주시오."
14 그는 발람을 비스가 산 꼭대기에 있는 '파
수꾼의 풀밭'으로 데려갔다. 그는 거기에다
제단 일곱을 쌓고, 제단마다 수소와 숫양을
한 마리씩 바쳤다.
15 발람이 발락에게 말했다. "내가 저쪽에서
하나님을 뵙는 동안, 왕께서는 왕의 번제물
곁에 서 계십시오."
16 하나님께서 발람을 만나 주시고 그에게 메
시지를 주셨다. "발락에게 돌아가 이 메시지
를 전하여라."
17-24 발람이 발락에게 돌아가 보니, 그는 모
압의 귀족들과 함께 자기 번제물 곁에 서 있
었다. 발락이 발람에게 말했다. "하나님께서
뭐라고 하셨소?" 그러자 발람이 자신이 받은
예언의 메시지를 전했다.

발락아, 일어서서 들어라.

nations.
But who could ever count the dust of
Jacob
   or take a census of cloud-of-dust
   Israel?
I want to die like these right-living
people!
   I want an end just like theirs!

11 Balak said to Balaam, "What's this? I
brought you here to curse my enemies,
and all you've done is bless them."
12 Balaam answered, "Don't I have to be
careful to say what GOD gives me to say?"

13 Balak said to him, "Go with me to
another place from which you can only
see the outskirts of their camp—you won't
be able to see the whole camp. From
there, curse them for my sake."
14 So he took him to Watchmen's
Meadow at the top of Pisgah. He built
seven altars there and offered a bull and a
ram on each altar.
15 Balaam said to Balak, "Take
up your station here beside your
Whole-Burnt-Offering while I meet with
him over there."
16 GOD met with Balaam and gave him a
message. He said, "Return to Balak and
give him the message."
17-24 Balaam returned and found him
stationed beside his Whole-Burnt-Of-
fering and the nobles of Moab with him.
Balak said to him, "What did GOD say?"
Then Balaam spoke his message-oracle:

십볼의 아들아, 잘 들어라.
하나님은 사람이 아니시니 거짓을 말하지 않으시며
사람의 아들이 아니시니 마음을 바꾸지 않으신다.
그분께서 말씀만 하시고 행하지 않으시겠느냐?
그분께서 약속만 하시고 지키지 않으시겠느냐?
나는 축복하라고 이곳에 보내졌고
그분께서 복을 내리셨다. 그러니 내가 어찌 그것을 바꿀 수 있으랴?
그분께서 야곱에게 아무 불만이 없으시고
이스라엘에게서 어떤 잘못도 찾지 못하신다.
하나님께서 그들과 함께 계시고,
그들이 그분과 함께하면서 자신들의 왕이신 그분께 소리 높여 찬양한다.
하나님께서 그들을 이집트에서 이끌어 내셨으니,
그 행하심이 사나운 들소와도 같았다.
야곱을 결박할 마술이 없고
이스라엘을 방해할 술법도 없다.
사람들이 야곱과 이스라엘을 보고 말하리라.
"하나님께서 행하신 일이 어찌 그리 큰가!"
보라, 사자처럼 제 발로 일어나 기지개를 켜는 백성을,
눈을 떴다 하면 사냥이 끝날 때까지
배불리 먹고 마실 때까지
눕지도 쉬지도 않는 맹수의 제왕 같은 백성을.

25 발락이 발람에게 말했다. "좋소. 그들을 저주할 수 없다면, 적어도 축복하지는 마시오."
26 발람이 발락에게 대답했다. "무엇이든 하나님께서 말씀하시는 것만 전하겠다고 내가 전에 말씀드리지 않았습니까?"

On your feet, Balak. Listen,
  listen carefully son of Zippor:
God is not man, one given to lies,
  and not a son of man changing his mind.
Does he speak and not do what he says?
  Does he promise and not come through?
I was brought here to bless;
  and now he's blessed—how can I change that?
He has no bone to pick with Jacob,
  he sees nothing wrong with Israel.
GOD is with them,
  and they're with him, shouting praises to their King.
God brought them out of Egypt,
  rampaging like a wild ox.
No magic spells can bind Jacob,
  no incantations can hold back Israel.
People will look at Jacob and Israel and say,
  "What a great thing has God done!"
Look, a people rising to its feet,
stretching like a lion,
  a king-of-the-beasts, aroused,
Unsleeping, unresting until its hunt is over
  and it's eaten and drunk its fill.

25 Balak said to Balaam, "Well, if you can't curse them, at least don't bless them."
26 Balaam replied to Balak, "Didn't I tell you earlier: 'All God speaks, and only what he speaks, I speak'?"

❧   ❧

27-28 발락이 발람에게 말했다. "내가 당신을 다른 곳으로 데리고 가겠소. 우리가 하나님의 눈에 드는 좋은 자리를 찾으면, 당신이 나를 위해 그들을 저주할 수 있을지도 모르니 말이오." 그래서 발락은 발람을 데리고 여시몬(황무지)이 내려다보이는 브올 산 꼭대기로 갔다.

29 발람이 발락에게 말했다. "나를 위해 이곳에 제단 일곱을 쌓고, 제물로 수소 일곱 마리와 숫양 일곱 마리를 준비해 주십시오."

30 발락이 그대로 한 뒤에 제단마다 수소와 숫양을 한 마리씩 바쳤다.

발람의 마지막 메시지

24 1-3 그때에 발람은 하나님께서 이스라엘에게 복을 내리고 싶어 하신다는 것을 깨달았다. 그래서 그는 전에 하던 것처럼 마술을 쓰지 않고, 고개를 돌려 광야 쪽을 바라보았다. 발람이 보니, 이스라엘이 지파별로 진을 친 것이 보였다. 하나님의 영이 그에게 임하여, 그가 예언의 메시지를 선포했다.

3-9 브올의 아들 발람이 전하는 말이다.
눈이 매우 밝은 사람이 전하는 말이다.
하나님께서 하시는 말씀을 듣는 사람,
강하신 하나님께서 보여주시는 것을 보는 사람,
얼굴을 땅에 대고 엎드려 예배하는 사람,
실제 무슨 일이 일어나고 있는지 아는 사람의 말이다.

야곱아, 너의 장막이
이스라엘아, 너의 안식처가 어찌 그리 아름다우냐!
멀리 뻗은 계곡 같고
강가에 가꾸어 놓은 정원 같구나.

27-28 Balak said to Balaam, "Please, let me take you to another place; maybe we can find the right place in God's eyes where you'll be able to curse them for me." So Balak took Balaam to the top of Peor, with a vista over the Jeshimon (Wasteland).

29 Balaam said to Balak, "Build seven altars for me here and prepare seven bulls and seven rams for sacrifice."

30 Balak did it and presented an offering of a bull and a ram on each of the altars.

24 1-3 By now Balaam realized that GOD wanted to bless Israel. So he didn't work in any sorcery as he had done earlier. He turned and looked out over the wilderness. As Balaam looked, he saw Israel camped tribe by tribe. The Spirit of God came on him, and he spoke his oracle-message:

3-9 Decree of Balaam son of Beor,
    yes, decree of a man with 20/20 vision;
Decree of a man who hears God speak,
    who sees what The Strong God shows him,
Who falls on his face in worship,
    who sees what's really going on.

What beautiful tents, Jacob,
    oh, your homes, Israel!
Like valleys stretching out in the distance,
    like gardens planted by rivers,
Like sweet herbs planted by the gardener GOD,

정원사 **하나님**께서 심으신 달콤한 향초 같고
못가와 샘물가에서 자라는 붉은 삼나무 같
구나.
그들의 물동이에서는 물이 넘치고
그들의 씨는 도처에 퍼지리라.
그들의 왕은 아각과 그 일족보다 뛰어나고
그들의 왕국은 위세를 크게 떨치리라.
하나님께서 그들을 이집트에서 이끌어
내셨으니,
그 행하심이 사나운 들소와도 같았다.
원수들을 고기 조각 삼키듯 하시는 분,
원수들의 **뼈**를 가루로 만드시고, 그들의
화살을 꺾으시는 분.
이스라엘이 사자처럼 웅크리고
맹수의 제왕처럼 잠을 자니, 누가 그를 방해
하랴?
너를 축복하는 사람은 누구나 복을 받고
너를 저주하는 사람은 누구나 저주를 받으
리라.

10-11 발락이 크게 화가 나서 주먹을 불끈 쥐
며 발람에게 말했다. "나는 원수들을 저주해
달라고 당신을 이곳으로 부른 것인데, 당신은
무엇을 한 것이오? 그들을 축복하다니! 그것
도 세 번씩이나! 썩 물러가시오! 고향으로 돌
아가시오! 당신에게 후히 사례하겠다고 했지
만, 나는 아무것도 줄 수 없소. 당신은 **하나님**
을 탓해야 할 것이오."

12-15 발람이 발락에게 말했다. "왕께서 사신
들을 보내셨을 때, 내가 미리 말씀드리지 않
았습니까? '발락이 자기 궁궐에 은과 금을 가
득 채워 내게 준다 해도, 나는 **하나님**의 명령
을 어기고는 선하든 악하든 아무 일도 내 마
음대로 할 수 없습니다' 하고 말입니다. 이제
나는 고향으로, 내 백성에게로 갑니다. 장차
이 백성이 왕의 백성에게 어떻게 할 것인지
알려 드리겠습니다." 그러고 나서 그는 자신
이 받은 예언의 메시지를 선포했다.

like red cedars by pools and springs,
Their buckets will brim with water,
    their seed will spread life everywhere.
Their king will tower over Agag and his
ilk,
    their kingdom surpassingly majestic.
God brought them out of Egypt,
    rampaging like a wild ox,
Gulping enemies like morsels of meat,
    crushing their bones, snapping their
    arrows.
Israel crouches like a lion and naps,
    king-of-the-beasts—who dares disturb
    him?
Whoever blesses you is blessed,
    whoever curses you is cursed.

10-11 Balak lost his temper with Balaam. He shook his fist. He said to Balaam: "I got you in here to curse my enemies and what have you done? Blessed them! Blessed them three times! Get out of here! Go home! I told you I would pay you well, but you're getting nothing. You can blame GOD."

12-15 Balaam said to Balak, "Didn't I tell you up front when you sent your emissaries, 'Even if Balak gave me his palace stuffed with silver and gold, I couldn't do anything on my own, whether good or bad, that went against GOD's command'? I'm leaving for home and my people, but I warn you of what this people will do to your people in the days to come." Then he spoke his oracle-message:

15-19 Decree of Balaam son of Beor,
    decree of the man with 20/20 vision,

15-19 브올의 아들 발람이 전하는 말이다.
눈이 매우 밝은 사람이 전하는 말이다.
하나님의 말씀을 듣는 사람,
　지극히 높으신 하나님께 무슨 일이 일어나
고 있는지 아는 사람,
　강하신 하나님께서 보여주시는 것을 보는
사람,
　엎드려 예배하고 무엇이 실재인지 아는 사
람의 말이다.
나는 그분을 보지만, 지금은 아니다.
　나는 그분을 감지하지만, 여기서는 아니다.
한 별이 야곱에게서 솟아나고
　한 홀이 이스라엘에게서 일어나리라.
그는 모압의 머리를,
　시끄러운 수다쟁이의 두개골을 가루로 만
들리라.
나는 에돔이 경매로 팔리고
　원수 세일이 벼룩시장에 헐값에 넘겨지는
것을 본다.
　그러나 이스라엘은 전리품을 차지한다.
한 통치자가 야곱에게서 나와
　그 도시에 남아 있는 것을 파괴하리라.

20 그런 다음 발람은 아말렉을 바라보며 예언
의 메시지를 전했다.

　아말렉아, 너는 지금 민족들 가운데서 으뜸
이지만
　마지막이 되어, 멸망하리라.

21-22 그는 또 겐 족속을 바라보며 예언의 메
시지를 전했다.
　네 안식처는 꽤 안전한 곳에 있어서
　낭떠러지 높은 곳에 있는 보금자리 같다.
　그러나 앗수르가 너를 포로로 잡아갈 때
　너 겐 족속은 바보 같아 보이리라.

Decree of the man who hears godly
speech,
　who knows what's going on with the
　High God,
Who sees what The Strong God reveals,
　who bows in worship and sees what's
　real.
I see him, but not right now,
　I perceive him, but not right here;
A star rises from Jacob
　a scepter from Israel,
Crushing the heads of Moab,
　the skulls of all the noisy windbags;
I see Edom sold off at auction,
　enemy Seir marked down at the flea
　market,
　while Israel walks off with the
　trophies.
A ruler is coming from Jacob
　who'll destroy what's left in the city.

20 Then Balaam spotted Amalek and
delivered an oracle-message. He said,

Amalek, you're in first place among
　nations right now,
　but you're going to come in last,
　ruined.

21-22 He saw the Kenites and delivered
his oracle-message to them:
　Your home is in a nice secure place,
　like a nest high on the face of a cliff.
　Still, you Kenites will look stupid
　when Asshur takes you prisoner.

❦

23-24 발람은 마지막 예언의 메시지를 선포했다.

화가 있으리라! 하나님께서 이 일을 시작하실 때
누가 살아남으랴?
바닷가의 민족들, 바다를 건너온 침략자들이
앗수르와 에벨을 괴롭히겠지만,
그들도 다른 민족들처럼
사라지고 말리라.

25 발람은 일어나 고향으로 돌아갔다. 발락도 자기 길로 갔다.

싯딤에서 벌어진 음란한 바알 숭배

25 **1-3** 이스라엘이 싯딤(아카시아 숲)에서 장막을 치고 머무는 동안, 남자들이 모압 여자들과 성관계를 갖기 시작했다. 이 사건은 모압 여자들이 음란한 종교 의식에 남자들을 초대하면서 시작되었다. 그 남자들은 모압 여자들과 함께 음식을 먹고 그들의 신들에게 절했다. 이스라엘은 결국 브올의 신 바알을 숭배하는 의식에 참여하고 말았다. **하나님**께서 진노하셔서, 이스라엘에게 화를 발하셨다.

4 **하나님**께서 모세에게 말씀하셨다. "이스라엘의 지도자들을 모두 잡아다가 목매달아 처형하고, 그들의 주검을 누구나 볼 수 있도록 버려두어라. 그래야만 **하나님**의 진노가 이스라엘에서 떠날 것이다."

5 모세가 이스라엘의 재판관들에게 지시했다. "여러분 관할 아래 있는 남자들 가운데 바알브올 숭배에 가담한 자들을 찾아 처형하십시오."

6-9 모든 사람이 회막 입구에서 참회의 눈물을 흘리고 있을 때, 이스라엘 남자 하나

❦

23-24 Balaam spoke his final oracle-message:

Doom! Who stands a chance
   when God starts in?
Sea-Peoples, raiders from across the sea,
   will harass Asshur and Eber,
But they'll also come to nothing,
   just like all the rest.

25 Balaam got up and went home. Balak also went on his way.

The Orgy at Shittim

25 **1-3** While Israel was camped at Shittim (Acacia Grove), the men began to have sex with the Moabite women. It started when the women invited the men to their sex-and-religion worship. They ate together and then worshiped their gods. Israel ended up joining in the worship of the Baal of Peor. GOD was furious, his anger blazing out against Israel.

4 GOD said to Moses, "Take all the leaders of Israel and kill them by hanging, leaving them publicly exposed in order to turn GOD's anger away from Israel."

5 Moses issued orders to the judges of Israel: "Each of you must execute the men under your jurisdiction who joined in the worship of Baal Peor."

6-9 Just then, while everyone was weeping in penitence at the entrance of the Tent of Meeting, an Israelite man, flaunting his behavior in front of Moses and the whole assembly, paraded a Midianite woman into his family tent. Phinehas son of Eleazar, the son of Aaron the priest, saw what he was

가 모세와 온 회중 앞에서 자기 행동을 과시하듯 당당하게 미디안 여자를 데리고 자기 가족의 장막으로 들어갔다. 제사장 아론의 손자이자 엘르아살의 아들인 비느하스가 그의 하는 짓을 보고, 창을 쥐고 그들을 뒤쫓아 장막으로 들어갔다. 그는 창 하나로 두 사람을 꿰뚫었는데, 창이 이스라엘 남자와 그 여자의 배를 단번에 관통했다. 그러자 이스라엘 백성 가운데 퍼지던 전염병이 그쳤다. 그러나 이미 24,000명이 죽은 뒤였다.

10-13 하나님께서 모세에게 말씀하셨다. "제사장 아론의 손자이자 엘르아살의 아들인 비느하스가 이스라엘 백성을 향한 나의 진노를 그치게 했다. 그가 나의 영광을 위해 나만큼 열심을 다했으므로, 내가 질투로 이스라엘 백성을 다 죽이지는 않았다. 그러니 내가 그와 평화의 언약을 맺을 것이라고 일러 주어라. 내가 그와는 물론이고 그의 후손과도 영원한 제사장직의 언약을 맺을 것이다. 그가 자기 하나님을 위해 열심을 다했고, 이스라엘 백성을 위해 속죄했기 때문이다."

14-15 미디안 여자와 함께 처형된 이스라엘 남자의 이름은 살루의 아들 시므리였다. 살루는 시므온 지파 가문의 우두머리였다. 처형된 미디안 여자의 이름은 수르의 딸 고스비였다. 수르는 미디안 족속 한 가문의 우두머리였다.

16-18 하나님께서 모세에게 말씀하셨다. "이제부터는 미디안 사람을 적으로 여겨라. 온 힘을 다해 그들을 쳐라. 그들은 브올에서 생겼던 일과 그 일로 인해 전염병이 돌았을 때 처형된 미디안 지도자의 딸 고스비의 일로 너희를 꾀어, 너희의 적이 되고 말았다."

doing, grabbed his spear, and followed them into the tent. With one thrust he drove the spear through the two of them, the man of Israel and the woman, right through their private parts. That stopped the plague from continuing among the People of Israel. But 24,000 had already died.

10-13 GOD spoke to Moses: "Phinehas son of Eleazar, son of Aaron the priest, has stopped my anger against the People of Israel. Because he was as zealous for my honor as I myself am, I didn't kill all the People of Israel in my zeal. So tell him that I am making a Covenant-of-Peace with him. He and his descendants are joined in a covenant of eternal priesthood, because he was zealous for his God and made atonement for the People of Israel."

14-15 The name of the man of Israel who was killed with the Midianite woman was Zimri son of Salu, the head of the Simeonite family. And the name of the Midianite woman who was killed was Cozbi daughter of Zur, a tribal chief of a Midianite family.

16-18 GOD spoke to Moses: "From here on make the Midianites your enemies. Fight them tooth and nail. They turned out to be your enemies when they seduced you in the business of Peor and that woman Cozbi, daughter of a Midianite leader, the woman who was killed at the time of the plague in the matter of Peor."

모압 평야에서 실시한 두 번째 인구조사

26 ¹⁻² 전염병이 그친 뒤에 하나님께서 모세와 제사장 아론의 아들 엘르아살에게 말씀하셨다. "이스라엘 온 공동체의 수를 가문별로 세어라. 스무 살 이상 된 남자로, 이스라엘 군에 복무할 수 있는 사람의 수를 모두 세어라."

³⁻⁴ 모세와 제사장 엘르아살은 하나님의 명령에 순종하여 요단–여리고 앞 모압 평야에서 백성에게 말했다. "스무 살 이상 된 사람의 수를 세십시오!"

⁴⁻⁷ 이집트 땅에서 나온 이스라엘 백성은 이러하다.

이스라엘의 맏아들 르우벤의 자손은 이러하다.

하녹과 하녹 가문
발루와 발루 가문
헤스론과 헤스론 가문
갈미와 갈미 가문.

이들은 르우벤 가문이며, 계수된 사람은 43,730명이다.

⁸ 발루의 아들은 엘리압이다.

⁹⁻¹¹ 엘리압의 아들은 느무엘, 다단, 아비람이다. (다단과 아비람은 고라 무리에서 뽑힌 공동체 지도자들로, 고라와 함께 모세와 아론에게 반기를 들어 하나님께 반역한 자들이다. 불이 250명을 집어삼킬 때, 땅이 입을 벌려 고라 무리와 함께 그들도 삼켜 버렸다. 세월이 지난 지금도 그들은 경고의 표징으로 남아 있다. 그러나 고라의 자손이 다 죽어 없어진 것은 아니었다.)

¹²⁻¹⁴ 가문별로 본 시므온의 자손은 이러하다.
느무엘과 느무엘 가문
야민과 야민 가문
야긴과 야긴 가문
세라와 세라 가문
사울과 사울 가문.

Census on the Plains of Moab

26 ¹⁻² After the plague GOD said to Moses and Eleazar son of Aaron the priest, "Number the entire community of Israel by families—count every person who is twenty years and older who is able to serve in the army of Israel."

³⁻⁴ Obeying GOD's command, Moses and Eleazar the priest addressed them on the Plains of Moab at Jordan-Jericho: "Count off from age twenty and older."

⁴⁻⁷ The People of Israel who came out of the land of Egypt:

Reuben, Israel's firstborn. The sons of Reuben were:

Hanoch and the Hanochite clan,
Pallu and the Palluite clan,
Hezron and the Hezronite clan,
Carmi and the Carmite clan.

These made up the Reubenite clans. They numbered 43,730.

⁸ The son of Pallu: Eliab.

⁹⁻¹¹ The sons of Eliab: Nemuel, Dathan, and Abiram. (These were the same Dathan and Abiram, community leaders from Korah's gang, who rebelled against Moses and Aaron in the Korah Rebellion against GOD. The Earth opened its jaws and swallowed them along with Korah's gang who died when the fire ate them up, all 250 of them. After all these years, they're still a warning sign. But the line of Korah did not die out.)

¹²⁻¹⁴ The sons of Simeon by clans:
Nemuel and the Nemuelite clan,
Jamin and the Jaminite clan,
Jakin and the Jakinite clan,

이들은 시므온 가문이며, 계수된 사람은 22,200명이다.

15-18 가문별로 본 갓의 자손은 이러하다.
스본과 스본 가문
학기와 학기 가문
수니와 수니 가문
오스니와 오스니 가문
에리와 에리 가문
아롯과 아롯 가문
아렐리와 아렐리 가문.
이들은 갓 가문이며, 계수된 사람은 40,500명이다.

19-22 유다의 아들 에르와 오난은 가나안 땅에서 일찍 죽었다. 가문별로 본 유다의 자손은 이러하다.
셀라와 셀라 가문
베레스와 베레스 가문
세라와 세라 가문.
베레스의 자손은 이러하다.
헤스론과 헤스론 가문
하물과 하물 가문.
이들은 유다 가문이며, 계수된 사람은 76,500명이다.

23-25 가문별로 본 잇사갈의 자손은 이러하다.
돌라와 돌라 가문
부와와 부니 가문
야숩과 야숩 가문
시므론과 시므론 가문.
이들은 잇사갈 가문이며, 계수된 사람은 64,300명이다.

26-27 가문별로 본 스불론의 자손은 이러하다.
세렛과 세렛 가문

Zerah and the Zerahite clan,
Shaul and the Shaulite clan.
These were the clans of Simeon. They numbered 22,200 men.

15-18 The sons of Gad by clans:
Zephon and the Zephonite clan,
Haggi and the Haggite clan,
Shuni and the Shunite clan,
Ozni and the Oznite clan,
Eri and the Erite clan,
Arodi and the Arodite clan,
Areli and the Arelite clan.
These were the clans of Gad. They numbered 40,500 men.

19-22 Er and Onan were sons of Judah who died early on in Canaan. The sons of Judah by clans:
Shelah and the Shelanite clan,
Perez and the Perezite clan,
Zerah and the Zerahite clan.
The sons of Perez:
Hezron and the Hezronite clan,
Hamul and the Hamulite clan.
These were the clans of Judah. They numbered 76,500.

23-25 The sons of Issachar by clans:
Tola and the Tolaite clan,
Puah and the Puite clan,
Jashub and the Jashubite clan,
Shimron and the Shimronite clan.
These were the clans of Issachar. They numbered 64,300.

26-27 The sons of Zebulun by clans:
Sered and the Seredite clan,

엘론과 엘론 가문
얄르엘과 얄르엘 가문.
이들은 스불론 가문이며, 계수된 사람은 60,500명이다.

28-34 가문별로 본 요셉의 자손은 므낫세와 에브라임으로 나뉜다. 므낫세의 자손은 이러하다.
마길과 마길 가문
(마길은 길르앗의 아버지다)
길르앗과 길르앗 가문.
길르앗의 자손은 이러하다.
이에셀과 이에셀 가문
헬렉과 헬렉 가문
아스리엘과 아스리엘 가문
세겜과 세겜 가문
스미다와 스미다 가문
헤벨과 헤벨 가문.
헤벨의 아들 슬로브핫은 아들은 없고 딸만 있었다.
그 딸들의 이름은 말라, 노아, 호글라, 밀가, 디르사다.
이들은 므낫세 가문이며, 계수된 사람은 52,700명이다.

35-37 가문별로 본 에브라임의 자손은 이러하다.
수델라와 수델라 가문
베겔과 베겔 가문
다한과 다한 가문.
수델라의 자손은 이러하다.
에란과 에란 가문.
이들은 에브라임 가문이며, 계수된 사람은 32,500명이다.
이들은 가문별로 본 요셉의 자손이다.

38-41 가문별로 본 베냐민의 자손은 이러하다.
벨라와 벨라 가문

Elon and the Elonite clan,
Jahleel and the Jahleelite clan.
These were the clans of Zebulun. They numbered 60,500.

28-34 The sons of Joseph by clans through Manasseh and Ephraim. Through Manasseh:
Makir and the Makirite clan
(now Makir was the father of Gilead),
Gilead and the Gileadite clan.
The sons of Gilead:
Iezer and the Iezerite clan,
Helek and the Helekite clan,
Asriel and the Asrielite clan,
Shechem and the Shechemite clan,
Shemida and the Shemidaite clan,
Hepher and the Hepherite clan.
Zelophehad son of Hepher had no sons, only daughters.
Their names were Mahlah, Noah, Hoglah, Milcah, and Tirzah.
These were the clans of Manasseh. They numbered 52,700.

35-37 The sons of Ephraim by clans:
Shuthelah and the Shuthelahite clan,
Beker and the Bekerite clan,
Tahan and the Tahanite clan.
The sons of Shuthelah:
Eran and the Eranite clan.
These were the clans of Ephraim. They numbered 32,500.
These are all the sons of Joseph by their clans.

38-41 The sons of Benjamin by clans:
Bela and the Belaite clan,
Ashbel and the Ashbelite clan,

아스벨과 아스벨 가문
아히람과 아히람 가문
수부밤과 수부밤 가문
후밤과 후밤 가문.
아룻과 나아만으로 나뉘는 벨라의 자손은
이러하다.
아룻과 아룻 가문
나아만과 나아만 가문.
이들은 베냐민 가문이며, 계수된 사람은
45,600명이다.

42-43 가문별로 본 단의 자손은 이러하다.
수함과 수함 가문.
이들은 단 가문이며, 모두 수함 가문이다.
계수된 사람은 64,400명이다.

44-47 가문별로 본 아셀의 자손은 이러하다.
임나와 임나 가문
이스위와 이스위 가문
브리아와 브리아 가문.
브리아의 자손은 이러하다.
헤벨과 헤벨 가문
말기엘과 말기엘 가문.
아셀은 딸 세라를 두었다.
이들은 아셀 가문이며, 계수된 사람은 53,400
명이다.

48-50 가문별로 본 납달리의 자손은 이러하다.
야스엘과 야스엘 가문
구니와 구니 가문
예셀과 예셀 가문
실렘과 실렘 가문.
이들은 납달리 가문이며, 계수된 사람은
45,400명이다.

51 계수된 이스라엘 백성은 모두 601,730
명이다.

Ahiram and the Ahiramite clan,
Shupham and the Shuphamite clan,
Hupham and the Huphamite clan.
The sons of Bela through Ard and Naaman:
Ard and the Ardite clan,
Naaman and the Naamite clan.
These were the clans of Benjamin. They
numbered 45,600.

42-43 The sons of Dan by clan:
Shuham and the Shuhamite clan.
These are the clans of Dan, all Shuhamite
clans. They numbered 64,400.

44-47 The sons of Asher by clan:
Imnah and the Imnite clan,
Ishvi and the Ishvite clan,
Beriah and the Beriite clan.
The sons of Beriah:
Heber and the Heberite clan,
Malkiel and the Malkielite clan.
Asher also had a daughter, Serah.
These were the clans of Asher. They
numbered 53,400.

48-50 The sons of Naphtali by clans:
Jahzeel and the Jahzeelite clan,
Guni and the Gunite clan,
Jezer and the Jezerite clan,
Shillem and the Shillemite clan.
These were the clans of Naphtali. They
numbered 45,400.

51 The total number of the People of Israel:
601,730.

52-54 GOD spoke to Moses: "Divide up

❦

52-54 **하나님**께서 모세에게 말씀하셨다. "인구수에 따라 그 땅을 유산으로 나누어 주어라. 수가 많은 지파는 많은 유산을 받고, 수가 적은 지파는 적은 유산을 받는다. 각 지파마다 계수된 인구수에 따라 유산을 받는다.

55-56 반드시 제비뽑기로 그 땅을 나누어라. 각 지파의 유산은 인구수, 곧 각 조상의 지파에 이름을 올린 사람들의 수를 근거로, 수가 많은 지파와 수가 적은 지파 사이에서 제비뽑기로 나누어야 한다."

❦

57-58 가문별로 계수된 레위인은 이러하다.
게르손과 게르손 가문
고핫과 고핫 가문
므라리와 므라리 가문.
레위 가문에는 다음 가문들도 포함된다.
립니 가문
헤브론 가문
마흘리 가문
무시 가문
고라 가문.

58-61 고핫은 아므람을 낳았다. 아므람의 아내는 요게벳으로, 이집트에서 레위 가문에 태어난 레위 자손이다. 요게벳은 아므람에게서 아론과 모세와 그들의 누이 미리암을 낳았다. 아론은 나답과 아비후, 엘르아살, 이다말의 아버지다. 나답과 아비후는 규정에 어긋난 제물을 **하나님** 앞에 드리다가 죽었다.

62 태어난 지 한 달 이상 된 레위 남자의 수는 23,000명에 달했다. 그들은 땅을 유산으로 받지 않았으므로 나머지 이스라엘 백성과 함께 계수되지 않았다.

the inheritance of the land based on population. A larger group gets a larger inheritance; a smaller group gets a smaller inheritance—each gets its inheritance based on the population count.

55-56 "Make sure that the land is assigned by lot.

"Each group's inheritance is based on population, the number of names listed in its ancestral tribe, divided among the many and the few by lot."

❦

57-58 These are the numberings of the Levites by clan:
    Gershon and the Gershonite clan,
    Kohath and the Kohathite clan,
    Merari and the Merarite clan.
The Levite clans also included:
    the Libnite clan,
    the Hebronite clan,
    the Mahlite clan,
    the Mushite clan,
    the Korahite clan.

58-61 Kohath was the father of Amram. Amram's wife was Jochebed, a descendant of Levi, born into the Levite family during the Egyptian years. Jochebed bore Aaron, Moses, and their sister Miriam to Amram. Aaron was the father of Nadab and Abihu, Eleazar and Ithamar; however, Nadab and Abihu died when they offered unauthorized sacrifice in the presence of GOD.

62 The numbering of Levite males one month and older came to 23,000. They hadn't been counted in with the rest of the People of Israel because they didn't inherit any land.

63-65 이들은 모세와 제사장 엘르아살이 요단-여리고 앞 모압 평야에서 계수한 이스라엘 백성이다. 모세와 제사장 아론이 시내 광야에서 이스라엘 백성을 상대로 인구조사를 실시할 때 계수한 사람들은 단 한 사람도 여기에 포함되지 않았다. 이는 **하나님**께서 그들을 두고 "그들은 죽을 것이다. 광야에서 죽을 것이다. 여분네의 아들 갈렙과 눈의 아들 여호수아 외에는 한 사람도 살아남지 못할 것이다" 하고 말씀하셨기 때문이다.

슬로브핫의 딸들

27 ¹ 슬로브핫의 딸들이 앞으로 나왔다. 그들의 아버지 슬로브핫은 요셉의 아들 므낫세 가문에 속한 사람으로, 헤벨의 아들이고 길르앗의 손자이며 마길의 증손이고 므낫세의 현손이었다. 그 딸들의 이름은 말라, 노아, 호글라, 밀가, 디르사였다.

2-4 그들이 회막 입구로 가서, 모세와 제사장 엘르아살과 지도자들과 회중 앞에 서서 말했다. "저희 아버지는 광야에서 돌아가셨습니다. 그분은 **하나님**께 반역한 고라 무리와 함께하지 않았습니다. 그분은 자신의 죄 때문에 돌아가셨습니다. 아버지는 아들을 두지 않으셨습니다. 그런데 아들이 없어서 저희 아버지의 이름이 가문에서 빠져야 한다니, 어찌 된 것입니까? 저희 아버지의 친척들과 함께 저희도 유산을 물려받게 해주십시오."

5 모세가 그들의 사정을 **하나님**께 아뢰었다.

6-7 **하나님**께서 판결해 주셨다. "슬로브핫의 딸들의 말이 옳다. 그 아버지의 친척들과 함께 그 딸들에게도 땅을 유산으로 주어라. 그 아버지의 유산을 그들에게 주어라.

8-11 또 이스라엘 백성에게 이렇게 일러 주어라. 어떤 사람이 아들을 두지 않고 죽으면, 그의 유산을 그의 딸에게 주어라. 딸이

63-65 These are the ones numbered by Moses and Eleazar the priest, the People of Israel counted in the Plains of Moab at Jordan-Jericho. Not one of them had been among those counted by Moses and Aaron the priest in the census of the People of Israel taken in the Wilderness of Sinai. For GOD had said of them, "They'll die, die in the wilderness—not one of them will be left except for Caleb son of Jephunneh, and Joshua son of Nun."

The Daughters of Zelophehad

27 ¹ The daughters of Zelophehad showed up. Their father was the son of Hepher son of Gilead son of Makir son of Manasseh, belonging to the clans of Manasseh son of Joseph. The daughters were Mahlah, Noah, Hoglah, Milcah, and Tirzah.

2-4 They came to the entrance of the Tent of Meeting. They stood before Moses and Eleazar the priest and before the leaders and the congregation and said, "Our father died in the wilderness. He wasn't part of Korah's rebel anti-GOD gang. He died for his own sins. And he left no sons. But why should our father's name die out from his clan just because he had no sons? So give us an inheritance among our father's relatives."

5 Moses brought their case to GOD.

6-7 GOD ruled: "Zelophehad's daughters are right. Give them land as an inheritance among their father's relatives. Give them their father's inheritance.

8-11 "Then tell the People of Israel, If a man dies and leaves no son, give his inheritance to his daughter. If he has no daughter, give it to his brothers. If he has no brothers, give it to his father's brothers. If his father had no brothers,

없으면, 그의 형제에게 주어라. 형제가 없으면, 그의 아버지의 형제에게 주어라. 그의 아버지에게 형제가 없으면, 가장 가까운 친척에게 주어, 유산이 그 집안에 남아 있게 하여라. 이것은 **하나님**이 모세를 통해 명령한 대로, 이스라엘 백성이 지켜야 하는 율례다."

모세의 후계자, 여호수아

12-14 **하나님**께서 모세에게 말씀하셨다. "너는 아바림 산에 올라가서, 내가 이스라엘 백성에게 주려고 하는 땅을 바라보아라. 그 땅을 본 뒤에는 너도 죽어서, 네 형 아론을 따라 네 조상에게 돌아가게 될 것이다. 이는 온 회중이 신 광야에서 물 문제로 다툴 때, 너희가 그들 앞에서 거룩한 경외심으로 나를 대하지 않았기 때문이다. 신 광야의 가데스에서 있었던 므리바(다툼)의 물 사건을 두고 하는 말이다."

15-17 모세가 **하나님**께 대답했다. "**하나님**, 살아 있는 모든 이에게 영을 주시는 하나님, 이 공동체 위에 한 사람을 세우셔서, 그가 이들을 이끌게 해주십시오. 그가 이들 앞에서 길을 제시하기도 하고 공동체를 이끌고 돌아오게도 해주십시오. 그래서 **하나님**의 공동체가 목자 없는 양처럼 되지 않게 해주십시오."

18-21 **하나님**께서 모세에게 말씀하셨다. "눈의 아들 여호수아를 데려오너라. 그의 안에는 하나님의 영이 있다! 그에게 네 손을 얹어라. 그를 제사장 엘르아살과 온 회중 앞에 세우고, 모든 사람이 보는 앞에서 그를 후계자로 임명하여라. 네 권위를 그에게 넘겨주어, 온 이스라엘 백성이 그의 말에 순종하게 하여라. 그는 제사장 엘르아살의 조언을 구해야 한다. 그러면 제사장은 우림의 판결을 사용해 **하나님** 앞에서 기도하며 그에게 조언해 줄 것이다. 그는 이스라엘 백성, 곧 온 공동체의 출입을 지휘하게 될 것이다."

22-23 모세는 **하나님**의 명령을 따라 그대로

give it to the nearest relative so that the inheritance stays in the family. This is the standard procedure for the People of Israel, as commanded by GOD through Moses."

Joshua

12-14 GOD said to Moses, "Climb up into the Abarim Mountains and look over at the land that I am giving to the People of Israel. When you've had a good look you'll be joined to your ancestors in the grave—yes, you also along with Aaron your brother. This goes back to the day when the congregation quarreled in the Wilderness of Zin and you didn't honor me in holy reverence before them in the matter of the waters, the Waters of Meribah (Quarreling) at Kadesh in the Wilderness of Zin."

15-17 Moses responded to GOD: "Let GOD, the God of the spirits of everyone living, set a man over this community to lead them, to show the way ahead and bring them back home so GOD's community will not be like sheep without a shepherd."

18-21 GOD said to Moses, "Take Joshua the son of Nun—the Spirit is in him!—and place your hand on him. Stand him before Eleazar the priest in front of the entire congregation and commission him with everyone watching. Pass your magisterial authority over to him so that the whole congregation of the People of Israel will listen obediently to him. He is to consult with Eleazar the priest who, using the oracle-Urim, will prayerfully advise him in the presence of GOD. He will command the People of Israel, the entire community, in all their comings and goings."

행했다. 그는 여호수아를 데려다가, 제사장 엘르아살과 온 공동체 앞에 세웠다. 그리고 하나님께서 명령하신 대로, 그에게 손을 얹어 그를 후계자로 임명했다.

하나님께 드리는 제물

28

1-8 하나님께서 모세에게 말씀하셨다. "이스라엘 백성에게 명령하여라. 그들에게 이렇게 일러 주어라. 너희는 나의 음식, 곧 불살라 바쳐서 나를 기쁘게 하는 향기로운 제물을 정해진 때에 바쳐야 한다. 그들에게 또 이렇게 일러 주어라. 너희가 하나님에게 바쳐야 하는 불살라 바치는 제물은 이러하다. 일 년 된 건강한 어린 숫양 두 마리를 매일 번제물로 바치되, 한 마리는 아침에 바치고 다른 한 마리는 저녁에 바쳐라. 또 고운 곡식 가루 2리터에 올리브기름 1리터를 섞어서 곡식 제물로 함께 바쳐라. 이는 시내 산에서 제정된 표준 번제로, 하나님을 기쁘게 하는 향기요 불살라 바치는 제물이다. 이것과 함께 바칠 부어 드리는 제물은 어린 숫양 한 마리에 독한 술 1리터로 한다. 부어 드리는 제물은 성소에서 하나님 앞에 부어 바쳐라. 저녁에 두 번째 어린 숫양을 바칠 때도 아침에 한 것처럼 곡식 제물과 부어 드리는 제물을 함께 바쳐라. 이것은 불살라 바치는 제물이며, 하나님을 기쁘게 하는 향기다."

9-10 "안식일에는 일 년 된 어린 숫양 두 마리를 바치되, 고운 곡식 가루 4리터에 기름 섞은 곡식 제물과 부어 드리는 제물을 함께 바쳐라. 이것은 매일 바치는 번제와, 거기에 딸린 부어 드리는 제물 외에 안식일마다 바치는 번제다."

22-23 Moses followed GOD's orders. He took Joshua and stood him before Eleazar the priest in front of the entire community. He laid his hands on him and commissioned him, following the procedures GOD had given Moses.

Offerings

28

1-8 GOD spoke to Moses: "Command the People of Israel. Tell them, You're in charge of presenting my food, my Fire-Gifts of pleasing fragrance, at the set times. Tell them, This is the Fire-Gift that you are to present to GOD: two healthy yearling lambs each day as a regular Whole-Burnt-Offering. Sacrifice one lamb in the morning, the other in the evening, together with two quarts of fine flour mixed with a quart of olive oil for a Grain-Offering. This is the standard Whole-Burnt-Offering instituted at Mount Sinai as a pleasing fragrance, a Fire-Gift to GOD. The Drink-Offering that goes with it is a quart of strong beer with each lamb. Pour out the Drink-Offering before GOD in the Sanctuary. Sacrifice the second lamb in the evening with the Grain-Offering and Drink-Offering the same as in the morning—a Fire-Gift of pleasing fragrance for GOD.

9-10 "On the Sabbath, sacrifice two healthy yearling lambs, together with the Drink-Offering and the Grain-Offering of four quarts of fine flour mixed with oil. This is the regular Sabbath Whole-Burnt-Offering, in addition to the regular Whole-Burnt-Offering and its Drink-Offering.

❧

11 "매월 초에 **하나님**에게 번제를 바칠 때는, 수송아지 두 마리, 숫양 한 마리, 일 년 된 어린 숫양 일곱 마리를 바쳐라. 그것들은 모두 건강한 것이어야 한다.

12-14 수송아지 한 마리에 기름 섞은 고운 곡식 가루 6리터를 곡식 제물로 함께 바치고, 숫양 한 마리에 기름 섞은 고운 곡식 가루 4리터를 함께 바치며, 어린 숫양 한 마리에 기름 섞은 고운 곡식 가루 2리터를 함께 바쳐라. 이는 번제요, **하나님**을 기쁘게 하는 향기며, 불살라 바치는 제물이다. 이것과 함께 부어 드리는 제물은, 수송아지 한 마리에 포도주 2리터, 숫양 한 마리에 포도주 1.25리터, 어린 숫양 한 마리에 포도주 1리터를 바쳐야 한다.

14-15 이것은 일 년 내내 매월 초에 바쳐야 하는 번제다. 매일 바치는 번제와 거기에 딸린 부어 드리는 제물 외에도, 숫염소 한 마리를 속죄 제물로 **하나님**에게 바쳐야 한다."

❧

16-17 "**하나님**의 유월절은 첫째 달 십사일에 지켜야 한다. 그달 십오 일에 절기가 시작된다.

17-22 칠 일 동안은 누룩을 넣지 않은 빵을 먹어야 한다. 첫째 날은 거룩한 예배로 시작하여라. 그날은 평소에 하던 일은 아무것도 하지 마라. **하나님**에게 불살라 바치는 제물로 번제를 바치되, 수송아지 두 마리, 숫양 한 마리, 일 년 된 어린 숫양 일곱 마리를 모두 건강한 것으로 가져오너라. 고운 곡식 가루에 기름 섞은 곡식 제물을 준비하되, 수송아지 한 마리에 6리터, 숫양 한 마리에 4리터, 어린 숫양 한 마리에 2리터를 준비하여라. 거기

❧

11 "On the first of the month offer a Whole-Burnt-Offering to GOD: two young bulls, one ram, and seven male yearling lambs—all healthy.

12-14 "A Grain-Offering of six quarts of fine flour mixed with oil goes with each bull, four quarts of fine flour mixed with oil with the ram, and two quarts of fine flour mixed with oil with each lamb. This is for a Whole-Burnt-Offering, a pleasing fragrance, a Fire-Gift to GOD. Also, Drink-Offerings of two quarts of wine for each bull, one and a quarter quarts of wine for the ram, and a quart of wine for each lamb are to be poured out.

14-15 "This is the first of the month Whole-Burnt-Offering to be made throughout the year. In addition to the regular Whole-Burnt-Offering with its accompanying Drink-Offering, a he-goat is to be offered to GOD as an Absolution-Offering.

❧

16-17 "GOD's Passover is to be held on the fourteenth day of the first month. On the fifteenth day of this month hold a festival.

17-22 "For seven days, eat only unraised bread: Begin the first day in holy worship; don't do any regular work that day. Bring a Fire-Gift to GOD, a Whole-Burnt-Offering: two young bulls, one ram, and seven male yearling lambs—all healthy. Prepare a Grain-Offering of six quarts of fine flour mixed with oil for each bull, four quarts for the ram, and two quarts for each lamb, plus a goat as an Absolution-Offering to atone for you.

에 너희를 위해 속죄할 속죄 제물로 숫염소 한 마리를 준비하여라.

23-24 아침마다 바치는 번제 외에 이것들을 별도로 바쳐야 한다. 이렇게 칠 일 동안 날마다 불살라 바치는 제물, 곧 **하나님**을 기쁘게 하는 향기로 음식을 준비하여라. 매일 바치는 번제물과 부어 드리는 제물 외에 별도로 이것을 준비하여라.

25 칠 일째 되는 날은 거룩한 예배로 마무리하여라. 그날은 평소에 하던 일은 아무것도 하지 마라."

✣

26-30 "첫 열매를 바치는 날, 곧 **하나님**에게 첫 수확물을 가져오는 칠칠절에는 거룩한 예배로 모이고, 평소에 하던 일은 아무것도 하지 마라. 불살라 바쳐서 **하나님**을 기쁘게 하는 향기로운 제물로 수송아지 두 마리, 숫양 한 마리, 일 년 된 어린 숫양 일곱 마리를 가져오너라. 그것들은 모두 건강한 것이어야 한다. 고운 곡식 가루에 기름 섞은 곡식 제물을 준비하되, 수송아지 한 마리에 6리터, 숫양 한 마리에 4리터, 어린 숫양 한 마리에 2리터를 준비하여라. 거기에 너희를 위해 속죄할 속죄 제물로 숫염소 한 마리를 준비하여라.

31 이것은 매일 바치는 번제와 거기에 딸린 곡식 제물과 부어 드리는 제물 외에 별도로 바쳐야 하는 제물이다. 잊지 마라, 그 짐승들은 건강한 것이어야 한다."

✣

29 1-5 "일곱째 달 첫째 날에는 거룩한 예배로 모이고, 평소에 하던 일은 아무것도 하지 마라. 이날은 너희가 나팔을 부는 날이다. 너희는 번제를 드리되, 수송아지 한 마리, 숫양 한 마리, 일 년 된 어린 숫양 일곱 마리를 **하나님**을 기쁘게 하는 향기로

23-24 "Sacrifice these in addition to the regular morning Whole-Burnt-Offering. Prepare the food this way for the Fire-Gift, a pleasing fragrance to GOD, every day for seven days. Prepare it in addition to the regular Whole-Burnt-Offering and Drink-Offering.

25 "Conclude the seventh day in holy worship; don't do any regular work on that day.

✣

26-30 "On the Day of Firstfruits when you bring an offering of new grain to GOD on your Feast-of-Weeks, gather in holy worship and don't do any regular work. Bring a Whole-Burnt-Offering of two young bulls, one ram, and seven male yearling lambs as a pleasing fragrance to GOD. Prepare a Grain-Offering of six quarts of fine flour mixed with oil for each bull, four quarts for the ram, and two quarts for each lamb, plus a he-goat as an Absolution-Offering to atone for you.

31 "These are all over and above the daily Whole-Burnt-Offering and its Grain-Offering and the Drink-Offering. Remember, the animals must be healthy.

✣

29 1-5 "On the first day of the seventh month, gather in holy worship and do no regular work. This is your Day-of-Trumpet-Blasts. Sacrifice a Whole-Burnt-Offering: one young bull, one ram, and seven male yearling lambs— all healthy—as a pleasing fragrance to GOD. Prepare a Grain-Offering of six

바쳐라. 그것들은 모두 건강한 것이어야 한다. 고운 곡식 가루에 기름 섞은 곡식 제물을 준비하되, 수송아지 한 마리에 6리터, 숫양 한 마리에 4리터, 어린 숫양 한 마리에 2리터를 준비하여라. 거기에 너희를 위해 속죄할 속죄 제물로 숫염소 한 마리를 준비하여라.

6 이것은 규정에 따라 매달 바치는 번제와 매일 바치는 번제와 거기에 딸린 곡식 제물과 부어 드리는 제물 외에 별도로 바쳐야 하는 것으로, **하나님**을 기쁘게 하는 향기요 불살라 바치는 제물이다."

7 "이 일곱째 달 십 일에 너희는 거룩한 예배로 모이고, 자신을 낮추고, 아무 일도 하지 마라.

8-11 수송아지 한 마리, 숫양 한 마리, 일 년 된 어린 숫양 일곱 마리를 **하나님**을 기쁘게 하는 향기로 바칠 번제물로 가져오너라. 그것들은 모두 건강한 것이어야 한다. 고운 곡식 가루에 기름 섞은 곡식 제물을 준비하되, 수송아지 한 마리에 6리터, 숫양 한 마리에 4리터를 준비하고, 어린 숫양 일곱 마리의 경우에는 한 마리에 2리터씩 준비하여라. 매일 바치는 번제와 거기에 딸린 곡식 제물과 부어 드리는 제물 외에, 숫염소 한 마리를 너희를 위해 속죄할 속죄 제물로 가져오너라."

12-16 "일곱째 달 십오 일에 거룩한 예배로 모이고, 평소에 하던 일은 아무것도 하지 마라. 칠 일 동안 **하나님** 앞에서 절기를 지켜라. 수송아지 열세 마리, 숫양 두 마리, 일 년 된 어린 숫양 열네 마리를 **하나님**을 기쁘게 하는 향기로 바칠 번제물로 가져오너라. 그것들은 모두 건강한 것이어야 한다. 고운 곡식 가루에 기름 섞은 곡식 제물을 준비하되, 수송아지 한 마리에 6리터, 숫양 한 마리에 4리터를

quarts of fine flour mixed with oil for the bull, four quarts for the ram, and two quarts for each lamb, plus a he-goat as an Absolution-Offering to atone for you.

6 "These are all over and above the monthly and daily Whole-Burnt-Offerings with their Grain-Offerings and Drink-Offerings as prescribed, a pleasing fragrance, a Fire-Gift to GOD.

7 "On the tenth day of this seventh month, gather in holy worship, humble yourselves, and do no work.

8-11 "Bring a Whole-Burnt-Offering to GOD as a pleasing fragrance: one young bull, one ram, and seven yearling male lambs—all healthy. Prepare a Grain-Offering of six quarts of fine flour mixed with oil for the bull, four quarts for the ram, and two quarts for each of the seven lambs. Also bring a he-goat as an Absolution-Offering to atone for you in addition to the regular Whole-Burnt-Offering with its Grain-Offering and Drink-Offering.

12-16 "Gather in holy worship on the fifteenth day of the seventh month; do no regular work. Celebrate a Festival to GOD for seven days. Bring a Whole-Burnt-Offering, a Fire-Gift of pleasing fragrance to GOD: thirteen young bulls, two rams, and fourteen yearling male lambs—all healthy. Prepare a Grain-Offering of six quarts of fine flour mixed with oil for each of the bulls, four quarts for each ram, and two quarts for each of the fourteen lambs. Also

준비하고, 어린 숫양 열네 마리의 경우에는 한 마리에 2리터씩 준비하여라. 매일 바치는 번제와 거기에 딸린 곡식 제물과 부어 드리는 제물 외에, 숫염소 한 마리를 너희를 위해 속죄할 속죄 제물로 가져오너라.

17-19 둘째 날에는 수송아지 열두 마리, 숫양 두 마리, 일 년 된 어린 숫양 열네 마리를 가져오너라. 그것들은 모두 건강한 것이어야 한다. 곡식 제물과 부어 드리는 제물은 규례에 따라 수송아지와 숫양과 어린 숫양들에 맞게 준비하여라. 매일 바치는 번제와 거기에 딸린 곡식 제물과 부어 드리는 제물 외에, 숫염소 한 마리를 속죄 제물로 가져오너라.

20-22 셋째 날에는 수송아지 열한 마리, 숫양 두 마리, 일 년 된 어린 숫양 열네 마리를 가져오너라. 그것들은 모두 건강한 것이어야 한다. 곡식 제물과 부어 드리는 제물은 규례에 따라 수송아지와 숫양과 어린 숫양들에 맞게 준비하여라. 매일 바치는 번제와 거기에 딸린 곡식 제물과 부어 드리는 제물 외에, 숫염소 한 마리를 속죄 제물로 가져오너라.

23-25 넷째 날에는 수송아지 열 마리, 숫양 두 마리, 일 년 된 어린 숫양 열네 마리를 가져오너라. 그것들은 모두 건강한 것이어야 한다. 곡식 제물과 부어 드리는 제물은 규례에 따라 수송아지와 숫양과 어린 숫양들에 맞게 준비하여라. 매일 바치는 번제와 거기에 딸린 곡식 제물과 부어 드리는 제물 외에, 숫염소 한 마리를 속죄 제물로 가져오너라.

26-28 다섯째 날에는 수송아지 아홉 마리, 숫양 두 마리, 일 년 된 어린 숫양 열네 마리를 가져오너라. 그것들은 모두 건강한 것이어야 한다. 곡식 제물과 부어 드리는 제물은 규례에 따라 수송아지와 숫양과 어린 숫양들에 맞게 준비하여라. 매일 바치는 번제와 거기에 딸린 곡식 제물과 부어 드리는 제물 외에, 숫염소 한 마리를 속죄 제물로 가져오너라.

29-31 여섯째 날에는 수송아지 여덟 마리, 숫

bring a he-goat as an Absolution-Offering in addition to the regular Whole-Burnt-Offering with its Grain-Offering and Drink-Offering.

17-19 "On the second day: twelve young bulls, two rams, and fourteen yearling male lambs—all healthy. Prepare Grain-Offerings and Drink-Offerings to go with the bulls, rams, and lambs following the prescribed recipes. And bring a he-goat as an Absolution-Offering in addition to the regular Whole-Burnt-Offering with its Grain-Offering and Drink-Offering.

20-22 "On the third day: eleven bulls, two rams, and fourteen male yearling lambs—all healthy. Prepare Grain-Offerings and Drink-Offerings to go with the bulls, rams, and lambs following the prescribed recipes. And bring a he-goat as an Absolution-Offering in addition to the regular Whole-Burnt-Offering with its Grain-Offering and Drink-Offering.

23-25 "On the fourth day: ten bulls, two rams, and fourteen male yearling lambs—all healthy. Prepare Grain-Offerings and Drink-Offerings to go with the bulls, rams, and lambs following the prescribed recipes. And bring a he-goat as an Absolution-Offering in addition to the regular Whole-Burnt-Offering with its Grain-Offering and Drink-Offering.

26-28 "On the fifth day: nine bulls, two rams, and fourteen male yearling lambs—all healthy. Prepare Grain-Offerings and Drink-Offerings to go with the bulls, rams, and lambs following the prescribed recipes. And bring a he-goat as an Absolution-Offering in addition to the regular

양 두 마리, 일 년 된 어린 숫양 열네 마리를 가져오너라. 그것들은 모두 건강한 것이어야 한다. 곡식 제물과 부어 드리는 제물은 규례에 따라 수송아지와 숫양과 어린 숫양들에 맞게 준비하여라. 매일 바치는 번제와 거기에 딸린 곡식 제물과 부어 드리는 제물 외에, 숫염소 한 마리를 속죄 제물로 가져오너라.

32-34 일곱째 날에는 수송아지 일곱 마리, 숫양 두 마리, 일 년 된 어린 숫양 열네 마리를 가져오너라. 그것들은 모두 건강한 것이어야 한다. 곡식 제물과 부어 드리는 제물은 규례에 따라 수송아지와 숫양과 어린 숫양들에 맞게 준비하여라. 매일 바치는 번제와 거기에 딸린 곡식 제물과 부어 드리는 제물 외에, 숫염소 한 마리를 속죄 제물로 가져오너라.

35-38 여덟째 날에는 거룩한 예배로 모이고, 평소에 하던 일은 아무것도 하지 마라. 하나님을 기쁘게 하는 향기로 불살라 바치는 제물, 곧 번제물을 가져오되, 수송아지 한 마리, 숫양 한 마리, 일 년 된 어린 숫양 일곱 마리를 가져오너라. 그것들은 모두 건강한 것이어야 한다. 곡식 제물과 부어 드리는 제물은 규례에 따라 수송아지와 숫양과 어린 숫양들에 맞게 준비하여라. 매일 바치는 번제와 거기에 딸린 곡식 제물과 부어 드리는 제물 외에, 숫염소 한 마리를 속죄 제물로 가져오너라.

39 너희가 절기를 맞아 모일 때마다 번제와 곡식 제물과 부어 드리는 제물과 화목 제물을 하나님에게 바쳐라. 이것은 너희가 개인적으로 바치는 서원 제물과 자원 제물 외에 별도로 바쳐야 하는 제물이다."

40 모세는 하나님께서 명령하신 모든 것을 이스라엘 백성에게 알려 주었다.

Whole-Burnt-Offering with its Grain-Offering and Drink-Offering.

29-31 "On the sixth day: eight bulls, two rams, and fourteen male yearling lambs—all healthy. Prepare Grain-Offerings and Drink-Offerings to go with the bulls, rams, and lambs following the prescribed recipes. And bring a he-goat as an Absolution-Offering in addition to the regular Whole-Burnt-Offering with its Grain-Offering and Drink-Offering.

32-34 "On the seventh day: seven bulls, two rams, and fourteen male yearling lambs—all healthy. Prepare Grain-Offerings and Drink-Offerings to go with the bulls, rams, and lambs following the prescribed recipes. And bring a he-goat as an Absolution-Offering in addition to the regular Whole-Burnt-Offering with its Grain-Offering and Drink-Offering.

35-38 "On the eighth day: Gather in holy worship; do no regular work. Bring a Fire-Gift of pleasing fragrance to GOD, a Whole-Burnt-Offering: one bull, one ram, and seven male yearling lambs—all healthy. Prepare Grain-Offerings and Drink-Offerings to go with the bulls, rams, and lambs following the prescribed recipes. And bring a he-goat as an Absolution-Offering in addition to the regular Whole-Burnt-Offering with its Grain-Offering and Drink-Offering.

39 "Sacrifice these to GOD as a congregation at your set feasts: your Whole-Burnt-Offerings, Grain-Offerings, Drink-Offerings, and Peace-Offerings. These are all over and above your personal Vow-Offerings and Freewill-Offerings."

40 Moses instructed the People of Israel in all that GOD commanded him.

서원

30 ¹⁻² 모세가 이스라엘 백성 각 지
파의 우두머리들에게 말했다.
"**하나님**께서 이렇게 명령하십니다. '남자가
하나님에게 서원하거나 무엇을 하겠다고
맹세한 경우, 그는 자신이 한 말을 어겨서
는 안된다. 그는 자신이 말한 대로 정확히
지켜야 한다.

³⁻⁵ 여자가 어릴 때 자기 아버지의 집에 살
면서 **하나님**에게 서원하거나 서약한 경우,
아버지가 그녀의 서원이나 서약을 듣고도
아무 말 하지 않으면, 그녀는 자신의 서원
과 서약을 모두 지켜야 한다. 그러나 아버
지가 그 서원이나 서약을 듣고 그녀를 만류
하면, 그 서원과 서약은 무효가 된다. 아버
지가 그녀를 말렸으므로, **하나님**이 그녀를
놓아줄 것이다.

⁶⁻⁸ 여자가 서원을 하거나 경솔하게 약속하
거나 분별없이 서약하고 나서 시집을 간 경
우, 남편이 그것을 듣고도 그녀에게 아무
말 하지 않으면, 그 여자는 자신이 서원하
고 서약한 대로 행해야 한다. 그러나 남편
이 그 서원을 듣고 막으면, 그녀를 묶고 있
는 서원과 서약을 남편이 취소시킨 것이니,
하나님이 그녀를 놓아줄 것이다.

⁹ 과부나 이혼한 여자가 한 서원이나 서약
은 그대로 구속력이 있다.

¹⁰⁻¹⁵ 아내가 남편과 함께 살면서 서원을 하
거나 맹세로 서약한 경우, 남편이 그것을
듣고도 아무 말 하지 않거나 그녀에게 그렇
게 하지 말라고 하지 않으면, 그녀의 서원
과 서약은 모두 유효하다. 그러나 남편이
그녀의 서원과 서약을 듣고 즉시 그것을 취
소시키면, 그 서원과 서약은 구속력이 없
다. 남편이 취소시킨 것이니, **하나님**이 그
녀를 놓아줄 것이다. 아내가 한 서원과 서
약이 그녀에게 해를 입힐 가능성이 있는 경
우, 남편은 그녀의 서원과 서약을 지지할

Vows

30 ¹⁻² Moses spoke to the heads of
the tribes of the People of Israel:
"This is what GOD commands: When a man
makes a vow to GOD or binds himself by an
oath to do something, he must not break his
word; he must do exactly what he has said.

³⁻⁵ "When a woman makes a vow to GOD
and binds herself by a pledge as a young
girl still living in her father's house, and
her father hears of her vow or pledge but
says nothing to her, then she has to make
good on all her vows and pledges. But if her
father holds her back when he hears of what
she has done, none of her vows and pledges
are valid. GOD will release her since her
father held her back.

⁶⁻⁸ "If she marries after she makes a vow or
has made some rash promise or pledge, and
her husband hears of it but says nothing to
her, then she has to make good on whatever
she vowed or pledged. But if her husband
intervenes when he hears of it, he cancels
the vow or rash promise that binds her. And
GOD will release her.

⁹ "Any vow or pledge taken by a widow or
divorced woman is binding on her.

¹⁰⁻¹⁵ "When a woman who is living with
her husband makes a vow or takes a pledge
under oath and her husband hears about it
but says nothing and doesn't say she can't
do it, then all her vows and pledges are
valid. But if her husband cancels them when
he hears about them, then none of the vows
and pledges that she made are binding. Her
husband has canceled them and GOD will
release her. Any vow and pledge that she
makes that may be to her detriment can be

수도 있고 취소시킬 수도 있다. 그러나 남편이 잠잠하고 그 다음날에도 거론하지 않으면, 그는 아내의 서원과 서약을 승인한 것이다. 그녀는 자신의 서원과 서약을 다 지켜야 한다. 남편이 그녀의 말을 듣고도 아무 말을 하지 않았으므로, 아내는 자신의 서원과 서약에 매이게 된 것이다. 그러나 남편이 그녀의 말을 듣고 얼마 지나서야 취소시키면, 그가 아내의 죄를 떠맡아야 한다.”

16 이것은 남편과 아내 사이, 아버지와 아버지 집에 사는 어린 딸 사이의 처리법에 관해 **하나님**께서 모세에게 내리신 규례다.

미디안 전쟁

31 1-2 **하나님**께서 모세에게 말씀하셨다. “미디안 사람에게 이스라엘 백성의 원수를 갚아라. 그런 다음에 너는 네 조상에게 돌아가게 될 것이다.”

3-4 모세가 백성에게 말했다. “미디안과 싸워 미디안에 대한 **하나님**의 원수를 갚을 사람들을 이스라엘 각 지파에서 천 명씩 모집하여 전쟁에 내보내십시오.”

5-6 그리하여 이스라엘 각 지파에서 천 명씩, 모두 만이천 명을 모집하여 전투 부대를 편성했다. 모세는 각 지파에서 천 명씩을 전쟁에 내보냈다. 엘르아살의 아들 비느하스도 제사장 신분으로 입대하여 거룩한 기구와 신호용 나팔을 맡았다.

7-12 그들은 **하나님**께서 모세에게 명령하신 대로 미디안을 공격하여, 최후의 한 사람까지 다 죽였다. 죽은 자들 중에는 에위, 레겜, 수르, 후르, 레바 등 미디안의 다섯 왕도 있었다. 그들은 브올의 아들 발람도 칼로 베어 죽였다. 이스라엘 백성은 미디안 여자들과 아이들을 포로로 잡고,

either affirmed or annulled by her husband. But if her husband is silent and doesn't speak up day after day, he confirms her vows and pledges—she has to make good on them. By saying nothing to her when he hears of them, he binds her to them. If, however, he cancels them sometime after he hears of them, he takes her guilt on himself.”

16 These are the rules that GOD gave Moses regarding conduct between a man and his wife and between a father and his young daughter who is still living at home.

The Midianite War

31 1-2 GOD spoke to Moses: “Avenge the People of Israel on the Midianites. Afterward you will go to be with your dead ancestors.”

3-4 Moses addressed the people: “Recruit men for a campaign against Midian, to exact GOD's vengeance on Midian, a thousand from each tribe of Israel to go to war.”

5-6 A fighting force of a thousand from each tribe of Israel—twelve thousand in all—was recruited. Moses sent them off to war, a thousand from each tribe, and also Phinehas son of Eleazar, who went as priest to the army, in charge of holy vessels and the signaling bugles.

7-12 They attacked Midian, just as GOD had commanded Moses, and killed every last man. Among the fallen were Evi, Rekem, Zur, Hur, and Reba—the five kings of Midian. They also killed Balaam son of Beor with the sword. The People of Israel took the Midianite women and children captive and took all their animals and herds and goods as plunder. They burned to the ground all the

그들의 모든 짐승과 가축과 재산을 전리품으로 취했다. 그들은 미디안 사람이 살던 모든 성읍과 막사를 잿더미로 만들고, 모든 물자와 사람과 짐승을 닥치는 대로 노획했다. 그들은 포로와 노획물과 전리품을 끌고, 요단-여리고 앞 모압 평야에 진을 치고 있던 모세와 제사장 엘르아살과 이스라엘 공동체로 돌아왔다.

13-18 모세와 제사장 엘르아살과 회중의 모든 지도자가 부대를 맞으러 진 밖으로 나갔다. 모세는 전장에서 돌아오는 군지휘관인 천부장과 백부장들에게 화를 냈다. "이게 무슨 짓이오! 이 여자들을 살려 두다니! 저들은 브올 사건 때 발람의 지시에 따라 이스라엘 백성을 꾀어 **하나님**으로부터 멀어지게 하고, 전염병을 촉발시켜 **하나님**의 백성을 치게 한 장본인들이오. 그러니 그대들은 일을 마무리하시오. 사내아이들은 모두 죽이고, 남자와 잠자리를 같이한 여자들도 모두 죽이시오. 그들보다 어린 처녀들은 그대들을 위해 살려 두어도 좋소.

19-20 이제 그대들은 이렇게 하시오. 진 밖에 장막을 치시오. 사람을 죽였거나 주검을 만진 사람은 모두 칠 일 동안 진 밖에 머물러야 합니다. 삼 일째 되는 날과 칠 일째 되는 날에 그대들과 그대들이 잡아 온 포로들을 정결하게 하시오. 모든 옷가지와 기구를 정결하게 하시오. 가죽으로 만든 것이든, 염소 털로 짠 것이든, 나무로 만든 것이든 모두 정결하게 하시오."

21-24 제사장 엘르아살이 전쟁에서 싸운 군사들에게 말했다. "이것은 **하나님**께서 모세에게 계시로 주신 규정입니다. 금과 은과 청동과 쇠와 주석과 납 등 불에 타지 않는 것은 모두 불에 넣었다가 꺼내야 합니다. 그러면 정결하게 될 것

towns in which Midianites lived and also their tent camps. They looted and plundered everything and everyone—stuff and people and animals. They took it all—captives and booty and plunder—back to Moses and Eleazar the priest and the company of Israel where they were camped on the Plains of Moab, at Jordan-Jericho.

13-18 Moses, Eleazar, and all the leaders of the congregation went to meet the returning army outside the camp. Moses was furious with the army officers—the commanders of thousands and commanders of hundreds—as they came back from the battlefield: "What's this! You've let these women live! They're the ones who, under Balaam's direction, seduced the People of Israel away from GOD in that mess at Peor, causing the plague that hit GOD's people. Finish your job: kill all the boys. Kill every woman who has slept with a man. The younger women who are virgins you can keep alive for yourselves.

19-20 "Now here's what you are to do: Pitch tents outside the camp. All who have killed anyone or touched a corpse must stay outside the camp for seven days. Purify yourselves and your captives on the third and seventh days. Purify every piece of clothing and every utensil—everything made of leather, goat hair, or wood."

21-24 Eleazar the priest then spoke to the soldiers who had fought in the battle: "This is the ruling from the Revelation that GOD gave Moses: Gold, silver, bronze, iron, tin, and lead—and anything else that can survive fire—must be passed through the fire; then it will be ritually purified. It must also be ritually washed in the Water-of-Cleansing. Further,

입니다. 그런 다음에는 정결하게 하는 물로 씻어야 합니다. 불에 타는 것은 무엇이든 그 물에 담갔다가 꺼내야 합니다. 칠 일째 되는 날에 그대들의 옷을 깨끗이 빨면, 여러분은 정결하게 될 것입니다. 그런 뒤에야 여러분은 진으로 돌아올 수 있습니다."

❧

25-27 하나님께서 모세에게 말씀하셨다. "너와 제사장 엘르아살과 공동체에 속한 각 가문의 지도자들은 사로잡아 온 사람과 짐승의 수를 세어라. 전리품을 절반으로 나누어, 반은 전투를 치른 군사들에게 주고 반은 회중에게 주어라.

28-30 군사들이 차지한 노획물은 사람이든 소든 나귀든 양이든, 오백분의 일의 비율로 세를 부과하여라. 그것은 하나님의 몫이니, 그들이 받은 절반의 몫에서 거두어 하나님 대신 제사장 엘르아살에게 넘겨주어라. 회중이 받은 절반은 사람이든 소든 나귀든 양이든 염소든 다른 짐승이든, 오십분의 일의 비율로 세를 부과하여라. 그것을 하나님의 성막 관리를 맡은 레위인에게 주어라."

31 모세와 엘르아살은 하나님께서 모세에게 명령하신 대로 행했다.

32-35 군대가 빼앗아 온 전리품 가운데 남은 것은 이러하다.
양 675,000마리
소 72,000마리
나귀 61,000마리
처녀 32,000명.

36-40 전쟁에서 싸운 군사들이 차지한 절반의 몫은 이러하다.
양 337,500마리, 그중 675마리를 하나님 몫으로 드렸다.

whatever cannot survive fire must be put through that water. On the seventh day scrub your clothes; you will be ritually clean. Then you can return to camp."

❧

25-27 GOD said to Moses, "I want you and Eleazar the priest and the family leaders in the community to count the captives, people and animals. Split the plunder between the soldiers who fought the battle and the rest of the congregation.

28-30 "Then tax the booty that goes to the soldiers at the rate of one life out of five hundred, whether humans, cattle, donkeys, or sheep. It's a GOD-tax taken from their half-share to be turned over to Eleazar the priest on behalf of GOD. Tax the congregation's half-share at the rate of one life out of fifty, whether persons, cattle, donkeys, sheep, goats, or other animals. Give this to the Levites who are in charge of the care of GOD's Dwelling."

31 Moses and Eleazar followed through with what GOD had commanded Moses.

32-35 The rest of the plunder taken by the army:
675,000 sheep
72,000 cattle
61,000 donkeys
32,000 women who were virgins

36-40 The half-share for those who had fought in the war:
337,500 sheep, with a tax of 675 for GOD
36,000 cattle, with a tax of 72 for GOD
30,500 donkeys, with a tax of 61 for GOD
16,000 people, with a tax of 32 for GOD

소 36,000마리, 그중 72마리를 **하나님** 몫
으로 드렸다.

나귀 30,500마리, 그중 61마리를 **하나님**
몫으로 드렸다.

사람 16,000명, 그중 32명을 **하나님** 몫으
로 드렸다.

41 모세는 이 세금을 **하나님** 몫으로 떼어
제사장 엘르아살에게 주었다. 이렇게 모세
는 **하나님**께서 지시하신 대로 행했다.

42-46 모세가 전쟁에 나갔던 사람들에게서
떼어 이스라엘 공동체에 나누어 준 나머지
절반은 이러하다.

양 337,500마리

소 36,000마리

나귀 30,500마리

사람 16,000명.

47 모세는 **하나님**께서 지시하신 대로 이스
라엘 백성에게 돌아간 절반에서 사람이든
짐승이든, 오십분의 일을 떼어 **하나님**의 성
막 관리를 맡은 레위인에게 주었다.

48-50 군지휘관인 천부장과 백부장들이 모
세에게 와서 말했다. "우리가 우리 수하의
군사들을 세어 보았는데, 한 사람도 잃어
버리지 않았습니다. 그래서 우리가 **하나님**
께 드릴 예물을 가져왔습니다. **하나님** 앞에
서 우리 삶을 속죄하려고 우리가 얻은 금패
물인 팔장식, 팔찌, 반지, 귀걸이, 장신구를
가져왔습니다."

51-54 모세와 제사장 엘르아살은 그들에게
서 정교하게 세공된 온갖 금패물을 받았
다. 모세와 엘르아살이 천부장과 백부장
들에게서 받아 **하나님**께 예물로 드린 금의
무게는 약 185킬로그램이었다. 이것은 모두
노획물을 차지한 군사들이 기부한 것이다.
모세와 엘르아살은 천부장과 백부장들에게
서 받은 금을 회막으로 가져가, **하나님** 앞에
서 이스라엘 백성을 위한 기념물로 삼았다.

41 Moses turned the tax over to Eleazar
the priest as GOD's part, following GOD's
instructions to Moses.

42-46 The other half-share for the Israelite
community that Moses set apart from what
was given to the men who fought the war was:

337,500 sheep

36,000 cattle

30,500 donkeys

16,000 people

47 From the half-share going to the People
of Israel, Moses, just as GOD had instructed
him, picked one out of every fifty persons and
animals and gave them to the Levites, who
were in charge of maintaining GOD's Dwelling.

48-50 The military officers—commanders of
thousands and commanders of hundreds—
came to Moses and said, "We have counted
the soldiers under our command and not a
man is missing. We've brought offerings to
GOD from the gold jewelry we got—armlets,
bracelets, rings, earrings, ornaments—to
make atonement for our lives before GOD."

51-54 Moses and Eleazar the priest received
the gold from them, all that fine-craft-
ed jewelry. In total, the gold from the
commanders of thousands and hundreds
that Moses and Eleazar offered as a gift to
GOD weighed about six hundred pounds,
all donated by the soldiers who had taken
the booty. Moses and Eleazar took the
gold from the commanders of thousands
and hundreds and brought it to the Tent
of Meeting, to serve as a reminder for the
People of Israel before GOD.

요단 강 동쪽 지파들

32 ¹⁻⁴ 르우벤 자손과 갓 자손은 엄청나게 많은 수의 가축 떼를 소유하고 있었다. 그들이 야셀 땅과 길르앗 땅을 살펴보니, 가축을 방목하기에 알맞은 곳이었다. 그래서 갓 자손과 르우벤 자손은 모세와 제사장 엘르아살과 회중의 지도자들에게 가서 말했다. "아다롯, 디본, 야스엘, 니므라, 헤스본, 엘르알레, 스밤, 느보, 브온, 곧 **하나님**께서 이스라엘 공동체 앞에서 쳐서 멸하신 땅은 가축에게 더없이 좋은 땅입니다. 그리고 우리에게는 가축 떼가 있습니다."

⁵ 그들은 말을 이었다. "우리가 이제까지 일을 잘했다고 여기시면 이 땅을 우리에게 유산으로 주셔서, 우리가 요단 강을 건너지 않게 해주십시오."

⁶⁻¹² 모세가 갓 자손과 르우벤 자손에게 말했다. "전쟁이 임박했는데 형제들에게 떠넘기고, 여러분만 여기에 정착하겠다는 것이오? 이제 곧 이스라엘 백성이 **하나님**께서 주신 땅으로 들어가려고 하는데, 여러분은 어찌하여 형제들을 실망시키고 그들의 사기마저 떨어뜨리려고 합니까? 내가 저 땅을 정탐하라고 가데스바네아에서 여러분의 조상을 보냈을 때에 그들이 한 짓과 똑같군요. 그들은 에스골 골짜기까지 가서 한 번 훑어보고는 포기하고 말았습니다. 그들은 이스라엘 백성의 사기를 완전히 꺾어서, **하나님**께서 그들에게 주신 땅으로 들어가지 못하게 했습니다. 그러자 **하나님**께서 참으로 진노하셔서 이렇게 맹세하셨습니다. '그들은 그 땅을 결코 보지 못할 것이다. 이집트에서 나온 사람들 가운데 스무 살 이상 된 자는, 내가 아브라함과 이삭과 야곱에게 약속한 땅을 결코 보지 못할 것이다. 그들은 나를 따르는 일에 관심이 없었다. 마음도 없었다. 그나스 사람 여분네의 아들

Tribes East of the Jordan

32 ¹⁻⁴ The families of Reuben and Gad had huge herds of livestock. They saw that the country of Jazer and Gilead was just the place for grazing livestock. And so they came, the families of Gad and of Reuben, and spoke to Moses and Eleazar the priest and the leaders of the congregation, saying, "Ataroth, Dibon, Jazer, Nimrah, Heshbon, Elealeh, Sebam, Nebo, and Beon—the country that GOD laid low before the community of Israel—is a country just right for livestock, and we have livestock."

⁵ They continued, "If you think we've done a good job so far, give us this country for our inheritance. Don't make us go across the Jordan."

⁶⁻¹² Moses answered the families of Gad and Reuben: "Do you mean that you are going to leave the fighting that's ahead to your brothers while you settle down here? Why would you even think of letting the People of Israel down, demoralizing them just as they're about to move into the land GOD gave them? That's exactly what your ancestors did when I sent them from Kadesh Barnea to survey the country. They went as far as the Valley of Eshcol, took one look and quit. They completely demoralized the People of Israel from entering the land GOD had given them. And GOD got angry—oh, did he get angry! He swore: 'They'll never get to see it; none of those who came up out of Egypt who are twenty years and older will ever get to see the land that I promised to Abraham, Isaac, and Jacob. They weren't interested in following me—their hearts weren't in it.

갈렙과 눈의 아들 여호수아 외에는, 아무도 나를 따르지 않았다. 이 두 사람만 나를 따르고, 그 일에 마음이 있었다.'

13 하나님께서 이스라엘에게 진노하셔서, 그분의 눈앞에서 악을 행한 그 세대가 모두 죽어 없어질 때까지, 사십 년 동안 그들을 광야에서 헤매게 하셨습니다.

14-15 그런데 이제는 여러분이 여러분 조상 대신 또 하나의 죄인 무리가 되어, 이미 이스라엘을 향해 활활 타오르고 있는 하나님의 진노에 기름을 끼얹으려 하는군요. 여러분이 하나님을 따르지 않으면, 그분께서 다시 한번 진노하셔서 이스라엘을 광야에 내버리실 것입니다. 여러분의 모든 잘못 때문에 그 재앙이 닥치게 될 것입니다."

16-19 그러자 그들이 모세에게 가까이 다가와 말했다. "우리는 그저 우리 가축을 위해 축사를 짓고, 우리 가족을 위해 성읍을 세우려는 것뿐입니다. 그런 다음에 무기를 들고 최전방에 서서, 이스라엘 백성을 그들이 살 곳으로 이끌고 가겠습니다. 그러면 우리는 가족들을 뒤에 남겨 두고 떠날 수 있을 테고, 우리 가족들은 요새화된 성읍 안에 머물면서 이 땅 주민들로부터 안전하게 지낼 수 있을 것입니다. 이스라엘 자손이 저마다 유산을 충분히 차지할 때까지, 우리는 집으로 돌아오지 않을 것입니다. 우리가 요단 강 동쪽에서 유산을 차지했으니, 요단 강 서쪽에서는 어떤 유산도 바라지 않겠습니다."

20-22 모세가 말했다. "여러분이 말한 대로 하나님 앞에서 무장을 하고 우리와 함께 요단 강을 건너가서, 하나님께서 자기 원수들을 그 땅에서 쓸어 내실 때까지 하나님 앞에서 싸워 그 땅을 정복하면, 여러분은 하나님과 이스라엘에 대한 여러분의 의무를 다한 셈이 될 것입니다. 그제야 이 땅이 하나님 앞에서 여러분의 소유가 될 것입니다.

23-24 그러나 여러분이 말한 대로 하지 않으

None, except for Caleb son of Jephunneh the Kenizzite, and Joshua son of Nun; they followed me—their hearts were in it.'

13 "GOD's anger smoked against Israel. He made them wander in the wilderness for forty years, until that entire generation that acted out evil in his sight had died out.

14-15 "And now here you are, just one more mob of sinners stepping up to replace your ancestors, throwing fuel on the already blazing anger of GOD against Israel. If you won't follow him, he'll do it again. He'll dump them in the desert and the disaster will be all your fault."

16-19 They came close to him and said, "All we want to do is build corrals for our livestock and towns for our families. Then we'll take up arms and take the front lines, leading the People of Israel to their place. We'll be able to leave our families behind, secure in fortified towns, safe from those who live in the land. But we won't go back home until every Israelite is in full possession of his inheritance. We won't expect any inheritance west of the Jordan; we are claiming all our inheritance east of the Jordan."

20-22 Moses said, "If you do what you say, take up arms before GOD for battle and together go across the Jordan ready, before GOD, to fight until GOD has cleaned his enemies out of the land, then when the land is secure you will have fulfilled your duty to GOD and Israel. Then this land will be yours to keep before GOD.

23-24 "But if you don't do what you say, you will be sinning against GOD; you can be sure that your sin will track you down. So, go ahead. Build towns for your families and corrals for

면, 여러분은 **하나님**께 죄를 짓는 것입니다. 그러면 여러분은 그 죄에서 벗어나지 못한다는 것을 잘 알 것입니다. 자, 가십시오. 여러분의 가족을 위해 성읍을 세우고, 여러분의 가축을 위해 축사를 지으십시오. 여러분이 한 말을 꼭 지키십시오."

25-27 갓 자손과 르우벤 자손이 모세에게 말했다. "우리는 주인님의 명령대로 할 것입니다. 우리의 자녀와 아내들, 우리의 양 떼와 소 떼는 이곳 길르앗의 성읍들에 머물게 하겠습니다. 그러나 우리는 모두 주인님이 말씀하신 대로, 완전 무장을 하고 강을 건너가, **하나님**을 위해 싸우겠습니다."

28-30 모세는 그들을 위해 제사장 엘르아살과 눈의 아들 여호수아와 이스라엘 백성 각 지파의 우두머리들에게 지시를 내렸다. "갓 자손과 르우벤 자손이 무장을 하고서, **하나님** 앞에서 싸우기 위해 여러분과 함께 요단 강을 건너가 그 땅을 정복하면, 여러분은 그들에게 길르앗 땅을 유산으로 주십시오. 그러나 여러분과 함께 건너가지 않으면, 그들은 여러분과 함께 가나안 땅에 정착해야 할 것입니다."

31-32 갓 자손과 르우벤 자손이 대답했다. "우리가 **하나님**께서 말씀하신 대로 하겠습니다. **하나님** 앞에서 요단 강을 건너가, 기꺼이 싸우겠습니다. 다만 우리가 유산으로 받을 땅은 이곳 요단 강 동쪽이 되게 해주십시오."

33 모세는 갓 자손과 르우벤 자손과 요셉의 아들 므낫세 반쪽 지파에게, 아모리 왕 시혼의 나라와 바산 왕 옥의 나라 전체, 곧 그 땅과 그 땅에 세워진 성읍들과 주변의 모든 영토를 주었다.

34-36 갓 자손은 디본, 아다롯, 아로엘, 아다롯 소반, 야스엘, 욕브하, 벳니므라, 벳하란을 요새화된 성읍들로 재건했다. 그들은 가축을 위한 축사도 지었다.

your livestock. Do what you said you'd do."

25-27 The families of Gad and Reuben told Moses: "We will do as our master commands. Our children and wives, our flocks and herds will stay behind here in the towns of Gilead. But we, every one of us fully armed, will cross the river to fight for GOD, just as our master has said."

28-30 So Moses issued orders for them to Eleazar the priest, Joshua the son of Nun, and the heads of the ancestral tribes of the People of Israel. Moses said, "If the families of Gad and Reuben cross the Jordan River with you and before GOD, all armed and ready to fight, then after the land is secure, you may give them the land of Gilead as their inheritance. But if they don't cross over with you, they'll have to settle up with you in Canaan."

31-32 The families of Gad and Reuben responded: "We will do what GOD has said. We will cross the Jordan before GOD, ready and willing to fight. But the land we inherit will be here, to the east of the Jordan."

33 Moses gave the families of Gad, Reuben, and the half-tribe of Manasseh son of Joseph the kingdom of Sihon, king of the Amorites, and the kingdom of Og, king of Bashan—the land, its towns, and all the territories connected with them—the works.

34-36 The Gadites rebuilt Dibon, Ataroth, Aroer, Atroth Shophan, Jazer, Jogbehah, Beth Nimrah, and Beth Haran as fortified cities; they also built corrals for their animals.

37-38 르우벤 자손은 헤스본, 엘르알레, 기랴다임을 재건했고, 느보와 바알므온, 십마도 재건했다. 그들은 자신들이 재건한 성읍들에 새 이름을 붙였다.

39-40 므낫세의 아들 마길의 집안은 길르앗으로 가서 그곳을 점령하고, 거기 살던 아모리 사람을 내쫓았다. 그러자 모세는 길르앗을 므낫세의 후손인 마길 자손에게 주었다. 그들은 그곳으로 이주하여 정착했다.

41 므낫세의 다른 아들 야일은 마을 몇 개를 점령하고, 그곳을 하봇야일(야일의 장막촌)이라고 했다.

42 노바는 그낫과 그 주변 진들을 점령하고, 자기 이름을 따서 그곳을 노바라고 했다.

라암셋에서 요단−여리고까지

33 1-2 이스라엘 백성이 모세와 아론의 지휘 아래 부대를 편성하여 이집트를 떠나 행진하면서 진을 쳤던 곳은 이러하다. 모세는 **하나님**의 지시에 따라, 그들이 이동할 때마다 진을 친 곳을 하나하나 일지에 기록했다.

3-4 그들은 유월절 다음날에 라암셋에서 나왔다. 그날은 첫째 달 십오일이었다. 그들은 고개를 들고 당당하게 행진하여 나왔다. 이집트 사람들은 **하나님**께서 쳐죽이신 맏아들을 장사하는 데 여념이 없어, 그들이 떠나가는 것을 그저 바라보기만 했다. **하나님**께서는 그들의 신들이 얼마나 터무니없는지 여실히 드러내셨다.

5-36 이스라엘 백성은
라암셋을 떠나 숙곳에 진을 쳤다.
숙곳을 떠나서는 광야 가장자리에 있는 에담에 진을 쳤다.
에담을 떠나서는 바알스본 동쪽 비하히롯으로 돌아가 믹돌 근처에 진을 쳤다.

37-38 The Reubenites rebuilt Heshbon, Elealeh, and Kiriathaim, also Nebo and Baal Meon and Sibmah. They renamed the cities that they rebuilt.

39-40 The family of Makir son of Manasseh went to Gilead, captured it, and drove out the Amorites who lived there. Moses then gave Gilead to the Makirites, the descendants of Manasseh. They moved in and settled there.

41 Jair, another son of Manasseh, captured some villages and named them Havvoth Jair (Jair's Tent-Camps).

42 Nobah captured Kenath and its surrounding camps. He renamed it after himself, Nobah.

Campsites from Rameses to Jordan-Jericho

33 1-2 These are the camping sites in the journey of the People of Israel after they left Egypt, deployed militarily under the command of Moses and Aaron. Under GOD's instruction Moses kept a log of every time they moved, camp by camp:

3-4 They marched out of Rameses the day after the Passover. It was the fifteenth day of the first month. They marched out heads high and confident. The Egyptians, busy burying their firstborn whom GOD had killed, watched them go. GOD had exposed the nonsense of their gods.

5-36 The People of Israel:
    left Rameses and camped at Succoth;
    left Succoth and camped at Etham at the edge of the wilderness;
    left Etham, circled back to Pi Hahiroth east of Baal Zephon, and camped near Migdol;
    left Pi Hahiroth and crossed through the

비하히롯을 떠나서는 바다를 건너 광야로 들어갔다. 에담 광야에서 사흘길을 걸어 마라에 진을 쳤다.

마라를 떠나서는 샘 열두 개와 야자나무 일흔 그루가 있는 엘림에 이르러 진을 쳤다.

엘림을 떠나서는 홍해 옆에 진을 쳤다.

홍해를 떠나서는 신 광야에 진을 쳤다.

신 광야를 떠나서는 돕가에 진을 쳤다.

돕가를 떠나서는 알루스에 진을 쳤다.

알루스를 떠나서는 르비딤에 진을 쳤다. 그곳에는 백성이 마실 물이 없었다.

르비딤을 떠나서는 시내 광야에 진을 쳤다.

시내 광야를 떠나서는 기브롯핫다아와에 진을 쳤다.

기브롯핫다아와를 떠나서는 하세롯에 진을 쳤다.

하세롯을 떠나서는 릿마에 진을 쳤다.

릿마를 떠나서는 림몬베레스에 진을 쳤다.

림몬베레스를 떠나서는 립나에 진을 쳤다.

립나를 떠나서는 릿사에 진을 쳤다.

릿사를 떠나서는 그헬라다에 진을 쳤다.

그헬라다를 떠나서는 세벨 산에 진을 쳤다.

세벨 산을 떠나서는 하라다에 진을 쳤다.

하라다를 떠나서는 막헬롯에 진을 쳤다.

막헬롯을 떠나서는 다핫에 진을 쳤다.

다핫을 떠나서는 데라에 진을 쳤다.

데라를 떠나서는 밋가에 진을 쳤다.

밋가를 떠나서는 하스모나에 진을 쳤다.

하스모나를 떠나서는 모세롯에 진을 쳤다.

모세롯을 떠나서는 브네야아간에 진을 쳤다.

브네야아간을 떠나서는 홀하깃갓에 진을 쳤다.

홀하깃갓을 떠나서는 욧바다에 진을 쳤다.

욧바다를 떠나서는 아브로나에 진을 쳤다.

아브로나를 떠나서는 에시온게벨에 진을 쳤다.

에시온게벨을 떠나서는 신 광야에 있는 가데스에 진을 쳤다.

Sea into the wilderness; three days into the Wilderness of Etham they camped at Marah;

left Marah and came to Elim where there were twelve springs and seventy palm trees; they camped there;

left Elim and camped by the Red Sea;

left the Red Sea and camped in the Wilderness of Sin;

left the Wilderness of Sin and camped at Dophkah;

left Dophkah and camped at Alush;

left Alush and camped at Rephidim where there was no water for the people to drink;

left Rephidim and camped in the Wilderness of Sinai;

left the Wilderness of Sinai and camped at Kibroth Hattaavah;

left Kibroth Hattaavah and camped at Hazeroth;

left Hazeroth and camped at Rithmah;

left Rithmah and camped at Rimmon Perez;

left Rimmon Perez and camped at Libnah;

left Libnah and camped at Rissah;

left Rissah and camped at Kehelathah;

left Kehelathah and camped at Mount Shepher;

left Mount Shepher and camped at Haradah;

left Haradah and camped at Makheloth;

left Makheloth and camped at Tahath;

left Tahath and camped at Terah;

left Terah and camped at Mithcah;

left Mithcah and camped at Hashmonah;

left Hashmonah and camped at Moseroth;

left Moseroth and camped at Bene Jaakan;

left Bene Jaakan and camped at Hor Haggidgad;

37-39 그들이 가데스를 떠나 에돔 경계에 있는 호르 산에 진을 치고 나서, 제사장 아론이 하나님의 명령에 따라 호르 산으로 올라가 그곳에서 죽었다. 그날은 이스라엘 백성이 이집트를 떠난 지 사십 년 되는 해 다섯째 달 첫째 날이었다. 아론이 호르 산에서 죽을 때 백스물세 살이었다.

❧

40 가나안의 네겝 지역에서 다스리던 가나안 사람 아랏 왕이, 이스라엘 백성이 도착했다는 소식을 들었다.

41-47 그들은 호르 산을 떠나 살모나에 진을 쳤다.

살모나를 떠나서는 부논에 진을 쳤다.

부논을 떠나서는 오봇에 진을 쳤다.

오봇을 떠나서는 모압 경계에 있는 이예아바림에 진을 쳤다.

이임을 떠나서는 디본갓에 진을 쳤다.

디본갓을 떠나서는 알몬디블라다임에 진을 쳤다.

알몬디블라다임을 떠나서는 느보가 보이는 아바림(강 저편) 산지에 진을 쳤다.

48-49 그들은 아바림 산지를 떠나 요단─여리고 앞 모압 평야에 진을 쳤다. 모압 평야에 자리한 그들의 진은 요단 강가를 따라 벳여시못에서 아벨싯딤(아카시아 초원)까지 뻗어 있었다.

50-53 하나님께서 요단─여리고 앞 모압 평야에서 모세에게 말씀하셨다. "너는 이스라엘 백성에게 이렇게 일러 주어라. 너희가 요단 강을 건너 가나안 땅에 들어가면, 그 땅 주민들을 너희 앞에서 쫓아내고, 그들이 돌에 새긴 우상과 부어 만든 신상들을 부수고, 그들의 산당들을 허물어뜨려라. 그 땅을 점령하고, 거기서 마음 편히 살아라. 내가 그 땅을 너희에게 주었다. 그 땅은 너희

left Hor Haggidgad and camped at Jotbathah;

left Jotbathah and camped at Abronah;

left Abronah and camped at Ezion Geber;

left Ezion Geber and camped at Kadesh in the Wilderness of Zin.

37-39 After they left Kadesh and camped at Mount Hor at the border of Edom, Aaron the priest climbed Mount Hor at GOD's command and died there. It was the first day of the fifth month in the fortieth year after the People of Israel had left Egypt. Aaron was 123 years old when he died on Mount Hor.

❧

40 The Canaanite king of Arad—he ruled in the Negev of Canaan—heard that the People of Israel had arrived.

41-47 They left Mount Hor and camped at Zalmonah;

left Zalmonah and camped at Punon;

left Punon and camped at Oboth;

left Oboth and camped at Iye Abarim on the border of Moab;

left Iyim and camped at Dibon Gad;

left Dibon Gad and camped at Almon Diblathaim;

left Almon Diblathaim and camped in the mountains of Abarim (Across-the-River), within sight of Nebo.

48-49 After they left the mountains of Abarim they camped on the Plains of Moab at Jordan-Jericho. On the Plains of Moab their camp stretched along the banks of the Jordan from Beth Jeshimoth to Abel Shittim (Acacia Meadow).

50-53 GOD spoke to Moses on the Plains

것이다.

54 그 땅을 가문의 규모에 따라 제비를 뽑아 나누어 주어라. 큰 가문에는 큰 토지를 나누어 주고 작은 가문에는 작은 토지를 나누어 주되, 제비가 뽑히는 대로 하여라. 너희 조상의 지파에 따라 그 땅을 나누어 주어라.

55-56 그러나 너희가 그 땅 주민을 쫓아내지 않으면, 너희가 남겨 놓은 자들이 너희 눈에 먼지가 되고 너희 발에 가시가 될 것이다. 그들이 바로 너희 뒷마당에 살면서 너희를 끊임없이 괴롭힐 것이다. 그러면 내가 그들을 다루기로 마음먹었던 대로 너희를 다룰 것이다."

각 지파가 유산으로 받을 땅

34 1-2 하나님께서 모세에게 말씀하셨다. "이스라엘 백성에게 명령하여라. 그들에게 이렇게 일러 주어라. 너희가 가나안 땅에 들어갈 때, 너희가 유산으로 받게 될 땅의 경계는 이러하다.

3-5 남쪽 경계는 에돔과 맞닿은 신 광야 일부를 포함한 사해 동쪽에서 시작되어 전갈 고개를 돌아 신에 이르고, 거기서 가데스바네아 남쪽으로 이어지다가, 하살아달을 지나 아스몬에 이른다. 그 경계는 다시 북쪽 이집트 시내로 방향을 틀어 지중해에 이른다.

6 서쪽 경계는 지중해다.

7-9 북쪽 경계는 지중해에서 호르 산까지 이어지고, 또 호르 산에서 르보하맛까지 이어져 스닷에 이르고, 거기서 시브론으로 이어지다가 하살에난에서 끝난다. 이것이 너희 땅의 북쪽 경계다.

10-12 동쪽 경계는 하살에난에서 스밤까지 이어지고, 다시 스밤에서 아인 동쪽 리블라까지 갔다가, 갈릴리 바다 동쪽 비

of Moab at Jordan-Jericho: "Tell the People of Israel, When you cross the Jordan into the country of Canaan, drive out the native population before you, destroy their carved idols, destroy their cast images, level their worship-mounds so that you take over the land and make yourself at home in it; I've given it to you. It's yours. 54 "Divide up the land by lot according to the size of your clans: Large clans will get large tracts of land, small clans will get smaller tracts of land. However the lot falls, that's it. Divide it up according to your ancestral tribes.

55-56 "But if you don't drive out the native population, everyone you let stay there will become a cinder in your eye and a splinter in your foot. They'll give you endless trouble right in your own backyards. And I'll start treating you the way I planned to treat them."

Land Inheritance

34 1-2 GOD spoke to Moses: "Command the People of Israel. Tell them, When you enter Canaan, these are the borders of the land you are getting as an inheritance:

3-5 "Your southern border will take in some of the Wilderness of Zin where it touches Edom. It starts in the east at the Dead Sea, curves south of Scorpion Pass and on to Zin, continues south of Kadesh Barnea, then to Hazar Addar and on to Azmon, where it takes a turn to the northwest to the Brook of Egypt and on to the Mediterranean Sea.

6 "Your western border will be the Mediterranean Sea.

7-9 "Your northern border runs on a line from the Mediterranean Sea to Mount Hor, and from Mount Hor to Lebo Hamath, connects to Zedad, continues to Ziphron, and ends at

탈을 끼고 이어진다. 거기서 요단 강을 따라 내려가다가 사해에서 끝난다.

이것이 너희 땅의 사방 경계다.”

13-15 모세가 이스라엘 백성에게 명령했다. “이것이 바로 여러분이 제비를 뽑아 유산으로 나누어 받을 땅입니다. **하나님**께서 그 땅을 아홉 지파와 반쪽 지파에게 주라고 명령하셨습니다. 르우벤 지파와 갓 지파와 므낫세 반쪽 지파는 이미 자신들의 유산을 받았습니다. 이 두 지파와 반쪽 지파는 요단—여리고 동쪽, 해 뜨는 곳에서 자신들의 유산을 받았습니다.”

❀

16-19 **하나님**께서 모세에게 말씀하셨다. “그 땅을 유산으로 나누어 주는 일을 맡을 사람은 제사장 엘르아살과 눈의 아들 여호수아다. 각 지파에서 지도자 한 명씩을 임명하여, 그들이 땅을 나누어 주는 일을 돕게 하여라. 너희가 임명할 사람들은 이러하다.

19-28 유다 지파에서는 여분네의 아들 갈렙

시므온 지파에서는 암미훗의 아들 스무엘

베냐민 지파에서는 기슬론의 아들 엘리닷

단 지파에서는 요글리의 아들 북기 족장

요셉의 아들 므낫세 지파에서는 에봇의 아들 한니엘 족장

요셉의 아들 에브라임 지파에서는 십단의 아들 그므엘 족장

스불론 지파에서는 바르낙의 아들 엘리사반 족장

잇사갈 지파에서는 앗산의 아들 발디엘 족장

아셀 지파에서는 슬로미의 아들 아히훗

Hazar Enan. This is your northern border.

10-12 “Your eastern border runs on a line from Hazar Enan to Shepham. The border goes south from Shepham to Riblah to the east of Ain, and continues along the slopes east of the Sea of Galilee. The border then follows the Jordan River and ends at the Dead Sea.

“This is your land with its four borders.”

13-15 Moses then commanded the People of Israel: “This is the land: Divide up the inheritance by lot. GOD has ordered it to be given to the nine and a half tribes. The tribe of Reuben, the tribe of Gad, and the half-tribe of Manasseh have already received their inheritance; the two tribes and the half-tribe got their inheritance east of Jordan-Jericho, facing the sunrise.”

❀

16-19 GOD spoke to Moses: “These are the men who will be in charge of distributing the inheritance of the land: Eleazar the priest and Joshua son of Nun. Assign one leader from each tribe to help them in distributing the land. Assign these:

19-28 Caleb son of Jephunneh from the tribe of Judah;

Shemuel son of Ammihud from the tribe of Simeon;

Elidad son of Kislon from the tribe of Benjamin;

Bukki son of Jogli, leader from the tribe of Dan;

Hanniel son of Ephod, leader from the tribe of Manasseh son of Joseph;

Kemuel son of Shiphtan, leader from the tribe of Ephraim son of Joseph;

Elizaphan son of Parnach, leader from the tribe of Zebulun;

Paltiel son of Azzan, leader from the tribe of Issachar;

Ahihud son of Shelomi, leader from the tribe of

족장

납달리 지파에서는 암미훗의 아들 브다헬 족장이다."

29 이들은 가나안 땅에서 이스라엘 백성에게 땅을 유산으로 나누어 주도록 하나님께 명령받은 사람들이다.

레위인에게 줄 성읍과 도피성

35 1-3 **하나님께서** 요단-여리고 앞 모압 평야에서 모세에게 말씀하셨다. "이스라엘 백성에게 명령하여, 그들이 받는 유산 가운데서 레위인이 거주할 성읍을 내어주게 하여라. 그 성읍 주위에는 반드시 풍부한 목초지가 있어야 한다. 그들이 거주할 성읍과 소 떼와 양 떼와 모든 가축을 위한 목초지를 제공하고, 그들을 잘 보살펴라.

4-5 레위인의 성읍을 에워싼 목초지는 성벽 둘레로부터 바깥쪽으로 사방 450미터까지 이르는 지역이어야 한다. 목초지의 바깥쪽 경계는 성읍을 중심으로 해서 동쪽으로 900미터, 남쪽으로 900미터, 서쪽으로 900미터, 북쪽으로 900미터를 재어야 한다. 그렇게 하면 레위인이 거주하는 성읍마다 목초지를 제공할 수 있을 것이다.

6-8 너희가 레위인에게 줄 성읍들 가운데서 여섯 개를 도피성으로 삼아, 실수로 사람을 죽인 자가 피신할 수 있게 하여라. 이 밖에도 성읍 마흔두 개를 별도로 레위인에게 내어주어라. 너희는 레위인에게 모두 성읍 마흔여덟 개와 거기에 딸린 목초지를 내어주어야 한다. 이스라엘 백성의 공동 소유 가운데서 레위인에게 성읍을 내어줄 때는 지파의 크기에 따라 떼어 주어야 한다. 수가 많은 지파는 성읍을 많이 내어주고, 수가 적은 지파는 적게 내어주면 된다."

Asher;

Pedahel son of Ammihud, leader from the tribe of Naphtali."

29 These are the men GOD commanded to hand out the assignments of land-inheritance to the People of Israel in the country of Canaan.

Cities for Levites and Asylum-Cities

35 1-3 Then GOD spoke to Moses on the Plains of Moab at Jordan-Jericho: "Command the People of Israel to give the Levites as their part of the total inheritance towns to live in. Make sure there is plenty of pasture around the towns. Then they will be well taken care of with towns to live in and pastures for their cattle, flocks, and other livestock.

4-5 "The pasture surrounding the Levites' towns is to extend 1,500 feet in each direction from the city wall. The outside borders of the pasture are to measure three thousand feet on each of the four sides—east, south, west, and north—with the town at the center. Each city will be supplied with pasture.

6-8 "Six of these towns that you give the Levites will be asylum-cities to which anyone who accidentally kills another person may flee for asylum. In addition, you will give them forty-two other towns—forty-eight towns in all, together with their pastures. The towns that you give the Levites from the common inheritance of the People of Israel are to be taken in proportion to the size of each tribe—many towns from a tribe that has many, few from a tribe that has few."

9-15 **하나님께서 모세에게 말씀하셨다.** "이스라엘 백성에게 전하여라. 그들에게 이렇게 일러 주어라. 너희가 요단 강을 건너 가나안 땅으로 들어가거든, 성읍 몇 개를 도피성으로 지정하여 실수로 사람을 죽게 한 자가 피신할 수 있게 하여라. 그 성읍들을 복수하는 자를 피할 도피성으로 삼아, 사람을 죽게 한 자가 법정에 출두하기 전에 공동체 앞에서 살해되는 일이 없게 하여라. 성읍 여섯 개를 도피성으로 마련하여라. 그 가운데 세 개는 요단 강 동쪽에 두고 세 개는 가나안 본토에 두어, 이스라엘 백성과 외국인과 임시 거류민과 방문객에게도 도피성이 되게 하여라. 누구든지 실수로 사람을 죽게 한 자가 그곳으로 달려갈 수 있게, 성읍 여섯 개를 도피성으로 두어라.

16 그러나 실수로 사람을 죽게 한 자가 쇠 연장을 사용한 경우, 그것은 명백한 살인 행위다. 그는 살인자이므로 사형에 처해야 한다.

17 누가 사람을 죽일 만큼 큰 돌을 손에 쥐고 있다가 사람을 죽게 한 경우, 그것도 살인이다. 그는 살인자이므로 사형에 처해야 한다.

18 누가 사람을 죽일 만큼 육중한 나무 연장을 들고 다니다가 사람을 죽게 한 경우, 그것도 살인이다. 그는 살인자이므로 사형에 처해야 한다.

19 이러한 경우에, 복수하는 자는 살인자를 만나는 즉시 죽일 권리가 있다. 그는 살인자를 현장에서 죽여도 된다.

20-21 누가 들끓는 증오심으로 사람을 밀치거나 매복해 있다가 무언가를 던져서 사람을 죽게 한 경우, 또는 홧김에 주먹으로 쳐서 사람을 죽게 한 경우, 그것도 살인이다. 그는 사형에 처해야 한다. 복수하는 자는 그를 붙잡는 즉시 죽일 권

9-15 GOD spoke to Moses: "Speak to the People of Israel. Tell them, When you cross the River Jordan into the country of Canaan, designate your asylum-cities, towns to which a person who accidentally kills someone can flee for asylum. They will be places of refuge from the avenger so that the alleged murderer won't be killed until he can appear before the community in court. Provide six asylum-cities. Designate three of the towns to the east side of the Jordan, the other three in Canaan proper—asylum-cities for the People of Israel, for the foreigner, and for any occasional visitors or guests—six asylum-cities to run to for anyone who accidentally kills another.

16 "But if the killer has used an iron object, that's just plain murder; he's obviously a murderer and must be put to death.

17 "Or if he has a rock in his hand big enough to kill and the man dies, that's murder; he's a murderer and must be put to death.

18 "Or if he's carrying a wooden club heavy enough to kill and the man dies, that's murder; he's a murderer and must be put to death.

19 "In such cases the avenger has a right to kill the murderer when he meets him—he can kill him on the spot.

20-21 "And if out of sheer hatred a man pushes another or from ambush throws something at him and he dies, or angrily hits him with his fist and kills him, that's murder—he must be put to death. The avenger has a right to kill him when he gets him.

22-27 "If, however, he impulsively pushes someone and there is no history of hard feelings, or he impetuously picks up something and throws it, or he accidentally

리가 있다.

²²⁻²⁷ 그러나 누가 원한 없이 충동적으로 사람을 밀치거나, 성급하게 무언가를 집어 던지거나, 사람이 있는 줄 모르고 실수로 망치 같은 연장을 떨어뜨려서 사람을 죽게 한 경우, 두 사람 사이에 원한이 있다고 의심할 만한 점이 없으면, 공동체는 이 지침에 따라 우발적 살인자와 복수하는 자 사이를 판가름해야 한다. 우발적 살인자를 복수하는 자의 손에서 구하는 것이 공동체의 의무다. 공동체는 그 살인 혐의자를 그가 피신해 있던 도피성으로 돌려보내야 한다. 거룩한 기름을 부어 세운 대제사장이 죽을 때까지, 그는 그곳에 머물러야 한다. 그러나 살인자가 자신이 피신해 있던 도피성을 떠났는데, 복수하는 자가 도피성의 경계 밖에 있다가 그를 발견한 경우, 복수하는 자는 그 살인자를 죽일 권리가 있다. 그 복수하는 자에게는 살인죄가 성립되지 않는다.

²⁸ 그러므로 살인자는 대제사장이 죽을 때까지 도피성에 머물러야 한다. 그는 대제사장이 죽은 뒤에야 자기 땅으로 돌아갈 수 있다."

❧

²⁹ "이것은 너희가 어디서 살든지, 지금부터 대대로 따라야 할 재판 절차다.

³⁰ 누구든지 사람을 죽인 자는 목격자의 증언이 있어야 처형할 수 있다. 그러나 한 사람의 증언만으로는 살인자를 처형할 수 없다.

³¹ 뇌물을 받고 살인자의 목숨을 살려 주는 일이 없게 하여라. 그는 유죄이므로 사형을 받아 마땅하다. 반드시 그를 처형해야 한다.

³² 도피성으로 피신해 있는 자에게 뇌물을 받고, 대제사장이 죽기 전에 그를 자기 땅으로 돌려보내어 살게 해주어서는 안된다.

³³ 너희가 사는 땅을 더럽히지 마라. 살인

drops a stone tool—a maul or hammer, say—and it hits and kills someone he didn't even know was there, and there's no suspicion that there was bad blood between them, the community is to judge between the killer and the avenger following these guidelines. It's the task of the community to save the killer from the hand of the avenger—the community is to return him to his asylum-city to which he fled. He must stay there until the death of the High Priest who was anointed with the holy oil. But if the murderer leaves the asylum-city to which he has fled, and the avenger finds him outside the borders of his asylum-city, the avenger has a right to kill the murderer. And he's not considered guilty of murder.

²⁸ "So it's important that he stay in his asylum-city until the death of the High Priest. After the death of the High Priest he is free to return to his own place.

❧

²⁹ "These are the procedures for making judgments from now on, wherever you live.

³⁰ "Anyone who kills another may be executed only on the testimony of eyewitnesses. But no one can be executed on the testimony of only one witness.

³¹ "Don't accept bribe money in exchange for the life of a murderer. He's guilty and deserves the death penalty. Put him to death.

³² "And don't accept bribe money for anyone who has fled to an asylum-city so as to permit him to go back and live in his own place before the death of the High Priest.

³³ "Don't pollute the land in which you live. Murder pollutes the land. The land can't be

은 땅을 더럽힌다. 살인한 자의 피가 아니
고는 그 땅에서 살인의 피를 씻을 수 없다.
34 너희가 사는 땅을 더럽히지 마라. 나도
그 땅에 살기 때문이다. 나 하나님은, 이스
라엘 백성이 사는 곳에 같이 살고 있다."

유산을 받은 슬로브핫의 딸들

36 1 요셉 자손의 가문 가운데 므낫
세의 손자이자 마길의 아들인 길
르앗 가문의 우두머리들이, 모세와 이스라
엘 백성의 지도자들인 각 집안의 우두머리
들에게 나아왔다.
2-4 그들이 말했다. "하나님께서 주인님께
명령하셔서 제비를 뽑아 이스라엘 백성에
게 땅을 유산으로 나누어 주라고 하셨을
때, 주인님께서는 우리의 형제 슬로브핫의
유산을 그의 딸들에게 넘겨주라는 하나님
의 명령도 받으셨습니다. 그런데 그 딸들이
이스라엘 백성의 다른 지파 사람에게 시집
가면 어떻게 됩니까? 그들이 유산으로 받은
땅이 조상 대대로 이어져 온 우리 지파에서
떨어져 나가, 그들이 시집간 지파에 더해질
것입니다. 그러면 이스라엘 백성에게 희년
이 찾아와도, 그 딸들의 유산은 그들이 시
집간 지파의 유산이 되고 말 것입니다. 그
들의 땅이 우리 조상의 유산에서 떨어져 나
가고 마는 것입니다!"
5-9 모세가 하나님의 명령에 따라 이스라엘
백성에게 지시했다. "요셉 자손 지파의 말
이 옳습니다. 하나님께서 슬로브핫의 딸들
에게 내리신 명령은 이러합니다. '자기 조
상의 가문 안에서 결혼하는 한, 그들은 자
기가 선택한 사람과 결혼할 수 있다. 이스
라엘 백성이 유산으로 받은 땅이 이 지파에
서 저 지파로 넘어가서는 안된다. 각 지파
가 유산으로 받은 땅은 자기 지파에서 관리
해야 한다. 지파를 불문하고, 땅을 상속받
은 딸은 누구나 자기 아버지 지파의 가문에

cleaned up of the blood of murder except
through the blood of the murderer.
34 "Don't desecrate the land in which you
live. I live here, too—I, GOD, live in the same
neighborhood with the People of Israel."

The Daughters of Zelophehad

36 1 The heads of the ancestral clan
of Gilead son of Makir, the son of
Manasseh—they were from the clans of the
descendants of Joseph—approached Moses
and the leaders who were heads of the
families in the People of Israel.
2-4 They said, "When GOD commanded my
master to hand over the inheritance-lands
by lot to the People of Israel, my master was
also commanded by GOD to hand over the
inheritance-land of Zelophehad our brother
to his daughters. But what happens if they
marry into another tribe in the People of
Israel? Their inheritance-land will be taken
out of our ancestral tribe and get added
into the tribe into which they married. And
then when the year of Jubilee comes for the
People of Israel their inheritance will be
lumped in with the inheritance of the tribe
into which they married—their land will be
removed from our ancestors' inheritance!"
5-9 Moses, at GOD's command, issued this
order to the People of Israel: "What the
tribe of the sons of Joseph says is right.
This is GOD's command to Zelophehad's
daughters: They are free to marry anyone
they choose as long as they marry within
their ancestral clan. The inheritance-land
of the People of Israel must not get passed
around from tribe to tribe. No, keep the
tribal inheritance-land in the family. Every

속한 남자에게만 시집가야 한다. 모든 이스라엘 자손은 유산으로 받은 땅이 자기 조상의 지파 안에 남아 있게 해야 한다. 유산으로 받을 땅이 이 지파에서 저 지파로 넘어가서는 안된다. 이스라엘 백성의 각 지파는 반드시 자기 땅을 굳게 붙들어야 한다. ”

10-12 슬로브핫의 딸들은 하나님께서 모세에게 명령하신 대로 행했다. 슬로브핫의 딸들, 곧 말라, 디르사, 호글라, 밀가, 노아는 모두 자기 아버지의 조카인 사촌들과 결혼했다. 그들이 요셉의 아들 므낫세 집안으로 시집갔으므로, 그들이 유산으로 받은 땅은 자기 아버지의 지파에 남아 있게 되었다.

13 이것은 하나님께서 요단–여리고 앞 모압 평야에서 모세의 권위를 통해 이스라엘 백성에게 내리신 명령과 규례다.

daughter who inherits land, regardless of the tribe she is in, must marry a man from within her father's tribal clan. Every Israelite is responsible for making sure the inheritance stays within the ancestral tribe. No inheritance-land may be passed from tribe to tribe; each tribe of the People of Israel must hold tight to its own land."

10-12 Zelophehad's daughters did just as GOD commanded Moses. Mahlah, Tirzah, Hoglah, Milcah, and Noah, Zelophehad's daughters, all married their cousins on their father's side. They married within the families of Manasseh son of Joseph and their inheritance-lands stayed in their father's family.

13 These are the commands and regulations that GOD commanded through the authority of Moses to the People of Israel on the Plains of Moab at Jordan-Jericho.

신명기 | 머리말

신명기는 설교, 그야말로 설교의 연속이다. 성경에서 가장 긴 설교이며, 어쩌면 이제까지 설교자들이 전한 설교 가운데 가장 긴 설교일지도 모른다. 신명기는 모세가 모압 평야에서 온 이스라엘 자손 앞에 설교하는 모습을 제시한다. 신명기는 그의 마지막 설교다. 설교를 마친 후 그는, 설교단을 평야에 남겨 둔 채 산으로 올라가 거기서 생을 마감할 것이다.

이 설교의 배경은 감동과 흥분을 한껏 자아낸다. 모세는 이집트에서 태어나 죽음의 위협을 받는 어린아이의 모습으로 성경의 구원 이야기에 등장했다. 그로부터 120년이 지난 지금, 그는 여전히 눈이 맑고 발걸음이 활기찬 모습으로 이 장대한 설교를 전하고 죽는다. 여전히 말씀과 생명으로 충만한 채 죽음을 맞이한다.

이 설교는 모든 설교가 지향하는 바를 그대로 견지한다. 말하자면 과거에 기록되고 선포된 하나님의 말씀을 고르고, 조상의 경험과 개인의 경험을 취하여, 그 말씀과 경험을 지금 여기서 하나의 사건으로 재현하는 것이다. 하나님의 말씀은 연구 대상으로만 존재하는 문학적 가공물이 아니다. 인간의 경험 역시 그저 후회나 감탄을 불러일으키기 위해 존재하는 죽은 역사가 아니다. 모세가 이 설교 전체에 걸쳐서 "오늘"이라는 말과 "이날"이라는 말을 모자이크처럼 계속 반복해서 사용하는 이유는, 청중의 주의를 팽팽하게 붙잡아 즉각적인 응답을 이끌어 내려는 것이다. "이렇게 살아라! 지금 당

Deuteronomy is a sermon—actually a series of sermons. It is the longest sermon in the Bible and maybe the longest sermon ever. Deuteronomy presents Moses, standing on the Plains of Moab with all Israel assembled before him, preaching. It is his last sermon. When he completes it, he will leave his pulpit on the plains, climb a mountain, and die.

The setting is stirring and emotion-packed. Moses had entered the biblical story of salvation as a little baby born in Egypt under a death threat. Now, 120 years later, eyesight sharp as ever and walking with "a spring in his step", he preaches this immense sermon and dies, still brimming with words and life.

This sermon does what all sermons are intended to do: Take God's words, written and spoken in the past, take the human experience, ancestral and personal, of the listening congregation, then reproduce the words and experience as a single event right now, in this present moment. No word that God has spoken is a mere literary artifact to be studied; no human experience is dead history merely to be regretted or admired. The continuous and insistent Mosaic repetitions of "today" and "this day" throughout these sermons keep attentions taut and responsive. The complete range of human experience is brought to life and salvation by the full revelation of God: Live this! Now!

장!"이라고 말씀하시는 하나님의 충만한 계시를 통해 인간의 다양한 경험은 생명을 얻고 구원을 얻는다.

내가 오늘 여러분에게 명령하는 이 계명은 여러분에게 어려운 것도 아니요, 여러분의 힘이 미치지 않는 곳에 있는 것도 아닙니다. 그 계명이 높은 산 위에 있어, 누가 산꼭대기에 올라가서 그것을 가지고 내려와 여러분의 수준에 맞게 풀이해 주어야, 여러분이 그 계명대로 살아갈 수 있는 것도 아닙니다. 또한 그 계명이 바다 건너편에 있어, 누가 바다를 건너가서 그것을 가져다가 설명해 주어야, 여러분이 그 계명대로 살아갈 수 있는 것도 아닙니다. 그렇습니다. 그 말씀은 바로 지금 여기에 있습니다. 입 속 혀처럼 가까이, 가슴 속 심장처럼 가까이 있습니다. 그러니 바로 행하십시오!

내가 오늘 여러분을 위해 한 일을 보십시오.
내가 여러분 앞에
생명과 선,
죽음과 악을 두었습니다.

내가 오늘 여러분에게 명령합니다. 하나님 여러분의 하나님을 사랑하십시오. 그분의 길을 따라 걸어가십시오. 그분의 계명과 법도와 규례를 지키십시오. 그러면 여러분이 참으로 살고, 풍성하게 살 것입니다. 하나님 여러분의 하나님께서 여러분이 들어가 차지할 땅에서 여러분에게 복을 내리실 것입니다(신 30:11-16).

모압 평야는 이집트 땅에서 약속의 땅으로, 종의 상태에서 자유인의 상태로 나아가는 사십 년 여정의 마지막 정거장이다. 하나의 공

This commandment that I'm commanding you today isn't too much for you, it's not out of your reach. It's not on a high mountain—you don't have to get mountaineers to climb the peak and bring it down to your level and explain it before you can live it. And it's not across the ocean—you don't have to send sailors out to get it, bring it back, and then explain it before you can live it. No. The word is right here and now—as near as the tongue in your mouth, as near as the heart in your chest. Just do it!

Look at what I've done for you today: I've placed in front of you
    Life and Good
    Death and Evil

And I command you today: Love GOD, your God. Walk in his ways. Keep his commandments, regulations, and rules so that you will live, really live, live exuberantly, blessed by GOD, your God, in the land you are about to enter and possess(Deuteronomy 30:11-16).

The Plains of Moab are the last stop on the forty-year journey from Egyptian slavery to Promised Land freedom. The People of Israel have experienced a lot as a congregation: deliverance, wanderings, rebellions, wars, providence, worship, guidance. The People of Israel have heard a lot from God: commandments, covenant conditions, sacrificial procedures. And now, poised at the River Jordan, ready to cross over and possess the new land, Moses, preaching his great Plains of Moab sermon, makes sure that

동체로서의 이스라엘 백성은 구원, 방황, 반역, 전쟁, 섭리, 예배, 인도하심 등 많은 것을 경험했다. 또한 이스라엘 백성은 하나님께로부터 계명과 언약 조건과 제사 절차에 관해 들었다. 그리고 요단 강을 건너 새 땅을 차지할 준비가 된 지금, 모세는 모압 평야에서 이 위대한 설교를 전하면서, 이스라엘 백성이 경험한 것과 하나님이 알려 주신 것을 하나라도 잊어서는 안된다고 당부한다. 그는 이스라엘 백성이 경험한 구원과 섭리를 현재 시제로 옮기고(1-11장), 하나님께서 알려 주신 계명과 언약도 현재 시제로 옮긴다(12-28장). 그런 다음 그는 당부와 노래와 축복으로 그 모든 것을 마무리하며, 오늘 여기서 순종하는 믿음의 삶을 시작하도록 그들을 떠나보낸다(29-34장).

"자, 가자!"

they don't leave any of it behind, not so much as one detail of their experience or God's revelation: He puts their entire experience of salvation and providence into the present tense(chapters 1-11); he puts the entire revelation of commandment and covenant into the present tense(chapters 12-28); and then he wraps it all up in a charge and a song and a blessing to launch them into today's obedience and believing(chapters 29-34).

"Let's go."

신명기

DEUTERONOMY

1 ¹⁻² 이것은 요단 강 동쪽 아라바 광야에서 모세가 온 이스라엘 백성에게 전한 설교다. 아라바는 숩 맞은편, 곧 바란, 도벨, 라반, 하세롯, 디사합 부근에 있는 광야다. 호렙에서 세일 산을 지나 가데스바네아까지는 열하루가 걸린다.

❖

³⁻⁴ 사십 년째 되던 해 열한째 달 첫째 날에, 모세는 **하나님**께서 이스라엘 백성과 관련하여 그에게 명령하신 모든 것을 그들에게 전해 주었다. 이는 모세가 헤스본에서 다스리던 아모리 왕 시혼과 에드레이의 아스다롯에서 다스리던 바산 왕 옥을 쳐부순 다음에 있었던 일이다. 모세는 요단 강 동쪽 모압 땅에서 이 계시의 말씀을 설명하기 시작했다.

모세가 모압 평야에서 전한 설교

⁵ 모세가 말했다.

⁶⁻⁸ 전에 호렙 산에서, **하나님** 우리 하나님께서 우리에게 이렇게 말씀하셨습니다. "너희는 이 산에서 꽤 오래 머물렀다. 이제 길을 떠나라. 어서 출발하여라. 아모리 사람의 산지로 가거라. 아라바, 산지들, 작은 언덕들, 네겝 지역, 바닷가 등 사람이 살고 있는 곳이면 어디로든 나아가거라. 또 가나안 사

1 ¹⁻² These are the sermons Moses preached to all Israel when they were east of the Jordan River in the Arabah Wilderness, opposite Suph, in the vicinity of Paran, Tophel, Laban, Hazeroth, and Dizahab. It takes eleven days to travel from Horeb to Kadesh Barnea following the Mount Seir route.

❖

³⁻⁴ It was on the first day of the eleventh month of the fortieth year when Moses addressed the People of Israel, telling them everything GOD had commanded him concerning them. This came after he had defeated Sihon king of the Amorites, who ruled from Heshbon, and Og king of Bashan, who ruled from Ashtaroth in Edrei. It was east of the Jordan in the land of Moab that Moses set out to explain this Revelation.

Moses Preaches to Israel on the Plains of Moab

⁵ He said:

⁶⁻⁸ Back at Horeb, GOD, our God, spoke to us: "You've stayed long enough at this mountain. On your way now. Get moving.

람의 땅과 레바논을 거쳐 멀리 큰 강 유프라테
스까지 나아가거라. 보아라, 내가 이 땅을 너희
에게 주었다. 이제 너희는 그 땅에 들어가서 그
땅을 차지하여라. 그 땅은 하나님이 너희 조상
아브라함과 이삭과 야곱과 그 자손에게 주겠다
고 약속한 땅이다."

9-13 그때에 내가 여러분에게 이렇게 말했습니
다. "나 혼자서는 이 일을 할 수 없습니다. 나
혼자서는 여러분의 짐을 질 수 없습니다. 하나
님 여러분의 하나님께서 여러분의 수를 늘어
나게 해주셨습니다. 여러분 자신을 보십시오.
여러분의 수가 하늘의 별들에 뒤지지 않습니
다! 하나님 여러분 조상의 하나님께서 계속 그
렇게 해주셔서 여러분의 수를 천 배나 늘어나
게 하시고, 약속하신 대로 여러분에게 복 주시
기를 원합니다. 하지만 나 혼자서 어떻게 여러
분의 힘든 문제와 여러분의 무거운 짐과 여러
분 사이의 분쟁을 감당할 수 있겠습니까? 그러
니 여러분은 자기 지파에서 지혜롭고 사려 깊
고 경험 많은 사람들을 뽑으십시오. 그러면 내
가 그들을 여러분의 지도자로 세우겠습니다."

14 그러자 여러분은 내게 "좋습니다! 훌륭한
해결책입니다"하고 대답했습니다.

15 그래서 나는 여러분의 지파에서 지혜롭고
경험 많은 사람들을 뽑아 여러분의 지도자로
삼았습니다. 여러분이 속한 지파들에 맞게 천
명을 맡을 지도자, 백 명을 맡을 지도자, 오십
명을 맡을 지도자, 열 명을 맡을 지도자를 뽑
아 관리로 삼은 것입니다.

16-17 동시에 나는 여러분의 재판관들에게 이
렇게 명령했습니다. "그대들의 동족인 이스라
엘 자손 사이에 서로 고소하고 소송하는 일이
생기면, 잘 듣고 공정하게 재판하시오. 동족
사이에서만 그럴 것이 아니라 동족과 외국인
사이에 발생한 일도 공정하게 재판하시오. 어
느 한쪽을 편들지 말고, 힘없는 사람이나 유력
한 사람이나 똑같이 대하시오. 각 사람의 말을
주의 깊게 들으시오. 유명인사라고 해서 주눅

Head for the Amorite hills, wherever people are living in the Arabah, the mountains, the foothills, the Negev, the seashore—the Canaanite country and the Lebanon all the way to the big river, the Euphrates. Look, I've given you this land. Now go in and take it. It's the land GOD promised to give your ancestors Abraham, Isaac, and Jacob and their children after them."

9-13 At the time I told you, "I can't do this, can't carry you all by myself. GOD, your God, has multiplied your numbers. Why, look at you—you rival the stars in the sky! And may GOD, the God-of-Your-Fathers, keep it up and multiply you another thousand times, bless you just as he promised. But how can I carry, all by myself, your troubles and burdens and quarrels? So select some wise, understanding, and seasoned men from your tribes, and I will commission them as your leaders."

14 You answered me, "Good! A good solution."

15 So I went ahead and took the top men of your tribes, wise and seasoned, and made them your leaders—leaders of thousands, of hundreds, of fifties, and of tens, officials adequate for each of your tribes.

16-17 At the same time I gave orders to your judges: "Listen carefully to complaints and accusations between your fellow Israelites. Judge fairly between each person and his fellow or foreigner. Don't play favorites; treat the little and the big alike; listen carefully to

들 것 없습니다. 그대들이 하는 재판은 하나님
의 재판이기 때문이오. 그대들이 처리하기 힘
든 사건은 내게 가져오시오. 그것은 내가 처리
하겠습니다."

18 그때에 나는 여러분이 해야 할 일을 여러분
에게 다 지시했습니다.

19-21 우리는 **하나님** 우리 하나님께서 명령하
신 대로 호렙을 떠나 아모리 사람의 산지로 향
했습니다. 우리는 여러분이 이제껏 보아 온 것
보다 크고 두려운 광야를 지나 마침내 가데스
바네아에 이르렀습니다. 거기서 내가 여러분
에게 말했습니다. "여러분은 **하나님** 우리 하나
님께서 우리에게 주시는 아모리 사람의 산지
에 이르렀습니다. 보십시오, **하나님** 여러분의
하나님께서 여러분 앞에 이 땅을 선물로 두셨
습니다. 어서 가서 그 땅을 차지하십시오. 하
나님 여러분 조상의 하나님께서 그 땅을 여러
분에게 주시겠다고 약속하셨습니다. 그러니
두려워하지 마십시오. 낙심하지 마십시오."

22 그러나 그때 여러분은 모두 나에게 와서 말
했습니다. "우리보다 먼저 몇 사람을 보내어 그
땅을 정탐하게 한 다음, 어느 길로 가는 것이 가
장 좋은지, 우리가 차지할 만한 성읍은 어떤 곳
이 있는지 보고하게 합시다."

23-25 나는 그 의견을 좋게 여겨 각 지파에서
한 사람씩 열두 사람을 뽑았습니다. 그들은 길
을 떠나 산지로 올라가서, 에스골 골짜기에 이
르러 그 땅을 샅샅이 조사했습니다. 그들은 그
땅의 열매를 가지고 우리에게 돌아와서 "**하나
님** 우리 하나님께서 우리에게 주시는 땅은 좋
은 땅입니다!" 하고 말했습니다.

26-28 그러나 그때 여러분은 올라가려고 하지
않고, 오히려 **하나님** 여러분의 하나님의 명백
한 말씀을 거역했습니다. 여러분은 장막 안에
서 불평하며 말했습니다. "하나님께서 우리를
미워하시는구나. 하나님께서 우리를 아모리
사람 가운데 던져 버리시려고 이집트에서 이

each. Don't be impressed by big names.
This is *God's* judgment you're dealing
with. Hard cases you can bring to me; I'll
deal with them."

18 I issued orders to you at that time
regarding everything you would have to
deal with.

19-21 Then we set out from Horeb and
headed for the Amorite hill country,
going through that huge and frightening
wilderness that you've had more than an
eyeful of by now—all under the command
of GOD, our God—and finally arrived at
Kadesh Barnea. There I told you, "You've
made it to the Amorite hill country that
GOD, our God, is giving us. Look, GOD,
your God, has placed this land as a gift
before you. Go ahead and take it now.
GOD, the God-of-Your-Fathers, promised
it to you. Don't be afraid. Don't lose
heart."

22 But then you all came to me and said,
"Let's send some men on ahead to scout
out the land for us and bring back a
report on the best route to take and the
kinds of towns we can expect to find."

23-25 That seemed like a good idea to me,
so I picked twelve men, one from each
tribe. They set out, climbing through the
hills. They came to the Eshcol Valley and
looked it over. They took samples of the
produce of the land and brought them
back to us, saying, "It's a good land that
GOD, our God, is giving us!"

26-28 But then you weren't willing to go
up. You rebelled against GOD, your God's
plain word. You complained in your

끌어 내셨다. 우리에게 사형선고를 내리신 게 틀림없어! 우리가 어떻게 올라갈 수 있단 말인가? 우리는 막다른 골목으로 몰린 거야. 우리 형제들도 '그 땅 백성은 우리보다 훨씬 크고 강하다. 그들의 성읍들은 크고, 그들의 요새들은 엄청나게 견고하기 이를 데 없다. 우리는 거기서 거인족인 아낙 자손까지 보았다!' 하면서 우리의 기를 꺾지 않았던가!"

29-33 나는 두려워하는 여러분을 안심시키려고 이렇게 말했습니다. "그들을 두려워하지 마십시오. 하나님 여러분의 하나님께서 앞서 가시며 여러분을 위해 싸우고 계십니다. 그분께서 여러분을 위해 이집트에서 어떻게 일하셨는지, 광야에서는 어떻게 일하셨는지, 여러분의 두 눈으로 똑똑히 보았습니다. 여러분은, 아버지가 자기 아이를 안고 가듯이, 하나님 여러분의 하나님께서 여러분이 이곳에 이를 때까지 줄곧 여러분을 안고 다니시는 것도 보았습니다. 그러나 이제 이곳에 이르렀으면서도, 여러분은 하나님 여러분의 하나님을 신뢰하려고 하지 않는군요. 이 하나님께서 여러분의 여정 가운데 여러분보다 앞서 가시며 진 칠 곳을 정찰하시고, 밤에는 불기둥으로 낮에는 구름기둥으로 여러분이 가야 할 길을 보여주시는데도 말입니다."

34-36 하나님께서는 여러분이 하는 말을 들으시고, 진노하며 맹세하셨습니다. "이 악한 세대 가운데서는 단 한 사람도, 내가 너희 조상에게 주기로 약속한 좋은 땅을 얻지 못할 것이다. 얻기는커녕 보지도 못할 것이다. 다만 여분네의 아들 갈렙만은 예외다. 그는 그 땅을 볼 것이다. 그가 마음과 뜻을 다해 하나님을 따랐으니, 그가 밟은 땅을 내가 그와 그의 자손에게 주겠다."

37-40 나 또한 벌을 받았습니다. 여러분 때문에 하나님의 진노가 나에게까지 미친 것입니다. 그분께서는 이렇게 말씀하셨습니다. "너도 그 땅에 들어가지 못할 것이다. 너의 부관

tents: "GOD hates us. He hauled us out of Egypt in order to dump us among the Amorites—a death sentence for sure! How can we go up? We're trapped in a dead end. Our brothers took all the wind out of our sails, telling us, 'The people are bigger and stronger than we are; their cities are huge, their defenses massive—we even saw Anakite giants there!'"

29-33 I tried to relieve your fears: "Don't be terrified of them. GOD, your God, is leading the way; he's fighting for you. You saw with your own eyes what he did for you in Egypt; you saw what he did in the wilderness, how GOD, your God, carried you as a father carries his child, carried you the whole way until you arrived here. But now that you're here, you won't trust GOD, your God—this same GOD who goes ahead of you in your travels to scout out a place to pitch camp, a fire by night and a cloud by day to show you the way to go."

34-36 When GOD heard what you said, he exploded in anger. He swore, "Not a single person of this evil generation is going to get so much as a look at the good land that I promised to give to your parents. Not one—except for Caleb son of Jephunneh. He'll see it. I'll give him and his descendants the land he walked on because he was all for following GOD, heart and soul."

37-40 But I also got it. Because of you GOD's anger spilled over onto me. He said, "You aren't getting in either. Your assistant, Joshua son of Nun, will go in. Build up his courage. He's the one who will claim the inheritance for Israel.

눈의 아들 여호수아는 들어갈 것이다. 너는 그에게 용기를 북돋아 주어라. 그는 이스라엘 자손에게 유산을 찾아 줄 적임자다. 또한 너희가 노획물로 잡혀갈 것이라고 한 너희 젖먹이들과, 아직 옳고 그름조차 구별하지 못하는 이 어린아이들도 모두 그 땅에 들어갈 것이다. 내가 그들에게 그 땅을 주겠다. 그렇다. 그들이 그 땅의 새로운 주인이 될 것이다. 그러나 너희는 아니다. 너희는 발길을 돌려, 홍해 길을 따라 광야로 돌아가거라."

41 그러자 여러분은 이렇게 말했습니다. "우리가 하나님께 죄를 지었습니다. 하나님 우리 하나님께서 명령하신 대로 우리가 올라가 싸우겠습니다." 여러분은 무기를 들고 전투할 태세를 갖췄습니다. 그 산지로 들어가는 것을 너무나 쉽게 여겼던 것입니다!

42 그러나 하나님께서 내게 말씀하셨습니다. "그들에게 이렇게 전하여라. '그렇게 하지 마라. 싸우러 올라가지 마라. 내가 이 일에 너희와 함께하지 않겠다. 너희 원수들이 너희를 죽일 것이다.'"

43-46 내가 그 말을 여러분에게 전했지만, 여러분은 들으려 하지 않았습니다. 여러분은 하나님의 명백한 말씀을 거역했습니다. 가슴을 펴고 자신만만하게 산지로 들어갔습니다. 그러자 평생을 그 산지에서 살아온 아모리 사람이 여러분에게 벌 떼처럼 달려들어, 세일에서 호르마까지 여러분을 뒤쫓았습니다. 그것은 여러분이 당한 뼈아픈 패배였습니다. 여러분은 돌아와 하나님 앞에서 통곡했지만, 하나님께서는 여러분을 조금도 거들떠보지 않으셨고, 관심조차 보이지 않으셨습니다. 그래서 여러분은 예전만큼이나 오랫동안 가데스에 머물렀던 것입니다.

광야에서 보낸 시간들

2 ¹ 우리는 하나님께서 내게 지시하신 대로, 발길을 돌려 홍해 길을 따라 광

And your babies of whom you said, 'They'll be grabbed for plunder,' and all these little kids who right now don't even know right from wrong—they'll get in. I'll give it to them. Yes, they'll be the new owners. But not you. Turn around and head back into the wilderness following the route to the Red Sea."

41 You spoke up, "We've sinned against GOD. We'll go up and fight, following all the orders that GOD, our God, has commanded." You took your weapons and dressed for battle—you thought it would be so easy going into those hills!

42 But GOD told me, "Tell them, 'Don't do it; don't go up to fight—I'm not with you in this. Your enemies will waste you.'"

43-46 I told you but you wouldn't listen. You rebelled at the plain word of GOD. You threw out your chests and strutted into the hills. And those Amorites, who had lived in those hills all their lives, swarmed all over you like a hive of bees, chasing you from Seir all the way to Hormah, a stinging defeat. You came back and wept in the presence of GOD, but he didn't pay a bit of attention to you; GOD didn't give you the time of day. You stayed there in Kadesh a long time, about as long as you had stayed there earlier.

2 ¹ Then we turned around and went back into the wilderness following the route to the Red Sea, as GOD had instructed me. We worked our

야로 들어갔습니다. 우리는 오랫동안, 세일 산지 일대를 떠돌아다녔습니다.

❦

2-6 그때에 **하나님**께서 말씀하셨습니다. "너희가 이 산지에서 오랫동안 떠돌았으니, 이제 북쪽으로 가거라. 백성에게 이렇게 명령하여라. 너희는 세일에 자리 잡은 너희 동족 에서의 자손이 사는 땅을 통과하게 될 것이다. 그들이 너희를 두려워하니, 조심하여라. 그들과 싸우지 마라. 그들의 땅은 한 뼘이라도 내가 너희에게 주지 않을 것이다. 세일 산지는 내가 이미 에서에게 주었으니, 그가 그 땅의 주인이다. 너희가 그들에게서 먹을 것을 얻거나 마실 것을 얻거든, 반드시 값을 치러야 한다.'"

7 **하나님** 여러분의 하나님께서는 여러분이 하는 모든 일에 복을 주셨습니다. 그리고 여러분이 이 넓은 광야를 지나는 동안 여러분을 지켜 주셨습니다. 지난 사십 년 동안 **하나님** 여러분의 하나님께서 여러분과 함께 이곳에 계셨으므로, 여러분에게는 부족한 것이 하나도 없었습니다.

8 우리는 세일에 사는 우리 동족 에서의 자손을 비켜 지나왔습니다. 엘랏과 에시온게벨에서 시작되는 아라바 길을 포기한 것입니다. 그 대신에 우리는 모압 광야를 가로지르는 길로 접어들었습니다.

9 **하나님**께서 내게 말씀하셨습니다. "모압 사람과 싸우려 하지 마라. 나는 너희에게 그들의 땅 어느 곳도 주지 않을 것이다. 아르 지역의 소유권은 내가 롯의 자손에게 주었기 때문이다."

10-12 전에는 에밈 사람(몸집이 거대한 사람들)이 그곳에 살았는데, 그들은 아낙 사람처럼 몸집이 큰 거인족이었습니다. 그들은 아낙 사람처럼 르바 사람(귀신 같은 사람들)과 같은 무리로 여겨졌으나, 모압에서는 에밈 사람으로 알려졌습니다. 전에 세일에는 호리 사람도 살

way in and around the hills of Seir for a long, long time.

❦

2-6 Then GOD said, "You've been going around in circles in these hills long enough; go north. Command the people, You're about to cut through the land belonging to your relatives, the People of Esau who settled in Seir. They are terrified of you, but restrain yourselves. Don't try and start a fight. I am not giving you so much as a square inch of their land. I've already given all the hill country of Seir to Esau—he owns it all. Pay them up front for any food or water you get from them."

7 GOD, your God, has blessed you in everything you have done. He has guarded you in your travels through this immense wilderness. For forty years now, GOD, your God, has been right here with you. You haven't lacked one thing.

8 So we detoured around our brothers, the People of Esau who live in Seir, avoiding the Arabah Road that comes up from Elath and Ezion Geber; instead we used the road through the Wilderness of Moab.

9 GOD told me, "And don't try to pick a fight with the Moabites. I am not giving you any of their land. I've given ownership of Ar to the People of Lot."

10-12 The Emites (Monsters) used to live there—mobs of hulking giants, like Anakites. Along with the Anakites they were lumped in with the Rephaites (Ghosts) but in Moab they were called Emites. Horites also used to live in Seir,

았지만, 에서의 자손이 그 땅을 차지하고 그들을 멸망시켰습니다. 이것도 **하나님**께서 이스라엘에게 주셔서 차지하게 하신 땅에서 한 것과 같습니다.

13 **하나님**께서 "이제 세렛 시내를 건너라" 말씀하셔서, 우리는 세렛 시내를 건넜습니다.

14-15 우리가 가데스바네아에서 세렛 시내에 이르기까지는 삼십팔 년이 걸렸습니다. 그 세월이 어찌나 길었던지, **하나님**께서 맹세하신 대로, 그 세대의 모든 군사가 진에서 다 죽었습니다. 최후의 한 사람이 진에서 사라질 때까지 **하나님**께서 그들을 가차 없이 치신 것입니다.

16-23 마지막 군사까지 다 죽자, **하나님**께서 내게 말씀하셨습니다. "오늘 너는 모압 땅 아르를 가로질러 갈 것이다. 암몬 자손에게 가까이 이르거든, 그들에게 싸움을 걸지 말고 그들과 싸우지도 마라. 암몬 자손의 땅은 내가 너희에게 주지 않을 것이기 때문이다. 그 땅은 내가 이미 롯의 자손에게 주었다." 그곳도 르바 사람의 땅으로 알려진 곳이었습니다. 전에 그곳에 르바 사람이 살았는데, 암몬 사람은 그들을 삼숨 사람(미개인들)이라 불렀습니다. 그들은 아낙 사람처럼 거인족이었고 거대한 무리였습니다. **하나님**께서 그들을 멸하셨으므로, 암몬 사람이 들어가 그 땅을 차지했습니다. 이는 세일에 사는 에서의 자손이 한 것과 같습니다. 보다시피, **하나님**께서 그곳에 먼저 살던 호리 사람을 없애 버리시자, 에서의 자손이 들어가 그 땅을 차지하게 된 것입니다. 이는 가사에 이르기까지 여러 마을에 살던 아위 사람의 경우도 마찬가지입니다. 갑돌(크레타)에서 온 갑돌 사람이 그들을 소탕하고 그곳에 들어가 살게 된 것입니다.

but the descendants of Esau took over and destroyed them, the same as Israel did in the land GOD gave them to possess.

13 GOD said, "It's time now to cross the Brook Zered." So we crossed the Brook Zered.

14-15 It took us thirty-eight years to get from Kadesh Barnea to the Brook Zered. That's how long it took for the entire generation of soldiers from the camp to die off, as GOD had sworn they would. GOD was relentless against them until the last one was gone from the camp.

16-23 When the last of these soldiers had died, GOD said to me, "This is the day you cut across the territory of Moab, at Ar. When you approach the People of Ammon, don't try and pick a fight with them because I'm not giving you any of the land of the People of Ammon for yourselves—I've already given it to the People of Lot." It is also considered to have once been the land of the Rephaites. Rephaites lived there long ago—the Ammonites called them Zamzummites (Barbarians)—huge mobs of them, giants like the Anakites. GOD destroyed them and the Ammonites moved in and took over. It was the same with the People of Esau who live in Seir—GOD got rid of the Horites who lived there earlier and they moved in and took over, as you can see. Regarding the Avvites who lived in villages as far as Gaza, the Caphtorites who came from Caphtor (Crete) wiped them out and moved in.

헤스본 왕 시혼을 진멸하다

24-25 "이제 일어나서, 떠나라. 아르논 시내를 건너라. 보아라, 헤스본 왕 아모리 사람 시혼과 그의 땅이 여기 있다. 내가 그 땅을 너희 손에 넘겨주겠다. 그 땅은 이제 너희 것이다. 어서 가서 그 땅을 차지하여라. 가서 그와 싸워라. 오늘이 다 가기 전에, 내가 반드시 이 주변에 사는 모든 백성이 두려움에 떨게 하겠다. 너희 소문이 들불처럼 퍼져서, 그들이 벌벌 떨게 될 것이다."

26-28 나는 그데못 광야에서 헤스본 왕 시혼에게 사신을 보내어, 다음과 같이 우호적인 메시지를 전했습니다. "큰길을 따라 왕의 영토를 지나가게 해주십시오. 내가 오른쪽으로나 왼쪽으로나 벗어나지 않고, 큰길로만 가겠습니다. 음식이나 물이 필요한 경우에는 값을 치르겠습니다. 걸어서 지나가게만 해주십시오. 29 세일에 사는 에서의 자손과 아르에 사는 모압 사람도 그렇게 해주었습니다. 내가 요단 강을 건너, **하나님** 우리 하나님께서 우리에게 주시는 땅에 들어갈 때까지 계속해서 길을 갈 수 있도록 도와주십시오."

30 그러나 헤스본 왕 시혼은 우리가 그의 영토를 지나가는 것을 허락하지 않았습니다. 여러분이 본 것처럼, **하나님** 여러분의 하나님께서 그를 여러분 손에 넘겨주시려고, 그의 성품을 비열하게 하시고 그의 마음을 완악하게 하셨습니다.

31 그때에 **하나님**께서 내게 말씀하셨습니다. "보아라, 이제 내가 일을 시작했으니, 시혼과 그의 땅이 조만간 네 차지가 될 것이다. 어서 가서, 그 땅을 차지하여라. 이제 그 땅은 네 것이나 다름없다!"

32-36 시혼과 그의 모든 군대가 우리와 맞서 싸우려고 야하스로 진격해 왔습니다. 자신의 모든 군대를 이끌고 나와 야하스에서 우리와 맞서 싸웠습니다. **하나님**께서 그와 그의 아들들과 그의 모든 군대를 우리 손에 넘겨주셔서, 우

※

24-25 "On your feet now. Get started. Cross the Brook Arnon. Look: Here's Sihon the Amorite king of Heshbon and his land. I'm handing it over to you—it's all yours. Go ahead, take it. Go to war with him. Before the day is out, I'll make sure that all the people around here are thoroughly terrified. Rumors of you are going to spread like wildfire; they'll totally panic."

26-28 From the Wilderness of Kedemoth, I sent messengers to Sihon, king of Heshbon. They carried a friendly message: "Let me cross through your land on the highway. I'll stay right on the highway; I won't trespass right or left. I'll pay you for any food or water we might need. Let me walk through.

29 "The People of Esau who live in Seir and the Moabites who live in Ar did this, helping me on my way until I can cross the Jordan and enter the land that GOD, our God, is giving us."

30 But Sihon king of Heshbon wouldn't let us cross his land. GOD, your God, turned his spirit mean and his heart hard so he could hand him over to you, as you can see that he has done.

31 Then GOD said to me, "Look, I've got the ball rolling—Sihon and his land are soon yours. Go ahead. Take it. It's practically yours!"

32-36 So Sihon and his entire army confronted us in battle at Jahaz. GOD handed him, his sons, and his entire army over to us and we utterly crushed

리는 그들을 모조리 쳐부수었습니다. 여세를 몰아 우리는 그의 모든 성읍을 점령하고, 남자와 여자, 아이 할 것 없이 모조리 없앴습니다. 그야말로 거룩한 진멸이었습니다. 살아남은 자가 하나도 없었습니다. 다만 가축과 그 성읍에서 탈취한 물건은 우리 것으로 삼았습니다. 아르논 시내 끝자락에 있는 아로엘과 그 골짜기 가운데 있는 성읍에서부터 멀리 길르앗에 이르기까지, 우리가 감당하지 못할 성읍은 하나도 없었습니다. **하나님** 우리 하나님께서는 최후의 한 성읍까지 우리에게 주셨습니다.

37 여러분이 **하나님**의 명령에 순종하여 빼앗지 않은 땅은, 암몬 자손의 땅과 얍복 강 일대의 땅, 그리고 산지의 성읍들 주변에 있는 땅뿐이었습니다.

바산 왕 옥을 진멸하다

3 ¹ 그런 다음 우리는 북쪽으로 방향을 바꾸어 바산 길로 나아갔습니다. 바산 왕 옥은 우리와 맞서 싸우려고 자신의 모든 백성을 거느리고 에드레이로 나왔습니다.

2 **하나님**께서 내게 말씀하셨습니다. "그를 두려워하지 마라. 내가 그와 그의 모든 군대와 그의 땅을 네 손에 넘겨주겠다. 헤스본에서 다스리던 아모리 왕 시혼을 처치한 것과 같이 그를 처치하여라."

3-7 **하나님** 우리 하나님께서는 바산 왕 옥과 그의 모든 백성도 우리 손에 넘겨주셨고, 이에 우리는 그들을 모조리 진멸했습니다. 이번에도 살아남은 자가 하나도 없었습니다. 동시에 우리는 그의 성읍들도 모두 빼앗았습니다. 바산 왕 옥의 영토인 아르곱 전역의 육십 개 성읍 가운데서 우리가 빼앗지 못한 성읍은 하나도 없었습니다. 그 성읍들은 하나같이 성벽이 높고 성문마다 빗장을 걸어 잠근 요새였습니다. 성곽이 없는 마을들도 많았습니다. 우리는 그 마을들도 모조리 쳐부수었습니다. 그

them. While we were at it we captured all his towns and totally destroyed them, a holy destruction—men, women, and children. No survivors. We took the livestock and the plunder from the towns we had captured and carried them off for ourselves. From Aroer on the edge of the Brook Arnon and the town in the gorge, as far as Gilead, not a single town proved too much for us; GOD, our God, gave every last one of them to us.

37 The only land you didn't take, obeying GOD's command, was the land of the People of Ammon, the land along the Jabbok and around the cities in the hills.

3 ¹ Then we turned north and took the road to Bashan. Og king of Bashan, he and all his people, came out to meet us in battle at Edrei.

2 GOD said to me, "Don't be afraid of him; I'm turning him over to you, along with his whole army and his land. Treat him the way you treated Sihon king of the Amorites who ruled from Heshbon."

3-7 So GOD, our God, also handed Og king of Bashan over to us—Og and all his people—and we utterly crushed them. Again, no survivors. At the same time we took all his cities. There wasn't one of the sixty cities that we didn't take—the whole region of Argob, Og's kingdom in Bashan. All these cities were fortress cities with high walls and barred gates. There were also numerous unwalled villages. We totally destroyed them—a holy destruction. It was the same treat-

야말로 거룩한 진멸이었습니다. 우리는 헤
스본 왕 시혼에게 한 것과 똑같이 했습니다.
모든 성읍과 남자와 여자, 아이 할 것 없이
모조리 없애는, 그야말로 거룩한 진멸이었
습니다. 그러나 가축과 그 성읍에서 탈취한
물건은 우리 것으로 삼았습니다.

8-10 그때에 우리는 요단 강 동쪽 땅을 다스
리던 두 아모리 왕의 손에서, 아르논 시내에
서 헤르몬 산에 이르는 땅을 빼앗았습니다.
(시돈 사람들은 헤르몬을 시룐이라 불렀고, 아모
리 사람들은 스닐이라 불렀습니다.) 우리는 고
원 지대의 모든 성읍과 길르앗 온 땅과 바산
온 땅을 빼앗고, 바산 왕 옥의 영토 경계에
있는 성읍인 살르가와 에드레이까지 빼앗았
습니다.

11 바산 왕 옥은 르바 사람 가운데서 마지막
생존자였습니다. 쇠로 만든 그의 침대는 길
이가 4미터, 너비가 1.8미터인데, 암몬 자손
이 사는 랍바에 있어 지금도 볼 수 있습니다.

요단 강 동쪽 땅 분배

12 나는 우리가 당시에 차지한 땅 가운데서
아르논 시내 일대의 아로엘 북쪽 땅과 길르
앗 산지 절반과 거기에 딸린 성읍들을 르우
벤 자손과 갓 자손에게 주었습니다.

13 므낫세 반쪽 지파에게는 길르앗의 나머지
땅과 바산 왕 옥의 영토 전역, 곧 바산 전역
을 포함한 아르곱의 모든 지역을 주었습니
다. 아르곱은 전에 르바 사람의 땅으로 알려
진 곳입니다.

14 므낫세의 아들 야일은 그술 사람과 마아
갓 사람의 경계까지 이르는 아르곱 땅을 모
두 차지했습니다. 그는 그곳 바산 마을들을
자기 이름을 따서 하봇야일(야일의 장막촌)이
라 불렀습니다. 그 마을들은 지금도 그렇게
불립니다.

15 나는 마길에게는 길르앗을 주었습니다.

16-17 르우벤 자손과 갓 자손에게는 아르논

ment we gave to Sihon king of Heshbon,
a holy destruction of every city, man,
woman, and child. But all the livestock
and plunder from the cities we took for
ourselves.

8-10 Throughout that time we took the
land from under the control of the two
kings of the Amorites who ruled the
country east of the Jordan, all the way
from the Brook Arnon to Mount Hermon.
(Sirion is the name given Hermon by the
Sidonians; the Amorites call it Senir.)
We took all the towns of the plateau,
everything in Gilead, everything in
Bashan, as far as Salecah and Edrei, the
border towns of Bashan, Og's kingdom.
11 Og king of Bashan was the last remaining
Rephaite. His bed, made of iron, was over
thirteen feet long and six wide. You can still
see it on display in Rabbah of the People of
Ammon.

12 Of the land that we possessed at that
time, I gave the Reubenites and the
Gadites the territory north of Aroer along
the Brook Arnon and half the hill country
of Gilead with its towns.

13 I gave the half-tribe of Manasseh the rest
of Gilead and all of Bashan, Og's kingdom—
all the region of Argob, which takes in all of
Bashan. This used to be known as the Land
of the Rephaites.

14 Jair, a son of Manasseh, got the region
of Argob to the borders of the Geshurites
and Maacathites. He named the Bashan
villages after himself, Havvoth Jair (Jair's
Tent-Villages). They're still called that.

시내 중앙을 경계로 하여 길르앗에서 아르논 시내에 이르는 땅을 주고, 암몬 자손의 경계인 얍복 강까지 주었습니다. 서쪽으로는 아라바에 있는 요단 강까지, 동쪽으로는 비스가 산 기슭까지를 경계로 하여, 긴네렛(갈릴리 바다)에서 아라바 바다(소금 바다, 사해)에 이르는 지역을 주었습니다.

18-20 그때에 나는 여러분에게 이렇게 명령했습니다. "**하나님** 여러분의 하나님께서 이 땅을 여러분에게 주셔서 차지하게 하셨습니다. 그러니 군사들은 싸울 준비를 갖추고 여러분의 형제인 이스라엘 백성보다 앞서 강을 건너야 합니다. 다만 여러분의 아내와 아이들, 그리고 (내가 알기로 여러분이 많이 거느리고 있는) 가축들은 내가 앞서 여러분에게 나누어 준 성읍들로 가서 정착해도 됩니다. **하나님**께서 여러분에게 주신 것과 마찬가지로 여러분의 형제들에게도 살 곳을 확보해 주실 것입니다. 그들이 **하나님** 여러분의 하나님께서 그들에게 주시는 요단 강 서쪽 땅을 차지하게 되면, 그제야 여러분은 저마다 내가 이곳에서 여러분에게 나누어 준 땅으로 돌아갈 수 있습니다."

너는 요단 강을 건너지 못할 것이다

21-22 그때에 나는 여호수아에게 명령했습니다. "너는 **하나님** 너희 하나님께서 이 두 왕에게 행하신 모든 것을 두 눈으로 똑똑히 보았다. **하나님**께서는 네가 건너갈 강 건너편 모든 나라에도 똑같이 행하실 것이다. 그들을 두려워하지 마라. **하나님** 너희 하나님께서 친히 너희를 위해 싸우실 것이다."

23-25 동시에 나는 **하나님**께 간절히 구

15 I gave Gilead to Makir.

16-17 I gave the Reubenites and Gadites the land from Gilead down to the Brook Arnon, whose middle was the boundary, and as far as the Jabbok River, the boundary line of the People of Ammon. The western boundary was the Jordan River in the Arabah all the way from the Kinnereth (the Sea of Galilee) to the Sea of the Arabah (the Salt Sea or Dead Sea) at the base of the slopes of Mount Pisgah on the east.

18-20 I commanded you at that time, "GOD, your God, has given you this land to possess. Your men, fit and armed for the fight, are to cross the river in advance of their brothers, the People of Israel. Only your wives, children, and livestock (I know you have much livestock) may go ahead and settle down in the towns I have already given you until GOD secures living space for your brothers as he has for you and they have taken possession of the country west of the Jordan that GOD, your God, is giving them. After that, each man may return to the land I've given you here."

21-22 I commanded Joshua at that time, "You've seen with your own two eyes everything GOD, your God, has done to these two kings. GOD is going to do the same thing to all the kingdoms over there across the river where you're headed. Don't be afraid of them. GOD, your God—he's fighting for you."

23-25 At that same time, I begged GOD: "GOD, my Master, you let me in on the beginnings, you let me see your greatness, you let me

했습니다. "주 나의 **하나님**, 주께서는 이 일의 시작부터 저를 참여시키셨습니다. 주께서는 제게 주의 위대하심을 나타내시고, 주의 권능을 보여주셨습니다. 하늘과 땅에 있는 어떤 신이 주께서 행하신 것과 같은 일을 행할 수 있겠습니까! 부디, 이 일의 마지막까지 저를 참여시켜 주셔서, 제가 저 강을 건너서 요단 강 저편에 있는 좋은 땅, 초목이 무성한 언덕, 레바논의 산들을 보게 해주십시오."

26-27 그러나 **하나님**께서는 여러분 때문에 내게 진노하셔서, 나의 간구를 들어주지 않으셨습니다. 그분께서 말씀하셨습니다. "이제 됐다. 더 이상 이 일로 내게 말하지 마라. 너는 비스가 산 정상에 올라가서 동서남북 사방을 둘러보아라. 그 땅을 네 두 눈에 담아 두어라. 너는 이 요단 강을 건너지 못할 것이니, 잘 보아 두어라.

28 너는 여호수아에게 명령하여, 그에게 용기와 힘을 북돋아 주어라. 그가 혼자서 이 백성을 이끌고 강을 건너서, 네가 바라보기만 하고 들어갈 수 없는 그 땅을 그들에게 유산으로 받게 할 것이다."

29 그래서 우리는 벳브올 맞은편 이 골짜기에 머물렀습니다.

지켜야 할 하나님의 규례와 법도

4 1-2 이스라엘 여러분, 들으십시오. 내가 여러분에게 가르치는 규례와 법도를 잘 듣고 따르십시오. 그리하면 여러분이 살 것이요, **하나님** 여러분 조상의 하나님께서 여러분에게 주시는 땅에 들어가 그 땅을 차지할 것입니다. 내가 여러분에게 명령하는 말에 한 마디도 더하거나 빼지 마십시오. 여러분은 내가 여러분에게 전하는, **하나님** 여러분의 하나님의 명령을 지키십시오. 3-4 여러분은 **하나님**께서 바알브올에서 행하신 일을 두 눈으로 보았습니다. **하나님**께서 바알브올 광란의 축제에 참여한 모든 사람을

see your might—what god in Heaven or Earth can do anything like what you've done! Please, let me in also on the endings, let me cross the river and see the good land over the Jordan, the lush hills, the Lebanon mountains."

26-27 But GOD was still angry with me because of you. He wouldn't listen. He said, "Enough of that. Not another word from you on this. Climb to the top of Mount Pisgah and look around: look west, north, south, east. Take in the land with your own eyes. Take a good look because you're not going to cross this Jordan.

28 "Then command Joshua: Give him courage. Give him strength. Single-handed he will lead this people across the river. Single-handed he'll cause them to inherit the land at which you can only look."

29 That's why we have stayed in this valley near Beth Peor.

✣

4 1-2 Now listen, Israel, listen carefully to the rules and regulations that I am teaching you to follow so that you may live and enter and take possession of the land that GOD, the God-of-Your-Fathers, is giving to you. Don't add a word to what I command you, and don't remove a word from it. Keep the commands of GOD, your God, that I am commanding you.

3-4 You saw with your own eyes what GOD did at Baal Peor, how GOD destroyed from among you every man who joined in the Baal Peor orgies. But you, the ones

여러분 가운데서 어떻게 멸하셨는지 똑똑히 보았습니다. 그러나 **하나님** 여러분의 하나님 을 꼭 붙잡은 사람은 오늘까지 다 살아 있습 니다.

5-6 잘 들으십시오, 내가 **하나님**께서 내게 명 령하신 규례와 법도를 여러분에게 가르쳐 주 겠습니다. 이것은 여러분이 들어가 소유하게 될 땅에서 이 규례와 법도를 지키며 살게 하 려는 것입니다. 여러분은 이것을 지켜 실천하 십시오. 그러면 여러분은 지혜롭고 슬기로워 질 것입니다. 사람들이 여러분에 대해 듣고 눈으로 확인하고서 "대단한 민족이다! 어떻게 저토록 지혜롭고 슬기로울 수 있을까! 저런 민 족은 처음 본다" 하고 말할 것입니다.

7-8 맞습니다. 우리와 함께 계시고, 늘 우리 말 을 들으시는 **하나님** 우리 하나님처럼 친밀하 신 신을 섬기는 위대한 민족이 또 어디 있겠 습니까? 내가 오늘 여러분 앞에 제시하는 이 계시의 말씀만큼 선하고 올바른 규례와 법도 를 가진 위대한 민족이 또 어디 있겠습니까?

9 정신을 바짝 차리고, 여러분 자신을 면밀히 살피십시오. 여러분이 본 것을 잊지 마십시 오. 여러분의 마음이 흐트러지지 않게 하십시 오. 평생토록 깨어 있으십시오. 여러분이 보 고 들은 것을 여러분의 자녀와 손자손녀에게 가르치십시오.

10 여러분이 호렙에서 **하나님** 여러분의 하나 님 앞에 서던 날, **하나님**께서 내게 말씀하셨 습니다. "백성을 내 앞에 불러 모아 내 말에 귀 를 기울이게 하여라. 그들이 그 땅에서 사는 날 동안 거룩한 두려움으로 나를 경외하는 법 을 배우고, 똑같은 말씀을 그들의 자녀에게도 가르치게 하여라."

11-13 여러분이 모여서 산기슭에 서자, 그 산 에 불이 활활 타올라 불길이 하늘 높이 치 솟았습니다. 칠흑 같은 어둠과 짙은 구름 이 여러분을 감쌌습니다. **하나님**께서 불 가 운데서 여러분에게 말씀하셨습니다. 여러

who held tight to GOD, your God, are alive and well, every one of you, today.

5-6 Pay attention: I'm teaching you the rules and regulations that GOD commanded me, so that you may live by them in the land you are entering to take up ownership. Keep them. Practice them. You'll become wise and understanding. When people hear and see what's going on, they'll say, "What a great nation! So wise, so understanding! We've never seen anything like it."

7-8 Yes. What other great nation has gods that are intimate with them the way GOD, our God, is with us, always ready to listen to us? And what other great nation has rules and regulations as good and fair as this Revelation that I'm setting before you today?

9 Just make sure you stay alert. Keep close watch over yourselves. Don't forget anything of what you've seen. Don't let your heart wander off. Stay vigilant as long as you live. Teach what you've seen and heard to your children and grand- children.

10 That day when you stood before GOD, your God, at Horeb, GOD said to me, "Assemble the people in my presence to listen to my words so that they will learn to fear me in holy fear for as long as they live on the land, and then they will teach these same words to their children."

11-13 You gathered. You stood in the shadow of the mountain. The mountain was ablaze with fire, blazing high into the very heart of Heaven. You stood in deep darkness and thick clouds. GOD

분은 말씀하시는 소리만 들었을 뿐 아무것도 보지 못했습니다. 아무 형상도 보지 못하고 오직 그 음성만 들었습니다. 하나님께서는 그분의 언약, 곧 십계명을 선포하셨습니다. 여러분에게 그 계명대로 살라고 명령하시면서, 그것을 두 돌판에 써 주셨습니다. ¹⁴ 그때에 **하나님**께서 내게 명령하시기를, 여러분이 요단 강을 건너가 차지할 땅에서 지키며 살아야 할 규례와 법도를 여러분에게 가르쳐 주라고 하셨습니다.

¹⁵⁻²⁰ **하나님**께서 호렙 산 불 가운데서 여러분에게 말씀하시던 날, 여러분은 아무 형상도 보지 못했습니다. 그 점을 기억하십시오. 여러분이 타락하여 형상을 만드는 일이 없도록 스스로 조심하십시오. 남자의 형상이든 여자의 형상이든, 어슬렁거리는 짐승의 형상이든 날아다니는 새의 형상이든, 기어 다니는 뱀의 형상이든 물속 물고기의 형상이든, 아무것도 돌에 새기지 마십시오. 또 하늘로 눈을 들어, 해와 달과 별들, 곧 하늘의 온갖 천체를 보고 미혹되어서, 그것들을 경배하고 섬기는 일이 없도록 스스로 조심하십시오. 그것들은 도처에 있는 세상 모든 사람을 위해 **하나님**께서 진열해 놓으신 것에 불과합니다. 그러나 여러분은, **하나님**께서 용광로와 같은 이집트에서 건져 내셔서, 오늘 이처럼 그분 소유의 백성이 되게 하셨습니다.

²¹⁻²² 그러나 **하나님**께서는 여러분과 여러분이 한 말 때문에 내게 진노하셨습니다. 그분께서는 내가 요단 강을 건너지 못하고, **하나님** 여러분의 하나님께서 여러분에게 유산으로 주시는 저 아름다운 땅에 들어가지 못할 것이라고 맹세하셨습니다. 이는 내가 이 땅에서 죽는다는 뜻입니다. 나는 요단 강을 건너지 못하지만, 여러분은 건너가서 저 아름다운 땅을 차지할 것입니다.

²³⁻²⁴ 그러니 정신을 바짝 차리십시오. **하나님** 여러분의 하나님께서 여러분과 맺으신 언

spoke to you out of the fire. You heard the sound of words but you saw nothing— no form, only a voice. He announced his covenant, the Ten Words, by which he commanded you to live. Then he wrote them down on two slabs of stone.

¹⁴ And GOD commanded me at that time to teach you the rules and regulations that you are to live by in the land which you are crossing over the Jordan to possess.

¹⁵⁻²⁰ You saw no form on the day GOD spoke to you at Horeb from out of the fire. Remember that. Carefully guard yourselves so that you don't turn corrupt and make a form, carving a figure that looks male or female, or looks like a prowling animal or a flying bird or a slithering snake or a fish in a stream. And also carefully guard yourselves so that you don't look up into the skies and see the sun and moon and stars, all the constellations of the skies, and be seduced into worshiping and serving them. GOD set them out for everybody's benefit, everywhere. But you—GOD took you right out of the iron furnace, out of Egypt, to become the people of his inheritance—and that's what you are this very day.

²¹⁻²² But GOD was angry with me because of you and the things you said. He swore that I'd never cross the Jordan, never get to enter the good land that GOD, your God, is giving you as an inheritance. This means that I am going to die here. I'm not crossing the Jordan. But you will cross; you'll possess the good land.

²³⁻²⁴ So stay alert. Don't for a minute forget the covenant which GOD, your God,

약을 한순간도 잊지 마십시오. 어떤 형상이든, 새겨 만든 우상들에 관심을 갖지 마십시오. 이는 **하나님** 여러분의 하나님께서 분명하게 내리신 명령입니다. **하나님** 여러분의 하나님을 함부로 대해서는 안됩니다. 그분은 태워 버리는 불이시며, 질투하는 하나님이십니다.

25-28 여러분이 자녀를 낳고 손자손녀를 보고 나이를 먹어 가면서 그것들을 당연한 것으로 여기며 살다가, 그만 타락하여 어떤 형상이든 돌에 새겨 만들거나, **하나님** 보시기에 분명히 악한 짓을 하여 그분의 진노를 산다면, 내가 하늘과 땅을 증인 삼아 여러분에게 장담하건대, 여러분은 요단 강을 건너가 차지할 그 땅에서 쫓겨나고 말 것입니다. 정말입니다. 여러분이 그 땅에서 머무는 기간이 극히 짧을 것입니다. 여러분은 완전히 멸망할 것입니다. **하나님**께서 여러분을 멀리 사방으로 흩어 버리실 것입니다. **하나님**께서 여러분을 쫓아 보내실 민족들 가운데서도 살아남을 사람이 얼마 되지 않을 것입니다. 여러분은 거기서 사람이 나무나 돌로 만든 이상한 신들, 곧 보지도 못하고 듣지도 못하고 먹지도 못하고 냄새도 맡지 못하는 신들을 마음껏 섬기게 될 것입니다.

29-31 그러나 여러분이 거기서도 **하나님** 여러분의 하나님을 찾으면, 진정으로 그분을 찾고 마음과 뜻을 다해 그분을 찾으면, 그분을 만나게 될 것입니다. 장차 여러분이 환난을 당하고 이 모든 끔찍한 일이 여러분에게 일어나면, 그제야 여러분은 **하나님** 여러분의 하나님께로 돌아가, 그분이 하시는 말씀을 순종하는 마음으로 듣게 될 것입니다. **하나님** 여러분의 하나님은 무엇보다 자비로운 하나님이십니다. 그분은 여러분을 버리지도 멸하지도 않으실 것이며, 여러분의 조상에게 지키겠다고 맹세하신 언약을 잊지도 않으실 것입니다.

made with you. And don't take up with any carved images, no forms of any kind—GOD, your God, issued clear commands on that. GOD, your God, is not to be trifled with—he's a consuming fire, a jealous God.

25-28 When the time comes that you have children and grandchildren, put on years, and start taking things for granted, if you then become corrupt and make any carved images, no matter what their form, by doing what is sheer evil in GOD's eyes and provoking his anger—I can tell you right now, with Heaven and Earth as witnesses, that it will be all over for you. You'll be kicked off the land that you're about to cross over the Jordan to possess. Believe me, you'll have a very short stay there. You'll be ruined, completely ruined. GOD will scatter you far and wide; a few of you will survive here and there in the nations where GOD will drive you. There you can worship your homemade gods to your hearts' content, your wonderful gods of wood and stone that can't see or hear or eat or smell.

29-31 But even there, if you seek GOD, your God, you'll be able to find him if you're serious, looking for him with your whole heart and soul. When troubles come and all these awful things happen to you, in future days you will come back to GOD, your God, and listen obediently to what he says. GOD, your God, is above all a compassionate God. In the end he will not abandon you, he won't bring you to ruin, he won't forget the covenant with your ancestors which he swore to them.

32-33 Ask questions. Find out what has

32-33 물어보십시오. 여러분이 태어나기 전 그 오랜 세월 동안 무슨 일이 있었는지 알아보십시오. 하나님께서 이 땅에 남자와 여자를 창조하신 날부터 지금까지, 동쪽 지평선에서 서쪽 지평선에 이르기까지, 여러분이 상상할 수 있는 가장 먼 옛날에 이르기까지, 여러분이 상상할 수 있는 가장 먼 곳에 이르기까지, 이처럼 큰 일이 일어난 적이 있습니까? 누가 이와 같은 일을 들어 본 적이 있습니까? 불 가운데서 말씀하시는 신의 음성을 듣고도 여러분처럼 살아남아서 그 이야기를 전한 백성이 있습니까?

34 **하나님** 여러분의 하나님께서 이집트에서 여러분이 지켜보는 앞에서 여러분을 위해 행하신 것처럼, 온갖 시험과 이적과 전쟁을 통해, 강한 손과 펴신 팔과 두렵고 어마어마한 광경으로, 한 민족을 다른 민족 가운데서 이끌어 내려고 그토록 애쓴 신이 있습니까?

35-38 이 모든 것을 여러분에게 보여주신 것은, **하나님**만이 하나님이시며 그분만이 유일한 하나님이시라는 것을 여러분이 알게 하시려는 것입니다. 하나님은 정말로 그런 분이십니다. **하나님**께서는 여러분을 가르치시려고 하늘로부터 그분의 음성을 여러분에게 들려주셨습니다. 땅에서는 큰 불을 여러분에게 보여주셔서, 여러분이 다시 한번 그분의 말씀, 곧 불 가운데서 들려오는 그분의 말씀을 듣게 하셨습니다. **하나님**께서는 여러분의 조상을 사랑하셨고, 그래서 그들의 자손과 함께 일하기로 작정하셨습니다. 그분께서는 친히 강한 능력으로 여러분을 이집트에서 이끌어 내시고, 여러분보다 크고 강하고 오래된 여러 민족들을 쫓아내셨습니다. 그분께서는 여러분을 이끌어 내셔서, 그 민족들의 땅을 여러분에게 유산으로 넘겨주셨습니다. 그 일이 지금, 바로 오늘 일어나고 있습니다.

39-40 오늘 여러분은, **하나님**께서 위로는 하늘에 계시고 아래로는 땅에 계시며, 그분만이

been going on all these years before you were born. From the day God created man and woman on this Earth, and from the horizon in the east to the horizon in the west—as far back as you can imagine and as far away as you can imagine—has as great a thing as this ever happened? Has anyone ever heard of such a thing? Has a people ever heard, as you did, a god speaking out of the middle of the fire and lived to tell the story?

34 Or has a god ever tried to select for himself a nation from within a nation using trials, miracles, and war, putting his strong hand in, reaching his long arm out, a spectacle awesome and staggering, the way GOD, your God, did it for you in Egypt while you stood right there and watched?

35-38 You were shown all this so that you would know that GOD is, well, God. He's the only God there is. He's it. He made it possible for you to hear his voice out of Heaven to discipline you. Down on Earth, he showed you the big fire and again you heard his words, this time out of the fire. He loved your ancestors and chose to work with their children. He personally and powerfully brought you out of Egypt in order to displace bigger and stronger and older nations with you, bringing you out and turning their land over to you as an inheritance. And now it's happening. This very day.

39-40 Know this well, then. Take it to heart right now: GOD is in Heaven above; GOD is on Earth below. He's the only God there is. Obediently live by his rules and commands which I'm giving you today so that you'll live well and your children after you—oh,

오직 한분 하나님이신 것을 제대로 알고 마음에 새기십시오. 내가 오늘 여러분에게 전하는 그분의 규례와 계명을 지키며 사십시오. 그러면 여러분이 잘 살고, 여러분의 자손도 여러분의 뒤를 이어 잘 살 것입니다. 여러분은 하나님 여러분의 하나님께서 여러분에게 주시는 땅에서 오래도록 살게 될 것입니다.

❧

41-42 그때에 모세는 요단 강 동쪽 지역에 성읍 세 개를 따로 구별하고, 뜻하지 않게 사람을 죽인 자가 그곳으로 피신하여 목숨을 건질 수 있게 했다. 원한을 품은 일 없이 뜻하지 않게 살인한 자는, 이 성읍들 가운데 한 곳으로 피신하여 목숨을 건질 수 있었다. 43 그 세 성읍은 르우벤 지파가 차지한 고원 지대 광야의 베셀, 갓 지파가 차지한 길르앗의 라못, 므낫세 지파가 차지한 바산의 골란이다.

모세가 모압 평야에서 전한 두 번째 설교
44-49 다음은 모세가 이스라엘 백성에게 전한 계시의 말씀이다. 이것은 이스라엘 백성이 이집트를 나와 요단 강 동쪽 벳브올 맞은편 골짜기에 도착한 뒤에, 모세가 이스라엘 백성에게 전한 증언과 규례와 법도다. 그곳은 헤스본에서 다스리던 아모리 왕 시혼의 땅이었다. 모세와 이스라엘 백성은 이집트를 떠난 뒤에 그를 쳐서 물리치고 그 땅을 차지했다. 또한 그들은 바산 왕 옥의 땅도 차지했다. 두 아모리 왕이 차지하고 있던 요단 강 동쪽 지역의 땅은, 아르논 시내 근처에 있는 아로엘에서부터 북쪽으로는 헤르몬 산으로 알려진 시온 산까지, 요단 강 동쪽의 아라바 전역, 남쪽으로는 비스가 산 기슭 아래 아라바 바다(사해)까지였다.

you'll live a long time in the land that GOD, your God, is giving you.

❧

41-42 Then Moses set aside three towns in the country on the east side of the Jordan to which someone who had unintentionally killed a person could flee and find refuge. If the murder was unintentional and there was no history of bad blood, the murderer could flee to one of these cities and save his life:
43 Bezer in the wilderness on the tableland for the Reubenites, Ramoth in Gilead for the Gadites, and Golan in Bashan for the Manassites.

❧

44-49 This is the Revelation that Moses presented to the People of Israel. These are the testimonies, the rules and regulations Moses spoke to the People of Israel after their exodus from Egypt and arrival on the east side of the Jordan in the valley near Beth Peor. It was the country of Sihon king of the Amorites who ruled from Heshbon. Moses and the People of Israel fought and beat him after they left Egypt and took his land. They also took the land of Og king of Bashan. The two Amorite kings held the country on the east of the Jordan from Aroer on the bank of the Brook Arnon as far north as Mount Siyon, that is, Mount Hermon, all the Arabah plain east of the Jordan, and as far south as the Sea of the Arabah (the Dead Sea) beneath the slopes of Mount Pisgah.

십계명

5

¹ 모세가 온 이스라엘을 불러 모아, 그들에게 말했다.

이스라엘 여러분, 주목하십시오. 내가 오늘 여러분의 들을 줄 아는 귀에 대고 전하는 규례와 법도를, 순종하는 마음으로 들으십시오. 이것들을 익히고, 그대로 사십시오.

2-5 **하나님** 우리 하나님께서는 호렙에서 우리와 언약을 맺으셨습니다. **하나님**께서는 이 언약을 우리 조상하고만 맺으신 것이 아니라, 오늘 이렇게 살아 있는 우리 모두와도 맺으셨습니다. **하나님**께서는 그 산 불 가운데서 여러분에게 직접 말씀하셨습니다. 그 때 나는 **하나님**과 여러분 사이에 서서, **하나님**께서 하시는 말씀을 여러분에게 전해 주었습니다. 기억하시겠지만, 여러분이 그 불을 두려워하여 산에 올라가려고 하지 않았기 때문입니다. **하나님**께서 말씀하셨습니다.

⁶ "나는 너희를 이집트 땅,
    종살이하던 집에서 이끌어 낸
    하나님 너희 하나님이다.

⁷ 나 외에, 다른 신을 섬기지 마라.

8-10 날아다니는 것이나 걸어 다니는 것이나 헤엄쳐 다니는 것이나, 크기와 모양과 형상이 어떠하든지, 신상들을 새겨 만들지 마라. 그것들에게 절하거나 그것들을 섬기지 마라. 나는 **하나님**, 너희 하나님이며, 몹시도 질투하는 하나님이다. 나는 부모의 죄를 자녀들에게 넘겨줄 뿐 아니라, 삼사 대 자손에 이르기까지 그 죄값을 치르게 할 것이다. 그러나 나를 사랑하고 내 계명을 지키는 사람에게는, 내가 천 대에 이르기까지 한결같은 사랑을 베푼다.

¹¹ **하나님** 너희 하나님의 이름을, 저주하거나 실없이 농담을 하는 데 사용하지 마라. 나 **하나님**은, 그 이름을 경건하지 못한 일에 사

Moses Teaches Israel on the Plains of Moab

5

¹ Moses called all Israel together. He said to them,

Attention, Israel. Listen obediently to the rules and regulations I am delivering to your listening ears today. Learn them. Live them.

2-5 GOD, our God, made a covenant with us at Horeb. GOD didn't just make this covenant with our parents; he made it also with us, with all of us who are alive right now. GOD spoke to you personally out of the fire on the mountain. At the time I stood between GOD and you, to tell you what GOD said. You were afraid, remember, of the fire and wouldn't climb the mountain. He said:

⁶ I am GOD, your God,
    who brought you out of the land of Egypt,
    out of a house of slaves.

⁷ No other gods, only me.

8-10 No carved gods of any size, shape, or form of anything whatever, whether of things that fly or walk or swim. Don't bow down to them and don't serve them because *I* am GOD, your God, and I'm a most jealous God. I hold parents responsible for any sins they pass on to their children to the third, and yes, even to the fourth generation. But I'm lovingly loyal to the thousands who love me and keep my commandments.

¹¹ No using the name of GOD, your God, in curses or silly banter; GOD won't put up with the irreverent use of his name.

용하는 것을 참지 않을 것이다.

12-15 안식일에는 일하지 마라. **하나님** 너희 하나님이 너희에게 명령한 대로 안식일을 거룩하게 지켜라. 육 일 동안 일하면서 네 할 일을 다 하여라. 그러나 일곱째 날은 안식일, 곧 휴식의 날이니, 아무 일도 하지 마라. 너희와 너희 아들딸, 너희 남종과 여종, 너희 소와 나귀(너희 소유의 집짐승), 심지어 너희 마을을 방문한 손님도 일을 해서는 안된다. 그래야 너희 남종과 여종들도 너희와 똑같이 쉴 수 있을 것이다. 너희가 이집트에서 종으로 살았고, **하나님** 너희 하나님이 강한 능력을 나타내어 너희를 그곳에서 이끌어 내었음을 잊지 마라. **하나님** 너희 하나님이 너희에게 안식의 날을 지키라고 명령하는 것은 그 때문이다.

16 너희 부모를 공경하여라. 이는 **하나님** 너희 하나님의 명령이다! 그러면 너희가 오래도록 살고, 하나님이 너희에게 주는 땅에서 너희가 잘 될 것이다.

17 살인하지 마라.

18 간음하지 마라.

19 도둑질하지 마라.

20 너희 이웃에 대해 거짓말하지 마라.

21 너희 이웃의 아내를 탐내지 마라. 이웃의 집이나 밭, 남종이나 여종, 소나 나귀나 그 무엇이든, 너희 이웃의 소유는 어떤 것도 탐내지 마라!"

22 이것이 **하나님**께서 산에서 온 회중에게 선포하신 말씀입니다. 그분께서는 불과 구름과 짙은 안개 가운데서 큰 음성으로 말씀하셨습니다. 그 말씀이 전부였고, 한 마디도 더 하지 않으셨습니다. 그러고는 그것을 두 돌판에 써서 내게 주셨습니다.

23-24 여러분이 짙은 구름 가운데서 들려오는 그 음성을 듣고 산이 불타는 것을 보고 나서야, 여러분 각 지파의 우두머리와 지도자들

12-15 No working on the Sabbath; keep it holy just as GOD, your God, commanded you. Work six days, doing everything you have to do, but the seventh day is a Sabbath, a Rest Day—no work: not you, your son, your daughter, your servant, your maid, your ox, your donkey (or any of your animals), and not even the foreigner visiting your town. That way your servants and maids will get the same rest as you. Don't ever forget that you were slaves in Egypt and GOD, your God, got you out of there in a powerful show of strength. That's why GOD, your God, commands you to observe the day of Sabbath rest.

16 Respect your father and mother—GOD, your God, commands it! You'll have a long life; the land that God is giving you will treat you well.

17 No murder.

18 No adultery.

19 No stealing.

20 No lies about your neighbor.

21 No coveting your neighbor's wife. And no lusting for his house, field, servant, maid, ox, or donkey either—nothing that belongs to your neighbor!

22 These are the words that GOD spoke to the whole congregation at the mountain. He spoke in a tremendous voice from the fire and cloud and dark mist. And that was it. No more words. Then he wrote them on two slabs of stone and gave them to me.

23-24 As it turned out, when you heard the Voice out of that dark cloud and saw the mountain on fire, you approached

이 내게 다가와서 말했습니다.

24-26 "우리 **하나님**께서 우리에게 그분의 영광과 위엄을 드러내 보이셨습니다. 오늘 우리는 그분께서 불 가운데서 하시는 말씀을 들었습니다! 하나님께서 사람들에게 말씀하시는데도 그들이 여전히 살아 있는 것을 우리가 똑똑히 보았습니다. 하지만 어찌 더 모험을 하겠습니까? 우리가 더 머물다가는 이 큰 불이 우리를 삼키고 말 것입니다. 우리가 **하나님**의 음성을 더 듣다가는 틀림없이 죽고 말 것입니다. 이제까지, 우리처럼 **하나님**의 음성을 듣고도 살아남아서 이야기를 전한 사람이 있었습니까?

27 이제부터는 당신이 가서 **하나님** 우리 하나님께서 하시는 말씀을 듣고, **하나님**께서 당신에게 일러 주시는 말씀을 우리에게 전해 주십시오. 그러면 우리가 듣고 그대로 행하겠습니다."

28-29 **하나님**께서는 여러분이 내게 하는 말을 들으시고 내게 말씀하셨습니다. "이 백성이 네게 하는 말을 내가 들었다. 그들의 말이 참으로 옳다. 그들이 언제나 이런 마음으로 나를 경외하고 나의 모든 계명을 지키면, 내가 무엇인들 주지 않겠느냐? 그렇게 하기만 하면, 그들과 그 자손이 영원토록 잘 살 것이다!

30-31 가서 그들에게 자기 장막으로 돌아가라고 말하여라. 그러나 너는 여기에 나와 함께 머물러 있어라. 그들에게 가르쳐야 할 모든 계명과 규례와 법도를 내가 네게 일러 주겠다. 그러면 그들은 내가 그들에게 주어 소유하게 할 땅에서 어떻게 살아야 하는지 알게 될 것이다."

32-33 그러니 여러분은 정신을 바짝 차려서, 하나님께서 여러분에게 명령하시는 그대로 행하십시오. 오른쪽으로나 왼쪽으로나 벗어나지 마십시오. **하나님**께서 명령하시는 길을 곧장 따라가십시오. 그러면 여러분이 차지할 땅에서 여러분이 잘 살고, 오래도록 살 것입니다.

me, all the heads of your tribes and your leaders, and said,

24-26 "Our GOD has revealed to us his glory and greatness. We've heard him speak from the fire today! We've seen that God can speak to humans and they can still live. But why risk it further? This huge fire will devour us if we stay around any longer. If we hear GOD's voice anymore, we'll die for sure. Has anyone ever known of anyone who has heard the Voice of GOD the way we have and lived to tell the story?

27 "From now on, *you* go and listen to what GOD, our God, says and then tell us what GOD tells you. We'll listen and we'll do it."

28-29 GOD heard what you said to me and told me, "I've heard what the people said to you. They're right—good and true words. What I wouldn't give if they'd always feel this way, continuing to revere me and always keep all my commands; they'd have a good life forever, they and their children!

30-31 "Go ahead and tell them to go home to their tents. But you, you stay here with me so I can tell you every commandment and all the rules and regulations that you must teach them so they'll know how to live in the land that I'm giving them as their own."

32-33 So be very careful to act exactly as GOD commands you. Don't veer off to the right or the left. Walk straight down the road GOD commands so that you'll have a good life and live a long time in the land that you're about to possess.

여러분의 하나님을 전심으로 사랑하십시오

6 ¹⁻² 이것은 **하나님** 여러분의 하나님께서 여러분에게 가르치라고 내게 명령하신 계명과 규례와 법도입니다. 여러분이 건너가 차지할 땅에서 이것을 지켜 행하십시오. 이것은 여러분과 여러분의 자녀와 손자손녀가 평생토록 **하나님**을 깊이 경외하며 살고, 내가 여러분에게 명령하는 그분의 규례와 법도를 지켜, 오래도록 잘 살게 하려는 것입니다.

³ 이스라엘 여러분, 잘 들으십시오. 이 말을 듣고 그대로 행하십시오. 그러면 **하나님**께서 약속하신 대로, 젖과 꿀이 흐르는 땅에서 여러분이 잘 살고, 풍요로운 삶을 얻게 될 것입니다.

⁴ 이스라엘 여러분, 주목하십시오!

하나님 우리 하나님! 그분은 오직 한분 하나님이십니다!

⁵ 여러분은 **하나님**을, 여러분의 하나님을 전심으로 사랑하십시오. 여러분의 전부를 다해, 여러분이 가진 전부를 다 드려, 그분을 사랑하십시오.

⁶⁻⁹ 오늘 내가 여러분에게 전한 이 계명을 여러분 마음에 새기십시오. 이 계명이 여러분 마음에서 떠나지 않게 하고, 여러분 자녀의 마음에서 떠나지 않게 하십시오. 집에 앉아 있을 때나 길을 걸을 때나 어디에 있든지, 이 계명에 관해 이야기하십시오. 아침에 일어나는 순간부터 밤에 잠자리에 드는 순간까지, 이 계명에 관해 이야기하십시오. 이 계명을 여러분의 손과 이마에 매어 표로 삼으십시오. 여러분의 집 양쪽 문기둥과 성문에도 새겨 놓으십시오.

¹⁰⁻¹² **하나님** 여러분의 하나님께서 여러분의 조상 아브라함과 이삭과 야곱을 통해 여러분에게 주기로 약속하신 땅에 여러분을 이끌어 들이시면, 여러분은 여러분이 세우지 않

6 ¹⁻² This is the commandment, the rules and regulations, that GOD, your God, commanded me to teach you to live out in the land you're about to cross into to possess. This is so that you'll live in deep reverence before GOD lifelong, observing all his rules and regulations that I'm commanding you, you and your children and your grand-children, living good long lives.

³ Listen obediently, Israel. Do what you're told so that you'll have a good life, a life of abundance and bounty, just as GOD promised, in a land abounding in milk and honey.

⁴ Attention, Israel!

GOD, our God! GOD the one and only!

⁵ Love GOD, your God, with your whole heart: love him with all that's in you, love him with all you've got!

⁶⁻⁹ Write these commandments that I've given you today on your hearts. Get them inside of you and then get them inside your children. Talk about them wherever you are, sitting at home or walking in the street; talk about them from the time you get up in the morning to when you fall into bed at night. Tie them on your hands and foreheads as a reminder; inscribe them on the doorposts of your homes and on your city gates.

¹⁰⁻¹² When GOD, your God, ushers you into the land he promised through your ancestors Abraham, Isaac, and Jacob to give you, you're going to walk into large, bustling cities you didn't build, well-fur-

은 크고 번화한 성읍들, 여러분이 구입하지 않은 좋은 가구가 즐비한 집들로 들어가, 여러분이 파지 않은 우물과 여러분이 심지 않은 포도밭과 올리브밭을 만나게 될 것입니다. 여러분이 그 모든 것을 차지하고 그곳에 정착하여 기쁨과 만족을 얻게 되거든, 여러분이 어떻게 그곳에 이르게 되었는지를 잊지 마십시오. 여러분을 이집트 종살이에서 이끌어 내신 분은 **하나님**이십니다.

13-19 **하나님** 여러분의 하나님을 깊이 경외하십시오. 그분만을 섬기고 오직 그분만을 예배하십시오. 그분의 이름으로만 맹세하십시오. 여러분 가운데 살고 계신 **하나님** 여러분의 하나님은 질투하는 하나님이시니, 다른 신들, 곧 이웃 백성이 섬기는 신들과 어울리지 마십시오. 그분을 노하게 하여, 활활 타오르는 그분의 진노가 여러분을 지면에서 싹 태워 버리는 일이 없게 하십시오. 전에 여러분이 맛사에서 하나님을 시험했던 것처럼, **하나님** 여러분의 하나님을 시험하지 마십시오. **하나님** 여러분의 하나님의 명령을 잘 지키고, 그분께서 여러분에게 주신 의무와 법도를 모두 지키십시오. 옳은 일을 하십시오. **하나님** 보시기에 선한 일을 행하십시오. 그러면 여러분이 잘 살게 되고, **하나님**께서 여러분의 조상을 통해 엄숙히 약속하신 저 아름다운 땅에 당당히 들어가 그 땅을 차지하며, **하나님**께서 말씀하신 대로 여러분의 원수들을 사방으로 쫓아낼 수 있을 것입니다.

20-24 장차 여러분의 자녀가 "**하나님** 우리 하나님께서 명령하신 이 의무와 법도와 규례는 무슨 뜻입니까?" 하고 묻거든, 여러분은 그들에게 이렇게 일러 주십시오. "우리가 이집트에서 바로의 종이었으나, **하나님**께서 강한 능력으로 직접 나서서 우리를 그 땅에서 이끌어 내셨다. **하나님**께서 이집트, 곧 바로와 그의 집안에 기적─표징과 큰 이적과 끔찍한 재앙을 내리실 때, 우리가 그곳에 서서 똑똑히

nished houses you didn't buy, come upon wells you didn't dig, vineyards and olive orchards you didn't plant. When you take it all in and settle down, pleased and content, make sure you don't forget how you got there—GOD brought you out of slavery in Egypt.

13-19 Deeply respect GOD, your God. Serve and worship him exclusively. Back up your promises with his name only. Don't fool around with other gods, the gods of your neighbors, because GOD, your God, who is alive among you is a jealous God. Don't provoke him, igniting his hot anger that would burn you right off the face of the Earth. Don't push GOD, your God, to the wall as you did that day at Massah, the Testing-Place. Carefully keep the commands of GOD, your God, all the requirements and regulations he gave you. Do what is right; do what is good in GOD's sight so you'll live a good life and be able to march in and take this pleasant land that GOD so solemnly promised through your ancestors, throwing out your enemies left and right—exactly as GOD said.

20-24 The next time your child asks you, "What do these requirements and regulations and rules that GOD, our God, has commanded mean?" tell your child, "We were slaves to Pharaoh in Egypt and GOD powerfully intervened and got us out of that country. We stood there and watched as GOD delivered miracle-signs, great wonders, and evil-visitations on Egypt, on Pharaoh and his household. He pulled us out of there so he could bring us

보았다. **하나님**께서 우리를 그곳에서 이끌어
내신 것은, 우리를 이곳으로 데려오셔서 우리
조상에게 엄숙히 약속하신 땅을 우리에게 주
시려는 것이었다. **하나님**께서 우리에게 이 모
든 규례를 따르라고 명령하신 것은 그 때문이
다. 이는 우리가 **하나님** 우리 하나님 앞에서
경건하게 살게 하셔서, 오늘 이처럼 우리를
잘 살게 하시고 오래도록 살게 해주시려는 것
이다.
²⁵ **하나님** 우리 하나님께서 명령하신 대로 우
리가 그분 앞에서 이 모든 계명을 지켜 행하
면, 이것이야말로 하나님 앞에 바로 세워진
온전한 삶이 될 것이다."

하나님께서 이스라엘을 택하신 이유

7 ¹⁻² **하나님** 여러분의 하나님께서, 여
러분이 들어가 차지하려고 하는 땅
으로 여러분을 데려가신 뒤에, 그곳에 자리
잡고 살던 막강한 민족들, 곧 헷 사람, 기르
가스 사람, 아모리 사람, 가나안 사람, 브리
스 사람, 히위 사람, 여부스 사람을 여러분
앞에서 몰아내실 것입니다. 그 일곱 민족은
모두 여러분보다 수가 많고 강한 민족입니
다. **하나님** 여러분의 하나님께서 그들을 여
러분 손에 넘겨주실 것이니, 여러분은 그들
을 쳐부수어야 합니다. 여러분은 그들을 완
전히 멸해서, 그들을 거룩한 진멸의 제물로
하나님께 드려야 합니다.
그들과 조약을 맺지 마십시오.
어떤 경우에도 그들을 풀어 주지 마십시오.
³⁻⁴ 그들과 결혼하지 마십시오. 여러분의 딸
을 그들의 아들에게 주지도 말고, 그들의 딸
을 여러분의 아들에게 데려오지도 마십시
오. 그렇게 하다가는 여러분이 미처 눈치채
기도 전에, 그들이 자기 신들을 숭배하는 일
에 여러분을 끌어들이고 말 것입니다. 그러
면 **하나님**께서 진노하셔서, 순식간에 여러
분을 멸하실 것입니다.

here and give us the land he so solemnly
promised to our ancestors. That's why
GOD commanded us to follow all these
rules, so that we would live reverently
before GOD, our God, as he gives us this
good life, keeping us alive for a long time
to come.
²⁵ "It will be a set-right and put-together
life for us if we make sure that we do this
entire commandment in the Presence of
GOD, our God, just as he commanded us
to do."

7 ¹⁻² When GOD, your God, brings
you into the country that you are
about to enter and take over, he will clear
out the superpowers that were there
before you: the Hittite, the Girgashite,
the Amorite, the Canaanite, the Perizzite,
the Hivite, and the Jebusite. Those seven
nations are all bigger and stronger than
you are. GOD, your God, will turn them
over to you and you will conquer them.
You must completely destroy them, offer-
ing them up as a holy destruction to GOD.
Don't make a treaty with them.
Don't let them off in any way.
³⁻⁴ Don't marry them: Don't give your
daughters to their sons and don't take
their daughters for your sons—before you
know it they'd involve you in worshiping
their gods, and GOD would explode in
anger, putting a quick end to you.
⁵ Here's what you are to do:

Tear apart their altars stone by stone,
smash their phallic pillars,

5 여러분은 이렇게 해야 합니다.

그들의 제단을 하나씩 허물고
남근 모양의 기둥들을 깨부수고
섹스와 종교를 결합한 아세라 목상들을 찍어
버리고
그들이 조각한 신상들을 불사르십시오.

6 여러분은 하나님 여러분의 하나님 앞에 거룩
하게 구별된 백성이니, 그렇게 해야 합니다. 하
나님 여러분의 하나님께서 땅에 있는 모든 백
성 가운데서 여러분을 친히 택하시고, 그분의
소중한 보배로 삼으셨습니다.

7-10 하나님께서 여러분에게 마음이 끌리시고
여러분을 택하신 것은, 여러분이 수가 많고 유력
해서가 아니었습니다. 사실, 여러분에게는 이렇
다 할 것이 없었습니다. 그분께서는 순전한 사랑
때문에, 그리고 여러분의 조상에게 하신 약속을
지키시려고 그렇게 하신 것입니다. 하나님께서
크신 능력으로 직접 나서서 저 종살이하던 세계
에서 여러분을 되사시고, 이집트 왕 바로의 강철
같은 손에서 여러분을 해방시켜 주신 것입니다.
그러니 여러분은, 하나님 여러분의 하나님만이
참 하나님이시며 여러분이 의지해야 할 하나님
이시라는 것을 알아야 합니다. 하나님께서는 그
분을 사랑하고 그분의 계명을 지키는 사람들과
맺은 신실한 사랑의 언약을 천 대에 이르기까지
지키십니다. 그러나 그분을 미워하는 자들에게
는 벌을 내려 죽게 하십니다. 하나님께서는 그런
자들에게 지체 없이 되갚아 주십니다. 하나님께
서는 그분을 미워하는 자들을 즉시 벌하십니다.

11 그러니 내가 오늘 여러분에게 명령하는 계
명과 규례와 법도를 지키십시오. 그대로 행하
십시오.

12-13 그러면 장차 이런 일이 일어날 것입니다.
여러분이 이 명령을 따라 잘 지켜 행하면, 하나
님께서도 여러분의 조상과 맺은 신실한 사랑의
언약을 지키실 것입니다.

chop down their sex-and-religion Asherah groves,
set fire to their carved god-images.

6 Do this because you are a people set apart as holy to GOD, your God. GOD, your God, chose you out of all the people on Earth for himself as a cherished, personal treasure.

7-10 GOD wasn't attracted to you and didn't choose you because you were big and important—the fact is, there was almost nothing to you. He did it out of sheer love, keeping the promise he made to your ancestors. GOD stepped in and mightily bought you back out of that world of slavery, freed you from the iron grip of Pharaoh king of Egypt. Know this: GOD, your God, is God indeed, a God you can depend upon. He keeps his covenant of loyal love with those who love him and observe his commandments for a thousand generations. But he also pays back those who hate him, pays them the wages of death; he isn't slow to pay them off—those who hate him, he pays right on time.

11 So keep the command and the rules and regulations that I command you today. Do them.

12-13 And this is what will happen: When you, on your part, will obey these directives, keeping and following them, GOD, on his part, will keep the covenant of loyal love that he made with your ancestors:

하나님께서 여러분을 사랑하시고
여러분에게 복을 내리시며
여러분의 수를 늘려 주실 것입니다.

He will love you,
he will bless you,
he will increase you.

13-15 또 여러분에게 주시겠다고 여러분의 조상에게 약속하신 땅에서, 여러분의 태에서 태어난 젖먹이와 여러분의 밭에서 난 곡식 수확물과 포도주와 기름에 복을 내리시고, 여러분의 소 떼에서 태어난 송아지와 양 떼에서 태어난 어린양에게도 복을 내려 주실 것입니다. 여러분은 다른 모든 민족보다 더 큰 복을 받아서, 여러분 가운데서 아이를 낳지 못하는 사람이 없고, 여러분의 가축 가운데서 새끼를 낳지 못하는 짐승이 없을 것입니다. 하나님께서 온갖 질병을 없애 주실 것입니다. 그분께서는 여러분이 이집트에서 경험한 온갖 나쁜 질병에 걸리지 않게 하시고, 여러분을 미워하는 자들에게 그러한 병이 걸리게 하실 것입니다.

16 여러분은 하나님 여러분의 하나님께서 여러분에게 넘겨주시는 모든 민족을 완전히 처부수어야 합니다. 그들을 불쌍히 여기지 말고, 그들의 신들을 숭배하지 마십시오. 그렇게 했다가는 그것들이 여러분에게 덫이 되고 말 것입니다.

17-19 여러분은 속으로 "이 민족들이 우리보다 열 배는 많은 것 같다! 우리는 그들에게 아무런 충격도 주지 못할 것이다!" 하고 생각할 것입니다. 그러나 내가 분명히 말하건대, 두려워하지 마십시오. 하나님 여러분의 하나님께서 바로와 온 이집트에 행하신 일을 낱낱이 기억하고 또 기억하십시오. 여러분이 직접 목격한 그 위대한 싸움들을 기억하십시오. 하나님께서 팔을 뻗어 여러분을 그곳에서 이끌어 내실 때에 보여주신 기적-표징과 이적과 그분의 강한 손을 기억하십시오. 하나님 여러분의 하나님께서는, 지금 여러분이 두려워하고 있는 저 민족들에게도 그와 똑같이 행하실 것입니다.

20 그뿐 아니라, 말벌까지 보내실 것입니다. 하나님께서 그들에게 말벌을 풀어 놓으셔서, 여러

13-15 He will bless the babies from your womb and the harvest of grain, new wine, and oil from your fields; he'll bless the calves from your herds and lambs from your flocks in the country he promised your ancestors that he'd give you. You'll be blessed beyond all other peoples: no sterility or barrenness in you or your animals. GOD will get rid of all sickness. And all the evil afflictions you experienced in Egypt he'll put not on you but on those who hate you.

16 You'll make mincemeat of all the peoples that GOD, your God, hands over to you. Don't feel sorry for them. And don't worship their gods—they'll trap you for sure.

17-19 You're going to think to yourselves, "Oh! We're outnumbered ten to one by these nations! We'll never even make a dent in them!" But I'm telling you, Don't be afraid. Remember, yes, remember in detail what GOD, your God, did to Pharaoh and all Egypt. Remember the great contests to which you were eyewitnesses: the miracle-signs, the wonders, GOD's mighty hand as he stretched out his arm and took you out of there. GOD, your God, is going to do the same thing to these people you're now so afraid of.

20 And to top it off, the Hornet. GOD will unleash the Hornet on them until every survivor-in-hiding is dead.

분의 눈을 피해 살아남은 자들까지 모조리 죽
이실 것입니다.

21-24 그러니 그들을 겁내지 마십시오. 하나
님 여러분의 하나님, 위대하고 두려우신 하
나님께서 여러분 가운데 계십니다. 하나님 여
러분의 하나님께서 저 민족들을 서서히 쫓아
내실 것입니다. 여러분은 저들을 단번에 쓸어
버리지는 못할 것입니다. 그렇게 했다가는 들
짐승들이 그 땅을 차지하고서 여러분을 덮칠
지도 모릅니다. 하나님 여러분의 하나님께서
는 그들을 여러분의 길에서 몰아내시고 그들
을 큰 공포에 빠지게 하셔서, 그들 가운데 살
아남은 자가 하나도 없게 하실 것입니다. 그
분께서 그들의 왕들을 여러분 손에 넘겨주실
것이니, 여러분은 그들의 흔적을 하늘 아래서
모조리 없애 버릴 것입니다. 단 한 사람도 여
러분과 맞서지 못할 것이며, 여러분은 그들을
모조리 죽일 것입니다.

25-26 여러분은 반드시 그들이 조각한 신상들
을 불살라 버리십시오. 그 신상들에 입힌 은
이나 금을 탐내어 여러분의 것으로 취하지 마
십시오. 그것 때문에 여러분은 덫에 걸리고
말 것입니다. 그런 짓은, 하나님 여러분의 하
나님께서 몹시 싫어하시는 역겨운 행동입니
다. 여러분은 그 역겨운 것은 하나라도 집에
들이지 마십시오. 그렇게 했다가는 여러분도
그 역겨운 것처럼 끝장나고 말 것입니다. 거
룩한 진멸의 제물로 불살라지고 말 것입니다.
그것은 금지된 물건입니다! 그러니 그것을 혐
오하고 역겨운 것으로 여기십시오. 그것을 없
애 버려서, 하나님의 거룩하심을 지키십시오.

여러분의 하나님을 잊지 마십시오

8 1-5 여러분은 오늘 내가 여러분에게
명령하는 모든 계명을 지켜 행하십시
오. 그러면 여러분이 살고 번성할 것이며, 하
나님께서 여러분의 조상에게 약속하신 땅에
들어가 그 땅을 차지할 것입니다. 하나님께서

21-24 So don't be intimidated by them.
GOD, your God, is among you—GOD
majestic, GOD awesome. GOD, your God,
will get rid of these nations, bit by bit.
You won't be permitted to wipe them out
all at once lest the wild animals take over
and overwhelm you. But GOD, your God,
will move them out of your way—he'll
throw them into a huge panic until there's
nothing left of them. He'll turn their kings
over to you and you'll remove all trace of
them under Heaven. Not one person will
be able to stand up to you; you'll put an
end to them all.

25-26 Make sure you set fire to their
carved gods. Don't get greedy for the
veneer of silver and gold on them and
take it for yourselves—you'll get trapped
by it for sure. GOD hates it; it's an abomi-
nation to GOD, your God. And don't dare
bring one of these abominations home
or you'll end up just like it, burned up as
a holy destruction. No: It is forbidden!
Hate it. Abominate it. Destroy it and
preserve GOD's holiness.

8 1-5 Keep and live out the entire
commandment that I'm comman
-ding you today so that you'll live and
prosper and enter and own the land
that GOD promised to your ancestors.
Remember every road that GOD led you
on for those forty years in the wilder-
ness, pushing you to your limits, testing
you so that he would know what you
were made of, whether you would keep
his commandments or not. He put you

지난 사십 년 동안 광야에서 여러분을 인도하신 모든 여정을 기억하십시오. 그렇게 여러분을 극한까지 몰아붙여 시험하신 것은, 여러분의 마음이 어떠한지, 여러분이 그분의 계명을 지키는지 지키지 않는지 알아보시려는 것이었습니다. 그분께서는 여러분에게 힘든 시기를 겪게 하시고, 여러분을 굶주리게도 하셨습니다. 그러고는 여러분도 모르고 여러분의 조상도 몰랐던 만나로 여러분을 먹여 주셨습니다. 이는 사람이 빵으로만 사는 것이 아니라 하나님의 입에서 나오는 모든 말씀으로 산다는 것을 여러분이 알게 하시려는 것입니다. 그 사십 년 동안 여러분의 옷이 해어진 적이 없고, 여러분의 발이 부르튼 적이 없습니다. 여러분은 아버지가 자기 자녀를 훈련시키듯이, 하나님께서 여러분을 훈련시키신다는 것을 마음 깊이 배웠습니다.

6-9 하나님 여러분의 하나님의 계명을 지키고 그분께서 보여주시는 길을 따라 걸으며 그분을 경외하는 것이야말로 가장 중요한 일입니다. 이제 곧 하나님께서 여러분을 아름다운 땅으로 데려가실 것입니다. 그곳은 시내와 강이 흐르고, 샘과 호수가 있고, 산에서 물이 흘러내려 골짜기로 흐르는 땅입니다. 그곳은 밀과 보리, 포도주와 무화과와 석류, 올리브와 기름과 꿀이 나는 땅입니다. 그곳에서 여러분은 절대로 굶주리지 않을 것입니다. 식탁에는 음식이 끊이지 않을 것이며, 여러분이 거할 보금자리도 마련될 것입니다. 그 땅에서 여러분은 바위에서 쇠를 얻고, 산에서는 구리를 캐내게 될 것입니다.

10 여러분은 배불리 먹고 나서, 그 아름다운 땅을 여러분에게 주신 하나님 여러분의 하나님을 찬양하십시오.

11-16 하나님 여러분의 하나님을 잊지 않겠다고 다짐하십시오. 내가 오늘 여러분에게 명령하는 그분의 계명과 규례와 법도를 어기는 일이 없게 하십시오. 여러분이 배불리 먹고, 좋

through hard times. He made you go hungry. Then he fed you with manna, something neither you nor your parents knew anything about, so you would learn that men and women don't live by bread only; we live by every word that comes from GOD's mouth. Your clothes didn't wear out and your feet didn't blister those forty years. You learned deep in your heart that GOD disciplines you in the same ways a father disciplines his child.

6-9 So it's paramount that you keep the commandments of GOD, your God, walk down the roads he shows you and reverently respect him. GOD is about to bring you into a good land, a land with brooks and rivers, springs and lakes, streams out of the hills and through the valleys. It's a land of wheat and barley, of vines and figs and pomegranates, of olives, oil, and honey. It's land where you'll never go hungry—always food on the table and a roof over your head. It's a land where you'll get iron out of rocks and mine copper from the hills.

10 After a meal, satisfied, bless GOD, your God, for the good land he has given you.

11-16 Make sure you don't forget GOD, your God, by not keeping his commandments, his rules and regulations that I command you today. Make sure that when you eat and are satisfied, build pleasant houses and settle in, see your herds and flocks flourish and more and more money come in, watch your standard of living going up and up—make sure you don't become so full of yourself and your things that you

은 집을 지어 거기서 살고, 여러분의 소 떼와 양 떼가 늘어나 돈이 더 많아지고, 여러분의 생활수준이 점점 높아질 때, 행여 여러분의 마음이 여러분 자신과 여러분의 재산으로 가득 차서, **하나님** 여러분의 하나님을 잊는 일이 없게 하십시오.

그분은 여러분을 이집트의 종살이에서 구해 내신 하나님,
여러분을 이끌고 저 막막하고 무시무시한 광야,
불뱀과 전갈이 다니는 황량하고 메마른 불모지를 지나게 하신 하나님,
단단한 바위에서 솟아나는 물을 주신 하나님,
여러분의 조상이 들어 보지 못한 만나로
광야에서 여러분을 먹이신 하나님이십니다.
이는 여러분에게 고된 삶을 맛보게 하시고
여러분을 시험하셔서
장차 여러분이 잘 살 수 있도록 준비시키시려는 것이었습니다.

17-18 여러분이 마음속으로 "이 모든 것은 다 내가 이룬 것이다. 나 혼자서 이루었어. 나는 부자다. 모두 다 내 것이다!" 하고 생각한다면, 생각을 고쳐먹으십시오. 기억하십시오. **하나님** 여러분의 하나님께서는, 오늘 이처럼 여러분의 조상에게 맹세하신 언약을 이루시려고, 여러분에게 이 모든 부를 일구어 낼 힘을 주신 것입니다.
19-20 여러분이 **하나님** 여러분의 하나님을 잊고, 다른 신들과 어울려 그 신들을 섬기고 숭배하면, 분명히 경고하건대, 여러분은 그 일로 멸망하고 말 것입니다. 곧 파멸입니다. 여러분이 **하나님** 여러분의 하나님의 음성에 순종하지 않으면, **하나님**께서 여러분 앞에서 멸망시키신 민족들처럼 여러분도 멸망하고 말 것입니다.

forget GOD, your God,

the God who delivered you from Egyptian slavery;
the God who led you through that huge and fearsome wilderness, those desolate, arid badlands crawling with fiery snakes and scorpions;
the God who gave you water gushing from hard rock;
the God who gave you manna to eat in the wilderness, something your ancestors had never heard of, in order to give you a taste of the hard life, to test you so that you would be prepared to live well in the days ahead of you.

17-18 If you start thinking to yourselves, "I did all this. And all by myself. I'm rich. It's all mine!"—well, think again. Remember that GOD, your God, gave you the strength to produce all this wealth so as to confirm the covenant that he promised to your ancestors—as it is today.
19-20 If you forget, forget GOD, your God, and start taking up with other gods, serving and worshiping them, I'm on record right now as giving you firm warning: that will be the end of you; I mean it—destruction. You'll go to your doom—the same as the nations GOD is destroying before you; doom because you wouldn't obey the Voice of GOD, your God.

이스라엘 백성의 반역

9 ¹⁻² 이스라엘 여러분, 주목하십시오! 여러분은 저 땅에 들어가 여러분보다 수가 많고 강한 민족들을 쫓아내려고, 바로 오늘 요단 강을 건널 것입니다. 이제 여러분은 하늘에 닿을 만큼 높이 솟은 성벽으로 둘러싸인 큰 성읍들과 몸집이 대단히 큰 사람들, 곧 아낙 자손을 만나게 될 것입니다. 여러분은 그들에 대한 소문을 들었고, "아무도 아낙 자손과 맞설 수 없다"는 말까지 들었습니다.

³ 여러분은 오늘 이것을 알아 두십시오. **하나님** 여러분의 하나님께서는 여러분보다 앞서 강을 건너가실 것입니다. 그분은 태워 버리는 불이십니다. 그분께서 그 민족들을 멸하셔서, 여러분의 힘 아래 굴복시키실 것입니다. **하나님**께서 여러분에게 약속하신 대로, 여러분은 그들을 쫓아내고, 속히 그들을 멸망시킬 것입니다.

⁴⁻⁵ **하나님**께서 그들을 여러분 앞에서 몰아내시거든, "**하나님**께서 우리를 이곳으로 이끌고 오셔서 저 민족들을 쫓아내게 하신 것은 내가 행한 모든 착한 행실 때문이다" 하고 생각하지 마십시오. 사실 그것은 저 민족들이 악을 저질렀기 때문입니다. 여러분이 여기까지 온 것은 여러분이 행한 착한 행실 때문도 아니고, 여러분이 쌓아 올린 고상한 행위 때문도 아닙니다. **하나님** 여러분의 하나님께서 저 민족들을 여러분 앞에서 쫓아내시려는 이유는, 그들이 몹시도 사악하기 때문입니다. 또한 그것은 여러분의 조상, 곧 아브라함과 이삭과 야곱에게 하신 약속을 지키시려는 것입니다.

⁶⁻¹⁰ 이것을 기억하고 절대 잊지 마십시오. 하나님께서 저 아름다운 땅을 차지하라고 여러분에게 주시는 것은, 여러분이 선을 행해서가 아닙니다. 전혀 아닙니다! 여러분은 고집 센 백성일 뿐입니다. 여러분이 광야에서 **하나님**

9 ¹⁻² Attention, Israel!
This very day you are crossing the Jordan to enter the land and dispossess nations that are much bigger and stronger than you are. You're going to find huge cities with sky-high fortress-walls and gigantic people, descendants of the Anakites—you've heard all about them; you've heard the saying, "No one can stand up to an Anakite."

³ Today know this: GOD, your God, is crossing the river ahead of you—he's a consuming fire. He will destroy the nations, he will put them under your power. You will dispossess them and very quickly wipe them out, just as GOD promised you would.

⁴⁻⁵ But when GOD pushes them out ahead of you, don't start thinking to yourselves, "It's because of all the good I've done that GOD has brought me in here to dispossess these nations." Actually it's because of all the evil these nations have done. No, it's nothing good that you've done, no record for decency that you've built up, that got you here; it's because of the vile wickedness of these nations that GOD, your God, is dispossessing them before you so that he can keep his promised word to your ancestors, to Abraham, Isaac, and Jacob.

⁶⁻¹⁰ Know this and don't ever forget it: It's not because of any good that you've done that GOD is giving you this good land to own. Anything but! You're stubborn as mules. Keep in mind and don't ever forget how angry you made GOD, your God, in the wilderness. You've kicked and screamed against GOD from

여러분의 하나님을 얼마나 노엽게 했는지, 절대로 잊지 말고 기억하십시오. 여러분은 이집트를 떠나던 날부터 이곳에 이를 때까지 **하나님**께 반항하고 대들었습니다. 줄곧 반역을 일삼았습니다. 호렙에서 여러분은, **하나님**께서 여러분을 멸하려고 하셨을 만큼 그분을 노엽게 했습니다. 내가 돌판, 곧 **하나님**께서 여러분과 맺으신 언약의 돌판을 받으려고 그 산에 올라갔을 때, 나는 밤낮으로 사십 일을 그곳에 머물면서, 음식도 먹지 않고 물도 마시지 않았습니다. 그때 **하나님**께서 손수 새기신 돌판 두 개를 내게 주셨습니다. 거기에는 여러분이 모두 모였을 때, **하나님**께서 그 산 불 가운데서 여러분에게 하신 모든 말씀이 글자 그대로 기록되어 있었습니다.

11-12 밤낮으로 사십 일이 지난 뒤에 **하나님**께서 내게 두 돌판, 곧 언약의 돌판을 주셨습니다. 그리고 내게 말씀하셨습니다. "어서 가거라. 네가 이집트에서 이끌어 낸 네 백성이 모든 것을 파멸시키고 있으니, 빨리 내려가거라. 그들이, 내가 그들을 위해 펼쳐 놓은 길을 순식간에 버리고 떠나서, 자기들을 위해 신상을 부어 만들었다."

13-14 **하나님**께서 말씀하셨습니다. "내가 이 백성을 보니, 목이 뻣뻣하고 마음이 굳은 반역자들이다. 나를 막지 마라. 내가 저들을 멸망시키겠다. 내가 저들을 지상에서 완전히 쓸어버리겠다. 그러고 나서 너와 새롭게 시작하여, 너를 저들보다 낫고 저들보다 큰 민족으로 만들겠다."

15-17 내가 언약 돌판을 두 손에 들고 돌아서서 그 산을 내려오는데, 그 산은 이미 불타고 있었습니다. 내가 보니, 여러분이 **하나님** 여러분의 하나님께 죄를 짓고 있었습니다. 여러분이 직접 송아지 모양의 신상을 부어 만들었던 것입니다! **하나님**께서 걸어가라고 명령하신 길에서 여러분은 너무 빨

the day you left Egypt until you got to this place, rebels all the way. You made GOD angry at Horeb, made him so angry that he wanted to destroy you. When I climbed the mountain to receive the slabs of stone, the tablets of the covenant that GOD made with you, I stayed there on the mountain forty days and nights: I ate no food; I drank no water. Then GOD gave me the two slabs of stone, engraved with the finger of God. They contained word for word everything that GOD spoke to you on the mountain out of the fire, on the day of the assembly.

11-12 It was at the end of the forty days and nights that GOD gave me the two slabs of stone, the tablets of the covenant. GOD said to me, "Get going, and quickly. Get down there, because your people whom you led out of Egypt have ruined everything. In almost no time at all they have left the road that I laid out for them and gone off and made for themselves a cast god."

13-14 GOD said, "I look at this people and all I see are hardheaded, hardhearted rebels. Get out of my way now so I can destroy them. I'm going to wipe them off the face of the map. Then I'll start over with you to make a nation far better and bigger than they could ever be."

15-17 I turned around and started down the mountain—by now the mountain was blazing with fire—carrying the two tablets of the covenant in my two arms. That's when I saw it: There you were, sinning against GOD, your God—you had made yourselves a cast god in the shape of a calf! So soon you had left the road that GOD had commanded you to walk on. I held the two stone slabs

리 떠나갔습니다. 나는 두 돌판을 높이 들었다가 내던져, 그것을 여러분이 지켜보는 앞에서 산산조각 내 버렸습니다.

18-20 그런 다음 나는 전과 같이 밤낮으로 사십 일을 **하나님** 앞에 엎드려, 음식도 먹지 않고 물도 마시지 않았습니다. 내가 그렇게 한 것은, 여러분과 여러분이 저지른 모든 죄 때문이었습니다. 여러분이 **하나님**을 거슬러 죄를 짓고, **하나님** 보시기에 악한 일을 저질러 그분을 노엽게 했기 때문이었습니다. 나는 **하나님**의 진노, 활활 타오르는 그분의 진노가 두려웠습니다. 그분께서 여러분을 멸망시키려고 하신다는 생각이 들었습니다. 그러나 **하나님**께서 다시 한번 내 말을 들어주셨습니다. 그분께서 아론에게도 진노하셔서, 그를 멸하려 하셨습니다. 그때에 나는 아론을 위해서도 기도했습니다.

21 나는 여러분이 만든 죄악된 물건, 곧 송아지 신상을 가져다가 불 속에 넣어 태운 다음, 고운 가루가 될 때까지 부수고 빻아서, 산에서 흘러 내려오는 시냇물에 뿌렸습니다.

22 여러분은 우리가 진을 쳤던 다베라(불사름), 맛사(시험한 곳), 기브롯핫다아와(탐욕의 무덤)에서도 그랬습니다. 여러분은 **하나님**을 진노케 한 경우가 많았습니다.

23-24 최근에도 **하나님**께서는 가데스바네아에서 여러분을 보내시며, "가서, 내가 너희에게 주는 땅을 차지하여라" 하고 명령하셨습니다. 그때 여러분은 어떻게 했습니까? 하나님을 거역했습니다. **하나님** 여러분의 하나님께서 내리신 분명한 명령을 거스르고 그분을 신뢰하지 않았습니다. 그분의 말씀에 순종하려 하지 않았습니다. 내가 여러분을 알게 된 날부터 지금까지, 여러분은 줄곧 **하나님**을 거역하는 반역자로 살아왔습니다.

25-26 **하나님**께서 여러분을 멸하시겠다고 말씀하실 때에 나는 밤낮으로 사십 일을 **하나님** 앞에 엎드려, 여러분을 위해 **하나님**께

18-20 Then I prostrated myself before GOD, just as I had at the beginning of the forty days and nights. I ate no food; I drank no water. I did this because of you, all your sins, sinning against GOD, doing what is evil in GOD's eyes and making him angry. I was terrified of GOD's furious anger, his blazing anger. I was sure he would destroy you. But once again GOD listened to me. And Aaron! How furious he was with Aaron—ready to destroy him. But I prayed also for Aaron at that same time.

21 But that sin-thing that you made, that calf-god, I took and burned in the fire, pounded and ground it until it was crushed into a fine powder, then threw it into the stream that comes down the mountain.

22 And then there was Camp Taberah (Blaze), Massah (Testing-Place), and Camp Kibroth Hattaavah (Graves-of-the-Craving)—more occasions when you made GOD furious with you.

23-24 The most recent was when GOD sent you out from Kadesh Barnea, ordering you: "Go. Possess the land that I'm giving you." And what did you do? You rebelled. Rebelled against the clear orders of GOD, your God. Refused to trust him. Wouldn't obey him. You've been rebels against GOD from the first day I knew you.

25-26 When I was on my face, prostrate before GOD those forty days and nights after GOD said he would destroy you, I prayed to GOD for you, "My Master, GOD, don't destroy your people, your inheritance whom, in your immense generosity, you

기도했습니다. "나의 주 **하나님**, 주의 관대
하심으로 속량하시고, 그 크신 능력으로 이
집트에서 이끌어 내신 당신의 백성, 당신의
소유를 멸하지 말아 주십시오.

27-28 주의 종 아브라함과 이삭과 야곱을 기
억하셔서, 이 백성의 완악함과 악과 죄를,
너무 심각하게 여기지 말아 주십시오. 그렇
게 하지 않으시면, 주께서 저들을 구해 내
신 이집트 땅의 사람들이 '**하나님**도 어쩔
수 없군. 그가 지쳐서, 자신이 약속한 땅으
로 그들을 데리고 가지 못하는 거야. 그들
을 미워해서, 결국 그들을 광야에 죽게 내
버려 두는구나' 하고 말할 것입니다.

29 그들은 주께서 친히 강한 능력으로 구해
내신 주의 백성, 주의 소유입니다."

십계명을 다시 받다

10 1-2 그러자 **하나님**께서 이렇게
대답하셨습니다. "너는 돌판 두
개를 처음 것과 같이 만들어서, 산으로 가
지고 올라와 나를 만나라. 또 나무로 궤를
하나 만들어라. 처음 돌판, 곧 네가 깨뜨려
버린 돌판에 있던 말을 내가 그 돌판에 새
겨 줄 테니, 너는 그것을 그 궤에 넣어라."

3-5 그래서 나는 아카시아나무로 궤를 만들
고, 처음 것과 같이 돌판 두 개를 만들어 양
손에 들고 산으로 올라갔습니다. **하나님**께
서는 총회 날에 그 산 불 가운데서 여러분
에게 말씀하신 십계명을, 처음 돌판에 쓰
셨던 것처럼 그 돌판에 새겨 내게 주셨습니
다. 나는 돌아서서 산을 내려왔습니다. 그러
고는 **하나님**께서 명령하신 대로, 내가 만든
궤 안에 그 두 돌판을 넣었습니다. 두 돌판
은 그 후로 지금까지 그 궤 안에 있습니다.

✢

6-7 이스라엘 백성은 야아간 사람의 우물을
떠나 모세라로 갔습니다. 거기서 아론이 죽

redeemed, using your enormous strength to
get them out of Egypt.

27-28 "Remember your servants Abraham,
Isaac, and Jacob; don't make too much of
the stubbornness of this people, their evil
and their sin, lest the Egyptians from whom
you rescued them say, 'GOD couldn't do it;
he got tired and wasn't able to take them
to the land he promised them. He ended
up hating them and dumped them in the
wilderness to die.'

29 "They are your people still, your inheri-
tance whom you powerfully and sovereignly
rescued."

10 1-2 GOD responded. He said,
"Shape two slabs of stone similar
to the first ones. Climb the mountain and
meet me. Also make yourself a wooden
chest. I will engrave the stone slabs with the
words that were on the first ones, the ones
you smashed. Then you will put them in the
Chest."

3-5 So I made a chest out of acacia wood,
shaped two slabs of stone, just like the first
ones, and climbed the mountain with the
two slabs in my arms. He engraved the
stone slabs the same as he had the first
ones, the Ten Words that he addressed to
you on the mountain out of the fire on the
day of the assembly. Then GOD gave them
to me. I turned around and came down the
mountain. I put the stone slabs in the Chest
that I made and they've been there ever
since, just as GOD commanded me.

✢

어 묻혔고, 그의 아들 엘르아살이 뒤를 이어 제사장이 되었습니다. 그들은 그곳을 떠나 굿고다로 갔고, 굿고다를 떠나서는 여러 물줄기가 흐르는 땅 욧바다로 갔습니다.

8-9 그때에 **하나님**께서 레위 지파를 따로 구별하셔서, **하나님**의 언약궤를 나르게 하시고, **하나님** 앞에서 일하게 하시며, 그분을 섬기고 그분의 이름으로 축복하는 일을 하게 하셨습니다. 그들은 지금도 그렇게 하고 있습니다. 그 때문에 레위인에게는 그들의 동족이 유산으로 물려받은 것과 같은 땅이 한 평도 없습니다. **하나님** 여러분의 하나님께서 그들에게 약속하신 대로, **하나님**께서 그들의 유산이 되어 주시기 때문입니다.

10 나는 처음과 같이 산 위에서 밤낮으로 사십 일을 머물렀습니다. 그러자 **하나님**께서 그때처럼 나의 간구를 들어주셨습니다. 여러분을 멸하지 않기로 하신 것입니다.

11 **하나님**께서 내게 말씀하셨습니다. "이제 떠나거라. 백성을 인도하여라. 그들이 다시 길을 떠나, 내가 그들 조상에게 주겠다고 약속한 땅을 차지하게 하여라."

여러분 마음의 굳은살을 베어 내고

12-13 그러니 이스라엘 여러분, **하나님**께서 여러분에게 기대하시는 것이 무엇이겠습니까? 그것은 바로 여러분이 그분 앞에서 거룩하고 경건하게 살고, 그분께서 여러분 앞에 두신 길을 따라 걸으며, 그분을 사랑하고, 마음을 다해 **하나님** 여러분의 하나님을 섬기며, 내가 오늘 여러분에게 명령하는 **하나님**의 계명과 법도를 지키는 것입니다. 이것이야말로 여러분이 잘 사는 길입니다.

14-18 주위를 둘러보십시오. 여러분의 눈에 보이는 모든 것, 곧 하늘과 그 위에 있는 것, 땅과 그 위에 있는 모든 것이 다 **하나님**의 것입니다. 그런데도 **하나님**께서는 여러분의 조상에게 마음을 두시고, 다른 모든 민족 가운

6-7 The People of Israel went from the wells of the Jaakanites to Moserah. Aaron died there and was buried. His son Eleazar succeeded him as priest. From there they went to Gudgodah, and then to Jotbathah, a land of streams of water.

8-9 That's when GOD set apart the tribe of Levi to carry GOD's Covenant Chest, to be on duty in the Presence of GOD, to serve him, and to bless in his name, as they continue to do today. And that's why Levites don't have a piece of inherited land as their kinsmen do. GOD is their inheritance, as GOD, your God, promised them.

10 I stayed there on the mountain forty days and nights, just as I did the first time. And GOD listened to me, just as he did the first time: GOD decided not to destroy you.

11 GOD told me, "Now get going. Lead your people as they resume the journey to take possession of the land that I promised their ancestors that I'd give to them."

12-13 So now Israel, what do you think GOD expects from you? Just this: Live in his presence in holy reverence, follow the road he sets out for you, love him, serve GOD, your God, with everything you have in you, obey the commandments and regulations of GOD that I'm commanding you today—live a good life.

14-18 Look around you: Everything you see is GOD's—the heavens above and beyond, the Earth, and everything on it. But it was your ancestors who GOD

데서 그들의 자손인 여러분을 택하셨습니다! 우리가 지금 그 자리에 있습니다. 그러니 여러분은 마음의 굳은살을 베어 내고, 제멋대로 고집부리는 것을 멈추십시오. **하나님** 여러분의 하나님은 모든 신의 하나님이시며, 모든 주의 주이시며, 위대하고 강하고 두려우신 하나님이십니다. 그분께서는 편애하지 않으시고, 뇌물을 받지 않으시며, 고아와 과부가 공평하게 대우 받게 하시고, 외국인이 음식과 옷을 구할 수 있도록 그들을 따뜻하게 보살피는 분이십니다.

19-21 여러분은 낯선 외국인을 보살펴 따뜻하게 대해야 합니다.
기억하십시오, 여러분도 전에는 이집트 땅에서 외국인이었습니다.
하나님 여러분의 하나님을 경외하고, 그분을 섬기며, 그분을 꼭 붙잡고,
여러분의 약속을 그분의 이름으로만 맹세하십시오.
그분은 여러분의 찬양을 받으실, 여러분의 하나님이십니다!
그분은 여러분이 두 눈으로 직접 본 것처럼, 크고 두려운 이 모든 일을 행하신 분이십니다.

22 여러분의 조상이 이집트에 들어갈 때에는 그 수가 겨우 칠십 명에 지나지 않았습니다. 그러나 이제 보십시오. 여러분의 수가 밤하늘의 별처럼 많지 않습니까? **하나님**께서 그렇게 하신 것입니다.

하나님을 사랑하고 그분의 계명을 지키십시오

11 ¹ 그러므로 **하나님** 여러분의 하나님을 사랑하십시오.
여러분이 사는 날 동안 그분의 규례와 법도를 잘 지키고,
그분의 계명을 지키십시오.

fell in love with; he picked their children—that's *you*!—out of all the other peoples. That's where we are right now. So cut away the thick calluses from your heart and stop being so willfully hardheaded. GOD, your God, is the God of all gods, he's the Master of all masters, a God immense and powerful and awesome. He doesn't play favorites, takes no bribes, makes sure orphans and widows are treated fairly, takes loving care of foreigners by seeing that they get food and clothing.

19-21 You must treat foreigners with the same loving care—
    remember, you were once foreigners in
    Egypt.
Reverently respect GOD, your God, serve him, hold tight to him,
    back up your promises with the authority
    of his name.
He's your praise! He's your God!
He did all these tremendous, these staggering things
    that you saw with your own eyes.

22 When your ancestors entered Egypt, they numbered a mere seventy souls. And now look at you—you look more like the stars in the night skies in number. And your GOD did it.

11 ¹ So love GOD, your God;
    guard well his rules and regulations;
obey his commandments for the rest of time.

2-7 오늘 여기에서 가장 중심에 있어야 할 사람은 여러분의 자녀가 아닙니다. 그들은 **하나님**께서 행하신 일을 알지도 못하고, 그분이 행하신 일을 본 적도 없으며, 그분의 징계를 경험하지도 못했고, 그분의 위대하심에 놀란 적도 없기 때문입니다. 또한 그들은, 하나님께서 어떻게 그분의 크신 능력으로 이집트 한가운데서 이집트 왕 바로와 그의 온 땅에 기적-표징과 큰 일을 일으키셨는지, 이집트의 군대와 말과 전차들이 여러분을 뒤쫓아 올 때에 어떻게 그들을 홍해에 수장시키셨는지 알지 못합니다. **하나님**께서 그들을 물에 빠뜨려 죽이셨지만, 여러분은 살아서 오늘 이 자리에 서 있습니다. 여러분이 이곳에 이르기까지 **하나님**께서 여러분을 광야에서 어떻게 돌보셨는지, 르우벤의 자손이며 엘리압의 아들인 다단과 아비람에게 그분께서 어떻게 행하셨는지, 땅이 어떻게 입을 벌려 이스라엘 가운데서 그들과 그 가족과 그들의 장막과 주위의 모든 것을 삼켜 버렸는지를 아는 사람도 여러분의 자녀가 아닙니다. 그렇습니다. **하나님**께서 행하신 이 모든 크고 위대한 일을 두 눈으로 본 사람은, 다름 아닌 여러분입니다.

8-9 그러므로 여러분은 오늘 내가 여러분에게 명령하는 모든 계명을 지켜 행해야 합니다. 그러면 여러분은 힘을 얻고, 여러분이 건너가서 차지하려는 땅에 들어가 그 땅을 차지하게 될 것입니다. 여러분은 계명을 지킴으로써, **하나님**께서 여러분의 조상과 그 자손에게 주시기로 약속하신 땅, 젖과 꿀이 흐르는 땅에서 오래도록 살게 될 것입니다.

10-12 여러분이 들어가 차지하려는 땅은 여러분이 떠나온 이집트 땅과 같지 않습니다. 거기서는 여러분이 씨를 뿌리고, 채소밭에 물을 줄 때처럼 직접 물을 주어야 했습니다. 그러나 여러분이 강을 건너가 여러분의 소유로 삼을 땅은 산과 골짜기가 있는 땅,

2-7 Today it's very clear that it isn't your children who are front and center here: They weren't in on what GOD did, didn't see the acts, didn't experience the discipline, didn't marvel at his greatness, the way he displayed his power in the miracle-signs and deeds that he let loose in Egypt on Pharaoh king of Egypt and all his land, the way he took care of the Egyptian army, its horses and chariots, burying them in the waters of the Red Sea as they pursued you. GOD drowned them. And you're standing here today alive. Nor was it your children who saw how GOD took care of you in the wilderness up until the time you arrived here, what he did to Dathan and Abiram, the sons of Eliab son of Reuben, how the Earth opened its jaws and swallowed them with their families—their tents, and everything around them—right out of the middle of Israel. Yes, it was you—your eyes—that saw every great thing that GOD did.

8-9 So it's you who are in charge of keeping the entire commandment that I command you today so that you'll have the strength to invade and possess the land that you are crossing the river to make your own. Your obedience will give you a long life on the soil that GOD promised to give your ancestors and their children, a land flowing with milk and honey.

10-12 The land you are entering to take up ownership isn't like Egypt, the land you left, where you had to plant your own seed and water it yourselves as in a vegetable garden. But the land you are about to cross the river and take for your own is a land

하늘에서 내리는 빗물을 흡수하는 땅입
니다. 정원사이신 **하나님** 여러분의 하나
님께서 친히 가꾸시고, 일 년 내내 홀로
돌보시는 땅입니다.

13-15 이제부터 여러분이, 내가 오늘 여러
분에게 명령하는 계명을 순종하는 마음
으로 듣고, **하나님** 여러분의 하나님을 사
랑하고, 마음을 다해 그분을 섬기면, 그
분께서 제때에 가을비와 봄비를 내려 주
셔서, 여러분이 곡식과 포도와 올리브를
거두게 해주실 것입니다. 또한 여러분의
가축들이 뜯어먹을 풀도 무성하게 해주
실 것입니다. 여러분은 먹을거리를 풍성
히 얻게 될 것입니다.

16-17 여러분은 유혹을 받고 길을 벗어
나, 다른 신들을 섬기고 숭배하는 일이 없
도록 깨어 있으십시오. 그러지 않으면 하
나님께서 진노하셔서 하늘을 닫으실 것
입니다. 비가 내리지 않고 밭에서는 아
무것도 자라지 않아서, 여러분은 곧 굶
어 죽고 말 것입니다. **하나님**께서 여러
분에게 주신 아름다운 땅에서, 여러분
은 흔적도 없이 사라지고 말 것입니다.

18-21 그러므로 이 말을 여러분의 마음에
간직하십시오. 마음속 깊이 간직하십시
오. 손과 이마에 매어 표로 삼으십시오.
또한 여러분의 자녀에게 가르치십시오.
집에 앉아 있을 때나 길을 걸을 때나 어
디에 있든지, 아침에 일어나서 밤에 잠자
리에 드는 순간까지 이 계명에 관해 이야
기하십시오. 양쪽 문기둥과 성문에도 새
겨 넣으십시오. 그러면 **하나님**께서 여러
분의 조상에게 주겠다고 약속하신 땅에
서 여러분과 여러분의 자손이, 땅 위에
하늘이 있는 한, 오래도록 살게 될 것입
니다.

22-25 맞습니다. 내가 여러분에게 지키라
고 명령하는 이 모든 계명을 부지런히 지

of mountains and valleys; it drinks water
that rains from the sky. It's a land that
GOD, your God, personally tends—he's the
gardener—he alone keeps his eye on it all
year long.

13-15 From now on if you listen obediently to
the commandments that I am commanding
you today, love GOD, your God, and serve
him with everything you have within you,
he'll take charge of sending the rain at the
right time, both autumn and spring rains, so
that you'll be able to harvest your grain, your
grapes, your olives. He'll make sure there's
plenty of grass for your animals. You'll have
plenty to eat.

16-17 But be vigilant, lest you be seduced
away and end up serving and worshiping
other gods and GOD erupts in anger and
shuts down Heaven so there's no rain and
nothing grows in the fields, and in no time
at all you're starved out—not a trace of you
left on the good land that GOD is giving you.

18-21 Place these words on your hearts. Get
them deep inside you. Tie them on your
hands and foreheads as a reminder. Teach
them to your children. Talk about them
wherever you are, sitting at home or walking
in the street; talk about them from the time
you get up in the morning until you fall into
bed at night. Inscribe them on the doorposts
and gates of your cities so that you'll live a
long time, and your children with you, on the
soil that GOD promised to give your ancestors
for as long as there is a sky over the Earth.

22-25 That's right. If you diligently keep all
this commandment that I command you to
obey—love GOD, your God, do what he tells
you, stick close to him—GOD on his part will

키고, **하나님** 여러분의 하나님을 사랑하고, 그분께서 일러 주시는 대로 행하며, 그분께 꼭 붙어 있으면, **하나님**께서 여러분 앞에서 저 모든 민족을 쫓아내실 것입니다. 그렇습니다. 그분께서 여러분보다 크고 강한 민족들을 몰아내실 것입니다. 여러분이 발을 딛는 곳마다 여러분의 땅이 될 것입니다. 여러분 땅의 경계는 광야에서 레바논 산맥에 이르기까지, 유프라테스 강에서 지중해에 이르기까지 뻗어 나갈 것입니다. 아무도 여러분의 앞길을 막지 못할 것입니다. 여러분이 가는 곳이면 어디든지, **하나님**께서 약속하신 대로 공포와 전율을 여러분보다 앞서 보내실 것입니다.

26 나는 오늘 여러분을 복과 저주의 갈림길에 세웠습니다.

27 내가 오늘 여러분에게 명령하는 **하나님** 여러분의 하나님의 계명을 순종하는 마음으로 듣고 따르면, 복을 받을 것입니다.

28 내가 오늘 여러분에게 명령하는 **하나님** 여러분의 하나님의 계명에 주의를 기울이지 않고, 그 길에서 벗어나 여러분이 알지도 못하는 신들을 따라가면, 저주를 받을 것입니다.

29-30 **하나님** 여러분의 하나님께서 여러분이 들어가 차지할 땅으로 여러분을 데리고 가시면, 여러분은 그리심 산에서 축복을 선포하고 에발 산에서 저주를 선포하십시오. 요단 강을 건너면, 서쪽 길을 따라가다가 길갈과 모레의 상수리나무 인근 골짜기에 있는 가나안 사람들의 땅을 통과해 가십시오.

31-32 이제 여러분은 요단 강을 건너, **하나님** 여러분의 하나님께서 여러분에게 주시는 땅으로 들어가 그 땅을 차지하게 될 것입니다. 깨어 있으십시오. 내가 오늘 여러분 앞에 제시하는 법도와 규례를 모두 지켜 행하십시오.

drive out all these nations that stand in your way. Yes, he'll drive out nations much bigger and stronger than you. Every square inch on which you place your foot will be yours. Your borders will stretch from the wilderness to the mountains of Lebanon, from the Euphrates River to the Mediterranean Sea. No one will be able to stand in your way. Everywhere you go, GOD-sent fear and trembling will precede you, just as he promised.

26 I've brought you today to the crossroads of Blessing and Curse.

27 The Blessing: if you listen obediently to the commandments of GOD, your God, which I command you today.

28 The Curse: if you don't pay attention to the commandments of GOD, your God, but leave the road that I command you today, following other gods of which you know nothing.

29-30 Here's what comes next: When GOD, your God, brings you into the land you are going into to make your own, you are to give out the Blessing from Mount Gerizim and the Curse from Mount Ebal. After you cross the Jordan River, follow the road to the west through Canaanite settlements in the valley near Gilgal and the Oaks of Moreh.

31-32 You are crossing the Jordan River to invade and take the land that GOD, your God, is giving you. Be vigilant. Observe all the regulations and rules I am setting before you today.

하나님께서 택하신 예배 처소

12 ¹ 이것은 하나님 여러분 조상의 하나님께서 여러분에게 차지하라고 주신 땅에서 여러분이 사는 날 동안 부지런히 지켜야 할 규례와 법도입니다.

2-3 여러분이 쫓아낼 민족들이 자기 신들을 섬기는 산당은, 가차 없이 허물어 버리십시오. 그 산당을 낮은 산이나 높은 산, 푸른 나무숲이나 그 어디에서 찾아내든지, 가차 없이 허물어 버리십시오. 그들의 제단을 부수고, 남근 모양의 기둥들을 박살내십시오. 섹스와 종교를 결합한 아세라 산당들을 불태우고, 그들이 조각한 신상들을 부수어 버리십시오. 그 산당의 이름들을 흔적도 없이 지워 버리십시오.

⁴ 여러분은 그런 곳과 분명히 선을 그으십시오. 그런 곳에서 일어나는 일이, 하나님 여러분의 하나님께 드리는 예배를 더럽히지 못하게 하십시오.

5-7 여러분은 하나님 여러분의 하나님께서 택하셔서 자기 이름으로 표시하신 곳, 이스라엘 온 지파를 위해 정해 주신 곳으로 가서, 그곳에서 모임을 가지십시오. 여러분의 속죄 제물과 희생 제물, 여러분의 십일조와 높이 들어 바치는 제물, 여러분의 서원 제물과 자원 제물, 소 떼와 양 떼의 첫 새끼를 그곳으로 가져가십시오. 거기, 곧 하나님 여러분의 하나님 앞에서 잔치를 벌이십시오. 하나님 여러분의 하나님께서 주시는 복으로 성취한 모든 것을 두고 여러분의 가족과 함께 기뻐하십시오.

8-10 지금은 우리가 이 같은 일들을 저마다 원하는 대로 하고 있지만, 앞으로는 그렇게 하지 마십시오. 아직까지는 여러분이 목적지와 안식처, 곧 하나님 여러분의 하나님께서 유산으로 주시는 땅에 이르지 못했기 때문입니다. 그러나 여러분이 요단 강을 건너 하나님 여러분의 하나님께서 유산으로 주

12 ¹ These are the rules and regulations that you must diligently observe for as long as you live in this country that GOD, the God-of-Your-Fathers, has given you to possess.

2-3 Ruthlessly demolish all the sacred shrines where the nations that you're driving out worship their gods—wherever you find them, on hills and mountains or in groves of green trees. Tear apart their altars. Smash their phallic pillars. Burn their sex-and-religion Asherah shrines. Break up their carved gods. Obliterate the names of those god sites.

⁴ Stay clear of those places—don't let what went on there contaminate the worship of GOD, your God.

5-7 Instead find the site that GOD, your God, will choose and mark it with his name as a common center for all the tribes of Israel. Assemble there. Bring to that place your Absolution-Offerings and sacrifices, your tithes and Tribute-Offerings, your Vow-Offerings, your Freewill-Offerings, and the firstborn of your herds and flocks. Feast there in the Presence of GOD, your God. Celebrate everything that you and your families have accomplished under the blessing of GOD, your God.

8-10 Don't continue doing things the way we're doing them at present, each of us doing as we wish. Until now you haven't arrived at the goal, the resting place, the inheritance that GOD, your God, is giving you. But the minute you cross the Jordan River and settle into the land GOD, your God, is enabling you to inherit, he'll give you

시는 땅에 들어가 자리를 잡으면, 그분께서 여러분 주위에 있는 모든 적들을 쫓아내시고 여러분을 편히 쉬게 해주실 것입니다. 그러면 여러분은 안전하게 자리를 잡고 살게 될 것입니다.

11-12 그때부터는 내가 여러분에게 명령하는 모든 것, 곧 여러분의 속죄 제물과 희생 제물, 여러분의 십일조와 높이 들어 바치는 제물, 여러분이 **하나님**께 서원하고 바치는 서원 제물 가운데서 가장 좋은 것을, **하나님** 여러분의 하나님께서 택하셔서 자기 이름으로 표시하신 곳, 여러분이 그분을 만날 수 있는 곳으로 가져가십시오. 거기서 여러분은, 하나님 여러분의 하나님 앞에서 여러분의 자녀와 남종과 여종과, 여러분의 유산 가운데 자기 몫 없이 여러분의 동네에 사는 레위인과 함께 기뻐하십시오.

13-14 특히, 마음에 드는 아무 곳에서나 속죄 제물을 드리는 일이 없도록 조심하십시오. **하나님**께서 여러분의 지파 가운데서 택하신 한곳에서만 속죄 제물을 드리십시오. 내가 명령하는 모든 것을 그곳으로만 가져가야 합니다.

15 **하나님** 여러분의 하나님께서 주신 복에 따라, 노루나 사슴처럼 제물용이 아닌 짐승은 여러분의 성읍에서 잡아 원하는 부위를 먹어도 됩니다. 정결한 사람이든 부정한 사람이든, 모두 그 고기를 먹을 수 있습니다.

16-18 그러나 그 피를 먹어서는 안됩니다. 피는 물처럼 땅바닥에 쏟아 버려야 합니다. 그리고 여러분의 곡식과 새 포도주와 올리브 기름의 십일조, 소와 양의 첫 새끼, 여러분이 서원하여 드린 서원 제물과 자원 제물, 높이 들어 바치는 제물도 여러분의 성읍에서 먹어서는 안됩니다. 이 모든 것은 **하나님** 여러분의 하나님 앞, 곧 **하나님** 여러분의 하나님께서 택하신 곳에서 먹어야 합니다. 여러분과 여러분의 자녀, 여러분의 남종과 여종, 여러분의 동네에 사는 레위인이 모두 그렇게 해

rest from all your surrounding enemies. You'll be able to settle down and live in safety.

11-12 From then on, at the place that GOD, your God, chooses to mark with his name as the place where you can meet him, bring everything that I command you: your Absolution-Offerings and sacrifices, tithes and Tribute-Offerings, and the best of your Vow-Offerings that you vow to GOD. Celebrate there in the Presence of GOD, your God, you and your sons and daughters, your servants and maids, including the Levite living in your neighborhood because he has no place of his own in your inheritance.

13-14 Be extra careful: Don't offer your Absolution-Offerings just any place that strikes your fancy. Offer your Absolution-Offerings only in the place that GOD chooses in one of your tribal regions. There and only there are you to bring all that I command you.

15 It's permissible to slaughter your nonsacrificial animals like gazelle and deer in your towns and eat all you want from them with the blessing of GOD, your God. Both the ritually clean and unclean may eat.

16-18 But you may not eat the blood. Pour the blood out on the ground like water. Nor may you eat there the tithe of your grain, new wine, or olive oil; nor the firstborn of your herds and flocks; nor any of the Vow-Offerings that you vow; nor your Freewill-Offerings and Tribute-Offerings. All these you must eat in the Presence of GOD, your God,

야 합니다. 여러분은 여러분이 성취한 모든 것을 두고, 하나님 여러분의 하나님 앞에서 경축해야 합니다.

19 여러분은 여러분의 땅에서 사는 동안 레위인을 결코 소홀히 대하지 마십시오.

20-22 하나님 여러분의 하나님께서 친히 약속하신 대로, 여러분의 영토를 넓혀 주신 뒤에, 고기 생각이 간절하여 여러분의 입에서 "고기가 먹고 싶다"는 말이 나오면, 가서 원하는 만큼 고기를 먹으십시오. 만일 하나님 여러분의 하나님께서 자기 이름으로 표시하신 곳이 여러분이 사는 곳에서 너무 멀면, 내가 여러분에게 명령한 대로 하나님께서 여러분에게 주신 소나 양을 잡아, 여러분의 성읍에서 마음껏 먹어도 됩니다. 노루나 사슴처럼 제물용이 아닌 짐승을 먹듯이, 그 고기를 먹어도 됩니다. 부정한 사람이든 정결한 사람이든, 한 식탁에 둘러앉아 그것을 먹을 수 있습니다.

23-25 그러나 피는 안됩니다. 피는 먹지 마십시오. 피는 생명이니, 생명을 고기와 함께 먹어서는 안됩니다. 피는 먹지 말고, 물처럼 땅바닥에 쏟아 버리십시오. 그것을 먹지 마십시오. 그러면 여러분과 여러분의 자손이 모두 잘 살게 될 것입니다. 반드시, 하나님 보시기에 올바른 일을 행하십시오.

26-27 여러분의 거룩한 제물과 여러분의 서원 제물은, 높이 들어 하나님께서 정해 주신 곳으로 가져가십시오. 속죄 제물의 고기와 피는 하나님 여러분의 하나님의 제단에 바치십시오. 속죄 제물의 피는 하나님 여러분의 하나님의 제단에 쏟으십시오. 그런 다음 여러분은 고기를 먹어도 됩니다.

28 정신을 차려, 내가 여러분에게 명령하는 이 말을 순종하는 마음으로 들으십시오.

in the place GOD, your God, chooses—you, your son and daughter, your servant and maid, and the Levite who lives in your neighborhood. You are to celebrate in the Presence of GOD, your God, all the things you've been able to accomplish.

19 And make sure that for as long as you live on your land you never, never neglect the Levite.

20-22 When GOD, your God, expands your territory as he promised he would do, and you say, "I'm hungry for meat," because you happen to be craving meat at the time, go ahead and eat as much meat as you want. If you're too far away from the place that GOD, your God, has marked with his name, it's all right to slaughter animals from your herds and flocks that GOD has given you, as I've commanded you. In your own towns you may eat as much of them as you want. Just as the nonsacrificial animals like the gazelle and deer are eaten, you may eat them; the ritually unclean and clean may eat them at the same table.

23-25 Only this: Absolutely no blood. Don't eat the blood. Blood is life; don't eat the life with the meat. Don't eat it; pour it out on the ground like water. Don't eat it; then you'll have a good life, you and your children after you. By all means, do the right thing in GOD's eyes.

26-27 And this: Lift high your Holy-Offerings and your Vow-Offerings and bring them to the place GOD designates. Sacrifice your Absolution-Offerings, the meat and blood, on the Altar of GOD, your God; pour out the blood of the Absolution-Offering on the Altar of GOD, your God; then you can go ahead

오. 그러면 여러분과 여러분의 자손이, 하
나님 여러분의 하나님 보시기에 선한 일과
올바른 일을 행하면서, 오래도록 잘 살게
될 것입니다.

다른 신들을 섬기지 마십시오

29-31 하나님 여러분의 하나님께서 여러분
이 들어가 차지하려는 땅에 살고 있는 민족
들을 끊어 버리고 여러분 앞에서 그들을
몰아내셔서, 그들을 대신해 여러분이 그 땅
에 자리를 잡게 하시면, 조심하십시오, 여
러분 앞에서 멸망한 그들에 대해 호기심을
품는 일이 없도록 조심하십시오. 그들의 신
들에게 정신이 팔려, "이 민족들은 신들을
어떻게 섬겼을까? 나도 한번 그렇게 해보
고 싶다" 하고 생각하는 일이 없게 하십시
오. 하나님 여러분의 하나님께 그 같은 일
을 하지 마십시오. 그들은 상상할 수 있는
온갖 역겨운 짓을 자기 신들과 함께 저지릅
니다. 하나님께서는 그러한 짓을 몹시 싫어
하십니다. 그들은 자녀를 불살라 자기 신들
에게 제물로 바치기까지 합니다!

32 내가 여러분에게 명령하는 모든 것을,
여러분은 부지런히 지켜 행하십시오. 거기
에 무엇을 더하거나 빼지 마십시오.

13
1-4 여러분의 공동체에 예언자나
환상을 보는 자가 나타나서 기
적-표징이나 이적을 일으키겠다 말하고,
자신이 말한 기적-표징이나 이적이 일어나
서, 그가 (여러분이 알지 못하는 신들을 들먹이
며) "다른 신들을 따라가 그 신들을 섬기자"
하고 말하거든, 그 예언자나 환상을 보는
자의 말을 듣는 척도 하지 마십시오. 이는
하나님 여러분의 하나님께서, 여러분이 마
음을 다해 그분을 온전히 사랑하는지 알아
보시려고 여러분을 시험하시는 것입니다.

and eat the meat.

28 Be vigilant, listen obediently to these words that I command you so that you'll have a good life, you and your children, for a long, long time, doing what is good and right in the eyes of GOD, your God.

29-31 When GOD, your God, cuts off the nations whose land you are invading, shoves them out of your way so that you displace them and settle in their land, be careful that you don't get curious about them after they've been destroyed before you. Don't get fascinated with their gods, thinking, "I wonder what it was like for them, worshiping their gods. I'd like to try that myself." Don't do this to GOD, your God. They commit every imaginable abomination with their gods. GOD hates it all with a passion. Why, they even set their children on fire as offerings to their gods!

32 Diligently do everything I command you, the way I command you: don't add to it; don't subtract from it.

13
1-4 When a prophet or visionary gets up in your community and gives out a miracle-sign or wonder, and the miracle-sign or wonder that he gave out happens and he says, "Let's follow other gods" (these are gods you know nothing about), "let's worship them," don't pay any attention to what that prophet or visionary says. GOD, your God, is testing you to find out if you totally love him with everything you have in you. You are to follow only GOD, your God, hold him in deep reverence, keep

여러분은 **하나님** 여러분의 하나님만을 따르고, 그분을 깊이 경외하고, 그분의 계명을 지키고, 그분의 말씀을 순종하는 마음으로 들으며, 그분을 섬겨야 합니다. 생명을 다해 그분을 꼭 붙잡으십시오!

5 그런 예언자나 환상을 보는 자는 반드시 사형에 처해야 합니다. 이집트에서 여러분을 건져 주시고, 종살이하던 세계에서 여러분을 속량하셨으며, 여러분에게 길을 제시해 그 길을 걸으라고 명령하신 **하나님** 여러분의 하나님을 배반하라고 그 자가 선동했기 때문입니다. 여러분은 여러분의 공동체에서 악을 말끔히 제거해 버리십시오.

6-10 그리고 여러분의 형제나 아들이나 딸이나, 여러분이 사랑하는 아내나 여러분의 평생 친구가 은밀히 다가와서, (여러분이나 여러분의 조상이 전혀 알지 못하는 신들, 땅의 이 끝에서 저 끝까지 원근 각처에 있는 민족들의 신들을 들먹이며) "가서 다른 신들을 섬깁시다" 하고 꾀거든, 여러분은 그를 따르지도 말고 그의 말을 듣지도 마십시오. 그런 자를 불쌍히 여기지도 말고 변호해 주지도 마십시오. 그 자를 죽이십시오. 그런 자는 죽이는 것이 옳습니다. 여러분이 먼저 돌을 던지십시오. 그런 다음 곧바로 공동체의 모든 사람이 동참하여 돌을 던지십시오. 돌로 쳐서 그를 죽이십시오. 그가 여러분을 반역자로 만들어, 이집트 땅 종살이하던 세계에서 여러분을 이끌어 내신 **하나님** 여러분의 하나님을 거역하게 하려고 했기 때문입니다.

11 그러면 이스라엘의 모든 남자와 여자와 아이가 그 일을 듣고 두려워하여, 이처럼 악한 일을 다시는 저지르지 않게 될 것입니다.

12-17 **하나님** 여러분의 하나님께서 여러분에게 들어가 살라고 주시는 성읍들 가운데 한 곳에서 소문이 들리기를, 악한 자들이 그 성읍 주민들 일부와 공모하여 배반을 일삼고 (여러분이 알지 못하는 신들을 들먹이며)

his commandments, listen obediently to what he says, serve him—hold on to him for dear life!

5 And that prophet or visionary must be put to death. He has urged mutiny against GOD, your God, who rescued you from Egypt, who redeemed you from a world of slavery and put you on the road on which GOD, your God, has commanded you to walk. Purge the evil from your company.

6-10 And when your brother or son or daughter, or even your dear wife or lifelong friend, comes to you in secret and whispers, "Let's go and worship some other gods" (gods that you know nothing about, neither you nor your ancestors, the gods of the peoples around you near and far, from one end of the Earth to the other), don't go along with him; shut your ears. Don't feel sorry for him and don't make excuses for him. Kill him. That's right, kill him. You throw the first stone. Take action at once and swiftly with everybody in the community getting in on it at the end. Stone him with stones so that he dies. He tried to turn you traitor against GOD, your God, the one who got you out of Egypt and the world of slavery.

11 Every man, woman, and child in Israel will hear what's been done and be in awe. No one will dare to do an evil thing like this again.

12-17 When word comes in from one of your cities that GOD, your God, is giving you to live in, reporting that evil men have gotten together with some of the citizens of the city and have broken away, saying, "Let's go and worship other gods"

"가서 다른 신들을 섬깁시다" 한다 하거든, 여러분은 반드시 그 일을 자세히 알아봐야 합니다. 심문하고 조사하십시오. 소문이 사실로 판명되고, 그 역겨운 일이 실제로 여러분의 공동체 안에서 벌어졌다는 것이 사실로 드러나면, 여러분은 그 성읍 주민들을 처형해야 합니다. 그들을 죽이고, 그 성읍을 거룩한 진멸을 위해 따로 떼어 두십시오. 그 성읍과 그 안에 있는 모든 것과 가축까지 멸하십시오. 노획물은 그 성읍의 광장 한가운데 모아 놓고 그 성읍과 노획물을 모조리 불살라서, 그 연기를 **하나님** 여러분의 하나님을 위한 거룩한 제물로 바치십시오. 그 성읍을 폐허 더미로 남겨 두고, 다시는 그 터 위에 성읍을 세우지 마십시오. 거룩한 진멸에 바쳐진 노획물 가운데 어느 것에도 손대지 마십시오. 완전히 없애 버리십시오. 그래야 **하나님**께서 진노를 푸시고 긍휼을 베푸셔서, 여러분의 조상에게 약속하신 대로, 여러분을 번성하게 해주실 것입니다.

¹⁸ 그렇습니다. **하나님** 여러분의 하나님의 말씀을 잘 들으십시오. 오늘 내가 여러분에게 전하는 그분의 계명을 모두 지키십시오. **하나님** 여러분의 하나님 보시기에 올바른 일을 행하십시오.

먹을 수 있는 짐승과 먹을 수 없는 짐승

14 ¹⁻² 여러분은 **하나님** 여러분의 하나님의 자녀이니, 죽은 자를 위해 애도할 때 여러분의 몸에 상처를 내거나 머리를 미는 일이 없게 하십시오. **하나님** 여러분의 하나님께 거룩한 백성은 여러분밖에 없습니다. **하나님**께서 땅 위에 있는 모든 백성 가운데서 여러분을 택하셔서 그분의 소중한 보배로 삼으셨기 때문입니다.

³⁻⁸ 혐오스러운 것은 무엇이든 먹지 마십시오. 여러분이 먹어도 되는 짐승은 소와 양과 염소, 사슴과 노루와 수노루, 들염소와 산염

(gods you know nothing about), then you must conduct a careful examination. Ask questions, investigate. If it turns out that the report is true and this abomination did in fact take place in your community, you must execute the citizens of that town. Kill them, setting that city apart for holy destruction: the city and everything in it including its animals. Gather the plunder in the middle of the town square and burn it all—town and plunder together up in smoke, a holy sacrifice to GOD, your God. Leave it there, ashes and ruins. Don't build on that site again. And don't let any of the plunder devoted to holy destruction stick to your fingers. Get rid of it so that GOD may turn from anger to compassion, generously making you prosper, just as he promised your ancestors.

¹⁸ Yes. Obediently listen to GOD, your God. Keep all his commands that I am giving you today. Do the right thing in the eyes of GOD, your God.

14 ¹⁻² You are children of GOD, your God, so don't mutilate your bodies or shave your heads in funeral rites for the dead. You only are a people holy to GOD, your God; GOD chose you out of all the people on Earth as his cherished personal treasure.

³⁻⁸ Don't eat anything abominable. These are the animals you may eat: ox, sheep, goat, deer, gazelle, roebuck, wild goat, ibex, antelope, mountain sheep—any animal that has a cloven hoof and chews

소와 영양과 산양과 같이 굽이 갈라지고 새 김질하는 모든 짐승입니다. 그러나 낙타와 토끼와 바위너구리는 먹어서는 안됩니다. 그것들은 새김질은 하지만 굽이 갈라지지 않아서 부정한 것입니다. 돼지도 먹지 마십시오. 돼지는 굽은 갈라졌지만 새김질을 하지 않아서 부정한 것입니다. 그 주검을 만져서도 안됩니다.

9-10 물속에 사는 것 가운데서 지느러미와 비늘이 있는 것은 무엇이든 여러분이 먹어도 됩니다. 그러나 지느러미나 비늘이 없는 것은 먹어서는 안됩니다. 그것은 부정한 것입니다.

11-18 정결한 새는 무엇이든 먹어도 됩니다. 그러나 예외가 있는데, 다음 새들은 먹지 마십시오. 곧 독수리, 참수리, 검은대머리수리, 솔개, 수리, 각종 말똥가리, 각종 까마귀, 타조, 쏙독새, 각종 매, 금눈쇠올빼미, 큰올빼미, 흰올빼미, 사다새, 물수리, 가마우지, 황새, 각종 왜가리, 오디새, 박쥐입니다.

19-20 날개 달린 곤충은 부정하니 먹지 마십시오. 그러나 정결하고 날개 달린 것은 먹어도 됩니다.

21 여러분은 하나님 여러분의 하나님께 거룩한 백성이니, 죽은 채 발견된 것은 무엇이든 먹지 마십시오. 그러나 그것을 여러분의 동네에 사는 외국인에게 먹으라고 주거나 그에게 파는 것은 괜찮습니다.

새끼염소를 그 어미의 젖에 삶지 마십시오.

십일조

22-26 매년 여러분의 밭에서 거둔 농산물 가운데서 십분의 일, 곧 십일조를 예물로 드리십시오. 여러분의 곡식과 포도주와 기름의 십일조를, 양 떼와 소 떼의 처음 태어난 새끼와 함께 하나님 여러분의 하나님 앞, 곧 하나님께서 예배를 위해 정해 주신 곳으로 가져가서 먹어야 합니다. 이렇게 함으로써 여러분은, 살아 있는 동안 하나님 여러

the cud. But you may not eat camels, rabbits, and rock badgers because they chew the cud but they don't have a cloven hoof—that makes them ritually unclean. And pigs: Don't eat pigs—they have a cloven hoof but don't chew the cud, which makes them ritually unclean. Don't even touch a pig's carcass.

9-10 This is what you may eat from the water: anything that has fins and scales. But if it doesn't have fins or scales, you may not eat it. It's ritually unclean.

11-18 You may eat any ritually clean bird. These are the exceptions, so don't eat these: eagle, vulture, black vulture, kite, falcon, the buzzard family, the raven family, ostrich, nighthawk, the hawk family, little owl, great owl, white owl, pelican, osprey, cormorant, stork, the heron family, hoopoe, bat.

19-20 Winged insects are ritually unclean; don't eat them. But ritually clean winged creatures are permitted.

21 Because you are a people holy to GOD, your God, don't eat anything that you find dead. You can, though, give it to a foreigner in your neighborhood for a meal or sell it to a foreigner.

Don't boil a kid in its mother's milk.

22-26 Make an offering of ten percent, a tithe, of all the produce which grows in your fields year after year. Bring this into the Presence of GOD, your God, at the place he designates for worship and there eat the tithe from your grain, wine, and oil and the firstborn from your herds and flocks. In this way you will learn to live

분의 하나님을 깊이 경외하며 사는 법을 배우게 될 것입니다. 그러나 **하나님** 여러분의 하나님께서 정해 주신 곳이 너무 멀어서 그곳까지 십일조를 가져갈 수 없을 경우에도, **하나님** 여러분의 하나님께서는 여러분에게 복을 주실 것입니다. 여러분의 십일조를 돈으로 바꾸어 **하나님** 여러분의 하나님께서 예배받으시기 위해 택하신 곳으로 가져가십시오. 거기서 여러분이 원하는 것을 사십시오. 소나 양, 포도주나 맥주, 그 무엇이든 여러분이 보기에 좋은 것을 그 돈을 주고 사십시오. 그런 다음 여러분과 여러분의 온 집안이 **하나님** 여러분의 하나님 앞에서 잔치를 벌이고 즐거운 시간을 보내십시오.
27 그러나 여러분의 성읍에 사는 레위인을 잊지 말고 잘 보살피십시오. 그들은 여러분처럼 재산이나 자기 소유의 유산을 상속받을 수 없기 때문입니다.
28-29 여러분은 매 삼 년 끝에 그해에 거둔 모든 곡식의 십분의 일을 거두어들여, 창고에 따로 저장해 두십시오. 재산이나 유산이 없는 레위인과 여러분의 동네에 사는 외국인과 고아와 과부를 위해 그것을 비축해 두십시오. 그러면 그들이 먹을거리를 풍성히 얻게 될 것이고, **하나님** 여러분의 하나님께서 여러분이 하는 모든 일에 복을 주실 것입니다.

빚을 면제해 주는 해

15 1-3 매 칠 년 끝에는 모든 빚을 면제해 주십시오. 그 절차는 다음과 같습니다. 누구든지 이웃에게 돈을 꾸어 준 사람은 자기가 꾸어 준 것을 장부에서 지워 버려야 합니다. **하나님**께서 "모든 빚이 면제되었다" 말씀하시니, 여러분은 이웃이나 그의 형제에게 빚을 갚으라고 독촉해서는 안됩니다. 외국인에게 빌려 준 돈은 거두어들여도 되지만, 여러분의 동족 이스

in deep reverence before GOD, your God, as long as you live. But if the place GOD, your God, designates for worship is too far away and you can't carry your tithe that far, GOD, your God, will still bless you: exchange your tithe for money and take the money to the place GOD, your God, has chosen to be worshiped. Use the money to buy anything you want: cattle, sheep, wine, or beer—anything that looks good to you. You and your family can then feast in the Presence of GOD, your God, and have a good time.
27 Meanwhile, don't forget to take good care of the Levites who live in your towns; they won't get any property or inheritance of their own as you will.
28-29 At the end of every third year, gather the tithe from all your produce of that year and put it aside in storage. Keep it in reserve for the Levite who won't get any property or inheritance as you will, and for the foreigner, the orphan, and the widow who live in your neighborhood. That way they'll have plenty to eat and GOD, your God, will bless you in all your work.

15 1-3 At the end of every seventh year, cancel all debts. This is the procedure: Everyone who has lent money to a neighbor writes it off. You must not press your neighbor or his brother for payment: All-Debts-Are-Canceled—GOD says so. You may collect payment from foreigners, but whatever you have lent to your fellow Israelite you must write off.
4-6 There must be no poor people among

라엘 자손에게 꾸어 준 것은 무엇이든지 장부에서 지워 버려야 합니다.

4-6 여러분 가운데 가난한 사람이 있어서는 안 됩니다. **하나님** 여러분의 하나님께서 여러분에게 유산으로 주시는 저 땅, 곧 여러분이 차지할 땅에서 여러분에게 아낌없이 복을 주실 것이기 때문입니다. 그러나 여러분이 **하나님** 여러분의 하나님의 음성을 순종하는 마음으로 듣고, 내가 오늘 여러분에게 명령하는 모든 계명을 부지런히 지킬 때에만 그렇게 하실 것입니다. 그렇습니다. **하나님** 여러분의 하나님께서는 약속하신 대로, 여러분에게 복을 주실 것입니다. 여러분은 많은 민족들에게 꾸어 줄지언정 꾸지는 않을 것이고, 많은 민족들을 다스릴지언정 다스림을 받지는 않을 것입니다.

7-9 **하나님** 여러분의 하나님께서 주시는 저 땅에서 함께 살아가는 여러분의 동족 가운데 곤경에 처하거나 도움이 필요한 이를 만나거든, 못 본 척 고개를 돌리지 마십시오. 여러분의 지갑을 꼭 닫지 마십시오. 그러면 안됩니다. 그의 처지를 살펴보고, 여러분의 지갑을 열어 그가 필요로 하는 만큼 넉넉하게 꾸어 주십시오. 손해를 따지지 마십시오. "조금 있으면 일곱째 해, 곧 모든 빚을 면제해 주는 해다" 하는 이기적인 소리에 솔깃하여, 곤경에 빠진 궁핍한 이웃을 외면하거나 그를 돕지 않는 일이 없게 하십시오. 그가 여러분과 여러분의 뻔뻔스러운 죄를 두고 **하나님**께 부르짖으면 **하나님**께서 들으실 것이기 때문입니다.

10-11 자원하는 마음으로 기꺼이 베푸십시오. 아까워하는 마음을 갖지 마십시오. 여러분이 이러한 문제를 어떻게 처리하느냐에 따라, 여러분이 하는 모든 일, 곧 여러분의 모든 업무와 사업 가운데 내려 주시는 **하나님** 여러분의 하나님의 복이 결정됩니다. 여러분 가운데는 가난하고 궁핍한 사람이 늘 있을 것입니다. 그러므로 나는 여러분에게 명령합니다. 언제나 인정 많은 사람이 되십시오. 지갑을 열고 손을 활짝 펴서, 어려

you because GOD is going to bless you lavishly in this land that GOD, your God, is giving you as an inheritance, your very own land. But only if you listen obediently to the Voice of GOD, your God, diligently observing every commandment that I command you today. Oh yes—GOD, your God, will bless you just as he promised. You will lend to many nations but won't borrow from any; you'll rule over many nations but none will rule over you.

7-9 When you happen on someone who's in trouble or needs help among your people with whom you live in this land that GOD, your God, is giving you, don't look the other way pretending you don't see him. Don't keep a tight grip on your purse. No. Look at him, open your purse, lend whatever and as much as he needs. Don't count the cost. Don't listen to that selfish voice saying, "It's almost the seventh year, the year of All-Debts-Are-Canceled," and turn aside and leave your needy neighbor in the lurch, refusing to help him. He'll call GOD's attention to you and your blatant sin.

10-11 Give freely and spontaneously. Don't have a stingy heart. The way you handle matters like this triggers GOD, your God's, blessing in everything you do, all your work and ventures. There are always going to be poor and needy people among you. So I command you: Always be generous, open purse and hands, give to your neighbors in trouble, your poor and hurting neigh-

움에 처한 여러분의 이웃, 가난하고 굶주린 여러분의 이웃에게 베푸십시오.

12-15 히브리 남자나 히브리 여자가 여러분에게 팔려 와서 여섯 해 동안 여러분을 섬겼을 경우, 일곱째 해에는 그들을 놓아주어 자유로운 삶을 살게 해야 합니다. 그들을 놓아줄 때에는 빈손으로 보내지 마십시오. 그들에게 가축 몇 마리를 내어주고, 빵과 포도주와 기름도 듬뿍 내어주십시오. **하나님** 여러분의 하나님께서 여러분에게 베푸신 온갖 복을 듬뿍 떼어 그들에게 주십시오. 여러분도 전에는 이집트 땅에서 종이었으며, **하나님** 여러분의 하나님께서 그 종살이하던 세계에서 여러분을 속량해 주셨음을 한순간도 잊지 마십시오.

그래서 내가 오늘 여러분에게 이것을 명령하는 것입니다.

16-17 그러나 여러분의 종이 여러분과 여러분의 가족을 사랑하고 여러분과 함께 지내는 것을 좋아하여 "나는 주인님을 떠나고 싶지 않습니다" 하고 말하면, 송곳을 가져다가 그의 귀를 문기둥에 대고 구멍을 뚫어, 그를 영원토록 여러분의 종으로 삼으십시오. 여러분과 함께 지내고 싶어 하는 여종에게도 똑같이 하십시오.

18 여러분의 종을 놓아주는 것을 이치에 맞지 않은 어려운 일로 여기지 마십시오. 따지고 보면, 그는 여섯 해 동안 품꾼의 절반 품삯으로 여러분을 위해 일했기 때문입니다.

하나님 여러분의 하나님께서 여러분이 하는 모든 일에 복을 주실 것이니, 내 말을 믿으십시오.

19-23 여러분의 소 떼와 양 떼 가운데서 처음 태어난 수컷은 모두 **하나님** 여러분의 하나님께 드리십시오. 처음 태어난 소는 부리지 말고, 처음 태어난 양의 털은 깎지 마십시오.

bors.

12-15 If a Hebrew man or Hebrew woman was sold to you and has served you for six years, in the seventh year you must set him or her free, released into a free life. And when you set them free don't send them off empty-handed. Provide them with some animals, plenty of bread and wine and oil. Load them with provisions from all the blessings with which GOD, your God, has blessed you. Don't for a minute forget that you were once slaves in Egypt and GOD, your God, redeemed you from that slave world.

For that reason, this day I command you to do this.

16-17 But if your slave, because he loves you and your family and has a good life with you, says, "I don't want to leave you," then take an awl and pierce through his earlobe into the doorpost, markin g him as your slave forever. Do the same with your women slaves who want to stay with you.

18 Don't consider this an unreasonable hardship, this setting your slave free. After all, he's worked six years for you at half the cost of a hired hand.

Believe me, GOD, your God, will bless you in everything you do.

19-23 Consecrate to GOD, your God, all the firstborn males in your herds and flocks. Don't use the firstborn from your herds as work animals; don't shear the firstborn from your flocks. These are for you to eat every year, you and your family,

이것들은 여러분과 여러분의 가족이 **하나님** 여러분의 하나님 앞, 곧 **하나님**께서 예배를 위해 정해 주신 곳에서 해마다 먹어야 하는 것들입니다. 그 짐승에게 흠이 있으면, 곧 다리를 절거나 눈이 멀었거나 그 밖에 어딘가 결함이 있으면, **하나님** 여러분의 하나님께 제물로 잡아 드리지 마십시오. 그런 것은 집에서 먹으십시오. 노루나 사슴을 먹을 때와 마찬가지로, 정결한 사람이든 부정한 사람이든 누구나 그것을 먹어도 됩니다. 다만 그 피를 먹어서는 안됩니다. 피는 물처럼 땅바닥에 쏟아 버리십시오.

유월절

16 ¹⁻⁴ 아빕월을 지켜 **하나님** 여러분의 하나님께 유월절 제사를 드리십시오. **하나님** 여러분의 하나님께서 여러분을 아빕월 밤에 이집트에서 건져 내셨습니다. **하나님**께서 자기 이름을 두고 예배받으시려고 택하신 그곳에서, **하나님** 여러분의 하나님께 유월절 제물을 드리십시오. 누룩을 넣은 빵을 그 제물과 함께 먹어서는 안됩니다. 칠 일 동안 누룩을 넣지 않은 빵, 곧 궁핍한 시절에 먹었던 빵을 그 제물과 함께 먹으십시오. 이는 여러분이 이집트를 나올 때 급히 떠나왔기 때문입니다. 그 빵은 여러분이 이집트를 어떻게 떠나왔는지를, 여러분이 사는 동안 생생하게 기억나게 할 것입니다. 칠 일 동안은 어디에도 누룩의 흔적이 있어서는 안됩니다. 여러분이 저녁에 제물로 드린 고기는 다음날 아침까지 남겨 두지 마십시오.
⁵⁻⁷ 유월절 제물을, **하나님** 여러분의 하나님께서 여러분에게 주신 성읍 아무 데서나 드리지 마십시오. 오직 **하나님** 여러분의 하나님께서 예배를 위해 정해 주신 곳에서, 여러분이 이집트를 나오던 시각, 곧 해가 지는 저녁에 유월절 제물을 드리십시오. **하나님** 여러분의 하나님께서 정해 주신 곳에서

in the Presence of GOD, your God, at the place that GOD designates for worship. If the animal is defective, lame, say, or blind—anything wrong with it—don't slaughter it as a sacrifice to GOD, your God. Stay at home and eat it there. Both the ritually clean and unclean may eat it, the same as with a gazelle or a deer. Only you must not eat its blood. Pour the blood out on the ground like water.

❧

16 ¹⁻⁴ Observe the month of Abib by celebrating the Passover to GOD, your God. It was in the month of Abib that GOD, your God, delivered you by night from Egypt. Offer the Passover-Sacrifice to GOD, your God, at the place GOD chooses to be worshiped by establishing his name there. Don't eat yeast bread with it; for seven days eat it with unraised bread, hard-times bread, because you left Egypt in a hurry—that bread will keep the memory fresh of how you left Egypt for as long as you live. There is to be no sign of yeast anywhere for seven days. And don't let any of the meat that you sacrifice in the evening be left over until morning.
⁵⁻⁷ Don't sacrifice the Passover in any of the towns that GOD, your God, gives you other than the one GOD, your God, designates for worship; there and there only you will offer the Passover-Sacrifice at evening as the sun goes down, marking the time that you left Egypt. Boil and eat it at the place designated by GOD, your God. Then, at daybreak, turn around and go home.

그 제물을 삶아 먹고, 새벽에 집으로 돌아가십
시오.

8 육 일 동안 누룩을 넣지 않은 빵을 먹고, 일곱
째 날은 거룩한 날로 구별하여 아무 일도 하지
마십시오.

칠칠절

9-11 무르익은 곡식에 낫을 대는 날부터 시작하
여, 일곱 주를 세십시오. 여러분의 자원 제물을
가지고 가서 **하나님** 여러분의 하나님께 드리는
칠칠절을 기념하십시오. **하나님** 여러분의 하나
님께서 여러분에게 복을 주시는 대로 넉넉하게
드리십시오. 여러분과 여러분의 자녀, 여러분
의 남종과 여종, 여러분의 동네에 사는 레위인,
여러분과 함께 사는 외국인과 고아와 과부 할
것 없이 모두 다 **하나님** 여러분의 하나님 앞에
서 기뻐하십시오. **하나님** 여러분의 하나님께서
예배받으시려고 따로 구별해 주신 곳에서 기뻐
하십시오.

12 여러분도 전에는 이집트 땅에서 종이었음
을 잊지 마십시오. 이 법도를 부지런히 지키십
시오.

초막절

13-15 타작마당과 포도주틀에서 수확물을 거두
어들일 때, 칠 일 동안 초막절을 지키십시오. 여
러분과 여러분의 자녀, 여러분의 남종과 여종,
여러분의 동네에 사는 레위인과 외국인과 고아
와 과부 할 것 없이 모두 이 절기를 기뻐하십시
오. 칠 일 동안 **하나님**께서 정해 주신 곳에서,
하나님 여러분의 하나님 앞에 절기를 지키십시
오. **하나님** 여러분의 하나님께서 여러분의 수확
물과 여러분이 하는 모든 일에 복을 주셨으니,
즐겁게 보내십시오. 마음껏 경축하십시오!

16-17 여러분 가운데 모든 남자는 해마다 세 차
례, 곧 무교절(유월절)과 칠칠절과 초막절에, **하
나님** 여러분의 하나님께서 정해 주신 곳에서 그

8 Eat unraised bread for six days. Set
aside the seventh day as a holiday; don't
do any work.

9-11 Starting from the day you put the
sickle to the ripe grain, count out seven
weeks. Celebrate the Feast-of-Weeks
to GOD, your God, by bringing your
Freewill-Offering–give as generously as
GOD, your God, has blessed you. Rejoice
in the Presence of GOD, your God: you,
your son, your daughter, your servant,
your maid, the Levite who lives in your
neighborhood, the foreigner, the orphan
and widow among you; rejoice at the
place GOD, your God, will set aside to be
worshiped.

12 Don't forget that you were once a slave
in Egypt. So be diligent in observing
these regulations.

13-15 Observe the Feast-of-Booths for
seven days when you gather the harvest
from your threshing-floor and your
wine-vat. Rejoice at your festival: you,
your son, your daughter, your servant,
your maid, the Levite, the foreigner,
and the orphans and widows who live in
your neighborhood. Celebrate the Feast
to GOD, your God, for seven days at the
place GOD designates. GOD, your God,
has been blessing you in your harvest
and in all your work, so make a day of it–
really celebrate!

16-17 All your men must appear before
GOD, your God, three times each year
at the place he designates: at the Feast-

분 앞에 나아가야 합니다. 빈손으로 **하나님** 앞에 나아가서는 안됩니다. 저마다 **하나님** 여러분의 하나님께서 베풀어 주신 복에 따라, 힘 닿는 만큼 넉넉하게 가져가서 드려야 합니다.

❧

18-19 **하나님** 여러분의 하나님께서 여러분에게 주시는 모든 성읍에, 지파에 따라 재판관과 관리들을 임명하여 세우십시오. 그들은 백성을 공정하고 정직하게 재판해야 합니다. 법을 왜곡하지 말고, 어느 한쪽을 편들지 마십시오. 뇌물을 받지 마십시오. 뇌물은 슬기로운 사람의 눈을 어둡게 하고, 가장 선한 사람의 의도마저 훼손합니다. 20 옳은 것, 바른 것! 오직 올바른 것만 따르십시오! 그렇게 할 때에만 여러분이 참으로 살고, **하나님** 여러분의 하나님께서 여러분에게 주시는 땅을 차지할 수 있습니다.

❧

21-22 여러분이 세울 **하나님** 여러분의 하나님의 제단 옆에 다산의 신 아세라 목상들을 세우지 마십시오. 남근 모양의 기둥들을 세우지 마십시오. 그것들은 **하나님** 여러분의 하나님께서 혐오하시는 것들입니다.

17 ¹ 흠이 있거나 결함이 있는 소나 양을 **하나님** 여러분의 하나님께 제물로 드리지 마십시오. 그런 것은 **하나님** 여러분의 하나님께 역겹고 혐오스러운 것입니다.

❧

2-5 **하나님** 여러분의 하나님께서 여러분에게 주시는 성읍 안에서, **하나님** 보시기에 부정한 짓을 저지르고, 그분의 언약을 저

of-Unraised-Bread (Passover), at the Feast-of-Weeks, and at the Feast-of-Booths. No one is to show up in the Presence of GOD empty-handed; each man must bring as much as he can manage, giving generously in response to the blessings of GOD, your God.

❧

18-19 Appoint judges and officers, organized by tribes, in all the towns that GOD, your God, is giving you. They are to judge the people fairly and honestly. Don't twist the law. Don't play favorites. Don't take a bribe—a bribe blinds even a wise person; it undermines the intentions of the best of people.
20 The right! The right! Pursue only what's right! It's the only way you can really live and possess the land that GOD, your God, is giving you.

❧

21-22 Don't plant fertility Asherah trees alongside the Altar of GOD, your God, that you build. Don't set up phallic sex pillars—GOD, your God, hates them.

17 ¹ And don't sacrifice to GOD, your God, an ox or sheep that is defective or has anything at all wrong with it. That's an abomination, an insult to GOD, your God.

❧

2-5 If you find anyone within the towns that GOD, your God, is giving you doing what is

버리고 다른 신들을 숭배하러 가서 해나 달이나 하나님을 대적하는 하늘의 신들에게 절하는 자를 만나거든, 그 증거를 찾아 철저히 조사하십시오. 그것이 사실로 드러나고 그들이 이스라엘 안에서 역겨운 짓을 한 것이 드러나면, 여러분은 그 악한 짓을 저지른 남자나 여자를 여러분의 성문 밖으로 끌고 가 돌로 쳐서 죽여야 합니다. 그가 죽을 때까지 돌로 쳐야 합니다.

6-7 하지만 두세 사람의 증언이 있을 때에만 사람을 죽일 수 있습니다. 한 명의 증언만으로 사람을 죽여서는 안됩니다. 증인이 먼저 돌을 던지고, 그 후에 공동체의 나머지 사람들이 따라서 던져야 합니다. 이와 같이 하여 여러분은 여러분의 공동체에서 악을 제거해야 합니다.

8-9 여러분이 판결하기 어려운 재판의 문제, 곧 살인이나 법적 소송이나 싸움 등 어려운 사건이 생기거든, 그 사건을 하나님 여러분의 하나님께서 정해 주신 예배 처소로 가져가십시오. 그 사건을 당시 직무를 맡은 레위인 제사장들과 재판관에게 가져가서 문의하십시오. 그러면 그들이 여러분에게 판결을 내려 줄 것입니다.

10-13 그런 다음 하나님 여러분의 하나님께서 정해 주신 곳에서 그들의 판결대로 실행하십시오. 그들이 여러분에게 일러 주는 대로, 꼭 그대로 행하십시오. 그들의 판결을 정확히 따르십시오. 빼거나 더하지 마십시오. 하나님 여러분의 하나님 앞에서 섬기는 제사장이나 재판관의 판결을 듣지 않고 거역하는 사람은 죽여야 합니다. 그런 자는 뿌리째 뽑아 버리십시오. 이스라엘에서 악을 제거하십시오. 그러면 모든 사람이 듣고 마음에 깊이 새겨서, 아무도 주제넘게 행동하지 않을 것입니다.

wrong in GOD's eyes, breaking his covenant by going off to worship other gods, bowing down to them—the sun, say, or the moon, or any rebel sky-gods—look at the evidence and investigate carefully. If you find that it is true, that, in fact, an abomination has been committed in Israel, then you are to take the man or woman who did this evil thing outside your city gates and stone the man or the woman. Hurl stones at the person until dead.

6-7 But only on the testimony of two or three witnesses may a person be put to death. No one may be put to death on the testimony of one witness. The witnesses must throw the first stones in the execution, then the rest of the community joins in. You have to purge the evil from your community.

8-9 When matters of justice come up that are too much for you—hard cases regarding homicides, legal disputes, fights—take them up to the central place of worship that GOD, your God, has designated. Bring them to the Levitical priests and the judge who is in office at the time. Consult them and they will hand down the decision for you.

10-13 Then carry out their verdict at the place designated by GOD, your God. Do what they tell you, in exactly the way they tell you. Follow their instructions precisely: Don't leave out anything; don't add anything. Anyone who presumes to override or twist the decision handed down by the priest or judge who was acting in the Presence of GOD, your God, is as good

14-17 **하나님** 여러분의 하나님께서 여러분에게 주시는 땅에 들어가서 그 땅을 차지하고 자리를 잡은 다음에, "주위의 모든 민족처럼 왕을 세워야겠다"는 말이 나오면, 반드시 **하나님** 여러분의 하나님께서 택하시는 사람을 왕으로 세우십시오. 여러분의 동족 가운데서 왕을 고르십시오. 외국인을 왕으로 세우지 말고, 여러분의 동족을 왕으로 세워야 합니다. 그러나 아무리 왕이라고 해도 전쟁 무기를 늘리거나 군마와 전차를 비축하게 해서는 안됩니다. 말을 늘리려고 백성을 이집트로 보내서도 안됩니다. **하나님**께서 여러분에게 "너희가 다시는 그곳으로 돌아가서는 안된다!" 하고 말씀하셨기 때문입니다. 또한 왕이 후궁을 늘리고 여러 아내를 맞이하여, 바르고 고결한 삶에서 벗어나는 일이 없게 하십시오. 또 은과 금을 많이 쌓아 두는 일도 없게 하십시오.

18-20 왕이 해야 할 일은 이러합니다. 왕위에 오른 사람이 맨 먼저 할 일은, 레위인 제사장들의 감독 아래 이 계시의 말씀을 두루마리에 직접 기록하는 것입니다. 왕은 그것을 늘 곁에 두고 날마다 연구하여 **하나님**을 경외하는 것이 무슨 뜻인지 배우고, 이 규례와 법도를 성심껏 따르고 지키면서 살아야 합니다. 그는 자만하거나 교만해서도 안되고, 자기 좋을 대로 하거나 자기 생각을 내세우기 위해 기분에 따라 계명을 고쳐서도 안됩니다. 그와 그의 자손이 이 계명을 읽고 배우면, 이스라엘에서 오랫동안 왕으로 다스리게 될 것입니다.

as dead—root him out, rid Israel of the evil. Everyone will take notice and be impressed. That will put an end to presumptuous behavior.

14-17 When you enter the land that GOD, your God, is giving you and take it over and settle down, and then say, "I'm going to get me a king, a king like all the nations around me," make sure you get yourself a king whom GOD, your God, chooses. Choose your king from among your kinsmen; don't take a foreigner—only a kinsman. And make sure he doesn't build up a war machine, amassing military horses and chariots. He must not send people to Egypt to get more horses, because GOD told you, "You'll never go back there again!" And make sure he doesn't build up a harem, collecting wives who will divert him from the straight and narrow. And make sure he doesn't pile up a lot of silver and gold.

18-20 This is what must be done: When he sits down on the throne of his kingdom, the first thing he must do is make himself a copy of this Revelation on a scroll, copied under the supervision of the Levitical priests. That scroll is to remain at his side at all times; he is to study it every day so that he may learn what it means to fear his GOD, living in reverent obedience before these rules and regulations by following them. He must not become proud and arrogant, changing the commands at whim to suit himself or making up his own versions. If he reads and learns, he will have a long reign as king in Israel, he and his sons.

제사장과 레위인의 몫

18

¹⁻² 레위인 제사장들, 곧 모든 레위 지파는 나머지 이스라엘 지파들과 함께 땅을 유산으로 받지 못합니다. 그들은 하나님께 불살라 바친 제물을 유산으로 받아, 그것을 먹고 살 것입니다. 그러나 그들은 자기 동족처럼 땅을 유산으로 받지 못합니다. 그들의 유산은 다름 아닌 **하나님**이기 때문입니다.

³⁻⁵ 소나 양을 제물로 바치는 백성에게서 제사장이 받을 수 있는 것은 앞다리와 턱과 위입니다. 여러분은 처음 거둔 곡식과 포도주와 기름은 물론이고, 여러분이 처음 깎은 양털도 제사장에게 주어야 합니다. 이는 **하나님** 여러분의 하나님께서 여러분의 모든 지파 가운데서 그들과 그 자손을 택하셔서, 그들이 언제나 **하나님** 여러분의 하나님의 이름으로 그곳에 있으면서 섬기게 하셨기 때문입니다.

⁶⁻⁸ 레위인은 자신이 원하는 성읍 어디든지 갈 수 있습니다. 그가 이스라엘의 어느 성읍을 떠나, **하나님**께서 예배받으시려고 정해 주신 곳으로 갈 경우, 그는 **하나님** 앞에서 섬기는 모든 레위인 형제와 함께 그곳에서 **하나님**의 이름으로 섬길 수 있습니다. 그가 자기 조상의 재산을 판 돈을 가지고 있더라도, 그들과 똑같이 먹고 살 몫을 나누어 받아야 합니다.

다른 민족들의 생활방식을 본받지 마십시오

⁹⁻¹² **하나님** 여러분의 하나님께서 여러분에게 주시는 땅에 들어가거든, 여러분은 그곳에 사는 민족들의 역겨운 생활방식을 본받지 마십시오. 여러분의 아들이나 딸을 불 속에 제물로 바치지 마십시오. 점이나 마술, 운세풀이, 마법, 주문 걸기, 혼백 불러내기나 죽은 자와 소통하는 짓 등을 따라하지 마십시오. **하나님**께서는 이와 같은 짓을 일삼는 자들을 역겨워하십니다. **하나님** 여러분의 하나님께서 저 민족들을 여러분 앞에서 쫓아내려고 하시는 것은, 그런 역겨운 관습 때문입니다.

18

¹⁻² The Levitical priests—that's the entire tribe of Levi—don't get any land-inheritance with the rest of Israel. They get the Fire-Gift-Offerings of GOD—they will live on that inheritance. But they don't get land-inheritance like the rest of their kinsmen. GOD is their inheritance.

³⁻⁵ This is what the priests get from the people from any offering of an ox or a sheep: the shoulder, the two cheeks, and the stomach. You must also give them the firstfruits of your grain, wine, and oil and the first fleece of your sheep, because GOD, your God, has chosen only them and their children out of all your tribes to be present and serve always in the name of GOD, your God.

⁶⁻⁸ If a Levite moves from any town in Israel—and he is quite free to move wherever he desires—and comes to the place GOD designates for worship, he may serve there in the name of GOD along with all his brother Levites who are present and serving in the Presence of GOD. And he will get an equal share to eat, even though he has money from the sale of his parents' possessions.

⁹⁻¹² When you enter the land that GOD, your God, is giving you, don't take on the abominable ways of life of the nations there. Don't you dare sacrifice your son or daughter in the fire. Don't practice divination, sorcery, fortune-telling, witchery, casting spells, holding seances, or channeling with the dead.

13-14 **하나님** 여러분의 하나님께 온전히 충성하십시오. 여러분이 저 땅에서 쫓아낼 민족들은 지금도 마술사와 무당들과 놀아나고 있지만, 여러분은 그렇게 해서는 안됩니다. **하나님** 여러분의 하나님께서는 그런 일을 금하십니다.

15-16 **하나님** 여러분의 하나님께서 여러분을 위해 한 예언자를 일으켜 세우실 것입니다. 여러분의 동족 가운데서 나와 같은 예언자를 세우실 것입니다. 여러분은 그의 말을 순종하는 마음으로 들으십시오. 이것은 여러분이 호렙에 모이던 날에 **하나님** 여러분의 하나님께 청한 일입니다. 그때 여러분은 이렇게 말했습니다. "우리는 **하나님** 우리 하나님께서 하시는 말씀을 더 이상 듣지 못하겠습니다. 이렇게 불을 보고 서 있다가는 우리가 죽을 것 같습니다!"

17-19 그러자 **하나님**께서 내게 말씀하셨습니다. "맞다. 그들의 말이 옳다. 내가 그들을 위해 그들의 동족 가운데서 너와 같은 예언자 한 사람을 일으켜 세워, 무슨 말을 해야 하는지 그에게 일러 주겠다. 그러면 그는 내가 그에게 명령하는 모든 것을 그들에게 전해 줄 것이다. 그가 전하는 내 말을 귀 기울여 듣지 않는 자에게는, 내가 직접 책임을 물을 것이다.

20 만일 어떤 예언자가 내 말을 조작하거나, 내가 명령하지도 않은 말을 내 이름으로 말하거나 다른 신들의 이름으로 말하면, 그 예언자는 반드시 죽어야 한다."

21-22 여러분은 마음속으로, "**하나님**께서 하신 말씀인지 아닌지 우리가 어떻게 알겠는가?" 하고 말할지도 모르겠습니다. 알 수 있는 방법이 여기 있습니다. 예언자가 **하나님**의 이름으로 말한 것이 실제로 일어나지 않으면, **하나님**께서 하신 말씀이 아니라 예언자가 자기 마음대로 꾸며 낸 것입니다. 그런 예언자의 말은 신경 쓰지 마십시오.

People who do these things are an abomination to GOD. It's because of just such abominable practices that GOD, your God, is driving these nations out before you.

13-14 Be completely loyal to GOD, your God. These nations that you're about to run out of the country consort with sorcerers and witches. But not you. GOD, your God, forbids it.

15-16 GOD, your God, is going to raise up a prophet for you. GOD will raise him up from among your kinsmen, a prophet like me. Listen obediently to him. This is what you asked GOD, your God, for at Horeb on the day you were all gathered at the mountain and said, "We can't hear any more from GOD, our God; we can't stand seeing any more fire. We'll die!"

17-19 And GOD said to me, "They're right; they've spoken the truth. I'll raise up for them a prophet like you from their kinsmen. I'll tell him what to say and he will pass on to them everything I command him. And anyone who won't listen to my words spoken by him, I will personally hold responsible.

20 "But any prophet who fakes it, who claims to speak in my name something I haven't commanded him to say, or speaks in the name of other gods, that prophet must die."

21-22 You may be wondering among yourselves, "How can we tell the difference, whether it was GOD who spoke or not?" Here's how: If what the prophet spoke in GOD's name doesn't happen, then obviously GOD wasn't behind it; the prophet made it up. Forget about him.

도피성

19 ¹⁻³ **하나님** 여러분의 하나님께서 친히 여러분에게 주시는 땅에서 저 민족들을 내쫓으시고 여러분이 그들의 성읍과 집에 들어가 살게 되면, 여러분은 **하나님** 여러분의 하나님께서 여러분에게 차지하라고 주시는 땅에서, 누구나 쉽게 접근할 수 있는 성읍 셋을 따로 떼어 놓아야 합니다. 여러분은 **하나님** 여러분의 하나님께서 여러분에게 차지하라고 주시는 저 땅을 세 지역으로 나누고 각 성읍에 이르는 길을 닦아서, 실수로 사람을 죽인 사람이 그곳으로 피신할 수 있게 하십시오.

⁴⁻⁷ 살인자가 그곳으로 피신하여 보호받을 수 있는 경우는 다음과 같습니다. 그는 원한을 품은 일 없이 실수로 이웃을 죽인 사람이어야 합니다. 예를 들어, 어떤 사람이 자기 이웃과 함께 나무를 하러 숲에 가서 도끼를 휘두르다가 그만 도끼날이 자루에서 빠져 그 이웃이 맞아 죽었다고 합시다. 그 사람은 이 세 성읍 가운데 한 곳으로 피신하여 목숨을 건질 수 있습니다. 그 성읍이 너무 멀리 떨어져 있으면, 복수심에 불타는 피의 보복자가 그 사람을 뒤쫓아 가서 잡아 죽이고 말 것입니다. 거리가 먼 탓에, 죽지 않아도 되는 사람이 죽게 됩니다. 사람을 죽인 것이 그의 잘못이 아니고 살인자와 피해자 사이에 원한을 살 만한 일이 없었는데도, 그런 참극이 빚어지는 것입니다. 그러므로 나는 여러분에게 명령합니다. 여러분을 위해 성읍 셋을 따로 떼어 두십시오.

⁸⁻¹⁰ **하나님** 여러분의 하나님께서 여러분의 조상에게 엄숙히 약속하신 대로, 여러분의 땅을 넓혀 주시고 그 경계를 확장해 주시고 여러분의 조상에게 약속하신 땅 전체를 여러분에게 주시면, 다시 말해 내가 오늘 여러분에게 명령하는 대로, 여러분이 열심히 살고 **하나님** 여러분의 하나

19 ¹⁻³ When GOD, your God, throws the nations out of the country that GOD, your God, is giving you and you settle down in their cities and houses, you are to set aside three easily accessible cities in the land that GOD, your God, is giving you as your very own. Divide your land into thirds, this land that GOD, your God, is giving you to possess, and build roads to the towns so that anyone who accidentally kills another can flee there.

⁴⁻⁷ This is the guideline for the murderer who flees there to take refuge: He has to have killed his neighbor without premeditation and with no history of bad blood between them. For instance, a man goes with his neighbor into the woods to cut a tree; he swings the ax, the head slips off the handle and hits his neighbor, killing him. He may then flee to one of these cities and save his life. If the city is too far away, the avenger of blood racing in hot-blooded pursuit might catch him since it's such a long distance, and kill him even though he didn't deserve it. It wasn't his fault. There was no history of hatred between them. Therefore I command you: Set aside the three cities for yourselves.

⁸⁻¹⁰ When GOD, your God, enlarges your land, extending its borders as he solemnly promised your ancestors, by giving you the whole land he promised them because you are diligently living the way I'm commanding you today, namely, to love GOD, your God, and do what he tells you all your life; and when that happens, then add three more to these three cities so that there is no

님을 사랑하며 그분이 말씀하시는 것을 여러분 평생에 실천하여 그런 일이 일어나면, 여러분은 이 세 성읍에 다른 세 성읍을 추가하여 무고한 피가 여러분의 땅에 떨어지는 일이 없게 하십시오. **하나님** 여러분의 하나님께서 여러분에게 유산으로 주시는 땅이니, 여러분은 그 땅을 무고한 피로 더럽혀 피 흘림의 죄를 뒤집어쓰지 않게 해야 합니다.

11-13 그러나 어떤 사람이 이웃을 미워하여 숨어서 기다리다가, 그를 급습하여 쳐죽이고 이 성읍들 가운데 한 곳으로 달아난 경우에는 이야기가 다릅니다. 그가 살던 성읍의 장로들은 사람을 보내어 그를 붙잡아 돌아오게 해야 합니다. 그런 다음 그를 피의 보복자에게 넘겨주어 죽게 해야 합니다. 그를 불쌍히 여기지 마십시오. 이스라엘에서 사악한 살인을 말끔히 씻어 버리십시오. 그래야 여러분이 깨끗한 공기를 마시며 잘 살게 될 것입니다.

❧

14 여러분은 그 땅에 첫 발을 들여놓은 여러분의 조상이, 오래전에 자기 소유지 경계로 세워놓은 경계표를 옮기지 마십시오.

❧

15 어떤 범죄나 죄도 한 사람의 증언만으로는 유죄 판결을 내릴 수 없습니다. 증인이 두세 사람은 있어야 그 일을 판결할 수 있습니다.

16-21 악의를 가진 증인이 나타나서 어떤 사람에게 죄가 있다고 말하면, 다툼에 연루된 두 당사자는 **하나님** 앞에, 그 당시 직무를 맡은 제사장과 재판관들 앞에 서야 합니다. 재판관들은 철저하게 심문하여, 그 증인이 거짓 증인이고 자기 동족 이스라엘 자손에 대해 거짓 증언을 한 것이 드러나면, 그가 상대에게 주려고 했던 것과 똑같은 벌을 그에게 주어야 합니다. 여러분의 공동체에서 더러운 악을 말끔히 쓸어버리십시오. 그러면 백성이 여러분이 한 일

chance of innocent blood being spilled in your land. GOD, your God, is giving you this land as an inheritance—you don't want to pollute it with innocent blood and bring bloodguilt upon yourselves.

11-13 On the other hand, if a man with a history of hatred toward his neighbor waits in ambush, then jumps him, mauls and kills him, and then runs to one of these cities, that's a different story. The elders of his own city are to send for him and have him brought back. They are to hand him over to the avenger of blood for execution. Don't feel sorry for him. Clean out the pollution of wrongful murder from Israel so that you'll be able to live well and breathe clean air.

❧

14 Don't move your neighbor's boundary markers, the longstanding landmarks set up by your pioneer ancestors defining their property.

❧

15 You cannot convict anyone of a crime or sin on the word of one witness. You need two or three witnesses to make a case.

16-21 If a hostile witness stands to accuse someone of a wrong, then both parties involved in the quarrel must stand in the Presence of GOD before the priests and judges who are in office at that time. The judges must conduct a careful investigation; if the witness turns out to be a false witness and has lied against his fellow Israelite, give him the same medicine he intended for the other party. Clean the

을 듣고 마음에 깊이 새겨, 여러분 가운데서 그와 같은 악을 다시는 행하지 않을 것입니다. 그를 불쌍히 여기지 마십시오. 목숨에는 목숨으로, 눈에는 눈으로, 이에는 이로, 손에는 손으로, 발에는 발로 갚으십시오.

전쟁에 관한 법

20 ¹⁻⁴ 여러분이 적과 싸우러 나가서 여러분보다 많은 수의 말과 전차와 군사를 보더라도, 그들을 두려워하여 움츠러들지 마십시오. 이집트에서 여러분을 이끌어 내신 **하나님** 여러분의 하나님께서 여러분과 함께 계십니다. 전투가 시작되려고 하면, 제사장을 앞에 내세워 전군에 말하게 하십시오. 제사장은 이렇게 말하십시오. "이스라엘 여러분, 들으십시오. 잠시 후 여러분은 적과 전투를 벌일 것입니다. 전의가 꺾이지 않게 하십시오. 두려워하지 마십시오. 주저하지 마십시오. 침착하십시오. **하나님** 여러분의 하나님께서 여러분과 함께 계시면서, 여러분과 더불어 적과 싸워 승리하실 것입니다."

⁵⁻⁷ 그 다음에는 장교들을 내세워 전군에 말하게 하십시오. "새 집을 짓고서 아직 준공식을 하지 못한 사람이 이 자리에 있습니까? 그런 사람이 있으면 지금 당장 집으로 돌아가십시오. 그가 싸우다 죽어서, 다른 사람이 준공식을 거행하는 일이 없게 하십시오. 포도밭을 일구어 놓고서 아직 포도를 맛보지 못한 사람이 있습니까? 그런 사람이 있으면 지금 당장 집으로 돌아가십시오. 그가 싸우다 죽어서, 다른 사람이 그 포도를 맛보는 일이 없게 하십시오. 약혼하고서 아직 아내를 맞아들이지 못한 사람이 있습니까? 그런 사람이 있으면 지금 당장 집으로 돌아가십시오. 그가 싸우다 죽어서, 다른 사람이 그 여자를 맞아들이는 일이 없게 하십시오."

⁸ 장교들은 또 이렇게 말하십시오. "전의가

polluting evil from your company. People will hear of what you've done and be impressed; that will put a stop to this kind of evil among you. Don't feel sorry for the person: It's life for life, eye for eye, tooth for tooth, hand for hand, foot for foot.

20 ¹⁻⁴ When you go to war against your enemy and see horses and chariots and soldiers far outnumbering you, do not recoil in fear of them; GOD, your God, who brought you up out of Egypt is with you. When the battle is about to begin, let the priest come forward and speak to the troops. He'll say, "Attention, Israel. In a few minutes you're going to do battle with your enemies. Don't waver in resolve. Don't fear. Don't hesitate. Don't panic. GOD, your God, is right there with you, fighting with you against your enemies, fighting to win."

⁵⁻⁷ Then let the officers step up and speak to the troops: "Is there a man here who has built a new house but hasn't yet dedicated it? Let him go home right now lest he die in battle and another man dedicate it. And is there a man here who has planted a vineyard but hasn't yet enjoyed the grapes? Let him go home right now lest he die in battle and another man enjoy the grapes. Is there a man here engaged to marry who hasn't yet taken his wife? Let him go home right now lest he die in battle and another man take her."

⁸ The officers will then continue, "And is there a man here who is wavering in resolve and afraid? Let him go home right

꺾여 두려운 사람이 이 자리에 있습니까? 그런 사람이 있으면 지금 당장 집으로 돌아가십시오. 그래야 그의 동료들이 그의 소심하고 겁 많은 모습에 영향을 받지 않을 것입니다." ⁹ 장교들은 전군에 할 말을 마쳤으면 지휘관들을 임명하여 부대별로 소집하게 하십시오.

10-15 여러분이 어떤 성읍에 다가가 공격하고자 할 때에는, 먼저 "평화를 원합니까?" 하고 큰소리로 말하십시오. 그들이 "평화를 원합니다!" 하고 여러분에게 성읍을 개방하면, 그곳 사람들을 강제노역자로 삼아 여러분을 위해 일하게 하십시오. 그러나 그들이 평화 제안을 받아들이지 않고 전쟁을 고집하면, 곧바로 공격하십시오. 하나님 여러분의 하나님께서 그들을 여러분의 손에 넘겨주실 것이니, 거기 있는 모든 남자를 칼로 쳐죽이십시오. 그러나 여자와 아이와 가축은 죽이지 마십시오. 성읍 안에 있는 모든 것은 전리품으로 취하여, 여러분이 먹고 사용해도 됩니다. 그것은 하나님 여러분의 하나님께서 여러분에게 주시는 것입니다. 여러분에게서 멀리 떨어져 있는 성읍들, 곧 여러분 주변의 민족들에게 속하지 않은 성읍들은 이런 식으로 처리하십시오.

16-18 그러나 하나님 여러분의 하나님께서 여러분에게 유산으로 주시는 민족들의 성읍은 경우가 다릅니다. 그들은 한 사람도 살려 두지 마십시오. 그들을 거룩한 진멸의 제물로 삼으십시오. 하나님 여러분의 하나님께서 명령하신 대로, 헷 사람, 아모리 사람, 가나안 사람, 브리스 사람, 히위 사람, 여부스 사람을 진멸하십시오. 그렇게 해야 그들이 자기 신들과 어울리며 행하던 역겨운 짓을 여러분에게 가르쳐서, 여러분이 하나님 여러분의 하나님께 죄를 짓게 되는 일이 없을 것입니다.

19-20 여러분이 어떤 성읍을 공격하러 올라가 오랫동안 포위하고 있을 때, 도끼를 휘둘러 나무를 쓰러뜨리는 일이 없게 하십시오. 그 나무

now so that he doesn't infect his fellows with his timidity and cowardly spirit."

⁹ When the officers have finished speaking to the troops, let them appoint commanders of the troops who shall muster them by units.

10-15 When you come up against a city to attack it, call out, "Peace?" If they answer, "Yes, peace!" and open the city to you, then everyone found there will be conscripted as forced laborers and work for you. But if they don't settle for peace and insist on war, then go ahead and attack. GOD, your God, will give them to you. Kill all the men with your swords. But don't kill the women and children and animals. Everything inside the town you can take as plunder for you to use and eat—GOD, your God, gives it to you. This is the way you deal with the distant towns, the towns that don't belong to the nations at hand.

16-18 But with the towns of the people that GOD, your God, is giving you as an inheritance, it's different: don't leave anyone alive. Consign them to holy destruction: the Hittites, Amorites, Canaanites, Perizzites, Hivites, and Jebusites, obeying the command of GOD, your God. This is so there won't be any of them left to teach you to practice the abominations that they engage in with their gods and you end up sinning against GOD, your God.

19-20 When you mount an attack on a town and the siege goes on a long time, don't start cutting down the trees,

들은 여러분이 장차 먹을 양식이니 베지 마십시오. 그 나무들이 군사들처럼 무기를 들고 여러분과 맞서 싸우러 올 리는 없지 않습니까? 그러나 열매를 맺지 않는 나무는 예외입니다. 그런 나무는 베어서, 여러분에게 저항하는 성읍을 함락하기까지, 그 성읍을 포위하고 공격하는 데 필요한 병기 재료로 사용하십시오.

❧

21 ¹⁻⁸ 하나님 여러분의 하나님께서 여러분에게 주신 땅에서 들에 방치된 주검이 발견되었는데, 누가 그를 죽였는지 아무도 알지 못할 경우, 여러분의 지도자와 재판관들이 나가서 그 주검이 있는 곳에서부터 인근 성읍들에 이르는 거리를 재어야 합니다. 그 주검에서 가장 가까운 성읍의 지도자와 재판관들은 아직 부린 적도 없고 멍에를 메운 적도 없는 암송아지 한 마리를 끌고 오십시오. 지도자들은 물이 흐르는 골짜기, 땅을 갈아엎거나 씨를 뿌린 적이 없는 골짜기로 암송아지를 끌고 가서 그 목을 꺾으십시오. 그런 다음 레위인 제사장들이 나서십시오. 그들은 하나님께서 택하셔서 이런 일과 관련해 그분을 섬기고, 법적 소송과 폭력 범죄를 수습하며, 하나님의 이름으로 축복을 선언하는 일을 맡은 사람들입니다. 마지막으로, 그 주검에서 가장 가까운 성읍의 지도자들 모두가 물가에서 목이 꺾인 암송아지 위에서 손을 씻고 이렇게 말하십시오. "우리는 이 사람을 죽이지 않았고, 누가 이 사람을 죽였는지도 모릅니다. 하나님, 주께서 속량하신 주의 백성 이스라엘을 정결하게 해주십시오. 주의 백성 이스라엘을 이 살인죄에서 깨끗하게 해주십시오."

⁸⁻⁹ 그러면 이스라엘은 그 살인에 대한 책임을 벗게 될 것입니다. 이 절차를 따름으로써 여러분은 그 살인에 관여했다는 의혹

swinging your axes against them. Those trees are your future food; don't cut them down. Are trees soldiers who come against you with weapons? The exception can be those trees which don't produce food; you can chop them down and use the timbers to build siege engines against the town that is resisting you until it falls.

❧

21 ¹⁻⁸ If a dead body is found on the ground, this ground that GOD, your God, has given you, lying out in the open, and no one knows who killed him, your leaders and judges are to go out and measure the distance from the body to the nearest cities. The leaders and judges of the city that is nearest the corpse will then take a heifer that has never been used for work, never had a yoke on it. The leaders will take the heifer to a valley with a stream, a valley that has never been plowed or planted, and there break the neck of the heifer. The Levitical priests will then step up. GOD has chosen them to serve him in these matters by settling legal disputes and violent crimes and by pronouncing blessings in GOD's name. Finally, all the leaders of that town that is nearest the body will wash their hands over the heifer that had its neck broken at the stream and say, "We didn't kill this man and we didn't see who did it. Purify your people Israel whom you redeemed, O GOD. Clear your people Israel from any guilt in this murder."

⁸⁻⁹ That will clear them from any responsibility in the murder. By following these procedures you will have absolved yourselves

에서 벗어날 것입니다. 여러분이 하나님 보시기에 옳은 일을 했기 때문입니다.

of any part in the murder because you will have done what is right in GOD's sight.

❧

10-14 여러분이 적과 싸우러 나갈 때에 하나님 여러분의 하나님께서 여러분에게 승리를 안겨 주셔서 포로를 사로잡았는데, 여러분이 그 포로들 가운데 아름다운 여자를 보고 마음이 끌려 그 여자와 결혼하고 싶을 경우, 여러분은 이렇게 하십시오. 그 여자를 집으로 데려가, 머리를 손질하고 손톱을 깎고 포로로 잡혔을 때 입고 있던 옷을 벗어 버리게 하십시오. 그 여자는 한 달 동안 여러분의 집에 머물면서 자기 부모를 생각하며 애도해야 합니다. 그런 다음에야 여러분은 그 여자와 잠자리를 같이하여 부부가 될 수 있습니다. 그 여자가 여러분의 마음에 들지 않으면, 그녀를 놓아주어 원하는 곳 어디서든 살게 해야 합니다. 그 여자를 팔거나 종으로 부려서는 안됩니다. 여러분이 그 여자를 욕되게 했기 때문입니다.

10-14 When you go to war against your enemies and GOD, your God, gives you victory and you take prisoners, and then you notice among the prisoners of war a good-looking woman whom you find attractive and would like to marry, this is what you do: Take her home; have her trim her hair, cut her nails, and discard the clothes she was wearing when captured. She is then to stay in your home for a full month, mourning her father and mother. Then you may go to bed with her as husband and wife. If it turns out you don't like her, you must let her go and live wherever she wishes. But you can't sell her or use her as a slave since you've humiliated her.

❧

15-17 어떤 남자에게 두 아내가 있는데, 한 아내는 사랑을 받고 다른 아내는 미움을 받다가 둘 다 그 남자의 아들을 낳았습니다. 이때 미움받는 아내의 아들이 맏아들인 경우, 그 남자는 자기 아들들에게 유산을 나누어 줄 때, 진짜 맏아들인 미움받는 아내의 아들을 제쳐 두고 사랑받는 아내의 아들을 맏아들로 대해서는 안됩니다. 그는 미움받는 아내의 아들, 곧 진짜 맏아들의 상속권을 인정하여 자기 유산에서 두 배의 몫을 그에게 주어야 합니다. 그 아들이 생식능력의 첫 번째 증거이므로, 맏아들의 권리는 그에게 있습니다.

15-17 When a man has two wives, one loved and the other hated, and they both give him sons, but the firstborn is from the hated wife, at the time he divides the inheritance with his sons he must not treat the son of the loved wife as the firstborn, cutting out the son of the hated wife, who is the actual firstborn. No, he must acknowledge the inheritance rights of the real firstborn, the son of the hated wife, by giving him a double share of the inheritance: that son is the first proof of his virility; the rights of the firstborn belong to him.

✤

¹⁸⁻²⁰ 어떤 사람에게 부모의 말을 전혀 듣지 않고 반항하는 고집 센 아들이 있어, 부모가 아무리 타일러도 말을 듣지 않을 경우, 부모는 그를 강제로라도 성문에 있는 지도자들 앞으로 끌고 가서, "우리 아들 녀석은 고집 센 반항아입니다. 우리가 하는 말을 한 마디도 들으려 하지 않습니다. 게다가 먹보이고 술꾼입니다" 하고 말하십시오.
²¹ 그러면 성읍의 모든 사람이 그에게 돌을 던져 죽여야 합니다. 여러분은 여러분 가운데서 더러운 악을 말끔히 제거해야 합니다. 온 이스라엘이 그 일어난 일을 듣고 두려워할 것입니다.

✤

²²⁻²³ 어떤 사람이 죽을죄를 지어서 사형 선고를 받고 처형되어 나무에 매달린 경우, 그의 주검을 밤새도록 나무에 매달아 두지 마십시오. 그날로 무덤에 안장하여, 여러분의 **하나님**께서 주신 땅을 더럽히는 일이 없게 하십시오. 사형당해 나무에 매달린 사람은 하나님을 욕되게 하기 때문입니다.

22 ¹⁻³ 동족의 소나 양이 줄이 풀려 돌아다니는 것을 보거든, 못 본 척 고개를 돌리지 마십시오. 그 짐승을 본래 있던 자리로 즉시 돌려보내십시오. 여러분의 동족 이스라엘 사람이 가까이에 없거나 여러분이 그 짐승의 주인을 알지 못하겠거든, 그 짐승을 집으로 끌고 가서 잘 보살피십시오. 그러다가 여러분의 동족이 그 짐승에 대해 물어 오면, 그때 그에게 돌려주십시오. 여러분의 동족 이스라엘 사람이 나귀든 옷가지든 그 무엇을 잃어버리든지, 그렇게 하십시오. 못 본 척 고개를 돌리지 마십시오.

✤

¹⁸⁻²⁰ When a man has a stubborn son, a real rebel who won't do a thing his mother and father tell him, and even though they discipline him he still won't obey, his father and mother shall forcibly bring him before the leaders at the city gate and say to the city fathers, "This son of ours is a stubborn rebel; he won't listen to a thing we say. He's a glutton and a drunk."
²¹ Then all the men of the town are to throw rocks at him until he's dead. You will have purged the evil pollution from among you. All Israel will hear what's happened and be in awe.

✤

²²⁻²³ When a man has committed a capital crime, been given the death sentence, executed and hung from a tree, don't leave his dead body hanging overnight from the tree. Give him a decent burial that same day so that you don't desecrate your GOD-given land—a hanged man is an insult to God.

22 ¹⁻³ If you see your kinsman's ox or sheep wandering off loose, don't look the other way as if you didn't see it. Return it promptly. If your fellow Israelite is not close by or you don't know whose it is, take the animal home with you and take care of it until your fellow asks about it. Then return it to him. Do the same if it's his donkey or a piece of clothing or anything else your fellow Israelite loses. Don't look the other way as if you didn't see it.

4 동족의 나귀나 소가 상처를 입어 길가에 쓰러져 있는 것을 보거든, 못 본 척 고개를 돌리지 마십시오. 여러분의 동족을 거들어 그 짐승을 일으켜 주십시오.

5 여자가 남자 옷을 입어서는 안되고, 남자가 여자 옷을 입어서도 안됩니다. 이런 것은 **하나님** 여러분의 하나님께 역겨운 짓입니다.

6-7 여러분이 길을 가다가 나무나 땅에서 새의 둥지를 발견했는데, 어미새가 새끼나 알을 품고 있는 경우, 새끼를 품고 있는 어미새는 잡지 마십시오. 새끼는 잡아도 되지만 어미새는 날려 보내십시오. 그래야 여러분이 오래도록 잘 살게 될 것입니다.

8 새로 집을 짓거든, 지붕 둘레에 난간을 설치하여 안전하게 하십시오. 그래야 누군가 떨어져 죽는 일이 없고, 여러분의 집이 사망 사고를 책임지는 일도 없을 것입니다.

9 여러분의 포도밭에 두 종자의 씨를 섞어서 뿌리지 마십시오. 그럴 경우, 여러분이 뿌린 곡식과 포도밭의 수확물 전체를 잃게 될 것입니다.

10 소와 나귀를 한 멍에에 메워 밭을 갈지 마십시오.

11 양털과 모시실을 섞어 짠 옷을 입지 마십시오.

12 몸에 걸치는 겉옷의 네 귀퉁이에 술을 만들어 다십시오.

13-19 어떤 남자가 여자와 결혼하여 잠자리

4 If you see your fellow's donkey or ox injured along the road, don't look the other way. Help him get it up and on its way.

5 A woman must not wear a man's clothing, nor a man wear women's clothing. This kind of thing is an abomination to GOD, your God.

6-7 When you come across a bird's nest alongside the road, whether in a tree or on the ground, and the mother is sitting on the young or on the eggs, don't take the mother with the young. You may take the babies, but let the mother go so that you will live a good and long life.

8 When you build a new house, make a parapet around your roof to make it safe so that someone doesn't fall off and die and your family become responsible for the death.

9 Don't plant two kinds of seed in your vineyard. If you do, you will forfeit what you've sown, the total production of the vineyard.

10 Don't plow with an ox and a donkey yoked together.

11 Don't wear clothes of mixed fabrics, wool and linen together.

12 Make tassels on the four corners of the cloak you use to cover yourself.

13-19 If a man marries a woman, sleeps with

를 같이하고 나서, 갑자기 그 여자를 난잡한 여자라 욕하면서 "내가 이 여자와 결혼하여 잠자리를 같이하고 보니 처녀가 아니었다" 하고 누명을 씌울 경우, 그 여자의 부모는 그 여자가 처녀였다는 증거물을 가지고 그 여자와 함께 성문에 있는 지도자들에게 가야 합니다. 그런 다음, 그 여자의 아버지는 지도자들에게 이렇게 말해야 합니다. "내가 내 딸을 이 남자에게 아내로 주었는데, 그가 갑자기 내 딸을 욕하며 내쳤습니다. 그리고 이제는 내 딸이 처녀가 아니었다고 비방하고 있습니다. 하지만 이것을 보십시오. 내 딸이 처녀였다는 증거가 여기 있습니다." 그러고는 지도자들 앞에 그 여자의 피 묻은 결혼 예복을 펴 놓아, 확인할 수 있게 해야 합니다. 그러면 성읍의 지도자들은 그 남편을 붙잡아 매질하고 그에게 은화 백 개를 벌금으로 부과하여, 그것을 받아 그 여자의 아버지에게 주어야 합니다. 그 남자가 이스라엘의 처녀에게 누명을 씌웠기 때문입니다. 그는 그 여자를 아내로 데리고 있어야 하며, 결코 이혼해서는 안됩니다.

20-21 그러나 그의 주장이 사실로 드러나고 그 여자가 처녀였다는 증거가 없으면, 성읍의 남자들이 그 여자를 그 아버지의 집 문 앞으로 끌어내어 돌로 쳐서 죽여야 합니다. 그 여자가 이스라엘 가운데서 수치스러운 일을 하여, 자기 부모의 집에 있을 때에 창녀처럼 살았기 때문입니다. 이렇게 여러분은, 여러분 가운데서 악을 제거해 버리십시오.

22 어떤 남자가 다른 남자의 아내와 잠자리를 같이하다가 발각된 경우, 둘 다 죽여야 합니다. 이스라엘 가운데서 그런 악을 제거해 버리십시오.

23-24 어떤 남자가 이미 한 남자와 약혼한 처녀를 성읍 안에서 만나 잠자리를 같이한 경우, 그 두 사람을 성문으로 끌고 가 돌로 쳐서 죽여야 합니다. 그 여자는 성읍 안에 있으

her, and then turns on her, calling her a slut, giving her a bad name, saying, "I married this woman, but when I slept with her I discovered she wasn't a virgin," then the father and mother of the girl are to take her with the proof of her virginity to the town leaders at the gate. The father is to tell the leaders, "I gave my daughter to this man as wife and he turned on her, rejecting her. And now he has slanderously accused her, claiming that she wasn't a virgin. But look at this, here is the proof of my daughter's virginity." And then he is to spread out her bloodstained wedding garment before the leaders for their examination. The town leaders then are to take the husband, whip him, fine him a hundred pieces of silver, and give it to the father of the girl. The man gave a virgin girl of Israel a bad name. He has to keep her as his wife and can never divorce her.

20-21 But if it turns out that the accusation is true and there is no evidence of the girl's virginity, the men of the town are to take her to the door of her father's house and stone her to death. She acted disgracefully in Israel. She lived like a whore while still in her parents' home. Purge the evil from among you.

22 If a man is found sleeping with another man's wife, both must die. Purge that evil from Israel.

23-24 If a man comes upon a virgin in town, a girl who is engaged to another man, and sleeps with her, take both of them to the town gate and stone them until they die—the girl because she didn't yell out for help in the town and the man

면서도 도와 달라고 소리치지 않았기 때문이고, 그 남자는 자기 이웃의 약혼녀를 범했기 때문입니다. 이렇게 여러분은, 여러분 가운데서 악을 제거해 버리십시오.

25-27 그러나 그 남자가 약혼한 여자를 들에서 보고 덮쳐 범했으면, 여자를 범한 남자만 죽여야 합니다. 여자는 잘못한 게 없으니, 그 여자에게는 어떠한 벌도 주지 마십시오. 이는 어떤 사람이 들에서 자기 이웃을 만나 살해한 것과 같은 경우입니다. 약혼한 그 여자가 도와 달라고 고함을 질렀어도, 그 소리를 듣고 구해 줄 사람이 주위에 없었기 때문입니다.

28-29 어떤 남자가 약혼한 적이 없는 처녀를 만나 그녀를 덮쳐 범하다가 두 사람이 발견되었으면, 여자를 범한 남자는 그 여자의 아버지에게 은화 오십 개를 주어야 합니다. 그는 그 여자를 욕보였으므로 그 여자와 결혼해야 하며, 결코 이혼해서는 안됩니다.

30 아무도 자기 아버지의 전처와 결혼해서는 안됩니다. 그런 짓은 자기 아버지의 권리를 범하는 것입니다.

23
1 거세된 남자는 **하나님**의 회중에 들 수 없습니다.
2 사생아는 **하나님**의 회중에 들 수 없고, 그의 자손도 십 대에 이르기까지 회중에 들 수 없습니다.
3-6 암몬 사람이나 모압 사람은 **하나님**의 회중에 들 수 없고, 그들의 자손도 십 대에 이르기까지 회중에 들 수 없습니다. 여러분이 이집트에서 나올 때에 그들은 여러분을 환대하지 않았고, 게다가 여러분을 저주하려고 브올의 아들 발람을 고용하여 메소

because he raped her, violating the fiancee of his neighbor. You must purge the evil from among you.

25-27 But if it was out in the country that the man found the engaged girl and grabbed and raped her, only the man is to die, the man who raped her. Don't do anything to the girl; she did nothing wrong. This is similar to the case of a man who comes across his neighbor out in the country and murders him; when the engaged girl yelled out for help, there was no one around to hear or help her.

28-29 When a man comes upon a virgin who has never been engaged and grabs and rapes her and they are found out, the man who raped her has to give her father fifty pieces of silver. He has to marry her because he took advantage of her. And he can never divorce her.

30 A man may not marry his father's ex-wife—that would violate his father's rights.

23
1 No eunuch is to enter the congregation of GOD.
2 No bastard is to enter the congregation of GOD, even to the tenth generation, nor any of his children.
3-6 No Ammonite or Moabite is to enter the congregation of GOD, even to the tenth generation, nor any of his children, ever. Those nations didn't treat you with hospitality on your travels out of Egypt, and on top of that they also hired Balaam

포타미아의 브돌에서 그를 데려왔기 때문입니다. **하나님** 여러분의 하나님께서는 발람의 말을 듣지 않으시고, 오히려 저주를 복으로 바꾸어 주셨습니다. **하나님** 여러분의 하나님께서 여러분을 얼마나 사랑하시는지요! 그러니 절대로 그들과 어울리려고 하거나, 그들을 위해 어떠한 일을 하려고 하지 마십시오.

7 에돔 사람을 경멸하지 마십시오. 그들은 여러분의 친족입니다.

이집트 사람을 경멸하지 마십시오. 여러분은 그들의 땅에서 외국인이었습니다.

8 에돔 사람과 이집트 사람에게서 삼 대 자손으로 태어난 사람은 **하나님**의 회중에 들 수 있습니다.

❧

9-11 여러분이 적과 싸우러 나가 진을 치고 있을 때, 부정한 일을 하지 않도록 스스로 조심하십시오. 여러분 가운데 한 사람이 밤에 정액을 흘려 부정하게 되었으면, 그는 진 밖으로 나가서 저녁때까지 그곳에 머물러야 합니다. 그는 오후 늦게야 몸을 씻고 해가 질 무렵에 진으로 돌아올 수 있습니다.

12-14 용변을 볼 수 있게 진 밖에 변소를 마련하십시오. 그곳에 갈 때는 무기 외에 막대기를 가지고 가서, 용변을 본 뒤에 막대기로 땅을 파고 배설물을 덮으십시오. **하나님** 여러분의 하나님께서 여러분을 구원하시고, 적들과의 싸움에서 여러분에게 승리를 안겨 주시려고 여러분의 진을 두루 거니시기 때문입니다. 그러니 여러분은 진을 거룩한 상태로 유지하십시오. **하나님**의 눈에 거슬리는 상스러운 것이나 역겨운 것을 용납하지 마십시오.

❧

15-16 도망쳐 나온 종을 그 주인에게 돌려보내지 마십시오. 그가 피신하려고 여러분에게 왔기 때문입니다. 그가 여러분의 성읍 안에

son of Beor from Pethor in Mesopotamia to curse you. GOD, your God, refused to listen to Balaam but turned the curse into a blessing–how GOD, your God, loves you! Don't even try to get along with them or do anything for them, ever.

7 But don't spurn an Edomite; he's your kin.

And don't spurn an Egyptian; you were a foreigner in his land.

8 Children born to Edomites and Egyptians may enter the congregation of GOD in the third generation.

❧

9-11 When you are camped out, at war with your enemies, be careful to keep yourself from anything ritually defiling. If one of your men has become ritually unclean because of a nocturnal emission, he must go outside the camp and stay there until evening when he can wash himself, returning to the camp at sunset.

12-14 Mark out an area outside the camp where you can go to relieve yourselves. Along with your weapons have a stick with you. After you relieve yourself, dig a hole with the stick and cover your excrement. GOD, your God, strolls through your camp; he's present to deliver you and give you victory over your enemies. Keep your camp holy; don't permit anything indecent or offensive in GOD's eyes.

❧

15-16 Don't return a runaway slave to his master; he's come to you for refuge. Let him live wherever he wishes within the

서 원하는 곳에 자리를 잡고 살게 해주십시오. 그를 부려 먹지 마십시오.

17-18 이스라엘의 딸은 신전의 창녀가 되어서는 안됩니다. 이스라엘의 아들도 신전의 남창이 되어서는 안됩니다. 신전의 창녀가 매춘으로 번 돈이나 신전의 남창이 번 소득은 서원을 갚는 돈으로 하나님의 집에 가져오지 마십시오. 이 두 가지는 모두 하나님 여러분의 하나님께서 역겨워하시는 것입니다.

19-20 여러분의 친족에게 꾸어 준 것이 있거든 이자를 받지 마십시오. 돈이든 양식이든 옷이든, 이자를 받을 수 있는 그 어떤 것에도 이자를 받지 마십시오. 외국인에게는 이자를 받아도 되지만, 여러분의 형제에게는 이자를 받아서는 안됩니다. 그래야 하나님 여러분의 하나님께서 여러분이 하는 모든 일과, 여러분이 들어가 차지할 땅에 복을 주실 것입니다.

21-23 하나님 여러분의 하나님께 서원한 것은 미루지 말고 지키십시오. 하나님 여러분의 하나님께서는 여러분이 서원한 것을 지키기를 기대하십니다. 여러분이 서원을 지키지 않았으면, 여러분에게 죄가 됩니다. 하지만 애초에 서원하지 않았으면, 죄가 될 일도 없습니다. 여러분이 무엇을 하겠다고 말했으면, 그대로 행하십시오. 여러분이 자원해서 하나님 여러분의 하나님께 서원한 것은 반드시 지키십시오. 약속했으면, 그 약속을 지켜야 합니다.

24-25 이웃의 포도밭에 들어가서 포도를 원하는 만큼 배불리 먹는 것은 괜찮지만, 양동이나 가방에 조금이라도 담아서는 안됩니다. 이웃의 무르익은 곡식밭을 지나갈 때에 곡식 이삭을 따는 것은 괜찮지만, 낫을 대서는 안됩니다.

protective gates of your city. Don't take advantage of him.

17-18 No daughter of Israel is to become a sacred prostitute; and no son of Israel is to become a sacred prostitute. And don't bring the fee of a sacred whore or the earnings of a priest-pimp to the house of GOD, your God, to pay for any vow—they are both an abomination to GOD, your God.

19-20 Don't charge interest to your kinsmen on any loan: not for money or food or clothing or anything else that could earn interest. You may charge foreigners interest, but you may not charge your brothers interest; that way GOD, your God, will bless all the work that you take up and the land that you are entering to possess.

21-23 When you make a vow to GOD, your God, don't put off keeping it; GOD, your God, expects you to keep it and if you don't you're guilty. But if you don't make a vow in the first place, there's no sin. If you say you're going to do something, do it. Keep the vow you willingly vowed to GOD, your God. You promised it, so do it.

24-25 When you enter your neighbor's vineyard, you may eat all the grapes you want until you're full, but you may not put any in your bucket or bag. And when you walk through the ripe grain of your neighbor, you may pick the heads of grain, but you may not swing your sickle there.

24

1-4 어떤 남자가 한 여자와 결혼 했는데, 그 여자에게 부정한 것이 있음을 알게 되어 그 여자에게서 마음이 떠난 경우, 그는 이혼 증서를 써서 그 여자의 손에 쥐어 주고 그녀를 내보낼 수 있습니다. 그 여자가 그의 집을 떠나 다른 남자의 아내가 되었는데, 두 번째 남편도 그 여자를 싫어하여 이혼 증서를 써서 그 여자의 손에 쥐어 주고 내보냈거나 그 두 번째 남편이 죽은 경우, 그 여자를 내보낸 첫 번째 남편은 그 여자를 다시 아내로 맞아들여서는 안됩니다. 그 여자가 이미 자신을 더럽혔으므로, 첫 번째 남편과 다시 결혼하는 것은 **하나님** 앞에 역겨운 일이며, **하나님** 여러분의 하나님께서 여러분에게 유산으로 주시는 땅을 죄로 더럽히는 일입니다.

5 어떤 남자가 아내를 맞아들였으면, 그를 군대에 보내서도 안되고 어떤 의무를 그에게 지워서도 안됩니다. 그는 한 해 동안 집에 있으면서 자기 아내를 행복하게 해주어야 합니다.

6 맷돌 전체나 그 위짝을 담보물로 잡지 마십시오. 그것은 누군가의 생명을 빼앗는 짓입니다.

7 어떤 사람이 자기 동족 가운데 한 사람, 곧 이스라엘 백성 가운데 한 사람을 유괴하여 종으로 삼거나 팔아넘기다가 잡혔을 경우, 그를 반드시 죽여야 합니다. 여러분 가운데서 그런 악을 제거해 버리십시오.

8-9 경고합니다! 악성 피부병이 발생한 경우, 레위인 제사장들이 적어 주는 규례를 정확히 따르십시오. 내가 그들에게 명령한 규례를 철저히 지키십시오. 여러분이 이집트에서 나오는 길에 **하나님** 여러분의 하나님께서 미리암에게 하신 일을 잊지 마십시오.

24

1-4 If a man marries a woman and then it happens that he no longer likes her because he has found something wrong with her, he may give her divorce papers, put them in her hand, and send her off. After she leaves, if she becomes another man's wife and he also comes to hate her and this second husband also gives her divorce papers, puts them in her hand, and sends her off, or if he should die, then the first husband who divorced her can't marry her again. She has made herself ritually unclean, and her remarriage would be an abomination in the Presence of GOD and defile the land with sin, this land that GOD, your God, is giving you as an inheritance.

5 When a man takes a new wife, he is not to go out with the army or be given any business or work duties. He gets one year off simply to be at home making his wife happy.

6 Don't seize a handmill or an upper millstone as collateral for a loan. You'd be seizing someone's very life.

7 If a man is caught kidnapping one of his kinsmen, someone of the People of Israel, to enslave or sell him, the kidnapper must die. Purge that evil from among you.

8-9 Warning! If a serious skin disease breaks out, follow exactly the rules set down by the Levitical priests. Follow them precisely as I commanded them. Don't forget what GOD, your God, did to Miriam on your way out of Egypt.

10-13 이웃에게 무엇을 꾸어 줄 경우, 담보물을 잡으려고 그의 집에 들어가지 마십시오. 여러분은 밖에서 기다리고, 여러분에게 담보를 제공하는 사람이 담보물을 가지고 밖으로 나오게 하십시오. 그가 가난한 사람이면, 그의 겉옷을 덮고 자지 마십시오. 해가 질 무렵에는 그것을 돌려주어, 그가 자기 겉옷을 덮고 자면서 여러분을 축복할 수 있게 하십시오. 그렇게 하는 것이 **하나님** 여러분의 하나님께서 보시기에 의로운 행위입니다.

14-15 가난하고 궁핍한 노동자를 착취하지 마십시오. 그가 여러분의 땅, 여러분의 성읍에 사는 사람이면, 동족이든 아니든 그를 착취해서는 안됩니다. 하루 일을 마칠 때면 반드시 그에게 품삯을 주십시오. 그는 하루 벌어 하루 먹고 사는 처지여서, 당장 그 품삯을 받지 못하면 살 수 없기 때문입니다. 여러분이 품삯 지급을 미루면 그가 하나님께 이의를 제기할 것이고, 그러면 그것이 여러분의 죄로 남을 것입니다.

16 부모가 자식을 대신하여 사형을 당해서는 안되고, 자식이 부모를 대신하여 사형을 당해서도 안됩니다. 누구나 자기 죄로만 사형을 당해야 합니다.

17-18 외국인과 고아가 정당한 권리를 누릴 수 있게 하십시오. 과부의 겉옷을 담보물로 잡지 마십시오. 여러분도 전에는 이집트 땅에서 종이었으며, **하나님** 여러분의 하나님께서 여러분을 그곳에서 이끌어 내셨음을 절대로 잊지 마십시오. 여러분에게 명령합니다. 내가 여러분에게 일러 주는 대로 행하십시오.

19-22 여러분이 곡식을 수확하다가 곡식 한 단을 잊어버리고 왔을 경우, 그것을 가지러 되돌아가지 마십시오. 외국인과 고아와 과부를 위해 그것을 남겨 두십시오. 그러면 **하나님** 여러분

10-13 When you make a loan of any kind to your neighbor, don't enter his house to claim his pledge. Wait outside. Let the man to whom you made the pledge bring the pledge to you outside. And if he is destitute, don't use his cloak as a bedroll; return it to him at nightfall so that he can sleep in his cloak and bless you. In the sight of GOD, your God, that will be viewed as a righteous act.

14-15 Don't abuse a laborer who is destitute and needy, whether he is a fellow Israelite living in your land and in your city. Pay him at the end of each workday; he's living from hand to mouth and needs it now. If you hold back his pay, he'll protest to GOD and you'll have sin on your books.

16 Parents shall not be put to death for their children, nor children for their parents. Each person shall be put to death for his own sin.

17-18 Make sure foreigners and orphans get their just rights. Don't take the cloak of a widow as security for a loan. Don't ever forget that you were once slaves in Egypt and GOD, your God, got you out of there. I command you: Do what I'm telling you.

19-22 When you harvest your grain and forget a sheaf back in the field, don't go back and get it; leave it for the foreigner, the orphan, and the widow so that GOD, your God, will bless you in all your

의 하나님께서 여러분이 하는 모든 일에 복을 주실 것입니다. 여러분이 올리브나무를 흔들어 그 열매를 떨어낼 때, 이미 떨어낸 나무로 다시 가서 남은 열매를 모조리 떨어내는 일이 없게 하십시오. 그 남은 것은 외국인과 고아와 과부의 것입니다. 여러분이 여러분의 포도밭에서 포도송이를 딸 때, 가지에 마지막 남은 포도송이까지 따지 마십시오. 외국인과 고아와 과부를 위해 몇 송이라도 남겨 두십시오. 여러분이 전에 이집트 땅에서 종이었던 것을 절대로 잊지 마십시오. 여러분에게 명령합니다. 내가 여러분에게 일러 주는 대로 행하십시오.

25 ¹⁻³ 사람들 사이에 법적 소송이 일어날 경우, 그들을 법정으로 보내십시오. 재판관은 그들 사이를 재판하여, 한쪽에는 무죄를 선고하고 다른 한쪽에는 유죄를 선고하십시오. 유죄를 선고받은 사람이 벌을 받아야 하면, 재판관은 그를 자기 앞에 엎드리게 하고, 그의 죄에 해당하는 만큼 매를 맞게 해야 합니다. 그러나 마흔 대 이상 맞게 하지는 마십시오. 그렇게 하는 것은 그를 인간 이하의 존재로 대하는 것입니다.
⁴ 타작 일을 하는 소의 입에 망을 씌우지 마십시오.

⁵⁻⁶ 형제들이 함께 살다가 그 가운데 한 사람이 아들 없이 죽은 경우, 그 죽은 사람의 아내는 다른 집안 남자와 결혼해서는 안됩니다. 남편의 형제가 그 여자와 결혼하여 자신의 의무를 다해야 합니다. 그 여자가 낳은 첫아들은 죽은 남편의 이름으로 지어, 그 이름이 이스라엘에서 없어지지 않게 해야 합니다.
⁷⁻¹⁰ 그러나 그 형제가 자기 형제의 아내와 결혼하기를 원하지 않으면, 그 여자는 성문에 있는 지도자들에게 가서 이렇게 말해야 합니다. "내 남편의 형제가 자기 형제의 이름을 이스라

work. When you shake the olives off your trees, don't go back over the branches and strip them bare—what's left is for the foreigner, the orphan, and the widow. And when you cut the grapes in your vineyard, don't take every last grape—leave a few for the foreigner, the orphan, and the widow. Don't ever forget that you were a slave in Egypt. I command you: Do what I'm telling you.

25 ¹⁻³ When men have a legal dispute, let them go to court; the judges will decide between them, declaring one innocent and the other guilty. If the guilty one deserves punishment, the judge will have him prostrate himself before him and lashed as many times as his crime deserves, but not more than forty. If you hit him more than forty times, you will degrade him to something less than human.
⁴ Don't muzzle an ox while it is threshing.

⁵⁻⁶ When brothers are living together and one of them dies without having had a son, the widow of the dead brother shall not marry a stranger from outside the family; her husband's brother is to come to her and marry her and do the brother-in-law's duty by her. The first son that she bears shall be named after her dead husband so his name won't die out in Israel.
⁷⁻¹⁰ But if the brother doesn't want to marry his sister-in-law, she is to go to the leaders at the city gate and say, "My

엘 가운데서 이어 주려고 하지 않습니다. 그의 의무를 나에게 이행할 마음이 없는 것 같습니다." 그러면 지도자들은 남편의 형제를 불러 꾸짖어야 합니다. 그래도 그가 듣지 않고 "나는 저 여인을 원하지 않습니다" 하고 말하면, 그 형제의 아내는 그의 발에서 신발을 벗긴 다음, 그의 얼굴에 침을 뱉고 이렇게 말해야 합니다. "자기 형제의 집안을 일으켜 세우려고 하지 않는 자에게는 이런 일이 일어난다. 이스라엘에서 그의 이름은 '신발 없는 자의 집안'이 될 것이다!"

11-12 두 남자가 싸울 때에 한쪽 남자의 아내가 남편을 구하려다 그만 남편을 때리는 사람의 성기를 움켜잡은 경우, 여러분은 그 여인의 손을 잘라 버려야 합니다. 그녀를 조금도 불쌍히 여기지 마십시오.

13-16 두 개의 추, 곧 무거운 추와 가벼운 추를 함께 가지고 다니지 마십시오. 또한 큰 되와 작은 되를 함께 두지 마십시오. 추는 정확하고 바른 것으로 하나만 사용하고, 되도 정확하고 바른 것으로 하나만 사용하십시오. 그러면 하나님 여러분의 하나님께서 여러분에게 주시는 땅에서 여러분이 오래도록 살 것입니다. 하나님 여러분의 하나님께서는 추와 되를 가지고 눈속임하는 것을 몹시 싫어하십니다. 거래에서 이루어지는 모든 불법 행위를 역겨워하십니다!

17-19 여러분이 이집트에서 나온 뒤에 아말렉이 여러분의 여정에서 어떻게 했는지 잊지 마십시오. 그들은 여러분이 지쳐서 한 발짝도 더 내딛지 못할 때에 여러분 뒤에 처진 사람들을 무자비하게 베어 죽이고, 하나님마저 무시했습니다. 하나님 여러분의 하나님께서 여러분에게 차지하라고 유산으로 주시는 땅에서 친히 여러분 주위의 모든 적을 물리치

brother-in-law refuses to keep his brother's name alive in Israel; he won't agree to do the brother-in-law's duty by me." Then the leaders will call for the brother and confront him. If he stands there defiant and says, "I don't want her," his sister-in-law is to pull his sandal off his foot, spit in his face, and say, "This is what happens to the man who refuses to build up the family of his brother—his name in Israel will be Family-No-Sandal."

11-12 When two men are in a fight and the wife of the one man, trying to rescue her husband, grabs the genitals of the man hitting him, you are to cut off her hand. Show no pity.

13-16 Don't carry around with you two weights, one heavy and the other light, and don't keep two measures at hand, one large and the other small. Use only one weight, a true and honest weight, and one measure, a true and honest measure, so that you will live a long time on the land that GOD, your God, is giving you. Dishonest weights and measures are an abomination to GOD, your God—all this corruption in business deals!

17-19 Don't forget what Amalek did to you on the road after you left Egypt, how he attacked you when you were tired, barely able to put one foot in front of another, mercilessly cut off your stragglers, and had no regard for GOD. When GOD, your God, gives you rest from all the enemies that surround you in the inheritance-land GOD,

고 여러분에게 안식을 주실 때, 여러분은 이 땅에서 아말렉이라는 이름을 지워 버려야 합니다. 이것을 잊지 마십시오!

첫 열매, 십일조

26 ¹⁻⁵ 여러분이 **하나님** 여러분의 하나님께서 여러분에게 유산으로 주시는 땅에 들어가 그곳을 차지하고 자리를 잡게 되면, **하나님** 여러분의 하나님께서 여러분에게 주신 땅에서 거둔 모든 첫 열매 가운데 얼마를 가져다가 바구니에 담아, **하나님** 여러분의 하나님께서 예배받으시려고 따로 정해 주신 곳으로 가야 합니다. 그때에 그곳에 있는 제사장에게 가서, "**하나님**께서 우리에게 주시겠다고 우리 조상에게 약속하신 땅에 내가 들어온 것을, 오늘 **하나님** 당신의 하나님께 아룁니다" 하고 말하십시오. 제사장이 여러분에게서 바구니를 받아 **하나님**의 제단 위에 놓으면, 여러분은 **하나님** 여러분의 하나님 앞에서 이렇게 아뢰십시오.

⁵⁻¹⁰ 내 조상은 방랑하는 아람 사람으로,
이집트로 내려가 거기서 나그네로 살았습니다.
처음에는 그와 몇 안되는 형제들이 전부였지만
이내 그들은 크고 강하고, 수가 많은 민족이 되었습니다.
그러자 이집트 사람들이 우리를 학대하고 때리며
무자비하고 잔혹하게 종살이를 시켰습니다.
우리가 **하나님** 우리 조상의 하나님께 울부짖자,
그분께서 우리의 소리를 들으시고
우리의 궁핍과 곤경과 비참한 처지를 보셨습니다.
하나님께서는 강한 손과 펴신 팔,
큰 위엄과 표적과 이적으로

your God, is giving you to possess, you are to wipe the name of Amalek from off the Earth. Don't forget!

26 ¹⁻⁵ Once you enter the land that GOD, your God, is giving you as an inheritance and take it over and settle down, you are to take some of all the firstfruits of what you grow in the land that GOD, your God, is giving you, put them in a basket and go to the place GOD, your God, sets apart for you to worship him. At that time, go to the priest who is there and say, "I announce to GOD, your God, today that I have entered the land that God promised our ancestors that he'd give to us." The priest will take the basket from you and place it on the Altar of GOD, your God. And there in the Presence of GOD, your God, you will recite:

⁵⁻¹⁰ A wandering Aramean was my father,
he went down to Egypt and sojourned there,
he and just a handful of his brothers at first, but soon
they became a great nation, mighty and many.
The Egyptians abused and battered us,
in a cruel and savage slavery.
We cried out to GOD, the God-of-Our-Fathers:
He listened to our voice, he saw
our destitution, our trouble, our cruel plight.

우리를 이집트에서 이끌어 내셨습니다.
우리를 이곳으로 데리고 오셔서,
우리에게 젖과 꿀이 흐르는 이 땅을 주셨
습니다.
그래서 내가 이 자리에 서게 된 것입니
다. 오 **하나님**,
하나님께서 내게 주신 이 땅에서 재배한
첫 열매를 가져왔습니다.

10-11 그런 다음 가져온 것을 **하나님** 여러분
의 하나님 앞에 놓고, **하나님** 여러분의 하
나님 앞에 엎드리십시오. 그리고 기뻐하십
시오! **하나님** 여러분의 하나님께서 여러분
과 여러분의 집안에 베푸신 온갖 좋은 것으
로 경축하십시오. 여러분과 레위인과 여러
분과 함께 사는 외국인이 한데 어우러져 잔
치를 벌이십시오.

12-14 삼 년마다 십일조를 바치는 해가 되
면, 여러분이 거둔 곡식에서 십분의 일을
떼어 레위인과 외국인과 고아와 과부에게
주어, 그들이 여러분의 성읍에서 배불리 먹
게 하십시오. 그런 다음, **하나님** 여러분의
하나님 앞에서 이렇게 아뢰십시오.

나는 거룩한 몫을 가져다가
레위인과 외국인과 고아와 과부에게
주었습니다.
나는 주께서 명령하신 대로 행했습니다.
주신 명령을 회피하지 않았고
하나도 잊지 않았습니다.
애도할 때에 그 거룩한 몫을 먹지 않았고
부정한 상태일 때에는 그것을 떼어 놓지
않았으며
장례식에 쓰지도 않았습니다.
나는 **하나님**의 말씀을 순종하는 마음으
로 듣고

And GOD took us out of Egypt
with his strong hand and long arm, terri-
ble and great,
with signs and miracle-wonders.
And he brought us to this place,
gave us this land flowing with milk and
honey.
So here I am. I've brought the firstfruits
of what I've grown on this ground you
gave me, O GOD.

10-11 Then place it in the Presence of GOD,
your God. Prostrate yourselves in the
Presence of GOD, your God. And rejoice!
Celebrate all the good things that GOD, your
God, has given you and your family; you
and the Levite and the foreigner who lives
with you.

12-14 Every third year, the year of the tithe,
give a tenth of your produce to the Levite,
the foreigner, the orphan, and the widow
so that they may eat their fill in your cities.
And then, in the Presence of GOD, your God,
say this:

I have brought the sacred share,
I've given it to the Levite, foreigner,
orphan, and widow.
What you commanded, I've done.
I haven't detoured around your
commands,
I haven't forgotten a single one.
I haven't eaten from the sacred share
while mourning,
I haven't removed any of it while ritually
unclean,

주께서 내게 명령하신 대로 살았습니다.

15 하늘에 있는 주의 거룩한 집에서 굽어
살펴 주십시오!
주의 백성 이스라엘에게 복을 내려 주시고
주께서 우리 조상에게 약속하신 대로, 우
리에게 주신 땅,
젖과 꿀이 흐르는 이 땅에도 복을 내려
주십시오.

16-17 바로 오늘 **하나님** 여러분의 하나님께
서 이 규례와 법도를 지키라고, 온 마음을 다
해 그것을 지켜 행하라고 여러분에게 명령하
십니다. 여러분은 오늘 **하나님**께서 여러분의
하나님이심을 선언했고, 그분께서 여러분에
게 지시하시는 대로 살겠다고 새롭게 맹세했
습니다. 그러니 그분께서 규례와 법도와 계명
으로 여러분에게 일러 주시는 것을 지켜 행하
고, 그분의 말씀을 순종하는 마음으로 들으십
시오.
18-19 **하나님**께서는 친히 약속하신 대로, 오늘
여러분을 그분의 소중한 보배로 받아들이시
고, 그분의 계명을 지키는 백성, 손수 만드신
다른 모든 민족들 위에 높이 세워진 백성, 칭
찬을 받으며 명성과 영예를 얻는 백성이 되게
하시겠다고 거듭 단언하셨습니다. 그분께서
약속하신 대로, 여러분은 **하나님** 여러분의 하
나님께 거룩한 백성입니다.

돌에 새겨 기록한 말씀

27

1-3 모세가 이스라엘의 지도자들과
백성에게 명령했다. 여러분은 내가
오늘 여러분에게 명령하는 모든 계명을 지키
십시오. 요단 강을 건너, **하나님** 여러분의 하
나님께서 여러분에게 주시는 땅에 들어가는
날, 여러분은 큰 돌들을 세우고 거기에 회반
죽을 입히십시오. 강을 건너자마자, 이 모든

I haven't used it in funeral feasts.
I have listened obediently to the Voice
of GOD, my God,
I have lived the way you commanded
me.
15 Look down from your holy house in
Heaven!
Bless your people Israel and the
ground you gave us,
just as you promised our ancestors
you would,
this land flowing with milk and honey.

16-17 This very day GOD, your God,
commands you to follow these rules and
regulations, to live them out with every-
thing you have in you. You've renewed
your vows today that GOD is your God,
that you'll live the way he shows you;
do what he tells you in the rules, regula-
tions, and commandments; and listen
obediently to him.
18-19 And today GOD has reaffirmed
that you are dearly held treasure just as
he promised, a people entrusted with
keeping his commandments, a people
set high above all other nations that he's
made, high in praise, fame, and honor:
you're a people holy to GOD, your God.
That's what he has promised.

27

1-3 Moses commanded the
leaders of Israel and charged
the people: Keep every commandment
that I command you today. On the
day you cross the Jordan into the land

계시의 말씀을 그 돌들 위에 기록하십시오. 그러면 여러분은 **하나님** 여러분의 하나님께서 여러분에게 주시는 땅, **하나님** 여러분의 조상의 하나님께서 여러분에게 약속하신 젖과 꿀이 흐르는 땅에 들어가게 될 것입니다.

4-7 요단 강을 건너가거든, 이 돌들을 에발 산에 세우고 거기에 회반죽을 입히십시오. 그곳 산 위에 **하나님** 여러분의 하나님을 위해 돌로 제단을 쌓으십시오. 그 돌들에 쇠 연장을 대지 마십시오. 다듬지 않은 돌로 **하나님** 여러분의 하나님을 위해 제단을 쌓고, 그 위에 **하나님** 여러분의 하나님께 번제를 드리십시오. 화목 제물을 드리고 거기서 먹으면서, **하나님** 여러분의 하나님 앞에서 기뻐하십시오.

8 여러분은 이 모든 계시의 말씀을, 그 돌들 위에 분명하게 기록하고 새기십시오.

에발 산에서 선포한 저주

9-10 모세와 레위인 제사장들이 온 이스라엘에게 선포했다. 조용히 하십시오. 이스라엘 여러분, 잘 들으십시오. 바로 오늘 여러분은 **하나님** 여러분의 하나님의 백성이 되었습니다. **하나님** 여러분의 하나님께서 하시는 말씀을 잘 들으십시오. 내가 오늘 여러분에게 명령하는 그분의 계명과 법도를 지키십시오.

11-13 그날 모세가 명령했다. 여러분이 요단 강을 건넌 뒤에, 백성을 축복하기 위해 그리심 산에 서야 할 지파는 시므온 지파, 레위 지파, 유다 지파, 잇사갈 지파, 요셉 지파, 베냐민 지파입니다. 그리고 저주하기 위해 에발 산에 서야 할 지파는 르우벤 지파, 갓 지파, 아셀 지파, 스불론 지파, 단 지파, 납달리 지파입니다.

14-26 레위인들은 대변인 역을 맡아 큰소리로 이스라엘에게 이렇게 선포하십시오.

"**하나님**께서 역겨워하시는 신상을 새기거나 부어 만드는 자, 장인이 만든 신상을 은밀한 곳에 세워 두는 자는 **하나님**의 저주를 받습

that GOD, your God, is giving you, erect large stones and coat them with plaster. As soon as you cross over the river, write on the stones all the words of this Revelation so that you'll enter the land that GOD, your God, is giving you, that land flowing with milk and honey that GOD, the God-of-Your-Fathers, promised you.

4-7 So when you've crossed the Jordan, erect these stones on Mount Ebal. Then coat them with plaster. Build an Altar of stones for GOD, your God, there on the mountain. Don't use an iron tool on the stones; build the Altar to GOD, your God, with uncut stones and offer your Whole-Burnt-Offerings on it to GOD, your God. When you sacrifice your Peace-Offerings you will also eat them there, rejoicing in the Presence of GOD, your God.

8 Write all the words of this Revelation on the stones. Incise them sharply.

9-10 Moses and the Levitical priests addressed all Israel: Quiet. Listen obediently, Israel. This very day you have become the people of GOD, your God. Listen to the Voice of GOD, your God. Keep his commandments and regulations that I'm commanding you today.

11-13 That day Moses commanded: After you've crossed the Jordan, these tribes will stand on Mount Gerizim to bless the people: Simeon, Levi, Judah, Issachar, Joseph, and Benjamin. And these will stand on Mount Ebal for the curse: Reuben, Gad, Asher, Zebulun, Dan, and

니다" 하면

온 백성이 "예, 물론입니다" 하고 응답하십시오.

"부모 얼굴에 먹칠하는 자는 **하나님**의 저주를 받습니다" 하면

온 백성이 "예, 물론입니다" 하고 응답하십시오.

"이웃의 경계표를 옮기는 자는 **하나님**의 저주를 받습니다" 하면

온 백성이 "예, 물론입니다" 하고 응답하십시오.

"눈먼 사람을 잘못된 길로 인도하는 자는 **하나님**의 저주를 받습니다" 하면

온 백성이 "예, 물론입니다" 하고 응답하십시오.

"외국인과 고아와 과부의 정당한 권리를 침해하는 자는 **하나님**의 저주를 받습니다" 하면

온 백성이 "예, 물론입니다" 하고 응답하십시오.

"아버지의 아내와 동침하여 아버지의 여자를 욕보이는 자는 **하나님**의 저주를 받습니다" 하면

온 백성이 "예, 물론입니다" 하고 응답하십시오.

"짐승과 교접하는 자는 **하나님**의 저주를 받습니다" 하면

온 백성이 "예, 물론입니다" 하고 응답하십시오.

"아버지의 딸이든 어머니의 딸이든 자기 누이와 동침하는 자는 **하나님**의 저주를 받습니다" 하면

온 백성이 "예, 물론입니다" 하고 응답하십시오.

"장모와 동침하는 자는 **하나님**의 저주를 받습니다" 하면

온 백성이 "예, 물론입니다" 하고 응답하십시오.

Naphtali.

14-26 The Levites, acting as spokesmen and speaking loudly, will address Israel:

GOD's curse on anyone who carves or casts a god-image—an abomination to GOD made by a craftsman—and sets it up in secret.

All respond: *Yes. Absolutely.*

GOD's curse on anyone who demeans a parent.

All respond: *Yes. Absolutely.*

GOD's curse on anyone who moves his neighbor's boundary marker.

All respond: *Yes. Absolutely.*

GOD's curse on anyone who misdirects a blind man on the road.

All respond: *Yes. Absolutely.*

GOD's curse on anyone who interferes with justice due the foreigner, orphan, or widow.

All respond: *Yes. Absolutely.*

GOD's curse on anyone who has sex with his father's wife; he has violated the woman who belongs to his father.

All respond: *Yes. Absolutely.*

GOD's curse on anyone who has sex with an animal.

All respond: *Yes. Absolutely.*

GOD's curse on anyone who has sex with his sister, the daughter of his father or mother.

All respond: *Yes. Absolutely.*

GOD's curse on anyone who has sex with his mother-in-law.

All respond: *Yes. Absolutely.*

GOD's curse on anyone who kills his neighbor in secret.

"이웃을 몰래 죽이는 자는 **하나님**의 저주를
받습니다" 하면
온 백성이 "예, 물론입니다" 하고 응답하십
시오.
"뇌물을 받고 무고한 사람을 죽이는 자는 **하
나님**의 저주를 받습니다" 하면
온 백성이 "예, 물론입니다" 하고 응답하십
시오.
"이 계시의 말씀을 행하지 않는 자는 **하나님**
의 저주를 받습니다" 하면
온 백성이 "예, 물론입니다" 하고 응답하십
시오.

순종하여 받을 복

28 ¹⁻⁶ 여러분이 **하나님** 여러분의 하나
님의 말씀을 잘 듣고, 내가 오늘 여
러분에게 명령하는 그분의 모든 계명을 마음
을 다해 지키면, **하나님** 여러분의 하나님께서
여러분을 세상 모든 민족 위에 높이 두실 것입
니다. 여러분이 **하나님** 여러분의 하나님의 말
씀에 응답했으므로, 이 모든 복이 여러분에게
내려서, 여러분 너머로 퍼져 나갈 것입니다.

하나님의 복이 도시에 내릴 것입니다.
하나님의 복이 시골에 내릴 것입니다.
하나님의 복이 여러분의 자녀에게
여러분의 땅에서 나는 곡식에
여러분이 기르는 가축의 새끼에게
여러분이 기르는 소의 새끼에게
여러분이 기르는 양의 새끼에게 내릴 것입
니다.
하나님의 복이 여러분의 바구니와 **빵** 반죽
그릇에도 내릴 것입니다.
여러분이 들어와도 하나님의 복이 내리고
여러분이 나가도 하나님의 복이 내릴 것입
니다.

⁷ 여러분의 적들이 여러분을 공격해도, **하나님**

All respond: *Yes. Absolutely.*
GOD's curse on anyone who takes a
bribe to kill an innocent person.
All respond: *Yes. Absolutely.*
GOD's curse on whoever does not give
substance to the words of this Revela-
tion by living them.
All respond: *Yes. Absolutely.*

28 ¹⁻⁶ If you listen obediently to
the Voice of GOD, your God, and
heartily obey all his commandments that
I command you today, GOD, your God,
will place you on high, high above all the
nations of the world. All these blessings
will come down on you and spread out
beyond you because you have responded
to the Voice of GOD, your God:

GOD's blessing inside the city,
GOD's blessing in the country;
GOD's blessing on your children,
  the crops of your land,
  the young of your livestock,
  the calves of your herds,
  the lambs of your flocks.
GOD's blessing on your basket and
bread bowl;
GOD's blessing in your coming in,
GOD's blessing in your going out.

⁷ GOD will defeat your enemies who
attack you. They'll come at you on one
road and run away on seven roads.
⁸ GOD will order a blessing on your
barns and workplaces; he'll bless you in
the land that GOD, your God, is giving

께서 그들을 쳐부수실 것입니다. 그들이 여러분을 치러 한 길로 왔다가 일곱 길로 도망칠 것입니다.

8 **하나님**께서 명령하셔서, 여러분의 창고와 일터에 복이 넘치게 하실 것입니다. **하나님** 여러분의 하나님께서 여러분에게 주시는 땅에서, 여러분에게 복을 내리실 것입니다.

9 여러분이 **하나님** 여러분의 하나님의 계명을 지키고 그분께서 여러분에게 보여주신 길을 따라 살면, **하나님** 여러분의 하나님께서 약속하신 대로, 여러분을 거룩한 백성으로 만드실 것입니다.

10 땅 위의 모든 백성이 **하나님**의 이름 아래 살아가는 여러분의 모습을 보고, 여러분을 크게 두려워할 것입니다.

11-14 **하나님**께서 여러분에게 좋은 것을 아낌없이 주실 것입니다. **하나님**께서 여러분에게 주시겠다고 여러분의 조상에게 약속하신 땅에서, 여러분의 태에서 태어나는 자녀와 여러분이 보살피는 가축 새끼와 땅에서 나는 곡물을 아낌없이 주실 것입니다. **하나님**께서 하늘 금고의 문을 여셔서 여러분의 땅에 철 따라 비를 내리시고, 여러분이 손대는 일에 복을 내리실 것입니다. 여러분은 많은 민족들에게 빌려 주기는 해도, 여러분이 빌리지는 않을 것입니다. 내가 오늘 여러분에게 명령하는 **하나님**의 계명을 여러분이 잘 듣고 부지런히 지키면, **하나님**께서 여러분을 머리가 되게 하시고 꼬리가 되지 않게 하실 것이며, 여러분을 언제나 위에만 있고 아래에 있지 않게 하실 것입니다. 내가 오늘 여러분에게 명령하는 말에서 오른쪽으로나 왼쪽으로나 조금이라도 벗어나서, 다른 신들을 따라가거나 섬기는 일이 없게 하십시오.

불순종하여 받을 저주

15-19 여러분이 **하나님** 여러분의 하나님의 말씀을 잘 듣지 않고, 내가 오늘 명령하는 계명과 규례를 부지런히 지키지 않으면, 이 모든 저주가 여러분에게 쏟아져 내릴 것입니다.

you.

9 GOD will form you as a people holy to him, just as he promised you, if you keep the commandments of GOD, your God, and live the way he has shown you.

10 All the peoples on Earth will see you living under the Name of GOD and hold you in respectful awe.

11-14 GOD will lavish you with good things: children from your womb, offspring from your animals, and crops from your land, the land that GOD promised your ancestors that he would give you. GOD will throw open the doors of his sky vaults and pour rain on your land on schedule and bless the work you take in hand. You will lend to many nations but you yourself won't have to take out a loan. GOD will make you the head, not the tail; you'll always be the top dog, never the bottom dog, as you obediently listen to and diligently keep the commands of GOD, your God, that I am commanding you today. Don't swerve an inch to the right or left from the words that I command you today by going off following and worshiping other gods.

15-19 Here's what will happen if you don't obediently listen to the Voice of GOD, your God, and diligently keep all the commandments and guidelines that I'm commanding you today. All these curses will come down hard on you:

하나님의 저주가 도시에 내릴 것입니다.
하나님의 저주가 시골에 내릴 것입니다.
하나님의 저주가 여러분의 바구니와 **빵** 반
죽 그릇에 내릴 것입니다.
하나님의 저주가 여러분의 자녀에게
여러분의 땅에서 나는 곡식에
여러분이 기르는 가축의 새끼에게
여러분이 기르는 소의 새끼에게
여러분이 기르는 양의 새끼에게 내릴 것입
니다.
여러분이 들어와도 하나님의 저주가 내리고
여러분이 나가도 하나님의 저주가 내릴 것
입니다.

20 여러분이 하려고 하는 모든 일에 하나님께
서 저주와 혼란과 역풍을 보내셔서, 마침내 여
러분이 멸망하고 여러분에게 남은 것이 하나
도 없게 하실 것입니다. 이것은 모두 여러분이
그분을 저버리고 악을 좇았기 때문입니다.
21 하나님께서 여러분을 질병에 걸리게 하셔
서, 여러분이 들어가 차지할 땅에서 여러분을
쓸어버리실 것입니다.
22 하나님께서 여러분을 폐병과 열병과 발진과
발작과 탈수증과 마름병과 황달로 공격하실 것
입니다. 그것들이 여러분을 따라다니며 괴롭히
다가, 마침내 여러분을 죽게 할 것입니다.
23-24 여러분 머리 위에 있는 하늘은 쇠 지붕이
되고, 여러분이 딛고 선 땅은 콘크리트 덩어리
가 될 것입니다. 하나님께서 하늘에서 재와 먼
지를 비처럼 내리셔서 여러분을 질식시키실
것입니다.
25-26 하나님께서 적의 공격을 통해 여러분
을 치실 것입니다. 여러분은 그들을 치러 한
길로 갔다가 일곱 길로 도망칠 것입니다. 땅
위의 모든 나라가 여러분을 보고 혐오스럽
게 여길 것입니다. 썩은 고기를 먹는 새와 짐
승들이 여러분의 주검을 마음껏 뜯어먹어
도, 그것들을 쫓아 줄 사람이 없을 것입니다.

GOD's curse in the city,
GOD's curse in the country;
GOD's curse on your basket and bread
bowl;
GOD's curse on your children,
the crops of your land,
the young of your livestock,
the calves of your herds,
the lambs of your flocks.
GOD's curse in your coming in,
GOD's curse in your going out.

20 GOD will send The Curse, The
Confusion, The Contrariness down on
everything you try to do until you've been
destroyed and there's nothing left of
you—all because of your evil pursuits that
led you to abandon me.
21 GOD will infect you with The Disease,
wiping you right off the land that you're
going in to possess.
22 GOD will set consumption and fever
and rash and seizures and dehydration
and blight and jaundice on you. They'll
hunt you down until they kill you.
23-24 The sky over your head will become
an iron roof, the ground under your feet,
a slab of concrete. From out of the skies
GOD will rain ash and dust down on you
until you suffocate.
25-26 GOD will defeat you by enemy
attack. You'll come at your enemies on
one road and run away on seven roads.
All the kingdoms of Earth will see you as
a horror. Carrion birds and animals will
boldly feast on your dead body with no
one to chase them away.

27-29 하나님께서 이집트의 종기와 치질과 옴과 난치성 가려움증으로 여러분을 모질게 치실 것입니다. 그분께서 여러분을 미치게 하시고, 눈멀게 하시고, 노망이 들게 하실 것입니다. 눈먼 자가 평생토록 어둠 속에서 길을 더듬는 것처럼 여러분은 대낮에도 길을 더듬게 되어, 여러분이 가려고 하는 곳에도 이르지 못할 것입니다. 여러분이 학대와 강탈을 당하지 않고 지나가는 날이 하루도 없을 것입니다. 하지만 아무도 여러분을 도와주지 않을 것입니다.

30-31 여러분이 여자와 약혼해도 다른 남자가 그 여자를 빼앗아 첩으로 삼을 것입니다. 여러분이 집을 지어도 그 집에서 살지 못하고, 정원을 가꾸어도 당근 한 뿌리 먹지 못할 것입니다. 여러분의 소가 도살되는 것을 보면서도 고기 한 조각 얻지 못할 것입니다. 여러분의 나귀를 눈앞에서 도둑맞아도 다시 찾지 못할 것입니다. 여러분의 양을 적들에게 빼앗겨도 여러분을 도우려고 나서는 사람이 없을 것입니다.

32-34 여러분이 아들딸을 외국인에게 빼앗기고 눈이 빠지도록 그들을 기다려도, 어찌해 볼 도리가 없을 것입니다. 여러분의 곡식과 여러분이 일해서 얻은 모든 것을 외국인이 먹어 치우고, 여러분은 학대와 구타를 당하며 남은 생애를 보내게 될 것입니다. 여러분의 눈에 보이는 것마다 여러분을 미치게 할 것입니다.

35 하나님께서 여러분의 무릎과 다리를 치료할 수 없는 심한 종기로 치셔서, 머리끝부터 발끝까지 번지게 하실 것입니다.

36-37 하나님께서 여러분과 여러분이 세운 왕을 여러분과 여러분의 조상이 들어 보지도 못한 나라로 데려가실 것입니다. 거기서 여러분은 다른 신들, 곧 나무나 돌로 만들어져 신이라고 할 수 없는 것들을 섬기게 될 것입니다. 하나님께서 데려가실 모든 민족 가운데서 여러분은 교훈거리와 웃음거리, 혐오의 대상이 되고 말 것입니다!

27-29 GOD will hit you hard with the boils of Egypt, hemorrhoids, scabs, and an incurable itch. He'll make you go crazy and blind and senile. You'll grope around in the middle of the day like a blind person feeling his way through a lifetime of darkness; you'll never get to where you're going. Not a day will go by that you're not abused and robbed. And no one is going to help you.

30-31 You'll get engaged to a woman and another man will take her for his mistress; you'll build a house and never live in it; you'll plant a garden and never eat so much as a carrot; you'll watch your ox get butchered and not get a single steak from it; your donkey will be stolen from in front of you and you'll never see it again; your sheep will be sent off to your enemies and no one will lift a hand to help you.

32-34 Your sons and daughters will be shipped off to foreigners; you'll wear your eyes out looking vainly for them, helpless to do a thing. Your crops and everything you work for will be eaten and used by foreigners; you'll spend the rest of your lives abused and knocked around. What you see will drive you crazy.

35 GOD will hit you with painful boils on your knees and legs and no healing or relief from head to foot.

36-37 GOD will lead you and the king you set over you to a country neither you nor your ancestors have heard of; there you'll worship other gods, no-gods of wood and stone. Among all the peoples where GOD

38-42 여러분이 밭에 자루째 씨를 뿌려도, 메뚜기들이 먹어 치워서 거둘 게 거의 없을 것입니다. 여러분이 포도밭을 일구고 풀을 뽑고 가지를 손질해도, 벌레들이 먹어 치워 포도주를 마시거나 저장하지 못할 것입니다. 도처에 올리브나무가 있어도, 그 열매가 다 떨어져 여러분의 얼굴과 손에 바를 기름이 없을 것입니다. 여러분이 아들딸을 낳아도, 그들이 여러분의 자녀로 오래 있지 못하고 포로로 잡혀갈 것입니다. 여러분의 모든 나무와 곡식을 메뚜기들이 차지하고 말 것입니다.

43-44 여러분과 함께 사는 외국인은 여러분보다 점점 더 높이 올라가고, 여러분은 점점 깊은 구렁텅이 속으로 떨어질 것입니다. 그가 여러분에게 빌려 주어도, 여러분은 그에게 빌려 주지 못할 것입니다. 그는 머리가 되고, 여러분은 꼬리가 될 것입니다.

45-46 이 모든 저주가 여러분 위에 내려, 여러분에게 남은 것이 하나도 없게 될 때까지 여러분을 쫓아다니며 괴롭힐 것입니다. 이는 여러분이 **하나님** 여러분의 하나님의 말씀을 잘 듣지 않고, 내가 오늘 여러분에게 명령한 그분의 계명과 규례를 부지런히 지키지 않았기 때문입니다. 이 저주들은 여러분의 자손에게 영원토록 경고의 표징이 될 것입니다.

47-48 모든 것이 풍족한데도 여러분이 **하나님** 여러분의 하나님을 기쁘고 즐거운 마음으로 섬기지 않은 탓에, 여러분은 **하나님**께서 여러분을 대적하라고 보내시는 여러분의 원수들을 섬기며, 굶주림과 목마름과 누더기와 비참함 속에서 살게 될 것입니다. 그분께서 여러분의 목에 쇠멍에를 메워, 마침내 여러분을 멸망시키실 것입니다.

49-52 그렇습니다. **하나님**께서는 여러분을 대적하도록 먼 곳에서 한 민족을 일으키셔서, 독수리처럼 여러분을 덮치게 하실 것입

will take you, you'll be treated as a lesson or a proverb—a horror!

38-42 You'll plant sacks and sacks of seed in the field but get almost nothing—the grasshoppers will devour it. You'll plant and hoe and prune vineyards but won't drink or put up any wine—the worms will devour them. You'll have groves of olive trees everywhere, but you'll have no oil to rub on your face or hands—the olives will have fallen off. You'll have sons and daughters but they won't be yours for long—they'll go off to captivity. Locusts will take over all your trees and crops.

43-44 The foreigner who lives among you will climb the ladder, higher and higher, while you go deeper and deeper into the hole. He'll lend to you; you won't lend to him. He'll be the head; you'll be the tail.

45-46 All these curses are going to come on you. They're going to hunt you down and get you until there's nothing left of you because you didn't obediently listen to the Voice of GOD, your God, and diligently keep his commandments and guidelines that I commanded you. The curses will serve as signposts, warnings to your children ever after.

47-48 Because you didn't serve GOD, your God, out of the joy and goodness of your heart in the great abundance, you'll have to serve your enemies whom GOD will send against you. Life will be famine and drought, rags and wretchedness; then he'll put an iron yoke on your neck until he's destroyed you.

49-52 Yes, GOD will raise up a faraway nation against you, swooping down on you like

니다. 여러분이 알아듣지 못하는 언어를 쓰고 험상궂게 생긴 그들은, 늙은 여자와 갓 난아이를 가리지 않고 학대하는 민족입니다. 그들은 여러분이 기르는 가축의 새끼와 여러분의 밭에서 나는 곡식을 약탈하여, 마침내 여러분을 멸망시킬 것입니다. 그들은 곡식과 포도주와 기름과 송아지와 어린 양을 남겨 두지 않는 것은 물론이고, 결국에는 여러분도 가만 놔두지 않을 것입니다. 그들이 사방에서 여러분을 포위하고 공격하여 여러분을 성문 뒤로 몰아넣을 것입니다. 그들은 여러분이 안전하다고 여기던 높고 웅대한 성벽을 공격하여 무너뜨릴 것입니다. 그들은 **하나님** 여러분의 하나님께서 여러분에게 주신 땅 도처에 있는 요새화된 성읍을 그렇게 포위하고 공격할 것입니다.

53-55 마침내 여러분은 **하나님** 여러분의 하나님께서 여러분에게 주신 아들딸을 잡아먹을 것입니다. 포위 공격으로 고통이 최고조에 달하면, 여러분은 여러분의 젖먹이까지 잡아먹게 될 것입니다. 여러분 가운데 가장 온유하고 자상하던 남자마저 험악하게 변하여, 자기 형제와 소중한 아내와 살아남은 자녀들에게까지 독기 서린 눈을 부라리고, 자기가 먹고 있는 자기 자녀의 살점을 그들과 나눠 먹으려 하지 않을 것입니다. 원수들이 여러분의 요새화된 성읍을 포위하고 옥죄어 오는 것이 고통스러워서, 그는 모든 것을 잃고 인간성마저 상실하게 된 것입니다.

56-57 여러분 가운데 가장 온유하고 상냥하여 들꽃 한 송이조차 함부로 밟지 않던 여자마저 험악하게 변하여, 자신의 소중한 남편과 아들딸에게 독기 서린 눈을 부라리고, 심지어 갓 태어난 아기와 그 태반까지 남몰래 먹으려 들 것이며, 기어이 잡아먹고 말 것입니다! 원수들이 여러분의 요새화된 성읍을 포위하고 옥죄어 오는 것이 고통스러워서, 그녀는 모든 것을 잃고 인간성마저

an eagle, a nation whose language you can't understand, a mean-faced people, cruel to grandmothers and babies alike. They'll ravage the young of your animals and the crops from your fields until you're destroyed. They'll leave nothing behind: no grain, no wine, no oil, no calves, no lambs—and finally, no *you*. They'll lay siege to you while you're huddled behind your town gates. They'll knock those high, proud walls flat, those walls behind which you felt so safe. They'll lay siege to your fortified cities all over the country, this country that GOD, your God, has given you.

53-55 And you'll end up cannibalizing your own sons and daughters that GOD, your God, has given you. When the suffering from the siege gets extreme, you're going to eat your own babies. The most gentle and caring man among you will turn hard, his eye evil, against his own brother, his cherished wife, and even the rest of his children who are still alive, refusing to share with them a scrap of meat from the cannibal child-stew he is eating. He's lost everything, even his humanity, in the suffering of the siege that your enemy mounts against your fortified towns.

56-57 And the most gentle and caring woman among you, a woman who wouldn't step on a wildflower, will turn hard, her eye evil, against her cherished husband, against her son, against her daughter, against even the afterbirth of her newborn infants; she plans to eat them in secret—she does eat them!—because she has lost everything, even her humanity, in the suffering of the siege that your enemy mounts against your

상실했기 때문입니다.

58-61 여러분이 이 영광스럽고 두려운 이름, 하나님 여러분의 하나님을 경외하지 않고, 이 책에 쓰인 모든 계시의 말씀을 부지런히 지키지 않으면, 하나님 여러분의 하나님께서 여러분과 여러분의 자손에게 재앙을 내리실 것입니다. 그칠 줄 모르는 큰 재앙과 무시무시한 질병으로 사정없이 치실 것입니다. 그분께서는 한때 여러분이 그토록 무서워하던 이 집트의 모든 질병을 가져다가 여러분에게 들러붙게 하실 것입니다. 그렇습니다. 하나님께서는 상상할 수 있는 모든 질병과 재앙, 이 계시의 책에 기록되지 않은 재앙까지 여러분에게 내리셔서, 여러분을 멸하실 것입니다.

62 여러분이 한때 하늘의 눈부신 별처럼 허다하게 많았더라도, 이제는 몇 안되는 가엾은 낙오자로 남고 말 것입니다. 이는 하나님 여러분의 하나님께서 하시는 말씀을 여러분이 순종하여 듣지 않았기 때문입니다.

63-66 결국 이렇게 끝나고 말 것입니다. 전에 하나님께서 여러분을 기뻐하시고, 여러분을 잘 살게 하시고, 여러분에게 많은 자손 주기를 기뻐하셨던 것처럼, 이제 여러분을 제거하고 땅에서 없애 버리는 것을 기뻐하실 것입니다. 그분께서는 여러분이 들어가 차지할 그 땅에서 여러분을 뿌리째 뽑아, 사방으로 부는 바람에 여러분을 실어, 땅 이쪽 끝에서 저쪽 끝까지 흩어 버리실 것입니다. 여러분은 다른 모든 신들, 곧 여러분과 여러분의 조상이 들어 보지도 못한 신들, 나무나 돌로 만들어져 신이라고 할 수도 없는 것들을 섬기게 될 것입니다. 여러분은 거기서 안식을 얻기는커녕 자리조차 잡지 못할 것입니다. 하나님께서 여러분에게 불안한 마음, 갈망하는 눈, 향수병에 걸린 영혼을 주실 것입니다. 여러분은 끊임없는 위험에 노출된 채 온갖 망

fortified towns.

58-61 If you don't diligently keep all the words of this Revelation written in this book, living in holy awe before This Name glorious and terrible, GOD, your God, then GOD will pound you with catastrophes, you and your children, huge interminable catastrophes, hideous interminable illnesses. He'll bring back and stick you with every old Egyptian malady that once terrorized you. And yes, every disease and catastrophe imaginable—things not even written in the Book of this Revelation—GOD will bring on you until you're destroyed.

62 Because you didn't listen obediently to the Voice of GOD, your God, you'll be left with a few pitiful stragglers in place of the dazzling stars-in-the-heavens multitude you had become.

63-66 And this is how things will end up: Just as GOD once enjoyed you, took pleasure in making life good for you, giving you many children, so GOD will enjoy getting rid of you, clearing you off the Earth. He'll weed you out of the very soil that you are entering in to possess. He'll scatter you to the four winds, from one end of the Earth to the other. You'll worship all kinds of other gods, gods neither you nor your parents ever heard of, wood and stone no-gods. But you won't find a home there, you'll not be able to settle down. GOD will give you a restless heart, longing eyes, a homesick soul. You will live in constant jeopardy, terrified of every shadow, never knowing

령에 시달리며, 다음 모퉁이에서 무엇을 만날지 전혀 알지 못한 채 살게 될 것입니다.

⁶⁷ 여러분은 아침에는 "어서 저녁이 되었으면!" 하고, 저녁에는 "어서 아침이 되었으면!" 할 것입니다. 여러분은 직접 목격한 광경 때문에 다음에 무슨 일이 닥칠지 몰라서, 두려워 떨게 될 것입니다.

⁶⁸ "여러분이 다시는 보지 않게 될 것입니다" 하고 내가 약속한 그 길로, **하나님**께서 여러분을 배에 태워 이집트로 돌려보내실 것입니다. 거기서 여러분이 자기 자신을 원수들에게 남종이나 여종으로 팔려고 해도, 여러분을 살 사람이 없을 것입니다.

모압 평야에서 맺으신 언약의 말씀

29 ¹ 이것은 **하나님**께서 호렙에서 이스라엘 백성과 맺으신 언약에 덧붙여, 모압 땅에서 모세에게 명령하여 그들과 맺으신 언약의 말씀이다.

²⁻⁴ 모세가 온 이스라엘을 불러 모아 말했다. 여러분은 **하나님**께서 이집트에서 바로와 그의 신하들에게 하신 일, 이집트 온 땅에 하신 모든 일을 두 눈으로 똑똑히 보았습니다. 그것은 여러분이 직접 목격한 엄청난 시험과 큰 표적과 이적이었습니다. 그러나 **하나님**께서는 오늘까지 여러분에게 깨닫는 마음이나 통찰력 있는 눈이나 경청하는 귀를 주지 않으셨습니다.

⁵⁻⁶ 나는 지난 사십 년 동안 여러분을 이끌고 광야를 지나왔습니다. 그 모든 세월 동안 여러분의 몸에 걸친 옷이 해어지지 않았고, 여러분의 발에 신은 신발이 닳지 않았습니다. 여러분은 빵과 포도주와 맥주 없이도 잘 살았습니다. 이는 하나님이 정말로 **하나님** 여러분의 하나님이신 것을 여러분에게 알게 하시려는 것이었습니다.

⁷⁻⁸ 여러분이 이곳에 이르렀을 때, 헤스본

what you'll meet around the next corner.

⁶⁷ In the morning you'll say, "I wish it were evening." In the evening you'll say, "I wish it were morning." Afraid, terrorized at what's coming next, afraid of the unknown, because of the sights you've witnessed.

⁶⁸ GOD will ship you back to Egypt by a road I promised you'd never see again. There you'll offer yourselves for sale, both men and women, as slaves to your enemies. And not a buyer to be found.

29 ¹ These are the terms of the Covenant that GOD commanded Moses to make with the People of Israel in the land of Moab, renewing the Covenant he made with them at Horeb.

Moses Blesses Israel on the Plains of Moab

²⁻⁴ Moses called all Israel together and said, You've seen with your own eyes everything that GOD did in Egypt to Pharaoh and his servants, and to the land itself—the massive trials to which you were eyewitnesses, the great signs and miracle-wonders. But GOD didn't give you an understanding heart or perceptive eyes or attentive ears until right now, this very day.

⁵⁻⁶ I took you through the wilderness for forty years and through all that time the clothes on your backs didn't wear out, the sandals on your feet didn't wear out, and you lived well without bread and wine and beer, proving to you that I am in fact GOD, your God.

⁷⁻⁸ When you arrived here in this place, Sihon king of Heshbon and Og king of

왕 시혼과 바산 왕 옥이 전쟁 준비를 하고 우리와 싸우러 나왔지만, 우리는 그들을 쳐부수었습니다. 우리는 그들의 땅을 빼앗아 르우벤 자손과 갓 자손과 므낫세 반쪽 지파에게 유산으로 주었습니다.

⁹ 여러분은 이 언약의 말씀을 부지런히 지키십시오. 이 말씀대로 행하면, 여러분은 모든 면에서 지혜롭고 잘 살게 될 것입니다.

¹⁰⁻¹³ 오늘 여러분은 **하나님** 여러분의 하나님 앞에 모두 나와 섰습니다. 각 지파의 우두머리, 여러분의 지도자, 관리, 이스라엘의 모든 사람, 곧 여러분의 아이와 아내와 여러분의 진에 장작과 물을 날라다 주는 외국인에 이르기까지 다 나와서, **하나님** 여러분의 하나님께서 오늘 여러분과 맺으시는 엄숙한 언약에 참여하고 있습니다. **하나님**께서 여러분과 여러분의 조상 아브라함과 이삭과 야곱에게 약속하신 대로, 여러분은 그분의 백성이 되고, 그분은 **하나님** 여러분의 하나님이 되시겠다는 언약을 다시 굳게 하는 것입니다.

¹⁴⁻²¹ 나는 이 언약과 맹세를 여러분하고만 맺는 것이 아닙니다. 나는 오늘 **하나님** 우리 하나님 앞에 서 있는 여러분하고만 이 언약을 맺는 것이 아니라, 오늘 이 자리에 있지 않은 사람들과도 맺는 것입니다. 우리가 이집트에서 어떤 처지로 살았고 우리가 여러 민족들 사이를 어떻게 헤쳐 왔는지, 여러분은 잘 알고 있습니다. 여러분은 그들의 역겨운 것들, 곧 그들이 나무와 돌과 은과 금으로 만든 잡신들을 충분히 보았습니다. 여러분 가운데 남자나 여자나, 어떤 가문이나 지파 그 누구든지, **하나님**에게서 벗어나 그 민족들의 우상에 빠지지 않도록, 경계를 늦추지 마십시오. 독초가 움터 올라 여러분 가운데 퍼지지 않게 하십시오. 이 언약과 맹세의 말씀을 듣고도 자신을 제외시켜 "미안하지만, 나는 내 뜻대로 살겠습니다" 하면서 모든 사람의 목숨

Bashan met us primed for war but we beat them. We took their land and gave it as an inheritance to the Reubenites, the Gadites, and the half-tribe of Manasseh.
⁹ Diligently keep the words of this Covenant. Do what they say so that you will live well and wisely in every detail.

¹⁰⁻¹³ You are all standing here today in the Presence of GOD, your God—the heads of your tribes, your leaders, your officials, all Israel: your babies, your wives, the resident foreigners in your camps who fetch your firewood and water—ready to cross over into the solemnly sworn Covenant that GOD, your God, is making with you today, the Covenant that this day confirms that you are his people and he is GOD, your God, just as he promised you and your ancestors Abraham, Isaac, and Jacob.
¹⁴⁻²¹ I'm not making this Covenant and its oath with you alone. I *am* making it with you who are standing here today in the Presence of GOD, our God, yes, but also with those who are not here today. You know the conditions in which we lived in Egypt and how we crisscrossed through nations in our travels. You got an eyeful of their obscenities, their wood and stone, silver and gold junk-gods. Don't let down your guard lest even now, today, someone—man or woman, clan or tribe—gets sidetracked from GOD, our God, and gets involved with the no-gods of the nations; lest some poisonous weed sprout and spread among you, a person who hears the words of the Covenant-oath but exempts

까지 파멸시키는 자가 생기지 않게 하십시오. **하나님**께서 그를 용서하지 않으실 것입니다. **하나님**의 진노와 질투가 화산처럼 폭발하여 그에게 미칠 것입니다. 이 책에 기록된 모든 저주가 그를 덮을 것입니다. **하나님**께서 그의 이름을 기록에서 지워 버리실 것입니다. **하나님**께서 그를 이스라엘 모든 지파 가운데서 따로 떼어 내어, 이 계시의 책에 기록된 언약의 온갖 저주대로, 그에게 특별한 벌을 내리실 것입니다.

22-23 여러분 뒤에 올 다음 세대의 자손과 먼 나라에서 올 외국인이, 도처에 널린 참상과 **하나님**께서 온 땅을 병들게 하신 것을 보고 소스라치게 놀랄 것입니다. 그들은 유황불에 검게 타 버린 불모지와 소금 평야, 아무것도 뿌릴 수 없고, 아무것도 자라지 않으며, 풀잎 하나 돋아나지 않는 땅을 보게 될 것입니다. 그 땅은 **하나님**께서 진노로 멸하신 소돔과 고모라와 아드마와 스보임 같을 것입니다.

24 모든 민족이 이렇게 물을 것입니다. "어찌하여 하나님께서 이 땅에 이런 일을 행하셨단 말인가? 도대체 무엇이 그분을 이토록 진노하게 했을까?"

25-28 그러면 여러분의 자손이 이렇게 대답할 것입니다. "그들은, **하나님**께서 이집트에서 그들 조상을 이끌어 내신 뒤에 그들 조상과 맺으신 언약을 저버리고, 그들이 들어 보지도 못하고 그들과 아무 관계도 없는 신들에게 가서 그것들을 섬기고 그것들에게 복종했기 때문입니다. 그래서 **하나님**의 진노가 폭발하여 이 땅에 미쳤고, 이 책에 기록된 온갖 저주가 그 위에 내렸습니다. 크게 진노하신 **하나님**께서 그들을 그 땅에서 뿌리 뽑으셔서, 오늘 여러분이 보는 것처럼, 다른 땅에 내다 버리신 것입니다."

himself, thinking, "I'll live just the way I please, thank you," and ends up ruining life for everybody. GOD won't let him off the hook. GOD's anger and jealousy will erupt like a volcano against that person. The curses written in this book will bury him. GOD will delete his name from the records. GOD will separate him out from all the tribes of Israel for special punishment, according to all the curses of the Covenant written in this Book of Revelation.

22-23 The next generation, your children who come after you and the foreigner who comes from a far country, will be appalled when they see the widespread devastation, how GOD made the whole land sick. They'll see a fire-blackened wasteland of brimstone and salt flats, nothing planted, nothing growing, not so much as a blade of grass anywhere—like the overthrow of Sodom and Gomorrah, Admah and Zeboiim, which GOD overthrew in fiery rage.

24 All the nations will ask, "Why did GOD do this to this country? What on earth could have made him this angry?"

25-28 Your children will answer, "Because they abandoned the Covenant of the GOD of their ancestors that he made with them after he got them out of Egypt; they went off and worshiped other gods, submitted to gods they'd never heard of before, gods they had no business dealing with. So GOD's anger erupted against that land and all the curses written in this book came down on it. GOD, furiously angry, pulled them, roots and all, out of their land and dumped them in another country, as you can see."

29 감추어진 것은 **하나님** 우리 하나님께서 책임지고 하실 일이지만, 드러난 것은 우리의 몫입니다. 이 모든 계시의 말씀을 소중히 여겨 순종하는 것은, 우리와 우리 자손이 해야 할 일입니다.

생명과 선, 죽음과 악의 길

30 ¹⁻⁵ 앞으로 이런 일이 일어날 것입니다. 내가 여러분 앞에 제시한 대로 복과 저주가 임할 것입니다. **하나님**께서 여러분을 흩으셔서 여러 민족들 가운데서 살게 하실 때에, 여러분과 여러분의 자손이 이 일들을 진지하게 받아들이고 **하나님** 여러분의 하나님께 돌아와서 내가 오늘 여러분에게 명령하는 모든 말씀에 따라 마음과 뜻을 다해 그분께 순종하면, **하나님** 여러분의 하나님께서 여러분이 잃어버린 모든 것을 회복해 주시고 여러분을 긍휼히 여기실 것입니다. 그분께서 돌아오셔서, 흩어져 살던 모든 곳에서 여러분을 모으실 것입니다. 여러분이 아무리 멀리 떨어져 있어도 **하나님** 여러분의 하나님께서는 그곳에서 여러분을 이끌고 나오셔서, 전에 여러분의 조상이 차지했던 땅으로 여러분을 다시 데려오실 것입니다. 그 땅은 다시 여러분의 땅이 될 것입니다. 그분은 그 땅에서 여러분을 잘 살게 하시고, 여러분의 조상보다 수가 더 많게 하실 것입니다.

⁶⁻⁷ **하나님** 여러분의 하나님께서 여러분과 여러분 자손의 마음에서 굳은살을 베어 내셔서, 여러분이 마음과 뜻을 다해 **하나님** 여러분의 하나님을 사랑하게 하시고, 참된 삶을 살게 하실 것입니다. **하나님** 여러분의 하나님께서 여러분의 원수들, 곧 여러분을 미워하여 여러분을 노리던 자들 위에 이 모든 저주를 내리실 것입니다.

⁸⁻⁹ 그러면 여러분은 새롭게 시작하여 **하나님**의 말씀을 잘 듣고, 내가 오늘 여러분에게 명령하는 그분의 모든 계명을 지킬 것입니다. 하

²⁹ GOD, our God, will take care of the hidden things but the revealed things are our business. It's up to us and our children to attend to all the terms in this Revelation.

30 ¹⁻⁵ Here's what will happen. While you're out among the nations where GOD has dispersed you and the blessings and curses come in just the way I have set them before you, and you and your children take them seriously and come back to GOD, your God, and obey him with your whole heart and soul according to everything that I command you today, GOD, your God, will restore everything you lost; he'll have compassion on you; he'll come back and pick up the pieces from all the places where you were scattered. No matter how far away you end up, GOD, your God, will get you out of there and bring you back to the land your ancestors once possessed. It will be yours again. He will give you a good life and make you more numerous than your ancestors.

⁶⁻⁷ GOD, your God, will cut away the thick calluses on your heart and your children's hearts, freeing you to love GOD, your God, with your whole heart and soul and live, really live. GOD, your God, will put all these curses on your enemies who hated you and were out to get you.

⁸⁻⁹ And you will make a new start, listening obediently to GOD, keeping all his commandments that I'm commanding you today. GOD, your God, will outdo

나님 여러분의 하나님께서 여러분의 일에 전보다 더 큰 복을 주실 것입니다. 여러분은 아이를 낳고 송아지를 얻고 농작물을 재배하며, 모든 면에서 행복한 삶을 누리게 될 것입니다. 그렇습니다. **하나님**께서 여러분의 조상이 잘 되게 하면서 기뻐하셨듯이, 여러분의 일이 잘 되게 하면서 다시 기뻐하실 것입니다.

10 여러분이 **하나님** 여러분의 하나님의 말씀을 잘 듣고 이 계시의 책에 기록된 계명과 규례를 지키면, 그렇게 해주실 것입니다. 마지못해 해서는 안됩니다. 여러분은 마음을 다하고 정성을 다해 **하나님** 여러분의 하나님께 돌아와야 합니다. 조금도 망설여서는 안됩니다.

11-14 내가 오늘 여러분에게 명령하는 이 계명은 여러분에게 어려운 것도 아니요, 여러분의 힘이 미치지 않는 곳에 있는 것도 아닙니다. 그 계명이 높은 산 위에 있어, 누가 산꼭대기에 올라가서 그것을 가지고 내려와 여러분의 수준에 맞게 풀이해 주어야, 여러분이 그 계명대로 살아갈 수 있는 것도 아닙니다. 또한 그 계명이 바다 건너편에 있어, 누가 바다를 건너가서 그것을 가져다가 설명해 주어야, 여러분이 그 계명대로 살아갈 수 있는 것도 아닙니다. 그렇습니다. 그 말씀은 바로 지금 여기에 있습니다. 입 속 혀처럼 가까이, 가슴 속 심장처럼 가까이 있습니다. 그러니 바로 행하십시오!

15 내가 오늘 여러분을 위해 한 일을 보십시오.
내가 여러분 앞에
생명과 선,
죽음과 악을 두었습니다.

16 내가 오늘 여러분에게 명령합니다. **하나님** 여러분의 하나님을 사랑하십시오. 그분의 길을 따라 걸어가십시오. 그분의 계명과 법도와 규례를 지키십시오. 그러면 여러분이 참으로 살고, 풍성하게 살 것입니다. **하나님** 여러분의 하

himself in making things go well for you: you'll have babies, get calves, grow crops, and enjoy an all-around good life. Yes, GOD will start enjoying you again, making things go well for you just as he enjoyed doing it for your ancestors.

10 But only if you listen obediently to GOD, your God, and keep the commandments and regulations written in this Book of Revelation. Nothing halfhearted here; you must return to GOD, your God, totally, heart and soul, holding nothing back.

11-14 This commandment that I'm commanding you today isn't too much for you, it's not out of your reach. It's not on a high mountain—you don't have to get mountaineers to climb the peak and bring it down to your level and explain it before you can live it. And it's not across the ocean—you don't have to send sailors out to get it, bring it back, and then explain it before you can live it. No. The word is right here and now—as near as the tongue in your mouth, as near as the heart in your chest. Just do it!

15 Look at what I've done for you today: I've placed in front of you
Life and Good
Death and Evil.

16 And I command you today: Love GOD, your God. Walk in his ways. Keep his commandments, regulations, and rules so that you will live, really live, live exuberantly, blessed by GOD, your God, in the land you are about to enter and

나님께서 여러분이 들어가 차지할 땅에서 여러분에게 복을 내리실 것입니다.

17-18 그러나 여러분에게 경고합니다. 여러분의 마음이 변하여 잘 듣지 않고 자기 마음대로 떠나서 다른 신들을 섬기고 숭배하면, 여러분은 반드시 죽고 말 것입니다. 요단 강을 건너 들어가 차지할 땅에서 오래 살지 못할 것입니다.

19-20 나는 오늘 하늘과 땅을 불러 여러분 앞에 증인으로 세우고, 생명과 죽음, 복과 저주를 여러분 앞에 둡니다. 여러분과 여러분의 후손이 살려거든, 생명을 택하십시오. 하나님 여러분의 하나님을 사랑하고, 그분의 말씀을 순종하여 듣고, 그분을 꼭 품으십시오. 그렇습니다. 그분이 바로 생명이십니다. 여러분의 조상 아브라함과 이삭과 야곱에게 주겠다고 약속하신 그 땅에 계신 하나님 여러분의 하나님이야말로, 생명 그 자체이십니다.

모세의 마지막 당부

31 1-2 모세가 온 이스라엘에게 계속해서 이 말을 선포했다. 그가 말했다. "내 나이가 이제 백스무 살입니다. 거동이 전과 같지 못합니다. 하나님께서도 나에게 '너는 이 요단 강을 건너지 못할 것이다' 하고 말씀하셨습니다.

3-5 하나님 여러분의 하나님께서 여러분보다 먼저 강을 건너셔서, 여러분 앞에 있는 저 민족들을 멸하시고, 여러분이 그들을 쫓아내게 하실 것입니다. (하나님께서 말씀하신 대로, 여호수아가 여러분 앞에서 강을 건널 것입니다.) 하나님께서는 아모리 왕 시혼과 옥과 그들의 땅에 행하신 것처럼, 저 민족들에게도 똑같이 행하시고 저들을 멸하실 것입니다. 하나님께서 저 민족들을 여러분 손에 넘겨주시면, 여러분은 내가 여러분에게 명령한 대로 그들에게 행하십시오.

6 힘을 내십시오. 용기를 내십시오. 두려워하지

possess.

17-18 But I warn you: If you have a change of heart, refuse to listen obediently, and willfully go off to serve and worship other gods, you will most certainly die. You won't last long in the land that you are crossing the Jordan to enter and possess.

19-20 I call Heaven and Earth to witness against you today: I place before you Life and Death, Blessing and Curse. Choose life so that you and your children will live. And love GOD, your God, listening obediently to him, firmly embracing him. Oh yes, he is life itself, a long life settled on the soil that GOD, your God, promised to give your ancestors, Abraham, Isaac, and Jacob.

The Charge

31 1-2 Moses went on and addressed these words to all Israel. He said, "I'm 120 years old today. I can't get about as I used to. And GOD told me, 'You're not going to cross this Jordan River.'

3-5 "GOD, your God, will cross the river ahead of you and destroy the nations in your path so that you may dispossess them. (And Joshua will cross the river before you, as GOD said he would.) GOD will give the nations the same treatment he gave the kings of the Amorites, Sihon and Og, and their land; he'll destroy them. GOD will hand the nations over to you, and you'll treat them exactly as I have commanded you.

6 "Be strong. Take courage. Don't be intimidated. Don't give them a second thought because GOD, your God, is strid-

마십시오. **하나님** 여러분의 하나님께서 여러
분보다 앞서 성큼성큼 힘차게 걸어가시니, 그
들을 두려워하지 마십시오. 하나님께서 여
러분과 함께하실 것입니다. 여러분을 버리
지도 않으시고, 떠나지도 않으실 것입니다.”
7-8 모세가 여호수아를 불러, 온 이스라엘
이 지켜보는 앞에서 그에게 말했다. “힘을
내시오. 용기를 내시오. 그대는 이 백성과
함께 **하나님**께서 그들 조상에게 주시겠다
고 약속하신 땅으로 들어가서, 그들이 저
땅을 자랑스럽게 차지하게 하시오. **하나님**
께서 그대보다 앞서 성큼성큼 힘차게 걸어
가시고, 그대와 함께하십니다. 그대를 버리
지도 않으시고, 떠나지도 않으실 것이오.
두려워하지 마시오. 염려하지 마시오.”

9-13 모세가 이 계시의 말씀을 기록하여, **하
나님**의 언약궤를 나르는 레위 자손 제사장
과 이스라엘의 모든 지도자에게 주었다. 그
리고 그들에게 명령을 내렸다. “일곱째 해,
곧 모든 빚을 면제해 주는 해가 끝날 무렵
인 초막절 순례 기간에, 온 이스라엘이 **하
나님** 여러분의 하나님을 뵈려고 그분께서
정해 주신 곳으로 나아올 때에, 여러분은
이 계시의 말씀을 온 이스라엘에게 읽어 주
어, 모두가 듣게 하십시오. 남자와 여자와
아이와 여러분과 함께 사는 외국인 할 것
없이 백성을 다 불러 모아서, 그들이 잘 듣
고, **하나님** 여러분의 하나님을 경외하며 사
는 법을 배우고, 이 모든 계시의 말씀을 부
지런히 지키게 하십시오. 이 모든 것을 모
르는 그들의 자녀들도, 여러분이 요단 강을
건너가 차지할 땅에서 사는 동안에 듣고 배
워서, **하나님** 여러분의 하나님을 경외하며
살게 하십시오.”

ing ahead of you. He's right there with you.
He won't let you down; he won't leave you.”
7-8 Then Moses summoned Joshua. He said
to him with all Israel watching, “Be strong.
Take courage. You will enter the land with
this people, this land that GOD promised
their ancestors that he'd give them. You
will make them the proud possessors of
it. GOD is striding ahead of you. He's right
there with you. He won't let you down; he
won't leave you. Don't be intimidated. Don't
worry.”

9-13 Moses wrote out this Revelation and
gave it to the priests, the sons of Levi, who
carried the Chest of the Covenant of GOD,
and to all the leaders of Israel. And he gave
these orders: “At the end of every seven
years, the Year-All-Debts-Are-Canceled,
during the pilgrim Festival of Booths when
everyone in Israel comes to appear in the
Presence of GOD, your God, at the place he
designates, read out this Revelation to all
Israel, with everyone listening. Gather the
people together—men, women, children,
and the foreigners living among you—so
they can listen well, so they may learn to
live in holy awe before GOD, your God, and
diligently keep everything in this Revela-
tion. And do this so that their children,
who don't yet know all this, will also listen
and learn to live in holy awe before GOD,
your God, for as long as you live on the
land that you are crossing over the Jordan
to possess.”

14-15 **하나님께서 모세에게 말씀하셨다.** "너는 머지않아 죽는다. 여호수아를 불러, 함께 회막에서 나를 만나거라. 내가 그를 임명하겠다."

그래서 모세와 여호수아가 함께 가서 회막에 섰다. **하나님께서** 구름기둥 가운데서 회막에 나타나시고, 구름은 회막 입구 가까이에 있었다.

16-18 **하나님께서 모세에게 말씀하셨다.** "이제 너는 죽어서 네 조상과 함께 묻힐 것이다. 네가 무덤에 눕자마자, 이 백성은 저 땅에 들어가 이방 신들을 음란하게 섬길 것이다. 그들은 나를 저버리고, 나와 맺은 언약을 깨뜨릴 것이다. 나는 몹시 진노할 것이다! 나는 그들을 홀로 버려둔 채 떠나가서 뒤돌아보지 않을 것이다. 그러면 수많은 재난과 재앙이 무방비 상태의 그들을 덮칠 것이다. 그들은 '이 모든 재앙이 우리에게 닥친 것은 하나님께서 여기 계시지 않기 때문이 아닌가?' 하고 말할 것이다. 그러나 나는, 그들이 다른 신들과 어울리며 저지른 온갖 악행 때문에, 그들의 삶에 관여하지 않고 못 본 척할 것이다!

19-21 이제 너희는 이 노래를 옮겨 적은 다음, 이스라엘 백성에게 가르쳐서 외워 부르게 하여라. 그러면 이 노래가 그들에게 나의 증언이 될 것이다. 내가 그들의 조상에게 약속한 젖과 꿀이 흐르는 땅으로 그들을 이끌고 들어가면, 그들이 배불리 먹고 살이 쪄서 다른 신들과 바람을 피우고 그것들을 섬기기 시작할 것이다. 사태가 악화되어 끔찍한 일들이 일어난 뒤에야, 그들 곁에서 이 노래가 증언이 되어, 그들이 누구이며 무엇이 잘못되었는지 일깨워 줄 것이다. 그들의 후손이 이 노래를 잊지 않고 부를 것이다. 내가 약속한 저 땅에 그들이 아직 들어가지 않았지만, 나는 그

14-15 GOD spoke to Moses: "You are about to die. So call Joshua. Meet me in the Tent of Meeting so that I can commission him."

So Moses and Joshua went and stationed themselves in the Tent of Meeting. GOD appeared in the Tent in a Pillar of Cloud. The Cloud was near the entrance of the Tent of Meeting.

16-18 GOD spoke to Moses: "You're about to die and be buried with your ancestors. You'll no sooner be in the grave than this people will be up and whoring after the foreign gods of this country that they are entering. They will abandon me and violate my Covenant that I've made with them. I'll get angry, oh so angry! I'll walk off and leave them on their own, won't so much as look back at them. Then many calamities and disasters will devastate them because they are defenseless. They'll say, 'Isn't it because our God wasn't here that all this evil has come upon us?' But I'll stay out of their lives, keep looking the other way because of all their evil: they took up with other gods!

19-21 "But for right now, copy down this song and teach the People of Israel to sing it by heart. They'll have it then as my witness against them. When I bring them into the land that I promised to their ancestors, a land flowing with milk and honey, and they eat and become full and get fat and then begin fooling around with other gods and worshiping them, and then things start falling apart, many terrible things happening, this song will be there with them as a witness to who they are and what went wrong. Their children won't forget this song; they'll be singing it. Don't think I don't know what

들이 무슨 생각을 품고 있는지 다 알고 있다."

²² 모세가 그날에 이 노래를 기록하여 이스라엘 백성에게 가르쳤다.

²³ 하나님께서 눈의 아들 여호수아에게 명령하여 말씀하셨다. "힘을 내라. 용기를 내라. 너는 내가 이스라엘 백성에게 주겠다고 약속한 땅에 그들을 이끌고 들어갈 것이다. 내가 너와 함께하겠다."

²⁴⁻²⁶ 모세는 이 계시의 말씀을 마지막 한 글자까지 책에 다 기록하고 나서, 하나님의 언약궤 운반을 맡은 레위인들에게 명령하여 말했다. "이 계시의 책을 가져다가 하나님 여러분의 하나님 언약궤 옆에 두십시오. 이 책을 거기에 두어 증거로 삼으십시오.

²⁷⁻²⁹ 나는 여러분이 반역을 일삼으며, 얼마나 완악하고 제멋대로인지 잘 알고 있습니다. 지금 내가 버젓이 살아서 여러분과 함께 있는데도 여러분이 하나님께 반역하는데, 내가 죽으면 얼마나 더하겠습니까! 그러니 각 지파의 지도자와 관리들을 이곳으로 불러 모으십시오. 내가 하늘과 땅을 증인 삼아 그들에게 직접 말해야겠습니다. 내가 죽은 뒤에, 여러분이 모든 것을 엉망으로 만들고, 내가 명령한 길에서 떠나 온갖 악한 일을 끌어들이리라는 것을 나는 잘 알고 있습니다. 또한 나는 여러분이 하나님을 무시하고 기어이 악을 행하리라는 것과, 여러분이 행하는 일로 그분을 진노하게 하리라는 것도 잘 알고 있습니다."

³⁰ 온 이스라엘이 모여서 듣는 가운데, 모세는 그들에게 다음 노랫말을 처음부터 끝까지 가르쳐 주었다.

they are already scheming to do, and they're not even in the land yet, this land I promised them."

²² So Moses wrote down this song that very day and taught it to the People of Israel.

²³ Then GOD commanded Joshua son of Nun saying, "Be strong. Take courage. You will lead the People of Israel into the land I promised to give them. And I'll be right there with you."

²⁴⁻²⁶ After Moses had finished writing down the words of this Revelation in a book, right down to the last word, he ordered the Levites who were responsible for carrying the Chest of the Covenant of GOD, saying, "Take this Book of Revelation and place it alongside the Chest of the Covenant of GOD, your God. Keep it there as a witness.

²⁷⁻²⁹ "I know what rebels you are, how stubborn and willful you can be. Even today, while I'm still alive and present with you, you're rebellious against GOD. How much worse when I've died! So gather the leaders of the tribes and the officials here. I have something I need to say directly to them with Heaven and Earth as witnesses. I know that after I die you're going to make a mess of things, abandoning the way I commanded, inviting all kinds of evil consequences in the days ahead. You're determined to do evil in defiance of GOD—I know you are—deliberately provoking his anger by what you do."

³⁰ So with everyone in Israel gathered and listening, Moses taught them the words of this song, from start to finish.

모세의 노래

32

1-5 하늘아, 내가 말할 테니 귀를 기울여라.

땅아, 내가 입을 열 테니 주목하여라.
나의 가르침은 부드러운 비처럼 내리고
나의 말은 아침 이슬처럼 맺히나니,
새싹 위에 내리는 가랑비
정원에 내리는 봄비 같다.
내가 **하나님**의 이름을 선포하니
우리 하나님의 위대하심에 응답하여라!
그분은 반석, 그분의 일은 완전하고
그분의 길은 공평하고 정의롭다.
너희가 의지할 하나님은 한결같이
올곧은 하나님이시다.
그분의 자녀라고 할 수 없는, 엉망진창
인 자들이
그분 얼굴에 먹칠을 하지만, 그분 얼굴은
조금도 더러워지지 않는다.

6-7 너희가 이처럼 대하는 분이 **하나님**이
심을 알지 못하느냐?
이런 미친 짓을 하다니, 너희는 경외심도
없느냐?
이분은 너희를 창조하신 아버지,
너희를 지으셔서 땅 위에 세우신 아버지
가 아니시더냐?
너희가 태어나기 전에 어떤 일이 있었는
지 읽어 보아라.
옛일을 조사하고, 너희 뿌리를 알아보아라.
너희가 태어나기 전에는 어떠했는지 부
모에게 물어보고,
어른들에게 물어보아라. 그들이 한두 가
지 말해 줄 것이다.

8-9 지극히 높으신 하나님께서 민족들에
게 땅을 나누어 주시고
땅 위에 살 곳을 주실 때,
백성마다 경계를 그어 주시고

The Song

32

1-5 Listen, Heavens, I have something to tell you.

Attention, Earth, I've got a mouth full of words.
My teaching, let it fall like a gentle rain,
my words arrive like morning dew,
Like a sprinkling rain on new grass,
like spring showers on the garden.
For it's GOD's Name I'm preaching—
respond to the greatness of our God!
The Rock: His works are perfect,
and the way he works is fair and just;
A God you can depend upon, no exceptions,
a straight-arrow God.
His messed-up, mixed-up children, his non-children,
throw mud at him but none of it sticks.

6-7 Don't you realize it is GOD you are treating like this?
This is crazy; don't you have any sense of reverence?
Isn't this your father who created you,
who made you and gave you a place on Earth?
Read up on what happened before you were born;
dig into the past, understand your roots.
Ask your parents what it was like before you were born;
ask the old-ones, they'll tell you a thing or two.

8-9 When the High God gave the nations their stake,
gave them their place on Earth,

하늘 보호자들의 보살핌을 받게 하셨다.
그러나 **하나님**께서 자기 백성만은 친히
떠맡으시고
야곱만은 직접 돌보셨다.

¹⁰⁻¹⁴ 그분이 광야에서
바람만 드나드는 텅 빈 황무지에서 그를
찾아내시고
두 팔로 감싸 극진히 돌보아 주셨으며
자기 눈동자처럼 지켜 주셨다.
마치 독수리가 보금자리를 맴돌며
새끼들을 보호하고
날개를 펴서 새끼들을 공중으로 들어 올려
새끼들에게 나는 법을 가르치듯이,
하나님께서 홀로 야곱을 인도하시고
이방 신은 눈에 띄지 않게 하셨다.
하나님께서 그를 산꼭대기로 들어 올리
셔서,
밭의 곡식을 마음껏 즐기게 하셨다.
바위에서 흘러내리는 꿀을 먹이시고
단단한 바위틈에서 나오는 기름을 먹
게 하셨다.
우유로 만든 치즈와 양의 젖
어린양과 염소의 살진 고기와
바산의 숫양, 질 좋은 밀을 먹이시고
검붉은 포도주를 먹게 하셨다. 너희는 질
좋은 포도주를 마신 것이다!

¹⁵⁻¹⁸ 여수룬은 몸집이 커지자 반항했다.
네가 살이 찌고 비대해져 기름통이 된 것
이다.
그는 자신을 지으신 하나님을 저버리고
자기 구원의 반석을 업신여겼다.
그들은 최신 유행하는 이방 신들로 그분
의 질투를 사고
음란한 짓으로 그분의 진노를 불러일으
켰다.
그들은 신이라고 할 수 없는 귀신들,

He put each of the peoples within boundaries
  under the care of divine guardians.
But GOD himself took charge of his people,
  took Jacob on as his personal concern.

¹⁰⁻¹⁴ He found him out in the wilderness,
  in an empty, windswept wasteland.
He threw his arms around him, lavished attention on him,
  guarding him as the apple of his eye.
He was like an eagle hovering over its nest,
  overshadowing its young,
Then spreading its wings, lifting them into the air,
  teaching them to fly.
GOD alone led him;
  there was not a foreign god in sight.
GOD lifted him onto the hilltops,
  so he could feast on the crops in the fields.
He fed him honey from the rock,
  oil from granite crags,
Curds of cattle and the milk of sheep,
  the choice cuts of lambs and goats,
Fine Bashan rams, high-quality wheat,
  and the blood of grapes: you drank good wine!

¹⁵⁻¹⁸ Jeshurun put on weight and bucked;
  you got fat, became obese, a tub of lard.
He abandoned the God who made him,
  he mocked the Rock of his salvation.
They made him jealous with their foreign newfangled gods,
  and with obscenities they vexed him no end.
They sacrificed to no-god demons,
  gods they knew nothing about,

자기들이 알지도 못하던 신들,
시장에 갓 나온 최신 유행하는 신들,
너희 조상이 한 번도 "신"이라고 부른 적
없는 것들에게 제물을 바쳤다.
너희에게 생명을 주신 반석이신 분을 버
리고
너희를 세상에 내신 하나님을 잊어버렸다.

19-25 **하나님**께서 그것을 보시고 발길을
돌리셨다.
자기 아들딸들에게 상처를 입으시고 진
노하셨다.
그분께서 말씀하셨다. "이제부터 나는 못
본 척하겠다.
그들에게 무슨 일이 일어나는지 지켜보
겠다.
그들은 변절자, 위아래가 뒤집힌 세대다!
다음에는 어떻게 할지 그 진심을 누가 알
겠느냐?
그들이 신이 아닌 것들로 나를 자극하고
허풍쟁이 신들로 나를 격노케 했으니,
이제 나도 내 백성이 아닌 자들로 그들을
자극하고
빈껍데기 민족으로 그들을 격앙시키겠다.
나의 진노가 불을 뿜으니,
들불처럼 스올 밑바닥까지 타들어 가며
하늘 높이 치솟아 땅과 곡식을 삼켜 버리고
모든 산을 기슭에서 꼭대기까지 불살라
버린다.
나는 그들 위에 재난을 쌓아 올리고
굶주림, 불 같은 더위, 치명적인 질병을
화살 삼아 그들을 향해 쏘겠다.
으르렁거리는 들짐승들을 숲에서 보내
어 그들을 덮치게 하고
독벌레들을 땅속에서 보내어 그들을 치
게 하겠다.
거리에는 살인이
집 안에는 공포가 난무하니,

The latest in gods, fresh from the market,
  gods your ancestors would never call
  "gods."
You walked out on the Rock who gave you
your life,
  forgot the birth-God who brought you into
  the world.

19-25 GOD saw it and turned on his heel,
  angered and hurt by his sons and daugh-
  ters.
He said, "From now on I'm looking the other
way.
  Wait and see what happens to them.
Oh, they're a turned-around, upside-down
generation!
  Who knows what they'll do from one
  moment to the next?
They've goaded me with their no-gods,
  infuriated me with their hot-air gods;
I'm going to goad them with a no-people,
  with a hollow nation incense them.
My anger started a fire,
  a wildfire burning deep down in Sheol,
Then shooting up and devouring the Earth
and its crops,
  setting all the mountains, from bottom to
  top, on fire.
I'll pile catastrophes on them,
  I'll shoot my arrows at them:
Starvation, blistering heat, killing disease;
  I'll send snarling wild animals to attack
  from the forest
  and venomous creatures to strike from the
  dust.
Killing in the streets,
  terror in the houses,
Young men and virgins alike struck down,

청년과 처녀가 거꾸러지고
젖먹이와 백발노인도 거꾸러질 것이다."

26-27 "내가 그들을 갈기갈기 찢어
땅에서 그들의 흔적을 모두 지워 버리겠
다" 할 수도 있었지만
원수가 그 모든 것을 자기 공로인 양
"우리가 한 일을 보아라!
이 일은 **하나님**과 아무 관계가 없다" 하
고 우쭐댈까 봐
그렇게 하지 않았다.

28-33 그들은 어리석은 민족이어서
비를 피할 줄도 모른다.
그들이 조금이라도 분별력이 있었다면
길 위에 무엇이 떨어지고 있는지 볼 텐데.
그들의 반석이신 분께서 그들을 팔아 버
리지 않으시고서야
하나님께서 그들을 포기하지 않으시고
서야,
어찌 군사 한 명이 천 명의 적을 쫓아내며
어찌 두 사람이 이천 명을 도망치게 할
수 있겠느냐?
우리의 원수들조차 자기들의 반석은
우리의 반석에 비하면 아무것도 아니라
고 한다.
그들은 소돔에서 뻗어 나온 포도나무,
고모라의 밭에 뿌리박은 포도나무다.
그들의 포도는 독이 있어서
송이마다 쓰기만 하다.
그들의 포도주는 방울뱀의 독,
치명적인 코브라의 독이 섞여 있다.

34-35 내가 그것들을 내 창고에 보관하고
철문으로 꼭꼭 잠가 둔 것을, 깨닫지 못
하느냐?
원수 갚는 것은 나의 일이니
그들이 넘어지기만을 내가 기다린다.

and yes, breast-feeding babies and
gray-haired old men."

26-27 I could have said, "I'll hack them to
pieces,
  wipe out all trace of them from the
  Earth,"
Except that I feared the enemy would
grab the chance
  to take credit for all of it,
Crowing, "Look what we did!
  GOD had nothing to do with this."

28-33 They are a nation of ninnies,
  they don't know enough to come in out
  of the rain.
If they had any sense at all, they'd know
this;
  they would see what's coming down the
  road.
How could one soldier chase a thousand
enemies off,
  or two men run off two thousand,
Unless their Rock had sold them,
  unless GOD had given them away?
For their rock is nothing compared to our
Rock;
  even our enemies say that.
They're a vine that comes right out of
Sodom,
  who they are is rooted in Gomorrah;
Their grapes are poison grapes,
  their grape-clusters bitter.
Their wine is rattlesnake venom,
  mixed with lethal cobra poison.

34-35 Don't you realize that I have my
shelves

그들이 멸망할 날이 가까우니
느닷없이 신속하고도 확실하게 닥칠 것
이다.

36-38 **하나님께서는 자기 백성을 심판하
셔도**
가엾게 여기며 심판하실 것이다.
그들의 힘이 다하고
종도 자유인도 남지 않았음을
그분께서 보시고 말씀하실 것이다.
"그들의 신들이 어디 있느냐?
그들이 피난처로 삼던 반석이 어디 있느
냐?
그들이 제물로 바친 지방 덩어리를 먹고
그들이 부어 바친 포도주를 마시던 신들이
어디 있느냐?
능력을 보여달라고, 도와 달라고,
너희에게 손을 펼쳐 달라고, 그것들에게
말해 보아라!"

39-42 "이제 알겠느냐? 내가 하나님인 줄 이
제 알겠느냐?
나밖에 다른 신이 없다는 것을 알겠느냐?
나는 죽이기도 하고 살리기도 하며, 상하
게도 하고 낫게도 하니
내게서 빠져나갈 자 아무도 없다!
내가 손을 들고 엄숙히 맹세한다.
'나는 언제 어디에나 있다. 내가 내 생명
을 걸고 약속한다.
내가 번뜩이는 칼을 갈아
재판을 집행할 때
나의 원수들에게 복수하고
나를 미워하는 자들에게 되갚아 주겠다.
내 화살이 피에 취하게 하고
내 칼이 살을 실컷 먹게 하겠다.
살해당한 자들과 포로들,
오만하고 거만한 원수의 주검을 마음껏 먹
게 하겠다.'"

well stocked, locked behind iron
doors?
I'm in charge of vengeance and payback,
just waiting for them to slip up;
And the day of their doom is just around
the corner,
sudden and swift and sure.

36-38 Yes, GOD will judge his people,
but oh how compassionately he'll do it.
When he sees their weakened plight
and there is no one left, slave or free,
He'll say, "So where are their gods,
the rock in which they sought refuge,
The gods who feasted on the fat of their
sacrifices
and drank the wine of their drink-of-
ferings?
Let them show their stuff and help you,
let them give you a hand!

39-42 "Do you see it now? Do you see
that I'm the one?
Do you see that there's no other god
beside me?
I bring death and I give life, I wound
and I heal—
there is no getting away from or
around me!
I raise my hand in solemn oath;
I say, 'I'm always around. By that very
life I promise:
When I sharpen my lightning sword
and execute judgment,
I take vengeance on my enemies
and pay back those who hate me.
I'll make my arrows drunk with blood,
my sword will gorge itself on flesh,

43 민족들아, 그분의 백성과 함께 즐
거워하고 찬양하여라.
그분께서는 자기 종들의 죽음을 갚아
주시고
자기 원수들에게 복수하시며
그 백성을 위해 자기 땅을 깨끗게
하신다.

44-47 모세와 눈의 아들 여호수아가 가
서 이 노랫말을 백성에게 들려주었다.
모세가 이 모든 말씀을 온 이스라엘에
게 전한 뒤에 말했다. "내가 오늘 증언
한 이 모든 말씀을 마음에 새기고, 속히
여러분의 자녀들에게 명령하여 이 모
든 계시의 말씀을 하나하나 실천하게
하십시오. 그렇습니다. 이것은 여러분
에게 하찮은 것이 아닙니다. 바로 여러
분의 생명입니다. 여러분이 이 말씀을
지키면, 요단 강을 건너가 차지할 저 땅
에서 오래도록 잘 살 것입니다."

48-50 바로 그날에 **하나님**께서 모세에
게 말씀하셨다. "너는 여리고 맞은편
모압 땅에 있는 아바림 산을 타고 느보
산 정상에 올라가서, 내가 이스라엘 백
성에게 주어 차지하게 할 가나안 땅을
바라보아라. 네 형 아론이 호르 산에서
죽어 자기 조상에게 돌아간 것처럼, 너
도 네가 올라간 산에서 죽어 땅에 묻힌
네 조상에게 돌아가거라.
51-52 이는 네가 신 광야 가데스의 므리
바 샘에서 이스라엘 백성이 지켜보는
가운데 나와의 믿음을 저버리고, 나의
거룩한 임재를 나타내지 않았기 때문
이다. 너는 네 앞에 펼쳐진 저 땅, 내가
이스라엘 백성에게 주는 땅을 바라보
기만 할 뿐, 들어가지는 못할 것이다."

Feasting on slain and captive alike,
   the proud and vain enemy corpses.' "

43 Celebrate, nations, join the praise of his
people.
   He avenges the deaths of his servants,
   Pays back his enemies with vengeance,
      and cleanses his land for his people.

44-47 Moses came and recited all the words
of this song in the hearing of the people, he
and Joshua son of Nun. When Moses had
finished saying all these words to all Israel, he
said, "Take to heart all these words to which
I give witness today and urgently command
your children to put them into practice, every
single word of this Revelation. Yes. This is no
small matter for you; it's your life. In keeping
this word you'll have a good and long life in
this land that you're crossing the Jordan to
possess."

48-50 That same day GOD spoke to Moses:
"Climb the Abarim Mountains to Mount Nebo
in the land of Moab, overlooking Jericho, and
view the land of Canaan that I'm giving the
People of Israel to have and hold. Die on the
mountain that you climb and join your people
in the ground, just as your brother Aaron died
on Mount Hor and joined his people.
51-52 "This is because you broke faith with me
in the company of the People of Israel at the
Waters of Meribah Kadesh in the Wilderness
of Zin—you didn't honor my Holy Presence
in the company of the People of Israel. You'll
look at the land spread out before you but you
won't enter it, this land that I am giving to the
People of Israel."

모세의 축복

33

¹⁻⁵ 하나님의 사람 모세가 죽기 전에, 이스라엘 백성에게 다음과 같은 말로 축복했다.

하나님께서 시내 산에서 내려오시고
세일 산에서 그들 위에 떠오르셨다.
그분께서 바란 산에서 빛을 비추시고
거룩한 천사 만 명을 거느리고 오시는데
그분의 오른손에서는
널름거리는 불길이 흘러나왔다.
오, 주께서 저 백성을 어찌나 아끼시는
지,
당신의 거룩한 이들이 모두 주의 왼손 안
에 있습니다.
그들이 주의 발 앞에 앉아서
주의 가르침을,
모세가 명령한 계시의 말씀을
야곱의 유산으로 귀히 여깁니다.
이렇게 하나님께서는
이스라엘의 지도자와 지파들이 모인 가
운데
여수룬에서 왕이 되셨습니다.

⁶ 르우벤
"르우벤은 그 수가 줄어들어 겨우겨우 살
겠지만
죽지 않고 살게 해주십시오."

⁷ 유다
"하나님, 유다의 외치는 소리를 들으시고
그를 자기 백성에게로 데려다 주십시오.
그의 손을 강하게 하시고
그의 도움이 되셔서 그의 원수들을 물리
쳐 주십시오."

⁸⁻¹¹ 레위
"주의 둠밈과 우림이

The Blessing

33

¹⁻⁵ Moses, man of God, blessed the People of Israel with this blessing before his death. He said,

GOD came down from Sinai,
  he dawned from Seir upon them;
He radiated light from Mount Paran,
  coming with ten thousand holy angels
And tongues of fire
  streaming from his right hand.
Oh, how you love the people,
  all his holy ones are palmed in your left hand.
They sit at your feet,
  honoring your teaching,
The Revelation commanded by Moses,
  as the assembly of Jacob's inheritance.
Thus GOD became king in Jeshurun
  as the leaders and tribes of Israel gathered.

⁶ Reuben:
"Let Reuben live and not die,
  but just barely, in diminishing numbers."

⁷ Judah:
"Listen, GOD, to the Voice of Judah,
  bring him to his people;
Strengthen his grip,
  be his helper against his foes."

⁸⁻¹¹ Levi:
"Let your Thummim and Urim
  belong to your loyal saint;
The one you tested at Massah,
  whom you fought with at the Waters of Meribah,

주의 충성스런 성도에게 있게 해주십시오.
주께서 맛사에서 그를 시험하시고
므리바 샘에서 그와 다투셨습니다.
그는 자기 아버지와 어머니를 두고
 '나는 저들을 모른다' 하고
자기 형제들을 외면하고
자기 자식들까지 못 본 체했으니,
이는 그가 주의 말씀을 보호하고
주의 언약을 지키고 있었기 때문입니다.
그로 하여금 주의 규례를 야곱에게 가르치고
주의 계시를 이스라엘에게 가르치며,
주의 코에 향을 피워 올리고
주의 제단에서 번제를 드리게 해주십시오.
하나님, 그의 헌신에 복을 주시고
그가 하는 일에 주께서 승인하신다는 표를
찍어 주십시오.
그에게 대항하는 자의 허리를 꺾으셔서
그를 미워하는 자의 최후가 어떠한지, 저
희가 듣게 해주십시오."

12 베냐민
"그는 **하나님**께서 사랑하시는 자,
하나님의 영원한 거처.
하나님께서 종일토록 그를 감싸시고
그 안에서 편히 쉬신다."

13-17 요셉
"그의 땅은 **하나님**께 이런 복을 받게 하십
시오.
높은 하늘에서 내리는 가장 맑은 이슬
땅속 깊은 곳에서 솟구치는 샘물
태양이 발하는 가장 밝은 빛
달이 내는 가장 좋은 빛
산들의 꼭대기에서 쏟아지는 아름다움
영원한 언덕에서 나는 최고의 산물
땅의 풍성한 선물들 가운데서도 가장 값진
선물
불타는 떨기나무에 거하시는 분의 미소.

Who said of his father and mother,
 'I no longer recognize them.'
He turned his back on his brothers
  and neglected his children,
Because he was guarding your sayings
  and watching over your Covenant.
Let him teach your rules to Jacob
  and your Revelation to Israel,
Let him keep the incense rising to your
nostrils
  and the Whole-Burnt-Offerings on
  your Altar.
GOD bless his commitment,
  stamp your seal of approval on what
  he does;
Disable the loins of those who defy him,
  make sure we've heard the last from
  those who hate him."

12 Benjamin:
"GOD's beloved;
  GOD's permanent residence.
Encircled by GOD all day long,
  within whom GOD is at home."

13-17 Joseph:
"Blessed by GOD be his land:
  The best fresh dew from high heaven,
  and fountains springing from the
  depths;
The best radiance streaming from the
sun
  and the best the moon has to offer;
Beauty pouring off the tops of the
mountains
  and the best from the everlasting hills;
The best of Earth's exuberant gifts,
  the smile of the Burning-Bush Dweller.

이 모든 복이 요셉의 머리 위에
형제들 가운데서 거룩하게 구별된 이의
이마 위에 내릴 것이다.
그는 처음 태어난 수소처럼 위엄이 있고
그의 뿔은 들소의 뿔.
그 뿔로 민족들을 들이받아
땅 끝으로 모두 밀어낼 것이다.
에브라임의 수만 명이 그러하고
므낫세의 수천 명이 그러할 것이다."

18-19 스불론과 잇사갈

"스불론아, 외출할 때에 기뻐하여라.
잇사갈아, 집에 있을 때에 기뻐하여라.
그들이 사람들을 산으로 초청하여
바른 예배의 제물을 바칠 것이니,
바다에서 풍요를 거둬들이고
바닷가에서 보화를 주울 것이기 때문이다."

20-21 갓

"갓을 광대하게 하신 분, 찬양을 받으소서.
갓은 사자처럼 돌아다니다가
먹이의 팔을 찢고, 그 머리를 쪼갠다.
그는 가장 좋은 곳, 지도자의 몫으로
마련된 그 땅을
한 번 쳐다보고 혼자 힘으로 움켜쥐었다.
그는 선두에 서서
하나님의 옳은 길을 따르고
이스라엘의 생명을 위해 그분의 규례를
지켰다."

22 단

"단은 바산에서 뛰어오르는
새끼 사자다."

23 납달리

"납달리에게 은총이 넘치고
하나님의 복이 넘쳐흐른다.
그는 바다와

All this on the head of Joseph,
  on the brow of the consecrated one
  among his brothers.
In splendor he's like a firstborn bull,
  his horns the horns of a wild ox;
He'll gore the nations with those horns,
  push them all to the ends of the Earth.
Ephraim by the ten thousands will do this,
  Manasseh by the thousands will do this."

18-19 Zebulun and Issachar:

"Celebrate, Zebulun, as you go out,
  and Issachar, as you stay home.
They'll invite people to the Mountain
  and offer sacrifices of right worship,
For they will have hauled riches in from
the sea
  and gleaned treasures from the beaches."

20-21 Gad:

"Blessed is he who makes Gad large.
  Gad roams like a lion,
  tears off an arm, rips open a skull.
He took one look and grabbed the best
place for himself,
  the portion just made for someone in
  charge.
He took his place at the head,
  carried out GOD's right ways
  and his rules for life in Israel."

22 Dan:

"Dan is a lion's cub
  leaping out of Bashan."

23 Naphtali:

"Naphtali brims with blessings,

남쪽 땅을 차지한다."

24-25 아셀

"아들들 가운데 가장 많은 복을 받은 아셀!
형제들이 가장 아끼는 이가 되어
그 발을 기름에 담그고 안마를 받을 것이다.
철문을 잠갔으니 안전하고
살아 있는 동안 네 힘이 강철 같을 것이
다."

❧

26-28 여수룬아, 하나님 같은 분은 없다.
그분께서 너를 구하시려 하늘을 가르고
오시며
구름으로 자기 위엄을 두르신다.
옛부터 계시는 하나님은 너의 안식처,
영원하신 두 팔이 그 기초를 떠받치신다.
그분께서 원수들을 네 앞에서 쫓아내시며
"멸하여라!" 명령하셨다.
이스라엘은 안전히 살고
야곱의 샘은 곡식과 포도주의 땅에
고요히 흐르고
그의 하늘은 이슬을 흠뻑 내린다.

29 이스라엘아! 너와 같이 복된 이가 누
구겠느냐?
하나님께 구원받은 백성아!
그분은 너를 지키시는 방패
승리를 안기시는 칼.
네 원수들이 배로 기어서 네게 나아오고
너는 그들의 등을 밟고 행진할 것이다.

모세의 죽음

34 1-3 모세가 모압 평야에서 여리고
맞은편에 있는 느보 산 비스가
꼭대기에 올랐다. 하나님께서 그에게 길르
앗에서 단까지 이르는 온 땅을 보여주셨다.
납달리와 에브라임과 므낫세의 땅, 지중해

spills over with GOD's blessings
As he takes possession
    of the sea and southland."

24-25 Asher:

"Asher, best blessed of the sons!
    May he be the favorite of his brothers,
    his feet massaged in oil.
Safe behind iron-clad doors and gates,
    your strength like iron as long as you
    live."

❧

26-28 There is none like God, Jeshurun,
    riding to your rescue through the skies,
    his dignity haloed by clouds.
The ancient God is home
    on a foundation of everlasting arms.
He drove out the enemy before you
    and commanded, "Destroy!"
Israel lived securely,
    the fountain of Jacob undisturbed
In grain and wine country
    and, oh yes, his heavens drip dew.

29 Lucky Israel! Who has it as good as you?
    A people *saved* by GOD!
The Shield who defends you,
    the Sword who brings triumph.
Your enemies will come crawling on their
bellies
    and you'll march on their backs.

The Death of Moses

34 1-3 Moses climbed from the Plains
of Moab to Mount Nebo, the peak
of Pisgah facing Jericho. GOD showed him
all the land from Gilead to Dan, all Naphtali,

까지 이르는 유다의 땅, 네겝 지역, 종려나
무 성읍 여리고를 에워싸며 멀리 남쪽 소알
까지 이르는 평지를 보여주셨다.

4 그런 다음 하나님께서 그에게 말씀하셨
다. "이것은 내가 네 조상 아브라함과 이삭
과 야곱에게 맹세하여 '네 후손에게 주겠다'
고 약속한 땅이다. 내가 저기 있는 저 땅을
네 눈으로 보게 해주었다. 그러나 너는 저
땅에 들어가지 못한다."

5-6 하나님의 종 모세는 하나님께서 말씀하
신 대로 모압 땅에서 죽었다. 하나님께서
그를 벳브올 맞은편 모압 땅 골짜기에 묻으
셨는데, 오늘날까지 그가 묻힌 곳을 아는
사람이 아무도 없다.

7-8 모세가 죽을 때 백스무 살이었으나 그
는 눈빛이 흐리지 않았고, 거뜬히 걸어 다
닐 수 있었다. 이스라엘 백성은 모압 평야
에서 모세를 생각하며 삼십 일 동안 슬피
울었다. 이렇게 모세를 위해 애도하는 기간
이 끝났다.

9 모세가 안수했으므로, 눈의 아들 여호수
아는 지혜의 영으로 가득 찼다. 이스라엘
백성은 그의 말을 잘 듣고, 하나님께서 모
세에게 명령하신 대로 행했다.

10-12 그 후로 지금까지 이스라엘에 모세와
같은 예언자가 다시는 일어나지 않았다. 모
세는 하나님께서 얼굴을 마주 보고 아시던
사람이다. 하나님께서 그를 이집트에 보내
셔서 바로와 그의 모든 신하와 그의 온 땅
에 일으키게 하신 표징과 이적 같은 것이,
그 후로 다시는 일어나지 않았다. 모세가
온 이스라엘 백성이 보는 앞에서 행한 크고
두려운 일과 그의 강한 손에 견줄 만한 것
이 아무것도 없었다.

Ephraim, and Manasseh; all Judah reaching to the Mediterranean Sea; the Negev and the plains which encircle Jericho, City of Palms, as far south as Zoar.

4 Then and there GOD said to him, "This is the land I promised to your ancestors, to Abraham, Isaac, and Jacob with the words 'I will give it to your descendants.' I've let you see it with your own eyes. There it is. But you're not going to go in."

5-6 Moses died there in the land of Moab, Moses the servant of GOD, just as GOD said. God buried him in the valley in the land of Moab opposite Beth Peor. No one knows his burial site to this very day.

7-8 Moses was 120 years old when he died. His eyesight was sharp; he still walked with a spring in his step. The People of Israel wept for Moses in the Plains of Moab thirty days. Then the days of weeping and mourning for Moses came to an end.

9 Joshua son of Nun was filled with the spirit of wisdom because Moses had laid his hands on him. The People of Israel listened obediently to him and did the same as when GOD had commanded Moses.

10-12 No prophet has risen since in Israel like Moses, whom GOD knew face-to-face. Never since has there been anything like the signs and miracle-wonders that GOD sent him to do in Egypt, to Pharaoh, to all his servants, and to all his land—nothing to compare with that all-powerful hand of his and all the great and terrible things Moses did as every eye in Israel watched.

성경 이야기의 다섯 막

성경의 요체는 이야기다. 특정 백성에 대한 이야기, 하나님께서 어떻게 그들을 부르셨고 그들을 모든 인류를 위한 복의 통로로 삼고자 하시는지에 대한 이야기다. 사실, 이야기는 우리 삶을 가장 잘 묘사해 주는 단어이기도 하다. 우리는 법을 잘 준수하는 사람일 수도, 사실을 깊이 연구하는 사람일 수도, 지혜를 추구하는 사람일 수도 있지만, 이런 행위들이 우리에게 우리 삶의 의미를 밝혀 주는 것은 아니다. 우리 삶에 맥락을 제공하고 의미를 부여해 주는 것은 다름 아닌 이야기다.

성경은 모든 부분들이 모여 결국 하나의 이야기를 이룬다. 그렇기에

성경을 이해하자면, 우리는 그 등장인물을 파악하고
배경을 이해하고 줄거리를 따라가야 한다.

성경의 클라이맥스와 대미를 이해하자면, 우리는 거기까지 전개되어 온 이야기를 알고 있어야 한다. 고조되는 긴장과 깊어지는 갈등을 함께 느낄 줄 알아야 한다. 좋은 소설을 읽을 때처럼 우리는 이야기 속에 푹 빠져들어야 한다.

다음은 성경을 다섯 막으로 이루어진 드라마로 보고 그 이야기를 축약해 본 것이다.

제1막 │ 창조

성경 드라마는 막이 오를 때 이미 하나님이 무대 위에 올라와 계신다. 세상을 창조하고 계신다. 하나님은 사람 곧 아담을 만드시고는, 그를 에덴 동산에 두어 그곳을 돌보고 가꾸는 일을 하게 하신다. 하나님의 뜻은 인간이 당신과 친밀한 관계 가운데 살며 주변의 모든 창조물과 조화를 이루며 사는 것이다. 성경의 처음 장들은 하나님을 처음 인간들인 아담과 하와와 더불어 에덴 동산에 거주하시는 분으로 그린다. 창세기 첫째 장은 스스로 하신 일에 대해 자평하시는 하나님의 말씀으로 마친다.

하나님께서 손수 만드신 모든 것을 보시니

참으로 좋고 좋았다!(창 1:31)

이렇게 성경 이야기의 1막은 하나님께서 사람에게 바라시는 것이 무엇인지를 계시해 주며, 이후 일어날 일들의 배경이 된다.

제2막 | 타락

이야기에 긴장이 도입된다. 아담과 하와가 하나님의 길을 저버리고 자기 꾀를 내어 살기로 선택한 것이다. 그들은 하나님의 원수인 사탄의 혹하는 소리에 귀를 기울이고 하나님의 미쁘심을 의심한다. 그들은 하나님께 반역한다. 그 결과,

> 하나님은 그들을 에덴 동산에서 내쫓으시고, 그들이 흙으로 지어졌으므로 흙을 일구게 하셨다. 하나님께서 그들을 쫓아내신 다음, 동산 동쪽에 그룹 천사들과 회전하는 불칼을 두셔서, 생명나무에 이르는 길을 지키게 하셨다(창 3:23-24).

1막이 세상을 창조하신 하나님의 뜻이 무엇인지를 계시해 주었다면, 여기 2막은 창조물 가운데 일부가 하나님의 계획을 따르기를 거부했음을 보여준다. 하나님은 과연 인간과의 관계를 회복하고 창조세계에서 저주를 제거하실 수 있을 것인가? 아니면, 하나님의 원수에 의해 결국 그분의 계획이 무산되고 이야기가 역전되고 말 것인가?

1막과 2막은 페이지 수로 따지면 성경에서 얼마 안되지만, 뒤따라 전개되는 이야기 전체를 지배하는 중심 갈등이 도입되는 부분이다.

제3막 | 이스라엘

하나님께서 아브람에게 말씀하셨다. "네 고향과 네 가족과 네 아버지 집을 떠나, 내가 네게 보여줄 땅으로 가거라.

> 내가 너를 큰 민족이 되게 하고
> 네게 복을 주겠다.
> 내가 네 이름을 떨치게 할 것이니
> 너는 복의 근원이 될 것이다.
> 너를 축복하는 사람에게는 내가 복을 내리고

너를 저주하는 사람에게는 내가 저주를 내리겠다.

세상 모든 민족이

너로 인하여 복을 받을 것이다"(창 12:1-3).

하나님은 아브람(후에 하나님은 그에게 아브라함이라는 새 이름을 지어 주신다)을 부르셔서
는 그를 큰 민족의 조상으로 삼아 주시겠다는 약속을 하신다. 그러고는 하나님은 초점을 좁
혀 한동안은 한 무리의 사람들에게 집중하신다. 하지만 하나님의 궁극적 목적은 동일하다.
지상의 모든 민족들에게 복을 내리고, 창조세계에서 저주를 없애며, 에덴 동산에 존재했던
그 본래적 관계를 회복시키는 것 말이다.

이후 아브라함의 자손들이 이집트에서 노예로 살아가는 상황이 벌어지자, 성경 이야기의
중심 패턴 하나가 모습을 드러낸다. 즉 하나님께서 당신의 백성을 다시 찾아오시고, 그들을
해방시켜 주시며, 그들에게 약속의 땅을 되찾아 주신다. 하나님은 이 새 민족 이스라엘과 시
내 산에서 언약을 맺으신다. 이집트로부터 탈출하여 출애굽(Exodus)하는 그들을 위해 모세
를 지도자로 세워 주신다. 언약을 맺으실 때 하나님은, 만일 당신의 백성이 당신께 충실하고
신실히 당신의 길을 따른다면 그 새 땅에서 그들에게 복을 내리고 그곳을 에덴 동산 같은 곳
으로 만들어 주겠노라고 분명히 약속해 주신다.

그러나 하나님은 또 경고하시기를, 만일 이스라엘이 언약을 충실히 이행하지 않는다
면, 당신께서는 그들을 아담과 하와에게 하셨던 것처럼 그 땅에서 쫓아내실 것이라고
하신다. 비극적이게도, 또 하나님의 거듭된 경고와 호소에도 불구하고, 이스라엘은 결
국 하나님의 길을 저버리고 만다. 그들은 하나님과의 언약을 깨뜨리고, 주변 민족들이
섬기는 거짓 신들을 따르며, 그렇게 하나님의 심판을 자초한다.

이렇게 아브라함의 자손들은 아담의 실패를 만회하라고 선택된 이들이었음에도 결국 실
패하고 만다. 그러나 이런 와중에서도 하나님은 다른 씨들을 심고 계셨다. 이스라엘의 왕들
가운데 하나였던 다윗은 "**하나님의 마음에 합한 사람**"이었다. 하나님은 이스라엘에게 장차
다윗 같은 왕을 보내 주시겠다고 약속하셨다. 다윗의 후손인 그 왕은 이스라엘을 지혜롭게
인도할 것이며, 백성의 마음을 다시 하나님께로 돌이킬 것이며, 세계의 모든 민족들에게 복
을 가져올 것이라고 하셨다.

이렇게 3막은 하나님의 부재와 더불어, 그러나 또한 한 약속, 희망과 더불어 막을 내린다.

제4막 | 예수

시간이 흘러 사백 년 후, 이스라엘 백성은 로마의 압제 아래서 신음하며 하나님이 다시 찾아와 주시기를 대망하고 있다. 이때 하나님의 천사가 마리아라는 한 젊은 여인을 찾아와서는 소식을 전한다.

"네가 임신하여 아들을 낳을 것이니, 그 이름을 예수라고 하여라.

그는 크게 되어
'지극히 높으신 분의 아들'이라 불릴 것이다.
주 하나님께서 그에게
그의 조상 다윗의 왕위를 주실 것이다.
그는 영원히 야곱의 집을 다스리고
그의 나라는 영원무궁할 것이다"(눅 1:31-33).

예수께서 오시는 것은 하나님의 약속의 성취였다.
　예수께서는 미션에 돌입하신다. 백성 가운데 아프고 병든 이들을 고쳐 주신다. 영적 세계에 도사리고 있는 하나님의 원수들 곧 마귀들과 대결하시고, 그들더러 사람을 괴롭히지 말고 떠나라고 명령하신다. 가난한 심령으로 나아오는 이들에게 죄 용서를 선언하신다. 예수께서는 복음, 곧 희소식을 선포하신다.

"때가 다 되었다! 하나님 나라가 여기 있다.
너희 삶을 고치고 **메시지를** 믿어라"(막 1:15).

예수께서 전한 메시지의 핵심은 바로 이 희소식, 하나님께서 통치하시는 나라가 다가오고 있다는 소식이다. 마침내 하나님께서 당신의 백성에게 돌아오실 것이고 다시 그들 가운데 거하실 것이다. 예수께서 임마누엘, 곧 "하나님이 우리와 함께하신다"고 불리시는 까닭이 여기에 있다.
　그러나 예수의 메시지는 상반된 반응을 불러일으킨다. 믿고 받아들이는 이들도 있으나, 대부분은 그저 어리둥절해하며 그분을 신기해할 뿐이다. 제도권 종교 지도자들은 곧 그분을 적대한다. 갈등은 고조되다가 마침내 파국에 이르고, 마침내 종교 지도자들은 공모해 예수를 체포해서는 십자가에 못 박아 죽인다.

그러나 일견 하나님의 패배로 보이는 이 일은 실상 하나님의 최고 승리 사건이다. 예수의 죽음은 대역전의 사건, 하나님께서 당신의 원수를 거꾸러뜨리고 세상을 뒤엎으신 사건이다. 스스로 자기 목숨을 제물로 바침으로써 예수께서는 우리의 죄에 대한 하나님의 심판을 친히 담당해 주신다. 이스라엘의 참 제사장으로서 그분은 자기 목숨을 당신의 백성을 위해 제물로 바치신다. 그분께서는 당신 백성을 새로이 출애굽시키신다. 죽음에서 생명으로 옮기신다. 이 모든 일이 보여주는 바, 예수께서는 인류를 하나님과 화해시켜 주러 오시기로 약속된 바로 그 아브라함의 자손이다. 이스라엘은 예수를 통해 비로소 자신의 역할을 완수하게 된다. 하나님께서 아브라함을 부르신 목적을 마침내 이루게 된다.

이와 같은 예수 이야기가 바로 성경 전체 이야기의 핵심 포인트다. 하나님의 원수와의 대결, 세상의 근원적 뒤틀림을 바로잡으려는 씨름의 진면목이 펼쳐지는 장이 바로 예수의 삶이다. 예수께서 바로 성경 이야기의 주인공이시다.

제5막 | 하나님의 새 백성

결정적 승리는 이미 확보되었다. 그런데 왜 5막이 필요할까? 하나님께서는 예수의 승리가 세상 모든 민족들에게 퍼져 나가기를 바라시기 때문이다. 예수를 따르는 이들은 지금 함께 하나님의 새 성전으로 지어져 가는 중이다. 하나님의 영이 거하시는 곳으로 말이다. 하나님은 세계 방방곡곡에서 이런 이들을 불러 모아 당신의 교회를 이루게 하신다. 이 일이 완성되는 날, 예수께서 돌아오실 것이고, 하나님의 통치가 하나님의 창조세계 전체에 걸쳐 실재가 될 것이다(고전 15:24-25). 2막 때 들어왔던 저주가 마침내 제거될 것이다(계 22:3).

세계 모든 민족들에게 복을 가져오는 백성이 되라는 임무가 다시금 아브라함의 자손들에게 주어졌다. 신약성경에 따르면, 그리스도께 속한 이들이야말로 진정한 아브라함의 자손들이다(갈 3:29). 5막은 그리스도를 따르는 제자들에게 부여된 미션을 강조한다. 그리스도의 나라에 대한 희소식, 그 해방의 메시지를 선포하며 살아 내는 삶 말이다.

지금 우리 모두는 이 5막의 시대, 그 드라마를 살고 있다. 그리스도에 대한, 그분 나라에 대한 복음 메시지가 우리에게까지 이르렀다. 우리도 중대한 결단 앞에 서게 된 것이다. 어떤 결단을 내릴 것인가? 이 이야기 속에서 우리는 어떤 역할을 자임할 것인가?

성경 이야기는 인류 역사를 관통하는 갈등과 씨름에 대한 참된 서술이다. 우리는 새 창조의 일을 하시는, 세상을 회복시키시며 세상과 우리를 새롭게 하시는 하나님의 선교에 동참할 것인가?

무엇을 할 것인가?

지금 당장 할 수 있는 가장 중요한 일은 먼저 이 성경을 주의 깊게 읽는 것이다. 그러면 하나님의 영께서 성경의 말씀을 힘 있게 들어 사용하셔서 당신의 목적을 성취하신다. 여러분을 변화시키며, 여러분을 통해 세상을 변화시키신다.

성경을 읽기 쉬운 책이라 말하기는 어렵다. 이해하기 어려운 구절들도 분명 있다. 그러나 그럼에도 불구하고 여러분이 성경 읽기를 고수한다면, 하나님에 대해, 또 그분께서 성경을 통해 주시는 이야기에 대해 더 깊이 알고자 매진한다면, 여러분은 인도받을 것이고, 변화될 것이며, 하나님과 친밀한 사이가 될 것이다.